"985" 工程建设项目

人文论丛

2006年卷

教育部人文社会科学重点研究基地
武汉大学中国传统文化研究中心 主办

冯天瑜 主编

武汉大学出版社

图书在版编目(CIP)数据

人文论丛:2006年卷/教育部人文社会科学重点研究基地,武汉大学中国传统文化研究中心主办;冯天瑜主编. 一武汉:武汉大学出版社,2007.6
ISBN 978-7-307-05633-6

Ⅰ.人⋯ Ⅱ.①教⋯ ②武⋯ ③冯⋯ Ⅲ.社会科学—2006—丛刊 Ⅳ.C55

中国版本图书馆 CIP 数据核字(2007)第 074767 号

责任编辑:王雅红 郭 静 责任校对:刘 欣 版式设计:支 笛

出版发行:**武汉大学出版社** (430072 武昌 珞珈山)
(电子邮件:wdp4@whu.edu.cn 网址:www.wdp.com.cn)
印刷:湖北省通山县九宫印务有限公司
开本:787×1092 1/16 印张:55.25 字数:1340千字 插页:4
版次:2007 年 6 月第 1 版 2007 年 6 月第 1 次印刷
ISBN 978-7-307-05633-6/C·183 定价:86.00 元

《人文论丛》2006 年卷

学术顾问（以姓氏笔画为序）

卜松山	瓦格纳	艾 兰	池田知久
刘纲纪	任继愈	朱 雷	谷川道雄
张正明	李学勤	杜维明	陆耀东
庞 朴	宗福邦	饶宗颐	章开沅
萧萐父	谢和耐	裘锡圭	

编委会成员（以姓氏笔画为序）

冯天瑜	刘礼堂	李维武	陈广胜
陈 锋	陈文新	陈庆辉	陈 伟
沈壮海	吴根友	杨逢彬	杨 华
张建民	罗国祥	尚永亮	胡治洪
郭齐勇			

主编

冯天瑜

副主编

郭齐勇　　陈 锋　　陈文新

执行主编

郭齐勇　　胡治洪

目　录

Contents

Contents————————— 3

前　言

□　郭齐勇

　　乙酉初秋，第七届当代新儒学国际学术研讨会在美丽的东湖之滨、珞珈山下隆重召开。来自海内外的百数十位学人聚集一堂，共襄盛举。会后，不少学者赞誉这是当代儒学的一次高水平的盛会，诚非虚言。

　　本次会议的主题是：儒学、当代新儒学与当代世界。会议的子题包括：熊十力、牟宗三与现当代新儒学三代代表人物的学术思想，当代新儒学与宋明儒学，当代新儒学与西方哲学，当代新儒学与佛学，儒家伦理的特殊性与普遍性及其创造性转化，儒学与东亚社会的现代性，儒学在当代的作用与意义，儒学与文明对话，儒学与当代各种思潮，儒学与启蒙心态，儒学的宗教性与草根性，当代新儒学如何深入发展，等等。

　　现代和当代新儒学思潮是 20 世纪至 21 世纪重要的文化学术思潮。我们通常称之为"现代新儒学"或"当代新儒学"。经过几代学人的努力和积淀，现当代儒学结出了丰硕成果。砥砺学术，需对前人的努力作出有深度的研究与总结，以促进学术创新，推进儒学的研究，进而探讨中国传统思想文化的现代性与世界化的问题，这是我们举办这次国际新儒学大会的主要目的。

　　出席这次会议的，除了一些当代新儒家的代表人物与研究专家之外，还有一些新面孔，有六七个国家的学者，有不同地区的年轻人来发表论文，有不同的声音与争鸣，特别有批评的自由，包括对当代新儒家学者的批评，也有不少本校的博、硕士研究生与本科生来旁听或参与讨论。我们不能自说自话，囿于一个小小的圈子。

　　儒释道各家并不相排斥，中外哲学也不相排斥，现当代新儒家学者都是融通的专家。现当代新儒学本身就是现当代社会历史条件的产物，它本身并不只限于儒学，其代表人物对道家、佛教的研究与吸收，以及对民间文化的吸取，向民间社会的释放，向西方社会的开拓，都值得我们借鉴。我持开放的新儒家的立场，力主包容、互通。

　　我在筹备会议的近两年时间里，反复与诸君子协商，我们一定要开成一个开放式的会议，要感动、吸引新生代的参与，要有听德、雅量与风度来容受、回应各种批评，这样才能达到我们办会的目的。会议期间，我们还特意安排了四场大型的人文演讲，每场有四五位学者联袂上场亮相，与学生对话，场场爆满。学者们对武大学子的好学、好问与善思，留下了深刻的印象，给予了高度的评价；学生们也对中华人文价值与当代新儒学有了新的了悟。

清代末年，政治腐败，我国遭到列强的侵略，内忧外患，被迫走上现代化的道路，社会结构解体，传统文化日渐式微，儒学首当其冲，遭遇了"儒门淡薄，收拾不住"的局面。正是在此文化危机中，一些饱含忧患意识的学者为传统文化之复兴奋力疾呼，现当代新儒学思潮应运而生。

20 世纪 20 年代以来形成的现代新儒学，其第一代和第二代的代表人物有：梁漱溟、熊十力、马一浮、张君劢、冯友兰、贺麟、钱穆、方东美、唐君毅、牟宗三、徐复观先生等。他们都是著名的哲学家、思想家或国学大师，面对西方文化的冲击，挺立起中国文化的主体性，创造性地融合西方思想，回应欧风美雨的挑战，继承并发展中华文明的基本价值，创造新的哲学系统，重建中国哲学、思想、学术。

1949 年以后，钱、方、唐、牟、徐等先生在香港、台湾地区执教，培养了一大批中国文化的人才。他们的学生中如蜚声海内外的余英时、杜维明、刘述先、成中英、蔡仁厚等学者及鹅湖学派等，属于现当代新儒家的第三代或第四代。他们在美国或中国台港地区的知名大学或学术机构执教，思想更加开放，反省现代性与全球化，思考传统与现代、人文与科技、东方与西方、全球化与本土化之间的诸多问题，积极参与文明对话与全球伦理的建构。以上专家属于广义的现当代新儒家的范围，所见也不尽相同。

现代新儒学与传统儒学是相承接而又有区别的。冯友兰先生把宋明理学叫做新儒学，海外沿用了这一说法。但我们说的现代新儒学不是宋明理学。宋元明时期的儒学叫"道学"或"理学"，是通过数百年消化印度佛学之后的精神形态。宋明道学或理学是中国儒学与中国化了的佛教、佛学，中国本土的道教、道家的整合，以儒家为主导。宋明理学是在唐末二元社会结构变化之后文化下移的产物与民众的文明化的精神成果。宋明儒学在七百多年的发展中成为整个东亚的精神文明。东亚诸国走上近代化的道路，外缘条件是学习西方，内在的精神铺垫恰是宋明儒学，如朱子学与阳明学等。日本接受兰学（西学）恰恰是以朱子学做为基础的。

20 世纪 20 年代以来形成的现代新儒学与传统儒学的区别，首先表现在它的历史境遇上。近代以来，中国遭受西方列强的侵略，处于被动挨打的局面。有些人把失败的最终原因归结为中国文化落后尤其是儒学落后。这种思潮在甲午战争之后就产生了，并愈演愈烈，到了"五四"发展到了一个高峰，形成了一些诸如"打倒孔家店"、全盘西化等极端思想。但是，把前现代文明与现代化绝对对立起来，把中国失败的责任归咎于文化传统是简单粗糙甚至粗暴的做法。当时主流派的思想家如胡适、陈独秀等，把西方科学、民主的价值与制度的引进与中国本土的文化思想、制度文明绝对对立起来，把孔孟仁义的价值，把前现代文明中的宗教、伦理、政治、艺术、文学，与西洋思想视为水火冰炭，绝对两样，断断不能相容。一直到今天，仍然有不少学者把民主、自由、科学的现实诉求与传统文化资源、道德资源打成两橛。西化思潮曾经长期处于强势。

西方与中国的传统，西方近代以来的传统与中国古代的传统，确有很大的区别。西方化，直至今天所谓经济全球化、一体化等，与印度佛学传入中国并中国化的过程，的确不可同日而语。佛教传入中国之后，固然少不了排拒、斗争，如"三武一宗"法难等等，但总体上是和缓的，影响的层面主要是艺术与文化思想等，虽也涉及经济（如丛林制度）、政治、社会组织、教育、信仰，毕竟没有像从 19 世纪至今的西方冲击那样地激烈与无所不包。这是辟头盖脑、铺天盖地、无所逃于天地之间的方式，而且从生产方式、生存样态、社会结构至直语言、认知、审美、思考方式，从器物文化层到制度文化层到核心价值系统，真正是中华民族从未遭遇的大变局。正是儒家文化变化日新、与时偕行的品格，使近代以来的知识人接受着这一亘古未有的挑战。然而，近代中国人内在的紧张、冲突、危机感、忧患感，比之唐宋时人，不知沉重多少倍。

百五十年来，中国人遭遇的是从社会结构到意义世界全方位的坍塌、解体，现当代新儒家面对的困境是空前的。儒学从对社会渗透的无所不在，变成海外汉学家所谓"博物馆"或"孤魂野鬼"。我当然不同意这看法，据我从民间作的调查与了解，儒学在民间仍有生命力，只是自觉不自觉而已。

当然，五四运动不止有一个传统，五四运动中同时产生了回应西方挑战，发掘自身文化价值的传统，例如《东方杂志》、《甲寅》周刊、东西文化问题论战中的东方文化派、科学与人生观论战中的玄学家、清华国学研究院、学衡派等等。面对西方文化的冲击，为了维护民族文化之命脉，传递民族精神之薪火，这些学派与思想家反思西化大潮，做了难能可贵的贡献。从哲学上与文化精神上逐步自觉地、有深度地融合东西方价值的，则首推现当代新儒学思潮。其中的代表人物，备尝艰辛，学贯中西，迎受西方价值，创造性地转化儒学，再植灵根，重建中华人文。他们与传统儒学最大的不同，在于提炼儒学的现代性与世界性，力图与世界各种思潮对话，在参与中把儒家价值贡献给现时代，贡献给世界。

现当代新儒学在它的坎坷历史中，做了哪些工作？

现当代新儒家的主要工作或贡献是：引进西方价值，改造传统文化，并重建了中国文化的主体性与中国哲学的自主性。

第一，努力证明传统文化在现代社会的价值，跳出传统文化与现代化的二元对峙。现代新儒家认为，中华民族固然需要吸收发端于西方的现代性，但是，中西并非二元对立的，培育、发展现代性完全不必也不应以反对传统文化为前提，二者应该而且能够很好地兼容。现代性是多元的，每个民族的传统中都包含了现代性。第二，彰显民族文化的特质，促进跨文化比较、对话和融合，积极推进"文明对话"，展示"文化中国"的固有精神魅力。如果某种非西方文明或所有的非西方文明失掉了本已性，成为强势文明的附庸，必将导致人类未来文化的同质化，不仅使文明对话成为不可能之事，而且将会把人类引向死胡同。第三，努力参与"全球伦理"的建构。第四，就道德勇气、担当精神、友爱、宽容、人格独立与尊严等现代社会的基本价值而言，就民主政治所需要的公共空间、道德社群而言，儒学可以与现代民主，与自由主义相沟通。

由《鹅湖》杂志社与东方人文学术基金会主办的第一届、第二届当代新儒学国际研讨会，于1990年、1992年在台北召开；第三届、第五届当代新儒学国际研讨会是《鹅湖》杂志社、东方人文学术基金会分别与香港中文大学、中国孔子基金会和山东大学合作，先后于1994年12月在香港中文大学、1998年9月在山东济南举行的；第四届、第六届会议，仍在台湾举行。这次在武汉大学召开，是因为武汉大学与现当代新儒家有着不解之缘与很好的学术基础。

方东美先生1924年夏从美国回国后第一站即来武大的前身武昌高等师范任教，时任哲学教育学系副教授（武汉大学有哲学系始自1922年）。1925年春，武昌高师改名为武昌大学，熊十力先生应石瑛校长之邀，任教于武大。抗战军兴，武大迁至四川乐山，熊十力、钱穆先生等曾到校讲学。熊十力先生是湖北黄冈人，徐复观先生是湖北浠水人，在武汉大学有一定的影响与感召力。1949 年以后，武大哲学系的老师不少都听过冯友兰、贺麟二先生的课，有的是贺先生亲炙的弟子。20 世纪 80 年代改革开放以来，当代新儒家学者哈佛大学的杜维明先生、夏威夷大学的成中英先生等多次来武汉大学讲学或出席学术会议，是武大的客座教授。蔡仁厚先生、刘述先先生、林安梧先生、李明辉先生等也曾来武大出席会议并作学术演讲。徐复观先生的后人徐武军先生等还在武大哲学学院设立了"徐复观奖学金"，10 年来，资助了一批学生，特别是农家子女与中国文化的研习者。

香港中文大学的荣休教授，台湾"中央研究院"兼职研究员、东吴大学端木恺讲座教授、资深的哲学家刘述先先生多次在海外的公开场合中指出："武汉大学已经成为中国大陆研究现代新儒学的中心和研究中国哲学的重镇，成绩斐然，令人刮目相看。"

1983 年，著名学者、武汉大学中国哲学学科点学术带头人萧萐父教授与北京大学的资深教授汤一介先生共同主编《熊十力论著集》（三卷三册）。此后，我们的老师萧萐父、唐明邦、李德永三教授有意识地指导、带领武汉大学中国哲学学科点的同事与博、硕士生研究现代新儒学思潮及其重要代表人物熊十力、梁漱溟、冯友兰、钱穆、徐复观、唐君毅等。武汉大学哲学学院中生代学者郭齐勇、李维武、田文军先生等参与了由方克立教授、李锦全教授负责的"七五"至"八五"期间国家与教育部重大科研项目"现代新儒学思潮"研究的课题组。经 20 年的磨砺，郭齐勇、李维武、田文军三教授分别成为熊十力研究专家、徐复观研究专家和冯友兰专研究家。郭齐勇还分别与汪学群、龚建平合写了有关钱穆、梁漱溟的专著。武汉大学中国哲学团队中的前辈三师与同仁萧汉明、徐水生、吴根友、麻天祥、吕有祥、宫哲兵、胡治洪、丁四新、郝长墀、文碧方、张杰（欧阳祯人）等教授在这一方面及在中国哲学其他方面的研究（如在明清哲学思潮、《周易》与道家哲学、禅佛教、楚地出土简帛中的思想等领域）中颇有建树与地位。

二十多年来，武汉大学中国哲学专业两代学人及他们培养的博、硕士生共三代人，撰写了大量的高水平的学术专著、论文及博、硕士学位论文，在海内外极有影响。积十多年的努力，在国内学者的支持、参与下，他们编纂出版了《熊十力全集》（萧萐父主编、郭齐勇副主编，九卷十册，湖北教育出版社 2001 年 8 月版）、《徐复观文集》（李维武编，五册，湖北人民出版社 2002 年 4 月版）、《杜维明文集》（郭齐勇、郑文龙编，五册，武汉出版社 2002 年 4 月版）。武汉大学中国哲学学科点主办过两次关于熊十力哲学思想的国际学术会议（1985 年 12 月、2001 年 9 月），两次关于徐复观思想的海峡两岸研讨会（1995 年 9 月、2003 年 12 月）。这四次会议规模比较盛大，水准很高，召开得十分成功。这些会议的论文集有：《玄圃论学集——熊十力生平与学术》（三联书店 1990 年版）、《玄圃论学续集——熊十力与中国传统文化国际学术研讨会论文集》（湖北教育出版社 2003年版），均由郭齐勇编；《徐复观与中国文化》（湖北人民出版社 1997 年版），由李维武编。

郭齐勇指导单波、姚才刚、胡治洪博士撰写的三篇博士论文，如单著《心通九境——唐君毅哲学的精神空间》（人民出版社 2001 年版）、姚著《终极信仰与多元价值的融通——刘述先新儒学思想研究》（巴蜀书社 2003 年版）、胡著《全球语境中的儒家论说——杜维明新儒学思想研究》（三联书店 2004 年版）在学术界都有较大的反响。

正因为有这样坚实的基础与丰硕的学术成果，武汉大学才有资格主办此次盛会。

中国的现代化，需要民族认同、伦理共识，需要社会文化资本与民族文化的资源

（各国的现代化都是如此）。中华民族的伟大复兴，没有文化传统的复兴是不可能的。这里所谓"中华文化"是广义的，包括中华各民族的，包括社会上层与下层的；这里所谓"传统"是流动的、多元的（包含"五四"以来的新传统）；这里所谓"复兴"，并不是"照着讲"，甚至也不是"接着讲"，不是"复古"、"复旧"，而是创造性转化，这才能为民族复兴提供思想资源和精神动力。按照这种理解，我们说的文化复兴，不仅是儒学的复兴，应包括各种前现代的上层精英与下层民俗文化的复兴，尤其是多元文化的共存，特别是与今天各种新文化的交叉互动。当然，这些年来，我对照法国与德国的现代文化、日本与韩国的现代文化、我国台湾的现代文化，对我国大陆任凭美国好莱坞驰骋，大众媚俗文化日甚一日而得不到深刻的文化批评，以及完全抛弃故我，对传统精神与汉语言文字的任意践踏等现象，深怀隐忧。我希望我国政府与国民能像捍卫国家安全一样，捍卫我们的文化传统，捍卫汉语言的纯洁性（不是不吸收外来语与新词，而是不能像现在这样放任，这样恣意地糟蹋汉语之美）。

最后，民族文化的复兴，在制度层面如何落实，是一个非常复杂的问题。国学的复兴不是复古，不是刻舟求剑，而是发掘历代遗留下来的思想资源，面对现实问题，认真地反哺、扬弃，作创造转化。有的文化要素，例如仁、义、礼、智、信等价值理念，例如"五伦"观念等，清除、检讨历史附着其上的糟粕，完全可以成为现代社会与现代人的精神的资粮。实现民族复兴，当然需要借鉴儒学以外的传统和包括中东、欧美、印度、韩国、日本等古今传统的更广泛的思想资源，以史为鉴，面向未来。所以，传统文化研究的前景十分广阔，我们希望有更多的青年学子了解并理解中华人文精神，并为之献身。

（作者单位：武汉大学哲学学院）

儒学创新的哲学反思

□ 〔美〕杜维明

儒学的第三期发展，经过三代思想家的努力已进入了一个新的时期。"五四"的哲人，面对西方启蒙心态的冲击，试图重建儒家传统的理论体系。以现代西方的普世价值：自由、人权、科学、民主为原则，汲取德国理想主义，法国生命哲学，英国经验主义，或美国新实在论的思想资源，把儒家的核心价值转化为现代精神的体现。

台港的新儒家，在巨大变革的文化氛围中，洞察生命存在的基本价值，深思人文精神的前景，为儒学开辟了哲学领域。他们回顾人类精神文明的大传统，探究西方典范哲人的思维方法。融会欧美现代思潮的精华，表现出深具忧患意识的中国人的心灵世界。

"五四"哲人和台港新儒家所积累的智慧为我们提供了深厚的思想资源。今天我们的哲学反思应在更宽广的视野，更坚实的理论基础和更全面而深入的人文关怀中进行：

（1）我门应在欧美日益专业化的哲学分析中培养基本功，但我们不必局限在逻辑、认识论、存有论、心灵哲学和语言哲学的范围中，而应特别关注与儒家有密切联系的伦理学、美学和宗教哲学的发展。

（2）我们必须跳出职业哲学家的封闭心理，以开阔的胸襟面对错综复杂的生命世界，在日常生活的具体实践中锻炼思想的能力。我们应以有思想家素质的哲学工作者自期而不应投身于学院哲学的纷争之中。

（3）孕育我们学术能力的知识资源，除西方的传统外，还应来自古今中外世界各地：轴心文明、原住民和当代思潮。我们应该通过文明对话来丰富儒家的内涵。

（4）现代西方的启蒙是我们思想结构中的组成部分。我们对它的同情了解和批判认识也是深化儒家传统的自我反思的能力。

（5）中国的儒家传统积极参与文化主体意识的创建。在儒家的视域中，主体性应是宽广的、开放的、包容的，当然也是批判的。儒学不仅是中国的，也是日本的、韩国的、越南的。儒家传统的复兴应是东亚和东南亚各国的共同事业。

（6）中华民族的资源是多元的。传统的五教（儒释道回耶）和当今在文化中国盛行的社会主义、自由主义、新左翼思潮，都是儒家哲学的重要参照。

（7）儒家传统是超时代、跨文化和多学科的人文现象，儒家哲学是多层次、多维度的生命哲学。哲学反思的特色不只是描述和诠释，而且是创造。儒家哲学，严格地说，不仅是中国哲学、东亚哲学，也是世界哲学，它是具有全球意义的地方知识。

（作者单位：美国哈佛大学哈佛燕京学社）

中国传统知识与价值整体观之
现代、后现代阐释

□ 刘述先

一、引　言

中国哲学传统与西方迥异。西方哲学传统主流呈现一种二元对立的方式，特别到了近代，休谟切割实然与应然，当代逻辑实证论乃分离知识与价值。一直到晚近怀特海、新实用主义思想流行，全球意识觉醒，才有与过去十分不同的省思。但中国传统以儒家思想为主流，一向把知识与价值当作不可分割的整体看待。本文继承牟宗三、方东美开出的睿识作出现代/后现代的阐释以融通中西，并寄望于未来。

二、中西哲学传统主流思想不同的特色[①]

人类文明在上古分别在不同的区域发展，形成了十分不同的特色，这是很自然的现象。中西哲学传统迥异，通过比观，才可以凸显出彼此不同的特质。据文德尔班（W. Windelband）与柯普斯顿（F. Copleston）的哲学史，古希腊经宇宙论、人事论到系统论时期，以柏拉图、亚里士多德为主流思想。柏拉图中期著《理想国》，倡超越之理型论，将超越之理型与经验之事物打成两橛。亚里士多德则倡内在的法式论，法式（form）与材质（matter）相互依存。但他仍保留"纯粹法式"（pure form）的概念，以之为"上帝"（God），"不动之动者"（the Unmoved Mover）。对亚氏来说，理论科学比实用科学如伦理学占优位，最高的思维是对于永恒对象的玄思默想（contemplation），这样在"理论"（theoria）与"实践"（praxis）之间仍然留下一道不可跨越的鸿沟。古希腊的学术，侧重逻辑、修辞学、文法的训练，颇显现其特色。古代哲学最后两个时期：伦理与宗教时期，往个人的安身立命方面倾斜，由知识的追求转向信仰的关注。

而西方文化不只有一个渊源。到了中世纪，源出希伯来的基督教信仰席卷西欧。中世纪的神学也可划分成为三个阶段：第一个阶段的代表人物奥古斯丁，深刻受到柏拉图的影响，对比俗世的罗马与上帝之城。第二个阶段的代表人物圣多玛，则有亚氏重视经验实在论的倾向。但他还是在希腊的四达德（cardinal virtues）——节制、勇敢、智慧、正义之外，增加了仰望超世的信、望、爱的德性，也在启示神学与自然神学之间划下了一道不可跨越的鸿沟。但圣多玛仍致力于调和知、信。到了第三阶段的代表人物威廉·奥铿那里，乃彻底分离"信仰"（faith）与"理性"（reason）。

耶稣既明示"把恺撒的归之于恺撒"，文艺复兴以后的西欧进入近代，乃分开国家（state）与教会（church）的权责，只不过时代的钟摆摆向了俗世人文的一边。以后近代西方的科技商业文明不可复抑，成为宰制世界的潮流，一直到今日为止，西方的美国还是举世唯一的超强霸主。就哲学思想来看，17世纪笛卡儿想把心身割裂成为两截，18世纪休谟对比"实然"（is）与"应然"（ought），启蒙时代康德划分现象与本体，纯粹理性与实践理性。19世纪黑格尔建造了一个亘古未有的大系统，由主观精神到客观精神到绝对精神，却不免过河拆桥。自此以后，西方哲学变成了分崩离析的局面。马列讲唯心、唯物两条路线的斗争。20世纪英美流行分析哲学，欧陆流行现象学、存在主义、诠释学的思潮。直到如今，多元主义（pluralism）在西方仍为时尚。如何面对绝对主义（absolutism）与相对主义（relativism）的夹击？这成为当代必须面对的最关紧要的哲学问题，尚待我们作进一步的探索。

而中国哲学传统自始就走上了一条十分不同的途径。中国哲学第一个黄金时代是在周朝末年的春秋战国时期，所谓周文疲弊，百家争鸣，有哲学重要性的不外儒、道、墨、法、名、阴阳六家而已！有这样的背景，可见中国哲学的兴起，一开始就和实践问题脱离不了干系，分别提出了自己解决人生、世界问题的实际方案。有趣的是，在发展的过程中，墨家倡兼爱，与基督教倡大爱（agape）相近，名家擅诡辩，似希腊辩士，这两派到了汉代几消失无踪，到晚清才重新受到注目。据说汉武帝用董生之策，独崇儒术，罢黜百家，这不免太夸张，并不符合事实情况。阴阳家源出儒家，通过对《易》的关注，又与儒家合流。法家助暴秦统一天下，背负恶名，但未绝迹，自汉以来，成为阳儒阴法的局面。儒、道则始终互补，两千年来一直是中国文化的主流。然而汉代立五经博士，的确肯定了儒家正统的地位。儒家源远流长，制度化的儒家到满清覆亡才落幕。西风东渐，儒家一度被视为落后的根由，受到排击。不想日本与亚洲"四小龙"兴起，都有儒家的背景，到了20世纪70年代，又有复苏之势。我一向对儒家的理解采取一个三分架构：（1）精神的儒家；（2）政治化的儒家；（3）民间的儒家。三方面互相关联而取向有别，必在概念上有所区分才能作出有意义的讨论。当然我的重点是放在精神儒家方面，汉代似罗马，实行政治化的儒家，朝廷意理强调一元正统，在哲学上并没有超卓的成就。儒家不像基督教那样有强烈的超世的祈向，而展示了彻底的现世的性格。汉代以来，孔子的地位不断上升，被今文经学家尊为"素王"（没有王位的圣王），成为中国文化传统最有象征性的人物，略加阐释如下。

孔子从来不声称有任何原创性，他强调的是学习（《论语》之学而第一），回归周公所建构的礼教，通过道德教化，建立一个和谐的社会秩序。但在传承之中却有了前所未有的突破。所谓"克己复礼为仁"（颜渊第十二），礼的实践乃发自内在的仁。仁才是孔子的终极关怀。他拒绝与一般人崇信的鬼神打交道，一般人看不到天的作为而不畏天，但他畏天（季氏第十六）。可见他强调的不是传统的人格神的天的面相。而他深信在无形之中天的生力默运其间，所谓"四时行焉，百物生焉，天何言哉！"（阳货第十七），人以天为楷模，倡导不言之教。人的生命虽有限，所谓"死生有命，富贵在天"（颜渊第十二），但"君子忧道不忧贫"（卫灵公第十五），抑且"人能弘道，非道弘人"（卫灵公第十五）。由此可见，孔子所建立的决非一寡头的人文主义，而是一种既内在而又超越的思想形态。在孔子以后，先秦儒最重要的无疑是孟、荀二家。孟子思想值得大书特书处，隐含在孔子的天人合一思想，通过心性的论述，整个地显发了出来。所谓"尽心、知性、知天"（《孟子》尽心上），孟子仁义内在，性由心显，发扬光大了孔子思想理想主义的一面，后来被宋明儒尊崇为正统。荀子则别开蹊径，有自然主义的倾向，由于下开法家思想，不免受到贬抑，然传经之外，弘扬礼教，也有很大贡献，不应加以漠视。孟子重仁心（所谓恻隐之心），荀子重智心（所谓虚壹而静，见《解蔽》篇），前者走反身的道路向上体证存在与价值的创造性的根源，后者向下落，强调具体价值的实践，二者实相反相成。荀子所谓"认知心"的中心关注也毕竟不在自然科学，而在人文化成，开创文明，知识与价值一样紧密地关联在一起，与亚氏只有少分相似，与近代西方的二元分割更不可以道理计，这是不在话下的。孔、孟、荀加上《礼记》的《大学》、《中庸》，以及《易传》。先秦儒学基础已备，是儒学的第一个大时代。②

经历两汉经学、魏晋玄学、隋唐佛学的阶段，宋代儒学由对抗二氏（老子、释迦）而开创了中国哲学第二个黄金时代。朱熹建立道统，所谓濂、洛、关、闽，尊周濂溪为开祖，但二程（明道、伊川）才是真正的开创者。张横渠自承闻道后于二程，然而他提出了许多新的观念、新的见解，就知识与价值的题旨而言，他的说法更能凸显出北宋理学的特色。他区分开见闻之知与德性之知，气质之性与天地之性，所谓"天道性命相贯通"（参《诚明篇》），成为宋明儒学共同的睿识。朱子号称集大成，但牟宗三先生指出，朱子继承的是伊川，并非明道，他把握的"理"只存有而不活动，已经偏离了濂溪、横渠、明道以理为既存有亦活动的正统，而形成了"继别为宗"的奇诡的现象。③朱子建构了一个理气二元不离不杂的大系统，④但与之并世，象山即斥其支离，回归孟子。明代阳明龙场顿悟之后，排击俗学，心学大盛。而程朱理学、陆王心学互相颉颃。然二者无疑都是圣学的分支，只前者以心具众理，后者以心即理。阳明固明言："良知不由见闻而有，而见闻莫非良知之用。故良知不滞于见闻，而亦不离于见闻。"（《传习录》下）良知无疑不在经验知识的层面。然而朱子虽讲格物、致知、穷理的渐教，重认知心，但他著名的大学补传讲"豁然贯通"，通过一异质的跳跃，掌握到通贯之理，由人事至于自然，通天下莫非此理之呈现。对朱子来说，修养工夫、知识、价值的践履，是紧密不可分的。很明显，他所谓知，也决不是近代西方严守价值中立、通过经验概括建立的科学知识。宋明儒讲理气、心性，表达不同于先秦儒，却继承其睿识，通过与老、释二氏的对较，把"内在超越"的思想形态发挥得淋漓尽致。宋明儒学发展到明末清初，即难以为继。⑤清儒如陈确、颜元、戴震流失了超越的层面，发生了典范的转移。但戴东原的思想虽转向为自然主义，仍维持知识、价值的整体观，不与西方近代二元分割的思想同调。

宋明儒学"天道性命相贯通"的睿识要到当代新儒家才重拾旧绪，开创了一片新天地，而牟宗三先生乃有先秦、宋明、当代三期儒学的说法。但民国创建以后，制度化的儒家已逝，儒家的地位由中心到边缘，理论效果容后再议。⑥

三、由逻辑实证论到怀德海、实用主义的转变

20 世纪初西方流行逻辑实证论思潮，和传统的实证主义不同，标明以逻辑为形式科学，经验科学如理化、生物要通过"可证验性"（verifiabilify）的验证，才有"认知意义"（cognitive meaning）可言。传统的形上学玄想只是概念的诗篇，仅有"情感主义"（emotive meaning）。这样的二元分割把东方哲学传统的内容摒弃在认知意义的范围以外，知识与价值被彻底打成两橛。如果逻辑实证论当道，要讲中西哲学的会通是不可能的事。所幸西方思想多元，20 世纪也流行博格森（H. Bergson）、怀德海（A. N. Whitehead）的思想，有整体的视野（vision of the whole），不与分析哲学的分崩离析（lure of the part）同调。⑦到了晚近，逻辑实证论的宰制地位已然烟消云散。由现代到后现代，启蒙理性的霸权受到严重的挑战。近代西方直线的进步观饱受质疑，后现代虽莫衷一是，但重新肯定了一些前现代的睿识，也反对歧视非西方文化，而流行多文化主义（multi‑culturalism）的观点，开启了一些新的机运。面临这一关键性的转型时刻，我觉得怀德海的案例特别值得我们重新加以省思。

就我的理解，怀德海的思想象征一个时代的终结，也开启了另一个时代崭新的可能性。怀德海是一位有深刻文化素养的科学哲学家。他把近代西方科学的渊源追溯到希腊的命运观、罗马法、中世纪的理性主义。但西方科学的突飞猛进要到文艺复兴以后，由伽利略到牛顿发展了一整套有普世意义的世界观，上天下地，由简单的几条律则所统御。然而近代西方伟大的科学的成就却犯了怀德海所谓"错置具体性的谬误"（fallacy of misplaced concreteness）。⑧举例说，古典物理学原子的单一位置（simple location），其实是误把抽象的结果当作具体的真实。受到相对论与量子论的启发，怀德海致力于建构新的宇宙论，而完成了《历程与真实》的伟构。⑨可惜的是世乏解人，爱因斯坦就不明白他的意旨何在。而现代科学日新月异，建筑在科学知识上的宇宙论也不可能作成定论，所以我才会认为怀德海的宇宙论象征一个时代的终结，以后恐怕不会再看到这样的伟构了。然而怀德海的睿识却继续传留下去，他破斥古典物理学预设的机械唯物论思想，而倡导有机主义的哲学。世界不是原子的组合，整个宇宙通体相关，存在与价值结为整体，他特有的表达方式与中国哲学迥异，而睿识相通。最出人意表的是，怀德海在他宇宙论的大系统中，发展了一套有关上帝的新观念，论所谓上帝的"原初性"（primordial nature）与"后得性"（consequent nature），不期而然对于当代宗教哲学发生了巨大的冲击而造成了深刻的影响。⑩自中世纪援用希腊哲学的概念阐释神学以来，上帝长久被理解为永恒的存有（Eternal Being），在"生成变化"（Becoming）的过程之外。但怀德海却开启了一条全新的思路，竟然可以容许讲生成变化的上帝。通过怀德海的启发，赫桑（Charles Hartshorne）穷一生之力提倡"过程神学"（process theology），如今已蔚然成风，成为当代神学之中的一个重要流派。赫桑在芝加哥大学的同事魏曼（Henry Nelson Wieman）则提倡"经验神学"（empirical theology），与之相互羽翼。魏曼讲的并不是休谟的原子式的经验，而是杜威的广阔的经验的观念。杜威的自然也不是机械的自然，而是开放的、力动的、有机的自然。杜威的宗教情操不在信仰一个超世的永恒的上帝，而在向往一个比现世更为完善的理想境界。⑪杜威的说法过分简略，明显不足。魏曼受到他的影响，不把上帝

当作一种超自然的存有，而是在自然以及人文世界之中发生作用的力量。他对怀德海有关上帝的原初性一类的宇宙论玄想并没有特别的感应，但他把上帝当作此世以内的创造性力量，拯救人类脱离堕落、毁灭的道路，则有很深的体认。[12] 依魏曼，上帝的力量虽是永远不竭的，但不能保证恶的蹂躏不会降临到我们身上。要避免彻底毁灭，只有寄望人终极托付给上帝的创造的力量，而人的拒绝救赎可以使人坠入万劫不复的境地。

略加总结，怀德海的宇宙论启人遐思，很少人对他建构的系统照单全收，而他的睿识最深远的影响是在神学方面。杜威缺乏像怀德海的玄思，但他对"经验"与"自然"取宽广、开放的理解，也留下了空间，在宗教的层面可以作更进一步的拓展。杜威重视整体的经验，强调实用与价值的重要性，对于美国教育造成了深远的影响，一度曾被誉为美国的孔子。但美苏太空竞争，苏联先把火箭送入太空，美国舆论一度谴责杜威提出的自由教育是美国落后的一个主要原因，使得杜威的声誉在一段时间之内一落千丈。但如今事过境迁，苏联解体，极权专制可以赢得短暂的优势，长久来说，终究无法抗拒自由、开放的趋势。杜威的影响沉潜了一段时间之后并未真正消失。而杜威并未像怀德海那样建构一个系统，只是指点了一个方向，反而更有利于新的创造与拓展。晚近美国"新实用主义"（Neo-Pragmatism）流行，虽然像罗蒂（Richard Rorty）那样不免有相对主义的倾向，但怀德海、杜威合流，的确开拓了一些新的可能性。一个象征是，英文的《中国哲学季刊》（Journal of Chinese Philosophy）的三十周年特刊，"作为知识与价值的中国哲学，回顾（1973～2003 年）与前瞻"，竟然有安乐哲（Roger T. Ames）、葛兰杰（Joseph Grange）、白诗朗（John Berthrong）与南乐山（Robert Neville）等四篇文章讲美国哲学——特别是杜威与怀特海——与儒家哲学的会通，适与我论《中国传统对于知识与价值的理解与诠释》的文章互相呼应，值得吾人注视。[13]

四、牟宗三与方东美的启发

当代中国哲学固然普遍受到西方哲学的冲击，英、美的影响显然远大于欧陆。一个原因是，中国学者的英文程度比较好，掌握英文的数据胜过其他语文的资料。罗素与杜威访华，一时掀起热潮。相形之下，现象学只沈有鼎有单篇论文，并未引起广泛注意。海德格尔更是受到漠视，和日本京都学派之与海德格尔有紧密的关系与交流，根本不能同日而语。而 20 世纪中国哲学三大潮流：西方、马列与现代新儒学，因救亡压倒启蒙，马列思想脱颖而出。[14] 中共在毛泽东的领导下，1949 年建立中华人民共和国。一些知识分子流亡港、台地区和海外。现代新儒学的代表人物如牟宗三、方东美，主要对话是英美为主，欧陆为辅。下一代如我们更是以英文为主，事实上英文已成为唯一通行的国际语言，这是一个无可阻挡的趋势。下面略谈我自己由这一条线索所得到的启示。

牟宗三先生是我的父执。他的第一部少作是：《周易的自然哲学与道德涵义》[15]，那时他吸收了怀德海宇宙论的睿识，用以释汉易的象数之学，以及清代胡煦与焦循的易学，1988 年在台北文津重印该书。《志言》自承对于《易传》之作为孔门义理，形成儒家的道德形上学，尚无相应理解。然后他的兴趣转移到逻辑，著《逻辑典范》，也非成熟之作。[16] 一直到《认识心之批判》两卷出版，才真正建立了自己思想的纲维，在序言中流露了自己的心声。[17] 他由当代的罗素、维特根斯坦开始，吸纳了中国传统缺乏的逻辑学。但哲学的反省却不满意流行的形式主义、约定主义的见解。后来才明白自己所走的是反身的道路，所作的是一超越的分解，所契者乃是康德之精神与路向，而非其哲学之内容。回归理性主义、先验主义、主体主义，一方面复活康德，一方面扭转时风，亦复活哲学。他说：

> 人之心思发展，了解过程，常是易于向"所"，而难于归"能"。向所，则从客体方面说；归能，则从主体方面说。向所则顺，归能则逆。古贤有云：顺之则生天生地，逆之则成圣成贤。吾可藉此顺逆两向以明科学与哲学之不同。向所而趋，是谓顺。"顺之"之积极成果惟科学。若哲学而再顺，则必锦上添花，涂为废辞。故哲学必逆。[18]

今之所谓逻辑分析，向所而趋，顺既成事实而厘清之，无所开辟，无所增益，其结果便只有科学一标准。落实来看：

> 向所而趋，亦可由所而逆，此则古希腊之传统。以及康德前之理性主义，皆然。然由所而逆，则正康德所谓独断的，非批判的。顺所而逆，而不知反，则必有罗素所谓推不如构，以构代推。而至以构代推，则由所而逆之形上学即不能立……正其自然之结果也。则今人之以科学为唯一标准者，亦不足怪矣。故吾常云：今人言学只有事法界，而无理法界：无体、无理、无力。此是休谟之精神，而亦为消极厘清之所必至者。[19]

他特别提到怀德海，说明自己为何不取他的路数：

> 吾初极喜怀悌（德）海。彼由现代物理逻辑发展，上承柏拉图之精神，建立其宇宙论之体构。此确为英美哲人中之不可多得者。然自吾逻辑书写成后，吾即觉其不行。盖彼亦正是由所而逆也，而其使用之方法又为描述法。此虽丰富可观，实非入道之门。盖其"平面"的泛客观主义之宇宙论实未达"立体"之境，故未能尽"逆之以显先验原则"之奥蕴也。……价值之源在主体。如不能逆而反之，则只具价值之放射，而不知源头之何所在。此则"超越的分解"缺如故也……由主体方面逆而反之，以反观其先验之原则，是则'超越的分解'之职责也。"[20]

由这可以明白，为何牟先生必须有进于怀德海，由主而逆，乃所以彰超越之分解。而主体有二，一曰知性主体，一曰道德主体。"认识心，智也，道德主体即道德的天心，仁也。学问之事，仁与智尽之矣。"[21]牟先生后来致力于阐明中土明"德"之学，也就不是偶然的了。

由此可见，牟先生是通过西学翻转过来，遥契圣学而衔接之者也。怀德海不足，并不是说他开出的思路不能给予吾人重大的启发。我年轻时读怀德海，觉得费解，[22]曾经和牟先生讨论。他虽不满怀德海，但盛赞其区分"知觉之二模式"（two modes of perception）："因果效应"（causal efficacy）与"当下呈现"（presentational immediacy）的睿识。怀德海批判由洛克到休谟的经验主义传统过分偏重知觉的因果效应式，而忽视了知觉的当下呈现式，"自然的二分"（the bifurcation of nature）也造成了理情的分离。在《认识心之批判》第一卷《心觉总论》，就可以看到牟先生由经验主义入手翻转出来的线索。当然牟先生并不认为怀特海由所而逆建构的宇宙论可以克服休谟的怀疑论。但《认识心之批判》最后第四卷《认识心向超越方面之逻辑构造》，也还是保留了空间给宇宙论的层面。他明言，由逻辑要求而逻辑地表达之本体不能证明，故为非独断的。而由本体论之构造，吾人亦可推至纯逻辑的宇宙论的构造。盖本体不虚悬，必尽其责：一为成就现象，一为生化现象。全书的结语曰：

> 隶属于天心之主体，则以天心为根；由之而显而发，故欣趣判断乃真实而必然者。……欣趣判断对于对象无所增益，自必极成。……但呈现为欣趣判断之"天心之寂照"同时亦即为贯彻润泽而实现万有者，此即客观而真实之普遍的自然目的性之实现。……依是，吾人只有形上天心之如如地生化与如如地寂照。自如如地生化言，曰道德世界；自如如地寂照言，曰圆成世界。自如如地生化之"所生化者之现实的存在"言，曰命题世界。㉓

由此可见，牟先生的思路必由向所之宇宙论逆反至归能之本体论。但一日本体论立，就会清楚地体现到，这不是知识所行境。然而宇宙论问题也并不因此被取消。虽然牟先生并未建构他的宇宙论，却留下了无穷的想象和可能性，值得我们作进一步的探索与思考。

我在大学和硕士生阶段，在台大受业于方东美先生，受到他深刻的影响。他的哲学有一宽宏的架构，他以哲学不能不是文化哲学的睿识，我终生奉为圭臬。但东美师不突出终极关怀或终极托付的面相，让我有一种不能餍足的感觉。得到硕士学位之后，到东海开始我的第一份教职，与牟先生日夕相处，让我接上了当代新儒家的思绪。牟先生批评东美师观想型的哲学未能鞭辟入里。而东美师盛赞戴震不只以性善、心善，还以情善、欲善，这样的思想未能获得牟先生的首肯。而我认为戴震以情挈情，难以解决价值判断的问题，故向新儒家倾斜，认同以理挈情的思绪，后来乃被视为当代新儒家第三代的代表人物之一。但我孕育自台大的自由学风，承继东美师宽广的比较哲学与文化哲学的架构，留学美国，受到田立克、赫桑、魏曼的冲击，也展示了不同的特色。我觉得牟先生的主体主义、正统意识过强，科学为道德心坎陷的成果的说法不免误导，引致泛道德主义一类不必要的批评。我同意牟先生逆觉的取向，但归向本体之后必须有一回环，超越的性理才能具体落实到文化的开创与文明的拓展。我认为狭义的道德与科学一样，也是一种卡西勒（E·Cassirer）所谓的符号形式（symbolic form）。正如牟先生所说，本体不虚悬，必成就、生化现象。由现象至本体，再由本体至现象，这样的回环同样有其必要，才不致因用而遗体，或者有体而无用。㉔由本体的证悟到宇宙论的开创与文明的拓展让我不只与当代西方的过程神学与新实用主义接轨，也重新接上了东美师的睿识。东美师说：

> 从中国哲学家看来，"宇宙"所包容的不只显物质世界，还有精神世界，两者浑然一体不可分割；不像西方思想的二分法，彼此对立，截成两个片段……宇宙在我们看来，并不只是一个机械物质活动的场合，而是普遍生命流行的境界。㉕

在阐释中国古典隐含的睿识，东美师最富创意处在，把《诗·大序》所谓"《诗》三体：赋、比、兴"移用来讲："《易》三体：赋、比、兴"，实在是神来之笔。这样才真正可以化腐朽为神奇。依东美师，《易》原属纪史之作，由一套可以表征血缘社会之组织结构，通过孔子及其后学，遂一变而为一套发挥易理"生生而和谐"的通盘哲学，其中包含四个方面：

（一）高揭一部万有含生论之新自然观；

（二）提倡一种性善论之人生观；

（三）发挥一部价值总论；

（四）完成一套价值中心之本体论。㉖

如此东美师把《易经》隐含的一套生生而和谐的宇宙人生观，发挥得淋漓尽致。无疑地他所展示的睿识与怀德海在精神上是相通的，这一下子打破了古今中外的隔阂。至于实用主义，杜威访华时东美师曾作传译，并在金陵大学选修了他的课，但后来却绝口不提。在南伊大教过我形上学与美学的老师韩六一（Lewis E. Hahn）教授，也是东美师的好友，在1987 年 8 月于东美师逝世 10 周年在台北举行的"国际方东美哲学研讨会"上作主题演讲《方东美先生与中国哲学精神》时，曾特别针对这一事提出他的解释，他指出访华时的杜威，代表作为《哲学的改造》（*Reconstruction in Philosophy*，1920 年），强调的是工具主义，难怪后来的东美师与之格格不入。但杜威晚年的《艺术即体验》（*Art as Experience*，1934 年），强调生动、浓烈、明朗、机体化的经验，不只展示了脉络主义（contextualistic）的特色，更有若干黑格尔的回响、共鸣，不难邀其欣赏。这有一定的道理。继承了牟先生与东美师的睿识，㉗我会与西方怀德海与杜威的流亚有更进一步的交流与互动，那是意料中事。

五、全球意识的觉醒以及未来之展望

我们可以了解牟先生之所以要突出主体与正统意识之因由：在历史变故之际，抱着孤臣孽子的心境，的确有这样的必要。但如今不只第三代的新儒家有更宽广的国际视野，今日世界在进入新的世纪与千禧的当儿，更要面对更紧迫的跨越传统国家文化藩篱的"典范转移"（paradigm shift）的问题，不能不迫使我们捐弃成见，作更进一步突破的省思。

不像昔日的文明在不同的地域分布发展，今日的世界已在不知不觉之间演变成了一个地球村。在世界任何一个城市都有不同的族群、文化、信仰的人们杂处在一起。2001 年"9·11"恐怖分子袭击纽约的双子塔，以及今年（2005 年）"7·7"伦敦的爆炸，已充分说明，孔汉思（Hans Küng）所谓的"没有宗教的和平就没有世界的和平"是我们必须正视的事实。㉘美国布什总统的单边主义（unilateralism）以强势军力攻占伊拉克，如今事实说明，不但没有摧毁所谓的恐怖分子的基地，反而激起伊斯兰教徒更深的仇恨。令人震惊的是，执行伦敦爆炸的竟是在英国生长、自幼接受西方所谓民主自由教育的伊斯兰移民的下一代。这很清楚地说明，真正的祸根不是来自境外的飞弹，而是祸起萧墙。没有案底、外貌温和的年轻人怎么会因为反感于种族、文化、信仰的歧视而转变成为诉诸暴力的激进分子呢！？由此可见，真正要解决问题竟系于"一念"之间，思想与意识的觉醒，不受外在因素的扭曲而动摇，持之以恒，最后才有一线希望，得以终结乱源。其实迄今为止，大多数的伊斯兰教徒是温和的，不可以让他们听任情绪的牵制，被少数激进分子牵着鼻子走。而更重要的是，超强的西方，特别是美国，不可以自以为是（self-righteous），以民主推销为名，以种族、文化、信仰的歧视为实，落实的是变相的帝国主义，那就成为培育激进恐怖分子的温床。在这样的情况之下，一些西方知识分子如孔汉思能够彻底自省，直探乱源，委实弥足珍贵，应该得到我们强力的支持，这就是我自始就尽力声援孔汉思推动《全球伦理宣言》的原因。㉙

孔汉思提议，在今日我们再不能固守壁垒，但也不能随波逐流，乃至兼容并包也有所不足，而必须自我批评。由现代到后现代，虽然肯定多元文化，却拒绝相对主义。他发现古今中外的精神传统所共通的，不在"上帝"的信仰，而在"人道"（Humanism）的关注。这与儒家对"仁"的终极关怀若合符节。我提议对宋儒的"理一分殊"给予创造性的阐释与孔汉思互相呼应。各精神传统对人道的关注有不同的展示，分别有其丰富的资源以及缺点与限制，不必强调正统，这才能够平等对待，交流互济，指向超越的"理一"，不能为任何一个传统的"分殊"——包括儒家——所独占。

孔汉思固然得风气之先，被尊为"全球伦理"之父，但他的努力决不是孤立的，得到了广泛的回响。譬如柯慎士提倡"第二枢轴时代"（The Second Axial Period）的来临。雅斯贝斯（Karl Jaspers）注意到，在公元前 8 世纪到公元 2 世纪之间，世界各地发生意识转变、混沌爆破，个体意识（individual consciousness）由集体意识（collective consciousness）分离出来。如今在世纪之交又发生了意识转变，一种新的"全球意识"（glabal consciousness）正在滋生出来。孔汉思的盟友，同属天主教信仰的史威德勒（Leonard Swidler）则指出，在 18 世纪启蒙时代以后，西方已走上了典范转移的过程。约言之，直到 20 世纪，西方的真理观念还大体是绝对的、静态的和独白式的，但不断演化为非绝对的和对话式的，也可以说是"关系式的"（relational）。来自不同区域的思潮不约而同地带给我们"非绝对化"（deabsolutized）的信息。我们同时拒绝"绝对主义"与"相对主义"，而肯定"相关性"（relationality）。正因为大家来自不同的草根层面，各人有各人的观点，却有必要互相沟通。现在我们明白，无论伊斯兰教、基督教、俗世观、佛教等不同传统，都有局限性，彼此之间必须通过对话以扩大、深化、增富自己。由"独白时代"（age of monologue）走向对话时代"（age of dialogue）。而他认为我们今日的选择乃是："对话或死亡"（dialogue or death）。㉚由"9·11"双子塔的恐怖袭击与伦敦爆炸的现况来看，这决不是知识分子的杞人忧天或者危言耸听，而是我们必须正视的一种情境。

最近史威德勒、白诗朗和我共同主编一部英文的论文集——《在对话中的儒家》，我们合撰导言，并分别提出论文以促进彼此之间创造性之交流。㉛史威德勒现在天普大学宗教系任教，主持一个全球对话中心。他是在欧洲受到训练的美国神学家，虽然有天主教的背景，却能够吸纳怀德海与杜威的睿识，我曾经撰文介绍他大力推动世界伦理的努力。㉜他的文章尽量彰显耶稣的人性，无疑可以促进双边的交流。白诗朗现任波士顿大学神学院副院长。他出身于芝加哥大学，有过程神学的背景，也是研究朱熹的专家。他是波士顿儒家的代表人物之一，他虽然激赏牟宗三，但却与杜维明相反，致力弘扬的不是孟学，而是荀学，意识到在现代社会重新建立礼仪的重要性。我自己如前所述，近年来致力于"理一分殊"的创造性的阐释。我们三人来自完全不同的背景，但从 1988 年在香港举行的第一届儒耶对话的国际研讨会开始，通过长时间创造性的交流，已经凝聚了相当的共识。我们都拒绝自然的二分，深信存在与价值不可分割，体现天人合一的睿识（an anthrocosmic vision），分别由不同的视域展示对于"超越"的终极关怀，决不随波逐流。我们积极推动全球伦理的发展，致力于文明的拓展，知其不可为而为，正视世界人生的危机，谋求救赎之道。

在不断开展的过程中，我深切了解自己传统的宝贵的资源与严重的限制，正如梁漱溟所指出的，中国文化太过早熟，分殊的拓展严重不足，一元正统的意识过强，以至未能充分具现《易传》所揭示的生生不已的理想，使得文化出现长期呆滞的现象。到了西学东渐，疾卷神州，几乎遭遇亡国灭种之痛，这才幡然醒悟。"五四"高举"德先生"、"赛先生"的旗帜乃是正途，但不免落入文化虚无主义的深渊。新儒家如牟宗三由道德心的直贯转往认知心的坎陷，的确指示了一个正确的方向，但对传统现代化必须面对脱胎换骨的困难，显然估计得非常不够。故我放弃这样的说法，也避免了泛道德主义的误导。终极的"理一"根本超越名相，潜藏的生力要具现却必须通过对偶性、客观化（objectivize）成为"科学"（真）、"道德"（善）、"艺术"（美）等等的不同"文化形式"（cultural forms），以及东西文化的"分殊"。但分殊而不流于相对主义，万变不离其宗，仍指向超越的"理一"。在今日没有人能建构一个永恒不变的系统，只有面对具体的时空，随感随应，万古常新，才能具现"生生而和谐"的动态的均衡，只有在这样的终极托付下才可以看到未来希望的曙光。

注　释：

① 本节所论，参拙作《跨文化研究与诠释问题举隅：儒家传统对于知识与价值的理解》，《台湾东亚文明研究学刊》第一卷第一期（2004 年 6 月），第 119～132 页。

② 2005 年 3 月我应邀到香港中文大学新亚书院作第十八届钱宾四先生学术文化讲座：《儒家哲学的三个大时代》（先秦、宋明、现代），讲录撰写完成后出版，读者可以参看。

③ 参牟宗三《心体与性体》第一册，台北正中书局 1968 年版，第 42～60 页。牟先生在程朱、陆王之外，还有胡五峰、刘蕺山一系回归北宋三家的三系说，此处不赘。

④ 参拙著《朱子哲学思想的发展与完成》，台北学生书局 1995 年版。

⑤ 我以黄宗羲（梨洲）为宋明儒学的殿军，参拙著《黄宗羲心学的定位》，台北允晨文化 1986 年版。

⑥ 参拙作《从中心到边缘：当代新儒家的历史处境与文化理想》，《现代新儒家之省察论集》，台北"中研院"文哲研究所 2004 年版，第 101～124 页。

⑦ 这是利瓦伊（A. W. Levi）《哲学与现代世界》一书最后两章的标题，参 *Philosophy and the Modern World*（Bloomington：Indiana University Press，1959）。利瓦伊最后一章讲怀德海，可以看到他心目中现代西方哲学的走向。对于 20 世纪西方哲学的鸟瞰，可以参看我的少作《新时代哲学的信念与方法》，新近刚出简体字本（湖北教育出版社 2005 年版）。

⑧ Cf. A. N Whitehead, *Science and the Modern World*（New York：Macmillan, 1925），pp. 75-82, p. 85.

⑨ A. N. Whitehead, *Process and Reality*（New York：Macmillan, 1929）.

⑩ 参拙作《有美国特色的当代美国宗教哲学》，《理想与现实的纠结》，台湾学生书局 1993 年版，第 289～331 页。

⑪ Cf. John Dewey, *A Common Faith*（New Haven：Yale University Press, 1934）。

⑫ 魏曼是我的博士论文导师，我们之间曾经有很好的创造性的交流（creative interchange）。我是

他在南伊大指导的最后一个博士生。关于对他的思想的介绍以及与中国哲学，特别是《易》的生生不已的哲学之间的关联，参拙著《文化与哲学的探索》，台湾学生书局 1986 年版，第 111~162 页。

⑬ *See Journal of Chinese Philosophy*, Vol. 30, nos. 3&4 (September & Dec. 2003): Roger T. Ames, *Confucianism and Deweyan Pragmatism: A Dialogue*, (pp. 403-417), Joseph Grange, *John Dewey and Confucius: Ecological Philosophers*, (pp. 419-431), John Berthrong, *From Xunzi to Boston Confucianism*, (pp. 433-450), Robert Cummings Neville, *Metaphysics in Contemporary Chinese Philosophy*, (pp. 313-326), Shu-hsien Liu, *An Integral Understanding of Knowledge and Value: A Confucian Perspective*, (pp. 387-401).

⑭ 参见李泽厚《启蒙与救亡的双重变奏》，《中国现代思想史论》，北京东方出版社 1987 年版，第 7~49 页。

⑮ 此书原名为《从周易方面研究中国之玄学及道德哲学》，因嫌冗长，改易今名。现收入《牟宗三先生全集》第 1 卷，台北联经出版事业有限公司 2003 年版。

⑯ 此书出版于 1941 年，现收入全集第 2 卷。

⑰ 此书于 1949 年大体已完成，然由于历史变故，无有承印者。一直到 1956~1957 年由香港友联出版社出版，现收入全集第 18 卷、第 19 卷。

⑱ 《认识心之批判·序言》，第 2 页。

⑲ 同上，第 3 页。

⑳ 同上，第 4 页。

㉑ 同上，第 5 页。

㉒ 怀德海的思想不易把握，我觉得利瓦伊的阐释颇能得其启要，无论在概念分析上，还是在文字表达上都颇能得其神髓。参注⑦。

㉓ 同注⑰，《认识心之批判》，下册。

㉔ 这样的回环在我对波士顿儒家南乐山的回应中清楚地展示了出来，参见我的英文论文，*Confucianism as World Philosophy: A Response to Neville's Boston Confucianism from a Neo-Confucian Perspective*, in Confucianism in Dialogue Today: West, Christianity & Judaism, edited by Liu Shu-hsien, John Berthrong, Leonard Swidler (Philadelphia: Ecumenical Press, 2004), pp. 59-73. 此文中文本：《作为世界哲学的儒学：对于波士顿儒家的回应》，已收入拙著《现代新儒家之省察论集》，第 17~38 页。

㉕ 引自方东美著，冯沪祥译《中国人生哲学》，台北黎明文化 1979 年版，第 115 页。

㉖ 参方东美著，孙智燊译《中国哲学之精神及其发展》，台北成均出版社 1984 年版，第 123~162 页。

㉗ 我对融通东美师与牟先生思想的可能性有一些初步的构想，1999 年 12 月在台北由中国哲学会主办之"方东美先生百岁诞辰纪念学术研讨会"曾宣读论文：《方东美哲学与当代新儒家思想互动可能性之探究》，收入拙著《现代新儒家之省察论集》第 233~251 页，读者可以参看。

㉘ Cf. Hans Küng and Karl -Josef Kuschel , eds.: *A Global Ethic: The Declaration of the Parliament of the World's Religions* (London: SCM Press, 1993).

㉙ 参拙著《全球伦理与宗教对话》，台北立绪文化事业有限公司 2001 年版）。下面相关议题的讨论均请参阅这本书。此书以第一时间把这一新的动向向中文世界作了全面的报道与检讨。

㉚ Leonard Swidler, ed., *For All Life: Toward a Universal Declaration of a Global Ethic: An Interreligious Dialogue* (Ashland, Oregon: White Cloud Press, 1999), pp. 15-16.

㉛ 该论文集与我的论文，参注㉔ 。他们二人的论文是：John Berthrong, *Boston Confucianism*, pp. 26-47, Leonard Swidler, *What Christianity Can Offer China in the Third Millennium*, pp. 153-170. Swidler 还为西方读者提供了一篇介绍性的论文，*Confucianism for Modern Persons in Dialogue with Christianity and Modernity*, pp. 12-25.

㉜ 参拙作《宗教情怀与世界伦理——以史威德勒为例》，现收入拙著《全球伦理与宗教对话》，第 87~115 页。

（作者单位：台湾东吴大学）

论康德与儒家的理论关联
On Theoretical Link between Kant and Confucianism

□ ［美］成中英

□ Chung-ying Cheng

中 文 摘 要

基于欧洲启蒙哲学与儒家传统的历史渊源，本文从一个相互诠释与相互启发的角度来论述康德与儒家（以孔子与古典儒家为主）的深层呼应的理论关系。两者同时说明回归人与回归理性以及从人性与人心掌握经验性、理性与精神性的重要性。指出康德是在逻辑分析地展示人性的多种功能与需求以及其内在的统一性，而儒家则在经验与体验上本体整体地彰显人的存在的自觉性，自主性与动态的创发性。一重结构，一重过程；一以理说性，是为理性，一以性显理，是为性理；但均以主客协和与实现自我的德行为生命依归。

本文并以古典儒学的天人合一与知行合一以及宋明儒学的理气合一的观点论述康德坚持的理性与经验合一的求知原理，并进而论述形上学本体论的构成原理。对应康德而言，如智的直觉真实或物自身（intellectual intuition of reality or the thing-in-itself）为不可能，则何以说明他主张的未来形上学建立的可能？对应当代新儒学中牟宗三而言，如智的直觉真实为可能，则何以说明儒释道显示的真实本体的多元异类景象？本文因而进行仔细地对智的直觉物自身一命题的意义与所指分析，指出其用法上的歧义与模糊性，消除了康德与牟宗三之间的不必要的矛盾，保障了科学理性的合法性（与必要性）以及理性超越（超越科学理性）的道德与本体价值。

Where Does the Theoretical Link Lie?

The problem regarding how Kant（1724-1804）relates to Confucianism and how Confucianism relates to Kant has interested me for a long time. It is not only because many contemporary Confucian scholars have taken Kant's moral philosophy seriously in relation to Confucianism, but also because many others have also come to realize that Kant could be influenced indirectly by Confucianism in a historical process of philosophical exchange beginning with Leibniz and Christian Wolff, who in their times have come to know Confucianism through correspondences produced by Jesuit works on Confucian texts and Confucian philosophy. In fact, they have come to speak of Confucianism as a philosophy of humanity focusing on human reason and human autonomy. Historical influence aside, what is striking to me is that both Kantian and Confucian philosophies could be said to have centered on a deep thesis of unity of ultimate reality and man (for Confucians the unity of heaven and man and for Kant the unity of reason and experience) which must be derived from deep reflections on nature of human understanding and human knowledge, origin and significance of morality and human freedom. One may not be able to see this until he or she has a thorough understanding of both Kant and Confucian philosophy in a context of dynamic development and sedimentation.

On the basis of a holistic reflection on Kant and the Classical Confucians including Confucius, Mencius and Xunzi,[i] one can immediately see that they have shared many central themes in correspondence and even in consonance or resonance that cannot be easily ignored. For example, the basic theme on autonomy of moral will as the defining quality of human worth is well articulated in Confucius's statement of human will for *ren* (benevolence), namely "If I wish to have *ren*, *ren* is here within me"[ii] and in Kant's assertion of the moral principle of categorical imperative as legislated by one's moral reason. Although differences are inevitable, there is essentially the affirmation of the freedom of spirit and will rooted in human nature presupposed in the thinking of Kant and Confucius. Besides, it is assumed for Confucius that *ren* is a universal principle inhering in human nature for he says: "If anyone is to work on *ren* [to make it a living principle], I have not seen one who is incapable of doing so."[iii] One may note that although practical reason is present in human mind, it takes attention and reflection before one could reach clarity of the moral principle of categorical imperative.

In the case of knowledge, even though Kant has given a unprecedented analytical account of the prior conditions of human knowledge of objects and revealed the restriction that our understanding experiences, the spirit of his inquiry is to secure a path of human knowledge in terms of empirical inquiry and rational examination and thus forestall dogmatic speculation unwarranted by consistency of reason and experience. For Confucius, the same spirit prevails as the core of his outlook on human knowledge. He maintains that we should distinguish between what one knows (*zhi*) and what one does not know (*buzhi*) and holds that this distinction is a form of knowledge, namely a distinction introduced by the cognitive function of pure reason. Even though Confucius did not specify how to decide what one does know and what one does not know, his rejection of the strange, the supernatural, the confused, and the non-rational (*kuai-li-luan-shen*) suggests a rationally disciplined way of thinking and expression which Kant would find highly congenial.[iv] In later Confucian philosophers such as Mencius and Xunzi in the Classical Confucian Period, and Zhu Xi and Wang Yangming in the Song-Ming Period, one can also sense a deep accord on the notion of moral sovereignty of man and a respect for ontological understanding based on consistency of reason and experience.

Again granted that they may differ in their ways of articulating the same theme or concern, they seem to point to a convergent image of man as independent, dignified being with a moral nature or moral will which is ground for development of moral virtues and basis for rethinking of the metaphysical status of knowledge and humanity. One may therefore suggest that their respective underlying frameworks have presupposed the unity of the nature of man and the nature of reality so that a human being could reach knowledge of the real by reason and experience together and nothing else. But because they are different in their emphasis and concerns, to see how they are different and how their differences could complement each other in a comprehensive understanding and overlapping consensus would be most challenging for a profound understanding of human being. It may also carry a methodological challenge: how each side may approach the other in an enriching dialogue with mutual interpretations to be warranted by critical considerations due to unity of experience (including historical influences) and reason.

To say this is again not to deny that Confucianism and Kant have different conceptions of reality and morality and that their different views actually arose from different backgrounds. Kant and different Confucians think in different historical traditions and under different circumstances in time and space. In fact, even when we speak of Confucianism we refer to a large system of sub-systems that not only differ in many aspects from Kant but also differ from each other. Yet the general concern which we can construct from reflecting on a Confucian sub-system and Kant independently cannot but lead us to the impression on their orientations that we could describe as comprehensive in scope, architectonic in relations, and largely centered in human concerns.

Centralization on the Subject of Human Being

I shall now first deal with the issue on centralization on the human being in both Kant and Confucius. Then I shall deal with the issue on unity of heaven and man in Confucius and the issue on unity of reason and experience in Kant and show their mutual relevance. On the issue on centralization on the human being, it is what Kant has experienced as a Copernican revolution, a turning away from theology of a transcendent God to reflection on human being as a form of ultimate being. For Confucianism, no such revolution is needed because centrality on humanity has been realized as a result of evolution, rather of revolution, which has the same significance as the Copernican revolution in Kant. To say this, however, is not to reduce Kant to humanism, a term which has been used to characterize Confucianism. On the contrary, it is to bring out a vital point regarding the nature of Confucian humanism in light of Kant: namely humanism in the Confucian philosophy is not just concerned with humanity as a given entity alone but with human activities in the world and the active attitude of humanity in relation to the world of experience which generates human knowledge and human values. In other words, we have to see Confucian humanism as whole system of philosophy that recognizes the equal roles of reason and experience in the formation of our metaphysical or ontological ideas of reality. This is also the Kantian humanism.

When I say that Confucian perspective on centrality on humanity is result of evolution, I have to point out that before Confucius the relation between man and heaven has been basically regarded as mutually determining. This is to be understood in light of the history of the development of the notion of *tian* (heaven) from the notion of *Shangdi* (lord-on-high) in texts of Shujing and Shijing. My analysis has shown how a cosmic ruler on high is conceived to have a personality like a human ruler and how he is invested with the power of creation and moral authority and act in the interests of provision of life and justice in the human world. [v] *Shangdi* may not be like God in Christianity, but there are no doubt common features shared between *Shangdi* and God in early Hebrew beliefs, both are close to humanity and are concerned with human justice and human life.

Whereas the Hebrew experience of God has developed into an absolutely transcendent God as person, Chinese experience of *Shangdi* led to a more and more depersonalized notion of immanent order in nature and humanity. In the context of political and social development in Chinese early history, *Shangdi* as a personal power has to be expanded to fit in with historical changes and become absorbed or integrated into concepts and beliefs in heaven and "mandate of heaven" (*tianming*), which are founded on the basis of a moral awakening of human responsibility. The Zhou founders even came to realize how one's behavior is ultimately responsible for the downfall and rise of a dynasty, the notion of heaven becomes "externally factored" into the notion of the *dao* (the way) on the one hand and "internally factored" into the notion of *xing* (nature) on the other [vi], and consequently loses its personal reification and transcendence in separation from the human world. In other words, whatever intentional transcendence there is in heaven has become immanentized in the cosmic nature and the human nature, which forms two aspects of the same reality.

It is perhaps in light of the experience of heaven as a ultimate reality that one must see cosmic nature and human nature as originally unified in their origins. This would explain the resonance between the object and subject in the epistemic relationship and the consonance between man and the environment of his life. The Zongyong proposition that what is endowed from heaven is called the human nature, what is cultivated in the human nature is called the *dao*. This is where and how Confucius comes to discover and realize a profound sense of humanity, humanity as deeply rooted in the order of reality and as having a power of self-fulfilling the nature of the *dao*. One sees the gradual transition from transcendence to immanence that includes the discovery of the human autonomy and human creativity as early as before the Zhou Period.

In the above I mentioned the significance of freedom of will for *ren* in Confucius. It is a matter of volitional self-determination of what to do for being human. One may wonder whether it functions like the self-legislated rational principle of duty in Kant's function of practical reason. The answer is positive. For according to Confucius, *ren* is "overcoming self-interests for the purpose of practicing the proprieties" (*keji fuli wei ren*) [vii]. The Confucian point is that one has to become awakened to the presence of *ren* in oneself or in other words, one has to overcome one's self-interests in order to perform *ren* as the principle of not hurting others which would include performance of duties in the form of proprieties. As one may have many things that one does not wish to have done to oneself by others, including that of not doing the right thing, then why must one do these things to others. The motto "Do not do to others what one wish not done to oneself by others" is expressed as an imperative and there is no condition attached to it. It is strictly motivated by one's moral feelings. Hence the principle of *ren* is deontological in precisely the Kantian sense, although not as explicitly explained.

There are however two aspects of the *ren* principle which perhaps would enrich the principle of categorical imperative. In one aspect, the principle of *ren* does not separate itself from feelings or emotions and has a content of care for others. Hence it is more readily applicable than the principle of categorical imperative that is abstract from moral maxims rather than feeling of the human self. Hence it overcomes the charge of formalism against the Kantian deontology. Secondly, *ren* is not to be simply legislated once for all, it requires cultivation so that it can be more easily applied. There is no reason why Kantian deontology cannot be cultivated in concrete contexts so that it could function also as a principle of teleology like the Confucian principle of *ren*.

In contrast, Kant's Copernican revolution bespeaks a different history of development of the relation between man and the transcendent (in this case God) in the Western history. He has to rediscover humanity in a modern context and this led to fundamental sense of enlightenment that consists not only in human mind's ability to know nature and to control nature by human reason but in human creativity for fulfilling his own life in moral reflection and religious practice. [viii] Kant has this to say about the formation of *a priori* concepts for understanding objects in the world. "We should then be proceeding precisely on the lines of Copernicus's primary hypothesis. Failing of satisfactory progress in explaining the movements of the heavenly bodies on the supposition that they all revolved round the spectator, he tried whether he might not have better success if he made the spectator to revolve and the stars to remain at rest.

A similar experiment can be tried in metaphysics, as regards the intuition of objects. If intuition must conform to the constitution of the objects, I do not see how we could know anything of the latter a priori; but if the object (as object of the senses) must conform to the constitution of our faculty of intuition, I have no difficulty in conceiving such as possibility. [ix] From this one may see that that Kant's discovering of the center of subjectivity is due to his keen observation on the Copernicus's ingenuous move on explaining the phenomena of heavenly bodies. But one can also see that it is due to the importance of paying attention to experience that we must find resort in ourselves for rational explanation. It is not just a matter of subjectification of human experience, but a matter of rational insight. This insight should coincide with the Confucian insistence on using human experience as a basis for understanding the world, the heaven and the human destiny.

To go back to the issues of Confucian humanism, one of such issues can be seen as objective knowledge of things in the world. Although in the writings of Confucius (551-479 BCE) and Mencius (371-289 BCE), nothing significant on this issue has been advanced. One cannot ignore the way in which Xunzi (298-238 BCE) as a great Confucian after Mencius has dealt with the problem of knowledge from a critical-judgmental point of view. The absence of organized science in the time of Xunzi of course contrasts sharply with the presence of flourishing physical science in the time of Kant. Similarly, one cannot but notice the conspicuous lack of scientific discoveries in times of Zhu Xi (1130-1200), in which social and economic development would not provided a needed context for bringing a critical-philosophical focus on epistemological issues in either classical Confucianism or neo-Confucianism. Yet the cognitive attitude of Confucius, Mencius, Xunzi and Zhu Xi can not but be described as other than critical or rational and reflective. There may be a lack of a systematic methodology of reflective critique and a formal logical-analytical tool for such critique in the Confucian case, there is no lack of critical and rational spirit in the slow but steady tradition from the classical period to the Song-Ming Period through and through.

Perhaps it is fair to say that Confucianism and Kant could illuminate each other when we bring them together. Perhaps, a Confucian understanding of Kant would bring out a more distinctive focus on the Kantian theme on ontological unity of reason and action, whereas a Kantian understanding of Confucianism would bring out a more emphatic focus on the Confucian theme on centrality and totality of humanity. Each brings out something from the other and exhibits what is lacking or unseen in the other. But we cannot fail to note that there no doubt exists a common root of concern and common aspiration for the future of the human person. This common root of concern and hope are also conceived by both Kant and the Confucian as ontologically rooted in an underlying nature of humanity, which must respond to different needs of man in different circumstances articulated in different languages and different conceptual structures.

With this perspective I could speak of a theoretical link between Kant and Confucianism, whether in the Classical Period or in the Song-Ming Period. It is the link of human existence as a creative power and a creative will. Let me now speak of the unity of reason and experience in Kant in comparison with the unity of heaven and man in Confucianism.

Unity of Reason and Experience *vis a vis* Unity of Heaven and Man

In his Preface to First Edition of *Critique of Pure Reason* Kant says that human reason is burdened with questions to be asked by reason that however it cannot ignore nor can it answer within its own powers. Nevertheless reason must try hard to answer those questions within its rational limits without letting them go wild. The critical use of reason is therefore set to examine its own powers and see which questions it can answer and which it cannot answer. Those it can answer will lead to one's knowledge of things and those one cannot answer will lead to one's knowledge of one's ignorance so that one cannot draw any objectively true inferences from it. What is criterion for making such distinction? Kant suggests human experience: it is human experience that justifies reason as knowledge and lack of experience that voids reason of knowledge. Experience is no doubt a complex concept yet it must be described as referring to our sense perception of things starting with intuition of qualities of things in time and space. The whole Kantian project of writing CPR is to show how our sensation gives rise to perception and perception gives rise to apperception and how unity of apperception gives rise to conception of things which are made possible by a priori categorization of concepts.

But conception by use of *a priori* concepts could lead to positions or ideas that transcend limits of reason, do we thus have knowledge simply by appeal to them? The answer is no, because eventually such conceptual speculation could lead to arbitrary conjectures and plain contradictions. Hence, a critique of the speculative use of reason in terms of *a pirori* concepts must be made to secure knowledge within limits of experience and distinguish it from ideas which cannot have clear and distinct evidence from experience for their support and grounding. Consequently, they must be dismissed as sheer metaphysical illusions or to be treated as ideals of reason or regulative principles for conducting inquiry. From this brief re-statement of the Kantian position against dogmatic metaphysics, one sees that for Kant true knowledge requires a unity of reason and experience in view of the good examples of science.

A genuine item of knowledge must be based on our experience of things in nature and yet to be structured and organized into concepts of reason. For Kant, reason and experience are to work together in two-way directions, whereas we cannot have knowledge of things with only experience nor with only concepts. He says that experience without reason is blind and reason without experience is empty. Yet it is clear that the normal way of acquiring knowledge is by experience and then conceptualizes them into concepts and propositions that would hold universally and necessarily for nature or future experience. It needs to be point out that experience must be broadly construed so that we can speak of experience as referring to things in the world. This means that our experience is inevitably conceptual just as our conception of things is inevitably involved some experience of things. There is a multi-level unity between reason and experience in the formulation and development of our knowledge and knowledge systems.

In this context the introduction of the notion of *a priori* concepts and categories is neither accidental nor surprising, for our reason must be awakened by our experience of things, so that we can speak of our experience of things. We would then form concepts, embodying representation of and reference to the experience and pointing to future experience. Our reason is to be realized in its ability to formulate self-conscious concepts that apply to experience and justify experience at the same time. The rise of reason and logic is contingent on exposure to experience of things, but once this being formulated into concepts, these concepts can be abstracted from experiences and become principles of categorization and predication for transformation of experience into knowledge. Hence there are two senses of *a priori*, in one sense it is the abstraction from experience and in another the logical conditions for the rise of our experience into knowledge. It suggests both the structure and the activity of our mind as reason in the process of our encounter or confrontation with things in the world in experience.

Indeed, one may see experience as simply a medium and process in which human mind or reason is to meet with the objects of the world. With this interpretation one can easily see how experience must be unified with reason to give rise to knowledge. For reason devoid of experience, one does not have an objective world to work with. Any projection of a world based on reason alone is not real world and thus a mere illusion. Hence the critique of reason is essentially a critique of reason by experience and knowledge of objects we have already. On the other hand, it is possible that we can have experience given without a proper rational form or a rational content. This means that we may not recognize what it stands for and what objective reality it has brought forth. Although Kant does not seem to discuss this latter case, his advocacy of *a priori* concepts should enable him to make clear why we need theoretical thinking apart from inductive or phenomenological account of our experience of things. In other words, his transcendental inquiries could be turned around to yield a logic of discovery by exploring the conditions of some possible concepts yet to be given or formulated in light of some experiences.

How is then this Kantian unity of reason and experience linked to the Confucian position on unity of heaven and man? We may reply in terms of two fundamental theses in Confucius and one thesis in the Neo-Confucian philosopher Zhu Xi. In the first thesis, heaven refers to what is given as the ultimate reality and man refers to activities of human mind and human nature. It is conceived that heaven provides the conditions for the activities of man. In fact it is because of the activities of mind that one could come to know one's nature and the heaven. This position has been made amply clear by Mencius in his famous assertion regarding fully realizing one's mind (*jinxin*) in order to know one's nature (*zhixing*) and to know one's nature in order to know heaven (*zhitian*). This implies that if one does not fully realize one's own mind and know his own nature one cannot be said to be capable of knowing heaven that represents the reality. This clearly indicates how heaven and man or reality and mind must form an active unity through the efforts and cultivation of the human mind.

For Confucius, when he asserts that at fifty I come to know the mandate of heaven (*tianming*), he speaks of his experience of his own life for the fifty years in the past in such a way that those experiences suggest to him what he must accept as his own conditions of life and what he could make efforts to transform or transcend toward a better state of his being. There is clear a unity and interaction between experience and reflection on experience that leads to knowledge and insight into the destiny of his life. Although Confucius or Mencius did not address to the knowledge of objects in the world which is a modern concern of contemporary Neo-Confucianism, his speaking of "knowing people" (*zhiren*) and "knowing *ren*" (knowing benevolence) is still a matter of knowledge relating to morality and human community which requires a union of experience of people with conceptual and axiological understanding of their natures and actions. Both Confucian and Xunzian doctrines of rectifying names (*zhengming*) are additional good examples of how names (concepts) and realities (experiences) must be unified in order to yield correct use of names (knowledge).

The second Confucian thesis is the unity of theory and practice (*zhixing heyi*). For Confucius and the Confucian School, theory is a matter of knowledge or what one takes to be the understanding of what would be case whereas practice is actual experience one must undertake to fulfill one's understanding about a virtual reality. It is in the actual fulfilling of the knowledge in action that a true knowledge and a true virtue are to be established. Here one sees the parallel between theoretical knowledge and practical knowledge: theoretical knowledge represents a unity of reason and experience pertaining to an object in the world, while practical knowledge represents a unity of reason and experience pertaining to future creation of a state of affaires in human relations. Without such unities, neither knowledge of the world nor knowledge of virtues would be possible. Kant has referred to the practical employment of pure reason in that one can go beyond limits of sensibility in terms of practical action for fulfilling a moral duty. The practical action leading to fulfilling of a moral duty performs the same role as experience in theoretical knowledge of things.

The third thesis is the Neo-Confucian thesis on unity of principle (*li*) and vital force (*qi*) (*liqi heyi*) , which Zhu Xi has made absolutely clear. The unity of *li* and *qi* is an onto-cosmological principle rather than an epistemological principle or a moral principle, yet it illustrates the same logic of the unity of reason and experience. According to Zhu Xi, *li* and *qi* cannot be separated although they cannot be treated as identical. *Li* gives rise to patterned order of things whereas *qi* provides the substantial material for the formation of things. In a sense the *qi* principle is highly important, and for Zhang Zai it is even more important than principle of *li*, because it is the principle for creative activities of reality through which things evolves and become generated.

Yet for Zhu Xi, *qi* may be considered as originating from the principle or *li* of origination. In this sense there is an ultimate unity of *li* and *qi* that leads to differentiation into *li* and *qi* as two forces for the formation and transformation of things in the cosmos. It is to be noted that this onto-cosmological principle of the unity of *li* and *qi* becomes also a foundation for the unity of reason and experience in knowledge and morality in the philosophy of Zhu Xi. Zhu Xi, following Cheng Yi, has come to see knowledge as a matter of knowing the *li* of things through *li* in our mind. In a broad sense Zhu Xi can be said to anticipate Kant's theory of knowledge in his famous innovative interpretation of the investigation of things (*kewu*) and extension of knowledge (*zhizhi*) based on the thesis that human nature is principle and hence one's mind could know *li* through encounter with things (*jiwu qiongli*). His opponent Lu Xiangshan, although disagreeing with Zhu Xi's approach to knowledge of *li*, nevertheless holds the ontological thesis that mind is *li* so that mind can actualize *li* for moral action at all proper occasions.

To summarize, it is clear that the unity of reason and experience principle in Kant could derive strong support from the Confucian tradition. Specifically, he could come to formulate this principle as a canon of the transcendental methodology as well as a metaphysical principle which governs itself by itself and which leads to a system of metaphysics which could be comparable to the *li-qi* system of the Neo-Confucians. But the Confucian and Neo-Confucian philosophers have to learn from Kant how to apply the unity to exploration, acquisition and systematization of knowledge of things in the world as in modern science.

Post-Critical Reflections on Kantian Metaphysics and Their Deep Link to Confucianism

Although Kant is known as a great critical philosopher and epistemologist, he is deeply concerned with founding a metaphysical system of reality and morality. He considers his critique of reason as a required prior criticism of the powers of pure reason, a self-discipline that focus on what reason can do and what reason cannot do. For pure knowledge of mathematics reason could provide a dogmatic procedure of pure *a priori* proofs, but for metaphysics no such dogmatism is allowed. That is the reason why he titled his simplified version of *Critique of Pure Reason* in 1883 *Prolegomena to Any Future Metaphysics*. Based on his critical work, it is Kant's vital interest to develop and construct a system of metaphysics of nature and a system of metaphysics of morals. In 1897 when he was 73 years old, he published his work *The Metaphysics of Morals* in which first principles of right and virtues are systematically arranged. Although he has published his book titled *Metaphysical Origins of Science* (alternatively translated as *Metaphysical Foundations of Natural Science* from the German original *Metaphysiche Anfangsgruende der Naturwissenschaft*) in 1786, he has not actually developed a full metaphysical theory of nature. In 1798, 6 years before he died, Kant published his work titled *Anthropology from a Pragmatic Point of View*, which could be said to touch on certain metaphysical issues on faculties of man.

In his remaining work *Opus Postumum* dated 1804, the year when he died, one sees Kant's project on attempting a transition from the metaphysical foundations of natural science to physics. In this work Kant went back to his pre-critical considerations of living forces of attraction and repulsion in nature. In doing so he has to reconsider questions of time, space, motion, free will and thinking, positing and self-affection, and the place of human self and humanity between the world and God. It is fair to say that at this late stage Kant is deeply concerned with transitions or transformations from critiques to sciences and from sciences to metaphysics or transcendental philosophy which he considers providing the ontological conditions for understanding reality of nature and nature of reality. He suggests "the universal connection of the living forces of all things in reciprocal relation: God and the world". [xii]

It is also interesting to note that Kant has considered the structure of pure speculative reason as also possessing an interconnection among parts and whole which would reflect the organismic nature of the living forces in nature. He says: "For pure speculative reason has a structure wherein everything is an organ, the whole being for the sake of every part, and every part for the sake of all the others, so that even the smallest imperfection, be it a fault (error) or a deficiency, must inevitably betray itself in use." [xiii] To me, this is very telling of his insights into the nature of reality, which must remain interconnecting among parts and whole. Although Kant may not stressed the creativeness of living forces and its openness for transformation as one finds in the Neo-Confucian philosophy of change in so far as change must involve creativity and openness, there is no ultimate reason why he could come to recognize the importance of these features from an experiential point of view.

With regard to Kant's metaphysical inquiries, particularly with regard to his last work *Opus Postumum*, it is fair to point out that Kant has tried to re-establish a metaphysical philosophy of nature of living forces which has interested him from his pre-critical days and which one may suspect was derived from an early enlightenment theme of Leibniz on dynamic forces which forms nature and human existence, a theme which could be influenced from the introduction of Zhu Xi's philosophy of *li* and *qi* (living forces) through Jesuits. [xiv] It is clear that Kant's metaphysical reflections on living forces of nature are highly comparable to the philosophy of *yin* and *yang* in the natural cosmology of Confucian and Neo-Confucian philosophy of the change (*yi*). [xv] There is good reason to suggest that he would know Leibniz's work on Zhu Xi and has tried to apply it to constructing a metaphysics of nature which is at the same time a science of nature.

Perhaps, we might conjecture that there exists a deep link between Kant and Confucianism, namely the link of natural philosophy or onto-cosmological philosophy. It is quite imaginable that given the critical philosophy of reason Kant would consider the onto-cosmology of *qi* and *li* in the spirit of Neo-Confucianism as his own. He could of course accept Zhang Zai's philosophy of *qi* as the ultimate reality that we could experience on both microcosmic and macrocosmic levels. Yet considering his concern with reason as a method and epistemological principle, it is more than plausible that he would side with Zhu Xi in giving a metaphysical status to *li* as far as the ontological principle of *li-yi fenshu* (one principle with many manifestations) is concerned. [xvi] If this is the case, one can immediately see how Kant and Neo-Confucianism converges metaphysically and metaphysics for him would be a comprehensive system of understanding natural harmony in nature, man and their relationships. God and nature would function as *qian* (the creative) and *kun* (the receptive) or *tian* (heaven) and *di* (earth) for him. The free will of man signifies the presence of *xing* that is both creative force and an independent free agency for transformation of oneself and the world, including nature.

It is to be pointed out that as the Neo-Confucian metaphysics in onto-cosmology of *yi* is essentially a metaphysics of harmony and harmonization as I have demonstrated in my work, there is no issue of antinomies or antinomies of antinomies to be worried about. (On this point please see a later discussion). It is also essentially a philosophy of cosmic experience that therefore embodies the unity of reason and experience as a defining characteristic.

Intellectual Intuition of Things-in-Themselves in Kant

In spite of the ultimate ontological link in consonance between Kant and Confucianism, a deep ontological rift could take place between the two. It comes where one raises questions concerning Kant's view on intellectual intuition of thing-in-itself or things-in-themselves and asks whether Kant's view is true for Confucianism or for Chinese philosophy as a whole. The importance of this question reflects a sharing of concern rather than sharing of a position. In fact, the Confucian position could be the opposite of the Kantian position. Nevertheless, the sharing of concern, which we may call "ontological concern" is highly significant, because it points to whither and how deep the gap or difference between Confucianism and Kant lies. It may also lead to the question on whether we could bridge over the gap and relate Confucianism and Kant in an integrative onto-hermeneutical mutual interpretative system.

As noted, the issue of intellectual intuition of things-in-themselves takes place in connection with Mou Zongsan (1909-1995), the most influential contemporary Neo-Confucian philosopher in contemporary China. Mou has spent the later half of his academic career in translating, interpreting and evaluating philosophy of Kant from his point of view or perspective of Chinese philosophy that includes Confucianism, Buddhism and Daoism. For my purpose in this article, I shall focus on how Mou repudiates Kant in holding that Confucianism does embodies and allows intellectual intuitions of things-in-themselves and see what we may make out with regard to this issue.

First, let me clarify the notion of intuition (*Anschauung* in German and *zhijue* in Chinese) in both the Kantian and Chinese philosophical contexts. For Kant, intuition is by nature a matter of seeing an image as the term is applied to perceptions of things. We are sensible of many things on many levels: In our immediate awareness of things we see colors and shapes and other sense data. It is on the basis of sensation we become aware of time and space and come to realize that we cannot become aware of sense objects without presupposing a given prior sensible awareness of time and space as a system or framework in which we can identify colors and shapes in our perceptions. It is in this sense that Kant regards time and space as *a priori* and transcendently given. They are given as a result of the transcendental function or use of our reason. It is with regard to this transcendentally given forms of intuition that we come also to perceive material objects such as trees and clouds via the mental function of unity of apperception.

To go further, as Kant has analyzed in his *Critique of Pure Reason*, we come to know those objective individual things as a result of categorizing our experience on the level of understanding where transcendental categories are projected. In plain language this means that when we have knowledge of things our reason must function to warrant the formation of knowledge. But in experience it seems clear that we do have immediate intuition of overt objects that are not simply colors and shapes. In other words, our intuition of things could be direct even though it must be synthetic and organized upon rational reflection. With such a reflection that is transcendental in nature for Kant, our intuition forms a representation that both justifies and guarantees objective singularity and unity in individuality. Up to this level we can speak of intellectual or conceptual intuition in which concepts of things are formed according to transcendental analysis in Kant's *Critique of Pure Reason* (1981-1987).

Given this analysis of our intuition of material things, we may now inquire into the nature of intellectual intuition of the thing-in-itself if there is such a thing. We may then ask whether intellectual intuition is merely a conceptual intuition, and also ask what would be the thing-in-itself as intellectually intuited. For the nature of intellectual intuition, if we do have intellectual intuition of thing-in-itself, it is obvious that we should not equate it to our empirical intuition of things in the world. It must be something that we cannot locate or identify in the phenomenal things in the world. It is possible that we could conceive something as transcending this world and call it thing-in-itself or the ultimate reality or the things behind the phenomena of the world. In that case, we can think of the thing-in-itself and even defining it conceptually. But then we cannot say that we know it, because to know it is to know something as objectively true, and yet we simply do not have means to prove that we have such knowledge through our intellectual or conceptual thinking.

One might suggest that we could develop or discover a second-order set of categories that would supervene on the categories of understanding in order to transcendently justify or derive our second-order concepts of the thing-in-itself as intellectually intuited. But then we would clearly know what those categories would be. [xvii] Besides, once we have those meta-categories we shall again raise questions as to what lies behind those second-order categories or those intellectually intuited objects called things-in-itself.

Another approach would be to consider the possibility that we can identify things-in-themselves in our experience of the world and they are not something separate or separable from the things in the world. But then, in identifying them, do we have any special faculty called intellectual intuition, apart from a general experience of understanding our world as a whole? Perhaps such an experience can be simply regarded as some form of understanding that refuses to be categorized but which still makes a holistic sense to an individual or to a community of people. In having such an experience one is not prevented from understanding of things in the world in a rational and scientific light. In this case we may not call our understanding or experience of the ultimate world as intellectual intuition, which presupposes some unique order of things supervening over the given world of phenomena.

What I have explored has this consequence: Either we have intellectual intuition of things that are not things-in-themselves or our experiences of things-in-themselves are not intellectual intuitions. Kant's thesis on no intellectual intuition of things-in- themselves for man is a complex proposition which is founded on a theory of intellectual intuition and a theory of things-in-themselves and this thesis is tied up with his view of human mind, not his views on human nature. I have unraveled the complexity of his thesis and shown how it must stand on its own. But once we change the set-up and meanings of the terms we would have a different scenario. But this change or transformation must be related to the understanding of human nature, not just human mind. In a certain sense Kant has granted this level of understanding that he calls postulates or positing.

One can see that postulates are theoretically constructed or posited as objects of speculation or beliefs. For example, our notion of God as the all-knowing and all powerful person would be such a construct or posit for Kant, which can not be said to be properly intellectual intuited. Because as we intuit God we would not have the intellectual concept of God and when we do think of God intellectually we do not have direct experience of God. But as we posit or postulate existence of God, our experience could embody certain visions that are not categories of reality but which define or reveal a reality in which people may believe that they live in or through such a reality and thus they could act upon it. In that sense we may even speak of a holistic understanding of the ultimate reality as suggested by Confucian onto-cosmology, or the Daoist philosophy of the creative Dao or the Chinese Buddhist philosophy of total enlightment or even the Neo-Platonic ecstatic experience of God.

There is a context in which Kant is fully justified in raising the question of intellectual intuition of things-in-themselves. For one could regard things-in-themselves as merely objects of the rational thinking occasioned by our experience of objects in the world when seen as phenomena from an unchanging substance. In fact, we may even regard things-in-itself as simply transcendent objects that exist in themselves that we can come to know by way of pure rational thinking. Such would be the traditional position on the existence of essences of things that one finds in Descartes and Spinoza. Kant apparently would not follow the suit and instead intends this term to refer to objects we come to think in the capacity of pure reason that would be a correlate to sensible intuition of objects. Nevertheless, he would not claim that we have any knowledge of them because we have to know things only through experience and we do not have any experience of the noumena or things-in-themselves, even though they can be conceived as required or posited as formal conditions of transcendental deduction for knowledge of objects in the sensible or phenomenal world. [xviii] They are things that we have to posit which account for our experience of the phenomenon.

Since, according to Kant, we do not have intellectual intuitions of things-in-themselves, it must be questioned how could metaphysics be possible. Kant has never doubted that we could have metaphysical knowledge and his philosophy of critique is developed for paving the path toward genuine metaphysical constructions of nature, human mind or even the whole human person. But then how is any of these metaphysical constructions possible if we do not have intellectual knowledge of reality *per se*? I believe that this is a very difficult question for Kant and Kant has not quite answered this question. From what we have known about his views on *a priori* and experience, metaphysics for him must be based on experiential observations or reflections that are to be explained or justified by *a priori* concepts. Hence metaphysics must be synthetic *a priori* knowledge, and yet, unlike physical science, must not be subject to changes in light of future experience. However, I am not quite sure that this would be his exact view. From what he has done, one must wonder for Kant whether metaphysics needs not to reflect any intellectual intuitions of things-in-themselves, but rather a system of *a priori* concepts linked to our experiences of things as phenomena. This may have the consequence of saying that metaphysics must be constructive and not speculative, and the question of intellectual intuition of reality *per se* is a pseudo question to be dismissed by construction of metaphysics.

However, on the assumption that we cannot have knowledge of things-in-themselves, Kant cannot adopt the paradigm of manifestation of phenomena by the noumena as in the tradition of Indian Brahmaism or in the tradition of Neo-Platnonism. As a matter of fact, Kant simply takes the position of treating things-in-themselves as transcendental ideas that must satisfy the logic of non-contradiction. Then the question is how could one avoid antinomies and paralogisms in thinking of the ultimate reality or those transcendental ideas? Can we form an image of the ultimate reality or a transcendental idea without falling into transcendental illusions? Our image may simply correspond to no transcendental object at all. Or in some intellectual or super-intellectual way, could we come to intuit / perceive those transcendental ideas as if they are objects or ultimate reality? Or maybe our intellectual or super-intellectual intuition could function as purely creative power so that the mind that thinks about is the mind itself in action, as suggested by Aristotle in his *De Anima*. But Aristotle would not let the object of thinking be separable in existence from object of experience.

Given this basic exploration of the notion of thing-in-itself, we must beware that there exist a host of meanings for the term "thing-in-itself" as the term serves many different functions that must be distinguished as follows. First, as an ontic term it is something that we would not know what it is. It may refer to a singular object or a plurality of objects that transcends our experience and yet may exist as substance or ultimate reality that manifests phenomena that we experience. Second, as an ontological term, it is an object that we come to intuit or know in some synthetic conceptual way that correlates with an object we know by experience. Third, as an epistemic term, it refers to what we have to assume or posit as existing in our conceptualizing an object that we know by experience. Fourth, as an epistemological term as suggested by Kant in most of time, it refers either to an ideal object which occasions our experience of objects or as a formal condition we may think of as basis for our experience of objects. Finally, as a methodological term, it is simply the way we come to think beyond experience by pure reason in so far there is no self-contradiction of the term. In this sense it is a transcendental idea that could serve the function of unifying our experiences and conceptions of things. It can also be affirmed as a regulative principle of pure reason by our mind and our mind can make good practical or theoretical use of it.

It may be recognized that, with this methodological use of pure reason, our mind can be conceived as the active and creative power to achieve construction or realization of a whole world of projected existence, perhaps as eventually what Hegel has come to see and develop. We may then have come to a full circle of returning to the subjectivity of mind that starts the process of knowing, except by ontologizing the process. In this case the intellectual intuition of the ultimate reality as originally intended becomes a dialectical deduction or involution of ideas and objects. Kant certainly would not anticipate such a result, nor did he seem to be willing to follow through the transcendent-dialectical approach. A more reasonable interpretation of Kant seems to suggest that he would take things-in-themselves as transcendental ideas that could serve a regulative function for intrinsic purposes of reason.

It is in this sense Kant could deny that we have knowledge or intellectual intuition of thing-in-itself on the level of understanding. It is in this sense that thing-in-itself must be intellectual construction but not an intuitive-experiential presentation. It can be made therefore to serve his purpose of identifying the transcendental self or mind as an object of intellectual thinking that needs not be separate or separable from experience and understanding of things. It can be also made to serve the function as the posited subject for will and emotion of the human person and therefore to be explained in terms of what we will do as a moral person and/ or as an reflective judge and/ or enjoyer of aesthetically experienced things in nature and in culture. In other words, it could be a non-transcendent ontological subject, which has all our experiences in life organized in order and harmony and an ideal, and even developing subject that continue to organize, order, harmonize and unify our life and cultural experiences. If there is a pragmatic aspect in Kant's transcendental philosophizing, it is where the pragmatic element becomes relevant, but only in the sense of relevance for purposive activities of life including those with intrinsic purposes such as morality and aesthetics and even as some form of religion that he may not yet recognize.

In his Preface to Second Edition of *CPR*, Kant actually produces an argument, similar to what I have expounded, to show why we may not know the real *per se* or the thing-in-itself. [xix] For to know it would require us to transcend the limits of experience and face the "unconditioned." But then, "the unconditioned cannot be thought without contradiction.". This is because our representations in thinking do not conform what is thus thought, rather only objects as appearances conform to our thinking in order to avoid contradiction. This means that we could think in a most abstract way about the real *per se* and cannot know and represent in our mind what we think about, namely the unconditioned.

As a side point, it is interesting to note that Kant has made explicit why he found it necessary to deny knowledge of the real *per se*: he wants to make room for faith. [xx] He says: "The dogmatism of metaphysics, that is, the preconception that it is possible to make headway in metaphysics without a previous criticism of pure reason, is the source of all that un-belief, always very dogmatic, which wars against morality." [xxi] Of course, it is not a philosophical reason, but a concern with political use of dogmatic metaphysics, which would result in what he calls "monopoly of the schools", to the damage of "interests of humanity."

The Confucian Approach: Two Forms of Unity and Universality

I write at such length on the issues of thing-in-itself and the intellectual intuition in Kant for the important purpose of identifying a theoretical link between Kant and Confucianism in both classical and Neo-Confucianism, namely the link where a human being has his inner consistency and creativity which could exhibit itself in a form of universality of knowing and in a form of universality of acting. Both forms are to do with an underlying notion of the human nature as self-experiential entity. It is in these two forms of universalities that a human being becomes conscious of his being as human, namely as having the power of autonomy and freedom, and possessing the sense of responsibility and dignity or self-respect. It is from this human self-awareness or self-consciousness that Confucius comes to speak of *ren* or care for others because it is in the care for others that one realizes the power of universality of free choice and acting. Hence he speaks of *ren* as "*ai ren*" (love people). "To love people" is both a description of the moral consciousness that defines humanity and a command to act without any conditions.

As to which specific rule or rules to follow, it is to be derived by reflection on oneself even though there is no rigid stipulation in the form of rational categorical imperative. This is because Confucius does not conceive the human subject as mere a rational practical employment of pure reason. Instead, he conceives the human being as being endowed with a mandate to reach universality of acting in a process of self-cultivation, which can be only accomplished in a process of interacting with other people in community and society. This inner mandate can be seen as both transcendent and immanent: it is both a dictate from the nature of the human person and a manifestation of one's nature. In this sense Confucius takes a *developmental* model of human feelings rather than a merely *super-positional* model of reason as in the case of Kant. But this difference between Confucius and Kant should not blind us to the fact that they orient themselves and strive for the same goal, namely the universality of acting for self-realization of the human person.

Confucius has made a more human (heart-mind in unity) and more processional approach to morality in light of his experience of the human entity whereas Kant has made a more rational (reason versus sentiment) and more legislative approach to morality in his reflections of the limitations of the human mind. This difference results in taking feelings and emotions of human nature seriously on the part of Confucians (such as we have witnessed in Mencius), but for Kant any motivation from sentiment or feeling will vitiated the validity of moral judgment as an expression of moral law. Kant may have to recognize from Confucianism that our sense of duty may come from a virtuous feeling, signifying a union of virtue and duty just our consciousness signifies a union of heart and mind. In fact, as the distinction between *li* (profit and self-interest) and *yi* (propriety and justice) is maintained, duty and virtue remain as both duty from virtue and virtue from duty.

As to the matter of universality of knowing, Confucius speaks of knowing people (*zhiren*) and did not address to the issue of knowing things as a central concern. But this difference reflects the difference of times and circumstances between Confucius and Kant. This difference however does enable Kant to stand out as a supreme critical philosopher of knowledge and epistemology in the modern age. His application of Aristotelian logic of analysis to modern systematization of knowledge of nature including knowledge of time and space to achieve a critical view of rational philosophy as embodied in his *Critique of Pure Reason* shows both his sensibility to his time and his talent as a critical analyst and system-maker in philosophy. With this achievement he is able to provide us with a tool and framework for doing philosophy more critically and analytically in order to demonstrate how reason could be theoretically used and deployed apart from being exhibited in our striving for end values of life and universality of acting.

With regard to Classical Confucianism, however, we may nevertheless point out that there is Xunzi (298-238 BC) who, like Aristotle, has been much concerned with logic and knowledge. He takes these concerns as a matter of "knowing the way" (*zhidao*) and as a matter of understanding the great principle (*dali*) of things. There are strong basis for linking Xunzi's idea to Aristotle and also to Kant in so far as seeking knowledge through experience and observation is concerned.

Without going into details, one may indeed find in Xunzi's suggestions on human mind or human reason that correspond to categories of understanding and principles of regulative use of reason. If we take the classical Confucian philosophy as a system composed of both Xunzi and Yizhuan in addition to the Four Books (the *Analects of Confucius*, the *Mencius*, the *Daxue* and the *Zhongyong*) as I have suggested, one can easily see how a fruitful mutually enhancing and mutually illuminating comparison can be made between Kant and Classical Confucianism. [xxii] From what I have said on the two universalities, one may indeed draw the natural conclusion that a significant theoretical link between Kant and classical Confucianism lies in their conceptualization of human reason as requirements for knowing things in the world and their recognition of limitations of such conceptualization.

Apart from recognizing the elements of common concern and common orientation, we should of course not neglect the difference and the actual process of construction and presentation. I shall mention three such differences in the following. First, knowledge and morality for Confucianism are to be developed in time and realized in a person or community in a process of self-cultivation and mutual interaction toward universality. Whereas Kant sees the knowledge and morality in accomplished forms to be discovered, Confucius and his follow Confucians tend to see them as evolving but progressive efforts (*gongfu*) to be achieved. Second, whereas Kant sees knowledge and morality and even aesthetics as three separate faculties or uses of human pure reason and should be dealt separately, the Classical Confucian would read them as reciprocally implicative and mutually dependent in concrete experiences of the human. In particular, the practical and the theoretical must go together so that one must lead to the other, namely the development of one must require development of the other. This is called the thesis of unity of knowledge and practice (*zhixing heyi*) as already discussed in the above. This difference suggests that the Confucian always keeps a sense of unity and wholeness of the human person and pays strong attention to the development of the whole person in a social context rather than as an abstractly isolated individual person. Of course, we must be reminded that Kant has also raised the question of what a whole person is and he has strived to restore a sense of unity of the human person in his progressive writing from *CPR* to *CPrR* and *CJ* and even to his final work titled *Opus Postumum*.

Relevance of Confucian Onto-Cosmology for Understanding Things-in-Themselves

Apart from our basic observations on these two universalities in the human person in Kant, we do wish to point out that there is an most important and significant difference between Kant and the Classical Confucianism, namely Kant has relegated the ontological and cosmological to the scientific research and has tended see any future metaphysics as no more than illumination of the rational structures of human mind in his knowing and acting functions and thus refuse to speculate on the thing-in-itself beyond transcendental and practical use of reason, Confucius and his fellow Confucians have come to develop an onto-cosmology which is strictly a unifying experience of the observational and the reflective, namely the outer nature of the changing world and the inner nature of man. This is possible because there is the long tradition of the onto-cosmology developed in the ancient text of the *Yijing* which has grown of experience and which also applies to experience. This metaphysical tradition is well-maintained because the underlying vision and understanding is not a transcendent object but a deepening and broadening interaction of the object and subject which display as a process of creative creativity of change in all things and in human affairs. The ultimate reality is the "ceaseless creativity of life" (*shengsheng buxi*) exhibited in both things and human life, which enables us to learn from experience and to move beyond our fixed ideas and categories in an ever-transcending process of self-transcendence and transcendent integration. [xxiii]

This creative use of reason is possible because there is an experience and recognition of creativity as disclosed in the onto-cosmology of the change as expounded in the *Confucian Yizhuan* (the Commentaries on the *Yijing*). [xxiv] As a consequence of this recognition, it is also interesting to see how the human mind could be transformed from one state into another state or from one stage to another stage or from one level to another level in a process of transcendental integration. This process could be seen as an indefinite process of progressive transformation and change toward realizing the potentiality of the human mind and human nature. It may be actually a finite process as human life is limited in time, but in the nature of the process there is always the vision of the totality and wholeness embodied in knowing and action of a person who could explain this ideal state of being and who acts in virtue of such vision to inspire others at present and in the future. Such a person is called a sage (*shengren*) in Confucianism.

A sage is accordingly a creative person who creates *li* (ritual and system of rules of organization and behavior) for the whole humankind for their self-realization and for their enjoyment of an order and harmony, in which respective self-realizations of individuals become possible. In this sense the sage can be said to know both the nature (*xing*) of human person and the destiny (*ming*) of the human person, which is equivalent to knowing the mandate of heaven (*tianming*) that is knowing of the unknown. But this knowing of the unknown as a matter of fact is actually a knowing of the self as destined for realization of the ultimate as an ultimate value and end of life, which is not arbitrarily given but creatively emerging because it is seen and experienced as part of one's nature and one's one deep existence.

It is this sense we may claim that the Confucius, Zisi, Mencius and even Xunzi may be said to come to know the thing-in-itself in a sense that they come to realize it as an end of human life and that they could see it as an end of human action. This is referred to as the thesis of the unity of heaven and man (*tianren heyi*), again as discussed above. In this light we can see that whereas Kant maintains that we do not have intellectual intuition of the thing-in-itself in a context of epistemology of pure reason, the Confucians could equally maintain that we may come to have an intellectual experience of the ultimate as a result of moral cultivation and life-cultivation, not as a natural talent of the human mind. The underlying ontological presuppositions in the two are radically different: One is objectivist as conditioned by the Greek tradition of dualism of reality versus appearance and /or the Hebrew tradition of transcendent God, the other is trans-subjectivist as conditioned by the *Yijing* tradition of comprehensive harmonizatoin. Yet we can still maintain that the Confucian provides a new interpretation and perhaps a way of reconciliation between things-in-themselves and the changing world of phenomena including ourselves on the basis of our intellectual but non-intuitive understanding.

At this juncture, it is must be pointed out that Mou Zongsan has the insight to see the difference between the Kantian approach and the Confucian approach but he failed to illuminate this difference in such a way he could do justice to both Kant and the Confucian points of view on the thing-in-itself. Kant has to be right in his insistence of the lack of intellectual intuition of thing-in-itself in his context of epistemological reflection on epistemic object, but the Confucian is also right in insisting that our purpose of life is to seek understanding of the ultimate described as "pushing the principles of understanding to the utmost limit, fulfilling my nature to the utmost extent and reaching and realizing the destiny of the ultimate (*xiongli jingxing yi zhiyu ming*). [xxv] The *ming* (destiny) here is precisely the thing-in-itself just as the *xing* (nature) and *li* (principle) are, a point capable of being further elaborated in the large systems of the Song-Ming Neo-Confucians. [xxvi]

The challenging question here is whether *xing* and *jing* and *zhi* are to be explained as a matter of intellectual intuition. Mou in his zealous effort to refute Kant has shown that the Confucian has intellectual intuition of the thing-in-itself and therefore put man in the position of a transcendent God in the Western traditional theology and metaphysics because he conceived human mind as an infinite mind like God. [xxvii] But this is a mis-construal or a wrong interpretation in a wrong framework. We do not have an infinite mind in a way in which God could be conceived to have, but our physical finitude does not bar us from having a continually self-transcending experience of reality, which is not limited to a finite mind. Our mind does have vision of the infinite and can engage itself in a creative process of self-transcending without limitation. This is a different way of conceiving the human mind, a way that suggests the creative unity of the finite and the infinite in human origin, human intentionality and in human action, which requires a new ontological and onto-hermeneutical framework of thinking.

Onto-hermeneutically speaking, it is better to be conscientious in articulating a shift of framework and onto-cosmological paradigm for reinterpretation. But Mou does have this hermeneutical or onto-hermeneutical consciousness, and consequently, make assertions that would be destined to open unnecessary but hot disputes resulting in accusation of misunderstanding and inconsistent discrepancy with regard to the image of the human person as a finite being such as experienced by Heidegger and other Western metaphysicians. In light of this, we can also see that our conception of the ultimate as the thing-in-itself or even things-in-themselves [xxviii] need not be an intuitive experience but rather a result of reflection based on what I have referred as *transcendental integration* (in Chinese, *chaoyong*). [xxix] We may also come to see that a person could develop and embody a sense of self-containedness or self-sufficiency of our ideas and feelings that would justify our beliefs in values, which would guide our actions.

If we see intellectual intuitions in this way, then perhaps we may see that we are capable of making and having intellectual intuitions which need no conceptualizations of objects but only formations of attitudes and mentalities which enrich the individual in an open world of creative change and spiritual development. But we must simultaneously recognize that we do not have intellectual intuition that must point to a transcendent object, even though we can avoid contradictions, or that must be correlated with scientific knowledge of the reality. These are two different discourses which need to be separated in discussion, but which however could be considered related in the nexus of the human existence as a dynamic whole of experience in development as we have now indicated.

Concluding Remarks

In the above, I have shown the deep reason why I think that the comparative study of Kant and the Confucian can be extremely significant, because such a study would illustrate a theoretical tissue of onto-hermeneutical interpretation, particularly the issue of re-interpretation of human mind and human knowledge in relation to moral action and moral cultivation. The study of the two opens a new way of thinking, the way of broadening horizons, exploring identities, showing differentiations and their criss-cross links, and eventually integrating them for creative advance. In light of these efforts, we may also raise an important question, namely whether there is a historical connection between the two to explain the existence of the theoretical link. In a special issue of the *Journal of Chinese Philosophy*[xxx], the question on historical link is raised and confronted, which has never been raised and confronted before. Given a positive answer to the question on historical link, when one comes to see how the two systems may converge, one would be in a better position to appreciate the significance of the question of the theoretical link, which is explored briefly here and which no doubt would require much more exploration in the future.

Endnotes

i As Confucianism has spread out in a history of development for over two thousand years, we may compare Kant with Confucius and some classical Confucians for simplicity of understanding, while reserving reference to Neo-Confucianism on other occasions.

ii See the *Analects*, 7-30.

iii See the *Analects*, 4-6.

iv For the Confucian quotation, see the *Analects*, 7-21. For Kant's position, confer what Kant said in his conclusion of his *Critique of Practical Reason* where he descries astrology, superstition and fanaticism as much as metaphysical dogmatism. Translation by Werner S. Pluhar, Indianapolis: Hackett Publishing, 2002. 204.

v See my article "Dialectic of Confucian Morality and Metaphysics of Man, A Theoretical Systematic Synthesis", in *Philosophy East and West*, 21: 2, 111-123. Also included in my book *New Dimensions of Confucian/ Neo-Confucian Philosophy*, Albany: State University of New York Press, 1991. 281-293.

vi   This "ontological factoring" may suggest something very important in Kant. Read what Kant says in the Conclusion of his *Critique of Practical Reason*: " Two things fill the mind with ever new and increasing admiration and reverence, the more frequently and persistently one's meditation deals with them: the starry sky above me and the moral law within me. ... I see them before me and connect them directly with the consciousness of my existence." Op. Cit. 203. The starry sky is a symbol of the *dao* or *tian* in Confucius whereas the moral law directly speak to the human nature in *Zhongyong*.

vii   See the *Analects*, 12-1.

viii   One must also point out that the development and formation of the *Yijing* divination has much to do with the gradual understanding of the importance of self-power and self-responsibility in the human person. Hence the early forms of invoking divine spirits in divination would eventually give rise to reflections on the moral development of human wisdom and insight without appeal to divine spirits. This means also that the divine is to be realized in the human as humanity can be conceived as a creative but indefinite process of self-cultivation and self-perfection toward the sagehood (*shen*), which can be said to fully realize divinity in humanity and thus to unify humanity and divinity. Michael J. Puet in his book *To Become a God* (Cambridge: Harvard University Press, 2002, 2004) has raised the question on the role of the divine in early practice of divination without spelling out the gradual changes in the later Zhou and their philosophical implications, particularly in contrast with the transcendentalist development of the notion of the divine in the West.

ix   See Preface to Second Edition, Kant's *Critique of Pure Reason*, translated by Norman Kemp Smith, New York: St. Martin's Press, 1965. page 22.

x   In the article I have assumed the distinction to be made between Classical Confucianism in the Classical Period of Pre-Qin Schools of Philosophers and Neo-Confucianism in the Neo-Confucian Period of Song and Ming. For Classical Confucianism I have in mind the whole span of development of Confucianism from Confucius to Xunzi through Mencius and other disciples of Confucius. For the Neo-Confucianism I have in mind the whole span of development of Neo-Confucian philosophy from Zhou Dunyi, Cheng Brothers (Cheng Hao and Cheng Yi), Zhang Zai, Shao Yong, Zhu Xi, and Wang Yangming. Each Confucian development constitutes an architectonic system of dimensions of thought, to be confronted for mutual understanding and mutual interpretation with Kant's philosophy as a whole as consisting of at least, the three *Critiques*, the *Prolegomena to Any Future Metaphysics*, *Grounds of Metaphysics of Morals*, and *Opus Postumum*.

xi   A thorough reading and interpretation of Zhu Xi's "supplementary commentary on *kewu zhizhi*" in his annotation of the *Daxue* would reveal not only a Kantian epistemology of a priori concepts but a Piaget-like process of learning which is not found in Kantian epistemology.

xii   See Kant's *Opus Postumum* translated into English in 1993 by Eckhart Foerster and Michael Rosen, Cambridge: Cambridge University Press, 1993. 18, 224.

xiii   See the Preface to the Second Edition, *CPR*, 33.

xiv   Leibniz has elaborated on this philosophy of *li* and *qi* in one of his final papers, titled "Discourse on the Natural Theology of the Chinese" in 1715-1716. Cf. Albert Ribas's article " Leibniz's Discourse on the Natural Theology of the Chinese and the Leibniz-Clarke Controversy", in *Philosophy East and West*, 53-1, 2003. 64-86.

xv   See my forthcoming books *The Primary Way: The Philosophy of Yijing and Comparative Studies in Philosophy of the Yijing*.

xvi   It is therefore more fruitful and more directly relevant to compare Kant to Zhu Xi in all aspects of their respective philosophies bearing on reason, method, vitality and living forces, human status, free will and knowledge-seeking, etc. than other classical Confucian and Neo-Confucian philosophers. Mou Zongsan gives a wrong impression that Kant is more Mengzian or Mencius more Kantian than others when he sets comparison between Kant and Mencius.

xvii   One might point to ideas of simplicity, aesthetic beauty, harmony and creativity, etc. as precisely those second- order categories for judging our knowledge or intellectual concept of the ultimate thing-in-itself. But there are two difficulties: one has to specify the exact meanings of these terms and establish perhaps a model or paradigm cases of identifying them as concrete examples of those categories. There is certain arbitrariness in dong so. For one thing one has to rely on highly intuitive experience of what constitutes an example of simplicity or beauty for example. Hence those second-order onto-epistemological categories cannot be fully objectified, but must remain dialectical and open to creative interpretation. Second, one may have to recede into higher and higher order predicates for describing or analyzing our intellectual intuition of things-in-themselves if we do regard them as intellectual concepts of second-order, for we can raise the question on deeper things-in-things behind those given things-in-Themselves.

xviii   I notice that Kant has use the term "things-in-themselves" as if each object of experience may require a correlate noumenal object as it is the cause of our experience of the object of the world. In this sense, perhaps, we should speak of the transcendental objects. But it also seems plausible that Kant may intend the thing-in-itself as an ultimate source from which phenomena could be said to be derived. It needs not to be a correlate with material object of our experience. To say that we do not have knowledge of it is to say that we even may not be able to imagine it as a correlate of the phenomenal object. Unfortunately Kant has not explored into this possibility as he may regard it as useless metaphysical speculation. I shall primarily use the plural "things-in-themselves" or singular "thing-in-itself" for referring to the single individual object or a collection of individual objects considered as noumena.

xix   Op. Cit., 24.

xx   Op. Cit., 29.

xxi   The same as the preceding note.

xxii   This is precisely a project that I have proposed to do research on with this special issue as a testing ground.

xxiii   I used this term "transcendental integration" (chaorong) to indicate how our mind may integrate our experience into a differentiated whole which give order to differences in experience and which maintains an openness toward further integration in new experience. Hence it is conceived as a creative function of the mind governed by both logic of consistency and coherence and logic of meaningful discovery and invention.

xxiv   I have been stressing the importance of this work as my early articles have shown. For a recent work on this, see my article "Toward an Integrative Pluralism in Religion: Embodying Whitehead, Cobb and the Yijing", in David Griffin, editor, Deep True Pluralism, Louisville: WJK Press, 2005. 210-225.

xxv   See Shougua (Discourse Commentary) of the Yizhuan in any authentic text of the received Yijing such as commented on by Zhu Xi or Wang Bi.

xxvi   I shall not elaborate this in this space but will do it on another occasion as I have done in connection with other subjects than with Kant.

xxvii   Cf. Mou Zongsan, Zhide zhijue yu zhongguo zhexue (Intellectual Intuition and Chinese Philosophy), Taipei: Commercial Press, 1971. Chapter 18. Also, his book Xianxiang yu wuzishen (Phenomena and Things-in-themselves), Taipei: Student Book Co., 1990. Chapter 3. In his former book Mou has shown great insight in interpreting intellectual intuition as having a meaning of creative extension by mind in light of his understanding of Zhang Zai's notion of "daqixin" and "xinzhi kuozhi, mojiu qiji". In this sense the mind is capable of creatively actualizing reality by wandering in the great void (taixu). But obviously this is not the original sense of "intellectual intuition" in the Western tradition. Even for God as the Creator, intellectual intuition may suggest a direct perception of essences of things, not the creation of objects.

xxviii   We speak of an ultimate principle as the thing-in-itself, we may also speak of an open world of changing entities which are things-in-themselves.

xxix   I use this term in order to contrast with the transcendent (*chaoyue* in Chinese) and transcendental (*chaoyan* in Chinese).

xxx   This special issue titled "Kant and Confucianism" is scheduled to appear in March of 2006.

（作者单位：美国夏威夷大学）

20 世纪新儒家的大判教
—— 以唐、牟二先生为例

□ 蔡仁厚

一、略说天台判教以及牟先生对天台华严判教之再调整[①]

智者将佛陀一生的说教，分判为"五时"、"八教"。

甲．"五时"是佛陀成佛后说法弘化的五个阶段：（1）华严时；（2）鹿苑时；（3）方等时；（4）般若时；（5）法华涅槃时。（按：此五阶段，乃是义理的秩序，与人生历史的顺序未必全相关）

乙．"八教"，分为化仪四教与化法四教。

1. 化仪四教：顿、渐、祕密、不定，（这是教化众生的方式）。

2. 化法四教：藏、通、别、圆，（这是所说之法的内容）。

（1）藏教，是三藏（经、律、论）的简称。智者依印度习惯，名小乘为三藏。藏教之佛为灰断佛。色身灰灭，只留舍利为人间福田。在此，只有修得的无常佛性，而无理性本具的真常佛性，未至如来藏恒沙佛法佛性，不能使一切众生皆得度。

（2）通教，通前藏教，通后别、圆，引小入大。智者以般若部与龙树之空宗（中观）为通教。牟先生于此提出二点说明：第一，承认它是共法；第二，指出它有限定相。"尊般若、宗龙树"者是取第一义，而天台以空宗为通教，华严以空宗为始教，是指第二义。这样分开点示一下，就可以免于在此争高下了。

（3）别教，不同于前之藏教、通教，也不同于后之圆教，独明菩萨位，故名别教。在穷法之源的问题上，就第一序而言，实只有二个系统，一为阿赖耶缘起（妄心系统），一为如来藏缘起（真心系统）。此二系皆是别教。今牟先生借用华严宗"始教"、"终教"之名，判"阿赖耶缘起"为"始别教"，"如来藏缘起"为"终别教"，实甚谛当。

（4）圆教者，圆妙、圆满、圆足、圆顿、圆实之谓。圆教自是就佛而说，但佛有三藏佛、通教佛、别教佛，而不必即是圆实佛。只有相应法华圆实佛而说者，方为真实圆教。天台"以法华为宗骨"（荆溪语），而法华经并无特殊的教义法数，它没有第一序上的系统内容。天台圆教乃相应法华之"开权显实，发迹显本"而建立。为要表达这个佛乘圆教，它必须依法华经所谓"决了声闻法"而决了一切分别说的权教：

1. 它决了藏教与通教而畅通之，使之不滞于六识与界内。

2. 它决了始别教阿赖耶而畅通之，而不分解地说阿赖耶缘起（不偏执妄心系统）。

3. 它决了终别教如来藏自性清净心而畅通之，而不分解地说如来藏缘起（不偏取真心系统）。

它经过这一切决了，而说出"一念无明法性心"即具十法界（三千法）。此"一念无明法性心"，（一）从无明方面说，它是烦恼心、阴识心，是妄心，但天台圆教不分解地"唯阿赖耶"（不单以阿赖耶说明一切法）；（二）从法性方面说，它就是真心、清净心，但天台圆教亦不分解地"唯真心"（不偏指清净真如，不单以如来藏说明一切法）。此即所谓决了一切分别说的权教，而成圆教。天台圆教是"存有论的圆具"，配上般若之"作用的圆具"，一纵一横，有纲有纬，遂成真实圆教。

在智者卒后约一个世纪，华严宗的贤首又提出新的判教。贤首判教不分"时"，而依"义"判为"小、始、终、顿、圆"五教。

（1）小乘教：相当于天台之藏教。

（2）大乘始教：以般若空宗为"空始教"，瑜珈唯识为"有始教"，二者皆大乘之初门。

（3）大乘终教：以真常心系诸经及起信论属之。立"真如随缘"义，不同于"凝然真如"。

（4）顿教：始教、终教，皆有阶位次第，故为渐教。顿教则不说法相，不立法门，无阶位次第之限制。一念觉即佛，一念迷即众生（按：顿应指"绝相离言"之禅宗，然贤首每举维摩经为例，而不及禅宗，或是时禅宗尚未大盛故）。

（5）圆教：此指华严宗而言，经中有"圆满因缘修多罗"之语，故称圆教。圆教当然是一乘教。贤首又分为"同教一乘"与"别教一乘"。以法华言及"三乘"（声闻、缘觉、菩萨），但为方便诱引，最后皆引归一乘（佛乘）。其教义为三乘人说，故为"同教一乘圆教"。华严宗则只说佛境界，不立三乘之说，故为"别教一乘圆教"。

但贤首的判教，亦有不妥不尽之处。第一，顿教无具体内容，似不宜立为一教（天台列顿教为化仪四教之一，是也）。第二，既自居圆教，却又承认天台亦为圆教。若"别教一乘圆教"可以涵摄"同教一乘圆教"则天台不得为圆教。若两圆并存，不能摄天台，变成判教不尽。如此各圆其圆，正表示未能消化天台之思想，其判教理论无法对天台宗作一妥善之安排。第三，华严宗自称别教一乘圆教，是单就佛法身说圆教，是凸显一高不可及之佛法界，故必与九法界隔绝而不相即。隔而不即之圆，乃本末不融之圆（九法界皆未脱离无明，仍然是无明中的法）。此乃权圆，而未达到真正的圆（必须如天台宗"即九法界而成佛"，方是真正圆实教）。

就天台华严之判教而相资相取，再作调整之后，依牟先生，佛教可以列为五教：（1）藏教（小乘教）。（2）通教（空宗）：般若中观乃观法之教，是共法，是究竟了义之无诤法，但只有作用义的圆具，而无存有义之圆具。故通教之判，实无贬意。（3）始别教（阿赖耶缘起、唯识宗）。（4）终别教（如来藏缘起、华严宗）。（5）圆教（天台宗）。

二、唐、牟二先生对中国哲学的从根疏导

唐君毅先生和牟宗三先生，为当代新儒家之重镇。二人都对中国哲学做了从根的反省和疏导。

唐先生谢世那年，我曾在悼念文中说到唐先生的著作可以分为三个阶段（按：唐先生之著作，已编为全集，共 30 卷，台北学生书局印行）：

第一阶段是"人生之路"三书：《人生之体验》、《道德自我之建立》、《心物与人生》。由第一阶段的道德生活之反省，进而注意到社会文化之重要，而见出人文世界皆可统摄于道德理性的主宰之下，此即《文化意识与道德理性》的中心观念。由这部理论书作桥梁，再向前发展，便进入到第二阶段的著作。

第二阶段有四部书：《中国文化之精神价值》、《人文精神之重建》、《中国人文精神之发展》、《中华人文与当今世界》。这几部书都不是哲学专著，但它的价值和影响却超越了专著。它代表唐先生全部生命性情的发皇。由重建人文精神，以挽救中国乃至人类文化的命运，当然还是要重视文化的核心——哲学思想。唐先生那二大册的《哲学概论》，就是兼顾中国、印度、西方三大系统的哲学思想而写成的书。由这部书作为一个过渡，再回头重新疏导中国哲学思想发展的脉络，这就进入第三阶段的论述。

第三阶段的著作，就是《中国哲学原论》中的《导论篇》、《原性篇》、《原道篇》、《原教篇》。唐先生指出，中国哲学有它多方面的义理，也有它一套内在的问题。一方面它自己形成一个独立自足的义理世界；另一方面也可以旁通于世界的哲学。在这几本大作里，唐先生是通贯中国哲学演进发展的全部进程来论述：

（1）中国人性思想的发展；

（2）中国"道"这个观念的建立和发展；

（3）宋明儒学思想的发展。

这种大规模的学术思想之疏导工作，只有两个人做出来了；一位是牟宗三先生；一位就是唐先生。两位先生的写作方式和着重点不尽相同。简约而言之，一个是同中见其异，一个是异中见其同。

牟先生的书，以透显义理的骨干和思想的架构为主，比较着重于同中见其异，以使中国学问的义理纲维和思想系统，得以厘清和确定，这是一种讲哲学系统和讲哲学史的立场和态度。因为要弄清楚各个时代和各家各派思想的分合异同，以及其演变发展的关节，同中观异是必要的。牟先生的《才性与玄理》、《佛性与般若》、《心体与性体》（含《从陆象山到刘蕺山》）这三部书，就是以同中观其异的态度，来讲明魏晋玄学、南北朝隋唐佛学、宋明理学这三个阶段的学术之真义。后来又有一部讲录《中国哲学十九讲》，对中国哲学的系统纲格与义理宗趣，以及其中所涵蕴的问题，做了全程的疏解和综述。

唐先生的书，则以通观思想的承接与流衍为主，重在异中见其同，藉此以通畅文化慧命之相续，以显示承先启后的文化生命之大流。这是一种重视哲学思想之交光互映和相续流衍的立场。因为要昭显几千年来思想的交会融贯和文化慧命的相续不断，就必须异中观同。唐先生的中国哲学原论各篇，就是采取异中见其同的态度，来通贯地讲述从先秦到清代的学术思想。

三、唐先生广度量的大判教：心通九境

唐先生逝世前一年，出版了他最后的一部大作《生命存在与心灵境界》。这是一部总结性的书，唐先生的思想立场，在书中已有了交代。这部大作一方面解答形上学与知识论所引生的种种问题；另一方面则依生命三向而开出心灵九境。九境又分为初三境、中三境、后三境。

甲．初三境为"客观境界"：客观境界是指为人的心灵所观照之一切客观对象，其中又有"体、相、用"三种观法：

1. 万物散殊境——观个体界（观事物之体）。

2. 依类成化境——观类界（观事物之相）。

3. 功能序运境——观因果界、目的手段界（观事物之用）。

此三者重在客体，都是"觉他境"。

乙．中三境为"主观境界"：主观境界是由人对其内心活动之反省而来，其中也有三种：

1. 感觉互摄境——观心身关系与时空界。能感觉的心灵与所感觉的对象，或感觉主体相互之间的融通包含，即构成一感觉互摄的世界。

2. 观照凌虚境——观意义界。意义世界或概念世界，不是产生于心灵的感觉活动，而是产生于心灵的理解活动。在这种理解活动中，人的理性可以不直接指涉经验事物，此抽象的意义世界，似乎是凌虚而在。

3. 道德实践境——观德行界。道德实践不是以理解而是以人心灵的道德理性活动为依据。此种活动不是要对客观世界有所感知，也不是要对现实世界有一种纯抽象的理解，而是要自行立法，通过人的道德行为展现不同于现实世界的道德世界。

此三者，以主摄客，都是"自觉境"。

丙．后三境为"超主客境界"（又名"超主客之绝对主体境"）：它产生于人心灵追求"无限、绝对、永恒"之超越的向往。它不在主客之间，而在主客之上而又统一主客于其中。此类境界也有三种：

1. 归向一神的"神教境"——观神界。此要在论西方一神教所言之超主客而统主客的神境。

2. 我法二空的"佛教境"（众生普度境）——观一真法界。此要在论佛教以性空为其法性，为其真如实相，以破斥人对"主、客"相、"我、法"相之执著，来超越主客之分别。

3. 天德流行的"儒教境"（尽性立命境）——观性命界。此要在论儒教之"尽主观性以立客观之天命"，以成此性命之用的流行之大序，而使此"性德之流行"为"天德之流行"，而通主客、天人、物我，以超越主客之分别。

此三者，皆为"超自觉境"。超越主客之相对，是"以主为主"的绝对主体境。

唐先生"心通九境"的论述，乃对人类文化之全体内容提出一个广度量的大判教，显示他宽平深广的人文器量和鞭辟入里的哲人慧见。

四、牟先生在判教过程中所开显的义理脉络

1. 尽理、尽气与理性之表现

传统儒家多言尽心尽性，而当代新儒家进而言"尽理、尽气"。牟先生在其《历史哲学》②书中，提出"综和的尽理"与"综和的尽气"之精神，以及"分解的尽理"之精神。他认为历史是一个民族的实践过程，而精神表现的形态及其原理，在各民族之间的出现，不但有先后与偏向的不同，而且出现的方式也有"综和的"与"分解的"之差异。中国文化表现"综和的尽理"与"综和的尽气"之精神；西方文化则表现"分解的尽理"的精神。

附按：凡"尽气"，皆是"综和的"，而非"分解的"，故不类比于"分解的尽理"而说"分解的尽气"。同时，西方文化中之英雄与文学家、音乐家、画家、建筑雕刻家等，无论"尽才、尽情、尽气"，皆依顺一指导性之理念（原则）而表现，如文艺复兴时期之音乐、绘画、雕刻……几乎全是为了荣耀上帝，此乃"从理"而行。其所表现者，也系属于"分解的尽理"之精神。

由综和的尽理之精神，表现"道德的主体自由"，而使人成为"道德的存在"或"宗教的存在"（如圣贤君子、忠孝节义，或宗教教主、高僧圣徒）。由综和的尽气之精神，表现"艺术性的主体自由"，而使人成为"艺术性的存在"（此取广义。凡是尽才、尽情、尽气的天才、英雄、豪杰、才士、高人隐逸之流，皆属此类，不止于诗人、画家、音乐家而已）。而分解的尽理的精神，则表现"思想的主体自由"以及"政治的主体自由"；前者使人成为"理智的存在"（所谓我思故我在，如思想家、科学家等），后者使人成为"政治的存在"（人作为权利、义务的主体，便是政治的存在，也即"公民"这个观念所表述者）。

牟先生创用这三个词语，是为了讲历史文化。五四时代的知识分子认为科学、民主是西方的。中国既要科学、民主，就必须抛弃传统，全盘西化。如此一来，中国文化的生命打成两截，旧的和新的，传统的和现代的，被摆在直接冲突对立的位置上，有如水火之不相容。然而文化可以这样讲吗？可以这样理解吗？中国五千年的传统文化竟然一无是处吗？必不然矣。但谁又能通盘省察而且说出这"必不然"的所以然之故呢？首先是牟先生。

进一步，牟先生又创用二句词语"理性的运用表现"与"理性的架构表现"③，来对显中西文化生命的特色。中国文化生命的特色，是"理性的运用表现"，而运用表现正是"综和的尽理之精神"下的方式。西方是"理性的架构表现"，而架构表现又正是"分解的尽理之精神"下的方式。如此比配一下，可以使意思更为显豁。

牟先生又有"理性之内容的表现"与"理性之外延的表现"④一组词语。前者成就内容真理（道德宗教之真理），后者成就外延真理（科学真理）。而理性的运用表现自属内容表现，理性之架构表现自属外延表现。两者词语异而意指同。顺此又有所谓"内容意义的民主"（如民为本、民为贵、好恶与民同、忧乐与民同……）与"外延意义的民主"（如行政、立法、司法三权之分立制衡），凡此，皆可会通而解，并无所滞执。

2. 三教与三统

"三教"指"儒、道、佛",这是传统的讲法。而今天,又可指称"儒、佛、耶"。传统"三教"经过一二千年的相摩相荡,大体已能相互了解,相互尊重,而达到孔子所谓"和而不同"(虽不同而能和)的境地。今后,将进入新三教"儒、佛、耶"相互摩荡的阶段。《礼记·学记》云:"相观而善之谓摩。"摩即相互观摩之义;荡谓荡越,有推荡超越、推移渐进之义。故摩荡者,即彼此相观而善(相互了解,相互承认,相互尊重,相互采取),而推移渐进、共谋发展之谓。

牟先生尝谓"佛教证如不证悲",因为佛家之讲慈悲,乃因怜悯众生沉沦生死海而引发同体大悲,故发愿引渡众生登于彼岸,共证真如涅槃。此可为"证如"。而其悲心是在"缘起性空"之下,因"缘"而起,实无体无根,故无由证成。这个说法,佛弟子或不愿接受,但对照于儒家之仁心(不安、不忍、愤悱、不容已的实体性的道德本心),即可了知佛家因"缘"而起的悲心⑤,是无体无根的。故判佛家"证如不证悲",乃属谛义。是教义之实如此,故可勿辩。

牟先生又谓"耶教证所不证能"。"所",指上帝(人之所信);"能",指人类自救之能。耶教充分宣导上帝之爱,而上帝之独生子耶稣之降生,亦为拯救世人,故上帝一面可以证成。但人这边却是"原罪"之身,必须靠上帝降恩,才能赦免原罪而获得救赎。人除了"信",别无他法。人的自救之能不被承认,当然无由证成。今后,"儒、佛、耶"新三教的摩荡,是否能够达到如同传统三教(儒、道、佛)的境地?现在难下判断。如果三方面摒除成见,相与为善,则在"尊理性"的大原则之下,新三教的融摄会通,应可审慎而乐观。

另外,有"三统"之说⑥,也由牟先生提出。传统儒家本有所谓"三正、三统",夏、商、周三代历法之正月,有建子、建丑、建寅之别,故曰"三正"。又以子、丑、寅为天、地、人,故建子为天统,建丑为地统,建寅为人统。以是,"三正"亦称"三统"。这是汉儒董仲舒的说法,今且置之勿论。

儒家又有"道统"之说。"道统"二字虽然后起,但孔子盛赞二帝三王之德⑦,又说"文王既没,文不在兹乎!"其以斯文之统自任的意思,甚为明显。《孟子·尽心下》最后一章,也说到圣道之统的传承。⑧到唐代韩愈便明白说出:"尧以是传之舜,舜以是传之禹,禹以是传之汤,汤以是传之文武周公,文武周公传之孔子,孔子传之孟轲,轲之死不得其传焉。"⑨宋儒朱子更积极讲说儒圣之道统。而后儒又有"学统"之名。道统指圣人之道,学统指圣人之学,其义一也。

牟先生所提新"三统"之说:(1)"道统"指儒家内圣成德之教。(2)"学统"一词则不再用来指说圣贤学问,而主张让给希腊传统的"知识之学"使用。落实而言,学统指向"逻辑、数学、科学"。(3)"政统"是新创之词,乃就政治形态之继续演进而言,由贵族政治形态,而君主政治形态,而民主政治形态,必须相继相续,不可断绝。落实而言,必关联于民主政体的建国,内含"国家、政治、法律"。

"道统"由孔子代表,是民族文化之大统所在,也是人人安身立命的凭藉,故必须永远承续而光大。"学统"是知性的学问,在西方有长远的传统,中国也曾表现高度的科学心智,近三百年落后了,必须自我调整民族文化心灵的表现形态,由德性主体开显知性之用，以发展科学知识。"政统"是开出政道的问题。中国传统政治"有治道而无政道"。政权掌握在皇帝一人之手，既无政权转移的轨道，也无客观法制的制衡，故必须完成两步立法：（1）限制君权之立法（建立政道）；（2）保障人民权利之立法（运用治道）。

此外，牟先生还曾指出：中国文化中的"道统"在儒家，"哲学之统"在道家与名家，而科学之统在羲和之官（羲氏和氏，乃舜廷掌天文历象之官），这简明的分判，也显出明达之识。

3．宋明理学三系之判

（1）性理之全义与偏义（即存有即活动、只存有而不活动）

元明以来，习称宋代儒学为性理学，但伊川朱子讲的性理，和陆王（也含大程子明道）所讲的性理，实有全义与偏义之别：⑩

①性理的全义——性即是理（理与心、神、寂感，通而为一），理是创生原理，能妙运气之生生，故是"即存有即活动"者（理，是实有之体，是形上存有。活动，即指性理本体能妙运阴阳气化，生生不息，故活动乃指创生性而言）。

②性理的偏义——性只是理（心、神、寂感从性体脱落下来而归属于气），性理是本体论的静态的实有，不能妙运生生，不能起创生作用，故是"只存有而不活动者"者。

（2）心性关系（心性是一、心性为二、以心著性）

依牟先生《心体与性体》之判定：⑪

北宋前三家（濂溪、横渠、明道）为一组。此时只有义理之开展（由《中庸》、《易传》之言天道诚体，回归于《论语》、《孟子》之言仁与心性），并无义理之分系（分系之机，起于伊川义理之转向，而系统之分立，则要到南宋方始明显）。依心性关系之不同，可分为三系：

①伊川朱子系（心性为二：性是理，心属气）。

②象山阳明系（心性是一：即心即性即理，心性理三者通合为一）。

③五峰蕺山系（以心著性：心与性是形著关系）。

（3）逆觉与顺取、纵贯与横摄（自律与他律）

三系之分是依据心性关系而判定。但"心性是一"的象山阳明系，与"以心著性"的五峰蕺山系，到究极处仍可合为一大系，此一大系所讲的道体性体，乃"即存有即活动"者，其工夫为"逆觉体证"（逆者，反也。如孟子"反身而诚"之反，意谓反省自觉以体认天理本体）。而"心性为二"的伊川朱子系所体会的道体性体，则是"只存有而不活动"者。不活动，是指其所讲之道体性体，只是静态的实有，形式的标准，而不能妙运气化而生生不息。朱子自己亦说"理无情意，无计度，无造作"，⑫故无创生性。其工夫为"顺取之路"（顺心知之明，认知摄取事物之理）。

"心性是一"与"以心著性"合成之大系，到最后"心、性、理"通而为一，乃为"纵贯系统"（纵贯是就创生说。天道创生万物，心性本体创造价值，犹如父母生育子女，都是纵贯关系）。而伊川朱子的"心性为二"，则为"横摄系统"（心知之明与事物之理，主客相对，是横列的认知摄取之关系）。儒家的内圣成德之学，必须以纵贯系统为主干，而横摄系统是以知识的路讲道德，只能居于辅助的地位。⑬此即所谓"必须以纵统横，不可以横代纵"。犹如易经乾坤并建，仍必以乾统坤。

五、牟先生融通中西的大判教：两层存有论（一心开二门）与圆善

牟先生晚年，在译述康德三大批判的过程中，正视了康德的洞见之重大意义[14]，亦见到知性之存有论的性格之不可废，并依据中国的传统，肯定"人虽有限而可无限"、"人可有智的直觉"。由中国哲学传统与康德哲学之会合而激出一个浪花，乃更能见出中国哲学传统之意义与价值，以及其时代的使命与新生，并由此而看出康德哲学之不足。牟先生说他"步步学思，步步纠正，步步比对，步步参透"，参透到《现象与物自身》写成，而后觉得洒然。

康德虽不承认人有智的直觉，但他的书中却处处以智的直觉与感触直觉对比而言，可见智的直觉有重大的意义和作用。只是由于西方传统的限制[15]，所以以康德之智思也无法觉其可能。但如果人真的不能有智的直觉，则不但全部中国哲学发生动摇（儒家的仁、心性、良知，道家的道心、玄智，佛家的佛性、般若，皆将不能讲述，不能成立），就是康德本人所讲的全部道德哲学也将成为空话。这个影响太大，非心所能安。然则，如何可能呢？牟先生认为，必须依中国哲学传统来建立。

他由康德的批判工作接上中国哲学，进而开出建立"基本存有论"的门路，从"本心、道心、真常心"处来建立。（1）本心、道心、真常心是"实有体"。（2）实践而证现这实有体，是"实有用"（本于实有体而起用）。（3）成圣、成真人、成佛以取得实有性（即无限性），这便是"实有果"（本于实有体、起实有用而成的果）。这"体、用、果"便是基本存有论的全部内容。

牟先生顺依中国传统的智慧，先由人的道德实践，显露"无限自由心"，由此说"智的直觉"。自由无限心是道德的实体，由此开"道德界"；它又是形上的实体，由此而开"存在界"。（1）先由自由无限心开存在界，而成立一个"本体界的存有论"（无执的存有论）。在此，是以儒家的正盈教，会通佛老的偏盈和西方的离教，建立上达天德之路，以成圣、成佛、成真人。（2）再由自由无限心（知体明觉）之自我坎陷而开出"知性"（认知心），由"知性之执"（识心之执）而执定现象，而成立一个"现象界的存有论"（执的存有论）。在此，是以佛家"执"的观念来融摄康德所说的现象界，并以康德之学（纯理批判之分解部）充实这个"执"，来凸显知性主体（识心、有限心），以开出科学知识。

依牟先生之疏导，"现象"与"物自身"，只是一物之两面，只是两种不同的表现而已（物自身不是一个事实概念，而是一个有价值意味的概念，它就是物之本来面目，物之实相。所以，"物自身"乃是一个"朗现"）。人的行动，是现象，也可以是物自身。但康德一说到行动，就把行动归属于现象，而忘怀行动本身除了现象的身份，也同时有物自身的身份。康德说得太快，一下子就滑到现象界，因此，他的哲学体系只能说是"一心开一门"。他只开感触界的生灭门，而未能开出智思界的真如清净门。如依中国的哲学传统，则可直接肯定人类心灵可以开出两层存有论。在此，牟先生借取佛教《大乘起信论》"一心开二门"之架构，来综括两层存有论。他融摄儒、道、佛三教的精髓，打通中西哲学的隔阂，再以创辟性的诠释，赋予"一心开二门"以新的意义和新的功能（不只用于修持，更扩大到哲学与文化之全体）。此步工作，实已为中西哲学开显一条交会融通的

坦途。⑯

最后，有一部书可以代表哲学系统的究极完成，也可以说是古今中外的大统合，那就是《圆善论》。将圆满的善（德福一致）看做一个问题，是来自西方，而正式提出解答，则始自康德。但康德的解答，是依基督教的传统而做成的，即肯定一个人格神的上帝，再由上帝对惩罚与酬报平均分配，来保证宇宙之公道（德福一致）。但此一解答不能算是圆满而真实的解决。用佛家词语来说，康德的解答只是别教中的解决。牟先生依于圆教的义理，以天台判教的智慧为准，首先疏通向秀、郭象注《庄子》而确立道家之圆教。其次，疏通儒家发展到王学之四有四无，再回归程明道之一本论，与胡五峰之同体异用，而确立儒家之圆教。圆教确立，用于圆善，则可获得"圆善问题"之圆满而真实的解决。

《圆善论》书中的讲说，是牟先生经过学思工夫的长途跋涉，披荆斩棘，而依于义理的必然性而达到的。其中主要是经过《才性与玄理》、《佛性与般若》、《心体与性体》、《从陆象山到刘蕺山》各书对儒道佛的诠表，而用来与康德哲学做比对，才能够达到这一步义理必然的消融。

牟先生在《圆善论》的自序中，说到他虽不能如康德那样"四无依傍，独立运思，直就理性的建构性以抒发其批判哲学"，但他"诵数古人已有之慧解，思索以通之"；由于持续数十年积学运思的学知工夫，也不期然而能达到"消融康德"的境地，而使康德"百尺竿头，更进一步"。于此可知，经由"概念的分解，逻辑的建构"，与通过"诵数以贯之，思索以通之"（荀子语）这两种"绝异"的途径，实在也可以趋于一种"自然的谐和"（唯中间必须随时有批判，有抉择，乃能使每一个概念得其正位）。

综观牟先生对"儒、道、佛"三教智慧系统的诠释表述，对儒家外王学的充实开扩，对中国哲学史上诸多问题的省察，对中西文化会通的疏导，对西方哲学主流的核心著作之汉译融摄，凡此等等，皆可看出他纵贯古今、融通中外的思想规模。这样，才真正是"古今中外，内圣外王"的大统合。

六、结　语

天台、华严的判教，是佛教内部的判教。而今天我们所面对的，则是古今中外各种形态的文化、宗教和哲学思想交会激荡的局面，正需要一步新的判教，来别同异，定位序，以建立综摄融通的基准和轨辙。

在中国当代的哲学界，有两位先生不约而同地做了比天台、华严更深广的判教工作，这就是唐先生和牟先生。在西方，没有人有能力做这种事，一是由于他们文化传统的限制，二是他们对东方文化了解不够。而在中国有人做出来，这是值得我们感奋和激励的。

唐先生通观文化心灵活动的全部内容，而开列上文所说的九境，以分判人类文化中各种学术思想而及于"神教、佛教、儒教"的境界，这是一种广度式的判教。

牟先生所做的，则是采取较为精约而集中的方式，就人类文化心灵最高表现的几个大教来说话。他开出一个"判教与融通"的路道，认为中国儒、道、佛三教都能显发自由无限心，以消除主客对立、能所对立，所以都是圆盈之教。⑰儒为正盈，佛老为偏盈，而西方宗教则是离教。因为主体与客体相隔离，所以是"证所不证能，泯所而归所"的离教。牟先生依于正盈圆教的智慧，以融摄康德，并会通偏盈，以建立各大系统综摄统一的轨辙。在混乱低沉的 20 世纪，当代新儒家能以判教的方式，开显中西文化会通融摄的坦途。这不只是中国文化的"贞下起元"，也是人类文化融通会合的先声。

注　释：

①　本节所说，根据牟宗三先生《佛性与般若》下册（台北学生书局、联经出版事业有限公司（以下简称"联经"）《牟宗三先生全集》第 4 册）对天台宗之讲论。因为是综述，不易一一注记，故从略。

②　见牟宗三《历史哲学》第三部第三章（台北学生书局、联经《牟宗三先生全集》第 9 册）。

③　见牟宗三《政道与治道》第三章（台北学生书局、联经《牟宗三先生全集》第 10 册）。

④　同上，第八章。

⑤　关于"证如不证悲"，拙著《儒家心性之学论要》（文津版）第 4 页有一段文亦论及之。兹录于此以供参证："说佛教证如不证悲，是牟先生三十年前的判语。佛教讲大慈悲，何以判它证如不证悲？简要地说，是由于佛教的'悲心'，只是对应'无常、苦、空'而发，是作用地显示，而不是肯定一个实体性的道德心性，因而其大悲心亦不是从根源性的道德实体发，所以不同于儒家之仁。如果顺儒家的思路来看，悲心本当是仁心、道德心。但佛教基于'缘起性空'之义，并不着重在此说话。它是从'苦业意识'入，而不从'道德意识'入。即使是'如来藏自性清净心'，亦仍然是修行呈现的境界（证空如），而并非预设一个实体性的真心以为本体（故佛陀说如来藏我，明白表示乃是为讲梵天梵我而怕讲'无我'之外道所设之权机）。所以如来藏心亦仍然是智心，而不是仁心。总之，佛教是智心照了（证空证如），而不是仁心成就。故不肯定实体性的创造实体，不肯定创造性的道德心。以此之故，只能证成如，不能证成悲。"

⑥　牟宗三：《生命的学问》第 60~71 页"略论道统、学统、政统"，台北三民书局。

⑦　参见蔡仁厚《孔孟荀哲学》，第 162 页，台北学生书局。

⑧　同上，第 161 页。

⑨　见韩愈《原道篇》。

⑩　参见蔡仁厚《新儒家的精神方向》第十二文"性理的全义与偏义"，台北学生书局。

⑪　参见牟宗三《心体与性体》第一册综论部，台北学生书局、联经《牟宗三先生全集》第 5 册。

⑫　《朱子语类》卷 1。

⑬　按：以朱子为代表之"横摄系统"，在元、明、清三代，皆居官学系统之正宗，此一正宗之地位，又主要是以"朱子集北宋理学之大成"这句话为依据的。其实，朱子之学，乃顺小程子之思路而发展完成，并不承继北宋前三家（周、张、大程），对孔子之仁与孟子之心性，也有诠释上之问题，故牟先生判朱子系是"继别为宗"。关此，请参阅蔡仁厚《哲学史与儒学论评》第 351~359 页的《"继别为宗"与"别子为宗"》一文（台北学生书局版）。

⑭　康德说，我们所知的只是"现象"，而不是"物自身"。现象是感触直觉的对象，物自身则是智的直觉之对象。而智的直觉乃属上帝所有。又说，上帝只创造物自身，而不创造现象。这样的点示，当然有一种洞见在内。但牟先生认为，我们不能由这轻描淡写的点示而了彻物自身的确义，因而"现象"与"物自身"之分永远不能明确稳定，而康德系统内部的各种主张亦永远在争辩中而不易使人信服。于是牟先生在汉译康德三大批判之外，又撰著《现象与物自身》与《圆善论》（皆学生书局版，编在《牟宗三先生全集》第 21、22 册）以消化康德、融摄康德。

⑮　按：所谓西方文化传统的限制，一是宗教上判定人有"原罪"，人不能自救；二是哲学上又无有"天命之谓性"的观念，人无法自觉地尽心尽性以上达天德。

⑯　按：牟先生的《中西哲学之会通十四讲》（台北学生书局版，编在《牟宗三先生全集》第 31 册中），更为中西文化之融合，提供系统之解答。而另一讲录《四因说演讲录》（鹅湖版，编在《牟宗三先生全集》第 32 册中），则是再一次对中西哲学之会通提出深刻的思考。

⑰　按：依牟先生，（1）"盈"有正盈与偏盈。儒为正盈，能独显道德意识以成己成物。佛老是偏盈，只遮显空无以求灭度或求自得。正可以备偏，偏不可备正，所以偏盈还达不到究极之圆。（2）"正盈"中亦有圆与不圆。就宋明儒而言，周、张、明道、五峰、蕺山以及陆王，皆为圆盈。伊川与朱子则为不圆之正盈。（3）"偏盈"中亦有圆与不圆。佛教之空宗是通教，唯识宗是始别教，起信论是终别教，华严宗是别教之圆教，唯天台宗是真圆教。道家之老庄，大端皆可至于圆，但在言诠上，庄子之"调适上遂"则显得更圆。（4）相应离教而言，康德近乎正盈而未至（一因未能依自由意志透显无限心，二因不承认人有智的直觉，三因"意志自由、灵魂不灭、上帝存在"皆为设准，而又不能通而为一）。

（作者单位：台湾东海大学哲研所）

《周易·系辞传》"一阴一阳之谓道"的解读

□ 戴琏璋

一、前　言

　　"一阴一阳之谓道"，是《周易·系辞传》（以下简称《系辞传》）中最具概括性及指引性的语句。它对于《易经》卦爻结构及卦爻辞所展示的终极原理，作出了简明的概括；同时也为《易经》读者体认卦爻义理，从本源上提示了确切的指引。可是这一语句，后世解读颇有歧异。晋韩康伯（331～379年）《周易注》（以下简称"韩《注》"），基于道家观点以"无"释"道"，而"一"即"道"，即"无"，于是"一阴一阳之谓道"，就成为：无阴无阳之谓道——"在阴为无阴，阴以之生；在阳为无阳，阳以之成"。唐孔颖达《周易正义》、李鼎祚《周易集解》都遵从这一说法。韩《注》与孔氏《周易正义》结合为《注》《疏》之后，更提高了它解经的权威性。宋朱熹（1130～1200年）《周易本义》回归于儒家立场解读，他依据程伊川的说法，以"理"释"道"，而认为"阴、阳"则属于"气"。于是"一阴一阳之谓道"，应当理解为：阴阳迭运之理之谓道。朱子的训释，虽然与北宋大儒如周濂溪、张横渠他们多有不同，但在程朱学派中却有代表性，对于后世也具一定影响力。韩《注》及朱子《周易本义》，是否能够相应于《系辞传》的义理系统？这是值得我们追究的问题。关于《易传》的义理体系，以及"一阴一阳之谓道"的解读，牟宗三先生在其《周易的自然哲学与道德涵义》、《心体与性体》以及《周易哲学演讲录》三书中，都有所论述。本文依据牟先生的睿识，来检视韩、朱二家之所说，并且进而探讨：相应于《系辞传》义理体系解读"一阴一阳之谓道"，所应注意的问题。

二、韩康伯《注》的检讨

　　韩康伯对于"一阴一阳之谓道"有如下的注释：

道者何？无之称也。无不通也，无不由也，况之曰道。寂然无体，不可为象。必有之用极，而无之功显。故至乎神无方而易无体，而道可见矣。故穷变以尽神，因神以明道。阴阳虽殊，无一以待之。在阴为无阴，阴以之生；在阳为无阳，阳以之成。故曰一阴一阳也。①

韩《注》义理，显然本乎王弼。《注》文"不可为象"以前数句，即取于王氏《论语释疑·述而篇》"志于道"句之注释。②以"无"称谓"道"，旨在凸显道的超越性。王弼说："夫物之所以生，功之所以成，必生乎无形，由乎无名。无形无名者，万物之宗也。不温不凉，不宫不商。听之不可得而闻，视之不可得而彰，体之不可得而知，味之不可得而尝。故其为物也则混成，为象也则无形，为音也则希声，为味也则无呈。故能为品物之宗主，苞通天地，靡使不经也。"③超越的道体、无形、希声，不可凭视听而得知。人之所以知其存有，全凭"即用而见体"，所以说："必有之用极，而无之功显"，此亦王弼"常于有物之极，而必明其所由之宗也"之意。④依王弼，"以无为体"即涵"以无为用"。所谓以无为用，即无为而自然之意。王氏说："上德之人，唯道是用，不德其德，无执无用，故能有德而无为。不求而得，不为而成，故虽有德而无德名也。"⑤韩《注》所谓"在阴为无阴，阴以之生；在阳为无阳，阳以之成"，即表示道之自然，无所营为，以不生而生成万物之意。⑥

《系辞传》中关于"道"的论述所在多有，如"形而上者谓之道，形而下者谓之器"⑦，也在说明"道"的超越性。道既为形而上者，当然也不可凭人之感官而得知，《系辞传》作者如何指引人去"即用而见体"呢？他着眼于阴阳相感、刚柔相推、仁义相成。下列文字最具代表性：

> 《易》之为书也，广大悉备。有天道焉，有人道焉，有地道焉。兼三材而两之，故六。六者非它也，三材之道也。⑧

所谓"三材之道"，《说卦传》有较详细的说明：

> 昔者圣人之作《易》也，将以顺性命之理。是以立天之道曰阴与阳，立地之道曰柔与刚，立人之道曰仁与义。兼三才而两之，故《易》六画而成卦。分阴分阳，迭用柔刚，故《易》六位而成章。⑨

上引两段文字，都有"兼三才（材）而两之"一语。所谓兼三才，是说易道概括天、地、人，此亦"无物而不由"之意。所谓两之，是说易道乃从两相匹配——两者之交互作用中见，此即意谓易道为变化之道："为道也屡迁，变动不居，周流六虚，上下无常，刚柔相易，不可为典要，唯变所适。"⑩《说卦传》所揭举的"两之"：阴阳、刚柔、仁义，都不是静态的并列，而是动态的，两者之间有感应、有推移，终而复始。由"两之"而见道，显然不同于由无执、无为而见道。后者可以开出道家的不生之生、自然自在的境界，而前者则是儒家道德主体不容自已、健行不息的体证，它开出富有的大业、日新的盛德，所以说"生生之谓易"、"阴阳不测之谓神"⑪。

　　《系辞传》属于儒家义理体系，韩氏基于道家立场作《注》，其扞格难通的情形，除上述对于道的诠释以外，也见于他对于乾坤的解读。《传》文："夫乾确然示人易矣，夫坤隤然示人简矣。"韩氏注说：

　　　　确，刚貌也；隤，柔貌也。乾坤皆恒一其德，物由以成，故简易也。⑫

韩氏曾引《老子》语"王侯得一以为天下贞"，而说"万变虽殊，可以执一御也"⑬。因此他所谓"恒一其德，物由以成"，孔颖达《正义》即以"得一无为，物由以生"、"自然无为，以成万物"来作疏解。孔氏曾说："一谓无也。"又说："一者情无差二，寂然无虑，任运而行者也。"⑭据此可知，韩氏对于乾、坤，是取道家的得一无为、自然任运来作解读的。

　　在《系辞传》中，乾、坤是一组很重要的概念，下列文字可以有助于我们对这组概念的了解：

　　　　乾坤其易之缊邪。乾坤成列，而易立乎其中矣。乾坤毁，则无以见易；易不可见，则乾坤或几乎息矣。

　　　　乾坤其易之门邪。乾，阳物也；坤，阴物也。阴阳合德，而刚柔有体，以体天地之撰，以通神明之德。

　　　　夫乾，天下之至健也。德行恒易以知险。夫坤，天下之至顺也。德行恒简以知阻。

　　　　乾知大始，坤作成物。乾以易知，坤以简能。易则易知，简则易从。易知则有亲，易从则有功。有亲则可久，有功则可大。可久则贤人之德，可大则贤人之业。易简而天下之理得矣。天下之理得，而成位乎其中矣。⑮

研读以上引文，我们可以有如下的认知：由乾坤以见易，仍然是"两之"而见道之意。这两之的"两"，《系辞传》作者或称为阴阳，或称为乾坤。前者以气言，后者以德言。并非阴阳之外另有乾坤，亦非乾坤之外另有阴阳。"乾坤成列"，即"阴阳合德"。由阴阳合德可以证知乾坤成列不是静态的并列，正如阴阳彼此感应，乾坤有互动相成的作用，它们不是"两"，而是"两之"。具体地说，乾坤"两之"，即呈现"至健"、"至顺"的德行相感相应，相推相移。由于它们根源于道，所以显示"易、简"的本色。根源于道的易、简，具有辩证的意涵，它是"知险、知阻"的易、简。道既超越而又内在，乾坤至健至顺之德，内在于人的天命本性，率性而行即直道而行，仍显易简本色，仍为知险、知阻的易、简。乾之至健而易，能"知大始"，呈现为创生原则；坤之至顺而简，能"作成物"，呈现为终成原则。⑯就易道作为天地之道而言，它是万物生成的依据；就易道作为君子之道而言，它是德业生成的依据。乾坤成列，终而复始，即易道之生生不已。据此可知，由乾坤以见易，即由至健至顺之德相互感应推移以见生生不已之易道。乾之至健而易，迥异于《注》《疏》所谓"得一无为"；坤之至顺而简，也有别于《注》《疏》所谓"自然无为"。韩《注》、孔《疏》以道家义理诠释《系辞传》的乾坤易道，其扞格不相应是很明显的。

韩氏虽以道家义理注解《系辞传》文字，然亦往往为了迁就《传》文语势，竟致《注》文违离道家思想。例如：《系辞传》"一阴一阳之谓道"下文："继之者善也，成之者性也。仁者见之谓之仁，知者见之谓之知，百姓日用而不知，故君子之道鲜矣。"韩《注》说：

> 仁者资道以见其仁，知者资道以见其知，各尽其分。
> 君子体道以为用也，仁知则滞于所见，百姓则日用而不知，体斯道者不亦鲜矣。
> 故常无欲以观其妙，始可以语至而言极也。⑰

韩氏所谓"资道"，也见于"阴阳不测之谓神"的《注》文："夫唯知天之所为者，穷理体化，坐忘遗照，至虚而善应，则以道为称；不思而玄览，则以神为名。盖资道而同乎道，由神而冥于神也。"⑱资道既能"同乎道"，则仁者、智者资道以见其仁、智，自亦当能"同乎道"："坐忘遗照，至虚而善应。"套用韩氏句法，也可说是"在仁为无仁，仁以之见；在智为无智，智以之见"。无仁，无智，即不滞于仁、智，而韩《注》竟说"仁知则滞于所见"，此即等于说资道者仍有所滞，既有所滞，如何能说是资道者呢？这与他自己"资道而同乎道"的说法显然不合。

《传》文"知崇礼卑，崇效天，卑法地，天地设位而易行乎其中矣。"韩氏《注》说：

> 知以崇为贵，礼以卑为用。
> 极知之崇，象天高而统物；备礼之用，象地广而载物也。
> 天地者易之门户，而易之为义，兼周万物，故曰："行乎其中矣。"⑲

《系辞传》作者本其"两之"以见道之意，取智与礼来比配乾坤天地。所谓"天地设位而易行乎其中矣"，等于说"乾坤成列而易立乎其中矣"，也等于说智、礼合德而易行乎其中矣。智效天之高明，无不照察，所以说"崇"；礼法地之博厚，无不承载，所以说"卑"。智有乾始之德，礼有坤成之义。智、礼交互作用，即成就君子之德，即彰著易道之用。这显然都是儒家义理，而韩《注》亦大致配合《传》文作解。所谓"极知之崇，象天高而统物；备礼之用，象地广而载物"，亦能合乎《传》文思理。但是韩氏这种说法，却有违于他所秉持的道家义理。《老子》主张"绝圣弃智"，又说"夫礼者忠信之薄而乱之首"。⑳道家之道，显然不能直接在智、礼中见。依韩氏本意，易道为虚无之道，易道行乎智、礼之中，当为"在智而无智"，"在礼而无礼"。韩氏所谓"极知之崇"、"备礼之用"，都不是"无知"、"无礼"，都没有道家的玄义。

《传》文："圣人之大宝曰位，何以守位？曰仁；何以聚人？曰财。理财正辞，禁民为非，曰义。"韩《注》如下：

> 夫无用则无所宝，有用则有所宝也。无用而常足者莫妙乎道，有用而弘道者莫大乎位。故曰圣人之大宝曰位。
> 财所以资物生也。㉑

韩氏视圣人之"位"为"弘道"之"大宝"。而其心目中之道乃是"无用而常足者",然则"何以守位"的答案应当是"无为"。《传》文"曰仁",韩氏无《注》。孔氏《正义》则以"仁爱"释"仁"。以仁爱之德守此大宝之位,其所弘者当为儒家之道,而非韩氏所谓道。《传》文又重视"财",讲究"理财",以之与"正辞,禁民为非"同为"义"之内涵。此即孔子富之、教之之意。㉒《大学》也说:"生财有大道,生之者众,食之者寡,为之者疾,用之者舒,则财恒足矣。"㉓当韩氏顺文作《注》,而说"财所以资物生"时,他似乎忽略了《传》文"理财正辞,禁民为非"实为圣人爱民的"义",也是圣人守位的"仁"。他也不能在此阐述道家"绝仁弃义,民复孝慈"、"我无为而民自化"、"我无事而民自富"㉔的义理。

三、朱子《本义》的省察

朱子《周易本义》对"一阴一阳之谓道"有如下的解释:

> 阴阳迭运者气也,其理则所谓道。㉕

《朱子语类》对此有较详细的说明:

> 道须是合理与气看。理是虚底物事,无那气质,则此理无安顿处。《易》说"一阴一阳之谓道",这便兼理与气而言。阴阳,气也;"一阴一阳",则是理矣。〔……〕盖阴阳非道,所以阴阳者道也。㉖

朱子论道,持理、气二分观点。理为形而上者,气为形而下者。"理是虚底物事","只是个净洁空阔底世界","无情意,无计度,无造作"。"气则能酝酿凝聚生物也"。理气不离不杂,气凝聚处,理便在其中,是气的所以然之故。㉗作为气的所以然之故,理的超越存有义很清楚。把"凝聚生物"的作用归于气,则理之发育万物的功能便被减杀。㉘在朱子,理是道的"理脉"㉙,理既如此,则道之发育万物作为宇宙生化实体的意义,也因而被减杀。这是朱子以理、气二分观点论道所必须面对的问题。这方面,牟宗三先生《心体与性体》已有详尽的论述。他批评朱子所说的理是"只存有而不活动",与先秦儒典以及濂溪、横渠、明道之所体悟的形而上实体——"即存有即活动"有差别。㉚

朱子这种理、气二分的观点,不可避免地会影响他对《系辞传》的解读。明显的例子,就在"一阴一阳之谓道"下文,他对"继之者善也,成之者性也"两句,有如下注释:

> 道具于阴而行乎阳。继,言其发也。善,谓化育之功,阳之事也。成,言其具也。性,谓物之所受,言物生则有性,而各具是道也,阴之事也。㉛

《传》文所谓"继之"、"成之"两句中的"之"字,都指称上文"一阴一阳之谓道"的"道"。"继之者善也",意谓承继这个道而不息已,即为"善"。"成之者性也",意谓成全这个道使它彰著呈现，乃是"性"。这"性"，是《中庸》"天命之谓性，率性之谓道"的"性"。超越的道，内在于个体乃为人物之性。因此道与性为一，因此率性可以成道。这性之"率"，并非另有主体，乃是由其性分所定，不容自已。㉜换言之，这性"即存有即活动"，它所彰显的道当然也是"即存有即活动"的。朱子"道具于阴而行乎阳"的说法，把"成之者性也"的"成"从"具"这方面来理解，这在训诂上是一曲折。更值得注意的是这样所说的性，只是"具"这个"道"，它是静态的具有，不同于动态的成全，性能彰著道的意义就表达不出来。朱子主张性即理，不过这性理仍是"只存有而不活动"的。

关于"性"，《系辞传》还有"成性"的说法，所谓"成性存存，道义之门"。《本义》注说：

> 成性，本成之性也。㉝

《语类》则说：

> 成性，犹言见成底性。㉞

《传》文"成"字是动词，"成性"即"率性"，"成"字也取成全即彰著之义。朱子用"本成"、"见（现）成"来解释这个"成"字，"成"就不是动词，所谓"本成之性"，只是对性作静态描述，"成性"的工夫义不见了。

朱子理、气二分的说法，也影响他对《系辞传》中"神"字的解释。《本义》在"阴阳不测之谓神"这句作注说：

> 张子曰："两在，故不测。"㉟

这是引张载《正蒙·参两篇》自注的文字来作解释的。㊱《本义》对于《传》文"穷神知化德之盛也"，也引"张子"的说法作注：

> 至于穷神知化，乃德盛仁熟而自致耳。〔……〕张子曰："气有阴阳，推行有渐为化，合一不测为神。"㊲

所谓"张子"之言，见于《正蒙·神化篇》。㊳《语类》对于"穷神知化"的"神"有较详细的解说：

> 神，是一个物事，或在彼，或在此。当在阴时，全体在阴；在阳时，全体在阳。都只是这一物，两处都在，不可测，故谓之神。横渠云："一故神，两故化。"又《注》云："两在，故不测。"这说得甚分晓。㊴

这里也引《正蒙·参两篇》的文字作为论据。值得注意的是横渠在上引"合一不测为神"句下,有一自注:"神即所以主宰乎阴阳者。"《正蒙·神化篇》还说:"天下之动,神鼓之也。""惟神为能变化,以其一天下之动也。"⑩《正蒙·太和篇》又说:"散殊而可象为气,清通而不可象为神。"⑪很明显,在横渠:气为形而下者,神为形而上者。神对于气有主宰作用,它即存有即活动,是天下事物生生不已的根据,因此神其实乃是道的别称,是指道生化万物的妙用,它在阴阳之消息盈虚、迭运感应中呈现。我们可以在"一阴一阳"的气化不息中体认"道",同时也在"阴阳不测"的变化无方中体认"神"。所以《系辞传》说:"神无方而易无体。"又说:"知变化之道者,其知神之所为乎。"⑫而《说卦传》则说:"神也者妙万物而为言者也。"⑬"道"内在于人为"性","神"内在于人即为"神明"之德。这神明之德,依《系辞传》是圣人以著卦"洗心,退藏于密"而呈现,它如同著卦:"无思也,无为也,寂然不动,感而遂通天下之故。"能通天下之故,即能"知来"而"通天下之志",即能"知几"而"成天下之务"。⑭变通易道——"化而裁之","推而行之"——成就盛德大业。⑮《系辞传》既说"成性存存,道义之门",也说"穷神知化,德之盛也"。⑯其实成性即穷神,穷神即成性,都属于修道工夫,只是着眼点不同而已。如上文所说,成性即彰著天命之性。而穷神则是穷尽神明之德。穷神即能知化——体认易道对于万物的生化。

朱子对于《系辞传》"神"字的解释,如上文所引,基本上是本乎横渠之所说。《本义》对于《传》文"精义入神",有"精研其义,至于入神"的注解。⑰这"入神",依《语类》:"是到那微妙人不知得处。"⑱所谓微妙人不知得处,乃指"理"而言。《语类》还记载朱子与人讨论周濂溪《通书·动静章》:"静而无静,动而无动,神也。"朱子明说:"神即此理也。"⑲视"神"为"理",当然是以之为形而上的,说符合横渠"清通而不可象为神"之意。但是朱子心目中的理,如上文所说是只存有而不活动的。他对横渠"两在,故不测"的阐述,着重于"两在",说是"或在彼,或在此。当在阴时,全体在阴;在阳时,全体在阳"。至于"两在"何以"不测",则所言不详。对于横渠"一故神,两故化"以及"神即所以主宰乎阴阳者"、"惟神为能变化,以其一天下之动也"这些句子所蕴含的义理,似乎并无相应的理解,因此对于《系辞传》以神表述道之妙用、神化义,都无恰当的注释。例如,《传》文"知变化之道者,其知神之所为乎",《本义》注说:

> 变化之道,即上文数法是也,皆非人之所能为。⑳

《语类》记载朱子与人讨论《传》文"圣人以此斋戒以神明其德夫"说:

> "显道,神德行"之"神"字,便似这"神"字,犹言吉凶阴若有神明之相相似。这都不是自家做得,却若神之所为。

又说:

> 这都只退听于鬼神。㉑

依《传》文，"神之所为"其实即"变化之道"之所为。"神明其德"，即契于道，成其性，而呈现其睿智明觉、寂感真几。而朱子却都把它归于鬼神之"神"来理解，这显然是不相应的。

朱子理、气二分的观点，不仅导致"理"成为只存有而不活动，也导致"理"的辨察往往发生误差，因而影响他对《系辞传》的注释。《传》文："夫乾，天下之至健也，德行恒易以知险。夫坤，天下之至顺也，德行恒简以知阻。"《周易本义》如此作注：

> 至健，则所行无难，故易。至顺，则所行不烦，故简。然其于事，皆有以知其难，而不敢易以处之也，是以其有忧患，则健者如自高临下而知其险，顺者如自下趋上而知其阻。盖虽易而能知险，则不陷于险矣；既简而又知阻，则不困于阻矣。所以能危能惧，而无易者之倾也。㊅

《语类》对此有进一步说明：

> 大要乾坤只是循理而已。他若知得前有险之不可乘而不去，则不陷于险；知得前有阻之不可冒而不去，则不困于阻。若人不循理，以私意行乎其间，其过乎刚者，虽知险之不可乘，却硬要乘，则陷于险矣；虽知阻之不可越，却硬要越，则困于阻矣。只是顺理便无事。㊂

《语类》所谓"循理"，是"知得前有险之不可乘而不去"，"知得前有阻之不可冒而不去"。这里险阻之不可乘、不可冒，是根据什么来判断的呢？一般而言，是因为险阻会危及自身的安全，才作出"不可乘"、"不可冒"的判断。这种可不可的判断，是基于利害的计较，无涉于仁心的忍与不忍、义行的宜与不宜。换言之，它不是一种道德判断。基于自身利害的计较，因而知得前有险阻"而不去"，这究竟是"循理"，抑或是"以私意行乎其间"，就值得追究了。难道只是知有险阻"却硬要乘"、"却硬要越"才是"私意"，顾虑个体之私的安全"而不去"，就一定不是"私意"，而是"循理"？这"理"难道只是依据个人的利害来决定的？所谓"不去"，其实只是一个"避"字诀，知有险阻而避之，这又怎么表现"至健"、"至顺"呢？

《传》文所述，是乾、坤至健、至顺之德。所谓"德行恒易以知险"、"德行恒简以知阻"，两句的主语显然是分指乾、坤，因此两句的"知"字，不宜作"知晓"解，当是"乾知大始"的"知"，高亨取王念孙说解作"为"。㊄如此，"知险"、"知阻"，当是"为于险"、"为于阻"之意。而"德行恒易以知险"，"德行恒简以知阻"，则是说：德行永远平易——专一其刚健——借以营为于险巇的情境；德行永远简约——专一其柔顺——借以营为于阻塞的状况。乾、坤作为天地之德，生化万物，本无所谓险阻，但也不能没有过与不及、违逆于生化的情况，这就可以称为险阻。但乾、坤总能以其易、简而在险阻中善自调节，贯彻其健、顺，此所以为"至健"、"至顺"。乾坤也可以内在于人，而为君子之德。君子之行事，也不能没有险阻，但总能以其易简而在险阻中善为因应，保持其健顺。正如《乾卦》九三爻辞所说："君子终日乾乾，夕惕若，厉，无咎。"在天地，只是"其为物不贰"，就能知险知阻，因而"生物不测"。㊄在君子，则需"终日乾乾，夕惕若"，借以知险知阻，因而可以"厉，无咎"，因而成就盛德大业。朱子并非不知"终日乾乾，夕惕若"的重要，上引《本义》的注解，也提到知险知阻"所以能危能惧"。就词义言，"危"、"惧"与"惕若"并无二致。但朱子所谓危惧，作出来的决定是"不去"，而《乾卦》的"终日乾乾，夕惕若"，绝对不是只提一个"避"字诀。《周易》强调知几通变，《系辞传》也说："吉凶生大业。"[56]"大业"不会只在吉中建立，它建立在有吉也有凶的现实之中，它建立在知几通变的神明之化中。这里有一关键，即易道神用之作为主宰。如此则自然行其当行，不行其不当行。君子修道，直道而行也无非如此，所以《中庸》说："君子素其位而行，不愿乎其外。素富贵，行乎富贵；素贫贱，行乎贫贱；素夷狄，行乎夷狄；素患难，行乎患难。君子无入而不自得焉。"[57]所谓贫贱、夷狄、患难，不就是《系辞传》所说的险、阻吗？重要的是君子当有"素险阻，行乎险阻"的智慧。此智慧，显然非"不去"所能尽。心有不忍，则"知其不可而为之"；"自反而缩，虽千万人吾往矣"；当然，"自反而不缩，虽褐宽博吾不惴焉"[58]也一样。这都是依了仁义之心所呈现的健、顺之行。这里有道德心所照察的"理"，这里的"循理"，是基于道德心的不容已，超越个体之私的考量。朱子遍注群经，对于儒家这种义理当然都耳熟能详。只因为局限于理气二分的观点，导致"理"的辨察出现误差，可说是智者千虑之失的憾事。

四、相应于义理体系的解读

牟宗三先生认为《系辞传》："一阴一阳之谓道"、"阴阳不测之谓神"以及"生生之谓易"这类句法，乃是"显体之指点语"，而非"指事之界定语"。[59]就"一阴一阳之谓道"而言，是指点吾人：在阴了又阳、阳了又阴这样连续不已的变化过程中，有一道体呈现。它不是说静态地兼合了阴阳即是道，乃是说动态地参和了阴阳，而不偏滞于阴或阳这里，见出道之妙用。就"阴阳不测之谓神"而言，也是指点吾人：从动态地参和阴阳，不偏滞、不可测度这里，见出"无方所"的神之妙运。就"生生之谓易"而言，则是指点吾人：由生而又生，不偏滞于一生这里，见出"无定体"的易之妙化。即用而见体，从道之妙用、神之妙运、易之妙化这里，可以见出道体、神体及易体。而易体即神体，神体即道体，因此易之生生、神之不测都有助于我们了解呈现道体的"一阴一阳"。阴阳，是气的两种作用，而一阴一阳，则是阴阳之气的无间畅通。这里有一个具体的终而复始的行程，呈现道之妙用。阴阳之气的无间畅通，意谓阴阳之间有感应通变的作用。正如《咸卦·彖传》所说：

> 咸，感也。柔上而刚下，二气感应以相与。止而说，男下女，是以"亨利贞，取女吉"也。天地感，而万物化生；圣人感人心，而天下和平。观其所感，而天地万物之情可见矣。[60]

依《系辞传》，感应通变，终而复始，即是恒久之道。所以说：

> 一阖一辟谓之变，往来不穷谓之通。
> 易穷则变，变则通，通则久。[61]

"往来"可以"不穷"，变通可以恒久，这表示阴阳之气的感应不是机械的，其中有不可测度的神体在运作。这神体，"寂然不动，感而遂通天下之故"。㉒它的感通是即寂即感，即感即寂。感通之，即化生之。分析地说，感通之德即乾坤之德。因此，阴阳之气的无间畅通——一阴一阳——蕴含"乾坤成列"之义。阴阳以气言，乾坤以德言："夫乾，天下之至健也，德行恒易以知险；夫坤，天下之至顺也，德行恒简以知阻。""乾知大始，坤作成物。"《象传》也说："大哉乾元，万物资始。""至哉坤元，万物资生。"㉓牟宗三先生认为乾健代表创生原则，坤顺代表终成原则。㉔乾坤之德通过气来表现，则乾坤成列即阴阳合德，终而复始，变化不测，万物因而生生不已。所以阴阳之气的无间畅通，是一终而复始的过程，是一生化的过程。由此而呈现的易道，是万物生生之道，即儒家所谓天地之道。

依儒家下学而上达的义理，吾人对于天地之道有一孟子所谓尽心、知性而知天的体证途径。据此可知，《系辞传》中的易道，其实是由人的道德实践来证成的。"一阴一阳之谓道"的下文"继之者善也，成之者性也"，即透露这个意思。前文已有讨论，"成之"句意谓彰著这个道的乃是性。这表示性与道是一，这也表示易道既超越又内在，所以成性即成道，"成性存存"，乃是"道义之门"。依《系辞传》，成性的工夫是以蓍卦"洗心，退藏于密"，而神明其德。人能神明其德，就可以"知周乎万物而道济天下"、"乐天知命故不忧，安土敦乎仁故能爱"。㉕换言之，神明其德乃是圣者仁智之性的充分体现。仁为乾健之德，智为坤顺之德。仁"知大始"，是创生原则；智"作成物"，是终成原则。仁智合德即阴阳合德，即成道德实践的终始过程。这过程，健行不息，也生生不已。孟子说："尽其心者，知其性也。知其性，则知天矣。"㉖《中庸》说："天命之谓性，率性之谓道。"㉗这些语句，都展示出儒家道德的形上学之基本内涵。由尽心、知性的道德实践，进而知天，即体证一宇宙生化的实体。由心性这道德创造的主体，证成宇宙生化的实体，乃是体认心性之"纯亦不已"，即为天命之"于穆不已"；道德秩序即是宇宙秩序，宇宙秩序即是道德秩序。《系辞传》作者，相契于《孟子》、《中庸》这样的义理系统，所说的"一阴一阳之谓道"，其证成的途径应当是：神明其德以成性，成性存存以证道。这一途径，是从清澈吾人之性体，以通澈宇宙之本源，以明道德创造润身践形所以可能之超越根据。㉘所以其终极意义也是展示儒家道德的形上学。《系辞传》所谓"道"以及"神"与"易"，都不是空头拟议之词，其实义都落于"性"中见，由性体之主宰义、创生义而加以贞定。

五、结　　论

"一阴一阳之谓道"，是《系辞传》最具概括性的语句。对于这一语句的解读，涉及两个层面：首先当然是全句语意的掌握，其次则是整篇义理的会通。就全句语意的掌握而言，如上文所述，韩《注》及朱子《周易本义》所作的解释，基本上都可说是持之有故、言之成理的。但若纳入整篇的义理体系来检视，则其中的瑕疵清晰可见。经由上文对于韩《注》的检讨，韩氏基于道家观点以"无"释"道"，又以得一无为、自然任运解读"乾坤"，都不符合《系辞传》原义。韩氏亦往往迁就《传》文语势，而致《注》文违离道家思理，使其观点前后不一。至于朱子《周易本义》，以理、气二分的观点释"道"。理具超越存有义，气有凝聚生物的功能。理只存有而不活动，不能凸显易道作为宇宙生化实体的意涵。这就违离了《系辞传》的本意。理、气二分观点，也使朱子的注解未能中肯顺适，未能上契《系辞传》那种健动、创生的精义。韩《注》的缺点，凸显了《系辞传》义理，不与道家思想相应；朱子《周易本义》的瑕疵，则凸显了《系辞传》义理，不宜从理、气二分的观点来解读。

牟宗三先生说：

> 吾人可以《彖》、《象》、《文言》与上下《系》为代表，总名为孔门《周易》方面之义理。因其确能代表儒家之精神。此部孔门之义理，中心思想在"穷神知化"（下《系》云"穷神知化，德之盛也"）。而"穷神知化"之规范纲领则在《乾彖》与《坤彖》。而《乾彖》与《坤彖》之中心思想，只在《乾彖》"乾道变化，各正性命，保合太和乃利贞"之一语。⑨

牟先生对孔门《周易》义理的洞烛，使我们在《系辞传》的解读上有一规范可资遵循。这规范奠基于孔子之践仁知天，孟子之尽心、知性而知天，以及《中庸》之"天命之谓性，率性之谓道"。它指引我们上契于先秦儒家成德之教，洞悉儒家道德的形上学，据以会通《系辞传》的义理体系，而在文句的解读上庶几有所依凭。

注　释：

① 《系辞上传·精气为物章》，《周易正义》卷7，台北艺文印书馆1955年版，十三经注疏本，第11页。引文中"寂然无体"之"无"，本作"天"，依阮元《周易注疏校勘记》改作"无"，参阮《记》卷7，第4页。

② 楼宇烈：《王弼集校释》，中华书局1980年版，第624页。

③ 《老子指略》，《王弼集校释》，第195页。

④ 《系辞上传·大衍之数章》韩《注》所引，《周易正义》卷7，第20页。

⑤ 《老子》第三十八章注，《王弼集校释》，第93页。

⑥ 《周易正义》卷7："故在阴之时而不见为阴之功，在阳之时而不见为阳之力。自然而有阴阳，自然无所营为，此则道之谓也。"

⑦ 《系辞上传·易曰自天祐之章》，《周易正义》卷7，第31页。

⑧ 《系辞下传·二与四同功而异位章》，《周易正义》卷8，第22页。

⑨ 《周易正义》卷9，第3页。

⑩ 《系辞下传·易之为书也不可远章》，《周易正义》卷8，第18～19页。

⑪ 《系辞上传·显诸仁章》，《周易正义》卷7，第13页。

⑫ 《系辞下传·八卦成列章》，《周易正义》卷8，第3页。

⑬ 《系辞下传·八卦成列章》："吉凶者贞胜者也"注文，《周易正义》卷8，第2页。

⑭ 依序见于《系辞上传·精气为物章》及《系辞下传·八卦成列章》之《疏》文，《周易正义》卷7，第11页；卷8，第2页。

⑮ 依序见于《系辞上传·子曰书不尽言章》、《系辞下传·乾坤其易之门邪章》、《系辞下传·夫乾天下之至健章》、《系辞上传·天尊地卑章》，《周易正义》卷7，第31页；卷8，第15页；卷8，第23页；卷7，第4页。

⑯⑭ 参考《周易哲学演讲录·第三讲》，《牟宗三先生全集》第 31 册，台北联合报系文化基金会 2003 年版。

⑰ 《周易正义》卷 7，第 12 页。

⑱ 《系辞上传·显诸仁章》，《周易正义》卷 7，第 13 页。

⑲ 《系辞上传·显诸仁章》，《周易正义》卷 7，第 15 页。

⑳ 《老子》第十九、三十八章，《王弼集校释》，第 45、93 页。

㉑ 《系辞下传·八卦成列章》，《周易正义》卷 8，第 4 页。

㉒ 《论语·子路》："子适卫，冉有仆。子曰：'庶矣哉！'冉有曰：'既庶矣，又何加焉？'曰：'富之。'曰：'既富矣，又何加焉？'曰：'教之。'"朱熹：《四书章句集注》，台北鹅湖出版社 1984 年版，第 143 页。

㉓ 同前注，第 12 页。

㉔㉛ 《老子》第十九、五十七章，《王弼集校释》，第 45、150 页。

㉕ 《周易本义》，台湾启明书局 1952 年版，第 58 页。

㉖ 宋·黎靖德编：《朱子语类》卷 74，中华书局 1986 年版，第 1896 页。

㉗ 宋·黎靖德编：《朱子语类》卷 1，中华书局 1986 年版，第 3 页。

㉘ "（问）曰：'发育是理发育之否？'（朱子）曰：'有此理，便有此气流行发育，理无形体。'"宋·黎靖德编：《朱子语类》卷 1，第 1 页。

㉙ （朱子）曰："'道'字包得大，理是'道'字里面许多理脉。"宋·黎靖德编：《朱子语类》卷 6，第 99 页。

㉚ 《心体与性体》第 1 册，台北正中书局 1969 年版，第 58 页。

㉜ 《孟子·尽心上》："君子所性，虽大行不加焉，虽穷居不损焉，分定故也。君子所性，仁义礼智根于心。其生色也，睟然见于面，盎于背，施于四体，四体不言而喻。"《四书章句集注》，第 355 页。

㉝ 《周易本义》，台湾启明书局 1952 年版，第 59 页。

㉞ 宋·黎靖德编：《朱子语类》卷 74，中华书局 1986 年版，第 1909 页。

㉟ 《周易本义》，台湾启明书局 1952 年版，第 58 页。

㊱ 《张横渠集》卷 2，中华书局 1985 年版，第 15 页。

㊲ 《周易本义》，台湾启明书局 1952 年版，第 66 页。

㊳ 《张横渠集》卷 2，中华书局 1985 年版，第 27 页。

㊴ 宋·黎靖德编：《朱子语类》卷 76，第 1947 页。

㊵ 《张横渠集》卷 2，中华书局 1985 年版，第 26、30 页。

㊶ 《张横渠集》卷 2，中华书局 1985 年版，第 8 页。

㊷ 《系辞上传·易与天地准章》，又《系辞上传·大衍之数章》，《周易本义》，第 58、61 页。

㊸ 《周易本义》，第 71 页。

㊹ 《系辞上传·夫易何为者也章》，又《系辞上传·易有圣人之道四焉章》，《周易本义》，第 62、61 页。

㊺ 《系辞上传·易曰自天祐之章》，《周易本义》，第 63 页。

㊻ 《系辞上传·易其至矣乎章》，又《系辞下传·易曰憧憧往来章》，《周易本义》，第 59、66 页。

㊼ 《周易本义》，台湾启明书局 1952 年版，第 66 页。

㊽ 宋·黎靖德编：《朱子语类》卷 76，中华书局 1986 年版，第 1947 页。

㊾ 宋·黎靖德编：《朱子语类》卷 94，中华书局 1986 年版，第 2404 页。

㊿ 《周易本义》，台湾启明书局 1952 年版，第 61 页。

○51 宋·黎靖德编：《朱子语类》卷 75，中华书局 1986 年版，第 1927 页。

(52)　《周易本义》，台湾启明书局1952年版，第69页。

(53)　宋·黎靖德编：《朱子语类》卷76，中华书局1986年版，第1959页。

(54)　高亨：《周易大传今注》，齐鲁书社1979年版，第546页。

(55)　《中庸》："天地之道，可一言而尽也：其为物不贰，则其生物不测。"《四书章句集注》，第34页。

(56)　《系辞上传·夫易何为者也章》，《周易本义》，第62页。

(57)　《四书章句集注》，第24页。

(58)　《论语·宪问》，《孟子·公孙丑上》，《四书章句集注》，第158、230页。

(59)　《心体与性体》第1册，台北正中书局1969年版，第450页。

(60)　《周易本义》，第29页。

(61)　《系辞上传·夫易何为者也章》，又《系辞下传·古者包牺氏之王天下章》，《周易本义》，第62、64页。

(62)　《系辞上传·易有圣人之道四焉章》，《周易本义》，第61页。

(63)　《乾象》、《坤象》，《周易本义》，第2、5页。

�65　《系辞上传·易与天地准章》，《周易本义》，第57页。

�66　《孟子·尽心上》，《四书章句集注》，第349页。

�67　《孟子·尽心上》，《四书章句集注》，第17页。

�68　《心体与性体》第1册，台北正中书局1969年版，第445页。

�69　《心体与性体》第1册，台北正中书局1969年版，第300页。

（作者单位：台湾"中研院"文哲所）

我的儒学道路

□ 霍韬晦

一

承大会嘱咐，要我谈谈我所开创的儒学事业。其实，到今天，我还不能说有什么的成就，只是办了一些书院、学校、山庄、书屋、出版社、杂志之类。尧舜事业，尚且只如浮云过太虚，我这些开创，算不了什么吧！

不过，先师唐君毅先生曾经盼望儒学可以有自己的学校、商店、旅馆、博物馆、纪念堂、体育场、园林……使儒学成为一种生活，而不是只存在于研究的学院之中。此志，唐先生未及实现；我不过是受其启迪，勉力为之而已。

二

十五年前（1990 年），我出席台湾《鹅湖》及"国际中国哲学会"主办的第一届"新儒学国际会议"，曾提出一论文：《第三代新儒家能做些什么？》，文中主张：第三代新儒家应该"走出学院，走向社会，走向生活，从生命和存在感受中发掘资源"，具体工作不妨"办学、办报、组织出版社、重建新礼乐、参与宗教节日、文化节日之活动，敬老祀祖、创建园林、表彰好人好事等，把儒家的价值重新植入社会"。这篇文章，可说是决心投入建设新儒学事业的宣言。我十五年来的工作，基本上没有超越这一范围。不过，在观念上，却是我后来提出"生命儒学"的先声。

三

从 1988 年到 1994 年，我曾经筹划、主办过七届国际会议，后来感到自己之议论过多，于是减少主办，亦减少出席。除 1996 年到唐先生家乡主办第二次唐先生思想研究会议外，一般恳辞。主要原因就是贯彻我自己的想法：为儒学开创一条新路。在未有任何成果之前，我不想多言。

与此同时，我设计一个有关生命教育的课程，名为"喜耀生命"，摒弃学院式的教法，透过活动、反思、启发、深化来进行，主要帮助学员了解自己，发现自己的障碍，或心理上和思想上的心结，我帮助他们打开。我深知现代人理障特重，单从理性入路只有无限翻折，所以在方法论上，喜耀生命扣紧学员自身，强调对应，有点像孔子的因材施教和禅师的棒喝对应，但问题则不是讨论知识，而是回归生命，解决生活上、感情上和思想上的困惑。

这一个课程非常成功，参加者包括许多专业人士、高级知识分子和企业家。1994 年在中国香港开始，两年后即有新加坡、马来西亚学员专程来港参加，大陆亦有学者邀请我北上授课，但由于此课程耗费心力巨大，又不能大班讲习，只能小班进行，所以现在我只能每月在中国香港、新加坡两地轮流上课。统计十二年来，已上课之学员达到三四千人，许多有成效之个案，或由学员自述的成长历程已整理出版，有十册之多，分别见于《喜耀禅话》（共六册）、《喜耀心程》（共四册）等书。

四

"喜耀生命"所进行的其实是生命教育、文化教育，我在 20 世纪 80 年代已极力提倡，但无人响应，因此我才不避浅陋，付之行动。思想上的根据则是孔子之"仁"、孟子之"性"。我读唐先生书，知此即为性情，因此称之为"性情教育"，中国儒学乃至中国文化，主体上都是性情文化。不过即使有课程、有学生、有反映、有成果，我知道还不足够，必须进一步将之弘扬为一文化，所以 20 世纪 90 年代后期，即筹划出版《性情文化》杂志，但困难重重，直到 2002 年始如愿。

杂志之外，应有基础教育配合。我深知性情须自小开发，不但事半功倍，而且一生受用。只有人改变了，社会素质才可以提升。鉴于中国开放，经济得以改善，但西风腐蚀，国民质素下降，我认为唯有提倡性情教育才可以对应，所以在 1999 年，与广东省罗定市政府合作，开办"喜耀粤西学校"，由中国香港、新加坡两地同学捐资，建成一现代化学校，并由我们管理，培训师资。校长则由一位喜耀同学，也是新加坡计算机专业的博士出任。六年来，校誉日隆，家长们都很有信心，把他们的孩子送来就读；学校亦从小学发展至中学，海外传媒（电视台）亦有派人来采访。

五

香港方面，我自 1987 年成立法住文化书院，提出"法住"之义，是"文化的永不死亡义"，因此一切有价值的文化均应任持，明知艰巨，亦当"拍马向前"。立此誓愿之后，即开设各种文化讲习班，因来的学者都是有相当程度的知识分子，所以我称"法住"为"后大学"，学员来此学习的，不是为了谋生，为了工作的专业学位，而是"第二学位"。

另一方面，90 年代起，我加强与国内大学之合作，互相访问，并出任国内多所大学之客座教授。可惜当时国内大学与境外学术团体之合作空间不多，导致发展缓慢。但当时法住文化书院所拥有的研究生，单就哲学一科而论，人数不比香港几间大学少。他们一般不为学位读书，完全了解"为己之学"的意义。现在和国内大学之合作空间已增大，法住亦与国内多间大学签署学术交流计划，联合培养研究生。

六

新加坡方面，自从有同学把"喜耀生命"的讯息带到新加坡后，参加者即络绎不绝。因路途遥远，我自1999年起，即开始在新加坡授课。新加坡社会较之中国香港，保留了更多的中国传统文化，对性情教育十分喜欢。"喜耀生命"期期满座，扭转生命、成功教化的故事非常多。大家都很感激，因此对我所发起的"喜耀教育文化基金"，支持国内办学，都热烈响应。2004年在同学的期盼下，组成了"喜耀文化学会"，又成立"东亚人文研究所"，邀请我出任所长。

我在新加坡的教学，除了"喜耀生命"之外，还有"易经领袖学"、"论语"，都很受欢迎。

七

近年，事业再有发展，在香港市区成立了法住文化中心和东方人文学院。十多年来随我学习的一批年轻学者，如今已逐渐走上讲台。我们所主办的大型文化讲座，也逐渐为社会认识。我的许多著述，大部分都是在讲座中讲的。内容广泛，除了回应时代人生、社会问题之外，还力辨现代理性工具化、消费主义、权利文化、多元文化、平面思维之非。发挥书院精神、书生气节，不求有功，但求无愧。我之儒学道路，亦可作如是观。本文行文简略，不敢多言，不足之处，请参阅同来参与会议之法住诸君之文为幸。

附录　　　　霍韬晦教授二十年来贡献举隅

一、事业

1. 创办香港法住机构（1982年），以学者身份推动中国文化之现代化，主张专业人士应有"第二学位"，提供"后大学"课程，加深文化修养。

2. 创办香港法住出版社（1990年），实际出版工作早于20世纪80年代初就已开始，除出版《法灯》（月刊）、《法言》（双月刊，已停刊）外，近年更出版"霍韬晦思想系列"二十余种，"霍韬晦小品系列"十余种，创办《性情文化》双月刊（2002年5月）。

3. 创办香港中医专业学院，在港推动中国医学，支持中医合法化，并设门诊部，服务社会（1993年）。

4. 提倡生命教育（1988年），创设"喜耀生命"课程（1994年），以独特而又创新之教学方法，吸引无数学员参加，成效卓著（部分成功个案见《喜耀禅话》第1~6册、《喜耀心程》第1~4册），其余尚在整理出版中。

5. 创立"喜耀教育文化基金"（1995年），支持国内性情教育事业及法住文化工作，初列属法住学会旗下，2001年独立注册，成为另外一个不牟利团体，迄今筹款已近港币千五百万元，大部分用于办学。

6. 创建喜耀粤西学校（1999年），选址于广东省罗定市，由当地政府拨地55亩，

"喜耀教育文化基金"先后拨款逾一千万（港币）建设校舍，现办学已迈入第六个年头，学生人数近 700 人。

7. 创办新加坡喜耀文化学会，东亚人文研究所，出任所长，大力带动新加坡的人文教育工作。

8. 集资建设"抱绿山庄"，选址于肇庆风景区内，占地 700 亩，供学者读书、静修、疗养，企业培训，及推动生态文化，第一期工程已完成，并于 2001 年 8 月开幕。

9. 召开国际学术会议，由 1988 年起共达九届。首届以纪念当代大儒唐君毅先生逝世十周年为题，开创中国港、澳地区与内地儒学学者首次交流之先河。最近一次在 2001 年 8 月，主题为"新经济时代中之领袖及管理"研讨会，在肇庆"抱绿山庄"举行。

10. 设立法住文化中心（2004 年），除提供各项教育、文化、学术活动（如亲亲教育、理想家庭、理想父母、明日领袖、小型表演等）外，更设有喜耀书屋、喜耀茶轩，成为都市中的一道清流。整体而言，法住事业全面发展，除在观塘地区购置二万多平方尺的办公室，供学会、出版社及研究生部使用，文化书院、文化中心、书屋、茶轩、中医学院则位于佐敦，布置高雅，地点方便，相互配合，使文教事业更上一层楼。

11. 创办东方人文学院（2004 年），加强东方文化之研究，现有研究生六十人（新加坡亦有 50 人），除本身师资外，并聘有外籍研究员，最近并计划出版《东方人文》学术刊物。

二、观　念

（一）佛学方面

1. 20 世纪 70 年代提出"佛教思想现代化"之长远目标，主张佛教思想应与现代人生、现代社会结合，解决现代人的问题，使法住于世（参看《绝对与圆融》，1986 年，台北）。

2. 提出"如实观研究法"，主张从历史、语言、文献、哲学、自身体会等多元进路，探讨佛典，以翻新佛教语言，重新立教，亦即建立"现代佛学"，具体成果见佛学核心概念之现代诠释（参见韦政通主编《中国哲学辞典大全》，1983 年，台北）、《佛学》（上、下册，为当代第一次精选佛教重要文献作现代诠释之作品，香港中文大学出版社 1983 年版）、《安慧"三十唯识释"原典译注》（明清以来第一本译自梵文之佛典，香港中文大学出版社 1980 年版）。

3. 提出"生命佛学"，以突破当代西方、日本佛教学者之知识佛学，使佛教智慧能回归生命（参看《现代佛学》，香港法住出版社 1998 年版）。又以"如实观"之观念为主线，建立新的佛教诠释系统（参看《如实观的哲学》，1988 年）。

4. 重构禅学之实践方法，领导学员修习"自在禅"及"初心禅"。

（二）儒学及中国文化方面

1. 提出"生命儒学"，以与当代新儒家采取思辨进路、建构体系回应西方挑战之知识儒学明显不同，使儒学回归生命，以直承孔子之教（参看《世纪之思——中国文化的开新》，香港法住出版社 1999 年版；《天地悠悠——霍韬晦讲演集（一）》，香港法住出版社 2000 年版，以及论文《生命儒学的复位与二十一世纪文明》，《法灯》第 231～232 期，2001 年 10 月）。

2. 提出"生命成长"之体会方法论，力辩其非神秘而且与西方知识进路不同，盖彼此之前提不同、问题不同，进路不同、所成就之价值亦不同，故不能只以西方之分析性、逻辑性、明晰性及客观经验检证性作标准。西方之认知方法预设主、客对列二分之格局，须通过归纳来证明，但体会无此一分裂，而自知、自证、自行、自命，亦唯突破者知之。（参看《世纪之思》，1999 年；《中国书院之旅》，2001 年；《走出死亡》，2001 年；《天地唯情》，2002 年，均由香港法住出版社版）

3. 以性情学之立场主讲《论语》，达十六年之久，认为此方是孔子精神，亦为教育之本、文化之本。同时指出：中国之政治理念为德治与礼治，而非世人所误认之人治（80 年代）。

4. 以领袖学立场讲《易经》、《老子》、《孙子兵法》及《吴子兵法》（90 年代），对企业界极有帮助。

5. 以"生命成长"概括东方儒、释、道三家之精神及宗旨，指出与西方之知识追求明显不同。

（三）对西方及现代文化的评论

1. 以"平面化思维"来概括西方当代社会文化之特点，包括知识之平面化、权利之平面化、价值之平面化、理想之平面化，指出西方之人权、平等、自由之观念，虽能建构民主制度，但对生命之追求缺乏体会，因此对民主制度之质素亦不能维护（参看《论民主政治平面化之危机》等文，1992 年，《世纪之思》一书收）。

2. 指出西方文化之成果在知识，仅知识具有普遍价值，其余价值归诸个人选择，而形成相对主义；而相对主义必进一步走向虚无主义，故现代社会是价值崩溃之虚无社会，人类前途十分危险。

3. 指出西方自由主义只重消极自由之不足，佛洛姆之"逃避自由"实为"逃避成长"。对当代西方法兰克福学派、存在主义、伽达默尔、福山、后现代思潮均有批评，指出当代西方是"无力超升的世界"。

4. 指出西方文化之根——理性思维——之局限与现今工具理性之颠倒，对功利主义、科学主义之流行表示忧虑，认为今后人类的出路必须回归生命，回归东方之人文主义，也可以说是新人文主义；现代人一味外向思维，必然愈走愈远。

以上诸义，散见于《法住于世》之《时代篇》、《教应篇》（1999 年），《世纪之思》（1999 年），《天地悠悠》（2000 年），《天地唯情》（2002 年），《当代文化批判》（2004 年）、《人生的平台》（2005 年）等书。

（四）教育理论

1. 20 世纪 80 年代起，提倡生命教育、文化教育，以矫正当前过分重视知识教育之失（《法住于世》第一册《理念篇》及第四册《教应篇》中收，1999 年）。

2. 20 世纪 90 年代正式提出生命成长的教育和性情教育，进一步批判当今世界盲目追随西方之教育政策之误，认为推行健康的人性教育是当务之急（参看《21 世纪是教育世纪》，《法住于世》第三册《时代篇》中收、《法住于世》第四册《教应篇》，《天地悠悠》，《天地唯情》等书）。

3. 2002 年，出席新加坡之国际儒学会议，特别发表《推动性情教育、性情文化之世纪工程，以解除人类社会危机》之论文，希望形成共识。

（五）企业管理

1. 1992 年召开"东方文化与现代企管"国际会议，首次把东方元素加入现代企管之内（参看《东方文化与现代企管》论文集，1993 年）。

2. 在中国香港及新加坡各大企业主讲管理文化，提倡"人的管理与心的管理"，力探管理哲学之本；指出东方之管理文化可补西方的制度管理的不足。

3. 呼吁企业领导要重视修养，经常主讲企业家的修养课程，主张一切事业均应回归生命去体会，才有意义。

4. 在市场竞争方面，主张借鉴《孙子兵法》之造势，不战而屈人之兵，充分准备，控制成本，避实击虚等原则，在今天商场均有意义。

三、著述

（一）霍韬晦思想系列

1.《世纪之思——中国文化的开新》

2.《现代佛学》

3.《生命佛学》

4.《如实观的哲学》

5.《如实之教》

6.《学佛之门》

7.《心经奥秘》

8.《心经原典》

9.《佛学百义》

10.《佛典选注》（上）

11.《佛典选注》（下）

12.《佛家逻辑研究》

13.《欧美佛学研究小史》（译）

14.《佛教哲学》（译）

15.《励志真言》（书法选注）

16.《安慧"三十唯识释"原典译注》

17.《天地悠悠——霍韬晦讲演集（一）》

18.《中国书院之旅——霍韬晦讲演集（二）》

19.《禅：创造者的哲学——霍韬晦讲演集（三）》

20.《当代文化批判》

21.《人生的平台》

22.《霍韬晦讲〈六祖坛经〉》

23.《霍韬晦讲〈金刚经〉》（不日出版）

24.《〈论语〉性情学》（不日出版）

25.《〈易经〉领袖学》（不日出版）

（二）霍韬晦小品系列

1.《法住于世·理念篇》

2.《法住于世·践行篇》

3.《法住于世·时代篇》

4.《 法住于世·教应篇》

5.《喜耀禅话》（一）

6.《喜耀禅话》（二）

7.《喜耀禅话》（三）

8.《喜耀禅话》（四）

9.《喜耀禅话》（五）

10.《喜耀禅话》（六）

11.《走出死亡》

12.《励志真言》（普及本）

13.《天地唯情》

14.《生命与成长——量斋粹言》

15.《性情之教》

16.《企业与修养》

［据新加坡喜耀文化学会及东亚人文研究所成立庆典特刊（2004 年）增补］

（作者单位：香港法住机构，香港东方人文学院）

谋求儒学的现代转换
——梁漱溟与现代中国学术

□　郑大华

一

作为现代新儒学的代表人物，梁漱溟的一项重要工作或使命便是谋求儒学的现代转换。他曾对他弟子说过："我觉得我有一个最大责任，即为替中国儒家作一个说明，开出一个与现代学术接头的机会。"梁漱溟谋求儒学现代转换的努力首先体现在他对所谓真假儒学的区分上。

在梁漱溟看来，现世所传的儒学不是孔子所创立的原始儒学或真儒学，真儒学传至先秦荀子时，因"荀卿虽为儒家，但得于外面者多，得于内心者少"，故未得孔子的"根本意思"，其着力处在外部的约束和建立行为准则的"礼"上。汉人所传主要是荀学，孔子的本来思想反淹没不彰，"其政治非王非霸，而思想中又见黄老之活动，实在是一个混合的文化。当时的人生与其谓孔家的，宁谓多黄老之意味"。到三国魏晋南北朝时，其时人生问题大为活动，思想愈加浅薄无着落。至唐代，佛学大兴，禅宗遍天下，孔子的思想无人提倡，几乎"澌灭殆绝"。虽有一个韩愈以孔孟传人自居，然就其思想来看，没有一点儒家的影子。五代乱世更无可说。经过此非常沉寂时代，到了宋代，慢慢地产生了宋学。宋学尽管"对于孔家的人生确是想法去寻的"，并且亦寻得了几分，但因它"忽于照看外边，而专从事于内里生活，而其从事内里生活，又取途穷理于外"，因此"亦不甚得孔家之旨"。至明代，有王阳明和他的弟子出现，尤其是泰州学派的王艮、王襞父子，于"孔家的人生态度，颇可见矣"。然好景不长，随着清王朝的建立，代王学而起的是汉学，汉学家"两眼都是向外，又只就着书本作古物看，内里生活原自抛却，书上思想便也不管"，孔子的"本来思想"又被尽失。①其结果，经过两千多年的歪曲篡改，孔子的"真儒学"变成了"假儒学"，"内部腐坏酵发臭味"，充满人情的伦理道德成了不顾人情的"吃人的礼教"。他说："中国民族几千年实受孔孟理性主义（非宗教独断）之赐，不过后来把生动的理性，活泼的情理僵化了，使得忠孝贞节泥于形式，寝失愿意，变成统治权威的工具，那就成了毒品而害人，三纲五常所以被诅咒为吃人的礼教，要即在此。"②

　　实际上，对儒学作真与假的区分，这并非梁漱溟的新发明。于他之前，戊戌变法时期的康有为就区分过真假儒学。在康有为看来，现世所传的古文经经学是"假儒学"，它淹没了孔子托古改制的"微言大义"，变成了顽固守旧派拒绝任何形式变法的护身符，"真儒学"是自汉代以来就一直被统治者视为异端而屡遭迫害的今文经经学。所不同的是，作为资产阶级的维新思想家，康有为区分真假儒学的目的，是为自己的变法维新制造理论根据和历史根据，而作为 20 世纪中国著名的文化保守主义者和现代新儒学的"开启者"，梁漱溟区分真假儒学的目的则是谋求儒学的现代转换，从而使经五四新文化运动的批判而日趋僵化死亡的儒家文化重新复活起来。对此，梁漱溟从两个方面作了努力。

　　首先，是对"假儒学"的批判。在《东西文化及其哲学》中梁漱溟写道："古代礼法，呆板教条，以致偏欹一方，黑暗冤抑，苦痛不少。"宋以前这种礼法对人们的束缚还不十分厉害，"宋以后所谓礼教名教者又变本加厉，此亦不能为之曲讳。数千年以来使吾人不能从种种在上的权威解放出来而得自由；个性不得伸展，社会性亦不发达，这是我们人生上一个最大的不及西洋之处"③。在《中国文化要义》中他又指出："中国文化最大之偏失，就在个人永不被发现这一点上。一个人简直没有站在自己立场说话机会，多少感情要求被压抑，被扼杀。五四运动以来，所以遭受'吃人的礼教'等诅咒者，事非一端，而其实要不外此。"④如此言论，于梁漱溟的著作中屡见不鲜，这与陈独秀、胡适等反传统主义的西化派对于儒家之纲常名教的批判何其相似！

　　其次，是对"真儒学"的阐发。现世所传的儒学是"假儒学"，那么什么又是孔子所创立的"真儒学"呢？梁漱溟认为孔子所创立的"真儒学"，既不是"纲常名教"等具体的行为模式和规范，也不是一门自然科学或社会科学，甚至不是哲学，而是一种"自己学"。他在《孔子学说的重光》一文中写道：

　　　　孔子的学问究竟是什么呢？我们根据比较可靠的古籍——《论语》，来看孔子毕生致力用心所在的学问是什么。拿其中许多条来参考勘对，比较研究。我们发现最显著的一条，"吾十有五而志于学，三十而立，四十而不惑，五十而知天命，六十而耳顺，七十而从心所欲不逾矩"。这是孔子自己说明他自己的话……说他自己的生活，说他自己的生命，说他自己这个人。仿佛可以说，他由少到老，从五十到七十，所致力用心的就是关乎他自己个人的一身。我们隐约地见出他是了解他自己而对自己有办法。照我所体会，他的学问就是要自己了解自己，自己对自己有办法。——这种学问究竟是什么学问，安一个什么名词才好呢？恐怕找遍现代世界所有大学、研究院、学术分科的名词，都找不到一个合适的给他安上。孔子毕生所研究的，的确不是旁的而明明就是他自己；不得已而为之名，或可叫作"自己学"。⑤

　　所谓"自己学"，据梁漱溟的解释，也就是"反躬向内理会自家生命和生活，而不是其他"，从而使"自己生命和生活向上进步提高"的学问。⑥故此，他指出：由孔子所创立的儒学的最大特点，"就是要人的智慧不单向外用，而回返到自家生命上来，使生命成了智慧的，而非智慧为役于生命"。这也是儒学与西学的根本区别所在。西方人对什么都有办法，天上的电，地下的矿，山上的草木，无不了解；上穷天际，下极地层，对一切都考察研究。但有一点，他们很少了解自己，体认自己，自己对自己无办法。故此，和儒学不同，西学的最大特点，是要人的智慧向外用，结果不是使生命成为智慧的生命，相反智慧为役于生命，"成了生命的工具"。所以，尽管西方人会制造飞机，上升天空，也会制造军舰，在海上游弋，但由于他们的"生命是蠢的"，是系于物的，所以制造无数飞机放炸弹，自己毁灭自己，自己对自己无办法。由于自己对自己无办法，其他一切办法不仅无济于事，相反会越弄越糟。梁漱溟由此得出结论：西方文化是要失败的，"等到西洋人失败的时候，中国文化的坠绪从新接续，慢慢再发挥光大；孔子学说的价值，最后必有一天，一定为人类所发现，为人类所公认，重光于世界！"⑦

我们尽可批评梁漱溟仅根据《论语》中的一段话就推断孔子所创立的"真儒学"是所谓"自己学"的不当，也可指责他提倡儒家这套反省内求、乐天安命之人生态度的非是，但必须承认，这是他谋求儒学现代转换的一种努力。美国汉学家墨子刻教授在他的《摆脱困境——新儒学与中国政治文化的演进》一书曾如此写道："一些杰出的中国知识分子，一向从事着今天也仍然在从事着的人本主义的努力。他们的工作也包括同传统的某种剧烈的分离。具体地说，他们反对把制度化的儒学和儒家教条主义——尤其反对把西汉以来朝廷所倡导的具有官学地位的儒学——当作真正学问的唯一源泉。毫无疑问，即使是在帝制时代，儒家学者们也在不断作出努力，以区分什么是承夫子之道的真儒学，什么是鱼目混珠的假儒学。但是，儒家哲学的现代信徒们，或许将这种区分强调到了前所未有的程度。他们希望通过对已经不纯的文化遗产的筛选，提取出一种可能适用于未来的道德'精神'。因此在一定程度上，他们已经接受了'五四'时'反对传统权威'的原则，期待着一种既受益于中国和西方学派渊源的，又批判地发展起来的'新'学术。"梁漱溟不正是这样的儒家哲学的现代信徒吗？

二

依据他对"真儒学"是"自己学"的解释，梁漱溟认为孔子创立的真儒学具有"似宗教非宗教，非艺术亦艺术"这样两个显著特征。⑧

首先，就"似宗教非宗教"这一特征而言，他指出，所谓宗教就是"以超绝于知识的事物，谋情志方面的安慰勖勉"。分而言之，有两个方面："一，宗教必以对于人的情志方面之安慰勖勉为他的事物；二，宗教必以对于人的知识之超外背反立他的根据。"前一方面是说宗教"除与人一勖勉之外实不作别的事，此即大家所谓得到一个安身立命之处是也"；后一方面是说宗教都具有"超绝"和"神秘"两个特征，故此"一切宗教多少总有出世的倾向"和"不容理智使其作用"的宗教信仰和仪式。⑨如果以宗教的前一方面而论，儒学"与其他大宗教对于人生有同样伟大作用"，能给人"以情志方面之安慰勖勉"，从而使人从中"获得安身立命之处"，所以，儒学"差不多有他的一副宗教"。如果从宗教的后一方面来看，儒学既不崇信"超绝世界"之人格神，也没有表现出任何出世的襟怀，更没有"理智所不能喻"的宗教信仰和宗教仪式，孔子教给人的只是浅显易懂的道理，所以它又"不宜唤作宗教"。⑩换言之，所谓"似宗教非宗教"，是说儒学既具有"给人以情志方面之安慰勖勉"的"宗教精神"，但它又不是像基督教、佛教那样的宗教。

认为儒学不是宗教，但具有某种"宗教精神"，对人能发挥宗教的作用，这可以说是现代新儒家的基本共识。被认为是现代新儒家纲领性文件的 1958 年"文化宣言"⑪就指出："对于中国文化，好多年来之中国与世界人士，有一普遍流行的看法，即以中国文化，是注重人与人间之伦理道德，而不重人对神之宗教信仰的。这种看法，在原则上并不错。但在一般人的观念中，同时以中国文化所重的伦理道德，只是求现实的人与人关系的调整，以维持社会政治秩序；同时以为中国文化中莫有宗教性的超越感情，中国之伦理道德思想，都是一些外表的行为规范的条文，缺乏内心之精神生活上的根据。这种看法，却犯了莫大的错误。"宣言认为：中国虽然"莫有像西方那种制度的宗教教会与宗教战争"，但这并不表明儒学中"缺乏宗教性的超越感情或宗教精神"，只是因为中国文化的"一本性"，使得儒学自始即与伦理道德和政治结合在一起，从而造成了人们的误解。

要判定不是宗教的儒学有无"宗教精神"，关键在于如何认识和界定宗教。如果按照狭义的界定，认为宗教就是信仰一神或多神教，有自己特殊的教会组织及其仪式，那么儒学的宗教性显然是不具备的。这正如牟宗三所指出："纵然在古代中国并不乏超越的人格神的观念，可是在儒学后期的发展中，这个观念却沉默了。再者，纵然儒家也有祷告和嘱咐的成素，这些成素却没有发展到制度化的仪式，如基督教所行的祷告和礼拜的仪式。"⑫但是，假如给宗教一个广义的界定，不仅仅着眼于有无一神教或多神教的信仰以及教会组织和仪式，而像梁漱溟那样，把给人"以情志方面的安慰勖勉"或所谓的"终极关怀"也视为宗教特征，那么，儒学具备有宗教精神则是毫无疑义的。而就宗教理论之趋势而言，越来越多的学者都倾向于从广义上来界定宗教。譬如西方神学家田立克（Paul Tilich）就认为宗教之最重要特征是"终极关怀"，当一个人的心灵被终极关怀所笼罩时，他就有自己的宗教信仰。并且在他看来，这种终极关怀人人具有，有的人是名，有的人是利，有的人则是精神的寄托，因此人人也具有自己的宗教。后来的现代新儒家也正是沿着梁漱溟的路子从广义的宗教立场上来认同和阐述儒学之宗教精神的，当然其具体说法与梁有所不同。钱穆在《东西接触与中国文化之新趋向》一文中认为，儒学所讲的"赞天地之化育"是其宗教精神。他说："《中庸》上说，尽己之性而后可尽人之性，尽人之性而后可以尽物之性，尽物之性而后可以赞天地之化育。承认有天地之化育，是宗教精神。"⑬在《孔子与心教》一文中他又写道："我们可以说，孔子讲人生，是直指人心的，由人心进而为世道，这是中国人传统的人生哲学，亦可说是中国人的宗教。"⑭1958年的"文化宣言"则认为，儒学之"心性之学"和"义理之学"中所包含的"天人合德，天人合一，天人不二，天人同体的观念"，即"明涵有宗教性之超越感情"。而在梁漱溟看来，孔子主要是通过"孝悌的提倡"和"礼乐的实施"来给人"以情志方面之安慰勖勉"的，"二者合起来就是它的宗教"。⑮

梁漱溟指出，人之感情的发端在其孩提时代，而发端的对象是他的父母和兄弟姊妹等家人。虽然这种感情开始比较微弱，但却很重要，它是人之一生"一切用情的源泉"。因为一个人只有对其家人有感情，才可能对社会、对他人有感情。故此，"要想社会没有那种种暴慢乖戾之气，人人有一种温情的态度，自不能不从家庭做起"。所以，梁漱溟一再强调，"孝悌实在是孔教唯一重要的提倡"。然而他又认为，仅仅提倡"孝悌"还不够，还必须有"礼乐"的实施与之配合，这是因为：我们人原本是受本能、直觉的支配，你只同他絮絮聒聒说许多好话，对他的感情冲动没给一种根本的变化，不但无益，恐怕生厌，更不得了，而"礼乐不是别的，是专门作用于感情的，他从'直觉'作用于我们的真生命"，这正好能弥补仅仅提倡"孝悌"之不足。⑯故此，在梁漱溟看来，"礼乐是孔教唯一重要的作法，礼乐一亡，就没有孔教了"。⑰当然，梁漱溟进一步指出，礼乐不仅孔教有，其他一切宗教也都有自己的礼乐，只不过孔教之"礼乐"与其他宗教之"礼乐"相比，有着自己根本不同的"特异"之处罢了。这根本不同的"特异"之处，就在孔教的礼乐"有特殊的形而上学为之张本。他不但使之富于情感，尤特别使人情感调和得中。你看《乐记》上说的多么好，教你读了心里都是和乐悦美"。譬如，他举例道，孔教的祭礼把别的宗教之拜神变成祭祖，这样既革除了那些"荒谬不通"的迷信作用，又可以"使轻浮虚飘的人生，凭空添了千钧的重量，意味绵绵，维系得十分牢韧！"由此，梁漱溟得出结论：通过"孝悌的提倡"和"礼乐的实施"，凡"宗教效用，他无不具有，而一般宗教荒谬不通种种毛病，他都没有，此其高明过人远矣"。⑱

梁漱溟是在《东西文化及其哲学》中对儒学之宗教精神做出上述肯认的。后来，他在《中国民族自救运动之最后觉悟》、《朝话》、《中国文化要义》、《人心与人生》以及《东方学术概观》等论著中又继续就这一问题进行了探讨。他指出，人类文化都是以宗教开其端的，中国也是如此，初民时代的图腾崇拜、事物崇拜和群神崇拜以及祭天祀祖等，就证明了宗教的存在。但到了周秦以后，宗教却在中国逐渐地消失了，尽管依然有祭天祀祖等，然其性质已发生了变化，已不再是一种纯粹的宗教仪式。从此，中国"走上以道德代宗教之路"。而道德与宗教有着根本的不同。概而言之，"道德为理性之事，存在于个人之自觉自律。宗教为信仰之事，寄于教徒之恪守教诫"。⑲宗教本身原是出世的，却在人世间起着维持世间的方法的作用；道德本身在人世间具有绝对价值，原不是为什么而用的一种方法手段。⑳一句话，"宗教是一种方法，帮助人提高自己品德，而道德则要人直接地表出其品质，不借助于方法"。㉑

梁漱溟进而指出，中国之所以会"走上以道德代宗教之路"，其原因就在于儒学——"周孔教化"——的兴起，并成了中国传统文化的核心。在他看来，孔子有一种为宗教所不能有的特别精神，"这就是他相信人都有理性，而完全信赖人类自己所谓'是非之心，人皆有之'，什么事该作，什么事不该作，从理性上原自明白"㉒。这既避免了宗教的迷信与独断，又启发了人的理性，"养成你自己的判别力"。同时，为了使个人的道德养成有个依傍，周孔又制定礼乐，"一、安排伦理名分以组织社会；二、设为礼乐揖让以涵养理性"。其结果"使人走上道德之路，恰有别于宗教"。㉓

中国虽然是"以（儒家）道德代宗教"，但这并不表明儒学缺乏宗教精神，因为：第一，儒家之道德与宗教既有根本区别的一面，又有相同之处，它们对于人生有"等量的安慰勖勉的作用"。他说："人的生命具有相反之两面：一面是从躯壳起念之倾向；又一面是倾向于超躯壳或反躯壳。两面中间，则更有复杂无尽之变化。宗教正是代表后一倾向。其所以具有稳定人生之伟大作用者，就为它超越现实，超越躯壳，不使人生局于浅近狭小而止。生命力强的人，得其陶养而稳定，庸众亦随之而各安其生。"儒家之道德与宗教一样，也能"融合人我，泯亡躯壳，虽不离现实而拓远一步，使人从较深较大处寻取人生意义"㉔。第二，道德虽为儒学之重要内容，但"孔子的道理却不尽在伦理纲常中"。伦理纲常是社会的一面，涉及的是人与人之间的关系，而儒学除此之外，还关心个人之生命的拓展。梁漱溟举例道："《论语》上说：'吾十有五而志于学，三十而立，四十而不惑，五十而知天命，六十而耳顺，七十而从心所欲不逾矩。'"所有这一层层的内容，我们虽还不明白，但有一点可以肯定，即孔子是说自己的生活，而并未涉及社会。㉕故此，梁漱溟一再强调："单从不随俗迷信，不走宗教道路来看孔子和儒家，尚失之片面未为深知孔子也。须知孔子及其代表之儒家既有其极远于宗教之一面，更有其极近于宗教之一面。"㉖换言之，儒学不是宗教，但具有宗教精神，是"似宗教非宗教"。

为了说明儒学这种"似宗教非宗教"的特征，梁漱溟还把它与佛教作了一番比较。他指出，儒、佛是根本不同的两种文化系统。儒学不是宗教，而佛教是宗教。所以"儒家从不离开人来说话，其立脚点是人的立脚点，说来说去总还归结到人身上，不在其外。佛家反之，他站在远高于人的立场，总是离开人来说话，更不复归结到人身上——归结到成佛。前者属世间法，后者则出世间法"㉗。但除了这种不同之外，儒、佛之间又存在着相通之处，主要表现在两个方面：一是两家为说不同，但对人说话则一，或许佛家说话的对象不止于人，然而人仍是其主要的说话对象；二是两家为说不同，但所说的内容则一，既非自然科学，也非社会科学，甚至还不是西洋古代所云"爱智"的哲学，而是生命上自己向内用功进修提高的一种学问，同样体现了对人的终极关怀。㉘

其次，从"非艺术亦艺术"这一特征来看，梁漱溟指出：孔子创立的儒学是道德不是艺术，道德在求善，艺术在求美，二者不可混为一谈。但是，另一方面，儒家的"道德生活不是枯燥的生活，恰是优美文雅的生活"，其"表现为整个社会人生的艺术化"。㉙因为"道德乃是生命的和谐，也就是人生的艺术。所谓生命的和谐，即人生生理心理——知、情、意——的和谐；同时亦是我的生命与社会其他的人的生命的和谐。所谓人生的艺术，就是会让生命和谐，会作人，作得痛快漂亮"。㉚比如，他举例道：艺术的表现是礼乐，而礼乐又是儒家"唯一重要的作法"，㉛所谓"礼乐不可斯须去身"。所以，儒学不是艺术又是艺术。梁漱溟认为儒学是"非艺术亦艺术"的思想，后来也为其他现代新儒家所接受，如徐复观、方东美等都谈论过儒学的艺术化问题。

三

如果说对儒学作"真"与"假"的区分是为了"正本清源"的话，那么梁漱溟谋求儒学现代转换的另一种努力则是援西方柏格森的生命哲学入儒，用前者重新解释和发挥后者，从而使儒学与西方哲学实现某种程度的结合，并在此基础上创立了自己的"新孔学"。

柏格森的生命哲学开始传入我国，大约是辛亥革命后，五四新文化运动期间得到广泛传播，与杜威的实用主义哲学一道，成为对现代中国思想文化界影响最大的西方资产阶级哲学思潮。当时中国的不少思想家，尤其是新儒家学者，如梁漱溟、张君劢、熊十力等，都在不同程度上接受过柏格森的生命哲学的影响。梁漱溟开始接触柏格森的生命哲学是在1915 年前后。当时，梁漱溟因对人生的"厌倦和憎恶"，已辞去自民国初年起担任的《民国报》记者一职，回到家中，潜心于佛法，过起了隐居生活。在此期间，他在他的中学同学、哲学家张申府（崧年）的推荐下，曾阅读过一些介绍柏格森和其他西方思想家思想的文章和著作，其中有一本英文书，叫作 *The Philosophy of Change*（《变的哲学》），主要介绍的是柏格森的生命哲学。据梁漱溟后来说，这是他"看西洋哲学的起缘"。

梁漱溟是一个能"活学活用"的人物。他在阅读《变的哲学》不久，即在《究元决疑论》中依据《变的哲学》所介绍的柏格森的创造进化论对印度佛教作过解释。在本文的第二部分"决疑第二"的开头，梁漱溟就指出，佛教所谓的忽然念起、因果相续、迁流不住、以至于今，即柏格森的所谓生活，所谓生成进化。然后他引用了《变的哲学》的四段文字，介绍柏氏的创化论，认为柏氏把宇宙万物归结为永无休止之"生命之流"的观点，"不异为佛学解脱其依他性所由立也"。所谓"依他性所由立"，即佛学依据其"缘起"说，认为世间一切现象都是依各种因缘而起，"刹那生灭，恒转如流"，似有非有。在梁氏看来，在西方各家学说中，唯柏氏的生命哲学将佛教的这个道理说得特别明了透彻，所以他不无慨叹道："善说世间者莫如柏格森也。"㉜

梁漱溟虽然对柏氏学说大加赞赏，但实际上他此时并没有对柏氏哲学真正弄懂。如他把柏氏哲学的"理智"（他译为"慧性"）比之于佛教的"八识"，认为柏氏哲学表明"一切生物之慧性，即人心之八种识心，但是隐默推行之不息转变所谓进化者之所生成"，而没有理解"理智"在柏氏哲学中的重要意义。在柏氏哲学中，理智与物质的关系是生命创化的一个阶段，物质出现是"生命冲动"，即生命创化停滞或削弱的结果，理智则是生命贯彻与利用物质的一种方法。而梁漱溟则把理智与物质的关系视为柏格森生命创化学说的基础，认为"柏氏举一切归纳之于不息转变，以为唯此是真，而求其原动力则不得，此无他，彼未尝证得圆成实性（即真如涅盘），故不了其为他故。不了其为清静本然之真心（即鲁滂之以太）之忽然念起也。依他必待证得圆成始了，以其所以难"。故此，他得出结论："说世间愈明，世间之妄愈确。"㉝

1920 年 1 月，梁漱溟的《唯识述义》第一册由财政部印刷局印行，北京大学出版部发售。《唯识述义》第一册的主要内容讲的是唯识学的来历，唯识学与佛教、西方哲学的关系，以及唯识学的方法论。在讲唯识学与西方哲学的关系时，梁漱溟重点对柏格森的生命哲学作了介绍。从其引文的注释中可以看出，这时的梁漱溟已阅读过柏格森的代表作《形而上学导论》的原著，因此对柏氏哲学有了进一步的理解，并第一次使用了生命哲学的术语"理智"与"直觉"。

《唯识述义》出版后的第二年（1921 年），《民铎》杂志出版了一期《柏格森专号》，共刊出 18 篇中国学者介绍和论述柏格森生命哲学的文章，其中也有梁漱溟写的《柏格森与唯识家》一文。根据文中的介绍，梁漱溟写此文时已阅读过柏格森的另一部代表作《创化论》（有张东荪的译本），因此他对柏格森生命哲学的理解比写《唯识述义》时又更进了一步。比如，《唯识述义》中只有"理智"与"直觉"，而没有"创造"、"绵延"、"流动"等生命哲学的术语。梁漱溟对这些术语的使用最早是在《柏格森与唯识家》一文之中。

《柏格森与唯识家》一文写于 1921 年 3 月，不久梁漱溟讲演并出版了他的第一部代表作《东西文化及其哲学》。如果说在此前梁漱溟还仅限于对柏格森的生命哲学的介绍、评价以及用来与唯识学的方法论进行比较的话，那么在《东西文化及其哲学》中，梁漱溟则已扩大为对柏格森的生命哲学的吸收、改造与利用，并使之成了他建构自己新儒家学说的一个重要理论来源。犹如论者所推出，《东西文化及其哲学》是"王阳明的心学与柏格森的哲学，再加上经过他改造的唯识学"的"混合物"，"但其主干是儒家思想或王学"。㉞梁漱溟自己也说过，"西洋生命化哲学"是他思想所从来的一个"根柢"。㉟具体来说，梁漱溟在《东西文化及其哲学》中，援柏格森哲学入儒，用柏格森生命哲学重新解释和发挥儒家哲学，从而建立起了中西合璧式的"新孔学"。

首先，他根据柏格森的生命哲学重新解释和发挥儒家哲学的变易思想，使它具有了宇宙本体论的意义。他说："我心目中代表儒家道理是'生'"，"这种形而上学本来就是讲'宇宙之生'的"，所以说"生生之谓易"。在引述了孔子关于"天地之大德曰生"；"天何言哉，四时行焉，百物生焉，天何言哉"；"致中和天地位焉，万物育焉"；"唯天下至诚为能尽其性，能尽其性则能尽人之性，能尽人之性则能尽物之性，能尽物之性则可以赞天地之化育，可以赞天地之化育则可以与天地参矣"等论述后，梁漱溟断言："这一个'生'字是最重要的观念，知道这个就可以知道所有孔家的话……他以为宇宙总是向前生发的，万物欲生，即任其生，不加造作，必能与宇宙契合。"㊱儒家哲学虽然讲"生"，承认宇宙万事万物都处于永无休止的变易之中，但它指的是事物的运动变化状态，而梁漱溟却把它与柏格森哲学之"生命""绵延"的概念相提并论，使它和后者一样成了宇宙万物的本体。梁指出："宇宙是一生命，从生物的进化史，一直到人类社会的进化史，一脉下来，都是这个大生命无尽已的创造。一切生物，自然都是这个大生物的表现。"㊲又说："宇宙本体不是固定的静体，是'生命'、是'绵延'。"㊳

其次，用柏格森的直觉主义重新解释和发挥儒家哲学的认识论思想，使它更具有了非理性主义的特征。传统的儒家哲学的认识论虽有当下即是的直觉因素在内，但并不排斥理性。梁漱溟却根据柏格森的直觉主义，对它作了非理性主义的解释。他说："儒家尽用直觉，很少来讲理智。"又说："孔家很排斥理智。""一般人是讲理的，孔子是不讲理的，一般人是求其通的，孔子则简直不通。"并以王阳明哲学为例，"及明代而阳明先生兴，始祛穷理于外之弊，而归本直觉——他叫良知"㊴。1922 年他写的《评谢著阳明学派》一文中，梁漱溟又根据柏格森的直觉主义对王的"良知"说作了三重含义的界定：1．"一切后天知识具不在内"；2．"后天知识之作用，即所谓感觉作用和概念作用（即理智者）都非良知"；3．良知是"有情味的知，或有意味的知，在今日则所谓直觉"；它"和知识知解的知不同，知识知解的知是静的知，亦即客观性的知，而良知则为主观性的知"。㊵

第三，他用唯意志主义的观点解释和发挥宋明理学"存天理，灭人欲"的思想。按照传统儒学的观点，天理是带有强制性的道德规范，并且这种规范是心性自觉的结果。但梁漱溟从柏格森"生命冲动"论的唯意志主义倾向中获得启迪，对"天理"作了与传统儒学不同的解释。他认为"天理""不是认定一个客观道理，如臣当忠、子当孝之类"，而是"自己生命自然变化流行之理"，是主观的"情理"。"见师当敬，出言必信之理则非客观的情理，而为主观的情理。此理出于良知直觉，与知识见解由后天得来者根本不同。"㊶这就是说，道德规范的树立不是对外在必然性的认识，而是内在的自由意志的选择。"经过这样的解释，他就把中国儒家注重'自觉'的特点与西方伦理思想注重'自愿'的特点结合起来了。"㊷

毋庸否认，由于梁漱溟当时对柏格森的生命哲学和儒家哲学都缺少认真的研究，往往是用他不甚理解的生命哲学去解释、发挥他同样不甚理解的儒家哲学，使孔老夫子及其门徒从身着长衫的"古圣先贤"变成了西服革履的"假洋教授"外，就其内容而言，不过是古义新释，实质上并没有增添多少新东西。然而从方向上来说，他援柏格森哲学入儒，是谋求儒学现代转换的一种努力，他试图通过儒学与柏格森哲学的结合，通过后者对前者的重新解释和发挥，使经五四新文化运动批判而日趋僵化死亡的儒家文化重新复活起来。谋求儒学与西方哲学的结合是现代新儒家共同努力的方向，而这一方向的定位者是梁漱溟和他的《东西文化及其哲学》。

注　释：

① 《东西文化及其哲学》，《梁漱溟全集》（一），山东人民出版社 1989 年版，第 473～477 页。

② 《今天我们应当如何评价孔子》，《梁漱溟全集》（七），山东人民出版社 1993 年版，第 312～313 页。

③ 《东西文化及其哲学》，《梁漱溟全集》（一），山东人民出版社 1989 年版，第 479 页。

④ 《中国文化要义》，《梁漱溟全集》（三），山东人民出版社 1993 年版，第 251 页。

⑤ 《梁漱溟全集》（五），山东人民出版社 1993 年版，第 551～552 页。

⑥ 《孔学绎旨》，《梁漱溟全集》（七），山东人民出版社 1993 年版，第 501 页。

⑦ 《梁漱溟全集》（五），山东人民出版社 1993 年版，第 551～552 页。

⑧ 《东西文化及其哲学》，《梁漱溟全集》（一），山东人民出版社 1989 年版，第 480 页。

⑨ 《东西文化及其哲学》，《梁漱溟全集》（一），山东人民出版社 1989 年版，第 418～420 页。

⑩ 《东西文化及其哲学》，《梁漱溟全集》（一），山东人民出版社 1989 年版，第 467 页。

⑪ 指 1958 年牟宗三、徐复观、张君劢、唐君毅四人联名发表的《中国文化与世界——我们对中国学术研究及中国文化与世界文化前途之共同认识》。

⑫ 转引自张灏《新儒学与现代中国的思想危机》，见《近代中国思想人物论——保守主义》，台湾时报文化出版公司 1980 年版。

⑬ 《现代中国哲学史资料汇编》第三集第四册，第 181 页，辽宁大学哲学系编印。

⑭ 《现代中国哲学史资料汇编》第三集第四册，第 119 页，辽宁大学哲学系编印。

⑮ 《东西文化及其哲学》，《梁漱溟全集》（一），山东人民出版社 1989 年版，第 467 页。

⑯ 《东西文化及其哲学》，《梁漱溟全集》（一），山东人民出版社 1989 年版，第 468 页。

⑰ 《东西文化及其哲学》，《梁漱溟全集》（一），山东人民出版社 1989 年版，第 467 页。

⑱ 《东西文化及其哲学》，《梁漱溟全集》（一），山东人民出版社 1989 年版，第 469 页。

⑲ 《中国文化要义》，《梁漱溟全集》（三），山东人民出版社 1993 年版，第 107～108 页。

⑳ 《人心与人生》，《梁漱溟全集》（三），山东人民出版社 1993 年版，第 750 页。

㉑ 《人心与人生》，《梁漱溟全集》（三），山东人民出版社 1993 年版，第 704 页。

㉒ 《中国文化要义》，《梁漱溟全集》（三），山东人民出版社 1993 年版，第 105 页。

㉓ 《中国文化要义》，《梁漱溟全集》（三），山东人民出版社 1993 年版，第 110 页。

㉔ 《中国文化要义》，《梁漱溟全集》（三），山东人民出版社 1993 年版，第 88～89 页。

㉕ 梁漱溟：《朝话》，《梁漱溟全集》（二），山东人民出版社 1989 年版，第 89 页。

㉖ 梁漱溟：《儒佛异同论》，《梁漱溟全集》（七），山东人民出版社 1993 年版，第 164 页。

㉗ 梁漱溟：《儒佛异同论》，《梁漱溟全集》（七），山东人民出版社 1993 年版，第 153 页。

㉘ 梁漱溟：《儒佛异同论》，《梁漱溟全集》（七），山东人民出版社 1993 年版，第 153 页。

㉙ 梁漱溟：《人心与人生》，《梁漱溟全集》（三），山东人民出版社 1993 年版，第 738 页。

㉚ 梁漱溟：《一般人对道德的三种误解》，《梁漱溟全集》（二），山东人民出版社 1989 年版，第 86 页。

㉛ 梁漱溟：《东西文化及其哲学》，《梁漱溟全集》（一），山东人民出版社 1989 年版，第 467 页。

㉜ 《梁漱溟全集》（一），山东人民出版社 1989 年版，第 14 页。

㉝ 袁伟时：《中国现代哲学史稿》上卷，中山大学出版社 1987 年版，第 687～688 页。

㉞ 梁漱溟：《中西方学术之不同》，《梁漱溟全集》（二），山东人民出版社 1989 年版，第 126～127 页。

㉟　梁漱溟：《东西文化及其哲学》，《梁漱溟全集》（一），山东人民出版社 1989 年版，第 448 页。

㊱　梁漱溟：《人生在创造》，《梁漱溟全集》（二），山东人民出版社 1989 年版，第 94 页。

㊲　梁漱溟：《东西文化及其哲学》，《梁漱溟全集》（一），山东人民出版社 1989 年版，第 406 页。

㊳　梁漱溟：《东西文化及其哲学》，《梁漱溟全集》（一），山东人民出版社 1989 年版，第 476 页。

㊴　《梁漱溟全集》（四），山东人民出版社 1993 年版，第 707～708 页。

㊵　《梁漱溟全集》（四），山东人民出版社 1993 年版，第 714 页。

㊶　宋志明：《援西学入儒的尝试》，《现代新儒学论集》（一），中国社科出版社 1988 年版，第 131 页。

㊷　梁漱溟：《东西文化及其哲学》，《梁漱溟全集》（一），山东人民出版社 1989 年版，第 454 页。

（作者单位：中国社会科学院近代史研究所）

从霍韬晦先生的书生事业看中国文化再生之转机

□　李锦招

一、当代新儒家的不同任务

当代新儒家的产生，是中国文化面对近代西方文化东渐所造成的挑战而作出的回应。到了21世纪，当代新儒家已进入了第三代。上世纪20年代之初，第一代新儒家以梁漱溟和熊十力为代表，他们面对科学主义与全盘西化的威胁，梁氏尝试从文化发展的角度对中、西、印文化作出比较，熊氏则以传统儒家文化打造本体论来回应西方。梁氏指出文化发展的差异，肯定中国文化自身的价值在修养人心和指导人生。熊氏则希望在理论上弥补在与西方文化对比之下中国文化所缺乏的本体论根据。两者的取向，隐然带出了当代新儒家的两条不同路线：学问结合生命和现代儒学理论的建构。

在实践方面，梁、熊二人都经历了动乱的年代，也都投身过革命，用行动来改造社会。梁氏比熊氏更注重生活与思想合一，实际推行过儒家式的乡村建设运动，虽在现实上未能造成巨大影响，但在当代树立了儒者知行合一的典范。

由于现实政治环境的约制，第二代新儒家的核心移至港、台，以唐君毅、牟宗三、钱穆、张君劢、徐复观等为代表。1958年元旦，唐、牟、张、徐联合发表《中国文化与世界——我们对中国学术研究及中国文化与世界文化前途之共同认识》，此文成为当代新儒家的宣言，标志着梁、熊之后第二代新儒家关心的问题。他们指出西方对中国文化的理解来自三种偏颇的动机[①]，故不能真正了解中国文化的价值，并同时认为中国文化乃为处理人生问题而发展，与西方的科学、民主精神并不相悖。这篇文章的动机，一则是为了向西方厘清中国文化的优点，更重要的是为唤醒中国学者切勿迷失于西方中心主义之中而对自家文化失去信心。继此宣言，唐、牟二人本着"返本开新"的精神，各自铸造了本身的哲学思想体系，回应近人对中国文化缺乏科学、民主等现代元素的批评。

唐氏从具体的人生体验出发，提出念念自觉，反省心灵的不同向度。其哲学随着心灵活动于生命中的不同境遇而遍涉中、西、印文化各种精神境界，各各认定其价值与贡献，晚年综合而成"生命存在与心灵境界"说，开出了一条由具体感受、生命主体所引发、心灵透过超越的反省而层层上升的精神成长之路。

牟氏则继承了熊十力的路线，以逻辑思维沿着西哲康德而重构儒学理论，建构了一个严谨思辨性的哲学体系，以中国传统文化中的"良知"取代了西方超越的上帝，以"良知的自我坎陷说"打通康德哲学中存在与知识世界的鸿构。牟氏的哲学建构，以逻辑思辨为形式，以理性为根本，正如牟氏自言一生为彰显理性而努力。牟氏的努力，着眼于论证中国文化也有它独立自足的理论系统可以经得起严密的逻辑分析，因而在大方向上可定性为一种儒学的理性精神的表现。他的哲学理论，使当代新儒学更体系化、逻辑化、理论化，亦即有着一种强烈的使儒学知识化的倾向。

综观唐、牟对中国传统文化如何现代化这一问题所作的努力，是针对代表着西方现代性的科学与民主，从中国传统资源中论证它们的合理根据，显示它们作为人类精神活动的一种形式，在传统中国文化中虽不显著，但仍为中国文化所涵摄。同时希望西方以平等眼光对待中国文化，认识其价值。一则为中国文化抱不平；二则为国人重建对自身文化之信心。但在这个过程中，唐、牟共同为中国文化的当代发展所作努力，其方向与方法论却显示了两种不同形态，正如上文所说，唐氏更着重于生命体验与心灵活动之超越性；牟氏则重建立理性、逻辑思维所铸造的思辨架构。

唐、牟在现实上并没有参与政治，一直以学者身份从事研究工作。在流亡香港之际与同道共同创立新亚书院的唐先生，更进一步期望以教育工作来培养人才，为维护中国文化打好基础，以"用之则行，舍之则藏"（《论语·述而》）的精神来把儒家精神保留在民间书院。由于唐、牟旅居海外，故亦有了与国际沟通的机会，尤以唐氏最早为海外学者所知，是当代新儒学面向世界的重要桥梁。唐、牟二人著作等身，在理论上创造出足以与西学分庭抗礼之思想体系，在现实上培养了众多弟子，在中国港、台及海外为儒学的当代发展奠下基石。

唐、牟、徐复观、方东美的弟子，组成了当代新儒家的第三代，现实上都是中国港、台学院中的学者，身处经济较为发达、生活方式接近西方的现代化城市，他们在中国港、台及海外教育事业上继续耕耘，在唐、牟的理论基础上各自发挥，亦有致力于推介儒学观念于西方学术界者，希望西方对中国儒学有更深的了解。唯独创立香港法住机构的霍韬晦师则别树一帜，根据他自身实践的经验，于 20 世纪 90 年代正式提出儒家应"走向社会、走向生活"②的儒学发展新方向，他在传统中国书院教育中得到启发，身体力行发展民间书院式的教育事业，并创立深入生活、深入社会的"喜耀生命"教学方法，提出"性情教育"，又于大陆建立中、小学基础教育以为载体，使儒学重新回归生活，回归现实社会。这种实践，亦回应了霍师对当代儒学的判分：一者为回归生命的"生命儒学"；二者为知识化的"知识儒学"。霍师的努力，一方面继承了梁漱溟在实践中改造社会的方向，但层次不同，不从社会组织、政治出发，而在教育内容、培养人才方向着手；另一方面对唐君毅先生的体验之路予以发挥，指导学生于生活中体会，生活中成长，令儒学在当代重新成为滋养生命，指导生活的资粮，真正贯彻儒学的人文精神。

二、回归生命——中国文化再生力量的发现

霍师于 1997 年提出："如果我们对中国文化有体会的话，中国文化便会入于生命，而不是停留于脑海之中。"③ 将"体会"提升到方法论的层次来讨论。自此以后一直强调"体会方法"与"科学方法"的不同，只有体会启发性情，令生命成长后，中国文化才能回归生命之根，找回她的源头活水。当代第一代新儒家梁漱溟已提出了直觉的方法；熊十力重视证会。到了唐君毅先生那里，他对生命存在、历史文化的体验良多，而且贯彻于其整个学术思想之中，但亦只能显示精神活动之种种形态，似仍未能提炼出一种具体可循之教学方法。霍师受唐氏的启发，点出"体会方法论"，是当代儒家把知识理论回归生命，让中国文化能够产生再生力量的洞见。

作为令生命成长的方法，霍师针对体会方法与科学方法的分别，多有论述，其主要论点为：科学方法是以成就客观知识为目的，应用归纳法来处理经验界观察之所得，于假设未被证伪以前接受其为现实上的真。科学方法的运用，前提是理性的二分格局，主体与被观察的世界永远二分。④体会的方法首先是放弃生命主体与其他客观存在的二分，在存在之内直接去掌握意义，去确立自身的位置与方向，不须经过细碎的概念思维、理论理性的运用，来推演出结论。"而体会所得，是一种生命存在的实感，一种'authentic'或'existential'的感受，这不能以一种规范化的语言来说明。"⑤体会方法与科学方法之不同，在于科学方法依赖对事物的重复检查和确定，单一事物不能完成归纳的过程，但体会方法则不需重复，是单一而绝对的，对生命主体而言，每一经验都成为确定不移而具有特殊意义的。

成就知识的科学方法，除了利用归纳法论证事物重复出现的可能，说之为"真"以外，便是追求事物重现的客观性与普遍性。这种客观性的建立，要求主体与客观事物以外的第三者作为检查、检证的工具。但是，这种要求在生命存在自身的价值体会中根本不可能，也没需要。体会的方法能成立的是一个意义世界，特别是对生命主体的意义，对别的生命个体来说，是不能重复的，只有参考、启发的价值。所以普遍性的要求在生命成长变化过程中并非合理，也非必要的。意义世界属于个体生命，只能求其互通，不能要求完全相同的重复性与普遍性，有关要求只适用于知识世界。

伴随着科学方法的发展，西方哲学界曾一度受到实证论以及实证方法的冲击，以至于把注意力集中到语言哲学上，维特根斯坦思想造成的哲学转向，事实上是为不能符合实证方法的思想下了判决，把所谓形上学从价值世界排斥了出去，只承认具有知识价值的思想和相关的语言。实证方法的要求是要在经验界有所依据，能被经验的才能判其真假，也即确立知识的客观性格。因此实证方法也只是要求知识上的真，对由经验世界所引发，由主体赋予的价值世界一概否认。对于同一经验的多种或多层意义的诠释，并非实证方法所能应付。体会方法虽然也立足于经验世界，但主体却可以从不同层次去认定个别经验所赋予的意义，这便非实证方法可相比的了。

相对于实证方法，人类思想史中更多采取理论理性的思维，近代更以逻辑理性为主要的思考方法。近代西方知识论由康德至黑格尔、马克思，把理论理性推动的概念思维由一个静态的观察认知格局推展至动态的辩证格局，以至于中国学者熟识的逻辑辩证法。但无

论静态的或动态的知识论，都不离确立知识的追求，所根据的都是以锁定个别概念内容为推演的基础。但以概念来处理存在，包括社会现象，群体活动，个体生命的活动，事实上往往面对以有限的概念范围来处理无限的变化活动之弊，故冯契也提出了逻辑辩证的最终发展是以"理性的直觉"、"辩证的综合"和"德性的自证"为桥梁的一个飞跃，从而进入智慧之境。⑥由此可以看出概念运用的尽头便是超越概念，最后才能接触到存在的真实。

体会的方法事实上也没有脱离理性思考的基础，所以霍师说："思考是始，体会是终。"⑦通过理论理性所作的思考，不能成为终结，必须以体会来深化，来超越，来完成，因此体会方法，本身是一种"后概念思维"的方法。古人有云"先疑后悟"，"疑"便是一种思考状态，"悟"便是一种体会所得。

孔子以后，历代儒者从不忽略自身对道理体会的重要性，他们的主张，无论是宇宙论，还是人性论、修养论，没有不是根据自身的体会而确立的。孟子说："尽其心者，知其性也，知性则知天矣！""知天"暗含与天合一的思想，汉儒据此发展出"天人合一"的思路，宋儒朱熹主张"用敬"的态度，提出"格物致知"的为学方法，虽然看起来很像现代的科学实证思维，但其实不同，他求的是人生成长之理，涵盖古今、通达之理。所以说"今日格一物，明日格一物"，因为"《大学》始教，必使学者即凡天下之物，莫不因其已知之理而益穷之，以求至乎其极。至于用力之久，而一旦豁然贯通焉，则物之表里精粗无不到，而吾心之全体大用无不明矣"（《大学章句集注》）。他到达的"豁然贯通"之境界就是一种道理世界全幅开展的体会，知识的累积不必使人达到贯通之境的保证，也不能从字面上理解它只是指物理定律之间的通贯！至于与朱子进路不同的陆象山，更有"宇宙便是吾心，吾心便是宇宙"的豪言，这更是通贯之后的悟道语言，完全是个人学习成长后的体会，不假任何凭借。他也说："吾学无所受，因读孟子而自得之。"可见他的学问，根基在于自己的体会。后世或名之为绝对唯心论而批评之，殊不知不由体会进路学习的人，对生命成长的学问是无法领会的。朱陆之辩是中国哲学史上重要的大事，也是常被重提的热门问题，且不论谁是谁非，谁高谁下，其教人成道成德、成圣成贤的宗旨无异，而一面读书做事，一面作性情体会工夫，交互进行，朱陆之歧见便可消除，⑧体会的方法在朱陆这等大学者身上的应用产生了不同结论，而且实践的方式也差异很大，但以体会作为立论之基础则不可置疑。

三、由体会而生的书生事业

由体会的方法出发，中国文化的精神价值被转化为一种真实的生命力之后，不但成己，更能产生力量，继而成就一文化事业。霍师受唐君毅先生启发，又受佛教慈悲众生的呼唤，有感于现今世界虚无、失落的痛苦，于1982年于香港成立法住机构，立志于将一切有质素的文化留住世间。二十三年来以推广文化教育、生命成长文化为目的。他对现代化、商业化的生活带来的问题深有所感，不断作出唤醒人心的回应。法住事业本乃书生事业，缺乏政府支持，只靠霍师呼召同道奋力支撑，可幸人心不死，已于中国香港、广东省内以及新加坡建立基础，并被誉为"连续不断的奇迹"。⑨

法住的文化事业，其性质是广开接引之门，采不同形式推广和建设文化，计有出版社、图书馆、文化中心、茶馆、山林式修养中心和正规民办中、小学。推广形式包括文化讲座、人文及修养课程、文化旅游、现代禅修、学术会议，等等。标志着文化事业可融入现代城市生活中的各阶层，方法上是适应现代生活而作出方便施设，对象上是秉承孔子精神"有教无类"。

从体会当代人的障碍出发，霍师创立"喜耀生命"课程，以个别接引的方法为学生扫除迷惑，打开生命成长之门，并设计循序渐进之阶段，保证学生坚实地踏上生命成长之路。自 1994 年创办以来，学生人数在港已近 3 000 人，1998 年传至新加坡，至今受惠者也近 2 000 人。学习个案辑录成《喜耀禅话》共六册，成为具体的教学学案。由学员亲自撰写追踪个人成长历程的个案也编成《喜耀心程》，共四册，从社会学统计记录之方法而言，已成为一独立系统，可供研究查证。

由"喜耀生命"课程学员每年募捐所得，已愈港币千万元，分别用以建立"粤西喜耀小学"及中学，现有学生愈 600 人；又支持出版文化刊物《性情文化》，流布于中国香港、新加坡之间，将健康的成长文化带入家庭，渗入社群。除了普及化的"喜耀生命"课程，霍师亦倡导在中国香港成立"法住文化书院"、"东方人文学院"及新加坡"东方人文研究所"，从事讲学和开展学术研究工作。现时研究生人数愈一百人，成为中国文化再生事业中的生力军。法住机构的学员包括专业人士、教师、商人、官员及从政人士，从对象说是涵盖现代化城市中社会各阶层，出身、学历的不同皆不碍生命成长学习的追求。把儒家的外王教化事业带出学院，走入社群。在学术研究方面，提出"性情学"，以性情诠释儒家的"仁"、"良知"，并落实至每一个学生的生命中。可以指出，由体会的方法进入以使性情呈现发展，止是当代新儒学发展的独特而且真正的方向。

四、性情教育成功之例

1. 扭转恶劣家庭关系

在"喜耀生命"课程的教学活动中，霍师针对人的不同心理本能发出指引，令迷者开悟。现代人面对的问题，首先是家庭关系的破裂问题。基于百多年来中国社会屡遭战乱，经济生活遭受严重破坏，上一、二代中国人为求生计，四处流离失所，常有朝不保夕的情况，以至忙于生计，疏于照顾家庭；又或自幼失学，缺乏教养，以至行为乖戾，祸延子孙，造成下一代在怨恨之中成长。孩子对父母没有感激，只有埋怨，遑论遵守孝道。霍师在《爱不是追讨》⑩中对主角阿澄进行开示。阿澄认为："父亲对我没有尽过责任，我不喜欢他。"又认为父亲生了他来便应负责任。他心中充满着计较，自己好像没有得到应有的权利，口中埋怨父亲没尽责任，心中只顾自己得到的不够多，不够好，对父亲的处境没有体谅，亦不过问，而且还采取了高高在上的审判姿态，评论父亲的不是。他的障蔽在于只有自私的权利意识，不能体会赐予生命的恩情与价值，而且成为以"道德"相逼的执法者，忘了骨肉之情。这种权利意识与抽离的旁观者态度，正是现代社会文化孕育的人生态度，实有伤于自然的亲情与本身的性情。因此，霍师批评他不应对不明白的事轻下道德判断，又不懂爱的真义在体谅，不是追讨，对父亲过去知得太少而自以为维持公道，实是伤了另一种公平，也即为人子者应报父母以爱，以体谅，以奉养回馈。从这话之中提示了以爱克服埋怨、自私心，以感激体谅拉近父子之情，又揭示对公平的更深了解，以扩阔其胸襟眼界。阿澄于此感到对怨的放下，对亲情的感动，和思维的开阔，因此解开心结而得喜悦。个案所录只是对话，从理上解开，但课程中阿澄还须在相处之中重新学习面对父亲，才算真正过关。以上个案，阿澄由于与父亲修补关系，心中放下多年积怨，顿觉心内轻松畅快，这种过关的体会，令他明白自身思维修养的不足，因此开始努力进修，继而全力支持令他醒悟的文化。由切身受益而生的动力，并非抽象理论，是生命的一种存在状态的感受，故不须通过理论证据、概念思维，而能历久而常新。

2. 人生动力的追寻

现代人的另一种大问题是缺乏动力，究其原因，也因对象的不同而各有差异。在《敷衍工作》⑪中，在老人院工作的樊英只关心自己，缺乏用心工作、用心体谅。霍师引导其以身作则，包容体谅，背后指示她工作的意义在给予老人家精神的关注。另一个案《财富只是工具》⑫，阿彦孜孜为利，其实心中追求快乐，霍师指出财富只是工具，不是目的，人生找到真正的目的才能快乐，并能于利益争夺之中超拔出来，阿彦才醒悟自己错把工具价值误认为目的价值，从此每星期努力上课，追寻人生的更高目标。因此，恰当的指引，能令人看清价值世界，从而产生追求更高价值的动力。

现代人都向往自由，但不知自由的真义。在《真正的自由》⑬之中，中年商人方俞离家出走，独自流浪，他自认尽了家庭责任，然后找寻自己新的空间。方俞感到轻松舒畅，还觉自由奇妙，要去追逐。但他遭到棒喝，霍师厉声责道："要逃走的不是'自由'，是你！"又说："世界没有动，只是你的心飘。"方俞才感到内心没有生根的飘荡，感到生命虚耗的悲哀，从而一念回转，反求诸己，体会到控制、超越"逃避承担"的本能才是真正的自由。现代人以自由为最高价值，一般只能从权利意识上说，只在权利与义务中说自由，不知自由的更高层次，是在于不受自己的恐惧和本能欲望所控制。此一对自由的开示，亦不须层层分析，只须从心中飘荡的感受引入，主体自然领会，方法是何等直接，何等爽快！

3. 创造力克服无奈感

"人在江湖，身不由己"，是现代都市生活的写照。现代社会分工严密，分科精细，培养了不少专家，但却被太多制度、组织、法律所规范，到处都是框框。在《自觉是创造主体》⑭中阿浩以"放下"的概念取消问题，其实是避开。霍师叙述禅宗"陆大夫瓶中取鹅"的故事，提醒他习气太重，脑袋太实，忘了生命是一个创造主体。阿浩得了点醒，才重拾信心和活力。霍师提示说："创造，从自觉自己是主体开始。"一方面点醒阿浩头脑不能太死；另一方面提出自觉意识。自觉乃一切道德行为的基础，当代新儒家唐君毅先生特别重视，霍师继承唐氏学说，指出主体性中的创造意义。生命存在的无奈之感和主体性的创造，在具体生命中同时并存，并非逻辑上的矛盾关系，只要一念之转，便能翻出新天新地，感受无穷创造力的存在。

以上列举数例，当然未能穷尽现代人的问题，但皆显示霍师在教学中针对现代文化中的常见问题，进行个别指引，其中引用概念意义的厘清与深入，存在感受的冲击，价值世界的调理和思维的深化，等等，见机而发，处处为学员破除迷惘，令其重见光明。由心灵开启而生的感受，可化成无比动力，推动生命成长。

五、从破除个人障碍到文化理想的呼唤

法住事业的重要部分，无疑可从"喜耀生命"课程的学案中见其大概，但为众生扫除障碍，只能算是基础部分，当个人动力得到开发之时，该向何处用力？霍师倡导的是一种对历史文化负责，为人类将来的文化发展作出贡献的事业，因此，大量研究工作有待进行。唯是文化研究工作也必待其人而行，没有正确体会的人不能从事真正的生命成长之学的研究。法住事业的开启，是处身于东西文化大开大合之中，是承担着维护中国文化价值的责任与面对与西方文化和平共存的任务的，诚如霍师所言："站在一切文化都是回馈人生的立场，中西哲学本无所谓排斥与对立，重要的是定位，为不同的哲学与文化定位，为它们找出恰当的位置，以见其殊义、胜义与作用场域。……大家都要作如实的探讨，作超越的涵盖，从人类文化的整体上安顿东西哲学，为下一世纪哲学架设通道。"⑮ 面对一个伟大而有价值的理想，面对一个让人类能和平相处、互相尊重的和谐世界实现，有着生命成长经验的个人必明白其中的艰难处，同时也会确认这种方向的价值，对理想的期盼，对美善世界的向往，不旦夕求之，枉生而为人也！推动文化事业，推动生命成长之动力，于是生焉！

六、对应生命问题与社会回响

法住事业努力的方向，是"走向社会、走向生活"，脱离书卷气的学术研究，正面破解现代商业社会所造成生活中的问题，令儒学在现实中发挥作用，使文化的生命力在个人生活、家庭生活中重现。上世纪梁漱溟的努力，集中在组织乡村群众，企图建立一个教育与行政互融互涉的社会结构，提升农民的知识水平。可惜未能于如何重建现代家庭的核心价值入手，亦未能指出知识以外修养提升的方向，他虽然身体力行，对应上世纪社会的现实需要，然实未能扣紧问题之核心。今天现代社会结构更加转向以城市为中心，城市发展带动经济与文化，现代化很大程度上代表城市化，不从城市核心中的文化问题入手，而先欲提升广大农民之素质，实缘木而求鱼。霍师有鉴于西方文化科技化、城市化带来对生命内部的冲击乃问题之核心，以传统儒家文化修补对治，立竿见影，才真正对准问题，而且显示智能。在团结社会方面，单以政治组织、社团结构为基础，往往因为利益冲突而四分五裂，不若以文化理想、成长的教育为内涵组成的团体，这般才能凝聚无私的人心。法住事业的成果，实是在深度与对应性方面，皆超越前人。

何谓"当代新儒家"？又何谓"新"？必须先明了标准所在，才能认清、才能确立其价值与地位。当代学者判别的标准，大致上同意"当代新儒家"，是指能顺应传统儒家的内在精神而开出面对西方文化挑战的理论的思想家。所谓面对现代挑战，主要是指能补充传统学问外王方面之不足，在现代能开出科学与民主者。其为"新"，一则是在现实上对应时代问题；二则是为义理上有别于孔孟、宋明，能开出"见闻之知"的科学精神或与之相融和者。

这种观点虽然已能概括新儒家的思维路向，但只是停留在思维上的分析，笔者认为尚不足够。传统儒者不像西方知识分子，只能在知识思想领域有所贡献，而是身体力行，在

实践中以天下为己任，以其生命的强度显示对历史文化的承担精神。其人其行能称为儒，而思想义理上能称为新儒学者，方应归为当代新儒家。以此为标准，必先观其生平所行，再思其言，才能确定。适合上述标准者，百年以来亦只有寥寥数人，霍师乃是当代之真儒也。

经历二十三年的努力，法住文化事业已颇具规模，从学者已达数千，受惠家庭亦以数百计，对中国香港及新加坡社会作出了不少贡献。粤西喜耀学校的建设，亦为国内下一代培养优质人才而努力。研究院诸生的工作，志在确立一种高层次的研究方向，开启性情学之深化与传播。此等努力，渐为世人所熟识，传媒亦不断予以报道。近期霍师于凤凰卫视之演说，引来有心人捐赠港币百万圆义助文化事业，并致函揭示其盼望中国文化价值再现光华的心情。⑯此等响应，不在捐款多寡，而在证明文化不死，赞同和认定文化价值的有识之士确实存在于民众之中。有努力于文化领域的前行者，有一呼百应的后来者，人心不死，中国文化再生之转机，于此见矣！

注　释：

① 文中指出世界人士研究中国学术文化之三种动机为：传教、对中国文物之好奇和对中国近代史之兴趣。本文收录于《唐君毅全集》卷 4，学生书局出版。

② 霍韬晦：《第三代新儒家能做些什么？》，原文发表于 1990 年，由台湾《鹅湖月刊》及"国际中国哲学会"主办之"当代新儒学国际研讨会"，后刊《法言》第三卷第一期，1991 年 2 月，现载《世纪之思——中国文化的开新》，法住出版社 1998 年版，第 90～93 页。

③ 霍韬晦：《中国文化的精神——从方法论说起》，载《世纪之思——中国文化的开新》，法住出版社 1998 年版，第 3 页。

④ 霍韬晦：《世纪之思——中国文化的开新》，法住出版社 1998 年版，第 4～5 页。

⑤ 霍韬晦：《人生与思考》，载《人生的平台》，法住出版社 2005 年版，第 153 页。

⑥ 冯契的"智能说"建基于应用逻辑辩证法的广义认识论上，详见《冯契文集》第 1～3 卷，华东师范大学出版社 1996 年版。

⑦ 霍韬晦：《世纪之思——中国文化的开新》，法住出版社 1998 年版，第 4～5 页。

⑧ 霍韬晦：《中国书院之旅——霍韬晦讲演集（二）》，法住出版社 2001 年版，第 78～79 页。

⑨ 唐端正言。唐氏为前法住学会副会长、香港中文大学哲学系荣休教授。

⑩ 《喜耀禅话》，法住出版社 1997 年版，第 3～5 页。

⑪ 《喜耀禅话》，法住出版社 1997 年版，第 60～70 页。

⑫ 《喜耀禅话》，法住出版社 1997 年版，第 87～89 页。

⑬ 《喜耀禅话》，法住出版社 1997 年版，第 103～106 页。

⑭ 《喜耀禅话》，法住出版社 1997 年版，第 178～180 页。

⑮ 霍韬晦：《中国哲学必须重新定位》，载《世纪之思——中国文化的开新》，法住出版社 1998 年版，第 124 页。

⑯ 来函载《法灯》第 275～276 期，2005 年 6 月。

（作者单位：香港法住文化书院，香港东方人文学院）

时代与学问——熊先生与牟先生的一次论辩

□ 杨祖汉

一、前　言

　　牟宗三先生遇到熊十力先生，得到熊先生之指点启迪，而洞见"生命的学问"之真义，即此学问是由真生命而生发，仁即是人之真生命，此是人的"真正的主体"，真正的自我，而此主体亦是宇宙生化之本源，天道之生生不已，亦即是仁心的纯亦不已。熊先生于牟先生，有如是重要的影响，故牟先生对他这位老师，是终生感激与怀念的。①但牟先生与唐君毅先生在哲学理论上，虽如牟先生所说，是顺熊先生之说而往前进，②但客观来看，牟、唐二位并非直接承"熊学"而往前进，而应可说"曲折地发展"。对于熊先生的《新唯识论》、《体用论》之说，在精神上说，牟先生当然是赞成的、肯定的；但在客观的学理上说，熊先生所运用的哲学概念，牟先生是不赞成的。此点熊先生应相当清楚，故虽对牟先生说"弘斯学者，吾不能无望于汝与唐君毅"③，但亦对韩裕民说："吾年六十以上，一向无人可语，聪明过汝者，非无一二，然恐终不离粗浮之痛耳。吾舍汝，其谁望矣？"④此处所谓"非无一二"是指唐、牟二先生。⑤

　　牟先生的学思过程，是先从逻辑入手，研究怀德海、罗素、维特根斯坦，然后契入康德哲学，由消化康德的三批判，指出康德学可作中西哲学会通的桥梁，一方面藉康德的理论架构，以撑起、证成中国哲学的智慧；另一方面由中国的哲思，指出康德的不足，由此比较、会通，可以使康德学（其实亦可说"哲学智慧"）百尺竿头，更进一步。⑥牟先生此一学思的进路与过程，不同于熊先生。他认为处于现时代，通过西方哲学（以康德学为主）以架构、证成中国哲学的智能，是不能避免的，对此，熊先生并不赞成，在牟先生未正式发表的手稿《信札集》中，有《湖上一夕谈》一篇，是记载及评论熊、唐、牟三先生一次会晤时，有关上述问题之见解。

二、论说理文字的表达方式

　　牟先生此一信札，尚未公开发表，所知者不多，其中对熊先生亦有些稍为激切的批评，此在牟先生后来的著述中，是未曾见到的，故这未必是对熊先生之"平心之论"。但此文对牟、唐二位与熊先生在学思进路上的差异，有明白地表示，对于理解牟先生后半生思想的发展，是有相当的参考价值的。现摘抄其重要内容，略作讨论。

牟先生此文开首说：

> 卅七年（按即 1948 年）八月十三日与君毅兄同游西湖，往谒熊先生，作一夕谈。熊先生慨叹曰："人当慎所与，日处攘扰之中，而无师友夹持，提撕警觉，鲜有不堕落而昏狂者。吾老来，尚有此惧，而况汝曹乎？"

师生一见面，熊先生便有切责之言，熊先生此段话，大概是不满牟、唐二位当时疏于到熊先生处问学。认为师友不常见面相聚，精神便易堕落。熊先生于《与韩裕文》书中，有一段话即表示此意，而言之较详，熊先生云：

> 吾告汝，凡上上资质，无师自得；中上之资，得师而长相依，可以青出于蓝，冰寒于水。……中中之资，得师而长相依，虽难希上哲，而必远于凡庸。凡人精神志气，必待夹持辅养。蓬生麻中，不扶自直，此有至理。……然如得良师，而常亲謦欬，究比尚友为亲切也。……古今会斯意者少，轻浅急慢之毒中乎身，必欲远老成，以自鸣得意。学之绝、道之丧，良有以也。人日与流俗处，精神志气，日靡乎流俗，欲无下达，其可得乎？⑦

熊先生此段话确十分真切，人若非上上之资，于真理有自发之创获，则必须藉师友夹持，若得遇良师，须有一段长时间之相处，不能浅尝辄止，欲速成自立。据此段，可知牟先生上文所述熊先生之言，是有责备唐、牟二位欲违师而自立之意者。对此切责，牟先生回答说：

> 先生之言，诚当铭记。所幸年来因家国天下之感，得令此心未至丧失。先圣之学，至此得一印证，后以此印证而略有所守。所守者，非特出处进退之间而已也。乃实秉承至道，以悲生民，以拒邪魔，而后为国家民族历史文化指陈一康庄大道也。惟赖此故，得不坠失。世人能有此觉悟者甚少。闻余等之呼声而有感触者不多见。先生眼目高亢，不肯垂察。故于余等之言论，或有不暇顾及耳。

牟先生认为自己的生命并未退堕，其所以未退堕，是因有家国天下之感以维系，当时时局动荡，思想界、文化界有巨大的转变；牟先生反省当时之政治问题、文化问题，而深有所感，此所谓"客观的悲情"，由此牟先生得以印证先圣之学，亦自信可以指出一条国家民族将来必须走的康庄大道。牟先生当时的心情，是很向上奋进的。他与唐先生在当时发表的文章已不少。熊先生当时已入老年，或未免较多悲观与失望，此意见后文。对于此一回应，熊先生答：

> 汝所说，吾略有所闻。但老来精力短，不耐看纠绕万分之文字。君毅文字，好铺

排，缴绕复缴绕，看了不知有何意味。汝亦好七翻八翻，多不必要，吾老眼不花也。

熊先生对唐、牟二位之文字表达方式皆有不满，以为是缴绕翻覆，并无必要。熊先生之文字表达，较属传统的方式，虽说理精深，但较简易直截。唐、牟二先生则有意采取西哲的表达方式，思辨较为曲折。当然二先生文笔畅顺、明白易晓的作品仍是很多的，如唐先生的《人生之体验》，但唐、牟二位当时正在撰作其重要哲学著作《文化意识与道德理性》与《认识心之批判》，此二书则确是非常不容易读的。唐先生对此，有一自我之反省，他说，

> 唯余对文化及道德之问题，于世书俗说，多所未安。意吾所欲言，皆须历经曲折而后能达。乃不惜取西方哲学著作之体裁，缴绕其辞，碎义析理。粗心自读，亦苦文意艰涩。⑧

唐先生此段文，正好是对熊先生"缴绕"之评的回应。若说理而要随顺世间有关说法而分析，则不能免于缴绕。此一写作方式，在现代应是有必要的。当然，唐先生省察之功深，对自己文字之曲折艰难，在晚年有如下之自我批评：

> 兹尚有附陈者，即此书之论哲学问题，其曲折繁密缴绕之处，大皆由其问题之横贯西方不同学派之哲学而来。初学之士，于此或将感艰难。然对此诸问题之究竟答案，为东方智慧所存者，原自直截、简易而明白，不历西方哲学之途，亦能加以悟会。此诸问题，在有福慧之士，亦原可不发生。……若原无问题，则此或见其福慧具足，原不必读此书。……要之，吾于此书，虽亦自珍惜，然亦只是一可读，亦可不读之书，亦天地间可有可无之书，唯以读者之有无此书之问题以为定。此不同于圣贤之书，先知，诗人之作，不论人之有无问题，皆不可不读者，亦天地间可有而不可无者也；世间之一切哲学论辩之着，亦皆可读可不读，可有可无者也。……昔陆象山尝言人之为学，不当艰难自己，艰难他人。吾既艰难自己，不当无故更艰难他人。⑨

唐先生此段文检讨《生命存在与心灵境界》之内容及文字之表达方式，认为人有感受到此书之哲学问题，才需要读其书，若没有此等问题，则不必读；若无此等哲学问题，是表示其人福慧具足，而不是浅薄。而且对这些哲学问题，中国之先哲亦有答案，且表达得简易而直接。故唐先生认为自己此书既艰难自己，又艰难他人，为可有可无、可读可不读之书。按，唐先生此段话真是大贤之言，其谦德至足感人。但唐先生既有如是反省，则何以仍要用这种似乎缴绕的表达方式？何以仍要随顺有关的哲学问题，古今的有关说法，而一层一层地反复思考，而不用短语、韵语来表达？故唐先生亦当认为，在现在的时代，他和牟先生所采取的表达方式，是有其必要的。通过曲折的思辨，详细了解有关的哲学问题各种可能的想法及其解决之道，方能回归简易，即必须有方以智的精神，方能撑起先哲圆而神的智慧。⑩对于熊先生的批评，牟先生当时的反应，便比较直接而激越：

> 余曰："文字乃表达之工具，与时代有关。思想概念有出乎以往思路之外者，其

表达之文字即不能为前此之方式所限也。试观以往说理之文，晚周诸子为一格，魏晋为一格，宋明语录又为一格。吾人在此格套中，其意境及道理总不出乎古人之所说与所显。纵稍有开扩或引申，而不能越乎其型范。况以往诸格皆造其极而成典型。吾人若处其中，不觉仰望而学之。仰望而学之，尤难出乎其所说与所显。佛学东来，别成一体。然习乎其中者，亦不能越其所说与所显。以往格调，尽乎数者。然道理无穷，意境无穷，概念之结构多端，审辨之方式亦极不一。西人之思路与意念，有迥非昔人所能具备者，故辞而出之，会而通之，亦有非以往之诸格所能奏效者。余等行文，自不善巧。然其所以碍眼者，固非只文字本身之技巧一事也。其中道理与思考方式亦有非不与于其中者所能习知也。先生老矣，不暇俯看。试卒读一篇，当不至全无意味也。或亦不至只见其表面文字之缴绕铺排矣。"

牟先生这段申辩，可以使我们了解他和唐先生的著述，何以用的是这种文体。一般研读他们二位著作的，都会感到其文体特殊，不能随便看过，稍不留意，便会不知所云。唐、牟二先生较严格的论著，确都会使读者有艰难甚至不能卒读之感。原来他们认为现在要表达的思想概念，是以前所未有的，则必须有一不同于以往的说理文字的方式。故一代有一代的说理文字的方式，好比一代有一代之文学。的确，晚周诸子、魏晋玄学、宋明理学，都有其不同的文字表达方式。而南北朝隋唐的佛学，其文字表达方式，确更有特色。依此类推，若吸收消化西方哲学，而以中国文字表达之，便一定会有新的说理文字方式的出现。文字表达的方式与其要表达的内容，是很有关系的。抑唐、牟二先生的文字要表达的不同内容，不是泛说的因有新的事物，故有新的内容，而是较根本的文化形态的不同。中西文化的不同，用牟先生的话说，是"综和的尽理、尽气之精神"与"分解的尽理之精神"的不同⑪，亦是"理性之内容的表现"与"理性之外延的表现"之不同⑫。牟先生他们认为中国文化重在"理性的作用表现"，必须转出"理性的架构表现"，⑬才能继续发展、创造，才能使科学与民主生根于中国文化。牟、唐二先生是自觉地进行文化精神的转型，而亦自觉地进行说理文字表达方式的转型，要为中国文化之吸收、消融西方文化，而转出一新的文字形态。故上引文牟先生说，他与唐先生文字之所以会给人有碍眼之感，不是文字巧技上的问题，而是文字所要表现的，是以前不曾有过的思想概念、思考方式之故。他认为熊先生对此中之不同，未能垂察。

　　熊先生见出唐、牟二位文章表达方式的特别，他认为缴绕繁复，并无必要。牟先生在回应此质疑时，表达了义理思想若有异于以往之发展，则文章亦应有新体之见解。且认为若仍沿用往昔说理之文体及表达之方式，便不能超越以往之型范以显新义。而义理无穷，西方哲人亦有其深刻而异于中国之见地，故不能以往昔之表达方式为已足。这一论辩，从文体与表达方式之讨论，触及了文化生命之发展与说理文字方式之转变的关系问题。此是很深微的问题。新的说理文体之出现，似亦表征了文化生命有其新的发展。

三、自转而转他

　　以上是论文字与义理的关系，下文则论及性情、学问与师友之道，牟先生于此，对熊先生有"责善"之言。

对于牟先生上述之辩言，熊先生答：

> 汝等只不虚心耳，不肯承认己过。得无蔽乎？反而察之，可自知也。

按由熊先生此数语，可知他对唐、牟二位吸收消融西学，致使文体亦有特殊的转变之情
况，并不相契。大概熊先生认为哲学主要是"见本体"之学，西哲于见体方面，不及中
土哲人，中国文化的再造，不必非吸收西方哲学不可。他们师生在此一问题上，似是有
"代沟"的。此意见后文。牟先生对熊先生上述"不虚心"、"不肯承认己过"之责备，
作了详细的反驳：

> 余曰："余等自问，处今之世，敬先生而行先生之训者，恐皆不若余等也。余等
> 实有隐忍之心克制自己以听先生之训。然先生不肯俯察，只凭蓦然一见，便下断语，
> 则不中其病者，不能服其心也。设若真中其病，则一经点出，未有不愧耻而赧颜
> 者。……余等若非自外于真理，何能不认己过？……先生凡有所责，余等皆觉不甚相
> 应。即蔽亦不至全蔽也。余等愿有申辩，而先生辄不肯听，使人不能尽其辞。先生亦
> 未尽循循善诱之道也。……先生一味高亢，得无侔于天而畸于人乎？畸零久之，则自
> 己封闭，而已处之门不开，人亦封闭先生也。如此下去，在先生则必日趋高慢，而对
> 他人，亦必一切抹杀。此甚非相亲之道，亦非印证真理开扩自己之道也。"

牟先生此处认为熊先生的批评切责，是"蓦然一见，便下断语"。其指责是不中人之病
的，即乃是不相应的批评，故牟先生不能接受。牟先生更由熊先生此一不细察便下评论之
做法，对熊先生的生命性情作出批评及规劝，以为熊先生有一味高亢、不肯细察异于己者
之想法之习气，若长此下去，熊先生必日趋高慢，封闭自己。人当印证真理而不断开阔自
己，不能自以为己之所见即是真理所在，对世间其他说法，皆一律抹杀。大概此时牟先生
之思想有长足之进步，但未能得熊先生的了解与肯定，精神甚为痛苦。熊先生对牟先生此
一反驳，答曰：

> 若如汝等言，我岂不虚心者乎？我自问读书衡理，反复推敲，必求其当。此非不
> 虚心者所能为。世间一切浮辞，浅薄混乱，尚堪入目乎？若稍有理趣，足成一家言，
> 吾未有不详细体玩者。吾侪若忽视他人者，实因吾已一一经过也。吾以上智之资，直
> 凑源微，凭空架起，机参造化。真理不外是矣。汝等无创造之资，便应虚心守吾成
> 规，顺吾型范。汝等不诚，而谓吾高慢乎？

对于牟先生的批评，熊先生亦不接受。熊先生认为自己并非不虚心，而所以给人有不细察
便抹杀世间各种议论之印象，实因此等议论都是浮辞陋说，自己其实已一一经过，确知其
蔽，并非作不相应之批评。熊先生又认为自己已直凑源微，机参造化，自己所见，便是真
理所在。既是如此，而牟、唐二位便应遵从师说。牟先生等不遵师说而欲另行发展，正是
不诚。言至此，师生可谓是针锋相对。由此处论辩，可见熊先生对自己所见，有充分之自
信；而牟先生与唐先生则并不以熊先生之学为已足，而要融通西哲，以开拓中国哲学的理

境。牟先生答云：

> 余曰："先生自谓虚心衡理。然以余等观之，先生实未能如朱子所云："平其心，移其气，阙其疑，浅者浅说，深者深说。"而只横撑竖架，必将对方冲破而后快，未能予以妥帖之理解；或好胜之心强，而必欲克服之，未能予人以分际而肯定之或超转之。夫自创者固不易，客观了解亦不易。先生属于前者，而未必能合乎后者。浅薄混乱，固可不理，而谓吾已一一经过，则非余等所敢随合。盖天下道理至无穷尽。而就哲学而言之，西方大哲，固未必皆能冥契至道，然其用心与其问题亦有非不入于其中者所能尽晓。而可全不理会乎？舜好察迩言，而况代表一文化骨干者乎？余等固不敢云有创造之资。然于西哲或有比世俗所了为多者，思有以移植之以充实吾二千年之文化，则于先生亦不无少益也。余等非不诚。每欲致其诚而为先生抹杀矣。此余等所深以为痛苦也。

牟先生并不否认熊先生是上智之资，于义理能有创造，但认为熊先生缺乏客观的理解，如缺乏客观的理解，不能对世间各种有意义的学理作恰当的理解，则不能与外界相接触，别人将不能了解你的智慧，你亦不能逐步开拓其自己，如是自己便渐成一封闭系统，此病不可谓不严重。牟先生从熊先生对己及唐先生学问及用心之不欣赏而强调客观理解的重要。此处可见到熊先生和他这两位高弟，对于"时代"的感受与反应，是相当不同的。牟先生于上引文说"欲移植之（西哲之学）以充实吾二千年之文化"，正道出了他与唐先生后半生用心之所在。对于唐、牟这两位新儒家对时代的感受，及对中国文化的未来发展方向的想法，即必须融入西哲思想，以丰富固有之哲思；此一想法既不同于保守派之一味肯定固有文化，又不同于西化派之以中国文化为一无可取。又他们之学习及吸收西方哲学，并非只要做一这方面的专家学者，而是要消融西哲之长，使中国文化有更进一步之发展。唐、牟二先生此一看法、悲愿，研究他们思想的人，必须正视之，深长思之。牟先生续云：

> 又先生以明圣学自任。夫圣学非只哲学理论也。先生雅言生化，自谓机参造化。然"君子之道本诸身，征诸庶民，质诸鬼神而无疑，建诸天下而不悖，百世以俟圣人而不惑"。此实为圣学之全体。而所以能至此者，必起于"本诸身"也。本诸身者，仁者人也。本人伦以明实理，立人极以参造化，故能建诸天地而不悖，百世以俟圣人而不惑。明道云："道之浩浩，何处下手。惟立诚才有可居之处。"……若离开此一落脚之实事，而空对浩浩之大道，且复浩浩言之，则未有不落于以意为之之戏论者。而浩浩大道之生化亦只成一虚的光景而不能落实也。先生用智照境，而不肯摄智归仁，则智之所照即悬空，而不能贴体于仁道，而自家一落现实便遑遑无所措，此岂非推置至道于悬空，而立诚可居之处反为空无耶？无怪乎先生只在文字上较量，言说上凑泊，而不肯就人己相与之际，平心指点实理，藉以自转而转他也。余等所愿诚心以尊先生者，乃在先生能摄智归仁也。倘或不能至此，而唯欲以一套言说以为吾人之型范，则余等不敢昧心，屈圣学以从先生也。先生屡言仁，终未归于仁。仁亦非可以空言说也。何不本诸身以立可居之诚乎？

此段从熊先生之学，进而论及熊先生生命实践之不足处，此即对老师责善也。牟先生认为熊先生之机参造化，是"智照"之境，未能"摄智归仁"。若不能本诸身，将所悟之道体现于一己生命活动中，即不能显一己之仁，以印证天道。则己所言之生化之道，便只成一光景，并非实事实理。必求道体具体化于一己生命中，方是圣学，圣学并非只是一套哲学理论。而道之能否体诸身，在于自己是否能"立诚"。牟先生言下之意是，现在时代已不同，欲发扬传统学问，必须如上文所述，加强"架构之思辨"，于西哲之长，不能轻忽。既知此而不肯调整自己，只坚守一己所见，排斥世间其他理论，这便是"不诚"。而熊先生在与批评者周旋回应时所表现出来的，似是以胜人为务，只在文字上较量，对于异论并不能平心细察，此则是令人遗憾的。由此看来，熊先生实未能摄智归仁。牟先生此处所说的"就人己相与之际，平心指点实理，藉以自转而转他"，是非常深刻入微的话。天下之道理无穷无尽，人所见有限，岂有一己所见便是道之全体？即使己之所见者为真，但人的生命不能无感性之限制，或如熊先生所说，不能无污染。这便必须时时克己复礼，不敢以圣贤自居，又须与外界相接，正视异于己之议论，以开拓自己，使生命保持开朗与畅通。如此方能立己立人，此应是牟先生所说"自转转他"之意。牟先生说熊先生只在文字上较量，是针对熊先生对批评者回应时，于对方之理论未能细察。熊先生对内学院一系学者，及印顺法师对《新唯识论》的批评，都一一作出仔细的回应，一步不让。大概牟先生并不认为熊先生对唯识学及中观学的理解，是恰当无误的。熊先生于回应批评时，实亦可借机作客观的理解，提升自己以转化他人。牟先生此一责善之言，是相当重的，但熊先生的反应，据牟先生之记述，则亦表现了大贤的雅量：

> 先生曰："余病亦非全不自知。智及不能仁守，此余之恒言也。近复悲厌二心，互为起伏，亦非孔子好学不厌，诲人不倦之至诚。贪嗔痴与生俱来，好名好胜亦所隐伏。汝所说者，正中痒处。然须知此只是吾生命之夹杂，吾自有其确向而不肯退堕也。确向者何？明先圣之道，藉以自警而警人也。"余曰："先生之确向，吾等非不知之。然若病痛不拔，则确向非确向矣。而先圣之道，亦终不能明而取信于人也。"

熊先生此时一下子便转回来，对弟子之批评，很能坦然接受，自承生命中确有毛病。但生命虽有夹杂，然亦有其确向而不退堕，此生命之大方向，即明圣道以自警警人。此见熊先生性情之真，亦可见先生平居于一己生命有深刻之省察。从此一表现上看，熊先生非"不诚"也，从这一段对话，可见出熊、牟二师徒相处之真诚，能直下以真生命相照，实在非比寻常。牟先生后来有一段文字，应是忆及此次与熊先生晤谈之情形的，兹抄录以资参考。牟先生说：

> 我们这样子了解真人的时候，这个真人不是很容易的。你不要以为"不厌""不倦"是两个平常的字眼，不厌不倦也是不容易做到的。所以熊先生当年就常常感到他到老还是"智及"而不能"仁守"，只是自己的智力可以达到这个道理，还做不到"仁守"的境界，及做不到拿仁来守住这个道理。所以也时常发生这种"厌""倦"的心情，也常是悲、厌迭起的（意即悲心、厌心更互而起）。当然这个时代，各方面对我们是不鼓励的，这是一个不鼓励人的时代，到处可以令人泄气。令人泄气，就是

使人厌倦，这个厌倦一来，仁者的境界，那个"学而不厌，诲人不倦"的境界就没有了。……当年我们的老师，到老这样感触，也可以说这就是我们老师晚年的一个进境。⑭

四、结　语

牟先生此《湖上一夕谈》，除上引之文字外，后面还有一些熊、唐、牟三先生之言论，是有关对当时世局的感触者，今不拟多论。大意是牟先生当时希望熊先生效法印度之甘地，作"为国家政治性之讲学"，"扩大为历史文化之铸造"，要"掀起壮阔之波澜"。但以当时的时局，及熊先生之年纪，此实在难以实行。熊先生亦认为印度人有宗教之情绪，中国人则否，不能起信向上。此虽不可行，衡之于牟先生后来的讲学活动，及在研究上的创获，牟先生应是以此自任的。

上文所引述的显出了熊先生与他的两大弟子对于时代的反映，是有所不同的。又由于当时牟先生对家国天下、中国历史文化深有悲感，故他的言论，对老师的批评，可能过于激切。这些批评，在牟先生后来的著作中，是很少见的。⑮在《熊十力先生追念会讲话》中，牟先生说：

> 但圣贤讲仁，讲性命天道，讲良知，都不是一假定，而是一真实生命的呈现。但只这一句话亦不行，你说你真实，我说我真实，那究竟真实是在哪里呢？所以需要师友，要在现实生活中找一个见证。而这现实上的见证，在当今之世，只有熊先生够资格，其它人都不够。所以熊先生是一个真人。

牟先生又说：

> 这一点我们便差得很，我自愧不能达到我老师的万分之一。尽管我讲哲学系统、哲学概念或许比我们老师知道得多，他一生想要写的量论写不出来，而我或许可以写出来，我可以顺着他所呈现的内容真理来讲，把它建立起来，而往前发展，但这并不表示我比我老师好。世俗之见会以为我超过我老师，但真正了解起来，其实是差得远。⑯

牟先生这一段话，说得非常真挚，绝非客套恭维语，此亦可见牟先生之真处。必须将此段文字和《湖上一夕谈》所说者结合看，方能见牟先生对熊先生的真实了解。

注　释：

① 见牟宗三《五十自述》第五章"客观的悲情"，台北鹅湖出版社 1989 年版。
② 牟先生说："判教非易事，熊先生之辨解，由于其所处之时之限制，不必能尽谛当，然要而言之，彼自有其真也。吾兹所述者，亦只承之而前进云尔。"《圆善论·序言》，台湾学生书局 1985 年版。
③ 熊先生：《十力语要》卷 2，中华书局 1996 年版，第 222 页。

④ 《十力语要》卷3，第320页。

⑤ 唐君毅先生说："故熊先生尝与友人韩裕文函，谓吾与宗三皆自有一套，非能承其学者，而寄望于裕文，熊先生一生之孤怀，吾亦唯永念之而已。"《生命存在与心灵境界》下册《后序》，台湾学生书局1977年版，第1158页。

⑥ 见牟宗三《纯粹理性之批评》下册《译者之言》，台湾学生书局1983年版。

⑦ 《十力语要》卷3，第320页。

⑧ 唐君毅：《文化意识与道德理性自序一》，台湾学生书局1986年4月全集校定版。

⑨ 《生命存在与心灵境界·自序》。

⑩ 此意详见唐先生《中国文化之精神价值》第十六章"中国文化之创造"，台北正中书局1984年版，第494页。

⑪ 牟宗三：《历史哲学·自序》，香港人生出版社1970年版。

⑫ 牟宗三：《政道与治道》第八章，台湾学生书局1987年版。

⑬ 《政道与治道·新版序》。

⑭ 《为学与为人》，载于《生命的学问》，台北三民书局2004年版，第135~137页。

⑮ 在《客观的了解与中国文化之再造》，载于《牟宗三先生晚期文集》，《牟宗三先生全集》第27册，台北联经出版事业有限公司2004年版。对熊先生及其同时代之哲人，牟先生亦评以治学缺乏客观的了解。

⑯ 此文收入《时代与感受》，台北鹅湖出版社1984年版。

（作者单位：台湾"中央大学"中文系）

民国时期中国的"哲学"与"玄学"

——以熊十力为中心

□ 〔日〕吾妻重二

一

熊十力的哲学有许多特点及独特魅力，到目前为止，很多学者已有了丰富的介绍与论述。不过，笔者认为，他的哲学有什么意义与地位，还需要更进一步的探讨。从这种观点来讲，熊十力在他的代表作《新唯识论》（文言文本）中讲述自己的哲学时，避免使用"哲学"一词，而尽量使用"玄学"一词，应是十分有趣的事实。为什么熊十力认为他的思想不是"哲学"而是"玄学"？本文从这种语言的使用方法出发来讨论熊十力哲学在现代哲学中所占有的地位。当然，笔者并不企图全面地分析熊十力哲学，而只是希望提供了解熊十力哲学的一个基本看法而已。

哲学"philosophy"一词传到中国是 19 世纪末年。19 世纪末年，黄遵宪等人将日本明治时代的大学制度与课程介绍到中国，是中国人最早公开使用"哲学"译名的例子。然后，到 20 世纪初期，中国的广大人士已经开始知道什么是"哲学 philosophy"[1]。在这个"哲学"一词的普及与"哲学"内涵的传播过程中，梁启超、王国维、蔡元培三个人起的作用最大。三个人的贡献各有不同：梁启超的贡献主要在于新闻工作[2]，王国维的贡献主要在于学术内容的介绍[3]，蔡元培的贡献主要在于教育界的宣传工作[4]。在这个期间虽然有些人反对使用"哲学"一词，严复是其中之一[5]，但是"哲学"之词还是很迅速地普及中国了[6]。最明显地说明"哲学在中国的扎根"的标志应是 1913 年 1 月教育部公布"大学规程"与"私立大学规程"，然后 1914 年北京大学文科在中国第一次设"中国哲学门"，因为这种学制的整顿就是说明学术界及社会正面地公认了"哲学"[7]。后面的注解中详细地引用有关"哲学"一词扎根在中国的早期史料。

从此以后，中国的"哲学"进入新的发展阶段。当时的知识人除了介绍、翻译外国的哲学书以外，还开始独立思考，并自己撰写有关"哲学"的书，蔡元培的《哲学大纲》（1915 年 1 月），谢无量的《中国哲学史》（1916 年 9 月），五四时期胡适的《中国哲学史大纲》（1919 年 2 月）等书都能代表这种新的思潮。在这个发展方向上，20 世纪 30 年代以后出现熊十力、冯友兰、金岳霖、张东荪以及马克思主义哲学家等人的成就。

二

1932 年 10 月，熊十力的《新唯识论》（文言文本）出版了。当时，"哲学"一词已经广泛地使用，"哲学"已经成为中国的学术用语了。可是，熊十力却用"玄学"一词，并强调自己的思想与一般的"哲学"不同。这一点很有趣，值得进一步研究，因为这就说明当时的中国哲学中出现了一个新的思路。

熊十力说："玄学所穷究之事实，即所谓宇宙实体是已。"⑧。一般来讲，"实体"是一切现象与属性的基础，是独立存在的抽象概念，但是，熊十力所说的"实体"并不是抽象概念。《新唯识论》开头就说：

> 今造此论，为欲悟诸究玄学者，令知实体非是离自心外在境界，及非知识所行境界，唯是反求实证相应故。实证即是自己认识自己，绝无一毫蒙蔽。⑨

熊十力还说："玄学所求者为绝对真实。所谓实体。"⑩他认为，"实体"并不是什么客观的抽象概念，因为它并不是"离自心外在境界"。因此，在方法上，"实体"不是通过"知识"或"理智"能理解的，反之，它是只有通过"体认"才能了解到的。这个"体认"，他还叫做"反求"、"反观"、"反证"、"自己认识自己"，那么，这种方法可以说是一种主观上的直觉⑪。与此同时，我们还应该注意，在这些重要论述中他都说"玄学"而并不说"哲学"。

《新唯识论》的主题之一，就是通过"体认"而"实落落地见得自家生命与宇宙元来不二处"⑫。因此，他坚决反对要通过"分析"的方法客观地理解、描写"实体"。熊十力说：

> 分析之能事，虽或有见于散殊，然致曲之过，其弊为计。抟量卜度谓之计。体认之极功，乃能冥契于一贯，此思诚之效，其得为证。实地亲切谓之证。⑬

他还说：

> 今世之为玄学者，弃智而任慧，故其谈体也，直以为思议所行境界，为离自心外在境界。易言之，即一往向外求哩，如观物然，而不悟此理唯在反求，只堪自识，遂乃沟画抟量，虚妄安立。如一元、二元及多元等论。以是驰逐戏论，至于没齿而不知反。⑭

这样，熊十力所说的"实体"不是客观的抽象概念或客体（object），也不是一元论、二元论及多元论等所能描述的本体论范畴，而是主体（subject）上一种"实地亲切"的实在性（reality）。换句话说，这种实在性是自己与万物共生而为一体的亲切感觉（real sense）。熊十力从这种实存性的 existential 观点出发，认为"玄学"属于"智"，正与所谓的"哲学"、"科学"等学问的"慧"恰恰相反⑮。

因此，熊十力对"哲学"与"哲学家"的批评相当激烈，是理所当然的。他说："哲学家谈本体者，都是看做离自心而外在的东西。"⑯甚至还说，不知道"体认"而注重分析的"哲学家"所作只不过是"无头的学问"：

> 治哲学者或计体不可得，退而研讨知识，此亦好转机也。但终不知跳出知识窠臼而别寻体认之路，乃遂止于研讨知识而竟以求体为戒，纵其辨析精微，著书立说足成系统，终是王阳明所呵为"无头的学问"。⑰

他还指出"哲学家"的理论很空虚，说：

> 哲学家谈体者，大抵逞其意想，构画万端。虽条理茂密足以成就，而其去真理也则愈远。徒以戏论度其生涯，而中藏贫乏，无可就药。⑱

不仅如此，他还指出"科学家"与"哲学家"都有重大的缺陷，因为他们都不能成功地说明人生的问题：

> 人之生也，无端而有一团迷暗与生俱来。触处设问，总归无答，反问诸己，生于何来，死于何往，莫能解答。即在宗教哲学多有作答者，然彼一答案，此一答案，以难刊定。剟复任取一家答案，寻其究竟，终于无答。远观诸物，疑问万端。随举一案，问此如何，即有科学家以分子、元子乃至电子种种作答，复问电子何因而有，仍归无答。更有哲学家出而作答者，终亦等于无答，又无待言。以此类推，何在不如是耶？而仍不已于问，不已于答。⑲

总之，熊十力的这些语言都说明，客观外在性的"科学"、"哲学"理论都不能阐明世界的真实面貌，而只有用内在性的直觉才能掌握世界与人生的实在性 reality。在这里他暗中批评的"哲学家"大概是胡适、冯友兰等人⑳。

三

熊十力这种实存性的（existential）思想，应有不可忽视的意义。在这一点，金岳霖的看法值得参考。众所周知，金岳霖被称为"中国的穆尔（Moore）"，是现代中国最杰出的逻辑哲学家。他在认识论（知识论，epistemology）方面取得很大的成就，但是，在另一方面，他还承认"元学"的意义。金岳霖说：

> 我现在表示我对于元学的态度不同。研究知识论我可以站在知识底对象范围之外，我可以暂时忘记我是人。……研究元学则不然，我虽可以忘记我是人，而我不能忘记"天地与我并生，万物与我为一"，我不仅在研究对象上求理智的了解，而且在研究的结果上求情感的满足。……知识论的裁判者是理智，而元学的裁判者是整个

的人。[21]

在此金岳霖所说的"元学"完全与熊十力所说"玄学"一样，都意味着带有实在感（sense of reality）的实存性思想，所以他说："知识论的裁判者是理智，而元学的裁判者是整个的人。"他引用的"天地与我并生，万物与我为一"原是《庄子》齐物论篇之语，反正，非常明显，这种思路是与熊十力相互一致的。在此，金岳霖承认"知识论"与"元学"（玄学）有不同的方法与意义，是非常敏锐且坦率的看法。我们可以说，"玄学"或"元学"作为通过内面的直觉达到某种高层次精神境界的构思，都有其独特的地位。这种实存性思想，显然不能取消在科学、认识论等用"理智"构成的客观理论之中。

原来，熊十力的这种观点来自张君劢的"玄学"是没有疑问的。1923年，张君劢曾经说过：

> 人生观之特点所在，曰主观的，曰直觉的，曰综合的，曰自由意志的，曰单一性的。惟其有此五点，故科学无论如何发达，而人生观问题之解决，决非科学所能为力，惟赖诸人类之自身而已。[22]

虽然张君劢的说法难免简单、通俗，但从现代的眼光来看，他的基本观点本身还是十分尖锐的，值得倾听，因为我们现代人已经知道"科学无论如何发达，而人生观问题之解决，决非科学所能为力"。因此，我们不得不认为，当时的"科学玄学论战"中，丁文江、胡适等人"科学派"或"科学万能派"的看法有些粗糙，或太乐观。当时，胡适还撰写"科学与人生观序"提出他自己的"科学的人生观"。在此暂且不论胡适的见解是否正确，可是，现在，我们很难相信实际上会有某种"科学的人生观"。

从这个意义来说，张君劢的基本看法中还是有正确的内容。张君劢这个人物，在现代学术界中并没得到很好的评价，但是至少在"科学玄学论战"中他提出的"玄学"立场，应该再一次给予适当的估价。

四

如上所述，熊十力要以"体认"为主要方法去把握世界、人生的实在性（reality）。有趣的是，日本哲学家西谷启治有与此相同的表现。西谷启治在1961年出版的《宗教とは何か》中强调"实在的自觉"说：

> 我要说，在我们体认实在这一事中，才成立实在的自我实现。因此，其体认（realisation）与哲学上的认识不一样。此不是逻辑的认识，而是real的体认。这个real的体认，本质上就规定我们自己的存在本身。[23]

西谷启治是代表京都学派的哲学家，他一定没有读过熊十力的书，大概连熊十力的名字都不知道，可是，他们两个人的思维方向竟然如此相似，这是不是值得注意？最近，西谷的此书译成英文、德文、西班牙文，在欧美思想界引起了很大的反响[24]。这个事实是不是可以说明，逻辑的、客观的"哲学"或科学不能充分地阐明世界、人生的实在性？表面上看来，熊十力与西谷启治之间毫无影响关系，差别太大，可是实际上两个人的哲学都是在近代、在亚洲产生的实存性哲学，而且至今仍有不可忽视的现代意义。

总之，熊十力的"玄学"，其特点之一就在于"体认"世界、人生的实在性（reality），这种思路与一般意义的"哲学"有很大的区别。在民国时期，特别在 20 世纪30 年代以后，中国的哲学界中占有主流地位的是以清华大学哲学系为中心的"理性主义"以及标榜"科学"的马克思主义，不过，我们还应该注意到另外一个思潮——熊十力等人的实存性哲学（existential philosophy）。

注　释：

① 早期有关"哲学"的史料如下：

a. "哲学"在明治时代的日本：

· 西周在 1874 年出版的《百一新论》中第一次使用"哲学"之语以译 philosophy。

· 1877 年，东京帝国大学文科大学设立，第一科为"史学、哲学及政治学科"。

· 1881 年，井上哲次郎编的《哲学字汇》出版。

· 1884 年，东京帝国大学组织"哲学会"。

· 1892 年，哲学会发刊《哲学会杂志》。

在日本，"哲学"译名在 19 世纪 80 年代基本上确定下来，社会上已经广泛使用。

b. "哲学"在中国的传播（最早期的情况）：

· 黄遵宪：《日本国志》卷 32（1887 年自叙，1895 年出版）《学术志一》：

"有东京大学校，分法学、理学、文学三学部……文学分为二科，一哲学谓讲明道义政治学及理财学科，二和汉文学科。"

· 顾厚焜：《日本新政考》卷 2《学校章程考》（1888 年自序，1897 年出版）：

"全国学校三万余处，有官立者，有私立者，其学舍学生之大小多少各各不同，其章程则大略相同。以东京高等学校证之，一为理化学课程……二为博物学课程……三为文学课程，三年卒业，一教育，二伦理，三国语汉文，四英语，五地理历史，六理财，七哲学，八音乐体操。"

· 黄庆澄：《东游日记》（1894 年）：

"查日本学校，有官立者，有公立者，有私立者。……而以帝国大学之规模最阔。案大学章程分五科，曰法科，曰医科，曰工科，曰文科，曰理科。……文科分四目，曰哲学，曰本国文学，曰史学，曰博言学。"

"东人近设哲学会，聚友讲求，间出一书以播传。观凡儒学、佛学、老庄之学、基督之学以及各教中有关天地人之理者，无不肆加研讨，各标新义。庆澄谓孔子之正大、如来之神通、老庄之元妙、基督之权力，我后生小子均不能望其项背，徒事哓哓奚为者？"

· 康有为：《日本书目志》卷 2（1897 年撰，1898 年出版）：

"理学门'哲学'中，介绍当时在日本出版的哲学书 22 种，诸如井上圆了著《哲学要领》，三宅雄二郎著《哲学涓滴》，井上哲次郎、有贺长雄合著《改订增补 哲学字汇》，中江笃介译述《理学沿革史》等。

· 梁启超《读日本书目志后》（1897 年，《饮冰室文集》之二）：

"愿我人士，读生理心理伦理物理哲学社会神教诸书，博观而约取，深思而研精，以保我孔子之教。"

此应是梁启超第一次使用"哲学"的例子。

·康有为：《日本变政考》（1898 年）：

"明治四年，既立文部省，寻颁学制于各大学区，分设诸校。……有东京大学校，分法学、理学、文学三部……文学分为二科，**一哲学**政治学及理财学科，二和汉文学科。"

此文与黄遵宪在《日本国志》中的文字略同。

② 梁启超使用"哲学"一词的早期史料如下：

·《论中国宗教改革》（1899 年，《饮冰室文集》之三）：

"今日**哲学会**会合，仆以姊崎正治君之先容，得参末座，与东洋文明国诸贤哲相见，十年想望之怀一旦告慰，何幸如之。……仆虽谫陋，然窃闻诸吾师南海康有为先生所言**哲学**之一斑，愿得述之以就正于诸君，望垂清听焉。"

"南海先生所言**哲学**有二端，一曰关于中国者，二曰关于世界者是也。关于中国者，以宗教革命为第一著手；关于世界者，以宗教合统为第一著手，此其大纲也。"

这篇文章是明治三十二年（1899 年）五月十三日，梁启超在东京帝国大学"哲学会"上演讲的讲稿。主要内容是讲述"孔教"的沿革与六个主义。梁启超的此次演讲，在日本《哲学杂志》第 14 卷第 148 号的《杂报》中有介绍。

·《论学日本文之益》（1899 年，《饮冰室文集》之四）：

"日本自维新三十年来，广求智识于环宇，其所译所著有用之书，不下数千种，而尤详于政治学、资生学即理财学，日本谓之经济学智学**日本谓之哲学**，群学日本谓之社会学等，皆开民智强国基之急务也。"

·《南海康先生传论》（1901 年，《饮冰室文集》之六）：

第七章是"康南海之**哲学**"，开头就讲"先生者，天禀之**哲学者**也……"

从此以后，"哲学"之语就成为梁启超的常用语，如他 1901 年写的《霍布士学案》、《斯片挪莎学案》中都有"哲学"字眼。1902 年，他在《论学术之势力左右世界》中提到"笛卡儿之哲学"及"康德"的"纯全哲学"；在"论宗教家与哲学家之长短得失"中，还介绍哲学的派别说："哲学亦有两大派，曰唯物派，曰唯心派。唯物派只能造出学问，唯心派时亦能造出人物。"

③ 王国维与"哲学"的关系，需要另外讨论。有关史料，参看注⑦。

④ 有关蔡元培使用"哲学"一词的早期史料如下：

·《哲学要领》（德人科培尔著，下田次郎译述，蔡元培重译，上海商务印书馆 1903 年版）：

"哲学者，本于希腊语之费罗索费。费罗者爱也，索费者智也，合而言之则爱智之义也。智者何也，曰知识也。"（第 1 页，据钟少华《清末中国人对于"哲学"的追求》第 165 页，《中国文哲研究通讯》2-2，1992）

原书是东京帝国大学哲学教师 Raphael Koeber 的讲义录，下田次郎笔记且翻译，明治三十年（1897 年）东京南江堂出版。蔡元培将该书日文版翻译成中文。

·《中国伦理学史·绪论》（上海商务印书馆 1910 年版）：

"我国之伦理学 我国以儒家为伦理学之大宗，而儒家则一切精神界科学，悉以伦理为范围。**哲学**心理学，本与伦理有密切之关系。"

1941 年，中岛太郎将此书译成日文，书名为《中国伦理学史》（东京大东出版社出版）。

⑤ 严复在"哲学"一词在中国开始普及之时，还反对使用此词，其史料如下：

·《穆勒名学》引论第七节（1905 年）：

"哈德礼〔D. Hartley〕、李一德〔T. Reid〕、洛克〔J. Locke〕、汗特〔I. Kant〕之数公者皆兼精于名、理二学者也，顾其所异同皆在于理学，而一入名学之域，则匪所纷争焉。不佞所以严名、理二学之界者，正以为吾名学之精确不易故耳（理学其西文本名谓之出形气学，与格物诸形气学为对，故亦翻神学、智学、爱智学，日本人谓之**哲学**。顾晚近科学独有爱智以名其全，而一切性灵之学则归于心学，**哲学**之名似尚未安也）。然而名学固无待于理学，而理学欲无待于名学则不能也。"

据此，严复则认为，metaphysics（出形气学）就是 philosophy，philosophy 包括心学，因此，philosophy 应该叫做理学。这种看法中，似乎有中国传统的"理学"概念，因为据传统的用法，"理学"包括所谓的理学与心学（参看黄宗羲《明儒学案·发凡》）。在这一点，严复的看法与日本的中江兆民（笃介）有所相同。众所周知，在日本"哲学"一词基本上固定以后，中江兆民还不肯使用"哲学"，而坚持使用"理学"。

⑥ 19 世纪初期在中国出现的其他有关论文、译书有很多，主要的是：

·论文：

《哲学总论》（1901，《普通学报》1-2)，（德）楷尔黑猛《哲学泛论》（1902，《翻译世界》1-4)，杜之珍《德国哲学思想之变迁》（1902，《新世界学报》3），师孔《哲学纲领》（1903，《浙江潮》8），侯生《哲学概论》（1903，《江苏》3，4，5，6，7，11，12），公孟"希腊古代哲学概论"（1903，《浙江潮》4，5，7，10，11，12）等。

据四川大学、复旦大学哲学系资料室编《1900～1949 年全国主要报刊哲学论文资料索引》，商务印书馆 1989 年版。

·译书：

《哲学要领》，井上圆了著，罗伯雅译，上海：广智（1902 年）；

《哲学泛论》，藤井健治郎著，范迪吉等译，上海：会文学社（1903 年）；

《哲学原理》，井上圆了著，王学来译，东京：闽学会（1903 年）。

《西洋哲学史》，蟹江义丸编著，范迪吉等译，上海：会文学社（1903）

据实藤惠秀监修，谭汝谦主编的《中国译日本书综合目录》，香港中文大学出版社1980 年版。

⑦ 清末民国初期，学制有较大的变化，在"哲学"方面也发生了很大的影响。此时期学制上的变化就是：从"哲学无用论"转到"哲学门"的设置。在清末时期，张之洞、张百熙等人在组织近代学制的过程中，一直反对开设"哲学"课程，对此，王国维坚持反对。

辛亥革命后，政府颁布的"大学令"（1912 年 10 月）中有文科，但还没提及"哲学门"的设置。到 1913 年 1 月的"大学规程"才有设置"哲学门"的明确规定。因此，"大学规程"在中国的学术上发生的作用极大。

有关学制与"哲学"一词的史料如下：

· 张之洞:《筹定学堂规模次第兴办折》(1902 年):

"防流弊第八 其要义亦有三。一曰,幼学不可废经书。……二曰,不必早习洋文。三曰,不可讲泰西**哲学**。中国之衰,正由儒者多空言而不究实用。西国**哲学**流派颇多,大略与战国之名家相近,而又出入于佛家经论之间,大率皆推论天人消息之原、人情物理爱恶攻取之故。……究其实,世俗所推为精辟之理,中国经传已多有之。近来士气浮嚣,于其精意,不加研求,专取其便于己私者,昌言无忌,以为煽惑人心之助,词锋所及伦理国政,任意抨弹假使,仅尚空谈,不过无用。若偏宕不返,则大患不可胜言矣。中国圣经贤传无理不包,学堂之中、岂可舍四千年之实理、而骛数万里外之空谈哉。"(《张文襄公全集》卷 57《奏议五十七》)

· 张百熙:《管学大臣张(百熙)遵旨议奏湖广总督张(之洞)等奏次第兴办学堂折》(1903 年):

"钦定章程高等学堂有外国文、诸子、名学三科目,而该督原奏无之,此则似不宜缺。…… 至于名学一科,中国旧译为辨学,日本谓之论理,与哲学判分两派,各不相蒙,其大旨主于正名实,明是非,尚无他弊。盖哲学主开发未来,或有骛广志荒之弊,名学主分别条理,迥非课虚叩寂之谈。此钦定章程中所以必取名学,而哲学置之不议者,实亦防士气之浮嚣,人心之偏宕,与该督等用意正同。"(《中国近代学制史料》第二辑,上册,华东师范大学出版社 1987 年版,第 66 页。)

此篇文章是根据 1902 年 7 月颁布的《钦定学堂章程》(壬寅学制)而言的。

· 王国维:《哲学辨惑》(1903 年):

"甚矣,名之不可不正也。观去岁南皮尚书〔张之洞〕之陈学务折,及管学大臣张尚书〔百熙〕之复奏折,一虞哲学之有流弊,一以名学易哲学,于是海内之士颇有以哲学为诟病者。夫哲学者,犹中国所谓理学云尔。艾儒略《西学(发)凡》有'禄琐非亚'之语,而未译其义。'哲学'之语,实自日本始。日本称自然科学曰'理学',故不译'费禄琐非亚'曰理学,而译曰'哲学'。我国人士骇于其名,而不察其实,遂以哲学为诟病,则名之不正之过也。

今辨其惑如下。一、哲学非有害之学……二、哲学非无益之学……三、中国现时研究哲学之必要……四、哲学为中国固有之学。五、研究西洋哲学之必要……

余非欲使人人为哲学家,亦非欲使人人研究哲学,但专门教育中,哲学一科必与诸学科并立,而欲养成教育家,则此科尤为要。"

此文原载《教育世界》55,1903 年 6 月,现收在《王国维哲学美学论文辑佚》,佛雏校辑,华东师范大学出版社 1993 年版。

· 王国维:《奏定经学科大学文学科大学章程后》(《静庵文集续编》,1906)

"不但尚书〔张之洞〕之废哲学一科为无理由,而哲学之不可不特立一科,又经学科中之不可不授哲学,其故可赌矣。"

· 1912 年 10 月《大学令》:

第二条 大学分为文科、理科、法科、商科、医科、农科、工科。

· 1913 年 1 月《大学规程》:

第七条 大学文科之科目如下:

(一)哲学门分为下之二类:

中国哲学类：（1）中国哲学；（2）中国哲学史；（3）宗教学……

西洋哲学类：（1）西洋哲学；（2）西洋哲学史；（3）宗教学……

· 1913 年 1 月《私立大学规程》：

第十条　私立大学之学科目，应遵照《大学规程》第七条至第十三条所规定。

· 1914 年 9 月，北京大学根据《大学令》及《大学规程》，在文科中设"中国哲学门"。参看《北京大学校史》，第 35 页，上海教育出版社 1981 年版。此后，中国的各大学都开始设置"哲学系"。

⑧　《新唯识论》明心章上，第 110 页。在此使用的是：中华书局 1985 年版的《新唯识论》。

⑨　《新唯识论》明宗章，第 43 页。

⑩　《新唯识论》唯识章，第 52 页。

⑪　关于"反观"、"反证"，熊十力说：

"吾人反观，炯然一念明，正是自性呈露，故曰自性觉。实则觉即自性，特累而成词耳。又自性一词，乃实体之异语。赅宇宙万有而言其本原，曰实体，克就吾人当躬而言其本原，曰自性。"《新唯识论》明宗章，自注，第 43 页。

"于自性不反证故，妄增益外在实体相。哲学家谈本体者都是看做离自心而外在的东西。此由不了自性，故向外杜撰一重实体，即是增益也。故增益见幻构宇宙，犹如幻师谓幻术家。幻现象马种种形物。"《新唯识论》明心章下，第 136 页。

⑫　《新唯识论》功能章，自注，第 89 页。

⑬　《新唯识论》明心章上，第 111 页。

⑭　《新唯识论》明宗章，第 44 页。

⑮　关于"智"与"慧"的区别，在《新唯识论》明宗章中有较为详细的说明。郭齐勇在《熊十力及其哲学》（中国展望出版社 1985 年版）第六章"'悟证会'的创造性直觉"中也有明确的解说。

⑯　《新唯识论》明心章下，自注，第 136 页。

⑰　《新唯识论》明心章上，自注，第 111 页。

⑱　《新唯识论》明心章上，自注，第 111 页。

⑲　《新唯识论》明心章下，第 133 页。

⑳　《新唯识论》（文言文本）出版的当时（1932 年），胡适是北京大学文学院院长，冯友兰是清华大学文学院院长，两个人都是代表中国学术界的哲学史家或哲学家。特别是冯友兰在 1931 年 2 月出版《中国哲学史》上卷，在当时影响很大。

㉑　金岳霖：《论道·绪论》，1940 年。

㉒　张君劢：《人生观》，《清华周刊》272，1923 年。

㉓　《宗教とは何か》，第 9 页，东京创文社 1961 年版。原文是日文。

㉔　上田闲照：《西谷启治——宗教と非宗教の间》，西谷启治的《宗教と非宗教の间》收入，岩波文库 2001 年版。

参考文献：

· 鲁军：《"哲学"译名演变》，《哲学研究》1983 年第 11 期。

・钟少华:《清末中国人对于"哲学"的追求》,《中国文哲研究》2-2,1992年。

・吾妻重二:《近代中國におけるアカデミー哲學の成立——《哲學評論》と中國哲學會",《關西大學中國文學會紀要》13,1992年。此文有中译,载于武漢大學中国传统文化研究中心编《玄圃论学续集》,湖北教育出版社2003年版。

・吾妻重二译注:《熊十力〈新唯識論〉》,關西大學出版社2004年版。

（作者单位：日本关西大学）

熊十力与牟宗三关于《大学》释义的辩争

——以《读经示要》为中心

□ 张学智

　　1944 年冬，熊十力在重庆北碚写成《读经示要》，次年 12 月正式出版。出版前曾分讲油印若干册，送诸同好。牟宗三当时在重庆随熊十力游，获赠此书之第一讲，旋即致函熊十力，就其中关于《大学》的解释与熊十力商榷，熊十力复信答辩。①熊、牟师弟关于《读经示要》的这场辩争，焦点集中在对《大学》"格物致知"的解释上，涉及对儒家根本精神的理解，本体的诠释方向，以及在天道和人心、价值和知识等问题上的不同立场，从中可以看出二人思想发展中的一些重要关涉。

一、对儒家根本精神理解上的一致

　　熊十力在《读经示要》第一讲中对儒家经典的根本精神做了阐发，并据此对佛教和西洋学术进行批评。他认为，六经内容虽然不同，但皆在宣示天地万物的本原，为人性立形上学基础。天地万物的本原是道，道是世间事物的总原理，是人性的最终根源，所以，欲究明天地万物的根本法则，读儒家经典是最简捷的途径。儒家之外的学术，归纳起来，其精神趋向不外两大宗：佛教和西洋学术。佛教的最终目的在求超脱轮回，出离苦海，达于彼岸世界。其内部各宗派虽在理论上千差万别，最后的归宿都在"涅槃寂静"。故学佛者皆耽空守寂，与《周易》乾德刚健，万物各正性命，不欣生，不厌死，在大化流行中各极其致的学说不同。西洋学说肯定外在世界，对人生不厌不弃。但西洋学术着力者在物质的创造和社会生活资具的更新，一意向外驰求，不内敛凝默，易物化而不返，与《周易》自宇宙本体而来的对物的观照和利用不同。若套用王船山的话，可以说佛教为"耽空者务超生，其失也鬼"；西洋学术为"执有者尚创新，其失也物"②。所谓"鬼"，用张载语为"鬼者归也"，指精神内敛，卒归于空寂。"物"指为物所化。佛教与西洋学术的精神方向皆背离了人文精神，而以六经为代表的儒家则"体道以立人极"，虽究玄而不耽于空寂，成物而不执著于物，可谓大中至正之道。

牟宗三同意熊十力本《周易》哲理对佛教和西方学术所做的批评，他在给熊十力的信中说："昨奉《读经示要》第一讲油印稿，喜甚！细读一过，大义昭然。据六经之常道，遮世出世法之僻执，遮表双彰，可谓至矣。"③其中"世法"指西洋学术，"出世法"指佛教。"遮"指对耽空执有者的批评，"表"指对六经特别是大《易》思想的阐发。牟宗三以上话语表明，他对乃师以儒家人文精神，以即活动即存有的本体世界为价值标准是首肯的，对乃师据此价值标准对佛教和西洋学术所做的批评是赞同的。这对他以后对宋明理学、佛教的研究和判释有很大影响。

熊十力在《读经示要》中对群经治国原则的概括，也为牟宗三所赞同。熊十力认为，六经所言，是人类之常道，常道贯彻为治术。六经之治术，可概括为以下九点：第一，仁以为体。仁者，宇宙之本原，治国之根本，本仁以立治体，可以有万物一体之襟怀，可以搏节物竞之私，可以实现互助之美，堵塞利害相攻之祸。第二，格物为用。在立仁体的前提下，必须精切研究社会组织、政治制度、风俗民情及人本身的性质。"徒善不足以为政"，治国理想必须落实在实际问题的研究与解决上。第三，诚恕均平为经。此处的"经"乃根本法则之意，与"权"相对。六经致治原则，在诚、恕与均平。诚者诚信，不猜忌，不欺诈，是处理国际国内事务所应遵循的原则。恕者不自私。国际间的侵伐，宗族间的杀戮，多起于无恕心。均平即强弱相济，大小互助，抑高补低，可以杜绝强者垄断、侵削、贪污诸恶，亦可以消弭弱者揭竿而起。恕本于诚，均平本于恕。第四，随时变化为权。此"权"为权变之意。经立常道，权应变化；权本于经，守经而观变，变不离乎常。经济制度、道德信条、习惯俗尚、政策法令皆在变中，而不离乎诚恕均平之大经。第五，利用厚生，本于正德。此点是儒家与西洋治术最显著的不同。近世列强皆以利用厚生为本，儒家先哲亦重利用厚生，但强调必出于正德。非此则易堕入专趋功利一途。正德为本，利用厚生必本于正德，这是无论强国弱国皆当奉行的原则。第六，道政齐刑，归于礼乐。这一条针对专尚法治所导致的弊害，认为"徒法不足以治国"，需以礼乐陶养，培育向善的民风。对民众的教育，重在精神陶养，不在刑法约束；在内心的自律，不在外在的强制。第七、第八，始乎以人治人，极于万物各得其所。所谓"以人治人"，本于《中庸》所谓"以人治人，改而止"，即以人所制定的礼乐育人，使其能改正己过，达于理想人格。礼乐的依据是人性之本有，故非冰冷的律条。在适性惬情之渐进中归于万物各得其所。第九，终之于群龙无首。此条是糅合《春秋》所说的太平世和当时盛行的无政府主义二者，而比附于《易》之"群龙无首"。万物各得其所，人人皆为君子，是为"群龙"；此世天下大同，达于至治，无有种界、国界，人人皆平等，无有首领君临于众人之上，是为"无首"。人类的最高愿望是至真至善至美之境，人以此为目标，精进不已。大同之世即这个最高目标在政治生活上的表现。熊十力认为，这些治国原则，总而为一，可曰仁术；六经之所昭示，可曰仁学，仁术本于仁学，所以他的结论是："经学者，仁学也；其言治，仁术也，吾故曰常道也。常道者，天地以之始，生民以之生，无时可舍，无时可易也。而况经学之在中国也，真所谓日月经天，山河行地，其明训大义，数千年来浸润吾国人者，至深且远。凡所以治身心、立人纪、建化本、张国维者，何一不原于经。"④

熊十力对于经学的这些意见，为牟宗三所认同；对以上治术九义，更是赞叹不已。牟宗三在信中说："继陈九义，始于仁以为体，终以群龙无首，规模宏阔，气象高远。盖吾师立言，自乾元着手，会通《易》、《春秋》及群经而一之，固若是其大也。……孔孟立人极，赞化育，本于此为根本精神。理学家杂以释老，此义渐隐没不彰。德国哲人立言，庶几乎此，而英人则全不能了此。时下人心堕落。全无志气，闻之必大笑。然非圣贤心思，不能道之矣。"⑤牟宗三认为熊十力以上见解，有体有用，有儒家最高理想，有本此理想融合中西古今学术而成之措施，代表了孔孟根本精神，是一幅陈义甚高的治国蓝图。此中所言之本道德而体现为治术，仁为本体等，与牟宗三后来一系列著作中所表示的道德的理想主义基本精神一致。惟"群龙无首"义所说的无国家、无政府的乌托邦式的君子国，则由于牟宗三没有熊十力那样强烈的空想色彩，没有熊十力那样强烈的对《春秋》、《礼记》中所说的大同世界的信仰，没有熊十力那样对经典直接信用不加怀疑的态度，故不信奉持守。而对道德的理想主义，则有一系列创造性诠释。熊十力所赞扬的"德国哲人"，指以康德为代表的德国古典哲学；所贬斥的"英人"，则指当时在中国流行的英美实证主义和功利主义。对这些学说的融摄、改造，是牟宗三后来一系列著作的重要内容。

二、对"格物致知"的不同解释

牟宗三认同熊十力者，主要在儒家的根本精神方向和实践原则上，对《大学》诸条目特别是其中的"格物致知"，与熊十力解释不同。熊十力是先把"格物"与"致知"分成两个部分，再总合起来说两者的关系。他的总的指导思想是，统合朱熹与王阳明，以致知统合格物，在道德理性的范导下来安排知识，以知识融入道德，使知识活动成为一个有价值参与的整体。

在对"致知"的解释上，熊十力用阳明义而不用朱子义，他认为《大学》中的所谓知，即阳明所谓良知；良知之知非知识之知，他说："致知之知，即是良知，何以云然？如非良知，则必训此为知识矣，若是知识之知，则经言正心诚意，何可推本于知识乎？知识愈多，诈伪且愈甚，老子所以有'绝圣弃智'之说也。经言'诚正必先致知'，则此知绝非知识之知，而必为良知也，断无可疑矣。孟子言良知，盖自此出。"⑥熊十力所理解的良知即本心。这个本心，是道德理性与知识理性的统合体。就道德理性说，它是见父自然知孝，见兄自然知悌，见孺子入井自然知恻隐的道德情感。就知识理性说，它是经验知识得以成立的根据，即佛家所谓"缘虑"的主体。而致知之"致"，即正心、诚意诸工夫，它推致、保任良知本体，使流行于一切处而不改变其主宰常明的状态。

熊十力反对以"知识"释知，更反对以情见释知，所以朱熹、郑玄对致知的训解，他都加以反对。他认为朱熹《四书集注》中的所谓知，是知识之知；朱熹的致知，是扩充知识，使达于极点。他对这个解释的质疑是，对于个体来说，知识是否可以扩充达于极点尚在不可知之列。此姑且勿论，而知识之多寡对于正心诚意是否能有所影响，这是大有疑问的。这个疑问与王阳明在龙场之时质疑朱熹"先儒解格物为格天下之物，天下之物如何可格？纵格得草木，如何反来诚得自家意"完全一致。对郑玄格物之训"由善恶之知，来善恶之事，事缘人所好来"，熊十力径斥之为以情见释知，为学不见本原。⑦熊十力还认为，他所谓良知，与佛家所谓"性智"是同一层次的概念。性智不同于理智，性智是心之本体。对此本体的识认，只能是"亲冥"。所谓亲冥，即性智之内证，性智之自了自见。它是能证与所证的统一，而实不可分能所。它超绝对待，独立无匹。自证自知后涵养不失，使良知本体流行的工夫和过程，即致良知。致良知对证量此本体者来说，是"逆觉体证"；对本体自身来说，是开显和朗现，它对具体的格物活动表现为纵贯中的横摄。熊十力用王阳明的致良知去解释《大学》的致知，就是要使本体成为价值性的实体，成为体证的对象，以免沦落为纯知识的对象，失去价值的范导。

熊十力虽然不同意朱熹对致知的训解，但对朱熹格物之说，则表赞成之意。他说："愚谓物者事物，格物者即物穷理。朱子《补传》之作，实因经文有缺而后为之，非以私意妄增也。夫经言'致知在格物'者，言已致其知矣，不可以识得本体，便耽虚溺寂，而至于绝物；亡缘反照，而归于反知。此经之所以结归于'在格物'也。"⑧又说："如只言致良知，即存养其虚明之本体，而不务格物；不复扩充本体之明，以开发世谛知识，则有二氏沦虚溺寂之弊，何可施于天下国家而致修齐治平之功哉？故格物之说，唯朱子实得其旨，断乎不容疑也。"⑨他认为朱熹的格物穷理之说，有使人广泛地、充分地获取知识之意，有非常强的重视知识的意向。这种意向不仅反对老庄的绝圣弃智和佛家的耽空守寂，而且作为一种知识传统，下启近代以来重视实证科学的风气，所以他说："余以为致知之说，阳明无可易；格物之义，宜酌采朱子。"⑩认为朱熹格物之义，在重视事物的规律、理则上，在重视知识的积累与互相发明上，可以说"与西洋哲学遥契"。

熊十力反对王阳明训格为"正"，训物为"事"，格物为"正念头"，认为太偏于内，于知识的获取有忽视之嫌。他主张"格物"取古义：释格为"量度"，物为具体事物。格物即对具体事物进行量度、实测、研究。格物活动可概括为朱熹所谓"即物而穷其理"。这样，熊十力的"格物致知"，"致知"取阳明义，"格物"取朱熹义，格物致知实际上是纵贯中的横摄。熊十力自认为这样的训解既保住了价值根源，又不废知识；既不弃大贤阳明，又不弃大贤朱子；既继承传统，又加入近代科学的新义，是一种比较全面的训释。关于这一点，他有很鲜明的表述，他说："致良知是学问大头脑，如不能致良知，而言即物穷理，则是徒事知识，而失却头脑，谓之支离可也。今已识得良知本体，而有致之之功，则头脑已得，于是而依本体之明去量度事物，悉得其理。则一切知识，即是良知之发用，何至有支离之患哉？"⑪他所谓的"物"，可谓含古今中外一切事物，格物即致知中的格物，故即良知之发用："如事亲而量度冬温夏清与晨昏定省之宜，此格物也，即良知之发用也。入科学实验室，而量度物象所起变化，是否合于吾之所设臆，此格物也，即良知之发用也。当暑而量舍裘，当寒而量舍葛，当民权蹂躏而量度革命，当强敌侵凌而量度抵抗，此格物也。皆良知之发用也。总之，以致知立本而从事格物，则一切知识莫非良知之妙用。"⑫而"良知之妙用"即良知之应物现形，随缘做主，也就是良知在流行过程中，遇物感而应，物之形色即现于良知前，为良知所量度，而后为良知的一部分。良知随所遇而量度，随量度而收摄，随收摄而为此形物的主宰，随主宰而赋良知本体之明于形物。这一过程即"致知在格物"。

熊十力这些思想，实际上已经有后来牟宗三"两层存有论"、"纵贯之中有横摄"、"良知坎陷"诸说的端萌。牟宗三就是沿着这些思路或说精神方向而有开发，有邃密。熊十力自佛学入，对本体的描述掺入了《易传》与王阳明、王船山的思想；对现象界的描述，主要取义于唯识学和朱子学。而牟宗三则收摄此诸家，一归于康德哲学，以现象与物自身分两界，以智的直觉为连通二者的桥梁。智的直觉，熊十力本想于量论详细发挥，但量论迄未作出。牟宗三则对知识论有系统开发，遂驾其师之说而上之。再则，熊十力非常重视《大学》，把它视为六经的总括。将其中的格物，置于致知的统领之下，两无偏弊。他尝说："《大学》总括六经要旨，而注重格物。则虽以涵养本体为宗极，而于发展人类之理性或知识，固未尝忽视也。经学毕竟可以融摄科学，元不相忤。人类如只注重科学知识，而不求尽性，则将丧其生命。"⑬牟宗三则看重《论语》、《孟子》、《中庸》、《易传》，视《大学》所讲仅为"认知的横摄"，于正宗儒家学说为歧出。从中可以看出，二人对《大学》的诠释完全不同。

牟宗三对于熊十力以阳明义释致知，以朱子义释格物，合朱子、阳明为一解释"格物致知"不惬于心，他在给熊十力的信中直接表明了这一质疑："后面讲《大学》，宗三微有不甚了然者，即'致知在格物'一语。据吾师所演释，似不甚顺妥。致知之知，若取阳明义，指良知（本心）言，而'格物'一词，复因顾及知识，取朱子义。今细按'致知在格物'一语，则朱王二义实难接头。"⑭他认为《大学》"致知在格物"一语，不能取朱熹、阳明二义合释，因为二义正相反对。依朱熹，格物为"即物而穷其理"，只成就知识，与诚意、正心等价值性活动无有若何必然关系。朱熹义于"物格而后知至"所讲甚为顺适，然知至而意不必诚。王阳明即看出此点，将朱熹向外工夫全转为内，以知为良知，物为意之所在，格物为正念头；格物、致知、诚意、正心一时并了。这样一转，格物与正心、诚意步步皆有关联。

此处牟宗三的质疑，直从王阳明致良知的根本意思入手，将朱熹的格物完全解释成向外求取知识，与正心诚意等价值活动无关涉。牟宗三的这种理解，并未将熊十力所阐明的"致良知"是良知本体流行，遇所收摄的外物即变化之、赋明之、开显之、润泽之的意思理解透彻，只将致良知视为一实然的伦理性活动，如去除习心遮蔽，诚意正心等。熊十力已经将阳明的良知本体论化了、形上学化了，而牟宗三此时仍将阳明学视为一横向的伦理学说，而非合伦理与知识为一的"纵中有横"。此时还没有他后来在《心体与性体》中那样将宋明理学的真精神理解为一纵贯的"逆觉体证"。他后来将具体事物解释为本体的朗现、伸展、遍润，可以说就是吸收了熊十力以上"格物致知是良知本心体万物而流通无阂"、"良知之明周运乎事物而度量之"、"良知之应物现形，随缘做主，是则良知自然妙用"诸义，加上周敦颐、张载、程颢、陆九渊等关于宇宙本体的思想而体证、融释、推绎，成就一宏阔精深的本体论。此中熊十力的影响昭然不可没。

三、在致知方向上的不同看法

牟宗三与熊十力在致知格物上的分歧，还表现在对致知工夫究竟是向内义为主还是向外义为主这一点理解不同。牟宗三根据王阳明，认为致良知就是回复良知，因为良知虽是本心，其体为至善，但良知必为私欲习气所遮蔽，故须回复，复的工夫即格物，因此格物即诚意正心。此即向内工夫。牟宗三同时认为，阳明之致良知，也有向外推扩的意思，如"致吾心良知所知之天理于事事物物，则事事物物皆得其理"⑮，说的就是向外推扩之意。牟宗三虽然承认阳明的致知内外二义皆有，但认为究以向内的"回复"义为主，并认为熊十力以上解释全为向外之推扩义，意亦有偏。他在给熊十力的信中说："阳明之'致'，究其何义，并未表明清楚。然无论如何，总持言之，内向、外向义虽有别，次序亦异，而总不冲突，惟关键在'复'。立言之着重处亦在'复'，而外向则是其委也。"⑯熊十力并不以牟宗三致知之"致"字为内向之复为然，亦不以外向之推扩义为偏，他在复信中当即反驳，认为牟宗三以上质疑"推求太过"。

王阳明的致良知，其主要意思究竟是向外的推扩还是向内的回复，这是阳明学的一个重要问题。根据阳明著作，可以说二义都是致良知的重要义项，但其侧重有早晚年之不同。阳明自龙场确立心学宗旨后，其学有几次变化。黄宗羲据阳明高弟王龙溪所述，将阳明一生学术定为六变，龙场之后有三变。[17]我们认为，阳明学术确有一个从前期的兢兢业业，矗矗翼翼，侧重内敛扩充，到晚年境界高迈，本领阔大，侧重于向外推扩的变化。特别是擒宸濠、处忠泰之变，在江西揭"致良知"三字宗旨为教法后，向外推扩是其致良知的主要意思。晚年服父丧之后的居越讲学，向外推扩的意思更加增多。可以这样说，阳明学说以揭"致良知"三字宗旨为界，之前多向内回复义，之后多向外推扩义。因晚年内敛积累渐多，功夫熟化，须推致良知于实事上之故。此义学界说之已多，本不必详述。但于熊牟师弟间关于致知的辩争有关涉，故在此重提并非无意义。

牟宗三以向内之复字为重，说明他此时学问尚未广[18]，对阳明的理解，还侧重于伦理学的正心诚意。而熊十力此时已从佛家营垒中杀出，融大《易》、王阳明、王船山与佛学空有二宗为一的本体论已告成。这时的本体已有流行不息、健进不已、随所遇而收摄的纵贯中之横摄义。他的重视向外扩充是必然的。本体如此，本心亦如此。所以此时熊十力所谓本心，着重的是向外推扩义："夫心无内外可分也，而语夫知的作用，则心有反缘用焉，似不妨说为内向；有外缘用焉，似不妨说为外向。但内外二名，要是量论上权宜设施，实则境不离心独在，虽假说外缘，毕竟无所谓外。且反缘时，知体炯然兀系；外缘时，知体亦炯然无系。知体恒自炯然，无定在，而实无所不在，何可横截内外而疑其内向外向之用有所偏乎？"[19]此中"反缘"指本体之自证自知，"外缘"指心攀援经验之物而对之起了别。反缘、外缘皆就知识论上分内外，心本体则恒炯然而明，流行无系，无所不在。由此纯然大明、时时流行、时时推扩之本体而观，牟宗三所谓致良知主要为向内之回复义实不谛当。因为格物、致知、诚意、正心四者，"诚意"、"正心"之向内回复的意思最为显明，但所谓正心，实即诚意；而诚意之实下手处，又在"吾人只依此内在固有之知而推扩去。知是大本，推扩则大本方立定。大本既定，则私欲不得潜滋，而意无不诚矣"[20]。

诚意是推致自己的良知而得，此不同于具体的为善去恶，这表示熊十力赞赏现成良知派的决澜冲堤之法：本体流行所至，具体的善恶皆如洪炉点雪，触之即化，任良知流行，即是工夫，不必再做具体的善恶意念之搏战。这是熊十力在明定本体流行扩充之后在正心诚意上的基本观点，这决定了他在致知方向上必然主向外推扩义。

而在向外推扩义上，熊十力为了保住其中的扩充知识义，又对推扩的本体——良知做了更进一步的开掘，这就是：他将良知具体展开为本有与继承、先天与后天二个层面。前者他叫作法尔道理，指良知本体自然如此，无所待而然；后者他叫作继成道理，指良知用后天工夫去除私欲习气，实现其本体，丰富其本体。就法尔道理言，它自然推扩："本体无待，法尔圆成，似不待推扩。然所谓圆成者，言其备万理，含万化。易言之，即具有无限的可能。非谓其为一兀然坚住的物事也。故其显为大用，生生化化，无有穷竭，即时时在推扩之中。"[21]这个法尔自在者，不是佛老所谓无为无造者，而是《诗经》中"维天之命，於穆不已"这样恒健动不息、精进不已的本体，故永远是推扩的、创进的。就继成道理言，本体在人表现为本心，本心只在可能性上具有无限的知。必须在实践上保住其本体，因其明而推扩之，使它日益盛大，抽象的变为具体的，可能的变为现实的，在推扩中完成保任。"保任自是推扩中事，非可离推扩而别言保任也。推扩者，即依本体之明而推扩之耳。"㉒可见无论本体、工夫皆推扩，本体所至即是工夫。本体是在健动不息中来充实、来摄聚的。专恃保任而不事推扩，则失去本体健动不息之意。由于此，熊十力反对程明道"识得仁体，以诚敬存之。不须防检，不须穷索"的工夫要领，斥之为道家之内守，并批评宋明理学中奉守明道《识仁篇》者只有保任，而无推扩，有偏于内之弊："充其保任之功到极好处，终近于守寂，而失其固有活跃开辟的天性。其下流归于萎靡不振，而百弊生。宋明以来贤儒之鲜有大造于世运，亦由儒学多失其真故也。"㉓从这里可以看出，熊十力从佛家归宗大《易》之后，反戈一击，以《周易》的健动开辟来批评佛道的内敛会聚，其本体之意指、涵蕴是很清楚的，希图以此来纠正宋明理学偏于内、偏于静的用心是很明显的。

熊十力更以本体之健动推扩义来批评佛道本体之空寂，他在复牟宗三的信中谈到"诚意"时说："阳明诗云：'而今说与真头面，只是良知更莫疑。'如此亲体承当，得未曾有，然自识得此大本已，必须依从他推扩去，如渊源时出不竭才是。本体良知原是推扩不容已，功夫亦只是推扩不容已，即功夫即本体，焉有现成具足之一物可容拘隘而坚持之乎？佛家说到知体，喻如大圆镜，此便无有推扩。吾谓以镜喻知体，不如以嘉谷种子喻之为适当。须知一棵谷种原具备有芽、干、枝、叶、花、实等无限的可能，非如镜之为一现成而无所推扩之物也。后儒言知体皆受二氏影响，故其功夫偏于单提保任，其去经言致知之推扩义盖甚远。"㉔此处"头面"、"大本"皆良知，推扩之即致良知，"本体"、"功夫"皆是此。他在批评老庄道家时也说："夫良知非死体也，其推扩不容已，而良知始通天地万物为一体者也。故《易》言'智周万物'，正是良知推扩不容已。若老庄之反知主义（自注：老子"绝圣弃智"，其所云"圣"、"智"，即就知识言之，非吾所谓"智慧"之"智"也。庄子亦反知），将守其孤明，而不与天地外物相流通，是障遏良知之大用，不可以为道也。故经言'致知在格物'，正显良知体万物而流通无阂之妙。"㉕认为道家违反了良知在健动推扩中收摄知识之精义，使良知成为一孤明自闭之体。可以说，熊十力的本体之推扩不已，是《周易》的健动不已，《诗经》的"於穆不已"、"纯亦不已"，和王阳明的"良知渊泉而时出"等意思熔铸为一。他说读他的书需通《周易》、王阳明、王船山，非虚骄自大之语。

熊十力这些思想，亦为后来牟宗三《心体与性体》中所立为正宗儒家标准的道体、性体、命体、天体、诚体、神体、仁体通一无二，其本质为即存有即活动等思想所本。其中的健动义、推扩义、开辟义等，是熊牟本体论的核心。在本体的推扩流行中收摄知识，既保证本体的健动不息、流行不滞，又保证其充实丰满，非一抽象的、光板的本体，这是牟宗三后来所着重阐发的，并且因为加入了西方的逻辑学和知识论因而更加阔大、邃密。只是牟宗三此时尚无此识度。

其实，此时牟宗三也并非只承认良知的内向义，他也承认良知的外向义，认为向内回复与向外推扩是一个整体的来与往。但他认为致良知是以向内回复为主，并批评熊十力之主外向义与阳明原意不符。他在给熊十力的信中说："若揆之'致知在格物'，则内向义为顺；吾师所讲者，则似为外向之推扩义。致知之知，既是良知或本心，则'欲诚其意者，先致其知'一语，便是内向之最高峰。是则此语中之'致知'，以复义为重。然本体非只是虚寂，亦不可以识得本体，便耽虚溺寂，而至于绝物；亡缘反照，而归于反知。此经之结归于'致知在格物'也。吾师训'格'为'量度'。下举诸例，如事亲，如入科学实验室等，皆明本良知以量度事物。凡量度事物，皆为良知之发用，是则'致知在格物'一语中之'致'字，全成外向之推扩义，既与前语中之致知不相洽，而按之经文，宗总觉其不顺妥。"⑳这里我们发现，牟宗三之坚持内向为主，表明他此时理解的良知，还只是本心，还没有熊十力那样打通天道与人心，天道即人心，两者一而不二这样的识度。他谨守阳明本义，不欲过度诠释，所以他理解的良知只是本心，致良知只是扩充此、纯净此本心。这与熊十力合天道人心为一，天道在自然运行中充实、丰富、现实化自身之义很不相同。这时的牟宗三还没有熊十力这样的识度和境界，他的诠释方式也是不离文本，据原文作合理解释的，还没有后来那样大胆的、创辟的诠释风格，故多处有"按之经文"之说。他后来的一系列著作中对天道性命的阐发，除了方式上更加清脱，更加具有熔多种学养为一炉而有的厚重、恣纵之外，在内容上也相当多地吸收了熊十力的思想。其中一个非常大的突破就是，改变此处以内向的道德心为主的格局，以天道本体即存有即活动的外向义为中心，纵贯中有横摄，道德心上升为天道本心。这时他不是在道德论中处理知识问题，而是在本体论中处理知识问题。因此，知识也就成了本体中的自然含蕴，而不仅是纯净道德本心，提高道德境界的助缘。这一转变使他的证量层次、境界内容乃至诠释方式等都发生了根本的升华。这其中受熊十力的启发、润沃是很明显的。

熊十力在《读经示要》中非常强调知识的重要，也很注意在讲本体论时收摄知识于其中。但这种收摄只是表明了方向，以回应当时十分强劲的实在论、唯物论思潮。但因为他是把知识作为本体的一个方面，以王阳明的致良知为主收摄朱熹的格物而立论，所以知识论在他这里并没有独立的地位。他在《新唯识论》的境论完成以后计划写量论，但始终没有写出来。牟宗三晚年批评熊十力学力不足，主要是针对他在知识论上薄弱这一点。熊十力的贡献在本体论，这一点牟宗三是肯定的，他晚年曾说："熊先生之生命中是有'真'者在，这'真'者就是儒家的本源核心之学。这点抓住了，就可以挺立于世而无愧，俯仰群伦而开学风。这一点是儒家之为儒家之关键，我们就从这点尊敬我们的老师。但他的缺陷我们也应知道。"这个缺陷就是熊十力没有造出知识论。牟宗三还说："因为熊先生的所得就只有一点，只那一点，一两句话也就够了。一提到儒家大《易》乾元性海，体用不二，熊先生就有无穷的赞叹，好像天下学问都在这里。当然这里有美者存焉，有无尽藏，但无尽藏要十字展开，才能造系统，所以后来写好多书，大体是同语重复。"⑳从牟宗三一生的发展看，这里的批评并无偏激之处。牟宗三后来就是在熊十力缺乏知识论这个问题意识的推动下，在早年的《逻辑典范》的基础上，深入研究西方知识论和康德哲学，写成《认识心之批判》、《智的直觉与中国哲学》、《现象与物自身》等，建立起了自己哲学中的知识论系统，弥补了熊十力的不足，将现代新儒学乃至整个现代中国哲学推进了一大步。

结合1944年熊、牟的通信，可以看出，牟宗三当时反对熊十力在格物致知上将朱王两家合讲，就是想把王阳明的致良知学说当作回复心体的道德学说，而把朱熹的格物说当成知识论，对这二种学问体系各自独立地进行研究，克服中国古典哲学的浑融性、模糊性，使之成为既广大又精微的近代形态。在迟至二十余年《心体与性体》完成之后，才在二者分别得到深入研究的基础上将两者统合起来。这时牟宗三的体系也是以本体论统合知识论的，但这种统合不是指示方向的，不是以知识辅助本体的，更不是为了堵反对者之口不得已而为之的。此时的牟宗三是"十字打开"，纵中有横，知识论是他全部哲学的有机组成部分，这是牟宗三在整个哲学成就上超过乃师的重要标志。从 1944 年熊、牟师弟关于《读经示要》的通信中，我们可以看出当时两人思想趋向的分歧点。而对照当时的分歧来观照各自晚年的哲学成就，更可以看出其中的补充、转折、递进等关节。这些关节对中国现代哲学和当代新儒家思想发展的研究具有重要意义。

注　释：

① 此信收于《十力语要》卷 3，题名《答牟宗三》，信前附录牟宗三的来函。

② 《读经示要》，《熊十力全集》第 3 卷，湖北教育出版社 2001 年版，第 578 页。以下涉及全集者，只注明页码。

③ 《十力语要》，中华书局 1996 年版，第 307 页。

④ 《读经示要》，《熊十力全集》第 3 卷，第 626 页。

⑤ 《十力语要》，中华书局 1996 年版，第 307 页。

⑥ 《读经示要》，《熊十力全集》第 3 卷，第 656 页。

⑦ 《读经示要》，《熊十力全集》第 3 卷，第 663 页。

⑧ 《读经示要》，《熊十力全集》第 3 卷，第 668 页。

⑨ 《读经示要》，《熊十力全集》第 3 卷，第 670 页。

⑩ 《读经示要》，《熊十力全集》第 3 卷，第 667 页。

⑪ 《读经示要》，《熊十力全集》第 3 卷，第 668 页。

⑫ 《读经示要》，《熊十力全集》第 3 卷，第 669 页。

⑬ 《读经示要》，《熊十力全集》第 3 卷，第 673 页。

⑭ 《十力语要》，中华书局 1996 年版，第 307 页。

⑮ 《答顾东桥》，《传习录》中。

⑯ 《十力语要》，中华书局 1996 年版，第 308 页。

⑰ 见《明儒学案·姚江学案》。

⑱ 这一点牟宗三并不讳言，他曾对学生说："1949 年、1950 年我刚到台湾的时候，就写了一本《王阳明致良知教》的小册子。那时我对王学与其他理学家间的关系并不很清楚。"（《中国哲学十九讲》，上海古籍出版社 1997 年版，第 384 页）并说："至于我五十岁以前写的那些书，你们不要看。"（同上书，第 385 页）

⑲ 《十力语要》，中华书局 1996 年版，第 309 页。

⑳ 《十力语要》，中华书局 1996 年版，第 310 页。

㉑ 《十力语要》，中华书局 1996 年版，第 310 页。

㉒ 《十力语要》，中华书局 1996 年版，第 312 页。

㉓ 《十力语要》，中华书局 1996 年版，第 313 页。

㉔ 《十力语要》，中华书局 1996 年版，第 313～314 页。

㉕ 《十力语要》，中华书局 1996 年版，第 315 页。

㉖ 《十力语要》，中华书局 1996 年版，第 308 页。

㉗ 皆见《客观的了解与中国文化之再造》，《当代新儒学论文集·总论篇》，台湾文津出版社 1991 年版。

（作者单位：北京大学哲学系）

论熊十力的哲学观

□ 李维武

　　熊十力对现代新儒学的开启，主要通过两个层面：一是从哲学的层面；二是从文化保守主义的层面。在这两个层面中，熊十力最有创见、最有影响的地方，在于哲学层面。可以说，熊十力之所以能对现代新儒学作出开启性贡献，使得现代新儒学对 20 世纪中国思想世界发生巨大而深刻的影响，首先在于他是一位哲学家，其次才在于他是一位文化保守主义者。所谓熊十力学派，最显著的特征，也在于熊十力及其弟子唐君毅、牟宗三对于形上儒学的重建。当然这两个层面，在熊十力那里是密不可分地联系在一起的。他的文化保守主义，在很大程度上是通过他的哲学观体现出来的；他对哲学的理解，则深深地打上了文化保守主义的印记和特色。正是这种印记和特色，使熊十力对于哲学作了别开生面的理解和创造，形成了他的具有鲜明个性特色的哲学观。熊十力的哲学观，一方面深刻反映了中国哲学在西方哲学的影响下由传统形态经近代形态向现代形态的转变；另一方面又鲜明地体现了熊十力的文化保守主义的立场。在本文中，笔者力图通过对熊十力的哲学观的析论，来说明熊十力哲学思想的特点及其意义与限制。

一、时代的提问与熊十力的回应

　　熊十力的哲学观的形成，原因当然是多方面的，但在诸多原因中，回答时代对哲学的提问无疑占据着相当重要的地位。

　　熊十力所面临的时代对哲学的提问，主要有两个问题：一是现代哲学发展中的本体论与知识论的关系问题，其核心在于：在知识论受到重视的情况下本体论还能否成为哲学的发展方向。用今天的话说，就是本体论是否还具有合理性的问题。这个问题之产生，是伴随近现代科学的迅猛发展，科学主义思潮兴起，要求哲学走科学化、实证化道路的结果。二是现代哲学发展中的中国哲学与西方哲学的关系问题，其核心在于：中国哲学与西方哲学相比在哲学中占有什么位置。用今天的话说，就是中国哲学是否具有合法性的问题。这个问题之产生，是中国进入全球性现代化进程后受到西方文化的强大影响，西化思潮兴起，对中国文化的价值包括对中国哲学的价值过分贬抑的结果。

　　关于第一个问题，在 19 世纪与 20 世纪之交的严复那里就已提出，1923～1924 年间的科学与玄学论战则将其尖锐地凸显出来。以丁文江为代表的科学派同以张君劢为代表的玄学派，围绕这个问题进行了激烈的论争。科学派力主运用科学方法就能够说明宇宙人生的一切问题，认为传统哲学的形而上学已经过时。丁文江指出，新的科学的哲学——科学知识论，才是现代哲学发展的方向。这种科学知识论主要有三大代表：一是以马赫为代表的唯觉主义；二是以杜威为代表的行为派心理学；三是以罗素为代表的新唯实论。"这三派的学说虽然有许多不同，但是都可以说是科学的，因为他们都是用科学的结果同科学的方法来解决知识论的。"①玄学派则强调科学与哲学各有自己的意义范围和作用空间，人的心灵情感、意志自由并不是科学所能说明的，而需要哲学特别是玄学来作解释。张君劢指出，讲本体论的玄学仍然是现代哲学的一个重要内容，西方哲学已开始了"新玄学时代"，欲"振拔人群于机械主义之苦海中，而鼓其努力前进之气"。②这样一来，在科学与玄学论战中就明确地提出了现代哲学发展还要不要本体论的问题。

关于第二个问题，在 20 世纪 30 年代也已鲜明地凸显出来，成为一个颇有争议的问题。张岱年在晚年回忆说："当时确有一种看法，中国只有伦理学、政治学而没有哲学，哲学就等于西方哲学，或把西方哲学看作是哲学的唯一范型，与西方哲学的旨趣、方法有所不同的，就只能算是另一种学问而非哲学。"③熊十力对此可以说更有直接的体会。当时，熊十力认为西方哲学与中国哲学各有特点，西方哲学所追求的是知识，中国哲学所追求的是修养，但修养不排斥知识，知识亦离不开修养。林宰平就对熊十力提出不同看法，不赞成提"中国哲学"的概念，认为："西人'哲学'一词本为知识的，而弟以中国学问为哲学，却主张知识与修养一致，此恐为治西洋哲学者所不许，盖若不用哲学之名词为得。"④在这里可以看出第二个问题的提出，实与第一个问题的提出相联系。正是由于一些治西洋哲学者以西洋哲学为标本，而西洋哲学又是以重视科学、追求知识为主旨的，就使得他们不承认以修养人生为主旨的中国哲学是哲学，从而提出了直到 21 世纪的今天还被许多学者热烈讨论的中国哲学的合法性问题。对此，熊十力曾一针见血地指出："一般人都拿科学的眼光来看哲学，所以无法了解哲学，尤其对于东方的哲学更可以不承认他是哲学。"⑤

熊十力敏锐地捕捉到这些时代的提问，对这些问题加以认真的思考，作出了深入的回答，从而阐发了自己的哲学观。这一哲学观，涉及现代哲学发展的一系列问题。这些问题不仅是正在生成之中的现代形态中国哲学所面临的，而且也是已经进入现代形态的西方哲学所面临的，反映了中国哲学家开始站在中西哲学的交汇点上对世界哲学发展进行自己的思考。这些问题主要是：哲学与科学的关系问题；本体论与知识论的关系问题；中国哲学与西方哲学的关系问题。而熊十力所探讨、所论述的核心，在于回答本体论在现时代的合理性问题和中国哲学的合法性问题。

二、哲学与科学的关系

熊十力的哲学观，是从说明哲学与科学的关系问题入手的。在科学与玄学的论战中，张君劢提出区分科学与人生观，划分哲学与科学的界域，以确立"新玄学"重建本体论的基础。但张君劢本人并未能在论战之后专心致力于他所倡导的"新玄学"的建设。这一建设工作是由熊十力来承担的。可以说，熊十力是最先自觉重视科学与玄学论战的提问、发挥张君劢的思路以建构本体论体系的哲学家。区分哲学与科学，构成了熊十力的哲学观的基本前提。

在《新唯识论》（语体文本）正文的开篇，熊十力明确地提出了哲学与科学的划界问题，指出："学问当分二途：曰科学，曰哲学（即玄学）。"⑥在致张东荪的信中，熊十力表示："弟坚决主张划分科哲领域。"⑦在熊十力看来，哲学与科学之可能划界，就在于哲学与科学是两种不同的学问，各有自己的出发点、研究对象、研究目的、研究方法和意义范围。

从出发点看，熊十力认为"科学是知识之学"⑧，只假定物质宇宙是真有，从各部分去探究，因此，"科学根本从实用出发，易言之，即从日常生活的经验里出发"⑨。哲学则与科学不同。"哲学者，智慧之学"⑩，纯为人类伟大精神之产物，因此，哲学是从人类精神的自我反思、自我超越出发的。科学与哲学有各自不同的出发点。

从研究对象看，熊十力认为科学以物质世界—— 大自然为研究对象，所属目用心者在于实物或万物间的相互关系，而决不问及万物的根源。哲学则以世界本质——本体为研究对象，所属目用心者在于本体问题，强调应该深穷万物的根源。科学认为自己的研究对象是离主体而独立存在的，哲学则认为自己的研究对象不能离主体而独立存在。他强调："科学承认有外界独存，自科学言之，固应假定如此。而哲学家谈本体者，亦将本体当做外界的物事来推度，却成颠倒。"⑪因此，不应当把科学的研究对象与哲学的研究对象相混淆。

从研究目的看，熊十力认为，科学在于使"知识精严、细密、正确、分明，得物理之实然"，进而"操纵、改造、变化、裁成、征服、利用乎万物"⑫。哲学则在于"由参究人生，而上穷宇宙根源，以解释人生所由始，以决定人生修养之宜与其归宿"⑬。也就是说，科学的目的是为了认识自然和改造自然，哲学的目的是为了认识人生和修养人生。

从研究方法看，熊十力认为："科学方法，以实测为本。即玄想所及，特有发明，仍须验之于事物，方足取信于人，否则亦难自信也。但一言及于实测，即有物矣。若谈到宇宙本体，则无形无象，一切科学仪器所不能见，不可以实测求也。"⑭哲学对于本体的探求，只能用"反求自证"的方法，也就是主体的自我体验、自我修养、自我超越。对哲学来说，工夫即本体，无工夫即无本体；相反，"只是一直向外求索，而自无可据之本"⑮。

根据科学与哲学的上述特点，熊十力把科学称为"逐物之学"、"日益之学"，是追求知识的学问；把哲学称为"返己之学"、"日损之学"，是关于修养的学问。他说："科学假定外界独存，故理在外物，而穷理必用纯客观的方法，故是知识的学问。哲学通宇宙、生命、真理、知能而为一，本无内外，故道在反躬，非实践无由证见，故是修养的学问。"⑯因此，科学与哲学各有自己的意义范围与存在价值。科学的意义范围在客观世界，能探索和改造自然；哲学的意义范围在主观世界，能认识和修养人生。这两个方面都是人类存在与发展所不可缺少的。人们既不能用哲学代替科学，也不能用科学代替哲学。

熊十力尤其反对用科学取代哲学的科学主义观点。他说："科学在其领域内之成就，直夺天工，吾无间然。然人类如只要科学，而废返己之学，则其流弊将不可言。返己之学废，即将使万物发展到最高级之人类，内部生活本来虚而不屈、动而愈出者，今乃茫然不自识。其中藏只是网罟式的知识遗影堆集一团，而抛却自家本有虚灵之主，不求所以养之。"⑰如若用科学代替哲学，只讲逐物而不讲返己，只讲知识而不讲智慧，那么人就丧失了内部生活的灵性，剩下的只是由科学所获得的一大堆无灵性的知识。人不是仅靠知识就能生存下去的。无论科学如何发达，但总不可取代哲学的存在。

熊十力正是从哲学与科学的划界出发，立足于他对哲学的理解，来回答本体论的合理性问题与中国哲学的合法性问题的。

三、本体论与知识论的关系

由哲学与科学的划界出发，熊十力进一步探讨了本体论与知识论在哲学中的位置，强调只有本体论才真正体现了哲学的本性，本体论比知识论对于哲学发展更有意义，现代哲学发展仍然离不开本体论。

熊十力指出，哲学既然是对智慧的追求，那么哲学的本性就不是知识的，而是超知识的。他说："哲学大别有两个路向：一个是知识的，一个是超知识的。"[18]在这两者之中，知识的路向基于或近于科学，而超知识的路向才体现着哲学的性格和特点。因此，熊十力又曾说："科学之为学，是知识的；哲学之为学，是超知识的。"[19]

哲学的这种超知识的性格，在熊十力看来，不是知识论而是本体论所体现的。他说："超知者谓超越知识的境界而达于智慧之域，直得本体。"[20]正是这样，他强调本体论对于哲学的根基性意义。他指出尽管随着科学的发展，许多原来属于哲学研究的东西逐渐变成了由科学探讨的东西，哲学的意义范围日益缩小，但是，哲学中仍有不可能变成科学的内容，这就是本体论。对于本体论来说，它不是建立在经验之上的，不是独立于主体而存在的，不是可以用实测方法来研究的。科学无论发展到何种程度，都没有办法把本体论纳入自己的意义范围和研究领域，而只能把这个领域永久地留给哲学。他说："哲学自从科学发展以后，他底范围日益缩小。究极言之，只有本体论是哲学的范围，除此以外，几乎皆是科学的领域。"[21]在这个意义上，可以说"哲学所穷究的，即是本体"；"哲学建本立极，只是本体论"[22]；"除去本体论，亦无哲学立足地"[23]。总之，本体论是哲学的根基与立足点，不应当离开本体论去谈哲学的发展。

熊十力不仅在理论上强调本体论的意义，而且致力于本体论的重建，在 20 世纪 30 ～ 40 年代建构起"新唯识论"这一本体论体系。这是科学与玄学的论战后，中国哲学家在区分哲学与科学的基础上所建立的第一个现代形态的哲学本体论体系。在建构这一本体论体系中，熊十力敏锐地揭示了现代哲学本体论的根本问题——本体与现象的关系问题。他明确提出："哲学上的根本问题，就是本体与现象。"[24]他重建本体论的基本点，也在于力图克服传统形而上学所造成的世界的二重化，通过"体用不二"、"翕辟成变"等思想，对本体与现象的关系问题作出新的理解和阐释。"新唯识论"就是紧紧围绕这个问题展开的。

熊十力通过哲学与科学的划界来重建本体论，在中国哲学史上有着十分重要的意义。中国哲学在其传统形态与近代形态的开展中，始终存在着哲学与科学相杂糅、本体论与宇宙论相纠缠的状况。在康有为、谭嗣同所建立的近代形态哲学体系中，这种状况可谓发展到了极端。他们把中国传统哲学的"不忍人之心"、"仁"等概念与西方近代科学的"电"、"以太"等概念糅合在一起，形成一种带有浓厚宇宙论特点的本体论体系。解构这种状况，使中国哲学由传统形态经过近代形态转向现代形态，是由 20 世纪中国哲学中的科学主义思潮与人文主义思潮共同完成的。首先是科学主义思潮的解构工作：严复在经验的基础上对本体论加以拒斥，建构起以牛顿力学与达尔文进化论为框架的科学宇宙论；丁文江进而否认本体论在现代哲学中的位置，认为现代哲学发展的方向是科学知识论。继而人文主义思潮也开展了这一解构工作：张君劢在科学与玄学的论战中力主哲学与科学有着不同的意义范围，从而认为"新玄学"不再是与科学、与宇宙论相杂糅、相纠缠的；熊十力进而通过哲学与科学的明确划界，在哲学的基础上重建本体论。这两个方面的工作，看起来似乎是相反对的，而实际上却是相一致的，即不论是科学主义思潮还是人文主义思潮，都在进行解构哲学与科学相杂糅、本体论与宇宙论相纠缠的状况，使中国哲学由传统形态经过近代形态转向现代形态，促成现代形态中国哲学的进一步发展。由此来看熊十力的重建本体论，可以说是从人文主义路向上推进了中国哲学由传统形态经过近代形态向现代形态的转变，意义当然十分重要。

熊十力强调本体论对于哲学的意义，并不反对研究知识论。在他看来，知识论自有其存在的意义，特别是探讨人类的知识能否把握本体这一类问题很有必要。但他认为，西方的一些哲学家只停留在知识论上而拒斥形而上学，则会使哲学不再追求智慧，安顿人生，从而陷入困境之中，难以发展。他说："科学各有其研究之对象与领域，而方法则严于实测。每有臆说初兴，未经十分证实，而鼓动众听，几无异词。及至有后说反前，测之于物界而征验不爽，则众舍彼而就此，奉为定论，坚立不摇，此科学有明征定保之效也。独至哲学谈本体，则与科学迥异。本体无形相可见，即无实物可测，大抵各逞所见，而为一家之言。人见其纷然无定也，乃退而探究人类之知识是否足以探讨本体。故暂置本体论而从事于知识论之研究，此哲学界之一大转变也。夫知识论固为探求本体者所必资，然后人却专在知识论上玩弄，遂至讳谈本体。西人有警语云：磨刀所以宰羊。今磨刀霍霍而无羊可宰，岂非怪事！今之喜玩弄知识论而不承认有本体者，其迷谬正如磨刀之喻。"㉕因此，熊十力反对只讲知识论而不讲本体论。他提醒人们："我们正以未得证体，才研究知识论。今乃立意不承有本体，而只在知识论上钻来钻去，终无结果。"㉖

熊十力认为，主张哲学只研究知识论而不研究本体论，实际上就是使哲学科学化、实证化。这种主张在根本上脱离了哲学的立场，不是现代哲学发展的正确方向。他强调："科学不应反对玄学。哲学家更不宜置本体而不究。"㉗"更有否论本体，而专讲知识论者。这种主张，可谓脱离了哲学的立场。因为哲学所以站脚得住者，只以本体论是科学所夺不去的。"㉘

四、中国哲学与西方哲学的关系

从哲学与科学的划界出发，在认肯本体论的基础上，熊十力又对中国哲学与西方哲学的关系进行了思考，认为与西方哲学相比，中国哲学才真正体现了哲学不同于科学的本性，强调了中国哲学在世界哲学中有着重要的位置和价值。

在熊十力看来，哲学并不是哪一个民族才有的东西，中国、印度、西方都有着自己的哲学及其传统。不论是西方哲学、印度哲学，还是中国哲学，对于人类的哲学发展都有着自己的贡献，因而都有其存在的理由和价值；但相互比较之下，它们之间又确实存在着区别，有其思想境界高下的不同。他说："当今学哲学者，应兼备三方面：始于西洋哲学实测之术、分析之方，正其基矣，但彼陷于知识窠臼，卜度境相，终不与真理相应。是故次学印度佛学，剥落一切所知，荡然无相，迥超意计，方是真机，然真非离俗，本即俗而见真。大乘虽不舍众生，以众生未度故，而起大悲，回真向俗，要其愿力，毕竟主于度脱，吾故谓佛家人生态度别是一般，即究竟出世是也。故乃应学中国儒家哲学，形色即天性，日用皆是真理之流行，此所谓居安资深，左右逢源，而真理元不待外求，更不是知识所推测的境界。至矣尽矣！"㉙ 在这里，熊十力对西方哲学、印度哲学、中国哲学的价值，作出了他的评判，认为西方哲学在于向外探求，仅能追求知识，其境界最低；中国哲学在于向内自省，于日用之中安顿人生，其境界最高。而这评判的标准，实立足于对科学主义和知识论的批判。

基于上述的分析，熊十力进一步指出，西方哲学与中国哲学的一个很大的不同，在于西方哲学与科学、与知识论有着密切的联系；中国哲学则与修养、与本体论有着密切的联系。因此，他在提出"哲学大别有两个路向：一个是知识的，一个是超知识的"之后，又接着说："西洋哲学大概属前者，中国与印度哲学大概属后者。前者从科学出发，他所发见的真实，只是物理世界底真实，而本体世界底真实他毕竟无从证会或体认得到。后者寻着哲学本身底出发点而努力，他对科学知识亦自有相当的基础，而他所以证会或体认到本体世界底真实，是直接本诸他底明智之灯。"㉚

对于西方哲学的这种特质，熊十力在著述中曾反复论及，如说："西洋哲学大概与科学同一向外求理，其精神常向外发展，不曾反己收敛以涵养本原。"㉛ "西洋哲学毕竟不离知识窠臼，超知境界恐非西人所逮闻也。或谓神秘派即是超知之旨，然以此牵合超知境界，要是相似法。西学从无中哲涵养本原、荡尽情识工夫，神秘派亦然，何可言证会？"㉜ "西洋知识论之兴，本以古今谈本体者纷无定论，于是转为知识之探讨。乃复自画于此，又置本体论而弗究。此非学术界之安于肤浅而自绝于真理之门乎？"㉝ "西哲总将宇宙人生割裂，其谈宇宙，实是要给物理世界以一个说明，而其为说却不从反己体认得来，终本其析物之知，以构画而成一套理论。殊不知，人是官天地、府万物，如离开人生而纯从物理方面以解释宇宙，即其所说明之宇宙便成为无生命之宇宙，如何应理？余一向主张科学之外，应有哲学，即因科学对于宇宙只从物理方面分别部门去研究，而哲学只须向天地万物与吾人不可分割处作综合探索。"㉞ 在熊十力看来，西洋哲学固然有值得肯定和吸取的地方，但由于与科学联系密切，局限于知识论而不探讨本体论，实际上背离了哲学的本性，因而前途是不大的。

与之相反，熊十力对于中国哲学的意义、价值、深刻性与生命力，作了多方面的深入阐发。

熊十力指出，尽管中国古代没有出现"哲学"一词，但在中国古代学术中即有着哲学这一学问的实际存在。中国旧学家对中国古代学术向有义理、考据、经济、词章四科之分，其中义理之学，实即今日的哲学。他说："义理者，穷万化之源，究天人之故。其方法虽用思维，而是以体认为主，于日用践履之间随处体认，默识本源，所谓精义入神，至于穷神知化。德之盛者，是此派学者之极诣也。此其所治之学在今即所谓哲学思想是已。"㉟ 因此，中国传统学术中自有哲学思想的存在与开展。

熊十力不同意那种认为中国哲学只是伦理学而无本体论的看法。他强调，中国哲学，特别是儒家哲学，虽然看似讲的是伦理学问题，实则讲的是深刻的本体论问题。他说：

"儒者的然实证本体，而不务论议，专在人生日用间提撕人，令其身体力行，而自至于知性知天。故儒家之学，自表面观之，似只是伦理学，而不必谓之玄学，实则儒家伦理悉根据其玄学，非真实了解儒家之宇宙论与本体论，则于儒家伦理观念必隔膜而难通。"㊱因此，中国哲学也有着对本体论问题进行探讨的形上内容。

熊十力进一步认为，中国哲学对于本体的理解，因不是循知识论的途径与方法，要比西方哲学来得深刻。他说："中国哲学有一特别精神，即其为学也，根本注重体认的方法。体认者，能觉入所觉，浑然一体而不可分，所谓内外、物我、一异，种种差别相都不可得。唯其如此，故在中国哲学中，无有像西洋形而上学以宇宙实体当作外界存在的物事而推穷之者。西洋哲学之方法犹是析物的方法，如所谓一元、二元、多元等论，则是数量的分析；唯心唯物与非心非物等论，则是性质的分析。此外析求其关系则有若机械论等等。要之都把真理（此中真理即谓宇宙实体。后皆同此）当作外界存在的物事，凭自己的知识去推穷他，所以把真理看作有数量、性质、关系等等可析。实则真理本不是有方所有形体的物事，如何可以数量等等去猜度？"㊲在熊十力看来，那种通过本体论而将世界二重化的思维方式，是西方哲学的特点，也是西方哲学的困境，而中国哲学既无这一特点，当然也无这一困境。只是中国哲学的这些特点，不易为西方哲学家所了解。"中西学术各有特色，凡中国哲学上特别独至之理境，或为西洋哲学家一向所忽视者，往往而有。"㊳当然，熊十力也看到中国哲学与西方哲学相比，亦有其短："即此等哲学，其理境极广远幽深，而以不重析物的方法故，即不易发展科学。"㊴

通过上述对中国哲学的阐发，熊十力断然否定了中国无哲学的论调。在这个基础上，他还进一步分析了这一论调产生的根源，认为这是中西交通以来中国思想世界深受西方文化及其思想影响、导致科学主义思潮风靡一时的结果。他说："自西洋科学思想输入中国以后，中国人皆倾向科学，一切信赖客观的方法，只知向外求理而不知吾生与天地万物所本具之理元来无外。中国哲学究极的意思，今日中国人已完全忽视而不求了解。"㊵他对那些迷信西方哲学的中国学者作了尖锐的批评，认为这必然导致中国哲学的危机。他说："今后生谈哲学者，崇西洋而贱其所固有，苟以稗贩知识资玩弄，至将学问与生活分离，仁学绝而人道灭矣。"㊶正是这样，熊十力要求中国哲学的研究者，重视中国哲学的智慧，不做西方哲学的乞丐。他说："夫哲学之研究自当不限于中国，然研究必不可如乞丐沿门持钵，必不可无宗主。"㊷他还表示："余欲筹办中国哲学研究所，以哲学为主课，而史学、文学及政治社会诸科学皆须兼治。哲学以中国哲学思想为主，而西洋与印度皆须兼治。"㊸

熊十力对中国哲学与西方哲学关系的这些看法，除了来自他对哲学发展的理解与体认外，还与他的文化保守主义立场直接相联系。在熊十力的这些思想中，可以清楚地看到他的文化保守主义的络印。如果说那些迷信西方哲学的学者，把西方哲学奉为哲学的标本，持此标本来衡论中国哲学，进而否认中国有哲学存在，那么熊十力则从保持和守护中国文化和中国哲学出发，把中国哲学作为哲学的标本，持此标本来衡论西方哲学，进而贬抑西方哲学。在这里，熊十力深邃的哲学洞见与强烈的文化保守主义倾向，往往交织为一体。

五、熊十力哲学观的意义与局限

熊十力通过对哲学与科学、本体论与知识论、中国哲学与西方哲学诸关系的探讨，对哲学作出了自己的理解，形成了一套具有鲜明个性特色的哲学观。

熊十力的哲学观，敏锐地把握住了科学与哲学的关系这一关键问题，鲜明地凸显出现代形态中国哲学发展中的与科学主义不相同的人文主义路向，从而论证了本体论的合理性与中国哲学的合法性，并由之而建构了"新唯识论"的本体论体系，开始了中国哲学本体论的重建工作。熊十力的哲学观及其哲学创造，从一个方面推进了中国哲学由传统形态经过近代形态向现代形态的转变，对 20 世纪中国哲学发展产生了深刻影响，开启并规定了现代新儒学发展的基本方向与基本特征。这就是：现代新儒学首先是以重建形上儒学为特征的现代形态中国哲学思潮，其次才是与西化思潮相抗衡的文化保守主义思潮。正是由于在哲学上的重大成就，使得现代新儒学成为 20 世纪中国人文主义哲学思潮的主体，在 20 世纪中国思想世界产生了重要的影响。可以设想，现代新儒学思潮如果仅以文化保守主义出现而不以人文主义哲学思潮出现，如果仅就文化问题发表议论而不从事中国哲学本体论的重建，其所给予 20 世纪中国思想世界影响的深度和力度，决不会有今日之大。而现代新儒学的文化保守主义，在很大程度上也正是赖以与其哲学本体论相结合，才产生了巨大的影响。在 20 世纪中国思想世界，并不乏其他的文化保守主义思潮，如 20 年代的学衡派、30 年代的本位文化派之类，但其影响都未能像现代新儒学那样巨大和持久。究其原因，当然不止一端，但有一点不可忽视：现代新儒学在哲学上的功力与成就，特别是对中国哲学本体论的重建，无疑是其他文化保守主义思潮难以比拟的，这当然是现代新儒学取胜的原因之一。

熊十力的哲学观也有局限性。这种局限性在于：这一哲学观与他的文化保守主义立场有着密切的联系。熊十力的文化保守主义，固然有合理的内容，但也有偏颇的倾向。这使得他在对西方哲学的局限作出合理批评时，又对西方哲学作了过度的贬抑，难以对西方哲学有深入的、全面的了解，特别是难以对现代西方哲学有深入的、全面的了解。同时，这也使得他在对中国哲学的合法性作出有力辩护时，又有对中国传统哲学过分抬高的一面，没有明确指出中国传统哲学在形态上落后于西方近现代哲学，中国哲学也有一个如何现代化的问题。这样一来，熊十力的哲学观及其"新唯识论"的现代性格，就往往被这些文化保守主义的因素所遮蔽而不易显露出来，以致被一些学者视为仍属于中国传统哲学的范围。李泽厚在 20 世纪 80 年代言："从谭嗣同、章太炎到熊十力，标志着近代中国第一代知识者企图站在传统哲学的基础上，来迎接新的世界和创造新的哲学。""新唯识论"的"那未经现代观念洗礼的混沌整体的哲学观念和直观模糊的思维方式，尽管在外貌上可以近似于某些现代西方哲学（如怀德海），但在基本性质上，是并不相同的。它那活泼的动态、感性、人本精神和直观智慧也许仍可能给后人以诗意的启迪，但就整体说，这晚熟的产品只能以博物馆奇珍的展览品的意义，存留在中国现代思想的历史上"㊹。李泽厚之所以出此论断，一方面固然在于他对熊十力哲学及 20 世纪中国哲学缺乏深入的了解；另一方面则由于熊十力的文化保守主义对其哲学的现代性格作了某种程度的遮蔽。

熊十力哲学观的这种复杂性，是我们在衡论他的哲学思想时所当注意的。可以说，这种复杂性并不仅仅是熊十力个人的经历、性格、学识所致，而且深刻地反映了时代对熊十力哲学观的影响，以及熊十力面对时代的提问所作的艰难选择。中国哲学由传统形态经过近代形态向现代形态的转变，正是在这种复杂性中开展的、实现的。离开了对这种复杂性的了解与把握，是难以了解和把握中国哲学由传统形态经过近代形态向现代形态转变的历史进程的，也是难以了解和把握熊十力的哲学观的。

注　释：

① 丁文江：《玄学与科学——答张君劢》，《科学与人生观》，山东人民出版社 1997 年版，第 201 页。

② 张君劢：《再论人生观与科学并答丁在君》，《科学与人生观》，山东人民出版社 1997 年版，第 100 页。

③ 张岱年：《张岱年学述》，浙江人民出版社 1999 年版，第 47 页。

④ 熊十力：《十力语要》，《熊十力全集》第 4 卷，湖北教育出版社 2001 年版，第 114 页。

⑤ 熊十力：《十力语要》，《熊十力全集》第 4 卷，湖北教育出版社 2001 年版，第 97 页。

⑥ 熊十力：《新唯识论》（语体文本），《熊十力全集》第 3 卷，湖北教育出版社 2001 年版，第 14 页。

⑦ 熊十力：《十力语要》，《熊十力全集》第 4 卷，湖北教育出版社 2001 年版，第 114 页。

⑧ 熊十力：《明心篇》，《熊十力全集》第 7 卷，湖北教育出版社 2001 年版，第 304 页。

⑨ 熊十力：《新唯识论》（语体文本），《熊十力全集》第 3 卷，湖北教育出版社 2001 年版，第 14 页。

⑩ 熊十力：《十力语要初续》，《熊十力全集》第 5 卷，湖北教育出版社 2001 年版，第 26 页。

⑪ 熊十力：《新唯识论》（语体文本），《熊十力全集》第 3 卷，湖北教育出版社 2001 年版，第 8 页。

⑫ 见熊十力《明心篇》，《熊十力全集》第 7 卷，湖北教育出版社 2001 年版，第 172 页。

⑬ 熊十力：《明心篇》，《熊十力全集》第 7 卷，湖北教育出版社 2001 年版，第 285 页。

⑭ 熊十力：《十力语要》，《熊十力全集》第 4 卷，湖北教育出版社 2001 年版，第 428 页。

⑮ 熊十力：《新唯识论》（语体文本），《熊十力全集》第 3 卷，湖北教育出版社 2001 年版，第 415 页。

⑯ 熊十力：《十力语要》，《熊十力全集》第 4 卷，湖北教育出版社 2001 年版，第 114 ~ 115 页。

⑰ 熊十力：《明心篇》，《熊十力全集》第 7 卷，湖北教育出版社 2001 年版，第 303 页。

⑱ 熊十力：《十力语要》，《熊十力全集》第 4 卷，湖北教育出版社 2001 年版，第 487 页。

⑲ 熊十力：《十力语要》，《熊十力全集》第 4 卷，湖北教育出版社 2001 年版，第 97 页。

⑳ 熊十力：《中国哲学与西洋科学》，《熊十力全集》第 4 卷，湖北教育出版社 2001 年版，第 572 页。

㉑ 熊十力：《新唯识论》（语体文本），《熊十力全集》第 3 卷，湖北教育出版社 2001 年版，第 14 页。

㉒ 熊十力：《新唯识论》（语体文本），《熊十力全集》第 3 卷，湖北教育出版社 2001 年版，第 15 页。

㉓ 熊十力：《科学真理与玄学真理（答唐君毅)》，《熊十力全集》第 8 卷，湖北教育出版社 2001 年版，第 144 页。

㉔ 熊十力：《新唯识论》（语体文本），《熊十力全集》第 3 卷，湖北教育出版社 2001 年版，第 276 页。

㉕ 熊十力：《十力语要》，《熊十力全集》第 4 卷，湖北教育出版社 2001 年版，第 427 ~ 428 页。

㉖ 熊十力：《新唯识论》（语体文本），《熊十力全集》第 3 卷，湖北教育出版社 2001 年版，第 17 页。

㉗ 熊十力：《科学真理与玄学真理（答唐君毅)》，《熊十力全集》第 8 卷，湖北教育出版社 2001

年版，第 144 页。

㉘ 熊十力：《新唯识论》（语体文本），《熊十力全集》第 3 卷，湖北教育出版社 2001 年版，第 17 页。

㉙ 熊十力：《十力语要》，《熊十力全集》第 4 卷，湖北教育出版社 2001 年版，第 86 页。

㉚ 熊十力：《十力语要》，《熊十力全集》第 4 卷，湖北教育出版社 2001 年版，第 487 页。

㉛ 熊十力：《中国哲学与西洋科学》，《熊十力全集》第 4 卷，湖北教育出版社 2001 年版，第 573 页。

㉜ 熊十力：《中国哲学与西洋科学》，《熊十力全集》第 4 卷，湖北教育出版社 2001 年版，第 572 页。

㉝ 熊十力：《中国哲学与西洋科学》，《熊十力全集》第 4 卷，湖北教育出版社 2001 年版，第 569 页。

㉞ 熊十力：《新唯识论》（删订本），《熊十力全集》第 6 卷，湖北教育出版社 2001 年版，第 301 页。

㉟ 熊十力：《十力语要》，《熊十力全集》第 4 卷，湖北教育出版社 2001 年版，第 282 页。

㊱ 熊十力：《十力语要》，《熊十力全集》第 4 卷，湖北教育出版社 2001 年版，第 172 页。

㊲ 熊十力：《十力语要》，《熊十力全集》第 4 卷，湖北教育出版社 2001 年版，第 198 ~ 199 页。

㊳ 熊十力：《十力语要》，《熊十力全集》第 4 卷，湖北教育出版社 2001 年版，第 227 页。

㊴ 熊十力：《十力语要》，《熊十力全集》第 4 卷，湖北教育出版社 2001 年版，第 200 页。

㊵ 熊十力：《十力语要》，《熊十力全集》第 4 卷，湖北教育出版社 2001 年版，第 202 页。

㊶ 熊十力：《中国哲学与西洋科学》，《熊十力全集》第 4 卷，湖北教育出版社 2001 年版，第 576 ~ 577 页。

㊷ 熊十力：《中国哲学与西洋科学》，《熊十力全集》第 4 卷，湖北教育出版社 2001 年版，第 578 页。

㊸ 熊十力：《十力语要初续》，《熊十力全集》第 5 卷，湖北教育出版社 2001 年版，第 211 ~ 212 页。

㊹ 李泽厚：《中国现代思想史论》，东方出版社 1987 年版，第 269、279 页。

（作者单位：武汉大学中国传统文化研究中心，武汉大学哲学学院）

熊十力心性论的现代意义

□ 〔韩〕高在旭

引　言

心性论是中国哲学的核心主题之一。它作为有关人的本性与其修养方法的理论，同人类的生命、感情、伦理意识等问题也有着极为密切的关系。

从儒学的历史来看，心性论由于各个时代的社会情况以及分析观点的不同而形成了多种理论。但这些理论都同人类的生理本能、固有的道德以及认识论等密切相关，都追求通过人类固有的道德来调节欲望，追求圣贤和仁政王道的实现。在这一点上，可以说它们具有相同的理想和目标。尽管方法和观点有所差异，但这些目标对现代新儒学者来说也是一样的。

本文的目的在于考察确立了现代新儒学理论基础的熊十力（1885～1968年）的心性论，并分析其现代意义。为此，下面首先考察熊十力心性的含义和心性修养的方法，之后再讨论其意义。

一、心性的含义和功能

1. 心与性

在中国哲学史上，对心和性的不同解释形成了不同的心性论。也就是说，心性论根据是否将心与性看作同一概念，或看作善还是看作恶，抑或是看作无善无恶而分为几种理论。熊十力哲学的根基可以说在于《易传》、孔孟思想和陆王的心学。这与同时期的梁漱溟，或其后众多的现代新儒学学者形成了鲜明的对比。后者欲通过儒学与西方哲学的关系来研究现代新儒学。

熊十力在《新唯识论》中说"此中真性即谓本心。以其为吾人所以生之理则云真性。以其主乎吾身则曰本心。——唯吾人的本心才是吾身与天地万物所同具的本体"①，将心和性看作没有任何差异的同一概念。这不仅是对从外部寻找万物存在依据的所有哲学思想的反驳，其中也包含了熊十力不欲区分心和性的意图。他将真性叫作本心，又将此归到本体的意义。也就是说，熊十力的心和性的概念不像程朱学中是在形而上学或价值论方面有差异，而只不过是本体的另一个名称而已。

熊十力的心性论以《易传》、孔子、孟子以及王阳明的心学为基础，这样的定义也许是当然的结论。因为他们表现的心和性是本体的另一种表达，与孟子最先使用的本心是同一概念。

熊十力认为本心是绝待（＝独存）的全部，但根据其发现，将名称分为心、意、识三种进行了说明。②

第一，心是本心所具有的主宰义，也就是说，本心虽然是万物的实体，但不是万物本身。心虽然形成了万物，但其不过是显现本身的本质，而不是丢弃自性，进行物质化。因此，心总是如其本性，对物质来说叫做主宰。熊十力在这样的主宰意义上，称本心为心。

第二，意是本心的定向义（目的义）。心是将万物作为共同的整体而言的，不光指作为我身体主宰者的意义。但我的身体本来是万物的一部分，因此万物的主宰者也就成为我身体的主宰者。万物间有差异，但主宰者是一个。现在如果寻找我身体的主宰，那就是永远按照诞生生命的本性而发展，却不想物质化的生命的永恒性。因此，具有这样目的的意就是生命，就是独立体。从这里确立自我，这也是一种主宰义。如果说心是万物共同实体的主宰，那么意就是分为个体时的主宰义。

第三，识是指感识和意识。感识是以感觉器官的能力进行分辨，分为眼识、耳识、身识等。如果说前面提到的心和意都是根据体所赋予的名称，那么识则是在体显露出来，即体发生作用的层次上所赋予的名称。值得注意的是，从整体来看，心、意、识都可以称为心，但在心有本心和习心之分。

也就是说，作为主宰义，心意味着作为人类和万物共同具有的实体的自性，在这一点上，具有心体的意义。定向义表示本心的意志，感识或意识可以说都是本心作为习心的作用。当然，虽具有这样的差异，它们不是原本不同的实体，所以事实上，只不过是名称不同而已，可以一起使用。③

在这里，心和意都是赋予实体方面的名称，而识是赋予体的发用方面的名称。换句话说，作为主宰义的心意味着人和万物共同具有的实体的自性，并在这一点上具有心体的意义。而且如果定向义意味着本心的意志，感识或意识则可称为本心的作用。④

2. 本心与习心

熊十力认为"本论融通佛道二家意思，分别本心与习心，本心具云本来的心，习心则习气之现起者也，其潜伏而不现起时但名习气……道家的道心、佛家的法性心、阳明的良知都是本心的另一个名称"⑤，将心分为本心和习心。

除了前面提到的良知、道心、法性心，熊十力还将本心称为明几、仁心、天明、性智、心灵、生命、灵明等。这是因为有必要从形而上学、认识论、价值论等多种角度说明本心。他将包括这些所有名称的本心的形相在《新唯识论》中描述为"虚寂的，明觉的"⑥，在《明心篇》中描述为"发动于灵性的良知"⑦。

"虚"意味着无形无象，"寂"意味着本性不被扰乱的状态。"明觉"表示具有全部理智，不狂妄，永远保持所具备的全部的德。从这里，发生所有的变化，万物由此生成，所有的存在因此而不引起疑惑。⑧

熊十力又将本心的形相表述为"良知发动于灵性"。灵性是心灵的本性，心灵是本心的性质和作用，它表现为良知，因此可以说心灵、本性、良知是本心的另一些名称。良知的发动则意味着本心的功能，这符合可称为熊十力哲学关键词的"体用不二"。

总之，可以说本心就是宇宙之心在包括人类在内所有万物上的体现。这意味着我们完全理解我们通过本性感受到的宇宙之心，并将之付诸实践。由此我们可知，本心，即心灵正是道德、智慧、智能等我们认识和价值的根源。

习心原本因本心的力量和作用而存在，但它本身并不是本心。熊十力将"习心"定义如下。

> 人生而含灵禀气，已成独立体，便能以自力，造作一体善行与不善行。凡行从一方言，自其始发，以至终了，中经长劫，常在变化密移中，未有暂时停住。从另一方言，行虽不暂住，而其前后密移，要皆有余势发生，退藏于吾身中某种处所，亦复变动不居而潜流。如吾昔年作一件事，今犹能追忆其甘苦与得失者足征其事虽逝，而其余势潜流，并未曾断绝。此潜流不绝之余势是习。习之现起而投入意识界，参加新的活动，是为习心。⑨

所谓独立体表示个体生理上的肉体，同孟子说的小体同义。熊十力将之称为小己，是感性和物质的存在。独立体形成后，其内部随着时间的流动又形成余势。余势作为留在个体思考构造中，影响思考活动的一种力量，在过去经验的意义上，被称为"习"。此外，熊十力把这种余势在意识中的潜伏叫做"习种"或"种子"。这种习种或种子不断地在意识活动中出现并参与，被称为"习心"。⑩可以说，所谓习心就是由已经过去的所有经验而形成的意识。

3. 本心的功能

第一，作为存在根据的功能。

在存在论方面，熊十力认为宇宙实体包含精神要素和物质要素，实体本身是巨大的作用和变化，这种作用和变化通过"翕辟成变"的过程而显现出来。在这个过程中，"翕"朝向欲凝固和物质化的趋势，"辟"朝向非物质化和心化的趋势，并起着主导性的作用。以此为基础，熊十力在心性论中，将"翕辟成变"的宇宙观和本心相联系，论证本心是生命的依据和万物存在的依据。因此，他将作为本体的"辟"和"心"联系起来，把"辟"看作"宇宙之心"、"宇宙精神"、"主要做施惠的主宰者"⑪，这就是根据构成他全部哲学基础的"体用不二论"，宇宙实体同时包括精神要素和物质要素。在这里，他将欲非物质化和精神化的精神性称为生命或者心灵，它们不过是本体的又一名称而已。

一般来说，生命意味着自然界的生命现象。熊十力将生命看作生生不息的宇宙万物的属性和功能。他将生命叙述如下：

> 恒创恒新之谓生，自本自根之谓命。二义互通生即是命，命亦即是生命，吾与宇宙同一大生命故，此一大生命非可剖分，故无内外。⑫

> 人与万物，以形体言，则各别；以生命言，则浑然为一。⑬

由此，我们可知，宇宙万物是一个生命体，其本体便是生命。

再进一步说，熊十力认为物质、生命、心灵等本性是实体的固有性，此实体变动，呈现为宇宙万象（这叫做功用）。这些物质、生命、心灵等现象为无机物、生命体和人类所共同拥有，但心灵是只有人类才能发挥出的作用。也就是说，虽然不能将心灵和生命一分为两种不同的事物，但生生不息的生命是以道德、智慧、智能等来作用的根源，从这一层次来看，生命就是心灵。⑭熊十力还这样说明了两者的关系："从性质上来说，生命和心灵几乎没有差异，但如果生命没有发展到高级阶段，心灵也无法显现。"⑮ "生物出现以前，也潜在地存在着生命力，生物出现后，生命力运行于有机体中。心灵是生物进化到人类的生命力之最高形式。"⑯也就是说，生命力是普遍存在于宇宙万物的共同本性。

第二，作为认识根据的功能。

熊十力不仅认为本心是万物的存在根据，还认为本心是万物的认识根据。他从认识论的角度，将本心称为性智，将习心称为量智。⑰性智的特征如下：

> 性智……虽寂寞无形，而秩然众理已毕具，能为一切知识底根源的。⑱
> 依靠着性智的作用去察别事物，也觉得现前一切事物莫非至真至善。⑲

由此，我们可知，性智作为自身真实的本性，是所有认识的根源，是不需要任何概念分析和推理的直觉的认识方法。

熊十力对量智说明如下：

> 量智是思量和推度，或明辨事物之理则，及于所行所历，简择得失等的作用故。故说名量知亦名理智。此智，元是性智的发用，而卒别于性智者，因为性智作用，依官能而发现即官能得假之以自用。……量知者，虽原本性智，而终自成为一种势用迥异其本。量智即习心，亦说为识，宗门所谓情见或情识与知见等者，皆属量智。⑳

通过上面的例文可知，量智的认识对象是通过感觉器官的能力而被认识的现象。当然，在这个认识过程中，意识也起作用。由于现象界的认识是通过量智的思考和推测以及对于事理等所形成的外在事物的认识，可能会成为不同于性智的认识。这一点就是熊十力认识论逻辑上的弱点。不知道他自身是否把量智看作认识的根源，但从根本上来看，可能会制造出性智以外的另一个认识根源。因此，有必要探讨性智和量智的关系。

性智和量智的关系如下：

首先，如果说性智是本体的固有认识，量智则是在经验世界中追求理智的工具。㉑其次，如果说性智是本体，量智则是感觉器官见闻觉知的作用。当然，该作用也是本体的流动。因此，通过感觉器官显现出的心的作用，叫做"见闻觉知"，指该作用不受感觉器官妨碍和阻挡的时候。也就是说本心未受习气污染而行动并显现的时候。㉒再次量智同一体的日常经验有关而发展而来，其运行过程和形态也一直是外向型的。这时依据量智而分析和揭示的事物法则或其运行过程等有时摆脱妄灵习气的束缚，显得神妙，这被称为悬解

（不受任何拘束的超脱像），但这还不是真正的超脱。所谓悬解，暗含有习气，但并不是完全消失的状态。因为只有量智断绝妄灵的习气，完全显示出性智时，才会显现出纯粹性智的作用而不失去其本然。熊十力将之称为真解。㉓因此，量智虽无法脱离性智，但也不一定可称之为性智。

因此，如果使两者互相理解，涵养性智，建立天下的根本，则量智都可以成为性智的妙用。㉔

由上文可见，如果通过性智来引导量智，我们就可以把握本体世界，现象世界也可以为我们所知，从而真情到达体用不二的世界。

第三，作为道德根据的功能。

熊十力将本心看作万物存在的根据，并将之作为形而上学的根据，又将之看作认识的根据，将之作为认识论的根据。再进一步，他将本心的另一个名称——心灵解释为"道德、智慧和智能等作用的根源"，将之看作道德的根据。

当然，熊十力也将从孟子经陆王，一直到今天一贯主张的良知或良心看成儒家形而上学的基本，即道德心。但他认为所有道德心的出发点亦是孔子的仁。他主张孟子的四端之心事实上是对本心的细分，概括起来就是仁体。《易》中所说的乾元即为本体，元就是人的仁心，即本心。因此，所有的善由此显现，王阳明的"大学问"即欲揭示人回归仁，天地万物为一体的事实。㉕

熊十力之所以用仁来规定本心，是为了由此强调本心的道德性。当然，本心作为人类和万物同时具备的德性，从人类的立场上来看，是道德的根据，但它同样根据叫做仁的本心的作用才能够得以证明。熊十力在《明心篇》中有如下的叙述：

> 夫仁心之存乎人者，刚健、炤明、生生而能爱。不为小己之私欲所缚，常流通于天地万物而无间隔。此乃根于实体之德性。而为一切德行之源泉也。……然仁心是人所本有，反己而求之即得。求仁而得仁，不至陷于不仁。仁心以天为其根。故曰得仁即得天也。故说仁心以实体为其根。……宋明儒以仁为本体，甚失孔子之旨，仁是用，究不即是体，谓于用而识体可也，谓仁即是本体，则未可。又复当知，仁心只是万德之端……道德之源即仁心也。㉖

从上面的例文，我们可以知道，虽然熊十力在继承陆王的心学，但在将仁看为作用的观点上，二者有所不同。熊十力将本心看作道德的根据，形成万物一体的思想，并在其上建立着自己的道德形而上学。

二、心性修养论

可以说，熊十力的心性修养论综合了孔孟陆王的心学和佛教的心性论，使之有了新的发展。对他来说，修养是本心的认识和回复，即丢弃习心，回归本心，同孟子主张的本心的扩充和尽心等一脉相承。熊十力还主张改变沉积已久的恶习，创建新的善习，扩大本心所固有之善的端绪，并在孔子的仁中寻找其根源。他说："是故孔子日新之学，敦仁以立其大本。爱智，格物以行其达道。"㉗从此，熊十力比起宋明理学中的"重视静"，更重视

"自强和日新"。他认为虽然孟子完全地继承了孔子的学问，以后其传统却断了。[28]他所提示的认识和恢复本心的修养方法可整理为以下三种：

1. 认识仁心并接受其监督

"认识仁心，不要脱离仁心的监督"是熊十力心性修养论的基本原则。他认为仁心是修养或道德层次的本心，依据了孔子的仁思想和《易经》的乾卦，仁是聪明睿智和恻隐之心发展到最高状态并合为一体。他还考证了在《易经》中，乾被称为仁，把将其解释为大明用作明确的证据。[29]因此，应天天增长聪明智慧，融通万物，日日扩大恻隐之心的端绪，并适用于所有伦理。对此，熊十力认为修养之路在于日新。仁心并非局限于人类，存在于天地万物。人们有机会自己认识仁心，实践仁道。

那么，我们为什么认识不到仁心，而受小己私欲的束缚？熊十力认为原因有二：其一同日常生活中的财物有关；其二是人们遇到危难时，会发生生存同正义的冲突。

熊十力认为名誉欲同权力欲从本质上同财物欲无异，所以"贪财是一切私欲之根"[30]。因此，他认为仁心的特点是"在其常为吾人内部生活之监督者，常予小己之私欲以适当的对治"[31]。从这一立场来看，可以说，不管怎样的人，只要审视自我，独自认识到仁心，他的想法和行动就都会跟随仁心的判断，能够实践仁道。修身也取决于有没有违背仁心的监督。

生存和正义发生冲突时，我们该怎么做？熊十力告诉我们要遵守孔子"杀身成仁"的精神。因为仁心原本流于天地万物，不坠入小己之私欲，人类的生命和天地万物的生命不是一分为二，而是没有任何差别。[32]

也就是说，他让人们在生存和正义之间难以做出抉择时，要选择正义，而非私欲。仁心是天地万物生命力的一种表层显现，而私欲则是在人们只追求自身欲望时才产生，因此，如果想认识和恢复仁心，我们先要审视自己内心是否存在私欲。

熊十力为让人们照亮本心，提出了默识法，并提出思维术作为补充办法。思维术是揭示体用一原、引出心物不二思维的方法。默识法是了解我们追求内心生活时，其中永远有主存在，产生恻隐之心时，用身体感觉其产生的方法。在这里，有恻隐之心时，不受私欲、私意束缚的主体就是作为主存在的仁心。如果认识到并得到这样的心灵，我们应在日常生活中研磨它并扩充自己的仁。[33]熊十力认为这就是孔子追求仁的方法。

2. 将习染引导为善习

每个人都带着本心来到这个世界，但来到这个世界后，成为独立体也不能没有习心。独立体具有自身特定的活动方向和趋势，即具有权能，能够按照自己的需要，为实现目标而利用思维能力——本心，发展和扩大这个权能。但这样形成的权能已经是感性的欲望，在这里会很容易地显现杂染的势力，生出善恶。[34]

从伦理的意义上来看，人类的意识活动或行为中永远有善有恶。根据熊十力的主张，这种善恶来自于具有感性欲望的人类自我，即人类意识活动或行为的余势，或习是善恶产生的原因，由此也分为善习和杂染的习（叫习染）。如果说善习出自本心，习染则产生于小己。这样看来，习心一定是意识活动的结果形成后的后天因素。在习心中存在的不善的习，作为已过去的意识活动或行为所形成的余势，若参与现在的意识活动，显示为习心，则将成为新不善行为的动机。

熊十力认为成为不良行为动机的习染的原因虽数不胜数，但大致可分为两种：第一种是根据知见的习染。知见是一体的知识和见解。我们在日常生活中，区分和追求自己希望的物质。但一体的习染余势藏在习藏（习隐藏的地方）中，成为一种种子，即记忆，呈现在意识界。这记忆影响我们的思维活动，使我们闪亮的本心的活动受到阻碍。第二种是根据情意的习染，即一般所说的个人名利、权威等私欲。这同佛教里说的惑相同，种类同样复杂繁多。该习染也作为种子藏在习藏里，出现在意识界，带来很坏的影响。它使我们的思想无法进入正确之门，走上正确之路，从而堵死我们明亮的本心。㉟

因此，人类一定要珍藏本心的明几，不能失去本心，要扩充善的端绪。为此，熊十力提出了实践论，即致知格物论。

3. 致知格物论

《大学》中作为修身第一阶段而被提起的格物致知论经过宋明性理学，在学问和修养方面成为儒学的核心主题，这意味着格物致知论在认识论和伦理论方面相辅相成，共同被说明。

熊十力如下说明《大学》的"致知在格物"：

> 此知字即易与论语之所谓智，孟子、王阳明亦谓之良知。……必推动、扩大吾本心之明，用于外在的一体物。穷究事物之规律与其本质而变化裁成之，以尽物性，而利于用。人始有经验事物、钻入事物、制驭事物、创造事物、利用事物的知识，故曰致知在格物也。㊱

对他来说，提高本心是"致"的意义，提高的方法是驱动扩大良知，并将之直接运用于事物，因此，这种良知运用于事物便是格物，格物就是知识。在这一点上，同将"格"解释为"正"，将"物"解释为"事"的阳明有所不同。这也许是遵循"体用不二"的熊十力哲学的必然结果。

熊十力认为倡导关于格物学问的人是孔子，因为孔子重视理智，爱戴和尊重知识的精神非常之强。孔子求物执物时候一直大公无私。这些都是格物之学者不可不有的爱智精神。所以，熊十力认为"格物、执物及分别物之一切习染皆是极可宝贵之已往经验"㊲。

我们的心不断地同万物沟通，接触未知的事物。这时，我们的记忆作用总是联合智和力量唤醒过去的经验，使之予以协助，调动智，解决新接触的众多未知事物所要依赖的问题，所以，可以说习染明白地被受智的协助。

如果心接触事物时，没有习染，那么过去人生的经验就会马上消失，会得不到知识，我们则不知道该如何生活。所以，熊十力说："智是本心天然之明，知识是习种乘天明之动而起，迅应外物之感而引心以化于物，才成知识。"㊳

熊十力认为秦汉以来两三千年间中国学者最大的病痛之一是智和知识的分离现状。虽然王阳明挽救了智，但他也因受老庄和禅的影响而反对格物，因而遗失了孔子的本意。孔子认为审视自身追求仁和通过格物来追求知识并非不同的事情，道德和智慧也本来就不是两回事。知识也需要接受智慧的帮助，因为知识使用不当时会成为恶，所以，熊十力说：

"良知至虚而含万有，至静而宰万动。知识至实，具有权力，待他而显。"㊴他的结论是："这便是孔孟以来中国儒学的正统。"

三、熊十力心性论的现代意义

今天，世界各国共同提出的问题是环境问题、大量杀戮、核战争、价值观的颠倒和道德秩序的崩坏。

现在因石油、煤炭等消费，二氧化碳增加，地球温暖化愈来愈加速，预计到 21 世纪中叶，不少的世界主要都市会被水淹没。臭氧层的破坏导致紫外线大量透入，造成植物生长减缓，农产品产量下降，水资源减少，癌症等各种疾病扩散，山林遭破坏和出现沙漠化现象。这样的环境破坏问题从根本上说，是人类的欲望和无知同科学技术合作的产物。

随着由科学技术进步带来的物质文明的发展，人类正在从万物的主体变为物质的奴隶。因为人类物质欲望的追求导致价值观混乱和颠倒所带来的道德丧失和自我丧失，这也成为世界各地发生大量杀戮战争的一个原因。

当然，这种问题的出现，原因是多种多样的，但最根本的是人类区分人与自然、神与人的二分法思考方式和以此为基础的人类征服和支配自然的合理化。因此，如果我们改变区分人与自然、神与人的二分法思考方式，将成为解决现代社会问题的一个办法。

熊十力的哲学以体用不二的结构为基本框架。他认为根据这个结构，万物都拥有存在与自身内部的穷极的本体，这个本体显露的就是本心。因此，本心和万物都是本体的作用和现象。本心永远正直、诚实、热爱万物，所以，本心叫做仁心。

我们可以将这个仁心提为恢复现代社会道德性和禁止破坏生态系的理论依据。因为熊十力也认为只有仁心才能形成科学所做不到的哲学固有的事业，即尊重生命和知行合一的道德世界。

万物都是禀受本体而形成的，所以通过本体的作用——仁心来表现自己。在这一点上，万物从本质上来看都拥有高贵的生命，从生成的瞬间开始就是平等的一体，因此，所有的生命都应该受到尊重，应该禁止今天在人类中心主义思考下发生的残酷的生态界破坏，因为这样做就是在破坏自身。

如果人类和万物有差异，那就是虽然同为生命体，但人类拥有心灵。心灵是人类道德性的根源，是局限于人类的本心。心灵是形成道德世界的根源，因此心灵，即本心是为形成道德世界而存在，而不是为了破坏生态界而存在。

熊十力还认为，当私欲的生存问题同正义发生冲突时，我们能遵从正义，是因为我们有仁心，现在，我们该努力恢复和实践这份仁心。这便是熊十力的心性论对现代人的意义所在。

注　释：
①②　《新唯识论》上，台北明文书局 1991 年版，第 6、7、500 页。下仅注页码。
③④⑤⑥⑧　《新唯识论》，第 500～502、501、434、7、7 页。
⑦⑨　《明心篇·自序》，台湾学生书局 1984 年版，第 3、4 页。下仅注页码。
⑩　《明心篇》，第 147 页。

⑪⑫　　《新唯识论》，第115、414页。

⑬⑭⑮⑯　　《明心篇》，第198、3、8、3~5页。

⑰⑱⑲⑳㉑㉒㉓㉔㉕　　《新唯识论》，第434、4、12、5、11、453、5、619、462页。

㉖㉗㉘㉙㉚㉛㉜　　《明心篇》第162~163、63、1、38、83、86、89页。

㉝㉞㉟㊱㊲㊳㊴　　《明心篇》，第93、4、120、117、122、125、141页。

参考文献：

① 熊十力：《新唯识论》上，台北明文书局1991年版。

② 熊十力：《明心篇》，《自序》，台湾学生书局1984年版。

③ 熊十力：《原儒》，台北洪氏出版社1980年版。

④ 熊十力：《十力语要》，台北洪氏出版社1983年版。

⑤ 熊十力：《摧惑悬宗记》，台湾学生书局1988年版。

⑥ 郭齐勇：《熊十力与中国文化》，台北远流出版公司1990年版。

⑦ 景海峰：《熊十力》，台北东大图书公司1991年版。

⑧ 郑家栋：《现代新儒学概论》，广西人民出版社1990年版。

（作者单位：韩国江原大学）

晚年熊十力先生的"外王"论

□ 高秀昌

熊十力先生的学术创造、哲学创新，是他自觉自愿献身学术、献身哲学，以提升自我生命、民族精神、世界精神的结晶。熊氏生在社会转型的大变革时代，他要解决自己的身心之病和社会之病两大难题，显示自己生命力的顽强以及中华文化不竭的生命力。熊氏在与病魔的斗争中和在对诸种社会病的斗争中，艰难前行。因此，尽管熊氏写书常在病苦之中，但是，生命之忧患、人生之忧患常常激励着他，使其更加能体悟、发现生命之伟大、神圣，人生之崇高，以为解救人生于困苦，超脱人生于俗世。①

熊氏经历了弃戎政而从学术，确立了学术救国的理想和目标，而其学术也经历了"忿詈孔子"而入佛、又舍佛而归儒，确立、挺立中华道统、中华文化精神。这是他生命不息、笔耕不止精神的写照。他认为，以孔子儒家为代表的中华精神不仅可以救中国，而且可以救世界。现代新儒家是在西方强势文化的冲击下，为了稳住阵脚，为了救国救民，而发出一种坚决保护中华文化的信念的呐喊。熊氏确立经学为圣人之学、大正之学、大道之学，晚年通过阐扬经学、儒学，以挺立中国哲学精神，重建中国人的自信；想从反传统的夹缝中，为国人注入优秀传统之精神，为将来中华复兴、振兴奠定思想基础，为未来太平世开辟弘基。

熊十力先生曾有一段话讲何谓哲学："现世学术复杂，科学重要不待言。而综会各种科学思想，以深穷宇宙实相，人生真性，不能不有赖于哲学。若夫社会政治各种问题，高瞻远瞩，察微洞幽，数往知来，得失明辨，为群众之先导，作时代之前驱，励实践之精神，振生人之忧患，此皆哲学所有事。"②这说明，在熊氏眼里，哲学不仅是综合科学，而且是分支科学，其功用价值甚大，应当重视。熊氏曾说自己特别重视哲学，并耗尽生命以建构新哲学，即是此意。但他也关注部门哲学，如政治哲学等，而且，他将探究社会政治根本问题的政治哲学归于传统的"外王"学。

一、"外王"释义

近代中国，古今中西之辨是中国学人的最大关切。面对强大的异质的西方文化，魏源曾提出"师夷长技以制夷"的主张。这是一种很平实的态度和立场。这里的"长技"不应当只指有形的"器物"与"装备"，还应当指无形的政治制度及治国之道等。因此，西方的科学技术、政治制度和治国之道都应当是取法的对象。近代中国人向西方学习就经由器物（物质）而民主共和（制度）而思想文化（精神）三阶段。这是对西方"长技"学习的三个阶段。

梁漱溟先生在《读熊著各书书后》中曾说："近百年来中国人常遇到有两个大问题在面前，一个是：中国为什么没有近代的民主？又一个是：中国为什么没有近代的科学？"科学与民主是五四新文化运动高高举起的大旗。在科学、民主面前，中国传统被摧垮了，被打倒了。"五四"及后"五四"时期，一批文化保守主义者在痛定思痛之后，继续高举"中体西用"的大旗，以"我固有之"的信念和高傲心态，来消除我族的自卑、自贱心理，张扬中华精神。这种从信念出发的观物方法，使得文化"种子"说、"早熟"说成为包括熊十力先生在内的现代新儒家的立论基础。从现代新儒家的立场看，中国哲学讲"内圣外王"，科学、民主应属于"外王"，而"外王"原本就是中国传统文化的重要内容，只是由于客观条件的限制而未能显现、发展出来罢了，若从根源上看，中国并不是没有，而是作为潜存的种子或元素并有待于发展出来而已。

熊十力先生一生就坚守这种信念。他晚年在《乾坤衍》中说：内圣学解决宇宙人生诸大问题，而外王学解决社会政治诸大问题；前者即《中庸》所谓的成己之学，后者即《中庸》所谓的成物之学。③在熊氏，外王之本在内圣学。因为"《大易》之内圣学，不许离现实世界而别求有所谓超越万有的寂灭实体。要在于现实世界而了悟其有实体。此即外王学，裁成天地，辅相万物之弘纲，所由立定。而经纬万端之大业，所由开展。天下一家之规划，决定实施"④。熊氏所说的孔子儒家的外王学，其主要的意义是讲"成物"，即"明大公之正则，立均平之洪范，建立人类共同生活制度，以祈至于'范围天地之化而不过，曲成万物而不遗'"。熊氏特别强调，这里的"王"，不是"帝王"之"王"，而是"向往"之"往"，对天下为公之大道的向往⑤。外王学所发明者，即社会政治根本问题。由此可以看出，熊氏所说"外王"，虽然包括"科学"在内（因为"科学"也是人所向往的），但更重要的是指有关政治社会的"民主"之义。熊氏在他衰年定论的《乾坤衍》一书中，原想作一续篇，对于内圣、外王，各阐发二十种大义。虽然他未能写出，但是他已经在《读经示要》、《原儒》、《与友人论张江陵》、《论六经》、《乾坤衍》等书中对"内圣"学、"外王"学作了详尽的、繁复的论述。这里只对他所阐释的"外王"学的内涵及其意义作一简要评述。

二、"民主"论

冯友兰先生晚年曾说，从五四新文化运动到现在，几十年过去了，没有人不承认科学的重要，但对于什么是民主，还没有一致的认识。⑥其实，自"五四"以后，民主与科学一样都是中国人所重视的，只不过，科学已经取得了很大的成绩，而民主则成效不显。民主成效不显，这不仅表现在实践层面落实不力，而且在理论层面也意见不一，没有共识，足见对民主的理论认识及践履之困难。

对于经历了"五四"科学与民主启蒙的熊十力先生，20世纪30年代的他就看到民主思想在中国很发达。熊氏并无专文专书论民主，而要了解他的民主思想，只能通过他的"我注六经"、"六经注我"的著述来把握。

熊氏坚信，近代以来从西方输入的民主、科学不是西方独有的，中国传统文化特别是作为中国文化正统的孔子儒家已经包含有科学与民主的端倪。那么，孔子儒家所说的"民主"又是什么呢？

梁漱溟先生曾有西方民主制度不适合中国的说法。梁氏有世界文化三路向说。从根本上说，中西文化所走的不同路向使得各自只能走自己的路，不能走别人的路。所以，中国人只能走自己的路，而不能重复走人家的老路。因此，梁氏就有这样的观点："欧洲近代民主政治的路——我们政治上的第一个不通的路"；"俄国共产党的路——我们政治上的第二个不通的路"。

熊氏不同于梁氏。熊氏认为，民主、科学皆为中国文化所固有。关于民主政治，熊氏和梁漱溟先生有讨论："民主政治，兄谓中国人只有民有、民享诸义，而所谓民治，即人民议政或直接参政等法治与机构，中国古籍中似无有。吾谓不然。"[⑦]熊氏不仅肯认古籍中有"民有"、"民享"义，而且有"民治"义。他举《春秋》、《周官》、《孟子》、《管子》等加以说明。他说"《春秋》新人立晋便有人民公意共选行政首长之法"；"《周官》于国危或立君等大事，也有遍询民众之文"。[⑧]在熊氏，儒学六经广大，无所不包。科学思想、民治思想，六经皆已启其端绪，树其宏规，甚至高言："六经言德治或礼治实超过西洋民治思想甚远。"[⑨]

熊氏认为，民治国家当有民意机关，使人民得以发抒公共意力，使人民互相结合以致力于国家。在他看来，秦以前，有民治思想；秦以后，则行君主专制，二千年来帝政之局使民智闭塞，民生日疲，民德日伦，民力涣散。汉以降，虽然不能开民治之弘基，立百代之大法，但是，民治思想没有断灭，仍时有发明。特别是清代的王船山、顾亭林等都有民治思想。王船山已有制定宪法、立虚君共和制的思想；顾亭林也有总统制的思想；黄梨洲的《明夷待访录》和颜习斋的四存之论，都可说是民治的根本。熊氏认为，顾亭林的《日知录》就是一本政治哲学著作，内容博大深远，乃其政治思想之所寄；其根本主张，就在民治，且有废君权行民主之意。熊氏依稀看到，明末清初出现的一股启蒙思潮，即思想自由、注重实用，而民治论的出现与张扬意义也十分重大："民治论出，则数千年帝制将倾，民族义明，而文化优崇之族类，方得独立自由。"[⑩]

在熊氏，没有统治阶级的社会即民主社会，没有统治阶级的制度即民主政治。在私有制社会中，统治阶级有天子、诸侯、大夫，被统治阶级是庶民（或称小民、群众、民众、下民等）。熊氏说，孔子作《春秋》明言贬天子、退诸侯、讨大夫，旨在消灭阶级，不许由君主、贵族统治天下庶民。《春秋》主张废除君主制度，即推翻最少数人统治天下最大多数人之乱制。熊氏也区分了政权在统治者与政权在民：政权在君，为专制；政权在民，为民主。他明确反对帝王专制，而主张政权在民。

熊氏看到，尽管私有的专制制度有很多弊端，但它是社会发展的必经阶段，而且是一个过渡的必经阶段："夫私有制与统治阶级之形成，是固群变之所必经，而非人群之公道，其势决不可久。"[⑪]

熊氏在《原儒》中将外王学区分为拥护君主与私有制的君主专制和荡平阶级实行民主的虚君共和制。前者为取法"三代之英"的"小康礼教"，后者"为天下为公"的"大道教"。他认为，孔子之外王学主张废除统治阶级与私有制，而实行天下为公之道；待天子、诸侯、大夫三层统治阶级被消灭，那就可以实现民主政治之理想。

　　在熊氏看来，民主政治的根本在地方制度严密。他通过《周官》之"六乡"、"六遂"来说明"治起于下"，由民众通过各种会议"选贤举能"，人民必养成"尊法守法"的习惯，人人"化私为公"。政府是由全国人民公意选举贤能之人代表全民组成政府，全民的公意力是政府一切政策措施的基础，所以，熊氏说，"'选贤举能'明明是民主制度"[12]。

　　熊氏认为，虚君共和制即民主。他认为张江陵的"政治思想，在秦以后二三千年间，可谓创见。如前所说，尊主即虚君共和制，庇民即援助大多数勤苦民众而严惩依托统治阶级之豪门巨猾，破除封建锢习，为民主先导。信乎天纵之英哲也！虚君思想在今随成过去，然其精神则重在民主也"[13]。

　　在熊氏，"联"与"均"是《周官》之两大原理。社会一切组织、政治一切作为、生产一切计划，都依据于"联"与"均"之两原则。熊氏所述好像在为现实的当政者出谋划策，设计方案。熊氏解《春秋》太平世为人人为主人，无国家、无政府。其所说的民主社会、社会主义，其实是无政府主义或空想的农民社会主义。[14]

　　综上所述，熊十力先生所论的"民主"，既包括观念、理想的层面，又有现实、制度的层面。他既接受了从西方传来的"民主"的一些基本的意涵，而又反对西方资本主义国家的民主，因为在他看来，近世资本主义、帝国主义国家，向后决不会存在。[15]熊氏所主张的"民主"，显然不是西方资本主义民主，但也不是真正的社会主义民主，而只能是传统儒家式的所谓"民主"，即"中国一人""天下一家"式的、无阶级、无国家的"世界大同"。

　　如果说在1949年前熊氏追求的目标是"天下太平"，那么在1949年后他所追求的就不仅仅是"天下太平"，而是希望"天下为公"。这里，重要的是社会形势的变化对他的影响。中国共产党执政，要建立的是消灭了阶级、剥削、压迫的社会主义乃至共产主义社会，这一政治社会理想恰与熊氏所阐释的理想是一致的，所以他在五六十年代的解经、注经中，尽情地阐发六经的微言大义，间接地为社会主义新中国提供理论支持。这既是他学以致用的"外王"精神的体现，又是他虽张扬儒家思想与精神而未受到大批判的原因。熊氏的解经、注经，可以说是"以今论古"、"以古说今"，虽有不少新意，但缺乏严谨的、细致的比较分析，加上时代的局限以及他自己知识方面的缺陷，所以很多解说都流于附会，缺乏科学性。这是需要特别指出的。

三、"法"论

　　在熊氏看来治国的方法，有中国古代所强调的德治、礼治，又有中国古代法家和西方所强调的法治；德治礼治为至治，法治只是权宜之计。为什么？因为德治礼治治内，而法治治外。西方的法治，是从欲上立基，对治的是人欲，通过法纪度制以调节人欲，使人各得随其所欲。然而，人欲无限，欲壑难填，于是有横暴、癫狂之行，诈伪、兹乱之事，所以，法治不是至治的常道："……纳之于法纪，齐之以度制，行之一国，犹可苟安，要非之计。而人类全体，绝非法度可以维系之，此稍有识者所可知。"[16]而孔孟儒家言治，是从性上立基，是德治礼治，要在反性识真。"性者，生之本然，纯粹至善者也，通天地万物而一焉者也。"本性见性，自有权度，自作主宰，率性而行。熊氏还说，法治是外制之治，即从人与人、人与团体的关系上而为之法制约束，对人施以强力，责以必从，并使之习惯如自然，犹如穿牛鼻、络马头，未顺马的本性。这种法制之治实在是外治、他治、强治。而德礼之治，则是顺人的天性之治，"以其人所固有者，还以治其人之身"，人性善，人道尊，天德显，视听言动合于礼。这种德礼之治实在是内治、自治、人治。法治是恶治，因为它建立在欲的基础上，而德礼之治则是善治，因为它建立在人性善的基础上。人治是本，法治是末；人治是体，法治为用。如此看来，熊氏仍然停留在传统的人治上，对建立在刑罚强制基础上的法治不信任、不赞成、不主张。以此来看，熊氏依然是将政治道德化、道德政治化，使政治与道德合一，这表明他依然是传统旧人物，并非现代新人，其守旧压倒了创新。

熊氏论礼法之关系：以礼治为主、以法治为辅。"圣人顺人情之所同欲者而为之制礼……礼者，因人情之所同欲者而为之，非圣人以己意为之也。礼顺人情之公，所以达和也。礼俗已成，而有不循礼者，于是乎制法以绳之，期无失礼而已。故法意本于礼意，其原于人性之和则一也。"⑰熊氏主张的是礼本而法末、礼体而法用。

熊氏晚年批判宪法。法律不求人人内在之良知共决，是自他人制之。"如宪法，由国会议员，号为人民代表者制定之。实则少数议员，何可代表大众之良知？宪法公布后，国家有权责人民以遵行。其中条目，虽有为大众所返问诸良知而不必安者，卒莫能有抗议之自由。世界上号为君宪、民宪，各种国体之宪法，其真正足为大众良知可公认为真是者，恐未之有也。君宪，保持国家即君主制度。对外存国界，对内存阶级。民宪，并非真正民主。资产阶级执国命，对外侵略弱小，对内压迫劳动人民。两种国体之宪法（君主立宪和民主立宪），此皆大众之良知，所公认为百非而无一是。应知，大众之良知，一致公认为真是者，其惟孔子创明天下为公、群龙无首、裁成天地、辅相万物之大道乎？世间宪法，皆叛大道，反良知，是侵害自由之物也。"⑱

虽然熊十力先生也看到民主与法治的精神表现在社会所设置的共守之法，必有民众的公共意力制定之⑲，但是他对法及宪法的批判，表明他对法及宪法的无知。在他看来，资本主义国家是背离大道的罪恶的东西，它有私有制，有阶级存在，而法及宪法是资本主义国家用来统治人的工具，所以，从道德、良知看，法及宪法这种从外强制人的力量也是罪恶的。

熊氏反对阶级，反对国家，反对法律，反对宪法，企图仅仅以自性良知的道德理想主义来解决人世间的一切问题，最终只能落入空想主义的乌托邦。熊氏的这些见解、观点，实在是融合了己之见与人之见即当时流行的所谓的马克思主义之见：己之见，就是自己主张的孔子"天下一家"、"天下太平"的大道之世之见；人之见即社会主义、共产主义之见。因此，熊氏的这些见解、观点，可谓是空想之空想。

熊氏以伦理、道德取代法律、宪法的思想主张，表明他仍然停留在前现代阶段：道德与法律合一，而且以道德、良知来解决一切政治社会问题。熊氏从道德理想主义出发，在他眼里，政治经济社会人生的一切问题都可归结为伦理道德问题，伦理道德问题解决了，其他一切问题就迎刃而解了。所以，在熊氏，道德之外的法律、宪法就是不需要的，甚至因为法律对人的强制性而必须被取消。然而，现代社会不像传统社会那样素朴、简单，而是充满着矛盾、斗争、对立、竞争而又统一、协作、互助、礼让的复杂关系，仅用传统的"五伦"关系规范是不足以调节现代纷繁复杂的关系的，需要建立以法律调控为主导、以道德调节为辅助的调控体系，才能确保社会的稳定与和谐。由此可以看出，熊十力先生的反对法律、宪法甚至取消法律、宪法的思想观点是十分幼稚而荒诞的。

四、"平等"论

熊氏认为，孔子儒家就有君主与臣民应在人格上与道义上平等的思想。熊氏引孔子《论语·里仁》："定公问：'君使臣，臣事君，如之何？'孔子对曰：'君使臣以礼，臣事君以忠。'"熊氏解释说："详玩孔子之意，则君与臣在人格上与道义上纯属平等。均不以礼使臣，则臣当反抗无道之君，不以奴颜婢膝为忠也，何至以君尊臣卑为一定之分乎？"[20]

熊氏阐释《周官》之治道，认为其大要在以"均"为体，以"联"为用。所谓均，即平也。"平天下之不平，以归于大平，次治化之极则也。"这里，有人道取法天道之义，即如大自然之变化至大齐："为之裘葛而寒暑均；为之宫室而雨旸均；为之舟舆而水陆均；为之飞机潜艇而天渊均……是故奉大均，以裁成天地，辅相万物，而天地万物皆受成焉，无有一物是所者矣。故曰治道以均为体也。"[21]

在熊氏看来，在太平、大同之世，私有制被废除，统治阶级被消灭，国界、种界与社会从过去传来之一切畛域，无不化除务尽，中国一人，天下一家，人人安于仁义，人人平等，没有争斗。反之，"阶级未除之社会，人与人之间，有贫富贵贱等等悬隔在，天下最大多数庶民，长处于压抑难堪、涣散无援之境地"；"阶级不消灭，私有制不破除，少数人可以养其亲，慈其子，而天下最大多数人得养亲慈子者，不可多观矣……"[22]

天下一家，必然是全世界处处皆无不公：消灭食人者与食于人者之分，消灭治人者与治于人者之分；消灭劳心与劳力之分。人人各尽所能，各足所需，各畅其性，各舒其志，各抑其私，而同于大公，协于至平。全世界人类，智慧、道德、勇力，莫不平等[23]。

可以看出，熊氏所说的"平等"是一种无差别的绝对平等，即人人在道德、智慧、勇力、人格、道义等等上的平等。这里的平等是均平或平均，并不考虑人们的能力、需要、禀赋、才能等方面的差别与不同。所以，熊氏的"平等"至多是一种道德、人格的平等。这对于反对封建专制、解放思想有积极的意义。但是，熊氏的平等论并不具有现代的价值：因为他所说的平等更多的是传统意义上的平均主义，并没有区别形式的平等与实质的平等以及条件的平等、手段的平等和后果的平等，也没有看到平等的追求恰恰是建立在个人不平等的基础上，所以熊氏主张要消灭一切差别、分别，以便能够达到"中国一人"、"天下一家"的理想美景。

五、"公私"论

在公与私的关系上，熊十力先生提出"化私为公"论。熊氏的理论前提是，从宇宙论上，人与天地万物为一体；从社会观上，中国一人，天下一家；从伦理观上，"己所不欲，勿施于人"，"己立立人，己达达人"。

熊氏只是从家的立场来观国、观天下，从人伦关系角度审视一切关系。认为只要破除小己之私，并化私为公，就可以建立人人共同生活之制度。本天下为公之道以立制度，熊氏反对统治阶级与私有制，希望举革命、除阶级，合群策群力，互相扶勉，互相制约，而为天下一家之治[24]。

熊氏也看到私有制度与统治阶级是社会发展之必经阶段，但它是一个不可长久的阶段。熊氏借孔子儒学，阐扬革命理论，即废除统治阶级与私有制，而实行天下为公之大道。"天下者，天下人共有之天下，非一人或少数人可得而私有也。天下人一律平等，各得自由，互相和爱，互相扶助，是为公。天下之利，天下人共开之，共享之，是为公；天下事，天下人共治之，共主之，是为公。"[25]

在太平世，人人从物我一体处着想，身、家、国、族等皆不为私而为公，无阶级、无国界、无种族，"全人类共同生活之一切机构，皆基于均平之原则而成立"。

熊氏盛赞孔子：破除阶级，倡导民主，与创明天下一家之治纲，所立天下为公之道是大公至正之道。

从德性上讲，有公德与私德。所谓公德，即关于团体生活或公共事业，及凡公道所存、正义所在者，皆尽心竭力而为之，甚至杀身成仁，此谓公德。所谓私德，即人生日用之间，慎修身，言行不苟，此谓私德[26]。为公德之原则，必在为群体，扶持公道，克治困难时，及图谋公共之快乐与利益诸事业时，均能发起积极行动；为私德之原则，当在不违背公德的原则之范围内，自由活动[27]。他说："圣人之心，元与天地万物通为一体，不以后起小己之私蔽其本来。人心本来灵明，即本心，圣人可发之，不以私心彰蔽本心。"[28]

从制度层面上，熊氏把社会主义、共产主义看作公，即公有制，把资本主义、帝国主义看作私，即私有制。社会主义、共产主义行天下为公之大道，决定消灭天下为私之毒物，而成为主导的方面，主宰、统治作为"天下为私"的资本主义、帝国主义；资本主义、帝国主义去私以为公，完全革去其旧恶，顺承社会主义、共产主义。这是熊氏依据《周易》乾坤之乾阳统坤阴、坤阴承乾阳的辩证原则所作出的对于社会制度的解释。熊氏有意略去乾阳坤阴之相反相成的根本原则，只用乾阳统坤阴、坤阴承乾阳的最大原则；而且不同意只以对立而不顾主导之一方的观点，并排除了第三方的存在。这样，也就排除了社会主义、共产主义和资本主义、帝国主义之外的第三条道路的存在[29]。熊氏虽然对社会主义、共产主义及资本主义、帝国主义的本质不能全面把握，但是他看到了一个健康的、合理的、公平的社会，应当是以"公"为主导、为主体，以"私"为辅、为顺，化私为公，即成和谐，这也是难能可贵的。

六、国际关系"论"

熊十力先生的一生多半生活在国与国交战而自己的国家"国将不国"的时代，亡国灭种的危机时时处处都在发生着，而且在不停地威逼着他。他虽然对自己的民族和国家有着文化上的坚定信念，但是，现实的危难仍然使他对造成中国危局的帝国列强痛恨异常。因此，熊氏也在思考如何构建合理、合法、和谐的世界新秩序，而且希望用中国古代的"天下"观念，为未来的世界和平与发展贡献中国的智慧。

熊氏看到，在中国古代帝王专政和西方帝国主义国家时期，国家作为权力机关，对内实行剥削、压迫之术，对外实施侵略、掠夺之道（经济侵略、文化侵略、土地侵略等）。这是要被打倒的旧制度。熊氏所设想的全世界共同生活制度，其国家形式为一文化团体。

这种国家组织，内则基于全国人民之众志、众力，改涣散为团结，化私有为大公，建立共同生活制度。外则与世界万国人民同志、合力，真正平等互惠，有无相通……消除国家及一切界畛，天下一家，建立全世界人类共同生活的制度[30]。

熊氏认为，国家不应是统治的工具，而应成为基于公意而成立的共同社会制度，即文化团体。在新式国家里，"众人之意志齐一，众人之智慧广大，众人之力量雄厚。生产日富，享受日裕，共同生活制度日趋完善"[31]。

熊氏主张国与国之间的融合。例如，"交通则开辟国际道路，生产则新工具可相观，商务则无有相通，政俗则得失可相访。大国不欺小国，小国不侮大国，以此为破除国界之先导。"

熊氏把国与国之间的侵略攻伐归于当权者的私欲与野心。他以心性为本，把心性提升到制度之上。在他看来，人之为恶作乱，不在坏的制度，而在民没有人心良知之监督。熊氏举例说："如近世帝国主义国家之当权者，犹欲保持其侵略与剥削弱者之威权。近若推究此等罪恶之从来，随旧制度之不良有以酿成之，而主因究不在制度。人类颇保留禽兽之余习，常纵其小己之私欲与野心，虽已临覆灭，犹不悟耳。"[32]

然而，公道、正义自在人心。人心、仁心常为吾人内部生活之监督者。吾人每动一念、行一事，此仁心之判断恒于小己之私欲以适当的对治[33]。

熊氏认为，以功利的原则来调节国际关系是不行的。因为，人与人、国与国的结合，不能靠利益；若靠利益，则人人唯利是图，永无餍足。如，"今世资本主义国家始终结合不成，盖早已丧其本有之仁，而昏然唯利是图，未有不互相伐、以同归于尽也。自今以往，利人、立世界可不知本乎？"[34]

在熊氏，希望图破种界、国界。而要做到这一点，就要破我执、破我。因为在他看来，种族、国国之间的侵夺征战，就是野心家有我、有私，想要遂他自己的欲望[35]。人世间的一切罪恶，都是小己私欲惹的祸。小己为我，私欲横流：贪求享受、名利、势位、权力等等。因此，只要能破除我执、小我之私欲私意，就可以化解人对各种名、位、权、势的需求，既如此，就可以消除人与人、国与国之间的斗争侵夺征战，实现天下太平。事实上，熊氏这种以个人的道德提升、良心发现为解决国际冲突，建立世界新秩序的理想，只能是一种一厢情愿的空想罢了。

结　　语

熊十力先生所阐释的外王学，从总体上看包括科学与民主，而从具体方面看则包括民主、法治、平等、公私关系、国际关系等内容。必须看到，熊氏所理解、使用的诸如民主、法治、平等、公私、国家等概念都是现代的观念，他运用这些新观念诠释中国古代典籍，试图把中国传统文化中所包含的具有现代精神的思想观念阐发传来，弘扬起来，一方面使传统文化现代化，为中国文化精神确立新的基础，另一方面援用新观念反思、批判自秦汉以来中国封建专制制度和文化，继续宣扬五四以来的科学、民主精神，这是非常具有创新意义、启蒙意义的。同时也要指出，熊氏的中西、古今互释，虽然其路向是对的，但是，由于他过度的主观之见，使得他的一些解释既存在着将古人现代化的一面，又有凡是西方所有的我固有之的一面。事实上，解释、诠释必须有一定的限度，否则，解释就会失之于偏，缺乏科学性。显然，熊氏就犯有过度诠释之病，这是需要指明的。

熊氏肯定孔子儒家的心、性、道的精神内核，而批判经秦汉奴儒改造的纲常名教。以熊十力先生为代表的现代新儒家主道体，重主体性、价值、良知、道德理性，构筑的是道德理想主义。余英时先生说，这是与西方"知性的傲慢"相对应的"良知的傲慢"。现代新儒家的道德本位、道德主体性、道德决定一切的道德理想主义，是要采用道德解决一切问题的泛化道德，"新儒家的主要特色是用一种特制的哲学语言来宣传一种特殊的信仰"㊱。道德理想主义是一种信念、信仰，缺乏科学的向度，所以，表面上看是开放、宽容的心态，事实上却是要固守传统，排拒一切。所以，以此种信仰的态度来从事学术研究，虽然主观上想实事求是，但实际上会遮蔽事实。

关于中国政治问题，实际上包括传统（古代）政治问题与现代政治问题。所谓传统即中国历史的积淀，所谓现代即由西方所引发的中国政治、经济和文化现代化问题。熊十力先生虽然也注意中国文化的未来，但他更关注中国文化的过去（即历史），试图通过谈本溯源，来培植未来新文化的根基。熊先生通过"内圣"学力图创建体用不二的新哲学，通过"外王"学阐扬孔子儒家经典中所包含的民主、自由、法治等精神。熊先生作为文化保守主义者，面对西方强势文化的挑战，以坚忍不拔的自信、舍我其谁的责任感和使命感，欲使中华文化复兴、新生。他终其一生，出入儒释道，涵化中印西，创体用不二的本体论。他借《大易》、《春秋》、《礼运》、《周官》诸经阐释儒家内圣外王之道：以德治为体、本，以政治、法治为用、末。他反封建专制，反独裁政权，反霸道极权，倡民主政治，倡民主政体，倡王道政权，张扬革命、民主、社会主义精神。当熊先生站在时代高度去审视传统、转化传统时，他确实有一种自由、革命、批判的精神；而当熊先生以传统为本位，认为西方的科学、自由、民主在中国是古已有之，甚至优于、高于西方时，他着实有一种盲目自大的心态，而这一狂傲的心态使他的政治理想、社会理想终成为一种空想乌托邦。晚年熊先生关于社会政治根本问题的外王论，表现出与时俱进的特色。

注　释：

① 熊十力：《原儒》，《熊十力全集》第 6 卷，湖北教育出版社 2001 年版，第 317 页。

② 熊十力：《读经示要》，《熊十力全集》第 3 卷，第 822 页。

③④⑤　熊十力：《乾坤衍》，《熊十力全集》第 7 卷，第 676、453、594 页。

⑥ 冯友兰：《中国哲学史新编》，《三松堂全集》第 10 卷，河南人民出版社 2000 年版，第 494 页。

⑦⑧　熊十力：《熊十力论文书札》，《熊十力全集》第 8 卷，第 655~656、655~656 页。

⑨⑩　熊十力：《读经示要》，《熊十力全集》第 3 卷，第 753、845 页。

⑪ 熊十力：《原儒》，《熊十力全集》第 6 卷，第 473 页。

⑫ 熊十力：《乾坤衍》，《熊十力全集》第 7 卷，第 423 页。

⑬ 熊十力：《与友人论张江陵》，《熊十力全集》第 5 卷，第 591 页。

⑭⑮　熊十力：《乾坤衍》，《熊十力全集》第 7 卷，第 421~426、423 页。

⑯ 熊十力：《读经示要》，《熊十力全集》第 3 卷，第 587 页。

⑰ 熊十力：《与友人论张江陵》，《熊十力全集》第 5 卷，第 600 页。

⑱ 熊十力：《与友人论张江陵》，《熊十力全集》第 5 卷，第 600 页。

⑲ 熊十力：《读经示要》，《熊十力全集》第 3 卷，第 1053 页。

⑳㉑　熊十力：《原儒》，《熊十力全集》第 6 卷，第 410、518 页。

㉒　熊十力：《原儒》，《熊十力全集》第 6 卷，第 509 页。

㉓㉕㉗　熊十力：《乾坤衍》，《熊十力全集》第 7 卷，第 595、417、456 页。

㉔　熊十力：《明心篇》，《熊十力全集》第 6 卷，第 463 页。

㉖　熊十力：《明心篇》，《熊十力全集》第 7 卷，第 227 页。

㉘　熊十力：《原儒》，《熊十力全集》第 6 卷，第 406 页。

㉙㉚㉛　熊十力：《乾坤衍》，《熊十力全集》第 7 卷，第 612～613、373、424 页。

㉜㉝　熊十力：《明心篇》，《熊十力全集》第 7 卷，第 212、215 页

㉞　熊十力：《明心篇》，《熊十力全集》第 7 卷，第 216 页。

㉟　熊十力：《存斋随笔》，《熊十力全集》第 7 卷，第 831～832 页。

㊱　余英时：《钱穆与新儒家》，《熊十力全集》附卷下，第 1293 页。

（作者单位：河南省社会科学院哲学所）

从心性本体到宇宙实体

——论"转变"在熊十力新唯识论哲学中的意义

□ 郭美华

熊十力新唯识论哲学思考的主题和核心，集中在如此表述上："反之吾身，而即已得万物之本体。"①这一论断，是将熊十力哲学归类为心学的主要根据之一。从心学的立场来看，熊十力心学哲学与阳明心学相比具有许多新意，其中最重要的一点在于：阳明心学在"心外无物/理"的前提下，强调致良知是建立意义世界，而对自然或自在物质世界加以勾销；熊十力心学哲学则对于自在自然世界进行了浓墨铺垫。由此而言，经由心学的立场而开启一个宇宙世界的整体（既包括意义世界，又涵摄自在物质世界），可以说是熊十力哲学因应近现代历史实际而对心学的深化和发展。但是，从传统心学的基本特质来看，要实现从良知/本心及其意义世界转出自在世界及其根据，始终是一个讳莫如深的问题。就这一点来看，在熊十力哲学中也很难说对这一"转成"过程有充分自觉。②在此，就从心性本体到宇宙实体的转化而言，熊氏所谓"转变"具有双重意蕴：一方面，从心学视野下单纯心性本体到普遍的宇宙实体，这既是本体论上的巨大变化，也是心学传统思考一个巨大的转变；另一方面，"转变"作为一种兼赅意识与自然世界的双重现象，它在其变的过程中昭示出本体自身的过渡与转化。这两方面，就是新唯识论中转变的意义所在。

一

在一定意义上，熊十力哲学体现为一个从早年《心书》到晚年《乾坤衍》完整的过程。③以过程性的眼光来考察熊氏的哲学思考，从本心/良知及其意义世界到自在世界及其根据的转化具有一个粗略的线索。熊氏哲学思考的完整过程，在历史与逻辑上都体现为不同的侧重环节：在《心书》以及早期唯识论经历中，他强调个体主体；到《尊闻录》，他开始向超越个体主体的普遍主体/实体转变；在《新唯识论》两种文本的创作中，他明显转到了淡漠实体的个体性特征，而突出其超越的普遍性、客观性；在晚年的一系列思考中，则逐渐回到以现实世界为基础的立场。如果用熊十力自己的语言来说，这一整个过程，本质上就是一个"破相显性"、"即用显体"、"作用见性"三个环节勾连而成的整体，以及作为三者统一整体的"体用不二"。在这个过程中，自我、实体与自在世界三项是其基本的构成。在以儒学为主（尤以宋明儒学为表现）的传统哲学中，哲学思考的中心是围绕气、心、理（或道）展开的。心学对于心、理极为注重，相比之下，对于气则未予关注。从理论上说，心学中气这一环节的缺失，实质上就是对于自在世界的勾销。但在熊十力时代，一方面，需要在新的基础上挺立心力以求走向近现代的根源性动力；另一方面，近现代的世界观，在西方的参照下，有一个以科学所揭示出来的自在自然世界，必须在思想的层面对这一世界加以安置。无疑，这两个方面制约着熊十力心学哲学从本心/良知到世界本体的转成。

对于这一"转成"，熊十力本人在《新唯识论》文言本之后就已经意识到了。从本心良知到宇宙实体的转成，一开始就与熊十力对于"变化"的理解和领悟有关。在他与刘衡如争辩的《破〈破新唯识论〉》中，熊十力写道：

> 夫理在目前，往往不容傥获；学期微实，每每积累有得。吾于翕辟义，固非率尔偶立。盖略言之：自吾有知，冥窥物变。荣枯生死，待化而成。虽在童年，骇然怪叹。受书以后，思唯此义，犹不舍旃。洎乎稍长，始获三玄。道以反动，一二及三，老氏之绪言也。'日夜相代乎前，而莫知其所萌'，庄生深于观化也。'乾坤相荡，阴疑于阳必战'，《大易》之妙于语变也。以彼玄言，验之吾所仰观俯察、近取远观之际，颇有神契。然犹藉闻熏，未足语于真自得也。弱冠以还，躬与改革。人事蓄变，涉履弥亲。但觉群力交推，屈伸相报，众流汇激，正反迭乘。盖豁然旷观，而深有味乎事变之奇。爰以人事，推明天化，道因反动，变不孤行。是事恒耳，决定决定。及乎年已不惑，卧疾湖山，悠悠数载，孤逯冥搜，深穷心物问题，益悟宇宙无实。自反而知，此心只是刹那顿现，无住而突进，强名为'辟'。于是谛察一切物事，都不作静物观。审知物象，实是一种动势，幻现似物，而实无此物。此幻现似物之势，即名为'翕'。如此观变，庶几儒先所谓'鸢飞鱼跃'，只是活泼泼的意思。万象繁然，求其公则，要亦唯变所适，而不可执定象以为楷准，变无不活故也。至此，已谓如实谛观，不同浮泛知见。忽尔自觉，如上所云，反观内心只是刹那顿辟，起不暂住。外察物事，唯动而翕，幻现似物，亦无物得住。虽复及此，终是内外乖分，不得融一。盖久之荡然默识，而后遣内外相，恍然吾心通万有为一体，翕非离辟而孤现，辟乃故翕而成用。奇哉翕辟，相反相成，彻内彻外，只此翕辟之流，而实无有内外可分。自此实悟无所谓小己，无所谓宇宙。只此翕辟之流，刹那刹那，顿起顿灭；刹那刹那，顿灭顿起；如此流行不息，犹如闪电，至活无迹。然犹有见于变，无见于不变。久而益反之当躬，而得夫辟恒运翕而不肯物化者，于此见自性之恒如，而灼然于流行中识主宰，当下承当而无疑也……《新论》之作，乃由变化之观察而一反世亲、护法等之集聚论。④

在《心书》中，熊十力曾回忆幼年登山观"草木荣枯变化"而发出"真幻之问"。在这里，熊十力结合自己的个人历练，强调了对于"变化"的领悟是其新唯识论哲学思考的根底之一。在《心书》中，熊十力观察到草木荣枯而慨叹真实与虚幻，但在那时，其所谓变化无定之后的实在的东西，他主要归为自我。在这里，熊氏明确说明，他对于变化的理解，本身就有一个演变的过程：最初，以外界唯是变化，世界并不真实（宇宙无实），而收归于变化所得以呈现的内心（内辟）；并且，从"内辟"（"内心只是刹那顿辟"）出发，外在世界被看作幻而无有的"翕"；然后，他觉察到"内辟"而"外翕"导致内外分裂；最后，他终于悟到翕辟是"内外无分、万物一体"。由此可见，熊氏以"翕辟"为言的变化观有一个发展的过程。在这个过程中，如何从内辟（近于心学之内心）转出整个世界（内辟外翕的统一体）是其最主要的问题。而所谓翕辟变化整体的世界，本质上就不仅仅是传统心学的意义世界，而是涵摄了自在自然世界的近现代世界观。

二

从熊十力较为系统而完整的"新唯识论"哲学思考的逻辑结构来看，首以"明宗"先行奠定其所谓本体即是内在本心；次以"唯识"对于外物执著以及内在私心（取境之心）的破除证明何以本体即是内在本心；续以《转变》、《功能》、《成物》说明本质上不实在的世界何以可能的问题（亦即说明虚假的世界何以呈现）⑤，终之以《明心》阐明人作为主体存在何以能够由自身的真实本心摆脱虚幻世界的束缚走向真实的实现。⑥从这一逻辑安排来看，"转变"显然具有极为重要的意义，因为先行的"明宗"、"唯识"乃至最后的"明心"都注目于"内在本心"，而从"转变"起，对于世界的自在因素的讨论便渗透其中。

以本心作为实体来建构这个世界（在人存在于其中的意义上成为"这个"世界），熊氏在"明宗"、"唯识"建立起来的世界只能是一个"意义的世界"。所谓意义，也就是人为其存在于其中的这个世界赋予的光亮。所谓光亮，既是光芒又是色彩。在此意义上，本心主要是明觉原则与价值原则的统一。因此，在意义世界中本心明觉是"使×亮"的力量，在熊氏哲学思考中，这一"使×亮"的明觉具有自身的深刻意蕴：一方面，从人必然作为主体的存在而言，主体存在及其展开的世界都必须根源于明觉本心；另一方面，从主体存在展开的世界作为意义世界的自为性而言，"使×亮"的明觉强调突出的是"什么使事物（世界）亮起来"。如果单单强调这一点，那么本心所注目的是"什么使事物（世界）亮起来"，但回避或者忽略"什么亮了起来"。这一点，阳明心学体现得极为充分。但是，熊十力心学却无法再回避"究竟是什么亮了起来"这一方面。

为此，我们可以看到，熊十力在"明宗"、"唯识"之后，并没有直接给出一个本心作为实体并直接以之为整个宇宙世界的实体，它有一个转折。这就是"变化"的凸现：

> 在《唯识章》里，已经明示心物诸行都无自体，因为一切行的相状，当现起的时候，只是一个变化，并不是实在的东西。这变化的力用很大，是一发而不可阻遏的，也很奇怪，是没有端绪可测度的。⑦
>
> 第二章里（即《唯识上》，引者注），虽不许有离心独在的境，却不谓境无，只以境与识不可分为二片而已……第三章里（即《唯识下》，引者注），明妄执的心无有自体，易言之，即此心不是独立实在的东西。心既如此，则由此心而迷妄分割，以为外在的境，其无自体及不实在，自然不待说了。然前已有云，境并不是无有的。第三章里虽云心无自体，然许心有因缘，即是此心具有其本身的自动的力。可见心的相状，虽不是实在的，却也不是完全无有的。据此，心和境，既说为无自体，也就是毕

竟空、无所有了。却又说心和境都不是无所有的,岂不是自相矛盾么?……现在的问题,又要进一步,就是心和境既都不是完全没有这回事,却又说心和境都无自体,如果仅说到此而止,并没有将心与境的所以然,与其当然的道理,给个彻底的详细的说明。因此之故,我们接着谈《转变》。⑧

要言之,"转变"要说明的就是被视为非实在性的彼此对待的心与境,作为流变何以可能的问题。在熊十力看来,这个问题极端重要:"此章为全篇主脑。前后诸章,皆发明之。"⑨对于从佛学(主要是唯识宗)中走出而建构自己哲学的熊十力来说,这一点尤其重要。因为其所谓"明宗"、"唯识"、"明心"等等,都是在意识范围之内(这里取意识的广义泛指主体精神因素)的。在唯识宗,由于无法跨出意识的范围,而坚持其主观主义立场,对于世界予以否认,对于终极实体予以相当程度的消解。熊氏通过"转变"的分析,将自己从狭隘主观意识范围中解脱出来,而纳入整个世界的视野,并通向终极的奠基整个世界的实体。这一点,熊氏非常重视:

> 本书谈转变,即于一切行,都不看作为实有的东西。就这点意思说,便和旧说诸行无常的旨趣是很相通的了。但是,本书的意义,毕竟有和旧学天壤悬隔的地方,就是旧师于一切行而说无常,隐存呵毁,本书却绝无这种意思。因为我们纯从宇宙论的观点来看,便见得一切行都无自体。实际上这一切行,只是在那极生动的、极活泼的、不断的变化的过程中。这种不断的变化,我们怃为大用流行,这是无可呵毁的。我们依据这种宇宙观,来决定我们的人生态度,只有精进和向上。其于诸行,无所厌舍,亦无所染着了。⑩

作为大用流行的变化无可呵毁,是从"宇宙论"观点来说的。这里,熊氏表面上虽然说外在宇宙是"推出去说的",但更深一步看,肯定变化的无可呵毁的宇宙论意涵,显然意味着佛学单单局限在主观意识现象内来说明变化是不够的。换句话说,在意识之域被自觉到的变化,不仅仅是一个内在于主观意识之域的问题,它逸出了单纯意识的范围。就熊氏在变化之流中否定事物的实在性而言,这一点他与佛家没有什么区别。熊氏与佛家的区别在于,佛家不但否定了变化之流中的个别物的实在性,而且否定整个变化之流本身;而熊氏则只是否定了变化之流中个别物的实在性,却肯定了变化之流整体作为"大化流行"的实在性(无可呵毁)。迁流变化的"行"作为笼罩上主体意识光芒的现象(境界世界),并不能完全归结为主体意识自身的变化。主体意识只是以其光芒渗透其中、照耀其上,作为构成性力量使这一变化的世界保持其对于人自身存在的自为性,但仅只意识的光芒并无法成功此一变化。熊氏在肯认"大化流行"不可呵毁的实在性时,其实质便是将在主体所呈现为如此这般世界中的异在因素——不能归结为主体意识的自在因素承认下来。即如熊氏所谓"推出去说",它也表明:假如果真自我一切赅备,还需要什么推出去假说呢?之所以推出去,是因为不得不推出去。如此"推出去"的本质,表明在主体将世界呈现为"如此这般"时,还有不如此这般而"如彼那样"的东西到场。仅从主体意识自身来看,对于"如彼那样"的东西,主体知其到场并能决定其如何到场,却不能决定其本身。

在主体意识力量（本心/良知）所及的现象世界之内，世界呈现为变化之流。对于这一变化本身，究竟该如何理解呢？朴素实在论的观点认为，客观世界自在变化，主体意识不过是对于客观变化的再现；而彻底唯心主义的立场又往往将变化归结为意识或者精神力量的变化。在唯心主义立场中，对于变化的理解又具有归为主观意识变化与客观精神变化的不同。从最终走向来看，熊十力的观点似乎将现象世界（作为境界）的变化视为某种客观精神力量的变现。由此，他就从以主体内在意识力量（本心/良知）为境界世界的本体，转向以外在于主体的客观精神为世界的本体。这之间转化的关键即在于主体意识所呈现的世界作为变化之流中的自在、异在因素。这构成前述转成的基本理据。

三

在主体意识（本心/良知）自觉到的变化中，有异在、自在的因素到场。在阳明心学与唯识宗那里，尽管阳明心学主要是在意义世界的建构上来理论，唯识宗则从现象主义立场看世界，但二者都倾向于把世界主要视为如此这般被呈现的东西（现象或现相），而不对世界本身自在性的方面进行何以如彼的追问。在大多数情况下，熊十力本人的哲学思考具有很深的心学与唯识宗色彩。但在这一问题上，他却围绕对于变化的讨论而表现为不同的进路。在将主体意识（心学是本心/良知，唯识宗是阿赖耶识）作为现象世界的根据时，康德有一个著名的论述："一般经验的可能性同时也是自然界的普遍法则，而经验的原则，也就是自然界的原则。因为我们是把自然界仅仅当作现象的总和，也就是当作在我们心中的表象的总和，来认识的。"[11]因为康德将自然界理解为现象世界——由主体自身显现为如此的一个世界时，所以就能够将经验的法则与自然的法则等同起来。他以主体性法则消解自在世界的自在法则，根据他的先验逻辑，自在世界是不可能进入主体视野（现象世界）的物自体。主体现象世界的形成，其法则来自于主体自身。因此，在先验批判立场上，主体经验可能的法则就是自然界作为现象界可能的法则。不过，康德强调，这样的法则只能运用于经验界。由此，康德的结论是：主体在且仅在自身赋予经验（对象）以秩序的过程中认识自身（作为使对象如此显现的先验法则）。康德如此致思的后果，一方面是得到了先验而静止的纯粹知性范畴；另一方面，忽略了先验范畴不断应用于新经验的过程性——在应用过程中的变化之维，从而将对象世界与作为实体的主体都推向了不可知的物自体之域。撇开其伦理与宗教上的理由，单纯从认识论的角度看，康德从先验论立场出发，对于认识作为内外相成的本质有所削弱，而对认识过程中对象作为自在物的到场未给予足够的重视。

与康德的纯粹理性不同，熊氏在其本体论思辨中的本体，不是"纯粹的"，而是富含内容的；与康德的自我仅仅是功能性的存在不同，熊氏所谓本心/良知是实体性的；并且，与康德将认识、伦理二分不同，熊氏哲学的本体作为明觉的意识力量，是认知与道德、价值的统一（这同康德认识论立场与熊氏存在论立场之间的区别相应）。因此，当熊氏在主体意识力量呈现的现象（作为大用流行的变化）之内发现自在、异在事物的到场时，他采取了与康德不同致思路向。熊氏在借用唯识学的理论论及"境不离识"而独在时，曾面对一个难题，即在任何一个特定时刻，意识总有了别所及的境（对象）和了别未及的境（对象）。他的回答是即令有意识了别未及的境，此境若要向主体呈现，它就必须接受主体意识的自为法则的规范，所以不能离识而独在。[12]不过，既然主体意识力量对对象的认知有了别已及或未及的区别，那就表明在从"已及"到"未及"的变化过程中，有独立于单纯主体意识的某种自在的事物到场。[13]正如梅洛·庞蒂所说："我所处的地方对我来说从来不是完全已知的，我看到的事物也只是在超出其可感方面时对我才是事物。因而，在知觉中就有一个内在性与超验性的悖论。内在性说的是被知觉物不可能外在于知觉者；超验性说的是被知觉物总含有一些超出目前已知范围的东西。"[14]这些逸出主体的方面，不能由主体来给出它们的根据。在梅洛·庞蒂看来，避免这一悖论在于回到"透视经验"的本源意义上，即回到源初知觉中知觉与被知觉物不可分离的整体，而不能走向知性的解析把握。他将这一经验世界视为一切理性、价值和存在之前提，并要求"回到"这一世界。与之不同，在熊氏哲学中，虽然他也提及佛学所谓现量证如（没有内外之分的直接直观感觉）的理论，强调在源初意识状态中心物的不可分离性，但其宇宙论铺演的主要旨趣却注目于在主体显现为如此这般的世界中，敞亮主体内在本心对于如此世界的构成性本质。如此这般世界（作为境界的现象世界），在主体意识不断进行觉解的过程中，因其变化而使自在因素以异在于主体内在根据的方式无可避免地透露出来。在诠释自为境界中的自在、异在因素的过程中，熊十力本体论哲学的本体，就从内在本心/良知转成为宇宙实体。

如前所说，自为精神本质（本心/良知）呈现了一个涵摄自在自然世界的变化整体，对于这个变化，熊氏以本体论的立场加以追问："一、谁个为能变的呢？二、如何才成功这个变呢？"[15]熊氏认为，变化何以可能的问题有两个方面，一方面是：究竟是什么东西在变化着亦即什么是变化的主体或变化的本体？另一方面是：变化的法则是什么或者说为什么这个主体或本体能变化？

对于问题的第一个方面的追问，熊氏说：

> 我们先解答第一个问题，就不得不承认万变不穷的宇宙，自有他的本体。如果只承认有万变不穷的宇宙，而不承认他有本体，那么这个万变不穷的宇宙是如何而有的呢？他岂是从空无中突然而有的吗？[16]

> （我们）把一切行的本体，假设为能变……我们把本体说为能变，这是从功用立名。[17]

熊氏在这里明确指出：变化的世界就其自在方面而言，有着自身的自在本体（万变不穷的宇宙，自有他的本体）。熊十力利用唯识学关于"无不能生有"的论证，强调变化的世界不能空无，这在一定意义上说：主体自为性的精神本质所照亮的那个变化的世界不能是空无的境界，而必须所有照亮，必须有物。本质上，作为呈现在主体意识之域的变化，其变化之所以为变化，是自为主体和自在对象交相作用的产物。但是，就其超越了单纯主体的自为性而言，变化之为变化，在其能进入主体自为性精神本质领域之前，它就必须是有点什么，它这点什么能够进入变化并且自身能够变化。从其能够具有让变化流行可能的这一作用上来看，变化的本体可以说就是"能变"。在此，变化的本体是已经转成为宇宙世界的本体，或者说已经由主体本心/良知转为宇宙世界自身所具有的自在根据，即它自己的本体——能变。

四

关于变化何以可能的第二个方面的追问，就是变化的法则。作为自在世界存在根据的宇宙实体，具有自身内在的矛盾法则，自在地衍化出宇宙世界的整体或者说自在地变化着。熊氏明确认识到变化不可能是单纯的一个性质，变化就是有矛盾，因为矛盾才能变化。在这方面，熊氏坚持了辩证法的基本原则："因为说到变化，就是有对的、是很生动的、有内在矛盾的，以及于矛盾中成其发展的缘故。"[18]本体的内在矛盾主要在于："从一方面说，他是一翕一辟的……从另一方面说，变化是方生方灭的。"[19]这里略开生灭，仅就翕辟而言。所谓翕辟，就是能变——本体内在的两种力量，二者一起构成本体，并使本体能够变化。熊氏利用"能变"（本体）具有翕辟两种力量，进一步解释主体精神力量（本心／良知）所呈现的现象世界（作为变化着的境界）中的异在事物的形成问题。能变作为本体，无穷竭地变化，一方面，变化本身不可遏断，所以是"常"或"恒"；一方面，变化本身的绝对持续，使变化中没有任何一件物事能够持存，所以是"断"或"转"。因此，能变在一定意义上就是"恒转"。在对"恒转"的论说中，熊氏努力解说自在自然世界或者客观宇宙世界形成：

> 恒转是至无而善动的……每一动，恒是有一种摄聚的，如果绝没有摄聚的一方面，那就浮游无据了。所以，动的势用起时，即有一种摄聚。这个摄聚的势用，是积极的收凝。因此，不期然而然地成为无量的形向。形向者，形质之初凝而至微细者也……物质宇宙，由此建立。这由摄聚而成形向的动势，就名之为翕。……即由翕而形成一一实物了。恒转显现为翕的势用时，几乎要完全物化，若将不守他的自性。这可以说是一种反动了。然而当翕的势用起时，却别有一种势用俱起……这个势用，是能健以自胜，而不肯化于翕的。申言之，是能运于翕之中而自为主宰，于以显其至健，而使翕随己转的。这种刚健而不物化的势用，就名之为辟。[20]

对于"恒转"的论说，进一步凸显翕辟变化的法则。翕辟二者是同一个能变或恒转本体的两方面，其翕的方面使物质世界成为可能，其辟的方面则使作为自在世界的客观宇宙世界具有精神性规定。并且，宇宙世界就其自在的存在而言，就是精神性的辟主宰物质性的翕。熊氏甚至认为，物质性的事物，正是以辟为主要本质的宇宙本体实现自身而进行的自我设定，它以对于自身缺陷的不断战胜来昭示自身。辟具有精神性，翕具有物质性，两者都是自在世界自身的实体的内在属性。在此，我们看到，熊氏从主体自为性精神力量所呈现的变化世界，走向超越主体自身的宇宙实体，并且将宇宙实体规定为内涵有精神性的。这使其心学立场从本心／良知向宇宙实体的转成，走向一个更为强化的立场：即反过来将主体自为性的精神本质，看作宇宙世界自在本体功用的变化的产物。

这样的立场，即是客观主义的泛心论立场："无始时来有翕即有辟，有辟即有翕……泰初有翕，泰初即已有辟。我们把这个辟，说名为宇宙的心。"[21]泰初之辟就是在未有人类乃至未有万物之前的精神性力量，熊氏称为"宇宙的心"。此一"心"在本体变化过程中等量齐观地转移进入了宇宙世界中每一存在物（包括人自身），因此，宇宙整体具有

"心",宇宙中每一物都具有同样的"心":"一一物各具之心,即是宇宙之心;宇宙之心,即是一一物各具之心。"㉒这一具有明显华严宗色彩的客观主义结论,显然区别于唯识学的主观主义立场。本来,在熊十力哲学本体论框架内,翕辟作为宇宙实体的内在力量,解释的是超越于主体内在意识力量之外的自在世界何以可能的问题。但是,当熊十力如此进行解释的过程中,宇宙实体吞噬了主体的自为性精神本质,反过来成为主体精神性的担保与根源。这样,熊氏把心学意义上的本心/良知,就转而为宇宙世界的实体。

实质上,就熊氏思路而言,在主体呈现为如此这般的境界世界(大用流行的变化)中,要加以说明的自在或异在的东西,本来主要是物质性的。但在其本体由主体内在意识力量转为客观实体的过程中,其致思路向却是对于自在世界加以精神化。就此而言,自在世界的精神性具有与主体内在意识力量本质上的一致性,从而其沟通便具有了可能。但是,从主体内在意识力量转为客观精神力量,乃至于将客观宇宙之心(客观精神力量)等同于包括主体在内的每一存在物内在的精神性,却更多表现为古朴的独断论。这里可能的问题在于,局限于单纯意识范围之内根本无法说明超越于主体意识力量的自在事物。自为主体与自在对象相互作用在意识领域呈现的变化,实质上是自为主体与自在对象在实践基础上相互作用所成的变化的反映。只有回到主体和对象的活生生的打交道的活动中,主体意识力量和客观世界的共同根据才能得到,这当然在熊氏的视线之外。

熊氏作为现代新儒家的重镇,其哲学本体论从主体内在本体向宇宙世界客观实体的转化这一未完成的致思路向,影响并制约了其后新儒家思想的展开。尤其在牟宗三哲学中,通过从康德哲学入手,以传统哲学来诠释"直观",消解康德的物自身,并在"即存有即活动"基础上建立道德形而上学,其实质就在于要以泯绝内外之别的心学之"心"来建立整个世界观。不过,由于道德形而上学依然没有让自在世界如其本来那样在境界世界中到场,面对必须提供一个新世界观(涵蕴民主与科学的世界观)的要求,熊十力的那个"转"似乎仍然是一个没有解决的问题。

注　释:

① 《新唯识论·明宗》,语体文本,《熊十力全集》,湖北教育出版社,2000 年版,卷 3,第 20 页。《新唯识论》语体本一开篇,熊氏就提出哲学的宗旨是:"今造此论,为欲悟诸究玄学者,令知一切物的本体非是离自心外在境界,及非知识所行境界,唯是反求实证相应故。"(《熊十力全集》卷 3,第 13 页)本体即是实体。在文言本中,熊十力使用"实体"一词取代"一切物的本体"。(《熊十力全集》卷 2,第 10 页)这句话是熊十力哲学的总纲,其中的关键在于它将"本体"和"自心"通过"反求实证"联结成一体。

② 在其成熟的《新唯识论》文言、语体文本写作中,熊氏就明确指出本心及其意义世界(作为境界)向宇宙实体及自在世界的转化,是一种逻辑假设:"我们虽不承认有客观独存的宇宙,但在逻辑上,不妨把自我该备的一切行或万有,推出去假说为宇宙。他处,凡言宇宙者均仿此。"(《熊十力全集》卷 3,第 86 页);"今玄学所穷究的事实,即所谓宇宙实体是已。夫宇宙实体一词,特从俗而称之耳。实则只是将自家本分事推出言之,而名以宇宙实体。"(《熊十力全集》卷 2,第 92 页)在后来的《原儒》中,他依然强调这一点:"反求诸己,发现内在固有本因,推说为天"(《熊十力全集》卷 6,第 578 ~ 582 页)"《大易》肯定万物为实在,人类是万物发展至最高之灵物,其为真实尤不待言。所谓乾元,只是从万物或吾人自身推出去说,以明人与万物同此大原而已。不明乎此,将以本体,为客观存在,人或万物都从那里变化而始有。如此,则万物与人都失其自己,万物可以说是造化的玩具或糟粕,人类只自

感藐小。"（《熊十力全集》卷 6，第 745 页）就此而言，从传统心学之本心/良知及其意义世界到宇宙实体以及相应的自在世界的过渡与转化，熊十力显然没有充分自觉。

③　就此而言，无论是熊十力本人还是熊十力哲学的研究者，几乎都未能加以充分的注意。熊十力本人在《体用论》这本粗疏的著作写成后，以"《新论》宜废"来对待自己前此的哲学思考历程，折射的是他对于哲学思考自身过程性的不自觉；而对熊十力早晚年之间的变化加以突出，注重强调前后之间的"断裂"，同样也是对于哲学思考展开过程的形而上学态度。

④　《熊十力全集》卷 2，第 194～195 页。

⑤　《新唯识论》对于宇宙世界何以成立的说明恰恰是在表达宇宙世界何以是没有实在性的；这与熊十力晚期对于现实世界的肯定有一些不同。不过，这要放在如前所说的熊氏哲学思考的整个过程中来理解。

⑥　《新唯识论》文言本的章节顺序是《明宗》、《唯识》、《转变》、《功能》、《成色上》、《成色下》、《明心上》、《明心下》；文言本的章节顺序是《明宗》、《唯识上》、《唯识下》、《转变》、《功能上》、《功能下》、《成物》、《明心上》、《明心下》。

⑦　《熊十力全集》卷 3，第 87 页。

⑧　《熊十力全集》卷 3，第 84～85 页。文言本中，熊氏简洁而言："综前所说，首遮境执，明色法之非外；次除识执，明心法之无实。然色非外胡以复名为色，心无实而何乃复字以心？俗之所许，真岂无依？故此详于《转变》。"（《熊十力全集》卷 2，第 40 页）

⑨　《熊十力全集》卷 2，第 51 页。

⑩　《熊十力全集》卷 3，第 86～87 页。

⑪　康德：《未来形而上学导论》，中译本，商务印书馆 1995 年版，第 92 页。

⑫　《熊十力全集》卷 3，第 44～45 页及参见《熊十力全集》卷 2，第 23 页。

⑬　主体意识在对境的"了别"上有着时间性，了别在任何状况下都是未完成的，意识在其既有的了别经验中确证着自身了别未及的境，而有待进一步地照亮潜隐之境。虽然境之"待了别"依循着意识的原则而接近意识之光，但是境的"待了别"性质本身却表明，仅仅有意识内在法则的先行担保不足以让意识之光持续地"了别着"。为主体意识之光照亮的境界，其中的一切物事，因之都呈现为不断迁流变化的样式。

⑭　梅洛·庞蒂：《知觉的首要地位及其哲学结论》，三联书店 2002 年版，第 13 页。

⑮⑯⑰　《熊十力全集》卷 3，第 87、87、95 页。

⑱⑲⑳　《熊十力全集》卷 3，第 96、98、98～99 页。

㉑㉒　《熊十力全集》卷 3，第 109、110 页。

（作者单位：上海师范大学哲学系）

略论熊十力"新唯识论"中的道家精神

——以他的哲学本体论为主

□ 郭　刚

熊十力的哲学集中体现于以《新唯识论》为核心的"新唯识论"体系，是建立在一定社会时代之上的本体哲学。①其哲学体大思精，宏阔深达，涵盖极广，涉及儒、佛、道诸家。熊十力虽然对道家多有批评，但容摄了大量的道家精神。②他早年就对老庄独有情钟，自谓"生性疏脱，少时喜老庄"。应该说，道家精神在他的思想体系中是根深蒂固的。"新唯识论"是以易统摄儒、佛、道"三位一体"之论。熊十力说："读本书者，若于佛家大乘学及此土三玄（大易、老、庄）并魏、晋、宋、明诸子，未得其要，则不能知本书之所据与其包含及融会贯通处。"③我们本着这个宗旨读此扩大了的"新唯识论"，挖掘出其受道家思想影响的痕迹。

一、本体涵摄道家"道体"

熊十力认为："东方哲学，皆谈本体。"④事实上，他是以继承并建构传统的玄学本体为己任的。在"新唯识论"中，本体有极多的规定性，现以《新唯识论·转变章》六义说为例来看其中所具有的道家精神。熊十力说：

> "本体所以成其为本体者，略说具有以下诸义：一、本体是备万理、含万德、肇万化、法尔清净本然……二、本体是绝对的，若有所待，便不名为一切行的本体了。三、本体是幽隐的，无形相的，即是没有空间性的。四、本体是恒久的，无始无终的，即是没有时间性的。（此中恒久二字并不是时间的意义，只强说为恒久。）五、本体是全的，圆满无缺的，不可剖割的。六、若说本体是不变易的，却已含着变易了，若说本体是变易的，却已含着不变易了……"⑤

熊十力对本体的界定含有儒佛道各家思想，其中道家的痕迹是明显的。首先，"万理""万德""万化"虽是后来具成的，而且已经有了相对固定的丰富含义，但在先秦道家那里（尤其庄子）已广泛涉及；尽管有时非直接提出，不够具体，但却显现出其端倪。《庄子》中的"天之理"、"天地之理"、"万物之理"等便是"万理"之称，"道德"、"盛德"、"至德"、"厚德"、"正德"、"刑德"、"中德"、"全德"、"玄德"等统称为"万德"，"自化"、"变化"、"物化"、"百化"、"万化"等皆为"万化"，这些皆为道体的特点。先秦道家所开初的道以及描述道的各种特点而具有的不同名称，开了中国哲学发展的先河。熊十力借以并改造了道家思想，融进他那批判、吸纳与创造相结合的体系中。其次，道家的道体是绝对的、无所对待的。道的绝对性在于"一"，即"守其一"的"一"；因为道为"天地根"（《老子·6 章》，本文所引《老子》的文字皆出自王弼的《老子道德经》，下引此书只注章名），"天下母"（52 章），绝对无二。另外，道还有着"自本自根"的绝对独立性。这与本体是绝对无所待相吻合。再次，道体寂静无为无窦，无形无象，其特点是"求诸无形无迹者为实有，而视有形有迹为幻"。道"有物混成"，是一种虚气的存在。本体虽缥缈，不可追摹，难以经验，却是虚而有实。熊十力指出："老子谓之无者，以其无状无象，故说为无耳，非真无也。其曰用之不勤者，妙用无穷……"⑥又次，道在时空上是无限的、恒久的，"道未始有封"即如此。道是永恒不灭的、无生死；万物皆由道生出，有死生，是生于道，死后又复归于道。这说明道是全的、圆满的，万物是不全的、非圆满的。熊十力也说本体是无封畛的、全的、圆满无缺的。最后，道是"自为"、"自化"、"自己"，非由他然，本来如此，这同时表明它的变易性。本体亦如此。在此基础上，熊十力还对本体的特点作了进一步的总结："本体是无形相的，是无质碍的，是绝对的，是全的，是清净的，是刚健的。"⑦这些特点无不涵摄着道家的道的精神。

熊十力的本体论承续道家的道的精神，二者都是在日常生活中类推出来的，通过逆向的逻辑思维和主观推论来展现本体概念，即主观推论出那"非知识所行的境界"。熊十力看到日常事物有体必有用，体用相即而不离，于是，物的现象和心的现象皆被他视作体的作用，逆推为那"流行不息"的不可捉摸的本体。又因物和心的现象是多种多样的，故遂转而言体必显现为千差万别的功用。道家亦然，道表现为千差万别的万物。不过，二者所不同的是：道家视万物由道生成后，皆为道的表现，亦可以说，万物即道；不过，道是圆满的，万物是不圆满的。而熊十力所论的体不是指那千差万别的用，而是指那显现为千差万别的像大海水遍与众沤为体的"本体"。但从每个个体都是大全的、整体性而言，体总是表现为一定的用，又同于道。道作为本体为一，作为万物所禀赋道的特质为多，体与用、道与物的关系是一与多、一即多的关系。

熊十力的本体又称为本心，它同样富有道家内涵特色。他说："本心义相：一、此心是虚寂的。无形无象，故说为虚……二、此心是明觉的。离暗之谓明，无惑之谓觉。明觉者，无知而无不知……"⑧"虚寂"、"明觉"多为佛家术语，但虚、明已在老庄处多见。老子有"知常曰明"（16 章）、"自智者明"（33 章）、"复归于明"（52 章）等，《庄子》有"神明"一词。道家的虚有多种意思，其中一个就是"无形无象"之意，指"空虚"、"虚空"。但熊十力的本心又是相对于"习心"而言的，为纯净无染、虚寂冥然的，不与物相对待，而是超越物，不可物化，且主宰的"自存"物。更进而言之，"此心即吾人与万物之真极"。⑨这虽容摄于道家，却远远高于道家了。

另外，熊十力有时称其本体哲学为"玄学"。玄学所穷究的，是绝对的、真实的、全的，是一切物的本体，是至大无外、周遍一切处的，是具有至极微妙、无穷无尽的功用的。熊十力的"玄学"更接近于先秦道家与魏晋玄学。由此看来，道家的道的特点在熊十力的玄学体系中可窥见一斑。

从熊十力对本体的称谓角度而言，其名称是繁多的，这与他不拘泥于"自家"见解，广摄各家思想息息相关。又如，本心"即道，故曰道心"，"即道体之本然也"⑩。熊十力与道家老庄对道心的理解既有共性，又有差异。在道家那里，道为一切万能者，是绝对的；心只是主观万能者，是相对的。在心存有之前已有道，心泯灭之后，道依然存在。不过，在人类存有期间，亦可以言，心即道，道即心，由心体道，不可外吾心而求道，心大可支配一切，无心缘何知道、体道、达道？如此这般皆说明道在心中，道不管有多大，心全统摄之。心在其存在的时空内，可以任意驰骋，逍遥心游，"游心于漠"（《庄子·应帝王》，本文所引《庄子》的文字皆出自郭庆藩的《庄子集释》，下引此书只注篇名），"游乎太虚"（《在宥》），"游于无人之野"（《山木》），"游乎万物之所终始"（《达生》），这样的心难道不为"真宰"乎？熊十力就是着重强调心的能动、万全作用。然而，这里的"本体"或"道"或"本心"都不是指西方哲学所言的"上帝"或"第一因"，已经没有人格神、造物主的形象了。

总的说来，熊十力将本体的不同名称称为"本性"，表达了本性的真实性、独在性、绝对性、超越性和流动性等特点。正因为本体具有这些特点，它才能像道家的"道"那样实在、无处不在，成为万物之本、万化之源。

二、本体"恒转"

在宇宙生成论上，熊十力承续传统而富有一定的独创性。"流行"是宇宙生成论之所在，它是永恒不断的，既是变的，又是不变的，故而又称为"恒转"。本体不仅是万化的根源，而且还是万化的动力载体，它的生成表现为翕辟两种势用的相互作用。熊十力借用《易经》中的翕辟二词来说明宇宙生成过程中的两种势用，这两种势用的具体展现又借助于老子的道之生成论。"恒转是一，其显为翕而几至不守自性，此便是二，所谓一生二是也。然恒转毕竟常如其性，决不会物化，故当其方翕，即有辟之势用俱起，此辟便是三，所谓二生三是也。"⑪这是一个描述宇宙动变过程，是一种内动自动说。⑫其运思过程有些像黑格尔的正反合辩证法，但其生成过程更像道家的思维路向。道作为本体是恒动不已，即"恒转"。恒转之动而成翕，有翕便有辟，翕辟成对而生变化。因为说到变化必是有对，即有内在的矛盾以成其发展，故而有变。翕辟作用是恒转流行不息的动力源泉，二者含有"反"的意义。"反，不自外生，故云内在的矛盾"⑬翕辟是一对相反的内在于本体的两种势用，二者不可分离，也无先后次序，道之动就在于道中含有矛盾而使得道体生生不息、流行不已。由于有了翕辟的相互作用，本体生成的具体进程便会迎刃而解了。

接下来，熊十力说："本论明变而表以数，立二数或三数以示之，至道无余蕴矣。二者，一翕一辟也。三者，恒转是一，其现为翕则二也，复现为辟则三也……"，"一者，绝待也，虚无也，（无形无象故名）无在无不在也。自一而二，以之于三，皆称体起用之征符，至无而妙有也，至虚而善动也，是故拟之以象。"⑭翕辟虽为对立，毕竟不是具体二物，只是恒转的两个动变势用，二者是相融相合的。熊十力重视宇宙的整体，而不是片段的分割；即是说，翕辟同时运行，乃是恒转的两种势用。然而，恒转善动，相续不已，必有个先后顺序。熊十力承认"一生二，二生三"是一个动变过程，因为有一方有二，接着又有三，形成"两相反而成乎和，所以完成其主体的发展"。但他又强调一、二、三方生俱起，好似同步进行，这些变化只是率循相反相成的一大法则，"所谓一二三，只是表示变动的符号，并不是有一二三的片段可分，更不是有一至二至三的先后次第"。如此这般，便有了矛盾。尽管如此，熊十力的目的在于强调翕的势用不守自性，可被物化；辟的势用常如其性，刚健而不物化，二者是不相吻合的。他注意这点，而强调后者。关于后者，道家的主张有过而不及，尤其在庄子那里，大化周流无处不在，无始而无终，"留动而生物"，"运而无所积"。熊十力对一二三所作的分说，是一种"旧瓶装新酒"的做法。不过，相对于道家的原始粗糙性和简单性，熊十力的宇宙生成体系则精致和复杂得多了。此乃体现了中国人文精神的生生不息的内涵特质。

熊十力解释宇宙生成变化之质，又借用老子的"无为而无不为"来说明他的生成论。他指出，恒转是本体的别名，是本体运动时的表征（特点），为"一"；翕辟只是恒转具体显现的两个方面，为"二"和"三"。"一只是表示体之将现为用的符号，二和三都是表示用的符号。"⑮恒转是冲虚无为的，而其现为势用，却是有为的。他认同道家的观点，指出空无不能生有，"物各独化于玄冥"；认为老子的"有生于无"的"无"不是真无，而是实有。因为在大化流行的进程中，绝对的无是不可想象的。他认为，道没有精神与物质之分，只是呈现于精神与物质，道之无为是精神的呈现，道之有为是形本的呈现；但这并不是说，精神必定生天地，形体一定生万物，只是说精神在天地万物之前罢了。

熊十力注重流程中的刹那瞬间式的变化，引用庄子的"运而无所积"，阐明事物的方生方死。类似于庄子，熊十力更多强调自然的变异式的突变，而非渐变。"自然"一词所具有的丰富含义最初在老庄那里，指自然界、道体、道体的流变特征、自然而然等含义。熊十力借用"自然"也有指示本体及流变特点。他认为，自然有二义：一是"有以言道体者"，一是"有以言气化，或物界之演变者"。"自然者，其德恒常，不可改易，故谓之常道。"⑯这是以大化流行来说明宇宙之体的自然状态。宇宙万物万化是自然的大化，为偶然性的变化；只有天化是变动不居的，恒定的不被转化，恒转即是永恒的天化，可称为"不转"，是必然性的。不过，与道在万物之中一样，恒转不是超越万物变化，而是于万有的变化中体现出来。熊十力极为推崇"独化"的精神，"就每一独化而言，均是变化无常的；就每一独化各各均具有大化之全体而言，即皆彻体真常"。⑰熊十力所指的本体是一个生生不息、生化不已的过程。在这个过程中，个体的万事万物不断地生灭变化着，其变化只不过是大化流行的显现，对变化莫测的大道而言，是微不足道的。所以，一翕一辟的势用所显现的是大用不测的流行，非为一般就个体物事上的生灭而言的。熊十力善承道家创生系统，把宇宙看作一个生化不已的动变过程，强调自然界的动态历程，从而说明了自然界是一个有生机、活泼的生命整体，人类的生命、民族文化的生命无不呈现出一个创造性的历史过程。

在表述和论证本体的大化流程时，熊十力还不时再现道家的"德""命"等概念，其之间的联系是明显的。他说：

"本心即万化实体,而随义差别,则有多名:以其无声无臭,冲寂之至,则名为天;以其流行不息,则名为命;以其为万物所由之而成,则名为道;以其为吾人所以生之理,则名为性;以其主乎吾身,则谓之心;以其秩然备诸处理,则名为理;以其生生不容已,则名为仁;以其照体独立,则名为知;以其涵备万德,故名明德。"⑱

在古代先秦文化里,道家是较多使用道、德、天、命等概念,且其含义最为丰富的学派之一。倘若说,在先秦儒家孔孟那里,"天"的含义还保留有主宰、神秘之意,那么,在老庄那里,"天"完全为"无声无臭"的自然。熊十力所论及的天,指的就是道家的自然之天。"道"在先秦道家那里多指生天生地而为"天地之本",但也有使万物生成而不知其然的动因,如《山木》有"道流而不明居",《齐物论》有"已而不知其然,谓之道"。熊十力此处所说的道就是生成万物而不知其然的,是一种动态的表现。在"新唯识论"中,熊十力还大量使用了"恒德"、"盛德"、"元德"等,这些都是在"万德"范围内的不同之德。他说:"新论谈体用,所谓空寂生死之妙,刚健清净之德,是元德也。"⑲此元德即指本体而言的。"日新之谓盛德"就是指大化流行的无为之盛德。德的流动性态早在《庄子·庚桑楚》中有见,"动以不得已之谓德"。当然,这与《易经》中的生生之德是一脉相承的。关于"性""命",熊十力指出:"天道真常,在人为性,在物为命。""命者有二义:一、流行曰命。言天道流行,至健而无息也。二、物所受曰命。物禀天道而生,即一一物皆天道呈现。"⑳他还认为,命与性都是以其为生生不息之理和其流行而成生机体的。也就是说,"性""命"为万物本原、气质之始,是本体流行之体现。庄子有"形体保神,各有仪则,谓之性"(《天地》),"命之行"(《德充符》),"受命"(《人间世》),等等;"性命"二字常常连用,二者既相同,又相异。在相同之处,二者皆指一切物的产生与特点;其生成既是必然的,又是偶然的。熊十力更多地将宇宙大化与生命之体融为一体,天体、道体、心体和性体实则为一。这种在论及天道本身之时,最终却把重心落在性命与天道相贯通上,郭齐勇教授认为,这种现象是"中国哲学家把对天道的超越遥契发展而为内在的遥契,即不是把天命、天道推远,而是一方面把它收进来作为自己的性,一方面又把它转化而为形上的实体"㉑。这样,"本心"不仅是万物之源、万化之基,而且是生命之本、道德之心。

三、实证本体

"本心"即本体,它是熊十力哲学本体论的重要概念。本心需要实证,实证就是本心的自知自识。此处所谓知或识的相状很深微,是极不显著的,没有办法来形容它。老子论道的如何玄妙性,庄子言及人心莫测(机心颇多,道心极少),就是指这种感觉。熊十力所言的自知自识不是混沌无知的,而是没有能所、内外与同异等分别的,是昭昭明明而内自识的。只有这种心,才能无知而无不知,虚静清明,齐物我,同内外。也可以说,在此境遇下,方能显现性智(即本体或境论)。

反求实证是对本体的觉悟,即求证性智。性智(可简称"智")乃是真(本体)的自己的觉悟(真是赅万有的本原之体),即是说,本体的觉悟是真的自己("真己")的觉悟,性智是具足圆满清净、本来独立无匹的。它虽不离感官经验,却不滞于感官经验,

"他元是自明自觉，虚灵无碍，圆满无缺，虽寂寞无形，而秩然众理已毕具，能为一切知识底根源的。"㉒这真实圆满性犹如庄子的"真"。何为真？"真者，精诚之至也。""真者，所以受于天地，自然不可易也。"（《渔夫》）在庄子那里，真本自具自在，禀受于天地，自然而然，是不可变易的。本体的真反映在人类身上便有"真人""真知"（《大宗师》），那主宰宇宙人生的便是"真宰""真君"。所以，庄子要求人们"法天贵真"（《渔夫》）、"葆真"（《田子方》）、"反其真"（《秋水》）。熊十力亦然。要达于真，就要"体证本体"或"求证本体"，使人的神明昭彻，不受形累，不为物役，不溺于私欲，不囿于偏见等。这样，通过一系列的修养工夫，方能呈现出一个能所互泯、内外浑然的真如境界。这种境界也就是熊十力所说的"即体即用"或"体用不二"。

熊十力曾以真宰喻指本体或本心，因为它是吾心与天地万物所同具的本体。《庄子·齐物论》曰："若有真宰，而特不得其朕耳。"为了体认本心，求证真宰，熊十力还借用庄子的"悬解"，以此来断尽妄习而神解，达到超脱无所系的境地。只有这样，性智方能全显。熊十力更多从直觉层面上，摒弃一般知见，直识道体，摒弃对外在世界的妄计，寻求直解，即揭开那障蔽了真的自己。所以，欲显本体（真），必去妄习（知），保持本心。这类似于庄子的除"成心"，而保持"常心"。所不同的是，庄子直觉体认，而熊十力则有一个转变过程，即转化恶习，创养善习，这比起道家则丰富多彩了。

熊十力又认为，本体唯是"证会"相应，不是用量智可以推求得到的，理性思辨和言辞议论也是低层次，有局限性的。为了达到这种证会境地，熊十力借用了道家的玄览之路。他认为，老子的"返朴"，庄子的《逍遥游》，都是表示了那大彻大悟的真实境界。这种境界是言语无法表证的，因而不能执著于言语，要超越知识。《知北游》有"道不可名"，"道不可言，言而非也"。因为名言只能表达有形之物，不能表达无形之道。倘若勉强用言语指喻本体境界，也不能执著于语言这种工具。只有不执著于言语，才能体会、回归于道。熊十力认为，哲学上的用语是非常困难的。语言文字本是表示日常经验的事理，是一种死笨的工具。我们拿这种工具欲以表达日常经验所不能及到的，很玄微的、很奇妙的造化之理，其间不少困难是可想而知的。语言只能表达有形状的、具体的、局部的物事，却难以表达无形的、超物的、玄妙的道理。因为本体无封畛，故不可言说。熊十力发挥了道家思想，看到了言语的局限性，认为抽象的言语无法表达玄学，大道本体只可意会，不可言传。然而，言语不可言说，如何能"发明本心"？熊十力为了打破这种不可言说的语言矛盾，进而借以道家用寓言、诗歌的表达形式。

为了悟到自本自根与"朝彻而后见独"，熊十力提出必须由理智推度而达于超理智的证会境地。证会犹如"心斋""坐忘"。在庄子那里，"心斋"是保持心境的虚静纯一，以便直接与道契合；"坐忘"是心灵达到最高的境界，忘却自我与社会，甚至忘却自己的内心和智能，是一种物我两忘而浑然冥同大化之境。他认为，本体不可思，唯在自明自见。因为思议是肤浅不实的，乃对量智的认知；证会则是对性智的体认。玄学真理唯在反求而不待外求，在于"反求自识"、"反己体认"、"自得"、"亲证"等。因而，实证本体或求证真宰，要超脱思议，而归趣证会。熊十力还认为，要达到这种境界，必须要有返躬内省、向内的工夫，涤除一切情见，直到寂寥无匹的性智恒现在前，始可为止。要做到这些，"恐怕只有求之于中国的儒家和老庄以及印度佛家"了。在此基础上，他更进一步认为，只有涵养工夫，才不至于执著"名""言"，才能体验、体悟大道；而向内的工夫贵在涵养心性，身体力行，直至扫荡名相，"明觉澄然"，呈现真理。只有这样，方可提升人们的道德人格和人格境界，追求那至善至美至真的理想真谛。为了明晰这种看法，熊十力将实证本体纳入到他的"玄学"中。"玄学者，始乎理智思辨，终于超理智思辨，而归乎返己内证；及乎证矣，仍不废思辨。""玄学亦名哲学，是固始于思，极于证或觉，证而仍不废思……"[23]他重视儒家的"思"，更强调道家的对道的内心直觉体认。道家思想宏阔深达、囊括大宇。他深谙中国传统哲学思想，对道家精神的借鉴之处比比可见。与老庄一样，他认为："哲学不当反知，而毕竟当超知。超知者，证会也。"[24]《庄子·齐物论》有言："知止乎其所不能知，至矣。"知识是有一定的局限性的，故庄子要超知；但他并非反对一切知，对那些邪知、妄知等极唾弃，而对大智、圣智等相对赞同。熊十力也有类似的话："本体是知之所不知处，知即止于此而不可妄求也。"[25]知识的局限性表现在，知识推度事物不能应真，只是虚妄分别的现象。因为知识对于宇宙万象，只是一种描摹，决不与实体相应。"知识总是有封畛的，不能冥契大全。至于证，则与真理为一。易言之，证，即真理呈露，炯然自识也。"[26]从他强调"证"字上来看，与道家无有异议，二者皆强调道或本体非离心而求道。但所不同的是，道家所言及的道可以离自心而独存，熊十力直接言本心即道，人不能向心外去求索大全。在此点上，熊十力反对老庄将道视为独立存在的实体，超脱于万物之上而独在的，而成为一切物的本体。实质上，在熊十力的体系中，万物生成之前便有个"心"存在了。不过，在由心求道的工夫上与道家颇为类似，此是明显的。

总之，在熊十力那里，本体论与人生论本是息息相关的，讲本体论的宇宙生化意味着人性发展及人生价值意义的彰显，探寻本体就是对人类文化的终极关怀。宇宙精神辐射到人类身上，便是宇宙与人生相融为一体，二者密不可分。于是，此正是传统的"天人相通""天人合一"的观点，也是中国哲学的内涵之所在。

小　结

"新唯识论"是立足于中国传统学术的"不满旧学"的玄学体系，其要旨在于"究万殊而归一本，要在反之此心，是故以唯识彰名"[27]。由于熊十力平生不曾"自矜己见"，而"读前哲钜典"，"左右逢源"，所以，在以儒家精神为核心的体系中，包容有其他各家的学派精神，道家精神亦在其中。就整体而言，熊十力的思想体系以此原则为出发点，建构他那以本体（本心）为宇宙万物生生不息的源泉，但他不否认受时代性的自家意识（如革命意识）的主宰，对"前哲钜典"的权衡立论是有所取舍的。他对传统的道家自有"自家"的见解，基本是持异端而又借鉴的态度为基点的。熊十力做人、作文皆具有道家风骨。他深悟到，人生的价值不在于物质方面的享受，而在于精神上的愉悦与超脱，即自识那至大无匹的真我，而"神游八极"。他不趋炎附势、哗众取宠、争名夺利，却清高自在，不拘泥于世俗，一生"求真"，甘淡泊，守贫贱，具有独立不苟的道家精神；他那逍遥自在、无拘无束、浩瀚寰宇的道家胸襟和情怀，以及反对妄智、妄见而自见大道的精神为后人所倾慕。

"一个民族要有自己的哲学"，熊十力作为近代哲学家，已深深感到时代的历史使命感。他把握住时代的脉搏，冷眼看社会，冷静思考近代以来的文化特质，批导已存有陈腐的社会现象、文化现象，用中国传统文化精髓来启发人们自识"真的自己"，净化人们的心灵，重建人的价值，重构民族文化。一个民族文化的存在是以哲学为导向的，民族的灵魂在于哲学；因此，挽救民族文化须从哲学开始。近代哲学家的使命不但在于发掘、梳理传统哲学思想，寻找那深藏而鲜为人知的智能宝藏，重构中华文化的优秀机制，用传统文化精神来充实、论证自我；而且独辟蹊径，创设本体，广大深幽，发越心情，认知世界，关注国家的前途命运。这样，一方面既可挽救民族文化，另一方面又展现了他们的历史风范。熊十力是也。

注　释：

①　熊十力认为"哲学所穷究的，即是本体"。他是以重立"大本大源"、"明示本体"为己任的。尽管"新唯识论"是关于本体论、宇宙论、认识论、价值论、方法论等于一炉的博大哲学体系，但其哲学"以本体为其领域"，由宇宙反观人生，彰显人性，即由"宇宙本体"展现"人生本质"。故可笼统称他的哲学为本体哲学。

②　郭齐勇教授说，"熊十力从原始儒家、原始道家、佛家和宋明理学的思想资源里发掘并重建了'大本大源'"；若"无道家资源陶养，则不可能有《新唯识论》也"。见《熊十力思想研究》，天津人民出版社 1994 年版，第 31、278 页。

③④⑤⑥⑦⑧⑨⑭⑮㉒㉓㉗　《新唯识论》（语体文本），《熊十力全集》（第 3 卷），萧萐父主编，湖北教育出版社 2001 年版，第 11、526、94～95、114、99、18、21、10～11、100、16、547～548、3～4 页。

⑩⑬⑰⑲㉔㉕㉖　《十力语要》，《熊十力全集》（第 4 卷），萧萐父主编，湖北教育出版社 2001 年版，第 211、25、19、17、6、487、6 页。

⑪　《新唯识论》（删订本），第 78 页；又可见《体用论》，第 17 页。《熊十力全集》（第 6、7 卷），萧萐父主编，湖北教育出版社 2001 年版。

⑫　萧萐父主编：《熊十力哲学评论集粹》，《熊十力全集》（附卷，上册），湖北教育出版社 2001 年版，第 165 页。

⑯⑱⑳　《读经示要》，《熊十力全集》（第 3 卷），萧萐父主编，湖北教育出版社 2001 年版，第 577、573、554 页。

㉑　郭齐勇：《熊十力思想研究》，天津人民出版社 1994 年版，第 47 页。

参考文献：

①　熊十力：《新唯识论》（语体文本），《熊十力全集》（第 3 卷），萧萐父主编，湖北教育出版社 2001 年版。

②　熊十力：《读经示要》，《熊十力全集》（第 3 卷），萧萐父主编，湖北教育出版社 2001 年版。

③　熊十力：《十力语要》，《熊十力全集》（第 4 卷），萧萐父主编，湖北教育出版社 2001 年版。

④　熊十力：《新唯识论》（删订本），《熊十力全集》（第 6 卷），萧萐父主编，湖北教育出版社 2001 年版。

⑤　熊十力：《体用论》，《熊十力全集》（第 7 卷），萧萐父主编，湖北教育出版社 2001 年版。

⑥　萧萐父主编：《熊十力哲学评论集粹》（上、下册），《熊十力全集》，湖北教育出版社 2001 年版。

⑦　郭齐勇：《熊十力思想研究》，天津人民出版社 1994 年版。

⑧　郭庆藩：《庄子集释》，《诸子集成》，岳麓书社 1996 年版。

⑨　王弼：《老子道德经》，《诸子集成》，岳麓书社 1996 年版。

（作者单位：南京信息工程大学公共管理系）

略论现代儒学的伦理意义与功能

——以冯友兰《新世训》为中心

□　陈　来

　　不同的解读源自于不同时代的历史文化语境所形成的不同的理论视野，而且，不同的阅读个体对同一历史文本也会有不同的解读。从这点来看，在"理解"的问题上，我们必须注意获取可能激活文本的理论意义的新的视界。因此，对一个哲学家某部著作意义的认识与理解，并不能完全以这个哲学家的自我陈述为限制，这是很显然的。比如，冯友兰先生在世时我曾问他，贞元六书中何者最为重要，当时他的回答中并没有提及《新事论》和《新世训》，他在《三松堂自序》和《中国哲学史新编》第七册中也明确说过他认为这两部书价值不高。但在 20 世纪 90 年代初，当我研究《新事论》的时候，发现该书所讨论的正是 20 世纪 80 年代中期以来最受关注的中西文化问题、文化与现代化问题，这使我对《新事论》的当代相关性和重要意义得出了与冯友兰自己很不相同的认识。① 鉴于这样的经验，对于《新世训》的理解，我也期望能找到类似的视角，这就是，本文试图将其论述纳入现代性的伦理变迁来重新认识其意义。

一

　　20 多年来中国社会从"社会主义计划经济"到"社会主义市场经济"发展的经验，已经使我们切实地体会到，在以市场经济为基础的现代社会中，"成功"成了青年大众最流行的价值取向，而"高尚"已经成了过去的文化符号。古代儒家的圣贤理想和革命时代的道德追求都已渐渐失落和沉沦。② 事实上，这是后"文革"时代道德精神生活的大趋势。当然，在后"文革"时代的初期，这种趋势的出现主要源于人们对"文化大革命"的深恶痛绝所带来的对那种高调的革命文化的离弃，但在此后的发展中，与市场经济的发展更结下不解之缘。在这种社会文化发展中，个体自我的张扬与利益的追求日趋升进，呼应了改革开放和社会主义市场经济的建立，成为中国现代性建构的一部分。

　　中国现代性的展开，并非从 20 世纪 80 年代开始。中国的现代化进程，早在 20 世纪的前 30 年中已经经历了初期的发展，在文化观念上的"脱古入今"③，也在新文化启蒙运动中得到了前卫的发展。尽管从辛亥革命到北伐结束，摆脱政治的分裂和混乱是政治社会的焦点，科学和民主则是文化运动的核心，但在一个近代社会中如何重建道德和人生方向，也渐渐引起注意。④进入 20 世纪 30 年代，现代化的进程加快，现代化的问题意识也在文化上渐渐突起，这些都不能不在思想家关于伦理和人生思考上有所反映。另一方面，中国文化中具有长久的道德思想传统，尽管新文化运动冲击了"礼教"的社会规俗，但在道德伦理领域，"传统"与"现代"的问题并未合理解决，新文化运动后期以后，文化激进主义的声音有所减低，对传统道德在近代社会的意义渐多肯定，为理性地讨论此问题奠定了基础。⑤

冯友兰在 20 世纪 20 年代曾出版过《一种人生观》（1924）和《人生哲学》（1926），30 年代他也就人生问题作过多次讲演。可以说，对人生哲学的留意是冯友兰始终关注的一个重点。《人生哲学》在当时曾列为高中教科书，而《新世训》的各章都先在《中学生》杂志 1939 年末至 1940 年初各期上发表，如果说前者之作为中学生读物是被动的，那么后者则可以说是有意地以青年为对象而写作的。从而，指导青年人生和修养成为《新世训》的基调，虽然它在体系上也可以说是《新理学》哲学的一种应用，是对把传统理学的道德教训诠释于现代生活的一种新论。

从 20 世纪初期到 20 世纪 30 年代中期，以现代化产业为中心的社会经济变化大规模展开，中国的现代工业部门开始迅速增长（尽管它只占整个经济很小的部分），城市社会组织和社会结构剧烈变化，接受了新式教育的新知识青年大量成长，中小以上城市的社会已经告别了传统的面貌。⑥这一切使得"现代化"或"工业化"已经进入 30 年代学者的问题意识，1933 年出现的关于中国现代化的论争即是标志。⑦正如我们以前分析的，以《新事论》前半部为代表的冯友兰前期文化观，完全是一种现代化的文化观，在其中传统与民族化的问题全未出场⑧；与这种文化观相适应，冯友兰在差不多同一时期写的《新世训》，也明显地具有这种意义⑨，即针对后圣贤时代而提出的一种诠释传统德行以适应现代世俗社会的个人生活的伦理教训。借用"德性之后"的说法，我们称此为"圣贤之后"的人生追寻。⑩

这一"现代"人生观特点的表现是，相对于传统的人生教训而言，《新世训》一书中最突出的是对"非道德底"生活方法的强调。我们知道，在伦理学中对"道德"概念一般区分为"道德的（moral）"、"不道德的（nonmoral）"、"非道德的（immoral）"三种。"道德的"与"不道德的"是相对立的，而"非道德的"是指道德上中性的或在道德领域之外的。不过，"非道德的"并非与人生无关，与传统人生教训相比，《新世训》突出的正是非道德方面的人生劝诫。

冯友兰在《新世训》绪论中指出，此书又可称"生活方法新论"，为什么叫生活方法？新论之新在何处？生活方法的概念，冯友兰并没有作过说明，在我看来，所谓生活方法，是着重于人在生活中采取妥当适宜的行为，而不是集中在内心的修养。这个出发点和宋明理学家是不同的。所谓新论之新，冯友兰有清楚的说明：第一，"生活方法必须是不违反道德底规律底"⑪，第二，"宋明道学家所谓为学之方，完全是道德底，而我们所讲底生活方法，则虽不违反道德底规律，而可以是非道德底"⑫。可见，实际上，第一点虽然是首要重要的，但并不是新论之所以为新的要点，第二点才是新论之所以为新的特点。

他又指出：

在以前底人的许多"讲道德，说仁义"底话里，我们可以看出来，他们所讲所说者，大致可以分为三类。一类是：道德底规律，为任何社会所皆需要者，例如仁义礼智信等。一类是：道德底规律，为某种社会所需要者，如忠孝等。另外一类是：不违反道德底规律底生活方法，如勤俭。说这些生活方法是不违反道德底规律底，是说，它虽不必积极地合乎道德底规律，但亦消极地不违反道德底规律。积极地合乎道德底规律者，是道德底；积极地违反道德底规律者，是不道德底；虽不积极地合乎道德底规律，而亦不积极地违反道德底规律者，是非道德底。用这些话说，这些生活方法，虽不违反道德底规律，但不一定是道德底。说它不一定是道德底，并不是说它是不道德底，而是说它是非道德底。⑬

也就是说，从今天的立场来看，以前讲道德仁义的教训中，包含了三类规律：第一类是古往今来一切社会都需要的普遍道德原则，第二类是专属某些社会所需要的特殊道德原则，第三类是一些属于非道德性质的但有益于人事业成功的生活行为方法。⑭

他更指出：

宋明道学家以为人的一举一动，以及一思一念，都必须是道德底或不道德底……我们以为人的行为或思念，不一定都可分为是道德底或是不道德底。所以我们所讲底生活方法，在有些方面，亦可以是非道德底。⑮

理学家认为人的思想"不是天理，便是人欲"，极大地凸显道德与不道德的对立紧张，而没有给其他道德中性的思想感情留下空间，实际上是把许多道德中性的思想感情都划入"人欲"之中。现代社会的伦理的重要特色就是把大量道德中性的思想、行为从理学的"非此即彼"的框架中解放出来，以减少道德评价对人生的过度介入。冯友兰的这种说法当然包含了对宋明理学的批评，但其意义不止于此，其目的主要不在于解放为理学所严加管束的生命欲望上，而在于要突出非道德的人生教训即生活方法的意义。

这当然决不是说《新世训》不讲道德的生活方法，例如忠恕，他一方面仍然"把忠恕作为一种实行道德的方法说"，另一方面则"又把忠恕之道作为一种普通'接人待物'的方法说"⑯。这后一点，即把生活方法不作为实行道德的方法，而作为一般普通的接人待物的方法教训，正是《新世训》的重点和特色。所以，本文的观点并不是说冯友兰只讲非道德的人生教训，而是说在宣讲道德的人生教训的同时，也重视非道德的人生教训，成为本书的特色。

这种分别就是"道德底"和"非道德底"的分别，用另一种说法，即"道德底"和"理智底"分别。冯友兰说："我们所讲底生活方法，注重人的道德底活动，亦注重其理智底活动。"⑰所以他认为，"人是理性的动物"这一说法是对的，但还可分析："人之所以异于禽兽者，在其有道德底理性。有理智底理性，有道德底理性。有道德底理性所以他能有道德底活动，有理智底理性所以他能有理智底活动。"⑱应当说，道德理性的对象是道德规则，理智理性的对象是实存的规律，二者确实有所分别。所谓非道德的人生教训大多是基于社会经验而形成的"世俗智慧"⑲，是由理智理性所总结出来的。非道德的人生教训是要引导人过更为明智的生活。

"人之所以异于禽兽"本是指人的本质、本性，此种本质、本性的完全实现便是古代作为理想人格的"圣人"。冯友兰指出：

> 宋明道学家说人之所以异于禽兽者时，他们注重在人的道德方面，而我们说人之所以异于禽兽者时，我们不只注重在人的道德方面，而亦注重在人的理智方面。……宋明道学家所谓人之至者，是在道德方面完全底人，而我们所谓人之至者，是在道德方面及理智方面完全底人。[20]

这样，《新世训》的人性观也打破了单一从道德本性了解人的传统，同时主张从理智本性来了解人。人的本性不仅体现在其道德的方面，也体现在其理智的方面，即包含两个方面。就"人之所以为人"来说，冯友兰认为："一个人若照着人之所以为人、人之所以异于禽兽者去做，即是'做人'。"[21]"圣人"就是在做人上已完全达到"人之所以为人"的人，"一个人如果对于'做人'已可认为至完全的程度，则可称为人圣，人圣即是圣人"[22]。由于理性有两个方面，道德理性和理智理性，所以人的本性的实现也必须在两方面并进完善。"无论就理性底哪一方面说，人都是理性底，而不完全是理性底。但完全是理性底却是人的最高底标准。所以人必自觉地、努力地向此方面去做。"[23]从而做人不仅要在道德上达到最高标准，也要在理智上达到最高标准。

这种特点也充分表现在他对"规律"的强调。他说："人都生活，其生活必多少依照一种规律，犹之乎人都思想，其思想必多少依照一种规律。"[24]他认为，人的思想所依照的规律是"逻辑底规律"，此规律不是人强加于思想的，而是思想本来的规律，即"本然底规律"。人的生活所依照的规律是"生活方法"，人的生活也有其本来的规律，人的社会生活的"本然底规律"需要与之相对应的一门学问，这就是生活方法。从哲学的概念使用来说，"规律"本来是指一种自然的必然性观念，要人遵从现实的自然的必然性。法律和道德律则是人为制定的当然规则，不限于社会生活的实然经验。正如理学把当然之则和所以然之故都概括为理，冯友兰的新理学也把道德规则和生活规律都叫做规律。[25]

由于此书的特点是突出非道德的人生教训，所以命名为生活方法新论，与此相应，他把"生活方法"对应于"生活规律"，即为了符合生活的规律而采取的生活方法。冯友兰强调"规律"而不是使用"规则"，是有其用意的。[26]规则用于道德生活，故我们习用"道德规则"，而规律则多指道德领域之外的生活经验的总结。所以冯友兰强调"生活规律"，虽然与其新理学形上学有关，但更和其在本书对非道德生活的重视有关。"道德规则"是讲人应该如何做，"生活规律"是讲人如何做才能趋利避害。故此书在态度上是更多地把"道德教训"的规范，变成"经验之谈"的规律，或寓道德规则于经验之谈。在中国传统文化中，这一类的内容很多，如《老子》、《周易》中都强调人生成败的经验教训，其中有不少可以说反映了社会生活的规律。儒家文化中也容纳了不少此类内容。特别是，在世俗儒家文化中，也就是儒家思想和价值在具体应用于家庭、社会、人际交往的实践中所形成的实践形态，如家训、家规等，这些家训、家规都受儒家价值的影响，但同时以经验教训的面目出现。

二

现在我们来通过《新世训》的若干具体内容，说明冯友兰在此书对"道德底"和"非道德底"同时并重的"双焦点"透视的论述方法。大体说来，此书的十篇中，一部分是就传统的道德德目（如忠恕、中庸、中和、诚敬）讲出道德与非道德的两种现代应用；另一部分是就传统的非道德德目（如勤俭、无为、冲谦）讲出其现代生活的意义。以下举出几点：

（一）忠恕

此书第二篇为"行忠恕"。对于忠恕，冯友兰的讲法是："照我们的讲法，忠恕一方面是实行道德的方法，一方面是一种普通'接人待物'的方法。"[27]

于是他先论孔孟所讲的忠恕之道，这就是"把忠恕作为一种实行道德的方法说"[28]。所谓实行道德的方法，即以忠恕为"行仁"的方法。冯友兰认为，在这个意义上的忠恕，是指"尽己为人"和"推己及人"。"怎样才算是尽己为人呢？为人作事，必须如为自己作事一样，方可算是尽己为人。人为他自己作事，没有不尽心竭力底。他若为人作事，亦如为他自己作事一样底尽心竭力，他愿意把他自己的一种事，作到怎样，他为别人作一种事，亦作到怎样，这便是尽己为人。""所以忠有照己之所欲以待人的意思，我们可以说，己之所欲，亦施于人，是忠。己所不欲，勿施于人，是恕。"[29] "一个人因他的自己的欲或不欲，而推知别人的欲或不欲，即是'能近取譬'。"[30] "忠恕之道的好处，即行忠恕之道者，其行为的标准，即在一个人的自己的心中，不必外求。"[31] 推己及人为恕，这是古人已有的讲法，但宋儒解释"忠"，只说"尽己之谓忠"，意有未全，冯友兰对忠恕的解说，特别是对"忠"所作的"尽己为人"的解释，应当说是对传统儒学的很好的发挥。

接着，冯友兰说："以下我们再把忠恕之道作为一种普通'待人接物'的方法说"。这就不是指道德行为了，而是指非道德的生活方法了。他说："在日常生活中，有许多事情，我们不知应该如何办。此所谓应该，并不是从道德方面说，而是从所谓人情方面说。"[32] 人情就是非道德生活方法的忠恕之出发点。在这方面，他举出，"一个人来看我，在普通底情形中，我必须回看他。一个人送礼物给我，在普通底情形中，我必回礼与他，这是人情"。"'来而不往，非礼也'。若专把来往当成一种礼看，则可令人感觉这是虚伪底空洞底仪式。但如我去看一个人，而此人不来看我，或我与他送礼，而他不与我送礼，或我请他吃饭，而他不请我吃饭，此人又不是我的师长，我的上司，在普通底情形中，我心中必感到一种不快。因此我们可知，如我们以此待人，人必亦感觉不快。根据己所不欲，勿施于人的原则，我们不必'读礼'而自然可知，'来而不往'，是不对底。"[33] 因此，非道德方面的忠恕，就是行为要合乎人情，"一个人对于别人做了某种事，而不知此事是否合乎人情，他只须问，如果别人对于他做了这种事，他心中感觉如何。如果他心中将感觉快了，则此种事即是合乎人情底，如果他以为他心中将感觉不快，则此种事即是不合乎人情底"[34]。这一类的事情，他还提出说好话的例子："人都喜听好话，这是事实，在相当范围内，对于人说好话，使其听着顺耳，是行忠恕之道，是合乎人情底……这些话也已使受之者心中快了，而又于他无害，所以说这些好话是行忠恕之道，是合乎人情底。但如

说好话超过相当底范围，则听之者或将因此而受害。"㉟这是最明显的"非道德"但不是
"不道德"的生活例子，也是教人避害招利以求成功的处世方法。

在"行忠恕"这一章，冯友兰还详细地讨论了面对各种复杂情形如何行忠恕之道及
其理据。限于主题，这里就不展开了。

（二）无为

此书第二篇为"无为"。此篇讨论的"无为"是指"无所为而为"，他指出，有两种
"无所为而为"，一种是道德的，如儒家所说者；另一种是非道德的，如道家所说者。

他说："儒家对于'为'底态度，不是'无为'，而是'无所为而为'。如因一事是
对于个人有利，或有功，而为之，则此行为是有所为而为。利或功即是此为之所为。如因
一事是应该为而为之，则此为是无所为而为。无所为而为与无为不同，但一个人若能无所
为而为，则亦可得到一种无为。宋明道学家所说底无为即是属于这一类底无为。"㊱他又
指出，从儒家说，"就一个人说，他作事应该只问其是否应该作，而不计较其个人的利
害，亦不必计较其事的可能底成败，此即是无所为而为……"

"道家所说率性而为底无为，实则亦是无所为底无为，不过道家所说率性而为底无
为，注重在兴趣方面。而儒家，如宋明道学家，所说无所为而为底无为，则注重在道德方
面。我们以下讲无所为而为底无为，亦从两方面说，一方面从兴趣说，一方面从道德
说。"㊲

从兴趣作事，即顺其兴趣的自然，没有矫揉造作，没有功利目的，如"棋迷为下棋
而下棋，戏迷为唱戏而唱戏，他们对于下棋或唱戏并不预存一位国手或名角的，他们下棋
或唱戏，是随着他们的兴趣去作底。他们的下棋或唱戏，是无所为而为。他们对于下棋或
唱戏，虽刻苦用功，然亦只觉其乐，不觉其苦，故亦是无为。凡人真能随其兴趣去作者，
皆是如此"㊳。

通过以上的讨论，冯友兰同时肯定了儒家和道家两种非功利的人生态度和作事态度。

（三）中庸

儒家所说的中的本义是什么呢？"'中'是无过不及，即是恰好或恰到好处的意
思。……作事恰到好处，可就两方面说，一方面就道德说，一方面就利害说。就道德方面
说，所谓作事恰到好处者，即谓某事必须如此作，作事者方可在道德方面得到最大底完
全。就利害方面说，所谓作事恰到好处者，即谓某事必须如此作，作事者才能在事业方面
得到最大的利益。……儒家讲用中，作事不可过或不及，是就道德方面说'中'。道家讲
'守中'，凡事都要'去甚、去奢、去泰'，是就利害方面说'中'。"㊴

"程子曰：'中者天下之正道'，他所说底这个道字，或许有特别底意义，不过我们可
以把这个道字作路字解，对于任何事，都有一条合乎中道底路可走，这条路人人都可走
底，所以谓之正路，亦可谓之大路。而好走小路者，中庸谓之'索隐行怪'，'行险徼
幸'，小路虽亦可人走，走小路或亦有时有特别底方便，但走小路总亦有特别底不方
便。"㊵从道德方面说，天下之正道，就是可普遍化的道德公律，就是己所不欲，勿施于
人。

以上是专就道德方面说庸，从功利方面说，"凡是能使某种事最成功底办法，亦是最

平常底办法，例如一个人如想发财，最平常底办法，是竭力去经营工业或商业。……这是大道，亦即上所说的大路。这是人人所都知道底，亦是人人所都能进行底。如有人嫌此大路太迂曲，嫌此办法太拙笨，而求另外直捷底路，巧妙底办法，则即是所谓'行险徼幸'"。

（四）冲谦

就中国传统思想说，谦虚是一种人生态度，其背后有很深的哲学根据。此哲学根据，一部分即是《老子》及《易传》中所讲的道理。

老子对于人生，有很深的了解。他观察人生，发现了许多道理或原则。这些道理和原则，他名之曰"常"。他以为人若知道了这些"常"，而遵照之以行，则即可以得利免害。若不知这些常而随便乱作，则将失败受害。他说："知常曰明，不知常，妄作，凶。"可见，这种讲法，即不谦虚就会失败受害，是一种"从利害上讲"的角度，而不是从道德上讲。换言之，这种对于谦虚的讲法也是就非道德的意义上强调的教训。

"在这一点上，老子很有科学精神。……老子所说底话，有许多对于道德是中立底。在这一点，他以为与一般科学家相似。科学家所讲底道理，对于道德是中立底。有些人可以应用科学家所讲底道理作道德底事，有些人亦可以应用科学家所讲底道理作不道德底事。但对于这些，科学家都是不负责任，亦不能负责任底。在有些地方，老子亦只说出他所发见底道理，至于人将应用这些道理作什么事，老子是不负责任，亦不能负责任底。例如老子说'将欲歙之，必固张之'。"[41]

守冲谦可以就客观环境说，亦可就主观心理说，"如欲使一某事物的发展，不至乎其极，最好底办法，是使其中先包括些近乎它的反面的成分，例如一个资本主义的社会，如发展至一相当程度，而仍欲使其制度继续存在，最好的办法，是于其社会中，先行一些近乎是社会主义底政策"[42]。"就社会说是如此，就个人说亦是如此。如一个人想教他的事业或学问，继续发展进步，他须常有戒慎恐惧之心……人若常存戒慎恐惧的心，则是常存一近乎是志得意满的反面的心。所以他的事业，无论如何成功，如何进展，都不是其极。所以他的事业，可以继续发展进步。"[43]

冲或虚是就一个人的心理状态说，谦是就此种心理之表现于外者说。"以上是就一个人及其事业说。就人与人的关系说，谦亦是一种待人自处之道。人都有嫉妒心，我在事业或学问等方面，如有过人之处，别人心中，本已于不知不觉中，有忌妒之意。如我更以此过人之处，表示骄傲，则使别人的忌妒心愈盛，引起他的反感。大之可以招致祸害，小之亦可使他人不愿意承认我的过人之处。"[44]"我们以上说谦虚的好处，及骄盈的坏处，亦是就利害方面说。若就另一方面说，一个人可以有一种知识或修养，有此种知识或修养者，可以无意于求谦虚而自然谦虚，无意于戒骄盈而自然不骄盈。"[45]

总之，《新世训》教导青年做人要谦虚、要勤俭、要专心、要诚信、要奋发、要有朝气；做事要凭理性判断，做事要合乎人情；己所不欲，勿施于人；做事不要太急功近利、尽可能无所为而为，做事需要细心计划，认真实行；做事要走正道大路，不要侥幸用小聪明；做事能宽容，心中之事，过而不留，情顺万物而无我；对于成功不必过于期望，对于失败不必预为忧患；要善于作领导，无为无私、存诚居敬。这些都是对青年非常重要、有益的指导和教训，而其中不少都是属于道德中性的内容。

本文的任务不是全面叙述《新世训》的内容，故不再深入讨论其内容。我们所要指出的是，表面上看来，《新世训》中所说的"道德底生活方法"是来自儒家，而"非道德底生活方法"多来自道家，但不能仅仅把此书看成是亦儒亦道或儒道结合的一种文化混合物，事实上，这些非道德的生活方法在历史上也为广义的儒家文化所容纳。从《新世训》的读者对象来说，此书与明清时代的通俗儒家作品，如蒙学读物等同，所以必然包含一些道德中性的和功利主义的元素。而我们更要看到这种对非道德生活方法的关注所具有的现代社会生活的背景。正是在此种生活背景之下，冯友兰力图提出一种适应人（尤其是青年人）在现代社会生活的人生哲学。也可以说，正是他注意到非道德生活方法在现代生活的重要性，才注意利用中国文化中广泛的人生思想资源。

三

前面我指出，所谓生活方法，是着重于人在生活中的妥当适宜的行为。这里所谓妥当适宜，是指这些行为有助于个人在社会的成功。冯友兰晚年在《三松堂自序》中回顾说：

> 在抗战以前，开明书店出了一个刊物，叫《中学生》，发表关于青年修养这一类文章。我还在南岳的时候，他们向我约稿，当时没有写。到了昆明以后，写了一些，在《中学生》中连载。后来把它们编为一部书，题名为《新世训》。当时我想，这一类的文章，在旧时应该称"家训"，不过在以社会为本的社会中，读者的范围扩大了，所以称为"世训"。现在看起来，这部书主要讲了一些处世术，说不上有什么哲学意义，境界也不高，不过是功利境界中的人的一种成功之路，也无可值得回忆的了。㊻

从"青年修养"和"家训"的提法可知，此书的撰写的最初起因，应当是教导青年如何"做人做事"。但本书的实际内容，是偏重在如何做人以获得"人的成功"。换言之，本书讨论的是，一个人要在社会取得成功，他应当如何处事、做人、自处。成功的关注，在古代即是属于功利的范畴，正统儒家往往把"功"和"德"严加区别，而冯友兰此书的特点，照其自己这里的说法，则是把"功"和"理"，即把个人的成功和社会生活规律（规则）结合起来，把个人的"功利"和"行德"结合起来。道德规则是"无所为而为"的，而经验之谈是"有所为而为"的，道德规则强调人应当这样作，只服从道德规则，即使个人吃亏也要这样作。而经验之谈是告诉人怎样作才能做事顺利和成功。

比《三松堂自序》更早，冯友兰在 20 世纪 50 年代自我批判的时期也说过：

> 《新世训》那本书中，讲修养方法，也是就个人立论，从个人出发，至于新哲学则无论讲什么，都是就群众立论，从群众出发。这是旧哲学与新哲学中间的一个主要分歧。㊼

他指出，传统哲学的希圣希贤，虽然不离开社会活动，但目的是提高自己，完成自己。而新哲学（指解放后提倡的无产阶级哲学）主张一切为人民服务，出发点不能有丝毫为个人自己的动机。"假使一个人老想着使他自己成为圣人，他还是老想着自己。老想着自己就是不能忘我。宋明道学家常以为，佛家底人想叫自己成佛，是自私的。""无产阶级底哲学，就是无产阶级社会的哲学。在这种社会里，没有私人财产，因此也没有个人主义，一个人不但不想使他自己成为富人贵人，也不想使他自己成为圣人。"⑱就是说，想使自己成为圣人，这里仍然有着为自己的动机，还是没有忘我。这也就是说，《新世训》还保存着或追求着一种个人主义的东西。但冯友兰所说的这种个人主义不是当代社会主义文化所否定的利己主义，而是近代以来西方社会文化所说的个人主义。

在这里，我们看到他的更重要的一段自述：

> 还是在青年的时候，我很喜欢富兰克林所作的《自传》，在其中他描写了他一生中怎样由一个穷苦的小孩子逐渐成为一个成功的世界闻名的大人物。当然，他的成功并不是用损人利己的方法得来的。他的成功跟美国的社会的进步也有一定的联系。我们也不能说他不是一个具有民主思想的爱国主义者。但是他的活动的主要推动力，是资产阶级个人主义。……我在《新世训》里所宣传的，实际上就是这种生活方式。我虽然也经常提到中国封建主义哲学家所讲的生活方法，也经常引用他们的言论，但是我跟他们在有一点上是有基本不同的。我说："宋明道学家所谓为学之方，完全是道德底，而我们所讲底生活方式，则虽不违反道德的规律，但不一定是道德底。说它不是道德底，并不是说它是不道德底，而是说它是非道德底。"这就是说，我所讲的生活方法，所要追求的一个主要部分，是在不违反道德的范围内，尽力追求个人的成功。这正是不折不扣的资产阶级个人主义的人生观。……《新世训》的总目的还是个人的成功。⑲

这一点非常重要，就是说，此书关注和所要解决的重要问题是"如何不违反道德地追求个人的成功"，一种追求成功的进取精神如何不违反道德，这不仅对当时经历了现代中国第一波现代化高潮的 30 年代的青年人生观有意义，对今天从社会主义计划经济到社会主义市场经济的社会转型，也具有现实的意义。这就是为什么冯友兰在此书中着力于"非道德方面"的人生教训的根本原因。当然，由于在自我批判时期，冯友兰并没有正视此书的积极面，即虽然就个人而言，此书包含着对个人追求成功的肯定，但就社会而言，此书无疑地具有在市场经济条件下的指导青年人生、增益社会良性行为的积极的社会功能。

虽然这些是冯友兰自我批判时期的反省，但是去掉那些"资产阶级"一类的帽子和一味自我批评外，我认为其中也透露出许多他的原始的想法，有重要的价值。在冯友兰研究中，我一向主张，不要把那些带有自我批判和反省气息的文字都看作言不由衷的敷衍之辞，在事实的层面上，那些叙述不仅没有背离真实，而且由于年代接近新理学时期，它所陈述的内容往往更加真切。比如，即使在这个自我批判时期，他也不仅没有回避，而且仍然肯定了富兰克林的个人主义和美国的社会进步有关系。他甚至说，《新世训》谈的就是富兰克林式的生活方式。我们知道，马克斯·韦伯很推重富兰克林的工作伦理，更把新教伦理的勤俭、职业观念等作为近代资本主义的精神，所以，冯友兰这里所谓"个人主义"，在一定意义上就是韦伯所肯定的近代社会的一种伦理精神。

马克斯·韦伯在《新教伦理与资本主义精神》的第二章"资本主义精神"的开始，大段大段地引述了富兰克林教导年轻人的话，如："切记，时间就是金钱。……切记，信用就是金钱。……除了勤俭和勤奋，在与他人的往来中守时并奉行公正原则，对年轻人立身处世最为有益"等等。⑤⓪韦伯肯定了这些话是"具有伦理色彩的劝世格言"，认为这体现了"一种近代资本主义精神"⑤①。然后韦伯指出："富兰克林所有的道德观念都带有功利主义的色彩，诚实有用，因为诚实能带来信誉；守时、勤奋、节俭都有用，所以都是美德。"⑤②这些都和《新世训》的内容在性质上确有类似之处，虽然冯友兰所讲，与富兰克林相比，做人和做事的部分更多。

富兰克林的说法被推到极端，会得出外在形象比内在美德更重要的结论，但韦伯也指出，富兰克林本人仍然重视培养内在的品格和美德。尽管如此，韦伯仍然指出："我们引用的富兰克林的话所表现的那类思想，虽曾令一整个民族为之喝彩，但在古代和中世纪，则肯定会遭排斥……事实上，一切尚未卷入或尚未适应现代资本主义环境的社会群体，今天对这种思想仍抱排斥态度。"⑤③如果我们把韦伯着眼于经济伦理或工作伦理的表达换成一般伦理学的语言，那么可以说，韦伯在富兰克林那里所看到的正是传统的非功利主义到近代功利主义的转变，一种近代社会的人生态度与精神。这也说明，带有功利性的思想，在古代是被正统思想所排斥的，因此富兰克林也好，冯友兰的《新世训》也好，正如韦伯所说，这种包含着具有功利主义色彩而道德中性的劝世格言，正代表了从古代到近代在伦理观念上的一种转变。⑤④所以，《新世训》的这种适应转型时代社会的伦理特点和《新事论》前半部的现代化取向的文化观是一致的，即冯友兰希望为多数人提供一种适合现代化过程的行为伦理，一种适应现代社会和市场经济结构的伦理。

四

不用费力我们就可观察到，《新世训》的重点在"行"，如各篇的篇名：《行忠恕》的行，《道中庸》的道，《为无为》的为，《守冲谦》的守，《致中和》的致，都透露出此书重心在"行为"而不在德性。⑤⑤这与传统儒家重在内心之德的修养方法是不同的，也与稍后《新原人》重点在"心"（境界）的论述不同。正因为如此，冯友兰明确说明生活方法不是修养方法。冯友兰说："我们于以上所说底生活方法是'生活'方法，凡生活底人都必须多少依照之。"他特别指出，生活方法是为一个要成为有做事能力的人所作的准备，即求得做事能力的方法。"所谓修养方法，可随人的人生观不同而异。但我们于此所讲底生活方法，则不随人的人生观的不同而异，因为我们所讲底生活方法是'生活'方法，凡是生活底人都须用之。"⑤⑥所以此书的不少内容似在突出人生教训的技术意义，而不是规范意义，而技术当然是理智的对象。当然，由于《新世训》突出的是"非道德的教训"，突出的是"处事术"和"生活术"，颇注重在待人处己的技术（方法）指导的方面，所以还不是全面讨论道德伦理的著作，但其对青年人生的指导意义实有其重要的意义，不可低估。

如果用《新原人》和冯友兰 1949 年以后的说法，《新世训》虽然讲道德行为，但其实是以合乎道德的行为作为手段，以达到个人为我和成功的目的，所以他们的行为是合乎道德的，但不是从道德境界发出的。⑤⑦就是说，《新世训》所倡导的诸行为，不仅是道德中性的，即使是道德的行为，也是从有益其成功来说的。⑤⑧冯友兰在《新原人》中说："一切利他行为，都可以作为一种利己的方法。古今中外，所有格言谚语，以及我们的《新世训》，虽都是'讲道德，说仁义'，但大都是以道德仁义作为一种为自己求利的方法。"这是冯友兰自己清楚地承认的。他还指出，不仅古代谚语格言，就是典籍所论，也有不少此类的讲说，如"老子书中，有许多地方，都把合乎道德底行为，作为一种趋利避害的方法。如说：'非以其无私耶，故能成其私。''夫惟不争，故天下莫能与之争。'无私不争，是合乎道德底行为，但老子都将其作为一种为自己求利的方法。"⑤⑨由于此书的视点聚焦在行为上，所以其所倡导的处世方法似乎更多属于"对"，而不是"善"。

应当指出，虽然《新世训》中有不少哲学的阐述，但就读者对象来说，《新世训》在性质和功能方面与古代通俗伦理读物有类似之处，它不是讨论精英儒者的修养功夫，而是对一般社会人士提出的行为指导，这是它具有上述特点的原因。所以，在《新世训》出版两年后完成的《新原人》，同样是讨论人生观，便与《新世训》的着眼点不同了。冯友兰后来在回忆《新世训》时说过：

> 我还可以说，《新世训》不过是一本通俗的书，所讲的生活方法，只是为一般人说的。新理学的人生观并不仅仅就是这个样子。在新理学的体系里，是提出了一个人生的崇高目的，就是"希圣希贤"。……《新世训》所讲的是一种低级的人生观和生活方式，《新原人》所讲的是一种高级的人生观和生活方法。⑥⑩

> 《新世训》所讲的人生观和生活方法，就是《新原人》所讲的功利境界中的人。我在《新原人》里也承认这种境界不高。我也认为比较高的是所谓道德境界。⑥①

可见，《新世训》和《新原人》的区别，首先是针对不同读者的区别。照这里所说的，冯友兰在《新世训》里突出讲的是适合普通人的生活方法，在境界上属于不太高的功利境界；而他在稍后不久的《新原人》里则贬低功利境界，又提出一种高级的人生观和生活方法，在境界上属于传统圣贤君子的道德境界（和超道德境界）。因此，在这个意义上，《新原人》不是对《新世训》的否定，而是对《新世训》的发展。然而，从另一方面来看，对于冯友兰来说，这两部书即使不构成矛盾，也存在着重大区别，反映着从传统到现代的社会伦理变迁的深刻矛盾。简言之，他既觉察到现代社会道德的变化趋势，从而希望作出一种伦理的调整，如《新世训》；又想保留古代的人生理想，如《新原人》。就《新世训》而言，其中重要的问题包含了如何对待个人主义伦理的问题。所谓"功利境界"的问题亦须从个人主义伦理的问题来了解，才能显示出其完整的现代意义。这里所说的个人主义不是指相对于集体主义而言的个人主义，也不是指注重权利诉求的个人主义，而是指异化于美德伦理的个人主义生活方式，这种个人主义是道德中性的个人主义，与不道德的利己主义不同。

固然，道德境界高于功利境界，但冯友兰在这里使用的"低级的人生观"显然也染着20世纪50年代初期的时代色彩，即1949年以后的一个相当时期中对个人主义的不加分析的排斥。如果从现代的角度看，《新世训》中劝人"作人"的人，虽然不是圣人，但这样的人生却已经是现代社会难得的正面人生，其积极意义应当充分肯定。正如，"消极的自由"与"积极的自由"不同，但消极的自由仍有其重要的意义。在这个意义上，《新世训》较偏于消极的自由，即如何不违反道德；而《新原人》更发展了积极的自由，即如何由道德境界进而达到超道德的境界。⑫当然，冯友兰最终在《新原人》里找到了他自己看来是更好的解决之道，在这个意义上，《新世训》对于他自己并不具有终极的意义。但是，放在现代中国社会伦理变迁中来看，《新世训》中涉及的问题确实值得重视，即儒家的传统人格理想在现代社会如何调适。对于现代社会的人，哲学家不能只提出极少数人才能达到的最高的精神境界，必须为规范大多数人的现代人生提出可知可行的正当的生活方式。《新世训》正是以大多数现代人为对象而提出的行为指导，其性质与《新原人》是不相同的，也更具有社会伦理的现实功能。而非道德的处世方法若上升为价值观念，也是现代人所需要的健康人生理念的一部分，即不唱道德高调，但仍给人生以适当的指引。在这个意义上，《新世训》的伦理意义不容忽视。也正是在这一意义上，我曾说："《新世训》论述了现代社会的人的生活行为的基本规律，谋求从古代的圣人道德向现代的以个人为基础的道德生活的转变。"⑬

如本文一开始所说的，成功的追求已经成为当今青年的主导价值取向，但成功和做人如何统一，如何获得正当或正确的方法以求成功，使人得以保持好的行为以防止堕入不道德，正是这个时代所需要的人生行为导向。从这方面看，《新世训》是有其意义的。特别是它提出德性之后，不见得就是感性的张扬，在后圣贤时代中，"生活方法必须不违反道德规律"仍然是人生重要的课题，在法律和道德之外，道德中性的人生教训对现代人也甚为需要，事实上，《新世训》并没有鼓吹"成功"的价值，仍然希望在传统圣人理想去魅化以后能找到适宜的方式给青年人生以正确指导。至于冯友兰思想中更为积极的人生与价值理想，要到《新原人》中才能完全发展出来。这一点我们将另外详细讨论。

注　释：

① 陈来：《冯友兰文化观述论》，《学人》第 4 辑，1993 年版。

② 在意识形态上我把 1949～1976 年的中国内地也算作革命时代。另外，这里的成功是指个人事业与发展的成功。

③ 这是我借用日本明治时代所谓"脱亚入欧"的说法，来表示新文化运动中西化派的文化观。

④ 事实上，从民初到五四，这种道德关切一直持续不断。

⑤ "五四"时代的伦理革命在口号上是打到孔家店，但始终围绕的焦点是家庭与男女，即个性对旧式家庭的摆脱，和女性对爱情自由与婚姻自主的追求。故五四时期并没有深入现代伦理变迁的其他方面。

⑥ 参看罗兹曼主编：《中国的现代化》，江苏人民出版社 1988 年版。

⑦ 参看罗荣渠主编：《从西化到现代化》，北京大学出版社 1997 年版，第 221 页。

⑧ 陈来：《现代中国哲学的追寻》，人民出版社 2001 年版，第 90～91 页。

⑨ 《新世训》的大部分篇章先发于《中学生》杂志 1939 年 10 月至 1940 年 3 月。1940 年 5 月《新事论》出版，1940 年 7 月《新世训》出版。

⑩ 虽然冯友兰在《新理学》、《新世训》、《新原人》中都没有否定"圣人"的观念，但《新世训》的意义确须从圣贤之后的现代人生追求来理解。

⑪ 冯友兰：《新世训》，《三松堂全集》第 4 卷，河南人民出版社 1986 年版，第 373 页。以下凡引《新世训》，仅注明全集卷页。

⑫⑬⑮⑯ 《三松堂全集》第 4 卷，第 374、375、400 页。

⑭　在这个说法中，意味着"讲道德，说仁义"的教训中可以有一部分是"非道德"的生活原则。所以，这里的"讲道德，说仁义"的话，实即是广义的人生教训。

⑰⑱⑳㉑㉒㉓㉔　《三松堂全集》第4卷，第389、387、389、384、385、389、371页。

⑲　"世俗智慧"的说法来自韦伯，以与伦理观念相区别。第159～160页。

㉕　冯友兰早在《人生哲学》的最后部分"一个新人生论"中已经区别了天然之道和当然之道，但认为规范法则也是客观的，不随人之主观而改变，其观点似受新实在论的影响。《三松堂全集》第2卷，2001年第2版，第217页。

㉖　不管是规律或规则，冯友兰的这种强调不能不使人联想起不同于"德性的道德"的"规则的道德"的概念。参看石元康：《从中国文化到现代性》，台湾东大图书公司1998年版，第107页。

㉗㉘㉙㉚㉛㉜　《三松堂全集》第4卷，第394、400、396、398、399、400页。

㉝㉞㉟㊱㊲㊳㊴㊵㊶㊷㊸㊹㊺　《三松堂全集》第4卷，第401、401、404、413、414、419、429、437、444、445、446、447、448页。

㊻　《三松堂全集》第1卷，第221页。

㊼㊽　《三松堂全集》第14卷，第927、929页。

㊾　《三松堂全集》第14卷，河南人民出版社2000年版，第980～981页。

㊿　《新教伦理与资本主义精神》，三联书店1987年版，第33～35页。

51　应当注意，韦伯所说的"资本主义精神"，是指"某些宗教观念对于一种经济精神的发展所产生的影响，或者说一种经济制度的社会精神气质"。见《新教伦理与资本主义精神》，第16页。

52 53　《新教伦理与资本主义精神》第36、39页。

54　冯友兰的这种态度是否受到杜威的影响无人研究，但至少"尊理性"的讲法与杜威接近。杜威的《旧个人主义和新个人主义》与冯友兰思想相当接近。

55　如果说《新世训》是讲"行"（行为），则《新原人》是讲"心"（境界）。

56　《三松堂全集》第4卷，第381页。

57　陈战国指出，冯友兰在《新理学》中认为道德行为就是合乎道德规律的行为，强调道德的客观原则；《新原人》认为为道德而行的行为才是道德行为，强调的是道德的主观原则；二者似相抵牾，而实则冯友兰欲把功利主义和道德自律结合起来。参看其所著：《冯友兰哲学思想研究》，北京大学出版社1999年版，第181页。

58　事实上，此书中的"从非道德方面"所说的，往往就是为了个人的成功而采取合乎道德的行为。

59　《三松堂全集》第4卷，第593页。

60 61　《三松堂全集》第14卷，第984、986页。

62　这里所用的消极自由和积极自由的概念既不同于康德，也不同于伯林。

63　陈来：《从"贞元之际"到"旧邦新命"——写在冯友兰先生全集出版之际》，事实上，清代自中期以后的思想文化已经没有再突出过圣人理想了，五四以后传统的圣人理想更渐落寞，这一过程可谓去圣化的过程。但没有圣人理想不等于德性伦理不能成立。中国伦理的近代进程，其要点即"去圣化"之后德性伦理如何保持。而不仅"去圣化"和政治、教育的变迁密切相关，去圣之后的德性伦理的实现也仍然以道德权威得以成立的政治、教育的条件密切相关。

（作者单位：北京大学哲学系）

"接着讲"：冯友兰的宋学旨趣

□ 黄敦兵

一、引 论

季羡林先生在《汤用彤全集》的序中曾提到"学术大师能不能超越"的问题，认为清末以来中国学术界陆续出现了一些国学大师，最主要的原因是"中国学坛上的少数先进人物，接受了西方学术思想的影响，同时又忠诚地继承了中国古代优秀的学术传统"，而可"以章太炎划界，他同他的老师俞曲园代表了两个时代"，这些学术大师都是学脉承传各环节中所不可超越的，章太炎、王国维、陈寅恪、汤用彤都是如此。

循着这一思路，本文认为，由于冯友兰也是浸润于这样的文化背景中的大师，因此也是不可超越的，尤其是其早期哲学思想中凸显的"接着讲"的话语，正是其"宋学精神"的显现，也是不可超越的。

二、哲学救亡与"宋学精神"

抗日战争时期，冯先生所扮演的主要角色是中国传统哲学的阐释者、改造者、发展者，是民族哲学的代言人、民族精神的呐喊者。在关系到民族存亡绝续的"贞下起元"时刻，冯先生发出"上继绝学"，"下开往圣"的呐喊。在《新原人》自序中冯先生朗言道："'为天地立心，为生民立命，为往圣继绝学，为万世开太平。'此哲学家所应自相期许者也。况我国家民族，值贞元之会，当绝续之交，通天人之际，达古今之变，明内圣外王之道者，岂可不尽所欲言，以为我国家致太平，我亿兆安心立命之用乎？虽不能至，心向往之。非曰能之，愿学焉。此《新理学》《新事论》《新事训》及此书所由作也。"

冯先生在两卷本的《中国哲学史》中说："宋明人所讲之理学与心学，在清代俱有继续的传述者，即此时代中之所谓宋学家也。"认为此时的汉学家，"若讲及所谓义理之学，其所讨论之问题，如理、气、性、命等，仍是宋明道学家所提出之问题"，又依据相同的经典，"由此言之，汉学家之义理之学，表面上虽为反道学，而实则系一部分道学之继续发展也"。[①] 这是与钱穆在《中国近三百年学术史》的《引论》中说近代学术始于宋，"不知宋学，则无以评汉宋之是非"，"不识宋学，即无以识近代也"，实持共同的宋学旨趣。

可以说，冯先生在近代学术史的研究上所走的主要是一条"接着讲"之路，其具体表现也是一个值得探讨的问题，本文重在探讨冯先生所谓"接着讲"的哲学精神旨趣。

钱穆在《引论》中略释了近代"汉宋之争"的历史及相反相成的联系的同时，提出了所谓的"宋学精神"。钱先生认为宋学实始于唐，并以韩昌黎为率，"其排释、老而反之儒，昌言师道，确立道统，则皆宋儒之所滥觞也"，其从古之道，不入流俗之"出世"、"入世"二途，正是体现了"宋学精神"，因为"曰为古之文者，必有志乎古之道，而乐以师道自尊，此皆宋学精神也"。钱先生认为，胡瑗的弟子刘彝在回答神宗"胡瑗与王安石孰优"的问题时，不但言其师之道，所谓"道德仁义圣人体用，以为政教之本"等数语，亦足尽"宋学精神"。钱先生说："故言宋学精神，厥有两端：一曰革新政令，二曰创通经义，而精神之所寄则在书院。"②钱先生又说"故江、浙考证汉学，其先虽源于爱好民族文化，厌恶异族统治，带有反抗现实之活气。其后则变为纯学术之探讨，钻入故纸堆中，与现实绝不相干"，"江、浙学风这一种的转变，虽于古经典之训释考订上，不无多少发明，但自宋以来那种以天下为己任的'秀才教师'精神却渐渐消沉了。至少他们只能消极的不昧良心，不能积极的出头担当，自任以天下之重"。③

上引钱文，共有三处直接点出"宋学精神"。我认为，虽然冯先生也重现实之变而与之变，有着"创通"、"革新"精神，也曾一生视从事学术研究、教书育人为"安身立命之地"，但终与钱先生此处所言之"宋学精神"有别。不过，我的着眼点在于，在"贞下起元"时刻，冯先生的"为天地立心，为生民立命，为往圣继绝学，为万世开太平"的自相期许的承担意识，借用钱先生的话来说，主要是冯先生的"创迪绘义"。冯先生的"三史释今古，六书纪贞元"，尤其是"贞元六书"，其主要内容"是对于中华民族的传统精神生活的反思"④，去思索"天人之际"的关系问题，并给予新的诠释。

钱穆先生说："宋儒之学不专在经，文史百家之业与以学并盛，故可谓至宋儒，乃成为一种新儒学，经学仅占其一部分。……宋儒经学，不拘拘在此，重要在创新义，发新论，亦可谓宋儒经学乃是一种新经学。"朱子在早年的《论语训蒙口义》即曰："本之注疏以通其训诂，参之释文以正其音读，然后会之于诸老先生之说，以发其精微。"钱先生说这正是新兴理学家之"帜志"。⑤宋学这种"兼经史子集四部之学而并包为一"的大气磅礴之势，实乃自成一气象。冯先生认为哲学史有实际的"哲学史"与"写的哲学史"之分，写的哲学史约有两种体裁：一为叙述式的，一为选录式的；而冯先生所写的两卷本《中国哲学史》正是超越了传统的"六经注我"与"我注六经"式的简单化、平面化做法，取精用宏，兼用叙述式、选录式两种方式，力戒其蔽而各用所长，正是此一种气象。

三、哲学与哲学史的创进

具体来说，冯先生的宋学旨趣主要表现于如下三个方面：

（一）"接着"宋明理学讲哲学

冯先生在《新理学》的《绪论》中说："我们现在所讲之系统，大体上是承接宋明道学中之理学一派。我们说'大体上'，因为在许多点，我们亦有与宋明以来底理学，大不相同之处。我们说'承接'，因为我们是'接着'宋明以来底理学讲底，而不是'照着'

宋明以来底理学讲底"，认为理学即"讲我们所说之理之学，则理学可以说是最哲学底哲学"，远非以前所谓理学的意义。冯先生在《新理学》中谈的正是宋儒所探讨的基本范畴，如"理"、"太极"、"气"、"两仪"、"四象"、"道"、"天道"、"心"、"性"、"情"、"欲"，等等，但又有着创造性的诠释。冯先生后来说，虽然程朱道学也有许多缺点，但"我认为他们的那些缺点，我都抛弃了；他们的那些优点，我都发展了。暂且不论我所认为是优点的是否真是优点，专就我的'发展'来说，那是越来越空，到后来就成为魏晋清谈了。"⑥不过，冯先生在当时的哲学思维与求索中是十分真诚的，既讲出了具有士人承担意识的人生哲学，又凸显了中国哲学的民族性职志。他在《新原道》中认为新理学是"接着中国哲学的各方面的最好底传统，而经过现代的新逻辑对于形上学的批评，以成立底形上学"。即使说是"沦为"了"清谈"，但也是谈"人的觉解"问题。他在给李泽厚的一封信中曾指出，"你说魏晋风度是人的问题，人的自觉，我同意"，而且魏晋风度就是宋人气象，"都是精神境界的表现"，道学"教人于日用功课中达到这种境界……这就叫'极高明而道中庸'"，并赞成李泽厚为玄学"平反"，还希望为道学"平反"。⑦这可说是以另外一种方式显示冯先生的宋学旨趣。

"贞元六书"之所为作，是冯先生为抗战寻找一种武器的尝试，显示了与宋明理学相同的家国意识、政治关怀与民族情怀。冯先生后来回忆说："我当时的哲学思想，也接近于程朱道学。在当时希望对于抗战有所贡献的人，只能用他所已经掌握的武器。我所掌握的武器，就是接近于程朱道学那套思想，于是就拿起来作为武器，搞了'接着讲'那一套。"⑧在冯先生看来，理学中蕴藏着我们民族的精神，他就是要用"接着讲"为处于艰难危亡的中华民族做出自己所认为的最好的贡献。他认为"这六部，实际只是一部书，分为六个章节，这一部书的主要内容，是对于中华民族的传统精神生活的反思"⑨。

冯先生认为中国哲学不但有自己的特质，而且有自己的历史承担。他说："所以中国的圣人是既入世又出世的，中国的哲学也是既入世又出世的。随着未来的科学进步，我相信，宗教及其教条和迷信，必让位于科学；可是人的对于超越人世的渴望，必将由未来的哲学来满足。未来的哲学很可能是既入世又出世的。在这方面，中国哲学可能有所贡献。"⑩这时，冯先生所讲的中国哲学，不再是可以西方哲学名之者，而是和西方哲学并峙的独立的"他者"，而且代表未来哲学的发展方向。

（二）"接着"胡适讲哲学史方法

在"西学东渐"、中西文化互相比较与激荡的时代背景下，中国哲学史的学科独立性及其在学界的认同与讲授，均各受到冲击和挑战。蔡元培先生说过："最近五十年，虽然渐渐输入欧洲的哲学，但是还没有独创的哲学。"他接着说："凡一时期的哲学，常是前一时期的反动，或是再前一时期的复活，或是前几个时期的综合，所以哲学史是哲学界重要的工具。这五十年中，没有人翻译过一部西洋哲学史，也没有人用新的眼光来著一部中国哲学史，这就是这时期中国哲学还没有发展的征候。"所以胡适的《中国哲学史大纲》的出版，在学界引起了很大反响，蔡先生说，这是中国"第一部新的哲学史"⑪。可以说，至此中国学界才有了哲学与哲学史的明确区分，突破了当时一般人认为哲学就是"义理之学"的狭隘性认识。

胡适在第一篇《导言》中指出整理史料的方法有"三端"：一是校勘，二是训诂，三是贯通。同时还反观了汉宋之争各自的特点及缺失，指出："宋儒注重贯通，汉学家注重校勘训诂。但是宋儒不明校勘训诂之学，（朱子稍知之而不甚精）故流于空疏，流于臆说。清代的汉学家，最精校勘训诂，但多不肯作贯通的工夫，故流于支离破碎。"因此提出所谓的"述学"，即"述学是用正确的手段，科学的方法，精密的心思，从所有的史料里面，求出各位哲学家一生行事，思想渊源沿革，各学说的真面目"。他还说："我理想中，以为要做一部可靠的中国哲学史，必须要用这几条方法：第一步须搜集史料；第二步须审定史料的真假；第三步须把一切不可信的史料全部除去不用；第四步须把可靠的史料仔细整理一番：先把本子校勘好，次把字句解释明白，最后又把各家的书贯串领会，使一家一家的学说，都成有系统的哲学。"最后胡适还点明之所以详写其哲学史方法的原因："一来呢，我希望国中学者用这些方法来评判我的书。二来呢，我更希望将来的学者用这些方法来做一部更完备更精确的《中国哲学史》。"⑫

在冯先生那里，不仅有着哲学与哲学史的分疏，有着超越"信古"、"疑古"和"释古"式的史料选择，做到"由论入史"与"因史成论"的有机结合，从而不轻意否定史料的价值与现实意义，有着"叙述式"与"选录式"的融通，正如陈寅恪在《审查报告一》中所说的"取材谨严，持论精确"，对古人之学说具"同情之了解"。冯先生对当时的史学方法进行了把握、借鉴、反省与超越，断言"信古"将灭，"疑古"虽是史学所需，但"纯粹的疑古态度，仍不能离其'惑疑主义'错误的势力圈外"。因此提出"释古"，"释古便是这两种态度的折衷，这种是比较有科学精神"。⑬"在释古的观点看来，既不能认为它是完全对的，可是也不能认为是绝对谬误的。""信古、疑古、释古的三种攻研史学的态度，正若历史进化般的有了'起''承''合'的三种不同的嬗变一样。"⑭冯先生的释古其实也涵纳这样的观点，即也主张"孤证不立"、"旁证可用"，他说："我们对于自然界及人事界的知识，大部分都靠把这些分开来不充分的证据'参伍错杂'而得出的结论。一个专靠他自己就充分的证据，大概是不容易得到，（如果可能得到）而且是不必要的。"⑮

若从这三者的递进关系来看，冯先生的观点有类于"走出疑古时代"派。疑古一派的人，所作的工夫即是审查史料。释古一派的人所作的工作，即是将史料融会贯通。就整个的史学说，一个历史的完成，必须经过审查史料及融会贯通两阶段，而且必须到融会贯通的阶段，历史方能完成。20世纪30年代后期他为《古史辨》第六册撰序说："我曾说过，中国现在之史学界有三种趋势，即信古、疑古及释古。就中信古一派，与其说是一种趋势，毋宁说是一种抱残守缺的人的残余势力，大概不久就要消灭；即不消灭，对于中国将来的史学也是没有什么影响的。真正的史学家，对于史料，没有不加以审查而即直信其票面价值。"只不过，冯先生只是走出了"疑古"的偏执与片面，并没有进一步提出完善的执行路线。在李学勤看来，"冯友兰先生肯定疑古一派的史料审查，是很正确的"⑯。有学者说冯先生的"释古""这种学术思想与学术风格，从纵的方面看，它兼融了'汉'、'宋'两学之长；从横的方面看，它为吸收一切外来的优秀文化提供了一条切实可行的途径"⑰。正是运用了超越了"信古"、"疑古"的"释古"方法，冯先生重新梳理了中国哲学史料，对儒、道有了正确、全面的认识，对名家如公孙龙子、对二程有了自认为有贡献的认识。

冯先生曾认为胡适的这本书，实际上是一本"批判中国哲学的书"而非"中国哲学的历史书"，但赞成"个人自由发展和个人奋斗"的胡适，对儒、道两家进行了"功利主义和实用主义的批判和怀疑"，"我们在读胡适的书时，不能不感到他认为中国文化的全部观点是完全错误的"⑱。

冯先生于此确实用了比较过激的话。不过，在写自己的"三史"时，他较注重方法的创新、进路的更新，"接着"胡适把中国哲学史的研究推进到一个新的层次。正如任继愈先生在《冯友兰先生在中国哲学史领域里的贡献》一文中所说："冯友兰先生认为中国不但有哲学，而且中国哲学有它内在的体系。他不是简单轻率地对待古人，而是力图把古人自己的思路，用现代人的表达方式表达出来，他称为同情的理解。……这种方法显然比胡适的方法深入了一层。"⑲

不过，冯先生还是认为，胡适的书，把自己的话作为正文，用大字顶格写下来，而把引用古人的话用小字低一格写下来，这表明胡适的书改变了封建时代的以古人为主的写法，无意中流露了"五四"时代以自己为主的革命精神。而且，"竟能"读最难读古书的胡适在当时的起哄中，他的书不过两个月就再版了，这也给白话文运动增强了声势。同时，该书还有一种更广泛的影响，即克服了写中国哲学史的材料与方法两层难处，是在哲学方面用方法较早成功的一个。

冯先生将自己与胡适的研究方法归结为"汉学"与"宋学"的基本不同，认为"胡适的《中国哲学史大纲》对于资料的真伪，文字的考证，占了很大的篇幅，而对于哲学家的哲学思想，则讲得不够透，不够细"，而"我的《中国哲学史》在对于各家的哲学思想的了解和体会这一方面讲得比较多。这就是所谓'汉学'与'宋学'两种方法的不同"⑳。冯先生晚年回忆说："陈寅恪和金岳霖的两篇审查报告都把我的《中国哲学史》同胡适的《中国哲学史大纲》做比较……在中国哲学史研究近代化的工作中，胡适的创始之功，是不可埋没的。"㉑他认为自己得益于胡适着实良多。

（三）"接着""五四"精神讲中西（古今）会通

19 世纪末 20 世纪初特别是五四时期，在激烈的文化冲突中产生了以现代批导传统和以传统批导现代的双向互流的文化思想运动。在这样的文化背景下，冯先生试图以中西比较的视野，立足于中国传统哲学，用"新的综合"方式吸收融化、超越扬弃中外文化遗产的基础上，重建民族文化精神。

冯先生顺应当时的历史潮流，极力探寻中国哲学的近代化、现代化之路，将哲学探求与哲学史研究有机地结合了起来，达到了比较高的水平。张岱年先生曾就此评价说："'西学东渐'，中西哲学的结合是必然的趋势。当代中国哲学界最有名望的思想家是熊十力先生、金岳霖先生和冯友兰先生，三家学说都表现了中西哲学的融合。……在熊氏哲学体系中，'中'层十分之九，'西'层十分之一。……金先生的体系，可以说是'西'层十分之九，'中'层十分之一。惟有冯友兰先生的哲学体系可以说是'中'、'西'各半，是比较完整意义上中西结合。"㉒

冯先生晚年将自己"五四"以后的哲学活动分为四个时期：1919～1926 年以《人生哲学》为代表作的时期；1926～1935 年以《中国哲学史》为代表作的时期；1936～1948年以《贞元六书》为代表作的时期；1949 年以后以《中国哲学史新编》为代表作的时期。还指出"时期虽异，研究的对象也有不同，但都贯穿着上面所说的那个问题（引者按：指东西两种文化、两重天地的中西、新旧的矛盾问题），都是对于那个问题作一种广泛的解答，特别是对中国传统文化作一种广泛的解释和评论，虽然随着时期的变化，解释和评论也有差异"[23]。

早在 20 世纪 30 年代中期，冯先生就希望不久能看到"欧洲哲学观念得到中国直觉和体验的补充，中国哲学观念得到欧洲逻辑和清晰思想的澄清"[24]。40 年代后期，还希望"未来哲学一定比中国传统哲学更理性一些，比西方传统哲学更神秘一些"[25]。在哥伦比亚大学时，冯先生广泛阅读并介绍西方哲学名著，或从年代上或从缘起上与中国哲学进行外在比较，他当时怀有一种素朴的信念，那就是认定"人之思想，绝对相类"。并且，冯先生还在不断地进行调适，与美国哲学界新思潮的兴起几乎同步：从柏格森的生命哲学，到杜威的实用主义，最后落脚于新实在论。冯先生晚年回忆说："在我的哲学思想中，先是实用主义占优势，后来新实在论占优势。"[26]接受了柏拉图式的新实在论后，他认为"新实在论所讲的，是真理本身存在的问题，实用主义所讲的，是发现真理的方法问题。所以两派是并行不悖的"[27]。

虽然冯先生在《中国哲学史》"绪论"中讨论了哲学的定义、内容、范围等问题，并说"哲学本一西洋名词。今欲讲中国哲学史，其主要工作之一，即就中国历史上各种学问中将其可以西洋所谓哲学名之者，选出而叙述之"。有些学者认为，这难免有削中国哲学之脚适西洋哲学之履而丢弃中国哲学的民族性之嫌。但冯先生更多地是强调哲学的创新及其使命；而这里所有的嫌疑似乎也可以找到解释。1982 年 9 月 10 日，哥伦比亚大学授予冯先生名誉文学博士，在答词中，冯先生道心声以明志："中国就是旧邦而有新命，新命就是现代化。我的努力是保持旧邦的同一性和个性，而又同时促进实现新命。我有时强调这一面，有时强调另一面。"这就有可能有不同的理解和评价，"右翼人士欣赏我保持旧邦同一性和个性的努力，而谴责我促进实现新命的努力。左翼人士欣赏我促进实现新命的努力，而谴责我保持旧邦同一性和个性的努力。"[28]

在冯先生那里，是有着"中国哲学"或"中国底哲学"（Chinese Philosophy）与"哲学在中国"或"中国的哲学"（Philosophy in China）的分疏的。前者强调的是哲学的内在属性，以及哲学的中国特性、民族特质和近代性；后者强调的是外缘性。在其晚年的著述中，冯先生指出："中国需要近代化，哲学也需要近代化。近代化的中国哲学，并不是凭空创造一个新的中国哲学，那是不可能的。新的中国哲学，只能是用近代逻辑的成就，分析中国传统哲学的概念，使那些似乎含混不清的概念明确起来。这就是'接着讲'和'照着讲'的分别。"[29]对中国古代哲学典籍的研究，有两种路向：历史的叙述和哲理的阐发。大致说来，冯先生的哲学主要是哲理的阐发，是"接着"程朱理学讲的，又有了革命性的前进，故称为"新理学"；冯先生的哲学史的研究的主要是历史的叙述，是"照着讲"的，说明其哲学的根基是放在中国古代哲学典籍的研究上。人们常说，冯氏之学是"新程朱"，冯先生将此处的"程"一分为二，大程近于心学，小程近于理学；明道乃以后心学之先驱，伊川为以后理学之先驱。冯先生是"接着"小程朱子讲理学，"接着"大程续气象。冯先生自认为这是当时自己"发先人之所未发，而后来也不能改变的"[30]。

冯先生认为中西哲学认识论的区别之一，是西方哲学是理性的、分析的，中国哲学是直觉的；西方哲学方法论以"正"的方法见长，中国哲学以"负"的方法取胜。"直觉是分析以后的事，主张直觉的，只反对以分析为究竟，并不反对分析。若以为主张直觉，便是不要分析，便为大错。"[31]冯先生坚持直觉要以理智为前提，中西结合而兼长。即使是"人生境界"的提升与觉悟，也是和人的理智分析分不开的，越高的精神境界，就需要越多的理智分析基础上的"觉解"。针对中国古代汉语的多义性、歧义性、意象模糊性，冯先生主张用形式逻辑的分析方法予以概念厘清、范畴辨析、术语解析。如他从概念的内涵与外延、个别与一般的关系来分析"白马非马"这个命题，并将先秦名家"合同异，离坚白"之辩一分为二派：一派是以惠施为首领，主张"合同异"；一派以公孙龙为首领，主张"离坚白"。这样，冯先生就澄清了自战国以来的对先秦名家持此论的笼统性认识，甚至是认为其为"强词夺理的诡辩"的片面而肤浅的认识。这也是冯先生在《中国哲学史》中所"引以自豪"的，也是"发先人之所未发，而后来也不能改变的"[32]。

应当点出的是，冯先生是意识到了时代对于学术转型的需要的，并且也自觉去从事这一方面的工作。这样的工作不仅应当是对中国传统哲学的概念和问题讨论的接续，而且应当是以近代的方式来接续，是从中西融贯的高度对传统哲学的一种"新"的重构。20 世纪 30 年代，中国思想界正掀起"中国要走向何处去"的论争，即"全盘西化"与"中国本位文化"之论争。对此二论，冯先生均持异议，认为它们"俱是说不通，亦是行不通底"，从"别共殊"的角度出发，冯先生认为，各国文化之间既有相同的基本类型，又有各异的民族特性，这就是文化的时代性与民族特性的区别，由此比较中西文化，便可发现："一般人心目中所有之中西之分，大部分都是古今之异。……西洋文化之所以是优越底，并不是因为它是西洋底，而是因为它是近代底或现代底。我们近百年来之所以到处吃亏，并不是因为我们的文化是中国底，而是因为我们的文化是中古底。"[33]这里冯先生将中西之别从类型、类的观点进行了区分，进而指出，中国文化应该改变的既是"全盘底"，因为是将我们文化从一类转入另一类，从类而言，是完全而彻底的；又是"部分底"，因为"我们只是将我们的文化自一类转入另一类，并不是将我们的一个特殊底文化，改变为另一个特殊底文化"，我们的文化与此类有关的诸多性质，当改必改，无关的，则不当改或不必改；又是"中国本位底"，"因为照此方向改变我们的文化，我们只是将我们的文化，自一类转入另一类，并不是将我们的一个特殊底文化，改变为另一个特殊底文化"。[34]各类文化作为文化而言，本是相同的。中国文化发展的方向是近代或现代的，而不是西化，不是"欧化"，用冯先生评中国人的文艺的话来说，中国文化包括中国哲学只有植根于中国人的历史、中国人的生活中，才是"中国底"，"对于中国人都才是活底"。[35]

在"五四"精神的浸染以及对之的反刍、超越下，在"贞下起元"的民族绝续之际，冯先生从哲学上担当起重建中国文化精神的历史使命。在《中国哲学史》中，他认为当时中国尚无近代性的哲学，中国古典哲学只能是分为经学时代和子学时代。而重建或创构近代性的中国哲学，其所必依恃的两个条件：一是更宽广的中西比较的视野，既强调民族性，又强调吸纳新鲜血液而创新，而且中西是双向互动的；二是对哲学史料的占有、选择与运用所依凭的方法系统，这就是冯先生所倡行的"释古"。

刘述先先生曾说过："中国哲学因为缺乏纯理智的追求而缺乏了西方传统的形而上学架构，这在传统哲学观点看来似乎是一欠缺；同时也因为缺乏了前科学的形而上学的追究，而缺少西方近代的系统科学的成就。但是通过崭新的意义哲学的眼光从纯哲学方面的考虑来看，中国哲学之重视意境正表示它不须担负西方传统形而上学的包袱，我们只需将内涵于它的方法学态度彻底用现代的术语与理论方式阐明开来，它便可以站立在时代的尖端作为时代哲学精神的先导。"㊱ 在冯先生和刘先生那里，中国不但有自己独特的哲学，而且这样的哲学有其内在所赋有的历史责任。而在思考如何实现中国哲学的创造性转换时，重新思索冯先生曾走过的路程，确有助于增强我们的方法意识和丰厚我们所必须依凭的思想资源。尤其是冯先生的一整套"接着讲"体系所体现的"宋学精神"，他的时代担当意识与中国哲学创新的使命感，对于当前我们关于"中国哲学特质问题"、"中国哲学合法性问题"等的讨论有极大的立论参考价值。

注　释：

① 冯友兰：《中国哲学史》（下）[M]，华东师范大学出版社 2000 年版，第 302 页。

② 钱穆：《中国近三百年学术史》（上）[M]，商务印书馆 1997 年版。

③ 钱穆：《国史大纲》[M]，商务印书馆 1994 年版，第 860 页。

④⑥⑧⑨⑳㉑㉓㉖㉗㉘㉚㉜　冯友兰：《三松堂自序》[M]，北京三联书店 1984 年版，第 245、279、260、229、223、228、202、210、211、367～368、225、225 页。

⑤ 钱穆：《朱子学提纲》[M]，北京三联书店 2002 年版，第 26～27 页。

⑦ 冯友兰：《论〈美的历程〉——冯友兰给李泽厚的一封信》[A]，《中国哲学》（第 9 卷）[C]，北京三联书店 1983 年版，第 390 页。

⑩ 冯友兰：《中国哲学简史》，北京大学出版社 1996 年版，第 293 页。

⑪ 蔡元培：《五十年来中国之哲学》[A]，《蔡元培全集》（第 4 卷）[C]，中华书局 1984 年版，第 351、381 页。

⑫ 胡适：《中国哲学史大纲》[M]，上海古籍出版社 1997 年版，第 17～23 页。

⑬⑭⑮⑱㉛　冯友兰：《三松堂学术文集》[C]，北京大学出版社 1984 年版，第 334、337、295、287、10 页。

⑯ 李学勤：《谈"信古、疑古、释古"》[A]，陈其泰、张京华：《古史辨学说评价讨论集》[C]，京华出版社 2001 年版，第 466 页。

⑰㉒　《冯友兰先生百年诞辰纪念文集》[C]，清华大学出版社 1995 年版，第 276、2、267 页。

⑲ 《冯友兰先生纪念文集》[C]，北京大学出版社 1993 年版，第 91 页。

㉔㉕　冯友兰：《三松堂全集》（卷 11）[M]，河南人民出版社 1992 年版，第 267、517 页。

㉙ 冯友兰：《中国现代哲学史》[M]，香港：中华书局 1992 年版，第 207 页。

㉝㉞㉟　冯友兰：《三松堂全集》（卷 5）[M]，河南人民出版社 1986 年版，第 229、225、315 页。

㊱ 刘述先：《新时代哲学的信念与方法》（人人书库）[M]，台湾"商务印书馆"股份有限公司 1987 年版，第 133 页。

（作者单位：武汉大学哲学学院博士研究生）

钱穆、唐君毅对新亚校训"诚明"的释义

□ 何仁富

一、钱穆、唐君毅与新亚书院之教育理想的确立

在港台学术界有一种说法（据说这种说法是牟宗三先生的观点），新亚书院作为一所培养中国文化承续发扬之人才的学校，是靠钱穆的名望、唐君毅的理想、张丕介的实践以及徐复观的勇敢共同支撑起来的。其中，钱穆和唐君毅，分别被誉为新亚书院的"圣人"和"亚圣"，在构建新亚书院的教育理想方面，作用不可替代。

钱穆和唐君毅，两位现代中国杰出的思想家、教育家，是在无锡的江南大学结缘的。

1947 年 7 月，因为对朋友的道义，唐君毅与牟宗三、许思园应无锡富商荣德生之邀到荣家创办的江南大学任教授，并出任教务长。1948 年春，钱穆也应邀到江南大学任文学院院长。这是钱穆、唐君毅二先生论交之始。在江南大学期间，钱穆经常雇一小舟，荡漾湖中，幽闲无极，写成了《湖上闲思录》一书，又撰成《庄子纂笺》一书，荟萃前人旧说，并成一家言，为近代庄子研究之重要著作。1948 年夏，在钱穆、牟宗三、李源澄、周辅成等先生的鼓励和支持下，唐君毅往鹅湖书院访学，为学生讲孔子、耶稣、释迦牟尼和苏格拉底，并筹备复校。同时，唐君毅写成《文化意识与道德理性》一书。6 月中，唐先生辞江南大学教务长职，7 月与钱穆、牟宗三、林宰平、韩裕文诸先生游太湖。

1949 年春，钱穆与唐君毅应广州私立华侨大学聘，由从无锡经上海同赴广州。在广州，他们二人曾同去番禺化龙乡黄艮庸家看望了熊十力。10 月，钱穆、唐君毅、张丕介、崔书琴、谢幼伟、程兆熊、刘尚一诸先生创办亚洲文商夜学院，以钱先生为院长。夜学院最初只租赁九龙佐敦码头附近伟晴街的华南中学内三间教室上课。另在附近炮台街租一楼宇为宿舍，内除杂陈八九张架床作学生宿位外，另有仅容一行军床、一桌、一椅之房间作钱穆先生的寝室与办公室。钱先生教中国通史，唐先生教哲学概论，张丕介先生教经济学，崔书琴先生教政治学，刘尚一先生教国文。

亚洲文商夜学院于 1950 年秋改建为新亚书院，校址迁到九龙深水桂林街，日间上课。

新亚书院以各门课程来完成人物中心，以人物中心来传授各门课程。该院最初设文史、哲教、经济、商学四系，后扩充为文理商三学院十二个系。创办时条件十分艰苦，师生多为内地去港人员。钱、唐、张等先生以人文理想精神自励并感染同仁与学生，呕心沥血，创办新亚，亦得到许多同道的支持。

新亚书院以其文化理想与艰苦奋斗的精神培养出一批高质量人才，引起香港社会各方面的关注、同情和尊敬，并逐步得到国际承认与支持。1952～1953年间，先有亚洲协会代表艾维（Jameslvy）主动资助经费，继有耶鲁大学卢定（Harry Rudin）教授代表雅礼协会与新亚协议，每年助款25 000美元。不久，又有美国福特基金会捐款，择址农圃道建校舍，由港府拨地兴工。新亚在创校六年后始有自建校舍。1955年春，获哈佛燕京社资助，有专款购置图书，建大型图书馆，出版《新亚学报》。

1963年10月，香港地区政府集合崇基、联合、新亚三书院成立香港中文大学。中文大学成立之后，钱穆教授担任院长，不久功成身退，往台北讲学。张丕介教授因积劳而逝。三创办人之中，尚存唐君毅先生。唐先生继续任教，以发扬中国文化为己任。

在新亚书院，钱先生超然物外，与世无争，确可获"圣人"之誉。而唐先生的执著与勇斗精神，又颇似"亚圣"孟轲。"1976年12月24日，是一个惨淡的日子，新亚书院董事李祖法、沈亦珍、吴俊升、刘汉栋、郭正达、钱宾四、唐君毅、徐季良、任国荣等9人发表辞职声明。其中有言：'联合制终被废弃，改为单一集权制……同人等过去惨淡经营新亚书院以及参加创设与发展中文大学所抱之教育理想无法实现……是非功罪，并以诉诸香港之社会良知与将来之历史评判。'一字一泪，令人不忍卒读。假若这些创办人不会天真地对政府存有一丝幻想，新亚便可如浸会书院一般保存独立自主，而不会落得如此下场！"①唐君毅先生更是直斥"香港政府……无异于以中文大学为诱，以求消灭原有之新亚、崇基之存在与发展"，最后且言"但我希望与未来中大有关系的人，应当知道此未来之中大，乃来自一背信食言的罪恶"②，其沉痛愤懑之情，溢于纸上。

新亚书院的教育理想是由包括学校宗旨、校歌、校规以及校训构成的完整的整体。

新亚书院的宗旨是：上溯宋明书院讲学精神，旁采西欧大学导师制度，以人文主义之教育宗旨，沟通世界东西文化，为人类和平、社会幸福谋前途。

新亚书院的校歌歌词是钱穆亲自创作的。③歌词里面既有"天高明，人之尊，心之灵，广大出胸襟"的为人目标，也有"五千载今来古往，一片光明"之对中华传统文化的信心；既有"手空空，无一物，路遥遥，无止境"的花果飘零之感叹，更有"千斤担子两肩挑，趁青春，结队向前行"的任重道远的担待精神。

新亚书院的校规总共二十四条，核心在强调"求学"与"为人"的统一。这是对新亚书院所秉承的中华文化的理想落实到具体行为操作上的基本要求。校规特别强调："求学与做人，贵能齐头并进，更贵能融通合一。做人的最高基础在求学，求学之最高旨趣在做人。"④

将关于做人与做事、为人与为学的基本要求提升为基本理念，这就是新亚书院的校训，取自《中庸》的两个字："诚明"。"诚明"二字的来历源于《中庸》："诚者，天之道也。诚之者，人之道也。""自诚明，谓之性。自明诚，谓之教。诚则明矣，明则诚矣"。恰好新亚书院的"圣人"和"亚圣"钱先生和唐先生各写过一篇对新亚校训"诚明"的解释的文章。我们从他们的释义中，可以看到新亚所追求的基本理想以及新亚的创办人钱先生和唐先生所主张的为人与为学相统一的思想和精神。

可以说，钱穆和唐君毅共同确立和奠定了新亚号凤愿的基本文化理想和教育理想。同时，钱穆作为新亚书院院长和唐君毅作为新亚书院的教务长，几乎每届学生入学和毕业，他们都有讲话，通过这些讲话，他们又在不断地阐释和传播新亚书院的文化教育理想。钱穆的这些讲话大多收入《新亚遗铎》这本书中，唐君毅的讲话多在《新亚生活》上刊登，并收录于《唐君毅全集》。其中钱穆和唐君毅各有一篇专门阐释新亚校训"诚命"的专文，给我们提供了认识新亚书院文化教育理想以及钱穆和唐君毅本人思想的一个重要文本。

二、钱穆对"诚明"之释义

钱穆对"诚明"的解读是从"诚"和"明"分别去说的，并强调二者的有机结合。他认为，"诚"属于德性行为方面，"明"属于知识了解方面。"诚"是一项实事，一项真理。"明"是一番知识，一番了解。二者结合即"为学"与"做人"同属一事的精神。

1. "诚"的四重功夫

钱穆认为，"诚"有四个层面，或者说，要做到"诚"须有四步功夫，即：言行合一，人我合一，物我合一，天人合一。

"言行合一"，或者说"内外合一"，也就是"口里说的、心里想的、外面做的、内心藏的，要使一致"，这就叫做"诚"⑤。钱穆认为，这是我们要做到"诚"的第一步也是最基本的功夫。

不过，"言行合一"还只是在"成己"的途中做到了初步的"诚"。人总不是独处的，总是要与我以外的其他人相处的，因此，要做到"诚"的第二步功夫便是"人我合一"。从"诚"的角度讲，"人我合一"应该是与"言行合一"统一的。按照钱穆的解释就是，我们在独居时该如我们在群居时；我们在人背后也该如在人面前；我们不欺骗自己，同时也不欺骗别人；我们不把自己当工具，同时也不把别人当工具。此所谓孔子说的"己所不欲，勿施于人"，"己欲立而立人，己欲达而达人"。做到了这个功夫，人们就自然会说你是一位"诚"实人。

"诚"的第三境界是"物我合一"。所谓"物我合一"，就是我们怎么看待我们自己，我们也就怎么看待物，用一句比较现代的话说，把人当人看，把物当物看。钱穆说："我有我的真实不虚，物有物的真实不虚。要把此两种真实不虚，和合成一，便是诚了。如我饮食能解饥渴，这里有实事、有实效，便是诚。但是有些物，饮食了能解饥渴；有些物，饮食了不能解饥渴，不仅不能解饥渴，而且会生病，这里便有物的真实。所以人生便是这人的真实与物的真实之和合。"⑥钱穆所揭示的"诚"的这一层面含义，很有理论和现实意义。在工业化的时代，我们把"物"都"器具化"、"工具化"了，物不再被当做"物"本身，由此而致大量破坏生态环境，此皆于"物"不"诚"之过也。

"诚"的第四层境界是"天人合一"，也可说是"神我合一"。常人总觉得我的生活就是我的生活，我的生命我掌握，好像与"天"与"神"无关。但是，钱穆提醒我们这些常人："你若问：天地间何以有万物，何以有人类？我处在此人类中万物中，何以能恰到好处、真真实实、完完善善地过我此一生？你若懂从此推想，从此深思，你便会想到天，想到神，你便会想到这里面纯是一天然，或说是一神妙呀！"⑦因此，"天人合一"或者说"神人合一"并不是那么玄妙，只要你能够真真实实、完完善善地做一人，过一生，那你便可达到"天人合一"、"神我合一"的境界了。

钱穆认为，这四步"诚"字功夫，是有高低层次之分的，必须渐次做到，才是真正做到了"诚"。"你必先做到第二、第三步功夫，才能渐次懂得第四步。你必先做到第二步功夫，才能做好第三步。但你又必先能做到第一步，才能做好第二步。"⑧而这说来容易，做起来实则很难的。根本的就是要"明"，要明白其中的道理、真理。这样，钱穆就从分析"诚"入手而过渡到"明"了。

2. "明"的四重真理

在钱穆看来，"诚"是行为，是需要行的"客观"真理；"明"则是对这"客观"真理的认知、了解。要在行为上做到"诚"，就必须在认知上做到"明"；同时，要真正做到认知上的"明"，也必须行为上要"诚"。钱穆说："若你明白得第一番道理，你便能言行合一、内外合一，你便养成了一个真价格，有了一个真人品。否则，你言行不一致，内外不一致，好像永远戴着一副假面具，在说假话、做假事，你将会自己也不明白自己究竟是怎样一个人，在做怎样一回事。因此，不诚便会连带地不明，不明也会连带着不诚。"⑨

如果你在行为上确头要诚诚实实做人，决心不说假话、不做假事，那么，你就会懂得"人我合一"这一真理了。你自己就会明白，不管是否有人在场，不管是否有人知道，你都应该是一样的。这便是对人如对己，对己如对人。如何"对人"和如何"做人"，原是一件事的两个方面。一个人当先懂得"人"，才懂得如何"对人"和"做人"。反过来说，你如果懂得如何"对人"和如何"做人"了，也就自会懂得如何才是一个"人"了。

人要"做人"，就不得不懂得对"物"。因为人总是"与物为伍"的，饥了要吃，冷了要穿。如果不懂得物，不懂得"与物为伍"，人便会被饿死，被冻死，如此，又怎么能谈"做人"呢？如果你真懂得对物了，那么你就应该明白，物是没有"虚伪"的，天地间万物，尽是一个"诚"字，全都有它们自己的一番"真实不虚"的真理。当天地间万物都以它们的全部"诚实"与"真理"来对你时，人怎么可能用"虚伪"来对物呢？于是，人之为人，真该要明"物"理的。明物之理，在一个"诚"字，由是，人与物合一了。

只有当一个人通达人情、明白物理了，他才真正懂得如何真真实实、完完善善地做一个人。如此再沿着此路通达下去，人便可以做到"天人合一"的"神"的境界了。

钱穆把明白"言行合一"、"内外合一"的真理叫做"人格真理"；把明白"人我合一"的真理叫做"社会真理"、"人文真理"；而把明白"物我合一"的真理叫做"自然真理"、"科学真理"；把明白"神我合一"、"天人合一"的真理叫做"宗教真理"、"信仰真理"。

钱先生认为，"人生逃不出此四项真理之范围，我们全部生活在此四项真理中"⑩。在人生实践中，一方面，我们要对这四项真理逐步研寻、分途研寻，分别明白这四项真理；另一方面，我们又必须把这四项真理融通会合，懂得这四项真理其实根本的还是一项真理，并把这"一"个"真理"作为人生之"道""一以贯之"地坚持贯彻到人生旅途中去。钱穆认为，这便是《中庸》所谓"诚则明，明则诚"的道理，也是新亚书院将"诚明"二字作为校训的基本缘由。

如果我们把钱穆对"诚明"的阐释连接起来，他实际上是在呈现一种中国人做人的基本理路：首先，要明白"德行与认识合一"是做人的最高理想；其次，要在"言行合一"方面落实这种认识，由此你可以形成"真人品"；再次，要通达人情，以待己之方式待人，从而做到"人我合一"；又次，你还需要明白物理，成己也成物，从而达到"无我合一"；最后，当你成己、成人也成物了，你也就成为真实完善的一个人，而这同时也就是天命之实现，也就达到了为人的最高层次"天人合一"。

从钱穆对新亚校训"诚明"的释义可以看出，他的信念和思想，已经不是一个"历史学家"可以概括得了，更多地体现为一个"思想家"的视野。其实，钱穆晚年的《晚学盲言》就是作为一个思想家在构建一个完整的思想体系。⑪

三、唐君毅对"诚明"之释义

如果说，作为历史理性非常厚重的历史学家的钱穆，释义"诚明"侧重于从历史文化意识角度分析提炼"诚明"的四重境界的话，那么，作为一个生命性情十分厚重的"仁者型"哲学家的唐君毅，释义"诚明"则更关注的是我们在现实的生命情调中"诚明"可能彰显的不同方面和层次。

唐君毅认为，简单地说，"诚即是真实，明即明白"。"真实明白"，就是"诚明"的本真义，或者说，至少是它彰显于我们生活中的含义。接下来，唐君毅分析了这种彰显于我们生活中的"真实明白"的三个层次四个方面。

1. 客观事理的"真实明白"：真理及真理标准的多元性

客观的"真实明白"就是"客观的真理"，就是事物或者事件本身的呈现，是不带虚伪的"诚"。求真理即求诚。他说："我们说诚即真实，此真实可以是指一客观的真实，如客观的事实真理，都是客观的真实。依次说，诚明的校训，其意即是要大家同学，明白真理的是事理，或求真理而明白之。"⑫

唐君毅以他一贯的叙述风格，从日常最简单最直接的"真理"出发阐释深刻的真理。他指出，读书就是为求真理；如果读书只求记诵具体的知识结论以应付考试，就不是为求真理而明白之，就不是求"真实明白"，也就不是"诚明"。

既然读书是为了"求真理"，那就得对"真理"本身有所了解、有所"明"。唐君毅认为，"真理"有各种各样的，判断"真理"的"标准"也有各种各样的。

大体上说，真理可分为大单个的命题（即日常所说的"话"）和体系化的理论（即通常所说的"学问"）两个层次。不管是命题真理还是学问真理，唐君毅认为，其真之判定都有不同标准，大体上可以有四个方面的标准，即：是否自相矛盾、前后不一致；是否符合客观的事理；是否有具体的效用；是否符合当然的理想规范。数学逻辑中的真理，只是以逻辑的不自相矛盾为"真"；历史与纯粹理论的自然科学、社会科学，则须同时符合客观事理才可以为"真";应用的技术知识,则还须应用于技术的目标实现才为"真";文学艺术与道德伦理学的知识,则更须合于美与善的理想、规范才能为"真"。

唐君毅在这里指出了多元的真及真的标准,有逻辑的真,有事实的真,有应用的真,有规范的真。这就表明,在不同的学问中,真与不真判别的标准不全是一样的,或者可以说,各种学问中有不同的真理。真理有种种,判别真理的标准也有种种。唐君毅批评那种只以一种真理标准概括其他,抹杀其他的态度,称这种"以为其他真理不存在"的态度,是不"诚"不"明"。而要"免于轻易概括之意见之错误",对哲学中关于"真理的理论"的真理进行深入系统的了解,是最好的途径,否则,便"只有天生的广博的胸怀,然后才能知真理的世界之大,以免于此种错误"⑬。

2. 主观言行的"真实明白":人生理想的践行和理想实现之艰难

唐君毅认为,明白客观事理还只是我们向"诚明"迈出的第一步。要"诚明",更重要的是要落实到个人的人生实践上,即在主观上要做到言和行的"真实明白"。

第一,言的"真实明白":避"妄语"而说老实话。

言的"真实明白"即是说老实话,即孔子所谓的"知之为知之,不知为不知"。

世界无穷,世间的学问也无穷;知识无穷,真理亦无穷。任何人所知道所能知道的都极其有限。所以,对于求知识、求真理,"不知"是不可怕的,可怕的是以不知为知,不知而说"知"。不知而说"知",是欺人欺己,使人不明白真实,是为"狂言妄语"。"妄言"有各种各样:有意的不知说知,以自欺欺人,是显然的妄语。对他人的妄语不加判断,便随附和,是妄语;流行的标语、口号、恶俗的词句,听惯了,随口说出,这也是妄语。为了讨不同的人喜欢,而随便说不同的话,而不问其真实与否,此亦是妄语。在行文说话中,不知不觉间带出了一句并非自信为真的话,也是妄语。随意编造文字,是妄语;由思想混乱而说出的无意义的语言,也是妄语。这些"妄语",根本上就是言说的不"真实明白",即言语的不"诚"。

这些"狂言妄语"未必真能欺人,却可欺己。它阻塞了自己求明白真理、求学问知识之进步的路径。因为一切的狂言妄语,都好似在我们自己与真理之间筑一道高墙,会使我们自己不明白真理,而使我们在求学问知识的历程中不能真正的进步。唐君毅甚至认为,不作狂言妄语是一切想求学问知识的人的根本。如果一个人根本上坏了,枝叶是决不会繁荣的;根本上不坏,枝叶必然会不断长出。

在唐君毅看来,说老实话,不妄言,即是"诚",明白其意义与价值,便是"明"。人类之妄语,即使学者或贤者,有时也是不可避免的。人在"妄语"时,往往并不知道那就是"妄语"。所以,客观地说,人要做到说话全无一句话是妄语,不是容易的事。当然,"不免于妄语而说已能不妄语,不容易的事说其容易,此亦是妄语"。一个人做到全无一切妄语,才是真正的"诚",这当然是不容易的;而能够对自己与他人的一切妄语,皆明白其是妄语,则是"明",这"明"也是不容易的。

第二,行的"真实明白":避"伪行"而行真实行。

"诚明"的更深一层意义,是从人的行为、生命精神与人格自身上说的,即行为的"真实明白"。人可以妄语欺人,也可以伪行欺人。表面与人亲热,而内心则怀敌意与利用之心,这便是行为的不真实明白,是虚伪的行为。人的音容笑貌、行止坐卧的一切行为，无不可以伪装。一个真正诚实的人，不只是说真实话的人，也一定是一个行真实行、无虚伪的行为的人。

虚伪的行为之所以虚伪，是因为它与我们内心中所原有的不一致。由此，我们可以说，凡是我们的行为与心中所想的不一致者，都可以说是虚伪的。譬如，我们有许多习惯的、本能的、冲动的行为，常常不自觉地自然发出，这些行为并不是我们自己主观上认为应当发生或者我们自己认为是合理的，可是，我们却会因为已经形成的生活和行为习惯，本能地、冲动地发出此行为，一当行为发出后，自己的意识才知其不当有、不合理。唐君毅认为，凡是我们"知其不当有而又有"的行为，都是与我们"所想的当有者"不一致的，即都具有行为上的"虚伪性"。这种行为由于与我们"所想的当有者"不一致，便都可造成我们自身的生命精神或人格的一种"内在的分裂"、"内在的矛盾"。这样的"虚伪的行为"，尽管不是我们自觉的"当有者"，却也都是为了形成我们统一的生命精神、统一的人格时所必须加以去掉的。因为，如果我们没有形成统一的生命精神、统一的人格，那么，我们的生命精神与人格，就还是"尚未真实的形式"，即"尚未真实的存在"，亦即做人未做到"真诚"的标准。所以，凡是我们身上还存有"不合理而不当有之行为"时，我们就还不是一个"真实存在"的人，也就还不能算一个"真诚"的人。

客观地说，人要使其行为全是合理的，全是"当有而后有"的，实是千难万难的事。任何人都不敢说自己已经成为一个"全副的真诚"的人，也不敢说我们已经是一个"全副的真实存在"的人。果能做到的，我们便说他是"圣贤"了。可是唐君毅指出，世间是没有一个圣贤在生前自己就说他自己是圣贤的。圣贤对生前的人所说的，只是我们"做人的理想"，这理想可能我们永远达不到。

但是，唐君毅认为，不能在现实中自成"圣贤"并不是我们放弃求行为之"真实明白"的理由。就如我们在知识上，尽管我们不能宣称我们已经获得了全部真理，但是我们却必须要树立"永远要去求真理"的求知理想一样；我们在行为上，尽管我们不能宣称我们已经成为没有"虚伪行为"的"圣贤"，但是我们仍然必须要确立"永远要学为圣贤"，要不断地践行圣贤的行为与生命精神及人格的人生理想。

3. 超越宇宙的"真实明白"：成己成物之宇宙大道

唐君毅认为，"诚明"的最高层次，"可以从诚之成己成物的意义，说到诚之为一宇宙的大道"。这个意义上的"诚明"实是指超越的"真实明白"，即超越一己之"真实明白"，或者也可以说是宇宙的"真实明白"。

唐君毅认为，"诚"即"成"，一切事物之成都是诚。事物不成，即无事物；故曰"不诚事物"。求真理求知识，是成就对真理的知识；对真理之知识不"成"，则无知识亦无真理可见。说话是为成就表意，妄语狂话，不真表意，不能成就表意；表意不成，话即不成话，亦不是话。使行为合理，是成就行为，成就统一的生命精神人格；统一的生命精神人格不成，则人不成人，亦不是人。如此推论，以致天地万物要成为天地万物，上帝要成为上帝，鬼神要成为鬼神，都赖乎此一个"成"字。此"成"即是"诚"。这样，在唐君毅看来，"诚"即是一切人与天地万物上帝鬼神之所以成为人与天地万物上帝鬼神之道，即"宇宙之道"。

"成"既然是"宇宙之道"，那么，什么是"成"呢？唐君毅指出，不是说只"一时有了"便"成"了,"必须有,而且继续不已地有,然后成"。譬如治学,必须是"继续不已"的治学,才能"成"学;譬如说话,必须是"继续不已"地说到"前后一致"、"内外一致"的话,才"成"话;譬如做人,必须是"继续不已"地向做人的理想前进,才"成"人;譬如天地万物,必须"继续不已"地以天地万物呈现,天地万物才"成"天地万物;譬如上帝鬼神,必须"继续不已"地救人爱人,才"成"上帝鬼神。总之,一切存在的,都必须"继续不已"地存在,然后才可能是有"成"的存在,"真实"的存在。

"继续不已",亦即是"承先启后",即是"继往开来"。承先启后,就是使"先"更光大;继往开来,即是使"往"更光大。光大即是"明",亦即是继续不已的结果,即"成"或"诚"的结果。所以有诚有成,即有明。唐君毅指出,中国之"明"的意义原是月明透入窗。窗外有明月,窗内亦有明月。这便是光明之由窗外到窗内,而继续不已。如果有窗帘隔了,明月之光便断了,窗内一片黑暗。所以明月之光明,亦必须继续不已地向窗内照入,才有此窗内之光明。所以,唐君毅深切地指出:"中国教育文化,不能承续五千年之教育文化,以开启中国未来之教育文化,中国之教育文化即非真实的存在;新亚书院之教育不能承继新亚之原始教育精神,开启未来之新亚教育精神,新亚书院之教育亦非真实的存在。"⑭

四、余　　论

钱穆和唐君毅释"诚明"之义,都本乎《中庸》的基本理路,以"为学"与"为人"之统一为基本旨归,可谓语重心长、事理透彻。作为新亚书院的"圣人"和"亚圣",在阐释新亚校训、规诫新亚学子方面,可谓"循循善诱"而又"诲人不倦"了。

钱先生的释义就像他的历史学著作,清楚明白,义理清晰。从做到"诚"的四重功夫(内外合一、人我合一、物我合一、天人合一)说到"明"的四重真理(人格真理、人文真理、科学真理、信仰真理),给我们以真正的洞识,解心中之疑团,真可谓"圣人"之"微言大义"。

唐先生的释义就像他的人生哲学著作,盘盘旋转,豁达宽宏,细致入微。从"事理"说到"人理"再说到"天理"。他的四个层面的分析说明,大体上可以归为客观(客观的"真实明白",观事理)、主观(语言的"真实明白"和行为的"真实明白",观人理)、超越主客观(宇宙的"真实明白",观天理)三重境界,而这正是他晚年的宏大巨著《生命存在与心灵境界》观世界、观人生、观宇宙的三个基本向度。唐君毅说理过程中的"情"的投入,是他"仁者"的生命性情的流露和体现,这一点是不同于钱穆作为历史学家的就事论事就理说理的"冷静"的。

简单地将钱穆和唐君毅对"诚明"的释义作一对比,我们发现,钱穆的释义是典型的史学家的释义,词句的准确梳理,语言的简洁,态度的超然客观,都可以在钱穆的释义中感觉出来。尽管,钱先生作为一个具有思想家风格的史学家,作为一个对儒学和中国传统文化十分景仰的"国学大师",他将"诚明"所蕴涵的人生哲学揭示得非常清晰透彻,但是,从字里行间可以感觉到,钱先生对"诚明"所昭示的人生哲学,更多是一种"欣赏"和"赞成"的态度。

唐君毅是一个哲学家，是个一性情哲学家，更是一个信仰儒学的儒者。从唐君毅的释义中我们看出，他语言运用上的"苦口婆心"，他表达上的性情体征，他论证方式上的主观性，以及他对"诚明"所昭示的人生哲学的"信仰"和"践行"态度，都是非常鲜明的。他的释义不是一个客观的学者的释义，而是一个实际践行者的自我主观表达。

儒学是生命之学。儒者（或者儒家）是将儒学精神落实到人生实践中的实践者。在现代新儒家的阵营中，唐君毅是被称为典型的仁者型新儒家，而钱穆是否是新儒家一直有争议。钱穆本人拒绝在 1958 年元旦发表的所谓"新儒家宣言"上签字，后钱穆弟子余英时也专门作文证钱穆不是"新儒家"。一个思想家是否儒家，根本不在于他是否在研究或者言说儒学的道理，而在于他是否信仰儒学的根本精神并践行它。他必须是向上寻求儒学之为儒学的形上根本，去体征儒学；向下践行儒学之为儒学的基本精神，去践行儒学。只有将对儒学的形上体征信仰、对儒学的形中言说论证、对儒学的形下落实践行有机结合起来的思想家，才是真正的"儒家"。从这个意义上，我们可以说，唐君毅是真正意义上的"新儒家"，而钱穆还不是真正意义上的"新儒家"。

关于这一点，我们还可以从唐君毅给徐复观的一封书信中得到说明：

> "关于兄所言钱先生论中庸之文事，说其纯是自饰，亦不全合事实。钱先生致死箱子其三百年学术史看便知其素同情即情欲即性理一路至清人之思想，此对彼影响至深。彼喜自然主义、喜进化论、行为主义。由以此论德性，亦一向如此。彼有历史慧解，生活上喜道家，故在历史上善观变。但其思想实自来不是孟子、中庸至宋明理学之心学道学一路。熊、梁二先生是此路……今其论中庸文释诚与不睹不闻，都从外面看，此确违中庸意。弟以前写中哲史亦犯此病以论诚，既而悔之。此中亦确有易歧出处，暇以后当为文及之。（目前在一般青年心中已渐不视钱先生为真正之理学家、真儒者，而只是视之为一国学大师、史学家，乃一对彼较好之现象，可免被责为伪儒。故其所为文，他人亦不必如何重视。则兄所虑者亦不如是严重矣!）[15]

当然，说钱穆不是"新儒家"并不贬损他的思想文化价值，说唐君毅是真正"新儒家"也不会抬高他的思想文化价值。"新儒家"在这里只是一个学术分类的"事实陈述"，而并不具有"价值评判"的意思。

注　释：

① 见《中大发展史》——原刊。1977 年 8 月 28 日《中大学生报》。

② 见《明报月刊》第 142 期，唐君毅致该刊编辑函。

③ 新亚书院校歌的内容："山岩岩，海深深，地博厚，天高明，人之尊，心之灵，广大出胸襟，悠久见生成。珍重珍重，这是我新亚精神。十万里上下四方，俯仰锦绣，五千载今来古往，一片光明。五万万神明子孙。东海西海南海北海有圣人。珍重珍重，这是我新亚精神。手空空，无一物，路遥遥，无止境。乱离中，流浪里，饿我体肤劳我精。艰险我奋进，困乏我多情。千斤担子两肩挑，趁青春，结队向前行。珍重珍重，这是我新亚精神。"

④ 载《新亚校刊》第 2 期，1953 年。新亚书院校规的全部 24 条如此："1. 求学与做人，贵能齐头并进，更贵能融通合一。2. 做人的最高基础在求学，求学之最高旨趣在做人。3. 爱家庭、爱师友、爱国家、爱民族、爱人类，为求学做人之中心基点。对人类文化有了解，对社会事业有贡献，为求学做

人之向往目标。4. 袪除小我功利计算，打破专为谋职业、谋资历而进学之浅薄观念。5. 职业仅为个人，事业则为大众。立志成功事业，不怕没有职业。专心谋求职业，不一定能成事业。6. 先有伟大的学业，才能有伟大的事业。7. 完成伟大学业与伟大事业之最高心情，在敬爱自然，敬爱社会，敬爱人类的历史与文化，敬爱对此一切的知识，敬爱传授我一切知识之师友，敬爱我此立志担当继续此诸学业与事业者之自身人格。8. 要求参加人类历史相传各种大学业、伟大事业之行列，必先具备坚定的志趣与广博的知识。9. 于博通的知识上，再就自己材性所近作专门之进修；你须先求为一通人，再求成为一专家。10. 人类文化之整体，为一切学业事业之广大对象；自己的天才与个性，为一切学业事业之最后根源。11. 从人类文化的广大对象中，明了你的义务与责任；从自己个性禀赋中，发现你的兴趣与才能。12. 理想的通材，必有他自己的专长；只想学得一专长的，必不能备有通识的希望。13. 课程学分是死的，分裂的；师长人格是活的，完整的。你应该转移自己目光，不要仅注意一门门的课程，应该先注意一个个的师长。14. 中国宋代的书院教育是人物中心的，现代的大学教育是课程中心。我们的书院精神是以各门课程来完成人物中心的，是以人物中心传授各门课程的。15. 每一个理想的人物，其自身即代表一门完整的学问。每一门理想的学问，其内容即形成一理想的人格。16. 一个活的完整的人，应该具有多方面的知识，但多方面的知识，不能成为一个活的完整的人。你须在寻求知识中来完成你自己的人格，你莫忘失了自己的人格来专为知识而求知识。17. 你须透过师长，来接触人类文化史上许多伟大的学者，你须透过每一学程来接触人类文化史上许多伟大的学业与事业。18. 你须在寻求伟大的学业与事业中来完成你自己的人格。19. 健全的生活应该包括劳作的兴趣与艺术的修养。20. 你须使日常生活与课业打成一片，内心修养与学业打成一片。21. 在学校里的日常生活，将会创造你将来伟大的事业。在学校时的内心修养，将会完成你将来伟大的人格。22. 起居作息的磨炼是事业，喜怒哀乐的反省是学业。23. 以磨炼来坚定你的意志，以反省来修养你的性情，你的意志与性情将会决定你将来学业与事业之一切。24. 学校的规则是你们意志的表现，学校的风气是你们性情之流露，学校的全部生活与一切精神是你们学业与事业之开始。敬爱你的学校，敬爱你的师长，敬爱你的学业，敬爱你的人格。凭你的学业与人格来贡献于你敬爱的国家与民族，来贡献于你敬爱的人类与文化。

⑤⑥⑦⑧　钱穆：《新亚校训诚明二字释义》，《新亚遗铎》，三联书店 2004 年版，第 66 页。

⑨⑩　钱穆：《新亚校训诚明二字释义》，《新亚遗铎》，三联书店 2004 年版，第 66 页。

⑪　钱穆：《晚学盲言》，广西师范大学出版社 2004 年版，分"宇宙天地自然"15 篇、"政治社会人文"30 篇、"德性行为修养"45 篇，共三部分 90 篇，达 70 万字。

⑫　唐君毅于 1969 年应新亚书院同学的邀请，做了释新亚校训"诚明"的演讲。以《略释"诚""明"》为题，原载于 1969 年 6 月 2 日的《新亚学生报》第 31 期，后转载于《新亚生活》双周刊第 12 卷，收录于《唐君毅全集》第 7 卷。

⑬　唐君毅：《略释诚明》新亚书院编辑《新亚生活》双周刊第 12 卷。

⑭　唐君毅：《略释诚明》，新亚书院编辑《新亚生活》双周刊第 12 卷。

⑮　唐君毅：《致徐复观书信第 24 封》，《唐君毅全集》第 26 卷，台北学生书局 1991 年版，第 98 页。

（作者单位：宜宾学院四川思想家研究中心、唐君毅研究所、君毅书院、

浙江传媒学院）

当代新儒学道德规范根源之建立：
从孔孟到牟宗三

□ 李瑞全

伦理学在西方哲学的分类上属于实践哲学的部分，但西方哲学传统上比较重视玄思或观解的哲学，此在希腊时代即如此。现代哲学转向后，知识论成为最基本和主要的哲学范畴，伦理学仍是较从属的研究。而且，受到玄思和知识论的影响，西方伦理学在实践方面的研究，如实践工夫、道德人格的养成、道德行为的动机、情感的影响力等都不受重视。西方道德哲学中，以道德原则的讨论为主，工夫论通常并不构成伦理学的部分①。但西方20 世纪初的后设伦理学的发展，到 60 年代已近乎无可再进，伦理学家不得不另寻出路。除了转向应用伦理学的发展外，传统的伦理学家从道德语言之分析转回到道德价值之规范根源的探讨，重新检视道德价值的根源问题，并对休谟和康德等传统伦理学重新定位。这一部分的研究涉及道德所源自的人性、道德行为的机制等。这些问题实即儒学中的人性论、工夫论和道德实践的课题。本文反省和分析当代新儒学在道德价值根源的建构和论述，以展示从孔孟到当代新儒家，如熊十力、唐君毅、牟宗三等诸位先生所建立的伦理学，如何回应这方面的论题。本文并申论儒家之道德行动之机制，道德实践功夫之模式与内容②。

一、规范根源问题在西方当代伦理学的发展

西方当代的伦理学自 20 世纪初由于语言哲学发展的影响，从传统的规范伦理学的研究转向伦理语言之分析，发展出后设伦理学（meta-ethics）。但这一发展基本上在 20 世纪60 年代之后即无法更进一步。伦理学学者或是针对现代社会新的伦理议题，转向应用伦理学的研究，或是转向对传统伦理学的新的反省。前者发展出诸如生命伦理学、环境伦理学、商业伦理学等，开创许多新的理论架构和分析方法，成果非常丰富，对道德价值的反省和重建，有非常深远的影响。后者在转向传统伦理学的规范研究中，主要有两方面的发展，一是新的规范伦理学的发展，如美德伦理学（virtue ethics）、女性主义（feminism）、社群主义（communitarianism）等，对传统主流伦理学的取向和基础，提出新的挑战，也

同时传达了对规范价值根源的不同观点。另一方面，主流的伦理学讨论则直接对道德规范的根源，道德行为与道德判断的结构或机制提出新的分析、新的取向和新的模型，重新反省和分析休谟、康德、功利主义等主流理论在这些议题上的论述和特色。这方面的研究可说是回到道德理论的一些根源性和基础性的研究，诸如康德和休谟的伦理学中涉及道德价值根源的问题和道德行为的机制等，实已进到人类道德表现的特色和实践道德问题。道德规范的根源（source of normativity）③的研究，主要说明道德的根源和特质。道德判断与道德实践动力的研究主要探讨道德判断与行为的动力和理由。这两者虽然重点不同，但都涉及道德判断和道德行动所基于其上的基础是什么，和如何使人类得以成功道德行为的动力。这种发展回归到以道德主要作为一实践行动的表现，而非语言之运用而已，因而道德的规范意义重新被正视，作为研究反省的对象和出发点。

根据 Stephen Darwall, Allan Gibbard, Peter Railton 之研究④，20 世纪 60 年代后，近 40 年来西方伦理学界回应道德规范根源和道德判断的客观性等问题主要有四种进路，其中一路仍是沿自后设伦理学之非认知主义（noncognitivism）的取向，其余三种均为认知主义的进路：包括以 Thomas Nagel 为代表之"实践推理理论"（practical reasoning theories），以罗尔斯（John Rawls）的反省平衡（reflective equilibrium）为主的"建构论"（constructivism），和以道德情感为据的"感性理论"（sensibility theories）等⑤。前二者可说都是康德伦理学的进一步发展，最后一种则是归宗休谟的理论。这些理论主要回答道德是否客观存在，道德判断是否像科学命题般或具有同样的真理性和客观性，即道德判断与科学判断是同一连续体或是个连续的。在国内的研究中，与此课题相关而有重要贡献的是新儒学中牟宗三先生对儒家与康德的比论和批判。牟宗三先生的主要取向是以道德与知识分属两个层次的真理，既不连续却又具有真理性和客观性，同时吸收康德之实践理性之优位性，撤换了西方学界所接受的以科学判断具真理性和客观优位的预设，而以道德理性为首出⑥。这种取向融摄了康德的纯粹和实践理性两大批判的主要理论意涵，而建构出儒家在伦理学上的特色，正可以由此比对出西方现行的论点尚未足以涵盖道德和道德理性的特质。

二、规范研究所涉及的主要课题

在人类的经验中，除了对这个世界的认知之外，还有相当普遍而重要的一组道德概念，如道德的、正确的、权利、义务等。这组概念不但对我们在这个世界中的活动有所指引和评价，而且对我们的行为有所要求，如要求我们要尽义务，行为要道德，等等。这种要求即是规范的（normative）要求。我们对于道德的研究可以有多个面向，如道德概念的意义、道德原则的建立、道德根据的分析，以及各种特定道德争议的讨论分析等。但其中一个重要的基本议题是：为什么我们要接受这些道德概念或规范之要求？伦理学的主要工作即是对这种规范性要求的反省。

在道德的论述中，我们通常共认的中层道德原则，如尊重自律原则、不伤害原则、仁爱原则、公义原则等，只指示我们如何行动才是道德的，但没有说明道德是什么。道德理论（moral theory）的功用主要正是说明"道德是什么？"（What is morality?）的问题。换言之，一般道德原则只是依据道德是什么来规范在某些领域上，如亲子关系、医病关系、或公民关系等，我们要遵行的道德行为是什么。道德理论则要说明这个根源的问题。不同的理论有不同的说法，如功利主义以功利原则，康德以定然律令，儒家以仁心或不忍人之心等，说明何谓道德的问题。凡不能对此问题作一回答的，原则上都不是道德理论。当然，对这一问题的说明也有各种不同的观点或重点，也有周延与否和符应我们的道德经验与否的不同表现。前者是理论自身的内部结构是否完整的问题，后者是一道德理论是否确当的检证。前者如果不满足，则此理论有内部不一致性，此理论不能对我们的行为作出一致而无矛盾的指引。但纵使其自身一致，此理论如果不切合我们道德经验，它亦将产生与我们道德上不愿接受的判断，此无疑是这一理论的致命缺点。

一个道德理论说明了道德是什么可能只提供了一个事实的说明，却未必能说明我们的道德行为是理性上适当的或具有根据的。因此，一个完整的道德理论须要对"为何要道德？"（Why be moral?）也有一说明。这一说明即是对道德行为提供证成（justification）。在说明为何要道德的过程中，无可避免地涉及道德的根源和道德的性质，因此也回答了道德是什么的问题。同时，这一证明即构成我们要做道德行为的理由，即可促使我们去做道德行为，即构成我们的道德行为的动力。当然，在发动道德行为上，动力可以不止一端。由于说明道德是什么，为何要道德，道德的动力在何处等，都是一道德理论所必须交代的重要问题，因此，也是测试一道德理论的完整性的指标。西方伦理学自后设伦理学的发展遇到瓶颈后，转向对道德规范根源的研究，可说是回到伦理学的根源课题上。以下依 Korsgaard 的论述，陈示规范根源研究所涉及的三个方面的议题。

1. 一个道德概念理论（Theory of Moral Concepts）

Christine Korsgaard 指出，现代哲学家研究道德概念时，主要有三个重要的面向：

首先，它们准确地是意指什么，或它们含有些什么：即如何分析或界定它们？说某些事物是善的，对的或是义务是什么意思？其次，当然，它们应用到什么东西上？什么东西是善的，而什么行动是正确的或义务的？以及第三，哲学家希望知道这些伦理概念从何而来。我们如何拥有它们，而且我们怎样使用它们？我们是从理性、经验、上帝、或在柏拉图的理性世界的先前的存在取得它们的吗？我们心灵，或行动，或世界的什么特色促使我们去发展这些概念而且应用到行动及性格上去？⑦

Korsgaard 称这组问题的研究为"道德概念理论"（Theory of Moral Concepts）。第一类问题主要是道德概念之意义分析，但这种分析不限于语言之分析，而可涵盖传统的概念分析。第二类问题是道德概念之使用，即是一些道德原则的陈述和分析，可以涵盖基本的道德原则和一般的道德规范。第三类问题是道德根源的问题，即反省道德的根源来自何处，我们如何及为何会把它们应用到我们行动上。这三类问题各有其独立意义。第一类问题是对道德概念或语言的分析，以确立道德语言之特性，即其描述性、非认知性、道引性等，以及道德概念之真实性、客观性、理性性等。第二类问题主要建立道德规范的原则，展示道德行为的客观和合理的使用范围等。第三类问题是进而追问如此之道德概念有何理由，能对我们作出要求，即要求我们去遵守其规范。第三类问题即属于规范性根源的研究。

2. 道德理论说明之适当性与证明之适当性（explanatory adequacy & justificatory adequacy）

正如上文所指出的，在我们的日常道德经验中，我们常有感受到道德规范的要求，诸如要求我们尽义务，遵守道德原则，要做一个道德的人，即具有美德及成为一道德人格个体（moral person）。而且，这种道德要求即具有一种动力，促使我们去进行相关的行动。当然，我们在作道德抉择时，会感受到各种推动我们去做或不做某一行动的各种动力和动机，如来自各种欲求（desires）的动机，也有来自理性的动力，或来自主观或客观利益的考虑等，同时，道德原则自身也具有一种动力，而且常是与来自欲求的动力相反。这些道德要求有时是非常强烈的，不但要我们放弃自身的利益，甚至要求我们付出生命。对于这种道德要求，哲学家会反省和追问其何以具有如此效力，是否有据可言。Korsgaard 称这些日常的道德事实为一组"道德观念之实践和心理的效果"，并认为一个道德概念理论可以回答这组效果所显示的问题。

Korsgaard 也指出，对于这组问题的适当的解说可以有两种方式："说明的适当性"（Explanatory adequacy）与"规范的或证明的适当性"（normative or justificatory adequacy）⑧。前者是指一个理论对上述的道德事实的说明，只限于说明其来源和机制，但并没有说明何以这些道德事实是我们有理由去接受的。而后者即提供我们以一些理由，说明这些事实何以是我们规范上应接受的，或给出一些理由证明这些规范的要求。

具有说明的适当性的理论，如从人类基因的结构说明人类何以有各种道德行动和行动的动力，只指出在一个客观意义之下，行动者的行动何以是道德的，如出于保存物种、生长发展等而有的爱护幼孩，牺牲行动者自己的切身利益等，以及何以是具有动力的，如由于基因组织的方式发动为自然的反应或本能⑨。但这种理论并没有说明这些行动何以即是行动者所必须接受才是道德的。例如，我们可以追问为何要为保存物种而牺牲我们的性命或伤害我们所爱的人？换言之，这种从基因的结构所作的说明并没有回答我们为何要遵从这种出自某种深植在我们本性中的动力而行，即我们为何要道德的问题。

对于道德要求于我们的行动，我们可以提问：纵使这是我们本性或本能所认定为道德的，但我们仍然可以要求一个理由，说明这为何是我在道德上必须接受的要求？这一提问所要求的不是一适当的说明而已，而是要求有一规范的理由，或一证明的理由，证明我为何必要作出如此的行为，或为何此行为对我有规范的力量。这一回答所提出的适当性乃是一证明的适当性，而不同于上述的说明的适当性。换言之，一个道德理论不但说出如何的行动是道德的，同时提供一个理由说明一道德行动是我们应当去做的行动。Korsgaard 指出，伦理学上的怀疑主义的威胁正在于否定我们的证明的适当性真能支持道德的要求⑩。Korsgaard 进而列出这种证明需要满足三个条件。

3. 证明道德具有规范性之三个条件

由于说明的适当性只达到从第三者角度所能理解的方式，而对于道德实践上，当事人必须面对有关的抉择而作出自己是否要如此行动的决定。纵使我们知道在某个情况之下，我们应有的道德行动已被决定为应如何，但我们仍得要去追问：这是不是我所应接受的行动的理由。这一追问的表现，即显出人类是一反省的生命，是一可以对面临的情况作出反省的动物，而不是纯然受当前的情况所决定而作出直接反应的。由于有此反省的能力，因此，人类可以作出选择，也不能不作出选择，而作选择时我们很清楚为何作选择，而且如此的选择是一种自我的认同。因此，Korsgaard 列出三个条件作为说明证明的适当性需要满足的条件：是第一人称的（first personal），是自我透明的（transparency），和关乎"我"对自己的认同的（identity）⑪。

如前所述，以一客观的知识作规范的说明实不真相应上述所提出的证明的问题，因为，这种说明以第三者的角度看问题，并不能回答行动的当事人永远可以提的问题：作为由各种客观外在条件所如此决定的道德行为真是我所应当做的吗？当事人在作此决定时，如果不能有一证明的根据，则没有足够的合理理由去做或不做某一行动。因此，证明的理由必须是针对行动者作为第一人称的身份才算相应。由此而有第二个条件，即我们明确知道行为的根据、动机和动力何在。如果这方面不透明，则我们的行动仍然可能是受不明确或隐蔽的动机推动，而这动机或动力可能并无足够的理由使我们愿意接受它的规范。Korsgaard 说：

> 当行动者完全理解他自己时，不只是说明必须足够，而且证明方面也得足够。一个规范的道德理论必是这样的一个理论，即，它让我们在充分知道道德是什么和为何我们会受到它的影响之下来行动，而且，我们同时相信我们的行动是被证明的和有意义的。⑫

换言之，我们证明使我们作出如此道德行动的动机和动力因素之后，并不因此而影响我们对所接受为具有证明理由的行动仍然予以接受。此即隐含我们并不因此而感到自我所采取的道德行为是外加的，因而有强烈的理由去反抗，或以不接受来表示自己的自由或自律。此中实已暗示所提出证明行动的适当性的理由乃是不相违于行动者意志的自愿与自律要求的。

第三个条件是由于道德的要求可以是表示如果我们不作如此的道德行为，我们实对自己有所不耻，甚至不耻于如此的不义而生存。因此，道德的根源必须对我们的自我认同有不可分的关系，即违背它实使我们的自我有如已死，犹如孟子所谓所恶有甚于死者的行为。因此，证明的根据实代表了我们规范价值的认同，是我们所无愧于自己之前的行为，因而包含了我们的自尊和人格尊严所在。此可通于康德之人之为人的价值（humanity）。

这三个条件显然不是完全没有预设的条件，但似乎可接受为合理的条件。例如，第一个条件可以有强烈的意涵把外在论（externalism）排除的意味，因为，外在论的特点是强调行为的道德理由是客观的，是行动者不能根据主观理由而不接受的，因而外在论常是一种第三人称的论述。而第一人称所能接受的要求意涵这种根据是行动者就自己的特殊的存在状况，包括提出自己可以接受的理由，或可以认同的价值等，以促成行动者去行动，这即是一种内在论（internalism）的模式。当然，此中不无外在论可以符合的空间，如一行动者接受某些客观的情况为他行动的根据，因而接受为自我认同的一种行动表现。第二个条条件是理性反省所需的条件，似无很大的争议。第三个条件有时候被认为过强，不必是规范价值所必须具备的，如一些不严重的道德上不一致的行为。同时由于我们可以有自我认同改变的情况，似乎不必界定为人之为人的价值之认同。但是，我们有明知不道德仍会有意或无意去做的行为，并不表示道德规范没有这种自我认同的要求，特别是在第一人称的自我反省上。虽然有时我们容许一个人的价值选取可以改变，当然仍然在一定界限之内，但并不表示一个人可以在没有改变价值认同之前可以选取自己不认同的价值或行为。这在第一人称上仍然是有自我认同的自相矛盾的地方，不能不涉及自己的自我认同的问题。

三、孟子的规范根源理论

由于孟子的论述中，对以上所要求于一规范根源理论的三个条件有很明显的论述，因此，本节先借孟子说明儒家的规范根源理论的模式。孟子的名言是"仁义礼智根于心"，即点出道德规范的根源是出于心，此心可称为本心，可称为与耳目之官相对的"大体"，而更明确的表示是不忍人之心，仁义礼智实由此不忍人之心所展现而来。兹把这段重要文献抄录如下：

> 所以谓人皆有不忍人之心者，今人乍见孺子将入于井，皆有怵惕恻隐之心，非所以内交于孺子之父母也，非所以要誉于乡党朋友也，非恶其声而然也。由是观之，无恻隐之心，非人也；无羞恶之心，非人也；无辞让之心，非人也；无是非之心，非人也。恻隐之心，仁之端也；羞恶之心，义之端也；辞让之心，礼之端也；是非之心，智之端也。人之有是四端也，犹其有四体也。有是四端而自谓不能者，自贼者也。谓其君不能者，贼其君者也。凡有四端于我者，知皆而扩而充之矣，若火之始燃，泉之始达，苟能充之，足以保四海，苟不充之，不足以事父母。（《孟子·公孙丑上》）

孟子此段话不但点出作为日常道德行为规范的原则和美德之仁义礼智皆出于不忍人之心，同时论证此为人之为人之性，犹如生而有之身体的一部分，甚至强调这是人之为人不可缺的部分，故缺少这四端之心即不是人。此处所说之人当然不是生物学上物类意义的人，而是价值意义的人。因此，不忍人之心所指的是人之为人的价值所在的人性。但此性善之性同时显现为恻隐、羞恶、辞让、是非之心灵表现。此种表现乃属道德的表现，不是一般意义之好恶爱欲、喜怒哀乐之类的情感情绪，实是道德意识的表现，故不宜以"情"称之，要说也是道德情感，不是泛泛之情意表现。而此种道德意识即作出了道德判断，即判定在这种事态中，如见孺子将入于井，一个无辜生命受到不必要的严重伤害，何者是道德上应为，即拯救之为道德上应为，反之者则是道德上不应为之事。因此，不忍人之心之动即表达了一道德判断。而此种种道德意识即具有一种动力，即足以推动我们去作相应的行动。我们见孺子之将入于井，即不期然有一恻隐之心的发动，此心即要求我们去解除此种伤害的出现，它即具有一动力，推动我们去行动的力量。道德上应当的行为，是我们所必能做的。在此即要求我们最低限度要去想办法解救孺子的可能灾难。我们不能说我们没有这种能力或作不到。故孟子认为如此自谓不能的人，实是残害自己的人之为人的价值，把自己自贬为非人之禽兽，实无异伤害自己的尊严与价值。如果认为其他人不能行仁义，也是对他人的人之为人的价值的严重伤害。这种能知是非，即道德上对错，与能够实现道德行为的能力，孟子称之为良知良能，即人生而即具备的道德的能力。这实即是道德心的反省能力，故孟子说"心之官则思"，这种能力即是一种道德的反省表现。它的反省是一理性的表现，因为，它并不囿限于当事人的私心私意，而是发布普遍于一切人有效的律令。它若自证其心性之善，即是一逆觉体证，此即是一所谓"反省的认可"（reflective endorsement）⑬，但是，这一反省认可同时是确立此不忍人之心或道德本心即是价值根源所在。

孟子指出，缺乏这种恻隐、羞恶、辞让、是非之心表现的人不是人，即缺乏了人之为人的价值的表现。孟子也说在嗟来之食中，虽不得食则死，但基于羞恶之心，乞人亦宁可饿死而不屑一顾；又说所恶有甚于死者，即表明义之所在是人之为人的价值所在，是一个人所自身认同的价值，在死亡的威胁之下也不退缩。这种出自道德本心的价值规范即足以决定一个人如此行动，它具有强大的推动能力，甚至违反我们的强烈的贪生恶死的自然本能。孟子说："君子所性，虽大行不加焉，虽穷居不损焉，分定故也。"此种性分表现即是不忍人之心之不容自己的自我要求，不因任何外在环境际遇而动摇，此所谓"沛然莫之能御"之意。因此，一个人之如此选取乃是一种自觉自知的价值选取，出于自己内部的价值选取，并非由于外在的自然规律。凡此说明了孟子的理论具备 Korsgaard 所说的一理论所需说明道德规范的根源的各方面的问题。

严格来说，孟子此段话更表明了不忍人之心之动实质上开辟了一道德世界。由于人类有此规范意义的呈现，道德价值才出现。道德规范并不在外在世界被发现的，故孟子反驳告子义外之说时指出实质上是敬长者之人才是义之所出而不是长者自己身上即具备了义之成分或条件。仁义礼智出于不忍人之心，即表示道德不是在道德心之外的独立自存的东西，是不忍人之心的创造，创造之而见于我们的道德行为，由此行为而把道德加到我们的生活世界之中。因此，不忍人之心之动即构造出一道德领域，不忍人之心的道德命令即是为道德世界立法。此道德命令乃是一无私而普遍的要求，因此，我们不能以个人之私心私意去拒绝此道德规范。面对道德的选择时，我们的良知即秉持法则的判决，不容许违反此不忍人之心的命令逃过良心的谴责或责罚。良心的责罚即表示不忍人之心具备道德的权威（authority）于我们的行为之上。同时，孟子指出："理、义之悦我心，犹刍豢之悦我口"（《孟子·告子上》），不忍人之心对自发自立的道德法则自悦自愿，自我认可，同时即能实践出来。孟子由不忍人之心建立道德世界，开发出道德领域，不忍人之心即是道德规范的根源，而此根源即提供了道德判断的依据，道德行动的动力，具体的表现即在良知良能。因此，孟子的理论显然是一内在论。但此内在论并不表示道德只是主观的或虚构的，反之，它是一真实的事物，所谓实事实理。道德实存在我们的生活世界之中，且可说无处不在。一有意残害无辜者的事件不可能不被判为邪恶的罪行，一牺牲生命去救人的行为不可能不被视为道德的行为，一道德人格的表现。此中并无许多无可无不可，或每个人可以认可或不认可的余地。

四、牟宗三的规范根源的格局：两层存有论的意义

牟宗三先生通过康德，回归中国哲学的慧根，重建儒释道三家之义理系统，铸为两层存有论。基本上，牟先生的伦理学继承孔孟的传统，且能借用康德的系统，明确儒家伦理学的形态和内容。孟子，以迄象山阳明一系，更是牟先生最常用以与康德比较而见出儒家

的胜局的论述。牟先生建立了两层存有论，说明道德的优先性，我们可以由此点出牟先生的价值根源理论的特色。

牟先生接受康德之以知识和道德分属不同的领域，知识所对的是现象界，此为以自然因果性为运作的自然世界，知识论断的是自然世界之事实。道德则是由自由意志所开创的道德世界，不受自然因果性所限。在康德，这两界是各自隔绝的。即在自然世界中不能有任何自由可言，因而道德也难以挂搭。牟先生不接受这种截然之分隔，即以自由意志或儒家之良知明觉为能发出道德创造，而直贯至我们的生活世界。因此，由道德之实践，自然世界得以转化，此转化是价值意义之转化：自然世界由机械因果性之现象，转化为道德世界之物自身意义之存在。因此，虽然知识与道德之真实性意义不同，然而亦非隔绝的两界。如此，康德所谓通过道德实践所成的目的王国才真能实现于自然王国之上而为上帝王国。上帝王国自然是物自身意义的存在。于知体明觉之朗照下，现象与物自身乃是相即而为一体。道德非虚假，道德所表自是实理实事，但此非知识意义或现象意义之真实，毋宁是具更高价值意味的事实。

牟先生在道德根源、道德判断、道德动力等论题上，基本上与孟子相同。牟先生认为孟子之心性乃是"即存有即活动"的，而不是只存有不活动之道理。作为存有，心即是理，即是道德价值根源所在。作为活动，心即是能起道德创造的体，能发用为道德实践的行为。牟先生喜以阳明之称之为"知体明觉"：

> 知体是就良知明觉说，良知本身就是体。心体是就此良知明觉即是吾人之"本心"说，此本心本身就是体。性体是就此知体心体就是吾人所以为道德存在之超越的根据，亦即吾人所以能生起道德创造之理也此是字面底意思。⑭

良知明觉作为性体，是我们能成为道德存在之超越根据，即是作为我们之能成为道德行动者的依据。这即是道德的根源，是道德创造之理。因此，知体明觉即是能生起道德创造之理。

> 自其为道德的实体而言，它是道德底超越根据，即引生德行之纯亦不已底超越根据。由此开道德界。自其为道德底超越根据而言，它是道德底主观根据，同时亦即是道德底客观根据。它是道德底主观根据，是就其知是知非说。它是道德底客观根据，是就它的知之明觉即能给吾人决定一方向，给吾人之行为决定一道德法则（无条件的命令）而说。良知不只是知外在的是非或善恶，而且它的知之明觉即能决定吾人之所应当为与所不应当为，因而即给吾人决定一道德法则。自前者而言，它是智地认知的感受力；自后者而言，它是自发自律的实体性的理性。即在其明觉之独感（创发性的感）中的理性。⑮

良知明觉作为体，它是理性，它决定一方向，即一道德矢向，即是给出一道德法则，而且是一无条件的法则，以规范我们的行为。因此，知体明觉乃是道德规范的根源所在。就其作为道德底主观根据而言，是就良知明觉知是知非，即知所当为所不当为，它是我们内部的感受力，即感受道德规范的能力。实质上，良知明觉这种感受能力是自感自觉的能力，是智的直觉或感受能力，不是认知的感受能力的表现。良知明觉及是自身透明的，它自知自觉：自知其为道德根源，自觉其所给出的道德法则。

> 明觉之自我立法，其立之，即是觉之，它是在觉中立。它立之，它即感受之，它是在立中感受。⑯

道德法则是良知明觉之自立同时自感，此即是它自身的显现，实可谓为自身同一的体现。换言之，良知明觉在知是知非中即显现为自我认同：认同自己所给出的无条件的道德法则。牟先生认为此是本心之明觉觉情之自我震动：

> 其自我震动即是使其本身涌现之力量。由其自我震动，吾人逆觉到此本心之明觉觉情，此即吾所谓"逆觉体征"。这逆觉（我的逆觉）其实就是它的自我震动之惊醒其自己。由此逆觉，它呈现，乃至朗现。⑰

不但道德价值之根源出自此良知明觉，道德实践的动力亦根于此。道德本心的动即是一自觉自感，此自觉自感即是一逆觉体征，逆觉此为出于自我的自立法则，体征之为我所自愿自悦而行的规范。在逆觉中我之自我亦同时呈现其自主自律，自我认同。在体征中呈现即显示知体明觉之道德心即具足充分的动力，破除任何的感性欲望的掩蔽阻挠，使无条件的道德命令实现出来。此亦牟先生所展示的儒家义理之为自律道德的形态。因此牟先生的伦理学也是一内在论，兼具价值根源与道德实践动力之内在论，超乎康德与休谟所相对的理性与感性动力之区隔的形态。此为牟先生之道德规范根源所进于传统儒家和西方伦理学论述之处。

五、初步的批判与融通：简评 Korsgaard 的理论

在西方学界中，道德价值根源的分析上有重要贡献的建构者 Christine M. Korsgaard 虽然认为休谟的道德情感论有助于说明人性的特质和规范根源的证明，但 Korsgaard 并不认同休谟而归向康德。她认为这一问题的主要关键是人类所具有反省的天性（reflective nature），或具有反省的意识（reflective consciousness），即理性的自律表现⑱。这一提法很接近孟子主张之："心之官则思，思则得之，不思则不得也。"在孟子来说，心乃是道德的本心，它所本具的知是知非的能力，正是一种道德意识，具有理性上的普遍意义，不宜以一般的情感视之。Korsgaard 之反省却没有点明是道德本心的作用，而孟子和牟先生更进一步点出这一反省乃是实践理性的一种自觉，实即良知明觉的一种本质的表现，它既自觉即是自我确认此自立的规范。

Korsgaard 进一步区分康德的定然律令（categorical imperative）与道德法则（moral law）之不同，即前者只作为一法则形式的要求，只表示意志之自由；后者则是构造目的王国的法则，并不是空洞的。Korsgaard 的区分用意在回应通常对康德作为形式主义（formalism）的指控，以示康德在道德理论上有实质的内容。事实上，作为一规范伦理学理论，康德的自由意志之发用必定有所指，或有一矢向，否则道德意义必落空而不成其为

一规范理伦。因此，Korsgaard 作此区分实不必要，且有违康德之原意。因为，定然律令的第三类程式，即自律程式，即是建立目的王国的法则，它不可能是空洞的；而且，根据康德的分析，三类程式只是同一意义的延伸，实是同一程式，不必作出定然律令与道德法则的区分。在儒家方面，孟子明确地是以不忍人之心为道德价值之根源，明显是表示不忍人之心的发动即打开了道德的领域，而同时指示出一道德的方向，进而展示为仁、义、礼、智等基本原则，因此，孟子并无形式主义的问题。牟先生更明确地建立知体明觉为开存在界与道德界之根源，是道德法则之来源，它即对我们的行为有所命令，并非可无可不可的形式而已。我们可以进一步藉由反省的意识贯通儒家与康德的理论，以解答规范根源的问题。

另一方面，休谟从道德情感论述人类的道德表现，又实有与儒家相通之处，因为儒家重视仁心或不忍人之心之怵惕恻隐之表现，此即是人类自然而有的道德情感，因此，休谟在这方面实有较康德更接近儒家义理之处[19]。但儒家不但视道德本心为具有不安不忍之道德的感受性，同时即明确其为理，具有客观意义。在西方伦理学界的区分中，休谟基本上是感性论者，而康德则是理性论者，是典型的两类代表。介乎两者之间的儒家可以消融这两者的截然二分，实有丰富的理论分流，可以进一步突破西方伦理学界所面临的瓶颈。

由道德价值根源之论述，必引申出道德判断和道德行为如何实践的问题，这涉及道德行动的机制和道德功夫的问题。在道德判断和道德行动的论题上，康德与休谟也常被视为是两种具有代表性的基本理论。这一组论题主要针对道德判断与道德动力的联结关系。此可分为内在论（internalism）与外在论（externalism）的类别[20]。后者通常以功利主义作为代表，即认为道德判断与我们的内部情况无关，完全是由道德的情况或客观情况所决定。内在论则基本上认为道德判断与我们的内部动力有必然的关系，即我们的道德判断必有一相应的动力产生。在此种区分中，康德与休谟都同属内在论，但却又分别为理性的内在论与动力的内在论[21]。有学者认为可以把孟子与休谟进一步贯通成为一新动力内在论[22]。但是，其中借用洛克（John Locke）之初性（primary quality）与次性（secondary quality）之区分，而以道德为次性，此则有违孟子的基本义理。事实上，这也有违休谟以道德情感是一印象，即洛克所谓的初性之类的知觉。同时，这一理论，把孟子归属于情感论而割离儒家之道德本心的实践理性的性格，实不能符合《孟子》一书中的许多基本文献。这一诠释实有进一步研究和批判的必要，以辨明孟子或儒家之基本义理，方真可见儒家在价值根源上的论述和在动力理论的文献，可以提供西方伦理学所缺的论据。

注　释：

①　虽然柏拉图与亚里士多德都重视美德（virtue），但对如何培养美德并不重视，特别缺乏依于对道德理解或理论而来的在实践上如何实现道德行为的方法，并没有说明。真正有依道德理论而有功夫的论述，只有康德，见其《实践理性批判》之"方法论"，但也略而不详。18 世纪的道德情感论虽流行一时，休谟也采取此一理论，但并未受重视，休谟之后也成绝响。19 世纪之后流行的以穆勒（John Stuart Mill）为代表的功利主义或效益主义（utilitariranism），也只作道德判断，无一语论及功夫的问题。20 世纪的后设伦理学（meta-ethics）更只讨论道德语言的意义，把传统的规范研究都放弃，认为这不是哲学家之工作，把道德实践的问题完全交给道德家或宗教家。这一发展与中国哲学的表现对照，如中国儒释道三家哲学中的实践功夫论述之丰富，立刻见出中西学传统的差异。

②　本文是作者近年的一个研究项目的初步工作的一些成果，并不能完全涵盖这个议题的各个相关

的环节，也由于篇幅所限，只能专就孟子和牟师宗三先生的两层存有论相关的部分作一申论。

③　参阅 Christine Korsgaard 之 *The Sources of Normativity*（Cambridge：Cambridge University Press，1996），此为演讲录，由 Onora O'Neill 编辑成书。

④　参见他们合写之 "Toward *Fin de siecle* Ethics：Some Trends"，此文原刊于 *The Philosophical Review* 101（1992）：115-189，现收于 Stephen Darwall，Allan Gibbard 及 Peter Railton 合编之 *Moral Discourse and Practice：Some Philosophical Approaches*（Oxford：Oxford University Press，1997），第 3 ~ 47 页。

⑤　Christine Korsgaard 在 *The Sources of Normativity* 一书中使用一个更广的架构，涵盖自霍布斯以来迄当代若干著名伦理学家，如 Bernard Williams，Thomas Nagel，John Rawls 等在内，区分为四类的理论，与上述三位作者的分类有重复但不尽相同。本文暂不论述此中的差异。

⑥　牟宗三先生在这方面的论著非常丰富，最重要的论述可参考《现象与物自身》（台北，学生书局 1974 年版）及《圆善论》（台北，学生书局 1985 年版），及《心体与性体》第 1 卷之 "综论部"。

⑦⑧⑩⑪⑫　Christine Korsgaard，'The Normative Question' in Onora O'Neill（ed.）*The Sources of Normativity*（Cambridge：Cambridge University Press，1996），pp. 10 ~ 11、12、15、16 ~ 18、17。

⑨　Korsgaard 称之为一 "进化论理论"（evolutionary theory）对人类道德行为的说明。同前揭书，第 14 页。

⑬　此为 Korsgarrd 的用语，主要指出人类是一具备自我反省的能力，而此能力乃是规范上自我认可的表现，因而构成道德的根据和行动的动力。参见 *The Sources of Normativity*，第一讲。

⑭⑮⑯⑰　牟宗三：《现象与物自身》，第 63、64、77、78 页。

⑱　*The Sources of Normativity*，第三讲，第 96 页及后页。此讲后收于 Stephen Darwall，Allan Gibbard，Peter Railton 合编之 *Moral Discourse and Practice：Some Philosophical Approaches*（Oxford：Oxford University Press，1997），第 389 ~ 406 页，并标名为 "The Sources of Normativity"。

⑲　参见我的《休谟》，台北三民书局 1993 年版，第 162 ~ 165 页。

⑳　有关内在论与外在论的区分，请参阅 Xiusheng Liu 之 *Mencius，Hume and the Foundations of Ethics*（Burlington，VC：Ashgate Publ.，Co.，2003 年），第 145 ~ 148 页；Joshua Gert 之 "Internalism and Different Kinds of Reason"，刊于 *The Philosophical Forum*，Vol. XXXIV，No. 1，Spring 2003 年，第 53 ~ 72 页。

㉑　关于休谟与康德的定位，请参见我的《孟子与康德是内在论吗?》一文，此文宣读于 "国立中央大学" 儒学研究中心于 2004 年 9 月 24 日在 "国立中央大学" 举办之 "儒家与康德研讨会" 上。

㉒　参见 *Mencius，Hume and the Foundations of Ethics* 一书。《孟子与康德是内在论吗?》一文。

（作者单位：台湾 "中央" 大学哲学研究所）

牟宗三先生会通中西重建哲学系统的意义

□　郭齐勇

在中西哲学交流、互动的背景下产生的牟宗三哲学是 20 世纪中国哲学的一个典范。首先，牟先生的哲学论述是现代性的哲学论述，是对中西双方传统中主流哲学思潮的批判与重建；所反映的仍然是中西古今的文化与哲学之调适上遂的时代课题，是现代化挑战下的人与人性及中国人、中国文化、中国哲学的自觉性与自主性的问题。其次，牟先生哲学有着鲜明的个性色彩，他本其特有的睿智与敏感提出了很多哲学问题，创造性地重释了一些哲学概念，他的独特的思考与他所建构的系统最能引起批评与争议。唯其如此，其哲学智慧的影响力超迈前贤。

牟先生 20 世纪 50 年代的著作《道德的理想主义》、《历史哲学》和《政道与治道》等"外王"三书，主要是对中国文化的反省、批导，着重考虑"开新"的问题，着重论证如何吸取西方文化在科学知识系统、民主政治、人文主义、哲学思维框架等方面的成就和价值。牟先生在 20 世纪 60～70 年代有关中国哲学的主要著作《才性与玄理》、《佛性与般若》、《心体与性体》、《从陆象山到刘蕺山》等，对传统儒、释、道等思想资源作了相当缜密的、功力深厚的梳理和发挥，同时对心体与性体作了本体论的论证。牟先生对道德的形上学的证成，是与他阐发中国哲学、重建新的内圣之学相一致的。牟先生"两层存有论"发端于 60 年代的著作，特别是《心体与性体》，完成于 70 年代的著作《智的直觉与中国哲学》和《现象与物自身》。他在中年已提出"智的直觉"说与"良知坎陷"说，晚年以此作为中西文化或者儒学与康德哲学的重要分界；并且依中国哲学的智慧方向，建立起"执的存有论"与"无执的存有论"。至 80 年代，他又有《圆善论》，以实践理性作开端，把中国先哲实践的智慧学、最高的圆满的善，与无执的存有论联系起来，从圆教来看圆善，疏论德福一致，使两层存有论系统的圆成更为真切。《智的直觉与中国哲学》、《现象与物自身》、《圆善论》三书，代表了牟先生的哲学系统。

牟先生借助康德、黑格尔哲学等西方哲学的思想架构、观念或概念，以改造、阐发儒、释、道诸家思想，又运用中学智慧，反省、批评西学。他用"自律"道德诠释儒家仁义学说，他有关儒、释、道中的"知体明觉"即"智的直觉"的阐发，他从康德"现象与物自身"的架构开发出的"两层存有论"，以及有关"良知坎陷"说与"三统"说，都是非常有创意的理论。我们完全可以不同意其中的某些论断与论证方式，但我们不能不细心体察牟先生对古今中西哲学反省批判的能力、睿智与独特的视角，从中获得方法学与问题意识的启迪。

一、以西学改造中学，凸显知性与制度，与现代化相调适

牟先生 20 世纪 50 年代的著作中有明显的以西学价值批评、改造中学的趋向，尤其是在引进西学，倡导知识理性与现代制度建构方面，不遗余力。当然，他的中西文化与哲学之比较观在彼时已经形成。例如关于"理性"，牟先生的《历史哲学》一书有特殊的看法，认为西方长于"分解的尽理之精神"，中国长于"综合的尽理之精神"。

所谓"综合的尽理之精神"，按牟先生的解释，"综合"指"上下通彻，内外贯通"；"尽理"即孟子、《中庸》的尽心尽性（仁义内在之心性）和荀子的尽伦尽制（社会体制）的统一。"尽心尽性就要在礼乐型的礼制中尽，而尽伦尽制亦就算尽了仁义内在之心性。而无论心、性、伦、制，皆是理性生命、道德生命之所发，故皆可曰'理'。"①个人内在的实践工夫和外王礼制的统一，即是"综合的尽理"。"其所尽之理是道德政治的，不是自然外物的，是实践的，不是认识的或'观解'的。这完全属于价值世界事，不属于'实然世界'事。中国的文化生命完全是顺这一条线而发展。"②由此可见，牟先生所说的中国文化的"理性"不是生物生命的冲动，也不是"理论理性"、"逻辑理性"，而是"实践理性"或"道德理性"，是孔孟之"仁"或"怵惕恻隐之心"。由此而表现出使人成为"道德的（或宗教的）存在"的"道德的主体自由"。③

所谓"分解的尽理之精神"，按牟先生的解释，"分解"即是由"智的观解"所规定的，含有抽象义、偏至义和顺着概念推进义，即与前述"综合"之"圆而神"的精神相对立的"方以智"的精神；至若"分解的尽理"之"尽理"，大体上是逻辑数学之理，是"认识的心"、"知性主体"或"理论理性"，与中国的尽心尽性尽伦尽制所尽之"理"大异其趣。

从中西文化的根源性和内在本质上，牟宗三先生将二者区分为"综合的尽理之精神"和"分解的尽理之精神"。这里的"综合"和"分解"不是具体层面的，而是最高的抽象。"这是反省中西文化系统，而从其文化系统之形成之背后的精神处说。所以这里所谓综合与分解是就最顶尖的一层次上而说的。"④

牟先生进行这种比较，似乎意在说明"中国所以不出现逻辑数学科学之故"和"中国过去所以不出现民主政治之故，所以未出现近代化的国家政治法律之故"。这是五四以来直至今日大多数知识精英，包括梁漱溟以降的现代新儒家的提问方式与反省趋向。我们现在可知，这种提问方式与反省趋向是有毛病的，因为中国古代的逻辑数学科学与制度文明有自身的路数与特性，以西方主流文化来衡估，容易抹杀中华文明自成一格的发展道路的诸多至今未被人认识的方面及其特殊价值。

牟先生说："在中国文化生命里，惟在显德性之仁学，固一方从未单提出智而考论之，而一方亦无这些形式条件诸概念，同时一方既未出现逻辑数学与科学，一方亦无西方哲学中的知识论。此一环之缺少，实是中国文化生命发展中一大憾事。……一个文化生命

里，如果转不出智之知性形态，则逻辑数学科学无由出现，分解的尽理之精神无由出现，而除德性之学之道统外，各种学问之独立的多头的发展无由可能，而学统亦无由成。此中国之所以只有道统而无学统也。"⑤这就是说，中国文化向上透而彻悟生命的本原——"仁"，亦将认识（"智"）收摄归"仁"，成为"神智"，即不经过逻辑数学、不与外物为对为二的道德生命的体悟，因而不能开出科学知识。按牟先生的思路，中国文化只是在本源上大开大合，而没有在向下方面撑开，因而带来许多毛病和苦难。

"如是，中国文化精神在政治方面就只有治道，而无政道。……中国以往知识分子（文化生命所由以寄托者）只向治道用心，而始终不向政道外用心。"⑥如儒家讲"德化的治道"、道家讲"道化的治道"、法家讲"物化的治道"，三个系统交替使用，君却总是一个无限体，等同天地和神。这种达于神境的治道总是主观的，系于君相一心，不能通过政道而客观化，人民永远处在被动的睡眠状态中。

通过比较，牟先生分析了"中国文化生命的特质及其发展的限度"，认为"它实在是缺少了一环。在全幅人性的表现上，从知识方面说，它缺少了'知性'这一环，因而也不出现逻辑数学与科学；从客观实践方面说，它缺少了'政道'之建立这一环，因而也不出现民主政治，不出现近代化的国家政治与法律"⑦。

牟先生认为，中国文化生命的境界虽高，但在人间实现圣贤人格的道德理性却是不足的。这就是上面所说的，一方面（心觉方面），知性转不出，道德理性封闭在个人道德实践中通不出来，有窒息之虞；另一方面（客观实践方面），政道转不出，近代化的国家政治法律转不出，道德理性也不能广泛地积极地实现出来。按牟先生的设想，中国文化的第三期发扬的内容和形态，即是开出新外王，弥补上面所说的中间环节。

牟先生在《政道与治道》中以理性的"运用表现"与"内容表现"说明"综合的尽理精神"，以理性的"架构表现"与"外延表现"说明"分解的尽理精神"，批评中国文化在理性之架构表现的缺弱，认为这是科学知识系统与民主政治制度不能出现的原因。他有所谓"活转"的说法，即内圣之运用表现直接推不出架构表现，必须有一些中间环节。这里的"转"或"通"，只能是"曲通"，是"转折的突变"，其中包含了一系列的自我否定与自我矛盾。他提出了道德理性之"自我坎陷"说。这里有很深的黑格尔哲学的痕迹。"自我坎陷"即"自我否定"，"经此坎陷，从动态转为静态，从无对转为有对，从践履上的直贯转为理解上的横列。在此一转中，观解理性之自性是与道德不相干的，它的架构表现以及其成果（即知识）亦是与道德不相干的。"⑧在这里，道德走向非道德，走向"道德中立"，从无所不包的状况中"让开一步"，以便让科学、政治从中分化出来，出现牟先生强调的"科学的独立性"与"政治的独立性"。让科学与心性之学相脱离，政治与道德相脱离，是很重要的一步。

牟先生指出："道德理性不能不自其作用表现之形态中自我坎陷，让开一步，而转为观解理性之架构表现。当人们内在于此架构表现中，遂见出政治有其独特的意义，自成一个独立的境域，而暂时脱离了道德，似与道德不相干。在架构表现中，此政体之内各成分，如权力之安排，权利义务之订定，皆是对等平列的。因此遂有独立的政治科学。而人们之讨论此中的各成分遂可以纯政治学地讨论之……"⑨这是牟先生在50年代的政治哲学诉求，其中涉及人权、公正与正义问题。

牟先生认为，西方政治文化史有两个环节必须重视：一是"在上帝面前人人平等"——先解放人为一"灵的存在"、"精神的存在"，这是宗教的作用；二是自然法和天赋人权——再解放人为一"实际权利的存在"，"政治的存在"，每一个人是一权利之主体。前者肯定的是"超越的平等性"，是人类解放自己、冲破阶级的限制，实现其世俗地位权利之平等，以及创造其文化、抒发其理想之最根源的精神动力。后者实现的是"内在的平等性"，西方历代思想家关于"原始的自然的平等性"的理论，通过人权运动与近代民主政体的建立，人始由超越的平等性进而获得其"内在的平等性"，由精神的存在进而为一"权利主体"的存在。个人权利之争取与获得，即是个人内在精神发展的客观化。牟先生认为，西方政治文化发展的途径是"外延表现"的途径，在权利之争取与实现中，依阶级集团方式争取，靠条约签订而得到权利、自由、主权，及政府组织中权利之分配与限制，皆为形式概念。

牟先生认为，"理性之内容表现"缺乏西方那些形式概念、法律契约，在建立民主政体上是不够的，但它是有价值的，因为它把握了社会世界的理性律则、政治世界的坚实可靠基础，注意个人主观生命如何顺适调畅，故理性常在自觉提升中；"理性之外延表现"在出现科学与建立民主政体上，是当行的，然而又是不够的。因为人的"生活之全"并不只是科学与民主政体所能尽。在民主政体已成、形式的自由与权利上的平等已取得之后，个人如何安身立命呢？

牟先生主张双方互为补充，以"内容的表现"提升并护住"外延的表现"，令其理性真实而不蹈空，常在而不走失；以"外延的表现"充实开扩并确定"内容的表现"，令其丰富而不枯窘，光畅而不萎缩。

他认为，只有康德才克服并完成了启蒙思想，建立了"知性主体"，并由此往内推进，建立了"道德主体"和"审美主体"，发掘了生命、心灵之最内在的各种本质，使西方哲学发生了转向。但人文主义的转进，仅仅吸收康德派的道德主体还是不够的，因为康德派限于西方传统的方式，其道德主体只由思辨所及，而没有在实践中印证，只能满足知识条件而不能满足实践条件。因此，牟先生认为，人文主义要求得广泛的发展，必须接上中国儒家文化"怵惕恻隐之仁"的道德实践主体。儒家的实践型的人文主义，也必须接上西方传统，"在道德理性之客观实践一面转出并肯定民主政治，且须知道德理性之能通出去，必于精神主体中转出'知性主体'以成立并肯定科学"[⑩]。

据此，牟先生在《道德的理想主义》中提出了"三统"之说：道统必须继续——肯定道德、宗教的价值，以内圣之学为立国之本；学统必须开出——融摄西方传统，转出知性主体，建立独立的科学知识系统；政统必须认识——肯定民主政治发展的必然性。总之，牟先生认为，"道德的理想主义"必然包含"人文主义的完成"；充实中华文化生命，发展儒家内圣之学，是当代儒者的使命。牟先生认为，儒家思想在本质上代表一种"道德的理想主义"或"理性的理想主义"，这里的"理性"是指"实践理性"或称"道德理性"。所谓"道德的理想主义"，意谓以"怵惕恻隐之仁"为价值的根源，亦即理想之根源。[⑪]

牟先生外王三书的意义在于：第一，提出了新时代人的主体性的多维性，后来批评牟先生的傅伟勋教授强调道德主体、知识主体、政治主体、艺术主体的分化，其实此说正来自牟先生。第二，道德主体（实践理性）"自我坎陷"说是一深刻的辩证智慧，这是讲辩证发展的必然性而不是指逻辑的必然性，是黑格尔式的由逆而成的曲通、转折、突变，不是直贯式的由所谓"老内圣"开出"新外王"。第三，批评中国传统有治道而无政道，有道统而无学统，这是最严苛的批评，对这一批评我们容或还可以讨论，但是这至少表明当代新儒家对传统所持的态度并非一味回护而无批评。第四，三统之说，意在强调学习西方重视"知性主体"开发出学术方面之科学与政治方面之民主体制，以中国政道与事功端在理性之架构表现与外延表现之转出，肯定尊生命、重个体的内容表现的意涵转出体制上对自由、人权确认的外延表现，可谓抓住了中国走上现代化的根本。这是当代新儒家与现代社会生活相调适的重要成果。

今天有些论者对牟先生"新外王"与良知的或实践理性的"自我坎陷"说的批评，或谓"泛道德主义"或谓"缺乏现实性、实践性"云云，大体上是没有细读牟先生这三部著作所致，尤其未能理解牟先生对科学与政治之独立性的强调。牟先生是哲学家，他只能提出一些哲学思考，不能要求他去具体务实。李明辉与罗义俊二先生对此都有很好的回应，我赞同他们的看法。⑫

二、借取西方哲学的智慧阐发中国哲学，使传统哲学转化为现代哲学

牟先生对古希腊柏拉图、亚里士多德等直至莱布尼茨、罗素、怀特海、维特根斯坦、海德格尔等哲学家均有深度的理解，尤其对康德、黑格尔哲学下了很大的功夫。我们甚至可以说，他几乎是以毕生的精力会通中西哲学，特别是透过康德来重建儒学。牟先生以康德哲学作为中西互释与会通的桥梁或比较的参考系，是非常明智的。这不仅仅是他个人的哲学爱好使然，更重要的是康德哲学与儒学具有可通约性，而且现代哲学即包含了对康德的启蒙理性的检讨与反向论述。"牟氏康德"颇为人诟病，然平心静气地去体会，其中蕴涵了不少天才的洞见。下面我们来讨论道德自律、智的直觉、现象与物自身、圆善等观念或思想架构，这是牟先生有取于康德，用来阐发儒学，并进而批评康德的基本思想内容。

我们先来看自律道德的问题。康德的"自律"原则的提出，在西方伦理学史上产生了重大的影响。在《道德底形上学之基础》中，康德指出，"自律原则是唯一的道德原则"，"道德底原则必然是一项定言令式"⑬。在《实践理性批判中》，康德指出："意志自律是一切道德律和与之相符合的义务的唯一原则；反之，任意的一切他律不仅根本不建立任何责任，而且反倒与责任的原则和意志的德性相对立。……道德律仅仅表达了纯粹实践理性的自律，亦即自由的自律，而这种自律本身是一切准则的形式条件，只有在这条件之下一切准则才能与最高的实践法则相一致。"⑭所谓意志自律，是指意志自己给自己以法则。自由意志和服从道德规律的意志，完全是一个东西。在康德那里，通过"定言令式"，把他在《纯粹理性批判》中逻辑可能性的"自由"概念与"自律"联了起来，从而在实践的意义上赋予了"自由"概念以客观实在性。

牟宗三先生在《心体与性体》第一册《综论》的第三章专门讨论康德的自律道德与道德的形上学，并与儒家哲学相比较。牟先生在《圆善论》中，继续以"自律"学说诠释孟子的"仁义内在"说。

他以"自律"这个道德的最高原则，即道德主体的自我立法，来诠释孔子"仁"说、先秦儒家"践仁尽性"之教、孟子"仁义内在"，乃至宋明理学家的一些流派的道德哲

学。我们当然可以不用"道德理性"、"道德主体"、"自律"这样一些概念来谈儒家哲学。但我们很清楚，牟先生考虑的是中西哲学的互通性、对话性。在现当代中国，哲学界的师生与研究者主要接受的是在西方哲学的训练的背景下，使用这些范畴、名相也未尝不可，关键是要有相应性。

牟先生特别强调孔子的"仁"不是个经验的概念，仁说"是依其具体清澈精诚恻怛的襟怀，在具体生活上，作具体浑沦的指点与启发的。我们不能说在这具体浑沦中不藏有仁道之为道德理性、之为道德的普遍法则之意，因而亦不能说这混融隐含于其中的普遍法则不是先验的，不是对任何'理性的存在'皆有效的。不过孔子没有经过超越分解的方式去抽象地反显它，而只是在具体清澈精诚恻怛的真实生命中去表现它，因而仁之为普遍的法则不是抽象地悬起来的普遍法则，而是混融于精诚恻怛之真实生命中而为具体的普遍……"⑮

牟先生认为，孟子的仁义内在于超越的（非经验的、非心理学的）道德心，是先天固有的，非由外铄我的，这是先天的道德理性，而且是必须具体呈现出来的。在康德，自由意志经由其自律性所先验提供的普遍法则，是道德行为的准绳。然而在儒家传统，性体所展现的道德法则，其先验性与普遍性，是随着天命之性而当然定然如此的。孔子说："有杀身以成仁，无求生以害仁。"孟子说："所欲有甚于生，所恶有甚于死"；"君子所性，虽大行不加焉，虽穷居不损焉，分定故也"；"礼义之悦我心，犹刍豢之悦我口"；"由仁义行，非行仁义也。"这当然是无上命令、意志自律。这些都表示道德人格的尊严。在实现自然生命以上，种种外在的利害关系之外，有一超越的道德理性的标准，表示了"人的道德行为、道德人格只有毫无杂念毫无歧出地直立于这超越的标准上始能是纯粹的，始能是真正地站立起。这超越的标准，如展为道德法则，其命于人而为人所必须依之以行，不是先验的、普遍的，是什么？"⑯确如牟先生所说，儒家的道德哲学，是从严整而彻底的道德意识（义）出发，是直下立根于道德理性之当身，不能有任何歧出与旁贷的。

在有关康德自律学说与儒家仁义学说的比较中，牟先生特别注重辨析道德情感的问题。康德将道德感与私人幸福原则都视为经验原则，后天原则，是有待于外，依据纯主观的人性的特殊构造的，认为依此而建立的道德法则没有普遍性与必然性，亦不是严格意义上的道德法则。康德并不是完全排斥道德感，只是不以同情心的感情等建立道德律（因为道德律是建立于实践理性的），而是将其视为推动德性实践的原动力。⑰

牟宗三先生特别指出，儒家所说的道德感不是落在实然层面上，而是上提至超越层面而转为具体的而又是普遍的道德之情与道德之心，这是宋明儒家继先秦儒家大讲性体与心体并使二者合一的原因。他指出，恻隐、羞恶、辞让、是非等，是心，是情，也是理。这个理固然是超越的、普遍的、先天的，但不只是抽象的普遍的，而且即在具体的心与情中展现，所以是具体的普遍。王阳明的"良知"既是认识本心的诀窍，也是本心直接与具体生活发生指导、主宰关系的指南针，是"良知之天理"。

牟先生在《圆善论》中指出，孟子的主要目的在于表现道德意义的仁与义皆是内发，皆是道德理性的事，即使含有情在内，此情也是以理言，不以感性之情言。他指出，孟子"性善"之"性"，其为本有或固有亦不是以"生而有"来规定，乃是就人之为人之实而纯义理地或超越地来规定。"性善之性字既如此，故落实了就是仁义礼智之心，这是超越的、普遍的道德意义之心，以此意义之心说性，故性是纯义理之性，决不是'生之谓性'之自然之质之实然层上的性，故此性之善是定然的善。"⑱

牟先生批评康德把"意志自由"视为一假定、"设准"，至于它本身如何可能，它的"绝对必然性如何可能，这不是人类理性所能解答的，也不是我们的理性知识所能及的，因而意志的自律只成了空说，只是理当如此，至于事实上是否真实如此，则不是我们所能知的。这样的意志是否是一真实，是一'呈现'，康德根本不能答复这个问题。但道德是真实，道德生活也是真实，不是虚构的空理论"⑲。

牟先生说："照儒家的义理说，这样的意志自始就必须被肯定是真实，是呈现。……他们是把这样的意志视为我们的性体心体之一德、一作用。这性体心体是必须被肯定为定然地真实的，是就成德成圣而言人人俱有的。人固以道德而决定其价值，但反之，道德亦必须就人之能成德而向成圣之理想人格趋，始能得其决定性之真实。……人在其道德的实践以完成其德性人格底发展上是必然要肯定这性体心体之为定然地真实的，而且即在其实践的过程中步步证实其为真实为呈现。"⑳在他看来，正宗儒家（小程、朱子学派不在其内）肯定这性体心体为定然的真实的，肯定康德所讲的自由自律的意志即为此性体心体之一德，所以其所透显所自律的道德法则自然有普遍性与必然性，自然斩断一切外在的牵连而为定然的、无条件的。这才能显出意志的自律，即儒家性体心体的主宰性。这道德性的性体心体不只是显为定然命令的纯形式义，只显为道德法则之普遍性与必然性，而且还要在具体生活上通过实践的体现工夫，作具体而真实的表现。

按牟先生的理解与诠释，康德由道德法则的普遍性与必然性逼至意志的自律，由意志的自律进而肯定"意志之自由"，以自由为说明自律的钥匙，然而吾人于自由却不能证明其实在性，只能视之为主观的假定或设准。虽然这一假定有实践的必然性，但不能视之为一客观的肯定。康德区别作为实践理性的意志和感受性的良心。在康德那里，良心不是道德的客观基础，只是感受道德法则、感受义务的影响的主观条件。牟先生认为，康德虽然说到实践理性的动力，但"动力亦虚"。儒家从孟子到宋明心学家则不然，说自律即从"心"说，意志即是心之本质的作用。心之自律即是心之自由。心有活动义，心之明觉活动即自证其实际上、客观上是自由的。这相当于把康德所说的"良心"提上来而与理性融于一。㉑牟先生认为，道德的根本的动力，即在此超越的义理之心之自己。

牟先生指出：孟子"仁义内在"说的基本意蕴即是道德主体之"自律"；康德把理性的自律意志（自由意志）看成是必然的预设、设准，而无"智的直觉"以朗现之；孟子学中，意志自律即是本心，则其为朗现不是预设，乃是必然。㉒

李明辉先生进一步论证了牟先生的论说，比较全面地诠释了孟子与康德的自律伦理学。李先生区分了康德的"自律"概念与依此概念所建立的伦理学系统。李先生指出，任何人只要具有纯粹而真切的道德洞识，便会接受在其"自律"概念中所包括的一切内涵。但康德伦理学不止包括这些内涵，它还包括一套独特的系统。"康德伦理学预设理性与情感二分的架构，其道德主体（严格意义的'意志'）只是实践理性，一切情感（包括道德情感）均被归诸感性，而排除于道德主体性之外。"㉓

李先生指出，孟子虽未使用"善的意志"、"定言令式"等概念，但其肯定道德的绝对性、无条件性上，与康德并无二致。从《孟子·公孙丑上》"孺子将入于井"章可见，"不忍人之心"、"怵惕恻隐之心"所发出的道德要求只能用定言令式来表达，因为它是一种无条件的要求。他分析《离娄下》篇"由仁义行，非行仁义也"，"君子以仁存心，以礼存心"，即含有为义务而义务，为道德而道德的意义。李明辉对《告子上》篇的"口之于味"章的"心之所同然者何也？谓理也，义也。圣人先得我心之所同然耳"加以分析，指出其中含有道德的普遍性的意涵。同篇中的"天爵"、"良贵"思想，表明孟子对人格之尊严的肯定，与康德把人格称为"目的本身"，如出一辙。李先生认为，孟子亦承认这样一种能立法的道德主体，即所谓的"本心"；而仁、义、礼、智均是本心所制定的法则，非由外面所强加。其性善义必须由道德主体之自我立法去理解。其"大体"即道德主体。"操则存，舍则亡"，"求则得之，舍则失之，是求有益于得也，求在我者也"，包含了康德的"自由"的因果性的内容。[24]李明辉先生发挥、推进了牟先生的诠释。

牟先生有关孟子与康德自律道德的比较，是非常有意义的。尽管康德的道德哲学离不开西方哲学的传统，有自身的理论架构，但由"定言令式"出发，从意志之自我立法的意义，从实践理性的优先性，自由与自律相互含蕴去理解孟子，这种诠释并没有伤害孟子学，相反有助于中西学术的沟通。

三、批评反省西方哲学，重建中国哲学的本体论

牟先生哲学以"智的直觉如何可能"作为突破口。依康德的思路，道德以及道德的形上学之可能与否，关键在于智的直觉是否可能。在西方哲学传统中，智的直觉没有彰显出来，而在中国哲学中却有充分的显现。中国儒释道三家都肯定智的直觉。儒家孟子所谓"本心"、张载所谓"德性之知"、"心知廓之"、"心知之诚明"，都是讲的道德创生之心，其知也非概念思考知性之知，乃是遍、常、一而无限的道德本心之诚明所发的圆照之知。创生是重其实体义，圆照是重其虚明（直觉）义。这里没有内外、能所的区别。在圆照与遍润之中，万物不以认识对象的姿态出现，乃是以自在物的姿态出现。所以，圆照之知无所不知而实无一知，万物在其圆照之明澈中恰如其为一"自在物"而明澈之，既不多也不少。这里不是通过范畴的静态思考，亦超越了主客对待关系，朗现的就是物之在其自己，并无普遍所谓的认知意义。这是"无限的道德本心之诚明所发之圆照之知，则此知是从体而发（本心之诚明即是体），不是从见闻而发，此即康德所谓'只是心之自我活动'的智的直觉（如果主体底直觉只是自我活动的，即只是智的，则此主体必只判断它自己）。它的直觉只是此主体之自我活动，即表示说它不是被动的，接受的，此显然是从体而发，不从见闻而发之意，也就是说，它不是感触的直觉。因不是感触的，所以是纯智的，在中国即名曰'德性之知'，言其纯然是发于诚明之德性，而不是发于见闻之感性也。"[25]这种纯然的天德诚明的自我活动，"纯出于天，不系于人"，是中国儒家共许之义，然在康德处于西方学术之背景下，却反复说人不可能有这种知。此足见中西两传统之异。

按儒学传统，讲道德，必须讲本心、性体、仁体，而主观地讲的本心、性体、仁体，又必须与客观地讲的道体、性体相合一而为一同一的绝对无限的实体。为什么要这样呢？因为所谓道德是依无条件的定然命令而行的。发行无条件的定然命令者，康德名曰自由意志，即自发自律的意志，而在中国的儒者则名曰本心、仁体或良知，而此即吾人之性体。如此说性，是康德乃至整个西方哲学中所没有的。

牟先生指出："性是道德行为的超越根据……性体既是绝对而无限地普遍的，所以它

虽特显于人类，而却不为人类所限，不只限于人类而为一类概念，它虽特彰显于成吾人之道德行为，而却不为道德界所限，只封于道德界而无涉于存在界。它是涵盖乾坤，为一切存在之源的。不但是吾人之道德行为由它而来，即一草一木，一切存在，亦皆系属于它而为它所统摄，因而有其存在。所以它不但创造吾人的道德行为，使吾人的道德行为纯亦不已，它亦创生一切而为一切存在之源，所以它是一个'创造原则'，即表象'创造性本身'的那个创造原则，因此它是一个'体'，即形而上的绝对而无限的体，吾人以此为性，故亦曰性体。"㉖

儒者所讲的本心或良知是根据孔子所点醒的"仁"而来的。仁与天地万物一体，仁心体物而不遗，所以仁即是体，即是创造原则。但是，我们如无法妙悟本心，则本心受限制而忘失本性，乃转为习心或成心而受制于感性，梏于见闻，即丧失其自律性。然本心、仁体的本质是无限的，具有绝对普遍性，当我们就无条件的定然命令而说意志为自由自律时，此自由意志必是绝对而无限的，此处不需另外立上帝，只是一体流行，孟子所谓恻隐之心即本心之呈现，所以不能只是一个假设，而是一个事实。

牟先生说："智的直觉既可能，则康德说法中的自由意志必须看成是本心仁体底心能，如是，自由意志不但是理论上的设准而且是实践上的呈现。智的直觉不过是本心仁体底诚明之自照照他（自觉觉他）之活动。自觉觉他之觉是直觉之觉。自觉是自知自证其自己，即如本心仁体之为一自体而觉之。觉他是觉之即生之，即如其系于其自己之实德或自在物而觉之。智的直觉既本于本心仁体之绝对普遍性、无限性以及创生性而言，则独立的另两个设准（上帝存在及灵魂不灭）即不必要。"㉗

也就是说，本心仁体不但特显于道德行为之成就，亦遍润一切存在而为其体，因此不仅具有道德实践的意义，而且具有存有论的意义。道德界与自然界之悬隔不待通而自通。在道德的形上学中，成就个人道德创造的本心仁体总是连带着其宇宙生化而为一的，因为这本是由仁心感通之无外而说的。就此感通之无外说，一切存在皆在此感润中而生化，而有其存在。牟先生指出，我们不能只依智的直觉只如万物之为一自体（在其自己）而直觉地知之，因为这实际上是"以无知知"，即对于存在之曲折之相实一无所知。如是，则本心仁体不能不一曲而转成逻辑的我，与感触直觉相配合，以便对于存在之曲折之相有知识，此即成功现象之知识。逻辑的我、形式结构的我是本心仁体"曲致"或"自我坎陷"而成者。两者有一辩证的贯通关系。主体方面有此因曲折而成之两层，则存在方面亦因而有现象与物自体之分别。相对于逻辑的我而言，为现象或对象；相对于本心仁体之真我而言，为物自体或自在相。

牟先生又论证了道家与佛家的"智的直觉"。在道家的方式下，智的直觉是在泯除外取前逐之知而归于自己时之无所住无所得之"无"上出现的。这不是不可能的，只是康德也不能够了解这样的智的直觉。但道家的智的直觉侧重在虚寂方面说，其所谓"生之畜之"是消极的"自化"之义，不似儒家由正面凸现本心仁体之创生性。道家所开启的是艺术的观照境界，而不是道德的实践境界。道家所成就的智的直觉的形态，是虚寂圆照的境界，此之谓"无知而无不知"。佛家的智的直觉寄托在圆教之般若智中。般若智的圆智恰与识知相反。识之认知是取相的，有固定的对象和能所的对待。但在圆照下呈现的实相却非对象，不在能所对待的架构之中。佛家缘起性空的智心圆照是灭度的智的直觉。若于此说物自身，则实相、如，即是物自身，即是"无自己"的诸法之在其自己。至于识之势而有定相则当即是所谓现象。牟先生认为真正的圆教在天台宗，在天台，智的直觉始能充分朗现。

牟先生指出，人在现实中当然是有限的存在，但可以此无限性的超越者以为体而显其创造性，因而得有一无限性。这正是理想主义之本质，也正是中国儒释道三教之本质。由于有了智的直觉这一主体机能，有限的人生取得了无限的价值和意义。儒家讲"义命分立"、"尽性知命"。"儒家说'命'，说人的有限性，是偏于消极的限制意义上说，因儒家不以为世界之意义不可知，知之并不妨碍人之尽性尽义，且可是一道德创造之动力。人之有限性虽是道德之必要条件，但人的无限性是道德实践之充足条件。"[28]

牟先生说："智的直觉所以可能之根据，其直接而恰当的答复是在道德。如果道德不是一个空观念，而是一真实的呈现，是实有其事，则必须肯认一个能发布定然命令的道德本心。这道德本心底肯认不只是一设准的肯认，而且其本身就是一种呈现，而且在人类处真能呈现这本心。本心呈现，智的直觉即出现，因而道德的形上学亦可能。"[29]

儒家从道德上说智的直觉是正面说，佛家道家从对于不自然与无常的痛苦感受而向上翻求"止"求"寂"，是从负面说。牟先生认为这都是从人的实践以建立或显示智的直觉。儒家是从道德的实践入手，佛道两家是从求止求寂的实践入手。其所成的形上学叫做实践的形上学，儒家是道德的形上学，佛道两家是解脱的形上学。形上学，经过西方传统的迂曲探索以及康德的批判检定，就只剩下这实践的形上学，而此却一直为中国的哲学传统所表现。如果只有实践的形上学，则形上学中所表现的最高的实有，无限而绝对普遍的实有，必须是由实践（道德的或解脱的）所体证的道德的本心（天心）、道心（玄照的心）或如来藏自性清净心。除此以外，不能再有别的。人的真实性乃至万物的真实性只有靠人之体证证现这本心、道心或自性清净心而可能。"基本存有论"就只能从本心、道心或真常心处建立。

康德所意想的真正形上学是他所谓"超绝形上学"，其内容是集中于自由意志、灵魂不灭、上帝存在这三者之处理。康德认为对于这三者，理论理性是不能有所知的，要想接近它们，只有靠实践理性。通过实践理性的要求，乃不能不设拟这三者，但设拟不是具体真实的呈现，因此康德只能成就一"道德的神学"，而不能充分实现"道德的形上学"。康德受西方文化宗教之传统的限制，没有充分完成道德的形上学。因为意志之自由自律，是道德所以可能的先天根据（本体），这并不错，但这个本体是否能达到"无外"的绝对的普遍性，康德并没有明确的态度。"物自身"这个概念是就一切存在而言，并不专限人类或有理性的存在，但自由自律之意志是否能普遍地相应"物自身"这个概念，康德亦没有明确的态度。[30]而以美学判断来沟通道德界与存在界，并不能从根本上充分地解决两界合一的问题。

康德将"现象"与"物自身"（或译为"智思物"、"物自体"）的区分称为"超越的区分"（李明辉认为应称为"先验的区分"），其基本预设在于人的有限性。牟先生认为，"物自身"不仅是个事实的概念，而且是个有价值意味的概念。"在康德处，人类是决定的有限存在，因此，是不能有'无限性'的。我们不能就人类既可说有限心，同时亦可说无限心。可是如果我们把无限心只移置于上帝处，则我们不能稳住价值意味的物自身。"[31]因为依康德的说法，"物自身"是对于上帝的"智的直觉"而呈现，而"智的直觉"是创造的，上帝的直觉即是创造，所以上帝的创造是创造物自身而不是创造具有时空的现象。康德不肯将神圣性许给人类，其有关道德的真知灼见转变为虚幻。牟先生揭示了中国哲学由实践而朗现的"无限心"亦即"智的直觉"，这就意味着"吾人通过吾人之道德意识呈露自由无限心，对无限心所发的智的直觉而言，吾人的存在是'物自身'之存在，从吾人'物自身'的身份即可说吾人具有无限与永恒的意义。依儒家义理，人的'物自身'身份（即智思界身份）'实而不虚'，这'物自身'是吾人的道德主体，同时是吾人的真实存有。于此，'本体界的存有论'，亦曰'无执的存有论'，亦曰'道德的形上学'得以稳固建立。"[32]牟先生稳住"物自身"的意义，开出真实的道德界，又进而开存在界，是真正的创见。

牟先生认为，顺着中国哲学的传统讲出智的直觉之可能，是康德哲学之自然的发展，亦可以说是"调适上遂"的发展，这才可以真正建立康德所向往的超绝的形上学。

"道德的形上学"在牟宗三看来并不同于"道德底形上学"。前者指的是由道德的进路来接近形上学，或者说形上学是由道德的进路来证成；后者的重点在于说明道德之先验本性。前者必须兼顾本体与工夫两面，甚至首先注意工夫问题，然后在自觉的道德实践中反省澈至本心性体；后者并不涉及工夫论，而只是把这套学问当作纯哲学问题，不知它同时亦是实践问题。

因此，□□□指出："宋明儒者依据先秦儒家'成德之教'之弘规所弘扬之'心性之学'，□□□□□康德为圆熟。但吾人亦同样可依康德之意志自由、物自身以及道德□□□□□□规定出一个'道德的形上学'，而说宋明儒之'心性之学'，若用今□□□□□学'正函一'道德的形上学'之充分完成，使宋明儒六百年所讲者□□□□□□楚而确定之定位。"[33]

牟□□□□□□心性合一的理路，视其为正宗，认为其心性合一之体，"即存有即活□□□□理学系统将后天与先天、经验与超越、能知与所知、存有与活动打成□□□□□量，容易丧失其自主自律、自定方向的"纯亦不已"的必然性。

牟宗三依据□孟学一系的理路来融摄康德哲学，指出我们的道德意识所呈露的道德本心，就是一自由无限心，而本心的明觉发用，所谓德性之知，就是智的直觉。通过道德的进路，在我们人这有限的存在里，智的直觉不但在理论上必须肯定，而且在实际上必然呈现。就道德主体之为一呈现而不是一假设而言，道德本心就是道德的实体，是创发纯亦不已的道德行为的超越根据，也是智的直觉的根源。就道德主体的绝对普遍性而言，道德本心不但是开道德界的道德实体，同时还是开存在界的形而上的实体。它既创发了道德行为，就在纯亦不已的道德实践中，遍体万物而不遗，引发"于穆不已"的宇宙秩序。仁心感通天外，与万物为一体；而万物在仁心的明觉感通中，亦即在纯智的直觉中，成其"物之在其自己的存在"。这"物之在其自己"，是一个价值概念而不是一个事实概念。万物在我们见闻之知、感性、知性的认知活动中，是有一定样相的有限存在，而在无限心无执著的纯智的直觉中，却是"物自身"（即"物之在其自己"），它无时空性，无流变相。

据此，牟先生建构了两层存有论：本体界的存有论（无执的存有论）和现象界的存有论（执的存有论）。牟先生认为，康德所说的超越的区分，应当是一存有上的区分，但它不是一般形而上学所说的本体与现象之区分，而是现象界的存有论与本体界的存有论上的区分。在现象界的存有论中，现象也是识心之执所执成的。"识心之执就是认知心之执性。执性由其自执与著相两义而见。识心由知体明觉之自我坎陷而成。由坎陷而停住，执持此停住而为一自己以与物为对，这便是执心。……由知体明觉到识心之执是一个辩证的曲折。"[34]识心之执是相对于知体明觉之无执而言的。识心之执既是由知体明觉之自觉地自我坎陷而成，则一成识心之执即与物成对，即把明觉应之物推出去而为其所面对之对象，而其本身即偏处一边而成为认知的主体。因此，其本身遂与外物成为主客之对偶，这就是认识论的对偶性，是识心之执的一个基本结构。在这一基本结构中，客体为现象世界，主体为知性、想象、感性等。就现象界的存有论和知性的分解而言，西方传统，特别是康德，做出了伟大的贡献，而中国儒释道三家则相形见绌。

在牟先生哲学系统中，本体界的存有论与现象界的存有论相配合，完成一圆实的"道德的形上学"。这两层存有论，是在成圣成贤的实践中所开展出来的。牟先生通过道德实践对有限存在的无限价值作出了本体论的论证，其枢纽是把道德本心（或自由无限心或知体明觉）不仅视为开道德界的道德实体，而且视为开存在界的形而上的实体。无执的无限心，通过自我坎陷（自我否定）转出、曲致成为有执的有限心，开出现象界。同一对象，对无限心及其发用（德性之知或智的直觉）而言，是物自身；对有限心及其发用（见闻之知或感触直觉）而言，是现象。在认知之心之外无现象，在智的直觉之外无物自身。

牟宗三的两层存有论大体是依于中国哲学传统而来的，在理论框架上则是中国佛教"一心开二门"的模式，认为真如门相当于康德的智思界，生灭门相当于康德的感触界，又会通康德的两层立法来完成自己的哲学体系。"依康德，哲学系统之完成是靠两层立法而完成。在两层立法中，实践理性（理性之实践的使用）优越于思辨理性（理性之思辨的使用）。实践理性必指向于圆满的善。因此，圆满的善是哲学系统之究极完成之标识"。[35]康德的两层立法，一是"知性为自然立法"，一是"实践理性（意志自由）为行为立法"。关于前一层立法，牟先生晚年的《现象与物自身》修正了他早年的《认识心之批判》，将知性作了两层超越的分解。一层是分解其逻辑的性格，一层是分解其存有论的性格。如是，了解康德所说的"知性之存在论的性格"和"知性为自然立法"，把握和消化从知性自身发出的十二范畴的超越的决定作用，进而了解康德区分现象与物自身的特别意义，并以中国哲学的智慧，特别是佛教智慧加以观照。

第二步，以孟子——陆、王的"仁义内在"、"性由心显"、"心即理"的道德哲学疏解康德的"自律道德"、"自由意志为行为立法"，并进而对比儒释道和宋明理学为代表的中国智慧与以康德为代表的西方智慧的异同，加以消化和会通，从而肯定人类心灵可以开出两层存有论。

第三步，牟先生晚年诠释圆教与圆善，译注康德的第三批判，论证"真善美的分别说与合一说"。牟先生通过对《孟子》的诠释，发挥了儒家关于道德的自由无限心的思想，疏导"命"的观念，讨论德福一致的问题，使儒家圆教与康德圆善相会通。所谓德福一致的问题，康德是通过"上帝存在"的设准加以解决的，牟先生取消了三设准，以无限智心取而代之，由无限智心的证成肯定人有智的直觉，进而开出两层存有论。儒、道、天台圆教就在实践之学中。儒家能在其"仁"的创生活动中兼备无为、无执与解心无染之作用。牟先生认为，康德三大批判分别讲"真""善""美"，但对于"即真、即美、即善"的合一境界却没有透悟，而在这一方面，中国智慧却能达到相当高的境界。

"知体明觉"所开显的是绝对的认知、直契道体的直觉。牟先生以"知体明觉"所直契的绝对境界来论述真善美的合一。㊱

四、会通中西，建构哲学系统的意义与启示

第一，中西哲学的互释与会通是中国哲学转型的重要途径之一。

哲学，不分东方西方的哲学，所讲的概念或道理，或哲学中的真理都是普遍的，因而可以沟通、会通，而具有可比性、可以通约。牟先生独立地从英译本翻译了康德的三大批判，对康德的乃至西方的哲学特别是西方理想主义的大传统有透彻的把握。百年来，康德、费希特、谢林、黑格尔的德国观念论哲学为中国几个流派、思潮的哲学家们所借取、发挥、扬弃的方面各不相同。康德的批判哲学表达了人的有限性，其中有关认知的有限性，"我可知道什么"，几乎是儒、释、道的老课题，而有关"我应当做什么"、"我可希望什么"，乃至最终"人是什么"的发问，与儒、释、道三家讨论的中心，极为相应，只是讨论的进路、方式与结论有所不同。在道德形上学、实践理性方面，可比性更强。故在方法论上，牟先生指出："对于西方哲学的全部，知道得愈多、愈通透，则对于中国哲学的层面、特性、意义与价值，也益容易照察得出，而了解其分际。这不是附会。"㊲百年来，在中国哲学学科建立、发展的过程中，不可能不以西方哲学为参照，但选择仍是多样的，即便都选择康德等，诠释者先见决定了诠释路子的差异。

现在我国有的学者反对以任何西方哲学为参照，要讲纯而又纯的中国古代哲学，从解释学的立场看，这当然是不可能的。亦有海外汉学家，例如郝大维与安乐哲，特别强调中西范畴、概念的不可通约，尤其不承认孔子到汉代儒家有超越的层面，对牟先生的"内在超越"说予以强烈批评。正如刘述先先生所说，"他们拒绝把西方观念强加在中国传统之上，但仍不免因噎废食，恰好掉进了中西隔绝的陷阱里"㊳。然而中西相互比照、相互发明，不失为很好的方式。牟先生说："我能真切地疏解原义，因这种疏解，可使我们与中国哲学相接头，使中国哲学能哲学地建立起来，并客观地使康德所不能真实建立者而真实地建立起来，这也许就是我此书的一点贡献。"㊴所谓"中国哲学能哲学地建立起来"，即以现代话语与现代哲学形态，使中国哲学现代化与世界化，这当然会有损伤，但却是不能不通过的途径。

如西方哲学范畴、术语的问题，在借取中有发展，不能不借取，也不能不增加、渗入本土义与新义。牟先生说："中国传统中的三家以前虽无此词，然而通过康德的洞见与词语，可依理而检出此义。……此之谓'依义不依语'，'依法不依人'（亦函依理不依宗派）。"㊵所谓"依义不依语"，"依法不依人"，即有很大的创造诠释的空间。

牟先生说："你以为中国这一套未必是康德之所喜，是因为你不了解中国这一套之本义、实义与深远义故。假若中国这一套之本义、实义与深远义能呈现出来，则我以为，真能懂中国之儒学者还是康德。"㊶他又说："以哲学系统讲，我们最好用康德哲学作桥梁。吸收西方文化以重铸中国哲学，把中国的义理撑起来，康德是最好的媒介。……我们根据中国的智慧方向消化康德。"㊷牟先生把康德的义理吸收到中国来，予以消化而充实自己，他的体系把西方哲学的知解与东方哲学的智慧熔于一炉，相互消融，堪称典型。牟先生以康德作为中西互释的桥梁，这个参考系选择得非常好，除了前述的内在性的互通外，还因

为康德哲学恰好是现代哲学的出发点。牟先生的哲学生涯，可以说是力图消化康德，疏解中国传统的智慧方向。当然，康德哲学本身十分复杂，包含了不同诠释的可能，如果根据康德更晚的著作，其实康德并非完全否定意志自由是一事实，而《判断力批判》所提出的自由与自然统一的思想架构，可以说已经是一种一心开二门的思想模型。㊸

第二，中国哲学的自主性的彰显。

牟先生说，普遍的哲学观念、概念、道理，是要通过不同的、特殊的民族或个体的生命来表现的，"这就是普遍性在特殊性的限制中体现或表现出来，这种真理是哲学的真理。……由此才能了解哲学虽然是普遍的真理，但有其特殊性，故有中国的哲学也有西方的哲学……虽然可以沟通会通，也不能只成为一个哲学。这是很微妙的，可以会通，但可各保持其本来的特性，中国的保持其本有的特色，西方也同样保持其本有的特色，而不是互相变成一样"㊹。与基督教不同，中国的儒释道都重视主体，同时照样有客体，问题是如何去考虑其关系。"中国文化、东方文化都从主体这里起点，开主体并不是不要天，你不能把天割掉。主体和天可以通在一起，这是东方文化的一个最特殊、最特别的地方，东方文化和西方文化不同最重要的关键就是在这个地方。"㊺牟先生以过人的哲学智慧，从义理上批判康德，批判海德格尔对康德的批判，开出建立"基本存有论之门"，重建了中国哲学的主体性。中国儒释道三家均是生命的学问，意在人生的、道德的、乃至超越的境界追求。牟先生对三教的境界形上学有独到的见解。更为重要的是，他的两层存有论，是对三教之成圣、成佛、成真人的境界及其入手方法的论证。三教都肯定"智的直觉"，证立"自由无限心"既是成德的根据，又是存在的根据，肯定成就人格境界过程中的实践工夫，把境界实践过程中的人的主体性加以张扬，从中觉悟到人的有限性与无限性的关系，肯定人虽有限而可无限，最终上达圆善之境。牟先生的两层存有论其实就是实践的形上学。

第三，提出了诸多有价值的论域与思路，启迪后学融会中西，创造出新的哲学系统。

例如关于所谓"智的直觉"、道德形上学作为超越的形上学、"内在超越"与"外在超越"的讨论，恰好是关系到中西哲学根本问题的讨论。其实古希腊、希伯莱、印度、伊斯兰与中国，都有"圣智"的传统，孟子以降中国哲学讲的"良知"，宋儒的"德性之知"，近世熊十力先生讲"体认"、冯友兰先生讲"负的方法"、贺麟先生讲"理智的直觉"、牟先生讲"智的直觉"至到杜维明先生讲"体知"，都是肯定超越于经验、知性、逻辑、理智的，涉及体悟本体的智慧和生命的终极性关怀。关于"超越"问题，刘述先先生说："把中国传统思想了解成为内在超越的形态，决不只是当代新儒家的一家之言谈，它已差不多成为多数学者的共识。……儒家式的内在超越形态的确有其严重的局限性而令超越的信息不容易透显出来。但这并不表示，基督教式的外在超越形态就没有严重的问题。……事实上，外在超越说与内在超越说并不是可以一刀切开来的两种学说"㊻诸如此类的问题讨论，在现代中国哲学的本体论、形上学的重建与东西方哲学的比较研究方面，都产生了积极意义。牟先生的哲学也启发我们回应经济全球化挑战，回答现实问题，并提升到哲学的层面。

牟先生是具有原创性的哲学家，他的哲学智慧与哲学建构是 20 世纪中国的重要哲学遗产，大大深化了中国哲学的内涵，值得我们认真地加以研究。牟先生哲学最大的意义是，有意识地吸收西方智慧，促进中西哲学的交流互动。在互动中逐渐体现了中国文化的自觉，彰显了中国哲学的自主性、主体性。

注　释：

①② 牟宗三：《历史哲学》，台北学生书局，增订8版，1984年，第167页。

③ 牟先生说，中国文化还有一种"综合的尽气之精神"，能超越物气之僵固，表现一往挥洒的生命风姿，如英雄豪杰、才士隐逸之流，尽才尽情尽气，表现出使人成为"艺术的存在"（广义的艺术）的"艺术性的主体自由"。详见牟氏著《历史哲学》第三部第三章。

④⑤⑥⑦ 牟宗三：《历史哲学》，台北学生书局，增订8版，1984年，第174、180～181、187、191页。

⑧⑨ 牟宗三：《政道与治道》，台北学生书局，增订新再版，1983年，第58、59页。

⑩⑪ 牟宗三：《道德的理想主义》，台北学生书局，修订5版，1982年，第184页，序第5页。

⑫ 李明辉：《论所谓"儒家的泛道德主义"》与《当前儒家之实践问题》二文，见牟氏著《儒学与现代意识》，台北文津出版社1991年版，第67～133、19～43页。又见罗义俊：《中国文化问题解困的划时代理论——略观对牟先生良知自我坎陷说的批评与我之一回应》，载蔡仁厚等著，江日新主编：《牟宗三哲学与唐君毅哲学论》，台北文津出版社1997年版，第93～139页。

⑬ 康德著，李明辉译：《道德底形上学之基础》，台北联经出版公司1991年版，第67页。

⑭ 康德著，邓晓芒译：杨祖陶校：《实践理性批判》，人民出版社2003年版，第43～44页。

⑮⑯ 牟宗三：《心体与性体》，台北正中书局1968年版，第1册，第117、120页。

⑰ 邝芷人：《康德伦理学原理》，台北文津出版社1992年版，第185～186页。

⑱ 牟宗三：《圆善论》，台北学生书局1985年版，第23页。

⑲⑳ 牟宗三：《心体与性体》，台北正中书局1968年版，第1册，第133、137页。

㉑ 牟宗三：《圆善论》，台北学生书局1985年版，第30～31页。

㉒ 牟宗三：《康德的道德哲学》，台北学生书局1982年版，第262页。

㉓㉔ 李明辉：《儒家与康德》，台北联经出版公司1990年版，第48、50～71页。

㉕㉖㉗ 牟宗三：《智的直觉与中国哲学》，台北"商务印书馆"，第4版，1987年，第188、190～191、200页。

㉘ 吴明：《"彻底的唯心论"与中西哲学会通》，载蔡仁厚等著，李明辉主编：《牟宗三先生与中国哲学之重建》，台北文津出版社1996年版，第104页。

㉙ 牟宗三：《智的直觉与中国哲学》，台北"商务印书馆"，第4版，1987年，第346页。

㉚ 关于牟先生对"物自身"概念的诠释，李明辉认为接近于费希特，并认为牟取消理性与直觉的对立，将智的直觉视为实践理性的表现方式，均与费希特相类似。见李明辉：《牟宗三哲学中的"物自身"概念》，《当代儒学之自我转化》，台北"中研院"文哲所1994年版，第50～51页。赖贤宗认为，牟先生的道德形上学更像是一种费希特式的和谢林哲学式的观念论诠释，在反思的主体主义，强调智的直觉与主体的能动性方面类似费希特；而在知体明觉直契绝对境界方面类似谢林，总体上更接近归趋于绝对的同一性之神秘的智的直观的谢林。见赖贤宗：《牟宗三的道德形上学与康德哲学、德意志观念论》，《体用与心性：当代新儒家哲学新论》，台北学生书局2001年版，第129、162～163页。

㉛ 牟宗三：《现象与物自身》，台北学生书局，再版本，1976年，第15页。

㉜ 卢雪崑：《康德意志理论中的"两个观点"说——兼述牟宗三先生"智的直觉"说对康德洞识之极成》，载蔡仁厚等著，江日新主编：《牟宗三哲学与唐君毅哲学论》，台北文津出版社1997年版，第195页。

㉝ 牟宗三：《心体与性体》，台北正中书局1968年版，第1册，第10～11页。

㉞ 牟宗三：《现象与物自身》，台北学生书局，再版本，1976年，第166页。

㉟　牟宗三：《圆善论》，台北学生书局 1985 年版，序言第 2 页。

㊱　牟宗三：《真善美的分别说与合一说》（牟译《判断力批判》引言），台北，《鹅湖》月刊 1999 年 5 月号，第 2 ~ 15 页。

㊲　牟宗三：《中国哲学的特质》，上海古籍出版社 1997 年版，第 8 页。

㊳　刘述先：《作为世界哲学的儒学：对于波士顿儒家的回应》，《现代新儒学之省察论集》，台北 "中研院" 文哲所 2004 年版，第 19 页。

㊴　牟宗三：《智的直觉与中国哲学》，台北 "商务印书馆"，第 4 版，1987 年，序第 3 页。

㊵　牟宗三：《现象与物自身》，台北学生书局，再版本，1976 年，序第 17 页。

㊶　牟宗三：《智的直觉与中国哲学》，台北 "商务印书馆"，第 4 版，1987 年，序第 4 页。

㊷　《牟宗三先生在第二届当代新儒学国际会议的开幕演讲》，见杨祖汉编：《儒学与当今世界》，台北文津出版社 1994 年版，第 12 页。关于儒家与康德的关系，李明辉在《牟宗三思想中的儒家与康德》一文中说，康德的 "善的意志" 与儒家的 "怵惕恻隐之心" 均是道德心之表现，均肯定道德心之真实性；康德肯定实践理性优先于理论理性（思辨理性），正可保住儒家的道德理想，成就其 "道德的理想主义"。李明辉此说把握了儒学与康德的本质联系。见李明辉：《当代儒学之自我转化》，台北 "中研院" 文哲所 1994 年版，第 66 页。

㊸　详见赖贤宗：《牟宗三的道德形上学与康德哲学、德意志观念论》，《体用与心性：当代新儒家哲学新论》，台北学生书局 2001 年版，第 135 ~ 136 页。

㊹　牟宗三：《中西哲学之会通十四讲》，上海古籍出版社 1997 年版，第 4 ~ 6 页。

㊺　牟宗三：《中国哲学十九讲》，上海古籍出版社 1997 年版，第 75 页。

㊻　刘述先：《论宗教的超越与内在》，《儒家思想意涵之现代阐释论集》，台北 "中研院" 文哲所筹备处，2000 年，第 173 ~ 175 页。关于 "超越" 与 "内在超越"，郑家栋在《断裂中的传统》一书（中国社会科学出版社 2001 年版）的第 4 章有较好的论述，见该书第 202 ~ 233 页。

（作者单位：武汉大学中国传统文化研究中心暨哲学学院）

论牟宗三易学中的"象"

□ 〔韩〕郑炳硕

一般人一看《周易》，就会觉得甚难理解，因为不容易解释其象征符号系统所具有的含义。要真正触及到《周易》的根本，应该从"象"观念入手，认真辨析《易经》和《易传》中的"象"所含的意义。当研究《周易》时，我们首先要解决的就是"象"的概念、"象"的表达方式和"立象"的目的等一些问题。因为"象"所含的内容不是单一的，它具有了相当复杂的多种含义。牟宗三先生在一些著作中深入地探索了关于"象"的内涵。

故本文要依据牟先生的一些著作中所言的关于《周易》"象"的含义及"立象以尽意"的观念问题进行分析，考察历代"象"论的评价、"象"和内容真理与"象"的实践的性格。

一、牟宗三论"象"之主要含义与"取象"

整部《周易》的表达方式就是"立象"，《周易》是要通过"立象"的方式来表现其哲学的内涵。《系辞传》可说是用"象"这个概念来诠释《周易》的，即认为整部《周易》就是用"象"来表达"意"的。所以《系辞传》说"立象以尽意"，足见"象"在《周易》中的重要性。《周易》本是卜筮之书，解释《周易》这件事不能脱离卜筮活动原有的思维方式。卜筮活动中最重要的事，应该是对卦爻象的判读及解释。因此历来的易学家和思想家，不断地针对"象"提出各种见解，或有两汉易学之泥象，或有王弼易学之忘象。一般来讲，《周易》所谓的"象"指出的大概是有三种：卦象、物象和取象。八卦和64卦属于卦象。物象就是卦所象征的万事万物之象。取象指的主要是"象征"的意思。

牟宗三先生亦在一些著作中分析了《周易》所言的"象"的概念。他主要在《周易的自然哲学与道德含义》、《才性与玄理》和《周易哲学演讲录》中多处论及了《周易》的"象"。牟先生在他第一次写的《周易的自然哲学与道德含义》中分析了"象"的含义。他说"象"的含义有三：

(1) 现象之"象"。此在周易中并无明白规定，近人稍知一二新名词，遂以为周易论象即现象论之象，殊属皮相之至。(2) 方法上的取象之"象"，此为周易中之本义。按此义即象征类比之义。(3) 法象之"象"。此即垂象取法之义，与佛家之"法相"又不相同。盖此义即由方法上的取象之象而引申出，故此义亦为易中所原有。①

牟宗三先生说"象"之含义可以分为三：（1）现象之"象"。（2）方法上的取象之"象"。（3）法象之"象"。可是这个"象"并不就是具体世界的实体。它是实体间的关系之相似的表意。即是说，不可认它为现象。牟先生强调了方法上的取象之"象"，这就是《周易》所含的本义。此义就是象征类比之义。基本上，牟先生认为《周易》的"象"是相当于西方哲学所讲的"象征"的意思。"象"是一种方法论的词语，在此所言的"象"为"动词"或"动名词"，而决不是"名词"，更不是普通所谓"现象"之"象"。②他在《周易哲学演讲录》中亦说：

> 象有两个意义。卦象、爻象是客观地讲，就是对着每一个卦每一个爻有一个象，这个象是图象的象，英文是 picture。还有主观讲的象，就是象征。象曰的象就是主观地讲，是象征的意义。这是方法学上的一个词语，象征的方法就是取象的意思。③

牟先生认为"象"字有主观地说，有客观地说。客观地说，"象"就是卦爻的图像，这就是从"象"观念的名词的含义来说的。所谓《周易》的图像包括"卦象"和"爻象"。如"八卦成列，象在其中矣"，"八卦以象告"。所以 64 卦的图像是一种说明世界的符号，或说是一种描写世界的工具。④但所谓的"象"就不能只限于僵化的 64 卦爻的客观图像，它亦有一种"引而申之，触类而长之"（《系辞上传》第 9 章）的取象的方法论。主观地讲的象，就是取象，象征之意，这可说是从"象"观念的动词的含义来的。牟先生亦说：

> 取象来表示这个卦、这个爻的意义，取于天地间的自然现象，或者取于我们的社会现象，作类比、象征、比喻以了解这个卦这个爻的特性。譬如，《乾·象传》曰："天行健，君子以自强不息。"就是借"天行健"这个观念说"君子以自强不息"以象征地表示乾卦的特性。⑤

《大象》、《小象》讲的"象"就是主观地讲。这种象征是纯义理的象征。取什么象呢？可以以事为象，也可以以最具体的东西为象。关于取象的方法，在《系辞传》中有明确的说明，牟先生摘引了《系辞传》里十几处论"象"的部分，认为它们无一非取象之义，他说：

> "圣人有以见天下之赜，而拟诸其形容，象其物宜，是故谓之象。"此即"设卦观象"之意。"象"之为类比象征，于此最明。"是故法象莫大乎天地……县象著明莫大乎日月。"此由类比而至效法。"天垂象，见吉凶，圣人象之。""易有四象，所以示也。"垂象示象，以至象之，则之，皆象征取法之义。⑥

全部《周易》无非言"象"（"是故易者象也，象也者像也"），而"象"无非"象似"之意。"象"是现象间的关系之相似的表现。"象"始终是"类比""像此"之意。

王弼的《周易略例》亦说"夫应者同志之象也。位者爻所处之象也。承乘者逆顺之象也。远近者。险易之象也。内外者出处之象也。初上者终始之象也"⑦。在此，我们可以知道"象"就是"相似"、"类推"或"类比"的意思。如果"象"没有"相似"、"类推"或"类比"的功用，则"通神明之德，类万物之情"皆将为不可能之事。"象"可说基本上是对象的模拟，但"象"不只是对象的再现，其实它所展示或引发的是一些意念。⑧《系辞传》所谓"天垂象，见吉凶"中的"天"可以说是自然界，或具体世界，或现象界。"象"乃是由天之"垂"与吾之'见'而生起的。在此，牟先生提出了非常精辟的观点。他说："天之'垂'是外在条件（External condition）；吾之'见'是内在条件（Internal condition）。'象'就是这两种条件合约而成的。"⑨虽然，"象"之成立乃是从天地的自然现象而来，不过"象"不只是对象的再现，而是与吾之意念形成不可分割的统一体。"象"不单是事物形象，而最重要的是"象"中含着"意"。

二、牟宗三对汉易的重象论与王弼的忘象论的评价

"象"是《周易》最重要的构成因素，甚至成了《周易》的代名词。牟宗三先生将"象"的主要含义和功能放在"取象"的方法论上。作为动词的"象"，亦通"像"，指取象、象征、比拟。《周易》是用卦爻的符号来象征、比拟自然变化和人事吉凶。但一般人似乎有一种误解，以为《周易》之卦爻即是"象"，故卦爻之"象"只可说是符号或图像，与《周易》中所用的"象"意义不同，与汉人之"象学"亦不同。

所谓汉人之"象学"就意味着透过"象"的观点来解释一切的。由于"每字每句都要取象以解之，故自然需求多例以尽之"。此即王弼所谓"互体不足，遂及卦变；变又不足，推致五行者也。象数固不可忘，但太拘象数，则失统属"⑩。汉代象学"存象忘义"，只注重卦象而忘掉卦义。一般来讲，汉代易学叫做为"象数学"，可是牟先生有时称之为"象学"。对此，牟先生说：

> 普通把"象数"二字混为一谈（即吾亦不免，如上条是），其实有分别之必要，汉易的总观点是在"象"字。"数"是易经主要观点根本精神。"象"是解说世界所用的方法。汉易把握住这个"象"字，以解释经文，这也是原于周易。即没有"象"不能有所解说，也不能有知识。汉易很了解这一点。晋宋之忘象忘数，是另一方面的发展。⑪

牟先生认为不要把"象"和"数"两个概念混为一谈，需要把它们分别看。因为汉代"象数学派"内部在对待象和数的先后关系问题上，有着不同的认识。汉代象数学家在"象"和"数"先后关系问题上，还没有展开系统的、自觉的讨论。但从象数学派解读《周易》卦爻象与卦爻辞的方法看，基本上都是着眼于卦象的分析，有时虽采用爻数分析法，但爻数实际上就是爻象，"数"并不是与"象"分立的。"象"可以涵盖"数"，因而基本上可看成是象本论。⑫牟先生认为汉代象数易学家以"象"看作解说世界所用的方法。若没有"象"不能有所解说，也不能有知识。所以汉易之"象"是继承了《周易》中原有之方法论的，即发展了《周易》中所启示的知识论的。通过《周易》本身所用的方

法即象来解释《周易》本文。所以他非常强调"象"在知识中之必需，他说"离了'象'，我们的知识成立不了。离了'象'，我们没有'比较'，没有'相似'，没有归类"⑬。对这种"象"所具有的含义，汉代象数学家皆既很了解的又把握住的。所以牟先生说"我们可说汉易重象，清易是重数的"。在此所谓"重象"是大体看来和"象本"有着同样的意思。但汉代"重象"，拘于象太甚，只注重卦象而忘掉卦义。

汉代象数易学"存象忘义"，只注重卦象而忘掉卦义。对此，王弼是想通过对《周易》体例和卦爻结构的研究，把象数形式完全改造成为表现义理的一种工具，以恢复《易传》中原有的卦义说。王弼在《周易略例》中，运用他所确立的解释学的原则，强调了"得意在忘象，得象在忘言"的观点。牟先生主要在《才性与玄理》中论及了王弼玄理之易学，而在《周易的自然哲学与道德含义》里分析了把王弼的所谓"得意在忘象，得象在忘言"的"忘象主义"或者是"忘象论"的观点。王弼对于《周易》的解释中取象方法的运用极其谨慎。他认为取象不过是获得意义的一种手段。所以说："夫象者，出意者也。"⑭因此，关键在于获得正确的意义，而不应拘泥和执著于具体的取象上，这就是"得意忘象"的含义。

那么，为何必须忘象呢？对此，牟先生说王弼之忘象的动机是："打破汉人的互体，卦变，五行等拘泥于象数的滋漫见解。要得真理，必须忘象，必须以求意为终极目的，象特工具耳，特蹄与筌耳。"⑮故王弼说：

> 是故触类可为其象，含义可为其征。义苟在健，何必马乎？类苟在顺，何必牛乎？爻苟合顺，何必坤乃为牛？义苟应健，何必乾乃为马？而或者定马于乾，案文责卦，有马无乾，则伪说滋漫，难可纪矣。⑯

在上面所引用的，和《说卦传》关于八卦取象的阐述的精神是一致的，是王弼对汉易夸长取象方法的倾向的直接批判。王弼认为不能拘泥于具体象征而应该把握更深刻义理的思想是合理的，但因此就说"意"必须"忘象"，甚至把"忘象"看作"得意"的根本途径，这就有问题了。牟先生对王弼之忘象论的基本评价是："这种思想，一方可说是破天荒的洞见；一方可说是不了解'象'的作用。一方可说是对于拘泥于象数者的当头棒喝；一方也可以说是趋于极端，流于过分，而有所偏。"⑰即他对王弼之忘象论有着双重的态度及评价，故牟先生在《周易的自然哲学与道德含义》中详细地分析了忘象论的好处和坏处。他说王弼忘象论的好处是：（1）使人认识真本体，不要以思想上的方便取象或例证作为实有。（2）使人知道零碎的例证只是工具，不是目的。（3）使人知道固执于例证或象征并不能助我们得到真理，得到完全的知识。牟先生亦说王弼忘象论坏处是：（1）它的坏处，就在他的"忘象"。（2）象是有坏处的，但却忘不了。（3）他只能指出象的缺点，但他不能指出象的必需。（4）他只能揭穿了"象"的毛病，他不能救住这个必需的"象"。⑱"象"是传达"意"的工具，立象旨在尽意。"意"虽然比"象"更为根本，但离开了"象"就无法有所依托，无从表现。"忘象"是取消了象征或类比，如此，完全失去了《周易》本身所具有的本质特性。

三、牟宗三论"象"与"内容真理"

在《易传》的作者看来，言不能尽意，只有象才能尽意。《系辞传》说："子曰：书不尽言，言不尽意。然则圣人之意，其不可见乎。子曰：圣人立象以尽意。"这一段话是说圣人设卦立象，是为了解决语言本身所难尽之意，设立阴阳、八卦、六十四卦这卦象体系是为了要说明宇宙与人生的问题。那么，"立象"究竟能不能"尽意"呢？这个问题一直成为后世讨论的焦点。

《系辞传》的作者，真诚地相信"象"是可以尽意的。《系辞传》的作者也必须说明"意"是可以被传达的，以及从何可被传达？如果"立象"可以"尽意"，则表示圣人之意通过这个"象"能准确无误地传达心中所想的观念。但这是很难做到的，因为"象"是无法做到绝对的传真。即使我们能相信"象"是可以尽意的，我们却依然要问"象"是如何能尽意？以及这样的"象"，究竟还蕴涵了什么样的意义？其实若想解决此一问题，我们可能就必须分别"外延真理"与"内容真理"。牟先生认为"尽不尽意"的问题牵涉到语言与真理之关系和形态。

根据牟先生的说法，他以为"凡是不系属于主体（subject）而可以客观地肯定（objectively asserted）的那一种真理，通通是外延真理。"[19] 此种外延的真理具有明确的指涉的对象，因此只要运用逻辑分析的语言，就能使意义被传达。但除此之外，尚有一种"系属于主体的，系属于主观态度上的一些话"[20]，此就是内容真理。"先说这种内容的真理，它不能离开主观态度。……一说到内容真理，它就不只是主观态度，是故一开始你也可以说它不能离开主观态度，进一步应该说，它不能离开主体性（subjectivity）。"[21] "道德、宗教一定要落了主体来呈现。这个主体我们不能把它当做对象来作所谓的客观的研究。"[22] "这种真理不是数学真理，不是考据的真理，不是考证据来分辨真伪的真理，而是内容真理（Intentional truth）。"[23] 牟先生所以使用"内容真理"这个名词，目的似乎在于显示"外延真理"之外的另一种真理。[24] 在此，牟先生借引唐君毅先生的说法，言及了"启发语言"。

> 至于道家、儒家所讲的，这些还是学问，他们所讲的是道。道不是情感，道是理性。……它不是在科学、数学里面所表现的那个理性。它既然是理性，因此表达这种理性的语言就不是文学语言这种情感语言，可是这也不是科学语言。所以唐君毅先生提议把这种语言叫做启发语言。[25]

道家、儒家所讲的道，无法根据于逻辑分析性的语言加以表达，因此牟先生提出了，除了"科学语言"、"情感语言"之外，还是可以有一种"启发语言"。此种启发性的语言，具有指示与点明的功能，可以使"内容真理"豁然开朗。[26] 此种启发性的语言，就如大学所说的"大学之道在明明道"中的"明"，好像佛家讲无明，从无明变成明，它是表示我们生命的 enlighten，是我们生命明。[27] 所以，牟先生说：

> 然则其尽也，非一一恰当相应之尽，非指实（指物）之尽，非名实相应之尽，

非可道之尽，乃不可道之尽。不可道之尽，乃启发暗示之尽，指点之尽也。……卦象之尽，暗示指点之谓也。㉘

所谓其"尽意"的"意"，就是属于"内容真理"，所以无法使用指涉对象明确的分析性语言来表达。《系辞传》以为所以尽之意，必须是以启发性、暗示性的语言来表达方可。因此，此种启发性语言，就必须是以"象征性"的语言来表达。所以《系辞传》说必须是以"象征性"的语言来表达，但此并不意味着六十四卦象详细地描写天下之"赜"，而卦象通过"象征性"的语言来表达"尽"暗示指点之谓。

卦象是模拟外在客观世界的形象，作为曲尽意义的凭借。如果卦象只停留在描写外在客观世界的现象，只要运用逻辑分析的语言或外延真理，就能使其事被做好。因为一般语言所处理的只是部分与部分的名实相尽之工作，其对道体意义的披露是无法胜任的，而《易传》的作者，其以为"象"能尽"意"，此"意"是具有形上学意味的意义。㉙《易传》的"象"、"道体"本来所要表现的就是"道体"或"易"㉚，如果没有"道体"，则无法知道"道体"或"易"的朗现：同样地，如果没有"道体"作用于"象"中，则"象"亦只是外延真理的形式而已。

四、牟宗三论"象"之实践的性格与"尽意"

如前面所说，牟先生认为"象"字有主观地说，有客观地说，客观地说的"象"就是天象，象者法也。这个法就是 principle、category，指导我们人类的活动。所以，"法象莫大乎天地"（《系辞上传》第十一章）这句子中的"象"是客观地说的。㉛《易传》的《大象传》、《小象传》所谓的"象曰"的那个"象"是主观地讲。主观地讲的象，就是取象，象征之意。《系辞传》说：

> 是故天生神物，圣人则之。天地变化，圣人效之。天垂象，见吉凶，圣人象之。

天生出蓍龟这种神妙之物，圣人就取法它，天地生出各种变化，圣人就效法它。天上垂示各种天象，圣人就取法它。"圣人象之"就是圣人以"天生神物"做法，根据这个模型来象征取法之。圣人仰观天文，俯察地理，然后能制作易象，此就可说是"知天地而法天地"㉜的活动。《系辞传》说：

> 古者包羲氏之王天下也，仰则观象于天，俯则观法于地，观鸟兽之文，与地之宜，近取诸身，远取诸物，于是始作八卦。

这种"知天地而法天地"的活动，惟圣人能够做到的。圣人要通过卦象的系统以再现（duplicate）天地的关系与过程。㉝"象"就是从天地的自然现象而来的，故"象"首先是再现外在客观世界的形象，但再现不只止于客观世界形象的模仿。所谓再现之形成来自"易者象也，象也者像也"的"象"观念而来的。作为"相似"、"类比"作用的"再现"或"象",并不只是一套纯粹客观存在物的描写,而是应当再现圣人"知天地而法天地"的真实含义。因为"我们可以理解宇宙的过程,就据着这些理解力量以能调整我们的行为"㉞。

"知天地而法天地"的活动是从实践生活上讲,取证于人的实践生活。"天行健,君子以自强不息"是很好的例子。对此,牟先生说:"天行健,君子以自强不息"象征语句,是从我们日常生活上讲的,从实践生活上讲,取证于人的实践生活。"象"是属于实践的。㉟因此,如果只能解析卦爻系统所涵摄的具体世界与气化流行,而失去了"象"本所具有的践履或实践的含义,则此可谓"不尽"易象之真意。牟先生曾对这个问题有精辟的说法:

> 此中所言之尽,大体是解悟与践履交融而进者。解悟是在践履中解悟,践履是在解悟中践履。如系辞传所言,字面上纯属解悟者,然无圣人之践履,亦不能有此穷神知化之解悟"。如中庸所言,字面上纯属践履者,然无尽心知性之解悟,亦不能有此尽性赞化育之践履。故解悟的尽即是践履的尽,而践履的尽亦即是解悟的尽。此即是儒家所说的尽,而在此尽中所尽的意即儒家性命天道之"意"也。㊱

"尽"是充分至极之意。就践履言,"尽"是充分的实现。就解悟言,"尽"是充分的"表现。"牟先生认为"立象以尽意"所含的意义就在于立象以明几与理。此则"象"自有其启发与指点之作用,此即所谓"尽"。《说卦传》言,在此所言的"尽",在上面的引用文中,牟先生说"然无圣人之践履,亦不能有此穷神知化之解悟"。《系辞传》所谓"立象以尽意,设卦以尽情伪,系辞焉以尽言,变通以尽利,鼓舞以尽神",则是自"穷神知化"之解悟以言"尽"。"是故夫象,圣人有以见天下之颐,而拟诸其形容,象其物宜,是故谓之象。""立象以尽意",即此"象其物宜"之象也。牟先生认为《易传》的中心思想在"穷神知化"(《系辞下传》云:"穷神知化、德之盛也")。而"穷神知化"之规范纲领则在《乾象》与《坤象》。而《乾象》与《坤象》之中心思想只在《乾象》"干道变化,各正性命,保合太和乃利贞"之一语。"知化"者知天地生化之德也。此总名曰"天道"。"穷神"者穷生化不测之神也。㊲

《系辞传》所言,是解悟的"尽",孟子、荀子、中庸、《说卦传》所言"穷理尽性以至于命",有的是解悟的"尽",有的是践履的"尽"。有时即在践履中有解悟。如尽心是践履,知性知天是解悟。有时即在解悟中有践履,如穷理是解悟,尽性至命是践履。又穷理亦可是践履的穷,不必定属解悟也。㊳那么,"穷理"是什么意思呢?牟先生说:"'穷理尽性'就是说:把这个理弄明白,就可以尽你的性,就可以充分了解你的性啦。'尽'就是充分了解,或者充分体现的意思。所以穷理就能尽你的性,尽你的性,你就可以至你的命。穷理就是穷道德法则。你能穷道德法则这个理,你就可以尽你的性。尽性就是通过仁义来了解你的性,通过你的四端之心来了解你的性,这就是尽性,尽性就是充分了解。因为这个性的内容就是立道德法则,所以,穷理能尽性。我们人的道德实践功夫就是穷理尽性呀,积极的功夫就是穷理尽性,穷理以后就是充分把你的性体所有统统表现出来。"㊴

五、结束语

在前面，我们对于牟宗三先生所言《周易》的"象"与"立象以尽意"的说法，就能理解其旨要了。《易传》以为"象"能尽"意"，此意是具有形上意味。在本文中，主要分析了方法上的取象之"象"。牟先生认为方法上的取象之"象"，此就是《周易》中之本义。取象来表示卦爻的意义，取于天地间的自然现象，或者取于我们的社会现象，作类比、象征、比喻以了解这个卦、这个爻的特性。牟先生认为《周易》的"象"和西方哲学所讲的"象征"基本上是一个意思。《周易》之"象征"系统提供于我们更高的真理，即是道德实践。"牟宗三不拘泥与现实功利和具体物象，着力发掘《易》学之中内蕴的理想价值、精神生命，肯定体证本体正是洁净精微的'易学'的本色，促进人们养育心性，达到道德的高明之境。他对《易传》的诠释，与他'内在——超越'的哲学系统是一致的。在他看来，这种境界形上学，这种精神生命力的方向有其普遍性、永恒性与真理性，并永远是具体的普遍。"[40]乾卦《象传》所言的"天行健，君子以自强不息"就是很好的例子。君子观察健行的宇宙天地，不仅是被动地接受，同时亦是主动地效法、吸收它而企图建立形成新的自己的人存意义与目标。

注 释：

① 牟宗三：《周易的自然哲学与道德含义》，台北文津出版社 1988 年版，重印志言 第 4 页。

② 牟宗三：《周易的自然哲学与道德含义》，导言，第 4 页。

③ 牟宗三：《周易哲学演讲录》，台北联经出版社 2003 年版，第 68 页。

④ 牟宗三先生基本认为《周易》全是以"卦象"或"符号"来表象世界。卦象间的关系即是表示世界的关系；解说卦象即是表示吾人对于世界的知识。《周易的自然哲学与道德含义》，导言，第 9 页。

⑤ 牟宗三：《周易哲学演讲录》，第 68 页。

⑥ 牟宗三：《周易的自然哲学与道德含义》，自序 第 4 页。

⑦ 王弼：《周易略例》，《明卦适变通爻》。

⑧ 戴琏璋：《易传的形成与其思想》，台北文津出版社 1989 年版，第 158 页。

⑨⑩⑪⑬ 牟宗三：《周易的自然哲学与道德含义》，第 115～116、80～81、81、113 页。

⑫ 张其成：《象数易学》，中国图书 2003 年版，第 80～81 页。

⑭ 王弼：《周易略例》。

⑮⑰⑱ 牟宗三：《周易的自然哲学与道德含义》，第 111、110～111、112 页。

⑯ 王弼：《周易略例》。

⑲⑳㉑㉒ 牟宗三：《中国哲学十九讲》，台北学生书局 1983 年版，第 21、21、25～26、30 页。

㉓ 牟宗三：《时代与感受》，台北鹅湖出版社 1984 年版，第 255 页。

㉔ 岑溢成：《内容真理与中国哲学》，《当代新儒学论文集·总论集》，台北，文津鹅湖出版社 1984 年版，第 255 页。

㉕㉗ 牟宗三：《中国哲学十九讲》，第 28 页。

㉖ 林启屏：《古代中国语言观的一个侧面：以〈易·系辞〉论象为研究基点》《中国经学诠释传统》（二）台北喜玛拉雅研究发展基金会 2002 年版，第 40 页。

㉘ 牟宗三：《才性与玄理》，台北 学生书局 1983 年版，第 252 页。

㉙　林启屏:《古代中国语言观的一个侧面：以〈易·系辞〉论象为研究基点》，第 47 页。

㉚　"象"本身就是"易"，而"易"在《易传》的作者眼中，实即是"道体"，如"易与天地准，故能弥纶天地之道。""而易行乎其中矣。成性存存，道义之门。"

林启屏:《古代中国语言观的一个侧面：以〈易·系辞〉论象为研究基点》，第 47 页。

㉛　牟宗三:《周易哲学演讲录》，第 207 页。

㉜　这句话是从史作柽的"有天地，然后有万物；知天地，然后有易象之立，然知天地而法天地者，惟圣人能之"的文章引用出来的。史作柽:《周易系辞中之象征哲学》、《易经研究论集》，黎明文化事业公司 1981 年版，第 351 页。

㉝　Willard J. Peterson, Making Connections："Commentary on the Attached Verbalizations" of the Book of Change, Harvard Journal of Asiatic Studies Vol 42：Number 1, 1982. , Harvard-Yenching Institute, Cambridge, Massachusetts 02138, U. S. A：p. 85、p. 91.

㉞　Willard J. Peterson, Making Connections："Commentary on the Attached Verbalizations" of the Book of Change, p. 31.

㉟㊲　牟宗三:《周易哲学演讲录》，第 39、155～156 页。

㊱㊳　牟宗三:《才性与玄理》，第 249 页。

㊲　牟宗三:《心体与性体》（第一册），台北正中书局 1968 年版，第 300 页。

㊴　郭齐勇:《现代新儒家的易学思想论纲》，《周易研究》2004 年 第 4 期，第 10 页。

（作者单位：韩国岭南大学哲学系）

牟宗三三系论的理论贡献及其方法终结

□ 杨泽波

　　三系论是牟宗三儒学思想的标志性成果。这一思想由自律论和形著论两个支点作支撑，首先将五峰蕺山独立为一系，其次将伊川朱子判定为歧出，观点鲜明而突出。三系论地位十分重要，以至于无论你是否同意，都不能轻易从其身边绕过，不加置评地坚持旧说或创立新说。目前学界对这一体系大多还只是一般性的介绍，具体分析批评较少，研究不够深入。本文旨在前期多年研究的基础上，对这一体系作一个综合性的评述，既承认其理论的贡献，也分析其内在的缺陷，进而宣告其思想方法的终结。

一、三系论的两个理论贡献

　　牟宗三创立三系论在两个方面做出了重要贡献，不可小觑，这是必须首先加以肯定并强调的。

　　自孔子创立仁的学说以来，经过孟子、象山、阳明等大家的衣钵相传，心学有了长足发展，到阳明之时已经完全成熟。心学强调一个"仁"字，基础全在良心本心，最大特点是内在性，因为仁是内在的，由仁发展而来的良心本心也是内在的。心学的这个内在性特点直接决定了心学的致思方式是向内自省，反躬自求。依据这一义理，一个人能不能成就道德，关键看他遇事能不能反身求得自己的良心本心，能不能听到良心本心的命令和指导。心学不重视外向性博学致知在成就道德中的作用，具有简约易行的特点。象山提倡易简工夫，不满意于朱子，批评其是支离，阳明龙场所悟吾性自足，见父自然知孝，见兄自然知悌，不假外求，根源皆在于此。

　　心学的这种特点有其优越性，但也容易走向反面，成为它的缺点。良心本心是内在于己的，把握起来说容易也容易，说艰难也艰难。说其容易是因为良心本心遇事必然当下呈现，想遏制也遏制不住，只要不受利欲的引诱，自然可以达成善行，从此一知百知，一了百了，境界大开，净洁快活；说其艰难是因为良心本心的呈现是一种直观，能否把握全在个人体悟，如果体悟不到，则迷蒙混沌，茫然无知，百思不得其解，于师亦无办法。心学的这种缺点到明代中后期开始向两个不同的方向发展：有所悟者常将其所悟张扬夸耀，把良心本心说得玄而又玄，脱离人伦日用，令一般人难以理解和接受，由此构成王门后学一大流弊，叫做"超洁者荡之以玄虚"；无所悟者迫于心学日盛的精神压力，不得不附庸风雅，表面上装出一副了然于胸的样子，暗地里贩卖私家的勾当，一是皆良，由此构成王门后学另一大流弊，叫做"猖狂者参之以情识"①。

明末王学两大流弊日盛一日，蕺山自觉承担起救治之责。蕺山创立慎独之学，一方面区分意念，另一方面划分心性，希望以意的力量对念加以对治，以性宗的力量对心宗加以限制，使其不至于泛滥而无收煞。三系论正是沿着蕺山这一思路发展而来的。牟宗三首先将先秦《论语》、《孟子》列为一组，《中庸》、《易传》列为另外一组，特别强调后一组天道性体的客观性意义，然后将宋明九子分为三系，将历史上不特别看重的五峰蕺山单独列举出来，试图借助五峰蕺山重视天道性体的特点，以性体之"纲纪之主"对心体之"主观之主"加以必要的制导，使其"得其客观之贞定"②，克服王门后学的种种流弊。不管这种做法的实际效果如何，这种"接着"蕺山讲的问题意识，本身就直接切入到了儒家心学的软肋，其理论意义不可低估。

另一方面，自孔子继承西周礼乐之制，提倡学诗学礼学乐以来，礼的学说也成为其思想体系中的一个重要方面，这一思想经过荀子、朱子的薪火相继，到了宋代，同样有了极大的发展。礼学的重要特点，是重视学习和认知，强调一个"智"字。孔子重智原本是因为先前遗留下来的周代礼乐之制具体而繁缛，不认真学习就不能掌握，但这一思想的内涵后来有了细微的变化，由狭义的学诗、学礼、学乐（也包括学道）转变为在成就道德过程中一般性的学习和认知。不管是荀子的虚壹而静，还是朱子的格物致知，所强调者莫出于此。朱子在这个过程中的作用尤为重要。朱子特别重视《大学》，将其视为初学入德之门，无非是看重格物致知诚意正心的顺序。经过朱子的努力，由伊川至朱子的理学终告成立。无论是证之于古代中国哲学，还是借鉴于现代西方哲学，无论是理论的考辨，还是实例的分析，都可以证明，学习和认知在成就道德过程中的作用是不容丝毫否认的，因此以朱子为代表的理学不仅在学理上有其合理性，在逻辑上也有其必然性。

与心学一样，理学也有自身的问题。强调格物致知，寻求学习和认知，这自然是必要的，但学习和认知并不是成就道德的唯一条件。依靠学习和认知我们当然可以掌握道德法则，然而一旦我们知道了这些道德法则之后，为什么必须按照它的要求去做呢？这显然是一个极为重要的问题。朱子没有办法解决这个问题，因为朱子对孟子的道德本心体会不深，他讲的理只存有不活动，是一个"死理"。放眼开来，这个问题又有着极强的普遍性。康德在《道德形而上学原理》、《实践理性批判》中虽然高扬道德理性，强调道德理性可以制定道德法则，但他并不能回答"人何以会对道德法则感兴趣"、"理性何以本身即是实践的"等问题，其深层的原因也在这里。在这个问题上，与其说康德与孟子相似，不如说康德与朱子更为接近。③

牟宗三以极强的洞察力，一眼看穿朱子思想中存在的这个问题，以判教的方式，定其为旁出，直接点到了其学理的致命之处。他反复强调，理性要成为实践的，必须保证理有活动性，即存有即活动，否则就是"死理"。而要保证理的活动性，必须保证在理中有心义，即有孟子的道德本心之义。有了道德本心之义，理就多了一层指导鞭策的力量，就有了神义，有了活动，有了兴发力，就可以有效保证道德成为可能。牟宗三频繁使用诸如

"即存有即活动"、"只存有不活动"、"活理"、"死理"、"心义"、"神义"等概念，所要表达的无非是这一思想。经过牟宗三的努力，朱子学理中的问题充分暴露了出来，人们不得不认真思考理性如何才能保证道德成为可能这样一个原则性的大问题。牟宗三在这方面的功绩，同样是不容丝毫否认的。

心学与理学是儒家心性之学的两大分支，有各自的优点，也有各自的问题。心学的问题是容易陷入双重的流弊，理学的问题是难以有效保证道德成为可能。这些问题不解决，儒学就难以健康地发展。牟宗三创立三系论，目的就是为了解决这些问题，志向之高溢于言表。他将五峰蕺山、象山阳明、伊川朱子分别开来，以五峰蕺山一系重视性体的特点，解决心学面临的问题，使其具有客观性，又以象山阳明一系道德本心活泼有力的特点，解决理学面临的问题，使其具有活动性。一个是客观性，一个是活动性，这两者事实上已经成为了三系论的两个重要理论支点，须臾不可离开。不管围绕这两点的具体做法有多少疑点需要商榷，牟宗三在这个过程中所体现出来的智慧与胆识都是令人敬佩的。在我看来，在这个问题上，眼光如此之高，手笔如此之大，学说如此之系统，在现代新儒家中尚无第二人可以与其比肩。仅就此一点而言，牟宗三在现代新儒家中的地位就是不可撼动的，在整个儒学发展史中也应占有一定的位置。

二、形著论的内在缺陷

牟宗三将五峰蕺山与象山阳明区分开来，单独立为一系，遵循的标准是形著，即所谓形著论。形著的前提是分设心体与性体。心体表现为个人的喜怒哀乐，有个人的主观印迹，所以牟宗三将其规定为主观性原则，为"主观之主"[④]。性体来源于天道，天道是普遍的、客观的，天道落实于个体之中，即为个体之性体，所以牟宗三将其规定为客观性原则，为"纲纪之主"[⑤]。心体与性体相辅而相成：性体有保证心体客观性的作用，使心体不至于沦为纯主观；心体有保证性体活动性的功能，使性体不至于沦为"死理"。要使这种相辅相成关系得以实现，前提是心体有形著的能力。牟宗三借用《中庸》"诚则形，形则著，著则明"一句创立"形著"这一概念的目的：一是表示心体的作用非常重要，只有通过心体的形著才能使性体的意义全部显现出来，否则性体只是客观的潜存，不能发挥任何作用；二是表示性体的作用不可或缺，只有通过性体才能使心体的客观性得以保证，有其纲纪。否则心体只是主观的，容易陷入流弊而不能自治。

牟宗三分设心体与性体，再运用形著论将二者结合起来，从表面上看，既可以保证心体有客观性，又可以保证性体有活动性，完整而圆满。然而，在这一美好的景象背后隐含着两个根本性的问题：其一，心体为什么需要性体来保证其客观性？其二，性体能否保证心体的客观性？

牟宗三创立形著论，直接起源于他对心体的认识。牟宗三所说的心体，实际上就是孔子的仁，孟子的心，也就是通常所说的良心本心。良心本心是儒家心学的立论根基，历史上受时代条件的限制，人们没有能够对其有一个理论的说明，不明白其真实的性质，也不明白其真正的来源，只是借用孟子的说法称其是"天之所与我者"，是"我固有之"的。心学发展到一定程度后，其内部原先隐藏的问题渐渐暴露了出来，五峰蕺山便沿用传统的思维方式，另立一个性体性宗对其加以限制。牟宗三也是这样看的。在他看来，良心本心是内在于己的，有强烈的主观特性，完全听任主观性自由发展，不加限制，当然容易出现问题，王门后学陷入重重流弊之中，即是惨痛的教训。为了防止发生这种情况，应当借鉴五峰蕺山的思路，将心体融于性体之中，借用天道性体的力量，保证心体的客观性，杜绝心学重重流弊。

我不赞成牟宗三的形著论，同样是以我对良心本心的认识为基础的。在我看来，五峰蕺山的做法只适合于过去，而不宜沿用于现在。从现有的理论水准出发，我们完全有条件对良心本心加以理论的说明。多年来，我一直坚持主张，良心本心其实只是一种"伦理心境"，即由社会生活和理性思维在内心结晶而成的心理境况和境界。说"伦理心境"是社会生活的结晶，是因为一个人在成长过程中总要受到社会生活的熏习和影响，这种影响久而久之会在心中形成某种结晶体；说"伦理心境"是理性思维的内化，是因为人在成长过程中，需要不断进行理性思维，理性思维的进行，总会在内心留下一些痕迹。社会生活和理性内化的结果，在伦理道德领域，就是形成一定的"伦理心境"，这就是儒家通常所说的良心本心。除"伦理心境"之外，人作为一种生物，同时还本能地具有一种自然向上发展的倾向，或叫做自然发展的倾向，这种倾向完全是天生的，是先天的。这种向上发展的倾向在性善论中扮演的角色是不可或缺的，它是"伦理心境"对人具有自然吸引力的最初源头，正因为有了这种吸引力，在正常情况下，人总是喜欢按照"伦理心境"行事。一个是"伦理心境"，一个是自然向上发展的倾向，这两者缺一不可。沿着这个方向发展，将它们有机结合起来，有希望探明困扰中国哲学两千多年的性善论奥秘。

以"伦理心境"解说良心本心面临的最大非议是先天和后天的关系问题。按照上面的说明，"伦理心境"在原则上是后天的，而儒家良心本心历来都说是"天之所与我者"，是先天的，这样在先天与后天之间就有了一个矛盾。对此我是这样看的：作为"伦理心境"的良心本心虽然是后天的，但却是先在的，即良心本心总是先于伦理道德问题而存在，也就是说，人在正式处理伦理道德问题的时候良心本心已经存在了。既是后天的，又是先在的，在后天与先天之间就形成了一个交叉点，这就是我所说的"时间之叉"。破解"时间之叉"是理解良心本心的重要环节。古人不了解这一环节，一方面他们确确实实地体悟到了良心本心的存在，但并不明白它如何是先在的，另一方面他们又必须对良心本心的来源有一个说明，有一个形上的交代，所以才借用源远流长的天论传统，将其说成是"天之所与我者"。根据现有的理论水平，对于这种"天之所与我者"不应再按古人的思路理解，而应该换一个新的思路。这是因为，天并不是人格神，不可能真的赋予人以仁义礼智之善心善性。既然古人的路子走不通，那么我们就必须从其他角度解决这个问题，"伦理心境"正是沿着这个方向发展而作的一种新的努力。

将良心本心解释为"伦理心境"有重要的理论意义，它可以告诉我们，良心本心不仅是主观的，而且是客观的。良心本心是内在于人的，我之好善，我之恶恶，当然是我个人的主观倾向，相对于外界而言，具有明显的主观色彩，所以有主观性的一面，这是必须承认的。但我们也应该看到，我之好善，我之恶恶，同时也具有社会的客观性和普遍性。为此，我曾举孝亲敬长的例子加以说明。孝亲敬长是良心本心的一项重要内容，这一内容其实是邹文化这一特定社会生活对个人内心影响的结果。社会生活是客观的，作为其结晶的良心本心一定也有客观性，而不是纯主观的。正是考虑到这一点，我坚持认为，良心本心的形式是主观的，其内容则是客观的。既然如此，良心本心是否还需要另立一个性体以保证其客观性，这本身就值得重新讨论了。

上面是说心体并不需要另立一个性体保证其客观性，反过来从性体角度看，性体也没有能力保证心体的客观性。按照牟宗三的解释，性体来自于天道，天道是道德所以可能的先验根据和客观根据。这种先验根据和客观根据有两个重要特征：一是维天之命于穆不已，二是民之秉彝好是懿德。前者是说，这一先验根据和客观根据本身即是一个形而上的创生实体，这一实体是一个创生性原则，活动不已，永不停息。后者是说，这一实体通过自身的活动，将自身的特性不断赋予个体之上，使个体也具有了它的特性。天道赋予个体之性即为个体之性体，天道是总体地说，性体是个体地说。天道性体虽然不同，二者的性质则完全为一，都具有客观性，代表着客观性的要求。正是看中了这一点，牟宗三才不惜花费如此力气建构形著论，以天道创立性体，再通过性体保证心体的客观性。

我对牟宗三如此解说天道持保留态度。在我看来，天道并不是一个形上的创生实体，只是良心本心假借的形上源头。我国自古就有天论的传统，这一传统在殷周之际的变化最为剧烈。周灭商后，如何证明政权的合理性是周代统治者面临的最重要的理论难题。为此他们创造了德的观念，提出皇天无亲，唯德是辅的思想，将政权的合理性与统治者是否有德紧密联系了起来。这一创造是一个惊天大逆转，从此上帝不再固定偏向谁，而是看谁能够有德。在这一思想的指导下，敬德修德成了周人最重要的事情。如果说制礼作乐是周人对中国政治发展史所做的最重要的工作的话，那么创造德的观念则无疑是周人对中国哲学思想做出的最大贡献。

周人创造的唯德是辅的观念对儒家有深刻影响。孔子创立仁的学说之后，逻辑地蕴涵着人为什么会有仁，仁的根据在哪里的问题。这无疑是一个极为困难的问题。在这个问题面前，古人面临着巨大的困难，但也面临着巨大的良机，这个良机就是先前唯德是辅的观念。既然天是惟德是辅的，那么天与德就有着某种联系，既然天与德有着某种联系，人们自然可以将道德的根源置到天上。于是，在孔子之后便出现了一个以天作为道德终极根据，即我称之为"以天论德"⑥的思潮。在《性自命出》，在《孟子》，在《中庸》，这一思潮都有极为明显的表现。这种情况表明，儒家借用天说明道德的终极来源，具有强烈的思想发展的必然性，因为只有这样才能对这个问题来一个终极性的了断，才能使人们的形上要求有一个满足。

必须清醒地看到，儒家以天作为道德的终极根源从本质上看只是对天的一种借用，是以天对这个理论难题作一个最后的交代，事实上天不可能真的创生人的善性，将仁义礼智赋予人心。因此，我始终坚持认为，儒家将道德的根据推给上天，其实是受到了古代天论传统影响的结果，是一种借天为说的做法。所谓"借天为说"就是对一个问题无法确切回答的时候，将天作为其终极根据的一种做法。⑦这一做法最大的特点在于一个"借"字，以天作为事物的终极根据，只是一种借用。换句话说，儒家在这方面讲天，只是沿用古代天论的思想传统，将道德的终极根据上推到天，从而满足人们思维的形上要求罢了，天不可能是良心本心的真正终极根据。

既然天道并不是良心本心真正的终极根据，而只是一种假借的根源，那么牟宗三以天道性体保证心体的客观性，杜绝心学种种流弊的努力怕是要付之东流了。牟宗三借鉴五峰蕺山的思路，大讲心体与性体，建构起了一套由天道到性体再到心体的理论体系，由性体保证心体的客观性，希望以此克服和杜绝心学的种种问题。但问题在于，既然天道性体并不是客观性的全权代表，那么希望以这种办法达到克服王门后学种种流弊的目的能否达到，就值得从根本上加以怀疑了。明末的蕺山为了克服王门后学流弊分离意念、区分心性，作出了极大的努力，经过他的努力，心学流弊确实有所收敛，学风日趋健实，但由于蕺山的理论存在着先天的缺陷，其努力并未能从根本上解决问题。时至今日，牟宗三沿用蕺山的思路创立形著论，尽管更为系统，更加条理，但理论基础并没有本质的改变，因此同样无法突破这个大限，不能达到预期目的。事实上，心学发展过程中出现的问题，并非是心体缺乏客观性，而是由良心本心的特质决定的。因为良心本心说到底无非是"伦理心境"，"伦理心境"的本质是社会生活和理性思维的内化，这就决定它还必须不断提高自己，而不能故步自封，自我满足。因此，心学发展中滋生的问题可以借助其他的办法，特别是大力发展智性，以智性对其抽象提高的办法，而不宜用空讲性体的办法来解决。

总之，牟宗三创立形著论明显是"接着"蕺山讲的，目的是在五峰蕺山学理基础上建构一种理想的理论形态，以解决儒家心学发展过程中滋生的重大问题。尽管牟宗三这种做法主观愿望非常好，立意非常高，但是其致思方向并不值得提倡。这是因为，心学本身就有客观性，并不需要一个性体保证其客观性，性体也没有这个能力保证心体的客观性，心学后期产生的种种问题可以通过其他方法，而不需要用分立心体与性体的办法来解决。分设心体性体，不仅不能克服心学发展过程中的种种流弊，还会滋生一系列新的麻烦，使相关的理论复杂缠绕曲曲折折，实有叠床架屋之嫌。

三、自律论的内在缺陷

牟宗三将伊川朱子定为旁出遵循的标准是自律，我将其称为自律论。这个标准同样有严重的缺陷，其情况较形著论更为复杂和严重。牟宗三判定朱子为旁出原本着眼于道德理性的合理性、有效性，即理性如何才能有效保证道德成为可能而展开的。牟宗三注意到，朱子虽然也讲理，但他讲的理没有活动性，不能有效保证道德成为可能。这无疑是一个重大发现，具有世界性的理论意义，但由于牟宗三把这个问题与康德道德自律学说挂起钩来，以此判定朱子为道德他律，情况一下子就乱作一团，难以收拾了。

道德自律学说是康德的一大创造。康德认为，他之前的道德统统是他律的，只有他提倡的道德才是自律的。所谓自律就是道德理性自我立法，自我服从，不受任何其他因素的影响。牟宗三认为，儒家早就具有了这方面的思想，因为儒家讲道德有一个基本观念，就是"截断众流"⑧，强调道德必须斩断同外界的一切牵连，坚持道德的纯粹性，只为道德而道德，不为任何其他目的而道德，这与康德的道德自律学说本质上并无二致。以此为出发点，牟宗三顺理成章地将康德道德自律学说引了进来，成为其研究儒学的一个重要概念。

引进道德自律学说大大提高了儒学研究的理论层面，不仅可以从更高的层面认识儒学的本质，而且可以看到儒学与康德的相通之处，当然是一个重要的进步。但在这个过程中也出现了明显的水土不服。在康德那里，要坚持道德自律，坚持道德的纯粹性，必须排除情感。这里所说的情感，既包含幸福情感，也包含道德情感。幸福情感本质上属于幸福原则，归于利欲层面，本不包括在道德原则之内，这一点好说。道德情感的情况就不同了。在康德那里，道德情感主要指对道德法则的敬重和成就道德之后内心的愉悦。康德尽管很看重道德情感，但经过一番反复之后，还是把它排除在道德原则之外，强调道德自律不能包含任何情感。与此不同的是，儒家的道德学说不仅不排除道德情感，而且将道德情感作为其学说的重要组成部分，如果像康德那样将道德情感排除在外，儒学就不成为儒学了。康德与儒学的这种不合是非常明显的。

牟宗三也看到了这个矛盾，站在儒家的立场上对康德提出了严厉批评。他指出，康德没有把情感问题处理好，是一个"尊性卑心而贱情"⑨者，有重大缺陷，远不如儒家境界浑厚圆融。为了解决这个问题，牟宗三提出了将情感"上下其讲"的办法，强调情感可以分两头讲，向下讲落在感性层面，属于幸福原则，这是必须排除的，向上讲则提至理性层面，属于道德原则，这是不能排除的。儒家十分重视的情感是向上讲的情感，是一种道德情感，它不仅不应该排除，而且还必须大力彰显。牟宗三认为，通过这样一番努力，康德与儒家的矛盾就可以弥合了，因此完全可以借用康德的道德自律学说研究儒学。

牟宗三这种做法只是在表面上弥补了康德与儒学的不合，实际上并没有从根本上解决问题。牟宗三引入道德自律学说的根本目的是说朱子学理有不足，不能称为道德自律，只能称为道德他律，但如果严格按照康德道德自律必须排除情感的标准来衡量，朱子当然不配叫做道德自律，而孟子一系也讲情感，同样不配这个崇高的称号。问题的核心并不在于是否可以将情感上讲或下讲，而在于这种做法无法彰显儒学与康德之间的原则区别。按照康德的看法，为了坚持道德的纯粹性，必须排除情感，这是一个基本原则。儒学讲道德却必须讲情感，不讲情感就无法成就道德。如果采用"上下其讲"的办法，将情感上提到理性层面，在道德理性中加入情感，固然可以暂时适应儒学的胃口，但却不能合乎康德的要求，甚至可以说是从根本上否定了康德道德哲学的基本原则。康德排除道德情感并不是他一时糊涂，没有把问题想清楚，而是由其感性理性两分格局限定而不得不作出的一种无奈选择，要康德在道德理性中加入情感，就等于让他否定了这种两分的格局。儒学讲道德并不排除情感，根本原因在于他们所遵循的并不是西方那种感性理性两分的格局，而是儒学独有的欲性智性仁性三分的结构。牟宗三将情感"上下其讲"，并没有看到这一层，只是一种折中的办法，当然没有办法从根柢处对问题有一个彻底的解决了。

牟门弟子为了维护师门对其师的自律论多方加以辩护，其中一个做法是将自律论分为狭义、广义两种。狭义自律是康德原本意义的自律，这种自律是不能加入情感的；广义自律是康德之后西方哲学对康德哲学的改进和发展。这种自律一方面坚持康德哲学的基本原则，一方面也承认在道德理性中可以而且应该加入情感。依据这种划分，儒家心学仍然可以说是道德自律，即广义的道德自律。朱子一系不能称为道德自律并不是因为他承认情感，而是因为他没有一个独立的道德主体。⑩这种辩护固然维护了牟宗三的自律论，然而却引出了更大的问题。朱子并不是没有一个独立的道德主体，他的主体按照牟宗三的划分就是"性即理"的那个性体。在牟宗三那里，性是一种存有论的原理，我们可以通过认知之心认识到它，但它本身并没有活动性。朱子学理的问题不在于有没有一个独立的道德主体，而在于他的这个道德主体由于缺少道德本心的引导而没有活动性，不能有效决定道德。如果以有没有一个独立的道德主体来划分自律或他律，朱子同样有自己的道德主体（尽管这个道德主体有其缺陷），同样可以称为道德自律，而不能叫做道德他律。这样一来，牟宗三将朱子判定为道德他律的整个努力就将化为乌有了。

道德他律的情况更加混乱。牟宗三判定朱子为道德他律当然不是说朱子的道德学说追求幸福原则。他在这方面选取的标准是相当奇怪的，这个标准用他自己的话说就叫做"就知识上之是非而明辨之以决定吾人之行为是他律道德"⑪。这就是说，在牟宗三心目中，判断是否为道德他律，重要标准在于是否以认知以知识讲道德。牟宗三这一说法直接表明了他在这个问题上的基本思想：凡是从认知出发，以知识上之是非而决定的道德，即是道德他律；反之，并非从认知出发以知识上之是非，而是以道德本心决定的道德，即是道德自律。

这个标准蕴涵着极大的危险，直接导致了牟宗三道德他律思想不得不面对这样一种困境：康德也成了道德他律。康德哲学是理性时代的产物，在那个时代，人们对理性充满了信心，认为理性可以发现事物的规律，解决世间的一切问题。康德深受这种时代思潮的影响，以发现自然规律和自由规律为一生的职志。虽然康德的道德哲学的基础是先验自由，是"理性事实"，而不是经验知识，但康德道德哲学也不能完全离开认知，离开知识。这是因为，在康德看来，在社会生活当中存在着一种普通的道德理性知识，这种知识虽然很重要，但其层面还不高，还只是一般的、粗略的，尚未经过反省、未经抽象的常识。为此他对当时的常识哲学家们提出了严厉的批评，强调如果一切听任于常识，那只能让哲学家感到羞愧脸红。哲学家的使命应当是在此基础之上，将普通的道德理性知识进行理性批判，进一步分析、抽象、提升，从中发现自由的规律，使其上升为真正的哲学知识。⑫康德的这种方法虽然不同于一般的经验认知而叫做哲学反思，但哲学反思也是一种认知，一种不同于经验认知的认知。它必须通过分析综合、逻辑推证，必须借助语言这个中介，而不是通过智性直观进行的。

康德这种致思方式从大的方向上看与朱子有着一定的近似性。康德强调，在社会中存在着普通的道德理性知识，我们当然要了解它们，但光有这些还非常不够，还必须上升一步，使其成为真正的科学。换为中国哲学的背景，这种思路其实大致就相当于朱子讲的"以其然求其所以然"。朱子非常重视认知，在他看来，如果只是行孝悌、忠恕而不知其理，那么孝悌忠恕只是死物，只是常人之所为，只有走大学之道，以其然推其所以然，强调格物、致知、博学、审问，才能知这些行为背后的许多道理，孝悌忠恕才是活物，才是君子之所为。朱子的这个思维过程，与康德从普通道德理性知识出发，掘发最高的道德法则，在思维方式上是较为接近的，因为他们的思维方式都离不开认识人的行为规律，差异只在康德将这个过程叫做分析方法，朱子则将这个过程叫做"以其然求其所以然"。如果牟宗三因为朱子重认知，是以知识讲道德，从而判定其为道德他律的话，康德的道德哲学事实上也离不开认知，也应该判定为道德他律，而不能称为道德自律。这样一来，麻烦就大了。

通过以上的分析不难看出，牟宗三虽然是借助康德学说研究儒学的，但他对道德自律和道德他律两个重要概念的理解都存在问题，使其不得不面临重大的困境。本书第五章第四节第一小节"一个令人始料不及的局面"中的一段话表达的正是这种状况："通过上面的分析，我们已经明确看到，牟宗三道德自律学说同时受到了正、反两个方面的夹击：原本是想证明孟子为道德自律的，经过细致的理论比较后，却发现孟子重视情感，康德道德自律学说是排除情感的，孟子的情况反倒更像是康德批评的道德他律；原本是要判定朱子为道德他律的，但经过认真的理论分析之后，却发现牟宗三关于以认知以知识讲道德即为他律的说法其实并不符合康德道德哲学的基本精神，而且如果严格坚持这个标准的话，康德也难避道德他律之嫌。这个尴尬的局面的确是令人始料不及、非常难堪的。"

这种左右为难的情况明确说明，我们必须对牟宗三以道德他律判定朱子为旁出的真正意图重新加以审视。牟宗三批评朱子，关键是说朱子对于孟子的道德本心之义缺少深切的体会，其理论中这一层比较弱，使其理论失去了活动性。这确实是朱子学理的致命伤。依据牟宗三学理，在性体和心体的关系中，性体虽然十分重要，但其本身没有活动性，其活动性要通过心体来保证。恰恰在这个关键性的环节上，朱子出了问题。朱子当然也讲心，但他对孟子的心缺乏深切的体验，讲心偏向了认识方面，成了认识之心。认识之心只是一种认知的能力，通过它可以寻求事物之所以然，认识道德背后的很多道理，而道德本心自身就是道德的本体，不再需要借助外在的认知即能创生道德。如果只讲认知之心，不讲或不重视道德本心，认知之心本身是没有活动性的，无法成就具体的德行。朱子在这个关键环节上出了问题，其理成了"死理"，失去了道德的活力，这也就是牟宗三反复讲的"只存有不活动"。透过牟宗三对朱子的一系列批评，可以得知，牟宗三对朱子的不满，实际上是嫌朱子的理无法直接决定道德善行，在这方面没有兴发力，没有行动力，绵软无力。这也就是我所说的"道德无力"。[13]在我看来，"道德无力"才是牟宗三批评朱子的真正意图，而道德他律不过是误为朱子所戴的一顶帽子，阴差阳错而已。

牟宗三对道德他律概念的运用显然没有严格遵循康德道德哲学的基本精神。人们当然可以为其开脱，说这是牟宗三自己的一种诠释。但任何诠释都应该不违背对象的基本精神，而牟宗三对道德他律的理解与康德的文本含义相距过于遥远，甚至可以说有原则性的冲突。鉴于这种巨大的反差以及由此造成的极大混乱，我还是主张，与其冠冕堂皇地将其视为牟宗三在六经注我，"依义不依语"，不如实实在在地承认牟宗三在这里确实是把康德读错了。

四、三系论思想方法的终结

最后再来探讨一下三系论失误的思想方法的原因。我认为，坚持感性理性两分的思想方法是牟宗三三系论失误的主要原因，三系论的重重困难都与这种方法有直接的关联。

牟宗三在道德自律问题上遇到的麻烦，就是由此造成的。尽管康德也重视道德情感问题，强调道德情感非常重要，但在感性理性两分的结构中，无法为道德情感找到一个合适的位置，最后不得不将其舍弃。儒学之所以重视而不排斥道德情感，重要原因是儒家心性之学多了仁性一层。仁性就是良心本心，也就是"伦理心境"，在"伦理心境"的形成过程中，社会生活中一般的好善恶恶的情感也带入内心，从而使每个人都有好善恶恶的情感。儒家不排除情感，而且非常重视情感，根本原因就在这里。牟宗三尽管看到了在这个问题上儒学与康德有所差异，但他不明白这并不简单是一个情感问题，而是两分结构与三分结构的问题。我之所以反复强调牟宗三"上下其讲"的办法不足以解决问题，就是因为在感性理性两分的前提下，即使将情感上提了，仍然会面临情感的个体性、直观性与理性的普遍性、逻辑性的矛盾，仍然很难为情感找到一个合适的家。

牟宗三在道德他律问题上误解康德，也与此有关。朱子之学因为重视以其然求其所以然，强调读书明理格物致知，确实有重认知重知识的特点。但这并没有什么不对，康德进行实践理性批判，运用分析方法将普通的道德理性知识上升到哲学的道德理性知识，进而发现人类行为的规律，这个过程其实也离不开认知，当然是一种不同于经验性认知的特殊认知。康德只是反对将道德法则建立在经验基础之上，并主张在信仰问题上悬置或扬弃知识，而不是一概拒斥知识。如果将道德他律的标准定在是否讲认知、是否以知识讲道德上，康德也将落入道德他律的陷阱，而不能成为他自己所崇尚的道德自律。严格来讲，仅仅凭朱子重认知，以知识讲道德而定其为道德他律，实在是出于理论上的误会。假如牟宗三没有这种误会，不是借用道德他律这样一个含混不清的概念，而是直接批评朱子学理中没有仁性一层的指导和鞭策，因而缺乏兴发力，无法有效保证道德成为可能，是"道德无力"，那么围绕自律他律产生的一系列疑云顿时即可化解，有关的一系列争论将完全没有必要，而隐藏在其背后的深刻理论意义也将会充分彰显出来。

两分方法最严重的后果是轻言正宗旁出，无法完成综合圆成的任务。历史上，儒家心性之学主要有两派，一是心学，一是理学；一个是仁性伦理，一个是智性伦理，这两派都可以在孔子学理中找到根据，都有自己的道理。但在历史上，由于门派之争，心学与理学互不相让，加上近代以来受西方两分方法的影响，认定只有理性才能成为道德的根据，而理性只有一个，于是就有了正宗旁出的划分。这种做法其实是完全没有必要的。自孔子创立儒学，实际上运用的并不是两分的方法，没有把人划分为感性理性两个层面，而是坚持的三分方法，将人划分为欲性、智性、仁性三个层面。在这三个层面中，欲性、智性、仁性各有自己的位置，各有自己的作用。欲性的作用是负责人的生存，智性的作用是发挥狭义理性学习和认知的官能，仁性的作用是听从良心本心的指令。这三个层面中的后两个层面并不是互相排斥，而是相互补充的，绝无正宗旁出之别。如果说伊川朱子不合孔子的仁性是旁出的话，那么象山阳明同样不合于孔子的智性也未必不是旁出。[14]牟宗三没有看到这一层，强行划分正宗旁出，表面看立意很高远，立场很坚定，界限很明确，其实仍然是站在心学的立场上说话，仍然是隅于一偏而不自知。尽管牟宗三也提出了以纵摄横，融横于纵，以直贯横，融而为一的方案，希望以此将心学与理学来一个大的综合，达至圆成之境，但由于思想方法有缺陷，起点不高，门庭不广，目的无法达到，自然就是难以避免的了。

进一步而言，牟宗三之所以坚持两分方法又直接源于他对良心本心的认识程度。良心本心是儒家心学的立论根基，对于这个根基历史上儒学家们只是说明它如何重要，教导人们如何体悟，如何按照它的要求去做，等等。孟子如此，象山如此，阳明如此，牟宗三也是如此。在这一点上牟宗三并没有超越前人。尽管他对良心本心有深切的体悟，对良心本心有简洁的阐发，特别是他受熊十力影响，对当下呈现的论述堪称20世纪儒学发展史上的一个典范，但他只是沿用古人的思维方式，没有对良心本心作深入的探讨，有一个理论上的交代，因此并不明白良心本心的真正来源和真实性质。这个缺陷对牟宗三有致命的影响。一方面，当他看到心学发展过程中出现流弊的时候，为了救治，不得不借用五峰蕺山分立心性的思路，建构形著之论，使其思想在这一点上仍然停留在三百年前的水准之上。另一方面，他也没有看到良心本心与康德实践理性的本质差别，直接将良心本心等同于康德的实践理性，不加怀疑地将西方普遍流行的感性理性的两分格局移植过来，在情感以及自律他律问题上造成混淆，从而为三系论的失误埋下了祸根。

总而言之，牟宗三在创立三系论过程中处处显露出超人的问题意识和洞察能力，他所提出的杜绝心学发展过程中双重流弊，道德理性如何才能具有有效性这两大问题，具有深远的理论意义，不愧为学术大家，足以赢得人们的尊敬。遗憾的是，他只看对了病，但却开错了药方，也叫错了病名。所谓"开错了药方"，是说他不明白杜绝心学流弊的根本之法，把解决问题的办法完全归到天道性体上去了；所谓"叫错了病名"，是说他在自律问题上读错了康德，误把"道德无力"叫成了"道德他律"。这些教训是十分深刻的，它明确告诫我们，牟宗三停滞于传统方式对良心本心的解说，将良心本心等同于康德的道德理性，以及由此沿用的感性理性的两分方法，既不足以杜绝心学发展过程中的流弊，也难以避免在自律和他律问题上遭遇的尴尬，无法将理性如何保证道德成为可能这一极有价值的理论初衷表达清楚，更不能达至其所希望的综合圆成之境，弊端很多，作为一种思想方法实际上已经终结了。如果我们至今仍然不能清醒地看到这一点，那么今后最多只能是不断地重复牟宗三，在原地转圈而已。为了将儒学研究进一步推向深入，我们必须做出新的努力。这是牟宗三三系论经验教训给我们的最大启示。

注　释：

① 刘宗周：《证学杂解·二十五》，《刘宗周全集》，第二册，台湾"中央研究院"文哲研究所，1986 年版，第 325 页。

② 牟宗三：《从陆象山到刘蕺山》，台北学生书局 1979 年版，第 454 页。

③ 关于康德与孟子的关系，可参见拙文《牟宗三道德自律学说的困难及其出路》，载《中国社会科学》，2003 年第 4 期。

④⑤　牟宗三：《心体与性体》，第二册，台北学生书局 1968 年版，第 438、487 页。

⑥ 参见拙文《牟宗三形著说质疑》，载《孔子研究》，2005 年第 1 期。

⑦ 关于"借天为说"的进一步分析，请参见拙文《牟宗三超越存有论驳议》，载《文史哲》，2004 年第 5 期。

⑧⑨ 牟宗三：《心体与性体》，第一册，台北学生书局 1968 年版，第 131、129 页。

⑩ 李明辉：《儒家与康德》，台北联经出版公司 1990 年版，第 45 页。

⑪ 牟宗三：《心体与性体》，第三册，台北学生书局 1969 年版，第 397 页。

⑫ 参见康德：《道德形而上学原理》，苗力田译，上海人民出版社 1986 年版，第 53～55 页。

⑬ 关于"道德无力"这一概念，请参见拙文《"道德他律"还是"道德无力"》，载《哲学研究》，2003 年第 3 期。

⑭ 参见拙文《牟宗三以纵摄横融横于纵综合思想的意义与不足》，载《东岳论丛》，2003 年第 2 期。

（作者单位：复旦大学哲学系）

徘徊在绝对与多元之间

—— 论牟宗三先生的"判教"

□ 郑宗义

一、引　言

　　"判教"一观念，源自佛教，指判释教相。印度佛教已隐含此观念，大、小乘之判是也。后佛教传入中国发展至隋唐诸宗竞立时乃正式标举之，天台、华严的判教即是典例。在当代新儒家中，牟宗三先生对佛学用力最深，他不但仔细辨析天台判别圆的理据并以之为准来梳理佛教的义理发展，还进一步将"判教"的观念应用于佛教以外的儒、道、基督教和康德学说等。我们甚至可以说牟先生的思想根本上就是他判释诸家的结果。然而，一种颇流行却过于简单化表面化的阅读是：牟宗三是以儒家作标准来评判他家的，目的是要证明儒家乃最究竟、最高的价值。诚然，牟先生归宗儒家，此其论难免有绝对主义的色彩。但若因此据尔轻率地认定他整个的判教工作都是基于主观独断、先入为主地奉儒家为一切最胜者，则不能不说是读书不精的诬枉之辞。本文写作的目的就是要纠正上述错误的看法，仔细考查牟先生对"判教"的理解、他的判教工作及其中蕴涵的关于不同宗教（或学说）对话的理论问题。

　　如是，下文将分为三部分：（一）析论牟先生对佛教"判教"观念的理解、应用，并顺之作进一步的厘清、引申。此中特别值得一提的是，他认为判教乃历史使命而提出"时代之判教"的说法。（二）介绍牟先生的判教工作。此又可分为"教内"（intra - teaching）之判与"教间"（inter - teachings）之判两部分。但无论是哪部分的判教，牟先生均强调不能以护教的方式（如以儒家为是而非他家）进行，而必须依客观问题建立客观的评判标准。因此，要真正了解牟先生的判教，便得究心于他是如何证立其客观评判标准的。（三）毋庸讳言，牟先生的判教归宗儒家，故不免有绝对主义之嫌疑：彼实以儒家为绝对价值。用判教的语言说，即圆教也。且若顺此观之，则在肯定儒家为大宗至正圆教的前提下，虽云融通、消化以至安排他家的理论地位；虽云是依客观问题建立客观的评判标准所必致的结论，然从他家看来，难免会质疑彼所谓客观的评判标准不必真是如斯客观，而所谓融通、消化不过是自大、排他之托辞。从一方面看，牟先生的判教确有绝对主义的倾向，如他屡言圆教只有一而无二，否则不能是圆。但另一方面，他的判教也不乏多元主义的倾向，如谓凡教皆只是圣人在某一特定的历史文化通孔中所表达之一途，故不能执一而非他。这两种倾向，我们以为可据之演绎成两种不同的判教模型："绝对主义"（absolutistic）的与"多元主义"（pluralistic）的判教模型，而究其实，牟先生的判教乃徘徊于两者之间。然如理言，则必归于多元主义的判教模型为顺适；亦唯有从成就此多元主义的判教模型看，牟先生判教工作的贡献才不致遭某些因简化片面的阅读而产生的批评所淹没。最后，我们将指出这多元主义的判教模型其实正好为当前有关文明对话、宗教对话的课题提供一适当的理论框架。

二、从"判教"到时代之判教

依佛教，"判"有判别义、评判义；"教"即佛徒对佛祖释迦牟尼的本怀（即其关于理想生命的原初洞见）的不同理解而形成的各种教路、教法、教相，用现代的话说，就是对佛说的义理的不同诠释系统。既众说纷纭，则各宗派站在自家立场便有责任需要去认识、分判以至融通他家的思想。这是判教的原意。牟先生广泛使用"判教"的观念，于承袭原意外，自亦作了进一步的应用。《圆善论》中的文字可见他的发挥，值得多引几段：

> 圆教是佛教方面判教中的一个观念，而判教判得最尽、解说圆教之所以为圆教解说得最明确者，则在中国的天台宗。佛教在印度本有大小乘之争，大乘中亦有空有之争。所凭以成佛之车乘（教路）既有大小，则所成之佛亦必有较圆满者与不圆满者。教路小者，则依之以成佛者其所成之佛之规格必亦较小，较小即是不充尽，不究竟，此即是不圆满。教路大者（大乘）所成之佛之规格固比小者为较圆满，然既有空有之争，则必有所偏尚，是故虽属大乘，其教路亦不必真能是圆教，而其所成之佛之规格亦不必真能是圆实之佛。大小之争，空有之争，争是主观地说，"各以其有为不可加矣"（庄子天下篇语）。然各种教路本都是佛所说，佛不能一时说尽一切话，是故必有时是权说，有时是实说，而且随时可以各种方式说。行者有所执（随机宜各有所取，随其所取而复不解其所取者之实义，是故遂有所执），故起争辩。但既都是佛所说，则凡佛所说者不能有错，是故客观地言之，必皆都是对的，即都是佛法，都可以成为通佛之路。因此，舍去主观之争，必有客观的判教。佛教传至中国来最为详尽。中国佛弟子固亦有主观之争，然就佛所说而言，亦能取客观的态度，将佛所说之各种法门（每一法是通佛之门）以及其说法之各种方式（或顿或渐或秘密或不定），予以合理的安排，此之谓判教。判者分判义，判教者分判佛所说之教法而定其高下或权实之价值之谓也。故就佛所说而言判教，则判只能是分判义，不能是批判义，因佛所说无虚幻故。但若分判者有不谛而予以纠正，则分判过程中亦有批判义。故判教是一大智慧，必须真能相应地了解佛之本怀始可。天台智者大师担负此工作，因需要其本人有相应的智慧，而"佛教发展至最后需要此步工作"之客观的必然性亦促使之然也——势之必然促使之正视客观的判教而不只是主观地执守而已也。故判教既是历史之使命，亦需个人之智慧。①

判教以圆教为究极。凡圣人之所说为教，一般言之，凡能启发人之理性，使人运用其理性从事于道德的实践，或解脱的实践，或纯净化或圣洁化其生命之实践，以达至最高的理想之境者为教。圆教即是圆满之教。圆者满义，无虚歉谓之满。圆满之教即是如理而实说之教，凡所说者皆无一毫虚歉处。故圆满之教亦曰圆实之教。凡未达此圆满之境者皆是方便之权说，即对机而指点地、对治地，或片面有局限地姑如此说，非如理之实说。尽管其指点地或对治地或片面有局限地所说者亦对，然而其如此说则是方便，实理并不只如此。是故就实理言，其如此说便有不尽，尚未至圆满之境，因而其所说者亦非究竟之了义。②

教既是指"能开启人之理性使人运用其理性通过各种形态的实践以纯洁化其生命而达至最高的理想之境"者而言，则非如此者便不可说为教……因此，推理自身只是思考上的一个"法"，而逻辑学中的诸概念只是思考上的一些逻辑形式法，并非是教……这些经验知识之系统，佛菩萨于实践中可以涉之，其本身却非是教；一切自然存在（经验对象）皆是教中所涉及之法，十八界，乃至三千世间，亦是自然存在，皆是教中所涉及之法，而其本身不是教。③

这样的可说为教者，有各种不同的途径，因此，有各种不同的教，在西方有耶教，在东方有儒释道三教，每一教是一系统。就佛教而言，那样的教，虽都是佛所说，然有各种说法，每一说法亦是一系统。然则于这些说法中，哪一种说法是最圆满的说法而可称为圆教呢？因此，这便有需于判教。④

合而观之，牟先生对"判教"观念的发挥，可从下列几点来析论。第一，他从解释佛教的"判教"而溯源至"教"的通义。此即教是指"能开启人之理性使人运用其理性通过各形态的实践以纯洁化其生命而达至最高的理想之境"（按：此处"理性"显取一广义）。换句话说，教是克就理想化生命而言，它分析的必然是生命之教，是引导生命的主张而非知识。但教从何而有？则答曰乃依圣人对生命的最高的理想之境所生起的原初的洞见、慧悟。不同历史文化、东西南北海的圣人、先知对什么是最理想的生命状态自可有不尽相同的洞见、慧悟；如称洞见、慧悟为"宗"（圣人生命之所宗；庄子"不离于宗，谓之天人"之义），则"教"乃依宗而说以示行者实践的诸般路径。依宗起教，藉教悟宗。若合而谓之"宗教"，则不只佛教是这意义下的宗教，儒、道、耶等亦皆是。又就某一宗教言，其能悟宗之途径自不止一种，如是，既有种种教路，便有需于判教的工作。这样一来，判教便不能只属佛教专有，儒、道、耶皆可作判教。再扩大一层说，儒、释、道、耶等宗教既都是追求转化、提升生命至最高的理想之境，则依这共同关怀、共同所宗，它们亦可被视为种种教而有需于其间作判教。可见牟先生厘定"教"的通义，遂使得"判教"的观念可引申应用于佛教以外的儒、道、耶等，甚至应用于分判不同的宗教。应用于各宗教内以分判个中种种教相，我们可称为"教内之判"；而应用于诸宗教间作判释，我们可称为"教间之判"。凡涉猎过牟先生著作的人都不难发现，他的思想基本上就是通过这两类判教工作而构筑起来的。

第二，佛教的判教以为种种教相都是佛说故无差谬，判教只是分判它们的究竟不究竟、充尽不充尽、是如理之实说抑或是对机的权说，进而定其高下并予以合理的安排。可知佛教判教背后所本的是一融通的（或消化的）精神。但谓一切教相都是佛说，则恐怕只是以判教后的结果倒过来作为成就融通精神的前设。质实而言，种种教相应是行者对佛陀开示的义理所作的理解或诠释；理解或诠释可以有不当，则教相应可以对错言。现在你说某教相不是错，只是"非如理之实说"，只是"方便之权说，即对机而指点地、对治地，或片面有局限地姑如此说"，实则这只是你在判教后、在重新安顿它的高下位置后的结论。并且你在给它重新作合理的安排时已借着权说、或片面有限地姑如此说等理由开脱、淘汰、消化了它的不谛不当处。但设想若他不服你的判教，申辩自己乃如理之实说，则隐藏的开脱、淘汰、消化将立时浮面化为辩驳、纠正、批判。牟先生在儒家的判教中判朱子"别子为宗"就是个很好的例子。如果朱子愿意承认他那敬（涵养用敬）义（格物致知）夹持使心具众理以应万事的实践工夫，其着力处"只有当吾人不能相应道德本性而为道德实践时，始有真实意义，而吾人亦确常不能相应道德本性而为道德实践，即或能之，亦常不能不思而得，不勉而中，而常须要勉强，择善而固执之。"⑤如果朱子愿意承认其学是"学人之学之正宗，而非内圣之学之正宗"。⑥则从牟先生的判教看来，朱子的思想当然不能算是错而只是不充尽、不如实的助缘工夫。但正如牟先生自己也承认"朱子终未悟此，彼仍坚信其途径为不谬"，⑦如是，歧出之批判终不可免。可见"判教"的观念虽悬融通教相为最高鹄的，判者分判义，但分判教相的权实高下即已涵评判义，而批判义亦终不可逃。上引牟先生的文字也清楚承认这点，故谓"但若分判者有不谛而予以纠正，则分判过程中亦有批判义。"明乎此，则知"判教"的本义本即含有一融通与批判两面之张力，融通面使判教带有多元主义的色彩，批判面却使判教倾向绝对主义。

第三，牟先生明白指出判教绝不应是主观之争，不应是"各以其有为不可加矣"。盖自是而非他，他人也可以自是而非你，如此争讼不休，判教乃无意义，所以"必有客观的判教"。而关键端赖于我们能否建立客观的评判标准。依牟先生，各种教相既都自诩为是能达至那圣人对理想生命的原初洞见的途径，则我们便须把那洞见"当作一个客观问题，依学问的途径以深切著明之"；⑧深切著明之即能把握住那洞见之所以为洞见者。这用现代哲学的话说，即其核心的关怀（core concerns）；用传统的话说，即本怀也。既能掌握洞见作为客观问题的核心关怀之所在，客观的评判标准自亦得以据之而立。所以在上引文字中，牟先生才会说："故判教是一大智慧，必须真能相应地了解佛之本怀始可。"这里必须补充说明的一点是，上述所谓客观评判标准的客观并不是空头兀然的客观（即以为客观问题及由之建立的评判标准是如存在物般摆在那里让人去辨识它们），而是隶属于相应地了解的。这也就是说，客观评判标准的建立归根结底是个理解与诠释的问题。当代诠释学的讨论告诉我们，理解与诠释绝非任意的、主观的，其客观性是可以借着尊重文献证据及融贯解释等来保证。但这样的客观性却不是绝对的，此所以理解与诠释总是向丰富的多元性敞开。如是，对圣人那理想生命的原初洞见，行者自可以作不同的、客观的理解，即将之视为不同的客观问题来深切著明之以建立不同的评判标准，成就不同的判教理论。职是之故，天台智者以五时判教；以化仪四教、化法四教判教，并判归本《法华经》的天台为圆教后，华严贤首仍可本小始终顿圆判教，并判华严为别教一乘圆教，异于天台的同教一乘圆教，而后牟先生又可以再不满华严之判而重以天台之判为准。⑨同样，人也可以不满牟先生的判释而另起炉灶。此中重要的不在决定哪一个评判标准是绝对、唯一的正确标准，而是在于考查不同的评判标准是如何证立的？它们背后到底有什么坚强的理据？总之，从上面的分析中，我们不难认识到所谓客观的评判标准、客观的判教仍是必须不断地诉诸于理性去考查、稳固或拒绝之。这也能够解释为何牟先生虽自诩其判教工作是客观的、理有必至的，但人却可视之为非人人所必同意的一家之言。诚然，你可以不同意牟先生的判教，但这时你便有责任提出你不同意的理由。一个值得注意的现象是，很多不大接受牟先生观点的人的理由只是以为牟先生是把儒家当成评判的准则，但这不是把牟先生看得太浅薄，把他看成是他自己所贬斥的"各以其有为不可加矣"者之流吗？

第四，"判教以圆教为究极"，但"圆教"是个极不易处理的观念。究竟教要怎样才称得上是充尽的、圆满无虚歉的、如理实说的圆教？一方面，要消化种种教相评定它们的高下，在理论上似必上溯至一"圆教"观念而后止。但另一方面，须知凡教皆只是一通途，即必有其限定相，"盖成教的圣者之生命同时亦是一现实的生命，因此，他不能说尽一切话，他必在一定形态下表现道，而同时众生亦机宜不一，有适于此而悟，有适于彼而悟，亦必在一定形态下醒悟也。"⑩是则圆教又从何说起？佛教判教的经验告诉我们，华严以佛之最高理境（即法界缘起）为圆教。最高理境固是义理之归趣，但是否即是最充尽的义理及最圆满无虚歉的实践法门则大成疑问（圆教应是兼最充尽的义理与最圆满无虚歉的实践法门二者而为一）。智者五时判教便清楚指出《华严经》是佛成道后第一期所说，昆卢遮那法身之现只如日出先照高山，未是俯就群机之普照，故小乘如聋如哑。而更根本的问题还在于，悬法界缘起为最高理境，如荆溪所点破的，必分解地强调法性与烦恼为各有自住之体别，故成佛无论从义理上讲或从实践上讲都必须切断一切烦恼即切断九界（六道众生加声闻、缘觉与菩萨为九界）始得成。尽管一切烦恼或九界在法界缘起之层次上仍可说为法性真心不变随缘所起现，因而亦可说法性真心摄具了一切法。这从天台家看来，是缘理断九，不是究竟了义（即既非最充尽的义理亦非最圆满无虚歉的实践法门），遂卒判华严为别教。从现代的话语背景来看，姑勿论华严以最高理境为圆教能否回应缘理断九的质疑，以实效的（pragmatic）角度言，华严定圆教的进路实不可取。盖何为最高理境在一大教内已难免于争辩，况于本具各种不同关怀的大教之间，可知圆教若以最高理境定则这观念不但无助于各大教间的判释，反倒易成排他主义的渊薮。天台宗讲圆教不取华严的路数，而是以诡谲的、辩证的方式来打破教的限定相以通达于"圆教"的观念。此诡谲的、辩证的方式就是天台家著名的"即"义。从义理上讲，天台不循分解的路去分析法性、无明乃各为自住故体别，遂亦不循分解的路去综合，而是以辩证的路去综合二者。此即主法性、无明是依他住（或无住）之体同相即：法性即无明，即在无明处见法性，非无明外别有法性，并将二者收于一念心之迷悟下讲。一念心迷，法性即无明；一念心觉，无明即法性。而从义理到实践，天台的"即"义乃使成佛必即于九法界而成，更明白地说，佛就是十界互具之理。对于种种教相，天台归本《法华经》开权显实、发迹显本的慧解，视圆（实）教必即于权教而显。既必藉由开发出以至开决了种种权说、佛迹始能显出那圆实之本，则圆教与权教相即是不成问题的。但顺着这一思路往下推，对怎样衡定"圆教"之实义则似乎仍可有两种理论效力迥异的取向。一种取向是视圆教为最圆满的教法，即使认识到它与权教相即、它是以诡谲的、辩证综合的方式来表达、它不与任何权教为同一层次、甚至它是无系统相之系统，但它仍是一个教（而且是个只有一而无二的教）。另一种取向是视圆教为能消化、融通以至通达一切教相的理论框架，严格来说，它本身不是一个教。它只替种种教相之能通达无碍提供一个理论说明，并进而打破各教"各以其有为不可加矣"的封闭心态。显而易见，取前一种圆教义易向绝对主义趋，而取后一种圆教义则易接上多元主义。必须指出，牟先生谈圆教虽多取前一义，但也明白要破除教之限定相则必引申至后一义始得。总之，这两种衡定"圆教"的实义的取向，在他的判教工作中都清晰可见。

第五，牟先生指出判教除了需要个人之智慧外，也是势之必然所促成的历史之使命。回顾20世纪中国的思想界，一方是传统中国文化的崩溃，一方是现代西方文化的冲击。历史给予牟先生的使命就是如何返本开新。换一个角度看，返本以重释重建儒、释、道三教那各自丰富多彩的发展内容本身即是一种判教工作，即本文所谓的"教内之判"。而由此进而思索如何融通三教，如何别开生面以积极地消化西方文化（此在牟先生是康德学说及基督教），就更毫无疑问是一项庞大的判教工程，亦即本文所谓的"教间之判"。牟先生曾指出后者的工作非往时三教合一之旧说可比，"乃是异而知其通，睽而知其类，立一共同之模型，而不见其为碍耳。此是此时代应有之消融与判教"⑪。

三、教内之判：依学问的途径以深切著明之

牟先生的判教工作庞大，我们在这里既不需要亦不可能一一详及。正如前文已指出的，考查判教工作的关键在于看其客观的评判标准究竟如何建立。在"教内之判"方面，牟先生是通过仔细爬梳三教的文献以诠释、把握三教的本怀，并据之为评判标准来分判三教内的各种理论发展（或教法）。兹将其大要略析如下。

首先，在儒家方面，牟先生以为儒者倡仁义礼智，绝非只是世俗的礼教规范，而是有一道德主体（孟子的本心本性）之肯定在焉。此儒学为成德之教之故。而道德主体之肯定又不能纯粹是道德的而必牵涉到存在的问题。简言之，即当人本道德主体以求安身立命（成就一己之生命）时，除是在回答人对自己（自我）的问题外，其实等于同时是在回答人对人（社群）、人对天地万物（自然、宇宙）以及人对生死（天道）等问题。因此牟先生乃判定宋明儒天道性命相贯通所表示的道德形上学为得儒学之本怀，他说：

> 由"成德之教"而来的"道德的哲学"既必含本体与工夫之两面，而且在实践中有限即通无限，故其在本体一面所反省澈至之本体，即本心性体，必须是绝对的普遍者，是所谓"体物而不可遗"之无外者，顿时即须普而为"妙万物而为言"者，不但只是吾人道德实践之本体（根据），且亦必须是宇宙生化之本体，一切存在之本体（根据）。此是由仁心之无外而说者，因而亦是"仁心无外"所必然函其是如此者。不但只是"仁心无外"之理上如此，而且由"肫肫其仁，渊渊其渊，浩浩其天"之圣证之示范亦可验其如此。由此一步澈至与验证，此一"道德的哲学"即函一"道德的形上学"。此与"道德之（底）形上学"并不相同。此后者重点在道德，即重在说明道德之先验本性。而前者重点则在形上学，乃涉及一切存在而为言者。故应含有一些"本体论的陈述"与"宇宙论的陈述"，或综曰"本体宇宙论的陈述"（Onto - cosmological statements）。此是由道德实践中之澈至与圣证而成者，非如西方希腊传统所传的空头的或纯知解的形上学之纯为外在者然。故此曰"道德的形上学"，意即由道德的进路来接近形上学，或形上学之由道德的进路而证成者。此是相应"道德的宗教"而成者。⑫

此中道德的形上学必是实践的形上学而非知解的形上学，即"由道德的进路来接近形上学，或形上学之由道德的进路而证成者"。易言之，乃以道德（实践）说明存有，非汉儒宇宙论中心的道德哲学从存有说明道德。牟先生并且以为此道德的形上学之本怀实早已包含于孔子践仁知天、孟子"尽心知性知天"、《中庸》"天命之谓性"、《易传》"乾道变化，各正性命"及《大学》"明明德"之文字中。⑬明乎此，则他批评荀子、非议汉儒清儒、判朱子别子为宗、以至提出儒学三期发展说等皆可得而解也。

至于道家，牟先生仍一本实践的进路来理解，故谓"道"、"无"、"有"、"物"等本体宇宙论的概念都应紧扣无为心灵（或主体）之建立来理解。无为心灵是要超越自然生命的纷驰、心理的情绪、意念的造作等有为的桎梏束缚，但它本身绝非一个什么都不作的枯寂心灵，相反乃是个有无限妙用的心境。我曾在一篇探讨牟先生的先秦道家研究的文章中分析他是如何诠释无为心灵与"道"、"无"、"有"、"物"等概念的关系："牟先生是完全依据无为心灵之活动性格：'无为心灵——妙用意向（有为）——物事'来解读老子的'无，名天地之始；有，名万物之母。故常无，欲以观其妙；常有，欲以观其徼。此两者，同出而异名，同谓之玄。玄之又玄，众妙之门。'（一章）此即把无为心灵的活动性格套落'道'：'无——有——物'的关系陈述中，由之而说无有融一（实应说本一）之玄（犹如无为心灵与有为妙用之融一）乃道之双重性格，而物则是道之创生。唯这种解说归根结底仍不能外乎无为虚静之心境说，是以知'无——有——物'之种种玄说不过是将对无为虚静心灵之体会外在投置于存在世界所形成的一种虚说，其实说乃一无为虚静心灵玄览观照所及之境界。换一种说法，在道心的妙用下，万物与道心一体呈现而皆是自由自在、自己如此；万物都归根复命，各适其性，各遂其生；万物都在不禁其性、不塞其源下自畅其生。结果牟先生乃把老子言道所含之客观实有意味彻底扭转为一无为、虚静、自然的精神境界。而道生物之生依此不应作实体之创生义解，其实义乃系于一体呈现并由之透出的一不把持禁制（即造作）之智慧，故牟先生又名之曰'不生之生'。"⑭可知所谓"不生之生"，亦即道家的玄智只在作用上保住天地万物以至道德价值等（用佛教的话说，即一切法）却不负责天地万物以至道德价值等之建立。⑮以道家的义理性格为境界形态，牟先生很清楚知道用之讲庄子较老子更妥帖，所以他是以庄子来规定老子，视庄子为根据老子而更进一步者。他在《才性与玄理》中说：

> 故"道德经"之形上学，究其实，亦只是境界形态之形上学。不过根据"无为而无不为"以观天地万物，拉开以寻其本，遂显有"实有形态"之貌似。此种"拉开以寻其本"，而显道有客观性等，即吾所谓"动观则有"也。而庄子则翻上来，收进来，从主观境界上成一大诡辞以显"当体之具足"，则即消掉此客观性、实体性、实现性，而为"静观则无"也。然此两者，并不冲突。而庄子则为根据老子而进一步矣。⑯

在佛家方面，牟先生首先强调缘起性空为大小乘佛教的通义，故不以中国佛徒之喜如来藏系统讲佛性真常心为背离印度原始佛教之本怀。他孜孜于申明：

> 佛教并未中国化而有所变质，只是中国人讲纯粹的佛教，直称经论义理而发展，

发展至圆满之境界。若谓有不同于印度原有者，那是因为印度原有者如空有两宗并不
是佛教经论义理之最后阶段。这不同是继续发展的不同，不是对立的不同；而且虽有
发展，亦不悖于印度原有者之本质；而且其发展皆有经论作根据，并非凭空杜撰。⑰

　　紧接下来的问题自然是众生皆有佛性与缘生无自性两说如何可相容不悖。对此，牟先
生强调此两说的立论层面不同，严格言之，佛性可视为示励众生的方便施设。既悟缘起性
空，则就自证之不可说而一句不说可，但要说法以教导他人，则必施设出能所两面。在因
地上说能，即佛性之肯定；在果地上说所，即佛身、法界、功德聚、实相无相只是如相云
云皆可说。当然能所既是依缘起性空之证悟而方便地开出者，则亦可方便地融回去而不见
有碍。故说：

　　　　空无自性是一层，单就无自性而说众生可成佛，此"可"只是形式的可能，而
　　且无必然，结果是三乘究竟。就其依因待缘而进一步言其因义的佛性以具体地说明其
　　成为佛之可能，此可能是真实的可能，有必然性，故是一乘究竟，这又是另一层。这
　　两层不可混，而且不能把因义的佛性视为自性执的佛性。再进一步，就其成佛后而言
　　其佛身或佛格之意义，如清净、寂灭、寂静、光明等形容词所示者，这又是第三层。
　　吾人更不能说这第三层的形容是自性执。这只是方便说示以励众生。若就其自证之不
　　可说而一句不说亦未尝不可。⑱

　　不过，论佛教在中国的发展，牟先生却不以唯真心的华严宗为圆教，而以天台圆教为
最后的消化。此即他是完全接受天台的判教并以之为准。天台与华严在理解圆教上的差
异，前文已略清眉目，这里不再多说。最后值得一提的是，佛教主缘生无自性，本应无本
体论、存有论可言，而只可说现象论。唯佛教并不否定存在之真实性，所谓"色法"；后
来天台家又说"除无明有差别"、"除病不除法"、"法门不改"等，牟先生遂顺之并通过
追问缘起法是何依止的问题而别出手眼地提出"无执的存有论"为佛家式的存有论。盖
"释迦说十二缘生乃是随顺众生自无始以来的执著说，这是粘附于无明说存在。存在既可
以粘附于无明而缘起，在此，它就是执的存在，现象的存在，它亦可以不粘附于无明而缘
起。在此，它就是缘而非缘，起而不起的如相实相的法之在其自己。"⑲如是，"'缘起法
的实相，如相，即在其自己，何所依止'的问题即涵着一切无自性的缘起法本身的存在
之起源的问题以及其存在之必然性的问题。"⑳关于这些问题，牟先生以为佛家式的无执
的存有论的回答是：

　　　　对于一切法作存有论的说明必备两义：一是其存在之根源，二是其存在之必然。
　　这两义，就佛家而言，皆有独特的姿态。其存在之根源不由于上帝之创造，亦不由于
　　良知明觉之感应（自由无限心之道德的创造），而乃由于"一念无明法性心"，"法性
　　即无明"时之念具念现，"无明即法性"时之智具智现。这就有一独特的姿态。当智
　　具智现时，即有一"无执的存有论"，此时就是智心与物自身之关系。当念具念现
　　时，即有一"执的存有论"，此时即是识心与现象之关系。至于一切法的存在之必然
　　性问题，则由于成佛必备一切法而为佛，此即保住了法的存在之必然性。天台宗于这

"存有论的圆具"之眉目实比较任何一宗为显豁而周到，独能显出佛家式的存有论之特色……㉑

必须指出，执与无执的两层存有论，虽云是佛家式的，但牟先生乃进而以之为通于儒道两家故属三教之共法，尽管儒道两家在文献上未及"执"、"无执"之观念。依此，在儒家，能挺立德性之知（道德心性）体物不遗以上达天德，是无执的存有论；不能挺立德性之知而溺于闻见之知，是执的存有论。在道家，能本虚一而静的无为心灵玄同彼我，是无执的存有论；相反陷于有为桎梏，是执的存有论。此中儒家与佛道两家又有不同处。依佛道两家，一切法之根源乃依真常心、无为心灵之观照（智照）言；一切法之必然性乃因其为成佛成真人所必备而于作用上得以保住者。但对儒家来说，一切法之根源及其必然性皆归本于天道（在人即道德心性）之创生。㉒然无论如何，执与无执端赖于心之升降、浮沉、迷悟，心之能升能浮能悟，牟先生名之曰"自由无限心"，以对扬于可降可沉可迷之"识心"；而自由无限心亦为通乎三教之共法。无限心因人之有殊性，故必通过教之限定相而彰显：此儒家有道德本心（或曰良知明觉）、道家有道心（或曰无为自然之心）、佛家有般若智心（或曰佛性真心）之故。㉓

综上所述，可见牟先生"教内之判"的工作及其所取的判准，乃是他通过梳理文献，掌握义理，并"依学问的途径以深切著明之"所达至的结果。但正如我们在上文已指出的，这仍不外是某种理解、诠释的观点，亦因此仍得面对其他可能的理解、诠释观点的质疑与挑战。事实上，同意牟先生者有之，批评他的更不乏其人。这里我们只想重申一点，即反对者的责任是在提出反对的理据，并同样"依学问的途径以深切著明之"；若以为视牟说为一家言则可轻视之，或以为诋毁牟说为囿于宗派之偏见则可抹杀之，皆属不负责任者。

四、教间之判：一个通达诸教的共同模型

牟先生的"教间之判"，即分判儒、释、道、耶并旁及康德学说。显而易见，这项工作比"教内之判"更艰巨，盖诸教有不同之本怀，如何可以相互比较？牟先生下手的方法，首先还是本乎他一贯的主张：即不取护教的立场，自是而非他，使判教沦为无谓的主观之争。他说：

> 历来辨三教同异，始终辨不清。儒、释、道三教当然有其差异，否则只有一教就够了，何必有三？既然有三，当然有不同。可是不同之处何在？却没有人能说明白。所以，我们现在先说明：这三个系统最后所指向之处都属于同一个层次，此处无高低可言，只能并列地比较其同异。若要说我高你低，那是护教的立场，我们现在不采取这个立场。站在儒家的立场，佛、老是异端。站在佛教的立场，儒、道二家是外道。这样一来，就有高低的问题；不但有高低的问题，还有正邪的问题。但是我们现在不采取这个态度。我们只就其最后所指向之处，肯定它们属于同一个层次，并列地辨其同异，而不论高低、正邪。㉔

把诸教"并列地辨其同异"，目的是要建立一能通达诸教的共同模型，亦即能作教间之判的评判标准。或问此共同模型之建立何以可能？则答曰正缘于诸教有共法，故异而知其通。若问诸教因何而有共法？则答曰正缘于彼等皆为求通过各种实践以纯洁化人之生命使之达至最高的理想之境之教，故睽而知其类。综观牟先生的文字，可知他建立的共同模型（或作教间之判之客观的评判标准）共有四端：（一）自由无限心之肯认；（二）两层存有论之开出；（三）圆善问题即德福一致之解决；（四）道德创造之必须，即纵贯纵讲以亟成纵贯系统的圆熟。从前文的分析可知，（一）与（二）是牟先生作教内之判时从儒、道、佛三教中提炼出来的，现加上之（三）与（四），则可视为顺前两端并依理想化生命之教之含义而引申发挥者。下面让我们依次扼要析述此四端，从中我们不难看到它们在牟先生的共同模型中乃是环环相扣的。

（一）自由无限心之肯认。当吾人反省而求生命之理想化时，则即能体证到人之能有一不满生命陷溺于感性、现实生活而求提升、纯洁化自身的心灵力量。以此心灵能觉悟，能自觉其自己自建其自己，乃可名之曰自觉心；又以此心灵能超拔乎现实的沉沦，乃可名之曰超越心、自由心；又感性、现实生活为有种种限制，则此心能不为所限以企求为生命不断开拓可能之理境，乃可名之曰无限心。[25]牟先生明白指出这自觉、自由、超越、无限之心是儒、道、佛三家在其理想生命的原初洞见中皆能体认到的，然因教之入路不同故有侧重点各异的把握：在儒家为仁心；在道家为道心；在佛家为如来藏自性清净心。是故三心实"同一无限心而有不同的说法，这不同的说法不能形成不相容"：[26]

> 般若智心既是无限心，则它无理由必排拒道德意义的知体明觉之感应，亦无理由认为此道德意义的知体明觉之感应有碍于其清净。道德意义的知体明觉之感应无外因而引生德行之纯亦不已而成己成物，这亦是在佛菩萨身上所当有的事。不然，佛心便有限。因此，佛心不能排拒道德意义的知体明觉之感应。佛心如此，儒家的圣心亦然，道家的道心亦然。我们不能说圣心（知体明觉之感应）定排拒般若智心义以及道心玄智义……若排拒之，是即无异承认自己不清净而且不自然而有造作。焉有知体明觉之感应而不清净且不自然而有造作者乎？同理，我们亦不能说道心玄智必排拒般若智义及知体明觉义。若必排拒之，是即无异承认玄智可有执而且不道德。焉有道心玄智而尚有可执而且不道德者乎？（你可以超自觉而浑化，然而不能排拒道德心。）[27]

尤有进者，牟先生以康德的词语衡之，而谓自由无限心即智的直觉。[28]他甚至下一十分重的判语说："如若真地人类不能有智的直觉，则全部中国哲学必完全倒塌，以往几千年的心血必完全白费，只是妄想。"[29]究竟仁心、道心、自性清净心是否就是康德意谓的只有上帝才具有的智的直觉？牟先生的比论分析引起不少争议，然非关本文题旨，故不多说。这里只需指出，从牟先生看来，康德那在道德上能自树准则、自作断制的自由意志亦庶几近乎自由无限心之肯认，惜乎其最终只视之为实践理性的设准。相较之下，基督教的传统便不能契接自由无限心，牟先生说：

> 耶教认上帝为无限的存在，认人为有限的存在，于耶稣则视为"道成肉身"，是上帝的事，而不视为耶稣之为人的事，如是，遂视耶稣为神，而不视之为人，因而亦

不能说人人皆可以为耶稣。此则便成无限归无限，有限归有限，有限成定有限，而人亦成无体的徒然的存在，人只能信仰那超越而外在的上帝，而不能以上帝为体，因而遂堵绝了"人之可以无限心为体而成为无限者"之路。㉚

如是，基督教自亦没有那些求朗现无限心之实践工夫，像儒家的慎独、佛家的修止观或道家的致虚守静。当然，基督教的形态是可以提升、扭转的，关键端在其能否肯认人的自由无限心。㉛

（二）两层存有论之开出。自由无限心既能超越于感性、现实生活的制限，则由此乃可开出超越理想与经验现实两层。若追问此两层是何依止？那么，对扬于超越理想层依止于自由无限心，我们也可说经验现实层依止于识心。不过细读牟先生的文字，我们不难发觉他讲两层存有论是有个很特别的讲法，并不依传统之仅肯定无执而低贬执。他强调执与无执的存有论可融摄并稳住康德现象与物自身的区分，易言之，两层是各有其意义与成就的。依识心而有执的存有论，成就的是现象世界的知识；依无限心而有无执的存有论，成就的是物自身（此物自身以价值义定，如所谓的真我）的证会，或曰生命之理想化。用牟先生的真理观来说，前者所成是外延真理，后者所成是内容真理。㉜显而易见，知识的成就是重要的，知识的成就对理想人生的成就亦重要的，焉有理想人生而尚可无知无识者乎？明儒王阳明说得好："良知不由见闻而有，而见闻莫非良知之用，故良知不滞于见闻，而亦不离于见闻。"（《传习录·中》《答欧阳崇一》）这一从正面讲的执的存有论，牟先生认为过去三教虽未予以正视，唯义理如此，彼亦不必反对。他说：

> 故曰"为学日益，为道日损。损之又损，以至于无为，无为而无不为。""损"即是"致虚极"也。此是"为道"之方向，于此而有"无执的存有论"，此系于无，明，至人，真人，乃至天人等等而言也。"为学日益"则又是另一方向，此即顺缘生而执著之经验知识，亦即"化而欲作"而不知归返以后之事也。于此，吾人有"执的存有论"，有全部现象界，有种种定相，此则系于有，无明、成心（庄子）、情识、知性、感性，等等而言也……名与知都在"为学日益"的层次上。道家佛家都在此急想向上翻，故庄子说名与知是"凶器"，而佛家则说为"偏计执"，烦恼之源也。然而未能真正极成俗谛（经验知识）。吾人于此以康德《纯粹理性批判》分解部之理论补充之。反而即以成心或识心之执摄此分解部。此种融摄与补充是必然的，勿以皮相之见而谓其不相干也。㉝

以康德学说充实执的存有论，又反以执的存有论融摄康德的知性的逻辑性格而为知性之存有论，此先生之创见也。

（三）圆善问题即德福一致之解决。无执的存有论所成就的理想生命绝非悬空者，而是必相即于现实生命的转化。传统儒家已有睟面盎背、诚中形外的说法，但都限于德性人格的范围。同理，道、佛两家讲至人、真人、菩萨、佛也都在标示理想的人格。于此若进一步问德性人格、理想生命中是否有相称的幸福如一般说的身体健康、家庭快乐之类？即儒家或会说有之固然好，但此属命而非义的领域故不应强求；又或会如古希腊斯多噶学派般以德定义福，把幸福的感性经验义完全扭转为道德义。问题是这样的答复圆满吗？牟先生因有启于佛教圆教观念的圆满义（理想与现实浑一之义），以及康德有关最高善的讨论，乃谓"圆教一观念启发了圆善问题之解决"，[34]可开德福一致圆满之机，并反以传统儒家的说法为非究竟之论。他在《中国哲学十九讲》中说：

> 儒家实践的第一关对于德福的看法，和斯多噶学派一样，都采取分析的态度，认为有德就有福。这是德行第一，福不福决不顾及。但这不是最高之境，照儒家本身说这也不是最高的境界，这只是扭转我们的感性生命上的第一关。后来理学家发展至最高峰，也没有停滞于此境。只不过儒家对这方面的问题并不大讲，也不十分正视。至佛教提出圆教，福德的观念顿时清楚起来。[35]

到底圆教的观念怎样启发了德福一致之可能？牟先生指出谈德福问题有三种进路：一是分析的，二是综合的，三是诡谲相即的，而唯有依最后一种进路，亦即圆教之诡谲的相即，方能亟成德福相称之圆满。他说：

> 吾人之依心意知之自律天理而行即是德，而明觉之感应为物，物随心转，亦在天理中呈现，故物边顺心即是福。此亦可说德与福浑是一事。这浑是一事不是如在斯多噶与伊壁鸠鲁处那样是分析的，当然亦不是如康德处那样是综合的（必然联系之综合），那须靠上帝来保障者。这德福浑是一事是圆圣中德福之诡谲的相即。因为此中之心意知本是综贯地（存有论地）遍润而创生一切存在之心意知。心意知遍润而创生一切存在同时亦函着吾人之依心意知之自律天理而行之德行之纯亦不已，而其所润生的一切存在必然地随心意知而转，此即是福——一切存在之状态随心转，事事如意而无所谓不如意，这便是福。这样，德即存在，存在即德，德与福通过这样的诡谲的相即便形成德福浑是一事。[36]

所谓分析的进路，即分析德与福两概念，并以德界定福、德就是福，来把德福两者合一。这是斯多噶、伊壁鸠鲁等的做法，也可以说是传统儒家的做法。至于综合的进路，即分解德与福为两个不同的概念，前者是（理性上的）德行，后者是（感性经验上的）幸福，再以综合的方法来把两者合一。但如此一来，便唯有上帝始能竟其功。这是康德的作法。圆教之诡谲的相即，即首先必明德与福两概念非自住之体别，而实是依他住之体同。体同者，德福乃同一于生命中之种种事体也。如我关爱别人是德，关爱别人产生的悦乐满足即是福。依他住者，福之谓福乃依于德也。这就是说究竟要得到些什么东西才叫幸福其实并没有一个普遍的标准，人言人殊；可知幸福并非是个已经有确定内容的独立概念，而是往往随人心思看法之不同决定。如是，有德者心中意谓的幸福乃随其德心转亦是题中应有之义。这种德福浑是一事的想法，在一般情况下，不无道理。但即使"幸福"是个含混的概念，却有其不可移的核心（或曰最低限度的标准）。例如，我们恐怕不会说身罹绝症、家散人亡、刀锯鼎镬等都算是幸福。如果刀锯鼎镬甘之如饴而谓是福，则不啻等于走回分析的老路。总之，牟先生晚年着力解决圆善问题，是想让理想与现实终能浑一以亟成生命之教之圆满，用心良苦，而此确是生命寻求理想化自身时所必涵之祈向（康德所谓"作为理性的有限存在的欲望之对象"）。但他未能做得成功也是毋庸讳言者。大概真的要能使德福彻底一致，唯靠上帝；当然这上帝必须是无限心充实下诚信所及的上帝，而非智心构作或情识盲信的对象。

（四）道德创造之必须，即纵贯纵讲以亟成纵贯系统的圆熟。最后，牟先生申明生命的理想之境必即为一道德之境，此义恐无可置疑。盖焉有理想生命而为不道德者乎？就算理想之境是尚超自觉之浑化善恶，但既不能排拒道德，则道德必涵其中而为无可逃者。实则，凡生命之教之承认人能超越现实以成就理想，是即无异已视人为能生发、能创造的根源。此所以牟先生皆概括之为纵贯系统。我曾考他"纵"、"横"之用词，乃本于天台家"若从一心生一切法者，此即是纵；若心一时含一切法，此即是横。"（《摩诃止观》）可知，纵者，取生义、创造义、超升义；横者，取含义、观照义、作用上之保存义。儒、道、佛三家最终指向的，都是教人如何创造出丰盈意义的生命，故皆属同一层次，皆属纵贯系统，于此确无高低可较。不过若再仔细看，则三家中唯儒家能直承此创造义，以自由无限心即道德创造之心，即宇宙生化之本源。反观道、佛两家则只遮显空无以求解脱以求自得，结果一切法只能在空智、玄智的观照下保住。因此牟先生说儒家是纵贯纵讲，道、佛是纵贯横讲。纵贯系统自当以纵讲为顺适，但这样一来又难免有以儒家作标准之嫌疑。这点牟先生看得十分清楚：

> 但是"纵贯系统"一词用在儒家最为恰当。所以我们虽然以这个词语来概括三教，但实际上是以儒家作标准。不过我们可以暂且不先有这个以儒家作标准的成见，而先笼统地以纵贯系统去概括这三家。因为我们了解：不管以什么作标准，这三个系统所指向之处都在同一个层次上，无高低之分。儒家到此是究竟，佛家到此也是究竟。它们的讲法也许不一样，但是它们俱属同一层次。所以我暂且方便地说：它们都属于纵贯系统。"纵贯"的恰当意义是在儒家这里表现。反之，道家和佛家并不采取纵贯的讲法，我称之为"纵贯横讲"；它们和儒家不同之处在此。儒家在这究极之处本来是个纵贯系统，而且是纵贯纵讲，道家和佛家则是纵贯横讲；这其间有这么一个差别。假如我们能通过基本观念对儒、释、道三家的全部系统及其系统的支架、性格有个恰当的了解，就只能这么说。㉛

这番看似前后矛盾的话，与其说是牟先生护教的托辞，毋宁说是他坚持那依客观问题以建立客观评判标准之方法的最生动的供词。是以，人若要反对牟先生的观点，也得依客观问题辩；例如要么质疑理想之境不必有道德之一面，要么提出释、道两家亦可以正面讲道德创造等。

以上析论牟先生所建立的通达诸教的共同模型，可见此中四端实环环相扣地反复揭示生命理想化之含义：（一）是挺立生命理想化所以可能之超越根据；（二）是理想与现实的观念之分解；（三）是理想与现实的辩证之综合；（四）是标示理想化生命即道德创造之义。有了这个共同模型，牟先生遂作出其时代之判教：

> 依此而言，耶稣之道成肉身，视作上帝的事，只是"彰显道"这彰显历程中之一机相（一形态）。这一机相之所成就是吾所说的"证所不证能，泯能而归所"。这一机相当然有其价值，可使吾人知道客观地有一无限体，以为众生之所仰望。但光只

是仰望，并无济于事；无限体只是客观地存在，亦无用。这个即是吾所说的离教，不是圆盈之教（离盈二字取自《墨经》"坚白离，坚白盈"之离盈）。㉘

因此，由离而盈，由盈而通。离盈是教，通非教也。此是此时代之判教。盈中有正盈与偏盈：儒是正盈，佛老是偏盈。正盈者能独显道德意识以成己成物也。偏盈者只遮显空无以求灭度或求自得也。正备偏，偏不备正。故偏盈者未能至乎极圆也。正盈中亦有圆与不圆：周、张、明道、五峰、蕺山，以及陆、王，皆圆盈也；伊川与朱子则为不圆之正盈，以心与理未能一故。偏盈中亦有圆与不圆：空宗、有宗，是通教，华严是别教，唯天台是圆教。道家之老庄大端皆可至于圆，无甚差别也。唯于言诠上，庄子之"调适而上遂"显得更圆耳。相应离教而言者，康德近于正盈而未至也。以未能依自由意志透显无限心故；又不承认人可有智的直觉故；意志自由，灵魂不灭，上帝存在，皆为设准故，又不能一故。㉙

此时代之判教可从下列几点来说明：一、离盈之判，以能否肯认自由无限心为准。能肯认无限心，则其教为相盈于、不离于生命本身。不能肯认无限心，则其教必把生命外挂于超越者如上帝以求救赎，此即离于、非盈于生命本身，所谓"证所不证能，泯能而归所"。必须指出，牟先生是承认基督教之离教形态为可以通过正视无限心而予以转化提升，此是基督教在对话后之开放其自己、善化其自己。故云："开放而为人人皆可以上达天德，即有限而成为无限者。这样，上帝内在化即是无限心，外在化即是人格神，决无不可通者。若必欲视作人格神，则亦莫逆于心，不必非之。众生机宜不一，圣人设教原有多途。"㊵二、正偏之判，以能否直承理想生命的道德创造义为准。这亦即前述纵贯纵讲与纵贯横讲之判。故"儒是正盈，佛老是偏盈"，而正偏之关系是"正备偏，偏不备正"。三、圆不圆之判有两准，一是以能否尽义理之当然为准，故儒学中能见到心即理者如陆王等属圆盈，未能见到者如伊川朱子等属不圆之正盈；另一是以有否诡谲的、辩证的相即义为准，此点虽不见于上引文字，却详析于《圆善论》。㊶依此，"空宗、有宗是通教，华严是别教，唯天台是圆教"。四、康德虽以意志自由为设准，也不承认人有智的直觉，但却能正视道德自身之完整性，现象与物自身之分亦有启益于两层存有论之建立，牟先生乃许为"近于正盈而未至也"。析论至此，已经完全可以教人看到牟先生判教之体大思精。

五、徘徊在绝对与多元之间

本文开首曾说牟先生的判教，既有绝对主义的倾向，亦有多元主义的倾向。今观乎其判教的结果，归宗儒家，以儒家为圆、正、盈教，或用他早年的话说，为"大中至正之大成圆教"，㊷则视儒学为绝对价值似不言而喻。实则更严格说，牟先生是以他所判者，即"以儒家的正盈教为主，旁通偏盈的道家与佛教，以及离教的耶教，而为一，而言者"，㊸为真正的能至乎极圆实者，甚至为能决定康德所说的不可企及的"哲学原型"。他说：

然而，如果我们依一"浑无罅缝"之典型而达至圆实定然之境，则哲学原型已如如朗现。如是，则我们依理性的普遍根源而立的那些理性底普遍原则由之以确定此原型者一是皆理性自己之呈现，主观的哲思活动与客观的哲学原型在存在的呼应中同一化。理性自己之呈现就是哲学原型之所在。此时，并无次级偏差者，摸索思辨以求之者，为其所研究，稳固，或拒绝之对象。如是，哲学原型已定，便可如数学那样，通过觉悟而为定然可学者。⑭

康德的哲学以批判闻名，其精神扼要言之，即认为哲学思虑无论如何逞其锋锐，所得的结论仍不免有被理性再"研究，稳固，或拒绝"之可能。易言之，哲学，并非指谓一套定然而不可移的理性知识，而实无非就是学着去作哲学的思考；哲学即哲学思虑也。牟先生大概是考虑到生命之（宗）教与哲学思虑毕竟有一间之差，遂思结合两者来决定哲学的原型。姑勿论他的作法成功与否，这思索背后那绝对主义的味道则谁也不难嗅到。不过，人若于此直接联想牟先生的判教结果、哲学原型就是圆教则非是。他明白地表示诸教之大通本身不是一个教，它只是使各教能相互通达、彼此不相排拒的一个共同模型。他亦明白表示他意谓的哲学原型本身不同于千差万别的各套哲学。请看下面两段文字：

> 人总是通过一通路而彰显那无限者。无限者通过一通路，通过一现实生命（一个体生命），而被彰显，同时即被限定。这是一必然的诡谲，因而必然有一辩证的历程以破除此限定。知是教之一途，既知己，则即不可是己以排他，是即虽限定而不为其所围，是即不限定。惟有有此不限定之通达，始能真朗现那无限心。无限心既朗现已，则就无限心言，它有无量义，无量德，相镕融，相渗透，而不相排拒。因此，虽知教之一途只彰显一义，然既是无限心，则其所彰显之一义即不因教之限而自限，因此，亦不执此一义而排他，因为若排他，即非无限心故。不但此一义不排他，而且此一义即通全蕴，全蕴尽收于此一义。此之谓圆盈教之大通。然须知此大通不是一个教，乃是各圆盈教者之通达。至此，教无教相，乃得意而忘教也。只是一真实生命之作其所应作，一无限心之如如流行。此如如流行，此作所应作，吾不知其是属于儒教者，属于佛教者，属于道教者，抑或是属于耶教者。⑮

> 如是，我们只有一个哲学原型，并无主观的哲学可言。一切主观哲学而千差万别者皆是由于自己颓堕于私智穿凿中而然。如果它们尚是哲学的，而不是自我否定的魔道，则客观地观之，它们或只是一孔之见，或只是全部历程中之一动相，而皆可被消化。由各种专题之研究而成的各种哲学当然是被许可的。然这一些不同的哲学并无碍于哲学原型之为定然，皆可被融摄于哲学原型中而通化之。⑯

合而观之，可知所谓"圆盈教之大通"、共同模型、哲学原型，绝不是某一特定的教，而是一能兼容、会通多元宗教或思想的理论框架。牟先生判教中多元主义的色彩恐怕同样值得我们注意。在《现象与物自身》的结尾有这样一段最彻底的表示：

> 哲学原型虽就盈教而立，然而一旦付诸实践，则不但无主观哲学可言，亦无哲学原型可言，此即哲学无哲学相，而只是在存在的呼应中，即，与圣者之生命智慧相呼应之呼应中，上达天德之践履，并在此践履中，对于无限心之如如证悟与如如朗现。然而人生觉悟之事，创造即重复，重复即创造，每一人皆须从头来。是以学不厌，教

不倦，各种专题哲学必须有，千差万变的主观哲学亦不可免，而哲学原型亦必须不断地予以昭明而不使之沈晦；此亦是法轮常转也。㊼

"然而人生觉悟之事，创造即重复，重复即创造，每一人皆须重头来"，斯言圆矣美矣！

但这样一来，在会通多元的理论框架下，既"不知其是属于儒教者，属于佛教者，属于道教者，抑或是属于耶教者"，为何仍要判儒家为正盈佛老为偏盈耶教为离呢？讲圆教之观念又有何意义呢？这里的张力正是牟先生的判教思想徘徊在绝对与多元之间所有以致之者。事实上，牟先生之徘徊由来已久，只是人多注目其绝对主义倾向的一面，而鲜有留意其多元主义倾向的另一面。㊽若问缘何有此徘徊？此则应是历史之印记。盖牟先生身处的 20 世纪正是儒家以至整个传统中国文化继绝存亡的时刻，重建儒家以复兴文化，有护教之嫌亦无足深究矣！必须注意的是，牟先生之徘徊显然不只是他个人主观地、一时地受限于历史文化的结果，而乃是代表着一个客观的真问题。如果那只是他个人主观地、一时地受限于历史文化，则时移世易，自迎刃而解矣。如果它是一个客观的真问题，则我们便必须在义理上予以疏通来求妥善的回答。这个客观的真问题，其实正是晚近喜谈文化对话、宗教对话者所必须正视的问题：此即一方把生命凝聚、安顿于某特定的思想或宗教，另一方却要把生命通出去以融通诸家，这到底是否可能？如何可能？下面我们尝试顺着牟先生判教的两面倾向，分别引申演绎为两种判教模型："绝对主义"的与"多元主义"的判教模型，并归于"多元主义"的模型为顺适，来为上述的问题求一解答。

首先，"绝对主义"的判教模型的特点可综括如下：

1. 通过消化、融通诸教以突显彼此所通达者为绝对普遍的义理（即吾人纯洁化生命所能达至最高的理想之境），并且依此义理即可形成一特定的教路，或此义理早已为某一既有之特定教路所包含、提倡；

2. 此绝对普遍的义理，若以"真理"观念言，即是既普遍且绝对的真理；

3. 应无可置疑地践行此绝对普遍的义理，它不须再不断地接受理性的考查；

4. 此绝对普遍的义理即判教所依据的客观的评判标准，持之自能分判、评判甚至批判诸教之高下权实，并予以合理的安排；

5. 在判教的过程中，诸教本有的特殊性，如与此绝对普遍的义理相通者则可摄入其内；

6. 如与此相异者则可被批判消化；如与此不甚相干者则将渐渐退隐于义理之幕后。换句话说，代表绝对普遍的义理的一套应能逐步取代诸教而成一"世界宗教"。

相比之下，"多元主义"的判教模型的特点可综括如下：

1. 通过消化、融通诸教以突显彼此所通达者为一共同的理论框架，此理论框架指点出吾人循不同形态的实践以纯洁化、理想化生命的一些共法；循之，诸教乃能反省、打破其封闭心态。

2. 若以"真理"观念言，此思想框架固可谓普遍的真理，但必须指出，此框架所述者皆为普遍真理的形式特性（formal characteristics），而内容特性（substantial characteristics）则仍有待诸教依其教义予以诠释（按：于此可知，多元主义的判教模型背后预设的是普遍主义而非相对主义的立场，此盖若主相对主义，则判教之观念根本为不可解）。

3. 此理论框架之客观性、普遍性、真理性因是依理解与诠释而建立，故仍须不断以理性考查之、昭明之。

4. 此理论框架即判教所依据的客观的评判标准。但因此模型承认多元教相的必然性（凡教都是一途、一孔），故判教工作可分两层：A. 第一层即融通诸教以建立、确定此理论框架，并借此促进诸教间相互的包容、沟通。具体言之，就是吾人在认识多元教相之必然的前提下（即任一教相所示都不免只是在一定形态下的醒悟），不再以自家之教为绝对者，不自是以非他，并进而见诸教之实有可通达处，可求立一共同的框架。B. 然而，既知现实的生命必得借某特殊教相以求理想化，则吾人对所宗所行之教亦必须具备信仰之热情。如是，本此热情以分判他教，评判他教，甚至即使自许为胜人一筹亦是题中应有之义。这是另一层意义的判教。要之，这两层判教皆不可无、亦不可相混，然亦不相妨碍；以第二层意义的判教非绝对主义、非排斥异己而是求更善化自身之故。牟先生判儒家为正盈教、佛老为偏盈教等皆当作如是观。

5. 此模型既承认多元教相的必然性，自不以为由诸教之通达处所建立的理论框架为能取诸教而代之，故所谓将有一"世界宗教"之演进出现不啻是一美丽的错觉或幻想。

总括而言，绝对主义的判教模型可以说是"判教"一词之旧义，而多元主义的判教模型则赋予此词一崭新意义。在这新义下，宗教间那不失立场却勇于开放以寻求一方面融通他家一方面善化自身的对话才有可能。绝对主义式的判教既不合时，且非称理之谈乃毋庸赘言。故牟先生之判教工作必归于多元主义的判教模型为顺适。如果我们不想牟先生判教工作的努力与贡献被一种浮泛的印象即他归本儒家所掩盖，便需在此多元主义的判教模型下来阅读、诠释、考查以至引申发挥他的文字。

注　释：

① ② ③ ④　牟宗三：《圆善论》，台北学生书局 1985 年版，第 266 ~ 267、267、268 ~ 269、269 页。

⑤ ⑥ ⑦　牟宗三：《从陆象山到刘蕺山》，台北学生书局 1984 年再版，第 91、41 页。

⑧　牟宗三：《现象与物自身》，台北学生书局 1996 年初版 5 刷，第 2 页。

⑨　牟宗三：《佛性与般若》，台北学生书局 1989 年修订五版，上册，第 556 ~ 572 页，下册，第 575 ~ 671 页。

⑩ ⑪　牟宗三：《现象与物自身》，第 454、17 页。

⑫ ⑬　牟宗三：《心性与性体》，台北正中书局 1968 年版，第 1 册，第 8 ~ 9、17 ~ 42 页。另参牟宗三：《中国哲学十九讲》，台北学生书局 1983 年版，第四讲《儒家系统之性格》，第 69 ~ 85 页。

⑭　拙著：《论牟宗三先生的经典诠释观：以先秦道家为例》，《人文学报》第 24 期（1990 年 12 月），第 390 ~ 391 页。

⑮　《中国哲学十九讲》，第七讲《道之"作用的表象"》，第 127 ~ 154 页。

⑯　牟宗三：《才性与玄理》，台北学生书局 1983 年修订 6 版，第 180 页。

⑰ ⑱　牟宗三：《佛性与般若》上册，第 5、106 页。

⑲ ⑳　牟宗三：《现象与物自身》，第 408 ~ 409、403 页。

㉑ ㉓　牟宗三：《现象与物自身》，第 407 ~ 408、449 ~ 451 页。

㉒　儒家与佛道两家在无执的存有论一层上的差别，主要在于（道德）创生义之有无。儒家自正面立言，肯定天道仁体为创造之根据，但佛道两家则自反面立言，佛家遮执以显空，道家遮有为以显无为，（道德）创生义皆缺如。牟先生早在《才性与玄理》中已点破此义："因儒家圣证自正面立言，以

'仁'为体，故虽是虚灵的、主观的，而在客观方面，亦即肯定仁为实体，此即具备一'客观性'，'即活动即存有（实有）'之客观性。但此客观性即此主观的正面圣证所显露之仁体之涵盖性。故'客观性之实有'即此'主观性实有'（亦即活动即存有）之超越表象，而真至一主客观性之统一。此义，于释道两家，因其圣证自反面立言，故不具备。然概括言之，则固同是境界形态下之内容真理也。"（牟宗三：《才性与玄理》，第 269 页。）

㉔　牟宗三：《中国哲学十九讲》，第七讲《道之"作用的表象"》，第 422 页。

㉕　可见无限心之无限义译作英语的 infinite 不大恰当。牟先生亦如此译，牟宗三：《中国哲学十九讲》，第七讲《道之"作用的表象"》，第 325～326 页。实则译作 unlimited 更佳，关于 unlimited 比 infinite 尤贴切之分析，可参看 Robert Nozick, *Philosophical Explanations* (Cambridge, Massachusetts：The Belknap Press of Harvard University Press, 1981), pp. 594–610. 当然依儒学言，人倘能豁醒其无限心以上通天德，即知天德亦只是一无限心而已，于此固然有 infinite 的意思。但就其作为人的禀赋言，无限心之无限义译作 infinite 还是很容易引起不必要的误解。

㉖　牟宗三：《现象与物自身》，第 449 页。

㉗　牟宗三：《现象与物自身》，第 449～450 页。诚如上文的分析所言，自由无限心是自觉者、超越者、自由者、无限者；又就其能开出理想言，亦是一价值者，则知三教只是对此无限心的不同实性有不同的切入把握因而形成不同的教路，而无限心的不同实性乃是相贯通、相渗透的。

㉘　参牟宗三：《智的直觉与中国哲学》，台北"商务印书馆"1971 年版，第 184～215 页。

㉙㉚　牟宗三：《现象与物自身》，第 3、451～452 页。

㉛　必须指出，牟先生对基督教的判释只是约大端差异说，故基督教学者实不难在其丰富的神学传统中找资源来加以反驳，例如说基督教重视神人的沟通；亦讲求人在信仰中的主动性；也有类似慎独的工夫云云。然不管怎样作枝节的反驳，关键处仍在于能否肯认人的自由无限心，这是不可以绕开逃避而不予以正视的。骤眼看来，肯认自由无限心好像上帝便成虚设，或上帝亦只是一无限心，实则细按之下，便知肯认自由无限心并不碍所信之上帝为人格神，更不碍信徒之需祈求上帝之他力以获得救赎。详细之分析，参拙著：《批判与会通：论当代新儒家与基督教的对话》，收赖品超、李景雄编：《儒耶对话新里程》，香港：崇基学院宗教与中国社会研究中心，2001 年，第 323～347 页。

㉜　牟宗三：《中国哲学十九讲》，第二讲《两种真理以及其普遍性之不同》，第 19～43 页。

㉝　牟宗三：《现象与物自身》，第 434～435 页。

㉞　牟宗三：《圆善论》，第 1 页。

㉟　牟宗三：《中国哲学十九》，第七讲《道之"作用的表象"》，第 329 页。

㊱　牟宗三：《圆善论》，台北学生书局 1985 年版，第 325 页。

㊲　牟宗三：《中国哲学十九讲》第七讲，第 422 页。

㊳㊴㊵　牟宗三：《现象与物自身》，第 453、455、453 页。

㊶　《圆善论》中云："此'即'义即诡谲的'即'义，非分解方式下的'即'义。分解的'即'如 A 是 A，此是依同一律而说者，因非此即义，即两物关联着说者，而若是'两物相合'，或'背面翻转'，亦是分解地说者，故亦非此诡谲的即义。诸宗凡就两物相合或背面翻转以说'即'者皆是用分解的方式说，故但有即名，而无即义，因而皆是权说，非圆说。"（牟宗三：《圆善论》，第 274 页。）

㊷　牟宗三：《生命的学问》，台北三民书局 1994 年第 7 版，第 108 页。

㊸㊹　牟宗三：《现象与物自身》，第 466、468 页。

㊺㊻㊼　牟宗三：《现象与物自身》，第 454、468～469、469 页。

㊽　牟先生是当代新儒家，归宗儒学，人以绝对主义者目之似自然不过。但仔细检读他的文字，就知他思想中的多元主义倾向是由来已久，甚至可以说是贯彻始终的。因人多见不及此，故不嫌辞费，引录数条如下：

a. 传教者每以"宗教为普世的"为言，然须知宗教虽是普遍的，亦是最特殊的。上帝当然是最普世的，并不是这个民族那个民族的上帝（犹太人独占上帝是其自私）。然表现上帝而为宗教生活则是最特殊的（上帝本身并不是宗教）。孔子讲"仁"当然不只对中国人讲，仁道是最普遍的。然表现仁道而为孔子的"仁教"则有其文化生命上的特殊性。（牟宗三：《生命的学问》，第 68 页。）

b. 上帝是上帝，基督教是基督教，二者不可混同为一。上帝是普世的，是个公名，叫它道也可以，叫它天也可以。基督教不一定是普世的，它有它历史文化的特殊性，这是不能相混的。所以说要适应，适应不是投机，而是在真理上须不断地调整你自己。因为一切大教本来都是绝对性的。"绝对"不能有冲突，不能有两个绝对。不能够说：我的绝对不能接受你佛家的"如来藏"，也不能接受儒家的良知……本来同样是一个绝对性，却用种种形态表现出来：佛家是如来藏型，儒家是天道性命，道家是道心，基督教是上帝。（《时代与感受》，台北鹅湖出版社 1995 年第 3 版，第 181～182 页。）

c. 在限制中表现就是在一通孔中表现，所谓一孔之见，也就是庄子天下篇所说的"天下多得一察焉以自好"。一察就是一孔，你察察这面，我察察那面，人就是如此。道是完整的，它是个全。由于人各得一察焉以自好，于是"道术将为天下裂"……由这内外两方面的限制（按：指人存在所有的感性的限制与历史文化的限制），就使你表现你的精神生活，是通过一个通孔来表现。这"通过一个通孔来表现"，也是一个 metaphysical necessity……好像是这个限制使我们不能把道、理全部表现出来，这好像是不好。事实上，反过来说，如果你了解这限制有它形而上的必然性的时候，它也有积极的意义。也就是说，真理必须要通过这限制来表现，没有限制就没有真理的表现。（《中国哲学十九讲》，第 7～9 页。）

（作者单位：香港中文大学哲学系）

评牟宗三先生的"中国哲学特征"论

□ 李翔海

　　正如方克立教授在牟宗三先生去世后不久就曾经指出的，在当今中国，像牟宗三先生这样"学养深厚、知识渊博、兼通古今中西、融贯儒释道，能够自由地出入于形而上学、知识论、逻辑学、伦理学、美学等各个哲学领域的大师级的哲学家为数不多；能够在各个领域都提出许多深刻的、原创性的哲学思想，并且坚持一以贯之的哲学立场，建构一个真、善、美统一的自身圆融的哲学体系的哲学家为数更少。"①因此，他不仅是现代新儒家哲学中的重镇，而且亦是 20 世纪中国哲学中具有典范性意义的代表人物之一。本文拟梳理牟宗三先生有关"中国哲学特征"论的思想，并在 20 世纪中国哲学的背景下对其得失予以论衡。由于关于牟宗三"中国哲学特征"论的有关思想学界已经多有涉猎，本文的重点将主要放在评析方面。

一

　　牟宗三先生是在中西哲学比较的视野下来讨论中国哲学的基本特征的。为此，他首先针对国内外学界一直存在的对"中国究竟有没有哲学"的质疑，从"文化构成"的视角鲜明地认肯了中国哲学的存在性。牟宗三明确指出，哲学是构成一个文化系统的基本成分："文化之范围太大，可以从各角度，各方面来看，但向内收缩到最核心的地方，当该是哲学。哲学可以做庞大的文化这一个综合体的中心领导观念。"②换言之，"任何一个文化体系，都有它的哲学，否则，它便不成其为文化体系。因此，如果承认中国的文化体系，自然也承认了中国的哲学。"那么，究竟什么是哲学呢？牟宗三对这个见仁见智的问题的回答是："凡是对人性的活动所及，以理智及观念加以反省说明的，便是哲学。中国有数千年的文化史，当然有悠长的人性活动与创造，亦有理智及观念的反省说明，岂可说没有哲学？"③与新儒家民族本位的基本文化立场相联系，牟宗三根本反对胡适先生所开启的"以西释中"的理论范式，他明确指出："以西方哲学为标准，来在中国哲学里选择合乎西方哲学的题材，那将是很失望的，亦是莫大的愚蠢与最大的不敬。"④在他看来，凸显中国哲学自身的特质应当成为中国哲学研究的根本意旨之所在。为了给凸显中国哲学自身的精神特质确立理论前提，牟宗三首先尝试对中国哲学作为人类哲学殊相之一的地位予以贞定。为此，他提出了颇具理论特色的"通孔说"。他明确肯定，以中国哲学为代表的东方哲学与西方哲学之间"具有不同的方向和形态"⑤，"中西哲学，由于民族气质、地理环境与社会形态的不同，自始即已采取不同的方向。经过后来各自的发展，显然亦各有其不同的胜场。"⑥这就是说，相对于西方哲学，中国哲学有着自身的特殊性。如何说明这种特殊性呢？牟宗三认为，不同于不与研究者的生命内容产生直接关联因而具有直接普遍性的自然科学真理，哲学真理总是"要通过个体生命来表现，又同时为个体生命所限制"，因而它所表现出来的，首先和直接的只能是一种特殊性而不可能达到直接的普遍性。因为任何一种哲学思想的提出都是要关联于作为有限存在的人的，而作为有限存在的人是不可能不受到内外两方面的限制的。就内在的限制而言，由于人总是首先以物质的形态存在的，因而他不可能没有"感性的限制"；就外在的限制而言，人不可能不受制于"外部世界的环境"。不仅如此，"不但是个人受到这内外两方面的限制，就是一个民族也是这样。每个民族都是许多人合起来的集团活动。任何一个民族，它表现它的精神生活，也都是在这两种限制之中表现，这两种限制也有我们所说的 metaphysical necessity。"⑦进而言之，"在限制中表现就是在一通孔中表现，所谓一孔之见。也就是《庄子·天下篇》所说的'天下多得一察焉以自好'……由于人各得一察焉以自好，于是'道术将为天下裂'。"⑧这样，"道就在一个通孔上显现，并没有全体表现出来，这不就是被限制了吗？"⑨由此，牟宗三得出结论说："我们说，每个文化的开端，不管是从哪个地方开始，它一定是通过一通孔来表现，这有形而上的必然性。"⑩在这样的视野之下，以追求普遍性为宗旨的哲学之所以出现中国哲学、西方哲学与印度哲学等特殊形态，就是顺理成章的了。

顺此而进，牟宗三力图通过与西方哲学的对比来反显中国哲学之特殊性、阐扬中国哲学的精神特质。这包括以下三方面的主要内容。

第一，中国哲学的核心观念是"生命"。牟宗三指出："由普遍性与特殊性两方面综合起来，我们就可把握中西哲学发展之主要纲领的差异何在……我们可说两个哲学传统的领导观念，一个是生命，另一个是自然。中国文化之开端，哲学观念之呈现，着眼点在生命，故中国文化所关心的是'生命'，而西方文化的重点，其所关心的是'自然'或'外在对象'，这是领导线索。"⑪牟宗三特别强调指出，"这里所说的生命，不是生物学研究的自然生命，而是道德实践中的生命。"⑫由此，中国哲学作为"生命的学问"就区别于西方哲学："它是以生命为它的对象，主要的用心在于如何来调节我们的生命，来运转我们的生命、安顿我们的生命。这就不同于希腊那些自然哲学家，他们的对象是自然，是以自然界作为主要课题。"⑬

第二，就基本形态而言，中国哲学特重"主体性"和"内在道德性"。牟宗三指出，中国哲学的形态与特质"用一句最具概括性的话来说，就是中国哲学特重'主体性'与'内在道德性'。中国思想的三大主流，即儒释道三教，都重主体性，然而只有儒家思想这主流中的主流，把主体性复加以特殊的规定，而成为'内在道德性'，即成为道德的主体性。西方哲学刚刚相反，不重主体性，而重客观性。它大体是以'知识'为中心而展开的。它有很好的逻辑，有反省知识的知识论，有客观分解的本体论与宇宙论：它有很好的逻辑思辨与工巧的架构。但是它没有好的人生哲学。"⑭由此，中国哲学为了调护润泽生命而走上了内在化的道路，落脚于内在人格世界的开拓特别是德性人格的开显，而西方哲学则因为关注自然而走上了外在化的道路，形成为知识论系统。

第三，就理论归极而言，中国哲学承认人有"智的直觉"，所成立的是"道德的形上学"。"智的直觉"是康德哲学的概念，指一种与感性直觉相对应的、直觉之即创造之的直觉。"道德的形上学"不是就道德问题所作的形上解析，而是"依道德的进路对万物之存在有所说明"⑮。在牟宗三看来，哲学本当就是"生命的学问"，其基本使命是通过内省反求，以心性天相贯通的理路，来为人之生命提供终极依托。但西方哲学因为囿于向外追寻的传统，成就的大多是知识论系统，只有康德扭转了柏拉图以来的哲学路向，将哲学归极于"道德的理想与圆满"。因此，康德哲学代表了古往今来西方哲学的最高成就："古代的哲学由古希腊起到康德以前的哲学都汇归到康德处，康德以后的哲学都由康德开出。"⑯但由于他受限于基督教上帝与人二分的传统，不承认人有"智的直觉"而将之仅仅归之于上帝，因而亦只能成立"道德的神学"，归根结底依然是"不透之论"。牟宗三则依据中国哲学力主人有"智的直觉"："智的直觉之所以可能，须依中国哲学的传统来建立。西方无此传统，所以虽以康德之智思犹无法觉其为可能。"⑰正因为中国哲学承认人有"智的直觉"，它才得以以"一心开二门"的智慧形态，展示出涵括了现象界与本体界而又以"性命天道相贯通"为理路的"道德的形上学"，从而实际上成立了超胜于西方哲学的"透辟而圆熟"的哲学系统⑱。

二

在 20 世纪中国哲学发展史上，牟宗三先生对于中国中心之基本特征的系统阐释具有重要的理论意义。这至少体现在以下两个方面。

第一，在相当程度上代表了中国思想文化界对于更为充分地体现中国哲学自身之精神特质的理论自觉，实现了 20 世纪中国哲学发展演进过程中的"范式转换"。

正如人们已指出的，胡适先生是中国哲学学科的实际开创者。众所周知，在中国传统学术中，并无哲学之名亦不存在此一学科。哲学作为译名是在近代以来的中西文化交流中由日本传入中国的。在胡适先生之前，已有谢无量先生的《中国哲学史》问世。但谢氏此书虽有现代学术之名，却无现代学术之实，不仅将哲学等同于在中国传统学术中包罗甚广的"道术"，而且在学术统绪上仍然将之框限在儒家经学范围之中。在新文化运动中，刚刚留美归国不久，对西洋哲学史有所了解而又兼治"汉学"的胡适先生在 1919 年出版了《中国哲学史大纲》，并迅即产生了广泛影响。直至晚年，作为 20 世纪中国哲学之见证人之一的冯友兰先生依然明确地肯定，胡适《中国哲学史大纲》是"一部具有划时代意义的书"，"对当时中国哲学史的研究有扫除障碍、开辟道路的作用"⑲。在今天看来，之所以如此，是因为它按照西方哲学的价值系统、观念框架、问题意识乃至话语系统，第一次为中国哲学学科确定了研究对象，划定了学科范围，提出了一整套系统的中国哲学史书写规范，并采用了现代写作方式，从而实现了对两千年来传统经学研究的根本变革，确立了不同于"传统经学研究"的"中国哲学研究"的新范式。因此，胡适《中国哲学史大纲》的问世，从内容到形式全面实现了对传统中国学术的范式性变革，为中国哲学确立了基本的理论规范，标志着作为现代学科的"中国哲学"的诞生，堪称具有不可磨灭的历史功绩。

但是，吊诡的是，作为真正意义上的"中国哲学"开山之作的《中国哲学史大纲》最大的弱点却正是没有能够突显中国哲学自身的特质。尽管此书的确包含了将中国哲学看作世界哲学主流之一的理论义涵[20]，但由于胡适先生是在中国哲学的草创时期"不能不依傍西洋人的哲学史"[21]的情状下，以西方哲学为标准对中国文化传统加以裁剪、抽绎、梳理、编排和改造，这就不能不使它自问世之日起就具有颇为复杂的含义：一方面它标志着中国哲学作为现代学科的确立；另一方面，由于它自觉地以源起于西方的哲学观念框架对中国文化传统中的相关内容予以取舍、梳理与诠释，也就必然包含了肢解、扭曲中国传统的"天人之学"，甚至使之面目全非的理论可能性。由此，胡适的有关工作对日后中国哲学的发展演进而言，就成为一把双刃剑：一方面是成为中国哲学确立的逻辑起点，另一方面则是亦开启了按照西方哲学来形塑中国哲学的先河。

胡适先生之后，"以西释中"成为中国学界书写中国哲学史的基本范式。在另一个中国哲学草创时期的重要代表人物冯友兰先生那里，这一状况亦得到了相当程度的体现。与胡适相比，冯友兰的哲学观与哲学史观具有更强的理论形态亦更加系统，其哲学方法论意识更加强烈，对逻辑分析方法的运用亦更为彻底，而且冯友兰亦是颇为自觉地按照西方哲学的型范来建构中国哲学的。他明确指出："哲学本一西洋名词。今欲讲中国哲学史，主要工作之一，即就中国历史上各种学问中，将其可以西洋所谓哲学名之者，选出而叙述之。"[22]在这个意义上，可以认为，在按照西方的理论形态"哲学"地建立"中国哲学"这一点上，冯友兰的确比胡适更具理论的彻底性。因此，尽管在凸显中国哲学所具有的独异的民族性特质方面，冯友兰表现出了比胡适更为明敏的理论自觉，并取得了明显的理论成绩[23]，但是，就总体而言，冯友兰的有关理论努力并没有真正突破胡适所确立的基本观念框架，而是依然在归根结底的意义上被框限在"以西释中"的理论范式之中。这也就从而可以说是在事实上强化了胡适所开创的以西方哲学为基本的范型来框衡、择检、裁剪中国文化之相关内容的理论路向。

与同作为确立中国哲学学科之重要代表人物的胡适、冯友兰相比，正是在牟宗三这里，中国哲学的书写方式发生了一个翻转：不再是如何更为彻底地接纳西方，而是如何更为充分地体现中国哲学自身的精神特质。虽然凸显中国哲学自身的学理特质在一定意义上是冯友兰与牟宗三所共同关注的问题，但两者仍有一个基本差别：在冯友兰，凸显中国哲学的理论特质是服从于把中国哲学纳入以西方哲学为型范的"哲学"之普遍性框架这一更为根本的目的的。对牟宗三而言，其整个理论活动的基本出发点与归属恰恰是要通过与西方哲学的对比来反显中国哲学之特殊性。从这个视角，可以把牟宗三终其一生基本的理论活动归结为三大方面：其一，在中西哲学对比反省的整体背景下，通过对中国哲学的系统梳理而揭示其自身的理论特质；其二，立足于对中国文化传统的深刻认识，哲学地揭示中国哲学何以具有这些理论特质；其三，在此基础上，力图会通中西哲学传统而达成在根本精神归趋上皈依于中国哲学的"新的综合"[24]。通过几十年的艰苦工作，牟宗三堪称是在中国哲学的现代诠释方面做出了卓有成效的工作，在贞定中国哲学的思想主题、研究对象与学科范围，把握中国哲学的基本理论特质、基本思维方式与基本价值取向的基础上，确立了书写中国哲学与中国哲学史的观念框架、问题意识、话语系统乃至具体书写体例，从而可以说是建立了一种不同于胡适所创立而为冯友兰等进一步发展的理解和诠释中国哲学与中国哲学史的新范式，实现了 20 世纪中国哲学发展演进过程中的"范式转换"。

第二，以内在于中国哲学的尺度，对中国哲学的基本理论特质做了深度的揭示。与牟宗三所实现的理解和诠释中国哲学的"范式转换"相联系，牟宗三的有关理论活动可以说是以内在于中国哲学的尺度，对中国哲学的基本理论特质做了深度的揭示。"以西释中"理论范式最大的问题就在于：其衡论中国哲学的基本尺度在归根结底的意义上是西方的，因而是外在于中国哲学的。这就使得这一范式不仅难以充分揭示中国哲学之为"中国哲学"的自身特质，而且先在地包含了肢解乃至扭曲"中国哲学"的理论可能性。牟宗三则立足于凸显中国哲学自身的精神特质，以内在于中国哲学的尺度，通过对先秦、秦汉、魏晋、隋唐、宋明等各个阶段中国哲学史的系统梳理与理论分析，在中西比较的视野中深入地揭明了数千年来中国哲学发展演进的内在逻辑及其基本理论特质，不仅适足以为"以西释中"的理论范式纠偏，而且堪称是真正以一种系统化的理论方式，将作为人类主流文化传统之一的中国文化所蕴涵的关于宇宙人生的独异智慧以"中国的哲学"的面目示人，从而为推进中国哲学的现代化与世界化做出了历史性的贡献。尤为难得的是，牟宗三的这一理论努力是在全盘西化论甚嚣尘上的时代氛围之中进行的。正因为此，尽管牟宗三的主要代表性著作均是 20 世纪 50 年代后才面世的，但其哲学活动特别是其有关著作已在海内外学界产生了相当广泛而深远的影响，以至于有人已明确指出："中国哲学的未来发展也就关涉到如何消化牟宗三的论著，如何超越牟宗三理路的艰巨任务。"[25]

三

但是，这一范式亦有其内在制限。这也主要体现在以下两个方面。

第一，在深层文化心态上，在与西方文化中心论的对抗中表现出了相当程度的华夏文化中心论。由于牟宗三是以中国哲学的某些价值取向为基本标准对中西哲学施以"判教"，因而在与西方文化中心论的对抗中走向了华夏文化中心论。这在他对中西哲学的基本分判中可以清楚见出。在谈到中西哲学的核心观念时，牟宗三有这样一个论断："由普遍性与特殊性两方面综合起来，我们就可把握中西哲学发展之主要纲领的差异何在……中国文化之开端，哲学观念之呈现，着眼点在生命，故中国文化所关心的是'生命'，而西方文化的重点，其所关心的是'自然'或'外在对象'（nature or external object）。"[26]他曾多次指出，中国哲学关注的生命，不是生物学意义上的一般生命，而是特指人的生命特别是人的德性生命。由于在自然进化的序列中，人的生命在层级上明显要高于自然，因而这里对中西哲学核心观念的认定已内在地包含了使中国哲学超胜于西方哲学的逻辑可能性。而在牟宗三看来，哲学本当就是"生命的学问"，其基本使命是通过内省反求，以心性天相贯通的理路，来为人之生命提供足以安身立命的终极依托。由此，牟宗三及其后学把儒家哲学中所蕴涵的"道德的形上学"看作是人类一切哲学系统的"哲学原型"[27]。而把西方哲学传统看作是"没有接触到真正的哲学问题"的"不透之论"[28]。不难看出，牟宗三显然是以中国哲学的某些价值取向为基本标准在对中西哲学施以"判教"。由于牟宗三表现出了过于亢进的民族意识和深层文化心态上的华夏文化优位论，因而其有关理论活动固然较为充分地凸显了中国哲学的精神特质，但却很难被认为是持平之论。特别是对于西方哲学发展走向的判定，恐怕难免独断色彩。立足于上述认识，牟宗三给西方哲学的未来走向下了这样的断语："我看西方哲学在这一方面的活动所成就的理想主义的大传统，最后的圆熟归宿是向中国的'生命之学问'走，不管它如何摇摆动荡，最后向这里投注。"㉙认定中国哲学是西方哲学的"归宿"，这在牟宗三的思想系统中固然有其内在的理路，但是，它能普遍性地被人们特别是西方人认为是合理、合情的结论吗？就其理论的出发点而言，牟宗三衡论中西文化的基本意旨是要申说中国像西方一样，其文化中亦是有"哲学"这一"中心领导观念"的；但就其最后的结论而言，牟宗三却又事实上是在归根结底的意义上否定了西方哲学存在的合理性。这其中显然包含了某种逻辑的跳跃。之所以会如此，是与牟宗三是秉持"华夏文化中心论"的深层文化心态、以中国哲学的某些价值取向为基本标准在对中西哲学施以"判教"有着直接的关系。

第二，在某些理论关节点上仍有未安之处。牟宗三识见卓特，哲思绵密，的确是难得一见的时代哲人。但是，由于他所面对的课题实在堪称是"前无古人"的，因而其有关理论创获显然不可避免地会存留下一些需要进一步加以考量的问题。一段时间以来，学界围绕"良知自我坎陷"说和"内在超越"说所进行辩难就从一个侧面表征了这一点。本文在这里想进一步加以讨论的，是牟宗三围绕"道德的形上学"所提出的某些论断。

牟宗三证立"道德的形上学"的一个重要的前提，是充分肯定了本心不仅是道德活动的价值之源，而且更是"能肇始一切物而使之有存在"㉚的宇宙本体。这可以看作是将本心客观化、实体化。笔者认为，这显然与牟宗三受西方现代哲学的影响有直接的关系。尽管可以在比较文化的视野中认为本心在儒学中具有与西方文化中上帝同样的"逻辑"地位，而且儒家心学的先驱孟子、王阳明等也的确曾经关联于天地宇宙肯定过本心仁体的重要作用，但由于传统儒学所走的是内在超越之路，由此成立的是"境界形上学"而非"实有形上学"。本心仁体并没有也不可能在道德境界之外实体化为一种独立的、客观的"绝对实体"，所谓"生"、"成"只能是价值意义的，即以人之道德理性之光去为天地宇宙、万事万物的存在赋予意义，而不可能是实存的、发生论意义的。牟宗三关于本心仁体亦是天地宇宙之本体的论断显然包含了"有进于前贤"的内容。

之所以如此显然与牟宗三是在"启蒙理性"的框架下重新反省本心仁体有紧密的关联。力图华化西方文化是现代新儒学之为"新"的一个重要缘由，西方现代文化客观上构成了牟宗三展开学理系统的基本背景之一。现代西方文化源起于文艺复兴特别是启蒙运动之后，因而它一直是在"启蒙理性"的基本框架之中，追求彻底排除了主观因素的"纯粹"的客观性成为启蒙理性的基本义旨之一。牟宗三在儒化西方哲学的同时，也不可避免地会将中国哲学的有关问题纳入到西方哲学的理论框架中来予以思考。正是由于他在中西哲学对比的背景下，要将中国哲学传统的"境界形上学"与西方"实有形上学"加以等观，他才力图"以道德的进路对万物之存在有所说明"，并认定本心通过"其创造性的意志之作用或通过感通遍润性的仁之作用"而能创生、始生宇宙万物。由此，本心就被客观化、实体化，这就不能不给牟宗三的有关思想带来两个方面的限制：

其一，本心何以是宇宙万物的本体？这是一个尚未确定证立的问题。牟宗三之所以作出这一论断，将儒家"境界形上学"与西方"实有形上学"混同为一是一个重要原因。正因为此，牟宗三才将先儒本属于境界形态的主要具有价值意义的有关论断看作是所谓"实践的证立"。也正是由于将儒家"境界形上学"等同于"实有形上学"，牟宗三才会运用早就为康德所批判的"上帝存在本体论证明的方式"来力图"思辨的证立"本心具有同上帝一样创生、始生宇宙万物的能力[31]。然而两者毕竟关涉到不同的领域，如果说实有形上学主要是面对客观实存的话，那么境界形上学则主要是落脚于主体的情感、意志与理性。姑且不论"上帝存在之本体论"的证明对于"上帝创生万物"本身就是虚幻的，即使这种方式是有效的，也很难由上帝创生万物逻辑地推演出本心创生万物。因此，笔者认为，"本心何以是宇宙万物的本体"在牟宗三思想中实是一个尚待确当证立而悬而未决的问题。

其二，牟宗三的这一论断是否符合中国哲学的未来走向？这也值得仔细思量。在笔者看来，以儒道释为主体的中国传统形上学可以说都是境界形上学，因而用实有形上学的方式将本心仁体看作是宇宙万物的本体并不符合中国哲学的传统。尽管牟宗三的有关主张可以纳入启蒙理性的框架，但随着后现代主义的兴起，西方文化的价值取向也表现出了明显的变化。后现代思想家明确意识到，"西方文化今日须要以其先前使自身非神学化的同样方式来使自身非科学化"[32]。在一定意义上，可以把后现代主义的兴起看作是西方文化相承近代以来的发展在当代完成文化主题之转进的标志。这种思想转进的实质正在于：由传统的以对外在客观的追寻为中心转而走向以人之内在的生命意义的安顿为中心[33]。正因为此，西方后现代文化不仅偏离了启蒙理性所规约的价值取向，而且与中国文化传统在主题上表现出了某种程度的类同。面对这样的发展态势，我们的确应当重新考量：将本心仁体客观化、实体化究竟是否符合中国哲学本应有的未来走向？

注　释：

① 方克立：《追求真善美的统一》，《哲学研究》1995 年第 11 期。

②⑪⑯㉖㉘ 牟宗三：《中西哲学会通之十四讲》，上海古籍出版社 1997 年版，第 1、11、39、11、72 页。

③④⑤⑥⑫⑭㉙ 牟宗三：《中国哲学的特质》，上海古籍出版社 1997 年版，第 3～4、7、4、1、11、4～5、8 页。

⑦ 牟宗三：《中国哲学十九讲》，上海古籍出版社 1997 年版，第 6～9 页。所谓 metaphysical necessity，牟宗三称之为"形而上的必然性"。

⑧⑨⑩⑬ 牟宗三：《中国哲学十九讲》，第 7、9、13、14 页。

⑮㉚㉛ 牟宗三：《现象与物自身》，台北学生书局 1984 年版，第 38～39、19、39 页。

⑰ 牟宗三：《智的直觉与中国哲学·序》，台湾"商务印书馆"1993 年版。

⑱ 由于此问题所涉甚大，这里不可能作出完整的论述。详论可参见牟宗三《智的直觉与中国哲学》、《现象与物自身》与《圆善论》等著作。

⑲ 冯友兰：《三松堂自序》，北京三联书店 1984 年版，第 215 页。

⑳ 在谈到中国哲学在世界哲学史上的地位时，胡适回顾了东西哲学发展的历史，认为分别代表了东西哲学传统的中国与西方哲学"到了今日，这两大支的哲学互相接触，互相影响。五十年后，一百年后，或竟能发生一种世界的哲学，也未可知。"参见胡适：《中国哲学史大纲》，上海古籍出版社 1997 年版，第 4 页。

㉑ 胡适：《中国哲学史大纲·蔡元培序》。

㉒ 冯友兰：《中国哲学史》上卷，中华书局 1961 年版，第 1 页。

㉓ 这方面的具体论述可参见李翔海：《关于"中国哲学合法性"问题的两点思考》，《社会科学战线》2004 年第 3 期。

㉔ 牟宗三前两方面的工作主要见诸《历史哲学》、《政道与治道》、《才性与玄理》、《心体与性体》、《佛性与般若》、《中国哲学的特质》、《中国哲学十九讲》和《中西哲学会通之十四讲》等著述，后一方面的工作则主要集中在《智的直觉与中国哲学》、《现象与物自身》和《圆善论》等著述中。

㉕ 傅伟勋：《从西方哲学到禅佛教》，台北东大图书公司1986年版，第225页。

㉗ 参见蔡仁厚：《牟宗三先生学思年谱》，台北学生书局1996年版，第156~162页。

㉜ 理查德·罗蒂著，李幼蒸译：《哲学和自然之镜》，三联书店1987年版，"中译本作者序"。

㉝详论参见拙文：《世纪之交的回观》，《北京社会科学》1998年第3期。

（作者单位：南开大学哲学系）

客观化及其限制

——牟先生《荀学大略》解义

□　东方朔

一

　　本文所欲考察者，乃意在牟宗三先生对荀子思想之疏解。

　　若依蔡仁厚先生对牟先生"学思历程"六阶段的划分，可以说，基本上牟先生对荀子思想的关注乃主要集中在第三阶段"客观的悲情与具体的解悟"上①，并在《历史哲学》、《政道与治道》中有简要的论述，而其中又以《荀学大略》最为系统。

　　《荀学大略》最早由"中央"文物供应社于 1953 年印行，为一独立的小册子，到 1979 年，牟先生将 1963 年发表于《民主评论》上的公孙龙子诸篇和 1967 年发表于港大《东方文化》上的有关惠施的文字辑在一起，更名为《名家与荀子》，由学生书局出版。

　　经由 1949 年的变故，在 20 世纪 50 年代，牟先生的研究工作与前期对纯粹哲学问题的探究（如《认识心之批判》）不同，而将主要重心落实到对历史、文化和政治的哲学思考方面，亦即如何本内圣以求民主和科学的独立发展。蔡仁厚先生说："（牟）先生根据客观精神之所感，转而为'具体的解悟'，以疏导华族文化生命的本性，以及今日'所当是'的形态，以解决民族生命的途径。这是由'大的情感'之凝敛转为'大的理解'之发用，其结果，便是《历史哲学》、《道德理想主义》、《政道与治道》三书之写成。这三部书有一个共同的基本用心，是即：本于中国的内圣之学以解决外王问题。"②

　　牟先生的以上三书一般被学者称之为"外王三书"，基本完成于 20 世纪 50 年代，我们也可以说，牟先生有关外王思想的著作大多集中于此十年间。有意思的是，《荀学大略》的完成亦在此一时段，但人们在论及牟先生的有关外王思想时却对此注意不多，究其原因可能大体有两个方面：一是《荀学大略》原本是一专门疏解荀子思想的小册子，在写作上亦取随文附义的方式，不易引人注意；其二，牟先生在该书 1979 年版的"序"中曾这样说："吾将名家与荀子连在一起，旨在明中国文化发展中重智之一面，并明先秦名家通过墨辨而至荀子乃为一系相承之逻辑心灵之发展，此后断绝而无继起之相续为可惜。"③人们或以为牟之作《荀学大略》乃只在关注先秦逻辑观念之发展，以至忽略牟对荀子学术大体之了解及其精神大端之被覆。

牟先生的确认为，荀子具"逻辑之心灵"，并与西方重智系统相接近，然正如牟先生自己所说，荀子"毕竟非正面面对逻辑而以逻辑为主题也，此乃从其正面学术拖带而出者。故欲了解荀子逻辑之心灵，亦必须先通其学术之大体。"（第193页）可以说，牟先生之作《荀学大略》有其明确的问题意识：其一，是试图对宋明儒者因荀子"不识性"而对其思想所显之客观精神之意义不予尊重的现象加以点发；其二，即是对当时荀子学研究的不满，所谓"民国以来，讲荀子者，唯对其《正名》篇尚感兴趣，至于其学术之大略与精神之大端，则根本不能及"，而对于荀子所言之"礼义之统"的意义，则尤不能相应。不难看出，上述两个方面对于中国文化的未来开展，尤其对"下端的撑开"具有不可忽视的重要性。

本文无意系统介绍其中的全部观念，所作者亦只是顺牟先生之思路，择其主要观念略作勾画而已，其间容或对我们今日思考儒学有启悟之处④。

二

就理论而言，科学、民主等外王内容之开出与人性善恶之间的关系究竟该如何分析，确是一个颇为繁难的问题，本文无意涉及⑤。但在先秦儒家中，荀子因其主性恶而言隆礼重法⑥，并力攻孟子性善之说。荀子云："人之性恶，其善者伪也。今人之性，生而有好利焉，顺是，故争夺生而辞让亡焉。生而有疾恶焉，顺是，故残贼生而忠信亡焉。生而有耳目之欲，好声色焉，顺是，故淫乱生而礼义文理亡焉。然则，从人之性，顺人之情，必出于争夺，合于犯分乱理而归于暴，故必将有师法之化，礼义之道，然后出于辞让，合于文理而归于治。用此观之，然则人之性恶明矣，其善者伪也。"（《性恶篇》）但是，对于荀子之性恶论究竟如何理解？对此，唐君毅先生认为，必须从"人伪"与"自然"两者相比较的角度来加以把握。唐先生说："吾今之意，以为荀子所以言性恶，乃实惟有与人伪相比较，或与人之虑积能习，勉于礼义之事相比较，而后反照出的。"⑦依唐先生，单就言性而言，原无所谓恶与不恶，只是天所就之自然而已，但人虑积能习所依之礼义文理之理想与现实之间形成一种反照关系，人愈有理想，则此反照愈是强烈，而愈反显出此未转化的现实为"不善而恶"，"故荀子之性恶论不能离其道德文化之理想主义而了解。"⑧并借此理想转而为对人的现实生命的状态有以转化，就此而言，唐先生认为："荀子之所认识者，实较孟子为深切，既欲转化之，即不以之为善，而当以之为恶。性恶之论，亦即在此义上，为不能不立者矣。"⑨

不能不说，唐先生之诠释颇显独特，也有道理，他从对人的现实生命的下堕现象的关注而认为荀子言性恶"实较孟子为深切"，想必也是有感而发⑩。不过，在唐先生的这种诠释中，荀子思想内部本身所存在的问题则不免随之暗而不彰。对荀子的性论，牟先生则十分注意从孟子性善论的对显中，从人所以异于禽兽者几稀的对显中加以把握。牟先生认为，荀子"论人之性完全从自然之心理现象而言。"（第223页）一方面，从人之好利、疾恶等方面说人之性，即此性落于人欲之私上；另一方面，从人之饥而欲饱、寒而欲暖等方面说人之性，即此性只是生物生理之本能，而从人欲之私和生物生理之本能上言性，即是从人之动物性上言性。从这个意义上看，牟先生认为，"荀子只认识人之动物性，而于人与禽兽之区以别之真性不复识。"（第 224 页）但若果将此动物性视之为人性，其结果则必出于争夺而合于暴。然而，荀子并未就此一滚下去而成虚无主义，而是就此提出了他的"化性起伪"的主张⑪。因此，牟先生认为，荀子"于动物性之自然一层外，又见到有高一层者在，此层则心（天君），故荀子于动物性处翻上来而以心治性。"（第 224 页）

荀子尊心，使居君位，而谓"心者，形之君也，而神明之主也，出令而无所受令。"又云："心居中虚，以治五官，夫是之谓天君。"（《解蔽篇》）但如何理解荀子所言之心？对此，牟先生提出两点，首先，荀子之心只是认识的、思辨的心，而非道德的、仁义的心，"此智心以清明的思辨认识为主。"（第 224 页）最能表现此心之特点的就在于水之喻一段。荀子云："故人心譬如槃水，正错而勿动，则湛浊在下，而清明在上，则足于见鬓眉而察理矣。微风过之，湛浊动乎下，清明乱于上，则不可以得大形之正也。"（《解蔽篇》）水清自能照物，心清则能见理。荀子虽言"虚一而静"，但他以智识心所表现的并不是道德主体（理在心外），而只是知性主体，其认知方式只是外在的、对象式的观照，这是荀子之所以与西方文化之主流同路的主要原因。顺此以往，在知识上也就只止于经验主义与实在论，而不可能有真正的超越意识和道德的理想主义。故牟先生说："而一般言之，从主体方面说，是理智的理性主义；从客体方面说，是外在的或实在论的理性主义，而终不易至真正的理想主义。荀子如此，在西方顺希腊传统下来者亦如此。"（第 226 页）学者不难看到，就在这一点上看，唐、牟之间的诠释有其不甚相同之处。

另一方面，荀子言心既只具认知之功能义，而不具价值之本体义，那么，由是而来的礼义法度之制作则在人身上没有真正的根源。虽然荀子主张以智心之明辨以治性，然而，荀子并不信任心的选择具有必然的正确性，故须以道为标准，"离道而内自择，则不知祸福之所托。"（《正名篇》）道是凝聚地说，礼义法度则是散开地说，所以牟先生认为，荀子"实非以智心本身治性，乃通过礼义而治性也。"（第 226 页）认知之智心能明礼义，能为礼义，就其明辨之功能而言，所成就者乃是"外在的发明义"；就其积习以成之之作用而言，所获得者乃是"经验义"，但无论如何，礼义法度却没有在人的性分中加以安顿，而委之于圣人之伪，故荀子说："圣人积思虑，习伪故，以生礼义，而起法度。然则礼义法度者是生于圣人之伪，非故生于人之性也。"（《性恶篇》）虽然从理论上说，既然人性为恶，则圣人何以可能之追问必须首先加以回答。但即便撇开这一点，当荀子将礼义法度委之于圣人之伪而非生于人性时，在牟先生看来，荀子思想所可能产生的双重后果恐怕都不是荀子所能承担的，此即其一，尽管荀子所言的礼义法度包含道德的含义，然而，由于其没有内在的仁义心为基础，其外在的底子却是自然主义的。问题在于，"礼义究竟是价值世界事，而价值之源不能不在道德的仁义之心，其成为礼义制度，固不离因事制宜，然其根源决不在外而在内也……落于自然主义，其归必至泯价值而训至无礼义可言矣，其一转手而为李斯韩非，岂无故哉？"（第 226～227 页）其二，荀子既然认为圣人之性与众人同⑫，那么，圣人何以能伪礼义法度的原因便不系于其德性，而只系于其才能。若果真如此，则此礼义法度便一转而成为可欲不可求之事，而无保证，而无必然性、无普遍性，其结果，则"途之人可以为禹"既成空说，而所谓礼义之隆也不免落于虚置。

三

的确，荀子之学以隆礼重法为其主要特征之一，但牟先生对荀子思想之疏解则汲汲于从此礼法之心性根源上加以点发，而定其大本不立。此正本清源之工作所以刻刻不懈，在牟先生，乃关涉到儒门之正统与别支问题，不可草草放过。

与将性看做是负面的、被治的对象一样，在荀子那里，天也是负面的、被治的，天只是依自然而行的常道而已，所谓"天行有常，不为尧存，不为桀亡"。（《天论篇》）牟先生认为："《天论篇》言天职、天功、天情、天官、天养、天政、天君，皆自然而有，并无形上意味，或道德价值意味，故无可云善，乃纯为被治之负面，如性恶之性亦为被治之负面。"（第 197 页）荀子如此言天即表现其涵具知识系统之逻辑心灵，天成一外在的被治的对象，"大天而思之，孰与物畜而制之？从天而颂之，孰与制天命而用之？"（《天论篇》）因此，荀子之天乃非宗教的、非形上学的，亦非艺术的，只是科学中"是其所是"之天[13]。在牟先生看来，荀子的这一观点与孔孟之间也颇有差异。盖在孔孟，天乃饱涵道德意义的形上之天，故其必言与天地合德，与日月合明，而其所以必言"合"则在此天乃一正面之天，是价值的源头。依《中庸》，即"天地之道，可一言而尽之也，其为物不二，则其生物不测"，故必有以道德之理想以随顺之，成全之。"苟不固聪明圣智达天德者，孰能知之？"因此，依孔孟之理路，我们乃可以说，尽人之性，尽物之性，而可以参赞天地之化育，所谓"顺之则生天生地，逆之则成圣成贤"，礼义法度皆由天出，皆自性分中出。但荀子不悟这一关，将天看做是负面的、被治的，"唯是从对治上着眼，一面刺出去为被治，一面造出来为能治，人造能治者，正所以治被治，则能治者之功用全在相对而见。相对而见，则能治之礼义法度亦唯是工具之价值，而无内在之价值，此则终不免于功利之窠臼，是则终不及孟子之照体独立之内在于性分而见之者之为高也。"（第 214 ~ 215 页）[14]

牟先生锁定，荀子之学在关节问题处提不上，转不过，以至本源不清，此处必须加以点醒，模糊不得，因为大本不立，则其所言之礼义亦只成"空头的无安顿的外在物"。可以说，牟先生对荀子通篇之释皆念念于此。然而，牟先生也并非一往只是随顺孟子内圣之理路而全力反显荀子之不足。站在建构客观精神的角度，毋宁说，牟先生对孟、荀二大儒的长短得失皆有精到的指点。在牟先生看来，孔子乃全德备道之至圣[15]，肫肫其仁，上契于天，但在历史文化方面亦同时显示客观精神之坚实与丰富；孟子由四端之心而悟良知良能，主仁义内在，性由心显，正由其恻隐之情而深悟天心天理之为宇宙人生之大本，然而，其转之于历史文化的客观化方面则又嫌不足；荀子虽本源不足，他却由性、天之被治转而为诚朴笃实之心而能真切地注意到礼义之统，并极言知统类，一制度，断之于礼宪，为仁义原则指出客观化之道。尽管荀子之学不足于极成此客观之道，然而，其开发之意义与路向却是儒家文化未来发展的必由之路。

由此而观，对荀子之学如何加以疏解，以使其贯之于孔孟则成为问题之关键。首先，牟先生认为，"荀子特重知统类，一制度，此则孔子从周之义。典章制度，所以构造人群者，孔子之所重，正名定分，辨治群伦，亦荀子所雅言，亦承孔子而来者。由此言之，荀子亦继孔子之统。"（第 217 页）其次，荀子由性、天之被治转而重诚朴笃实之心而成其理性主义品格。与孟子主性善而向深处悟、向高处提不同，荀子作正名，辨类族，隆礼义而杀诗书，表现为向广处转，向外面推。是则，孟子重在内圣，而荀子重在外王。内圣之学固是儒门之命脉，但此内圣之仁道原则如何表现于社会历史之中，如何贯之于社会历史、政治、法律、组织、制度之上，则非有此"推"、"转"之力量不可，故而牟先生指出："外王之极致，非徒不遗外而已，亦非徒兼善天下之致用，力济苍生而不舍，而已也。盖兼善有兼善之道，力济有力济之法。此道此法非只圣君贤相德慧之妙用，亦非只大圣贤恻怛之悲怀，乃必须是组织社会人群之礼义法度，此即百王累积之'礼义法度'也。"（第 200 页）而这正是荀子之学之于今日儒家未来开展之意义所在。

此意义即在如何保持其主观精神、天地精神之基础上，力展其客观精神。

牟先生此处之用语多少表明黑格尔的思想对他的影响。我们知道，黑格尔的精神哲学分有三个部分，即主观精神、客观精神和绝对精神，而所谓的客观精神又分为抽象法、道德和伦理三个环节。在"抽象法"阶段，黑格尔围绕法作为"意志自由之定在"展开论述，而"道德"则是扬弃抽象法发展而来，故也称之为"主观意志的法"。抽象法是客观的，而道德则是主观的。但只有发展到"伦理"阶段才是主观与客观的统一，才是客观精神的真正实现⑯，因为表现主观精神的道德只有在伦理阶段的家庭、市民社会和国家中才能真正得以具体化、真实化。牟先生在分疏荀子思想时显然借助了（并非等同）黑格尔的类似概念。牟先生指出："客观精神与主观精神（亦可曰主体精神）及天地精神（即绝对精神）皆不同。客观精神之表现在政治之组织、国家之建立、历史文化之肯定。客观者即内在之仁义（道德理性）之客观化于历史文化、国家政治而为集团之形成且由此集团以实现之也。"（第 201 页）那么，荀子之学又是如何体现此一客观精神的呢？首先，荀子由性、天之被治而重言诚朴笃实之心，此心表现为明辨之理智，故而能明统辑类，较之于历史文化，则能对百王积累之礼义法度能统而一之，连而贯之。法之大分，类之纲纪皆表现出一种条理秩序的客观化，唯此而后治道乃可得而实现；其次，荀子言礼"为人道之极"（《礼论篇》），落于重义、重分的义道，其本身则涵具着一种客观化的理性架构。荀子重群、重义、重分，以义道之伦类、制度一人伦、应人群，则群体歙然而凝定。故义道必落于现实组织中而表现为礼义法度，而此礼义法度即是义道之客观化。荀子云："以类行杂，以一行万……君臣父子夫妇，始则终，终则始，与天地同理，与万物同久，夫是之谓大本。故丧祭朝聘师旅一也，贵贱杀生与夺一也，君君臣臣父父子子兄兄弟弟一也，农农士士工工商商一也。"（《王制篇》）不用多大的努力即可看到，荀子所谓"以类行杂，以一行万"所体现的正是从类分，齐言行，一制度的客观化原则，"有法者以法行，无法者以类举"（同上），如是，阶层之分，伦理之义无不在此一原则之下，架构成一有条不紊的大系统，此一大系统正体现了构造人群法式的礼宪，"将散漫而无分义之人群稳固而贞定之，使之结成一客观之存在，故礼宪者实是仁义之客观化。"（第 200 页）就儒门学说客观化之理论的系统阐释而言，荀子以前尚没有过于荀子者，故牟先生认为，其精神表现为"庄严稳定足为外王之极致，于中国文化史上，盖亦无以伦匹也。"（第 200 页）

当然，相比之下，孟子以及下开至宋明诸大儒主仁义内在，言至诚天德，于本源处站得稳，立得起，而能直透绝对精神，但其不足则表现在其客观精神隐而不显。牟先生认为，"彼诸大儒皆知儒家之学未有离开人伦而空说道理者。然只知本体不离人伦，由人伦以指点本体。徒人伦之肯定并不足于为客观精神之表现，学术文化上不能发明客观精神之肯要价值，则社会上亦不能表现客观精神，而民族亦遂趋于委靡散漫之境地。"（第203页）事实上，问题还有另一面，对荀子而言，不见"仁者人也"一路，固然所言之一切精神皆无归宿，然而，若忽视客观精神之建构，则所谓主观精神、天地精神亦无光彩、无力量，而所倡之仁教亦推不开、扩不出，因此之故，理学家所欣趣的天地精神则不免流为一副自慰的精神清凉散。牟先生认为，理学家大都带有山林气，他们在"为己"、"自得"、"受用"的旗号下，"视国家政治为俗物，视礼义法度为糟粕，而自退于山林以鸣风雅，自谓与天地精神相往来，而不知已奄奄待毙也。"（第219页）[17]

我想说的是，牟先生的观点可能并不需要诠释，需要诠释的倒是我们自己的观点。

四

牟先生对荀子之学之疏解，理论是非斩截得非常分明。一方面，他认为荀子之学因特重客观精神之建构而表现为庄严隆重，充实饱满，此自是孟子一路所不及者；另一方面，则认为荀子之学不能探其本，故其所显之客观精神因流于对治之功利而为后来之法家所毁，此自是荀子自身之限制。荀子重君权、君道[18]，然而，却对君位之安排、对君权之限制及其更迭之程序化问题俱无善法以进之。牟先生对此感叹道："吾每感此而兴无涯之悲痛，遂发愿深思而求其故，必消解此中之暗礁，吾民族始能卓然自立，免去此历史之悲运。"（第237～238页）[19]

我们知道，荀子为儒道之客观化制定了系统的礼义法度，而能制此者，在荀子看来即非君王（天子）莫属[20]，故君王即是能群、亦是善群之人。荀子云："能群也者何也？曰：善生养人者也，善班治人者也，善显设人者也，善藩饰人者也……四统者俱，而天下归之。"（《君道篇》）以此观之，可以说，"有乱君，无乱国，有治法，无治人"（同上）乃荀子政治思想之根本。依荀子，政治之要，要在君王依贤能以用法，然后法可臻其效，故所谓明君，必求贤人君子以行善政[21]，"君者论一相，陈一法，明一指以兼覆之，兼照之，以观其盛者也。"（《王霸篇》）

然而，君王是如何产生的？荀子于此之观念似乎并不同于孔孟，他认识到政治生活中权力的重要，也提出了势的问题[22]。然而，与所有传统儒者一样，荀子并未能对君位之安排、君权之转移提出一套合理之主张。荀子反对禅让，认为君王"道德纯备，智慧甚明"，无敌于天下，故"有禅国，无禅天下"。（《正论篇》）。对此，牟先生认为，荀子论君王只是就纯理之形态而言，故可传而不可让。但此义虽精，荀子却未能在君位之可传而又如何下传上开出一法律之轨道[23]。君王相传以圣为标准，子传子，贤传贤，但此亦只是"直接形态"（即所成者亦是君主专制），在无法律轨道以传之"间接形态"（所成者乃为民主政治）下，"君之出现常是取决于战争。"（第232页），因此，"革命、独夫、自然天命之竞争出，而现实历史之一治一乱之局面亦形成。"（第236页）[24]

牟先生认为，政治之道乃是一永恒之常数，而君王只是时间中的常数。政道是一架子，用以维持政权的合法性以及产生治权。故权力之更迭与政权之维持根本上是一法度问题，而不是亲情问题，其所从出者乃尊尊之义的精神，而非亲亲之仁的精神。对于传统的政治格局而言，民主政治之所以必需乃在于它解决了"时间中常数"的合法产生。但古贤对此却了无良策，他们视君王为至圣，以道德自律和圣君贤相相期盼，然而，在大一统的专制形态下，君王在权与位上"乃是一超越无限体"，在现实组织之分位等级中居于最高之位。但位愈高，即对其统驭之道便愈近于理律，愈远于法制。君王既没有客观有效之法律轨道以客观化其自身，所依者便只是一有限之道德感，而历代儒者在治道方面亦唯有诉诸道德的吁请，而无法转出政治法律的形态。牟先生认为，以孔子为代表的儒家文化之大统，在政治上皆只以道德教化的形式而表现之，所谓"上自天子，下至庶人，一是皆以修身为本。"虽然在这种形态中有尊尊之义道表现为组织中之分位，然而它只有榜样政治以稳定庶民的功用，并"不能在此分位之等级中兴发庶民之自觉以抒发其客观之精神以尽义务于群体。"（第 237 页）换言之，君、相之圣与贤虽有分位等级之组织，然而却不能进之于成一国家形态以客观化其自身，也不能兴发庶民的客观精神，故其所表现者只是君、相个人的天地精神，此天地精神固是公矣，然而却无涯岸，无边界而不能长久，不免于英雄主义或是艺术之抒发，此是无政道之治道；其次，若文化大统只表现为道德教化形式，那么儒者"皇天无亲，唯德是辅"之吁请在理论和实践上的结果只能是上不能驭君，下不能兴民，政轨道揆之客观化永远无法建立，其间的原因盖在于道德教化只能施之于政道系统化之后而见其稳顺之效，故道德教化之作用总是被动的、隶属的、委蛇的，而非主动的、骨干的、根源的。㉕

如何将此文化大统中之道德教化形式转进之于国家形式，乃是牟先生发愿深思之主题。牟先生认为："文化大统所表现之道德理性必须在国家形式下方能真实实现于历史。"（第 238 页）㉖以往中国的历史虽有政治之组织以及内在于此组织中的义道，然而，融贯于此组织中的精神却是道德的教化形式（其所表现的只是主观精神或天地精神），其作用只是个人的，散漫而无归，而其分位等级中之义道也只流于形式而不能成其客观精神之表现。因此，我们也可以说，以往中国的历史虽有政治组织，虽有"天下"之观念，"却从未从此涌现出国家性。"（第 242 页）牟先生认为，国家是文化上的产物，而国家所以能将此表现主观精神的道德教化形式得以客观化，乃在于国家作为一个群体之组织是经由各个体之自觉而重新组织起来的真实的统一㉗，此个体之自觉必含二步：必须对君有法律轨道之安排，转其超越之无限体为客观的、有限的存在；必须使民成为公民，建立权利、义务系统。此道德理性之客观化所表现出来的间接形态与民主政治是一回事，因此讲国家形式不可与民主政治相对立，并且也只有在现代的国家形式中，个人才能在保有其自由、独立的基础上歙然凝定为客观化和真实化的群体，也唯有如此，价值之表现和道德的理想主义才能真正得以实现。

我们顺牟先生的《荀学大略》并择其主要观念作一平铺之叙述，就主观意愿而言未曾想有所加缀，盖牟先生于此所表现之观念、理趣本已清楚明白。我们认为，牟先生本书所表达的思想与其"外王三书"有着相同的发愿，共同的关怀，今日读之仍让人怦然心动，而所以有此心动者，则在于牟先生所指点的时代课题，到今天，似乎多少有些被旁落的意味。而这一课题若未获得其时代的正解和确解，则被旁落的就不仅仅只是这一课题本身，而可能是我们自己，可能是儒学自身。

我不知道这是不是我们今日所应有的悲愿。

20 世纪 60 年代后，牟先生学问之重心再一次发生转移，平章三教，兼及中西，全力于康德哲学之阐发以证成儒家智的直觉与二层存有论，及至晚年之作《圆善论》，彻法心源，极言圆教与圆善，其学问之重点与外王之开出以及客观化之落实已有不同。平实而言，牟先生非不知客观化之于儒家哲学之重要。然人生有限，要做的事太多，而真正能做成的事又太少，将心思收拢起来，集中于一点开发下去，亦正有所作为者所以能成其大用也。

只是遗憾的是，后期牟先生之学的确已臻至圆而神之境，然而，其中期用心的课题以及发愿深思的主题却多少被此圆而神所遮蔽、所淡化。我们无由苛责牟先生，我们只能苛责自己没有全盘理解牟先生。在此意义上，我个人觉得，当前及此后的牟宗三思想研究之重心应有一双重之倒转：由牟先生之后期倒转至牟先生之中期；由内圣之主观精神（天地精神）倒转至外王之客观精神。

唯其如此，我们才能避免儒家哲学与时代问题脱节而不能针对时代问题发言的历史命运。㉘

注　释：

① ②　蔡仁厚撰：《牟宗三先生学思年谱》，台北学生书局 1996 年版，第 121 页。

③　牟宗三：《名家与荀子》，台北学生书局 1979 年版，第 5 页。

④　对于牟先生的荀子研究，学界有不同的看法，有的学者认为，牟先生对荀子思想之把握颇有问题。本文无意就此问题提出说明，只着重于牟先生有关客观化之观念略加梳理，以期有益于我们今日儒学之思考。

⑤　相关讨论最值得注意的是张灏先生的《幽暗意识与民主传统》，台湾联经出版事业公司 1990 年修订版，而李明辉先生则于 1995 年撰长文《性善说与民主政治》，对张灏先生的观点及其相关问题作了系统的分析，并认为"幽暗意识"不但无助于理解民主政治的本质，反而可能模糊问题的焦点。该文又收录于氏著《孟子重探》，台湾联经出版事业公司 2001 年版，第 133～168 页。对于此间的讨论，本文作者认为，有一句名言，虽不乏理性的狡猾，但还是颇有启发：因为人性恶，故民主政治乃所以必需；因为人性善，故民主政治乃所以可能。

⑥　荀子云："今人之性恶，必将待师法然后正，得礼义然后治。"（《性恶篇》）

⑦⑧⑨　唐君毅：《中国哲学原论·原性篇》，台北学生书局 1984 年版，第 48、49、52 页。

⑩　唐先生在论及孟子性善论时，亦极重人性的种种下堕现象，因而他对《中庸》的诠释也颇见其用心。学者可参看《中国哲学原论·原性篇》第一章第四、五节以及第二章之第五、六节。

⑪　荀子云："今人之性恶，必将待师法然后正，得礼义然后治。"（《性恶篇》）就荀子之思想而言，他的性恶论与他的隆礼重法的主张之间有非常紧密的逻辑关联。

⑫　荀子云："凡人之性者，尧舜之与桀跖，其性一也。君子之于小人，其性一也。"（《性恶篇》）

⑬　牟先生此说与冯友兰先生之说大体相同，冯先生也认为，"荀子所言之天，则为自然之天。""其中并无道德的原理。"（《中国哲学史》上册，华东师范大学出版社 2000 年版，第 216、217 页）

⑭　劳思光先生亦有此义，他认为，若礼义之产生看作是应付环境之需要，则此礼义只能有工具的价值。参见《新编中国哲学史》（一），台北三民书局 2000 年版，第 340 页。

⑮　牟先生此"全德备道"一语乃资用荀子之说法。

⑯　黑格尔认为，"主观的善和客观的自在自为地存在着的善的统一就是伦理……因为法欠缺主观性的环节，而道德则仅仅具有主观性的环节，所以法和道德本身都欠缺现实性。"（《法哲学原理》，商务印书馆 1982 年版，第 162～163 页）

⑰　牟先生并非指向所有的理学家。然而，就总体而言，宋明儒学在推展儒学之客观化这一面用力稍欠，当是不争的事实，具体原因则可能与他们当时的使命有关。

⑱　荀子曰："道者何也？曰：君道也。"又曰："君者，民之源也。源清则流清，源浊则流浊。"

（《君道篇》）

⑲　在此意义上，有关君权之限制以及权力更迭之程序化问题乃是牟先生借荀子之疏解而拖带出来的（荀子思想中自有一些问题，然此问题又不止荀子一人而有）、属于整个中国文化的问题。需要说明的是，牟先生在《荀学大略》一书中所讨论的相关问题，许多观念皆可在《政道与治道》一书中见到，可见此二书之间有非常密切的联系，学者尤可参见该书之第一、二、三、八章。

⑳　荀子主圣即是君王，君王即是圣之观念，与传统儒者看法无异，见《正论篇》。

㉑　参见《中国文化新论·思想篇》（一）之张端穗文，台湾联经出版事业公司 1983 年版。

㉒　对此问题学界似乎有不同的看法，如郭沫若先生在其 1944 年所写的《荀子批判》中好像对此就持不同意见，学者可参见《十批判书》，东方出版社 1996 年版。

㉓　关于这一观点，牟先生在《政道与治道》中进一步认为："荀子甚有概念思辨之能力，然亦未能就此而开出义理之应然。"见该书台北学生书局 1996 年增订新版第 9 页。

㉔　在《政道与治道》一书中，牟先生认为，在中国传统的政治格局中，"政权之行使与取得未有一定之常轨，故治乱相循，而打天下（革命）乃为政权更替的唯一方式，儒家于此亦始终未能有一妥善治办法。"参见《政道与治道》第 48 页。

㉕　参见牟先生：《政道与治道》第 17 页。

㉖　牟先生盛言"国家形式"对于客观化道德理性的重要，表明黑格尔哲学对他的影响。黑格尔也主张，"国家是伦理理念的现实。"又说："国家是客观精神，所以个人本身只有成为国家成员才具有客观性、真实性和伦理性。"（《法哲学原理》第 253、254 页）应当说，在牟先生的"外王三书"以及《荀学大略》等著作中，牟先生受黑格尔思想影响的痕迹比较明显，此盖与其寻求儒家精神之客观化努力有关，而黑格尔哲学之精神就其不满于康德而言，也表现在其认为康德哲学只是一种空虚的形式主义，所以黑格尔力图寻找一条客观化的途径。

㉗　黑格尔则认为，"自在自为的国家就是伦理性的整体，是自由的现实化。"又云："现代国家的原则具有这样一种惊人的力量和深度，则它使主观性的原则完美起来，成为独立的个人特殊性的极端，而同时又使它回复到实体性的统一，于是在主观性的原则本身中保存着这个统一。"（《法哲学原理》第 258、260 页）

㉘　20 世纪以来，对儒学的反省大多集中于哲学心性论层面，而未及于政治外王之客观化层面，致使儒学在今天不能成为引导人们行动的指导观念，与时代问题和人们的现实关怀脱节，也自觉不自觉地将今日社会的"公共话语权"拱手交出。处于当今之世，我们谈论儒学不能仅仅只止于心性道德上的自我完善，而必须在客观面上确立政治外王领域的独立性。黑格尔曾经认为，中国文化只在儿童期，中国只有皇帝一个人才有自由，其他的人都没有自由。因此，儒家思想只谈道德的主体，谈道德主体的意志自由，但却自始没有形成政治意义上的个体，没有法权意义上的自由，因而不能通过法来保障自己。人要有道德上的自由，但也要有法权上的自由，而自由又与民主连在一起，即究竟在何种制度设计下才能使自由得以真正的保障，使自我的道德完善辅之于现代社会的合法化的政治制度设计。因此，我认为，今日谈儒学的发展有两个必须：必须自觉地意识到内圣和外王两面的重要性；必须自觉地反对专制主义，接引自由主义有关自由、民主、人权的价值。惟其如此，我们才能避免将儒学之未来发展导入了无涯岸的、无法长久的英雄主义的气魄承担或是艺术境界之抒发。

（作者单位：复旦大学哲学系）

康德美学判断力进于其道德动力对新儒学之启发

□ 周博裕

一、前　言

个人曾发表过《新儒学对康德〈判断力之批判〉之消化与超越》①及《"自然与名教，自由与道德"冲突之可能化解与超越》②两文，因此，对康德《判断力之批判》有了初步的了解，只是思考不免陷在牟先生在其译注《判断力之批判》上册书中③商榷对康德之批评，"凿"与"重述"④两个想法。本文以为，针对"康德美学判断力"之"真正动力"问题，自然要暂时离关牟先生商榷之批评，直接面对康德之"康德美学判断力"学问，如此方能寻到康德学问之真义，也方能寻得其进于其本身"道德动力"精彩处。可惜的是牟先生译注《判断力之批判》时，年事已高，因此，自然无法如同译注《康德的道德哲学》⑤一般，译一段评一段，吾人也能在其对话中得到更多的启示，现在又要暂离牟先生商榷之影响，那论文的困难度也就难免加重。

二、康德的判断力之动力

（一）纯粹理性先验地知道事物之机能，不同于道德哲学

"由先验原则以成知识"这种知识之机能名曰"纯粹理性"，而对于"此纯粹理性之可能性及其界限"之一般研究则被名曰"纯粹理性之批判（衡定）"。如此名之是可允许的，虽然"纯粹理性"一词，如在我们的第一著作中使用此词那样只意想去指明理性是指理性之知解的使用而言，又虽然此中并无意去把一理性之作为实践理性之机能以及其作为实践理性时之特殊原因置于考虑之下。因此，所谓纯粹理性之批判其为一种研究乃是只从事去研究"我们之先验地知道事物这种知之之机能"者。⑥先验的机能就是"纯粹理性"，研究"纯粹理性"即是"纯粹理性批判"。而此处的"纯粹理性批判"，并非其于

"实践理性批判"之考虑，即康德表示这不是基于道德哲学或其特殊原因之考虑下的机能。若相同康德以为并无意义，事实上康德如此说也只是说法的不同，或则又是更进一步的说法而已，所谓心同、理同是也，道理都是相通的。而先验的机能，在康德的三大批判哲学，却是重要的思考，若批判美的判断力从经验中产生，则美变成是"各是其是，各非其非"，美也变成不美。

（二）纯粹哲学之全部基地为"自然的形上学"与"道德的形上学"所笼罩所组成

如是，我以此来结束我的全部批判工作，要想尽可能从我的余年里，去抓住那尚可有利于工作的时间，我将从速进至正辞断义的部分（doctrinal part）。显然并无个别的正辞断义之部分可为"判断力"而保留，因为就判断力而言。 "批判"取代了"学理"（Theory）；但是由于随哲学之区分成知解的实践的两部分，而纯粹哲学之区分亦如此，如是，则全部基地将为自然的形上学与道德的形上学这两者所笼罩。〔依原文及 Bernard 译：如是，则自然的形上学与道德的形上学将完整起那批判的工作；Pluhar 译：如是，则那正辞断义学理主张性的事业将由自然的形上学与道德的形上学而组成〕⑦康德表示纯粹哲学之全部基地，区分为"知解"与"实践"，并为"自然的形上学"与"道德的形上学"所笼罩。这看似不重要，但本文处理的是"自然的形上学"与"道德的形上学"间之问题，那这个纯粹哲学之全部基地的内容，就更显得重要，且批判又取代了学理，其中美学判断力如何进于道德动力？或就康德的系统美又如何沟通"自然"与"自由"，这都必须去进一步了解"美学判断力"。

（三）判断力的超越原则，在先验的普遍条件下，让诸物体产生变化

一超越原则是一个"我们经由之可先验地表象一普遍条件"的原则，只有在如此被表象的普遍条件下事物才能成为我们的"认知一般"之对象。另一方面，一个原则，如若它先验地表象这样的条件，即"单在其下，对象，即'其概念须经验地被给予'的那对象，更可进而成为先验地被决定的"这样的条件，如若一个原则它先验地表象如此云云之条件时，则它便被名曰"形而上的原则"。这样说来，当作本体看而且当作可变化的本体看的绪物的认知之原则，如果它这样来陈说，即："此诸物体的变化必须有一原因"，如是，则它便是一"超越原则"。⑧康德表示在先验的普遍条件下，才能成为我们认知一般的对象，也才能被名曰形而上的原则，当做本体且可变化的本体看，物体的变化有一原因，此即是"超越原则"。此超越原则自非仅是赛跑之超越的解释，因这只是对比下的超越。康德的超越则是在必须在先验普遍的条件之下，如超越道德原则、超越自由，或以康德的话说："人没有智的直觉"，但有人则说："人有智的直觉"，若有，这就是"超越原则"。至于判断力如何地超越"自然"与"自由"，产生诸物体的变化，则有待研究与观察。"自然之适合于我们认知机能"这种"适合性"是先验地为判断力所预设，其预设之也。是为其依照经验法则而反省自然而然预设之。但是知性却始终客观地认这种"适合性"为偶然的，那只是判断力始把这种"适合性"当做超越的合目的性，即当作一种"关涉于主体之认知机能"的超越合目的性，而归属于自然。因为如果不是因有此预设，则我们定无依照经验法则而来的自然之秩序，而结果亦必无为这样一种经验，即"可使

其有效于或能对准多样性的经验法则"这样一种经验，而备的指导线索，或说结果必无为研究经验法则而备的指导线索。⑨康德表示自然合目的性原则为判断力所预设，也是依照经验法则反省是很自然的事，但这只是偶然的。经验纵使是"可使其有效于或能对准多样性的经验法则"这样一种经验，结果也不能成为研究经验法则而备的指导线索。康德的中心思想为："经验的实在论，超越的观念论。"依此，前所述的"超越"意，则更显重要。这样说来，判断力也为自然之可能性被装备以先验原则，但只是依一主观的关注或考虑而被装备以先验的原则。借赖着其如此被装备，判断力并非把一法则（当做autonomy）（注）规划给自然，而是把一法则（当做 heautonomy）而规划给自己，以指导其对自然之反省。此所规划给其自己的法则可以叫做是"自然的特殊化之法则"（自然的特殊化是就自然之经验法则而论者）。（译注 heautonomy 是自律之为自己而律——而立法，autonomy 是自律之为别的而律——而立法。判断力之立法是属前者，知性与意志之立法属后者：如知性为自然立法，意志为行为立法。）⑩康德表示判断力除了同样装备先验原则外，并不把法则规划给自然，而是规划给自己，以指导对自然之反省。知性为自然立法，意志为行为立法，判断力均超越于此，期扮演其沟通之角色，让诸物产生变化。

（四）判断力结合"知性之立法"与"理性之立法"两层立法，而其"终极目的"却独立不依于道德实践

此所谓判断力是指其独立不依于那些概念与感觉，即"它们涉及欲望机能之决定并因而能够成为直接地实践的"那些概念与感觉而言者。对欲望机能而言，则有理性，此理性是实践的。其为实践的是用不着任何快乐（不管是什么起源的快乐）之媒介而即可为实践的，而且此理性复亦为此欲望机能（当做一般较高级机能看的欲望机能）决定"终极目的"，此"终极目的"同时也伴随之以纯理智的愉悦——于其对象之愉悦。⑪

康德表示其判断力是沟通"自然"与"自由"的，于本节标题又说"知性之立法与理性之立法这两层立法，借赖着判断力而有结合"，问题是判断力又是什么？康德说它是独立不依于概念与感觉，虽它有理性，且是实践的，更是欲望机能决定的终极目的，终极目的又是伴随以纯理智的愉悦。即康德要强力摆脱道德自由实践之影响，只是依此，我们仍然无法掌握判断力究竟是指什么？此外，判断力之"自然之合目的性"之概念是落在自然概念项目下的，但只作为诸认知机能之规约原则而落在自然概念项目下——虽然对于某些对象（属自然界者或属艺术品者）所作为的那美学判断（足以引起"自然之合目的之概念"的那美学判断），在关涉于快与不快之情中，是一构造原则。诸认知之谐和一致含有愉快之根据。这样的诸认知机能之"自由活动"（游戏）中的那自发性使"自然之合目的性之概念"成为一适宜的媒介链索借以把"自然概念之界域"与"自由概念之界域"联系起来（自由概念是就自由概念之后果而言的自由概念），盖以诸认知机能之谐和一致固含有愉快之根据，而同时它亦可促进心灵对于道德情感之感受也。⑫

康德接着摆脱道德自由实践之影响后表示：判断力之"自然之合目的性"是落在"自然概念"下，而其只要还是落在艺术的美学判断，关涉快与不快之情中的构造原则，这个自发性认知机能的自由活动游戏，使这一"自然之合目的性之概念"成为一适宜的媒介链索，理由又是盖以诸认知机能之谐和一致固含有愉快之根据，而同时它亦可促进心灵对于道德情感之感受也，就要把"自然"与"自由"联系起来。说实在的，康德这样的联系未免太快了。判断力摆脱了道德自由实践之影响，说它落在自然之概念下、艺术品、快与不快中，而这个机能就能联系"自然"与"自由"，说来的确是很勉强。

康德又表示，心灵机能表为：诸认知机能（知）、快与不快之感（情）、欲望机能（意）；认知机能表为：知性、判断力、理性；先验原则：合法则性、合目的性、终极目的（最高目的或最高善、圆善）；应用：自然、艺术、自由[13]。即康德试图以快与不快之感（情）、判断力、合目的性、艺术来沟通"自然"与"自由"，看似简单明了，只是它好像仅能顺着逻辑的思考方式，从第一者推到第三者。结果客观的自然还是"自然"，而仁义礼法的理性还是"自由"，其中并无任何联系。同情的了解，依康德若说判断力含有其他三者快与不快之感（情）、判断力、合目的性、艺术的集合体，也只是把判断力往前推一步的说法罢了。

（五）愉悦与真实存在联系就是"利害关心"之愉悦，审美判断自然要独立不依于此，否则将变得不纯粹。同样不依于"妩媚与激情"，更要独立不依终"圆满概念"，因它是空的概念

一种愉悦（delight Wohlgefallen），如若我们把它拿来和一对象的真实存在之表象相联系，则此愉悦被名曰利害关心的愉悦。因此，这样的一种愉悦总是牵连及欲望（意欲）机能的，或是当作意欲机能之决定根据而牵连及之，或不然，则是当作和意欲机能之决定根据必然地相联系者而牵连及之……每一人皆必须承认：一个关于美的判断若夹杂之以些微的利害关心，它便是偏倾有所依的，而不是一纯粹的审美判断。一个人必不可有丝毫先入之见以偏爱于事物之真实存在，但必须在这方面要保存完的不关心，如若想在审美之事中尽评鉴家之本分。[14]

康德的分析愉悦和真实存在相联系就是"利害关心"之愉悦，且总是与欲望相联系、相牵连。而美若夹杂些微的利害关心，则变得不纯粹，人要保存完全的不关心，方能成为评鉴家。康德从愉悦切入，凸显出利害关心的愉悦之不当，分析得教人不得不佩服。审美为其愉悦而要求增加一妩媚（媚力）与激情之成素，这尚根本未至野蛮中挣脱出来，至于想采用此增益以为其受赞许之尺度，这尤其未脱蛮风。[15]

一般我们总认为妩媚与激情可以促进美感，没想到康德于此却说它未脱蛮风，颇让人立即转变不同于与往昔之思考。举例言之，如果在一森林中，我遇见一块草地，周围环之以树木，又如果我并不因而形成任何一目的之表象，如想它可被用来作土风舞，如是，则绝不会有一点圆满概念之暗示可以因着纯然的形式而被给予。去设想一形式的客观的合目的性，而这合目的性却又空无一目的，即是说，设想一纯然的圆满性之形式而却无任何材料或无"契合一致所联想到"的那东西之任何概念（纵使已有了纯然合法性之一般概念），这是一真正的矛盾。[16]

康德表示一草地周围环绕着树木，却用来作土风舞，则很难有圆满之概念被给予。同样地，去设想一合目的性，而这合目的性又空无一目的，如同圆满之形式，而却无任何材料或无契合之概念，这是一真正的矛盾。过去我们总把圆满当做美，当做上帝，当做至善至美，只是康德说它是空无一目的，圆满又如何说成是美，是上帝，是至善至美。若其中有文化教养，才能说成是美，是上帝，是至善至美。故康德要说审美判断是完全独立不依

于"圆满之概念"。这同样打破了吾人过去之想法。

（六）审美判断的两大特殊性——范例、模仿与美是普遍性但从特殊性而来

我们推举并亦是正当推举古人作品为模范，并且我们亦称这些作品之作者为古典的作者，恰像是他们构成作家间一类有高贵风格的人，这一类有高贵风格的人领导着人们的道路，并因而给人们以法则。我们之如此推举似乎是指示一后天的"审美品味之来源"，而且亦似乎是违反于每个人心中的"审美品味之自发自动的自律性"。但是我们也正同样或可说：古代的数学家，直至今日，是被看成是综合方法中的圆满的通贯性与典雅性之几乎不可缺少的模范……现在说到审美品味，恰因为审美品味之判断不能为任何概念或箴言所决定，是故审美品味这机能便是一切机能或才能当中最有需于范例的那机能，所谓最有需于范例，这所需之范例即是那"在文化进程中所曾使其自己久受尊敬"的东西之范例。这样，这审美品味之机能便可避免一早期的陷入于粗野，且可不重归于其最早时的努力之粗陋无文。⑰

康德此处表示模范、古典的作者、高贵风格、领导着人们的道路，并因而给人们以法则及"审美品味之来源"，虽然这违反"审美品味之自发自动的自律性"，但这就像我们对古代数学家一般，直至今日，它还是圆满的通贯性与典雅性的模范。范例、模仿仍然是"在文化进程中所曾使其自己久受尊敬"，避免吾人早早陷入粗野及粗陋无文之境。一个看似无价值的范例与模仿，在康德的分析下，竟成为审美判断的第一特性。事实上，"审美品味之判断"总是作为一关于对象的"单称判断"而被说出，知性能够在对象所给的愉悦之观点下，经由把对象拿来与他人之判断相比对，而形成一普遍的判断（全称判断），如说"一切郁金香是美的"。但是这样一来，那判断便不是一审美品味之判断，而但只是一逻辑的判断，这逻辑的判断它把"一切对象之关涉于我们的审美品味"之关涉转成一"属于某种事物"的谓述词。但是那只有"审美品味之判断"才是我经由之以视一枝郁金香为美者，即是说，我经由之以视我之"愉悦于此郁金香"之愉悦为有普遍妥效性者。但是此审美品味判断之特殊性是存于这事实，即虽然这审美判断只有主观的妥效性，然而它却仍然可以扩张其要求于每一个人，它扩张其要求于每一个人之为无保留地扩张恰如"如果它真是一个'基于认知之根据而又能够被证明而至于确实'的客观根据，则它必自会那样无保留地扩张"一样。⑱

康德此处的分析是：审美品味之判断是经由单称判断进到全称判断，即由个人之愉悦进到普遍的认同，此时也才有普遍妥效性者，只是审美品味判断之"特殊性"竟存在于这特殊性中，也才能扩张且被证明而至于确实，用简单的话说，是普遍性但从特殊性而来，此道破了一切的"美"。康德分析之细腻于此再度显现。

（七）"文化教养"是目的系统的自然最后一级的目的及动力

人自身可以因着自然以及自然之恩惠而得到满足（按：意即如有天生的事事如意的好命，如佛有三十二相，八十种好，便是如此），或若不然，则它必须即是各种目的上的性能与技巧，人为其所欲达至各种目的，他能使用其自身外的自然与自身内的自然，前一种在人身上发现的"自然之目的"必即是人之幸福，而后一种在人身上发现的"自然之目的"即应是文化教养（培育才能）。⑲

康德于此应该很清楚表达人因自然及自然之恩惠所得到的满足，即是天生好命。若不然，各种目的上的性能与技巧使用于自身之外的自然，从人身上发现的自然目的即是"人之幸福"；使用自身之内的自然，从人身上发现的自然目的即是"文化教养"。不管是自身之内或之外，都必须经过努力方成。只是人之幸福并不可靠，因它是经验之产物，文化教养则是先验的，有可靠性。两者均有动力，一动于外，一动于内。内外之动力是有很大的差别。在一理性的存有中，一种"适宜于其自己所选择的任何目的"这种适宜能力之产生，因而也就是说，一种"适宜于一存有之在其自由中"这种适宜能力之产生，便就是文化教养。因此，那"可以是最后一级目的而我们也有理由就人类而言去把它归之于自然"者便就是文化教养。人之个人的俗世幸福，以及如我们所可说，"人只是'制定非理性的外在自然中的秩序与谐和'"的主要工具"这一纯然的事实，皆须被排除，不可算是自然之最后一级的目的"（按：此最后一整句原文有括号括之，是附注语。Meredith 译删去括号，作正文）⑳。

康德进一步表示人并非只是"制定非理性的外在自然中的秩序与谐和"的主要工具，它有选择之自由，一种"适宜于一存有之在其自由中"，也即是文化教养。反之，选择于自身外的人之幸福，反而是不自由的，这看似吊诡，实则是理性的分析让人清楚，何所应当选择而已。

（八）世界的存在之"终极目的"是人或是最高善圆善，"幸福"仅是偶然附随之事

现在，假定世界上的事务，就是真实存在而言，是一些有所依恃的存有，而即就其为依恃的存有而言，它们即有需于一最高的原因为依照目的而活动者：假定是如此云云，那么，"人"便就是创造之终极目的（即世界的存在或宇宙本身之终极目的）。因为若无人，即互相隶属的目的之连锁必无最后的附着点。只有在人中，而且亦只有在人之作为那"道德法则所可应用于其上"的个体存有中，我们始在关于目的中找到无条件的立法作用。因此，此立法作用就是那唯一能使人有资格成为一终极目的者，这终极目的乃即是全部自然所要目的论地隶属到之"者"。㉑

康德前说使用自身之内的自然，从人身上发现的自然目的即是"文化教养"也即是最后一级目的，此处进一步说"终极目的"，而且"人"又是世界的存在或宇宙本身之创造的终极目的。显然自身之内发出的"文化教养"并非理性之极致，因为"人"乃是"全部自然所要目的论地隶属到之者"。只是，理性之极致，终极目的放在"人"身上是否可靠，人是经验与理性，甚至是非理性或反理性之集合体，康德把"世界的存在或宇宙本身之终极目的"放在人身上是危险的。甚至亦与其整套独立不依于经验之先验哲学相违背。此即证明：幸福只能是一受制约的目的，因而亦即证明：只有作为一道德的存有，人始能成为"创造"（世界的存在或宇宙本身）之"终极目的"，而就人之存有之状态而言，幸福只是那联系到人之存有之状态上的偶然之事（附随之事），这偶然附随之事乃是当作这样一种后果看者，即当做比例于"人之与那终极目的（作为'人之存在之目的'的那终极目的）相谐和之度"这样一种后果看者：幸福只是当做这样一种后果而联系到人之存有之状态上的一种偶然附随之事。㉒

康德此处说幸福只是一种偶然附随之事，打破以往我们对"幸福"的感受与理解。

康德前说若不然，各种目的上的性能与技巧使用于自身之外的自然，从人身上发现的自然目的即是"人之幸福"。而这里却又完全扭转前面的想法，此亦是康德思考之高明。因此，这作为终极目的的人其存在之为必然亦正是为这最高目的（最高善圆善）之故而为必然的。因为善乃是最高善圆善皆是这作为终极目的的人之存在自身中所内在地含有者。因此，作为道德存有的人可以为终极目的亦正因其自身中含有最高善圆善而然也，故终极目的亦正可以指最高善圆善言。[23]

吾人前曾要暂离牟先生之想法，但因谈的是"终极目的"故只好又把牟先生引出。牟先生以为人作为道德存有，固然是实现终极目的之必然，亦是为这最高目的（最高善圆善）之故而为必然的，康德说"人"是世界的存在或宇宙本身之创造的终极目的，牟先生则认为因"人自身中含有最高善圆善而然也"，故"终极目的亦正可以指最高善圆善言"，"终极目的"从"人"身上转至"最高善圆善"，这样的分析吾人不得不认同。

三、康德的道德动力问题

（一）智的直觉之有无问题

康德说人没有智的直觉，牟宗三则认为人有智的直觉。牟先生以为康德说人没有智的直觉之理由为：1. 就意志自律分析说，康德未能极其全蕴：空掉一切谈意志与自由，那本身只是纯粹，只是静态，同时也只是形式的意义。2. 康德的意志自律不含自愿：其中含杂、扭曲与矛盾。3. 康德的过分谨慎：智思界与感触界要通而为一，说难或容易均可，这在康德的学说中已有脉络可寻，较好的解释是康德的谨慎与吝啬。4. 康德的空头洞见找不到这种纤悉无遗的机能。5. 康德为适应耶教传统不自觉地为其所限，避免触犯整个传统。至于依康德道德形上学之基本原则检验"智的直觉"：1. 定然律令（道德原则、实践法则）不能从人性的特殊属性、性癖、性好以及经验而被推演出：依康德论点说人没有"智的直觉"，的确有点勉强。讲先验不就是本心，本心会返照、自照不就是智的直觉，因此，道德动力究竟如何发出？当然这是康德本身的困境。2. 对己对人的必然义务与对己对人的偶然义务说明不能成为普遍法则的标准：用这些话再来检验，康德说人没有"智的直觉"，自然会产生许多疑点。3. 从形式的、客观的目的明定然律令之遍效性：一切理性存有其自身即是目的。康德表示：意志为思想是一种机能，即"决定一个人依照某种一定法则之观念去行动"这种"决定之"之机能。康德这种"决定之机能"，是否就是"智的直觉"？[24]

（二）自由意志之动力问题

康德讲自由意志前先讲"尊敬道德法则"1. 尊敬用于人格，而决不是应用于事务。2. 尊敬非一快乐之情，人是在不情愿下屈服于尊敬。3. 尊敬为"意志对于法则的自由服从"的意识。4. 彻头彻尾喜欢去履行一切道德法则，非人所能达致：康德认为完全圆满的东西，不能属于人类所有，但人类却可以再循另一途径去追求圆满，并到达圆满。5. 道德的狂热产生道德力量。

康德讲"自由"则如此说：1. 自由概念为决定意志自律之关键。2. 道德法则是在自由理念下活动，而不是在冲动下行动。3. 自由理念与自律概念、道德的普遍原则，不可分地联系在一起，兴趣是很难介入的。4. 自由之路不是来自于经验，看似狭窄，却是人类使用理性唯一的一条路。5. 理性的原理引至一种绝对的必然性，并带至人类理性之极限。6. "自由"即是"自我决定"、"自我立法"，人类的向恶事实上是"不自由"。㉕

四、结论——判断力批判进于德动力处及对新儒学之启发

（一）判断力超越康德道德动力之困境

康德讲"智的直觉"、"尊敬道德法则"、"自由意志"都产生许多困境，但分析判断力时，讲"超越诸物产生变化"、"独立不依于道德实践"、"独立不依于利害关心"、"独立不依于妩媚与激情"、"独立不依于圆满概念"、"审美的两大特性"、"最后一级目的及终极目的"等等，其中已无其道德哲学中的"过分谨慎与吝啬"或"上帝之阴影"，套句康德的话，即超越让诸物产生变化。

（二）康德的思考让新儒学思考更细致细腻

康德一直试图以判断力沟通"自然"与"自由"，却无法成功，或讲"自由意志"，竟无道德动力，但在这理解康德的过程中，却让我们清楚知道儒学本身的缺失，也清楚知道康德哲学的缺失，得到的是参与阅读者，在追求理性之极致的途径上，让其体会人类之思考更细致细腻的价值，并发挥哲学思考应有之影响力。

注　释：

①　周博裕：《新儒学对康德"判断力之批判"之消化与超越》，发表于"第六届当代新儒学国际学术会议"即"牟宗三与当代新儒学国际学术会议"，山东济南舜耕山庄，1998 年 9 月 5 ~ 7 日。

②　周博裕：《"自然与名教，自由与道德"冲突之可能化解与超越》，发表于"道家思想国际学术会议"，"国立中央大学"，鹅湖人文书院，2004 年 4 月 9 ~ 11 日。

③④　牟宗三译注：《判断力之批判》（上册），台北学生书局 1992 年 10 月初版，第 33、70 页。

⑤　牟宗三译注：《康德的道德哲学》，台北学生书局 1982 年 9 月初版。

⑥⑦⑧⑨⑩⑪⑫⑬⑭⑮⑯⑰⑱　牟宗三译注：《判断力之批判》（上册），第 99、104 ~ 105、128、134、135、136、155、155 ~ 156、156、164 ~ 165、193、200、295、296、297、299 页。

⑲⑳㉑㉒㉓　牟宗三译注：《判断力之批判》（下册），第 133、136、144 ~ 145、146、147 页。

㉔　周博裕：《当代新儒学论文·内圣篇》，《新儒学对康德"智的直觉"之厘清与超越》，文津出版社 1980 年版，第 329 ~ 336 页。

㉕　周博裕：《中西哲学的面与对话》，《儒学道德动力之研究》，文津出版社 1983 年版，第 182 ~ 188 页。

（作者单位：台湾中国文化大学、鹅湖杂志社）

儒家文化与民主政道的融合之路
—— 牟宗三的突破、难题与启示

□ 储昭华　李思凡

　　如何通过自身的创造性转化实现与现代民主政道的对话与融合，一直是现代新儒家不懈探索的重要主题。在这当中，牟宗三以其对问题的深刻洞察和创造性的理论建构而实现了对前此思想的根本超越和突破，堪称是整个探索历程所取得的最高成果。傅伟勋先生关于"中国哲学的未来发展课题关涉到如何消化牟宗三先生的论著、如何超越牟先生理路的艰巨任务"①的论断在这一问题上尤其具有针对性。无论是从其积极的成果来说，还是就其所遇到的难题而言，牟宗三的探索理路对我们今天进一步探究这一问题都具有深刻的启示意义。认真总结这一理论成果，分析其难题由以形成的根源，将有助于我们更准确地把握问题的关键之所在，对面临的艰巨任务进一步明确了前进的方向。本文的探讨便是由此而展开的。

一

1. 关于民主政道普遍性的贞定

　　精深的哲学素养使牟宗三思考一切问题时都能从哲学的高度高屋建瓴地洞察问题。在关于民主政道的普遍性问题上，牟宗三就是从普遍性与特殊性的统一中来认识的。在他看来，普遍性与特殊性当然都是存在的，但从来就不是孤立地存在的，更不是相互排斥或对立的，"由普遍性可以言会通，由特殊性可以言限制"；二者本质上乃是相互统一的，"有普遍性也不失其特殊性，有特殊性也不失其普遍性。"因为普遍性的概念总是要通过特殊的生命来体现、来领悟，即"普遍性在特殊性的限制中体现或表现出来"②；而"道理不管由谁讲出，不管时间空间的差距，但一成道理就有普遍的意义。因为只要是人，人是有理性的，不管古今中外，凡是人就能合理地思考，能合理地思考，就有普遍性的概念。"③

　　这样来认识民主政道就不存在所谓"中国文化特质"与"西方文化中心"之争。从历史的角度说，"政治的进步可分三个阶段：初是贵族政治，再是君主政治，终是民主政治。"④民主政治既是政治的现代形态，也是最后形态，更是政治变迁所必至的形态，其所体现的乃是人类历史发展、政治形态变迁的普遍而必然的趋势。而从政统的角度说，民主政治则是任何一个自尽其性的民族都应该也都可能达到的一种具有"共法"性质的制度。每一个理性的民族都会或早或迟认识到这一根本趋势，自觉地将其作为追求的目标，并力求贯彻实现出来。因此，对于儒家文化来说，如何自觉地顺应这一趋势，成功地实现与其对话与融合才是真正的问题所在。

2. 关于儒家自由精神与现代民主政道原则的基础之差异的认识

牟宗三的杰出之处，在于他超出同道透彻地认识到，虽然儒家文化乃至整个传统文化中蕴涵着极其丰富而深刻的自由精神，这一精神对于西方的民主政道还有着不可忽视的矫正与纠偏意义，但这一精神本身与现代民主政道的基础之间有着本质上的差异，二者决不可以直接比拟、对接。"中国之文化生命，首先表现出'道德主体'与'艺术性主体'，而表现此两主体之背后精神，一曰'综合的尽理之精神'，一曰'综合的尽气之精神，由前者，有'道德的主体自由'；由后者，有'美的主体自由'（即黑格尔所谓'美的自由'）。"⑤这使得中国文化，在道德、艺术与宗教层面，达到了很高的境界。但与之相应的，科学与近代民主制度则始终不能开出，这决不是偶然的，因为在中国文化中始终缺少"知性主体"这一层，"'知性主体'未出现，因而精神表现之'理解形态'，终未彰显。是以，就纯哲学言，儒家学术发展至宋明理学，只完成'道德形上学'，而理解之先验原理则未触及。就历史而言，逻辑、数学与科学未出现，而国家、政治、法律，亦未达其完成之形态。在学术方面，逻辑、数学、科学，在集团生命之组织方面，国家、政治、法律，此两系为同一层次者，而其背后之精神俱为'分解的尽理之精神'。而此精神之表现必依于'知性主体'之彰显，精神之'理解形态'之成立。此恰为中国之所缺，西方文化生命之所具。故在中国历史发展中，其精神之表现，国家政治法律一面之'主体自由'，（此可简称曰'政治的主体自由'）亦隐而不彰。"⑥而民主政道的基础则是抽象的制度或人对人的对列关系，这一切乃是分解尽理的精神下的理性的架构表现，从综合尽理的精神无论如何不可能开出。因此，在该著的后面，牟宗三以更概括的语言也更明确提出，这样一来，"在全幅人性的表现上，从知识方面说，它缺少了'知性'这一环，因而也不出现逻辑数学与科学；从客观实践方面说，它缺少了'政道'之建立这一环，因而也不出现民主政治，不出现近代化的国家政治与法律"⑦，即"有道统而无学统与政统"。

牟宗三的上述论断既是针对中国文化而言，更是针对儒家文化而言，所谓道德形上学本来就是儒家文化的基础和核心所在。在牟宗三之前，梁漱溟也开始洞察到这一问题。当年，梁漱溟之所以得出儒学不可能通向现代民主的悲观结论，很大程度上就是由于认识到西方（近代）文化本质上是一种人与物对、人与人对之对外性格局，而中国文化则是超乎"相对"，圆融物我、通乎宇宙万物为一体的"无对"境界，二者路向旨归迥异，难以融合。与牟宗三大致同时的儒家与民主政道融合的积极倡导者狄百瑞，针对一些人对他的误解，也曾明确地澄清：当他将新儒家（宋明理学）作为中国自由传统的代表时，指的是其所弘扬的个人责任感和自我约束精神，即从人的内在道德情感出发，将理智探索和道德修养结合起来，通过修身或"修己治人"而为公共利益服务，最终达到"从心所欲不逾矩"、"仁者与天地万物为一体"。"其实我并没有想在这个中国传统和西方自由主义间画等号，而是想展示新儒家'为己之学'和西方一些自由学习形式的相似之处。西方的人文和自由教育，主要目的是释放个人自我成长的潜力，视自制自律为他人服务的前提，并不是要从所有外界约束中解放出来。"⑧即是说，狄百瑞所肯定和阐发的儒家自由思想也只是一种积极、超越的自由精神，而并非现代民主政道所伸张和维护的个人权利意义上的自由，且明确将二者区别开来。这与牟宗三都可谓心有灵犀。与梁漱溟思想相比，牟宗三既有继承，更有深化和发展，因为他不仅给出了更充分清晰的分析，阐明了二者之间的因果联系，而且更在于他是以此为基点，展开其关于儒家文化的创造性转化工程的；与狄百瑞比，可以这样说，牟宗三的思想是人们关于这一问题的最新认识成果的结晶和集中表达。

3. 儒家文化要实现与现代民主政道的融合，必须进行创造性转化

对儒家文化的创造性解释当然并不始于牟宗三。康有为等人的"孔子改制考"理论就已经是一种创造性解释了。包括现代新儒家在内的儒家传人们虽然明确声称自己的理论是对孔孟等儒家代表人物基本思想的继承和弘扬，保留了其概念形式，但已不是简单的重复，而是以其他各种先进思想特别是以现代民主、科学的价值观念对其进行了程度不同的批判性的扬弃与改造，反过来又试图以此来矫正近代西方文明的种种弊端与缺陷。唐君毅也基于对上述问题的思考，提出了关于自由的八种层次或境界理论，其宗旨就是试图以此将儒家价值与现代民主政道的目标综合统一起来；徐复观亦是如此。所有这些探索成果或积极尝试都为牟宗三的总结、突破奠定了理论基础。

正是在这个基础上，同时也更直接地从其关于儒家心性一体、追求超越的自由精神与西方自由民主政道之间的矛盾歧义的认识出发，牟宗三更自觉且更深刻地认识到，儒家文化本身不可能直接地实现与现代民主政道的融合，要达到这一目标，必须要经过一个创造性的转化过程。为此他确立起所谓两层存有论的理论建构，即使其无执无著的道德本体经过一个向下坎陷的自我否定过程转为作为知性主体的认知主体和政治主体，从无对的直觉状态转出人与自然、人与社会、个体与个体之间的分际对列之局，从而为科学、自由民主价值及制度安排提供所需且与之对应的理论基础，"由动态的成德之道德理性转为静态的成知识之观解理性……我们可以说是道德理性之自我坎陷（自我否定）：经此坎陷，从动态转为静态，从无对转为有对，从践履上的直贯转为理解上的横列。在此一转中，观解理性之自性是与道德不相干的，它的架构表现以及其成果（即知识）亦是与道德不相干的。"⑨这种转化的核心就在于从无执转为有执，从内在的超越还原到现象世界，"知体明觉之自觉地自我坎陷即是自觉地从无执转为执。自我坎陷就是执。坎陷者下落而陷为执也。不这样地坎陷，则永无执，亦不能成为知性（认知的主体）"⑩。牟宗三认为，经过道德理性或内圣的德性的自我坎陷这一精神的曲通曲转，"逻辑、数学、科学，以及近代化的国家、政治、法律，俱在此一曲折层上安立。"⑪

二

作为对于儒家文化与民主政道融合途径的最为人注重的探索成果，牟宗三的这种曲转曲通理论对人们探究这一问题进一步指明了方向。其意义其实并不在于具体结论本身，甚

至不在于这种曲通是否成功，而在于其在方向和方法上为人们所提供的启示：通过对儒家文化与现代民主政道之间在理论与方法论基础上的根本差异甚至矛盾冲突的揭示，深刻地警示人们二者不可能直接、现成地对接融合。"牟氏'良知坎陷'说的最重要之点即在于它肯定儒家内圣心性之学及其内在精神不能够直接作为民主、科学的形上基础。"⑫要成功实现二者的融合，不能只是在已有的致思理路内腾挪周转，循环往复，必须引入新的、异质性的趋向和要素，对儒家文化加以矫正和补充。这才是真正的改造，这样的转化才有创造性可言。

　　正如众多研究者所评判的那样，就这一理论的结果而言，很难说是成功的。这种曲转不仅导致了其思想体系本身的自相矛盾，而且本质上依然未彻底脱出"中体西用"的传统模式，依然是一种外在附挂式的结合。"牟宗三所谓的'开出科学精神'实质上并未摆脱张之洞的中体西用模式"，"仅把民主作为一种政制形式，如同对待科学一样，未能将之建基于儒家自身的理念之中，虽然要求也许是内在的，但实际上仍是一种外在附件式的联结。"⑬因此，人们从不同角度对这一理论本身及其说服力提出了种种质疑。

　　这种不成功的根源究竟何在？只有从这一问题入手，才能使我们更深入地领悟这一理论的教训所在。首先，所谓正宗（正统）与别宗（别出）的判别和分离无疑是第一层原因所在。牟宗三不仅与其他新儒家代表人物一样推崇孟王一系的内在超越精神，而且更明确地作出了所谓正宗与别宗的区分，"把儒家只看成是成圣成德之学，认为儒学的最大功能只在于完善个人的生命人格，在于实现个人生命深处的道德本性，所以新儒学把孟子和陆王一系的心性之学判为儒学正宗，把朱子的理学判为歧出"，以前者作为儒家文化的根本宗旨和精髓所在。⑭作为传统道统意识在现代的延续，这种正宗与别宗、正统与歧出的区分和判定，一方面易于导致排斥异己异端的狭隘的宗派主义的倾向，另一方面不仅与其道德主体的自我坎陷理论的方向背道而驰，按照这一模式，又何以能够通过坎陷自我背离，融入自己的反面？！而且由此势必形成对儒家文化传统本身的多样性、多层面性的遮蔽，以其单面性而严重阻碍对儒家文化解释的开放性，以至严重损害儒家文化本身所固有的生机与活力，因而理所当然地遭到众多有识之士的抨击。

　　其二，这种背离不仅只是形式方面，更在于实质内容层面。既然牟宗三及现代新儒家着力弘扬的是孟子所开创、在王阳明的心学中得以最终完成的道德至上与内在超越精神，而这一理路的本质趋向，按照当代学者蒋庆的总结分析，主要体现为极端个人化、极端形上化、极端内在化与极端超越化四大倾向，⑮所有这一切归结起来，都决定着这一理路只能朝着内在化方向发展。牟宗三不仅对此已有着清醒认识，而且深刻地认识到它与现代民主政道原则及其制度建构在理论与方法论基础上的根本差异甚至矛盾，但他却出于强烈的道德责任感，从其决定一切、创生一切的道德主体出发，企图以其内在超越的心性为本体来包容和涵摄以外在分际为基础的民主政道原则，这如何能让人信服？对此，郭齐勇有着精辟的分析总结，"牟氏之'本心''良知'开出两层存有论的构设，更加强化了宋明心性论，尤其是心学一系的心体、性体合一说的模型。从总体上，他们夸大了道德个性和道德主体的道德理性、道德直觉的无限性和超越性，将其视为整个世界的创造之源。"⑯沿着这一路径，"由于把道德心性视为决定一切、创造一切的本源、本体，牟宗三只能遵循陆王心学'先离大本'的思路'从上面说下来'，这样一来，超越层面的道德良知何以能否定（坎陷）自己而'下开知性'，实际上成了一个无法说明的问题，至多只能做一些一厢情愿的解释。"⑰

其三，这样评价，也许会被视为未能真正领悟牟宗三这一理论的深刻意蕴：人们可能会解释说，正因为认识到二者之间的本质差异乃至矛盾，所以才有道德主体的自我坎陷之说。所谓自我坎陷，即是自我否定，向自己的对立面转化。然而，正是在这一点上，牟宗三暴露出自我坎陷理论的核心缺陷，至少未能给出足够充分的解释。正是由于这一缺陷，才导致了上述一系列具体缺陷，并使得上述的批评得以成立。

不管牟宗三的这一理论是否像某些研究者所指出的那样，是借鉴黑格尔概念辩证法的结果，二者之间的相似性与可比性则是可以认定的。按照辩证法原则，一切事物无论是概念还是主体当然可以向对立面转化，演变为另一个事物。但其根本前提是，在这个事物之中必须蕴涵着这种由内在差异和矛盾所构成的内在趋势，即是说，这种对立面作为矛盾的一方本身就蕴涵于事物之中，成为转化的基点。正是二者的矛盾运动为事物的转化提供了内在动力源泉，且决定了转化的方向。任何转化都不可能取决于理论提出者的主观意志，也不是随机选择的结果。从生向死转化，是因为在生命体当中就蕴涵着衰亡的趋势，一个人由坏变好，是由于其有向好的愿望和潜在素质。而面对牟宗三在弘扬内在超越精神的同时，明确贬抑别宗，将儒家文化中所蕴涵或可能萌发的不同的趋向视为对儒家文化精神的危害或威胁，力图加以清除，以纯化儒家文化的立场和理论追求时，人们不禁也完全有理由质问：这种自我否定和转化的动力源泉何在？它何以能够向自己的对立面转化？对此，单是必要性就能解释吗？

三

当然，这一切并不影响牟宗三这一理论所具有的深远意义。无论是正面的启示，还是反面的教训，都对我们展开新的探索提供了极其有益的借鉴和指导。二者相比，反面的教训其实对我们更具有深刻的警示意义，它从另一面更清晰地为我们指明了问题的关键和进一步探索的方向所在。

毫无疑问，要成功实现儒家文化与现代民主政道的真正对话与融合，决不能仅仅止于从儒家经典中搜寻现成的语句，加以比拟和附会，也不可能将二者直接加以对接和互释。那些孤立起来看似乎含义相近的论断实质上属于不同的语境，它们植根于不同的理论和方法论基础，其中蕴涵着迥然不同的价值取向或发展趋势，直接地加以互释，势必导致对彼此的双重误读和扭曲。这就要求我们必须透过文本的表层，去洞察隐藏于深处的思想之源：在弄清其思想的内在逻辑结构的基础上，发掘其中所潜藏的与现代性特别是现代民主政道真正具有相通性、有可能促进儒家文化的创造性转化、实现与现代民主政道的对话与融通的内在趋向，最终揭示出其可能的发展前景。这种源泉不仅深藏不显，而且也决不是现成的、可以拿来就用的，必须通过创造性的转化与改造加以开启和激活，才能最终实现出来。这种寻找新的价值得以萌芽生成的根基、开掘激活思想源头的工作，与仅仅从历史文献中直接寻觅现成却孤立的章句相比，当然更为艰难，但应该更有意义。

而要实现儒家文化的创造性转化，当然有必要充分借鉴和吸收外来的优秀文化要素——既包括具体的观念，也包括作为其基础的思维方法，以此作为改造、重构儒家文化的外在动力和酵母；然而相比之下，更重要的则是必须从儒家文化本身之中找到推动转化的内在动力源泉和逻辑基点。一方面，民主政道的成长发展过程证明，只有成功地激活各个民族自身文化传统中固有的源泉和动力，通过二者的融合，才能使民主政道这一普遍价值真正在本土扎下根来，获得应有的支持与滋养；另一方面，也只有从儒家文化本身之中发掘与现代民主政道相对应的理论特别是方法论基础，找到这种内在源泉和基点，才能阐明包括儒家文化在内的中国传统文化的创造性转化特别是其与现代民主政道融合何以可能的问题，否则单凭必要性，既不能令人真正信服，也难以真正贯彻到底。

这就必须破除关于儒家文化的既有的成见或偏见，进一步拓展我们的视野，更全面地认识儒家文化及其精神，赋予其更广阔的含义，不能更不应该以所谓正歧之分将其定于某个单一的方面或层次。作为华夏民族精神的主要奠基者，儒家文化的传统既源远流长，其谱系更是复杂多样，具有多层面的无限丰富的内涵。其中既有以孟王为代表的追求圆融一体、内在超越的传统，也有以荀子为代表的注重分解尽理的"明分"的运思方法。通过认真清理、辨析儒家文化的各个不同层面，完全能够找到与民主政道具有内在相通性的趋向和思想资源。实质上，由较为人们所轻视的、被称为"不醇之儒"的荀子所凸显并以其为代表的注重分解的精神及其所孕育的另一种潜在的发展趋向便与民主政道之间——无论在逻辑层次上，还是在深层基础上——更具有切近的相通之处，尽管与孟王一系相比，在荀子那里非但没有更多的与民主政道可以直接比拟的现成论述，甚至还有不容忽视的反民主的倾向和表述，但如果不停留于这一语义的表层，而在新的视域或方法的指导下，深入到其深层结构，就不难发现这一点，通过创造性解释加以导引和生成，将既构成儒家文化自身的转化的内在动力源泉和由以出发的基点，更可以为儒家文化与民主政道的对话和融合提供更可能的通道。

如果像牟宗三为代表的现代新儒家那样，为了追求儒家文化的纯粹性，沿袭传统儒家的道统观念，将孟王定为正宗，只是从道德本体的角度、内在超越的层面来定性儒家文化的精神，并一味对这一方面大加弘扬，反过来而将朱熹等所代表的理学判为别宗。这种正宗别宗之分在认识论上不是像荀子所批评的那样，有偏于一隅、"以一隅而遮大道"的偏蔽之嫌吗？按照这一模式，难免会使儒家文化走向单面化、单极化。这种人为的狭隘理解严重地遮蔽了儒家文化原有的开放性，最终势必使之应有的生命力逐渐萎顿，严重弱化其应对现代潮流的能力，甚至会堵死儒家文化更广阔的发展之路。如此又如何能积极有效地回应时代的潮流呢?!

注　释：

①　傅伟勋：《中国文化重建课题的哲学省察——从生命的十大层面与价值取向谈起》，《从西方哲学到禅佛教》，三联书店 1989 年版，第 490 页。

②③　牟宗三：《中西哲学之会通十四讲》，上海古籍出版社 1997 年版，第 5、51 页。

④　牟宗三：《时代与感受》，台湾鹅湖出版社 1984 年版，第 387 页。

⑤⑥⑦　牟宗三：《历史哲学》，台北学生书局 1984 年版，第 2、3、191 页。

⑧　狄百瑞著，刘莹译：《〈大学〉作为自由传统》，载《儒家与自由主义》，三联书店 2001 年版，第 191 页。

⑨⑪　牟宗三：《政道与治道》，台北学生书局 1987 年版，第 58、38 页。

⑩　牟宗三：《现象与物自身》，台北学生书局 1990 年版，第 123 页。

⑫　郑家栋：《断裂中的传统》，中国社会科学出版社 2001 年版，第 7 ~ 8 页。

⑬　唐文明：《与命与仁——原始儒家伦理精神与现代性问题》，河北大学出版社 2002 年版，第 14 页。

⑭⑮　蒋庆：《政治儒学——当代儒学的转向、特质与发展》，三联书店 2003 年版，第 14 页。应该说蒋庆的这一总结确实有其合理之处，只是其中第一项需要具体界定。

⑯　郭齐勇：《论牟宗三"两层存有论"的道德形上学》，载《郭齐勇自选集》，广西师范大学出版社 1999 年版，第 197 页。

⑰　郑家栋：《〈道德理想主义的重建〉编序》，载郑家栋编：《道德理想主义的重建——牟宗三新儒学论著辑要》，中国广播电视出版社 1992 年版，第 48 页。

（作者单位：华中师范大学政法学院）

"自我坎陷"与"另一启始"：牟宗三与海德格尔的传统转化观及文化会通问题

□ 马 琳

牟宗三先生（1909～1995 年）的道德理性之自我坎陷说，亦称良知坎陷说，是汉语学术界常见争论的话题之一。认同与辩护者认为此说一方面肯定了中国文化传统的基本价值，另一方面揭示了中国文化传统转型的潜能，因而是一套极富开创性，建构性的理论学说。批评与质疑者则或以为此说缺乏现实的可操作性，或以为此说中的内圣与外王的关系不具备逻辑关联的有效性。①笔者初探此说，感到其出发点和目的以及涉及的文化会通的问题与海德格尔（1889～1976 年）的另一启始说所不无相似之处。如将两者的思想前提与理论分析作一比较研究，或许能从中得到新的启示，以助于当代学者对文化传统转化及与之息息相关的文化会通与比较哲学问题作更深入的思索与探讨。

一、中西哲学之对比与自我坎陷说

牟宗三时常把中西文化及其哲学相互对比。于他观之，中国文化的核心是生命的学问，中国哲学所关心的是生命。所谓生命，牟宗三指的不是自然意义上的生命，而是道德、理性意义上的生命。"［中国文化］首先把握'生命'，而希腊则首先把握'自然'。［此乃］一个道德政治的把握"。②西方哲学所关心的是自然，是对现象界的客观性的认识。"他们有'知识中心'的哲学，而并无'生命中心'的生命哲学"。③

其次，牟宗三强调，中国文化是"综合的尽理之精神"下的文化传统；而西方文化则是"分解的尽理之精神"下的文化传统。心，性，伦，制，道德生命之所发，皆是理性生命，故可曰"理"。尽理乃尽心，尽性，尽伦，尽制之统称。"尽心尽性是从仁义内在之心性一面说，尽伦尽制则是从社会礼制一面说，其实是一事。尽心尽性就要在礼乐的礼制中尽，而尽伦尽制亦就算尽了仁义内在之心性"。④尽心，尽性，尽伦，尽制四者"上下通彻，内外贯通"，此谓综合。"其所尽之理是道德政治的，不是自然外物的，是时间的，不是认识的或'观解的'（Theoretical）。这完全属于价值世界之事，不属于'实然世界'事"。⑤与此相比，西方文化则可概括为"分解的尽理之精神"。分解具有三义：一曰抽象，二曰偏至，三曰概念。对自然的客观考察需要抽象之原则，而但凡抽象皆具片面性，所以生偏至。偏至于某一面，则形成确定之概念。分解的尽理所囊括的大体是超越而外在之理。具体而言，以逻辑数学科学为主要内容。牟宗三认为基督教精神也是以暌隔、偏至为其主要特征。

第三个中西文化之宏观上的差异在于，西方文化的基本精神是以气尽理，而中国文化的基本精神是以理生气。以气尽理，谓"顺生命之凸出而尽量用其才情气者"，即，以其才情气扑向对象而在具体对象中尽理而成就哲学、宗教、艺术、文学、科学、社会政治形态等文化成果。⑥然而，西方文化只知顺之理，不知逆之理，逆以呵护，润泽，安顿生命之学问尚付阙如。中国文化之发展则取逆之理，即"以理生气"。此谓"由生命凸出之常情途径转了一念，逆回来先由德性以涵润生命与才情气，而不欲使之多表现"。⑦中国的儒释道三家皆由逆转中开出，讲究涵养润泽生命之源泉，调护才情气。⑧

从以上牟宗三对中西文化及哲学所作的比较来看，他把二者视为具有恰好相反特征的思想整体，对中国文化作出十分肯定的评断，褒扬之辞颇多；对西方文化则常常以中国文化为参照而加以贬抑。不过，在贬抑的同时，牟宗三仍然主张学习西方的科学与民主。在1958年与唐君毅、徐复观、张君劢联名发表的《为中国文化敬告世界人士宣言》中，在哀叹中国文化"花果飘零"的同时，仍然强调向西方学习。在《道德的理想主义》一书中，牟宗三称，儒学要转入第三期，"端赖西方文化之特质之足以补吾人之短者之吸纳及融摄"。⑨

问题的关键是，如何向西方学习。牟宗三极为反对所谓的"全盘西化论"，对时起时伏、形形色色的"中学为体，西学为用"的主张也难以接受。他试图找到既肯定向西方学习的必要性，又能为中国传统的延续性、一致性和完整性提供保障的理论依据。他找到的答案是道德理性自我坎陷说。

坎陷一词，可见于《周易》之言"坎，陷也"。高亨注曰，"坎为水，水存于洼陷之处，故坎为陷"。坎卦之卦象，上下两爻为阴，中间为阳，有上下贯通之意。因此，坎陷具有"陷落，开发，开出，自我否定"等意思。⑩牟宗三在早期著作中把坎陷当做一个认识论的术语来说明理性思维在构成知识过程中的辩证发展。依他之见，良知，又称知体明觉，是一个"天心灵明"，至简至易。"然而它未始不知有险阻。知有险阻而欲克服之，它必须转为知性。故知险知阻中即含有一种辩证的伸展。故其自我坎陷以成认知的主体（知性）乃其道德心愿之所自觉地要求的。这一步曲折是必要的。经过这一曲，它始能达，此之谓'曲达'。"⑪牟宗三把良知的自我坎陷视为道德理性的必然要求，视为良知充分实现自身的必经之途，并称"这种必要为辩证的必要，这种曲达是辩证的曲达……这样开知性即名"辩证的开"。⑫良知之坎陷，在牟宗三看来，是良知贯彻自己的必经之途。经过坎陷的良知，暂为识心，与物相对，之后，将会归于良知的天心天理。

从20世纪50年代起，牟宗三开始使用此术语来解释中国文化如何实现自身的转化。他认为，以前讲外王，由内圣直接推衍出来，以圣君贤相一心妙用之神治为外王的极致。但这只是外王的直接形态。现在讲的外王则是科学与民主。这不能从良知，从内圣中直接推出来，而必须经过一个曲折，间接地实现。⑬

在 20 世纪 60 年代出版的《政道与治道》中，牟宗三运用坎陷之说详述中国传统文化之自我转化的理由与模式。据他看来，西方的科学与民主政治是理性之架构表现的成果，而中国文化则是理性的运用表现。理性的运用表现指德性的"智慧妙用"，譬如宋明儒者的"即用见体"之说。此二者，牟宗三称，即是"综合的尽理之精神"（中国）和"分解的尽理之精神"（西方）的别称。牟宗三在此著中强调科学与民主并非与中国传统文化完全没有丝毫关联。相反，二者具有一种辩证的关系。虽然道德理性在其作用表现中并不包含架构表现中的科学与民主，但是，"依其本性而言之，却不能不要求代表知识的科学与表现正义公道的民主政治"。⑭由于成就科学与民主的理性之架构表现之本性与道德理性的作用表现相反，道德理性必须否定自身，才能实现与其本性相忤逆的科学与民主。牟宗三写道：

> 凡真美善皆为道德理性所要求，所意欲。科学代表知识，也是真之一种。道德理性虽曰实践理性，意在指导吾人之行为，其直接作用在成圣贤人格，然诚心求知是一种行为，故亦当为道德理性所要求，所决定……既要求此行为，而若落下来真地去作此行为，则从"主观活动之能"方面说，却必须转为"观解理性"（理论理性），即由动态的成德之道德理性转为静态的成知识之观解理性。这一步转，我们可以说是道德理性之自我坎陷（自我否定）：经此坎陷，从动态转为静态，从无对转为有对，从践履上的直贯转为理解上的横列。⑮

牟宗三的坎陷之说，以反对五四以来流行的全盘西化论为发论背景，意在维护中国文化传统的持续性及其在现代世界的有效性。在此前提下，同时为科学与民主在中国文化领域中发展提供恰切的理论依据。他试图用坎陷这一辩证原理构造出两者"内在之贯通，有机的统一"，从而将科学与民主的问题内在化为一个独立发展的文化传统的自身的更新与转化的问题。⑯然而，在他思想的出发点，道德理性与科学民主始终被视为具有截然相反的性质，两者始终都是以二元对立的术语加以描述。这反映在上述他把二者作为中西文化的本质特征而加以尖锐对比之中。思想前提中的相互隔绝与理论所欲达成的贯通给他的论辩带来了难以克服的矛盾。

牟宗三对良知坎陷过程的描述，与黑格尔的绝对精神所必经的主观精神、客观精神和绝对精神三阶段辩证发展历程的思想十分相似。⑰牟宗三"入虎穴得虎子之本领"一语（见下一段引文），与黑格尔"理性的诡谲"之说仿佛相似。他本人在 1954～1956 年的《人文讲习录》中讨论道德理性坎陷为理性的架构表现而开出科学与民主时，直接引用黑格尔"理性的诡谲"来阐明这一道理。"［道德理性］必须让开一步，把'所'与'物'推出去，凸显出来，与自己成一主宾对列之局，才能转出理性之架构表现。此即要与自己逆，要自我坎限，不可一味顺……此逆的意思用到历史文化上，黑格尔有'理性的诡谲'一名词，他说上帝利用人之自私自利以成其道。此即上帝（理性）之诡谲。"⑱

道德理性坎陷而与物为二的情形，依此论辩，似乎成了道德理性实现自身，或者说（若采用目的论较弱的言说）显现自身的手段和方法。牟宗三写道："坎陷其自己是为了别以从物。从物始能知物，知物始能宰物。及其可以宰也，它复自从坎陷中涌出其自己而复会物以归己，成为自己之所统与所摄。如是它无不自足，它自足而欣悦其自己。此入虎穴得虎子之本领也。此方是融摄知识之真实义。"⑲ 如此，理性坎陷为识心而与物相对，认识事物，便难有本己价值，而只有工具价值。这样，学习科学与民主的目的似乎只有实用价值，而无本己价值。再者，既然天心灵明，至简至易；坎陷自身，知物宰物；会物归己，摄所归能是道德理性自身发展的三阶段，这未免易引起 "泛道德主义" 的批评。然而，问题的关键不在这里。

与黑格尔不同的是，牟宗三强调作为客观精神的科学与民主的独立性。⑳ 他写道，"在此 [道德理性的] 一转中，观解理性之自性是与道德不相干的，它的架构表现以及其成果（即知识）亦是与道德不相干的。在此我们可以说，观解理性之活动及成果都是 '非道德的'。（不是反道德，亦不是超道德）。因此遂有普通所谓 '道德中立' 之说。"㉑ 从这些阐明可以看出，在道德理性坎陷之后，它即转化为（西式的）观解理性。牟宗三对此阶段理性与事物相对从而认识事物、主宰事物的描述与他对西方文化以观解理性为主体的理性的架构表现完全一致。坎陷似乎成了一个中国文化经由西方文化的转折而臻完美的过程。这一过程的两端是中国文化，其间嵌入了一个西化的阶段。显然，牟宗三十分反对西化，强调中国传统的持存。然而，溯其理论之分流，却难以避开这一悖论。

即使说道德理性在坎陷之后至会物归己之前仍然时隐时现地对科学与民主起导引作用的话，那么理性与科学民主两者必然是二元对立，因为它们具有根本相异的精神。㉒ 如果说前者代表中国文化，后者代表西方文化，那么，仅就这一阶段此二者彼此对立的格局而言，牟宗三的理论与中体西用之说似乎也相去不远。因而，认为道德理性自我坎陷说提供了一个文化传统自身转化的理论范式未免落于空泛之论。

问题的关键在于，牟宗三一方面批评西方文化割裂物我，片面偏至，但同时似乎又默认这一模式为人们认识事物，达至在他看来具有普遍形式与意义的科学与民主的唯一之道，别无他途可践。而强调科学与民主相对于道德理性而独立的论点则意味着以内圣之学为精髓，以儒学传统为主流的中国文化不可能，也不应该在具体实践上与本源于西方的科学与民主交锋交融，在切实的相互摩荡与切磋中真正吸纳各自之长。

二、哲学与技术之西方性与另一启始说

海德格尔与亚洲思想的关系早已成为比较哲学中的热门话题。在其著作中他多次提及 "东西方对话" 的话题，但令人难以琢磨的是，他从未对此作出明确的定论。㉓ 与牟宗三相似，海德格尔也坚信，哲学、文化传统必须由自身内在的转化才能开导出属于自己的新天地。在1966年与《明镜》杂志记者的访谈中，海德格尔表示：

> 我相信，只有在现代技术世界起源的同一个地方，   [西方传统的] 转向 [*Umkehr*] 才能作好准备 [*sich vorbereiten*]。这种转向不能通过采纳禅教或其他东方的在世经验而发生。思想只能通过与其具有同一起源、同一特性的思想才能转化。㉔

海德格尔的言谈与其对哲学及科学技术的独特的观点有着密切的联系。依他之见，哲学在本质上纯属于西方。所谓 "西方/欧洲哲学" 是一具有绝对价值的套言。这一术语并不意味着除了西方或欧洲哲学之外，尚有其他不同的哲学形态，如东方、亚洲或者中国哲

学。哲学一语，究其起源为希腊语 $\varphi\iota\lambda o\sigma o\varphi\iota\alpha$。这个希腊词，海德格尔说，是西方历史文明的"出生证明"。㉕依其本性，哲学必然地出现在希腊。存在首先向希腊人显身，西方历史及哲学由此展开。这一历史事件，海德格尔称为"第一启始"[der erste Anfang]。"启始"一语与"开始[Beginn]"有着本质上的区别。"开始"多与日常时间意义相关联，而"启始"则特指具有本真时间或历史意义的事件发生。

有关学者通常把海德格尔描述为一位试图以诗化哲思对抗科学技术及其所代表之精神的哲学家。然而，这只是海德格尔思想的一个表面。与牟宗三相似，他试图对属于哲学的理性思辨以及貌似与之忤逆的科学技术作出一个统一的解释，为西方传统的自我转化提供理论依据。在海德格尔看来，西方现代科学技术的兴起与西方哲学理念的发生发展息息相关。科学技术以哲学理念为前提，是理性对存在之反思的具体实现。他写道："哲学究其本源具有西方性[abendländisch]。哲学一词涵括了西方世界的整个历史。技术仅只是从哲学中诞生。[世界上]只有一种技术，它具有西方性。它别的不是，只是哲学的承继。"㉖

从词源上说，技术一词源于希腊语 techne，意为"制作某物的方法、技巧"。海德格尔否认这一通常释义，主张其真实含义是"揭蔽，把现存从遮蔽中带入显现的无蔽中"。㉗他认为，必须从这一含义上理解希腊人使用 techne 一词既指称技艺，又指称精细的艺术的特别意义。技术的本质就是"揭蔽的命定"[das Geschick der Entbergung]。人们很可能会错误地理解和解释其中的揭蔽之义，把自然和存有物当做具有确定特性，可计量的总体，从而遗忘技术的本质，听不到存在在技术本质中对人发出的召唤，认识不到人的本质从属于时间发生性的揭蔽。这种可能的危险性自身与技术本质密切相关。海德格尔甚至说，"揭蔽的命定，即技术的本质，就是这一危险性。这不是一般的危险性，而是一特别的危险性"。这一特别的危险性除了涉及以上所说的人听不到存在在技术本质中对人发出的召唤，还涉及，技术本身隐藏了其作为存在揭蔽的本质。从更为宽阔的视野来看，可以说，存在在其显身的同时引发了这一遮蔽之危险性。而最大的危险性在于，恰恰是这一遮蔽之危险性本身被遮蔽，掩盖，隐而不彰。克服这一遮蔽之危险性唯有可能在其自身内部实现。海德格尔引用荷尔德林的诗句：

> 在危险处
> 生长着拯救的力量 ㉘

在海德格尔看来，现代世界的救赎唯有通过对使其成为现实性与垄断性的技术与艺术的本质自身进行本源式的思索，使作为存在之存在敞明开来。如果说遮蔽之危险性是较为诗化的语言，那么，表述同一意思的较为技术性的哲学概念是"另一启始"[der andere Anfang]。海德格尔写道：

> 第一启始经验和定立存在物的真理，而没有探究真理本身，因为遮蔽在其中的作为存在之存在，必然地赋予一切存在物以力量，因为它必然地与虚无相缠绕，把它作为"否定"或"反对"而纳入自身或者消除它。
>
> 另一启始经验存在自身的真理，并探究真理之存在，藉以首次为存在的生成式的

摆动［Wesung des Seyns］奠基,使存在物作为发源式的真理之真而跃发出来。㉙

从第一启始到另一启始的运动,海德格尔称为"跃出"或"跨越［Übergang］"。这一过程是一否定的过程。海德格尔所使用的否定一词,与一般意义上的否定不同。一般意义上的否定含有摒弃、贬低、消除、置于一边之义。这只是外在的否定。从第一启始到另一启始的否定,海德格尔说,是一"跃离"［Ab-sprung］。这一跃离同时又是跃入。它肯定它所跃离的第一启始,同时又撑开这一跨越运动本身。如此,否定是一超越了一般意义上的肯定的运动方式。这是生成性式［ursprüngliche］的否定。否定的跨越运动源自第一启始的独特性。由于其本质上的揭蔽中的遮蔽,第一启始呼唤着另一启始。生成性式的否定运动并不把第一启始置之于后,相反,否定运动之展开恰在于"凸显第一启始及其作为启始的历史,并把在第一启始中所显现的置回启始之占有之中"。㉚

以上是海德格尔对另一启始之否定的跃出运动的独特的解释。㉛他用复杂而独特的思辨语言所表述的传统转化观,较之牟宗三,具有更为强烈的保守意蕴。西方哲学的启始,在他看来,源于对本真存在的召唤作出回应。在之后的发展中,存在自身被人遗忘,但这种遮蔽之所以可能,技术世界之所以发生发展,正是由于存在在第一启始之时的自我显身。人们与所承继的文化传统息息相关,不可能丢弃自己的传统。因此,人们不能单纯地把技术世界诅咒为恶魔的创造而加以摒弃。相反,人们必须追问被遗忘的,从未提出过的技术本质的问题,从中经验到其作为存在揭蔽的命定的本质,以及人类作为对存在揭蔽的回应者的本质。对传统的更新,只有一道可行,即回溯与激活在第一启始中已经显现的真理,即存在自身的显现。这一回溯与激活的运动,海德格尔称为"另一启始",或就其方式言之,"生成性式的否定"。海德格尔写道:

> 另一启始所以称之为此,不是因为它的构成方式有别于其他任意选择的哲学,而是因为它必然地是根据它与同样是唯一和仅有的第一启始之［内在的特定的］关联的唯一的另一启始。从第一启始跨越到另一启始的思想风格也是已经由第一启始给予另一启始的馈赠所决定的。㉜

另一启始具有与第一启始同样的唯一性和排他性。二者之间具有同源同构的内在联系。就回溯与激活在第一启始中显现的存在之真理而言,海德格尔并不认为东方思想或其他异质文化能起任何推进作用。另一启始几乎没有为东西文化会通留下任何余地。这样,不管"生成性式的否定"运动被刻画得如何灵动飘逸,富于化凝固僵滞为洒脱豁达的点睛之力,它的灵动与活力始终是限制在第一启始与另一启始之间的不可替代或补充的亲族承接关系的范围之中。

三、二说与文化会通的问题

在汉语学界,牟宗三的自我坎陷说早已为人所熟知,而海德格尔的另一启始说还几乎未为提及。㉝两位哲学家在年龄上只相差二十岁,可以说是同代人,具有相似的时代焦虑和对哲学思考出发点与目的的选择。他们都一致认为传统文化必须由内部转化自身,才能获得在现代世界更新与发展的原动力；他们都十分重视从理论建构的高度为传统的转化提供依据与导向；他们都试图协调思想传统与现代科学之紧张关系，揭示二者可能存在的关联；他们也都在思索这一挑战的同时，自觉或不自觉地把中西传统视为截然不同的两大文化整体。这一理论前提是他们立论的基础与条件。中西文化二元对立观给他们的理论的宗旨与目的带来了必然的不同程度的困难与悖论。奇怪的是，对牟宗三的论说加以批评的常常见诸笔端，而对海德格尔的研究则大多限于解释其复杂的思辨语言与对其论点同情的发挥。

在文化会通问题上，两者的立场则十分不同。与牟宗三相比，海德格尔更为保守，文化本位主义的倾向更为明显。由于特别强调思想的同根同源在传统转化中所起的决定性意义，海德格尔虽然多次提及或面临东西方对话的话题，但总是忘不了同时强调，使东西方对话成为可能的前提条件是西方思想首先独立地完成自我转化。在"科学与反思"一文中，他写道：

> 无论是哪一位在当今时代敢于问询地、反思地（由此他已经积极地介入了相关问题）对我们每一小时都在经历的震惊世界的大事之深刻性作出回应的人，都必须不仅仅关心现代科学的知性欲求完全主导着我们的当今世界这一事实，他必须同时考虑，对当今世界之存在物的反思，只有通过籍于与希腊思想家及其语言的对话而触及到我们的历史存在之本源，才能［真正地］发生与持续。这一对话尚在等待其启始。它几乎还根本没有准备好，然而，它是我们与东亚世界不可避免的对话的前提。㉞

对于东亚思想的前景，海德格尔曾含蓄地作出相似于西方思想的自身转化的建议，即，不是一味地追逐欧洲哲学的最新潮流，而是回溯其思想传统的"可敬的启始"［ehrwürdigen Anfänge］。㉟在现代世界，对自身文化传统进行回溯与从新阐释，应无可非议。但是绝不应当因此而对其他文化采取回避（即便这一回避是暂时的、策略性的），而偏守自家传承之一隅，等待遥遥无期的本土文化获得完全复兴的时辰。

牟宗三虽然在多部著作中瞩目于中西文化的巨大反差，但同时又提出中西文化可以会通，其所秉持的基本精神可以相互补充。其言曰："西方的文化生命虽是分解的尽理之精神，却未尝不可再从根上消融一下，融化出综合的尽理的精神。而中国的文化生命虽是综合的尽理的精神，亦未尝不可再从其本源处，转折一下，开辟出分解的尽理之精神。这里将有中西文化会通之途径。"㊱牟宗三所谓的"再从根上消融一下"，"再从其本源处，转折一下"，与其道德理性之自我坎陷说，应当是同一条原则。

与海德格尔相似，牟宗三对作为他者文化的西方传统也作出了运用同样原则加以转化的建议。如果说海德格尔对东西对话未曾作出明确的讨论，那么，牟宗三所设想的中西文化会通是怎样的图景呢？

在 20 世纪 80 年代初讲授的《中西哲学之会通十四讲》中，牟宗三指出，只有康德的经验的实在论和超越的观念论才能提供使东方哲学与西方哲学相会通的间架。这个间架符合《大乘起信论》所说的"一心开二门"。二门，即真如门和生灭门。牟宗三把真如门比作康德所说的智思界（noumena），把生灭门比作康德所说的感触界（phenomena）。㊲中国哲学长于智思界，即超越界，而短于感触界。西方哲学则相反，长于感触界，而短于智思界。二者各擅之胜场恰好相反。只有厘清智思界与感触界这两个世界，牟宗三说，"才能讲中西哲学之会通"。[38] 由于中国哲学短于感触界，应当向西方学习，开出科学与知识论。他说：

> 在 noumena 方面，中国哲学很清楚而通透，康德则不通透，那就以我们通透的智慧把它照察出来，使康德哲学能再往前进……在知识方面，中国哲学传统虽言闻见之知，但究竟没有开出科学，也没有正式的知识论，故中国对此方面是消极的，消极的就要看西方能给我们多少贡献，使我们在这方面更充实，而积极地开出科学知识对这方面的发展。这样中西哲学的会通，才能使两方更充实、更向前地发展。[39]

相应地，西方哲学短于智思界，没有心性之学，应当向中国学习，开出生命之学和综合的尽理之精神。不过，对于中国哲学如何开出科学，牟宗三提供了一套详尽的道德理性自我坎陷说，而对于西方哲学如何从观解理性开出心性之学，除了"再从根上消融一下"一类比较含糊的说法以外，牟宗三并没有在理论上充分地说明西方哲学能否通过观解理性自我坎陷，或者说，自我提升或超越（因为观解理性次于道德理性），而转出以中国心性之学为范本的生命之学。

牟宗三正确地指出中西会通与比较不能笼统而言，而必须在特定的层次，分际上具体言之，并要考虑到会通的程度，或限度。[40] 然而，他所作的层次之分，与他所作的中西之分大致相应。这一区分相当于：智思界/中国文化，感触界/西方文化。他对中西传统所作的对比描述，以这一本质区分为前见；对中西文化会通的讨论，也以这一区分为框架。会通之义，即是中国学习西方的科学与知识论，西方学习中国的心性之学。依此学习，或者说会通的格局，双方只是取对方之所长，补之所短、所缺。而自己之长，自身文化的内核，则似乎应当并且可能保存其自在性、自足性和本己性，绝对不能、不会受到对方之干扰。依此观之，此会通之理主要是单方面的学习、借鉴。所谓会通，不外乎双方各践其道，可遥而相视，而不必迎头相遇。这样的会通，实际上很难说双方的本土传统真正地切入与对方文化的交锋交融之中，在相互摩荡与相互切磋中达到切实的会通。

这大概是牟宗三与海德格尔共同的迷误所在。两位哲学家都把文化传统视为孤立的、自足的、具有统一不变的价值和内核的单一体系，而忽视了每一传统内部所具有的不可协调的多元性与可变性。在他们看来，一个民族的思想体系只有作为一个整体才能谈得上与另一同样是自足而孤立的文化整体进行会通或对话。这样的观点把丰富多彩的文化简单化为一个抽象的实体，因而难免以偏概全，或作过激结论的倾向。这一思想上的盲点已为不少学者所注意。例如，伯纳斯科尼指出除了希腊思想，构成西方传统的还有重要的非希腊思想资源，包括埃及和中亚思想。[41] 再如，郭齐勇批评新儒家（包括牟宗三），"过分抬高了儒家，特别是儒学中心学一系的价值，相对贬低了中华文化多样发展中的其他资源的作用，相对贬低了外来文化对中华文化发展中的多重作用"。[42] 从多元的文化和哲学观出发来谈会通，真正从具体的层次上来观看中西对相似问题的回答，对以前未有过的问题的思考，大概是当今多元文化、多元哲学时代的大势所趋。

当然，这并不是说牟宗三与海德格尔的理论建树毫无可取之处。[43] 两位哲学家都生活在世界激剧变化、本土国家政局动荡、传统所珍视的人文价值体系日趋颓败、虚无主义盛行的年代。使他们的思想充满魅力的首先在于其思想的勇气，在于其持守自我信念的精神。研究他们的思想，当从这一背景出发，对其所长，学习之；对其所短，鉴戒之。以便切实地推进对文化会通与比较哲学等问题的研究。

注　释：

① 方朝晖：2002 年列出了认同与辩护及批评与质疑自我坎陷说的主要代表人物。

② 牟宗三著作，1988 年版，第 164 页。

③ 牟宗三著作，1984 年版（1），第 35 页。

④ 牟宗三著作，1988 年版，第 167 页。

⑤ 牟宗三著作，1988 年版，第 167 页。本文所作的引文中，圆括号中的中英文词语或注解均为原文所有，方括号中为笔者所加。

⑥⑦ 牟宗三著作，1992 年版，第 217、220 页。

⑧ 有关牟宗三中西文化比较观的概述可见于颜炳罡著作，1998 年版，第 51～69 页。

⑨ 牟宗三著作，1992 年版，第 3 页。颜炳罡认为牟宗三对待科学与民主的观点经历了一个历史性的转变。在 20 世纪 F40 年代，他的主要论点是把西方的科学与民主当作异质的文化融合与吸收。从 50 年代起，他开始从中国文化自身生成的角度来理解科学与民主（颜炳罡著作，1998 年版，第 88 页）。笔者以为，这两个不同的论点不是一个时间上演变的问题，而一直共存于牟宗三的理论架构的内部，从而给其理论之融洽带来了困难。

⑩ 以上为颜炳罡之说（颜炳罡著作，1998 年版，第 87 页）。李明辉强调，坎陷即是自我否定之义。他认为坎陷不外乎英文 self-negation 的对应词。并以此批评郑家栋认为坎陷有下降、失落、逆转等含义的观点。刘述先则明确地把坎陷说的根源归于易经（刘述先著作，1996 年版，第 53 页）。笔者以为，由于牟宗三对易经十分熟悉，他的第一部著作《从周易方面研究中国之元学与道德哲学》即是关于易经的专著。因而在创构坎陷说时很有可能借鉴了该词在易经中的含义。即便牟宗三在使用坎陷一词之际未曾想到以上关联之义，这并不妨碍研究者参照中国传统经典及牟宗三本人著作对之加以阐述发挥，借使坎陷之说更为明了。

⑪⑫ 牟宗三著作，1984 年版（1），第 122～123 页。

⑬ 参见牟宗三著作，2003 年版，第 123～124 页。

⑭⑮ 牟宗三著作，1993 年版，第 57 页。

⑯ 牟宗三著作，2003 年版（1），第 137～138 页。

⑰ 有论者认为坎陷理论与黑格尔哲学毫无关系（刘述先，1996 年）。这似乎难以令人完全信服。尽管由于黑格尔不承认中国有哲学，牟宗三批评他"专横鄙陋"，但这一批评是有限度的。他认为黑格尔关于"东方文化是文化的儿童期"和"东方世界只知一人是自由的"等论断是从文化总体上来下的结论，所针对的重点是政体与法律。从这方面来看，黑格尔的评论"并非全无道理"。（牟宗三著作，2003 年版（2），第 88 页）

⑱ 牟宗三著作，2003 年版（1），第 140～141 页。

⑲ 牟宗三著作，1979 年版，第 152～251 页。

⑳ 在前面的引文中，牟宗三强调道德理性与科学与民主具有内在关联。这样的关联具有什么性质呢？从牟宗三的观点来看，科学与民主的因素并不涵括在道德理性之中。二者的关联仅仅是由道德理性"要求"科学与民主而建立起来的。这样的关联很难说是内在的。而对黑格尔的辩证法来说，通过否定而产生的新事物，其构成因素必然已经部分地包含在被否定的旧事物之中。笔者无意于用黑格尔来批评牟宗三，只是提示一下二者所说的辩证法的一项基本区别。

㉑ 牟宗三著作，1993 年版，第 58 页。

㉒ 王大德认为坎陷之后的良知和科学与民主仍具关联。大体而言，良知隐退后，并不干预科学与民主。倘二者发生冲突，良知即发挥作用以矫偏。（王大德著作，1996 年版，第 411 页）。

㉓ 不少学者认为《关于语言的对话》是海德格尔讨论"东西方对话"的唯一一篇，或者说最为重要的著作（帕克斯，1987 年；梅依，1996 年）。限于篇幅，本文不拟作专门讨论。在（马琳，2005 年）中，可见关于这篇著作的一些初步看法。

㉔ 海德格尔著作，1966 年版，第 679 页。

㉕ 海德格尔著作，1956 年版，第 35 页。

㉖ 海德格尔著作，1943 年版，第 3 页。在海德格尔的著作中，*abendl ndisch* 一词常被赋予一种本真的，形上的含义，有别于普通的地理、政治、文化的意义。因此译为西方性，以示区别。

㉗ 海德格尔著作，1935 年版，第 184 页。

㉘ 海德格尔著作，1953 年版，第 41 页。

㉙ 海德格尔著作，1938 年版，第 179 页。斜体着重为原文所加。本文中所引之海德格尔的原文，均为笔者之中文翻译。

㉚ 参见海德格尔著作，1938 年版，第 178 页。"跃离"［*Ab-sprung*］中的 *Ab* 在原文中加有斜体着重。

㉛ 海德格尔所谓的"跨越［*überwunden*］形而上学"是针对具体的哲学形态，对这一否定运动所作出的更为具体的说明。形而上学是第一启始所凝结，所规范化、固定化的产物。对这一传统的更新，赋予其新的活力，只能通过对传统本身进行否定，任何其他异质的文化传统都绝对不可能对其起促进作用。

㉜ 海德格尔著作，1938 年版，第 5 页。

㉝ 在国际学界，对"另一启始"的专题研究也十分少见。帕克斯在《黑森林上升起的太阳》（1996 年版）一文中提到另一个海德格尔大概只用过一次的表述"一些其他伟大的启始"［*den wenigen anderen grossen Anf ngen*］，认为此即指代东方或亚洲哲学传统。实际上，这一表述与东方或亚洲哲学传统并无关联。对此，笔者已另撰文讨论。

㉞ 海德格尔著作，1953 年版，第 8 ~ 157 页。

㉟ 此语见海德格尔著作，1954 年版，第 131 页。

㊱ 牟宗三著作，1988 年版，第 170 页。

㊲㊳㊴ 牟宗三著作，2003 年版（3），第 230、95、83、84 页。

㊵ 牟宗三著作，2003 年版，第 83 页。《中西哲学之会通十四讲》最初的题目便是《中西哲学会通的分际与限度》。

㊶ 伯纳斯科尼，1995 年。

㊷ 郭齐勇著作，1993 年版，第 366 页。

㊸ 方朝晖（2002）严厉地批评牟宗三的坎陷说完全从对科学与民主的"实践需要"的角度出发，违背了（西方）哲学自身的内在逻辑和独立性，其论证"必然会摧毁哲学的生命力"。笔者以为，方的评论似乎过于偏激。方所理解的哲学是纯粹的思辨哲学，这只是千姿百态的哲学中的一种。这种纯粹的思辨哲学也不是希腊以降的西方哲学唯一拥有的永恒哲学。西方哲学中不乏对社会实践的关切与思考。大概不可能把这些不同于纯思辨哲学的哲学全部清理出哲学的门户吧。再者，就亚里士多德、黑格尔等方引以为哲学之典范人物的著作而论，很难说对"实践需要"的考虑在其中完全没有丝毫作用。

参考文献：

① Bernasconi, Robert. 1995. On Heidegger's other sins of omission – His exclusion of Asian thought from the origins of occidental metaphysics and his denial of the possibility of christian philosophy. *American Catholic Philosophical Quarterly* 1969（2），333-350.

② 方朝晖：《牟宗三 "自我坎陷说" 述评》，载 http：//confucius2000. com（2002. 8. 24）。

③ 郭齐勇：《熊十力思想研究》，天津人民出版社 1993 年版。

④ 海德格尔、马丁（Heidegger, Martin），1935, Der Ursprung des Kunstwerkes. In *Gesamtausgabe*, Vol. 5. Frankfurt am Main：Vittorio Klostermann（1977），1～74。

⑤ 海德格尔、马丁（Heidegger, Martin），1938, *Beiträge zur Philosophie*. Frankfurt am Main：Vittorio Klostermann（1989）。

⑥ 海德格尔、马丁（Heidegger, Martin），1943, Heraklit. In Gesamtausgabe, Vol。55, Frankfurt am Main：Vittorio Klostermann（1979 年）。

⑦ 海德格尔、马丁（Heidegger, Martin），1953, Die Frage nach der Technik. In *Die Technik und die Kehre*. Tübingen：Neske（1962）. 第 5～36 页。

⑧ 海德格尔、马丁（Heidegger, Martin），1953/1954. Aus einem Gespräch von der Sprache. Zwischen einem Japaner und einem Fragenden. In *Unterwegs zur Sprache*. Stuttgart：Verlag Günther Neske（1959）. 第 83～156 页。

⑨ 海德格尔、马丁（Heidegger, Martin），1956, *What Is Philosophy*? Bilingual edition, translated by Jean T. Wilde and William Kluback. New Haven：College and University Press, 1968 年，（1956 年）

⑩ 海德格尔、马丁（Heidegger, Martin），1966 年, Spiegel-Gespräch mit Martin Heidegger（23. September 1966 年）. In *Gesamtausgabe*, Vol.（2000 年），第 16 页。

⑪ 李明辉：《当代儒学之自我转化》，台北："中研院" 文哲所，1994 年。

⑫ 刘述先：《当代中国哲学论·问题篇》，River Edge（USA）：八方文化企业公司 1996 年版。

⑬ 马琳：2005, What does Heidegger have to do with an East-West Dialogue? *Dao*：*A Journal of Comparative Philosophy*. 4：2. 第 299～320 页。

⑭ 牟宗三：《从陆象山到刘蕺山》，台北学生书局 1979 年版。

⑮ 牟宗三：《生命的学问》，台北三民书局 1984 年版。

⑯ 牟宗三：《现象与物自身》，台北学生书局 1984 年版。

⑰ 牟宗三：《历史哲学》，台北学生书局 1988 年版。

⑱ 牟宗三：《道德的理想主义》，台北学生书局 1992 年版。

⑲ 牟宗三：《政道与治道》，台北学生书局 1993 年版。

⑳ 牟宗三：《人文讲习录》，载《牟宗三先生全集》第 28 卷，台北联经出版公司 2003 年版。

㉑ 牟宗三：《中国哲学的特质》，载《牟宗三先生全集》第 28 卷，台北联经出版公司 2003 年版。

㉒ 牟宗三：《中西哲学之会通十四讲》，载《牟宗三先生全集》第 30 卷，台北联经出版公司 2003 年版。

㉓ May, Reinhard. 1989 年. *Heidegger's Hidden Sources*：*East Asian Influences on His Work*. Translated by G. Parkes. London：Routledge（1996 年）. Original edition, *Ex Oriente Lux*：*Heideggers Werk unter Ostasiatischem Einfluss*, Stuttgart：Franz Steiner Verlag Wiesbaden（1989 年）.

㉔ 帕克斯、格莱姆（Parkes, Graham），Afterwords-Language. In *Heidegger and Asian Thought*, edited by Graham Parkes. 1987 年, Honolulu：University of Hawaii Press. 第 213～216 页。

㉕ Rising Sun over Black Forest：Heidegger's Japanese connections. *In Heidegger's Hidden Sources*：*East Asian Influences on His Work*. Translated by G. Parkes. London：Routledge（1996 年），第 79～117 页.

㉖ 王大德：《牟宗三先生良知坎陷说之诠释》，载《牟宗三先生与中国哲学之重建》，李明辉主编，台北文津出版社 1996 年版，第 399～412 页。

㉗ 颜炳罡：《牟宗三学术思想评传》，北京图书馆出版社 1998 年版。

＊本书目中海德格尔的著作以其最初发表或讲演的年代为准。

（作者单位：比利时鲁汶大学哲学学院）

牟宗三先生早期宋明儒学研究的价值续论

——以《宋明儒学综述》及《陆王一系之心性之学》为例*

□ 黄敏浩

一、前　言

　　笔者曾在去年（2004 年）的一个学术会议上以《牟宗三先生早期学说的价值——以〈王阳明致良知教〉为例》为题发表文章，①认为牟先生（1909～1995 年）的《心体与性体》（共四册）②固然是他有关宋明儒学研究的最具代表性的著作。然而，对于他较早期的宋明儒学研究，尽管他自己认为是不成熟之作而不予重视，③但在我们看来，它们对了解牟先生的思想乃至宋明儒学的哲学研究仍有着重要的价值。这些较早期的著述包含了《心体与性体》中没有提到，或有提及但没有详细说明的重要观念。即使是他认为不成熟而后来扬弃了的见解，对宋明儒学的研究来说，也还是值得参考的课题。

　　这些较早期的宋明儒学研究主要包括《王阳明致良知教》、《陆王一系之心性之学》及《宋明儒学综述》。④笔者已在去年发表的文章中探讨《王阳明致良知教》的价值，现拟继续前论，从《陆王一系之心性之学》及《宋明儒学综述》举出例子，借以说明它们对《心体与性体》仍具有重要的补充作用。让我们先说《宋明儒学综述》，然后把讨论的重点放在《陆王一系之心性之学》。

二、《宋明儒学综述》中对清儒的评论

　　根据《宋明儒学综述》的《出版说明》，此篇本是大学课程的讲稿，牟先生计划以之作为《心体与性体》的引论，后来却割舍而不用。⑤个中原因，我们不甚清楚；而细读此篇，我们发现其中的基本见解与《心体与性体》所论并没有太大的出入。也许牟先生认为讲稿的行文不够严谨，与全书书写的文体不类，遂另行撰写全书的引论部分。无论如何，此篇行文较轻松，实在较容易令读者了解牟先生研究宋明儒学的基本看法。就这一点

言，便足见此篇的价值。⑥但更重要的是，我们发现此篇记录牟先生的一些说法，是《心体与性体》以及之后他所发表的宋明儒学的著述所没有的。

如果熟悉牟先生的言论，便会知道他对清代以来的思想很不满意，尝谓"明亡，蕺山绝食而死，此学〔案即指心性之学〕亦随而音歇响绝。"⑦又谓"中国亡于满清，〔……〕它不能继承中国传统文化的精神。〔……〕所以我们讲中国的学问，讲到明朝以后，就毫无兴趣了。"⑧也许因为这个原因，我们甚少看到牟先生对清儒思想的具体评论。虽然在他较后期的著述中他批评清儒不能继承心性之学的大概仍略可得窥，⑨但具体的、个别的评论还是很难看到。幸好在《宋明儒学综述》中我们发现资料，可以略补这片空白。

就在《宋明儒学综述》中，牟先生为了回应传统以来对宋明儒学的外部的斥责，便举了几个重要的例子并引文献来作说明。其中包括叶适、李翱、颜元、李塨、戴震、顾炎武、惠士奇与惠栋。⑩这里面的叶适，牟先生后来在《心体与性体》中有更专详的论述。⑪对李翱的评论，则恐怕只见于此篇了。至于对后面颜元等几位儒者的具体评论，亦只见于此篇；他们都是清代的儒者，且是具有代表性的人物。如是，牟先生从宋明儒的立场如何具体地回应及批评清儒的斥责，便由此可见。虽是一鳞半爪，但还是很有参考价值的。

对于牟先生的这些评论，我们没有需要一一引介说明。读者参看原文，便十分清楚。这里只略举一例，如他评论顾炎武说：

> 亭林为明末之大儒，与黄梨洲、王船山并称。顾、黄、王之志业本自不同，既与颜、李不可同日而语，亦与满清考据学风基本有异。〔……〕吾所以把他列在这里，是因为他亦不能正视"内圣之学"之价值，而反对谈性命与天道。他与黄梨洲、王船山同处于明末亡国之时，对于时代俱有深深的感触，因此他们的基本精神同有一种从内圣向外开的要求。但是既向外开，外王固重要，内圣仍是本，不可忽。梨洲与船山俱不反对谈性命天道之心性之学，这方是能接得上儒家学脉传承之整全的通识，但顾亭林在此便接不上，这就不免落于偏了。这偏固是有激而然，但担当时代使命，彻底反省文化发展的症结以开前进之坦途，决不可停在那原初之偏激上。这是亭林之不足处。但他不说宋儒是杂取佛、老，他只反王学及其末流，不反程、朱。这是他胜过一般口耳妄谈之辈处。但他虽不反程、朱，却亦并不正视程、朱的学问，这就不能无弊。⑫

顾炎武身处明末清初，在某一意义上也可算是清儒，且依牟先生，其思想的缺失与一般清儒大抵相同，是故牟先生对清儒的批评，实可由此引文反映出来。其主要的意思谓清儒未能严肃正视言性命天道之心性之学的意义与价值，已从儒家的核心精神脱落开去。牟先生对顾炎武的批评还算客气，对后来的戴震更直斥其"妄谈孟子，心灵根本不相及，而又力攻程、朱以理杀人，正是不知天高地厚痴儿之见。"⑬牟先生贬抑清儒的思想，或以为言论过激，即使在狭义的当代新儒家内部，也并未成为共识。然而，如果我们正视孔、孟立教之真精神，以及宋明心性之学对此精神的提炼与弘扬，乃至此精神在清儒思想之式微，则牟先生貌似过激的言论，似乎也不是全无道理。牟先生之后，刘述先即以典范的转移论清儒思想，认为明末清初以降，儒者已逐渐把形而上学的义理世界往下拉落。⑭郑宗义更以一书的篇幅来论证此观点。⑮这都是呼应牟先生的看法而发挥其义，而牟先生的看法，尤其是对清儒的具体评论，则已见于《宋明儒学综述》了。

三、《宋明儒学综述》中之儒、佛之辨

我们说《宋明儒学综述》对牟先生较后期的宋明儒学著作有补充作用的另一个例子，便是他在此篇中的儒、佛之辨。其实，在《心体与性体》及以后的著述中，牟先生对儒、佛之辨皆有分疏，且分析入微。⑯然而，繁复深入的讨论有时反不如直接的叙述来得简明扼要。牟先生在《宋明儒学综述》的第五讲中，不从先秦的《论语》、《孟子》，乃至《中庸》、《易传》讲下来，而直接就宋儒之言正面说性理之确定涵义以辨儒佛，便给我们这种直接的印象。他首先认为程明道"吾学虽有所受，天理二字却是自家体贴出来"（《二程全书》，《外书》卷12）及程伊川"天下无实于理者"（《二程全书》，《遗书》卷3）二语对了解性理之确定涵义最为扼要有力。若问此天理是如何体贴出来？牟先生即引述二程的一段话：

> 万物皆只是一个天理，己何与焉？至如言"天讨有罪，五刑五用哉，天命有德，五服五章哉！"此都只是天理，自然当如此。人几时与？与则便是私意。有善有恶，善则理当喜。如五服自有一个次第以彰显之。恶则理当恶〔一作怒〕。彼自绝于理，故五刑五用。曷尝容心喜怒于其间哉？舜举十六相，尧岂不知？只以他善未著，故不自举。舜诛四凶，尧岂不察？只为他恶未著，那诛得他？举与诛，曷尝有毫发厕于其间哉？只有一个义理，义之与比。（《二程全书》，《遗书》卷2上）

接着解释说：

> 观这段话，便可知明道体贴"天理"的来历了。不过是天秩、天序、天命、天讨、天伦、天德：这总起来便只是一个天理，是义理之当然。这直下是道德意识、德性生命之所肯认。这天理亭亭当当，平铺放着，并不容许我们有任何歧出的念头去想它。故当我们体贴这天理时，直下是一个纯净的道德意识（德性生命）之呈现。这是儒家彻头彻尾的一道德意识所贯注之道德的庄严，这是至真至实的。⑰

这是说性理即天理，而此天理为吾人的道德意识所体认所贯注，而见之为义理之当然，亦即见善当喜、见恶当恶之当然而不容已的当然。只要紧握这一点，便足以辨别儒佛。是以牟先生说：

> 本讲所注意的，就是这天理、实理、秉彝所表示之性理，决不是缘起法，不能用"缘起性空"之说去拆散它。没有了这天理、实理，儒学便没有基础。儒家肯定这实理也不是盲目地或只是顺俗地来肯定它。这是一个清澈的彻头彻尾的道德意识所体证的。天理、实理本身是一个"实有"。人是要面对这"实有"始能站起来的。实理所

贯彻的一切事，就其为"事"言，自是缘起的。但因其为天理所贯，那就不是无明缘生了，也不是如幻如化本性空寂了。故理皆"实理"，事皆"实事"。⑱

就在道德意识的体证下，天理贯注下来而一切皆成实理实事。像这种讲法，根本不是以缘起性空为其教义的佛教所能讲的。尽管宋明儒学发展到明代后期已有跟佛教合流之势，学者已发现儒佛之间有许多微妙处其实是相通的，但牟先生却仍把握宋明儒之言天理此一根源的洞见而将之与佛教区别开来。推之，整个的儒家的道德形上学也不过是由精诚的道德意识所贯注的天理（性理）此一观念所建立。是故牟先生说：

> ……这是在纯事象的缘起性空中树立起一个"立体性的实体"而成就一切，把一切都带着站起来了，都成为真实的了。故《中庸》曰："诚者物之终始，不诚无物。"这是诚体（代表天道实理）之直贯，故能成始而成终。把这诚体撤销了，根本什么事也不能有，岂但如幻如化而已哉？故周濂溪赞《乾·象》"大哉乾元，万物资始"曰："诚之源也"。赞"乾道变化，各正性命"曰："诚斯立焉。"又曰："元亨，诚之通；利贞，诚之复。"（见《通书·诚上第一》）。这是儒家的基本灵魂，也是宋明儒之所共契，而特别予以彰显的。虽语词有变换，而不能背此根本之义理。⑲

经牟先生这么一说，儒家的基本灵魂及其别于佛教的根本处便显得明白而显豁。须知儒佛之辨在牟先生较后期的著作中均有细致的讨论，但此篇则由于是综括之简述，虽不如前者深入，却甚能扼要而述，的确把儒佛之辨的最关键处直接地展示出来。当然，牟先生的看法本于宋明儒，但宋明儒者辨儒佛，时有不谛当处；牟先生对二家有深入研究，其辨实已超过宋明儒者而没有他们的毛病。⑳总之，牟先生对儒佛之辨未必人人同意，但如果想了解他在这方面的研究心得，则《宋明儒学综述》所提供的表述方式是最令人一目了然的。是故我们总说此篇仍有重要的补充作用也。

以下让我们看看《陆王一系之心性之学》一文之价值，将举二例以明之。

四、《陆王一系之心性之学》中对陈白沙的批评

《陆王一系之心性之学》不能算是牟先生的成熟作品，因为虽然当中所论的朱子思想相对他较早的看法已有所转向，已与他后期《心体与性体》的看法相同，㉑但其他的如"尚未提出宋明儒学三系之说，故仍将刘蕺山归入陆、王一系"㉒，以及谓王龙溪与江右派之罗念庵、聂双江等之主静归寂可融通而不必起争执等，㉓都不是后期的说法。虽是如此，我们仍可发现此一长文的内容非常丰富。除了在述说刘蕺山的部分论及其"四句"、《答董标心意十问》及《商疑十则答史子复》等一些在后期学说没有提到但甚具参考价值的文献之外，还有一些在后期学说有提到但没有清楚说明的，都在此文中有所发挥。限于篇幅，以下只举二例。

首先，黄宗羲（梨洲）在《明儒学案》中曾谓"有明之学，至白沙始入精微。……至阳明而后大。两先生之学，最为相近。"㉔可见陈白沙在他心目中的重要地位。然而，牟先生在后期的《从陆象山到刘蕺山》这部专述陆、王一系乃至明代心学的著作中，却

没有论及白沙。有之，也不过是在谈及道体流行的极高明而道中庸的自然境界时稍提一下。他说：

> 至明而有陈白沙"学宗自然"，亦特别喜爱这一套。他虽知道"若无孟子功夫，骤而语之以曾点见趣，一似说梦"，然其本人实并无真正孟子功夫也。[25]

这段凌空而来的话给我们带来疑惑。牟先生并不推崇陈白沙，似乎是不争的事实。但他为何会如此，却仍然令人大惑不解。这个问题也许关联到当时与阳明平分天下学术的湛甘泉。[26]在牟先生有关宋明儒学的著作中，并没有论及湛甘泉。须知甘泉是白沙的嫡传，牟先生不重视甘泉可能与他不重视白沙有关。但毕竟他为何不看重白沙？此问题的答案不见于《从陆象山到刘蕺山》，却可见于早期的《陆王一系之心性之学》。牟先生首先援引《明儒学案·师说》之论白沙的一段谓：

> 愚案：前辈之论先生备矣。今请再订之。学术疑似之际，先生学宗自然，而要归于自得。自得，故资深逢源，与鸢鱼同一活泼，而还以握造化之枢机。可谓独开门户，超然不凡。至问所谓得，则曰静中养出端倪。向求之典策，累年无所得，而一朝以静坐得之，似与古人之言自得异。孟子曰："君子深造之以道，欲其自得之也。"不闻其以自然得也。静坐一机，无乃浅尝而捷取之乎？自然而得者，不思而得，不勉而中，从容中道，圣人也。不闻其以静坐得也。先生盖亦得其所得而已矣。道本自然，人不可以智力与。才欲自然，便不自然。故曰：会得的，活泼泼地，不会得的，只是弄精魂。静中养出端倪，不知果是何物？端倪云者，心可得而拟，口不可得而言，毕竟不离精魂者近是。今考先生证学诸语，大都说一段自然功夫高妙处不容凑泊，终是精魂作弄处。盖先生识趣近濂溪，而穷理不逮；学术类康节，而受用太早。质之圣门，难免欲速见小病者矣。似禅非禅，不必论矣。[27]

继而阐述之说：

> 梨洲（笔者按应作蕺山；盖《明儒学案·师说》为蕺山所作）断白沙不离精魂，谓其"欲速见小"亦是确当。静坐一机可以促成傥来一悟。此一悟不可少，因此是"逆觉"一关。逆觉之悟不必静坐，机缘甚多，即其形态或方式甚多，但必须是"静"，故周濂溪谓"主静而立人极"。若谓动静时也，则甚至连"静"也不必说。原则只是"逆觉"。吾人即以"逆觉"来规定静。使静不作"时"看，而作"忘缘反照"看，即洒脱（抽掉）一切缘虑而回归于仁体之自己。（此常在静时。若原则地以逆觉为主，则无论动静，随时皆可逆觉。）此即所谓"静中养出端倪"。此逆觉以悟体，亦是一长串的大工夫。然亦可是傥来一悟。[28]

此是解释白沙的"静中养出端倪"。依牟先生，此处之静并非与动相对之时态，而是以"逆觉"来规定静。动时静时皆可逆觉。在静之逆觉之忘缘反照中，即洒脱一切缘虑而回归仁体。这样解释便与一般以白沙的静为静坐不同，而更具警策之义。如此理解则正是儒家逆反而觉识本体之大路，为何却说白沙"不离精魂"、"欲速见小"？牟先生说：

> 但若无长串的工夫之渐在其前，而只是悦来一悟，则其悟体立人极是不稳的。问题不在顿，而在此悦来一悟之"无真积"在其前。无真积在其前，则其静是"浅尝而捷取"。此固不足恃。然纵使有真积在前，此真积过程亦是后返的，是逆觉以悟体上的。后返所悟之"体"是抽象的，是缘虑净尽的一个纯粹的抽象普遍性。此时之洒脱自然，亦是抽象的。若只停于此"抽象的"，就"体"说，就难免有光景精魂之讥，就自然快乐之心境说，亦是因洒脱而来之松一口气，是消极的，而自己之生命亦尚是停滞在情识之静止状态中、无干扰状态中。因为那纯粹的抽象普遍性，逆觉所悟之体，尚在吊挂中（故可说光景，说精魂），尚未贯注于生命中起积极的作用。若一方是吊挂之普遍性（光景），一方是无干扰之情识，而只在洒脱缘虑上，说自然、说快乐，复进而藉那吊挂之普遍性之一无牵挂，认为此即是妙道而积极地泛滥无戒惧，以为如此是自然，是洒脱，则静止无干扰之情识即进而兴风作浪，转而为气机之鼓荡，成为"情识而肆"。此即为相似法流。㉙

此是说无论是悦来一悟，或有真积在前，那透过逆觉而悟的本体尚只是一个纯粹的抽象普遍性。若只停住于此，没有将之具体化而贯注于生命中起积极的作用，则只流于静止无干扰之情识，此所谓相似法流，相似而实不同。故牟先生续说：

> 梨洲谓东崖、白沙（笔者按应作梨洲与蕺山谓东崖、白沙；盖此段文之前有引梨洲述王东崖语）在光景中作活计，终是精魂作弄处，吾意终因他们在此等处未透彻，始如此。即只停在逆觉之抽象阶段中而说玄说妙。此只是一关，一步骤。故云"受用太早"，"欲速见小"也。㉚

如是，我们回到最初之疑问，即为何牟先生认为白沙没有真正孟子工夫而不重视他？个中理由实可由此得窥。原来牟先生认为白沙所悟只停在逆觉之抽象普遍性上，未能透彻而将之具体贯注于生命之中，尚有一间未达也。只停在仁体之抽象普遍性上，故云在光景中作活计；此抽象普遍性实只是静止无干扰之情识，故曰精魂作弄；未能从抽象进至具体的生命中，故云受用太早，欲速见小。牟先生的判断实本于刘蕺山之说。我们当然也可假设牟先生看过白沙的文献而有类同的感受。无论如何，牟先生的看法确有所本，而未必全无道理。前面引黄宗羲意谓明代心学至白沙始明，至阳明始大，白沙在明代思想史的地位决不会动摇。但这不妨碍我们问白沙的悟境达至何种程度之问题。此自非行家不能轻下判语。然而，即使黄宗羲也承认阳明从不说起白沙㉛（阳明更与白沙之嫡传湛甘泉有过争论），至蕺山则更作出批评。牟先生承之而说，未尝不可对白沙的理解提供一个角度。或谓此评过苛，白沙恐未至于此。此则牟先生在下文有说：

> 从理上说，一句也够，多句也可，亦都是对的，即王东崖与陈白沙之所说，如其所说而平观之，亦都是对的。但是从"事"（笔者按依上文指工夫形态）上说，则有备与不备，有偏与不偏，有弊与不弊。但都总说着了一点。补偏救弊，乃见其全。工

夫之全亦即工夫之理之全。㉜

此则亦承认白沙之领悟。是以知其批评是从一更高之要求上说，是平情之谈，非过激也。如是，牟先生对白沙评论的一段重要文字只见于《陆王一系之心性之学》，不见于其他著述，由此即可见此文之价值了。

五、《陆王一系之心性之学》中"归显于密"的含义

我们的第二个例子是有关"归显于密"这一观念的含义的问题。"归显于密"是牟先生自造的词语，是用来形容刘蕺山如何针对阳明学"玄虚而荡"及"情识而肆"的流弊而更端别起，重开一新的学路，也就是把阳明学即良知学之显教归于蕺山慎独之学之密教的意思。这个词语对牟先生之诠释蕺山思想而言可算重要。试看牟先生在较后期的《从陆象山到刘蕺山》中是如何解释"归显于密"：

> 此更端别起，重开一新学路者，即是"归显于密"，即，将心学之显教归于慎独之密教是也。〔……〕故"知藏于意，非意之所起。"此即第一步先将良知之显教归于"意根最微"之密教也。然意与知俱属于心，而心则在自觉活动范围内，刘蕺山所谓"心本人者也"。自觉必有超自觉者以为其体，此即"隐乎微乎穆穆乎不已者乎"之性体。〔……〕"性非心不体"者，意即性体若离开心体即无以体验体现而体证之者。体证之即所以彰著之。是则心与性之关系乃是一形著之关系，亦是一自觉与超自觉之关系。自形著关系言，则性体之具体而真实的内容与意义尽在心体中见，心体即足以彰著之。〔……〕是以在形著关系中，性体要逐步主观化、内在化。然在自觉与超自觉之关系中，则心体之主观活动亦步步要融摄于超越之性体中，而得其客观之贞定——通过其形著作用而性体内在化主观化即是心体之超越化与客观化，即因此而得其客观之贞定，即可堵住其"情识而肆"，亦可堵住其"虚玄而荡"。此是第二步将心体之显教复摄归于性体之密教也。经过以上两步归显于密，最后仍可心性是一。㉝

这是在《从陆象山到刘蕺山》中唯一一段解释"归显于密"的话。这段话表明归显于密原来有两步：第一步是先将良知之显教归于意根之密教，第二步是将心体之显教复摄归于性体之密教。问题是我们细读这段文字之后，似乎仍未能掌握两步归显于密的含义。让我们先来探讨第一步的归显于密。

从引文可知，牟先生是以蕺山"知藏于意"来规定第一步的归显于密的。我们知道，蕺山之意是属于超越层的意根，而非一般意义下的经验层的意念。他所谓的知也是超越的。意与知其实是一事，不过就意中指出最初之机所谓知而方便地分说二者而已。㉞如是，在蕺山的系统中，既然知藏于意，知是意中之最初之机，于是便可说把意摄归于知，因为相对而言意较显，而藏于意而为意之最初之机之知则较密。但须注意此是摄意归知的归显于密，而不是如牟先生所说的摄知归意的归显于密。这样的话，牟先生根据"知藏于意"将良"知"显教归于"意"根密教，便有问题。或者说：这其实没有问题，因为从究竟

处言，意与知是一，彼此互藏其宅，说知藏于意或意藏于知均可。即使这样说得通，也只能适用于蕺山的系统。依阳明的良知教，蕺山的意与知都相当于良知，都可作为良知所含的两个侧面。然则把阳明的良知归于蕺山的意，究竟是什么意思？在阳明的系统来说，这相当于把良知归于良知，或可说为良知之自我调整，如此则又如何"更端别起，重开一新学路"而为蕺山之密教？是以第一步归显于密即使人难于了解。

牟先生认为蕺山"归显于密"的看法很早便形成。在《陆王一系之心性之学》中论述蕺山的部分，他已持此看法。我们查看里面有好几处说及归显于密的，资料较后期的著作丰富。兹把它们列于下，也许可以帮助我们找到问题的答案：

> 所谓开端别起者，将外扩的致良知教中之"良知之用"收摄于内敛的诚意教中之"渊然贞定"之"意"也。如是，一、不得不严分意念，不可以生灭有对之念为意；二、由意彰着心之所知为心，而特重主宰性。[35]
>
> 致良知本是内在的、先天的工夫。然其特征在虚用与圆神，故预防其弊，亦须内在地将其收摄于"渊然贞定"之实体，而开出一仍是内在的、先天的工夫。此即是归显于密，诚意之学之所由立。[36]
>
> 此藏于意之知即意自身之莹彻明觉。如是，凡阳明所说皆可承受吸纳而无遗。然而摄知于意，则良知之用顿有收煞，此即归显于密，而无浅露之感，而虚玄之荡与情识之肆亦可堵绝而无由混似成真。知至善，意亦至善。知之为准则以虚与用之圆而神见，意之为准则以实与体之贞而定见。摄知于意，知有主宰；而意蕴于知，意亦具体。此则"方圆合一"之教，吾人由蕺山之知藏于意而知之，而阳明未之能着也。[37]
>
> 致良知之先天工夫是由本以外扩（致知成物），诚意之先天工夫是由末以返本（化念还心）。故曰归显于密也。[38]

这四段话似乎已给我们了解第一步归显于密的线索，但细观之下，仍然未得要领。如首两段言良知是外扩的，而意则为内敛的、渊然贞定的、具主宰性的实体，故摄良知于意而归显于密。但难道阳明所倡的良知便非实体，便没有内敛的、渊然贞定及具主宰性的一面？须知良知即体即用，即外扩即内敛；归显于密在良知教本身已可能，蕺山的归显于密又能在何意义下重开一新学路？知此即知第三、第四两段对解决我们的问题也没有很大的帮助。如第三段谓方圆合一之教乃承蕺山摄知于意、意蕴于知之义，而阳明未之能着。但即使阳明真的未之能着，也不表示此义非阳明良知教所涵，盖蕺山的知与意均相当于阳明的良知，也可说是良知所固有之两面，阳明不表出，并不表示就没有此义。第四段似指出阳明良知显教与蕺山诚意密教二者教相之不同，前者由本外扩，后者由末返本。但试问良知教就难道没有由末返本、化念还心之一路？

我们总觉得牟先生"归显于密"的看法有其实义。尽管相对后期著作而言，在较早期的《陆王一系之心性之学》中已发现较多线索，把这观念的含义说得更清楚，但在呼之欲出中毕竟未能使我们确切地掌握其义。也许真把这问题说明白的是刘述先。他在探讨阳明的最后定见时曾论及"归显于密"。他说：

> 牟宗三先生以蕺山思想为"归显于密"，即"将心学之显教归于慎独之密教是

也"。蕺山由良知往内收摄一步，所谓"意根最微，诚体本天"，判之为密教是没有问题的。〔……〕至于谓良知教为显教，好像理所当然，不须多说。然牟先生的解释由圆教之旨立论，似乎陈义过高，难以凑泊。㊴

刘述先谓牟先生"似乎陈义过高，难以凑泊"，很可能是看到归显于密的确切含义不易了解。他在引述一些文献后便提出自己的看法：

> 正因为阳明本人有内在一元论之倾向，故未发已发、寂感动静、致中致和都打成一片，无须强分内外先后，这是王门弟子之共识〔……〕。阳明非泥书册者，"已发未发非有二候，致和即所以致中"乃王门高第直承自姚江之教，根本无争辩之余地。〔……〕阳明之教自不必合于《中庸》原义：未发之中确先于已发之和。但阳明既通贯未发已发，就无谓在此强分先后。在修养工夫上，乃可以即已发指未发，甚至致和即可以致中。既然做工夫的出发点就在"已发"，其为"显"教明矣！这样的入路乃适与双江"归寂"、蕺山"静存"之"密"教成为对比。我们由功夫论的视域区分显密，比起牟先生由形上学的视域立论，应该容易了解多了。㊵

刘述先从工夫论的视域以"已发"说显，以"静存"说密，实已道出其中关键。我们认为，他实已把牟先生心目中的意思指点出来。笔者曾在他处引申其义说：

> 阳明"致和即所以致中"，与宗周（笔者按即蕺山）强调"静存之外无动察"、"致中所以致和"适可成对比。盖已发即未发，即中即和。阳明较重已发，故本心所起，莫不是心体的呈用，遂有一"显相"；宗周较重未发，故才起即收，莫不归独体之幽微，遂有一"密相"。如是，一重已发，一重未发，遂有显密的教相。㊶

于是，从阳明即已发即未发而较重已发，转至蕺山即未发即已发而较重未发，便是"归显于密"的真实含义。所谓"更端别起，重开新学路"，也就是在修养工夫上从已发到未发的重点上的转移。

然而，这只是第一步的归显于密。然则第二步的归显于密又如何？我们从本节第一段《从陆象山到刘蕺山》的引文可知，牟先生是就心体摄归性体来说此第二步的归显于密的。此则涉及心性关系之问题。从引文看，心性有一形着之关系及一自觉与超自觉之关系。依前者，性体得以主观化、内在化；依后者，心体得以客观化、超越化，而最后心性是一。这其实就是牟先生那著名的"以心着性"的提法。

在《陆王一系之心性之学》中，我们也发现有关第二步归显于密的说法。兹录如下：

> 归显于密，就心体言，是使良知之虚用有收煞，此为"内在之密"，就性体言，则由良知与意所见之心体直透于性体，而益见心体之幽深邃远，此为"超越之密"。内在之密是内摄，超越之密是上提。内摄而上提，则永绝荡肆之弊。㊷

> 然至蕺山，则归显于密，先天工夫亦成立，而心体与性体之间则保持一内圣践履上之不即不离、不一不二之内在关系，如是则性体既内在又超越，既非程朱之只超越

而不内在，亦非陆王之只内在而不超越。此则为蕺山之独特的深造自得者。惟于此须注意，即蕺山亦扭转朱子之外在的经验工夫，而为内在的先天工夫，是则与陆王为相承，与程朱为相反。〔……〕从良知之虚用说，则心体与性体永永合一，性体全内在于心体，而无超越义，此为圆而神之显教，而若归显于密，摄知于意，则心体与性体不即不离、不一不二，性体既超越又内在。从良知之虚用，则为前扩之显教；从诚意之慎独，则为内敛之密教。㊸

前一段言"内在之密"与"超越之密"，也就是后来所谓第一步与第二步的归显于密。后一段则专言第二步的超越之密，此义由心与性之不即不离、不一不二之关系而始可能。这是蕺山所深造自得，而有别于程朱之以心性为不即而离，与陆王之以心性为不离而即者。这种不即不离的关系，说实了，就是牟先生在《从陆象山到刘蕺山》中所说的形着关系和自觉超自觉关系，简言之，也就是形着关系。如是，综合这几段引文，我们似乎可以说，第二步归显于密的实义就是在心性之形着关系中心之逐步客观化、超越化而与性同一（也同时就是性之主观化、内在化而与心同一）。㊹然而，细思之，此中仍有一问题，即：在形着关系中，那自觉的较显著的心摄归于那超自觉的幽深微妙的性（所谓归显于密），此在牟先生心目中的蕺山的系统固没有问题。但依牟先生，归显于密不是就蕺山的系统本身言，而是就阳明良知教之归于蕺山慎独诚意教言。此中阳明良知教之"显"在何处，蕺山慎独教之"密"又在何处？或答：以阳明之心为显，以蕺山之性为密。然须知此性之密若在阳明的系统中，也还是心，还是良知。整个"以心着性"的过程，在阳明来说，就相当于"致良知"的过程。致良知之化境也就相当于以心着性而致心性为一之境。如是，则究竟如何可说一更端别起的第二步的归显于密？这仍然是未能说得明白的。

我们认为，跟第一步一样，第二步的归显于密也确有其实义。如果我们参考刘述先的办法，从工夫论的视域立论，也许就可以找到问题的解决之道。事实上，牟先生早已提供线索。在《陆王一系之心性之学》中，他在论王龙溪之末节有一段话，很能说明问题：

> 故万归一，一归万之主客观统一能至何种程度，除尽其在我外，皆有命存焉，不可不知也。〔……〕知自己有所不能，而常怀悲恻之感，益显心体性体之超越，而同时吾之心量性量即随心体性体之超越而同其超越，凡吾所不能尽不能成之无穷无穷事——皆客观地肯定之，且肯定无限未来之生命以成之，无限未来之生命亦永不能了，——仍须作此无尽之肯定，此即为仁者无尽之悲怀，无尽之肯定。如是则心量广大，常存超越之敬畏。在圆而神之一片灵光中，一切皆内在而平铺，此即为显教。然无尽之悲怀、无尽之肯定，则显超越之敬畏，此即圆而密矣，内在而又超越矣。此为良知教中之"密"义与"超越义"。〔……〕而与超越义相连之密义，则是由超越的证悟而知命以言之，此是反面说。超越的证悟两头通，自体现习化事成言，则为圆而神之内在；自无尽之悲怀、无尽之肯定言，则为知命之超越。㊺

首先，须知牟先生将此处所言之良知教中之密义归于罗近溪。㊻这是令人颇感奇怪的，因为如果了解罗近溪的思想，便知此"密"义与罗近溪的风格颇不相类。据原文所述，牟先生在言龙溪之后是要讨论近溪的，但不知何故，竟没有写近溪而接上了蕺山诚意之学。

我们怀疑他在龙溪之后本来是想论近溪的，但因言龙溪言至良知教之密义，而此义与他所理解的蕺山系统相衔接，遂不期然而接上对蕺山思想的论述。如此推断没错，则他在言龙溪的末节部分所述的良知教的密义便应该归于蕺山，而非近溪。事实上，此处所言之密义与他心目中蕺山的思想实相近，至少较近溪为近。于是，他把良知教之密义归于近溪，这很可能是笔误。或谓：牟先生称此处之密义为良知教中之密义，既属良知教，又如何可以归于主慎独诚意之蕺山？关此，须知牟先生在写此文时"尚未提出宋明儒学三系之说，故仍将刘蕺山归入陆、王一系"。⑰如是，把良知教之密义归于蕺山，便是顺理成章的事了。

如果上述的判断不差，我们便可以借此处之良知教之密义来了解第二步归显于密的含义。盖"在圆而神之一片灵光中，一切皆内在而平铺，此即为显教"。此即是良知之充分朗现。但须知良知之呈现也是在有限中呈现，虽有限而可通于无限，所谓即有限即无限。若注目于即有限即无限之无限义，则一切真在圆而神之一片灵光中，此正是良知显教之所重。若注目于即有限即无限之有限义，则总见良知之有所不能尽者，凡"所不能尽不能成之无穷事皆一一客观地肯定之"，肯定其不能成不能尽，"且肯定无限未来之生命以成之"，如此则兴无尽之悲怀，而即使"无限未来之生命亦永不能了"，若"有命存焉"，由此而对此命常存超越之敬畏，此正是良知密教之所重。所谓归显于密，就是在良知之即有限即无限中，重点从无限转至有限，其无限之一面遂从显至隐，退藏于密。就退藏于密的无限相，别立一概念以明之，则为性或性体。相对性体而言，良知之心或心体即处于有限中常感有不能尽，面对无限一面常存敬畏，不断超越有限以融摄于性体之无限而无有停息之时。在不断超越的过程中，心体得以超越化客观化，而性体亦得以主观化内在化。就在不断超越的戒慎恐惧中堵绝了由良知之圆足所容易产生的玄虚而荡及情识而肆的显教的流弊。换言之，第二步的归显于密的实义便是良知之无限相之由显而归于密，成为良知有限一面所摄归的（方便地说的）对象。

至此，两步归显于密的含义都已明白：第一步是由良知之已发归于未发，第二步是良知无限相由显现归于退藏。在探讨的过程中，我们发现牟先生早期的《陆王一系之心性之学》提供不少资料，很有帮助。其中对第二步归显于密的确切意义的了解更是关键性的。这又一次印证牟先生早期宋明儒学研究甚具价值的事实了。

六、结　语

本文论证牟宗三先生早期宋明儒学研究的价值，认为它们对牟先生晚期最成熟的《心体与性体》（四册）具有重要的补充作用。文中所举的例子中，《宋明儒学综述》为辩护宋明儒学而对清儒具体的评论未见于《心体与性体》；当中对儒、佛之辨也较《心体与性体》的论述更为简明扼要。《陆王一系之心性之学》中对陈白沙的讨论解答了《心体与性体》批评白沙的疑案；且对刘蕺山"归显于密"（尤其是两步中的第二步归显于密）提供了较《心体与性体》更为确当中肯的说明。此四例实未能穷尽两篇长文的独特之处，但已足够说明牟先生早期宋明儒学研究的价值了。

注　释：

　　* 本文于 2005 年 9 月在由武汉大学、台湾"中央大学"、东方人文学术研究基金会及鹅湖杂志社主办的第七届当代新儒学国际学术会议中宣读，蒙与会学者提供宝贵意见，谨此致谢。

　　① 这篇文章后来参考与会学者的建议，改名为《牟宗三先生早期宋明儒学研究的价值——以〈王阳明致良知教〉为例》，将刊于《新亚学术集刊》，预计 2005 年底或 2006 年初出版。

　　② 牟宗三：《心体与性体》（三册）台北正中书局 1968～1969 年版，及《从陆象山到刘蕺山》，台北学生书局 1979 年版。

　　③ 有关牟先生如何对他的早期宋明儒学著作不予重视，可参考笔者的《牟宗三先生早期宋明儒学研究的价值》的前言及结语部分，兹不赘。

　　④ 牟宗三：《王阳明致良知教》台北"中央文物供应社"1954 年版；《陆王一系之心性之学》，《自由学人》第 1 卷第 1～3 期（1956 年），后收入牟宗三《宋明儒学的问题与发展》台北联经出版事业股份有限公司 2003 年版；《宋明儒学综述》，《人生》第 25 卷第 12 期至第 26 卷第 4 期（1963 年）及《民主评论》第 14 卷第 16 期（1963 年），后收入《宋明儒学的问题与发展》。其实，牟先生还另有一些早于《心体与性体》的宋明儒学著述，关此可参考笔者《牟先生早期宋明儒学研究的价值》的注释部分；不过，这些较早期的著述毕竟以上述三部为主要。

　　⑤ 卢雪崑：《出版说明》，见牟宗三：《宋明儒学的问题与发展》，第 3～5 页。

　　⑥ 在《心体与性体》出版之后，牟先生又有《宋明儒学概述》，见于他的《中国哲学十九讲》，台北学生书局 1983 年版。也是以讲词的形式概述宋明儒学，但篇幅较少，且内容重点与《宋明儒学综述》亦不同。

　　⑦ 《从陆象山到刘蕺山》，第 541 页。

　　⑧ 《中国哲学十九讲》，第 418 页。

　　⑨ 见《心体与性体》，第一册，第 292～294 页。

　　⑩ 《宋明儒学综述》，见《宋明儒学的问题与发展》，第 33～49 页。

　　⑪ 《心体与性体》，第一册，第 225～319 页。

　　⑫ 《宋明儒学综述》，见《宋明儒学的问题与发展》，第 43 页。

　　⑬ 《宋明儒学综述》，见《宋明儒学的问题与发展》，第 42 页。

　　⑭ 刘述先、郑宗义：《从道德形上学到达情遂欲——清初儒学新典范论析》，收入刘述先的《儒家思想意涵之现代阐释论集》，台北"中研院"文哲所筹备处，2000 年。

　　⑮ 郑宗义：《明清儒学转型探析——从刘蕺山到戴东原》，香港中文大学出版社 2000 年版。

　　⑯ 牟宗三：《佛家体用义之衡定》，收入《心体与性体》，第一册。

　　⑰⑱⑲ 《宋明儒学综述》，第 79、80、81 页。

　　⑳ 有关牟先生之辨儒佛如何超过宋明儒者这一点，在此不能详论。可参看黄敏浩：《从刘宗周辟佛看儒佛异同》，收入陈荣开等编的《天人之际与人禽之辨——比较与多元的观点》（香港中文大学新亚书院，2001 年），尤其是文章的第四节。

　　㉑ 《陆王一系之心性之学》，见《宋明儒学的问题与发展》，第 232～237 页。这里所谓"有所转向"，是比较他在《王阳明致良知教》中对朱子的看法而言。可参考笔者《牟宗三先生早期宋明儒学研究的价值——以〈王阳明致良知教〉为例》一文之所述。

　　㉒ 杨祖汉：《出版说明》，《宋明儒学的问题与发展》，第 215 页。

　　㉓ 《陆王一系之心性之学》，见《宋明儒学的问题与发展》，第 278～281 页。

　　㉔ 黄宗羲：《明儒学案》，台北世界书局 1973 年版，《白沙学案》，第 28 页。

　　㉕ 《从陆象山到刘蕺山》，第 286 页。

　　㉖ 所谓"平分天下学术"，是钱穆先生语。见钱穆：《宋明理学概述》，台北学生书局 1977 年版，第 265 页。

㉗　《明儒学案·师说》，第 2～3 页。

㉘㉙㉚㉜　《陆王一系之心性之学》，见《宋明儒学的问题与发展》，第 256、256～257、257、258 页。

㉛　《明儒学案·白沙学案》，第 28 页。

㉝　《从陆象山到刘蕺山》，第 453～454 页。

㉞　蕺山说："〔……〕又就意中指出最初之机，则仅有知好知恶之知而已，此即意之不可欺者也。故知藏于意，非意之所起也。"见刘宗周撰，戴琏璋、吴光主编的《刘宗周全集》，台北"中研院"文哲所筹备处，1996 年，第二册，《学言上》，第 457～458 页。

㉟㊱㊲㊳　《陆王一系之心性之学》，见《宋明儒学的问题与发展》，第 297、298、301、302 页。

㊴㊵　刘述先：《论王阳明的最后定见》，收入《儒家思想意涵之现代阐释论集》（台北中研院文哲所筹备处，2000 年版，第 64～65 页。

㊶　黄敏浩：《刘宗周及其慎独哲学》，台北学生书局 2001 年版，第 233 页。

㊷㊸　《陆王一系之心性之学》，第 303、332 页。

㊹　必须指出，笔者其实并不完全同意牟先生对蕺山心性关系的诠释，也有笔者自己对两重归显于密的看法。不过这不是本文的重点，不能在此详论。可参看黄敏浩：《刘宗周及其慎独哲学》，第 229～248 页。

㊺　《陆王一系之心性之学》，第 292～293 页。

㊻　牟先生在引文中论及良知教之密义后，即谓"此义龙溪不能及，而近溪及之。"又谓"故次龙溪而言近溪"，似乎以下即要转至对罗近溪的讨论。引文所属那一节之标题为"良知教之显义、密义、内在义，与超越义：下转罗近溪"，亦可为证。

㊼　杨祖汉：《出版说明》，《宋明儒学的问题与发展》，第 215 页。

（作者单位：香港科技大学人文学部）

目的与体性

——从人学体性学看牟宗三对康德物自身思想之发展

□ 吴 明

一、引 言

哲学的艰难，在为人类思想树立典范，突显一贯性和系统性，但又须避免思想因系统性、一贯性而自行被系统地简化、平易化，因而繁琐化；人类精神亦因寻求思想而思想化、自因于概念自律，丧失创造的热情，丧失证验存在的智慧，以及精神自证自明、自我光复的决心。

哲学的艰难，又既要维护人类精神的实存与自由，证示精神的作用、精神如何在创造中证验自己、拥有自己，但又须为人类精神指引一条理性的光照明的道路，确保精神通向存在、成为存在，为此维护生命、维护精神、维护存在，而不是否定精神、诽谤生命，将人类拖向虚无之域。哲学因此不能不选择在思想中、在言说中辩以示之，而不能只是交给历史，太阳下山，思想才起飞。亦因此哲学不得不返回去而问：何谓精神？何谓存在与自由？何谓意义、目的？何谓言说？最后，哲学在颠覆者面前还须回答：哲学能知道什么？哲学应该做什么？哲学希望什么？哲学是什么？

哲学的艰难，在刚刚过去的 20 世纪表露无遗。这一百年，是哲学最被高扬和凌辱、神圣化和魔化、实用化和妖孽化（歪理化）、最思辨和最行动、最坚持和最无限、上十字架和飞蛾扑火、最利用哲学而最反哲学的时代。这种情形，又以在中国发生的为最，以集团的方式来表现"言伪而辩，行僻而坚，记丑而博，心达而险"。牟宗三先生为《唐君毅全集》写序，总说之曰："时代之症结是自由与奴役之争，是文化意识之沉落。人类一方面陷于物质文明之痴迷中而放纵恣肆，一方面即有陷于嫉恨之邪妄之中而期毁之者。此一带有普遍性之缠夹源于西方而倒映于中国，如是中国遂不幸而落于嫉恨心特重之徒之手中……"①以哲学的名义，在中国肇此恶端或推波助澜者，不能逃其责。由是观之，哲学的艰难，尤其表现在哲学人的良心与判断力。②

二、完成康德哲学之三种可能的形态

若说西方哲学的传统中心课题是论证存有，"为存有而奋斗 Struggle for Being！"则中国哲学的传统中心课题是论证生命，为生命的意义而奋斗。论证存有可以漠视生命，最后存有亦失去实证；论证生命则不可不正视存在，最后亦可以困在存在的夹缠中；这是中西哲学长久遗留下来的各自的难，亦是今日中西哲学会通。牟先生常说的，要冲激出新的浪花，那个产生新浪花的冲突点。

先从康德说起。康德在第一批判《纯粹理性批判》遗留一个物自身，在第二批判《实践理性批判》遗留一个自由意志，在第三批判《判断力批判》遗留一个目的性原则。在我看来，这三个问题，恰正是生命心三种能力，思想力、意志力、判断力，所分别对应的超越对象/原则，经康德依其超越的反省和分析方法，到最后不能证成而遗留下来的问题。以现今流行的现象学说法，是超越的分解的剩余，或曰先验还原的剩余。剩余而有三，说明康德哲学方法的限制——自我限制，但康德原意是以第三批判的目的性原则统一存在（现象与物自身）与自由意志。如是，目的性的证立可以是康德为他的哲学系统所作的最后抉择。康德的抉择同时让我们为康德设想其他两个抉择：一是以存在（现象与物自身）统一自由意志与目的性，一是以自由意志统一存在（现象与物自身）与目的性。换言之，康德哲学的接着说，可以发展出三种形态：

1. 以目的性原则统一存在（现象与物自身）与自由

此本为康德《判断力批判》所选择的形态，但康德一再表明，由人的反思判断力提出的目的性原则，只是一主观性原则，是反思判断力"给予于反思判断力自身"之原则，然则此原则以运用于审美判断为恰当（为限），若运用于万物而为其存在之理，则成为神学的。神学的固不论，审美的虽亦有其主观的普遍性和必然性，但依康德，反思判断力本身在人身上发生却无普遍性、必然性，且不可学。故康德以审美判断统一存在界与自由界，牟先生认为"虽可言之成理，然而总觉迂曲疏隔而不显豁，穿凿强探而不自然。"③由审美之愉悦而反思发现合目的性原则，由目的性原则统一自然界与自由，牟先生认为这样理解审美太偏重于知性，对审美的负担亦太大："这样讲的主观合目的性，赤裸的合目的性之形式，究竟于审美有多少相干实不能无疑。把审美判断关涉于诸表象力（纵使是自由游戏的表象力）间的谐和一致，这不但与审美无什么关系，反而冲淡了审美。知性究竟有多少显豁的作用于审美，这不能无疑。审美而须以此种谐和一致之心灵状态以为其主观条件，这实在太穿凿而迂曲，亦太学究气。"④

牟先生这批判对这里的问题的意义是：即使如康德所云，在审美活动中，反思判断力为一具体对象反思一目的性，亦即把一目的性原则给予于反思判断力自己以去判断任一审美对象，当发现此对象之形相无须其他缘由而直接符合其自身之目的，如是生一愉悦之感，即美感，美即美感；康德这番美学说辞亦无助于目的性之证立。因康德如此说美的愉悦实将美挂搭于合目的性判断成立之后。康德自己甚自觉并坚持此前后的原则，以严格区分美于其他愉快。但康德自己有时却又故意颠倒"愉悦之情"与"合目的"发生的前后，如"我们只由于对象之表象直接地被伴偶以愉快之情之故，我们始把'合目的的'这个形容词应用于对象上"云云。⑤则先有愉悦之情，再有"合目的的"之对对象之判断。此实违反康德对美的愉悦的本质的分析，但或正透露康德思想之摇摆。而目的性正有待审美活动来实现，如是成为循环。

要言之，康德最后以目的性原则统一存在与自由，实是一大洞见，若比之以中国哲学，则有似由孟子学而发展到易传、中庸、再回归孔子；但康德以审美判断来逆显此目的性原则，在方法上却有似道家——非谓道家以审美判断来逆显目的性原则，相反，道家是以"为道日损，损之又损，以至于无为"，扫荡一切人为目的，万物归于自适自然合目的，人亦从目的之立法者身份中自我解放而自适自然合目的。此是目的性原则之还原的运用，以目的之撤销、"无"，归于无目的、自然，自然即是目的，自然即是存在与自由之统一，即美的自由和美的存在之"天地有大美而不言"。康德则由无目的无功利的美的概念的本质分析，积极建立一自然目的性原则，以沟通存在与自由；但所有的环节，都是主观境界论的，都涉及目的性之"有——无——玄"之辩证，此则与道家特别是魏晋玄学相通。康德这部分的工作，一如他在第一批判、第二批判所表现的，偏于静态的分析。故他在此部所欲证立的目的性，亦偏于为"静态或结构的目的性"（Static or Structural Finality），一如"物自身"之偏于为静态的"物之在其自己"，"自由意志"之偏于为结构的"道德之为道德之必须的预设"。在目的论方面继承和发展康德的，其实是黑格尔。黑格尔把康德的"大自然以人为目的，人以成为道德者为目的"，转为"人与人的历史以精神之实现为目的，精神之实现又为历史之工具，而历史以精神之实现为目的"。康德遗留的三个问题：物自身、自由意志、目的性，统统放在人类精神之辩证开显中，让历史去综合，而历史以精神实现自由为目的。

2. 以自由意志统一存在（现象与物自身）与目的

只须将自由意志改为心性之体性，则此思路原在中国独盛，由孟子心学十字打开，直至宋明诸子"道德的形而上学"的建立。但这一思路往往对知性之作用于经验之独立性未能正视，未予以独立的安放。牟先生的"自由无限心的自我坎陷"说，正为补此虚歉。康德的道德哲学算是多少年后代表西方对中国心学的哲学式呼应。但康德只是彻法源底：自由意志是全部观念建筑的拱心石，不可以质疑，但亦不可以实证，而成为困难。康德选择把自由意志留作智思物，而不是一最高原则。就此形态之以自由意志为统一原则而言，唐君毅哲学本来可以是当代最大代表，但唐先生把自由意志直接放到文化意识与道德理性中，而为动态的和实现的道德理想主义，而与由康德哲学框架而成的偏于静态的结构的综合形态，虽说以自由意志为统一原则，仍大有不同。故一般论者都很少由康德而想到唐先生，而一定想到的是牟先生。牟先生固然是心学的、是理学的，并且是道德的理想主义的，自由意志不仅是哲学建构的拱心石，且是生命的原则、存在之理、目的之所。牟先生那句体性学名言"即活动即存在"最能讲出此形态之特质。但牟先生用心最多，并留下专论专著的，似是另一形态，此即第 3 形态。

3. 以存在（现象与物自身）统一自由与目的

追问何为存在和最后存在本来是古典哲学中心论题，到康德予以哥白尼式的扭转，而为：或依人的感触直觉和认识方式呈现为存在——现象，或独立离开人的认识能力而存在——物自身。现象之为现象，没有什么问题；说有离开人的认识能力而独立存在之物自身，常识地想没有什么问题，批判地想有很多问题；再者，自由与目的如何在存在上安放，是在现象上安放，或在物自身上安放？这原不是康德本意要如此处理的问题、不是康德选择的形态，或根本在康德第一批判时期从没有意识到会如此综合而有的问题，这是牟先生触发的问题。虽然，自从康德在认识论上的哥白尼革命而又保留物自身，即聚讼不已：居然有一决定离开人的认识而仍可云存在者？但牟先生不仅不要求取消物自身，更要证成物自身，证成现象与物自身之区分，这到底是要达成怎样的哲学奋斗？

或说这只是牟先生偶然读到海德格尔的《康德与形上学问题》以及《形上学引论》两书，看到海德格尔把他所谓的"基本存有论"放在康德的"内在形上学"（Immanent metaphysics）范围内来讲，亦即把存有论置于时间所笼罩的范围内。牟先生指这样讲存有论是形上学之误置，⑥遂发心写《智的直觉与中国哲学》，顺康德"超绝的形上学"（Transcendent metaphysics）之领域开"道德的形上学"，完成康德所向往而未真能充分建立起者。如是特重物自身此观念之疏导，牟先生自况："这是调适上遂的疏导，不是割截而下委，辗转纠缠于时间范围内，以讲那虚名无实的存有论，如海德格尔之所为。存在的入路是可取的，但现象学的方法则不相应。"⑦是见牟先生特重甚有存有论意味之物自身一观念，并非因为受存在主义之刺激。牟先生在大学时代写的第一部著作就是写周易，讲存在秩序和存在秩序之道德涵义，亦即后来说的"道德的形上学"，即由道德证成的本体宇宙论、存有论。

三、物自身与精神存在的回转

就我所读西方近代哲学，把存有论放到时间所笼罩的范围内来讲，非自海德格尔始，亦非自祁克果、尼采始（祁克果、尼采均对海德格尔有决定性的影响），乃自黑格尔始。但黑格尔不将"存有"作为其哲学之中心观念，黑格尔哲学的中心观念是精神和精神如何表现自己。

精神一名，在中国哲学成为中心观念要早得多。庄子即始创者，其后之列子，抱朴子等道家续说之，至魏晋玄学、文学则大畅。⑧精神固是在时间笼罩的范围之外、独立于气化层以外的实在，但精神以其为精神故，不是一个死有，精神必须在存在中表现并认识自己，这精神在存在中表现和认识自己遂成为精神现象、成为精神历程。精神通过气化之辩证开显以示精神存在，这则不能不在时间中讲。

康德的智思界的上帝存在、灵魂、自由意志，既云智思界，其实即是人的精神之对其自己，而世界存在、肉身、道德法则，则是人的精神的对其自己之上帝、灵魂、自由意志之再对其自己；如是步步否定、步步开显、步步归复……遂成为历史；历史只能是精神史。物自身若谓为物之在其自己，则不可知、不可说。但既已谓之曰物自身，则已为精神之所对所思所知——思知凡有一存在，皆有其超越人的感触直觉知的一面（康德原义，静态消极义），亦必有其如此现而为在之存在之本来面目，或存在之理（康德可能有的原义，牟先生综合前义与本义而欲极成之证成之积极义、本体论），必有其如此存在之内具之目的意义和终始条理（本人近年所思而欲带入之趋向目的、成为自己义）。而一旦有如是种种之物自身之思，其实已是人的精神之跃起，反思一一存在，包括反思人之"人自身"（人之"真我"、"本我"、"原我"、"灵魂"、"自由意志"……）亦已是人的精神跃起，自我审视而有之思。换言之，精神跃起，将"人"之所对名曰"世界"，与"人"二分，与原初精神并立则为三；彻法原底，原是精神与精神之跃起，而精神之为精神原是必须跃起自成为精神，故精神与精神之跃起是一，但既跃起即为二、为三，庄子说"一与言为二，二与一为三。自此以往，巧历不能书。"（《齐物论》）巧历不能书者，精神自我限制（自我坎陷）为知性，为立法者，统御感性和感性与料，建立知识世界，而动之愈出，无有穷尽，但只会发现外在目的和工具意义，不能发现终极目的之意义。精神于是从成为知性向自然现象立法之活动方向后返，撤回时空直觉、先验范畴等等认知网，归于精神之在其自己，无思无为、寂然不动；万物亦从人的立法活动中解放而归于自然任独。现象还原为纯粹现象，意识还原为纯粹意识，无因无果，无目的手段，不生不灭，不常不断，不一不异，不来不去，一切归于如是如是。则外在目的、功利意识固解脱，而精神之体性亦归寂、万物亦为无本无体之空如，无方向、无目的、无意义，而若以此无意义、无方向、无目的为目的。道家言"无"，玄学谈"玄"，佛教般若学言"空"，于此畅发甚多。然精神再次跃起成为精神，成为意志，成为感通，成为主体（本体），一触即发，"寂然不动，感而遂通天下之故"，是儒家的纵贯的、活动的、实体论和动态的、结构的目的论之大综合系统，证寂证照证如，证感证悲证仁，尽心知性知天。以儒家系统说之，康德的物自身、自由意志、目的性即可统一于"精神生命"："生命之在其自己"即物自身，此则生命是寂、是如、是一；"生命之对其自己"即自由意志，此则生命是感、是动，是多，物自身破裂为存在与目的，自由意志要求统御存在服从目的，历史由是诞生；"生命之在并对其自己"即目的王国，生命精神以自己为目的，亦即以成为自由自律为目的而无目的，参赞天地之化育，"干道变化，各正性命"而自由自然合目的，而为存在之为物自身，存在之为自由，存在之为目的之存在的回旋。既不是自然神学（如耶教），亦不是历史神学（如黑格尔），不是自然主义（如斯宾诺莎），不是唯意志论（如尼采），不是现象学（如胡塞尔），不是存在主义（如海德格尔、沙特），不是唯用论（如詹姆斯、杜威），不是唯名论（若某些逻辑分析者）……而唯是活动的实在实证的道德的形上学，或曰实证唯心论。

四、从人学体性学重构物自身问题

20 世纪兴起的现象学，在某意义上可说是要搁置、告别所有存有论问题，而首要告别的，是康德的物自身；或正相反，现象学的出现，根本由于物自身一概念的启发。

物自身概念在康德主要是一消极性概念，指表人的感知所表象之现象其不为人所知之另一面，即物之在其自己。严格说来，既谓为非人之所能知，则不宜对之有任何言说。是见物自身在康德原意是一消极概念，所指的其实是人的感知能力的限定性。人只能以人特殊的感触直觉觉知一对象以表象之为现象，则自当有独立离开人的有限感知能力（若佛教唯识学所指之五识）之物之在其自己，永不为人所知。如是康德同时启动了相反两个方向之物自身思想：

一是将物自身积极化为一本体论的存有概念，不仅是现象之后设、支持者，且是超越的存在之理、创生原则或目的性。一是将物自身以原来的消极义而予以取消，认为根本无意义、失指，甚至不可理解。然则康德哲学只剩下现象世界一层，另加几个智思物（上帝、灵魂、自由意志），即所谓"经验的实在论"和"超越的观念论"。

康德说，上帝创造世界原是创造物自身，到人以人的特殊感知方式与之发生关系，方把物自身世界一一看成现象；如此的现象只对如此的人类有效，以至如此的科学知识只对如此知性的人类有效，而物自身却是上帝创造的世界原样，最后真相之所在。问题是上帝创造物自身（包括"人的'物自身'"），上帝给了物自身怎样的体/体性?! 康德自己并没有这样发展他的洞见，他只是继续他的批判哲学而有第二批判、第三批判。本文愿意诠释康德，发展康德的洞见，谓康德在第二批判通过辩证道德如何可能而在"人的'物自身'"中发现自由意志，亦即发现人之所以为人之在其自己之本体本性中，有性分之不容己的超越一切经验世界及其法则的异质的"理性的事实"──冲破已成的现实世界的决定性，让你的存在的自由行为，成为世界秩序中相关的自然因果串系的第一因，亦即上帝创造"人的'物自身'"时给了"人的在其自己"以"超越性"和"创造性"为其体性。但康德随即又说"人有自由"无从实证，最后把自由意志归属智思界，而与上帝、灵魂同为智思物。在第三批判，康德通过辩证美（美感）如何可能而在万物之在其自己与表现为现象，这"存在之几"中，发现"合目的性"，此合目的性究竟是万物之为现象之如此如此符合其存在之在其自己之目的性乎？抑是人之感性参与呈现万物而为现象，此参与活动本身之如此如此符合人之感性与人之在其自己之体性之相应性一致性之生态乎？或一现象之为如此其形式直接符合人的自由体性，亦即人的内在目的性？康德的思想依违于多种选择，但他有一条底线很明确，就是限定目的性原则只是一主观的超越原则。本文今暂搁置康德的限定，就着康德自己的思想发展，由第一批判的物自身，到第二批判的自由意志，到第三批判的目的性原则，有意无意地，是消极义的物自身概念的渐渐消失，是积极义而隐藏着的物自身概念在自由意志、目的性遮蔽下跃动。依辩证开显以综合之，即有本文上节所说之三形态而归于为一精神生命之开合：在其自己──物自身，对其自己──自由意志，在并对其自己──目的性。

这个对康德的发展不必为康德所接受，或说康德还是以不接受为宜。读康德的人都知道，康德不会不为神预留理论空间，而我们的这个发展是精神生命的开合和彻上彻下；上帝固是超绝于一切可经验领域和在时间之外，但上帝岂不正因此而须内在于人的意义世界中被思为在世界和时间之外？以至自由意志、灵魂，其为自由意志、灵魂，亦正是精神生命开合、彻上彻下，并依理性之轨约原则用思到底，而不能到底，不能穷尽，乃中止并悬置之为自由意志、灵魂不灭、上帝存在，以及消极义之物自身，使我们一方可免于无穷后退，一方可对世界和人的存在有理性的和系统性的说明。此则消极义之物自身之为消极义物自身，亦须积极义之物自身为其意义和存在的根源之说明──与自由意志、灵魂不灭、上帝存在一并收摄为人的精神生命之在其自己、对其自己、在并对其自己之开合、开显生命自己、成为生命自己的其中一意义环节。本人近年写文，便都在这个方向上用思。即把康德的"现象与物自身"问题，收放到中国的哲学的生命学之问题方式中，重构重演，以比较亦就会通中西哲学。此固受牟先生特重康德此洞见所影响，亦缘于早年写有关魏晋玄学的论文，对中国哲学用思方式经玄学对方法学的自觉，有极深体会，那真是彻底生命学的、人学的、唯心的、实证相应的，无论才性论之人物品评如何由形相现象而抵人格本质之蕴，由当前而知过去未来；或方法论之"言意之辨"之辩可说、不可说，可说有待于不可说，不可说亦须可说辩示其为不可说，而终源于言说者精神活动之方向所选择的言说取向；或玄学家之贵无、崇有、独化；般若学六家七宗和僧肇四论；所辩所示，实质都是精神生命的开合，自照与他照、自白与对白，而其中有普遍性、有必然性。⑨带着康德遗留的问题，重检玄学方法，你会发现，作为对经验知识的限制的物自身概念，先是消极义地到处闪现，逐渐转为精神生命之在其自己，转为道家玄学义之"无"，"圣人体无"，"无"成为玄学无体的体性论之体，亦即道家义之物自身（还原论地说），亦即道家义之目的/无目的/无目的而自然合目的（反思地、目的论地说）；"现象与物自身"的问题方式，早已以哲学的生命学之方式，表现为"体——相——用"之"形——神"问题，"才——性"问题，"言——意"问题，"可道——不可道"问题，"无听之以耳，而听之以心；无听之以心，而听之以气"的问题，"圣人体无，无又不可以训，故不说也。老子是有者也，故恒言其所不足"（王弼）的问题，"寂然至无，是其本矣""崇本息末"（王弼）的问题，"声无哀乐"（嵇康）的问题，"圣人无怀"（向秀、郭象）的问题，"以此明彼，彼此俱失"（向秀、郭象）的问题，"本无"、"心无"、"识含"、"幻化"、"缘会"、"即色"（般若学六家七宗）的问题，"物不迁"、"般若无知"、"不真空"、"涅槃无名"（僧肇）的问题，以至文学论之"心生而言立，言立而文明，自然之道也"（刘勰）的问题，画论之"传神"、"以形写神"、"气韵生动，骨法用笔"（谢赫）的问题……在玄学以至整个中国哲学，都如实地将"现象与物自身"视作生命精神之在其自己，生命精神在活动中通过开显世界从而认识自己、实践自己，生命精神成为自己、归复自己之人学（哲学的人学）的本体论问题，人学的宇宙论问题，人学的知言论问题，人学的现象学问题，人学的美学问题，人学的人性论问题，人学的目的论问题……简言之，即人学的体性学、体用学问题，归根到底，是人学体性学问题。亦唯如是，物自身概念方可有意义，且是一重大洞见。

五、如何使洞见成为洞见

以上是总说。下面重检若从客观实在论理解物自身所遇到的问题——康德原意的物自身指在存有上的实有，永不为人的感触直觉所察，故人不能把知性向之运用者。但康德又谓现象与物自身之区分是主观的区分，物自身为一高度价值意味的概念、作为对人的知识的限制概念。如是康德一开始就使问题极富启发性和争议。康德发现了物自身，但他自己不知道发现了什么。使康德的洞见成为真正的洞见并得到中国哲学支持的是牟宗三。

以下撮述几个主要批评意见，及本文对康德和牟宗三有关物自身思想吸收后，而有之回应与可能之转进。

1. 物自身为超绝的，在时空之外，它如何可与在时空中的现象有对应关系而为其支持者？除非有一将两者关涉之者，而这将物自身与现象关涉之者本身既在时空之外又在时空之中而又能证明自我统一为同一者；这除了人，谁还同时拥有这三重身份和作用？然则现象与物自身之区分，根本不是原先所设想的一现象对象与其物之在其自己之所谓"超越对象"之客观的区分，因为根本不能够说有一客观实在的在时空之外的"超越对象"物自身对应而区分于一在时空中的客观实在的现象，而只能够说：我们的感性受影响而起现一现象并共处于一时空，当现象物离开我们的感性（或曰我们撤销感性之作用），此现象即离开我们的时空而归于"无"亦即归于"物之在其自身"。然则现象只对应于我们的特定感性（感触直觉），物自身则消极义地对应于我们的撤销感性作用，无思无为、寂然不动、无；或积极义地对应于我们的"智的直觉"（不取时空直觉及特定之感触直觉之直觉）。若人无智的直觉，则物自身归于无，归于寂；或在我们的设想中、我们的"智思"

中，归于上帝的智的直觉所直觉。而无论上帝、物自身、智的直觉，既超出人的能知之能，则都只是设想，全是"智思物"。上帝存在尚且是智思物，上帝直觉所觉之物自身，与人的感性所觉之现象，若云有对应关系，或对应而区分之关系，则此关系关连只能是人的主观之赋予，亦只是设想中之关系关连——除非人自己的"物自身"能自明自证，站出来，说："我"就是感性我现象之我的"我的在其自己"之本我、真我；当撤销"我的"全部感性及现象，我仍存在，归于纯以智的直觉而自觉自知自我震动而存在，并以智的直觉直接觉知其他存在而无须感性之时空直觉形式。我并且能够在震动中由直接觉知一存在而自我坎陷为认识主体，一方面将原本直接觉知之存在推出去，成为感性对象，同时自我亦自我限制为知性我，开展对此对象之认识活动，我并且完全意识到这全部活动原于同一个我，因为我能自由自主地启动或中止任一环节，我并且能改变其中之存在，无而能有，有而能无。我因此能确定由我的感性参与起现之某一现象，实乃我在震动中直接觉知之一存在的现象。两者在指涉上的同一性（the identity of reference）因由直接创造者、起现者提供，故不能再怀疑。

2. 我们的感触直觉既不能感知物自身，知性不能向之运用，如是，物自身概念是一没有任何内容之空概念（空集合），一个失指的概念不应再保留。对康德而言，这个批评也是无法回应的。除非康德再次强调物自身不仅是消极地对人的知识的限制，而且代表一客观实在、一存有上之实有。虽然，康德接着又施加限制：人无智的直觉故对此无从知悉之。若无从证立物自身，并承认物自身至少在方法学上代表一存有上的实有，则所谓"经验的实在论"是有问题的。然则物自身的存废对康德哲学本身关系重大。我们可以为康德开解，谓否定人有智的直觉以限制知识，虽因此无从证成物自身，但亦同时限制所有以知识的认知态度反对形而上学的意图。既不能以认知的态度和方法肯证或否证物自身，那么，批判哲学转由实践理性批判去展示存有，再由反思判断力发现目的性，一如我们上节所综述者，岂不正合批判哲学之工程学原则？但我们为康德开解的说辞，到底是康德的，还是牟宗三的？还是诠释学的？我们自己的？还是义理的逻辑的？

3. 康德谓上帝只创造物自身，不创造现象。然则物自身世界只有一个，现象则依各类感性及呈现原则起现为各适合于各自相应的认识功能之认识者之现象世界。人的现象世界只适合、相应于人类，科学知识亦只适合于人这种理性的（和感性的）存在所起现和立法的世界。但"经验的实在论"又要求人的经验以及人对经验所构成的知识有存有上的实有性作基础和支持，物自身就是这个支持。但物自身本身又需要支持，如是靠上帝。当康德说上帝只创造物自身，不创造现象，现象世界（人的现象世界）乃物自身令人的感性受"影响"（effecting）而有的关于它的表象，而物自身自己"即使离开我们的感性之构造（我们的直觉之形式即基于此感性之构造）它自己亦必须是某物；即是说，是一独立于感性之外的'对象'。"⑩此时，物自身又负有积极的存有的实在意义。当康德这样说时，再次显示他是最能表现西方哲学两难的集大成者身份。物自身既离开人的感性但又能"影响"人的感性，且又是一独立于人的感性之外的"对象"、"某物"——只有上帝才能说这种话，但在批判哲学里，上帝连说自己存在还仍须寻找机会。康德在方法学那么重视人的有限性、主体性，但他所展示的世界存在图像却是全知式的，即使是不可知领域亦是那么全知式的确定不可知。另一方面，又以上帝的口吻全知式的说物自身如何如何。康德书的难读，康德方面的责任正在这里。结果是他的"经验的实在论"因物自身之不稳定而可被讥为"经验的唯识论"，他的"超越的观念论"亦因自由意志、上帝存在和物自身的不稳定而可被讥为不可知论或道德神学，而不能发展完成他希望完成的"本体界的理性的心灵学"、"理性的宇宙学"、"理性的神学"，统一之可曰"超绝的形上学"（Transcendent Metaphysics）。除非康德将物自身置于即使离开我们的感性之构造，它自身亦必须是某物，其为独立于感性之外的"对象"，因其得到人的独立于感性之外的智的直觉所直接觉知之实证的地位，如牟先生作出者，否则，康德最后连经验的实在论也保不住。

4. 康德的次序，似是上帝存在→创造物自身→物自身影响人的感性→人的特定感性接受物自身影响起现现象→人的知性介入，将杂多感性与料过滤，由超越的统觉组织而构造为一对象。然则物自身与现象之关系为一种宇宙论之因果关系。但康德当然不会认为物自身与现象是因果关系，物自身只表示人的认识能力的限制，并不是一本体宇宙论观念，只有在第二批判里，作为智思物的自由意志可以对经验界起自由因的作用，但在认识论中物自身不可理解为经验界中一对象之因，否则就真的成了"神学的宇宙学"而不是"理性的宇宙学"。但康德的次序这么显明，除非我们为康德解说，谓这个次序违反康德原意，并且在康德哲学里发现另一个次序。本人愿意为康德解说，多年来为康德寻找另一个次序；发现在第三批判里，康德以反思判断提出了这另一个次序；但又因为提出得过分显明，康德自己又须加以限制，限制为一主观的次序，此即：由一具体对象之现象，反思其如此存在之理（竖立的和横向的存在之理），发现人的特定而共同的知觉和感性构造，为此现象之如此起现并存在为对象之存在之理，但这只是横向的存在之理；横向的存在之理不含目的意义和价值意义，且动之愈出，不能贞定。人于是不容已地对当前由人的感性参与起现之具体对象，作一超越的反省，而思这一一的杂多的存在以及其经验法则之变化多端、人之诸认识功能之并作，皆须有一超越原则予以贯通统一，此超越原则只是人的不容已的反思活动中这活动的主角反思判断力给予自己的主观的范导原则，这主观的超越原则即是"自然合目的性原则"。就着这自然合目的性原则，溯源至提出此原则之创立者反思判断力，两者一齐予以存有论的实体的肯定，则可以有"本体界的理性的心灵学"的建立，下摄"理性的宇宙学"和"理性的神学"；此本人近年受牟先生启发，并依中国哲学形态，以"实证唯心论"之名所鼓吹之其中一个原则。唯不讲"理性的神学"，而转讲"精神生态学的美学"从而讲"美学的精神生态学"。⑪这个发展较能重视第三批判的康德的洞见：由目的性原则统一存在与自由，而目的性原则来自人的反思判断力，而不是神的隐蔽计划。在这里，康德有另外一个次序，此即：先有具体的现象对象与人的感性→再有存在秩序与存在之理的反省→横向的存在之理与知性主体的限制→纵贯的存在之理的反省→自然合目的性原则→理性的宇宙学或理性的神学（→本体界的理性的心灵学→超绝的形上学）。

这是一个超越的还原论次序，逆向于先前之上帝创造物自身之创造论次序。但这样说次序只是就因果关系之前后相望而说，不必是本体论地说或逻辑地说。后来的现象学讲"回到现象"、"现象的基本存有论"，存在主义说"存在先于本质"，其实是康德这个思路的倒退和问题化。但康德亦像物自身问题一样，限制目的性原则为主观的自我范导原则，而反思判断力归属人的特殊能力，亦即天才。天才者，不是性分不容已的自我震动、感而遂通，而只是一种特殊的由具体存在而反省其存在之理的能力。牟先生则对第三批判康德的洞见不甚认为是洞见，不认为通过自然现象之杂多、其内在法则之变化不定、人的诸认识功能的各行其是，而要求一统一原则，此统一原则不能客观建立、普遍地为人所能，而只能由审美的愉悦而触发，如此建立的目的论能够真正统一存在与自由；以这样建立的目的论只是观照的、审美的目的论，或只是神学的宇宙学故。牟先生更重视康德的物自身概念，著力于对物自身概念的疏导，这里面当有牟先生的特别用心。

六、成为物自身——成为自由、成为存在、成为目的

在康德而言，物自身与现象之关系，既不是因果关系，亦不是体用关系，物自身概念又不是一事实概念，但物自身概念之提出，又基于对一事实世界之承诺的保证。人的感性所及只是现象，现象无常、无自性，但又不可以是幻象，故必设想现象之后有其客观实在之支持者，哲学就是寻找这最后支持者名曰"存有（Being）。"由柏拉图下来这个思路支配了西方的哲学心灵，康德亦不能例外。

从中国哲学看去，这沸沸扬扬全产生自一种思想模式、即全由主客对立、认识论主导、范畴至上、知性判断、概念思考，种种执而产生。这全部问题在康德表现为哲学的两难，在中国哲学则是转计执为无执，即心言执与无执的问题。若要从现象向后翻寻找最后存有，何不转为向"内"翻，向一切问题之发生根源处翻，而发现"心：精神、生命"才是一切问题的根源。而"心"之成为一切问题的根源又因人之所以为人精神生命之"在其自己"性分不容已地"对其自己"、"归复自己"，而永在活动中，在自我坎陷、自我超越、自我还原之中，如是有主客之对立，形上形下之对显，体、相、用之"三"和"三而一"；如是有康德之现象与物自身、存在与自由、目的与历程、目的与无目的的区分，这全源自心的活动和作用；再自我认知、执成、区分而不能区分，辩证而归于不可知。当康德说：人因没有智的直觉，故对上帝存在、自由意志、灵魂不灭，以及物自身，不能有直接之知；亦即是说：对于人来说，上帝存在以及物自身等智思界之存在，为不可知。当康德这样说时，他难道会不知道物自身以至上帝、灵魂、自由意志，根本不是等待我们去"认知"的什么对象，而是等待我们去开启的"存在之光"，一如"当上帝说'光'，于是就有光"。当我们说"上帝"，于是就有了上帝，有了"上帝创造物自身，不创造现象"，有了"创造之观念并不属于存在的表象之感触形式；或者说，并不属于因果关系，但只涉及智思物（本自物）"，有了"上帝说光，于是就有光"。当我们说"自由"，于是就有了自由，有了"要成为意志的意志"，有了"自然因果串系的不决定性"，有了自由与奴役之争，有了开放的社会及其敌人，有了重复多遍的谎言和最后解体。当我们说"物自身"，于是就有了现象与物自身的超越区分，"超越的区分"意谓两者不是同层域的不同界域、由认知而来的区分，而是认知境与超越境的区分。区分的证成，有赖于物自身之实证相应；当我们说"物自身"，我们人自己就要成为"人的物自身"并站出来说：我就是物自身。于是就有了物自身，同时也就有了现象。当我们说"目的"，于是就有了目的，有了目的论，"在康德以目的论结束其全部批判工作的二千多年前，中国思想即以目的论和反思判断开始其哲学道路（按：而不是以知识所对与知识的构成来开始。）并且从未离开过这条由个体之合目的以成功整体合目的、个体之无目的与整体之合目的、整体无目的与个体之成为目的者、整体之合目的与个体之成为目的者……诸形态之目的论

之辩证所开展的哲学道路。"⑫于是有了理想、有了价值层级，"人文秩序本于价值秩序，价值秩序本于目的性原则，目的性原则本于终极目的之建立，终极目的本于一反思判断之反思与体会……目的论成就的既是终极目的，而终极目的则为成就每一目的/工具者，于是有材质、有形式，于是有动力；于是价值从此中建立，文化从此中流出。目的论成就工具、成就文化。"⑬于是就有了历史！是的，黑格尔因此发现了历史。

七、物自身与历史存在、历史目的

黑格尔把康德的智思界推出去，成为理想，成为历史目的，因而成为在时间中不断开显的历史行程、历史事件的存在之理。这样，物自身可被理解为一历史现象在历史目的之照明中之"本来面目"，在到达历史目的、终结历史之前，无人可以知悉此历史之谜。作为历史创造者、行动者，人只须遵从他自己的生命法则，作综合的、具体的表现，但历史/历史理性只保留他的合理部分、否定他的片面性、主观性。然则，从个人而言，个体总是综合的、理气一如的、生命的、过去之我与当下之我统一并向着未来之我的、亦即过去与未来统一于当下而当下又在自我超越、自我否定之中；生命就是一切，目的是分析/投射出去，目的就是手段就是生命。但从历史目的而言，一切生命都只是现象，只是过程，只是否定和否定之否定，只是运动，只是历史的工具；对于历史来说，目的就是一切，存在是没有的。黑格尔哲学遂可以有不同的极端发展。特别低劣的唯物论则颠倒黑格尔的精神现象史观为唯物史观，以"人总是要吃饭"为目的，为生命、为历史，凌辱一切，奴役一切，但亦因此反证精神之变态存在。是见黑格尔的历史哲学，一方面是历史的解放、存在的解放——历史是人的精神为实现自己、客观化自己而走向存在并超越存在；另一方面又可以变成历史的禁锢、存在的幽暗——历史目的被意识形态化，个人及其相关之存在终其一生在否定的紧张中等待"历史裁判"，而"历史裁判"之权落在谁的手中？是上帝？是天命？是存在？是历史？是哲学？是权力？还是良知天理？黑格尔在辩证的综合中把它交给历史——因历史就是辩证的综合。但黑格尔因而动摇历史：历史是有待被照明的？还是光之本身？历史除了是历史现象，历史有没有物自身？有没有意志有没有判断力？黑格尔一方面把历史变成神，另一方面使历史成为罪恶合法化解释，"历史之必然"使最大的罪恶成为神圣。

近代种种历史主义，包括"历史之谜"的历史主义，"历史使命"的历史主义，"存在崇拜（凡存在皆合理、存在就是真理）"的历史主义，"科学的、客观的，不为人们意志所转移的历史规律"的历史主义，"谎言重复千百遍，印制成书，占据图书馆、课堂、人们的大脑"的历史主义，"成王败寇"、"关于历史问题的决议"、"谁笑在最后，谁笑得最好"的历史主义，"向前看，只要未来合理，过去的一切也就合理"的历史主义……在黑格尔把理性和裁判权从哲学让给历史以后，各种历史主义争夺王者之位，而兼有概念的魔术性与持续性，又能"知行合一"者，非唯物史观论者莫属。唯物史观果然占领历史并奴役历史，但随即又被历史所否定。历史凭借什么能够否定历史主义？是历史否定历史主义，还是人类的良知和自由精神再次跃起，否定/中止历史和否定/批判历史主义？还是历史的灵魂、历史的自由意志、历史的物自身，震动自己、澄明自己，冲破感性之逐物不返，中止"人性中的根本恶"（康德语）借知性之遍计执构造观念符号系统，以名为实，以身殉名，封闭自己，盲爽发狂，挟天下以殉无道。然则历史有物自身乎？

从物自身思想而言，黑格尔可说为以历史的辩证综合——精神与存在、目的与历程，代替康德的静态的现象与物自身之区分问题。这是一大转向，由主客对立、认知的格套而产生的现象与物自身之区分问题，转为精神生命之自在与开显问题，而接近于中国心性论的综合的尽心尽理尽气，与十字打开、纵说横说、内外说的问题，易传的寂感、寂照问题，隐显、剥复的问题，魏晋玄学的形相与性命之区分问题，才性四本、言意之辨等等问题。这种哲学论题，在中国出现既早，思考亦简捷切要，所谓"善力举秋毫，善听闻雷霆"，也就未能耐烦，未能停留在两难中，穷尽思辨之力。西方哲学要到康德、黑格尔，晚了一千多年才发现这问题的性质，也就因此能在历代沉积下来的大量问题中疏导问题，不得不耐烦，而得以显示思辨之力度。虽然这种显示未必有助于最后的澄明，或正阻隔了最后澄明。故有人比较康德和黑格尔，说：读康德，逐字逐句都很清晰，知道他讲什么，到念完，不知他究竟讲什么。读黑格尔，每句每段，令人如堕五里云雾，不知他在讲什么，到念完，一下子明白他想讲什么。我想补充两句：康德最后没有讲什么，物自身概念仍是以其消极义作为人的能知的封限，因为他清理出来的思辨之路已经走到尽头。他最后没有讲什么，但你对他心悦诚服。黑格尔因为信任存在与历史，而存在与历史都是具体、动态的，自我否定、自我超越的，超言说的，故常以言超言，令人吃不消，物自身以其积极义或等于他的绝对知识、思维与存在的同一性。他对历史和存在这样乐观，却又令人生虑。

牟宗三先生则要为中国哲学强化思想法度，故选择康德，以中国哲学消化康德，从而完成康德，亦同时疏导中国哲学使经历一次西方式的系统思辨。在物自身问题上，牟先生一方面顺康德原意，把物自身之消极义运用到底。物自身即意谓人的能知之极限——物自身概念本来就指一现象对象不对人呈现但确实存在的那物自己之"本来面目"。这是很容易想到和理解的一个概念，但又是最难理解和安排的一个概念。牟先生因此又把物自身转作积极义运用到底，康德既说物自身是智的直觉之"对象"，此则物自身成为积极的一个可证知的对象——只须我们有智的直觉。

八、"人无智的直觉"所涵密意

但我们人没有智的直觉，康德如是说。康德为何坚持说只有上帝有智的直觉，人无智的直觉？一般评论认为康德不能不维护他的上帝这传统和他那位虔信上帝的老仆人。站在客观义理的立场，我认为消极义之物自身可确保有一个无论如何感性永不会到达的世界，这对于我们其实是好消息，因为：

1. 确保有离开人的感性而独立存在之实在。现象离不开人的感性，而感性人人不同，且随时不同；物自身可确保有共同的经验来源。

2. 确保人对经验对象之认识可无穷开展，科学永无穷尽之日。因永不会到达存在之最后真相，不会到达物自身，不会有最后知识，新知识永有可能。

3. 确保无人能声称他发现世界的统一知识、唯一真理。我们对于在经验世界所能获得的科学真理的预期，正因为科学，早已限制在我们所采用的方法、切入事物的角度，所用的符号，所偏重仗赖的感触直觉和知性范畴。因此，只有不同的科学典范、只有典范的转移，没有全知科学、万能科学或超级科学。无人可宣称他发现了什么最后真理、历史规律或历史之终极秘密，以及什么美丽新世界、大社会改造计划和人类改造工程学；如是无人可以关闭社会，关闭历史。

4. 确保甚至上帝也不可以对人的现实经验世界、存在主义说的"存在的实感"世界说三道四，以上帝无感触直觉故，不在时空中故，上帝只创造物自身，不创造现象故；上帝亦无须有概念思想、无须思想范畴；上帝亦无伦理身份，故不会有道德两难，不会有抉择，当然也不会有历史、有所谓目的、历程。如是上帝只管物自身世界，上帝的权力因著物自身之消极义、因著现象与物自身之区分，被范围住了。而上帝连同他创造的物自身世界一并归入智思界，为人的信仰所对，而非知识对象，亦非实证相应的形上实体。

5. 确保甚至人亦不知其在自己之"本来面目"／"人之物自身"身份，由是，人才能得以确保成为"道德的人"的可能。"若自以为出于善性或喜好来服从道德法则，即是以无限存有自居，而为'道德狂热'——即对纯粹实践理性所置于人类身上的限制有意的越过。（中略）命令与应当只对于一有限的理性的被造物有意义。一有限的理性的被造物，当世界之何从来何从往，他自己之何从来何从往对他皆为不可知而呈现为隐蔽，他仍不顾他一己之性好，但只听命于实践理性之律令，而当他服从法则而行为，他并且对其行为的真正的道德性以及功过，皆无所知无所见无所期待——当一切正如上所说，这一有限的理性的被造物，得被称为一'道德的人'。"⑭ "对于人无智的直觉，人是有限的，作为理性的被造物（理性的存有）的人应该为此而感激赞美，这赞美不应亚于对神所赐与于人之理性因而衷心发出者。正因为人对于世界和未来只有十分隐晦而可疑之透视，或曰正因为人对自然之隐蔽计划无所知，而世界的统治者只允许我们猜测他的存在与威严，却偏对之无任何直觉以证明他的存在与威严，以致我们几乎要怀疑他的存在与威严，但即使如此，我们仍对那内在之道德法则保有一不可抗拒之敬畏——必须如此时，始有一直接献身于法则之真正道德意向之余地。"⑮ 这也是儒家常说的"退藏于密"的密意。

九、证成物自身与人学体性学之发现

然而，这消极义物自身的证成，如上文所说，亦有待于现象与物自身之区分的证成，亦即积极义物自身（智的直觉的对象）的证成。以康德思虑之周密，应该有此能否证成的意识，但康德仍坚持人无智的直觉，令现象与物自身之区分的问题悬置；留待第三批判，把这问题交给人的一种特殊心能曰"反思判断力"。物自身无形中转变为人对一具体现象之如是这般而依某原则反思其当为如彼那般，从而比较两者而下判断，曰善或不善、曰美或不美、曰真或不真。这某原则即"目的性原则"。物自身无形中成为一目的性理念，亦即再不是主客对立地去认知一对象从而形成的人的感性和知识的封限概念，而是关于一存在，包括人自身之存在，由其现有之存在状态而反思其本有应有之存在、合目的之存在之概念。康德本人从未在第三批判提过上述所说，我们这样解读康德、连接物自身与目的性，当然是一个转换。而康德亦只把目的性原则限定为一主观的自律的范导性原则。从我们的思路，这正见出康德的目的性原则的作用要在范导人自己如何理解世界存在——为有意义、有目的、有秩序、超越的终始条理的，但又非预定的、手段化的、机械的存在世界。人如此去理解／反思世界，人即为世界带入／创造了意义、目的性、超越的终始条理。故曰"直觉之即创造之","其自身就能把它（智的直觉）的对象之存在给予我们"。

人如此理解世界存在，同时即置自己于世界存在秩序中。我曾经这样说明反思活动之整体性生态：人"借赖着一持续的反思活动，贯穿每一'思指'（reference）及其'所指'（reference），反思其存在之理；再思此一理与他理之关联，以反思一超越的众理之理；此众理之理须倒回来涵存此一持目的论之反思者，及其反思活动与其所反思之'思指'及其'所指'之种种关联，以及此种种关联如何服从于一更高之原则——目的性原则；再而返回为每一'思指'及其'所指'，依已反思所得之'目的性原则'，思其存在之'体'、'相'、'用'之合目的性、一致性、完善性。同时，作此思之思者本身与其所思之诸存在之'体'、'相'、'用'之相应性、一致性、'互善性'等整体生态之合目的性。这里所涉及的'目的性'因此只能是'动态和结构的目的性'（Dynamic and Structural Finality）。"⑯这种目的论的反思本来很能成为实践论哲学的原则，但康德把这原则的触发，交给审美，而为主观的、超越的、无目的而自然合目的的、形象的原则。在康德看来，作为目的论，话只能讲到此步，再多讲就只能是神学了。千头万绪，症结就在康德为着某种理由，包括上文所分析的理由，说只有神有智的直觉，人没有智的直觉。牟先生早看准这点：若人定无智的直觉，积极义的物自身不能讲，现象与物自身之区分不能充分证成，此则消极义的物自身亦不能讲，经验的实在论亦实在不起来，只剩现象之流、纯粹意识之流。但人之所以为人，不会就这样躺下，无体、无理、无力，土崩瓦解地随着感性流走；于是有人想起孔子站起来，有人想起老子站起来，有人想起释迦牟尼站起来，有人想起耶稣站起来；于是人有在清早提着灯笼从山上跑下来高喊"上帝死了！"于是有伪先知崛起。

十、人学体性学的建立：转上帝创造为自由无限心

"人心惟危，道心惟微"，此所以牟先生说康德的区分是一洞见，必须维持这个洞见，完成这个洞见，而关键则在论证人有智的直觉。牟先生当然取得了他所在的中国传统的智慧的支持，但非如有人所谓诉诸传统（正面说的）：若传统三教谓人"可以"有智的直觉，那么，人就"一定可以"有智慧的直觉。天下哪里有这种传统主义，何况是牟先生。牟先生是经几十年的用思，透彻了中国的儒道释三教，透彻了康德，而有之疏导与判教。"……如果知康德所说的'物之在其自己'是对上帝而言，对其所独有的智的直觉之创造性而言，则在自由无限心前为'物之在其自己'乃必然而不可移者。如是，在实相般若前可以开出一个无自性的'物之在其自己'亦是必然的；在明觉感应中之物为'物之在其自己'，这亦是必然的；至于逍遥无待中之自在，乃至玄同中之有，归根复命中之物，其为'物之在其自己'，更不必言矣！中国传统的三家以前虽无此词（按：指"物自身"），然而通过康德的洞见与词语，可依理而检出此义。此既检出，则对见闻之知（儒家），成心（道家），识心之执（佛家）而言，万物为现象，此亦可顺理而立也。此之谓'依义不依语'，'依法不依人'（亦函依理不依宗派）。"⑰

然而，根据牟先生所说儒家的"物自身"由明觉感应实证，佛教的"物自身"由实相般若开出，道家的"物自身"由玄智玄觉玄同而观复；三家各有各的"物自身"。又，儒家的"现象"属见闻之知，道家的"现象"是成心造作，佛教的"现象"乃识心之

执，三家的现象似又不同。此岂不又要在现象之后再寻现象与物自身，在物自身之后再寻物自身乎？由此一诘难即可见出康德所说"上帝创造物自身，不创造物现象"所提出的物自身与现象之概念，要对之有相应了解，又要以加以转换，以中国三教实之之困难。牟先生一一清理疏导其中的夹缠，把困难集中为：人当做一被上帝所造的个体物（Substance）看，是注定为有限，或可即有限而无限？若注定为有限，则一切都只能回到上帝那里，唯有指望上帝确实存在。若人虽有限但可即有限而无限，则一切实证朗现，连上帝存在亦是必然无可移。但如此一来，说上帝创造物自身世界和作为个体物（Substance）的人，不如说人通过人是自由的（亦即无限的）的实证实明，实证积极义之"人的物自身"，由自由无限的人自身从而明现出一个物自身世界（无执的存有界），康德的智思界（涵上帝存在、自由意志、灵魂不灭）今得实证朗现；如是，当说"上帝创造物自身，人是上帝所造的一个体物"时，其实义是：人从实证自己虽有限而可无限，从而实证有自由无限的存有界，既有无执的存有界，上帝存在遂必然而不可移（依西方传统）——因为虽然无执，我们需要一超越的统一原则，一物自身的创造者，以及当作一被造的独立的自体物"人"的创造者，这样——

> 人当做一被造的独立的自体物或个体物（Substance）看，他在上帝面前也是一物自身，而不是一现象。这样，他虽是被造物，但无影响于自由。但这也只是"无影响"或"无损"而已，并不能积极地表示出他是自由的；说他是物自身只表示他不是在时间中而为条件系列所决定的机械的，尚不能积极地表示出他是自由的。自由底透露必通过道德法则始可能。自由是需要另开端而自吾人之道德意识上来揭露的，光自上帝之创造上来说，尚不能显露出。又，如上文所明，光自上帝之创造处说，尚不能稳定住"物自身"之意义，因为由于被造物是有限物的缘故，并不能使吾人意识到这被造的有限物之为"物自身"可具有无限性和永恒性之意义。现在，我们不从上帝之创造来说物自身，但只从自由自律的无限心来说，只从知体明觉之感应来说。⑱

如是，并非如西方传统所言上帝创造物自身和人自身（这上帝创造本身就是无从证明，制造麻烦），而是人的道德意识的自我震动，自证为不受条件系列所决定，而为自由无限，由人实证可即有限而无限，开辟一不在时空范围的形上世界，这时自由意志、灵魂不灭、上帝存在三而一，一而三；西方的头脑为着知性之轨约性的要求，而说上帝创造云云，亦无不可。实情是我们说上帝，于是有了上帝；我们说上帝创造，于是有了上帝的创造；我们说上帝说光于是有了光，于是上帝说光于是有了光；我们说上帝只创造物自身不创造现象，于是上帝只创造物自身，不创造现象，以免上帝妨碍我们显露自由——自由无限的自由，自由无限为进一步自证实证自己为自由无限而自我坎陷为见闻之知、成心、识心，以判断、执成现象世界为知识命题世界之自由，由自由意志提出道德法则，自律自行的自由，自由意志成为第一因，启动自然因果串系的自由，销用归无，玄觉的自由、无用的自由、无生法忍的自由……最后，一心开二门，穷尽现象经验之执的存有界之可能，向上翻出一超验的无执的存有界之自由；再而由两界而复归一心，还原（非现象学的还原，乃超越的还原）至一"含藏一切超越于其自身之中，并在自身内建构它们的绝对存有之全"、"复其见天地之心"之自由。由是，上说之儒道释三家各有各的物自身，各见各的现象的诘难，实源自"上帝创造物自身"之说法，今不从上帝创造说物自身，但只从自由自律的无限心来说物自身，只从知体明觉之感应来说物自身，则上述之诘难为不相应；或说这类诘难只对康德有效，如可问康德：人若无智的直觉，如何可知上帝存在上帝创造物自身？又，在上帝看来，人的物自身与其他物自身是何种关系？是平等之被造物乎？或特加宠爱的另类物自身？然则天地万物之存有层级只是现象，抑来自物自身？以至物自身是上帝一次全体创造的、已创造的、抑或多次创造、尚未创造完备者……

十一、存在的入路与超越的归复

牟先生但只从自由自律的无限心来说物自身，则既保住了物自身的消极义，物自身永不呈现为对象、非知性可向之施用义；又开放了物自身的积极义；物自身之自由无限、含藏一切超越于其自身并自我实现、自我历过之绝对存有之全义，即存有即活动义，如是究竟平等义，等等。

> 知体明觉是无限心，但不是空悬的无限心，而是即于现实的物自身之存在而为无限心，故物自身之存在亦成无限而永恒的。"以天地万物为一体"，即以一切物自身之存在作为吾之物自身之存在之内容，而亦不丧失天地万物之各为物自身之独自的无限性与永恒性：此即每一物皆自在也，每一物自身皆是一自体物（独立的个体物Substance，此词在此不是分解地说的那抽象的常体，对属性而言者）天台宗说佛必具九法界而为佛，亦是此义。
>
> 吾人若单自物自身之存在而言，吾人可说这是万物之"本来面目"；就人而言，亦是人之本来面目。但就人而言，这只是"本来面目"之形式的意义；其真实的意义乃在自由自律的无限心之呈露。真实意义的本来面目不空头，亦不虚悬，故必即"物自身"之存在，乃至即天地万物之"物自身"之存在，而为本来面目。但是就物而言，例如草木瓦石，则只能就其"物自身"之存在而言其形式意义的"本来面目"，而不能言其真实意义的"本来面目"，因为它们不能显露无限心而为自由故，当然亦不能说它们不自由（物自身对于自由是中立的，既无损于自由，亦无助于自由，自由是另端开显的）。它们只在知体明觉这无限心之感应、润泽、与明通中，而为自在的，自尔独化，而化无化相的。它们因着我的真实意义的"本来面目"之圆顿的呈现，因着我的自由无限心之感润与明通，而获得其本来面目，然而它们自己不能呈露无限心以自证其本来面目。"⑲

牟先生这段话其实不易理解。我今试简释之：万物凡可被我们感知认识者都是属于现象，物自身则只是就其存在而言其形式意义的不为我们所感知的"本来面目"。直截了当地说，就我们的对经验世界的认知而言，没有什么物自身，物自身只是保证我们这种认识涉及存在。但就人而言，说人的现象与"人的在其自己"、不能作表象化认知的那"本来面目"，此即中国最典型的人的"形──神"问题，由先秦人性论奠立，直至魏晋人物品评，讨论得非常深入微妙；无人会怀疑人有精神自我、有自由自主、不可方物的无限可能，但又是可以一贯的、合理的，有"意义之几"与"存在之几"的解释的，形神之辨、言意之辨。然则无人可否定人有"物自身"，如是无人可否定人有可能自知/自觉/自感/自证/自明人有"人的物自身"，由人有物自身，人有其"本来面目"，而问：何为人的本来面目的真实意义？何为人的"在其自己之在"？曰感通，曰自由，曰仁（"仁以感通为性，以润物为用"——牟先生语）。此"仁性"之感通、自由、固可说为是人的"本来面目"、"本性"，亦可说为是人的存在的内在目的、理想，存在的真实意义。人的存在的真实意义是"成为人"。"人要成为自己，成为人！"因为没有一个"已成的人"，只有在"实践"（有自觉目的方可云实践）中的，或失去"实践"的，在成为人的路途中的途人。"仁者，人也"，但并非谓一个"已成的仁"、"大功告成的、完成的仁"，躺在那里作为人的本来面目；而是指有一"仁"的理想人格（圣贤），一未来的自我形象，在生命自身（人的物自身）震动并返照其自己，并触发迫令人自己进入实践。在此返照中，凡"已成的仁"皆成为仁的限制、仁的欠缺、未完成。此在生命自身中自我震动者，中国哲学非常真切中肯称之曰"心"，而成为中国哲学最核心之观念，中国哲学遂可直称为"唯心论"。心的震动并返照其自己，同时即将人与其所在世界（共在的世界/"场有"之场）一并照明。这个照明因不是感触直觉的、知性的，而只能是目的意义的——人的知体明觉之感应、感通使人当下洞悉明通他自己和与他共在的世界"应该是什么"。这"应该是什么"即"人自己的本来面目"，同时即"人自己的理想目的"，同时亦即天地万物之"本来面目"和"存在之目的"。由目的意义之照明和迫令，人进入实践意识，如是即对显、照出人的现实境况是什么，现象世界是什么。万物因此对显亦获得"物自身"与"现象"之两层存在性格。故曰万物之"物自身"即万物的"本来面目"只是就万物之在其自己而言其形式意义之"本来面目"，而不能言其真实意义的"本来面目"，但万物可因着我的真实意义的"本来面目"之呈现，因着我的自由无限心之感通与明通，而获得万物之本来面目。而人的真实意义的"本来面目"是"成为人（仁）"，万物的"本来面目"因之是"成为人的'本来面目'的呈现，在人的自由无限心之感润与明通中获得万物之'本来面目'之万物"。物在人的实践活动的目的性的遍润中所获得的物自身身份，遂成为不可移/不可疑，如是，这朗现无可移之物自身之存在，可反过来实证人有智的直觉。人有智的直觉与物自身之呈现遂可一并证成。人有没有智的直觉，康德把问题讲得那么艰难，我们也可以把问题再讲得再艰难，但也可以直接地以实证的方式把人的物自身呈现，如是证得人有智的直觉，同时直接证成这艰难和简易、不支离。此完全无关悲观乐观之问题。

    本心之自我震动而返照其自己，此无能觉与所觉，乃只是其自己觉自己，"a⊂a"之方式：能觉即是其自己之光，是即能觉即所觉；所觉即是能觉之光，是即所觉即能觉：结果，能觉融于所而无能，所觉融于能而无所，只是一本心之如如地朗现也。

    吾人依此本心之自照而言智的直觉，依此智的直觉而知吾人之本心为自由自律。此种知不只是意识及，亦不只是由道德法则而必然地逼到之之逼到，乃是确然地直觉及之，即朗现之，此之谓"以智知"。虽是以智知，而不是以识识，然而仍是客观地确定的知识，此知识自不是识心之观解的知识，而乃是道德本心自照之实践的直觉知识也。⑳

若有人问：何谓"本心之自我震动"？曰："即人之在其自己"之性分之不容已地就着人的感性识心所触及而选取表象之事件而震动、惊醒其自己：

> "见孺子入井"是一机缘，"见"是眼见，故是感性的，然在这见之机缘上，本心呈现，这却不是感性的识心在作直觉之摄取以摄取那孺子入井之事象，亦不是辨解的知性在作概念的思考以思考那事象，而乃是本心呈现自决一无条件的行动之方向。㉑

"本心呈现自决一无条件的行动之方向"，此即人的物自身的呈现，同时是目的性为行动照明、决定方向，同时是现象现实世界的呈现及条件之限制，并因此限制而突显道德法则之无条件性，同时即透出自由意志的自由自决，自由自律遂成为人的物自身之"本来面目"义的真实意义。

十二、结　语

牟先生由"本心呈现"开展其顺着康德之物自身思想之本意而调适上遂，摄康德以归于中国哲学，以完成康德、发展康德，表现一以"存在"（现象与物自身）统一"自由意志"与"目的性原则"之大综和哲学形态。本文略进一解，为：依康德遗留之问题，实可有三种不同之综和形态，此三种不同的形态实可互解互通互证，而中国哲学的人性论（哲学的人学）特质，实可直接透入康德问题之本质，直接逼现解决问题的方法，免去许多无谓之浮辞。但康德式的训练亦可锻炼思想，提高理性，排拒魔性，牟先生选择康德，实有重大之意义。然以存在的入路综合自由意志与目的性原则，牟先生对后者（目的性原则）的论证及安排，都直接交给物自身之体性之说明与论证，对目的性予以物自身的意义，又直接由物自身之实践化、动态化、生命化来涵摄，如是由目的性概念独立引发的种种哲学问题，如美学问题、宇宙论问题，尚有待进一步疏导。本人近年即多在这方面用心。

注　释：

① 牟宗三：《〈唐君毅全集〉序》，见《唐君毅全集》卷1，台北学生书局1984年版，第5页。

② 2002年台北"第七届当代新儒学国际学术会议"闭幕式上，本人曾以《哲学的良心与判断力》为题，为座谈会作引言。本人甚珍惜此题目。

③④⑤　牟宗三译注：《康德"判断力之批判"》上册，台北学生书局1992年版，第44、51、142页。

⑥⑦　牟宗三：《智的直觉与中国哲学》之《序》，台北学生书局1971年版，第4页。

⑧　参阅本人《实证与唯心》、《玄理与性理》。

⑨　参阅《玄理与性理》上篇之《言意之辨与魏晋玄学》、中篇之《自然道德论与会通孔老》，香港经要出版社2002年版。

⑩　康德：《纯粹理性之批判》，第252页。

⑪　参阅本人《生态艺术与艺术生态》、《玄学与艺术生态学》等文。

⑫⑬　引自本人著《玄理与性理》下篇第三章《目的论与中国哲学》，香港经要出版社 2002 年版，第 290、284 页。

⑭⑮　吴旻：《实证与唯心》（上册）第二章《彻底的唯心论与中西哲学会通》，香港经要出版社 2003 年版，第 108～109、106 页。

⑯　吴旻：《玄理与性理》下篇第三章《目的论与中国哲学》，香港经要出版社 2002 年版，第 285 页。

⑰⑱⑲⑳㉑　牟宗三：《现象与物自身》之《序》。台北学生书局出版，第 17、117、118、119、101～102、101 页。

（作者单位：香港新亚研究所）

牟宗三道统说述评

□ 荆　雨

一、牟宗三道统说提出的现实机缘

余英时先生曾提出朱熹在《中庸章句序》及《答陈同甫》的共同基调是"用'道'来范围'势'，包括消极和积极的两个方面：消极方面是持'道'批'势'，积极方面则是引'势'入'道'。后一方面更是宋代理学家所共同寻求的长程目标。"①当代新儒家将道统视为民族的常道，亦是要在变动不居的现实政治权力之外保有一个永恒而普遍的价值标准，并且据此来批判现实政治。当代新儒家道统说的进一步的意义则是：民主政治之建立是中国文化发展之"内在要求"。②作为当代新儒家主要代表，牟宗三先生提出道统说主要是为了解决如何对待科学与民主的问题。

第一，牟先生认为科学与民主应该是我们的文化自己要求的，而不是外面移植添加的。换句话说，科学与民主是我们自身精神传统所要求的，是自身精神生命伸展所至的。在牟宗三看来，以往中国文化生命，无论在构造的综合中或在曲折的持续中，在学术方面，未能孳生出"知识之学"；在政治方面，总是停在君主专制之形态，未能发展至民主政治的形态。这是中国传统文化发展的缺欠处。牟先生在现实的关怀中承认民主与科学是共法、共识，主张疏导文化生命必须做到继续道统、开出学统、认识政统三事。然而，无论"知识之学"，还是民主政治，都不应是凭空产生的，而应是民族文化生命发展之内在的、必然的要求，都有其固有的理据。牟宗三认为科学与民主是"在经过曲折酝酿步步逼近之今日迫使着要孳生出"。③此一句话已然包含着，虽然过去没有科学与民主，但其内部却可以或已经酝酿着向民主、科学发展之可能。

牟宗三反对将科学与民主归属于西方，实现科学与民主就是全盘西化的观点："若单从科学与民主看西方文化，或科学与民主单归属于西方，为西方所特有，那么我们要科学与民主就是全盘西化了。然而这是不对的。"④牟先生认为科学与民主不是单归属于西方的。而是人类文明发展的"共法"。既是"共法"，则是每一民族（东方、西方）都要经由的道路。但"共法"在每一民族、国家当有不同的表现形式、形态，所以"共法"的具体表现只能是该民族、国家的具体的选择、创造。实现科学、民主，可以借鉴先已表现的形式，但不应是现成的拿来。牟先生同时反对因为中国以往没有科学与民主便将传统文化全盘否定的观点，认为："若以为中国文化已往所发展至的没有科学与民主，便认为无道理，无意义，根本无所谓中国文化，这便是全盘否定，这更不对。"⑤ "了解一民族的文化，不能从其过去没有后来所需要的，便作全盘否定。后来之需要无穷，没有一个民族的文化能在一时全具备了。所以了解一民族的文化，只应从其文化生命发展之方向与形态上来了解，来疏导，以引出未来继续的发展或更丰富更多样的发展。"⑥牟先生指出这一点甚为重要、关键。有此文化生命的通透，才有民族未来发展的无限丰富，若无，则是亦步亦趋，毫无创意，毫无否定的资源。牟宗三主张："科学与民主不是一个现成的可以拿来的，乃是要在自己的生命中生出来的。这是要展开自己之心灵的。"在牟宗三看来，科学与民主似乎是由于现实所迫而从外面引进、拿来的，但其实质却是自己文化生命的内在要求、内在展开。牟宗三说："此'迫使'，表面观之，好像外在的，然若深一层看，内在于自己文化生命而观之，则是内在的，文化生命发展之必然要求，心灵开展之必然要求。此内在地迫使着要孳生出'知识之学'来，是自己文化生命发展中固有之本分事，不是西化。"⑦

第二，牟宗三反对将科学、民主与中国文化对立起来的做法。他认为："文化的创造不可能一下子都出现，它注定要在历史发展中完成其自己。以前没有开出来，将来都要开出来。这里绝对没有不相容的地方。而且还是本末一贯的一个谐和体。"此"本"在以往已经创造了许多事物，将来必定还要创造许多以前未曾创造的事物，包括民主科学以及其他事物。这是将中国文化发展视作一个流行之体、之本的看法。其中的关键是传统与民主科学视作本末一贯的谐和体，而不是视作对立的两件东西。他说："在对立的情形下，人们的心灵与生命顿时失其本，遂流于病态而走邪。人的心灵生命不能积极而健康地站立起来，则在本源方面成了漆黑一团的空虚，而科学不能出现，而成为科学一层论理智一员论的态度，民主政治不能出现，只转为社会上日常生活中的泛民主主义的态度。"⑧牟先生是认为，若没有传统的文化生命作为根本，则民主与科学只是外在地、零散地实现，并不能真正地实现科学与民主，且有流于科学一层论及日常生活中泛民主主义之弊。而且就中国文化本身而言，如果不是从传统文化中开出的民主与科学，或者说这个"文化动源的主位性"保持不住，则科学与民主都是假的，即使现代化了，此中亦无中国文化，亦只不过是个"殖民地"的身份⑨。可以说，在牟先生看来，不由民族文化传统而实现的民主、科学是无源之水、无本之木。这样做，一方面现实的民主与科学成一假的、无根的、无凭的外在之物；另一方面，中国文化自身亦失去其自身发展的动力与创造力，只能在人之后，亦步亦趋。牟先生认为："一民族如不能对此点有彻底清醒之确立与挺立，则必永停于软塌恣肆、颠倒摇摆、甚至冻结，而不能畅达屹立其自己之境。"⑩ "此点"即是民族的精神生命与文化生命。

第三，牟宗三先生主张撑开以往的根源的文化生命。此根源的文化生命亦即道统之所在。他说："大开是撑开那以往的'构造的综合'与'曲折的持续'而提炼凝聚那根源的文化生命，此即'道统'之所在。凡由此'根源的文化生命'（即根源的心灵表现之方向）所衍生的事象，无论是在构造中的或是在曲折中的，都已成陈迹，让它过去。然而那根源的文化生命则并不过去，艮万古而长存。" "可是那虚玄的空洞的'根源的文化生命'却正是创造一切的根源，此即是孔孟的智慧与生命，宋明儒者的智慧与生命"⑪可以说，在古今事物中（或背后）有一文化生命即一民族文化之"体"存在，是此"体"创发中国数千年的文明与事业。往古事业，风流总被雨打风吹去，唯一不去的是事业、陈迹背后的创造之体。保持一个民族的传统与生命，就是要寻思如何保持、"凝练"这一文化生命之根、之体。从保持民族文化生命、思想传统思考，当然是保持此"体"。牟宗三认为，中国文化不但有其学术与政治，而且是一最有原初性与根源性的文化，其根最纯而无异质之驳杂，自尧舜三代起至秦汉，实为一根之发展，而且为一"构造的综合"之发展。由其最根源的心灵表现之方向（由此认取文化生命），在现实历史趋势中，衍生学术，构造政治，实为谐和统一之一套，在"构造的综合"中而为一体⑫这"体"的表现虽有不同甚至有曲折，"为长江出三峡，乃一长期之曲曲折折，乃一大器晚成之历史"，但在众多表现、曲折背后，此"体"是常存的，如虽有三峡之曲折，总是一长江水，浩浩荡荡，一往无前。有此"体"，便有"直方大""无往而不利"之功、之用；而其功能、作用亦是此"体"的内在的要求。

由此，牟先生主张对民族传统文化不能分开地看、零散地看，当作对象地看，而必须是整体地看、内在地看，当作一精神生命来看。

如能这样，则"在这种生命之贯通上，我眼前的真实生命得到其恢宏开扩的境地：精神由这里出，理想由这里出，我所应走的途径由这里出"。⑬民族的一切实践（过去、现在、未来的）都由民族的精神生命而实现。或者说，一民族的实践是该民族精神生命表现其理想、实现其自己的过程。牟先生言："就民族言，在实践中，一个民族的生命就是一个普遍的精神生命，此中涵着一个普遍的精神实体。此普遍的精神实体，在民族生命的集团实践中，抒发出有观念内容的理想，以指导它的实践，引生它的实践。"⑭民族的精神生命是一个民族存在发展的根本，有了它，才有一个民族过去、现在、未来的现实与可能。没有它，一切皆无所依凭。牟先生以撑开民族文化生命、精神生命为己任，他所以极重孔子重建道统的意义在此，他所以疏导宋明儒学道统在此，他所以批评叶适者，也在此。对于牟先生而言，精神生命的凝练、道统的认取、道体的绅绎是必须、必要的。若传统都是些历史陈迹、具体制度等，则既与现实的科学民主要求相乖离（在某些方面），且不能作为普遍的"体"而有"用"的表现与要求。这是一个如何由道统、道体导引现实的问题。牟宗三在现实方面主张以民族文化生命内在地开出科学与民主。此文化生命必是一条连续的生命之流，"有过去，有现在，有未来"。⑮

二、仁心道体：道统之实质

儒家思想发展中有一普遍的精神之统，此精神之统中涵一普遍的精神之体，或者说有此精神之体才有此精神之统。由此，儒家的道统必是一超越精神之统，而不是"圣人之迹"。牟宗三揭示孔子重建道统的内涵和意义并对叶水心提出批评，以及阐发宋明儒学的课题等都在于构建一精神之统，构建一民族文化发展之源、民族发展之创造的动能。

道统之说本自韩愈，牟宗三对此道统最显明的说法为："此尧舜禹汤文武周公孔子孟子一线相承之道，其本质内容为仁义，其经典之文为《诗》、《书》、《易》、《春秋》，其表现于客观政治社会之制度为礼乐刑政。此道通过此一线相承而不断，以见其为中华民族文化之命脉，即名曰'道统'。自韩愈为此道统之说，宋明儒兴起，大体皆继承而首肯之。其所以易为人所首肯，因此说之所指本是一事实，不在韩愈说之之为'说'也。唯韩愈说之，有点醒之用耳。"[16]牟宗三明确指出儒家道统不能够从三代之治讲起，反复强调孔子之"仁教"乃是"对于道之本统之重建"。

宋代理学家朱熹对于孔子在道统之传中的特殊意义已经有认识，如他在《中庸序》中说："自是以来，圣圣相承，若成汤、文、武之为君，皋陶、伊、傅、周、召之为臣，既皆以此而接夫道统之传。若吾夫子，则虽不得其位，而所以继往圣、开来学，其功反有贤于尧、舜者。"依余英时先生的解释，朱熹的意思是，自周公以后，内圣与外王已不复合一，孔子只能开创"道学"以保存与发明上古"道统"中的精义——"道体"，却无力全面继承周公的道统了。余先生进而认为朱熹在《答陈同甫》书中屡次提到"密旨""心法"是关于尧、舜、禹对于"道体"掌握的描述。他认为这更证实了前面的观察：朱熹在讨论"道统"时，特别突出"道体"的重要性。[17]朱熹突出的是孔子因无位而以其学开其统，以学相继承、相传播，普遍化其统，使民族精神之统得以不断延续。这是夫子贤于尧舜之处。也即是说，孔子因开创了普遍的道体而贤于尧舜。同时，朱熹又认为，此一"道体"，是尧、舜、禹时即存在而相传的。

牟宗三道统说重视道之"体"，鲜明地指出孔子贤之所以为贤，在于其所重建之道统不同于往圣之"创业垂统"，其意义在于开启了普遍的民族的精神生命。其谓："'道'者精神生命之方向之谓也。一民族如不能对此点有彻底清醒之确立与挺立，则必永停于软塌恣肆、颠倒摇摆、甚至冻结，而不能畅达屹立其自己之境。"[18]孔子的重要意义在于以"仁"确立此精神生命。牟宗三说："孔子并非一王者，故其相承尧舜三代之道，并非与三代之王者为同质地相承。此是其虚歉处。""然正因如此，而使道有'直方大'之解放。此是其充盈处。"[19]就孔子而言，孔子无位，故不能直接继承三代王者的事业。正因为如此，反而使孔子能以其学传承此道。就整个民族精神生命而言，其功至伟。牟宗三谓"此一系相承之道统，至孔子实起一创辟之突进，此即其立仁教以辟精神领域是。"[20]孔子不但继承道统，尤其使道统在他这里有创造性地发展，即在孔子实开启一新的道统，即一精神生命之统。

牟宗三必须梳理出一条"道"的统续。此超越意义之统续在孔子之前的性、命思想中虽存在但却是一条暗流。至孔子，才截断众流，使其浮出水面。牟先生通过对《诗经》《尚书》《左传》中明言"性"的语句的分梳，认为其中所言"性"，皆是自生而言性，为实然之性。他又分析上述经典中含有超越意义与道德意义的文句，认为其中虽然蕴涵着向超越意义的心体、性体、道体发展的可能，却终究没有鲜明地指出，而必待孔子及孔子以后诸儒才明确点醒。如《左传》"民受天地之中以生"的观念，牟先生认为若由"天地之中"说道德意义之超越之性，"刘康公尚未进至说此种性之境，礼敬尚在外在的作用中，尚未能内在化称义理当然之性体而说"。要通过孔子之仁教后，义理当然之性的超越的道德意义才出现。如《诗经》"维天之命，於穆不已"句，牟先生认为，"为此诗者确有其形而上的深远之顿悟，亦有其对于道德践履之真实感与庄严感"，但此诗"只是对于天道有此洞悟，只是赞美文王之德行，尚未至即以此'於穆不已'之体为吾人之性体也。就德行言，尚只是作用地或从成就上（所谓丕显）说，尚未至内在化点出吾人所以能日进其德之内在而固有的性体，即内在而固有的道德创造之真几"，"然而后来通过孔子之发展，则向此而趋，直以'於穆不已'之真几或肯密缉熙之'纯亦不已'者以为吾人之性体心体矣"。只有到了孔子才"从德行尽仁而开辟了精神领域"，才"表现了开朗精诚、清通简要、温润安安、阳刚健行的美德与气象，总之他表现了精神、生命、价值与理想，他表现了道德的庄严。"对于牟先生，孔子通过仁的观念而彰显人内在的精神生命、精神本体，由此方能有后继者对此"体"的绳绳精进，由此方能有民族精神生命、精神本体的普遍、恒常之流行。此普遍的精神生命、精神本体与现实有着一定的距离，是为"超越之规范"而笼罩驾凌于现实着王者之行为上。此超越的规范、本体一方面导引现实继续向前有不断的丰富与发展而不永远停留于原始的君师合一、政教不分的综合构造中；另一方面，此一超越的精神本体、道体又可对现实的王者、奉天承运者以限制与折冲，使其不致成为强人从己、私其位、纵其欲的极权专制。[21]牟先生所以反复强调孔子重建道统的意义，在此。

牟宗三并非不承认儒家的道统应该自三代讲起，而是认为讲道统不能从三代的具体功业讲。他认为，叶水心（适）"以为古人体统不过'即事达义''以器明道'，独以羲和传统为中心，不以尧舜之德为中心，可谓忽其本而著其末，正是不明道之本统为何物者也"。[22]他又认为，叶适只以孔子的历史作用为"搜补遗文坠典"使"唐虞三代之道赖以有传"，而孔子本身对于道并无贡献，可以看出叶适"对于孔子之仁教全无所解，是其外在之头脑，只看王者业绩之心灵，固只能成为皇极一元论，而不能知孔子仁教之意义以及其对于道之本统之再建之作用也"。[23]牟宗三认为具体性的业绩不可能普遍性地流传，只有孔子的仁教才能将蕴于三代王者制度中的"道"传下去。他说："然则唐虞三代之制度之道与政规之道惟赖孔子之仁教始能成为活法，而亦惟赖孔子之仁教，始能见其可以下传之意"。[24]牟宗三道统说的内涵并不在于建立道统或者是传道谱系，他的中心与重心是在于通过道统的阐发尤其是孔子重建道统的意义的阐发，将中华民族的普遍的精神生命凝练出来，将一个普遍的精神本体提炼出来。后继者可继承此道体，传承此道统，内在于此体统中而有不断的生命之流转、伸展。在宋明儒家大宗的确定上，牟宗三似乎给人以重视传道谱系的印象（他也因此遭到了多方面的质疑）。事实上，牟先生认为，明道等之所以为宋明儒的大宗在于，这一系将由孔子开其端的先秦儒家的精神传统继承、传衍并充实起来，使这一传统成为不断的河流，将孔子仁的精神丰富显豁为一"即存有即活动"的道德本体、精神本体。余英时先生谓，新儒家必须肯定有一普遍而超越的"心体"，是一切价值和创造的根源，新儒家也必须肯定有一道体流行于整个宇宙之间，认为这是新儒家重建道统谱系的最重要的内在根据。[25]对于牟先生而言，建立道统谱系的根据当然是见得道体。但是他建立道统谱系是为了将此道体呈现出来，是途径，而不是最终目的。所以，正统的问题或者说道统意识的排他性在牟先生这里并非很重要的问题。[26]牟先生的对于孔子重建道统意义的阐发在于说明，道统必须理解为道学，即一绵绵不绝的精神传统，由此才有对此道统的继承。而且此道统既是一精神本体，则可超越具体的形制规范的限制，也可解决近代以来的"体用"的问题，并免于儒学在当代社会中失去立足点成为无主游魂的困境。

三、道统说发展之可能

第一，普遍文化生命之"体"。

从牟先生对于孔子重建道统意义的阐发等来看，牟先生的"道统"说确实极重视仁体、心性本体的普遍意义。但就牟先生的整个构想来看，道统不唯是心性之学，不唯是儒家的传道之统，亦可以扩充而为整个中华文化生命之传统，可以包容制度性儒学的理论建构与实践追求，可以融会道家、佛家等的学理于一体，成为有机的中华文化生命。但是，如果说道统是指一种文化传统，那么在牟先生的道统说中却存在这样的理论难题，即他在道统中完全忽略甚至根本否定荀、董的思想存在的意义。在牟先生那里是认为，如果承认荀、董在道统中的地位与意义，那么，以心性本体作为道统的共通性则是无法说得通的。

牟先生是以道德的形上学奠立其全幅主张及理想，所以形上的道德，能够超越具体历史事实或具体概念、形态、制度而存在的常道、心体性体的肯认便是他的理论的前提。故牟先生最主要贡献即在民族精神生命的梳理和继承方面，就树立方面言，中华民族的精神生命是一道德的生命，其"体"是心性的本体。如果说，牟氏只重视心性本体的梳理而遗漏了荀子、董仲舒的话，就理解牟氏的思路来说，荀、董只是具体的表现，只是具体的历史、制度的建构，而没有体现心性本体。但是，我们可以说，荀、董的出现和表现恰恰可以证明牟的"开出"追求，即一方面，外王的开展可以包含着内圣在；另一方面，如果不把儒家限定在心性本体上，那么制度性建构本身即是儒家的追求之一，是儒家精神生命在不同的时间、空间下的不同的表现和追求。这即是儒家发展的轨道。

牟先生承认普遍的精神实体在实践中表现其观念的过程是曲折的：因为人类有动物性，故精神实体本身只能在动物性的限制下表现其观念，并有曲折和宛转，同时其表现也不能一时全体表现。㉗如此，完全可以说儒家思想或精神生命在不同时期会有不同的精神追求和表现形态。其实用心体、性体来认定儒家的常道性格已经限定了儒家，心性的追求只是儒家的特殊具体的要求与表现而已。或者只能说儒家或中国文化传统，在历史上主要表现为道德的心性追求——"内圣"而"外王"的追求。只把儒家的常道限定为心性本体，才有良知如何才能开出（与之皆然不同）民主与科学的困难的出现。儒家的心性思想既是儒家传统或中国文化传统（用文化传统而不用传统文化，是因其可以含有生生不息、乾乾精进的流行之"体"的意义。）曾经表现出来的优秀形态，又灌注到了中华文化之"体"中，丰富和充实了这个"体"，并且使此"体"一直以来更多地具有心性的内容与心性的"用"。但心性毕竟只能是"用"而不是"体"，此"体"今日须有另一种表现、另一种要求。如果不把儒家限定在心性本体上，那么制度性建构本身即是儒家的追求之一，（孔子思想中即包含着仁与礼的两面）中国文化生命、精神生命在不同的时间、空间下有不同的表现和追求，古代是孔、孟、荀、董、老、庄，现代是科学、民主、自由、法治（亦有心性），等等。

以往总是将道统、政统、学统视为互相平行、对立的三个物事，事实上，"道统"即一民族文化生命之根源，是文化生命之总的创造力。这一创造力在以往（尤其在宋明理学家那里）的表现是内圣而外王之路，内圣丰富而外王事功一面却不足。牟宗三在对宋明理学的评价中已有此意思："理学家偏重于内圣一面，故外王面就不很够，甚至弘扬不够。""以现在的观点衡之，中国文化整个看起来，外王面皆不够"㉘然而，此创造力在今日却是要发展出外王的一面，即是民主政治与科学，即建立政统与学统。

那么只能转向中国文化为本，使中国传统文化形成为一普遍性，可以在不同时代、不同情境中有不同展现、不同选择的普遍性与主动、主体性。在世界文化日益多元的情况下，确立自身文化传统之"体"，以之与其他文化交流并为世界文化发展提供中国的思想资源，牟先生的"道统说"具有此方面的意义。

第二，"体"必是"用"之"体"。

如前所述，牟宗三先生道统说根本在于将传统看成一普遍的精神之体、普遍的创造之体。问题是：保持文化传统、精神生命，要不要保持传统的具体表现？如不要，则精神之统是一孤悬的精神本体；如要，则如何保持？创造性转化？批判的继承创造的发展？或转化性创造？或者说，此精神之体应该是在哪里存在的？

列文森针对"中学为体、西学为用"的主张指出："在这个被综合过的文化中，中学是体，但在现实社会中，它又是作为进入仕途的敲门砖，即'用'来使用的。而被当作'用'来引进综合的西学，并没有像这个整齐的模式所要求的那样充当中学的补充物，相反取代了它。因为在事实上，中学所以被珍视是由于它具有进入仕途之敲门砖的功用，现在它的功用被剥夺了，其学也就必然会枯萎。西学越是作为生活和权力的实际工具被接受，儒学便越是失去其'体'的地位。在这个没有对手的条件下被视为当然之真理的儒学，现在已成为一种历史的遗产，一种不向改变了中国生活基础的西方对手投降的浪漫象征。"㉙当你要保存它的"体"时，势必要保留它的"用"，当你要利用另外的"用"而代替原来的"用"时，你势必会连同原来的"体"也一起代替了。儒学的"体"恰恰是体现在它的那些"用"之中，如果没有了它赖以存在的"用"，那么，儒学之"体"在那里存在？在人们的意识里？在博物馆里？在图书馆里？所谓"皮之不存，毛将安傅"？

牟先生的道统说绅绎出普遍的道体、精神生命、精神本体，使民族文化生命之统的不断延续、继承、发展、创造成为可能。他通过道统存在意义的开掘说明，只有作为精神性的儒家或心性儒学才是可以超越具体的形迹而普遍流传、存在的。但这样他就使儒学收缩到一个心性的角落中，不能作为"体"而有全幅大用的呈现。同时，即便作为个人超越精神寄托的心性儒学的存在，也同样需要现实的支持、依托。毕竟心性之"体"的"用"，不能只落实到那么少数几个学者身上，还是要靠全体大众的共同承担。如果依靠全体大众的共同承担那么便意味着要有能够承载此体的现实的社会基础。如果失去制度性、社会性的支持，儒学能否作为民众的精神上帝而存在？如果没有那些使儒家精神得以实现的具体形式，儒学能作为一种普遍之"体"而广泛存在吗？如余英时先生所指出的：现代儒学之最大困境在于，近百余年来，由于中国传统制度之逐步崩解，儒学在现实社会中逐渐失去立足点，乃至儒学与现实社会之间的联系完全断绝，它便成了"游魂"。㉚就社会结构而言，塑造儒家精神并使其稳定地存在的家族、宗族结构已经解体，儒家精神已经失去了它的根基，也失去了调节社会的功能。㉛此时的儒家之精神本体尚在何处？在牟先生那里，以孔子为开创者的儒家的道统具有的一个典型特征为：在事实中显现的意义，即在具体中存在的普遍性可以超越时间空间的限制而长存。我们可以从历史中绅绎出此普遍性之"体"，但是欲保持、传承此普遍之"体"又必须保持、继承它曾存在于其中的具体性。当然，保持、建构其"用"是一个实践的问题。

第三，"体"是实践之"体"。

通过前面的论述，我们可以总结牟先生的逻辑：民主与科学应该是中华文化之体生发、表现、要求出来的；道统的存在证明精神生命、精神之体的存在是事实；接下来的工作是如何由此"体"开出民主、科学（甚至是其他）之"用"。这也许可以理解为"就精神发展的层面肯定中国文化开出民主与科学的必然性"，"这种必然性既非因果的必然性，亦非逻辑的必然性，而是在辩证历程中的实践必然性"。[32]实践的必然性即中华民族之生命在其实践中必然会创造出当代的形式。牟先生亦说历史总是实践形成的。[33]但是创造，不是空白的生长出，而应是在传统中的人的创造。"在传统中"，则必是在具体的传统流传物，如经典、语言、具体的观念、制度要求等中深受其影响、熏陶。涉及具体的传统流传物，那么我们就应该有这样的疑问，即当代人深具传统意识后，能否担当创造现代科学、民主的重任？如欲创发现代民主科学则必受传统中与民主科学等现代价值不对立、不矛盾的方面的熏陶。如此，担当转化传统、继承传统于当代的知识分子应该如何做？[34]牟先生主张依照文化生命而有实践的创发，但我们需要注意的是，精神生命表现其自身要通过实践着的"人"。由此，道统"开出"说指示着作为历史主体的实践着的"人"的实践选择，即"道统说"必从纯粹形上理论而发展为具体的、实践的理论建构。牟先生虽然进行了具体的理论的分梳工作，但他主要从超越、形上方面做工作，主要从形上本体、文化根源上说我们应该、能够、必然开出民主与科学。如此，"实践的必然性"指示历史中的、传统中的个人便不是被动地、无足轻重地，而是主动地、创造地、自觉地实践主体。牟先生的所有论证最后必然归结为人的选择与实践上，否则只成为一空洞的抽象，无内容的普遍性。

注　释：

① 余英时：《朱熹的历史世界》，三联书店 2004 年版，第 23 页。

② 李明辉：《当代儒学的自我转化》，中国社会科学出版社 2001 年版，第 156 页。

③④⑤⑥⑦⑧⑨ 牟宗三：《道德理想主义的重建》（郑家栋编），中国广播电视出版社 1992 年版，第 93、91、94、82、28 页。

⑩ 牟宗三：《心体与性体》，上海古籍出版社 1999 年版，第 168 页。

⑪⑫⑬ 牟宗三：《道德理想主义的重建》，第 95、93、67 页。

⑭ 牟宗三：《历史哲学》，台北学生书局 1988 年版，第 2 页。

⑮ 牟宗三：《政道与治道》，台北学生书局 1983 年版，第 19 页。

⑯ 牟宗三：《心体与性体》，第 163 页。

⑰ 余英时：《朱熹的历史世界》，三联书店 2004 年版，第 13 页。

⑱ 牟宗三：《心体与性体》，第 168 页。

⑲ 牟宗三：《心体与性体》，第 164 页。

⑳ 牟宗三：《心体与性体》，第 164 页。

㉑ 牟宗三：《心体与性体》，第 177 ~ 189 页。

㉒ 牟宗三：《心体与性体》，第 195 页。

㉓ 牟宗三：《心体与性体》，第 210 页。

㉔ 牟宗三：《心体与性体》，第 210 页。

㉕ 余英时：《现代危机与思想人物》，三联书店 2005 年版，第 549 页。

㉖ 李明辉先生即认为，对于牟先生所代表的当代新儒家而言，道统谱系之建立并无本质的意义。见《当代儒学的自我转化》，中国社会科学出版社 2001 年版，第 153 页。

㉗ 牟宗三：《历史哲学》，台北学生书局 1988 年版，第 2 ~ 3 页。

㉘ 牟宗三：《政道与治道》，第 11 ~ 12 页。

㉙ 列文森：《儒教中国及其现代命运》，中国社会科学出版社 2000 年版，第 50 页。

㉚ 转引自李明辉：《当代儒学的自我转化》，第 2 页。

○31 干春松先生即从儒家观念体系的危机、科举的衰落和废除、现代教育制度与现代政治法律制度的建立来考察儒家秩序的崩溃过程。参见干春松：《制度化儒家及其解体》，中国人民大学出版社 2003 年版。

○32 李明辉：《儒学如何开出民主与科学》，载《原道》第 6 辑，贵州人民出版社 2000 年版。

○33 参见《历史哲学》，第 3 页。

○34 这涉及李泽厚"转化性的创造"与林毓生"创造性转化"的分歧。笔者以为，"转化性的创造"意味着在转化了的传统中的群众进行的主动的创造，创造为本。李强调创造，强调创造新形式，而不以某些既定的形式、模态为标准。但创造仍须以转化为轴、为途径，然后才可以谈创造。当然民主科学等当代价值并非绝对的标准，我们应将其作为相对的标准进行新的创造。

（作者单位：东北师范大学政法学院哲学系）

唐君毅、牟宗三论道家哲学

□ 黄汉光

一、前　　言

牟宗三先生在《才性与玄理》中，指《道德经》之实有形态之形上学只是一貌似之姿态，究其实，则只为一境界形态之形上学①。而牟宗三在论述有关魏晋玄学的本质问题时，曾顺唐君毅先生关于魏晋玄学的分析进一解②。唐君毅在《中国哲学原论》中，谓老子言"道"有六义，而以形上学实体之义为本，以通其余五义③，部分学者即据此认为唐君毅先生主张老子之道为一"客观实体"，并因而推断，当代新儒学的两位主要代表人，对道家哲学的诠释竟然是南辕北辙，分为两个截然不同的方向。因为唐、牟两位的学术地位既高，又同属当代新儒学的主要代表人物，本文主要借由整理唐、牟两人有关老、庄及魏晋玄理的论述，探讨对道家哲学两种诠释所代表的意义。

二、牟宗三对道家境界形态之形上学的意见

牟宗三讨论道家哲学的著作，主要都集中在《才性与玄理》和《中国哲学十九讲》中，而两者的观点与见解也前后一贯，在《才性与玄理》中，即指道家哲学也有形上学，他说：

> 道家也有道家式的存有论，它的形上学是境界形态的形上学。境界形态是纵者横讲，横的一面就寄托在工夫上，工夫是纬线。因为它所谓的生是境界形态，消极意义的生，即不生之生。道家重观照玄览，这是静态的……道德经中所说的"致虚极，守静笃"就代表道家的工夫……极是至，至于虚的极点就是"致虚极"。守静的工夫要作得笃实彻底，所以说"守静笃"。这就是"虚一而静"的工夫，在奉静的工夫之下才能"观复"。由虚一静的工夫使得生命虚而灵、纯一无杂、不浮动，这时主观的心境就呈现无限心的作用，无限心呈现就可以观复，即所谓"夫物芸芸，各复归其根，归根曰静，是谓复命。"这些都是静态的话头，主观的心一静下来，天下万物都静下来了，就都能归根复命，能恢复各自的性命。不能归根复命就会"妄作、凶。"

当万物皆归根复命，就含有庄子所向往的逍遥游的境界。庄子所向往的逍遥齐物等已包含在老子的基本教义里，庄子再把它发扬出来而已。当主观虚一而静的心境朗现出来，则大地平寂，万物各在其位、各适其性、各遂其生、各正其正的境界，就是逍遥游的境界。万物之此种存在用康德的话来说就是"存在之在其自己"，所谓的逍遥、自得、无待，就是在其自己。只有如此，万物才能保住自己，才是真正的存在；这只有在无限心（道心）的观照之下才能呈现。无限心底玄览、观照也是一种智的直觉，但这种直觉并不创造，而是不生之生，与物一体呈现，因此还是纵贯横讲，是静观的态度。④

　　这种形上学虽然由工夫达到的心境所显，不过，既是形上学，当然会讨论到形上实体及此实体与万物的关系，牟先生对道家的形上实体（道）的性质与及道与万物的关系的说明是：

> 　　本来《道德经》之实有形态本只是一姿态。此姿态，是由"无为而无不为"之普遍化（扩大应用）而成者。根据此原则以观天地万物，则万物有之本以生万有者，不能再是一有限定之者，而必须是"无"。无者，非"限定之者"之谓也。此只是一消极表示，所谓遮诠。故"无"之为本为体，一方面固只是生活上"无为"之扩大，一方面只是遮诠，而只为形式之陈述。本未就客观的宇宙施一积极的分解而发现一正面之"实有"以为本体者。故《道德经》之积极而建构之实有形态之形上学只是一貌似之姿态，并非真正之分解，即并未"著"也，故亦并非真正积极而建构之形上学。既非经由真正之分解而著得上，故道之客观性、实体性，亦易拉下而化除。凡经由积极之分解而著者，为积极而建构之实有形态之形上学。凡不著者，即非积极之分解，故亦非积极而建构之实有形态之形上学。"⑤
>
> 　　"总之，它（道）不是一能生能造之实体。它只是不塞不禁，畅开万物"自生自济"之源之冲虚玄德。而冲虚玄德只是一种境界。故道之实现性只是境界形态之实现性，其为实现原理亦只是境界形态之实现原理。非实有形态之实体之为实现原理也。故表示"道生之"的那些宇宙论的语句，实非积极的宇宙论语句，而乃是消极的，而只表示一种静观之貌似的宇宙论语句。此种宇宙论语句，吾名之曰"不著之宇宙论"。不著者，不是客观地施以积极之分解与构造之谓也。而道之为体为本，亦不是施以积极之分解而客观地肯定之之存有形态之实体也。故其生成万物，亦不是能生能成之实体之生成也。故生者、成者、化者，皆归于物之自生自成，自定自化，要者在畅其源也。此种"不著之宇宙论"，亦可曰"观照之宇宙论"。然则物无体乎？曰：无客观存有形态之体，而却有主观的境界形态之体。冲虚玄德即体也。⑥

境界形态的形上学的形上实体（道）只是一姿态，由主观的冲虚玄德所显，所以并非一客观的实体，其生物（与万物的关系）也是不生之生，不宰之宰，因为道并非直接生物、宰物。

三、唐君毅《中国哲学原论·导论篇》对道的分析

唐先生论述道家哲学的著作，主要的有三本，即《中国哲学原论·导论篇》、《中国哲学原论·原性篇》和《中国哲学原论·原道篇》。在《中国哲学原论·导论篇》中分析《老子》一书中，道有六个不同的意义：

> 先秦经籍中所谓理，有不同种类之理。此中第一种是《韩非子·解老篇》及《荀子》之一部（分）所谓为物之形式相状而属于物之形而下的物理。第二种是庄子所谓为物之所依以变化往来，存亡死生，而又超物之天理，天地之理，万物之理，此为一形而上之虚理。此二者，皆可谓由人以外之客观之天地万物或自然世界而见者。第三者是如墨辩所谓一命题判断中之名是否合于实，及推理是否五当之理，此为一属于人之思想与言说中者。第四种是如孟子所谓由仁义行，而直感此行之悦心合义理之理即道德上之发自内心之当然之理。第五种是《荀子》《礼记》所特重之文理。此五者中，前二说之出，较后之三说为晚。而在后三说中则皆明重理之见于人之活动的历程中之义，且皆不只重理之分别义，而复重理之条贯义，总持义者。此正当为‘理之原义为治玉之治’之一最直接而合法之引申，而亦为中国先秦经籍中代表一抽象概念之原始义之理。⑦

道之六义，其主要的意义是：

> 今按《老子》书中所谓道之第一义为略同于今所谓自然律则，宇宙原理，或万物之共同之理者……所谓万物之共同之理，可非实体，而可只为一虚理。故今所谓第一义之《老子》之遁，即就其尚非（实）体只为虚理说。所谓虚理之虚，即表状此理之自身，无单独之存在性，虽为事物所依循、所表现，或是所然，而不可视为一存在的实体。
>
> 《老子》书中所谓道之第二义，则为明显的指一实有之存在者，或一形而上之存在的实体或实理者……所谓实者，即谓其非假法、非抽象的有，而有实作用及实相之真实存在之实体或实理……此义之道，为《老子》之形而上学者，恒最重视之一义。”
>
> 《老子》书中第三义之道，乃以第二义之实体义之道之道相为道……此道相初即道体之相，故此第三义之道，亦可由第二义之道引申而出……而魏晋玄学之论有、无、自然、独化……等玄理，实皆本虚灵之心，以观照理相道相，而新义日孳，遂与《老子》论道之明文，乃实有道体以成用而呈相者有异。
>
> 《老子》书中所谓道之第四义，为同于德之义者，《老子》书中，道德二名，本有分别……道乃万物所循之共理，或其所由生之本始或本母；则德为人物之各得之以自生或自循者。如三十八章之所谓上德、下德是也。然自另一义，则道之能生物而畜物，亦为道之德，如谓‘道生之，德畜之’；道之反物而顺物，亦为道之玄德，如谓‘玄德深矣，远矣，与物反矣，然后至于大顺’。‘生而不有，为而不恃，长而不宰，

是谓玄德'。要之，《老子》之言德，或就人物之得于道者说，或就道之反物而生物、畜物、顺物等处说，此则为连道与人物之关系而说……夫然，故道之一义，亦即可同于德，或同于物所得所有之德，或同于道之畜物生物之德。

《老子》书中之道之第五义，为人欲求具有同于道之玄德，而求有德时，其修德积德之方，及其生活上自处处人之术，政治军事上之治国用兵之道……如今秉公修养方法，生活方式，或处世应务之术之类，简言之，即人之生活之道也……然此"道"之义，要不外人之求所以有德之修德积德之方。如《老子》所谓致虚守静，生而不有，为而不恃，专气致柔，涤除玄览，及治人事天之□道，及所谓三宝中之慈、俭、不敢为天下先，及见素抱朴，少私寡欲等，即皆《老子》修德之方。

《老子》书中所谓道之第六义，为指一种事物之状态，或一种人之心境或人格状态，而以"道"之一名，为此事物状态或心境、人格状态之状辞……此第六义之作为人之心境或人格状态之状辞之"道"，亦即所以表状此得道或有德之心境，与人格状态，对外所呈之相。此可名之为人之道相。为后世之道人一名所自始。……故以《老子》与《庄子》比较，则《老子》思想中形上之道体，固有深隐而不可识处，而得道有德之人，其德其道，亦有深隐而不可识处；而《庄子》，则放德而行，充内形外，此深隐者，亦全幅而呈现，德充于内而形于外，其神乃可游于万化……故吾人不可即以释《老》者释《庄》。⑧

唐先生虽然分析出《老子》书中，道实含六义，但他也指出，《老子》此六义并非只是十口相传之集合，书中应有一整体之思想，于是道也应有一贯之解释。他进而认为，最可能作为此一解释的道之义是形上实体之义：

吾人于上文分析《老子》书中道之一辞，涵义六……于此六义，尽可畸轻畸重，而各有所偏。六见此六义，并非彼此处处相依相待而成立，亦非决不可分离而论之一整体……然人又不可不因此而谓《老子》一书，唯是十口相传之老人言之集结，无一贯宗旨之著。而吾人纵假定此书为群言之集结，编之成书者，亦必有其熔铸之匠心。则吾人于此书所陈诸义，自不能不求有一贯之解释，以求契合于编之成书者之用心……吾人今如欲于此六义中择一义，以为次第顺通余义之始点，可先用淘汰之方法……于是唯有第二义之道，堪为吾人次第顺通其他诸义之始点。⑨

《老子》第二义之道，虽则最堪为次第顺通其他诸义之始点，但并非毫无困难，因为《老子》书中没有任何之论证，是以能知形上道体者唯赖人之直觉，而直觉之所以可能，则要在经个人之修养工夫，始能直觉形上实体。所以形上实体即存在修道者之心境中，为修道者所直觉得知。

然吾人欲由第二义之道，以顺通其余诸义，亦非无困难……此在《老子》之书，中实未尝有任何之论证。

缘此《老子》之道，既不同于说明万物之假设，又非人之宗教信仰之所对，复非依理性上之原则所建立；则老子之知有此形上道体，唯余一可能，即由老子之直觉此道体之存在。老子之所以能直觉此道体之存在，则必原于老子自己之心境与人格状态之如何；而此心境与人格之具有，则常依于老子之修养之工夫。此工夫，吾意谓其要在《老子》所言之致虚守静等。吾人今果与老子有类似之修养工夫，而具有类似之心境与人格状态，则亦将能悟此道体之存在。此即同于谓，吾人虽取上述之道之第二义，以为次第顺通其余诸义之始点；而吾人欲了解此第二义之道，复须济以道之第五义项下，所言之修养工夫之实践，以进而具第六义项下所言之合于道之心境与人格状态。至少吾人对此道之第五义项下，致虚守静之工夫之涵义，及第六义项下，合于道之心境与人格之相，宜先有若干会悟；然后吾人方能亦用吾人之直觉，以宛然识得此第二义之道，并与《老子》所言者印证；乃能更循之以次第顺通此道之诸义，而一一加以识取也。

　　盖吾人果能有如《老子》所谓"致虚极，守静笃"之工夫，则吾人即可同时如《老子》之于"万物并作，吾以观复"。此即足以使彼混成之道，立即呈现于目前，为吾人所直觉，而更不假手于"理性上之推论"，及"信仰"与"虚提假设再求经验之证实"等事。⑩

唐先生虽然认为在《老子》的道之六义中，形上实体之义最能顺通其余五义，而此形上实体只能呈现在虚静至极的修养工夫者之直觉中，为直觉所证现，如此说来，这时唐先生认为《老子》之道主要为形上实体，与牟先生的观点表面看来差异甚大，而实质只是用辞的分别，意指并没有字面上所显示的大。唐先生在书中虽然直指牟先生的观点与己有异而仍对读者推介牟先生。

四、唐君毅《中国哲学原论·原道篇》对道的分析

唐先生其后在《中国哲学原论·原道篇》中经由讨论《老子》"人法地，地法天，天法道，道法自然"的分析，把道分成四层，以纳入六义而来论述：

　　吾今之论，则意在沿此（《老子》书中道之一辞，涵六义）而更进一步，先横断老子所言之道为四层面，则上述老子之言之高下不同者，即皆可纳之于不同层面之中；然后观其如何逐步转进，以层层上达，更相通贯。此与吾之前文之只纵析老子之道为六义者，虽不冲突，然旨趣不同。或合此横断与纵析之论，即为老子言之全，亦未可知。又依吾今兹之横断老子言为四层面之论，则老子之所谓道，自某一层面观之，可说有形上实体义者，自另一层面观之，亦可无一般之实体义，而只是如前文第二义中所谓虚的义理，或第六义之一心境表状之辞。则谓老子之道为实体否，皆无不可。⑪

唐先生虽然说把道分成四层或六义来论述，谓其旨趣并不相同，文中却可看到，他其实是试图透过这样的方式，来泯灭道的实体义与心境表状之辞，即道家的形上学到底是客观实有形态还是主观境界形态的症结：

吾人若识得老子之言道有此四层面（法地、法天、法道，更法自然之道），而此四层面昭间亦有相贯通之义，则于老子之所谓道为一形上之实体或一虚理之问题，则吾今以为不宜执定而说。谓之为实体者，乃自此道所连贯之具体之天地万物而说。盖具体天地万物为一般所谓实体，则其连贯于道，以混而为一，而泯于道之玄中，即当为一"有物混成"实体也。此即吾昔年所作老子言道之六义下篇之旨也。然自吾今所谓法道与法自然之二层面而说，则人之体道，要在体道之超越于天地万物之上之种种意义，则于老子之言，即不宜说之为实体，而所谓"有物混成"者，实亦无物，只喻之为物耳。所谓"无物之象"也。此象亦非如一般之象之可见，故曰"大象"；而"大象无形"，则若只是一意义矣。若然，则道似应只是一虚的义理，或一"纯粹意义"。然此一虚的义理，或"纯粹意义，当其为体道者所体时，即被摄入于体道者心思之内，亦显其用于体道者之一切修道之事，中则此道又终不能离此能体之之心思，以为一虚悬无寄，而亦无用之义理。则道仍应属于体之之心思，而当为与此心思，合为一实体者。则在此第三、四之层面上，道虽超越具体之天地万物，可无连贯于天地万物之实体义，仍有一"与体之之心思为一体"之实体义。然再翻一层看，则体之之心思，正在体之之时，亦可不见其为一实体，而只见其为引导此心思进行之一义理、一道路。此义理道路乃开放者，则又不能凝聚为一实体以观之。是见道之为一实体否，当依种种观点而定。其义皆幽深玄远，非今之所能详论。[12]

五、唐、牟论王弼与郭、向

牟先生对《老子》的整体把握，主要是顺着王弼注《老子》方向而得来的，从上面引文中应该清楚地看到，牟先生也明白指出：

> 王弼对于《老子》，确有其相应的心灵，故能独发玄宗，影响来者至钜。其注文虽不必能克应章句，落于章句上，亦许有谬误，然大义归宗，则不谬也重复即创新，默逆于心，异地皆同。[13]

而郭、向之注《庄子》，亦能相应于《庄子》之玄思：

> 郭注言自生、自然，是道心观照之境界，故此内容真理亦是主观圣证之花烂映发……"顺有待者使不失其所待"，则有待者亦自性具足，而各归于无待。"称体而足，不知所以然也"。此则"玄同彼我"，无待与有待亦无殊。此为绝对之无待，至极之逍遥。逍遥、齐物之旨，郭象可谓得之矣。《老子》尚有客观之姿态，而《庄子》则唯是言圣证之境界。[14]

至于唐先生，则认为王弼未能掌握到老学之全，偏在此心之至高境界上说道，其陈义亦高于王弼之前自他向发展老学者：

> 王弼之言道之思想……重在自主观心境上言道，亦不只以之为一为政者之因任、

因循之道者。王弼言政，自亦重无为、因任、因循，使人民自遂其生、自乐其生之旨。其言无主、不宰，亦即涵不用政治之权力，以主宰专断人民之事之旨。然此则非王弼之老学新创之精义所有。其新创之精义所存，乃在言由人之主观之心之能体无，即可使人心达一至高之境界，而有上德、玄德或至德。其重在此心之体无，而偏在此心之至高境界上说道，其陈义亦即高于前此自他向发展老学者。然《老子》文之原意，是否即如此，则亦正有问题。观《老子》之文，与《老子》之学之发展之原有多方向之可能，则见王弼之老学，实未能具此多方向之可能，其注亦有种种与《老子》文义不切合处。故此王弼之老学，其陈义所以能高于前此之自他方向发展老学者，可能由于王弼专高看《老子》，或偏看《老子》之高处之故。

王弼之言道，则超越此《韩非子》、《淮南子》等之所论，以及一更高层面之言道之论，而其论亦更无发展为《韩非子》、《淮南子》之言道之论之可能。若其向此发展，则为一思想之下堕历程……《老子》之言道，则有此可能（发展为《韩非子》、《淮南子》之言道之论）。则《老子》之道，虽不及王弼之高，然由其有此多方面之发展之可能，则成其大。⑮

而郭象之注《庄子》，于自然、逍遥、齐物、养生等义亦有甚多进于《庄子》而不相应之处：

王弼之进于老，吾人前言在其能偏自虚通寂无之义，以言《老子》之蠢，而使道只为物"所由"、"所经"或"所之往"，可以玄微之言称之，无形而不可名；亦不属于任何有形之具体存在之天地人物；并于此中见万物之自然其然，自由其所由，自生其所生。郭象之进于《庄子》者，则在沿此王弼所言之自然义；而更言《庄子》"上知造物无物，下知有物之自造"、"以神器独化于玄冥之境"。⑯

郭象之释逍遥游，谓有待者无论大小，皆不足以相殊，即无待者亦不能自殊于有待，其境界固至高……《庄子》本文之言大鹏小鸟、小知大知、小年大年，与知效一官，及宋荣子、列子、与圣人、神人、至人，皆可有其高下大小之殊。其原文亦可有次第升进之义……此自是一极高之玄境，然却由全去《庄子》原文所亦能自具之客观义而致。⑰

至于循郭象之旨，以言《庄子》之《齐物论》，则必以"是非虽异，而彼我均"，"若失其配匹为宗，在动止之容之不一"，而"无心而自得"，不见其二，即是齐物以为一。故于人籁、地籁之"物声既异"，而"其得齐一"，即见天籁。外此别无在万物上之天。郭象又必以真宰之朕迹，终不可得，以言"物皆自然，无使之然"，"物各性然，又何物足悲"，"万物虽异，至于生不由知，则未有不同者也，故天下莫不芒也"……此皆明不合《庄子》之言有天籁、物有可悲、成心非足贵。⑱

至于郭象之释《养生主》……以"尚名好胜者，虽复绝骑，犹未足以慊其愿"，为不能"任其至分"；又以"冥极"，释"知之无涯"之祸；再以"理当死"，释"夫子顺"；又以"养得其极"释"薪尽火传，不知其尽"。此皆限在当生之养，以言养生之义。然此《庄子》原文之言"夫子顺也"，"不知其尽也"，未必即只为死而不知其尽，亦可是不知其生之有尽之义。《庄子》文以吾生有涯者，亦可以无尽而无涯终。⑲

六、结　语

　　藉由上面整理唐、牟两人有关老、庄及魏晋玄理的论述，可以发现，唐、牟两人对《老子》、《庄子》的道的理解，唐认为是一客观的形上实体，牟则认为实体为姿态，实则为修养功夫呈现之主观境界，表面上出现差异极大，而一般的学者，亦非常看重他们两人差异的歧见。然经由上文的整理，可以看出唐先生所以认为道为一形上实体，乃因一则《老子》书中确含此义，那怕只是一姿态还是其他；其次是唐先生说得很清楚，因为此义最能"顺通余义"，使《老子》成为一贯宗旨之著；而此形上实体只能呈现在虚静至极的修养工夫者之直觉中，为直觉所证现，如此说来，唐先生认为《老子》之道主要为形上实体，与牟先生认为道为一主观的修养境界之呈现的观点实无甚差异。一般学者以唐、牟代表两种截然不同的观点，是对实质相同之处性的忽略，而受到字面差异的误导的结果。

　　唐、牟对道家的道的见解差异的程度虽然没有表面上的大，但毕竟两者对道家哲学整体的看法仍有差异，表现在论述方式上，唐先生由《老子》道的概念的分析所包含的意义，显示出道家哲学可能发展的方向，而这些方向，也确实发展为道家哲学日后众多的不同面向，而论述此不同面向时，亦很容易分辨彼此的差异。

　　牟先生则把《老子》了解为一智慧的方向，日后道家哲学的发展只表示为此智慧的充尽发展，而以能完善发展此智慧为关注的焦点。这样的论述方式容易从高点把握一学派的主要脉络，也容易表现出一学派之精华；但相对而言，较忽略的是学术思想发展的过程，以及主脉以外学派发展的流变。

注　释：

①② 牟宗三：《才性与玄理》，台北学生书局出版，第 180、256～274 页。

③ 唐君毅：《中国哲学原论·导论篇》，台北学生书局出版，第 388 页。

④⑤⑥ 牟宗三：《中国哲学十九讲》，第 121～123、179～180、162 页。

⑦⑧⑨⑩ 唐君毅：《中国哲学原论·导论篇》，第 44、370～385、386、386～390 页。

⑪⑫ 唐君毅：《中国哲学原论·原道篇》(1)，第 294～295、340～341 页。

⑬ 牟宗三：《才性与玄理》，台北学生书局出版，第 127 页。

⑭ 牟宗三：《才性与玄理》，台北学生书局出版，第 274 页。

⑮⑯⑰⑱⑲ 唐君毅：《中国哲学原论·原道篇》(2)，第 333～375、382、397、398、398～399 页。

（作者单位：台湾花莲教育大学社会发展学系）

儒学人文精神之重建

——由唐君毅先生之"重建人文精神"到霍韬晦先生之"人文主义须向东方回归"，兼论霍韬晦先生所开创的文化事业

□ 陈可勇

一、前　言

近百年来，中国文化在西方文化的冲击下，虽然经历沉疴，但仍然能再起，充分显示出中国文化本身顽强的生命力。20 世纪初，先有梁漱溟、熊十力、张君劢、钱穆等思想家、文化学者，以"虽千万人，吾往矣"之精神，力挽狂澜，倡导回归孔孟之学，重讲自宋明以来之心性之学，维护中国传统。续有唐君毅、牟宗三、徐复观等哲学家殚精竭虑，一方面承认西方自由、民主、科学的价值，一方面挖深中国传统，标举中国人文精神以涵盖、会通西方文化，令中国传统文化能在浊世中竖立起来。而唐君毅先生是公认为当代中国"人文主义"者的大儒①，他在"花果飘零"、在中国人对自己的文化失去信心的时候，力主"重建人文精神"，力言"人当是人；中国人当是中国人；现代世界中的中国人，亦当是现代世界中的中国人"②，力申中国人要重拾做中国人的气概。

而唐君毅先生之弟子霍韬晦先生，则在当代研习中国传统文化之学者不断走向学院化，不断将中国传统文化知识化，令中国传统文化远离生命，失去生命力；而人类整体经历经济全球化，进入网络时代，社会形态急速转变为消费社会形态，权利文化成为人心灵深处之基础，使人只懂顺着本能欲望在现实生活中寻求享乐，忘记理想，令人陷入"价值平面化"③与价值虚无的时候，他作为一个"东方人文学者"，提出"人文主义须向东方回归"。他强调不单中国的人文主义需要重建，而下坠不已的西方人文主义亦需要求教于东方，令她得回生命力。霍氏不是空喊口号，而是一方面在知识上，以"东方人文主义"立场，强调以生命与知识之本末关系不能倒置之视域，来对当代西方主要思潮如"科学主义"、"自由主义"、"理性主义"、"后现代主义"，乃至对"自由"、"民主"、"人权"等西方核心价值，进行分析、反省、批判。他另一方面是本着"东方人文主义"者之承担精神，发扬他的老师唐君毅先生的遗愿，继承中国传统书院精神，创办文化事业。霍氏所开创之文化事业，已如韦政通先生所说："是现代化的大趋势之下，使这个传

统正在发扬光大……是为整体中国文化传统的继往开来，创造出一个新的模式。"④而这个新的模式"是具有典范意义的。"⑤

本文旨在阐述唐君毅先生之"人文主义"思想，继而概论霍韬晦先生之"人文主义须向东方回归"论之特色，从而凸显东方人文精神在当代社会是仍有生命力的，是能令现代人重新生出动力，来成长自己的生命。此外，有见霍氏所开创的文化事业已做出成绩，令儒学再展活力，故本文会兼论霍氏所开创的法住文化事业，描述法住文化事业的特点，略述霍氏的教学特色，探讨他成功之原因，希望藉本文令人对中国传统文化、儒学人文精神，再生起信念；明白传统儒学、东方人文精神，是可以在现代社会，在理论上既能提供新思考，在实践上亦能提供新出路。

二、唐君毅先生"重建人文精神"

唐氏一生本着儒家的人文思想来弘扬中国文化，而"人文精神"是贯通唐氏哲学体系乃至他的生命。他的人文精神特色是对人及人所创造的文化——加以肯定，即"对于人性、人伦、人道、人格、人之文化及其历史之存在与其价值，愿意全幅加以肯定尊重，不有意加以忽略，更决不加以抹杀曲解"⑥。唐氏所提倡的人文精神，是一种超越涵盖的精神，他从人文、非人文、次人文、超人文及反人文等五个概念解析人文之精神及其发展。"他把非人文思想（如科学思想）、超人文思想（如宗教思想）包含在内，因而它是一种不与科学相对、不与神本相对的精神。"⑦唐氏所向往的，"是人文世界的全幅展现，上通于天地，下澈于幽明，以尽人道之至极"⑧

三、"人文"之涵义

唐氏所倡导的"人文主义"、"人文精神"，是具有中国儒家特色的。而"人文主义"及"人文精神"之核心观念是"人文"。"人文"这观念，依唐氏所言，是指人内在的道德自觉、价值自觉与文化自觉。而道德自觉、价值自觉，乃至文化自觉皆是本于如孔子所言之"仁"、孟子所言之"心"、王阳明所言之"良知"，乃至唐氏本人所言之"性情"。是因为人有"仁"、有"心"、有"良知"、有"性情"，所以人能对自己生命、他人的生命、对大自然、乃至对天地有感受，懂得珍惜、懂得感激。而"仁"、"心"、"良知"、"性情"是异名，但是同指人本具有之生命本质，并不能外在地、单以概念来把握之，而是要人回归自己的生命，好好感受之、体会之。

根据唐氏，一切社会文化制度皆是人的精神分殊展开和客观化；是有人才有历史文化的多元展开。唐氏的"人文精神"是"一种容纳天地万物、使各种价值相互融通、各安其位的精神。"⑨而唐氏所要发扬的人文精神，是一方面承接着中国的人文主义传统，一方面亦摄取了西方的人文智慧，这充分显示唐氏是一位能统摄中西方人文主义智慧的"文化意识的巨人"。诚如单波先生所言，唐氏所重建的"人文精神"是能令"现代人走出虚无，克服'上不在天，下不在地，外不在人，内不在己'的荒谬处境。"⑩

四、性情与人文精神

"性情"是唐氏所倡导之"人文精神"之核心观念。"性情"乃为人之本，是人能自动自觉、追求理想、超升生命之基础。唯有人有"性情"，人才会生出不忍自己白活一场、不忍时代沉沦之深情；这种深情推动人生起自动自觉、要求自己实践道德，见证且弘扬真理之精神。而"性情"并非单是唐氏铸造其哲学体系的一个必须抽象观念，而是他自己对内心的"性情"有真实的体验，故能提出"性情"是中国"人文精神"之核心。唐氏"重建人文精神"是本其恻侧之情，而不是仅仅从客观分析的进路、纯思辨的进路或纯批判的进路。这诚如霍韬晦先生所言，唐氏的哲学虽然是非常宏大，但从根底上而言，"亦可以说是很简单"，因为唐氏是本于他对自己的"真性情"有真实的体验，而开出他的哲学。而单波先生亦指出，唐氏"构筑了独具思想个性的人文精神论"，是"还包含着他生命中的原始性情（即愤悱恻侧之情）的内在推动。"⑪

唐氏是一位具有"愤悱恻侧之情"的哲人。事实上，唐氏自少年时代起就对自己的"性情"有真实的体验。霍韬晦先生特别指出，唐氏一生虽然受了许多痛苦，经历很多矛盾、分裂、冲突，但他对人类的前途却始终没有灰心过，仍能够经历人间痛苦而奋勇前行，坚持理想，这完全是因为唐氏坚信"人人都自具一超越而无私的性情"。唐氏是能对人性的负面进行反省，且能从人的负面，发现"人性底层之善之存在"⑫唐氏坚信，人只要本著"超越而无私的性情"，人是能够"实践人道以至于一全幅的人文世界的实现。"⑬而唐氏能够如此相信，是因为他自少年时代起对自己的"性情"已有真实的体验。霍韬晦先生认为唐氏能够"毕生从事哲学与文化活动"充满"动力"，是因为唐氏能够"对人生的真性情的体验与认识"。⑭

与唐氏同时代的人，多是如唐氏一样，对自己的"性情"有感受，故当唐氏哀叹"花果飘零"，仍有不少学者、社会人士，愿意和应唐氏，一同努力，令"灵根再植"，弘扬中国传统文化。然而，对身处现代消费社会，已久习于"工具理性"、"消费文化"、"权利文化"的现代人而言，对所谓无私的性情，是缺乏了解与感受的。诚如霍韬晦先生所言，要现代人体会自己本具的"性情"，"是比神话还要遥远"；要现代人守护、弘扬中国传统文化，已是极难、极难的事。

五、霍韬晦先生之"人文主义须向东方回归"论之时代背景

自 80 年代至今，经过当代知识分子强调要"吸收和借鉴"西方文化之学术理论来进行检视、批判、乃至要改造中国传统儒学思想⑮，中国传统文化已成为一种知识系统，是"专业学科中的一个分支"，更令学问与生命疏离。就中国文化的精神已远离生命、远离现实社会，与人在处世做人方面沾不上边，余英时先生认为中国文化是已变成了"游魂"。当代有不少学者如余英时先生一样，对中国传统文化之看法是颇悲观的。

当当代研究中国传统文化学者，一方面偏重以西方文化之学术理论来将中国传统学问知识化、系统化、学术化，一方面无力打破"知与行的分离"以及"精英与民众的分离"这两难的时候，霍韬晦先生就在这时，以一个"东方人文学者"的立场，本着对中国传

统儒学的信心，提出"人文主义须向东方回归"，一方面回应儒学被知识化，失去生命力的时代大问题⑯，一方面挽救东西方已下沉不已的人文精神，使其再现生命力。如此艰难的工作，一方面牵涉理论上的反本开新，一方面需要在实践上的继往开来，这如何可能？

我们可先从西方的人文精神如何发展、如何下沉，以了解霍韬晦先生提出"人文主义须向东方回归"之理由与心意。西方人文精神发展了五百年，已由高峰下滑，而影响现代人的心灵世界，已不是西方传统人文精神，而是高举放纵私欲、追求享乐、有权投诉的消费主义、权利文化。

六、西方人文主义之简述 —— 由具有才情与理性的尊贵而庄严的人到成为"新野蛮人"

从历史上说，西方"人文主义"（Humanism），是起源于五百年前的"文艺复兴"（The Renaissance）。自 16 世纪文艺复兴，人开始觉醒了（Awaken of Man）。人开始自觉，自己是拥有才情与理性的独特个体，个人主义（Individualism）自始急速发展，而展现个体生命创造力的文学、艺术作品亦如雨后春笋发展起来。自 17 世纪，人进一步了解自己理性的能力，开始走自己设立的"探求知识之路"⑰。人了解到"知识就是力量"（Knowledge is power）。诚如英哲培根（Francis Bacon）所强调，当人懂得使用"新工具"，人可以不断发展新知识、可以开天辟地、可以创造文明，人开始进入"理性时代"（The Age of Reason）。法哲笛卡儿（Descartes）曾言："我思故我在"（I think therefore I am）。这句话凸显出：人自觉自己是一个主体：人自己才是主，其他存在是客。人要做回自己生命的主人，人不再尊敬上帝、甚至否定神，开启了 18 世纪的"启蒙时代"（Enlightenment）。而"启蒙时代"之纲领，正是要祛除神话，用知识来替代幻想。人懂得使用"新工具"，掌握科学方法，科学可以不断推陈出新，知识可以不断发展，新技术可以不断出现。19 世纪被称为"实证时代"（Positivism），见证了实证方法令科学知识的发展更上一层的时代。人对科学知识越来越信任，人对自己的信心也大了，认为社会"进步"了、科学是万能的，诚如德哲康德（Kant）所言：人可以"为自然立法"，人成为大地的主人。

在 18 世纪，当人祛除神话，用知识来替代幻想的时候，人在政治领域，不再相信"君权神授"。反之，人相信如英哲洛克（John Locke）所言，人有天赋人权，人是自由的个体，不是属于国家的。于是，人开始要求人权、自由、民主、博爱、平等。这些观念在18 世纪法国大革命之后，迅速成为神圣不可侵犯之普世价值，且被视为量度一个社会是否已成功地实现现代化的指标。

德哲康德曾宣称，人是道德主体，人有自由意志，人可藉自由意志去实践道德理想，建立"道德王国"，这反映西方之人文主义达到高峰。然而，当西方社会经历现代化之后，康德对人之看法，已被视为过时，要受批判。20 世纪重要的社会思想家韦伯（Max Weber）指出：现代化社会是一个经历"世界解咒"（disenchantment of the world）的社会。现代社会自解咒（disenchantment）以来，人不再相信昔日的神话、接受往日的终极价值。人要清楚区分"理性"为"工具"、为"价值"两端。昔日的"价值理性"（value rationality）已不再被视为神圣、为必然。人认为有关人生的终极目标与意义课题，不应再如过往公开地被讨论，而是留给个人自己做选择。只有工具问题、方法问题、计算问题、知识运用等问题，才值得被公开讨论。这充分反映现代人的心态：崇拜知识，重视"工具理性"（instrumental rationality），强调运用个人自由，使用"工具理性"去计划自己之未来，逐渐放弃对意义之探究，开始进入虚无世界。

德哲尼采（Nietzsche）在 19 世纪宣称"上帝死了"，带头吹奏起虚无主义的乐章。依尼采之见，无论西方的形而上学、神学，乃至康德的"道德王国"，皆是依赖人之理性而虚构出，是有局限的、是没有必然性的。尼采于是提倡，人要依其本有之"权力意志"（the will to power），反抗权威与传统，使自己做"超人"，"重估一切价值"。尼采强调：人要做自己生命的主人，不受任何约束。这诚如俄国大文豪陀思妥耶夫斯基（Dostojewskis）在其经典作品《卡拉马左夫兄弟们》中，借书内人物伊凡所言："上帝若不存在，什么事也可为"（if God does not exist, everything is possible）。

20 世纪是"上帝死了"的时代，世界得到解咒，人不再被传统价值所支配，人不单可以摆脱传统社会之枷锁，人更可以不受任何知识、概念所绑。如存在主义之大师沙特（Jean-Paul Sartre）所宣称：人是真正自由了。人什么也不是，人的生命只是充满可能（possibilities）。然而，在现代社会，人所拥有之自由，仍是有局限的，人仍是被"理性"所建构的观念与制度所笼罩，动弹不得。诚如韦伯对现代社会之分析，现代人是无法逃离"理性化"的"大铁笼"（iron cage）。人要自由，人岂能被"大铁笼"所压？人于是要进行反抗，推翻传统理性观，解构传统知识，否定所谓具有普遍性之真理，乃至颠覆人的信念、人的价值观。这是后现代主义者之共识。

当人进入后现代社会（postmodern society），人不单要推翻以启蒙时代所建构的庄严道德自我，人更否定由现代性主导下所建构的人性论：人是理性的。于是，法哲福柯（Michel Foucault）依其反叛之性格，继承尼采之批判精神，宣称"人已死了"：既理性而又庄严的道德人，是已经死了；人的高贵而又庄严的人文精神也死了。人只是如心理学家弗洛伊德（S. Freud）所言，是由本能和潜意识所支配。根据弗洛伊德，人绝不是理性的，人只是充满性欲，服从本能，依据快乐原则，来追求感官刺激。福柯进一步强调：人并非具有神圣人性，道德只是压抑人性。福柯不单公开挑战传统道德价值，打破各种禁忌，且自己置道德规范于不顾，放纵情欲，追求欲望本能之满足。依福柯的标准，这才是"真正"的自由人。福柯所讲的自由人，完全反映生活在 21 世纪的后现代主义者之"倚偏盖全"、价值虚无的心态。这种对人之了解，不单将"人"解构掉，而更将西方传统人文主义所建构的"人"，所发展的人文精神，从高峰拉下来，更甚者，是将人还原为动物。根据霍韬晦先生对当代西方文化之批判，西方人是自己将自己"变成工具，变成动物，乃至变成新野蛮人。这个新野蛮人比过去的野蛮人厉害，因为他们掌握知识、掌握科技，自以为理性，但偏偏不像人！"⑱

而这种"新野蛮人"可以本着人权、自由的名，为所欲为。这种漠视道德、为所欲为，以满足个人本能、私欲的"新野蛮人"，骨子里是一个自私自利的人。在西方哲学史上，霍布士（Thomas Hobbes）在 16 世纪早已宣称：人的欲望、人的自私，是一切行为的根源。霍布士认为，人在"自然状态"（state of nature）之生存状况下，是欲望无穷的。在资源有限之情况下，人会为满足欲望而互相猜疑，乃至互相争斗。霍布士强调，人在自然状态，是没有道德可言的。当人有自由，就会维护自己之私利、满足自己之私欲。霍布士之后，有阿当．史密斯（Adam Smith）同样宣称：人是自私的，人要透过市场交易以获取个人的最大利益。而在经济全球化下，这种偏颇的人性论，已成为主流思想，直接影响人心、影响下一代。

七、霍韬晦先生之"人文主义须向东方回归"论之特色

从西方人对"人"自身之了解、建构、解构之行程，一方面充分反映西方人文主义之不足，一方面令我们可以明白何以唐君毅先生在 20 世纪要出心出力"重建人文精神"，到 21 世纪霍韬晦先生要大力鼓吹"人文主义须向东方回归"。在此要指出的是：霍韬晦先生乃至其老师唐君毅先生皆不是要否定西方文化对人之贡献，而是强调研究中国传统文化之学者应深刻地、超越地、批判地了解西方文化对人之贡献在哪里？为人带来什么问题？要如实了解东西方文化贡献在哪里？而不是不断跟随西方人走、不断否定自己传统文化之贡献，或将自己的传统文化知识化。霍氏站在"东方人文主义"之立场，强调不能以西方文化之标准来衡量中国文化之价值，而是要以"消解的哲学、会通的慧识"⑲，将东西方文化重新定位，如实区分东西方文化之贡献。

此外，霍韬晦先生在其大作，《当代文化批判 —— 一个东方人学者的回应》一书中，对"科学主义"、"自由主义"、"理性主义"、"后现代主义"，乃至对"自由"、"民主"、"人权"等西方核心价值进行分析、反省、批判，展示他真能"做到如实的区分、如实的定位，以容纳各级价值，使不相害"。可惜本文所限，未能详尽介绍有关该书之具体内容。在此，只能握要、略述霍氏如何批判主导当代文化的科学、人权、自由、民主等观念，以显示他如何深刻地、超越地、批判地了解西方文化。

科学知识是令西方文明早于 19 世纪已进入"进步"阶段，且令西方文化独步天下。霍氏对科学知识的批判⑳，是先指出科学知识是建基于归纳法，只能得到概然地真的知识，并不能得到绝对真理。诚如英哲波普（Karl Popper）对科学方法的批判，科学只是差测并未能提供终极答案，只是等待被"证伪"。因此，科学并非万能，亦非完全没有问题。此外，霍氏指出，科学知识令技术可以不断改良，产品因此可以推陈出新，人的生活因而是有所改善，科学表面看来是带来人类幸福。但科学的进步，同样令人的生活环境受到破坏，不断有新产品出现，亦令人容易变得贪新厌旧，而新科技之出现，亦往往是与利益有关联的。从此观之，霍氏指出："科学助长着人的贪心、助长着人的自我、助长着人的控制欲、掠夺欲、助长着霸权主义、单边主义、消费主义、享乐主义。"㉑其次，霍氏指出，科学是中性的，并没有好坏、善恶之分，但科学知识是起源于人的"求知心与控制心"，这些心态并不纯粹。科学知识一旦落入内心有魔性的人，就会引起人类祸害。霍氏对科学知识之批判，一方面反映他对科学知识有极深刻之了解，才能对科学知识作出如此深刻的批判；一方面反映他并非如一般当代中国文化学者，对科学知识只有崇拜，一味要求以科学方法来研习中国文化，而不知科学知识亦有局限性与不足之处。

人权、自由、民主已是西方社会之核心价值。霍氏对人权、自由、民主等观念之批判，是先指出在现代社会，现代人已习惯只是以量化、计算原则来推行、落实人权、自由、民主等观念于现实社会。故无论在社会文化之推广、政治制度之建立、教育之建设，乃至人自己之生命质素之培养，往往是以量化原则、可计算原则，以人多取胜为原则，定

夺决定方案，而不会反省行使人权、自由、民主等价值者之眼界、学养、识见等等生命素质。霍氏称这种颠倒为"价值平面化"。而这种"价值平面化"，根据霍氏而言，已令现代人忽视个人生命的质素，将一切选择、一切价值，简单约化为量化一个层次。这最终令高贵价值与低下价值被平排摆放在一起，任由人选择，美其名是民主，尊重人权，让人自由作出自己的选择，但实质是令贤愚之区分不再，生命可以层层上升之学问丧失掉，做成"价值平面化"之社会现象，令人只有现实享乐一层，忽视高贵理想之一面。到头来，无论在社会文化、社会制度、教育制度，乃至人的素质，皆会变得越来越下沉、越来越多问题。

其次，现代人只懂在制度上，落实人权、自由、民主等价值，使这些价值成为可操作的原则，完全忽略人生命的素质，完全忽视成长人生命的要求，使整个人文精神下降。霍氏清楚指出，当人"离开人的生命去空讲权利，离开生命的修养去讲自由……是没有意义的；离开生命的涵养，离开生命的成长的文化，来讲人的创造，实际上只会把一切高贵的理想杀死"[22]。从现代人只懂以自由追求财富、改善物质生活；争取基本人权，乃至滥用人权，作为自私行径的护身符；忽略建立正确人生观的重要性、忽视了解权利与义务之真义，忽略人对大自然环境的祸害，可见"价值平面化"已令现代人"错认人生方向"，乃至颠倒了生命的价值与意义。

从霍氏对当代西方核心价值如"科学"、"自由"、"民主"、"人权"之深入批判，可见霍氏对当代文化是有深刻了解的，且能超越前人，不单是从学术层面回应西方文化的挑战，而是更进一步，从生命深处、从根本处，指出西方文化在其背后有局限与不足，诚如尤西林先生所言：

> 霍氏有一个特点，他对于科学主义、自由主义、理性主义、后现代主义的回应，与法住活动的基本形态是息息相关的，都不是停留在学理上，这种回应确实突破了传统学术层面，不仅是从概念上回应，而是从生命本身的经验回应，这种经验又不是非反思的形而下经验，而是形而上的精神经验。[23]

尤西林先生所言甚是。霍氏提出"人文主义须向东方回归"，其特色之处是他并非纯在知识层次上批判当代文化不足之处，而是基于其个人生命成长之体验，从生命深处了解到西方文化之不足。这凸显出一切文化与学术，是皆不离开生命而开展。他清楚地指出西方文化乃至当代儒学之不足：令知识离开了生命，甚至是肢解了生命。因此，霍氏除了对当代西方核心价值作出深入批判，将东西方文化重新定位，他更站在东方人文主义的立场，提出研究中国传统文化之当代学者，要先确立"人才是知识世界的主人"的立场[24]。他在个人生命层次上，一方面提出"体会方法论"[25]，以对应现代人已习惯用心理学、社会学，这些强调西方科学方法来了解生命的学科；一方面发展"生命成长的学问"，因应现代人情薄、志弱、力衰，而不再像前人标示生命的终极境界是如何，反而强调生命是一个成长的过程，并且提供成长生命的锻炼方法与机会，令现代人有上进之机，生命得以成长。

八、霍韬晦先生的文化事业

诚如上文所言，霍韬晦先生是身处于现代学者已使儒学变成一种知识，使中国文化的精神远离生命、远离现实社会，而人已变为"新野蛮人"的时代。他作为"东方人文主义"者，提倡"生命成长的学问"，他明白要令时代风气改变，要扭转人心，不能单从理论上提出新观念，而是要"走出学院，走向社会、走向生活，寻求体验，从生命和时代的存在感受中发掘资源"。[26]因此，他在"往哲不还，众生如梦"之现代社会，本着"东方人文主义精神"，以及他"不忍时代沉沦、不忍众生受苦、不忍志士歧路、不忍自己白过"[27]之深情[28]，来开创法住这一文化事业。

80年代初期，霍韬晦先生以一个书生之力，开创法住这一文化事业。经过他二十三年不断努力，不断奋斗，法住机构现在已经发展为一个跨地域、跨国界之文化组织：在香港有法住文化书院、法住出版社、喜耀书屋与茶轩、东方人文学院；在新加坡有东方人文研究所、喜耀文化学会；在中国广东罗定有喜耀粤西学校等等。这些可观之多元化、多层次的文化事业，得来不易，是全赖霍氏的开创与承担。

霍氏的工作与事业，一方面是充分展现"东方人文主义"者之承担精神；一方面是"发扬他的老师唐君毅先生的遗愿。"因为唐氏很希望除儒家学校外，还有儒家的书店、旅馆、儒家的生活。不但有儒家的读书人，还有儒家的商人，乃至社会各业都能以儒家学问来成长，滋润、开设到各种事业，这才显示儒家的生命存在于这社会。"[29]事实上，霍氏早在20世纪90年代初期，就提出第三代儒家，要"返本开新"[30]，起来"办学、办报、组织出版社、宣扬教化、深入人心、陶冶人格、培养批判意识、以舆论监督政府，[31]从而使中国传统文化再现生命力。

霍氏所开创的文化事业，一方面是将儒学弘扬和普及；一方面是充分显示他与一般研究中国传统文化之学者有很大的不同。后者往往多只能在概念上不断打转，不断对自己的文化质疑，不断就中国文化的精神已与日常生活、制度分开了而提出问题，不断问如何把传统文化落实于现实人间，而未能反省何以自己不能返本开新，未能将自己所讲的转化为自己待人处世之信念，未能把理念落实人间，令中国传统文化失去生命力。当研究中国传统文化之学者仍在提问："传统与现代的接榫之处究竟在什么地方？儒学能够重新成为知识精英心灵世界中活生生的精神力量和重新找到切入更广大层面的社会生活的现实途径吗"的时候，霍氏所开创的文化事业，诚如尤西林先生所言，已令传统儒学在现代社会再显生命力，且已将儒学转化"为个人非常真实的一种生存方式"：

> 但法住不仅仅在学理上的层面坚持对现代性的反思和批判，并要将之转化为人的实际的生存状态。法住对教学方式的探讨，有十多年或更长的时间，积累了很多经验。我留意到法住的活动以家庭和睦、孩子的教育、自我反省为主题……在这里我们可以看到儒学所代表的中国传统文化，也吸收了现代其他有价值的文化。法住通过各种研讨班，将之转化为个人非常真实的一种生存方式，这样便回到儒学发源的形态，是原始儒学团体的生存方式。[32]

九、霍韬晦先生的"性情教育"之一大创造："喜耀生命"课程

如果不开发人的性情，如果不能苏醒人的性情，中国传统文化所讲的"生命成长"是很难成功的，人对自己的生命亦不会有深入的了解。有见及此，霍韬晦先生自 1994 年起创办"喜耀生命"课程，提倡"性情教育"。霍氏以其深厚之功力，过人之慧眼与创造力，及深情大愿，为学员解粘去缚，当机施教，不但使生命柔弱的人得到奋发向上之机，更使生命健康者得到提升，人生方向更清楚、更有志向。"喜耀生命"课程，在香港、新加坡两地每月开课，至今已有千多个成功个案，证明"性情教育"、"喜耀生命"教育是能呼唤人的性情，使人的心能开放、使人能进步、使人能生起理想、生起信念，做一个有心有力的人。而霍氏在开发学生性情，激发学生的志向、起动学生之生命力，乃至创造力，已令他超越乃师唐君毅先生，乃至历史上的儒者，令人赞叹；而他所开创的法住事业，更被视为一大"奇迹"。

十、霍韬晦先生的文化事业是"持续的奇迹"：

经过二十多年之不断努力与创造，霍氏竟能在四无依傍下异军突起，持续地创造奇迹，令不少学者、有识者惊叹。对法住这一文化事业发展了解甚深的唐端正先生，他在法住十周年纪念刊物《奋迅十年》中，称法住的头十年为"奇迹的十年"。他强调是法住让中国文化在香港这个中华文明边陲地带得以兴起和茁壮起来。唐端正先生在法住二十周年纪念刊物《法喜二十年》中，惊叹法住的事业是"持续的奇迹"。就霍氏的法住事业能创造"持续的奇迹"，韦政通先生亦指出，"就一位本是学者型的人物而言，这番事业的成就，不能不说是一个奇迹。"而霍氏之所以能持续地创造奇迹，是他真的能站在东方人文主义立场，守着中国传统的圣贤学问。韦政通先生认为：

> 这种古典的学问，在我们这个时代，虽没有完全断绝，但能把它作为人生奋斗的主要目标和价值的，已少之又小，霍氏正是其中之佼佼者。[33]

而就法住这文化事业能不断开创"持续的奇迹"，韦政通先生进一步指出，"这奇迹所显示的意义，就是一种生命的成长和不断的自我突破。如说中国传统真有所谓'生命的学问'，仅靠概念的分析和知识的系统化是不够的，它必须由生命本身亲自去承担，并不吝付出一切代价。"韦政通先生所言甚是。他很了解"事由人成"这道理。

霍氏所开创文化事业，不单得到不少学者、有识者之欣赏、赞叹，更得到社会上有心人士之认同。在 2006 年 3 月，霍氏应凤凰卫视节目"世纪大讲堂"邀请，主讲"中国文化有生命力吗？"之后，得到不少正面的回应，其中一位署名"一个盼望已久的中国人"的观众，通过凤凰卫视转交给霍氏一封信：

> 从霍氏的演讲中悉霍氏与您的学生都出钱出力捐款以情教育的理念办学校，本人深为钦敬。欲出一分力而不知应捐款往何处，故所附之银行本票以霍氏之姓名抬头，

希望此一百万之捐款都能用于振兴中华道德文化办学教育。㉞

从这"一个盼望已久的中国人"的行动来看，可见人心未死。"而霍氏收到捐款后，即日即转交于新创办的东方人文学院，作为该院创院的第一笔捐款。"㉟足见他无私的深情大愿，光明磊落的人格。

十一、结 语

唐君毅及霍韬晦两位先生，在眼见西方文化已问题百出，西方人文主义已沦落，精神不再的时候，力排众议，分疏东西方文化之异同，条理出东西方文化之问题所在，先后提出重建东方人文精神，来会通中西文化，拯救整个人类，可谓用心苦矣！

在现代人已深受后现代文化所影响，变得价值虚无，人格世界已不能树立的情况下，霍氏继承乃师唐君毅先生，"重建东方人文精神"，对应现代社会问题，在理论上提出之新观念；在实践上开出发展儒学的新路向。他所开创的文化事业，已令濒临死亡的中国传统人文精神再展生命力，亦使儒学能成为人生命成长的精神资源。

唐氏在其晚年大作《生命存在与心灵境界》之全书卷末，有"论性情的形上学意义"，他在理论层次清楚指出，一切哲学之可以相通，而理想亦可以落实于现实人间，是全赖人本具之"性情"。而霍氏则在实践层次，将"性情"落实于教育，以其特有的"喜耀生命教育"，开发人的性情，令人对自己的生命、对自己的性情，有深刻的感受与体会，从而生出志气、生出力量，改进自己，令自己生命成长。

而霍氏所开创的文化事业，不单见证他是一位具有创造力的"东方人文学者"，更显示他是"时代的先知"、是"见道者"。从他对当代文化的批判、所开创法住事业来看，完全展现他仁者的胸襟和识见。他所开创的文化事业，"并非世俗的事业，亦非个人的事业，而是民族的事业，和人类的事业。㊱而他能将事理打通，是已超越前人。而法住这个文化事业的成功，是诚如韦政通先生所言，是有赖霍氏的个人修养：

> 如没有韬晦先生生命成长与自我突破的艰苦历练，绝不可能有今日的局面。㊲

是的，韦政通先生所言甚是。没有霍氏"生命成长与自我突破的艰苦历练"，是没有法住"持续的奇迹"，所谓"非道宏人，乃人宏道"。霍氏所开创的文化事业，足见他已为"东方人文主义"者树立起典范。而霍氏"这样的人物，不单在当代少见，更是中国历史所罕见的。"在这个时代，只要有人如霍氏一样，奋勇开创文化事业，本着"东方人文精神"，开展"性情教育"、"生命教育"，乃至"生命成长的学问"，中国传统儒学，乃至东西方的"人文主义"，是必定可以重见光明的，是必定可以为人类带来希望的。

注 释：

① 称呼唐先生为"大儒"，诚如霍氏所言，并非是因唐先生铸造了巨大的儒学体系，涵盖中外，通贯古今，而是因为唐先生"以他的生命来践行他的儒学理想。"见霍韬晦：《人极既立，君子息焉——敬悼唐君毅老师》，《世纪之思：中国文化的开新》，法住出版社1998年版，原载《明报月刊》第13卷

第 4 期，1978 年 4 月。

② 见唐君毅：《自序》，《人文精神之重建》，台北学生书局 1988 年版，第 4 页。

③ "价值平面化"是霍氏提出来批判现代社会的重要观念。下文亦会论及之。有关"价值平面化"之内涵，请参阅霍韬晦：《世纪之思：中国文化的开新》一书，法住出版社 1998 年版。

④ 韦政通：《为中国文化的继往开来创造新模式——我对香港法住事业的一些看法》，《法灯》，2000 年 6 月 2 日，第 6、7 版。

⑤ 尤西林：《回到生命根源，开创新的时代》，《法灯》，2005 年 6 月 15 日，第 4 版。

⑥ 唐君毅：《中国人文精神之发展》，台北学生书局 1988 年版，第 9～10 页。

⑦ 单波：《心通九境——唐君毅哲学的精神空间》，人民出版社 2001 年版，第 142～143 页。

⑧ 单波：《心通九境——唐君毅哲学的精神空间》，人民出版社 2001 年版，第 143 页。

⑨ 单波：《心通九境——唐君毅哲学的精神空间》，人民出版社 2001 年版，第 144 页。

⑩ 单波：《心通九境——唐君毅哲学的精神空间》，人民出版社 2001 年版，第 144 页。

⑪ 单波：《心通九境——唐君毅哲学的精神空间》，人民出版社 2001 年版，第 144 页。

⑫⑬⑭ 霍韬晦：《人极既立，君子息焉——敬悼唐君毅老师》，《世纪之思：中国文化的开新》，法住出版社 1998 年版，第 311、312、312 页，原载《明报月刊》第 13 卷第 4 期，1978 年 4 月。

⑮ 有关这方面之观点，散见由吴光主编的《当代新儒学探索》，《中华文化研究集列》（第 4 辑），上海古籍出版社 2003 年版。

⑯ 有关霍氏对当代学者将儒学知识化，令儒学远离生命之看法及批判，请参阅霍韬晦《世纪之思：中国文化的开新》一书，法住出版社 1998 年版，以及《天地唯情》一书，法住出版社 2002 年版。此外，下文亦会进一步讲述霍氏如何批判当代学者如何将儒学知识化。

⑰ 霍氏曾将西中印三大文化为：西方文化为"探求知识之路"；中国文化为"道德修养之路"；印度文化为"生命解脱之路"。详细内容请参阅霍韬晦《中国文化的精神》，《世纪之思：中国文化的开新》，法住出版社 1998 年版，第 28 页。

⑱ 霍韬晦：《人文主义须向东方回归》，《法灯》第 268、269 期，2004 年 11 月，第 1 页。

⑲ 霍韬晦：《时代急需新思想——1996 年元旦献词》，《法住于世·时代篇》，法住出版社，第 13～14 页，原刊《法灯》第 163 期，1996 年 1 月。

⑳ 有关霍氏对科学知识的批判，请参阅霍韬晦：《科学主义》，《当代文化批判——一个东方人文学者的回应》，法住出版社 2004 年版，第 91 页。

㉑ 霍韬晦：《当代文化批判——一个东方人文学者的回应》，法住出版社 2004 年版，第 50 页。

㉒ 霍韬晦：《当代文化批判——一个东方人文学者的回应》，法住出版社 2004 年版，第 91 页。

㉓ 尤西林：《回到生命根源，开创新的时代》，《法灯》，2005 年 6 月 15 日，第 4 版。

㉔ 霍韬晦：《第三代新儒家应该做什么？》，《世纪之思：中国文化的开新》，法住出版社 1998 年版，第 88 页。

㉕ 有关霍韬晦所讲的《体会方法论》的文章，请参阅霍韬晦《世纪之思：中国文化的开新》一书，特别是首三篇文章，法住出版社 1998 年版。

㉖ 霍韬晦：《第三代新儒家应该做什么？》，《世纪之思：中国文化的开新》，法住出版社 1998 年版，第 88 页。

㉗ 霍韬晦：《天地唯情》，法住出版社 2002 年版，第 78 页。

㉘ 正是因为霍韬晦对人类之深情，他才"深感现代人类灾难的深重。不管东方与西方，我们大家都有无力之感。理性之害，制度之害、知识之害、技术之害、资讯之害、全球化之害，人与环境都受折磨。人追寻幸福的历史、很可能变成受难的历史"之情况下，他才写下《当代文化批判——一个东方人文学者的回应·后记》一书，对当代文化作出反省与批判。此处引文，见霍韬晦：《当代文化批判——一个东方人文学者的回应·后记》，法住出版社 2004 年版，第 189 页。

㉙　高瑞泉：《让传统智慧在现代生活中重光——祝贺法住学会成立二十周年》，《法喜二十年》，法住出版社 2002 年版，第 10 页。

㉚　从霍氏在 1998 年出版的《世纪之思：中国文化的开新》一书之书名，可知他早有"返本开新"之志；从法住事业之成功，亦可见他真的具有"返本开新"之能力，这已不单令他超越其老师唐君毅先生，更超越历史上之无数伟人。

㉛　霍韬晦：《第三代新儒家应该做什么?》，《世纪之思：中国文化的开新》，法住出版社 1998 年版，第 8 页。

㉜　尤西林：《回到生命根源，开创新的时代》，《法灯》，2005 年 6 月 15 日，第 4 版。

㉝　韦政通：《为中国文化的继往开来创造新模式——我对香港法住事业的一些看法》，《法灯》，2000 年 6 月 2 日，第 6、7 版。

㉞㉟　详情请参看《法灯》，第 275・276 期合刊，2005 年 6 月 15 日，第 3 页。

㊱　这几句说话，是霍氏对其老师唐君毅先生事业的描述，我在此引述之，是相信霍氏如其老师唐君毅先生一样，所作的事业，皆是伟大的事业。霍韬晦：《唐先生的事业 —— 唐君毅老师逝世三周年》，《世纪之思：中国文化的开新》，法住出版社 1998 年版，第 321 页。

㊲　韦政通：《为中国文化的继往开来创造新模式——我对香港法住事业的一些看法》，《法灯》，2000 年 6 月 2 日，第 6、7 版。

（作者单位：香港东方人文学院、法住文化书院）

从唐君毅《人生之体验》谈儒学的生命教育

□ 郑志明

一、前　言

积极推动生命教育，是教导学生探讨生命意义的教育。"生命教育"或英文的"life education"，在学术界或教育界都是相当新颖的概念，推动者在这个概念的诠释上，也还没有进行充分的讨论并获得共识①。但是人类对生命的探寻与安顿由来已久，哲学与宗教在这个课题上提供了不少相关的知识与理论，也企图经由各种渠道教导人们了解生命的意义与安顿生命的存有。即过去虽然没有"生命教育"的概念，却早已重视生命智慧的培养与实践。

儒学本身实质上可以说就是一种生命教育，其处理的不是知识性的学问，而是面对着生命存有的问题，可以叫做"生命的学问"，真实地关怀与对应生命的感性、知性、德性等三个层次，进行自我提升与流通的具体实践。②儒家是积极地面对人类的生命存有进行价值的提升与意义的开拓，追究宇宙生命与人体生命的会通与交流。自古以来儒者在这方面的努力从未间断，一直有着典范性的代表人物，以其生命的体验，来开显出人类安身立命的相系慧命，丰富了存有价值世界的永续经营。青年时期的唐君毅实际上已确立了儒学基本的生命典范，《人生之体验》一书虽然是早期的作品，学术性较为薄弱，却是建立在儒学天道性命之教中的无限心主体哲学的体会与实践上。③

唐君毅在 1939 年至 1943 年间撰写了《人生之路》，共十部分，分为三编，曾分别在《学灯》、《理想与文化》、《中大文史哲季刊》等发表。后将三编分别出版，第一编易名为《人生之体验》，于 1944 年由中华书局出版。第二编为《道德自我之建立》，于 1944 年由商务印书馆出版。第三编为"物质生命与心"，后并入《心物与人生》一书，于 1953 年由亚洲出版社出版。大约在 30 岁到 34 岁间的作品，李杜认为这是唐君毅早年思想的过渡阶段，开启了其"道德自我"的核心观念，将其才识与德性相结合，成就了明体达用的学问。④

《人生之体验》一书基本上承续了儒家道德理性的精神实质，真实地面对自作主宰的自我生命，以具体的生活体验探究儒学本心本性的价值实现，是其个人心灵的肯定与超越，也带有着生命教育的作用，教导自己如何面对人生的观照与提升，如在该书的《导言》上云：

> 我之写此书，根本不是为人写的，而是为己写的。所谓为己，也不是想整理自己的思想，将所接受融摄之思想，凝结之于此书。只是自己在生活中常有烦忧，极难有心安理得，天清地宁的景象。虽然自己时时都在激励自己，责备自己，但是犯了的过失，总是再犯，过去的烦恼总会再来。于是在自己对自己失去主宰力时，便把我由纯粹的思辨中，所了解的一些道理，与偶然所悟会到的一些意境，自灵台中拖出来，写成文字，为的使我再看时它们可更沉入我内在之自我，使我精神更能向上，自过失烦恼中解救。（第1页）⑤

这是一部带有文学性质的哲理书，其目的在于启发与诱导人们内在的自我，是"为己"也"为人"，是真实地来自于生命体验的启示，不单是从知识系统中开发出来的观念体系，是用来对治个人的欲望与情意，感受到"生活中常有的烦忧"，这些文字的写成是为了"自过失烦恼中解放"。这种人生难关的突破，实际上是每个人生命的必经过程，可以用知性领悟而来的意境，来让每一个人能够"更沉入我内在之自我"，即以知性来安顿自己的感性，获得理性与德性的满足与安顿。这种安顿传达了儒家安身立命的价值实现，是以人的心性为主体，印证了与天地宇宙流通贯注的精神生命，是经过个体自我深切的体验与开拓，是自觉实践而来的智慧，可以用来教育现代民众，共同探索生活意义与生命目的。本文仅以《人生之体验》为探讨文本，唐先生尚有《人生之体验续篇》、《病里乾坤》、《生命存在与心灵九境》等书，也与生命课题有关，应作专门性的研究，笔者已有相关的论文发表，暂不在本文中讨论。

二、《人生之体验》的生命教育

教育是使人成其为人的活动与过程，是通过个人参与教育的过程，而使得个人有了提升与超越，人的整个生命过程就是他个人的教育过程，表现出上一代的社会意识、生活理念、价值体系、经验技能等得到了延续与获得了传承。⑥在《人生之体验》一书中，唐君毅延续了儒家本有的义理系统，以自己的生命体验，领悟到生活的基本原理与法则，展现出儒学对应时代的意义与价值，显示出儒学在生命上的教育功能与作用。

《人生之体验》在内容上主要为三部加附录一篇，在三部之前则有《导言》与《导言附录—我所感之人生问题》等，说明其写作的思想背景与存在感受。三部的题目，第一部为《生活之肯定》，第二部为《心灵之发展》，第三部为《自我生长之途程》。附录为《心理道颂》，原是《人生之路》三编十部中的最后一部，因内容与此编相近，列为附录来相互印证。这三部大多是以第二人称的"你"与第一人称的"我"来进行叙述，不管是"你"、"我"或者"他"，在此书中都算是一种生命的对话，或者是对自己的教育与训示，用来开启人们的憬然醒觉，以智慧的话语生机来引领生命向上的流动与发展。

第一部《生活之肯定》，唐君毅肯定了人的生命活动，强调生活就是文化精神的表现，认为人的日常生活随时都彰显了生命的正面意义与积极功能。在现实生活中，或许人的生命常会遭遇到种种的衰竭与困境，但正是用来考验人自我调适与转化的能量，是否能从陷溺淫荡之中超拔出来。生活就是生命永续慧命的开显，创造出充实饱满的人生与安和乐利的社会。这一部的意义与内容，在其《导言》中云：

> 自本书立场言，人生之目的，不外由自己了解自己，而实现真实的自己。所以人首应使自己心灵光辉，在自己生命之流本身映照，以求发现人生的真理。其次便当有内心的宁静，与现实世界，宛若有一距离，由是而自日常的苦痛烦恼中超拔，而感一种内在的幸福。再进一层，便是由此确立自我之重要，知如何建立信仰与工作之方向，自强不息地开辟自己之理想，丰富生活之内容。再进一层，便是在人与人之生活中，人类文化中，体验各种之价值。最后归于对最平凡之日常生活，都能使之实现一种价值，如是而后有对生活之真正肯定。本部分七节，七节内各分若干小节：一、说人生之智慧。二、说真理。三、说宁静之心境。四、说自我之确立。五、说价值之体验。六、说日常生活之价值。七、最后的话。（第 25 页）

唐君毅认为生命的存在，是为了"实现真实的自己"，这句话通俗而有力，肯定自己是真实的存有与价值的存有，是反求诸己的人格实现，可以"由自己来了解自己"，肯定自己就是文化价值的源头，应贯通到日常生活中来主导立身处世与待人接物的行为活动。

这种行为活动可以分成好几个层次来扩充与提升，第一个层次是"使自己心灵光辉"，第二个层次是"当有内心的宁静"，第三个层次是"确立自我之重要"，第四个层次是"体验各种之价值"，第五个层次是"生活之真正肯定"。以上五种层次的行为活动，是要努力地开发出个体的文化心灵，引导人们有着逐渐通达的心灵教育。生活就是一种心灵教育，是以"心灵"作为主体，由内向外一层层地感通与升华，可以帮助人们"自日常的苦痛烦恼中超拔"，体会到生命的可贵与生活的意义，进而"建立信仰与工作之方向"，使自己保持着返本开新的文化创造能力。

这一部共分七节，重点似乎摆在三、四、五、六节上，这四节下又细分了一些小节，作更详细的申论与探究。第三节着重于宁静心境的讨论，下分：《说宁静》、《说孤独》、《说凝视》、《说安定》、《说失望》、《说烦恼》、《说懊悔》、《说悲哀》、《说苦痛之忍受》、《说快乐与幸福》、《说宁静之突破》等小节，探讨人在生活中所面临的喜、怒、哀、乐等感性情绪活动，在人类现实的文化情境中，感性的气质夹杂着不少欲望的牵累，受限于习气与情识的纠葛。唐君毅以宁静的心境，教导人们如何突破感情的限制，建立起属于开放的心灵世界。

第四节谈自我的确立，下分：《说唯一之自己》、《说信仰》、《说工作》、《说羡妒》、《说自强不息》、《说价值理想之无穷》、《说生活兴趣之多方面化》、《说理想兴趣之冲突》、《说当下的满足》、《说自杀》、《说自杀之失败》、《说内心矛盾冲突之价值》、《说留恋》、《说疾病》等小节，探讨人主体性的知觉与感受，意识到自我的价值，同时也会面临价值的矛盾与冲突，比如理想与兴趣的不相容，导致内心无法统一，甚至被各种力量撕毁向四方分裂，缺乏对生命的留恋进而自杀。唐君毅是从自我的建立，来克服自杀的生死挣扎，来对治疾病的痛苦的挑战。

第五节谈价值的体验，下分：《说价值之体验》、《说人间之善》、《说世界之变好》、《说谦恭》、《说相信人》、《说宽恕》、《说恶恶与好善》、《说了解人》、《说隔膜》、《说话默》、《说爱》、《说离别》、《说死亡》、《说爱与敬》、《说对人之劝导》、《说爱之扩大》、《说赞叹与崇拜》、《说文化》、《说科学》、《说艺术》、《说哲学》、《说教育》、《说宗教》等小节，探讨人在现代社会价值多元的情境中，更需要有各式各样的价值体验，肯定人类一切文明存有的价值，都能满足人类生存的文化需求，从文化中领悟到生命的充实与光辉。

第六节探讨日常生活的价值，下分：《说在日常生活中发现价值》、《说饮食》、《说男女之爱》、《说婚姻》、《说男女之爱之超越》、《说名誉心》、《说权位》、《说政治》、《说物质需要》、《说社会经济》等小节，从理想与现实的冲突中，肯定日常生活的价值与意义，虽然饮食、名誉、权位、金钱、政治、经济等不是价值的理想实现，却是现实生活中必需获得与依赖的生存文化。尤其是在现代化的社会结构中，人必须对应着整个社会体制的运行法则，有着种种生存与享受的权利与义务，但又能在既有的秩序轨道中，回归自己而各当其分，尽其本性而各得其所。

第二部《心灵之发展》，唐君毅回到心灵的本质上作深度的探究，肯定人体与宇宙相通的心灵能量，传承了儒家天道性命相贯通的文化理念，这种理念不是外在知识的认知，而是心灵主体的感通与实践，肯定与安顿了生命的存在形式。这一部的意义与内容，其《导言》云：

> 但是你看我此部时，你必须先忘掉你的一切习见知识。连我在前部中所讲的一切，你也要完全忘掉。你要沈下你的心，让我的话，暂时作为你之一镜子，来反观你如何可由内界以贯通外界，来认识你生命之海底的潜流，是如何进行的。你将由此而得一内外界确可贯通的证明。以后你可以任意去寻求贯通内外界之任何航道，而不必承受我的任何一句话。因为我的话只有引导的作用，没有一句话不是可修正补充，以根本转换其意义的。我的话对于我要陈述的真理之自体，只如一根绕地球的线。地球的面积之上，有无穷的线，而地面所包围的体积，乃是真理之自体。本部分五节：一、心与自然之不离。二、心灵在自然世界之发展。三、心灵之自己肯定与自己超越。四、心灵在精神世界中之发展。五、精神自身之信仰。（第82页）

这一部不同于上一部，是从生活的体验中作更深入的自我观照，在人生现象的领会下，回到与宇宙合一的心灵本性上，直接开启心灵作主的自我智慧，这种智慧，是超越外在的"一切习见知识"，而是内在生命的感润通化，是人性普遍共有的心灵境界与发用智慧。生命的作用，是来自于心灵的凝聚与精神的开放，是"由内界以贯通外界"，此种贯通的表达方法可以是多重与繁复，每个人各自有其心灵开发途径与方法。

这一部共分为五节，第一节《心与自然之不离》，说明人类的"心"与自然的"物"，是可以进行内在意义的联结，生命的一切经验是由心物两端共同构成。第二节《心灵在自然世界之发展》，指出心灵活动是可以超越时空，能够由外到内又由内到外，贯通整个生存世界，在心中自由与任意地融裁万象。第三节《心灵之自己肯定与自己超越》，着重心灵自觉的内在活动，这种活动是不断地在肯定与否定中超越，发挥出自性无限的潜在能力。第四节《心灵在精神中之发展》，探讨人类生命共有的精神人格，在于自我不断地自强与精进的开发与奋斗，个体的"心"要与人类精神全体合一，同时也将宇宙摄入心中，使"心"成为宇宙的中心。第五节《精神自身之信仰》，追究"心"与"神"的关系，认为"神"的内涵，在于人心达到至真、至善、至美、无限与完全的境界。

第三部《自我生长之途程》，唐君毅也重视人的生命成长过程，追问生命存在的意义与目的，反省如何面对生命成长程序的困境与逆境。在成长的过程中，个体生命是要经常地加以润泽与调护，有其依循与活动的主导原则。这一部的意义与内容，其《导言》云：

> 此部中，我们以自我生长之途程为题，在其中姑提出十层自我生长之程序，即十种生活内容之形态，十层之人生境界。此时我们所说是自我自己，所以我不如第一、二部之用第二人称之"你"，而用第一人称之"我"之叙述语，来表达自我如何进到一层层之人生境界，在其中发现新价值、新意义，又如何如何感到不足，而翻出来，升到更高之境界，十层之人生境界如下：一、婴儿之自言自语。二、为什么之追问与两重世界之划分。三、爱情之意义与中年的空虚。四、向他人之心投影与名誉心之幻灭。五、事业中之永生与人类末日的杞忧。六、永恒的真理与真理宫中的梦。七、美之世界与人格美之创造。八、善之高峰与坚强之人格之孤独与寂寞。九、心之归来与神秘境界中之道福。十、悲悯之情的流露与重返人间。（第 122 页）

这一部在生命教育上更为具体，关怀人生、老、病、死的终极存有，从生命的成长程序探讨其存有的意义与价值的目标。人的一生要经历过纵贯的时间与横摄的空间，交叉出各种生存的难关与生活的难题。生命教育的作用，就在于提示人从有限走向无限的价值，开拓出人在有形之外的价值，从而接受生命的无限可能，发挥心灵的力量达成生命的目标。[7]

这一部共分为十节，主要分成两个部分，第一个部分是指第一节至第五节，讨论的是一般不自觉的凡人心境。大多数的人都是凡人，缺乏自我心性的自觉与超越，掉落在外在有形的生存困境中，从出生到死亡经历过无数的情感纠葛，甚至在求名求利中自我迷失或堕落。此一部分可以归类到心理学的范畴，属于自我人际关系的调整与改善，有效地面对人我关系、物我关系与群己关系。第二部分是指第六节至第十节，讨论的是具有自觉的超凡人心境，包含科学家、艺术家，以及修道者、圣贤等，具有着追求人生理想的特殊人格，表现出应然的判断且付诸行动的实践，成就生命存在的价值。这样的人是不同于凡人，跳脱出生活的失落不安与心理的疏离异化，是发自内在生命与心灵的奋发向前与理想实践，追求和谐融通的生存秩序。

附录《心理道颂》，采用的是四言的赋体，与前三部的语体文大不相同，采用了不少古代典籍的哲学意境，在内容上可以与前三部相互补充，理解其与儒学相互对应的关系。附录的意义与内容，其《前言》云：

> 以文字体裁论，此部与本编为近，故列为本编附录。因本部多用东土哲学典籍中

之成语，由此诸成语之暗示性，读者亦可意会其所启示之哲学意境。此意境虽尚未清晰，有似烟雾迷乱之远景：然人对兹迷离远景，或反可引出深远幽渺之思，向往超脱之情。故列为附录，读者如读之有疑，亦不必勉强求解也。一、明宗：甲心象，乙物理，丙心与理。二、呈用——文化。三、立体——率性。四、世出世间。五、思道。（第169页）

此一附录将前三编纳入到儒家完整的思想系统之中，如第二编即是儒学的"明宗"，第三编是儒学的"立体"，第一编是儒学的"呈用"。《人生之体验》一书，先从"呈用"开始，是要先让读者从日常生活的文化现象中去体会生命存在的意义与作用，然后再进入到儒家核心的"明宗"与"立体"的文化典范之中。

唐君毅的中心观念是建立在儒家的道德中心主义上，重视人内在生命的"宗"与"体"，肯定心灵的无限生机与发用，可以经由心灵的感通而与天地万物为一体，肯定生命本身就是道，就是德，就是天，就是神。唐君毅是一个对生命相当敏感与自觉的儒者，是从对天地宇宙的感情去体会人生与理解人生，认为人在时空中不只是物质的存在，同时是超时空的精神存在，物质的身体是为精神所渗透，成为人我精神交通的媒介[8]。"明宗"是确立心灵与宇宙相通的精神本质，"立体"是肯定人体自我向上的价值与作用，在心灵的"明宗"与"立体"之后，自然开启了人文世界种种"呈用"的文化。"明宗"与"立体"是儒家对人的生物性、生物密码与文化密码有独特的见解[9]，肯定人的生命是以心性作为主体，由此而开出成己成物的道德实践，以心灵为核心展现出丰富人文世界的文化慧命，此为生命主体普遍性的"呈用"。

三、儒学"明宗"的生命教育

儒家认为个体生命的价值，在于"心"的良知明觉，能够上达天德，展现出为人的普遍法则，即是以人德合天德的"理"。所谓"明宗"，即是洞彻生命存有的"心"之"理"，这是属于儒家形上学的范畴，或称为"超越形上学"，建立一套"体用一如"、"变常不二"、"即现象即本体"、"即刹那即永恒"的形上学体系，以说明人体与宇宙相互统摄的关系，借以了悟一切事理均相待而有，交融互摄，终乃成为旁通统贯的整体[10]。唐君毅的《人生之体验》是建立在儒家的形上学上，是以宇宙来开启心灵的创造精神。

"明宗"是儒学根本的形上智慧，肯定心灵是宇宙的发用，以心知之明穷究生命存有之理。从儒学来看生命教育，最核心的部分，就是心灵与宇宙的会通，"心"与"理"合而为一，人展现出天的存在奥秘，肯定人人都具有着宇宙的能量，可以反求诸己与自我作主来实现生命的价值。唐君毅强调心灵是宇宙的中心，如云：

> 心灵开辟之过程，你知道了你可以在你心中，包括宇宙之一切存在，你可以在你心中发现宇宙之美，宇宙之和谐。你于是可进一层了解：人类精神，不特是各部互相贯通的宇宙之中心，而且此中心，是反照着全宇宙，要将全宇宙摄入其内。（第112页）

这样的生命教育，肯定了心灵具有着内在而超越的宇宙内涵，印证了"宇宙之美"与"宇宙之和谐"。心灵所开展出来的形上智慧与人类精神，显示了宇宙与心灵相互为用的创生功能，人的心灵成为"各部位相互贯通的宇宙之中心"，是天人相通的浩浩大道，是以宇宙的能量来彰显生命的光辉。心灵是生命的本源，同时是宇宙的本源，能够"反照着全宇宙"，甚至"要将全宇宙摄入其内"。此即儒学"明宗"的基本内涵，人的心灵能超脱出形躯血气的限制，以精神感通向宇宙提升，进而向外扩充，圆满了生命存有的境界。

儒学"明宗"的形上学与宗教有何关系？这涉及儒家是否为宗教的争论，唐君毅是不在乎这种争议，认为形上精神与宗教信仰是可以融摄会通的。儒家或许不具有宗教的外在形式，但是儒家可以具有宗教性，涉及个人、社群与超越者三个相互关联的层面，相信每个人进行自我时具有无限潜在与无可穷尽的力量展现⑪。唐君毅不反对将这种"超越者"称为"神"，如云：

> 我们之努力发展人类精神，乃是取资于那内在的无穷的人类精神之自身，开发那内在无穷的人类精神之自身，然而我们永取之不尽。我们愈取资，愈开发，愈感他之无穷，愈觉他之伟大。我们愈觉他之伟大，我们遂愈觉我们小。于是我们对他赞叹，对他崇拜，向他祈祷，望他使我们更大些，使我们更能接近他。我们渴望与他合一，到他的怀里。这就是我们的宗教信仰，我们发现了我们的"神"。我们此所谓"神"，即指我们之内在精神，"神"即指我们精神要发展到之一切，所以"神"具备我们可以要求的一切价值理想之全部。他是至真、至美、至善、完全与无限。（第113页）

唐君毅对人类文化的态度是极为开放，不将儒家与宗教对立，反而从人类精神处，肯定成就人性的终极实现，是儒家与宗教共同的目标。唐君毅肯定生命与宇宙结合的神圣性与宗教性，相信自我心灵的超越，能成为共同创造宇宙的"神"。唐君毅不排斥"宗教"这个词，也不反对"神"这个词，肯定人类宗教信仰的意义与价值。当然唐君毅对"神"有其独特的定义，用来指称"内在无穷的人类精神之自身"，人们渴望与这种无穷精神合一，自然产生了"对他赞叹对他崇拜、向他祈祷"等行为。唐君毅对宗教行为与宗教形式也是不排斥的，只要求"神"能够"具备我们可以要求的一切价值理想之全部"，同时具有着"至真、至美、至善、完全与无限"等德性。

对于普遍的人类精神，或许可以有各种不同的称呼，如儒家的"天、天道"，基督宗教的"上帝、天主"，印度教的"梵天"等，名号虽然不同，所涵指的意义层次是可以相通的。⑫唐君毅更简单、直接称呼为"神"，以"神"一词作为人类精神的象征与符号，象征人类心灵开发与提升的境界。如云：

> 当我们对于"神"有绝对信仰时，我们再来看世界，我们将觉一切有限之上，都有"无限"笼罩着，在渗透于其中，一切不完全之上，都有"完全"笼罩着，在渗透于其中。一切错误罪恶之上，都有真善美笼罩着，在渗透于其中。一切实际事务之上都有"神"渗透于其中。一切有限，都上升于无限，一切不完全，都上升于完全，一切错误罪恶，都上升于真善美，一切实际事物，都上升于"神"。（第117页）

唐君毅这种归宗儒学的心灵生命与文化意识，有学者称为"人文宗教学"，⑬或称为"人文教"，认为宗教也是一种圆满人文，在人类文化中具有着精神教化的作用与功能。唐君毅指出人类有"神"的信仰，正可以成就人所以为人之道，"神"提升了人们生命价值的精神开发，以"无限"来对治"有限"，以"完全"来对治"不完全"，让人们在现实生活遭遇"一切错误罪恶，都上升于真善美"，面临文化"一切实际事物，都上升于神"。这种"上升"，是自我人文精神的实现，是通过对自己心灵生命的把握与完成，"人"与"神"是合而为一的。

"无限"、"完全"与"真善美"显示了人与神的合德与合一，人可以上通于神，如此的上通是心灵的自觉与会通，人可以经由精神的感通，以见神与体验神境，进而人代"神"工作，如唐君毅云：

> 我们将自己代表"神"来拯救人之一切罪恶错误，化除人间一切有限与不完全，拯救我自己之一切罪恶错误，化除我自己之一切有限与不完全。这就成为我们之最伟大、最严肃之道德的努力，这种道德的努力，是人代"神"工作。（第 118 页）

唐君毅从"自己代表神"，进而主张要尽"道德的努力"，完成"人代神工作"，所谓"代"，其实是自我良知的呈现，以"神"来成就人超越与圆满的本性，让神展现于人的自然生命与身体形骸中。⑭"代"是自我要求的精神实现，是对心灵的良知作用与价值显现，说明"神"不是外在，而是心性本身。如唐君毅续云：

> 你代"神"工作，即是为实现人类精神之全般价值理想的工作。实现人类精神之全般价值理想，即出于你之要以你之心，与一切人类的心连接，而成为普遍心。你的心之所以要成为普遍心，由于你不愿只限于个体心。你之不愿限于个体心，由于你心之本性要求无限。所以代"神"工作，即所以满足你心之本性的要求，即所以实现你心之本性。代"神"工作，即是完成你真实的自己。我们的结论，用中国旧话来说，即赞天地之化育，便是尽性，便是成己。（第 119 页）

唐君毅不是要人无条件地皈依"神"，"神"的神圣性在于心灵的无限性上，是经由道德实践来扩充生命真善美的本性，其方式为"实现人类精神全般价值理想的工作"。所谓代神工作，是从人的"个体心"提升到"普遍心"，可以达到"实现你心之本性"，或者简单说"完成你真实的自己"。如此的实现与完成，是落实在尽心知性以立人道的努力上，这正是儒家"尽心"、"成己"的明宗功夫。

儒学谈生命教育是偏重于心灵的思想活动，在层次上是比较高的，重视的是天赋的良知本能，教育的目的是彰显出生命永恒向上的本性。这样的教育，面对的是生命深层的内心信念与内省力量。这是一种高标准的生命教育，建立在"宇宙唯心"、形上理论上，是经过多层次的思维历程与践履活动才得以实现与完成。其具体的明宗过程如下：

在你思想的开始时，你必须知道心与所对宇宙万物之不离。在你思想的第二段，你必须知道心之自觉性的无限。在你思想的第三段，你必须知道，如何在你个人之自觉性以外，体验你心之无限。在你思想的最后段，你必须知道，你的心可以包罗宇宙，而知你可以代"神"工作，而重新建设宇宙，同时完成你心之本性的要求。当你了解你思想之最后段，你将了解所谓现实的宇宙，只是你的心完成和实现其本性之材料。这是我们所谓宇宙唯心的意义。（第 119 页）

此一思维历程主要可分四段，显示心灵自我教育的四个阶段，肯定人具有自我超越的可能性，进行心灵的终极转化，是心灵向宇宙转化的行动过程。从第一阶段的"心与所对宇宙万物之不离"，进入到第二阶段的"心之自觉性的无限"，有了自觉以后，更要深化心灵的体验。在第三阶段里"体验你心之无限"，真实感受到人与宇宙感通的永恒性，迈入第四阶段"你的心可以包罗宇宙"与"你可以代神工作"。这是思想的突破同时也是生命境界的完成，这不是一般的教育，而是全人格的教育。通过心灵的培育与修养，人可以自我开发出对应宇宙的无限能量。

四、儒学"立体"的生命教育

儒学的"立体"比"明宗"更为具体，关怀人身心性命的修养程序，这样的生命教育更重视人格的深化与扩展历程。儒家不只重视"心"，也肯定"身"的意义与价值，其身体观是"身"与"心"的合一，以"心"来圆满"身"的主体道德实践。身体是处在超越与经验的交会中，是经由教育培养出内外交融、身心交涉与心气交流的有机性的人格[15]。唐君毅将这样的人格，视为一种艺术品，如云：

我的身体何须上升，以我美丽的灵魂来看，我的身体已为一艺术品。它本是美的表现，美的创作，它应当地上存在。我的身体何须上升？我的精神我的生命，可以凝注在一切物而视之如艺术品。一切存在物都是艺术品，都是我精神生命凝注寄托之所，便都是我的身体。我的生命，遂无往不存。（第 149 页）

儒家认为"心"是在"身"中完成的，宇宙不是高高在上，而是经由身体的实践展现出来的文化人格，此一人格是"美的表现"与"美的创作"的"艺术品"，不是宇宙抽象的精气，而是身体具体的呈现，由心践形而成，造就了充实而有光辉的身体，是"应当地上存在"的艺术品。以艺术品来看待"我的精神我的生命"，是一种极有创意的说法，将身体视为"精神生命凝注寄托之所"，肯定人的心性是经由教育修养，完成了精神化的身体，以"心"来雕琢感官与知觉的道德实践，强化身体感应与变化的创作能力，展现出文化规范下的人格生命，如此的生命是"无往不存"，体现了身体圆满无漏的艺术美感。

唐君毅进一步指出，每一个人的人格都是独一无二的，是经由身体进行的完美呈现的。基于形体的有限存在，这样的艺术品是自足与绝对的，虽体悟了"心"的普遍性，也完成了"身"的唯一性，如云：

　　　　我造成之我之人格，是亘古所未有，万世之后所不能再遇。这是唯一的唯一，绝
　　对的绝对。我只有把我之人格，造成一艺术品时，我才创造了宇宙间唯一绝对的艺术
　　品，才表现了唯一的唯一，绝对的绝对。我于是了解我要求最高的美即是要求善。最
　　高的美是人格的美，人格的美即人格的善。要有人格的善，必须以我之性格为材料，
　　而自己加以雕塑。我需要自己支配自己改造自己，以我原始之性格为材料，我要把自
　　己造成理想之人格。（第 152 页）

就"身"的存在意义来说，每个人的人格都是"亘古所未有"与"万世之后所不能再
遇"，即"心"的普遍性是经由"身"的独特性来完成，这是经由宇宙共相造就出"唯
一绝对的艺术品"，人性在身体中的践形是"唯一的唯一"与"绝对的绝对"。这样的践
形是艺术的琢磨，是克服了身体感官的生理欲望，自我要求成就出"人格的善"与"人
格的美"，是将人的原始性格雕塑成理想人格。所谓理想人格，是人生物本性的突破，对
治了身体的生理限制与欲望情绪，达到身心一如的圆满境界，造就了至善至美的身体，这
样的人格是经由"自己支配自己改造自己"而成，其奋斗的历程都是唯一的。

　　儒家把身体当做心灵践形的工具，但肯定心灵的同时，也肯定身体的价值，虽然身体
只是人格践形的工具，但这种工具对每一个个体来说，都是独一无二的，工具与目的，是
不可分离的。如唐君毅云：

　　　　"我"的行为，通过我的身体联系于实际的世界。"我"坚强的意志，上达于天，
　　下达于地。"我"的身体，是我表现行为的工具，同时是表现我人格之工具。"我"
　　的身体，透出我人格的光辉而成气象。我立脚在大地，以我的行为，散播我人格的光
　　辉在人间。"我"以口宣布我之理想，以手向人招，手口都负着理想的使命，而成精
　　神之存在。（第 154 页）

人具有了身体才能自我成长与转化，是对身体工具性格的肯定，是"通过我的身体联系
于实际的世界"，人的"立体"才能"上达于天，下达于地"，"上达"是指"心"的宇
宙性，"下达"是指"身"的实践性。身体是行为的工具与人格的工具，是真实而存在
的，是理想使命与精神存在的载体，维持载体的正常与理性的运作，也是人存有的责任与
义务。

　　儒家是勇于面对身体的"生"，同时也承担了身体的"死"。当身体是一种工具时，
原本就是有限的，只要善尽身体的工具性格就可以了，当尽心知命之后，可以死亡，不必
为死后的归宿操心。⑯唐君毅认为不必担心个体的死亡，也不用害怕世界末日。其理由如
下：

　　　　纵然宇宙不是由心显造，宇宙只一个，而宇宙又真有末日之来临；人类此时，既
　　都已完成其最高人格，他将有勇气承担一切。他纵然见宇宙马上要破裂散为灰烬，一
　　切将返于太虚，他内心依然宁静安定，亦从容含笑地自返于其无尽渊深之灵根。（第
　　166 页）

人的"立体"，承担了个体的生死，也会坦然面对宇宙的生灭，归回到天地万物运行的自然法则，当圆满了生命存在的人格时，也就勇于接受死亡的到来，这是儒家"心性体认本位"的生死学[17]，重点在于心性的"立体"上，立的不是物质性的躯体，是由宇宙本原贯通下来的心体，此一心体能够"有勇气承担一切"，不仅让身体生色而有光辉，也经常维持"内心依然宁静安定"，担负着人间一切的生存苦难与人生使命，当面对着宇宙的毁灭，也能"从容含笑地自返于其无尽渊深之灵根"。

"立体"不只面对个体的生命，也参与了人类文化的整体运作。唐君毅是从生命的立体，肯定了社会人文制度的真正落实。如云：

> 我于是了解了经济政治之重要，一般社会改造一般教育之重要，一切实际事业的重要。我肯定一切实际事业之重要，是根据于整个人类理想生活之开辟，不能不先有合理之社会组织。而我之所以要谋整个人类理想生活之开辟，是本于我恻恻然之仁，而此恻恻然之仁，是宇宙中生命与生命间之一种虔敬的同情。（第 167 页）

所谓"立体"即"本于我恻恻然之仁"，对生命存有终极意义的体认，追求"整个人类理想生活之开辟"，承认世间的种种真实，以人生意义的探寻，肯定教育、经济、政治、社会等改造的重要性。理想的生活是建立在合理的社会组织上，以生命的精神体验，来安顿现实文化的世俗权益。立体不单是本心本性的自我体认，同时是社会人文化成的主导力量，肯定"一切实际事业的重要"，不仅追求人格的圆满，也追求政治社会的圆善，由内圣迈向外王，使各种文化制度能继续地展现高度精神的成长。

五、儒学"呈用"的生命教育

儒学的"立体"与"呈用"是一脉相承的，生命人格的内圣是通向文化事业的外王，个体与社会在伦理上是通而为一的，个体的道德成长同时是人文秩序的完成，与外在礼乐教化的环境是联结在一起的，强调人生是现实社会生活中的人生，在治理社会成全他人他物中完善自己，能在自我改造中完善社会与宇宙[18]。儒学重视生命的"呈用"，这正是儒学教育的主要课题，教导人们如何从生活的矛盾冲突中超越出来，体会到遵循自然规律的修养方法，直接从精神上的统一，来对抗分裂的世俗生活。

唐君毅肯定在世俗生活中工作的重要性，强调人在现实社会中是要工作，但工作不只是为了谋生而已，而是要成己成物，每一份工作对个体来说也是独一无二的。如云：

> 你必须信仰你的工作，你必须自认你的工作，有绝对之价值。但你工作之绝对价值，不是拿你的工作，同他人比较之结果。同他人比，你工作之价值，永是相对的。你当明确地认识你的工作，都是实现一种非你去实现不可，唯有你能实现的价值。因为你是唯一无二之人格，所以你的工作，亦是独一无二的。（第 40 页）

唐君毅从人格的唯一无二延伸到工作的独一无二，这正是体用的扩充，说明"立体"在于"呈用",所谓"呈用"就是要认识与实现自己的工作。人是活在社会系统里有着分位等级的结构,以及各式各样对应而来的工作,比如士农工商等不同的分工名分与生存责任,这些名分与责任在现实情境中是相对的,但唐君毅则提升到"绝对价值"上,视"工作"为生命存有的神圣事业,人格就在工作中实现,这种实现都是唯一无二。儒家是赞同社会各种文化体系的运作,这是人必然要承续的工作,或者说人性的本位在于工作的价值实现,每个人一生的工作在文化传承上是义务,也是责任。

一生的工作也必然有顺有逆,各种外在形式的冲突矛盾随之而来,这是个体生命存在的悲歌,在现实环境永远存在着无法逃避的挑战,如何克服这些挑战呢?唐君毅云:

> 在不同的价值理想中,各方面的生活兴趣中,你有时免不了冲突同矛盾,这将如何解决?唯一的解决法,是反省当下时间空间中,所容许你实现的最好的理想,可满足的最好的生活兴趣。当下的时间空间中,一定有它唯一能容许的,你所欲实现的比较最好的理想,或欲满足的最好的生活兴趣的,只要你耐心去发现它。(第44页)

在具体的生活环境中,生命是要不断地自我反省与抉择,时时面对着存在的价值选择,儒家的这种选择是心性主体的挺立,配合"当下的时间空间",作价值的抉择,发现出"唯一能容许的"实践之路。人的人生经常要面对各种生存的选择或决定,儒家认为现实与理想之间有着相即不离的关系⑲。当心性本体能够"耐心去发现",在现实层面一定有着较好的解决方法,即"实现的比较最好的理想"与"满足的最好的生活兴趣"。如果一个人长期处在矛盾冲突中,是自我生命的能量过于薄弱,无法进行自身的价值实现。

儒家认为人类各种文化的发明与传承,都是生命的价值开显,展开了豁然的文化心灵与畅通的文化生命,肯定人类各种文化领域价值实现的原则与分际,承认心性的一本性,但也无碍于各个价值领域的独立性⑳。唐君毅认为多元的文化价值系统,都是为了实现心性的价值。如云:

> 人生的一切努力为的什么?都是为实现一种价值。哲学科学实现真,艺术文学实现美,道德教育实现善或爱,宗教实现神圣,政治实现国家中的和谐,经济当实现一种社会的公平,以至饮食男女名誉权位之要求,都本于一种价值实现之要求。(第78页)

当代各种文化价值的冲突与对立,实际上是文化的失位与混乱,唐君毅从"实现一种价值",肯定各种文化的精神内涵,超越形式的局限,会通其内在超越的价值,依着文化本质来顺其位而明其分。唐君毅是从"真"、"美"、"善"、"爱"、"神圣"、"和谐"、"公平"等价值来定位序,建立出各种文化综摄融通的基准。这是从文化会通的立场,来看待"哲学"、"科学"、"艺术"、"文学"、"道德"、"教育"、"政治"、"经济"等生活体制,认为人类各种文明的开展,即是"都本于一种价值实现之要求",是源自于生命本性的普遍性原理,转化为现实生活的基本法则。唐君毅在《心理道颂》中说明文化的体用道理:

科学哲学，艺术宗教，凡此等等，皆属文化。道德对言，亦为文化，凡属文化，皆体之用。然彼文化，相对而成，既为相对，仍用一支。全体大用，乃在人格，人格完成，尽性知天。用上立体，成圣成贤，立彼人极，方显太极。（第186页）

"科学"、"哲学"、"艺术"、"宗教"、"道德"等文化，就其现象来说"皆体之用"，即"立体"后的"呈用"。这种"呈用"，不是落到相对的文化现象上，而是要达到"全体大用"的境界，以"立体"的自觉智慧开出外在"呈用"的人文世界，来开物成务与利用厚生。儒学的"呈用"是不离"立体"的"人格完成"，主要目标在于"用上立体"，为人类开出安身立命的大道，这是儒家的成德之教，其主要形态是"立彼人极，方显太极"，从生命的实践开显圆满的人类文化。

儒学这种"呈用"的生命观，经常受到一些现代学者的批评，认为犯了"场外观"的错误[21]。所谓"场外观"是指儒学未真正地了解人性，仅停留在道德的理想主义上，只是少数学术精英的自我期许，当人无法从"尽性知天"直贯下来时，不能不正视人性的混浊与身体的情欲，否则只是以过高的标准，未真正感受到有限存有生命的限制。这是立场不同的批评，儒学并非不关注人性负面的种种因素，而是更关心从"断裂"与"异化"的情境中有着精神回归的可能，从道德实践去完成一种"形而上的保存"[22]。这种生命教育对现代人来说，是具有着正面提升的作用，从自我的精神实践，克服当代文明的异化与分隔，从人心风俗的陷溺混浊中，点醒自我明觉的本性，进而端正心性努力的方向，来重开生命的新机。

六、结　论

生命教育是教导现代人认识生命的意义与培养生命的智慧，这样的教育，不是知识性的学理阐释，应是生命主体的自我实践。从这样的认知，儒学是可以参与现代生命教育的推动行列之中，可以协助人们进行理智与情绪的统整，从现实生存环境的各种负面牵制下超脱出来。唐君毅的《人生之体验》不只是立基于儒学的思想体系，同时也面对着各种需要统整的课题，教导人们如何舒解情绪与开阔心胸，深化生命各种自觉性的努力。

儒学的生命教育是可以与现代文明相结合，是回归日常生活道德建立起来的伦理学[23]，是本于生活实践而开展的伦常法则，是相应于现代的生命伦理学，儒学的"参赞天道"与"各正性命"的体用原理，也可以运用到当代各种生命伦理范畴中，构建出新的生命伦理系统与理论。唐君毅一生在这一课题上作了不少的建构，将儒家的生命伦理学接上了当代日常生活经验，创造出符合社会共有与共识的生命存有规范。

生命教育或可称为现代人意义治疗体系，通过一种体验的方式来省察陷溺的生命，逐步地加以超升转化，得到完整的治疗[24]。唐君毅的《人生之体验》一书是可以作为生命教育的教材，是以人作为主体，进行体验式的诠释，是透过生命的体验返回到人性自身，开启生命自我提升的潜力与能量，在"明宗"、"立体"与"呈用"的过程中，确定了生命存有的终极价值。

注　释：

① 孙效智：《生命教育的内涵与哲学基础》，收入《生命教育的理论与实务》，台北环宇出版公司

2000 年版，第 3 页。

② 蔡仁厚：《儒家思想的现代意义》，台北文津出版社 1987 年版，第 212 页。

③ 赖贤宗：《体用与心性——当代新儒家哲学新论》，台北学生书局 2001 年版，第 51 页。

④ 李杜：《唐君毅先生的哲学》，台北学生书局 1982 年版，第 12 页。

⑤ 本文引用的《人生之体验》，人生出版社 1956 年重版本，除了自序外，还有重版自序。

⑥ 陈福滨：《生命教育的伦理基础》，收入《生命教育的理论与实务》，台北环宇出版公司 2000 年版，第 34 页。

⑦ 黎建球：《生命教育的意义价值及其内容》，收入《生命教育的理论与实务》，台北环宇出版公司 2000 年版，第 47 页。

⑧ 颜炳罡：《当代新儒家引论》，北京图书馆出版社 1998 年版，第 322 页。

⑨ 杜维明：《现代精神与儒家传统》，台北联经出版事业公司 1996 年版，第 404 页。

⑩ 方东美：《中国形上学中之宇宙与个人》（《中国人的心灵——中国哲学与文化要义》，台北联经出版事业公司 1984 年版，第 212 页。

⑪ 杜维明著，段德智译：《论儒学的宗教性——对中庸的现代诠释》，武汉大学出版社 1999 年版，第 105 页。

⑫ 蔡仁厚：《新儒家的精神方向》，台北学生书局 1982 年版，第 53 页。

⑬ 启良：《新儒学批判》，上海三联书店 1995 年版，第 251 页。

⑭ 郭齐勇：《儒学与儒学史新论》，台北学生书局 2002 年版，第 254 页。

⑮ 杨儒宾：《儒家身体观》，台北"中研院"文哲所筹备处 1996 年版，第 21 页。

⑯ 杨鸿台：《死亡社会学》，上海社会科学出版社 1997 年版，第 52 页。

⑰ 傅伟勋：《死亡的尊严与生命的尊严——从临终精神医学到现代生死学》，台北正中书局 1993 年版，第 228 页。

⑱ 程梅花：《内圣外王——儒学的社会哲学》，泰山出版社 1998 年版，第 141 页。

⑲ 郑家栋：《当代新儒学史论》，广西教育出版社 1997 年版，第 65 页。

⑳ 李明辉：《儒学与现代意识》，台北文津出版社 1991 年版，第 121 页。

㉑ 郑家栋：《断裂中的传统——信念与理念之间》，中国社会科学出版社 2001 年版，第 563 页。

㉒ 林安梧：《儒学与中国传统社会之哲学省察》，台北幼狮文化事业公司 1996 年版，第 240 页。

㉓ 李瑞全：《儒家生命伦理学》，台北鹅湖出版社 1999 年版，第 58 页。

㉔ 林安梧：《中国宗教与意义治疗》，台北明文书局 1996 年版，第 118 页。

参考文献：

① 方东美：《中国形上学中之宇宙与个人》收入《中国人的心灵——中国哲学与文化要义》，联经出版事业公司 1984 年版。

② 林安梧：《儒学与中国传统社会之哲学省察》，台北幼狮文化事业公司 1996 年版。

③ 林安梧：《中国宗教与意义治疗》，台北明文书局 1996 年版。

④ 杜维明：《现代精神与儒家传统》，台北联经出版事业公司 1996 年版。

⑤ 杜维明著，段德智译：《论儒学的宗教性——对中庸的现代诠释》，武汉大学出版社 1999 年版。

⑥ 唐君毅：《人生之体验》，中华书局 1944 年版。

⑦ 李杜：《唐君毅先生的哲学》，台北学生书局 1982 年版。

⑧ 李明辉：《儒学与现代意识》，台北文津出版社 1991 年版。

⑨ 李瑞全：《儒家生命伦理学》，台北鹅湖出版社 1999 年版。

⑩ 郭齐勇：《儒学与儒学史新论》，台北学生书局 2002 年版。

⑪ 孙效智：《生命教育的内涵与哲学基础》，收入《生命教育的理论与实务》，台北环宇出版公司

2000 年版。

⑫ 陈福滨：《生命教育的伦理基础》，收入《生命教育的理论与实务》，台北环宇出版公司 2000 年版。

⑬ 启良：《新儒学批判》，上海三联书店 1995 年版。

⑭ 程梅花：《内圣外王——儒学的社会哲学》，泰山出版社 1998 年版。

⑮ 傅伟勋：《死亡的尊严与生命的尊严——从临终精神医学到现代生死学》，台北正中书局 1993 年版。

⑯ 杨儒宾：《儒家身体观》，台北"中研院"文哲研究所筹备处，1996 年版。

⑰ 杨鸿台：《死亡社会学》，上海社会科学出版社，1997 年版。

⑱ 黎建球：《生命教育的意义价值及其内容》，收入《生命教育的理论与实务》，台北环宇出版公司 2000 年版。

⑲ 郑家栋：《当代新儒学史论》，广西教育出版社 1997 年版。

⑳ 郑家栋：《断裂中的传统——信念与理念之间》，中国社会科学出版社 2001 年版。

㉑ 蔡仁厚：《新儒家的精神方向》，台北学生书局 1982 年版。

㉒ 蔡仁厚：《儒家思想的现代意义》，台北文津出版社 1987 年版。

㉓ 赖贤宗：《体用与心性——当代新儒家哲学新论》，台北学生书局 2001 年版。

㉔ 颜炳罡：《当代新儒家引论》，北京图书馆出版社 1998 年版。

（作者单位：台湾辅仁大学宗教学系）

论霍韬晦先生对唐君毅先生"性情观"之继承

□ 黎斯华

一、引　言

唐君毅先生论哲学，不是要造一哲学系统，以涵盖一切哲学。他只是提供一道路、一桥梁，以通于其他哲学，使人皆能如实承认一切哲学之价值。唐先生主张"即哲学史以言哲学"，便是使一切哲学在历史之开展下而各归各位，各得其价值。

唐先生论哲学的思维特色，有别于近现代学术训练，只重视向外思考，导致忽视了一切学术问题、知识问题，本来由生命发出，唐先生认为对生命的反省能有深度，才是知识之本。此外，唐先生终生对社会、文化、人生充满悲情，却时常能够深入观照、逐步体会现实与人生心境种种原始性情的美与善，早期《人生之体验》一书，便是处处见人在困境皆可再见光明的注脚，这却一直是他的学问、文化生涯、思想、人格、理想和信念，其归家处，仍是仁义礼智之心。唐先生晚年著《生命存在与心灵境界》，便是对此心，提出时时要返其源，即对此心灵本体，即性情，加以体会，才能透入。

二、唐先生的"原性"：回归生命的"性情"

唐先生在《中国哲学原论·原性篇》中指出：

> 依吾人之意，以中国先哲之人性论之原始，其基本观点，首非将人或人性，视为一所对之客观事物，来论述其普遍性、特殊性或可能性等，而主要是就人之面对天地万物，并面对其内部所体验之人生理想，而自反省此人性之何所是，以及天地万物之性之何所是。①

克就此义，唐先生把历史上中国先哲言人性之种种理论顺次展示，使之各言其是，各归其位。本书就是以"性"作为线索，以见唐先生对哲学问题思考之圆熟。

"性"是什么？唐先生认为：从字义来了解性："性"字由"心"与"生"两字合成，即"象征中国思想自始即把稳'即心灵与生命之一整体以言性'之一大方向"②以言，"心"，非心理现象义，"生"亦非仅限于生理现象义，而是通于宇宙人生之全体上说；故两者必统一。孔子便教人从仁心出发，下学上达；所习者为礼乐，便无不变之性，人与天道亦无割裂。所以不须特言性，而只言学。孟子继之，厘清人能学者，或人能求者为何事？"求则得之，舍则失之"，唯有心方能有此自主、自悦、自行、自命之功能，所以孟子是即心言性。人之所求，如果是自然生命的舒适安逸，便有"命"的限制，终无自由；唯有提升一层，以仁义礼智为人所应实现的理想为人之性；在此理想之性下，人之自然生命甚至可成为实践之场。此即"生，亦我所欲也，义，亦我所欲也；二者不可得兼，舍生而取义者也。"（《孟子·告子上》）依此再进，"富贵不能淫，贫贱不能移，威武不能屈，此之谓大丈夫。"（《孟子·滕文公下》）可见人之性，在此而不在彼。若问孟子之心，何以能如此？唐先生再进一步指出：孟子之心有生长义，如所谓四端，恻隐、羞恶之情因感而起，扩而充之，即为仁义之性，故性情亦无别。人最重要的，是操存此心，莫使其陷溺。唐先生直称"孔孟之教"原是"性情之教"。③这一意思十分重要，离开"性情之教"即无儒学可言，这是生命之基，中国文化之基，无此根基，中国文化将悬浮于空，丧失一切价值的存在根据。但"性情"非仅仅是一抽象观念，它是一活着的实存的价值源头。顺是，下一步便是如何具体发展"性情之教"，从事实质的教化的问题。

孟子之性情既明，唐先生以下即顺着中国哲学之发展，由先秦、汉、魏，到佛教传入之后，佛家所言之性，然后回到宋儒之性理论与心性论。经历如许变化之后，心、性、理遂成为中国哲学的核心问题，也是中国文化的精神命脉所在。唐先生无不深究，而一一分疏以见其义理上的当然。由宋明心学高峰再谈至王船山一段，唐先生说，自宋明之后，清儒受时代刺激，转向建制立法，以明外王之学。其中真能上承宋明，对心性有所见有所立，以补宋儒不足者，唐先生谓：唯王船山而已。所以本书末章言船山对性道之开拓，性之客观表现，亦即于气之流行上说情、才之大用，理气相生，乾坤重建，日新不息，以成就历史文化之悠久无疆。唐先生谓：此是由"明人心性之学之高明精微，而更还求于'致广大'"④，用心不可谓不深。惜船山之后，中国言心性之学渐归沉寂，晚近受西方影响，以西方之心理学、哲学、神学释中国心性，彼此相杂，唐先生指出："未能相观而善，其言遂多混淆失实者矣。"当年王船山之痛即今天唐先生之痛，而唐先生尤甚，盖中国哲学传统之断绝，正是今日中国文化之大危机。中国文化之危机在唐先生看来即生命颠倒本心，性情隐没之危机。于此，人格理想、人文理想，究在何方？

然而，唐先生在《生命存在与心灵境界·后序》中，仍然坚信人文理想之必然实现，此信心，亦由人之天生之性情，而自然的具有。他认为：

> 于此，依吾人之性情，必望人皆成圣，一切有情生命皆成圣，而不忍一人之不成圣，一众生不成佛。吾人之思想，于此若不自此性情之所着处看，而只自情之愿望看，此愿望之进行，可超过现有实然之事实而过，则此实然之事实，不能为此愿望之碍。于此，吾人之思想，即亦同可不见有实然之事实，而只顺此性情、此愿望而往，亦如此性情、此愿望之所愿望，而思，则人即必然以其由性情而出之最高之愿望，为

一切人皆必成圣，一切有情众生皆成佛，为其顺愿望而有之思想归止之处。⑤

唐先生消化传统中国哲学之心性观、人性论，终而归于他所深刻感受的"性情"。唐先生于哲学明晰，于理上圆融之外，无论讨论文化问题、历史问题、人类前途问题，在经历无数迂回曲折的思考之后，最后总是回到他对自身生命的"性情"的体会。唐先生的思想全是立根于一种生命存在的真实感受，体系的铸造、观念的推陈，在唐先生的学问中，总是在第二义的；而现实世界的颠倒，也只有反过来加深了唐先生对性情的肯定。例如说，在面对近代西方文化一面倒的冲击，中国哲学将如何安立？中国文化的理想如何重建？中国文化的价值如何再兴？

唐先生认为现代中国的问题，本来与近代西方文化对中国文化冲击有关。究竟中西文化有何差异？中国文化是否落后？如何面对西方民主、科学、宗教的挑战，乃至西方文化自身的缺点与流弊等问题，构成了《人文精神之重建》一书，对中西社会文化、历史的各种考察，以及对世界未来之社会文化理想之方向的问题。在当时来说，唐先生认为"在中国人之立场上说，即主要是中国未来社会文化之方向的问题"⑥，而引申一切内容之讨论。唐先生斩钉截铁的立场是依于三个中心信念：

即人当是人，中国人当是中国人，现代世界中的中国人亦当是现代世界中的中国人。⑦

若然讨论中国哲学问题、中国思想问题、中国文化问题、中国历史问题、中国社会问题，没有这个立足点，没有这种体会，一切都失去根本，游谈无方。

霍先生乃唐先生的门人，亦是唐君毅全集的主编，在唐先生逝世十周年（1988年）即在香港召开第一届"唐君毅思想"国际学术会议、第二届"唐君毅思想"国际学术会议（1995年）在中国四川举行，与会者都有机会参观唐先生的故乡旧居。

霍先生是学者，但他与一般学者不同。无论研究何种学问，他有一个"自觉"，他能深入钻研任何一种学问、文化，自觉"继承、学习和传扬"⑧。这过程并不是表面说的继承、讲的学习，或者是开开会，便算是传扬。霍先生是把学问吸收，成为他生命内涵丰厚、成长的资粮；他的继承，是探本溯源的继承；他的学习，是以自己生命的投入，成为内在转化的学习；他的传扬，是自己亲身经历，具真实体验的见证。这在他早年研究佛学，能掘发佛陀在《箭喻经》的精神，指出外在于生命的讨论，佛陀处之默然。认为佛教之"教"在于让众生得证如实观，生命才能成长，因而极力推动"佛教思想现代化"于今二十多年。他研究禅学，霍先生不仅自己在禅修的功夫深厚，亦能以禅来教学，以禅提升企业领袖素质，他也是企业、公司的顾问。他研究《论语》而有"性情学"，研究《孟子》而有"行动学"，研究《易经》而有"领袖学"。所以，论霍先生对任何一种学问、文化的继承，他不只是理论上通融，更是集一切有价值于生命的文化智慧，厚蓄于一身的"文化通人"。他更有自己的开辟和创造、行动和成果，都是一个内容非常庞大、丰富的新研究领域。

三、霍先生的回应：自觉的承担

早在 20 世纪 90 年代，霍先生于一篇名为《第三代新儒家能做些什么?》，已直接指出：第三代新儒家如果真要突破前人，有自己的建树，他的工作领域是要"走向社会，走向生命，寻求体验，从生命和时代的存在感受中发掘资源"，⑨要直接承担切实的文化工作，把儒家的价值重新植入社会、植入下一代的中国人的心中。在一篇《唐君毅哲学简编·编序》中，⑩霍先生认为现代人生活在一个文化荒原，不单在思想上肤浅，在性情上亦肤浅，对恒久的价值观念和道德人格树立不起。可是谁管这些事呢？政府会管吗？老板会管吗？父母懂得管吗？当人自己只驰骋于工具理性之场，人已把自己还原为生物、动物、心理情意结者，霍先生形容这种情形，使"我觉得十分恐惧"，⑪所以他认为"我们如果不做点事，则这座仅存的人生上进的桥梁亦将折断。"⑫于是，他表示："如果唐先生的哲学是桥梁，那么我自己亦愿意成为现代人与唐先生的哲学的桥梁。"⑬

四、霍先生对唐先生的继承

1. 对人类前途的危机感

就百年来西方文化的影响，无论在政治、经济、社会、民生，流弊与弱点，已愈来愈严重，可是，这世界文化的大流，似乎回不了头。霍先生于 20 世纪 90 年代以"平面化思维"来概括西方文化的特点，其对生命缺乏深度思考，而西方文化的成果在知识，只承认知识具普遍价值必形成相对主义，相对主义必进一步走向虚无主义，现代社会是价值崩溃之社会，人类前途十分危险。近年来，霍先生对当代文化进行批判，亦是"深感现代人类灾难的深重"，⑭甚至东方或西方，都在受着理性之害、制度之害、技术之害、资讯之害，全球化之害，人与环境都受折磨。由唐先生到霍先生一代又一代的呼喊，可是时代继续下滑，应之无声。

2. 回归孔、孟之性情

中国文化的路，中国文化的前途与价值重建，一直是霍先生念兹在兹的抱负。中国文化关心的是人，是生命，一切文明、技术的发展到最后是用来回馈人生。可是人是什么？如何才是人的生活，如何才是人的成长？人如何与人相处，如何工作、如何学习、如何面对困难？乃至如何完成作为一个"人"的责任，所谓"顶天立地"、"无愧于心"，甚至成就理想？

霍先生认为：生命需要成长。如果生命只是自然之生，则人只有本能、欲望，顺此而往，只有开出本能世界、欲望世界。在儒家，孟子首倡"人禽之辨"，指出人有别于禽兽，人要通过反省来修养自己的不足。孔子指出："仁"才是生命的本质，不过，孔子没有将"仁"的意义从理性的角度将之开展分疏，他只是让我们好好体会；孟子才进一步将之称之为"心"，所谓"仁义礼智根于心"：实践理想，行成长的路的人必须通过"心"之自觉，而且要"尽"之；"尽"不只是尽力这么简单，尽力只是就自己的能力上讲，如果你觉得事情尚可做得更好，你的心当然不安，不会坦然，因为你会觉得对不住别人，未尽责任，更重要的是对不住自己，不能向自己交代。力从心出，只有尽心之后，才体会到自己有无穷的力量；才放得下，得失成败亦可无愧。所以，必须进入到我们生命最深的地方，你才能真正确认你自己，确认你的"性"，你的生命，你的存在之根，此即所谓"知性"，进一步才"知天"。由"心"的逆觉，向自己反省，将我们生命通向天地，亦即通向永恒，充分打开生命的空间，达于无限，而与天地同一，所谓"天人合一"，生命的成长到此方能得到安顿，方能完成。是以孟子说"养气"、又说"尽心"，认为"尽心"的人才能体会天地的存在，生命的存在，这存在是"性"，所谓"尽其心者，知其性也，知其性则知天矣"。（《孟子·尽心上》）显然，在人的生命中，应更有一种能力，去整体把握、直接切入，推动自己，不断追求更高的价值。人能如此，便显示生命有此可能，有此根据，这便是孔孟所说的"性"。"性"有先在性，但"心"有主动性。"性"是生命本尔，从存在上说；"心"亦本具，从生命上说。但要注意的是：这个"心"不是西方文化所特别重视的认知心，或逻辑理性，认知心必须落入后天的经验来活动，纯理自己无所成就。孟子的"心"是一个道德心，或践履心，通过道德活动以体会自己的特殊存在，即"性"，故孟子的"性善"，是从这个生命最深的逆觉上讲的。

霍先生继唐先生体会生命之"性情"，他具有丰富现代教学的经验，所以，他认为如果人的气质、习性、思想、品格依然故我，反而会令自己日渐麻木，更加逃避，替自己找更多的理由来开脱，那是倒退而不是成长。孔子说："质胜文则野，文胜质则史，文质彬彬，然后君子。"（《论语·雍也》）人天生作为一个自然生命，就有他自己的气质，如果不加修养（文），性情就会蒙蔽，成为一个没有教养的"野"人；相反，如果努力修养自己，便能成为一个能深入"历史"⑮，有文化修养的"君子"。生命成长即不断提升自己生命的品质，这只有通过锻炼，通过体验，通过印证才能真正到达。在这过程中，生命气质的改变和提升使生命通向一个更真实的道理世界，成熟之时，脱胎换骨，成为一个真正的"人"。

五、使性情呈现——霍先生的开拓

1. 突破静态之言理，成教化之功

霍先生自觉对文化理想的承担，亦极知"空言理想很容易，批评理想亦很容易，落实理想最难。"⑯然而，这些艰难总不比他亲眼看着人心的沦落、众生的障重、世界始终不能好起来的沉痛。他自己深知：学问与生命不能割裂，"文化与社会、理想与现实并非真属两个不同范畴，它们必须相通为一，这就需要有人承担、有人行动、有人实践。"⑰霍先生在《志发集·序》有如下的表达：

> 往哲不还，众生如梦，真有不能言之痛。然徒痛不足以成事，以故不自量力，组法住学会、文化书院，开讲座、设课程，欲复活古代师友讲习之义，以继先贤拨乱之志，亦垂二十载矣。区区此心，初固无知者，盖吾华文化，沉沦已久；世间诸子，攻之者多，卫之者少，弃之者众，得之者寡，则虽奔走呼号，心血仍若遍洒于沙漠，固

其宜矣。后悟众生障重，非以猛药不能去其沉疴，乃设方便，以启其性情。⑱

霍先生此"痛"，与佛陀当年游四门，见了众生亲历的老、病、死，悚然惊觉众生为何愚痴至此，得着生命，却又任由生命受苦，轮回不已。这为众生而悲，如出一辙。霍先生自 1982 年成立法住学会，深感讲课论道的静态教学，不足以使学员醒觉，更遑论改变其气质、提升其质素、开发其理想，如此下去，世界何来有性情的人？何来有真正的人格？乃有 1994 年度由他主持的"喜耀生命"课程的创造。这就是上述所言"乃设方便"，即指其教化的灵活；"以启性情"即指其课程的鹄的。霍先生此"启"⑲，使现代人枯竭、缺乏活水源头的文化心灵，灌注养料；扭转现代人习惯向外骛驰的思维，回归生命的自身，确认生命的本分是"成长"。首先，做一个能认识到自己的人。

霍先生在《周甲寿宴答诸生》即表示：对各位"喜耀生命"成长起来承担使命的志士说："我们的相遇乃至相处、学习，共同承担社会文化历史的事业，中间不单只是缘分，其实更是一种道。我们以道相交，以道相传。"⑳霍先生其心、其志、其理、其道，莫不灿然于每位法住同门的学习上，他称学生为志士，可见千古圣贤皆寂寞，霍先生认为他已有同道的回应。而霍先生在《法住迈向二十周年有感》亦指出，由于他的施教，使人的性情得到开发，则理想事业由开始的时候，纵使是孤军，也必得到壮大。"法住于世"本来就是法住学会成立的原初理想，历二十年的历史虽然不容易，霍先生仍然疾呼："愈是虚无的世界，愈需要理想；愈讲求物质，愈需要精神滋养"㉑，他始终贯彻此理想精神，而且愈战愈旺盛，当现代人时常觉得不自由，充满挣扎，举步维艰的时候，霍先生自有其对生命的慧识，"尽心就是见证：在无选择中看到选择，在不自由中得到自由。"㉒新天新地，自有开辟。新人类、新文化的前景，应好好向东方文化回归。

唐先生的"性情观"至此，才见通向社会的行动、才见通向社会的教化，和才见具体教化每一个具体生命使其成长的真实成果。㉓理想是真实的，只要有一代一代不言放弃、有着无私性情、坚守中国文化理想的读书人所维护、所践履，世界是可以好起来的。

2. 化抽象的理成具体生命成长的资粮

据历史上记载朱熹的老师李侗（延平）早年教化"默坐澄心，体认天理"；讲学之余，危坐终日，"以验喜怒哀乐未发之前气象何如，而求所谓中者。"如此"危坐"的进路以体认天理，继而体会"中"者的根据，不知如何？而霍先生很清楚：思想上、观念上的清楚，并不保证人有行动，更不等于人会成长。对道理的体会，是先要求自己；对道理的体证，是要回到自己生命成长的问题上；不是凭空证悟，而是当生命经历锻炼、经历考验的时候，生命成长的学问、生命成长的文化便是支援生命过关的资粮。这过程，霍先生自有充实的教道学员突破的体会：

> 所以第一步要回来要看自己，看自己的欲望、本能、理想、言语、思维、行动，都有多纠缠；自己就是一个混杂的存在。你要净化他，要费大力。这不只是理性思维的问题，或知识掌握的问题，而是生命的障碍问题。同学们在这里慢慢一步一步地明白，一步一步地走出来，慢慢改善了自己；至少在性格、情绪、脾气方面可以得到改善，乃至一些心结也可以解开，重新看到光明。法住的成果不是很大，但我可以说是

有了突破：是生命成长的突破，也是生命成长的学问的突破，把久违了的文化重新树立。许多同学从自己，然后到家庭、到公司、到自己的团体，一步一步地看到这种学问的具体成果，就有了信心了。㉔

所以论"孝"，霍先生能够化解父母与子女的冲突，让孝与慈的关系重新建立，使子女回到父母的怀抱；论"义"，霍先生能够让朋友之间因利害反目的，可重新恢复友谊；论"诚"，可以让斤斤计较的上市公司老板，恢复团队对他的信心；生命成长的阶梯，总在寻常日用，你开心吗？你和父母的相处如何？你的家庭如何？你的子女听话吗？你的工作如何？你是好领袖吗？你的前途如何？你的事业有危机吗？你的自身如何？全球化对你有影响吗？人生本来就有许多关头，皆须一一经过，不要看轻身边的烦恼，人若不能通过，人生就卡着。你要成功吗？你首先是否是一个尽孝的儿子？你要运筹帷幄吗？你首先是否是一个有情有义的人？若生命内在微小的障碍也不能突破，则如何成人、如何成事？霍先生时常说"读书即做人，做人即做事"。事不离人，则人若不懂得与自己相处、与别人相处，现代人连与家人相处也成问题，人与人再不懂得相处的时候，合作从哪里来？事业从哪里来？理想的成就究竟又从哪里来？是以"生命成长"需要经历生命成长的体证者提携，需要能一眼看出你的关口的生命导师接引，如法眼禅师的机锋，劈破慧超的错会。㉕让学员好好上路，步步升进，把现代人狭小的自我打破，把孤寂冷漠的个体接上家庭，恢复亲情；接上企业，缔造人性化的团队，增加生产力；接上历史文化，让人的精神世界重新挺立，为未来的人类铺设性情文化、性情世间的空间。

3. 继承唐先生的遗愿——在成理即成事、成事即成理中彰显中国文化的生命力

法住事业经历二十多年的奋斗，在中国香港、新加坡、中国内地皆有基地，备受惊叹和欣赏。其实，霍先生并不认为自己做了很多，因为真正有价值的不是件件外在的事业，个个外在的工程，而是在这奋斗的过程中，证明人能"成事"。此"成事"有别于晚明的实学，只是要求某社会的实效性，即所谓"事功"，而没有如霍先生能注意到"事功"与性命修养、心性工夫的联系。他要"成事"，不是为了邀誉，不是为了证明自己的能力，而是在这苍凉的世代，"历史会寂寞、人类会散漫、文化会凋零、世界会失去意义"㉖，见证当人能听到道理的声音，体会到内心呼声，终会奋力前行，不畏艰巨，不怕承担，事业便必然地开展和壮阔。人能成事，证明中国文化的理想不是空悬、修养的工夫不只是学理的铺陈、理论的言说。而霍先生的主张，更是"一个贯通在精神上由理直贯于事，在事业上以事彰显理：理事无碍，事事无碍，而达至一圆融之境"㉗，他自己就是这样的中国读书人。

六、结　语

霍先生在接受香港一家报社访问中说：

一直有一个信念在支持他的，这些工作是他老师唐君毅先生的心愿："唐先生不

知道我做此工作，但我知道他的心愿是这样的，后来唐师母好几次跟我说，唐先生生前没有完成的心愿，现在看到在你身上逐步完成。因为唐先生很希望除儒家的学校外，还有儒家的书店、旅馆，儒家的生活。不但有儒家的读书人，还有儒家的商人，乃至社会百业都能以儒家学问来成长、滋润，开设到各种事业，这才显示儒家的生命存在于这社会。现在我就是做这个，就是说，学问要活，要通向生命。学问若不通向生命，唐先生的理想便实现不到。㉘

其实以上的意思，唐君毅夫人在世时，霍先生每逢过农历年，都带着法住门人向师母拜年，我自己都是亲耳听闻的。从历史上说，唐先生与霍先生都在担负着中国文化理想的实践，他们都是践道者。唐先生立根于他的性情，更多地面向中国文化现代化的要求，而穷一生之功，为历史文化寻根，达至理上圆融；霍先生立根于他的性情，则一生无时不尽力求落实唐先生之文化理想，而在文化事业上行上圆融。由唐先生到霍先生，亦可谓一以贯之，因为他们都在尽心见证着"性情"的光明与真实。

注　释：

① 唐君毅：《中国人性观之方向与春秋时代之对德言性》，收入《中国哲学原论·原性篇》，台北学生书局 1991 年 6 月全集校订版，第 21 页。

② 唐君毅：《自序》《中国哲学原论·原性篇》，台北学生书局 1991 年 6 月全集校订版，第 13 页。

③ 唐君毅：《原性（三）乾坤之道、礼乐之原、政教之本，与秦汉学者之言性》，收入《中国哲学原论·原性篇》，台北学生书局 1991 年 6 月全集校订版，第 98 页。

④ 唐君毅：《象山、慈湖至阳明之即心性工夫，以言心性本体义》，收入《中国哲学原论·原性篇》，台北学生书局 1991 年 6 月全集校订版，第 525 页。

⑤ 唐君毅：《生命存在与心灵境界·后序》，台北学生书局 1977 年版，第 1180 页。

⑥⑦　唐君毅：《人文精神之重建·自序》，台北学生书局 1989 年 2 月全集校订版，第 4 页。本文由唐先生写于香港，1954 年 2 月 1 日。

⑧ 霍韬晦：《写在"唐君毅思想国际会议"召开之前（代序）》原刊《法灯》第 78 期，1988 年 11 月，后收入《唐君毅思想国际会议论文集》I，法住出版社 1992 年版。

⑨ 霍韬晦：《第三代新儒家能做些什么？》，本文原为出席 1990 年由台北《鹅湖月刊》及"国际中国哲学会"主办之"当代新儒学国际研讨会"之论文，后刊《法言》第三卷第一期，1991 年 2 月；收入《世纪之思——中国文化的开新》，法住出版社 1998 年版，第 90 页。

⑩⑪⑫⑬　霍韬晦：《唐君毅哲学简编人文篇·编序》，法住出版社 1992 年版。

⑭ 霍韬晦：《当代文化批判——一个东方人文学者的回应·后记》，法住出版社 2004 年版，第 189 页。

⑮ 这个"史"字有深刻意义，因为人的修养从文化来，文化从历史来，成为一个民族的核心价值。见霍韬晦，《人生与修养》，收入《人生的平台——专业之外》，法住出版社 2005 年版，第 168 页。

⑯ 霍韬晦：《理想是在体会和实践中加深的——法住六周年感言》，《法灯》第 73 期，1988 年 6 月，后收入《法住于世·教应篇》，法住出版社 1999 年版，第 117 页。

⑰ 霍韬晦：《理想事业靠什么维持？——法住十七周年祭》刊载《法灯》第 204 期，1999 年 6 月，后收入《天地唯情》，法住出版社 2002 年版，第 67~68 页。

⑱ 霍韬晦：《志发集——霍韬晦教授周甲荣寿贺文篇·序》，法住出版社 2000 年版。

⑲ 能"启"人之性情，是霍先生于中、西、印文化的学问总汇的体现，中有至深、至极、至明的

学理根源；不只是一般外在的教学成果。

⑳ 霍韬晦：《周甲寿宴答诸生》，本讲词摘要曾刊《法灯》第 214 期，2000 年 4 月，后收入《天地唯情》，法住出版社 2002 年版，第 225～226 页。

㉑ 霍韬晦：《践此荆棘地，步向众生心——法住迈向二十周年有感》，《法灯》第 236 期，法住出版社 2002 年版。

㉒㉕ 碧岩录公案（七），举僧问法眼。慧超咨和尚：如何是佛？法眼云：汝是慧超。

㉓ 请参阅《喜耀禅话》（六册）、《喜耀心程》（四册）、《喜耀家庭的专访》（载于《性情文化》杂志第 1～6 期），法住出版社。

㉔ 霍韬晦：《法住事业与 21 世纪》，《法灯》第 245～246 期，法住出版社 2002 年版。

㉖ 霍韬晦：《周甲寿宴答诸生》，本讲词摘要曾刊《法灯》第 214 期，2000 年 4 月，后收入《天地唯情》，法住出版社 2002 年版，第 226 页。

㉗ 霍韬晦：《既可成理，亦可成事——法住十三周年献词》，原刊《法灯》第 156 期，1995 年 6 月，后收入《法住于世·理念篇》，法住出版社 1999 年版，第 152 页。

㉘ 本文原刊《明报》，2002 年 3 月 6 日，后收入《天地悠悠》，法住出版社 2003 年增订版，第 187 页。

（作者单位：香港法住文化书院、东方人文学院）

论唐君毅先生对"克己复礼为仁"的诠释

□ 吴启超

子曰："人而不仁，如礼何？人而不仁，如乐何？"（《论语·八佾》）孔子从"礼"中点出"仁"，强调践礼的真正意义在体现"仁"而非徒守礼节，意味"不本着'仁'而守礼"是可能的，行为上中礼并不保证有"仁"。然则习礼、践礼便似非求"仁"的手段。但是，当孔子回答颜渊问"仁"时，说"克己复礼为仁"（《论语·颜渊》），似又认为服从礼的规范可以作为求"仁"的方法。这两种看来有所冲突的观点，为后世留下未解的困惑。

要解消两种观点的冲突，可以想见的一种策略是改动"克己复礼为仁"中"礼"字的意义。例如宋儒程颢就将"礼"从具体的"文"（作为行为规范的、有种种节文可见可习的礼）改说成抽象的"礼意"：

> 克己则私心去，自然能复礼，虽不学文，而礼意已得。《河南程氏遗书》卷 2 上《二先生语》二上）

姑且勿论"礼意"所指为何，在这种转动下，"克己复礼"的修养重点已落在"去私心"之上，而不在服从外在的节文。所谓"克己复礼"，不过是指克去一己之私而得"礼意"，非谓服从外在的行为格套，以之自制自律。如此，求"仁"便只需于心上用功（克己去私），无需求助于外在的践礼。换言之，践礼非求"仁"的手段。

当代新儒家的主要代表唐君毅先生，在诠释"克己复礼"时亦采取了上述策略，不将"礼"解成节文规范，而以之为一种态度或心情 —— "至礼极敬"。本文将分析和检讨唐先生的诠释，论证这种理解是站不住的。本文认为，"克己复礼为仁"的"礼"应作行为规范解。换言之，践礼是求"仁"的必要手段。并且这与孔子"人而不仁，如礼何？"的观点并无冲突。

以下先分析唐先生的"至礼极敬"。

一、"至礼极敬"

按照唐先生的说法，"至礼极敬"是一种为政临民的态度：

> 孔子所告于颜渊仲弓之为政之道，则要在达其仁，而本一礼敬之心以临民。①
>
> 孔子此答仲弓问仁，而以"出门如见大宾，使民如承大祭"为言；则是谓仁之见于政，必表现为对人民有一至礼极敬之情。②
>
> 至孔子答颜渊问仁，则曰"克己复礼为仁，一日克己复礼，天下归仁焉"……孔子以此语教颜渊，即教其由克己而依于仁，并以此至礼极敬之心为政，而"使天下之民，乃皆为此依于仁之礼敬之心之所对所向，而天下之人民，亦如归向于此依于仁之礼敬之心"之谓。③
>
> 孔子之答非礼勿视、非礼勿听、非礼勿言、非礼勿动，唯是言人之礼敬当运于视听言动之中，而无所不极，或人之视听言动，皆当为一礼敬之意之所贯之意。④

引文所见，唐先生先后用了"礼敬之情"、"礼敬之心"和"礼敬之意"表示为政临民的应有态度。这种心情或情意，唐先生认为是一种"如将人加以升举，而自己亦向上兴起之情"。⑤"将人加以升举"表示为政者在礼敬的心情中，并不视人民在自己之下，为其所庇护和施舍。礼敬之情实超越于一般上对下、尊对卑的爱。上对下、尊对卑的爱，恒不免于占有和宰制。与此不同，礼敬则能将爱加以升华而避免宰制，正如唐先生所说："爱人亦必至于对人之礼敬，其爱乃远离于占有。"⑥"将人加以升举"即表示这种升华了的爱民。同时，在礼敬中，为政者"自己亦向上兴起"。唐先生对此解释道：

> 本仁者之心以为政者，亦必不只于爱人爱民，而当以"见大宾""承大祭"之礼敬之心，待人民而行政事，方是为政之极则。⑦

在"将人加以升举"的前提下，为政者视人民有如大宾，因而有一种如"见大宾"、如"承大祭"的严肃感。所谓"自己亦向上兴起"，就是这个意思。

在将"礼"说成"至礼极敬"的情意，而非行为的规矩准绳的情况下，"克己复礼为仁"就被理解成"由克己而依于仁，并以此至礼极敬之心为政"：在为政上，"仁心"会通过"克己"而呈现成"礼敬之心"。易言之，"仁"非由外在规范的制约而后得，而是当为政者能克己而礼敬，如此便已有"仁"在，因为"礼敬之心"不过是"仁心"在为政上呈现的一种姿态。唐先生认为这正是孔子"自仁之见于至礼极敬之心，而表现于礼处言仁"。⑧

二、唐先生的诠释理据

根据这种解释，"克己复礼为仁"说的并非求仁须通过践礼，而是求仁的关键在一心的自克（克己）而表现礼敬之情。但何以学者之得"仁"不在通过外在规范的制约？唐先生在《孔子之仁道（上）》中有一个观点，可说明这个问题。文中，他在论证"非礼勿言"等四句不宜以种种外在的礼仪节文为解时说：

> 人若只以此诸节文条目自制自律，其效亦尽可只形成个人居处态度上之恭，而未必即为对人之礼敬也。⑨

言下之意，外在的礼（节文条目）不必能生起内在的情（如礼敬），前者对后者而言并无必然的生发关系。在"克己复礼为仁"上，仁的实质即在对人之礼敬，二者不可相离，无礼敬之情，自亦无"仁"。因此，以外在的节文条目自制自律，未必即为仁。

这种以情去把握孔子之"仁"的做法，是有一定道理的，现举《论语》中孔子的三段话来说明：

> 子曰：礼云礼云！玉帛云乎哉？乐云乐云！钟鼓云乎哉？（《论语·阳货》）
> 林放问礼之本。子曰："大哉问！礼，与其奢也，宁俭；丧，与其易也，宁戚。"（《论语·八佾》）
> 子曰："人而不仁，如礼何？人而不仁，如乐何？"（《论语·八佾》）

"玉帛钟鼓"只是礼乐的表面，是末节，并非礼乐的真生命或根本意义所在。从"丧，与其易也，宁戚"看来，可见"礼之本"在情，践礼的意义在于体现内心的情感。再者，"人而不仁，如礼何？"人若不仁，则徒有守礼的外在表现亦无意义。既然一方面只有践礼而无情有违礼的本意；另一方面无仁的践礼则无意义，可见仁必定包含情感，并且践礼并不保证有情。唐君毅先生认为外在的践礼不必能生起相应的内在情感，确能善会孔子的想法。

然而，要说践礼非求仁之手段，"以外在的节文条目自制自律"与仁无干，尚有一点是需要交代的。我们知道，孔子很重视作为规范的礼，对不合礼的事深恶痛绝，对不守礼的人常发出严厉的批评，例如对季氏"八佾舞于庭"表示"是可忍也，孰不可忍也？"（《论语·八佾》），又如批评管仲"器小"时说："邦君树塞门，管氏亦树塞门；邦君为两君之好，有反坫，管氏亦有反坫。管氏而知礼，孰不知礼？"（《论语·八佾》）我们因此有理由相信，作为孔子心目中最高人格的"仁者"，理应在行为上不违礼。反过来说，守礼、不守礼可以作为一个人仁或不仁的指标。但唐先生既然认为行为上的中礼与否大可与仁无干，仁或不仁取决于内在的心、情、意，则作为规范的礼就似乎可与仁划开，这岂不等于说：违礼者亦可有仁？此义在孟子思想中或可成立，因他提出了"嫂溺援手"的例子（见《孟子·离娄上》）。但就《论语》而言，孔子未曾提出这种极端的情况，亦未如孟子般在仁和礼之间作如此分明的抉择。由此看来，说"克己复礼为仁"表示求仁须通过习礼、践礼，或许未能安顿孔子"礼之本"的想法，却能照顾孔子重礼之意。如今唐先生的诠释如真要胜过这种解释，就必须同时具备它对孔子重礼一面的长处，即必须兼容"中礼与否可以作为仁或不仁的指标"之义。

在《乾坤之道、礼乐之源、政教之本，与秦汉学者之言性》一文里，唐先生在评论荀子关于情与礼的关系的观点时，提出了一种想法，正可借以圆满其"克己复礼为仁"

的诠释。文中，唐先生指出荀子确有承孔孟之意，而言礼乐之源于人情之一面，[⑩]但其"情礼观"的问题在仅以情为"本始材朴"，认为"只有情之本始材朴，不足以成礼义文理，此礼义文理为自外加于性之上者。"[⑪]此实为荀子观点之一限制，与后来《礼记》中若干篇的思想相比，其"情礼观"显然有所不及：

> 此礼记中若干篇，言人情为礼乐之源，其进于荀子者，即在荀子之思想中，礼乐虽亦原自人情，然此人情只为一原始之朴质。圣王所制礼乐之节文，则为对此朴质外加之形式……然荀子未尝及于人性情之表现，亦可自有其自然之节奏、段落、方式，以成此礼乐之节文之处。[⑫]

此后，唐先生即以《礼记》的《问丧》、《祭义》两篇的内容为例，而说：

> 凡此等等，皆是直就人之哀乐之情，原自将表现为种种祭祀之礼仪，以为其内在之形式，而无俟于圣王预为之定，成一外加于人性之文饰以言礼乐之源之说也。[⑬]

唐先生对荀子与《礼记》若干篇的"情礼观"作了高下判断，表明他认同后者的想法：人情原自将表现为种种礼仪。就是说，人的情感原就自然要求落实为相应的仪节，这些仪节是表现情感的形式，它们本就是人情的自然要求、自然流露、自然生起，无待于圣王的预定。如要举例，则孟子言葬礼之源正好生动地展示这个意思：

> 盖上世尝有不葬其亲者，其亲死则举而委之于壑。他日过之，狐狸食之，蝇蚋姑嘬之。其颡有泚，睨而不视。夫泚也，非为人泚，中心达于面目。盖归反蘽梩而掩之，掩之诚是也。则孝子仁人之掩其亲，亦必有道矣。（《孟子·滕文公上》）

"人情原自将表现为种种礼仪"的观点，恰可补充唐先生对"克己复礼为仁"的诠释。如上所论，唐先生的诠释强调情方为仁的实质，而情不由践礼而生，其可能的缺失即在割离了情和礼，以行为上的中礼为与仁（内心的真情实感）无干，而有失孔子重礼之意。现在加上了"人情原自将表现为种种礼仪"的观点，即可消弭情与礼的隔阂，因为有诸内必形诸外。以丧葬为例，内心有哀戚之情，自有外在行为上丧葬礼仪的表现。这样，情虽不因践礼而有，践礼却可由情而生。因此，中礼与否，某种程度上依然可以作为评判一个人仁或不仁的指标：行为上中礼，固大可出于虚伪，内心无真挚的感情而非仁，但行为上违礼，则内心必无其情（因有诸内必会形诸外），故为不仁。如此补充后，一方面既能发明孔子的"礼之本"，另一方面亦不失孔子重礼之意，两者并存而成一套融贯的想法。

总括而言，唐先生的诠释有两方面的理据：一方面仁的实质在情，情不由外在的节文条目规管制约而有，另一方面，情却能自然表现为相应的礼仪。

三、对唐先生诠释之检讨

关于唐先生的第一点想法，即情为仁的实质，不由礼的制约而生，大致并无可疑。因为一方面从礼中点出情（如从丧礼中点出哀戚之情），确是孔子致思的一个方向，尽管情是否"仁"的全部是值得讨论的（详见下文）；另一方面，"情不由践礼而生"亦很符合我们的常识。我们都知道何谓"伪善"、何谓"表里不一"，即表面循规蹈矩，内心却没有为善的意图。因此，从常识的角度看，外在的践礼可以脱离相应的内在心情，是无需怀疑的。

然而，唐先生的第二点 ——"人情原自将表现为种种礼仪"，则大可商榷。以下先从孔子的观点说起。

在《论语. 为政》，孔子曾以"敬"言"孝"：

> 子游问孝。子曰："今之孝者，是谓能养。至于犬马，皆能有养。不敬，何以别乎？"

按照孔子"礼之本"的思路，这段话的意思很易理解：为人子女必须对父母心存敬意，方为孝，而非徒然履行供养之事。这种对"孝"的见解，完全符合孔子的一贯思路：点出道德实践中的情意一面，作为道德实践的内核。不过在同一篇里，孔子又表达了对"孝"的另一番见解：

> 孟懿子问孝。子曰："无违。"樊迟御，子告之曰："孟孙问孝于我，我对曰'无违'。"樊迟曰："何谓也？"子曰："生，事之以礼；死，葬之以礼，祭之以礼。"

孔子在这里阐述得很清楚：孝就是无违于礼。结合前一番见解，可知在孔子心目中，孝是既有内心的敬意，又在行为上无违于礼。更重要的是从孔子特发"无违"之论，可见他并不认为单有对父母的敬意，就自然会表现出合礼的孝行。倘若"敬"可自动延伸成"无违"，则孔子回答孟懿子时就只需说"敬"，不用特提"无违"。

我们大概可如此理解孔子的想法：一个人对父母有敬意，当然不会视父母如犬马，但即使如此，仍不能保证他能恰到好处地对待父母，其情仍有过当表现的可能。因此，当内心的敬表现成实质行动时，就需要一种外在机制去调节，这就是礼。换言之，情需要接受礼的约束，否则即使情感如何真挚，亦不免泛滥而悖理。在《论语·先进》里正好有这样一个生动的例子：

> 颜渊死，门人欲厚葬之，子曰："不可。"门人厚葬之。子曰："回也视予犹父也，予不得视犹子也。非我也，夫二三子也。"

颜渊死，"子哭之恸"，又说："噫！天丧予！天丧予！"（《论语·先进》）足见面对颜渊之死，孔子的悲恸绝不下于其他门人。但他反而不赞成厚葬，因为颜渊家贫，贫而厚葬不合礼。反观门人，他们同样都有真诚的悲恸，但相比孔子，他们没有自觉地让其情感接受礼的约束。这就表明：1. 情感缺乏礼的调节即成泛滥；2. 更重要的是情感并不保证人能在行为上遵守应有的礼节。孔子的一句话，显示他意识到此两点：

恭而无礼则劳，慎而无礼则葸，勇而无礼则乱，直而无礼则绞。（《论语·泰伯》）

恭、慎、勇、直皆要受礼的制约，方得其恰当展现，否则将泛滥成劳、葸、乱、绞。而情感有泛滥的可能，正好表示它不能保证中礼，中礼并非情感的直接而自然的延伸。倘若情可直通成礼，则个人成德大可只用力于情，而无事于礼。由此可见，践礼应是一种独立工夫。"独立"表示它不能化约成情的工夫。情固然不能由践礼而得，但同样地，行为的中礼亦不能由情感保证。因此，以"孝"为例，除了"敬"，孔子还要在"无违"上说一种工夫。

唐君毅先生对"克己复礼为仁"的诠释，优点是能够善会孔子"礼之本"的创见，但要兼容孔子重礼之意，就需补上"人情原自将表现为种种礼仪"的观点。本文认为，这个观点有一定的合理性，惜未能充分安顿孔子之意。个中问题，在于"人情自然表现为礼"是表现到什么程度。对孔子而言，"无违"是很具体的，必须是无违于礼的具体节文。所谓"生，事之以礼；死，葬之以礼，祭之以礼"，可以想象当中的具体节文是何等复杂。对这个意义的践礼而言，人情是不够可靠的。从门人厚葬颜渊的例子可见，情感往往会诱使人违礼。此所以孔子会坚持情感必须接受礼的制约或调节。相比之下，唐先生的想法虽非全不合理，但问题是人情只能表现出礼仪的轮廓，未能及于具体的节文条目。就以孟子所说的葬礼之源为例，当一个人见其亲之尸首被"狐狸食之，蝇蚋姑嘬之"，正常情况下当然会有所不忍。由此不忍之情，引发出"掩其亲"之行，亦是势所必至的。所以孟子会说："孝子仁人之掩其亲，亦必有道矣。"在这种程度上说"葬礼根源于人情的普遍倾向"，是可以理解的。不过，倘若我们注重于葬礼的种种具体节文，就很难相信它们背后全都有人情的普遍性作为根据。正如在孔子门人厚葬颜渊的例子中，悲恸之情虽然都会驱使不同的人践行葬礼，但以厚葬还是薄葬去体现此悲恸之情，大可因人而异。

事实上，礼的很多具体节文之所以恰恰是如此，是难以溯源于人情的普遍倾向的。以三年丧为例，何以恰恰是三年？我们很难想象，不同的人只要对其父母之离世有所悲哀、有所不舍，就会不约而同地自然表现出三年丧之行。正由于此处有因人而异的因素，所以荀子在论礼的制定时，除了"中取则于人"外，还要"上取象于天，下取象于地"（《荀子·礼论》），以求解释礼文的确定性。例如丧服何以断于期，荀子说："天地则已易矣，四时则已遍矣，其在宇中者莫不更始矣，故先王案以此象之也。"（《荀子·礼论》）这种"取法天地"的思路，到汉儒仍然持续着。如《白虎通·五行》有言："丧三年何法？法三年一闰，天道终也。"至《丧服》则更详论：

三年之丧何二十五月？以为古民质，痛于死者，不封不树，丧期无数，亡之则除。后代圣人，因天地万物有终始，而为之制，以期断之。父至尊，母至亲，故为加隆，以尽孝子之恩，恩爱至深，加之则倍，故再期二十五月也。礼有取于三，故谓之三年。缘其渐三年之气也。

古民质朴，不知节制其情，以至"丧期无数"。而三年之节文，实为后代圣人取法天地而制断的结果。此"制"、"断"之义，荀子的"立中制节"表达得更为精彩：

> 三年之丧，二十五月而毕，若驷之过隙，然后遂之，则是无穷也。故先王圣人安
> 为之立中制节，一使之足以成文理，则舍之矣。（《荀子·礼论》）

人对其亲的思念可以至死无穷，若直任其情，将泛滥而无节，因此礼的节文并非由情所自然引生，而是来自圣人的"立中制节"。姑勿论荀子以及汉儒这种"取法天地"的思路——将礼文的根据寄托于天地万物——能否经得起今人的理性考验，至少他们的根本考虑，即人情不会自然直接延伸成礼文，是不应忽视的。唐君毅先生批评荀子"未尝及于人性情之表现，亦可自有其自然之节奏、段落、方式，以成此礼乐之节文之处"，恐怕荀子并非不曾考虑这种可能性，只是他更相信：普遍而言，人情之自然不足以成礼义文理。

唐先生试图通过将礼收归于情，以礼文为情的延伸，来取消践礼工夫的独立性，以及践礼作为学者求仁中的手段，给予"克己复礼为仁"一种情意化的诠释。在本文看来，这是不能成立的。一则孔子虽从礼中点出情来，但仍视"无违"为一种独立工夫，以收制情之效，足见孔子本就不相信情感有自然表现成礼文的足够力量；一则所谓"人情原自将表现为种种礼仪"，根本不足以取消践礼工夫的独立性，从而化约成情的工夫。因为人情仅能指向礼仪的轮廓，至于具体节文的确立，则牵涉到情感以外的因素。说礼的节文都能一一溯源于人情，是难以令人相信的。

由于"人情原自将表现为种种礼仪"是唐先生的诠释得以证成的理据，既然此理据不能成立，他的诠释便站不住了。

四、"仁"作为"内外合一"的境界

既然践礼（无违）在孔子思想中是一种独立工夫，不能化约成情的工夫，则"克己复礼"的"礼"自当作行为的规矩准绳解，而践礼亦是求仁的手段。然而，唐先生的诠释自有一种洞见，是本文必须响应的，就是"情是仁的实质，不由践礼而有"。上文说过，"情不由践礼而有"本身既是一种合理的观点，而从情的方向去理解"仁"亦能得到孔子的说法印证。值得注意的是，唐先生其实并非直接以"仁"等同于情，而是再翻上一层，以"心"释"仁"，作为情的根源。[⑭]心与情的关系可说是一种"体用关系"：心是情的根据（体），情是心的呈用（用）。只要此心"觉醒"，就会有情的发用。所谓"情是仁的实质"，实即意谓情（如礼敬之情）是"仁心"的呈用。这当然是一个很值得探讨的观点，但无论是情还是心，其实都同属一种将"仁"向内收的进路：不将"仁"依托于外在的礼，而是将之内收为情或心。对本文的主题而言，我们只需注目于这种内转进路，至于以心释"仁"的特殊课题，暂可不予深究。唐先生的内转进路为本文对"克己复礼为仁"的诠释提出了这样的挑战：仁属内（不管是情还是心），内者不由外在的践礼而生，然则说"复礼"——依循行为的规矩准绳，又有何益于求仁？

其实只要不将"仁"向内收，就不会出现上述问题。本文正是认为，我们不应对孔子的"仁"作内转式的理解。虽然孔子从礼中点出情感一面，但并不表示他就将"仁"完全收归于内。我们读《论语·八佾》，见孔子说哀戚是丧礼之本，又说"人而不仁，如礼何"，很容易会将"仁"与情感联系起来。但应注意：第一，说情感是"礼之本"不表

示情与礼之间就有一种严格的体用关系,仿佛有情为"体",自能生起中礼之"用"。第二,说"人而不仁,如礼何",不一定就表示"仁"是前于礼而作为某种在"内"的"体"。孔子的意思是人倘若只有外在的中礼而无仁,则徒守礼节是没有意义的。我们无需因此就将"仁"理解成一种心境,甚或一个"心体",而亦可以理解成一种既中礼,又有相应的真情实感的"情礼兼备,内外合一"的境界。情形就好像我们说:"学生如非品学兼优,则徒有优异的学业成绩是没有意义的。"这句话的意思并不是要将"品学兼优"化约为只是操行优良,因为"品学兼优"本身所表明的就是一种操行和学业成绩两面俱佳的境界。我们如此理解孔子的"仁",出于两点考虑:1. 孔子既重视情,亦重视践礼,正如他论孝时既说"敬",又说"无违";2. 而"敬"不能保证"无违","无违"始终是一种独立工夫。因此,为安顿孔子情礼并重之意,本文不赞成对"仁"作内转式的理解,而坚持说成一种"内外合一"的境界,旨在表明"内"与"外"各有独立意义,不相互从属、相互生发,不能由任何一面的工夫所贯彻。

事实上,孔子说"文质彬彬"正好彰显其"内外应兼备,但彼此不能互相化约"的思维:

> 子曰:"质胜文则野,文胜质则史,文质彬彬,然后君子。"(《论语·雍也》)

从"质胜文则野"、"文胜质则史"两种情况可以看出,"质"与"文"基本上是各自独立的,"质"本身并不保证有相应程度的"文",反之亦然。因此,要成为"文质彬彬"的君子,就需要在"质"与"文"两面着力修养。

另外,孔子自述其为学历程的发展亦有值得注意之处:

> 子曰:"吾十有五而志于学,三十而立,四十而不惑,五十而知天命,六十而耳顺,七十而从心所欲,不逾矩。"(《论语·为政》)

我们看"七十而从心所欲,不逾矩",这个"矩"无疑是属于礼的领域。孔子表示,他70岁时即很能根据自己的心愿去行动,并且每一行动都能符合礼的要求。就是说,一方面他行为上的"不逾矩"并不是一种形式主义,而是本于心之所欲;另一方面他的行动虽"从心所欲",但不会泛滥而无节。从孔子将"心"和"矩"对扬,可知两者本来存在张力,消弭这种张力,达至"心"与"矩"的和谐就是学者修养的目标。可以想象,这种境界是学者在"心"与"矩"两面着力而至醇乎醇的结果。在这过程里,彼此经常会出现不协调的情况,而需要不断调节和修正。

上面举出"文质彬彬"和"从心所欲,不逾矩"的例子,是想说明孔子在学者成德的课题上,并无表现出化约论的倾向,甚至自觉地极力避免化约。而将"仁"作内收的做法却恰恰是一种化约论的取向,试图将践礼收摄于情或"仁心",将中礼说成是"仁心"的直接延伸。上文屡言,这种进路是不成功的。因此,"仁"不应内转为情或心。为免遗落孔子重礼之独立性一面,"仁"应理解成"情礼兼备,内外合一"的境界。既然如此,"克己复礼为仁"的"非内转"诠释——"仁"必须通过习礼、践礼而后得——自然是合理的。"仁"不应作内转的解释,"礼"亦无需勉强作情意性的理解,而成"礼敬之情"、"礼敬之意"。依孔子，无违于礼理应是求仁（个人成德）的一种必要且独立的工夫。

注　释：

①②③④⑤⑥⑦⑧　唐君毅：《中国哲学原论·原道篇》卷1，香港新亚书院研究所 1973 年版，第 93～94、94、94～95、95～96、97、97、97、96 页。

⑨　唐君毅：《中国哲学原论·原道篇》卷1，第 95 页。

⑩⑪⑫⑬　唐君毅：《中国哲学原论·原性篇》，第 97、98、99、99 页。

⑭　参见唐君毅《中国哲学原论·原道篇》卷1，《孔子之仁道》（上），第 71～109 页。

（作者为香港中文大学哲学系博士研究生）

唐君毅人文宗教观与宗教宽容

□ 刘国强

中国近代自清末以来，受到列强侵凌，百多年来，知识分子念兹在兹者，是中国的富强。五四运动以后，知识分子喊出口号，是"德先生"与"赛先生"——科学与民主，都希望通过输入西方的民主与科学使中国达到富强。至于宗教，百年来却一直并未进入绝大部分知识分子的思考议程里，宗教对于他们似乎并非这样迫切及重要。然而唐君毅先生却认为宗教问题是现代中国文化的重要问题之一。他说：

> 由西方文化之入中国而生之现代中国文化问题之一，乃宗教问题。这个问题之复杂性与重要性，不亚于现代中国之任何文化问题，如科学、民主、道德、教育问题。[①]

唐先生指出，宗教问题没有受到应有的重视，固有种种原因，[②]但是更深的原因，是中华民族是在宗教上最富宽容精神的民族。[③]宗教问题虽然没被积极思考，但是百多年来牵连于现实政治经济文化的事件与问题，皆与宗教问题相夹杂，比如清末以来，基督教的传入是跟着西方的资本主义帝国主义之后而来的。太平天国、义和团，在某种意义上，可以说是宗教战争，是变相的基督教与儒教、基督教与佛教的战争。[④]康有为、陈焕章奉孔子为教主建立国教，与章太炎、欧阳竟无、太虚、梁启超、蔡元培等之激烈反对，及民国建立，否定了清末之尊经尊孔之教育宗旨。以至唯物的物本思想，以代替儒家的人本思想，也挡住了西方神本的宗教思想。[⑤]所以唐君毅先生认为，我们应该较五四时代进步，自觉肯定宗教的价值，并建立一种思想，确认各种宗教之长，以成就各种宗教之间的相互宽容。并肯定儒家思想中的宗教意义，可以使人安身立命，作为儒家的教化基础。[⑥]

一、本文之目的

本文之目的，是在当前时代宗教危机与困境中，进一步阐述唐君毅先生肯定宗教的存在和宗教宽容之重要性，以及阐述唐君毅先生儒家人文宗教观的主要论点，并以人文宗教观作为宗教宽容的理论基础。

二、当前科技资讯时代宗教的紊乱与危机

科学技术的发展，对于宗教而言，常产生一种吊诡现象。一方是传统宗教信仰受到动摇而低落，一方是各种新宗教的兴起，使宗教信仰世界越显紊乱，莫衷一是。

科学理智精神与宗教信仰精神，在一义上是相对反的精神，理智精神是不断对"为什么"的追问。宗教精神是肯定与投入。因此若是从科学理智精神中寻求对宗教的肯定，往往至多只是绕到信仰之背后，对宗教的存在作历史与社会政治等因素说明，而不能直接证明信仰对象的神之存在。科学理智分析及验证的精神往往带来对传统宗教信仰的动摇。由科学技术发展带来的 19 世纪兴起的工业革命，同时也带来了宗教的低落，19 世纪末尼采（Nietzsche）高喊"上帝已死"，以及 20 世纪上半叶兴盛的实证主义，逻辑实证论哲学，以至存在主义中的无神论者如萨特（Sartre）的流行，都说明了西方宗教的低落。

科学理智之继续发展，科学技术之日益进步，到了 20 世纪 70~80 年代，西方欧美工业先进国家由工业化进入了后工业化时代，而到 20 世纪 90 年代中期，资讯科技的发展，互联网的出现，使人类步入全球化的时代。⑦全球化是由资讯带动，地球真实的变成了一个地球村。全球在资讯及经济上紧密关联。全球化时代可以说更是一个科学与理智精神进一步发展的时代。各种宗教教义与信息可以迅速地传送到地球的大部分角落。正如玛丽·费雪（Mary. P. Fisher）在她的《21 世纪的宗教》（Religion in the Twenty-first Century）中所说：

> 许多宗教组织，无论大小，都在网际网络上设有网址，透过上网面向全世界传扬他们的信息。⑧

的确，正如费雪所指出的，天主教教宗若望保禄二世也热诚欢迎电脑通讯时代的来临，称之为"心福传"的机会。另对近年兴起的基督教中的福音派与圣神同祷会（Pentecost）便非常善于利用电子科技传扬福音。"美国线上印度教论坛"（Hinduism Forum of America Online），也是另一个好例子。⑨

除了当前宗教利用资讯科技广泛传教外，在这一个由科学技术进一步发展，由工业社会进入资讯全球化时代，一个值得注意的现象是新兴宗教与新兴教派此起彼落，正如费雪指出：

> 从 19 世纪起直到 20 世纪，兴起了许多新兴宗教，全球宗教成分因此愈趋复杂。自 20 世纪中期以来，已有数千种宗教出现。⑩

各种正邪宗教也有，如 20 世纪 80 年代美国的"人民神殿教"在非洲一条由该派教徒聚居的村落，全部 900 多教徒服毒自杀死亡。笔者在新加坡时，日本佛教新兴教派日莲正宗大力传教，笔者也受一位信此教的同事邀请到他们的现代化教堂，听像一般人装束的教会干事讲教义。而使我感到奇怪的，是他们说用中文或英文念"阿弥陀佛"都不能得救，只有用日文念才可得救，我问为什么，所得的答复是：因为现在时代的因缘和合，使日文

才有效。但这样的判断所根据是什么，却不闻其详。很多宗教为了传教，使教会企业化、组织化、也俗世化。究竟哪些才是宗教真理，一般人也不明白所以，总之信者得救。费雪提到的克里希纳（Hara Krishna）教派复兴运动，⑪笔者 80 年代初在美国读博士的时候，也多次接触过这一教派的传教士，也被引领与一个中年的教会领袖倾谈。席地而坐，每次也谈了很久，他还送了我一本探讨自我问题的书，这一派是承印度婆罗门教对自我问题的探讨而来。费雪在其书《21 世纪宗教》里也列举了不少教派和在美国有魅力的宗教领袖。⑫

问题是这么多的宗教与教派，各宗教与教派都力图吸收教徒，扩大影响力，说好的是都希望他们宗教的真理让更多人知悉和信仰，然而，宗教往往排他性甚强。究竟宗教是带来人类的融合幸福，还是人类的分裂阻隔也很难说。而在工业化现代化资讯全球化的时代，个人主义以及个人经济独立，很多时候同一个家庭中的三四人便可以各有各的宗教信仰。资讯全球化使宗教之竞争，与宗教的对立更见严重。费雪也指出在 20 世纪末全球出现了回教精神复兴现象。单在土耳其，每年新建的清真寺便有 1 000 座左右⑬。美国"9·11"事件，固然是恐怖主义肆虐，但背后也有伊斯兰教教徒对西方以基督教信仰为主的先进国家尤其对美国的不满。而美国总统布什出兵伊拉克开始时却漏口风说是"十字军东征"。美国哈佛大学国际和地区问题研究所所长、著名政治学者亨廷顿（Samuel P. Huntington）在他的重要著作《文明的冲突与世界秩序的重建》⑭中指出，在 21 世纪，世界将是由 7 个到 8 个主要文明的核心国家所组成，这些文明包括西方基督教文明、回教伊斯兰文明、中华文明、俄罗斯东正教文明等，基本是依据不同宗教建立的文明，21 世纪将是不同文明间的较力与冲突。

总括而言，不同宗教的了解与融通对化解不同文明间的冲突有着十分重要的意义。当前世界全球化趋势仍只是资讯的和经济金融的全球化，真正全球化必须依赖于文化的融通，而文化的融通不能离开宗教间的了解与融通，以及宗教的宽容。在这一世界态势下，我们可以了解对宗教问题思考的重要性，以及唐君毅先生人文宗教观的时代意义。

三、科学在中国带来反宗教

在西方文化的传统中，理性（reason）与信仰（faith）一直是处于相对立的位置。建基于理性与知性（cognition）的西方哲学与科学，长期以来都对宗教信仰有所怀疑与挑战，或人们受到基督教会的压迫，成为宗教奴婢甚至被视为异端。西方现代哲学在文艺复兴后人的理性抬头后，仍有不少系统：笛卡儿（Descartes）、莱布尼茨（Leibniz）、史宾诺萨（Spinoza）、巴克莱（Berkeley）等的系统，把他们的哲学系统建基于上帝。笛卡儿的心物二元论，心物的对应关系根源于上帝，上帝才是最后的实在；莱布尼茨的无数单子的和谐，是上帝的预定；史宾诺萨把心与物视为上帝众多属性（attributes）的其中两种；巴克莱认为有一个无限的心灵，上帝的心灵，时常知觉事物，以保障事物本质为观念存在的客观固定性。因此上帝在这些系统中成为不可再作解释的系统基础，上帝成为了理性系统中的最大反理性。

另一方面，由经验主义、实证主义下来的哲学，如逻辑实证论、分析哲学、科学主义、唯物论，皆把上帝赶走，所以真实的世界就只有经验的世界、物质的世界与科学的世界，上帝的信仰变成了人的主观情绪的表达，人的幻想的产物，或至多是一种具有社会功能的现象。

所以，在西方，近代科学的突飞猛进，也带来了宗教信仰的低落与危机。中国五四运动后，受西方的影响，崇尚科学，因此往往视宗教信仰为迷信，为不科学。蔡元培在1912 年出任国民政府第一任教育总长，提出"五育"，并主张美育代替宗教。认为科学的发展已经解决了过去无法解决而只好寄情于宗教来解决的问题，故无需再有宗教[15]。胡适为杜威（Dewey）的学生，深受杜威的实证主义的影响，常强调有一分证据说一分话，我们如何能有上帝存在的证据呢？因此胡适以人类的不断进化之信仰代替宗教。吴稚晖则以吃饭、生小孩、招呼朋友之人生观为其新信仰[16]。而马克思恩格斯的唯物论，认为宗教为麻痹人民的鸦片，亦为一时代的知识分子所信奉。

所以，五四运动以后，中国知识分子主流是反宗教的。

四、唐君毅的人文宗教观

1. 宗教超越于科学与认知的世界

唐先生认为宗教不在科学的世界和认知的活动上立根。他说：

> 宗教根本不在科学之世界中立根，而它亦不是依于人对自然世界的无知，及错误迷妄的知识或迷信而起，因它根本不是依于人之求知之活动而起，而是依人之超越求知活动本身，之超知的其他人生要求、人生活动而起。[17]

科学与认知皆不是作为宗教的根源或基础，因为科学与科学知识在人文世界与人生经验全体中，有其确定的限制。唐先生强调，此种限制，不必从有什么东西绝对不能成为科学之对象上说，而是科学的精神态度，与人类其他文化活动的精神态度，如宗教的精神态度，艺术文学的精神态度，道德的精神态度，在开始时便是不同的。科学态度与科学知识的应用，必须有为之作主的东西，此作主的东西便是儒家传统所强调的仁心[18]。科学的精神，即理智分析的精神，在开始时，都是剖开破分对象。若顺此一往向前的剖裂分析，可以是一无休止的历程，事物终被无止境地分割，而致无任何东西之存在。人不过是一堆机能的集合，甚至是细胞及原子电子质子的集合。科学理智的分析，必然归到绝对的怀疑主义、虚无主义[19]。所以需有"曲成万物而不遗的仁心"，"同时是把我与其他人所经验之世界，一一平等地定置下来，以尽量求其俱存"。[20]也就是说，仁心超越了虚无主义，而能有所确立有所信仰。宗教不能在科学与认知世界中寻求根源或基础，而是超越科学与认知世界之外之仁心寻求其根源。

2. 宗教之必须与必然存在的更深理由

一般而言，人们需要宗教，是因为人生是短暂的，人生不满百，就算人活过一百岁，也终得面对死亡。死亡使人面对有限而追求超越，宗教使人在有限的人生中建立无限的意义。除此之外，人在现实人生世界中，常不免面对无奈的痛苦、罪恶、恐惧及其对宇宙之无知，这都会引发人们的宗教信仰。而宗教在维持一个团体、社会或者国家亦有其凝聚力。以上的理由，皆可说明宗教存在的原因。然而以上这些人生、社会、文化需要之理由，也不必然地说明宗教之必须存在。因为人可以接受人生有限之事实，而主张及时行乐，今朝有酒今朝醉；人亦可认为科学技术的发展，将可逐步解决人类所面对疾病与自然灾害所带来的痛苦；人亦可通过知识之增加，对自然及人心理各种规律的把握，人最终可以去除一切由无知而带来的恐惧；又或可以有人如行为主义者史坚纳（Skinner）等主张，通过对人之行为的控制与强化（reinforcement），以固定人们有道德的有利于社会的行为，便可以解决人类罪恶之问题。至于说宗教带来的团体、社会凝聚力，反对宗教的人同样可以强调宗教带来的排他性，由此引起的宗教战争，更见惨烈。

因此，若只从人生与社会及文化需要的观点来建立宗教的必然性，仍然是没有达到目的的。唐君毅先生固然强调我们需要自觉地肯定宗教的价值，然而我们也需要在人生社会文化需要的观点之外，从纯哲学理论的观点，以建立宗教必然存在的理由。所以，依唐先生的看法，宗教的必然存在，有其更深的理由。唐先生说：

> 宗教之成立，乃另有其精神基础，此即人之超越现实世界之精神需求。此超越现实世界之精神需求，乃由人之心灵之具备超越性，而不容己的发出者。[21]

唐先生进一步解释说，此超越现实世界之精神需求，是贯注于人类高高低低的宗教，是一种"求价值的实现与生发之超越的圆满与悠久之需求"。[22]此种要求是人之仁心不容己和必有的需求，因此，宗教是在此种必有的需求中而为"必有"之肯定。[23]所以唐先生对宗教的肯定，不单指如康德那样以上帝的存在的设定是为了保障德福合一，更重要的，唐先生强调："人类除求一般之幸福、快乐，求客观社会上之正义之实现以外，尚欲求圆满的德行。"[24]所以人对宗教的要求是一种永恒的要求，因超越的圆满是在不断的追求过程中。故也可以说，在唐先生看来，宗教的必须与必然存在的基础在仁心。这是儒家的基本立场。

3. 宗教精神之伟大与儒教之能立与当立

唐君毅先生不仅认为宗教为人所必须所当有，而且认为宗教精神是伟大的。[25]唐先生更明确地说：

> 宗教原为人类精神生活之一最高表现。一切宗教初皆源于人类之向上的心情。[26]

对于唐先生来说，儒家虽非一般宗教，其具有宗教的意义与精神是无可怀疑的。虽然一般人，甚至学者都以儒家仅为人伦道德之教，早期西方的传教士如利玛窦等，也曾强调儒家只是关于人伦秩序的教训，没有宗教信仰，故需要基督教上帝的信仰。这些看法，都是对儒家的精神了解不足所致。牟宗三先生1960年在台南神学院所讲的《作为宗教的儒教》，与唐先生的看法相当一致，儒教的重心虽在人，但在日常生活轨道中起教化作用，儒教虽未成为普遍一般的宗教，却"有高度的宗教性，而且是极圆成的宗教精神。"[27]唐先生与牟宗三先生确实在儒学的见地上有所相契。唐先生指出"儒教之能立与当立"，"中国之儒学原有宗教意义，先秦之礼教有祭天、祭祖，亦祭有功烈之人与贤圣，即可成为宗教。"[28] "儒者所言尽心知性，道德上实践工夫，即一直继承一切宗教之根源处。而自上而下所开启之实践工夫"，"由此儒家的心情，即达到另一种形而上的及宗教性之境界。"[29]

唐君毅先生区分两种宗教精神，一种是世俗的宗教精神，是指那些只坚持执著信仰，并由对神的信仰祈求而得成功与幸福。另一种是真正的宗教精神，是指一种真正感到人生罪恶的存在，自觉的生出忏悔心、悲悯心，去从事道德文化实践。[30]唐先生认为儒家具有真正的宗教精神，唐先生强调在中国文化未来的发展中，儒教应立与能立，而且应该展现一种新的精神面貌。他强调：

> 吾人所向往之新宗教精神，必须由吾人传统宗教精神以长出，而不能外袭。[31]

4．新宗教精神与宗教宽容

这种新宗教精神，正是由儒家所肯定的仁心开出，而仁心正如前文所说是仁心发出要求价值超越的圆满与悠久之需求，也是一切宗教生发形成的基础。而其他宗教不一定能自觉到这一层面。不能自觉到宗教兴起的共同根源处，即只从宗教信仰之对象内容或天神之不同而有不同发展，因此而在历史上便出现种种不同形态的宗教意识。在他的《文化意识与道德理性》中，唐先生列举了10种从低到高的宗教意识。[32]唐先生认为宗教意识之充分发展，亦必须有对圣贤豪杰与祖先之崇拜皈依。所以自觉根源于仁心而发展的充量宗教意识，一方面必须发展儒家人文宗教的包括祭天地、祭圣贤、祭祖宗的三祭信仰，一方面肯定高高低低的宗教，各种形态的宗教亦各有价值。如唐先生所说：

> 人以禀赋或根性及所感宗教问题之有不同，即可使各种宗教，咸有其信徒。而各宗教应当各有其信徒，方能成就人文世界中宗教世界之丰富与充实。[33]

因此，唐先生对现存世界各大宗教的特色与价值皆有所肯定。如回教之重公平报偿，其主宰之神凸显为正义之神。基督教的凸显罪恶意识，佛教印度教之凸显苦痛与解脱。道教的谦卑，吸收各种宗教及求自然生命的超脱。[34]唐先生对于各种宗教皆加以肯定。本仁心的"求价值的实现与生发之超越的圆满与悠久之要求"，也不是使一切宗教融合为一个宗教，这是不可能的。[35]唐先生明确地说：

> 我们并不要建立以融合一切宗教之宗教。[36]

而重要是在了解各种宗教之根源是"同根于吾人心灵精神之本体之一方面之精神需求，而不见其有冲突。"[37]本此初不冲突之根源，让我们引唐先生的希望作为本文的结论。

> 惟是望不属于任何宗教，或若干信宗教而排斥其他者，能分别尊重人类之宗教。
> 由此分别尊重宗教之精神，还以感染宗教徒之狭隘者，即可使人类之各宗教，日成其

互相涵容，并求逐渐贯通之实。㊳

注　释：

　　①②③④⑤⑥　《唐君毅全集》卷 6《中国人文精神之发展》，台北学生书局 1990 年版，第
329、329 ~ 330、331、333、335 页。

　　⑦　关于全球化之意义及性质，可参考拙作《全球化发展与儒家价值教育的资源》，载香港中
文大学教育学院《教育学报》第 32 卷第 2 期，2004 年冬。

　　⑧⑨⑩⑪⑫⑬　据尤淑雅译本。《21 世纪宗教》，台北城邦文化发行 1999 年版，第 32、31 ~
32、109、112、111 ~ 139、99 ~ 100 页。

　　⑭　Samuel P. Huntington（1996）. The Clash of Civilization and the Remaking of World Order. 周
琪，刘绯、张立平、王圆译，新华出版社 1999 年版。

　　⑮　蔡元培：《美育代宗教》。

　　⑯⑰⑱⑲⑳㉑㉒㉓　《唐君毅全集》卷 6《中国人文精神之发展》，台北学生书局 1990 年版，
第 336、338、112 ~ 118、122 ~ 123、128、337、339、340 页。

　　㉔　《唐君毅全集》卷 1《中国文化之精神价值》，台北学生书局 1990 年版，第 436 页。

　　㉕　《唐君毅全集》卷 10，台北学生书局 1990 年版，第 204 页。

　　㉖　《唐君毅全集》卷 8，《中华人文与当今世界》（下），台北学生书局 1990 年版，第 59 页。

　　㉗　《牟宗三全集》卷 28，台北联经出版公司 2003 年版，第 107 页。

　　㉘　《唐君毅全集》卷 10，《中华人文与当今世界补编（下）》，台北学生书局 1990 年版，第
401 页。

　　㉙　《唐君毅全集》卷 6，《中国人文精神之发展》，第 371、373 ~ 374 页。

　　㉚　张祥浩：《唐君毅思想研究》，天津人民出版社 1994 年版，第 141 页。唐先生原文所论虽
不多，笔者接受这一区分。见《唐君毅全集》，卷 5，第 29 ~ 31 页。

　　㉛　《唐君毅全集》卷 6，《中国文化之精神价值》，第 540 页。

　　㉜　《唐君毅全集》卷 20，台北学生书局 1990 年版，第 495 ~ 506 页。

　　㉝㉞㉟㊱㊲㊳　《唐君毅全集》卷 6，《中国人文精神之发展》，台北学生书局 1990 年版，第
359、345 ~ 358、359、360、359 页。

（作者单位：香港中文大学教育学院）

徐复观论儒家与宗教

□　李明辉

　　20 世纪 90 年代之初，余英时先生发表了《钱穆与新儒家》一文①，反对将钱穆先生列入"现代新儒家"之列。此文一出，立刻在学界引起了关于如何界定"现代新儒家"（或"当代新儒家"）的热烈争论。在这场争论中，刘述先先生提出了"狭义新儒家"与"广义新儒家"的区分：前者特指由熊十力开创，为唐君毅、牟宗三、徐复观所继承的思想方向，后者则包括其他不属于此系，但也认同儒家传统的代表人物（钱穆先生自然也被归入其中）②；而唐君毅、牟宗三、张君劢及徐复观四人于 1958 年联名发表的《为中国文化敬告世界人士宣言》（以下简称《宣言》）则被视为"狭义新儒家"的共同纲领③。刘先生的这项说法有一定的合理性，因此在学界颇有影响力。

　　学派的分类本来只是学界的一种约定俗成，未必有严格的标准。况且无论是"现代新儒家"还是"当代新儒家"，原先都是出自其他持不同立场的人或是从事客观研究的学者，而非当事人本身的自我标榜。直到唐、牟、徐这一代，如今被归入"现代新儒家"之列的代表人物（无论广义还是狭义），从未以此为标榜。据我所知，在台湾最早使用"新儒家"一词来指称唐、牟、徐等人的是天主教学者。笔者也曾多次亲闻牟先生说：他从未自称为"新儒家"，但若有人如此称呼他，他也不反对。

　　罗义俊先生曾指出一个略带讽刺性的事实：尽管余先生在《钱穆与新儒家》一文强调钱先生拒绝在《宣言》上签字，是为了避免门户之见，但上述的争论反而坐实了门户之见④。为了真正避免无谓的门户之见与争论，笔者建议将"现代新儒家"视为一个"学圈"（Kreis/circle），而非"学派"（Schule/school），如西方现代哲学中所谓的"维也纳学圈"（Wiener Kreis）。"学圈"的概念远较"学派"宽泛，它基本上仅需要有共同关切的问题领域与大体一致的思想方向即可，而不排除其成员对个别问题持有不同的，甚至相互对立的看法。

　　笔者在《牟宗三思想中的儒家与康德》一文中曾指出：钱先生之所以未参与《宣言》之签署，与其说是为了避免门户之见，不如说是由于钱先生与唐、牟、徐、张四人自 20世纪 50 年代以来在学术观点上逐渐显示出来的重大分歧。⑤但这无碍于我们将钱先生与唐、牟、徐、张四人归入同一个"学圈"，因为在基本方向上，他们均坚持以儒家思想为本位，吸纳西方文化，以促成中国之现代化。退一步来说，即使在共同签署《宣言》的四人之间，亦存在不少观点上的分歧。例如，唐、牟二人对朱子学的不同评价，是学界所共知的。但一般学者往往忽略在儒学与宗教的关系之问题上，徐复观先生与其余三人（尤其是唐、牟二人）的观点之间也存在微妙却根本的差异。

《宣言》系由唐君毅先生所起草，分别寄给其他三人，根据他们的意见加以修改后开始定稿。它开宗明义地检讨西方人对于中国文化的误解或成见，其中一项成见便是认为：中国人只重视现实的伦理道德，而欠缺宗教性的超越感情，故中国的伦理道德思想只涉及规范外在行为的条文，而忽略精神活动的内在依据。这种成见可以上溯至黑格尔。⑥《宣言》的第五节《中国文化中之伦理道德与宗教精神》便特别驳斥这种成见。他们固然承认：中国文化中并无西方那种制度化的宗教与独立的宗教文化传统；但是他们断然否认：中国民族只重视现实的伦理道德，缺乏宗教性的超越感情。在他们看来，中国人的宗教精神表现为另一种形态，即是以伦理道德与宗教精神为一体之两面，而非如西方文化中道德与宗教之二元分途，此一特性使"中国民族之宗教性的超越感情，及宗教精神，因与其所重之伦理道德，同来原于一本之文化，而与其伦理道德之精神，遂合一而不可分"。⑦

唐先生在其《心物与人生》一书中曾表示："宗教亦是人文世界之一领域。宗教之为文化，是整个人生或整个人格与宇宙真宰或真如，发生关系之一种文化，亦即是天人之际之一种文化。"⑧在这种意义的"宗教"当中，宗教与文化（人文）是一体之两面，即文化即宗教。这种特色正是美国学者芬加瑞（Herbert Fingarette）所谓的"即世俗而神圣"（the secular as sacred）。⑨

论者往往将儒学视为一种"人文主义"（humanism）。不过要注意的是：在西方，"人文主义"一词通常意谓与宗教的分离，甚至对立；而儒学（至少先秦儒学）却明确包含一个宗教的面向。因此，牟先生将儒学视为一种"人文教"，意即人文主义与宗教之合一。他在其《人文主义与宗教》一文中阐述此义如下：

> 人文教之所以为教，落下来为日常生活之轨道，提上去肯定一超越而普遍之道德精神实体。此实体通过祭天祭祖祭圣贤而成为一有宗教意义之"神性之实"，"价值之源"。基督教中之上帝，因耶稣一项而成为一崇拜之对象，故与人文世界为隔；而人文教中之实体，则因天、祖、圣贤三项所成之整个系统而成为一有宗教意义之崇敬对象，故与人文世界不隔：此其所以为人文教也，如何不可成一高级圆满之宗教？唯此所谓宗教不是西方传统中所意谓之宗教（Religion）而已。⑩

在同一文中，他也将"人文教"称为"道德宗教"⑪。其后，他在《心体与性体》中扩大"道德宗教"之涵义，以之涵盖儒家的"性理"、佛家的"空理"与道家的"玄理"，并且特别表示："宋明儒所讲者即'性理之学'也。此亦道德亦宗教，即道德即宗教，道德宗教通而一之者也。"⑫康德也有"道德宗教"的说法⑬。但牟先生当时使用"道德宗教"一词，似乎并非受到康德的影响，而是与康德不谋而合。

在《宣言》发表多年之后，1980年8月，徐复观先生接受林镇国等三人的访问时，作了如下的告白：

> 这篇宣言是由唐先生起稿，寄给张、牟两位先生。他们两人并没表示其它意见，就签署了。寄给我时，我作了两点修正：

（1）关于政治方面。我认为要将中国文化精神中可以与民主政治相通的疏导出来，推动中国的民主政治。这一点唐先生讲得不够，所以我就改了一部分。

（2）由于唐先生的宗教意识很浓厚，所以在"宣言"中也就强调了中国文化中的宗教意义。我则认为中国文化原亦有宗教性，也不反对宗教；然从春秋时代起就逐渐从宗教中脱出，在人的生命中扎根，不必回头走。便把唐先生这部分也改了。

改了之后，寄还给唐先生，唐先生接纳了我的第一项意见，第二项则未接受。这倒无所谓。就这样发表了。⑭

这项告白为我们提供了一条明确的线索，有助于了解徐先生在儒学与宗教的关系问题上之不同见解。从这段告白中，我们可以了解：在徐先生看来，先秦儒学中的宗教面向仅是其发展过程中偶然出现的历史因素，而非其本质的部分；换言之，道德可以完全独立于宗教之外。他的观点其实类乎西方近代的人文主义，也就是与宗教分离的人文主义。这是他与唐、牟二人之间最主要的分歧点。

对于儒学与宗教的关系之问题，徐先生的这种看法自然不是突然形成的，而是奠基于他对于中国思想史的长期研究。在其《中国人性论史·先秦篇》中，他将整个先秦思想史的发展理解为由原始的宗教意识逐步人文化之过程。根据他的说明，这种人文化的转折是通过周人的"忧患意识"而形成，而这种"忧患意识"则是通过"敬"的观念而表现。他将这种"忧患意识"与作为原始宗教之基础的"恐怖意识"加以对比：在原始宗教中，一般人往往在恐怖与绝望中感到自己的渺小，而放弃自己的责任，将自己的命运诿诸外在的神；反之，"忧患意识"却是起源于人在精神上的自觉，而表现为对事物的责任感⑮。徐先生总结说：

> 周初所强调的敬的观念，与宗教的虔敬，近似而实不同。宗教的虔敬，是人把自己的主体性消解掉，将自己投掷于神的面前而彻底皈归于神的心理状态。周初所强调的敬，是人的精神，由散漫而集中，并消解自己的官能欲望于自己所负的责任之前，凸显出自己主体的积极性与理性作用。⑯

事实上，牟先生非常赞赏"忧患意识"与"恐怖意识"的说法，而在其《中国哲学的特质》中加以采用，以"忧患意识"代表儒家，"恐怖意识"代表耶教，再加上佛教的"苦业意识"。

徐先生自然也知道：在《论语》的记载中，孔子不时使用"天"、"命"、"天命"、"天道"等传统的宗教概念，甚至自言"五十而知天命"。对于这种现象，徐先生在《中国人性论史·先秦篇》中提出了他的解释。首先，他强调孔子在《论语》中所说的"天"、"天命"或"天道"与"命"字的不同涵义。他指出：凡《论语》中单言"命"字之处，均是指运命之"命"而言；对于这种意义的"命"，孔子一概归诸不可求的领域，而采取存而不论的态度⑰；但对于所谓"天"、"天命"或"天道"，孔子的态度就完全不同了。徐先生认为：

> 孔子的所谓天命或天道或天，用最简捷的语言表达出来，实际是指道德的超经验

地性格而言；因为是超经验的，所以才有其普遍性、永恒性。因为是超经验的，所以在当时只能用传统的天、天命、天道来加以征表。道德的普遍性、永恒性，正是孔子所说的天、天命、天道的真实内容。[18]

根据这种解释，当孔子使用"天"、"天命"、"天道"等传统的宗教语言时，他所要表达的仅是道德之超经验性，而无任何实质的宗教意涵。在这个意义下，孔子五十所知的"天命"乃"道德性之天命，非宗教性之天命"[19]，而他之"畏天命"，实即是"对他自己内在的人格世界中无限的道德要求、责任，而来的敬畏"。[20]基于这种理解，徐先生批评日本学者狩野直喜以孔子之所谓"天"、"天命"、"天道"皆是宗教的意义，而不应附以哲学的意义，认为"这恐怕与《论语》整个的精神不合"[21]。因此，徐先生断言：

> 在孔子心目中的天，只是对于"四时行焉，百物生焉"的现象而感觉到有一个宇宙生命、宇宙法则的存在。他既没有进一步对此作形而上学的推求，他也决不曾认为那是人格神的存在。[22]

对于《中庸》所表达的"天命"思想，徐先生也提出类似的解读。他在《中庸的地位问题》一文中就明确地表示：

> "天命之谓性"的"天"，不是泛泛地指人头顶上的天；而系由向内沉潜淘汰所显现出的一种不为外界所转移影响的内在的道德主宰。这里的所谓天命，只是解脱一切生理束缚，一直沉潜到底时所显出的不知其然而然的一刻不容自己之心。此时之心，因其解脱了一切生理的、后天的束缚，而只感觉其为一先天地存在，亦即系突破了后天各种藩篱的一种普遍地存在，中庸便以传统的"天"的名称称之。并且这不仅是一种存在；而且必然是片刻不停的发生作用的存在，中庸便以传统的"天命"的名称称之。[23]

杜维明先生特别以《中庸》这部著作为代表，来说明儒家的宗教性。[24]但在其师徐先生的诠释当中，这部著作除了沿用"天"、"天命"等传统的宗教概念之外，实质上并无多少宗教意味。

同样的情形也见诸徐先生对于孟子"天道"思想的诠释。众所周知，孟子有"尽其心者，知其性也；知其性，则知天矣。存其心，养其性，所以事天也"(《孟子尽心上》第1章) 之说。对于这段文字，徐先生的解读如下：

> 实则心之外无性，性之外无天，因此才能说"存其心，养其性，所以事天也"。若心之外有性，心与性之外有天，则尽心并不一定能知性；而存心养性，亦不能直接称之为事天。一般所说的事天，总要通过宗教的仪式而见，正因为天乃在人心之外，在人心之上。……孟子以为存心养性即所以事天，这便将古来宗教之所祈向，完全转换销纳，使其成为一身一心的德性的扩充。在自身德性之外，更无处可以安设宗教的假象。[25]

依徐先生之见，孔子在中国文化史上的特殊地位在于确定了上述的思想转向。在其《有关中国思想史中一个基题的考察——释论语"五十而知天命"》一文中，他将这种转向比拟为康德所谓"哥白尼的回转"，而这种转向即在于"将外在的他律性的道德，生根于经验界中的道德，由不断的努力而将其内在化、自律化，以使其生根于超经验之上"㉖。就"道德的基础不在经验，而在超经验界，不在外在世界，而在内在的自我"这点而言，徐先生所理解的孔子思想与康德"自律伦理学"的基本观点完全合辙。康德是在知识论、而非伦理学的脉络中谈到"哥白尼的回转"㉗。但无独有偶，美国学者西尔柏（John R. Silber）也曾将康德在伦理学研究中的贡献视为"伦理学中的哥白尼式革命"㉘。

在这篇论文中，徐先生加上了题为《思想史上的夹杂与"心即天"》的一节，主要是抨击汉儒"混入阴阳五行之说，把天命变为外在的形象化的东西，而形成一大的夹杂"㉙。他甚至将朱子对周敦颐《太极图说》的诠释、张载的"太虚说"与熊十力的"翕辟说"亦归入此类的夹杂。他毫不掩饰地表示他对其师熊先生的不满：

> 熊先生的新唯识论，毕竟不能不以明心一章作收束。而明心一章之不够充实，这正说明他由宇宙论以落向人性论，在其根本处有一缺憾。在他们，都认为这两方面的东西是紧密相连，实际则不仅是一种推想，且事实无此必要。㉚

徐先生此处所谓的"夹杂"系指绕过人的心性主体，不从"心即天"的观点，而从宇宙论的基础上去建立伦理学的思想进程。对他而言，宇宙论的探讨对于道德之建立根本是不相干的，故将宇宙论的探讨引进道德心性之学，是一种不必要的"夹杂"。

到了1979年（即徐先生接受林镇国等人访问的前一年），徐先生又发表《向孔子的思想性格回归——为纪念民国六十八年孔子诞辰而作》一文。他在文中批评那些因强调形上学而轻《论语》、重《易传》的学者（如方东美先生）。接着他写道："所以从宋儒周敦颐的太极图说起到熊师十力的新唯识论止，凡是以阴阳的间架所讲的一套形而上学，有学术史的意义，但与孔子思想的性格是无关的。"㉛在这个脉络中，徐先生特别指名批评熊十力、唐君毅两先生：

> 一切民族的文化，都从宗教开始，都从天道天命开始；但中国文化的特色，是从天道天命一步一步的向下落，落在具体的人的生命、行为之上。讲中国哲学的先生们……即使非常爱护中国文化，对中国文化用功很勤，所得很精的哲学家，有如熊十力，以及唐君毅先生，却是反其道而行，要从具体生命、行为，层层向上推，推到形而上的天命天道处立足，以为不如此，便立足不稳。没有想到，形而上的东西，一套一套的有如走马灯，在思想史上，从来没有稳过。熊、唐两先生对中国文化都有贡献，尤其是唐先生有的地方更为深切。但他们因为把中国文化发展的方向弄颠倒了，对孔子毕竟隔了一层……这都是受了希腊系统哲学的影响。㉜

对照这篇文章所显示的背景，徐先生在次年接受林镇国等人访问时所作的告白便不会令人感到惊讶了。

韦政通先生曾在其《孔子成德之学及其前景》一文中提到这段公案，并为唐先生抱屈。韦先生在文中强调：徐先生在《向孔子的思想性格回归》一文中"对所批评的对象，就'卑俗'者而言，自然很有道理，就'超越'者而言，显然缺乏同情的了解"。[33]他认为：就肯定《论语》的重要性与重视日用寻常的体验而言，唐、徐二人的态度并无二致。[34]接着，韦先生语重心长地表示：

> 牟（宗三）先生的工作，不是向孔子的思想性格回归，而是孔子思想性格的突破。徐先生《向孔子的思想性格回归》之文所批评的恰当对象，应该是牟先生，但牟、徐两位先生，在 1949 年以后的三十多年中，曾是为护卫儒家共同奋斗的伙伴，竟然对老友建立新学统在这个时代的意义和价值，缺乏同情的了解，纵然可能受限于史学的立场，但以徐先生思想上的宏观与慧识，仍不免令人费解。[35]

笔者完全同意韦先生的上述看法，在下文将顺着韦先生所言，首先澄清徐先生对于唐、牟二人的误解，接着指出徐先生与唐、牟二人在儒学与宗教的关系问题上之分歧点。

为了澄清徐先生对于唐、牟二人的误解，我们不妨先回到前面引述过的《中庸的地位问题》一文。徐先生在这篇文章中以一句话深刻地点出了《中庸》的基本性格："儒家思想以道德为中心；而中庸指出了道德的内在而超越的性格，因而确立了道德的基础。"[36]接着，他对道德的内在性提出如下的解释：

> 五伦系外在的人与人的关系。但此人伦关系之所以形成，亦即人道之所以成立，据中庸的说法，乃根源于每一人内在之性，而非仅依靠来自外在的条件。若如经验主义者，以道德为来自外在的条件，则道德将决定于条件，而不决定于人的意志，人对道德便缺乏了主宰性；严格的说，无主宰性，即无所谓道德不道德。[37]

徐先生在此所强调的"道德之内在性"，以孟子的话来说，即是"仁义内在"，以康德的话来说，即是"道德自律"。但对徐先生而言，单讲道德之内在性，是不够的，故他同时又强调道德之超越性：

> 然若仅指出道德之内在性，固可显见道与各个人之必然关系，但并不能显见人与人，即人与物之共同关系。人我及人物之共同关系不显，则性仅能成为孤明自照，或仅成为一生理之存在，而道德之普遍性不能成立，于是所谓道德之必然性，亦成为无意义的东西。所以中庸在"率性之谓道"的上面，要追溯出一个"天命之谓性"。天的本身即是普遍的具体化；因此，由天所命之性，也是人我与人物所共有，而成为具体的普遍。作为道德根源之性，既系内在于每一个人的生命之中，而有其主宰性，有其必然性；同时又超越于个人生命之上，而有其共同性，有其普遍性。人性因为具备这两重性格，才可以作道德的根源。[38]

简言之，徐先生之所以强调"道德之超越性"，是为了保证道德之普遍性；而依其理解，《中庸》所谓的"天"或"天命"即是表示这种普遍性。

所谓"道德之内在而超越的特性"的确足以说明孔子以来，经《中庸》、孟子、《易

传》而发展至宋明儒学的儒家主流思想之基调。在长远的儒家传统中，固然有单言超越
性而忽略内在性者，如汉儒董仲舒等人所持的"天人感应说"，亦有单言内在性而忽略超
越性者，如清儒颜元、戴震等人所持的"天理即在人欲之中"之说，但这些人毕竟不属
于儒家的主流。唐、牟二人也完全肯定儒家的这种特性。㊴这种超越性可称为"内在超越
性"，以别于在西方传统宗教中以二元论为基础的超越性，即"外在超越性"。凡是肯定
天道之"内在超越性"者，无论是由天道向下贯注于人道（如《中庸》前三句所言），
还是由人道上达于天道（如孟子所言之"尽心、知性、知天"），均不违背孟子所说的
"仁义内在"或康德所说的"道德自律"之义。在中国的传统思想中，汉儒的"天人感应
说"属于"外在超越性"的形态。这两种思想形态泾渭分明，不容混淆。

事实上，徐先生并非反对一切形态的形上学。他在《中庸的地位问题》一文中明白
地表示：他所反对的是"西方一般由知性的思辨所推衍上去的形上学"，但他不反对《中
庸》"由另一途径所显出另一性格的形上学"。㊵换言之，他并不反对"道德的形上学"
（或称"实践的形上学"）。事实上，熊、唐、牟三人所建立的形上学均属于"道德的形上
学"。徐先生似乎将他们的形上学与汉儒所代表之"思辨的形上学"（spekulative Meta-
physik）混为一谈，这无异于将康德的"道德神学"（Moraltheologie）与克鲁修斯（Chris-
tian August Crusius, 1715-1775）的"神学的伦理学"（theologische Ethik）混为一谈。康德
所谓的"道德神学"是在实践理性的基础上所建立的上帝信仰。这种信仰既是以实践理
性为基础，它并不违背"道德自律"（道德主体之自我立法）之义。反之，"神学的伦理
学"则是在神学的基础上所建立的伦理学。由于这种神学绕过了实践理性，它若非诉诸
形上思辨，便只能诉诸恩宠、奇迹、启示、灵感等神秘经验，故康德将"神学的伦理学"
归诸他律。如果我们将董仲舒等人的天道观也视为一种神学，则其"天人感应说"无疑
也属于"神学的伦理学"，但它与康德所欲建立的"道德神学"迥不相侔，断不宜混为一
谈。徐先生批评熊十力、唐君毅二人"从具体生命、行为，层层向上推，推到形而上的
天命天道处立足"，这岂不正是孟子由"尽心而知性而知天"的思路吗？只要他们是由道
德主体出发，而建立形上学系统，他们所建立的形上学就不是"思辨的形上学"，而是
"道德的形上学"。因此，徐先生对熊、唐二人（其实也应包含牟先生在内）的批评显然
是基于误解，故非持平之论。

然而，在上述的误解背后，其实还隐含着双方观点的进一步分歧，此即对于"儒学
与宗教之关系"的不同看法。此一分歧凸显于他们对以下问题的不同答案，此即：宗教
或宗教性是否属于儒家思想的本质？徐先生固然承认儒家传统在最初的阶段带有明显的宗
教意识，但依其理解，这种宗教意识随着周初人文精神之跃动而逐渐淡化，再经过孔子所
造成的"哥白尼的回转"而完全理性化。尽管孔子本人及后儒依然使用"天"、"天道"、
"天命"等传统宗教的语汇，但在徐先生看来，这只是历史的残余，在经过理性化之后，
它们已不再具有任何宗教意义。至于董仲舒等人根据阴阳五行之说而提出的"天人感应
说"，对于徐先生而言，已偏离了儒学发展的主流，而形成一"大的夹杂"。

在另一方面，唐、牟二人固然同意徐先生的观点，将先秦儒学的发展视为一个人文化
的过程，而且肯定孔子在其中所决定的思想转向，但在他们看来，儒家传统在此一发展过
程中依然保存了某种宗教意识（虽然经过了转化），而这种宗教意识并未随着儒学的历史
发展而淡化，反而成为儒学的本质因素。根据《宣言》中的说法，这种宗教意识表现在

三方面：（1）祭天地、祖先之礼；（2）"天人合德"、"天人合一"、"天人不二"、"天人同体"等说法；（3）对仁义之价值及道之本身的信仰，以及为这种信仰而杀身成仁、舍生取义的决心。[41]唐先生在《中国人文精神之发展》一书中亦特别申论三祭之礼（祭天地、祭祖先、祭圣贤人物）的宗教意义。[42]此外，他在其晚年的巨著《生命存在与心灵境界》中提出"心灵九境"之说，将心灵发展所达到的境界依序区分为"客观境"、"主观境"与"超主客观境"，而在"超主客观境"中依序为"归向一神境"（以耶教为代表）、"我法二空境"（以佛教为代表）、"天德流行境"（以儒家为代表）。显然在他看来，儒家所代表的"天德流行境"是宗教境界的极致。

牟先生同样将"宗教性"归诸儒学的本质因素。其1962年出版的演讲录《中国哲学的特质》便以题为《作为宗教的儒教》的一章作结，强调儒家具有高度的宗教性或宗教精神。在其晚年的著作《圆善论》（1985年出版）中，他重新检讨康德所提出的"圆善"（或译为"最高善"）问题，将它纳入中国传统"圆教"问题之脉络中来讨论。众所周知，康德所谓的"最高善"是指"幸福与道德之成比例的合一"，他认为这是实践理性之必然要求。借由"最高善"问题之提出，他试图证成对于上帝的信仰。由于这种信仰是建立在实践理性的基础上，他称之为"道德信仰"（moralischer Glaube）或"理性信仰"（Vernunftglaube）。在这个脉络中，他强调："道德必然通向宗教。"[43]牟先生在《圆善论》则分别讨论儒、释、道三教中的"圆教"，最后归宗于儒家的"圆教"。这便显示：在牟先生的心目中，儒学是一种最高形态的"宗教"。故笔者在前面提过的《从康德的"道德宗教"论儒家的宗教性》一文中指出：这种"宗教"与康德所说的"道德宗教"极为接近。

由以上的讨论可知，徐先生与唐、牟二人对于"儒学与宗教的关系"持不同的看法。对徐先生而言，先秦儒学的发展是一个人文化的过程，儒学的本质在于以人文精神取代宗教意识。至于在先秦儒学（特别是《论语》）中所出现的原始宗教概念（如"天"、"天道"、"天命"），徐先生或者视之为历史的残余，或者对它们作理性化的诠释。而秦、汉以后的儒学中所出现之思辨形上学（如周敦颐的"太极图说"）或宗教思想（如汉儒的"天人感应说"），徐先生一概视为歧出。反之，依唐、牟二人的理解，儒学与宗教的关系则呈现出另一幅完全不同的图像：先秦儒学的人文化过程固然转化了原始的宗教意识，但这只是将《诗经》、《书经》中具有外在超越性的"人格神"概念内在化于人的本性及其道德实践之中，而成为另一种形态的宗教意识。孔子的天道思想犹带有若干人格神的色彩；及至《中庸》，才完成这种内在化的过程。但是在这种内在化之中，儒家犹保有超越的宗教意识，只是不再以人格神为对象。在这种宗教意识之中，宗教与人文、超越与内在虽不形成对立，但却具有一定的张力。至于汉儒的"天人感应说"，唐、牟二人亦视为歧出，因为它违背了"道德自律"之义。

对于徐先生这种摒弃了宗教性的"人文主义"，可称为"寡头的人文主义"。尽管徐先生并未点名批判牟先生关于儒学与宗教的观点，但牟先生却显然反对这种"寡头的人文主义"。在《道德的理想主义》中，牟先生有两篇文章分析西方的人文主义，即《人文主义的基本精神》与《人文主义的完成》。在后一文中，他明确地表示：

……宗教的传统于道德精神文化理想上有其最崇高的启发力。……正宗的宗教精神之向里收敛与向上超越中所含的道德宗教之神性感与罪恶感有其人文上的崇高意义。此时的人文主义须予以综摄而消融之。这就是接上了宗教的传统。我们将不与任何伟大的宗教精神为对立。而任何伟大的宗教精神，亦将在人文主义的提挈消融中，渐渐消除其偏执，使其逐步反省其自己以充分调整开拓通达其自己。㊹

作为徐先生个人的主张，这种"寡头的人文主义"固然自成一说。它的核心是一套伦理学，但是不负责对这个世界本身提出一套解释。然而，面对儒学发展的历史，它的解释力却有相当的局限性。姑且不论汉儒的"天人感应说"，难道与整个儒学发展史相始终的"三祭之礼"，以及在延续数百年的宋明儒学史中一再成为讨论重点的天人关系，都只是"历史的残余"吗？

在整个宋明儒学的发展史中，天人关系问题之提出不但涉及道德心性论，也涉及对宇宙本体的解释，而这种解释决非"寡头的人文主义"所能承担。甚至到了号称"宋明儒学殿军"的刘蕺山，我们在其《人谱》中犹能发现带有强烈宗教意识的"静坐法"（亦名"讼过法"）：

> 一炷香，一盂水，置之净几，布一蒲团座子于下。方会平旦以后，一躬就座，交跌齐手，屏息正容。正俨威间，鉴临有赫，呈我宿疚，炳如也。乃进而敕之，曰："尔固俨然人耳，一朝跌足，乃兽乃禽，种种堕落，嗟何及矣！"应曰："唯唯。"复出十目十手，共指共视，皆作如是言，应曰："唯唯。"于是方寸兀兀，痛汗微星，赤光发颊，若身亲三木者。已乃跃然而奋曰："是予之罪也夫！"则又敕之曰："莫得姑且供认。"又应曰："否否。"顷之，一线清明之气徐徐来，若向太虚然，此心便与太虚同体。乃知从前都是妄缘，妄则非真。一真自若，湛湛澄澄，迎之无来，随之无去，却是本来真面目也。㊺

刘蕺山的宗教意识无疑属于"内在超越性"的形态，但是这段文字却强烈呈显出"外在超越性"的姿态（"鉴临有赫"），而足以与耶教徒所表现的超越意识相比侔㊻。这显示儒家的"内在超越性"不但不排斥宗教性与宗教意识，甚至可以通往宗教（当然这是一种"道德宗教"），以之为本质因素。就这点而言，唐、牟二人的观点显然更符合儒学发展的实际情况，也更能说明儒学的本质。这个例子也充分显示：即使所谓"狭义的新儒家"对于儒学的本质之理解，也存在着基本的分歧。职是之故，我们不妨以较宽松的态度看待"何谓当代（现代）新儒家"这个问题，将"当代（现代）新儒家"视为一个"学圈"，而非"学派"。

注　释：

① 此文收入其《犹记风吹水上鳞》，台北三民书局1991年版。

② 刘述先：《对于当代新儒家的超越内省》，收入其《当代中国哲学论·问题篇》（八方文化企业公司1996年版）。参阅其《从中心到边缘·当代新儒学的历史处境与文化理想》，《汉学研究通讯》总第79期，2000年11月，第555～563页；亦收入吴光主编《当代新儒学探索》，上海古籍出版社2003年版，第1～22页。

③　此一《宣言》原刊于《民主评论》第9卷第1期（1958年1月5日）及《再生》第1卷第1期（1958年1月）；后收入张君劢著、程文熙编《中西印哲学文集》，台北学生书局1981年版，以及张君劢《新儒家思想史》（台北张君劢先生奖学金基金会，1980年）；亦以《中国文化与世界》之名收入《唐君毅全集》卷4，台北学生书局1991年版。

④　罗义俊：《近十余年当代新儒学的研究与所谓门户问题》，收入《第二届当代新儒学国际学术会议论文集之二·儒学与当今世界》，台北文津出版社1994年版，第113~146页。

⑤　参阅拙著《当代儒学之自我转化》，台湾"中研院"文哲所1994年版，第55~57页；简体字版《当代儒学的自我转化》，中国社会科学出版社2001年版，第50~52页。

⑥　参阅拙作《儒家思想中的内在性与超越性》，收入拙著《当代儒学之自我转化》，台湾"中研院"文哲所1994年版，第129~130页；简体字版，第118~119页。

⑦　《中国文化与世界》（收入《唐君毅全集》，卷4），第19页。

⑧　唐君毅：《心物与人生》（收入《唐君毅全集》卷2），第211页。

⑨　参阅 Herbert Fingarette：*Confucius-the Secular as Sacred*，New York：Harper Torchbook，1971年。此书有彭国翔与张华的中译本《孔子：即凡而圣》，江苏人民出版社2002年版。

⑩　牟宗三：《生命的学问》，台北三民书局1970年版，第76~77页。由于三民书局发行人刘振强拒绝授权，此书未能收入《牟宗三先生全集》中，令人深感遗憾。

⑪　牟宗三：《生命的学问》，台北三民书局1970年版，第75页。

⑫　牟宗三：《心体与性体》第1册，台北正中书局1973年版，第4页；《牟宗三先生全集》第5册，台北联经出版公司2003年版，第6页。

⑬　参阅拙作《从康德的"道德宗教"论儒家的宗教性》，收入哈佛燕京学社编《儒家传统与启蒙心态》，江苏教育出版社2005年版，第228~269页；亦收入李志刚、冯达文编《从历史中提取智慧》，四川出版集团巴蜀书社2005年版，第1~49页。

⑭　林镇国等：《擎起这把香火——当代思想的俯视》，见《徐复观杂文·续集》，台北时报文化出版公司1981年版，第408页。

⑮⑯⑰⑱⑲⑳㉑㉒　参阅徐复观《中国人性论史·先秦篇》，台湾"商务印书馆"1969年版，第20~22、22、83~84、86、88、89、87、88~89页。

㉓　徐复观：《中国思想史论集》，台北学生书局1975年版，第80~81页。此文最初刊于《民主评论》第7卷第5期（1956年3月1日）。

㉔　Tu Wei-ming：*Centrality and Commonality：An Essay on Chung-Yung*（Honolulu：University of Hawaii Press，1976）；此书后经扩充并改名为：*Centrality and Commonality：An Essay on Confucian Religiousness*（Albany：State University of New York Press，1989年）。后者有段德智的中译本：《论儒学的宗教性——对"中庸"的现代诠释》，收入郭齐勇、郑文龙编《杜维明文集》第3卷，武汉出版社2002年版，第357~485页。

㉕　徐复观：《中国人性论史·先秦篇》，台湾"商务印书馆"1969年版，第181页。

㉖　徐复观：《中国思想史论集续编》，台北时报文化出版事业公司1982年版，第387页。此文最初发表于《民主评论》第7卷第16期（1956年8月16日），即《宣言》发表之前一年多。

㉗　Immanuel Kant：*Kritik der reinen Vernunft*，hrsg. von Raymund Schmidt（Hamburg：Felix Meiner 1976），B22 Anm.

㉘　John R. Silber，"The Copernican Revolution in Ethics：The Good Reexamined，"in：Robert Paul Wolff（ed.），*Kant：A Collection of Critical Essays*（Notre Dame：University of Notre Dame Press，1967），p. 266.

㉙㉚㉛㉜　徐复观：《中国思想史论集续编》，第391、392、432、432~433页。

㉝㉞㉟　见李明辉编：《儒家思想的现代诠释》，台湾"中研院"文哲所1997年版，第32~33、33、34页。

㊱㊲㊳　徐复观：《中国思想史论集》，第 78、78～79、79 页。

㊴　参阅拙著《当代儒学之自我转化》，台湾"中研院"文哲所 1994 年版，第 132～135 页；简体字版，第 121～124 页。

㊵　徐复观：《中国思想史论集》，第 81 页。

㊶　《中国文化与世界》，收入《唐君毅全集》卷 4，第 19～22 页。

㊷　唐君毅：《中国人文精神之发展》，收入《唐君毅全集》卷 6，第 374～388 页。

㊸　I. Kant: *Die Religion innnerhalb der Grenzen der bloßen Vernunft*, in: *Kants gesammelte Schriften* (Akademieausgabe), Bd. 6, S. 6.

㊹　牟宗三：《道德的理想主义》，台北学生书局 1978 年版，第 183 页；《牟宗三先生全集》第 9 册，台北联经出版公司 2003 年版，第 236～237 页。

㊺　戴琏璋、吴光主编：《刘宗周全集》第 2 册，台湾"中研院"文哲所 1996 年版，第 19～20 页。

㊻　参阅拙著《四端与七情——关于道德情感的比较哲学探讨》，台湾大学出版中心 2005 年版，第 153～154 页。

（作者单位：台湾"中研院"文哲所、台湾大学"国家发展研究所"）

民主政治与儒学传统

——徐复观"双重主体性"思想述评

□ 丁为祥

　　新文化运动以降，科学理性与民主政体一直充当着权衡传统文化的价值标准。在这一标准下，传统文化要么被绑在专制政权的"战车"上进行宣判——被视为专制政权的思想后台，要么则因为缺乏科学与民主等所谓现代性因素而被视为"历史的垃圾"。无论哪一种看法，实际上都是以科学、民主的知性一层（元）论作为价值标准的，也都是对传统文化进行否定性评价的。在这一过程中，坚持传统文化的一方（所谓文化保守主义）始终在进行着不息的抗争，从梁漱溟的《东西方文化及其哲学》到熊十力的《新唯识论》，都在不断地探询传统文化的存在依据及其现代合理性问题；而从"科玄论战"到熊十力与唐君毅"论科学真理与玄学真理"，起码从认知的角度对这一问题做出了原则性的回答。但在历史的领域，儒学则始终无法与专制政权脱钩，也就是说，从历史的角度看，儒学始终无法摆脱专制政权之"思想后台"的定位。在这种状况下，儒学的现代价值及其存在的合理性当然是要大打折扣的。也正是在这种条件下，徐复观以其独特的经历与独特的探讨，不仅合理地实现了儒学与专制政权的"脱钩"，而且其"双重主体性"的思想也撑起了民族精神的间架，从而为儒家传统的"德治"到现代"民主法治"社会的过渡做出了有益的探索。

一、"双重主体性"思想的形成

　　徐复观（1903～1982年），湖北浠水人，早年曾先后求学于湖北省第一师范学校、国学馆，以后又相继留学于日本的明治大学和士官学校。"九一八"事变时，徐复观正在士官学校学习，因组织留学生抗议日本的侵华活动，先遭日本当局拘捕，继而被驱逐回国。回国后，他又组织"开进社"，试图以他在日本所掌握的马克思主义与孙中山的三民主义相结合，解决中国革命的问题。具体说来，就是"以唯物辩证法来完成三民主义理论的发展，以发展完成了的三民主义来指导中国的革命"，①但终于因"生活困顿，成员星散"而成为泡影。在这种情况下，出于生活的压力，他才经人介绍，进入军界，"正式过起丘八生活"。

1943 年，徐复观拜访了当时正栖居于重庆的乡贤熊十力，并因读史问题受到了熊"起死回生的一骂"，②由此形成了其与熊十力的师兄弟关系，也决定了其后半生的命运。当时，他是蒋介石的随从秘书，有着陆军少将的军衔；熊十力则是流落大西南、甚至居无定所的文化人，但在如何读史的问题上，他当时却被熊十力骂得"目瞪口呆"，最后心悦诚服地接受了熊氏"亡国族者常先自亡其文化"的教诲，由此埋下了其以后退出军政界的伏笔。

抗战胜利后，徐复观以陆军少将的身份退役，办起了学术刊物《学原》，算是他进入学术界的一种先行尝试。从 1949 年 5 月起，他以自由人的身份在香港创办《民主评论》，并由政论起步，开始了向学术界的转向——这一转向，自然也包含着从学术的角度走向政治、反思政治问题的意向；与此同时，他思想中的传统主义与自由主义的双重品格，也迅速显现出来。

徐复观带有反思性质的学术研究首先是从现实政治开始的。由于他曾长期参与国民党的军政机务，因而对其在大陆的失败，他既无能为力，又深感痛心疾首，所以对国民党的失败，他也就不能不进行多方面、多层次的反思。在他看来，"中国大陆失坠的前夜，凡是正当的工商业者，奉公守法的军公人员，立志自励的智识分子，都不能生活"。③显然，这也就是熊十力所说的"当道人心全失"。④说明在他看来，国民党的失败主要败在失人心上。但另一方面，国民党之所以会陷于"人心全失"的地步，主要又因为它未能及时地推进民主宪政建设，所以徐复观又说："就整个的政府说，主观上既未公开说要独裁，而客观上亦未认真走向民主……"⑤正因为未能走向民主，所以真正的组织原则无法建立，而为各种"派系"、"山头"所充斥，所以他又感慨说："大陆之亡，亡于派系；而派系的根源，主要是来自以人为中心的离位性的组织原则。此原则一日不改，派系即一日不绝"。⑥很明显，在徐复观看来，国民党之所以会陷于失败，主要就败在其政治体制——"未认真走向民主"上。

为了真正解决中国政治的民主化问题，徐复观对东西方不同的政治体制作了一系列比较性的研究，认真探询其中"变异"与"不变"（常）的因素，结果发现，无论是东方还是西方，政治体制都可以划分为形式与内容两个不同的层面。他分析说：

> 对于国家各种政治问题所作的主张，我称之为政治的内容。对于实行政治主张所采取的方法，我称之为政治的形式。独裁国家，只准许有一个政治内容，所以他的政治内容与形式不分。民主国家，则政治的形式早已建立起来了。所以现在只谈政治的主张，而不必谈实行主张的方法。……我国的政治问题，便须多一个层次的努力：首先是要建立民主主义的政治形式（也只有民主主义的政治，才可构成政治形式，理由见后），其次即是在此一政治形式之下，来发挥各人的政治主张。前一层次是政治的"体"，后一层次是政治的"用"。在前一层次上，必求其同；而在后一层次中，则不妨其异。⑦

在徐氏对政治体制的这一分析中，他既注意到民主与独裁两种不同的政治体制及其各自的特征——独裁政体的特征是形式与内容不分，民主政体则相反；同时又对民主主义的政治体制做出了形式与内容——"体"与"用"的两种不同的划分。在这里，就思想指向而言，他已经将政治体制的形式（民主主义）提到了"体"的高度；而就具体表现来说，他又是借助传统的体用概念来表达民主政治之形式与内容的不同层面的。这说明，在他的思想中，自由主义的思想（民主）指向与传统主义的文化形式已经充分结合在一起了。所以他在《学术与政治之间》的《自序》中总结说："我对中国的政治问题，一直到写《中国政治问题的两个层次》一文时，才算摆脱了数十年来许多似是而非的纠缠，看出一条明确简捷的道路"。

由此继续深入，他便真正进入到历史的领域。首先，从理解传统出发，他认为，"儒家思想是以人类自身之力来解决人类自身问题为其起点的。所以儒家所提出的问题，总是'修己''治人'的问题。而修己治人，在儒家是看作一件事情的两面，即是一件事情的'终始''本末'。因之儒家治人必本之修己，而修己亦必归结于治人。……所以儒家思想，从某一角度看，主要是伦理思想；而从另一角度看，则亦是政治思想"。⑧这就是说，儒家修己与治人相统一的思想本来就包含着道德与政治两个不同的层面，从这一点出发，儒家的政治理想便蕴涵着人人各尽其德、各显其能的指向。那么，历史上两千多年的集权政治，问题究竟出在哪里呢？从儒家自身来看，其所叙述的思想，"总是居于统治者的地位来为被统治者想办法，总是居于统治者的地位以求解决政治问题，而很少以被统治者的地位，去规定统治者的政治行动，很少站在被统治者的地位来解决政治问题"。⑨就是说，从道德的角度看，"其德是一种被覆之德，是一种风行草上之德。而人民始终处于一种消极被动的地位：尽管以民为本，而总不能跳出一步，达到以民为主。于是政治问题，总是在君相手中打转，以致真正政治的主体，没有建立起来……"⑩所以他总结说："因政治的主体未立，于是政治的发动力，完全在朝廷而不在社会"。"就文化全体而论，究竟缺少了个体自觉的一阶段。而就政治思想而论，则缺少了治于人者的自觉的一阶段"。⑪对中国传统政体的这种反思与检讨，显然带有强烈的自由主义与民主主义精神。

但是，如果认为这就是中国文化发本要归甚至根本无法解决的问题，那么徐复观也决不认可。因为在他看来，儒家自古以来就存在的民本思想，首先是从道德与政治的角度所确立的人民的主体性，从《尚书》的"天视自我民视，天听自我民听"到《国语》的"民之所欲，天必从之"，就生动地表现着这方面的思想内容。所以说在中国历史上，"在人君上面的神，人君所凭藉的国，以及人君的本身，在中国思想正统的儒家看来，都是为民的存在……可以说神、国、君，都是政治中的虚位，而民才是实体"。"即就是从统治者的角度来看，不仅那些残民以逞的暴君污吏没有政治上的主体地位，而那些不能'以一人养天下'，而要'以天下养一人'的为统治而统治的统治者，中国正统的思想亦皆不承认其政治上的地位"。⑫这说明，在徐复观看来，中国历史上的政治不仅存在着君、相这样的现实主体，而且还存在着超越其上的以"天意"、"民心"乃至"神意"所表现出来的道德主体性与人民的主体性。具体来说，虽然这种主体隐而不显，但实际上却是历史观念的真正主宰，也是历史评价的真正标准。因为只有这种主体，才是道德理想在政治领域的延伸，才是人民意志在历史评价中的表现。这样，徐复观就从历史中现实地主宰着军政大权之君、相的背后，发掘出了另一个主体——道德的主体与人民的主体；而其关于中国历史中双重主体性的思想，也就在对现实政治与历史文化的反思中形成了。

二、"双重主体性"的具体内涵

已如前述，双重主体性的思想主要是徐复观在对现实政治与历史文化的反思中形成的。就这一点来看，如果没有对现实政治的深层介人与深入体察，是很难作到这一点的；但同样明显的是，仅仅对现实政治就事论事、医头医脚地进行反思，也同样是得不出这一结论的。因为在这里，一个必不可少的前提，就是落后的现实政治与进步的民主观念的相互激荡与相互照察；没有这一前提，就无法对政治现象做出"形式"与"内容"两个不同层次的划分。

但是，构成徐复观思想资源的决不仅仅是所谓自由主义，从一定意义上说，自由主义甚至还是其所批判的对象。所以，在《学术与政治》一书的第一篇《论政治的主流》一文中，他就明确地说："五四运动之基调，还是承考据之余波，再附上科学民主的幌子。在精神上，下焉者为一无所有之游魂。上焉者为一点一滴之学匠。没有真正的学人，没有真正的思想家"。而在该书的《自序》中，对五四以来的反传统思潮，他甚至以更激烈的语气说：

> 文化上反历史文化者的口头理由，是说不打倒自己的历史文化，西方的走不进来；把这一代人的阴鄙堕退，一笔写在自己的历史文化身上。其实，人类文化都是由堂堂正正的人所创造出来，都要由堂堂正正的人所传承下去。……满面羞愧的自卑心理，使一个人在精神上抬不起头来；这固然不能正视自己的历史文化，同样也不能正视西方的历史文化。

显然，这是再明显不过的文化主体论者的言说，也无疑是对自由主义者反传统思潮的尖锐批评。从这一点来看，自由主义充其量不过是其向西方文化所吸取的营养而已，而其真正的关怀，则始终定位在中国文化的主体性上。他之所以要由对现实政治的反思深入到历史文化的领域，主要目的固然是为了探索中国政治问题的出路，同时也是为了发掘和塑造中国文化的主体性，以回应自由主义者对传统文化的批评。

正是在这一意义上，自由主义才不仅仅是其论政的工具，同时也成了其发掘、塑造中国文化主体性的思想武器。因为在历史中，他固然可以根据儒家的道德理想顺畅地提出道德的主体性与人民的主体性，但他凭什么指认传统的道德"是一种风行草上之德"、传统的政治"缺少了个体自觉的一阶段"呢？显然，这同样是以自由民主的精神对传统的文化与政治认真检讨与认真反思的结果。从一定意义上说，现代的自由民主精神正是其反思、检讨传统的文化与政治的思想坐标与价值标准。正因为这一点，所以他才能对传统的文化与政治提出深刻而又中肯的批评。

不过，虽然徐复观以自由民主的精神对中国的传统进行了全方位的批评，但他的批评又全然不同于从西化思潮中形成的所谓自由主义对中国传统文化的批评。后者的批评诚如徐复观所言，是认为"不打倒自己的历史文化，西方的文化便走不进来"；在他们的意识中，中国传统文化与自由主义精神是根本对立的，只有先与中国的传统彻底决裂，然后才能引进西方的自由民主精神，所以他们的思想，除了民主还是民主、除了自由主义还是自由主义。前者则根本不同，他不是就自由主义来理解自由主义，而是本着一种道德的情怀或曰道德的主体性，本着对历史、对人民负责的精神来吸取自由主义的精神营养的。所以，在这两种自由主义的背后，存在着中西文化的对立，——20 世纪 50 年代《民主评论》与《自由中国》关于自由、民主以及中西文化的大论战，正是其深层对立走向显性化的表现。

这样，在徐复观的双重主体性中，作为根本依据的就不是所谓现实政治的主体性（虽然他也极为重视这一点，且认为中国传统文化最缺乏这一层面的自觉），而是源自传统文化的道德主体性与人民的主体性。虽然徐复观也将民主主义的政治体制称为具有普遍意义的形式、常体，但这种"体"本身还并不是道德本体与人民本体，不过是为了更好地贯彻道德理想、实现人民意志的形式之体与工具之体。因此，在徐复观双重主体性的思想中，更重要、更根本从而更值得发掘、更需要澄清的，首先是这种道德的主体性与人民的主体性，这就需要深入到历史文化的内部作一番正本清源的工作。

这种正本清源首先是以批判的方式展开的。中国的集权政治肇始于秦而定型于汉，因而秦汉政治体制的形成便构成了他解剖中国集权政治的焦点。在《儒家对中国历史命运挣扎之一例》中，徐复观首先认真解剖西汉的思想大势与政治结构，认为"汉初的政治思想大势，是黄老与法家的天下；而阴阳灾异之说，也分得一部分势力"。⑬然后，他详细检讨中国集权政治与传统思想文化的关系，认为在传统的政治体制中，"人君之所以形成政治中的绝对的地位，完全是由法家思想所造成"。⑭"尊君而卑臣，只是法家思想而不是儒家思想"。⑮在这一背景下，他层层展开对儒法两家"政治思想的对比"与董仲舒思想的具体分析，认为董仲舒"在思想上——不是在现实上——为儒家重新奠定基础，在政治上对法家加以全面批评，因而缓和了法家的毒害，乃至压缩其活动范围的，却不能不归功于董仲舒。董仲舒的'天人三策'，乃代表当时儒法思想在政治方面斗争的高峰。用现在的语句表达董氏的工作，正是'把人当人'的人性政治，对'把人不当人'的反人性的极权政治的决斗。此一决斗，在当时并未立刻收到实际上的多大效果。然儒家思想，在打了若干折扣之后，却获得了理论上的胜利；此一胜利，逐渐使法家的传统，下降而为'吏'的地位；于是以前的政治实权虽仍操之于'吏'，而在政治的名分上，吏总是从属于儒"。⑯实际上，这等于是认为董仲舒作为儒家的代表，在刚刚确立的西汉政权中，为儒家所坚持的道德主体性与人民的主体性，奠定了基础或埋下了伏笔。

作为个案，徐复观还专门分析了作为集权专制思想之典型代表的所谓"三纲"说的历史形成。他指出，"三纲"一词虽最早见于董仲舒的《春秋繁露·深察名号》一节，但董氏当时的"三纲"是以"孟子之善，循三纲五纪，通八端之理"而为说的，其内涵并无具体的解释，其所表达的也首先是一种"父不父，则子不子。君不君，则臣不臣"的"伦理对等主义"；但是，到了《白虎通义》，当其一经与法家思想——韩非的"三顺"说结合之后（在现实政治的层面，法家思想当时仍居于主导地位），遂成为对后世影响深重的所谓三纲五常说。所以他指出："由法家的'三顺'之说，演化而为儒家的'三纲'之说，将儒家对等之伦理主义，改变而为绝对之伦理主义，此一改变，对儒家思想之本身影响至大。几乎可以说，使儒家思想在政治方面发生了本质的变化。即是本以反专制为骨干的儒家思想，逐渐而随顺专制，因而尽了许多维护专制的任务"。⑰

这一正本清源性的追溯，不仅澄清了中国集权专制思想的历史形成，而且也澄清了儒法两家在中国集权政体形成过程中的不同作用。而董仲舒代表儒家所作的抗争，对专制帝王而言，也就在于坚持了"在人君的上面，另外还要拿出一个'古'或'天'压在它头上，使人君不能自有其意志，必以'古'或'天'的意志为意志；否则不配作人君，而可来一套'革命'、'受命'的"。⑱对于历史来说，"由孔子在历史地位中之崇高化，使任何专制之主，也知道除了自己的现实权力以外，还有一个在教化上，另有一种至高无上，而使自己也不能不向之低头下拜的人物的存在。使一般的人们，除了皇帝的诏敕以外，还知道有一个对人类负责，决定人类价值的圣人，以作为人生的依恃，而不致被现实的政治，盖天盖地的完全蒙得抬不起头，吐不出气。所以，在中国历史中，除了现实政治之外，还敞开了一条人人可以自己作主的自立生存之路"。⑲显然，这正是在中国专制政体形成之际对儒家历史作用的梳理，也是对儒家所坚持的道德主体性与人民主体性的具体叙说。

由此出发，在《中国的治道》一文中，徐复观又对唐代的宰相——陆贽一生中对道德主体性与人民主体性的高扬以及对皇帝这一"权原"主体的多方限制与消解表示了高度的礼敬。文章一开始，他就分析说："专制时代的'权原'在皇帝，政治意见，应该向皇帝开陈。民主时代的'权原'在人民，政治意见则应该向社会申诉"。⑳从这一点来看，陆贽自然生活在典型的专制社会；其作用，也只有通过向皇帝的"上书"才能表现出来。但是，即使在专制社会，"颇勤儒学"的陆贽，其所起的作用也典型地表现着儒家对现实政治的态度。对于这一点，他分析说："在中国过去，政治中存有一个基本的矛盾问题。政治的理念，民才是主体；而政治的现实，则君又是主体。这种二重的主体性，便是无可调和（的）对立。对立程度表现的大小，即形成历史上的治乱兴衰"。㉑由于这种对立首先源于人君的好恶与才智，所以陆贽屡屡"要德宗丢掉自己的好恶与才智，将自己的好恶与才智，解消于天下的好恶与才智之中，以凸显出天下的好恶与才智，因而解消了人君与天下的对立，这即是所谓'无为'之治。由无为转进一层，即是'罪己'、'悔过'。罪己悔过的真正表现，则在于以推诚代猜嫌，以纳谏代好谀，以宽恕代忌刻。无为，罪己，改过，是解消自己的政治主体性；而推诚，纳谏，宽恕，则是为了显现'天下'的政治主体性"。㉒在这里，所谓"政治主体性"，无疑是指人君这一现实主体；而所谓"'天下'的政治主体性"，则显然是指道德的主体性与人民的主体性而言的。

很明显，陆贽虽然生活于典型的专制社会，但他对皇帝的反复规劝，就是"要人君从道德上转化自己，将自己的才智与好恶舍掉，以服从人民的才智好恶"。㉓在徐复观看来，"在专制政治下言治道，不追根到这一层，即不能解消前面所说的在政治上二重主体性的基本矛盾，一切的教化便都落了空"。㉔儒家——所谓"中国历史上的圣贤，是要从'君心'方面去解除这一矛盾，从道德上去解除这一矛盾；而近代的民主政治，则是从制度上，从法制上解除这一矛盾：首先把权力的根源，从君的手上移到民的手上，以'民意'代替了'君心'"。㉕这样，历史上的儒家虽然并没有成功地实现这一"转进"，以从根本上解除这一矛盾，但其对这一矛盾坚持解决的态度与努力的方向，无疑是与近代民主制度完全一致的；过去所谓"文死谏"一说，也正是儒者以自身的生命作为消解政治生活中双重主体性之矛盾的表现。所以，政治生活中的双重主体性及其矛盾是中国历史上治、乱相循的根源，而如何彻底地解决这一矛盾，则正代表着中国政治体制的出路和方向——这就是由西方文明所代表的民主化的走向。因而也可以说，这就是徐复观从对现实政治的反思到深入发掘中国历史中"双重主体性"思想的深层内涵。

三、"双重主体"的构架及其意义

"双重主体性"作为徐复观对现实政治与历史文化深入反思的结论，既体现着他对中国历史上政治体制的分析与诠释，同时也表现了其关于中国传统文化与政治体制之现代出路问题的思考。首先，"双重主体"的依据，就其直接表现而言，自然是儒家的民本观念；但就其根本依据来说，则无疑是儒家的道德理想。所谓双重主体性及其矛盾的解决，就历史而言，自然是立基于儒家的道德理想以对政权的现实主体——作出规范，一如历史上的儒家所曾经努力的那样；而就现代表现来说，则仍然是要立基于儒家的道德理性，-以积极地推进民主体制建设。这就是儒家精神的一以贯之。在这里，无论是古代还是现代的政治，道德理想都既是儒家化解其双重主体矛盾的依据，同时又是儒家的理想得以展开、得以推进并得以贯彻落实的根本动力。所以，就这一点而言，徐复观完全是一个文化主体论者，其"双重主体"说所真正挺立的也就首先在于中国文化尤其是儒家道德理想的主体性。

但是，如果说徐复观就仅仅陶醉于儒家的道德理性及其主体性，那也不尽然。因为构成其对中国政治体制进行反思的基本坐标并不是道德理性，而恰恰是来自西方的自由民主制度。正因为这一点，所以他才能够敏锐地看到当时国民党"主观上既未公开说要独裁，而客观上亦未认真走向民主"；同样，也正因为其拥有自由民主的参照系，所以他才能看到儒家传统的道德只"是一种被覆之德，是一种风行草上之德。而人民始终处于一种消极被动的地位……于是政治问题，总是在君相手中打转，以致真正政治的主体，没有建立起来……"即使从文化的角度看，中国的传统文化也"究竟缺少了个体自觉的一阶段"。显然，这样中肯的检讨与批评，无疑是所谓纯粹的传统文化主体论者所无法提出的。

这样看来，徐复观的"双重主体性"显然并不仅仅是对政治现象或政治与文化进行"体"、"用"二分的结果，而是对中西文化所分别代表的理想与现实两个不同层面的一种融合或重铸。在这里，作为其根本出发点的，自然是儒家的道德理性；但就其所关注的焦点而言，却并不是道德理性，而是真正能够贯彻、落实道德理性的制度设施，这就是由西方文化所代表的自由民主制度。正由于前一个方面，所以我们称其为文化主体论者；但又由于后一个方面，所以他又不再是一个食古不化、纯而又纯的国粹论者。进一步看，正由于前一方面所确立的道德主体性与人民主体性，才为其对"自由民主制度"的吸取与落实提供了本体的依据和主体的基础；而正是后一方面，又才能为儒家自古以来的道德理想提供制度层面的贯彻与保障。所以，徐复观的"双重主体性"所展开的实际上是一种立体的构架，也表现了其对中西文化及其各自的优势与特征的一种积极的融合，而其文化上的主体性立场，则正是这一吸取、融合的前提基础。所以说，"双重主体"的构架，既是徐复观对传统文化的一种推陈出新，同时也表现了他对西方现代文明的一种积极的吸取与重铸。

正因为"双重主体"的这一特色，因而对五四以来的中国思想界来说，也就具有一种特殊的意义。首先，对五四以来一直坚持要"将线装书扔进毛（茅）厕"、将传统文化视为专制政体之思想后台的西化思潮来说，其意义也就在于通过对中国历史中"双重主体"的透视，进一步揭示了历史、政治与文化的真相。中国历史上的政治之所以并没有完全走向由申、韩等法家所代表的极权政治，正是儒家以其道德的主体性与人民的主体性相抗衡的结果；而这一历史真相——道德主体性与人民主体性的真实存在，也足以回应西化论者"事事不如人"的批评。而双重主体的矛盾，则不仅历史地说明了中国集权政治的具体形成，而且也生动地凸显了一代代志士仁人为了消解"双重主体"之间的矛盾所付出的努力。所以徐复观沉痛地写道："我国历史，也可以说是一部忠臣义士的流血流泪史。这些忠臣义士，一方面说明了他们以生命坚持了天下的是非；另一方面，则是汉以后'君臣之义'的牺牲品"。㉖从这一点来看，我们固然可以说中国历史上的集权政治确实很黑暗——其真正的主体性从来没有得到真正的伸张，但也绝不是西化论者一言以蔽之的所谓"专制统治"就能完全说明的。所以说，"双重主体"的思想，既澄清了历史的真相，同时也将"除法家外"所有坚持"民本主义"的思想流派从专制政治的战车上解救下来了。

其次，"双重主体性"最为重要的意义，就在于以现实与理想这种既相互蕴含又彼此差别的双重结构撑开了民族精神的构架，从而立体而又历史地展现了民族精神的总体走向，也合理地说明了其从历史到现代所面临的主要问题。这样，就对民族精神、文化与政治的认识而言，一方面可以使我们彻底摆脱过去那种极度简单化的政治一元（层）论，从而将历史上的政治与文化现象纳入到一个立体的构架中来进行多维的透视与研究，以更有利于我们揭示历史文化的真相；另一方面，在中西文化的交流与融合中，政治的黑暗与体制的落后，也并不能说明我们就真的"事事不如人"，而一直贯穿于历史观念中的道德主体性与人民主体性，既然曾经是政权之现实主体是否合理的超越性依据与标准，自然也应当成为我们建立健全自由民主体制的思想基础。从发展的角度看，既然历史已经证明民主政体代表着人类前进的方向，那么，我们究竟以什么精神作为推进民主体制建设的思想基础呢？又以什么精神作为我们吸取西方民主体制建设之经验与教训的主体承当呢？显然，这就只能是我们传统的"双重主体性"中的道德主体性与人民主体性，因为它既然形成于我们的历史、规定着我们的传统，那么它也就是我们最现实的精神主体，我们也只能依靠这种融理想与现实为一体的"双重主体构架"，才能走出我们自己的现代化道路；而徐复观的先行探索及其对西方自由民主思想的成功吸取，正是传统的民族精神能够吸取西方自由民主观念的证明和典范。

最后，徐复观的"双重主体性"还有一个特殊的意义，这就是历史文化研究中的方向与方法的问题。众所周知，徐复观是通过对现实政治的反思进入历史文化的，因而这里不仅存在着历史与现实、政治与文化如何贯通的问题，而且也存在着其为学道路上的历史理性与其在思想文化中所发掘的文化精神——超越理性的关系问题。那么，徐复观究竟凭什么由现实的政治进入历史而不陷于以今裁古、由历史理性进入超越的道德理性而又不陷于食古不化呢？在这里，唯一能够作出合理解释的可能也就是其在《学术与政治之间》的《新版自序》中的剖白："一个土生土长的茅屋书生，面对国家兴亡，世局变幻，所流露出的带有浓厚呆气憨气的诚恳待望：待望着我们的国家，能从两千多年的专制中摆脱出来，走上民主法治的大道；待望着我们的文化，能不再受国人自暴自弃的糟蹋，刮垢磨光，以其真精神帮助世人渡过目前所遭遇的空前危机"。显然，这就是徐复观出入于"学术与政治之间"的精神动机，而这种由道德良知与主体担当精神所激发出来的深切认知，既是儒家传统的道德理性之具体表现,同时也是对其"双重主体构架"及其作用的一种具体诠释。

注　释：

① 徐复观:《我的教书生涯》,《徐复观文录选粹》,第 304 页。
② 徐复观:《我的读书生涯》,《徐复观文录选粹》,第 315 页。
③ 徐复观:《儒家政治思想的构造及其转进》,《学术与政治之间》,第 50 页。
④ 熊十力:《与徐复观》,《熊十力全集》,第八卷,第 549 页。
⑤ 徐复观:《中国政治问题的两个层次》,《学术与政治之间》,第 31 页。
⑥ 徐复观:《论组织》,《学术与政治之间》,第 162 页。
⑦ 徐复观:《中国政治问题的两个层次》,《学术与政治之间》,第 31 页。
⑧ 徐复观:《儒家政治思想的构造及其转进》,《学术与政治之间》,第 48 页。
⑨ 徐复观:《儒家政治思想的构造及其转进》,《学术与政治之间》,第 54 页。
⑩ 徐复观:《儒家政治思想的构造及其转进》,《学术与政治之间》,第 55 页。
⑪ 徐复观:《儒家政治思想的构造及其转进》,《学术与政治之间》,第 56~57 页。
⑫ 徐复观:《儒家政治思想的构造及其转进》,《学术与政治之间》,第 51~52 页。
⑬ 徐复观:《儒家对中国历史命运挣扎之一例——西汉政治与董仲舒》,《学术与政治之间》,第 344 页。
⑭⑮ 徐复观:《儒家对中国历史命运挣扎之一例——西汉政治与董仲舒》,《学术与政治之间》,第 334 页。
⑯ 徐复观:《儒家对中国历史命运挣扎之一例——西汉政治与董仲舒》,《学术与政治之间》,第 332 页。
⑰ 徐复观:《儒家对中国历史命运挣扎之一例——西汉政治与董仲舒》,《学术与政治之间》,第 388 页。
⑱ 徐复观:《儒家对中国历史命运挣扎之一例——西汉政治与董仲舒》,《学术与政治之间》,第 333 页。
⑲ 徐复观:《儒家对中国历史命运挣扎之一例——西汉政治与董仲舒》,《学术与政治之间》,第 384 页。
⑳ 徐复观:《儒家对中国历史命运挣扎之一例——西汉政治与董仲舒》,《学术与政治之间》,第 104 页。
㉑ 徐复观:《儒家对中国历史命运挣扎之一例——西汉政治与董仲舒》,《学术与政治之间》,第 104 页。
㉒ 徐复观:《儒家对中国历史命运挣扎之一例——西汉政治与董仲舒》,《学术与政治之间》,第 109 页。
㉓㉔ 徐复观:《儒家对中国历史命运挣扎之一例——西汉政治与董仲舒》,《学术与政治之间》,第 123 页。
㉕ 徐复观:《儒家对中国历史命运挣扎之一例——西汉政治与董仲舒》,《学术与政治之间》,第 125 页。
㉖ 徐复观:《儒家对中国历史命运挣扎之一例——西汉政治与董仲舒》,《学术与政治之间》,第 387 页。

（作者单位：陕西师范大学哲学系）

儒学的自律演进与多向度发展

——兼论徐复观、余英时"汉学"之争

□　王守雪

———————————————一———————————————

　　徐复观与余英时对"清代汉学"及汉代学术的解释，是 20 世纪 50 年代以后中国学术思想史研究的两大重镇，也代表了中国思想传统现代阐释的两个不同的方向。然而，他们为学的深层动机，皆隐含现代儒学的发展，涉及儒学"自律演进"的问题。思想的资源蕴藏在历史之中，只有达到历史文化的自觉，才可能打造出儒者主体；儒者之心的高下深浅，又在对现实的关怀中得到明验。汉学，汉代学术，清代汉学，是一组有关联的概念，其中的联系和区别，徐复观先生曾予以分析，本文沿用之。①1977 年，由杜维明主办的"中国十八世纪学术研讨会"在美国召开，年逾古稀的徐复观和 38 岁的余英时应邀参加，徐氏回忆道：

　　　　我提的论文，是《清代汉学衡论》，对所谓"乾嘉学派"，作了总的批评。在我宣读论文前，已宣读了六篇，其中有三篇是专谈戴震的。在其他的论文中，也多关涉到戴震。我发现这次讨论会，无形中是以戴震思想为中心，大家对他有过高的评价。戴氏是反宋明理学的急先锋，胡适是他的后继者，写有《戴东原的哲学》。梁任公也倾心于戴氏。戴氏思想在美国汉学中影响之大，主要是通过梁胡两公的著作议论而来。而戴氏思想的横决，更由此而引起深刻的慨叹。②
　　　　……
　　　　在这次讨论中，我非常感谢余英时先生，因为他的饱学及俊俏的口才与笔调，在美国的中国学人中，已居于第一人第二人的地位。我的话，虽完全不是针对他的论文而发，但我与他的意见是显然不同。他不仅未曾稍微介意，并且他在讨论会结束时向我说，"徐先生的态度，我早已知道，也看过你的文章；但此次听徐先生的讲话，和看文章时的感受不同。许多美国朋友，受到徐先生的话的感动。"由此可见他识量之宏。③

　　徐复观（1903～1982 年）与余英时（1930～）年辈不同，在会上，似乎并没有形成激烈的争论，更由于多重的学术因缘的联络（第三节论及），他们互相保持着一定程度的尊重。但是，学术观点的相左是明显的，起心动念之间，不能排除相对的回应。1965 年，徐复观发愤要写一部《两汉思想史》，即有感于"清代汉学"之"涂传"，④1972 年，出版第一卷，1975 年，出版第二卷，1979 年，出版第三卷，摒弃学诸事，倾十数年之力，志在显发两汉学术的精神面貌。1977 年这次会议，在他晚年的学术生命中意义是重大的，会后不但详记其事，尚有一诗云："满局棋输气未降，偶携微抱渡重洋。物开眼底成新界，礼失天涯讨旧章。慷慨难忘先圣烈，低徊真叹后贤盲。人心颇信同今古，一笑声中是道场。"内心深处的感叹溢于言表，并特在后贤下注云："指梁、胡二先生。"其实，从会议上对戴震的讨论来看，"盲"者又岂止梁、胡？余英时是新亚书院文史系第一届毕业生，师事钱穆，继钱氏《中国近三百年学术史》之踪，著成《论戴震与章学诚——清代中期学术思想史研究》，于 1976 年出版，他在次年提交"中国十八世纪学术研讨会"的论文，也应该是"刚出炉的面包"——最新得意之作，要为"清代汉学"乃至中国学术发表一下自己的见解，结果在会上遭遇了徐复观。现在，提出这样一个新学案加以讨论，目标不是评测学者的高下得失，而是怀着一种敬慎之心，思考前辈在古典新释中，为我们发明了什么，如何沿着他们的足迹往下走。

二

　　余英时《论戴震与章学诚》一书，认为宋明理学代表的是"尊德性"，而清儒表现的是"道问学"——儒学进程中一个崭新的阶段，前后的发展，有一个必然的"内在理路"，并认定后者的意义不比前者的小。因为儒学的现代课题主要是如何建立一种客观认知的精神，非如此便无法抵得住西方文化的冲击。儒学如何突破人文的领域进入自然的世界是一个极为艰难的课题，其中直接牵涉到价值系统的基本改变，而清代儒学的发展显示了这种转变的可能性。"清代考证学，从思想史的观点说，尚有更深一层的涵义，即儒学由'尊德性'的层次转入'道问学'的层次。这一转变，我们可以称它作'儒家智识主义'（Confucian Intectualism）的兴起"。⑤

　　余英时所标举的"内在理路"，从基本意义上来说隐含儒学的自律发展。然而，以笔者的眼光来看，余英时对于清代学术思想史的解释，存在不少枉曲矛盾之处，其中最显著之点，就是在自己的观念中将儒学割裂为两个层次：尊德性与道问学。余氏曾引朱熹为说，但朱熹并没有将二者分成两个"层次"或两个"阶段"。"尊德性而道问学"语出《中庸》："大哉圣人之道！洋洋乎发育万物，峻极于天。优优大哉！礼仪三百，威仪三千。待其人而后行。故曰：苟不至德，至道不凝焉。故君子尊德性而道问学，致广大而尽精微，极高明而道中庸，温故而知新，敦厚以崇礼。是故居上不骄，为下不倍。国有道其言足以兴，国无道其默足以容。《诗》曰：'既明且哲，以保其身'，其此之谓与？"（《中庸·第二十七章》）这是完整的一章，朱熹注解此章时，前后句皆极简略，独在"尊德性而道问学"句下详注云："尊者，恭敬奉持之意。德性者，吾所受于天之正理。道，由也。温，犹燖温之'温'，谓故学之矣，复时习之也。敦，加厚也。尊德性，所以存心而极乎道体之大也。道问学，所以致知而尽乎道体之细也。二者，修德凝道之大端也。不以一毫私意自蔽，不以一毫私意自累，涵泳乎其所已知，敦笃乎其所已能，此皆存心之属也。析理则不使有毫厘之差。处事则不使有过不及之谬，理义则日知其所未知，节文则日谨其所未谨，此皆致知之属也。盖非存心无以致知，而存心者又不可以不致知。故此五句（小句）大小相资，首尾相应，圣贤所示入德之方莫详于此，学者宜尽心焉。"（《中庸章句》）此"尊德性而道问学"一句（五小句），朱熹特标为"入德之方"，将"尊德性"解释为"存心"、"道体之大"，涵摄《大学》中的"正心诚意"；将"道问学"解释为"致知"、"道体之细"，涵摄《大学》中的"格物致知"。后世儒学，无论对此解释肯定与否，皆映照于此一体系的光影里。如果对照朱熹和郑玄的注解，则会发现汉、宋之间的差异。郑氏注云："德性，谓性至诚者；问学，学诚者也；道，犹由也；广大，犹博厚也；温，读如煴温之温，谓故学之熟矣，后时习之谓之温。煴，音寻。"（《十三经注疏·礼记正义》卷五三）郑氏的解释基本上将文义限定在政治的经验层面，尊重有德性的人，向至诚者学习，学得熟了，还要习之。朱注明显地提高了层次：首先，"德性"并不是具体的人，而是普遍意义的"天之正理"；其二，德性与问学分指道体之大和道体之细，隐然拎出一"道体"以统合之；其三，不但是政治管理的学习，而是所有的人可以沿着这个方向进入人生。

对于余英时解释中如此大的漏洞，徐复观并没有从学理上正面反驳，而是正面立论：清代汉学的精神怎样？他认为，清代学术从精神方面来说分作三个阶段：清初学术，清代汉学，十九世纪的清代学术。中间的"清代汉学"是一个异数，他认为，清代汉学对民族、政治社会的责任的逃避，与传统的学术精神划疆立界。他们对科举的虚伪知识、陈腐内容有一种深刻的厌恶，就他们摆脱传统的以学术担负现实政治、社会、人生责任的这方面来说，可以说他们的经学，最近于纯知识的活动。但不能与古希腊"为知识而知识"的学统相附会。因为"为知识而知识"的精神，是内无畏怖，外无希求，而只顺着知性的自身，及知识的自律性发展下去。清代汉学家，内畏怖统治者的淫威，外希慕统治阶层的荣利，使他们的知识活动，受到很大的限制和牵引，因此无法与西方的主知主义相附会。⑥

不过，对照他们各自的解释方向，还是能够发现论争的潜在焦点。即清代汉学的价值如何？汉代学术对于中国学术传统的现代阐释具有何种意义？余英时的动机与努力，徐复观是充分肯定的，但对于他的结论，几乎处处反对。余氏试图开出儒学的新机运，肯定它与现代世界文化对话的能力，这在徐复观，同样是如此，在追求儒学"自律演进"的层面上他们是一致的。至于一些人从语言特点与社会条件立论，认为中国人没有必要在儒学的框架中追求现代价值，从而否定儒学在根本上的进一步解释与开掘，则属于另外一种立场。⑦

三

徐复观讨论"清代汉学"总是映带"汉代学术"。由清代汉学名与实的探讨，纵深显示汉代学术的真正精神，由汉代学术精神，带出汉代学术与宋明理学的联络，并进一步显发中国文化思想传统的大体。他认定：

第一，汉代学术思想的特性，是由董仲舒塑造的。在此之前，汉初学术基本延伸先秦思想的余绪，沿百家争鸣的路子向下走，汉武帝出，从根本上效法并加强秦朝的专制政体，董仲舒以天人合一为中心的"儒术"是应机而变的结果。徐氏说：

> 先秦儒家思想的转折，汉代思想的特性，是由董仲舒所塑造的。他一方面是在思想上、观念上，肯定此一体制的合理性同时，又想给此一体制以新的内容，新的思想。第一，他维护专制之主的至尊无上的地位；但由至尊无上的地位所发出的喜怒哀乐，成为最高政治权力的"权源"。他大概也感到儒道两家，想由个人的人格修养来端正或解消这种权源之地，几乎是不可能的，于是只好把它纳入到天的哲学中去，加上形而上的客观法式，希望由此把权源纳入正轨。第二，作为大一统专制统治的重大工具，刑法……近代对统治者权力的限制，求之于宪法；而董氏则只有求之于天，这是形成他的天的哲学的真实背景。⑧

徐复观进一步解释，董仲舒要求"以君从天"，"屈君而从天"，转到实际上是从孔子的《春秋》之教。孔子由获麟受命而作《春秋》，所以《春秋》即可代天立教。因此董氏所说的天，实际上只是气而不是人格神。这样，一方面，天具有客观力量的外形，使人作无反省的信服，遮蔽了理性，在此方向上，董氏所认定的心的作用，在道德与知识两端皆缺乏主宰的意义；另一方面，在此客观外形之下，又隐含了个人价值观的因素，将自我的要求，不知不觉地投射到"天"上去，人的力量通过"天"来发挥。徐复观认为："先秦经学，实至仲舒而一大歪曲；儒家思想，亦至仲舒而一大转折；许多中国思维之方式，常在合理中混入不合理的因素，以致自律性的演进，停滞不前，仲舒实是一关键性人物"。⑨他在这里所说的先秦儒学向两汉儒学的演进曲折，是从儒家思想的人文精神而言的，孟子的"仁义理知根于心"，已经明确将人类的命运归结到人的心上。相对于自然，相对于"神"，人才是主宰。而董仲舒将世界最高的主宰归之于"天"，与先秦儒学的宗旨是不相合的。但从另一个方面来看，在董仲舒的"天"里，确实贯注的是"人"的精神，他的起心动念，纯粹在于活的具体的人生："董仲舒思想的中心是在政治，是要以阴阳之说，把西汉所继承的法家尚刑的政治，转变为儒家尚德的思想。董仲舒为了约束大一统的皇帝，张大灾异之说，使皇帝的一举一动皆受到天的干预，而一点也不敢乱来"。⑩所以，从先秦儒学向汉代儒学的演进，中间仍然存在着内在的线索，这个线索正是儒学最基本的生命力的表现。

第二，虽然董仲舒奠定了汉代学术的特性，但他并不代表汉代学术的最高精神，用现代的眼光来看，真正代表汉代学术最高精神的是司马迁。他认为司马迁思想的重要特性，是表现在理智清明之上，淡化了董仲舒"天人合一"思想神秘的色彩，司马迁之"究天人之际"，其中的天在人类理性之外，指的是划分天与人的交界线，这里，徐氏分疏也许过于绝对。⑪

第三，西汉末年，思想界对由术数所讲的天人性命之学发生怀疑，渐渐要回到五经的本来面目，向下开东汉注重五经文字本身了解的训诂学，并出现了一批理智清明的思想家。扬雄，是两汉思想史演变的大关键。扬雄投下整个生命追求知识，以一个知识人的态度谈学问，主要目标在于批判博士系统中的固陋贪鄙之习，破除缴绕汗漫的语言魔术。他推崇孔子、五经，实在出自他在时代的冲激中，体验出孔子与五经对于人类生存所发生的维护的巨大作用。[12]扬雄的主智，批评自战国以来裹结在儒学之上的迷信的说法，乃是想汰去夹杂，去伪存真，从根本上表现出儒者的自我意识，探索儒者主体性的生存方式，表现出儒学的自律发展。在扬雄的知识方向上，圣人并不是理想的彼岸，经书也不是僵硬的文本，作为儒者，通过学习圣人，通过钻研经典，通过自己的著述活动，有所创造，进入到圣人的领域。因此，他是以知识为外形，以道德为内里，将自我的生命汇入时代思想潮流，促进现实人生乃至宇宙大生命生生不已的创造。徐复观说他虽然有知识的追求，但仍处于哲学的领域，不能对中国古代科学有所推动，正是这样的逻辑。

徐复观梳理两汉思想史，有一个基本的判断，那就是："汉代经学，是对当时的现实政治负责的"。[13]他批判"清代汉学"，批判东汉的王充，皆在此一大判断之下。远离时代，甚至有意逃避时代的责任，缺乏担当意识，在他看来，这就与圣贤之学绝缘。有些人认为，徐复观如此的思路是以他个人的人生体验为尺度的，认为徐复观早年从政，涉世较深，因此特别重视学术与政治的关系。这样的看法未必没有一定的根据，但如果仅将徐氏的判断看成一种"个人"经验，和形气之私混同起来，那就错误了。在徐复观的基本判断之后，还有两个纵深的问题，即从历史主义出发，汉代思想究竟是怎样的？在历史主义与价值观念的重合之处，儒学的生命在哪里？

四

徐复观致力于两汉学术思想史的研究，就切近的学术因缘来讲，则直接关系到钱穆。余英时师事钱氏，徐复观、余英时汉学之争的意义及来龙去脉，从徐复观与钱穆的关涉讲起才容易明白。

徐复观回归学术界，思想启于熊十力，行动则发轫于创办《学原》月刊与《民主评论》半月刊，钱穆是前后两个刊物的主要撰稿人。徐复观心向学术之初，曾虚心向钱穆请教，钱氏年辈既略长，在学界声望又早著，倒也不吝啬，常常发表指导性意见。[14]徐复观接受了钱穆的意见，尤其"从日文进窥西方"、"几个重要点钻研"数语，颇合徐复观治学启动的轨迹。但是，后来二人之间颇有龃龉。从钱穆的一方面来说，他不满徐复观有三，一是不满徐复观关心政治，认为政论时事与学术研究要分离清楚；二是不满徐复观性情充溢的文风，批评其"文辞间颇少和易宽坦之气。激宕纵送，此固文章之能事，然论事则害事，论学则害学"；[15]三是不满于熊十力学派包括徐复观在内强调道统的治学路向，称之为"宋儒教主气"。[16]徐复观对钱穆的批评则是从钱氏的学术转向开始的，钱穆从大陆到港台后，对中国文化与西方文化的关系作了重新的思考，提出了自己的"科学"论，认为儒学的出路在于通科学，他论西方文化说：

（1）科学可以全盘接受，（2）政治社会人文界措施可以部分接受，耶教恐最难接受。……而中国文化，实是近科学而远宗教……弟意正欲再下此方面工夫，为科学与儒学会通辟一路。[17]

为此，他做了相当的学术努力，最先也是最突出的是著《中庸新义》，他释"诚"："若就宇宙一切事象而论其意义，而真实无妄即为一切事象最大之意义。若论价值，则真实无妄亦即一切事象最高之价值。换言之，凡属存在皆是‘天’，即是‘诚’，即是真实无妄”。[18]释“君子尊德性而道问学”：“德性即指天之所以与人，故尊德性即是尊天，同时亦是尊人。而人之德性，即有待于学问而始明，故曰：‘尊德性而道问学’”。他以天道为主来释《中庸》，就是要从“诚”里导出自然界的真实，由此而通科学。对徐复观从“人”来出发，云“天命只是一颗不容己之心，由一个人慎独的独所转出来”，深表异议，认为这是受到西方哲学家的唯心论影响所致。

1958 年，牟宗三、徐复观、张君劢、唐君毅等发表《为中国文化敬告世界人士宣言》之前，力请钱穆也一同署名，但钱氏坚决地拒绝了，其中原因，颇有曲折，遂成学术史上一新案。余英时著《钱穆与新儒家》一文，力主不能将钱穆列为新儒家，从学术趋向与对儒学传统的理解分歧作了长篇的论述，但除了纯粹的学术之外，钱穆与第二代新儒家的关系也值得研究，余英时一再强调钱穆与第一代新儒家熊十力的关系是“论学之友”，而“钱先生与第二代新儒家之间在思想上的关系其实比第一代——熊十力——是更疏远了，而不是更接近了”。[19]其实，学人的关系皆是在具体的生活之中，也建立在具体的人格之上，离开了具体的情境，一切分析与推测皆失去了坚实的基础。从钱穆与徐复观的关系来看，20 世纪 50 年代起初数年的密切决不亚于钱氏与熊十力的交谊，钱、徐初为师友之间，后来徐氏为学术问题对钱氏毫不客气的批评，终于产生裂痕，这其中似乎有一种平衡的打破。徐复观对钱穆的批评内容是学术，而钱宾四对徐氏的批评多涉及意气态度，这不能排除有心理失衡的因素。

钱穆本对清代学术深有研究，只是学术方向前后有变。写于 20 世纪 30 年代的《中国近三百年学术史》，对其中经世思想一系多有发明表彰，认为清初学术继东林遗绪，不忘种姓，精光四射；指出亭林学术本悬二的：一曰明道，一曰救世，而一些人含混地认亭林为“清学开山”，而忘其“行己有耻”之教，可伤可痛。尤可注意的是，他认为“乾嘉学术一趋训诂考订，以古书为逍遥神明之林囿矣。于此而趋风气，趁时局，则治汉学者必以诋宋学为门面，而戴东原氏为其魁杰。起而纠谬绳偏，则有章实斋，顾曰：‘六经皆史，皆先王之政典。’然为之君者既不许其以天下治乱为己任，亦适至于游幕教读而止，乌足以上媲王介甫、程叔子之万一耶”！[20]继而认为“嘉道之际，在上之压力已衰，而在下之衰运亦见。汉学家正统如阮百元、焦里堂、凌次仲皆途穷将变之候也。起而变之者，始于议政事，继以论风俗，终于思人才，极于正学术，则龚定庵、曾涤生、陈兰甫其选也”。[21]这里他对清代学术的评估，高下分明，如果对照钱氏 20 世纪 50 年代到港台后写作《中庸新义》的学术路向，可以发现其中的转变。余英时关于清代学术的研究，继承的正是港台时期钱氏的“科学”路向，然而，无形中推翻了乃师 40 年前的论断。

五

综合上述，徐复观与余英时关于清代汉学的一段论争，背后潜藏着丰富的历史材料和思想内容。他们皆以“汉学”为抓手，试图在中国思想传统的现代阐释中，开发资源，开出儒学的新机。从某种意义上来说，这表现出儒学内在生命力的释放，提示当代新儒学的多向度发展。

第一，徐复观立足于“汉代学术”，着重开发儒学的人文精神、现实精神、批判精神，始终不离开"一颗不容自己之心"。"心"基于生命，而通向理性，兼容汉宋，且观照现代文化，但他的解释非常注意历史的边界。余英时解释"清代汉学"，着重开发儒学的知识精神。然而，离开历史真实的立足点，离开清代学者真切的精神状态，来解释清代儒学发展的"内在理路"，从历史主义的维度来说，是不通的。

第二，儒学的生命力，发端于儒者对中国历史文化的自觉。儒者之心，在几微处似乎仅为一点灵明，而发挥于人事，则充塞于天地之间，士志于道，任重道远，穿越时空，无厌无倦。儒者从哪里来，还是要靠在"儒学"中作育。思想史的材料，不是与"我"无关、与"人"无关的所谓"客观材料"，其中有活的灵根。从思想史灵根深处流淌出来的汁液，会滋养一切接触到它的人。大批潜入中国学术思想史中开掘的学人，只要认定儒学根本的资源性价值，追求其内在生命，皆是现代"儒者"。钱穆、徐复观、余英时，皆以志业精神从事中国传统文化的重建，皆有理性精神的照亮，不管他们自己是否承认"当代新儒家"的称号，他们皆为近百年来儒学发展的推动者，这是事实。

第三，儒学向来是一个多向度发展的系统，其内在的生命力，亦表现为不同向度之间的张力。周公孔子，各有所成；仲尼死后，儒分为八；汉儒林立，各自名家。唐宋之后，程朱陆王，更是形成了一系列异彩纷呈的学案。在经典阐释中，学者们面对自己的时代，面对着多方的提问，为儒学的发展汇入新的资源。徐复观与余英时，面对现代西方文化的挑战，皆发现了中国思想史中"汉学"这一富有解释力的"矿藏"，但开采的时候，所使用的工具与汇入的资源因素有所不同。简单地视为"朱陆之辨"的复起固然不确，然而，人文精神的重建及客观认知精神的重建，的确是他们学术开进的两个方向。

注　释：

① 参考徐复观《"清代汉学"衡论》，《两汉思想史》第三卷附录，华东师范大学出版社 2001 年版。

② 《徐复观杂文——忆往事》，台北时报文化公司 1980 年版，第 71 页。

③ 《徐复观杂文——忆往事》，台北时报文化公司 1980 年版，第 76 页。

④ 徐复观《两汉思想史·自序》："江藩著《汉学师承记》……自是以后，谬说相承，积非成是；而两汉学术的精神面貌，遂隐没于浓烟瘴雾之中，一任今日不学之徒，任意涂传。所以我在六年以前，发愤要写一部《两汉思想史》。"华东师范大学出版社 2001 年版。

⑤ 余英时：《论戴震与章学诚·自序》，三联书店 2000 年版。

⑥ 徐复观：《"清代汉学"衡论》，《两汉思想史》第三卷，华东师范大学出版社 2001 年版，第 357 页。

⑦ 张汝伦：《现代中国思想研究》，上海人民出版社 2001 年版，第 549 页。

⑧ 徐复观：《两汉思想史》第二卷，华东师范大学出版社 2001 年版，第 183 页。

⑨ 徐复观：《两汉思想史》第二卷，华东师范大学出版社 2001 年版，第 221 页。

⑩ 徐复观：《中国思想史论集续篇》，上海书店 2004 年版，第 58～59 页。

⑪ 徐复观：《两汉思想史》第三卷，华东师范大学出版社 2001 年版，第 197～198 页。按：如果说司马迁对"人"的因素、人的力量更加重视，特加标举的话，那是确实的，如果说史公是将天人对立，完全将"天"划入不可知的领域，是不符合史公原意的，董仲舒说的天"甚可畏"与史公的犹疑而忧郁在一定层面上是可以相通的，皆是由于人的力量不够的进一步诉求。

⑫ 徐复观：《两汉思想史》第二卷，华东师范大学出版社 2001 年版，第 311～312 页。

⑬ 徐复观：《两汉思想史》第三卷，华东师范大学出版社 2001 年版，第 336 页。

⑭ 钱穆：《致徐复观书》："兄能潜心学业，实所欣望。将来中国出路，必然要发扬旧根柢，再加西方化，此事断无可疑。（中间一节评胡适略）……吾兄有意向中国文化上追求，此断然是时代需要，盼勿为一时风气摇惑。唯四十以后人做学问方法，应与四十以前人不同，因精力究不如四十以前，不得不看准路向，一意专精，切忌泛滥。弟意兄应善用所长，善尽所能，一面从日文进窥西方，一面在本国儒学中，只一意孔孟、易庸、程朱、陆王几个重要点钻研。以兄之锐人，不到五年，必可有一把柄在手，所争者在志趣正，立定后不摇惑，潜心赴之，他无奇巧也。"《钱宾四先生全集》第53册，联经出版公司1998年版，第322页。

⑮ 钱穆：《致徐复观书》，《钱宾四先生全集》第53册，台北联经出版公司1998年版，第362页。

⑯ 钱穆：《致徐复观书》，《钱宾四先生全集》第53册，台北联经出版公司1998年版，第339～340页。

⑰ 钱穆：《致徐复观书》，《钱宾四先生全集》第53册，台北联经出版公司1998年版，第356页。

⑱ 钱穆：《钱宾四先生全集》第18册，台北联经出版公司1998年版，第90页。

⑲ 余英时：《钱穆与新儒家》，《中国文化》第6期。

⑳ 钱穆：《中国近三百年学术史·自序》，商务印书馆1997年版。

㉑ 钱穆：《中国近三百年学术史·自序》，商务印书馆1997年版。

（作者单位：安阳师范学院）

徐复观对《论语》"仁"的诠释

□ 谢永鑫

徐复观（1903～1982 年）是现代新儒家思潮的代表人物之一。他的中国思想史研究，是以孔子思想为出发点，也是以孔子思想为归宿的。在 1979 年，针对当时港台中国哲学界占有主导地位的唐君毅、牟宗三、方东美诸人以希腊系统哲学的性格诠释儒学，故而重视《易传》、《中庸》，轻视、贬低《论语》的学术方向，他革命性地提出："现代谈中国哲学史的人，几乎没有人能从正面谈孔子的哲学，更没有人能从《论语》谈孔子的哲学。""今日中国哲学家的主要任务，是要扣紧《论语》，把握住孔子思想的性格，并用现代语言把它讲出来。"①

徐复观多次指出，儒家的学说是以仁为中心的，《论语》是一部"仁书"。由于他在 30 年的学术生涯中一直研究这个问题，随着他本人思想的发展，"仁"被他从不同的角度看待，在不同时期呈现出了不同的面貌。本文运用发展的观点，对徐复观释"仁"的思想历程进行梳理和解释。并通过对这一问题的阐明，论证了徐复观消解形而上学思想的合理性。

一

徐复观在 1950 年发表的第一篇学术论文《复性与复古》中阐述对仁的理解说："大家都知道儒家的学说，是以仁为中心的。仁的粗浅解释，是一种感通、关切、融和的精神状态。所谓'仁者灵也'，'麻木'即是'不仁'，都是表示这种意思。对于自己个体以外所发生的痛痒，无端地反应于自己之内，好像自己的个体也受到这种痛痒一样，这便是仁的感通。由感通而关切，由关切而融和，而成为一体。……并且宇宙间若没有仁的感通作用，则上天下地，只是罗列着一个一个的死硬不动的互不相关的各自然个体，而成为完全'物化'的世界，没有生命力的流注可言。于是生生的现象，都归停滞；而宇宙的法则，也无从成立。所以儒家说人性是仁，是人的所以生之理，更进而认定宇宙的本体即是仁，而仁即是宇宙生成的法则。这样便建立起完整的仁的人生观和宇宙观。"②熊十力在 1945 年对"仁"的解释是："中华民族，自昔历圣相传，皆以仁道统天下。仁者，生生不息也，厚爱也。（厚者，形容词。万物虽有相反，然实以反而成其和同。和同者，爱至厚也。物之本性只是爱，所以生生也。）虚寂也。（无恶也，无迷乱也，故云虚寂）健以动也。（无有停滞，故云健动。以上皆形容仁体之德。大地万物皆依仁体而生，吾人之本性，即此仁体。但拘于形骸，蔽于私欲，则人乃成为顽物，而不获全其本有之仁体。然能反而求之，则仁体未尝不在。）从上圣哲，以求仁为学，以行仁为治。"③

两人对仁的理解是一致的。这表现在三个方面：第一，都把仁作为儒家学说的中心观念。第二，熊十力说，仁者，厚爱也。物之本性只是爱；徐复观认为仁是个体与他者之间的感通、关切、融和的精神状态，都是以"爱"释仁。第三，熊十力说，仁者，生生不息也，大地万物皆依仁体而生，吾人之本性，即此仁体。在这里，穷究宇宙实体的本体论或者说形而上学观点，解释宇宙万象的科学宇宙论观点，参究生命本性及察识吾人生活内容的人生哲学思想，三者是相互辉映，融而为一的。这是熊十力自觉的理论追求，也是十力之学的特色所在。他说："《新论》直将本体论、宇宙论、人生论，融成一片，此是老夫苦心处，亦是不失吾先圣哲精神处。"④徐复观认为仁是人的所以生之理，宇宙的本体和宇宙生成的法则，这也是融合本体论、宇宙论、人生论释仁。

可见，徐复观在开始从事学术研究时，他对仁的理解基本上为熊十力的思考所含摄。这意味着，徐复观以后学术上的发展必然要解决如何在继承的基础上超越熊先生的理路，走出自己的道路的课题。

二

1955 年，徐复观写了《释〈论语〉的"仁"》，对"仁"做出了全面的、具有原创性的诠释。首先，扬弃了以"爱"释仁的观点。他说："可以说'爱人'确是仁的一个主要内容。但《论语》上所说的仁，固须涵有'爱人'之意，却不可说'爱人'即等于《论语》上所说的仁。'爱人'是在与人发生关涉的时候才会发生的。一个人的生活，尤其一个人的治学生活，并非完全在与人发生关涉之下进行。"⑤徐复观认为不能以从人与人的关涉上去解释仁为满足。他在 1960 年进一步指出，孔子以前出现的"仁"字，大约皆只作"仁爱"、"仁厚"理解。到了孔子，则把此一"仁"字深化，亦即把所以会爱人，所以能爱人的根源显发出来，以形成其学问的中心。⑥

其次，"《论语》上所说的仁，是中国文化由外向内的反省、自觉，及由此反省、自觉而发生的对人、对己的要求与努力的大标志。'爱人'乃是自反自觉之一个结果。"⑦徐复观在 1980 年重申说："《论语》上的'仁'，就我的研究，是'道德地自觉向上的精神'。'爱人'是此种精神所发的作用。"⑧认为《论语》上的仁的第一义是一个人面对自己而要求自己能真正成为一个人的自觉自反的精神状态，这是徐复观 1955 年后始终不渝的观点。

最后，由这种自反向上的精神状态，他引申出仁在横、纵两方面的涵义。从横的方面讲，孔子所说的"夫仁者，己欲立而立人，己欲达而达人。能近取譬，可谓仁之方也已"，是很切近地将仁指点了出来。但是前人解这两句话时，无形中是把立己和立人，达己和达人看成是两件事，因而在谈到仁的时候，重点自然落在立人、达人的上面。而实际上这两者是一种必然的互相含摄的关系。虽然下手是在己欲立、己欲达，但就其自身的内在关联说，实是一事的两面。其关键端在于由自反自觉而来的对人、对己的一种不容自己之心。欲立、欲达的"欲"字，即为此种不容自己之心的活动。从纵的方面讲，"由自觉自反而上，可以说是宇宙无穷，吾人之悲愿亦随之而无穷。孔子亦不敢自谓能尽此仁之量。所以他只以实现仁的实践工夫自信，而不敢以全量之仁自居。"⑨徐复观在这里提出《论语》上的仁，从横的方面看，践仁的工夫是要求人我一体、人我双成的，这就可以从个人伸展到家庭、社会、世界，从而建立一个和谐的生活世界。从纵的方面看，践仁是讲求境界、层级的提升而不可有上限，这就可以撑开一个无限的内在精神世界。

由于把握到了仁的"道德地自觉向上的精神"的真义，徐复观就对熊十力从宇宙发生论的角度释仁的路向提出了批评。他在 1956 年说："熊先生的《新唯识论》，毕竟不能不以《明心》一章作收束。而《明心》一章之不够充实，这正说明他由宇宙论以落向人性论，在其根本处有一缺憾。在他们，都认为这两方面的东西是紧密相连，实际则不仅是一种推想，且亦实无此必要。我们治思想史的人，应把这种不必要的夹杂、纠结，加以澄清，将宇宙论的部分交还科学，将道德论的部分还之本心，一复孔门之旧。"⑩徐复观指出，"由宇宙论以落向人性论，在其根本处有一缺憾"，这里的宇宙论是指的狭义的宇宙发生论，而"在其根本处有一缺憾"，是说狭义宇宙论讲的是科学问题，它和探究人的生命本性的人性论是没有必然关联的，所以要把这个"宇宙论的部分交还科学"。

事实上，熊、唐、牟之所以被称为狭义新儒家，就在于他们具有一套以本心、仁体、道德自我为中心观念的儒家心学论述。例如，熊十力说："仁者本心也，即吾人与天地万物所同具之本体也。"⑪唐君毅说："心之本体即是人我共同之心之本体，即现实世界之本体，因现实世界都为它所涵盖，心之本性，即神。"⑫牟宗三亦说："实践理性（自由意志）即是一个普遍的、绝对的、贯通道德界与存在界的，决定一切亦创造一切的形上实体。"⑬这个本心、仁体、道德自我的本质在于，它既是伦理学的，又是本体论的；既是个体的内在经验，又是流行于整个宇宙之间的真实存在。这表明他们的理论指向是一致的，都是要借鉴西方哲学的智慧，以本心、仁体、道德理性为根本，重建中国哲学的本体论。而徐复观讲到要"将道德论的部分还之本心"，这个"本心"应如何理解呢？他在同一篇文章中说："'知天命'乃是将外在的他律性的道德，生根于经验界中的道德，由不断地努力而将其内在化，自律化，以使其生根于超经验之上。"⑭在 1960 年又说："孔子在自己生命根源之地——性，证验到性即是仁；而仁之先天性、无限地超越性，即是天道；因而使他感到性与天道，是上下通贯的。"⑮他指出道德的根源是"超经验"的，仁是具有先天性、无限地超越性的。这是认为赋予道德普遍性、永恒性的根据就是一个人的"仁"或"本心"，这一个"仁"或"本心"是解脱了一切生理的、后天的束缚的，先天性的存在。可见，此时徐复观讲的作为道德根源的"本心"，和熊、唐、牟所讲的是一致的。

总之，20 世纪 50 年代中期以后，徐复观自觉地区分了解释宇宙万象的科学宇宙论观点与穷究宇宙实体的本体论或者说形而上学观点。认为前者是和人生论无关的；后者则是参究生命本性及察识吾人生活内容的人生哲学的根基。换言之，此时的徐复观切断了科学宇宙论与人生哲学的联系，而认肯熊、唐、牟把人的仁体、生命、心性做实体化解释的形而上学。徐复观在 1968 年指出"人类自身即是形而上的存在，所以人有追求形而上的倾向，有追求一贯的倾向。20 世纪的哲学思想，一面是彻底反形而上学，一面又是形而上学的复兴，便是这种原因。"⑯这表明直到 60 年代，徐复观对于这一形态的形而上学总体上仍持赞成的态度。这是因为徐复观是半路出家，是在师友的感召、带动、帮助下走进学术之门的,直到 60 年代末,他对儒学的理解整体上没有超出唐、牟义理规模。

可是,由于他的时代的"参与者"的经历和感性强、情感丰富的气质,使他对于远离现实生活的形而上学思想又有一种本能的排拒心理。再加上他在对先秦和两汉思想史的研究中,发现由于阴阳五行思想被结合进儒学,导致儒学夹有形而上学,这些都促使他进一步独立思考孔子仁学的本质问题。

三

到了 20 世纪 70 年代,徐复观在长时期对中国古代史学进行研究后,终于为孔子的仁学找到了新的、更加坚实的基础。他在 1973 年做的《心的文化》的演讲中说:"中国文化,主要表现在道德方面。但在很长的时间中,对道德的价值根源,正如其他民族一样,以为是神、天。到孔子才体认到道德根源乃在人的生命之中,故孔子说:'仁远乎哉?我欲仁,斯仁至矣。'又说:'为仁由己。'这些话都表明价值根源不在天,不在神,亦不是形而上的,否则不能这样'现成'。"[⑰]这表明徐复观不再认为道德的根源是超经验的,而是在人的生命之中的,他又提出"形而中者谓之心",这标志着他开始走出把一切都隶属于具有形而上的本心的思维模式和理论框架,试图消解本心、仁体的形而上性。

在 1977 年的《原史——由宗教通向人文的史学的成立》一文中,徐复观指出,孔子的学问是来自两方面,一是求之于历史,求之于时代的知识的追求。二是毕生于道德的实践,结果发现"仁"之根源,道德之根源,是在人的生命之内,由此以奠定人格尊严,人类互爱互助的基础。由于孔子学问的性格是由史与实践的结果所形成的,所以孔子学问的性格在于:"孔子把他对人类的要求,不诉之于'概念性'的空言,而诉之于历史实践的事实,在人类历史实践事实中启发人类的理性及人类所应遵循的最根源的'义法',这便一方面决定了由他继承的史的传统,不让中国文化的发展,走上以思辨为主的西方传统哲学的道路;一方面,把立基于人类历史实践所取得的经验教训,和他由个人的实践,发现出的生命中的道德主体,两相结合,这便使来自历史实践中的知识,不停留在浅薄无根的经验主义之上,同时使发自道德主体的智慧,不会成为某种'一超绝待'的精神的光景,或顺着逻辑推演而来的与具体人生社会愈离愈远的思辨哲学。"[⑱]

徐复观始终认为孔子的学问是以知为手段,以行为目的的;是成就道德、成就人格的学问。这里必须进一步追问的是,在孔门的成德之学中,什么是行、道德、人格的根源?对于这个问题,在 70 年代对中国古代史学进行深入、系统的研究之前,徐复观认为是超经验的本心、仁体、道德自我;而在发现、阐明了孔门学问的史的来源后,他认定本心、仁体、道德自我有两个来源:一是人类历史实践所取得的经验教训,二是由个人的道德实践发现出的生命中的道德主体。所以,仁的性格不是先天的、普遍的、超经验的,而是历史的、经验的、实践的。这样,徐复观才摆脱了熊、唐、牟通过理论思辨而苦心构建起来的宇宙本体与个体生命贯通为一的形而上学体系。从而使他的人生哲学、价值哲学思想的根基、原点不再是形而上学性质的本心、仁体,而是作为人的内在精神世界而存在于个体的现实生命、生活中的经验性的仁。

由于徐复观的理论根基由思辨性的哲学本体论转向了经验性的历史学,他就有了充分的理据批评、否定现代新儒学关联着本体论来讲人生哲学的形而上学建构。他在 1976 年指名批评方东美说："'生生之德'，也是一句好话。但这句话若不是透自生命内蕴的'仁'，若不是把它融合在仁的人生价值系统中去，则不仅只成为一种玩弄的光景，只能供人在休闲中的暂时消遣，不能构成人生价值的真实内容与动力。而且现在说这种话，是非常不适宜的。因为若仅就宇宙而言生生之德，则除地球外，月球、火星，已证明它没有生生之德；而地球的生生之德，应当由以生物学为中心的科学去研究、解释，哲学家口里所说的，只能算是废话。若把这句话作为人生的价值来说，则必须追求人生何由而有此生生之德。难说生理上的生儿育女，便算是生生之德吗？地球的生生之德，可能由人类的反生生之德的行为，如核子大战、环境污染等，而告毁灭。可知把生生之德当做人生的价值，并不是'创造的幻想'所能真正创造出来的，只有通过《论语》中的'求仁'的工夫，在行谊中对仁的实践的工夫，以达到对自己是'仰不愧于天，俯不作于人'，'不知老之将至'；对天下是抱着老安少怀的宏愿，及'吾非斯人之徒而谁与'的悲愿。否则这些话的后面，所隐藏的，只是人生的虚无、绝望。"[19] 在这一段痛快淋漓的话语中，我们可以解读出以下两层意思。其一，从宇宙论的角度看，在科学昌明的今天，生命现象应该交给科学去解释，哲学家们现在再讲天地万物的生生之德，只能算是过了时的废话。其二，从人生论的角度看，形而上学性质的生生不息的仁体，并不能作为人生价值的根基。作为人生价值的生生之德，只是由主体在对仁的实践中所透出的内心的境界，并不具有超经验的、形而上的性格。这实际上也是对熊十力学派以"生生之德"释仁，把本心、仁体视为即存有即活动的，能生化、能创造的实体、本源的本体论观点的批判。

在发表于 1979 年孔子诞辰的《向孔子的思想性格回归》中，徐复观又明确批评了自己的师友把具体生命行为，层层向上推，推到形而上的天命、天道处立足的形而上学体系。值得注意的是，在这篇影响深远的论文中，徐复观一反多年来以"仁"概括孔子思想的定论，而提出从《论语》看孔子毕生所学所教的，可用一个"道"字加以概括。道的基本性格，即是孔子思想的基本性格。他指出："孔子追求的道，不论如何推扩，必然是解决人自身问题的人道，而人道必然在'行'中实现。行是动进的、向前的，所以道也必是在行中开辟。《论语》中所涉及的问题，都有上下浅深的层次，但这不是逻辑上的层次，而是行在开辟中的层次；因此，这是生命的层次，是生命表现在生活中的层次。"[20] 道的基本性格，是"行"，是道德实践。他进一步指出，道的根源是在人的生命之内，换言之，就是"仁"。从概念上讲，道是客观性的，是外在性的。而"道的客观性外在性，主要是指的人类行为经验的积累。'子所雅言，《诗》《书》执礼'（《述而》）的《诗》、《书》、《礼》，都是古代行为经验积累的结晶；这才是孔子所说的道的真正来源。他的修《诗》、《书》，订《礼》、《乐》，晚年学《易》，由卫返鲁后作《春秋》，皆由此可以得到正确的解释"[21]。这是明确指出了道的实践的、历史的性格。其内在的根源是个人的生命；其客观的来源是人类行为经验的积累。

徐复观在 1960 年说："《论语》上之所谓仁，在我们去研究它，而仅将其作一被研究的对象来看时，它是我们的知识所要求了解的一门学问。但就仁的自身而言，它只是一个人的自觉的精神状态。"[22] 他在 1968 年又说："孔子的所谓道，包括由闻见 而来的知识，及形成人格、诱导行为的最高原则。此最高原则，被人以工夫加以吸收融化时，则成为一个人的精神状态。孔子是把知识归结向形成人格的精神状态这一方面。"[23] 不难发现，前一段话中对道的解释和后一段话中对仁的解释是一致的。都是兼有客观性与主体性的性格，而又以主体性的一面居于主要地位。顺理成章的，徐复观得出结论说："孔子总提一贯之道，应当即是'仁'。……'一以贯之'，即是以仁——忠恕的精神，贯通于求知与立行之中。"㉔可见，在 20 世纪 60 年代，徐复观虽然认识到了道的客观性，却把它归结为知识和原则的客观性，而不是人类历史的客观性。并且这个客观性所占的分量是相当轻的，说到底，道还是一个人的精神状态，是归属于仁的。

而在发现了孔子学问的史的性格后，徐复观把道作为《论语》的中心观念，其用心在于强调道德的根源在于人类的行为所积累的历史世界和由个人的道德实践所形成的内在人格世界，而不是什么超经验的、形而上的东西。这并不意味着他要以"道"来取代"仁"的地位，而是说，由于在徐复观的诠释中"道"与"仁"都是兼具主观性和客观性的，他在《回归》一文中实际上是要突出"仁"的客观、经验的一面。

在 1982 年的体现了徐复观最终体悟的《程朱异同》一文中，他以"为己之学"来贯通孔子的思想。所谓为己之学，是追求知识的目的，乃在自我的发现、开辟、升进，以求自我的完成。而"孔子所发现开辟的自我即是仁。他不仅以仁统贯诸德，而就'仁远乎哉，我欲仁，斯仁至矣'，'为仁由己，而由仁乎哉'等语言推求，仁必然是在生命之内所呈现出的一种道德精神状态，才能如此现成。"㉕依然是把仁作为《论语》的中心观念。

四

台湾地区学者黄俊杰曾指出，中国思想史上以经典注疏为中心所形成的诠释学传统，在儒家一系表现得最深切著明。就其基本形态观之，儒家诠释学至少有三种形态：（a）作为政治学的儒家诠释学；（b）作为护教学的儒家诠释学；（c）作为解经者心路历程的儒家诠释学。他说："简言之，徐复观的儒学新诠是典型的'作为政治学的儒家诠释学'，这是具有中国文化特色的诠释学"。㉖笔者认为，徐复观对孔子的"仁"的诠释经历了三个阶段的变化：在 1955 年之前，徐复观是以"爱"释仁，认为仁是人的所以生之理，宇宙的本体和宇宙生成的法则。这是融合本体论、宇宙论、人生论释仁；从 1955 年的《释〈论语〉的"仁"》开始，他认定仁的第一义是"道德地自觉向上的精神"，又认为"仁"是解脱了一切生理的、后天的束缚的，先天性的存在，一方面切断了仁与科学宇宙论的联系，同时又对仁作了本体论化的解释；70 年代以后，他发现了孔子学问的史的性格，认定本心、仁体、道德自我有两个来源：一是人类历史实践所取得的经验教训，二是由个人的道德实践发现出的生命中的道德主体。所以，仁的性格不是先天的、普遍的、超经验的，而是历史的、经验的、实践的。这才割断了仁与本体论的联系，最终实现了对仁的形而上性的消解。这呈现出了明显的作为解经者心路历程的儒家诠释学特征。这是因为，徐复观不只是一个思想史家，他首先是一个思想家。他对《论语》中的"仁"的诠释的演变，实际上是徐复观自身思想不断发展、深化的结果。

所以，要想准确把握徐复观的思想，特别是其消解形而上学的思想，关键在于要引入、运用徐复观本人一再强调的"动"的观念、"发展"的观念。李维武老师早就敏锐地意识到了这一点，他说："值得指出的是，徐复观的消解形而上学思想，有一个逐渐形成、逐渐明确的过程。"㉗最近，他又撰长文对这一问题进行了明白晓畅的梳理与分析。㉘相反地，用静止的方法解读徐复观，抓住他的某一句话或者某一时期的一个观点来理解、评价他的思想，无论是褒还是贬，都不是对前贤、对学术负责任的态度。在这里，笔者拟对丁四新的《方法·态度·心的文化——徐复观论治中国思想史解释学架构》一文中的相关观点作出一个回应。丁四新指出，徐复观"所谓中国文化非形而上学的观点，或者说是消解形而上学的主张，在考据和思辨上立论妄诞，解析失误。"[29]接着，他从三个方面对徐复观的消解形而上学思想提出了严厉的批评，并得出了全盘否定的结论。

首先，从中学的立场来看，"整个易学传统的主流一直认为'形'指形质，'形上'指决定其体的'道'、'理'，'形下'指形质据'形上'的'道'、'理'而成的器用，其间根本不容'形中'的第三者插足。因此徐复观先生宣称心的文化、心的哲学消解了形而上学的观点，在考据上无稽，在易学传统的主流中根本得不到回应。"[30]从考据上讲，丁四新的批评，是论证严谨，言之有据的，但问题的实质在于，就笔者所知，"形而中学"的说法，在徐复观的著作中共两见，第一次是在讲演中提出的，通过对《易传》中"形而上者谓之道，形而下者谓之器"的解释和发挥，提出了"形而中者谓之心"说法。第二次是 1974 年在谈到中国人文精神的作用时说："我常笑说，西方柏拉图的哲学是形而上学，沙特等所说的是形而下学，中国的人文精神可说是'形而中学'。"[31]从他的"我常笑说"的语气看，徐复观未必不知道从考据上推不出"形而中学"，他的本意并非是要讲考据，而是借题发挥，提出自己的思想。正如李维武老师所说的："他是用'形而中'的心，来消解'形而上'的道，而把人生价值的根源置于人自身的生命存在之中，他是感到只有这样，才能凸显出心的经验性格。"[32]

其次，从西学的立场来看，整个西方世界理解"形而上学"一词的主流，是"认为它是研究本体的性质、原理、原因的学问"。而"徐复观固执自己对'形而上学'一词的理解，批判西方哲学的形上性，实在并未弄清'形而上学'一词的哲学涵义，只是一味地纠缠西方哲学的语言性、思辨性等特征，以此来言明中国哲学主流的非形上性和'哥白尼式'消解中国文化中的形而上学，这真是一场误会"。[33]丁四新认为形而上学"是研究本体的性质、原理、原因的学问"，并指出徐复观"实在并未弄清'形而上学'一词的哲学涵义"，结论是徐复观"消解中国文化中的形而上学，这真是一场误会"。事情真的会如此简单吗？一生注重学习、吸收西方哲学思想的徐复观竟然是和与风车作战的唐吉诃德一样，在连"形而上学"一词的哲学涵义都未搞清楚的情况下就盲目地从事消解中国文化中的形而上学的工作吗？果真如此的话，这不仅是"一场误会"，更是一场笑话、闹剧。事实上，形而上学是以本体为研究对象的，这是基本的常识。问题在于，"本体"和"本体论"，是哲学理论中使用最广泛而又歧义性最大的范畴。在各种不同的哲学理论框架中，"本体"都有其特殊的理论内涵和历史的规定性。就狭义的现代新儒家而言，熊十力在 1945 年就指出："本体论，一名形而上学，即穷究宇宙实体之学。"[34]徐复观的消解形而上学所针对的就是熊、唐、牟关联着本体论来讲人生哲学的形而上学建构。这里的所指很清楚，并没有什么误会。

最后，丁四新总结说："徐氏的'消解'，只是形式上的消解，用他自己的话更坦白地说仅仅是'下落'，是把'形上'的逻辑构造全部压缩到人的具体生命中，而实质则根本未变，所变者惟仁体的凸显，然而最具讽刺意味的是'仁体'恰为哲学通义上的形上者。回过头来一反思：如果人生仅仅挂搭在具体的生理的心上，人生如何安稳得了，人生的意义又能到哪里去寻见？"[35]丁四新认为徐氏的'消解'只是把'形上'的逻辑构造全部压缩到人的具体生命中，而实质则根本未变。在某些形态的本体论中，'形上'的构造当然是逻辑的；而熊十力学派的'形上'构造则绝非如此。熊十力曾在《答徐复观》的信函中批评冯友兰说："冯君把逻辑上的概念，应用到玄学上来，于是分真际、实际两界，把理说成离开实际事物而独存的一种空洞的空架子的世界。此真是莫名其妙，理又难言了。"㊱可见熊十力是坚决反对把形上学当作逻辑构造的。因此，徐复观把天道、天命诠释为个体的内心境界，是取消了天体、道体的即存有即活动的性质，这恰恰是一个实质的改变。丁四新又断定"仁体"恰为哲学通义上的形上者。根据本文的分析，丁四新的这一断定，对徐复观的仁学思想而言，可以说是毫无意义。丁四新最后感叹说："如果人生仅仅挂搭在具体的生理的心上，人生如何安稳得了，人生的意义又能到哪里去寻见？"在徐复观看来，孔子之教认为每一个人都可以显发具体生命中的、作为人的五官百骸一部分的作用的"仁"、"心"，并将这种作用实现于具体行为之上，并由此实践而建立一个"刚毅忠恕、己物双成"的人的世界。人生是可以安稳在这样一个"人的世界"中的。一个正常的人，是不能进入柏拉图的理念世界、黑格尔的绝对精神世界的。因为生命不是成长便是陨落，所以人生的意义，只能在现实的、具体的、动态的生命中去寻见，是不能在柏拉图的理念世界或者作为哲学通义上的形上者的"仁体"中去寻见的。

　　杜维明曾追忆徐先生对他的教诲说："假如你认为你对《论语》已经有全面的理解，而在任何其他的时候从事于对《论语》的探索，不能发现新的问题、新的方向，那你等于是跟我一样，并不曾真正读懂一句。"㊲从徐复观对《论语》中的"仁"孜孜以求、不断地自我否定的事实看，徐复观所说的正是自己的真实经历与体验。笔者认为，徐先生对前人、对学问的这种态度、精神，是最值得我们重视、学习的。

注　释：

① 徐复观：《向孔子的思想性格回归》，李维武编《徐复观文集》第 2 卷，湖北人民出版社 2001 年版，第 101、103 页。

② 徐复观：《复性与复古》，李维武编《徐复观文集》第 1 卷，湖北人民出版社 2001 年版，第 242 页。

③ 熊十力：《读经示要》，《熊十力全集》第 3 卷，湖北人民出版社 2001 年版，第 1051 页。按：《读经示要》初版于 1945 年，徐复观曾在《悼念熊十力先生》中说："仅就中国文化的意义上讲，我认为熊先生的《十力语要》及《读经示要》，较之《新唯识论》的意义更为重大。"对该书极为推崇。

④ 熊十力：《摧惑显宗记》（附录二则），《熊十力全集》第 5 卷，湖北人民出版社 2001 年版，第 539 页。

⑤ 徐复观：《释〈论语〉的"仁"》，《中国思想史论集续编》，上海书店 2004 年版，第 233 页。

⑥ 参见徐复观《中国人性论史·先秦篇》，《徐复观文集》第 3 卷，湖北人民出版社 2001 年版，第 92 页。按：此书是由数篇独立论文连缀而成的。此处所引的部分出自 1960 年 12 月发表的《孔子的性与天道——人性论的建立者》一文。

⑦ 徐复观：《释〈论语〉的"仁"》，《中国思想史论集续编》，上海书店 2004 年版，第 235 页。

⑧ 徐复观：《先汉经学的形成》，《徐复观论经学史二种》，上海书店 2002 年版，第 22 页。

⑨ 徐复观：《释〈论语〉的"仁"》，《中国思想史论集续编》，上海书店 2004 年版，第 233～234 页。

⑩ 徐复观：《有关中国思想史中一个基题的考察》，李维武编《徐复观文集》第二卷，湖北人民出

版社 2001 年版，第 124 页。

⑪ 熊十力：《新唯识论》（语体文本），《熊十力全集》第三卷，湖北人民出版社 2001 年版，第 397 页。

⑫ 唐君毅：《道德自我之建立》，台湾学生书局 1977 年版，第 110 页。

⑬ 牟宗三：《心体与性体》（第一册），香港人生出版社 1968 年版，第 76 页。

⑭ 徐复观：《有关中国思想史中一个基题的考察》，李维武编《徐复观文集》第二卷，湖北人民出版社 2001 年版，第 119 页。

⑮ 徐复观：《中国人性论史·先秦篇》，李维武编《徐复观文集》第三卷，第 91 页。按：此书是由数篇独立论文连缀而成的。此处所引的部分出自 1960 年 12 月发表的《孔子的性与天道——人性论的建立者》一文。

⑯ 徐复观：《〈论语〉"一以贯之"语义的商讨》，《中国思想史论集》，上海书店 2004 年版，第 201 页。

⑰ 徐复观：《心的文化》，《徐复观文集》第 1 卷，湖北人民出版社 2001 年版，第 32 页。

⑱ 徐复观：《原史——由宗教通向人文的史学的成立》，李维武编《徐复观文集》第五卷，湖北人民出版社 2001 年版，第 388 页。

⑲ 徐复观：《孔子与论语》，《徐复观杂文——论中共》，台湾时报文化出版事业有限公司 1980 年版，第 348 页。

⑳ 徐复观：《向孔子的思想性格回归》，李维武编《徐复观文集》第 2 卷，湖北人民出版社 2001 年版，第 105 页。

㉑ 徐复观：《向孔子的思想性格回归》，李维武编《徐复观文集》第 2 卷，湖北人民出版社 2001 年版，第 106 页。

㉒ 徐复观：《中国人性论史·先秦篇》，李维武编《徐复观文集》第三卷，湖北人民出版社 2001 年版，第 92 页。

㉓㉔ 徐复观：《〈论语〉"一以贯之"语义的商讨》，《中国思想史论集》，上海书店 2004 年版，第 201 页、第 203 页。

㉕ 徐复观：《程朱异同》，《徐复观文集》第二卷，湖北人民出版社 2001 年版，第 298 页。

㉖ 《当代历史变局下的儒家诠释学：徐复观对古典儒学的新解释》，李维武编《徐复观与中国文化》，湖北人民出版社 1997 年版，第 259 页。

㉗ 李维武：《徐复观学术思想评传》，北京图书馆出版社 2001 年版，第 184 页。

㉘ 参见《徐复观消解形而上学思想历程及其意义与局限》，《"徐复观与 20 世纪儒学发展"海峡两岸学术研讨会论文汇编》打印稿。

㉙ 丁四新：《方法·态度·心的文化——徐复观论治中国思想史解释学架构》，李维武编《徐复观与中国文化》，湖北人民出版社 1997 年版，第 417 页。

㉚ 同上书，第 418 页。

㉛ 徐复观：《中国人文精神与世界危机》，《徐复观文集》第一卷，湖北人民出版社 2001 年版，第 177 页。

㉜ 参见《徐复观消解形而上学思想历程及其意义与局限》，《"徐复观与 20 世纪儒学发展"海峡两岸学术研讨会论文汇编》打印稿，第 417 页。

㉝ 丁四新：《方法·态度·心的文化——徐复观论治中国思想史解释学架构》，李维武编《徐复观与中国文化》，湖北人民出版社 1997 年版，第 419 页。

㉞ 熊十力：《摧惑显宗记》（附录二则），《熊十力全集》第五卷，湖北人民出版社 2001 年版，第 537 页。

㉟ 丁四新：《方法·态度·心的文化——徐复观论治中国思想史解释学架构》，李维武编《徐复观

与中国文化》，湖北人民出版社 1997 年版，第 419 页。

⑦　熊十力：《答徐复观》，《熊十力全集》第八卷，湖北人民出版社 2001 年版，第 474 页。

⑧　杜维明：《徐复观先生的人格风范》，《东海大学徐复观学术思想国际研讨会论文集》，东海大学"徐复观学术思想国际研讨会"执行委员会编，1992 年版，第 17 页。

（作者单位：许昌学院法政学院）

文明对话与当代儒学的发展

□ 景海峰

作为第三代新儒家的代表人物，杜维明和刘述先近年来致力于国际间的文明对话，在与各大文明传统的代表性人物进行广泛交流和频密对谈的基础上，他们对儒学的当代境域及其所面临的问题作了深入的探讨，提出了许多富有前瞻性的观点，这极大地拓展了新儒学的论域和走向国际学术舞台的空间，为儒学的发展乃至当代中国文化的建设提供了动力。

儒学发展的新契机

冷战时代结束以后，随着意识形态的消解和全球性军事对峙的松弛，关于社会发展模式的认知和讨论逐渐发生了"典范转移"，资本主义不再成为话题的中心，它的唯一性或者多样性的种种争议变得多余，"韦伯命题"也逐渐被人遗忘。20 世纪 80 年代讨论得如火如荼的儒家与资本主义的关系问题，也慢慢地歇息下来，因为"促进"也好，"阻碍"也好，都变得不那么重要了。一种后意识形态的文化正在全面兴起和快速成长，以生态和福利为标志的新市场经济冲决了近一个世纪以来的意识形态的堤坝，使得资本主义和社会主义、市场经济和计划经济、私人性和公有性等长期对立的二元模式变成了明日黄花。经济全球化和后现代的文化格局已成为新的时代焦点，不管你是什么阵营的、取何种政治态度，也不管你是哪个民族、哪个国家和地区的，都要面对这种新的局面和新的挑战，做出自己的回答。全球化正在消解用分割的方式来理解和解释这个世界的可能性，而整全的思维方法和一体化的普遍意识已日渐成为了人们内心的一种文化自觉。正像著名的天主教思想家孔汉思（Hans Küng）所指出的："今天，从已改变了的物理学，到吸收了其他手段方法的医学，一直到人道主义的心理学，新的自然环境意识中都能发现一种越来越强烈的整体思维。……也就是说，今天要求的是一种人类的全面的整体论的观点，以及个人在其不同范围内的整体观点。因为，除了经济、社会以及政治尺度以外，现在又加上了人与人类有关美学、伦理以及宗教的尺度。"[①]整体思维已经成为全球化时代的必然要求，它需要更加开阔的视野、博大的胸襟和全人类休戚与共的基本意向，不再滑入经济学的囚笼，也不再变成政治论辩式的僵固教条，而只能求助于更为宽广的人文论域，最终引导出哲学或宗教的终极性思考。

在全球化时代的整体性思考中，文明对话无疑是最有吸引力的指向之一。文明对话不限于传统意义上的文化交流，而在于追求普遍价值的建构。传统的文化交流只是建立在局部意义上的，因而受限于地域的分割、范围的分割、形式的分割，最重要的是主体的分割；而文明对话的基础却是建立在一种整体观念上，试图寻取某种价值的统一，或者至少认可存在着最低限度的（其实也是最根本的）人类共识。需要指出的是，文明对话所指向的普遍价值，不同于福山（F. Fukuyama）所歌咏的那个大团圆结局，它没有福山式的欢欣，有的却是悲情，当然也怀抱希望。福山的"历史终结"论是以几个世纪以来的人类制度冲突为基础的，它理性地讨论政治制度的传统由于自由主义民主制的实现而告终也许有一定的道理，但它恰恰忽略了历史不仅仅是这个唯一的传统，历史也是由众多非理性的或者无理性的要素所构成的。而欲望和技术将是人类活动中无法预测、甚至无法驾驭的力量，它们的无止境的突破和创新，不会因为自由主义民主制的实现而告终。所以，历史并没有终结。相对于文明对话所指向的普遍价值，历史终结论所肯定的只是有限的普遍性，而远没有达到文明对话所蕴涵的历史深度。在一定意义上说，文明对话论题的浮现恰是针对历史终结论的——是对福山观念的反驳和矫正，至少是回应性的、更为深刻的思考。和文明对话的论题相比，亨廷顿（S. Huntington）的"文明冲突"论也是针对福山的，但其着眼在于文明之"异"，夸大文明的不可调和性——最终只能是一个吃掉另外的，西方惟我独尊的霸气隐隐再现。这样，"文明对话"抑或"文明冲突"便成为后冷战时代针锋相对的两大话语：一个承认差异，渴望共同性的浮现，寻求有限的普遍价值；而另一个则夸大分歧，认为文明之间势若水火，你存我灭，最后只有唯一的价值可以存在。

正是在"历史终结"论这样总结式的话语和"文明冲突"论这样充满挑战意味的论题之双重刺激下，文明对话的论域才逐渐地呈现出来，并且首先在宗教思想界萌发出一种有力量的声音。面对后冷战时代的复杂局面和人类社会依然荆棘满布、前途未卜的困境，以神学家孔汉思为代表的一批宗教思想家，积极地推动世界各大宗教之间展开对话和商谈，寻找共同的价值理念与伦理准则。他们试图从最基本的对话开始，寻求最低共识的达成，因而特别着眼于伦理道德的领域。从1989年的巴黎"和平与世界宗教"会议到1993年的芝加哥"世界宗教议会"通过《走向全球伦理宣言》，在世界范围内掀起了一场颇具声势的全球伦理运动。联合国教科文组织实施的"普遍伦理计划"，紧锣密鼓地运筹了《世界伦理宣言》的起草。这些活动在国际间引起了热烈的反响，标志着全球文化交往与宗教间互动在深层次的展开，也标志着世界各大文明"从独白的时代到对话的时代"之来临。斯威德勒（L. Swidler）在他起草的《走向全球伦理普世宣言》中说道："在这些导致宗教之间、意识形态之间、文化之间的对话变得越来越有必要的认识论革命之外，还得加上一切人类相互依存这一事实——这种相互依存已达到这种程度，以至于人类的任何一个重要部分都能够使全球突然陷入一种社会的、经济的、核战的、环境的或者别的灾难之中，由此产生了这样一种紧迫的需要，即需要把这些对话的精力不仅仅集中在人们如何了解和理解世界及其意义方面，而且要集中在人们应该如何行动方面……简言之，人类正越来越迫切地需要从事这样一种对话，以讨论如何发展一种伦理，它不是佛教的，不是基督教的，不是马克思主义的等等，而是全球性的——而我相信，朝那个方面努力的一个关键的工具，是形成某种'全球伦理普世宣言'。"②这正是全球伦理运动开展的意义所在，也是文明对话得以具体实施的重要方式。

从一开始，当代新儒家就是文明对话和全球伦理运动的坚定支持者与积极参与者。早在 1988 年 6 月，杜维明和刘述先等就筹划和参加了第一届的"儒—耶对话"国际会议，其后的几届，他们或积极参加，或发表论文，与一大批具有基督教背景的学者展开了对话。1989 年 2 月，联合国教科文组织在巴黎举办"和平与世界宗教"专题讨论会，拉开了全球性文明对话的序幕，刘述先代表儒家出场，发表 "World Peace from a Confucian Perspective" 的演讲。1991 年，斯威德勒呼吁起草一份《全球精神普世宣言》，作为各大文明（宗教）间展开对话的基础，杜维明、秦家懿等积极响应，作了签署。1992 年，负责为"世界宗教议会"起草宣言的孔汉思，筹办了不同形式的研讨会和咨询活动，李泽厚、秦家懿等参与。1993 年 9 月，芝加哥"世界宗教议会"通过《走向全球伦理宣言》，杜维明和刘述先虽没有参加这次会议（因为儒家不被视作是宗教的缘故），但均做出了不同形式的回应。③1997 年，联合国教科文组织实施 3 年期的"普遍伦理计划"，开了一系列的讨论会（巴黎、那波里、北京、汉城），刘述先和杜维明均是主要的参加者。2001 年，联合国确定之为"文明对话年"，安南组织了一个文明对话小组，邀请国际间有代表性的重量级学者参加，杜维明位列其中。同年，刘述先出版了迄今为止华人学界唯一的有关文明对话的专著——《全球伦理与宗教对话》。除了与全球伦理运动的主要角色——基督教进行深入的交流之外，近十年间，杜维明和刘述先还陆续开展了与其他各大文明（宗教）之间的对话，如伊斯兰教（马来亚大学、哈佛大学、南京大学分别召开过"回—儒对话"的主题研讨会，杜维明均是主角）、犹太教等。正是通过这样广泛而深入的接触与交流，杜维明和刘述先等把新儒家的声音引入了国际学术的前沿地带，使儒家的思想为更多的人们所了解，也进一步地推动了儒学的国际化。

启蒙反思和多元现代性

在近些年的文明对话中，杜维明鞍马劳顿、席不暇暖，在许多重要的国际场合与会议的前台都闪现着他不知疲倦的身影。通过与世界各种文明背景与各种文化力量的代表性人物的交流和对谈，杜维明阐发了儒家思想的精义，将儒学观点流布于世界并且引入众多论域，激发出无数的思想火花。正是通过这些对话，"儒学第三期发展"、"工业东亚与儒家文明"、"文化中国"、"启蒙反思与人文精神"、"新轴心时代"等极具思想震撼力的论题才源源流出、不胫而走，在华语学界和国际间引起很大的反响，这无疑增强了儒家思想的"活性"，从而极大地推促了当代新儒学的发展。

作为哈佛大学的同事，杜维明近年力倡"文明对话"，显然有针对亨廷顿之"文明冲突"论的意思。亨氏此论甫出，杜维明即指出："亨廷顿以西方为中心的论说方式，乃构建在两极分化的思考模式上，充分暴露出维护西方霸权的心态。"其最大失误是"把文化当作静态结构，从地缘政治的角度综览全球"，而忽视了文明的动态特征和交互间的影响。亨氏对儒家的理解源出自白鲁恂（Lucian Pye），忽略儒家的人文精神，只强调它"威权"的一面，因而认定儒家与现代民主格格不入、与基督教文明必然冲突。杜指出：这是"已经过时"的浅见，实则，儒家文化和基督教文明是可以健康互动的，"通过了解，彼此互补，创造新的价值"。④为了剖析当代西方主流文化之强烈的排他意识和惟我独尊的自大心态，杜维明对近代的启蒙精神做了深刻的反思，指出：启蒙思想虽然活力无限且充满着创造欲，但因其漠视与人类相关的"神圣礼教"，忽略作为一种生活艺术的自我修养，所以在现代化进程中颇多负面的影响。"它所拥有的价值观，不能联结成一种提供协调伦理行为整合性的价值体系"，在"原子式"的个人主义、工具理性助长的狂妄傲慢、排斥性二分的思维方式和人类中心主义一意孤行下，人和人的关系、个人和社会的关系、人类和自然的关系、人心和天道的关系等，都出现了严重的问题。"由这种人类中心主义所引发的社会达尔文主义、资本主义、殖民主义和后殖民主义，都是现代西方文明的体现，拥有很大的杀伤力，含着一种侵略的势能——对人自身的侵略和对自然的侵略，都显示人的傲慢，完全舍弃了超越人类之上的精神价值。因此，我们今天所碰到的对人的生存条件提出严峻威胁的困境，就是人作为一个由百万年演化而成的物种，还能不能继续生存在这个宇宙大化之中的课题"。⑤杜维明指出：面对人类空前的危机，必须要展开文明之间的对话；而文明对话，首先就要超越"启蒙心态"，从西方唯理性的自我迷执中解脱出来；只有开掘出更多的精神资源，才能有效地化解危机。这些资源包括：西方本身一脉相延的伦理—宗教传统，特别是希腊哲学、犹太教和基督教的传统；根源于轴心时代的非西方传统，如东亚的儒家与道教，南亚的印度教、耆那教与佛教，西亚的伊斯兰教等；保留至现代的原住民所存续的原初传统，像印第安人、爱斯基摩人、毛利人的宗教习俗等等。

由此，杜维明主张一种"多元现代性"，既批评福山、亨廷顿等人延续启蒙以来"西方中心主义"的一元论说，也拒斥表面兼有融摄性而实则排他的"判教"之词，警惕原教旨主义文化心结的泛滥。他认为，各种文明形态和文化传统之间的相互尊重、彼此了解、平等交往，以及应有的宽容与互信，才是当今人类的共处之道，是解决世界上各种矛盾和纷争的根本办法。而儒家文化在历史上曾经提供过此类成功的经验，是足可以发人深省、加以借鉴的宝贵资源。"在多元文化方面，儒家的基本原则'己欲立而立人，己欲达而达人'，以及'己所不欲，勿施于人'已经是普世伦理的基本原则，它对各种不同的文明接受、承认、尊重其基本价值，并且认为对我最好的，不一定对我邻居最好，不强加于人"。⑥也就是说，儒家并不主张"强人所难"，也不自以为"是"，而是奉行万物并育不相害、众道并行可与谋的策略，这是它得以盛大、并且流播久远的根本原因。和源自一神教背景的世界诸大文明形态相比，儒家传统最少排他性和独断性，"你看孔子是儒家思想的代表，可是首先，他不是儒家价值的最高体现者，这是其他宗教文明不能想象的；此外，他也不是儒家论说的创造者。我们不能想象比耶稣更像基督的基督徒，我们也很难想象比释迦牟尼更高明的佛门弟子，或者比穆罕默德更虔诚的伊斯兰教徒；可在儒家中，尧、舜、禹、汤、文、武，甚至周公，都比孔子高明"。⑦所以，儒家有着非常强烈的开放精神和兼容并蓄的气度，并不是"五四"以后在人们的印象之中渐成定形的那个自我封闭的体系。从多元性的文化意识和对多元多样的文明形态之认知，杜维明呼应"多元文化主义"（multiculturalism）的论题，对"多元现代性"的可能性和合法性做了反复探讨和深入阐释，并且进一步提出了"新轴心时代"的系列构想，为文明对话的全面展开奠定更为宽广的基础。

在全球伦理运动中，孔汉思等人着力于各大文明传统间最低限度的共识之寻求，如"四项规则"的达成；⑧而杜维明则认为走向普世伦理、建构新的人文精神更重要。这种新的人文精神不同于启蒙之后发展起来的具有排斥性、与自然不相和谐的人文理想，而是涵盖性极强、超越了人类中心主义之狭隘性的一幅新图景。它不排斥宗教、不排斥神圣感、不排斥终极关怀，能与自然保持和谐。并且"有四个侧面要同时顾及：一个是自我问题，一个是群体问题，一个是自然问题；还有一个是天道问题。如果要用陆象山的话来讲，就是要'十字打开'。一个基本原则是：个人与群体应该通过怎么样的渠道进行健康的互动？而群体不只是国家、社会而已，群体是从个人到国家、到人类、到整个宇宙过程中的每一个中介"。⑨所以个人与家庭、社会、国家的关系要处理，人类自我的身心问题以及与自然的关系问题也要处理，它所顾及到的内容应该是全面的。就这样一种涵盖性极广的新人文精神而言，急需从世界各大文明传统和各种宗教中吸收营养、获取资源，而儒家所代表的人文精神无疑是其中最为重要的对象之一。这样，儒学资源便可以拿出来与人分享，并期待在文明对话的互动之中发掘出新的内涵，展现其应有的时代意义。

"理一分殊"的会通之道

近些年，刘述先积极参与国际间的文明对话和思想交流，将儒学的声音带入到当代学术的前沿地带，对新儒家思想的广泛传播起到了极大的推促作用。在许多国际场合，刘述先被视为是当代儒家的重要代表，他也成为当今东西方文化互动式的角力场中，儒学力量的代言者之一。早在 1989 年，刘述先即参与了联合国教科文组织发起的一项有关世界宗教对话的计划，来代表儒家发言。随后，他又与全球伦理运动的主要倡导者孔汉思、斯威德勒等人展开对话和交流，写了大量的文章，拓展了当代儒学创造性转化的视野。

刘述先认为，中国传统文化有着丰厚的道德伦理资源。特别是儒家，从孔子之"仁"、孟子之"义"、荀子之"礼"、《周易》之"生生"，到宋明理学的"修己安人"诸说，其主旨均指向一种根于人心的普遍伦理。所以，儒家"应该对这个题目有主导的发言权"。对于"全球伦理"计划的西方背景，特别是它的问题意识、语言方法等基础性动力因所具有的西方本位色彩，刘述先取一种宽容和谅解的态度，认为只要有同心协力、和衷共济的效果，这一暂时还无法避免的先天不足是可以忽略不论的。但他强调，全球伦理的原则应该是"理一分殊"，既适应全球化的和同之大趋势，又兼顾到各文明之间的差异。他说："孔汉思的构想其实暗合于我在近年来以现代方式重新阐释的'理一分殊'之旨，它并不抹煞现有不同传统之间的差别以及对于真理的追求与执著。我们决不能单纯地回归传统，以往各传统在世界各地分别发展，不免妄自尊大，而且经过长期积淀，故必须对之持一种批判的态度。……站在儒家的立场，我们既不能接受基督教的原罪观念，也不能接受印度教的种姓制度。这里绝没法随便和稀泥，而必须承认在'分殊'的层面上有巨大的文化差异，在这方面不可以轻言会通，但也不必像各原教旨主义派那样互相仇恨，乃至以兵戎相见，陷入万劫不复的地步。"⑩所以，全球伦理不是寻求一个统一的意识形态，更不是走向某种单一的宗教训诫形式；而是在充分了解各文明形态之间的种种分歧之后，找到一些最低限度的共识，以作为展开对话与商谈的基础。刘述先指出，各大文明之道德原则的成文表达已经是属于"分殊"的范畴，不能不受到特定时空的限制和文化传统的影响。从纵向看，古今有别，我们不可能把两千年前古人订下的律则照搬拿来解决今天的问题；从横向讲，四方有异，世界各地的文化差别是有目共睹的，我们不可以把自己的标准强加在别人的头上。所以，全球伦理之"全球"不是简单的齐同，而是存异求同，即以"分殊"作为前提。反过来，强调"分殊"原则，并不排斥"理一"的价值可能性，因为人类毕竟有一些共同的价值，如家庭、仁爱之类，所以"极小式"（minimalist）的普遍伦理建构还是可行的。

寻求普遍伦理价值的重要前提是文明之间的相互理解，即在对话的基础之上互谅互让、求同存异，达致最低限度的共识。有鉴于全球伦理运动的宗教背景，刘述先首先澄清了西方人对儒家传统惯有的误解，即认为儒家仅是一套俗世伦理系统。他指出："当代新儒家的一大贡献就在指出儒家的宗教意涵，既然吾道自足，可以安心立命，那就是一种终极关怀。而且所谓天人合一，就是说儒家思想绝非寡头人文主义，也传达了某种超越的信息，虽然与基督宗教纯粹超越的形态不同，乃是属于内在超越的形态——也就是说，道流行在天壤间，故内在，却又不是卓然一物可见，故超越。形而上的道与形而下的器，乃是不可割裂开来的相即关系。但儒家既不是一组织宗教，由孔子开始便已淡化了位格神的观念，难怪很多人不把它当作宗教看待，以致忽视了其宗教意涵，直到当代新儒家才逐渐廓清了这样的误解。"⑪所以，儒家虽不是一组织结构严密的宗教形式，但宗教的终极性要素，尤其是宗教的理论层面，儒家实已具备。拿儒家和基督教等世界各大宗教做比较，在终极意义上展开对话，不仅是可能的，而且也是恰当的。早在 20 世纪的 80 年代中，刘述先即已考虑到儒、耶融合的问题，写了《当代新儒家可以向基督教学些什么？》等文章。他认为，尽管儒家和基督教在本质上有着明显的差异，但可比之处，甚至可以借鉴与吸纳的地方，仍有不少。譬如关于世界的观念，基督教有自然与超自然之分，奥古斯丁把上帝之城和世俗之城对立起来，这造就了西方思想中二元对峙的普遍化。按照黑格尔的说法，这种二元分际是精神对其自己的曲折客观化的过程，在外化式的隔离中，程式化、精细化了外部的世界，发展了科学、民主等架构。而中国的有机自然观正好缺乏这样的分际，故精神的客观化过程无法充分展开。又譬如对于人的了解，基督教有"失乐园"的神话，以及"原罪"的说法，又有耶稣被钉上十字架的悲剧，以及复活的神话；这样，世间的曲折、生命的艰难、人生的不易，容易得到深刻的阐释和对复杂性的把握。而儒家的性善论，如无正确的理解，往往被引向一种肤浅的乐观主义，失却对于人性洞察的力度。所以，"新儒家可以不必担心动摇、改变自己的终极托付，主动积极地通过自己的努力，去吸收含藏在基督教传统内部的睿识"。⑫

除了与基督教的对话和比较之外，刘述先还把眼光转向了世界其他大的宗教，如伊斯兰教、佛教等。这其中，对于当代伊斯兰教思想家纳塞（S. H. Nasr）所做的评论，较具有前沿性。数年前，刘述先应邀为著名的"在世哲学家图书馆"（The Library of Living Philosophy）之《纳塞卷》撰稿，开始接触到这位当代著名的伊斯兰哲学家的思想，并写了《新儒家与新回教》等文章，来回应纳塞的保守主义观点。纳塞认为，传统世界在本质上是善的，只偶然是恶的；而现代世界则在本质上是恶的，只偶然是善的。所以西方500 年来所创造的现代社会，在人类漫长的历史上，只是反常的"异例"。他反对现代的西方文化，认为文艺复兴之后的"非神圣化"走向，把人类社会带入到了危险的境地，现代性扩张即标志着人类神圣的精神性的堕落。针对纳塞原教旨主义色彩颇浓的宗教理念，刘述先作了坚决的反驳。他指出：纳塞的怀旧情绪和复古主张完全是不切实际的，我们不可能退回到中世纪去。"一方面我们固然不可以随波逐流一味歌颂现代西方的成就，而必须对之持一种批判的态度。另一方面我们也不可以把过去过分理想化而把现代讲成一无是处".⑬纳塞强调"圣知"的重要性而漠视科技文明的成就，缅怀中古的神权政治而否定现代的民主体制，刘述先对此一一作了批驳。指出：纳塞试图用回归东方传统来挽救现代西方社会种种弊端的想法，"是不切实际的臆语"，"既不可行，也不可欲，它绝不可能变成未来时代的主流，殆可断言".⑭从刘述先对纳塞的批评，我们可以看出当代新儒家的基本理念和价值取向，它对西方文明的强势状态是采取了一种理性的认可态度，而较少情绪化的排拒，这和当代的伊斯兰教思想恰成鲜明的对比。放诸全球的视野之中，新儒家的所谓保守性就难免要黯然失色了，它的代言人不得不在与真正的保守主义者的过招当中，采取较为激烈的批评态度，才能坚守得住自己的立场和主张，这不能不说是一个最好的说明。

儒学：在对话中走向世界

儒学在历史上曾经走出国门，泽被四邻，为东亚文明共同体的建构做出过决定性的贡献。但近代以来，随着国势的衰败，儒学的影响力日渐式微。不仅收缩"领地"，一再退却，沦为边缘性的地方知识；而且在铺天盖地的内外打击下，伴随着不断地自我反省与批判，只剩下"闭门思过"的分，哑口无言惟恐不及，哪里还能声张。"五四"以后，仅为不绝如缕、一息尚存的一点星火，不过，梁漱溟、熊十力诸大师延续了儒家的血脉，在新的知识形态中为儒学的存身辟得一小片领地。经过第二代新儒家唐、牟等人的不懈努力，儒学的现代知识形式才渐趋于明朗，系统化建构也得以有效地展开，并且在国际学术界得到了一定的反响。但总的来讲，儒学的形势仅为"一阳来复"（杜维明语），不管是在理论层面还是在实践层面，均处于起步的阶段，离社会主流文化还相距遥远，国际影响力也十分的有限。随着中国经济的腾飞和国际地位的迅速提高，长期边缘化的中国文化传统开始受到世人的瞩目，儒家思想也有了更多展示的机会和走向国际学术舞台的空间，这是十多年前还很难想象的事情。第三代新儒家杜维明、刘述先等，本来就有着得天独厚的条件——长期身居海外、深谙西学、国际化的学术背景和广结善缘的人脉，这就使得他们在中国文化再一次走向世界的途程当中占得了先机，扮演重要角色，承担起文明对话之中儒家代言人的职责。

和第二代新儒家相比，杜维明等人的学术状态有着更高的国际化程度，不论是知识背景、学术训练，还是问题意识、学术方法和学术视野，都有远超出他们前辈的地方，这就为有效地展开与不同文明背景的人物之间的对话提供了可能性。再加上今天中国文化受世人重视的程度，其参与对话无形中便有了一份真实的力量，而不再陷入前辈们自言自语式的"独白"，这就使得他们加入文明对话的行列不但恰逢其时，而且有了很大的现实意义。通过开展文明对话，不但能让更多的国际人士了解中国文化、了解儒学；而且也获得了本身自我反观、自我整理的机会，可以从对话中来调整姿态、找准自己的位置。通过对话，也让儒家的资源有了重新被排比和筛选的可能性，并为进一步的发展拓展出空间。如果说近代以来的儒学基本上是处在不断内敛与收缩的状态，退出大片的领地，光芒尽失；那么通过参与文明对话，也许可以激活沉埋已久的能量，唤醒早已退却了的自信，让儒学从蜷曲的窘况之中伸展开来，重现往日的辉光。

注　释：

① 孔汉思：《世界伦理构想》，三联书店 2002 年版，第 27～28 页。

② 孔汉思、库舍尔：《全球伦理——世界宗教议会宣言》，四川人民出版社 1997 年版，第 141 页。

③ 杜维明：《全球伦理的儒家诠释——东亚现代性的儒家含义》，载《儒家思想在现代东亚研讨会论文集》，台北"中研院"文哲所筹备处，1999 年。

④ 杜维明：《文明竞赛？——评亨廷顿的"文明冲突"论》，《中时晚报》（台湾），1993 年 7 月 23 日。

⑤ 杜维明：《杜维明文集》第五卷，武汉出版社 2002 年版，第 458 页。

⑥ 杜维明：《儒家与自由主义——和杜维明教授的对话》，载哈佛燕京学社、三联书店编《儒家与自由主义》，三联书店 2001 年版，第 63 页。

⑦ 杜维明：《儒家与自由主义——和杜维明教授的对话》，载哈佛燕京学社、三联书店编《儒家与自由主义》，三联书店 2001 年版，第 125～126 页。

⑧ 参阅孔汉思、库舍尔：《全球伦理——世界宗教议会宣言》，第 15～26 页。

⑨ 杜维明：《杜维明文集》第五卷，武汉出版社 2002 年版，第 515 页。

⑩ 刘述先：《全球伦理与宗教对话》，台北立绪文化事业有限公司 2001 年版，第 34 页。

⑪ 刘述先：《全球伦理与宗教对话》，台北立绪文化事业有限公司 2001 年版，第 163～164 页。

⑫ 刘述先：《大陆与海外——传统的反省与转化》，台北允晨出版社 1989 年版，第 269～270 页。

⑬ 刘述先：《当代中国哲学论》（问题篇），新泽西八方文化企业公司（USA）1996 年版，第 124 页。

⑭ 刘述先：《当代中国哲学论》（问题篇），新泽西八方文化企业公司（USA）1996 年版，第 134 页。

（作者单位：深圳大学国学研究所）

从陈荣捷和杜维明看儒学研究的世界化

□　周炽成

儒学原生于中国本土，但其后来的发展远远超出中国本土。儒学研究早已世界化。儒学原生地的学者必须对此给予足够的关注。在过去几十年里，陈荣捷和杜维明是对儒学研究世界化作出重大贡献的两位学者。本文试图通过考察他们的有关贡献，探讨儒学研究世界化的一般门径及其对国内儒学研究的启示，并从一个侧面窥视儒学的世界价值。

一、世界儒者

陈荣捷和杜维明的祖籍都是广东。从这个意义上说，他们都是岭南人。从他们在美国长期生活这个意义上说，他们又都是海外华人。从他们为儒学研究所作的国际贡献来说，他们又都是世界儒者。

自 20 世纪 90 年代以来，杜维明作为世界儒者的形象日益为学界和大众所接受。他在世界范围内为论说儒学而奔忙。从波士顿到巴黎，从东京到北京，从纽约到新加坡，从东到西，从南到北，无不留下他宣讲儒学的身影。杜维明自述道："我的脾性是喜静厌动，宁默勿语，就简避繁。如果依照我自己的性向，闭门读书，尚友千古，精心撰述，常和二三同道论学，享受天伦之乐，偶尔借题发挥，是最称心快意的生活方式。因此程伊川所谓'半日静坐，半日读书'对我有很大的吸引力。但是，我心里有数，在这个现代西方以动力横决天下，西学大盛，国家天下事事错综复杂的末法之世，一个对儒家身心性命之学稍有'体知'的人，不得不效法亚里士多德学派的'漫步讲学'（Peripatetic），状似逍遥的不厌烦地走动、说话。"[1]面对现实，带着一个儒者的使命感，杜维明不得不四处讲学，尽管这有违他的脾性。确实，他在世界范围之内宣讲儒学，产生了世界性影响。郭齐勇指出："他是当代最忙碌、最具活力的儒家知识分子，集学术研究、培育学生、人文关怀、社会参与于一身，回应当代世界的诸多问题，对西方的现代化与'现代性'，对西方以外的现代化与'现代性'及现代人的存在危机作出了具有哲学意义的反思，创造性地提炼、转化东亚文化和儒家文明的核心价值观念并将其传播、贡献给人类社会。"[2]当然，从其作为"儒学第三期发展"的最突出的支持者的角色，我们也不难发现杜的本土情结。作为世界儒者的杜维明，似乎对中国更有牵挂。

与杜维明的经常面对传媒、面对大众来述说儒学不同，陈荣捷主要活跃在学术圈里。从 20 世纪 50 年代末到 70 年代末，他是美国的中国哲学（当然包括儒学）研究的最杰出代表。当时，英美各类百科全书有关中国哲学和儒学的条目都是由他编写或由他组织编写的。此外，他还将很多儒家经典，尤其是宋明儒家经典（如王阳明的《传习录》、朱熹和吕祖谦编的《近思录》、陈淳的《北溪字义》等）翻译为英文。在 20 世纪 60 年代，陈先生发现西方对宋明理学所知甚少，故着力于翻译理学经典，并与狄百瑞合作展开大量的理学研究。此外，陈荣捷最重要的译作是"A Source Book in Chinese Philosophy"（《中国哲学资料书》）。这是一本划时代的巨著，竟其二十年之功而成。该书自 1963 年由普林斯顿大学出版社（Princeton University Press）出版以来，一版再版，发行量极大。它在英语世界中被公认为最权威的关于中国哲学的论著之一。在最近几十年研究中国哲学的英文专著、论文之中，它被大量地引用。例如，在杜维明的著作中，我们经常可以看到对它的引用。举个例子来说，在杜的《新儒家的宗教信仰和人际关系》一文中，引用陈《中国哲学资料书》的地方就有九处。③似乎还没有哪一本关于中国哲学的英文专著，在英语世界具有该著那样高的引用率。这本专著精选两千多年来的中国哲学经典，其中，儒家经典占了一半以上。陈荣捷对中国经典的翻译准确、畅达，质量上乘，超越了众多的前贤，如理雅各（James Legge）、林语堂、韦利（Arthur Waley）等。

同为世界儒者，陈荣捷与杜维明有很多共同的东西。陈先生去世后，华蔼仁（Irene Bloom）在回忆他的文章中称之为"中国哲学传统的活典范"，并反复称赞他的自然意识、四海为家的情怀、热情和充满活力的禀性、待人亲密无间的胸襟等。④陈荣捷的这些品格，也为杜维明所同有。在美国长期生活的他们，始终保持儒者的风范。儒学不是一种关于言说之学，而是一种关于行动之学，是一种指向行动和为了行动并落实于行动中之学。他们不仅把儒学作为一种学问传给世界，而且还通过他们自己的为人而把它作为一种生活方式传给世界。他们的为人，深深地感染着与他们相接触的世界各方人士。儒者为学与为人的统一，在他们身上得到明显的体现。

虽然杜比陈晚生近四十年，但他们之间在学、思、行等方面有很多联系。陈对杜的影响不容忽视。杜维明在《现代精神与儒家传统》（台北联经出版事业公司 1996 年版；北京三联书店 1997 年版）一书的扉页，以显眼的字体写上"悼念陈荣捷（1901～1994 年）和吴德耀（1916～1994 年），两位通过身教、讲习、笔耕和心传，把儒家伦理的因子播种北美和欧洲的人师。"作为把儒学传给北美的"人师"，陈荣捷可以说是杜维明精神上的老师，尽管杜没有正式受业于陈。杜维明说，他在 1966 年于哥伦比亚大学召开的明代思想会议上曾向"哲学界的长者陈荣捷先生"讨教。⑤杜还说过"陈荣捷老先生"对现代儒学的发展"很有贡献"。⑥杜维明还具体地指出，与费正清等人把儒家当做一种政治意识形态、一种政治运作性能很强的基本价值理念不同，"从六十年代开始，另一批学者如陈荣捷等感到要深入儒家的人格和思想内部的哲学课题，于是与当时还是助教授（Assistant Professor）的狄百瑞（Wm. Theodore de Bary）合作，通过哥伦比亚大学开创了另一路径"⑦。杜维明正是沿着陈荣捷等人开创的路径往前走的。作为世界儒者，陈和杜都强调儒学的内在价值，当然，杜比陈强调得更为充分。

二、用英语表达出来的儒学

1982 年，李光耀在接见杜维明和余英时之时，问："能够用英语讲儒家伦理吗?"杜说"能"而余说"不能"。余的理由是：儒家伦理和中国汉字有着千丝万缕的联系，用英文讲，原汤原味全没有了。而杜则认为，"当然可以用英文、法文、日文或任何语言讲儒家伦理。固然，原汤原味流失了不少，但崭新的色香味又发生了!"⑧

这里起码有两个问题：原汤原味好，还是崭新的色香味好? 崭新的色香味是否跟原汤原味完全无关?

对于第一个问题，一种可能的答案是：可以两样都好。原汤原味的儒家伦理（推而广之，整个儒学，下同）可以是好的，有崭新色香味的儒学也可以是好的。打个比喻来说，在中国的中餐馆，我们吃得上原汤原味的中国菜，但在美国的中餐馆，我们吃的可能是适应当地人口味的有崭新色香味的中国菜。有些中国人也许觉得后者不好吃，但这并不妨碍有美国人认为那好吃。在美国用英语讲的儒学，一如美国的中餐，少了原汤原味，却适应了当地人的需要。原汤原味的中餐固然好，但不能因此而一律地断定：有崭新色香味的中餐不好。与此相似，原汤原味好的儒学之好并不必然排斥有崭新色香味的儒学之好。

陈荣捷和杜维明的作品大部分是用英文写的或者首先是用英文写的。他们在西方用英文讲儒学，确实给它增加了崭新的色香味。例如，陈荣捷对儒家人文主义精神的强调，对儒家"两轮"哲学的拓展，⑨令我们有耳目一新的感觉。假如这二者算是陈给儒学添加的崭新色香味的话，那似乎是与西方文艺复兴以后的人文主义语境和西方悠久的二元论传统相关的。此语境和此传统激使陈荣捷对这两种色香味进行添加。在陈荣捷看来，儒家人文主义与西方人文主义的一个不同点是，前者牵涉到对真理的看法：真理主要是道德真理，真理不是抽象的，真理要在人事中发现和验证。⑩陈对儒家"两轮"哲学的阐发，体现了他对西方二元论的不满。西方的二元论把物质与精神、共相与殊相、本质与现象等看成是不相容的两面。但是，中国儒家的"两轮"哲学则把这些对子看作如一车之两轮、一鸟之两翼。虽然明确提出"两轮"哲学的是朱熹（他把"涵养"与"进学"、尊德性与道问学、体和用等看作如一车之两轮那样缺一不可），但这种思想在朱熹之前的儒者中早已有之。以中国的"两轮"对治西方的二元，体现了陈荣捷的良苦用心。

再如，杜维明用英语阐释儒家的自我观念，给儒家添加的新的色香味更强、更浓。他说："儒家不仅将自我概念当做种种关系之中心，而且当做一种精神发展的动态过程。在本体论上，自我，我们原初的本性，为天所赋予。因而说到底它是天赐的。在这个意义上，自我既是内在的，又是超越的。它为我们所固有；同时他又属于天。这个概念看起来似乎类同于基督教的作为神性的人性概念。根据类比，儒家所说的自我，或人的原始存在可以看成是人自身的上帝。然而，天的超然性与上帝的超然性是不尽相同的。……确实，我们看到在儒家的主张中，从没有考虑要借助于上帝的恩典来达到自我实现。……儒家的自我确实具有明显的超越倾向。在儒家看来，天存在于自我之中，并且通过自我对理想人性的不断追求而体现出它的意义。由于这种自我保持着与天心照不宣的交往，所以它是伟大的文化理想和精神价值得以生长的源泉。……在儒家对自我的认识中具有一种对超然存在的强烈渴望，确切地说，它不是对外部最高的存在者，而是对赋予我们人以原始本性的天的强烈渴望。从更深刻的意义上说，这种对超然存在的强烈渴望也是对自我超越的强烈要求。从本体论上讲，尽管我们从不缺乏与生俱来的精神发展源泉，但还是必须不断地向可以利用的符号资源开放，以探求自我实现的具体道路。……通过影响自我的他人，人能够深化和拓展自我，这就是儒家的自我不仅作为各种关系的中心，而且也作为精神的能动发展过程的意义所在。……自我不是一个静止的结构，而是一种动态的过程……自我的完善性可以拓展到家庭、国家乃至天下。因此，实现自我完善这一根本，不仅对个人来说是至关重要的，而且也表现出对社会、政治和宗教的重要意义。……尽管儒家没有把具有排他性的超然存在概念化，但它对最终的自我转换的主张显然包含某种超然的意味。对个体存在的一般界限的超越，使人能够与天所赋予的本性相符，儒家的这一观点肯定了人可以从事不断超越眼前经验的转换性活动。这种转换性活动是以这样一种超验的观点为基础的，即从本体论的意义上讲，我们可以无限地完善自己，从而使我们比现在的实际存在更有价值。"⑪上引这一大段话，原来是用英文写的。如果读英文原文，我们更能体会到作者给儒学所添加的新的色香味，这是读中国大陆作者的作品体会不到的。"自我"、"本体论"、"内在"、"神性"、"超越"、"超验"、"上帝"等等，都是西方语境中的概念。杜维明不是生硬地搬用这些概念来说儒家，不是以西方学理比附儒家，而是借助西方的概念和学理来说明儒学的独特性，尤其是儒学自我观念的独特性。概而言之，在杜维明看来，儒学的自我是开放的、动态的、与其他自我关联的；它处于种种关系之中心，但又不是被动地受这些关系所决定；它既是内在的，又是超越的，而且具有无限的可完善性。

再回到上述第二个问题：崭新的色香味是否跟原汤原味完全无关？从陈荣捷和杜维明的经验看，应该是有关的。他们用英语表达出来的儒学，既有崭新的色香味，又不乏原汤原味。陈荣捷所讲的儒家的人文主义精神和"两轮"哲学，确为儒家原来就有的，不是陈先生自己做出来的。在西方文化中长期生活，使他感到有必要强调此二者。他只不过把儒家原有的东西凸显而已。崭新的色香味是从原汤原味中生长出来的。或者说，两者是很难分得开的。杜维明所说的儒家的自我观念，也同样如此。虽然他是用非常西式的语言来表达这一观念的，但是，这一观念的多项内容不是西式的，而是原汤原味的中式的。大量儒家原典支持杜维明所说的这一观念。说来难以置信：陈、杜等用英文表达的儒学比一些中国大陆学者用汉文表达的儒学更显原汁原味！

杜维明自己曾说过："将儒学完全投入英语语境，而这种用英语阐发的儒学仍然与儒家精神具有内在的亲和感，同时它对西方学术传统的议题和议程加以质疑，导致西方对于自己的学术传统作重新的了解和认识。"⑫"与儒家精神具有内在的亲和感"体现的是儒学的原汁原味，而"对西方学术传统的议题和议程加以质疑"体现的是儒学崭新的色香味。这两者是紧紧地连在一起的。正是依靠原汁原味的儒学，杜维明对西方学术传统的议题和议程的质疑底气十足；也正是这种质疑，使得儒学原汁原味更为凸显。顺便指出，杜维明（以及陈荣捷）对西方学术传统的议题和议程的质疑，突出显示了他们用英语讲儒学的世界意义。

笔者发现一种吊诡的现象：一些中国大陆的学者更为西化，而一些北美的华裔学者则更为中化。这一吊诡的现象对于我们考虑本节开头所说的杜维明和余英时之间关于能否用英语讲儒家伦理的争论很有帮助。

撇开杜、余的争论不谈，我们看看陈、杜用英语讲儒学的影响。华蔼仁在纪念陈荣捷的英文文章中指出，陈"在将儒家传统传到西方中起了关键作用"。⑬罗伯特·内维尔说："据我所知，在发展20世纪的儒家哲学方面，没有人比他（指杜维明——引者）更为成功。"⑭可见，陈、杜用英语讲儒学之世界影响，已得到了学者的承认。

用英语讲儒学，事实上是在沟通中西。在汉语中，"侨"与"桥"同音；作为华侨，陈荣捷和杜维明都起着桥梁的作用，在沟通中西文化方面作出自己的贡献。谢扶雅在《南华小住山房文集》第一集之卷首言："本集敬献陈荣捷博士，我之哈佛同学，岭南同事，哲学同行，中西文化沟通的同道。"⑮作为陈、谢的晚辈，杜维明也是他们沟通中西文化的同道。我们不妨设想一下：假如他们不用英文而只用中文讲儒学，他们在沟通中西文化方面就不能作出如此大的贡献。由此我们又可见用英文讲儒学之一种作用。

三、体认真理与体知

在本文的最后一部分，我想考察陈荣捷和杜维明在将儒学研究世界化过程中对体认真理与体知的看法，从而更具体地看世界视野下儒学之特性。

陈荣捷指出，"只有个人在人事当中实际磨炼而真正体认真理时，此一真理才赋有生命。此为体仁……此种体认，只有在饱经人事经验后才可获致。"⑯这种儒家的真理论，与西方的真理论大为不同。西方真理论主要有两种：符合论和一致论。前者认为，真理就是观念与实在的符合，而后者认为，真理与实在无关，而只是观念与观念之间的逻辑一致。在陈荣捷看来，儒家的真理论既不是符合论，也不是一致论，而是道德真理论。儒家认为，真理是在实际生活中体认出来的，而不是逻辑地蕴涵的，也不是观念地把握的。真理与道德、人生的打通，表明真理是全身投入的过程，是生命的展开过程。

沿着陈荣捷体认真理的路子，杜维明更为系统地阐发了儒家的体知论。在体知中，"体"是动词，与陈荣捷所说的"体认"很接近，另外还有"体会"、"体悟"、"体验"、"体察"、"体谅"等意义，但也与名词"身体"有关。儒家具有悠久的重身的传统。从《论语·学而》的"吾日三省吾身"，到《荀子·劝学》的"君子博学而日三省乎己"，再到《大学》的"自天子以至于庶人，一是皆以修身为本"，都表明了儒者对身的重视。杜维明指出，"站在比较宗教学的立场上，身体在儒家思想里确有崇高的地位。……我们的身体不是仆役，不是手段，不是过渡，也不是外壳，而是自我的体现。……今天我们在行文中用'身体'，就好像用英文的body，直指'躯壳'，了无深意。可是，'身体'或'身'、'体'在儒家传统中是极丰富而庄严的符号，非body可以代替；当然，更不是佛语所谓的'丑皮囊'。宋明儒学讲圣人之学不是空谈哲理，而是要有受用。换句话说，也就是要如同身受。身教，相对于言教，代表儒门身体力行高于文字记诵的教育思想。'身体'在这里有'以身体之'的意味，因此作为动词的'体'字，在儒家，特别是宋明时代的儒家，便包涵许多哲理。"⑰杜维明如此强调身体的意义，实为针对西方基督教传统对身体的蔑视。儒家对身体的庄严而崇高的意义的强调与基督教把身体作为无意义的躯壳形成鲜明的对比。

儒家的强调身的意义的体知（"以身体之"之知），又跟西方的纯粹理智之知形成鲜明的对比。在杜维明看来，体知所显示的认知方式和所涉及的层面至少包含三个方面：脑力智能、心灵和身体。⑱但是，西方的知主要是指脑力智能，它排斥心灵和身体。这种纯粹理智之知是不需要"以身体之"的,而儒家体知的关键恰恰是"以身体之"。西方忽视身体的纯粹理智的过分发达激发杜维明强调儒家的体知。他以体知对治纯智,这与陈荣捷以"两轮"对治二元如出一辙。这种以中对治西的理路,是儒学研究世界化过程中的一条重要理路。在此理路之下,儒学的世界意义得到了凸显。

杜维明还用英国哲学家赖尔(Ryle)的 knowing how(知道如何)来解说体知。这表明以中对治西的杜维明也以西说中。区分 knowing that(知道什么)和 knowing how 是赖尔的一大贡献。前者是指知道某种客观的东西,例如,"知道外面的气温是几度","知道一加一等于二"等;而后者则是知道怎么做,例如,"知道怎么骑自行车","知道怎么踢球"等。儒家的体知正是指后一种情况。赖尔的 knowing how 是要通过身体的动作体现出来的,儒家的体知也同样如此。二者都体现了某种内化的技能,和一般的客观知识有所不同。[19]

前面指出,陈荣捷认为,儒家的真理论是一种道德真理论。与此相类似,杜维明所说的体知,可以说是道德之知。杜的体知源自张载的所说的德性之知。杜维明指出,"德性之知与闻见之知的最大的不同是闻见之知不必体之于身,而德性之知必须有所受用。也就是说,德性之知必须有体之于身的实践意义。……德性之知是内在体证之知,是从事道德实践必备的自我意识。"[20]杜维明还引用张载的"大其心则能体天下之物"和程颢的"仁者与天地万物为一体"来说明体知。体知因而不仅具有认识论的意义,而且具有本体论和宇宙论的意义。不难看出,杜维明综合地运用了西方的认识论、本体论和宇宙论以及赖尔的理论等来论说体知或德性之知,这是他超越张载的地方。

儒学研究的世界化,不仅依赖于像陈荣捷和杜维明那样的华裔学者的努力,而且还依赖于很多非华裔学者的努力,他们包括狄百瑞(Wm. Theodore de Bary)、葛瑞汉(A. C Graham)、郝大卫(David Hall)、安乐哲(Roger Ames)、孟旦(Donald J. Munro)、冈田武彦等。不同学者之儒学研究,自然有不同的风格、不同的路径。但是,在世界上研究儒学的,不论是华裔学者,还是非华裔学者,恐怕都有一个共同点:强调儒学的独特性,强调儒学与其他学派相比之特殊性。这点,对于中国本土的儒学研究是意味深长的。

注　释:

①　杜维明:《现代精神与儒家传统》,三联书店1997年版,第461页。

②　郭齐勇、郑文龙编:《杜维明文集》第1卷,武汉出版社2002年版,第1页。

③　杜维明著,曹幼华、单丁译:《儒家思想新论——创造性转换的自我》,江苏人民出版社1995年版,第132~150页。

④　Irene Bloom, "Remembering Wing-tsit Chan", Philosophy East and West, V.45 (1995), N.4. p.470.

⑤　郭齐勇、郑文龙编:《杜维明文集》第5卷,武汉出版社2002年版,第155页。

⑥　陈壁生:《儒学与文化保守主义——杜维明教授访谈》,《博览群书》2004年第12期。

⑦　杜维明:《东亚价值与多元现代性》,中国社会科学出版社2001年版,第19页。

⑧　杜维明:《文明冲突与对话》,湖南大学出版社2000年版,第96~97页。

⑨　周炽成:《简论陈荣捷对儒学的世界性贡献》,《中国哲学史》1999年第4期。

⑩　陈荣捷:《中国哲学之理论与实际——特论人文主义》,载东海大学哲学系编译《中国人的心灵:中国哲学与文化要义》,台北联经出版公司1967年版,第1~6页。

⑪ 杜维明著，曹幼华、单丁译：《儒家思想新论——创造性转换的自我》，江苏人民出版社 1995 年版，第 127～140 页。

⑫ 胡治洪：《康桥清夏访硕儒——杜维明先生访谈录》，载《哲学评论》，湖北人民出版社 2002 年版。

⑬ Irene Bloom, "Remembering Wing-tsit Chan", Philosophy East and West, V. 45 (1995), N. 4. p. 467.

⑭ 杜维明：《儒家思想新论——创造性转化的自我》，江苏人民出版社 1995 年版，第 4 页。

⑮ 陈澄之辑：《广东开平陈荣捷先生年谱》，载陈荣捷：《王阳明与禅》，台湾学生书局 1984 年版，第 326 页。

⑯ 陈荣捷：《中国哲学之理论与实际——特论人文主义》，载东海大学哲学系编译《中国人的心灵：中国哲学与文化要义》，台北联经出版公司 1967 年版，第 4～5 页。

⑰ 郭齐勇、郑文龙编：《杜维明文集》第 5 卷，武汉出版社 2002 年版，第 330～331 页。

⑱ 郭齐勇、郑文龙编：《杜维明文集》第 5 卷，武汉出版社 2002 年版，第 376 页。

⑲ 杜维明：《一阳来复》，上海文艺出版社 1997 年版，第 176 页。

⑳ 郭齐勇、郑文龙编：《杜维明文集》第 5 卷，武汉出版社 2002 年版，第 365 页。

（作者单位：华南师范大学政治与行政学院）

人类文明的一体与两面

——对亨廷顿"文明冲突论"与杜维明"文明对话论"的政治哲学检视

□ 吴根友

1993 年，亨廷顿在美国《外交事务》夏季号上发表《文明的冲突?》一文，曾经引起世界政治学与政治哲学领域的巨大反响。同年，香港《二十一世纪》十月号以汉语发表该文的全文，又在汉语世界引起了广泛的讨论。而以杜维明为首的当代新儒家的"文明对话论"反而在学术舆论方面产生没有相似的冲击波。但在当今世界地区冲突不断产生的情形下，杜维明的"文明对话论"，更能得到人们的认同。我的问题是：如何从国际政治哲学的视角来重新审视这两种表面看起来截然相反的"新文明论"? 人类追求和平的理想能否化解人类文明的冲突? 而人类的文明冲突是否就能阻碍人类的文明对话? 换一个思路来看，人类文明的冲突与对话，是否是一种永恒的现象? 走向大同的人类文明是否可能? 如果可能，在大同世界是否就没有文明的冲突而只有和平的对话?

一、究竟是文明冲突，还是利益冲突?
——亨廷顿"文明冲突论"的文本诠释

在当今的国际政治理论中，塞缪尔·亨廷顿的"文明冲突论"与杜维明"文明对话论"，可以说代表了两种极其相反的理论思考原则。

亨廷顿虽然在表面上讨论文明的冲突问题，但其讨论背后深藏的根本诉求乃是美国的国家利益。因此，他的"文明冲突论"的意旨不在于关注如何消除经济全球化过程中的文明冲突，而在于如何利用这种文明的冲突重组美国国家利益圈，在致思的方向上与当今世界各国人民追求和平的愿望是相背离的。在亨氏看来，冷战结束后，新世界的冲突根源，"将不再侧重于意识形态或经济，而文化将是截然分隔人类和引起冲突的主要根源。在世界事务中，民族国家仍会举足轻重，但全球政治的主要冲突将发生在不同文化的族群之间。文明的冲突将左右全球政治，文明之间的断层将成为未来的战斗线。"①这即是说，政治的直接冲突让位于不同文明形态之间的冲突。这种判断，究竟在多大程度上符合当今及未来世界的实际情况，是非常令人怀疑的。

在学理上，亨氏将"文明"界定为"一个文化单位"。他说："文明是人类文化最高层次的组合，也是人类文化认同的最广领域：再要推广就是人类与禽兽的区别了。它一方面由语言、历史、宗教、风俗、制度等共同客观因素决定；另一方面也有个人主观认同的因素。"从范围而言，"文明可能包含几个民族国家，例如西方、拉丁美洲与阿拉伯文明；或者一个国家，例如日本文明。文明显然会混合和相叠，亦可能包含许多子文明。"不管怎么说，"文明"的这些差异性，不"妨碍文明之为有意义的实体"，因而是"真实的"。②由亨氏对文明内涵与外延的界定来看，他的"文明观"是一种静态的文明观。这种"文明观"严重地忽视了文明的时代性、发展性与可变性。而且缺乏学术的严谨性。如"日本文明"的说法究竟在多大程度上能够成立，是一个非常可疑的说法。

在亨氏看来，"未来最重要的冲突将发生在文明间的断层线上"。其理由有如下六点：

第一，"文明的相异不单真实而且基本。""不同文明对上帝与人、个体与群体、公民与国家、父母与子女、丈夫与妻子的种种关系有不同的观点，而对权利与责任、自由与权威、平等与阶级的相对重要性亦有迥异的看法。"由文明的不同而"引起的冲突往往是最持久、最暴虐。"

第二，"世界的距离拉得愈来愈近。民族间的互动日趋频繁，一方面加强了文明意识，另一方面亦加强彼此的差异性与内部的共通性。""民族间的互动，强化他们的文明意识，亦由此激发彼此的差异和仇恨，而这些差异与仇恨往往源自历史的深处。"

第三，"全球经济现代化与社会转型历程，一方面使人超越长期以来的本土认同，而另一方面民族国家不再是认同的唯一来源。"亨氏的意思是说，经济的全球化与文化上的原教旨主义是导致冲突的原因之一。

第四，"西方的双重角色加强文明意识的增长。一方面，西方正处于权力高峰，但与此同时（又或许是前者的结果），又可以看到非西方文化正在出现回归根源的现象。""西方虽处于权力高峰，却正面对非西方世界以更强烈的欲望、更坚强的意志及更充沛的资源来决定世界的未来。"

第五，"文化的特质与差异较在政治及经济上的更难改变，也更不容易妥协与解决。""宗教上歧视与种族问题更为尖刻与排他。一个人可以拥有法国与阿拉伯的血统，或同时是两国公民，但他却不能既是天主教徒又是回教徒。"

第六，"经济区域主义日益抬头。""成功的经济区域主义一方面增强了文明意识。""另一方面，只有当经济区域主义植根于共同的文明中才能成功。"对于这一点，亨氏特别担心的是中国的崛起。他认为，"共同文化显然促进了中国内地、中国香港、中国台湾、新加坡及其他亚洲国家的华人社会在经济关系上的急速扩张"。但是，"如果文化的共同性是经济整合的先决条件，那么未来最主要的东亚经济集团很可能会以中国为中心。"③

亨氏从宏观与微观两个层次上来分析文明的冲突问题。他说："在微观层次来说，不同文明间断层线上的邻接集团，常常为领土及控制权而斗争（这些斗争通常以暴虐方式出现）。在宏观层次上，文明相异的国家为了相关的军事与经济力量而竞逐，为了争夺国际组织及第三势力的控制而斗争，亦为了倡议个别的政治及宗教价值而互相角力。"④纵观亨氏的"文明冲突论"，我们可以看到，他特别强调了西方与非西方对抗的可能性，尤其是将中国所代表的儒家文明与伊斯兰文明的结合，共同形成对抗西方的阵线看作是对西方世界最具有威胁力的力量（参见上文第 15～19 页）。因此，亨氏的"文明冲突论"，最终的落脚点是在政治冲突与经济势力的划分上面。其现实的考虑远大于理论的思考。特别是他认为，"文明冲突"往往发生在文明的断层线上的观点，是一个经不起理论分析与现实勘的观点。且不说以往的两次世界大战都发生在欧洲，即使未来国际社会的战争，亦将继续是国家间的经济利益冲突的白热化，而不会仅是所谓的"文明冲突"能够引起战争。再者，亨氏的这一论段与现代社会的民族主义的兴起的事实也不相符，同样都信奉自由主义的加拿大魁北克人，他们因为语言的不同（法语与英语的差异），而要求独立。而英国的英格兰与苏格兰之间的战争与冲突，更是由来已久。更进一步地说，亨氏的这一观点严重地忽视了现代民族国家的作用，尤其是忽视了现代民族国家在经济全球化过程追逐国家利益而改变文化形态的可能性。现在，我们很难将中国再看作是儒教的国家了，尽管儒家文化可能在日常生活的某些方面还在起作用。整个 20 世纪的中国在文化上都是以西方近现代文明为效法的榜样，学习得惟恐不像，更遑论用儒家文明来对抗西方文明？从目前的情况看，中国与西方还有意识形态的差异，但是，西方社会与中国之间的未来冲突决不是什么西方文明与儒教中国文明的冲突，而只可能是国家利益与民族利益之间的冲突。他们非常害怕一个富强而又拥有悠久历史的中华民族的再度崛起，分享他们的世界市场。

二、文明之间的对话何以可能？
——对杜维明"文明对话论"的可能性反思

在亨廷顿教授于美国《外交事务》杂志上发表《文明的冲突》一文之前，哈佛大学华裔教授杜维明先生就一直在坚持宣传"文明对话"的理想原则。当《文明的冲突》一文发表之后，杜维明教授在很多场合都发表了对此观点的批评意见。1993 年 7 月，在他接受台北《中时晚报》时代副刊的采访时，对亨廷顿的"文明冲突论"提出了批评。他认为，亨氏的"文明冲突论"是"以西方为中心的论说方式，乃构建在两极分化的思考模式上，充分暴露出维护西方霸权的心态"。其论说的最大失误，在于"把文化当作静态结构，从地缘政治的角度综览全球，把全球分成西方、日本、儒家、回教、印度教、拉丁美洲等几个体系"。而在实际上，"文明基本上是一个动态的发展，像是长江大河一样，各大文明之间交互影响"。他认为，"亨廷顿对儒家的理解已经过时，而且有很大的疑问。他受了白鲁恂（Lucian Pye）很大的影响，认为儒家是权威主义，和西方民主思潮有很大的冲突。又看到新加坡李光耀对西方人权、自由、民主的批评，更加深了他认为儒家传统不能和现代民主相容。其实儒家传统是具有涵盖性的人文精神，可以有和西方民主思潮进行健康互动的可能"[5]。

他认为，将"日本剔出儒家文化圈是违反历史常识的"。"日本也许不完全受儒家文化的影响，但是，不应该排除在外，而且这也和日本朝野目前考虑回归亚洲的构想不符。"[6]当然，日本属于儒家文化圈，并不意味着日本属于中华文化。因为，在历史上，"日本、越南都有一些民族主义者和爱国志士，他们认同儒家文化，但强调独立性，反对大中华主义，甚至反华"。而"日本的武士道传统认同儒家，但不一定认同中国文化"[7]。

杜氏也不否认文明冲突在许多地方的不可避免性，但他认为世界文明的"大方向仍然是对话"。在一次题为"以'文明对话'取代'文明冲突'"的采访中，杜氏说道：

"我想，世界在重组过程中间，一定有各种不同的矛盾冲突。但是，通过协调、通过区域化的合作以及全球性不同的合作协调来达到和平共处，大概是不可抗拒的趋势。"⑧

杜氏提出以文明对话取代文明冲突，其学术理据是："全球社群的出现。""由于科学科技的发展，世界各地不论东西南北都已成为由信息、交通、贸易、电讯和财经各种关系网络所编织而成的生命共同体。从生态环境及能量资源等超越国界的宏观视野来检视当今人类的存在条件，不同种族、地域、语言、文化、阶级和宗教的社群必须谋求共生之道，已成为知识界不言而喻的真理。如果我们把核战争的问题、生态系统遭到破坏、环境被污染、能源枯竭或因人口膨胀而造成的社会脱序种种祸害也列入考虑，人类必须同舟共济，一起来创建和平共存的生命形态，更是显而易见的道理。"

在方法论的问题上，即不同的文明之间如何展开"文明对话"？杜氏提出了两种对治方法：一是针对现代西方的权利观念，发展出责任伦理；二是反思并批评西方社会自启蒙思潮以来发展出的排斥性人文精神的方法，发扬儒家文化中具有涵盖性的人文精神，从而化解这种排斥性人文精神在人与自然关系问题上造成的紧张。

第一，责任伦理：杜氏认为，"儒家仁义精神的恕道"，"是创建和平共存的生命形态所不可或缺的中心价值。这种涵盖性的人文精神价值，一方面是对他人的尊敬：'己所不欲，勿施于人'；一方面是对自己的期许：'己欲立而立人，己欲达而达人'。从相互尊敬可以发展人与人相处的金科玉律；从期许可以培养自我的社会责任感。这条思路比把特殊（个人、社群、宗教、国家或文化）的'真理'强加于人，更能增进人类相互之间的谅解，比利他主义更能发展责任伦理。"⑨针对近十几年来日美、欧洲流行的一种情绪性的言论——中国威胁论，杜氏进一步将"责任伦理"的思考落实到中国发展的实处。他追问道："一个有五千年历史的民族兴起，到底是祸还是福？……关键就看强大的中国能否履行'己所不欲，勿施于人'这样一个原则。"⑩也即是说，经济强大后的中国能否实行"恕道原则"？"要建立责任伦理。强大不是报复。相反，如果认识钱多权大是带来更多的责任课题，就比较健康"。⑪

第二，儒家涵盖性的人文精神：杜氏没有简单地批评"文明冲突"的理论，而是进一步地深入到现代西方文化的精神深处，从多重角度批评西方自启蒙思潮所发展出来的人文精神。他认为，这种启蒙思潮所发展出来的人文精神是"有排斥性，它对自然有侵略性，是以人类为中心的人文主义。"而儒家文明则是具有涵盖性的人文精神，因而"和基督教文明是可以有健康互动的可能的"。

相对于现代西方的排斥人文精神而言，儒家"涵盖性的人文精神"，主要表现在对天人关系的思考方面。他说："依照儒家的观点，资本主义和社会主义的学说（二者都是启蒙精神的范例）都没有提到原生联系问题，如对人的状况的嵌入性，特别是在识别处于独特的人际关系网络中的具体人时，种族、性别、语言、地域及宗教等因素的至关重要性。无论资本主义还是社会主义的经济人概念中抽象的普遍原则，都不能说明从物质上构成全球社会的人类社群的复杂性和多样性。"⑫恰恰相反，"儒家广义的人文主义，可以为我们发展一种赞同文化多样性、尊重差异和鼓励精神取向多元性的伦理思想提供丰富的资源"⑬。他认为，"面向人类社群，儒家传统可以为错综复杂的多元世界提供个人与个人、社会与社会、国家与国家、地区与地区，乃至人类与自然、人心与天道和平相处的'安宅'、'正位'、'大道'。"⑭并将这种历史性的任务看成是儒学发展的第三期前景。

三、一体与两面：冲突与对话的永恒性及其各自的功能
——对文明冲突与文明对话的政治哲学检视

在我看来，无论是亨氏的"文明冲突论"，还是杜氏的"文明对话论"，他们对当今世界各民族国家之间关系的思考都立足于文化的基点之上。"文明冲突论"的着眼点是国家利益，继续沿着冷战思维的政治与意识形态冲突的模式，将其扩大为文明形态的冲突。"文明对话论"着眼于现代国际社会经济全球化以及因之而带来的其它问题的全球化的事实，倡导一种责任伦理，以维护这一新的世界共生局面，在理论思考的起点上要高于"文明冲突论"。然而，"文明对话论"在思维框架上与"文明冲突论"有相似之处，即过分强调了文化对政治的影响。只不过"文明冲突论"更多强调的是权力，而"文明对话论"更多强调的是责任。从政治哲学的角度看，如果强权者根本不理睬弱者的要求，"对话"就可能成为"独白"，而根本不可能达到理解与沟通。因为，在国际政治的格局中，根本不存在一个国际政府，国家主权之间的仲裁从根本上说没有一个权威的机构去实施，这就为文明对话设置了重大的现实障碍。因此，面对当前的国际社会的和平问题，我们是否可以从政治哲学的视角出发，对全球化过程中的"文明冲突"与"文明对话"现象提供新的论述？

政治哲学首要关注的是治权与制度的合法性问题。在全球化时代，民族国家之间的交往从根本上说是受利益驱动的。但人类社会的利益需求与满足又总是与文化观念密切相关，这就从根本上决定了当前及未来相当长的一段时间内，各民族国家之间的交往既会发生文明之间的矛盾冲突，也会进行文明间的对话。特别是当文明冲突从根本上妨碍了民族国家之间最基本的利益需求时，"文明冲突"就会让位于"文明对话"；而当文明对话深入到核心价值层次时，文明之间的矛盾冲突就会产生（当然不一定会产生战争，而可能会出现妥协，相互承认，相互宽容）。

亨氏的"文明冲突论"之偏差，不在于他对这种全球化过程中文明交往现象之一面的揭示与描述，而在于他从美国国家利益的角度出发，对文明冲突爆发形式之断言，从学理上忽视了矛盾与冲突的差异，冲突与战争的距离，特别是他对文明之间的正面交往功能闭口不谈，就显得非常的偏颇。而杜氏的"文明对话论"，在现实的国家利益与民族利益冲突面前，又显得过于理想，特别是他对文明所依赖的民族国家实体这一现实政治问题关注不够。

由于国际政治与民族国家的政治实体形式不同，并不存在一个类似于国家的政治实体——世界国家的形式，或者中国古典政治学意义下的"王者天下"，所以，目前国际政治的实际运作是依赖于一种权力比较弱化的国际组织——联合国这样的政治集团。在这个集团中，实力强大的美国在联合国常任理事国组成的安理会中，实际拥有更大的影响力，在一些特殊情境下甚至表现出绝对的控制权，如对伊拉克的战争。乔治·布什对萨达姆政权的瓦解，似乎更能证明亨氏的"文明冲突论"理论。但稍有常识的人们都可以看出，美国对伊拉克的战争根本上还是争夺中东的资源，伊斯兰国家的穆斯林文明与美国现代民主的文明冲突其实只是非常表面化的现象。美国与伊拉克的战争，包括最近对伊朗的威胁，并不表明伊斯兰文明与美国代表的现代文明之间就没有对话的可能性，如果是这样，

在现代伊斯兰国家和地区就不能建立现代西方的企业制度，也不可能实现现代的民主宪政。但事实上并不是这样。

文明之间的交往究竟是采取冲突甚至是战争的形式，还是采取对话的、和平方式，在根本的问题上取决于不同文明之间对于利益获取的方式。在信奉神权政治与信奉民权政治的民族国家之间，肯定存在文明精神的差异与冲突，但这种差异与冲突不一定要通过战争的方式来解决，而是可以采取对话的方式来进行。这时，关键的问题有两点：第一，在于不同的文明之间需要找到可以共同遵循的基本原则。其基本原则可以是中国儒家传统的"恕道原则"，也可以是现代启蒙理性的普遍人权原则和自由主义原则。因为，如果真正将现代启蒙理性发展出的普遍人权原则贯彻到底，将无条件地尊重每一个国家的主权；将自由主义的宽容原则运用到国际政治生活中，文明之间的差异也不会引起"文明的冲突"。第二，有了共通的基本原则，也不一定能保证文明之间的交流一定是和平的对话而不会出现冲突的方式。因为，现实世界仍然是由不同民族国家的实体构成的。国家之间的交往无法脱离利益的交换。作为世界公民的万民主权时代远远没有到来。因此，文明之间的交流，其实还是民族国家的实体之间的经济、政治、军事、文化之间多层次的立体交流，而不单纯是文明的交流。这样，文明间的交流究竟是采取对话的形式，还是冲突的形式，其实并不取决于文明载体的个体——万民，而是文明载体的主权国家及其获取利益的方式。而不同文明载体的国家是有制度上的差异的。制度当然是一种文明价值的客观化、系统化的结果，但其现实作用却与作为意识形态的"文明"的作用非常的不同，其主要功能是运用政治权力。

不管文明对话的精神基础是现代启蒙精神的普遍人权、理性，还是一种更为宽泛的对民族、国家共同体的认同，或是儒家的"恕道原则"，都涉及强国与大国在推广自以为更加文明化的理念与制度时，其权力使用的合法性与方式的合理性如何被接受的问题。对于这一非常棘手的国际政治哲学问题，很难提供一个现存的答案，在此，我引用两位学者的观点作为进一步思考的起点。

当代美国最杰出的政治哲学家罗尔斯，从政治自由主义角度提出过"民族际法"（一般译为"万民法"）理论设想，并将自己的设想称之为"现实主义的乌托邦"。他认为："理解民族际法在政治自由主义里的发展，是很重要的事情。这一出发点意味着，民族际法乃是国内体制的正义、自由观念，扩展到万民社会中去。在正义的自由观念以内发展民族际法，我们要制订合理的正义自由人民的外交政策原则与理想。"在罗尔斯看来，自由的民族际社会是可能的，如他说："我们对我们社会未来的希望基于这一信念之上，群居世界的本性合乎理性地允许正义宪政的民主社会作为民族际社会的成员而存在。在这样的群居世界内，自由与得体的人民之间在其国内和国外都可望得到和平与正义。这一社会理念是一个现实主义的乌托邦，它描绘了'民族际社会中'可以得到一个对所有自由与得体的人民而言同时具有政治的权利和正义的群居世界。《正义论》和《政治自由主义》试图说明自由社会的可能性。《民族际法》则希望说明自由与得体的万民群居社会的可能性。"[15]

罗尔斯力图将一国之内的自由社会扩展为一个由多民族组成的自由社会，从而用自由主义的观点建构一种国际和平的理想状态。在《民族际法》一书中，罗尔斯将目前的人类世界分为五种类型，"第一种为合乎理性的自由的万民；第二种为得体的万民。"而得体的万民社会当中,有一种社会的基本结构奠基于"得体的协商等级制"(decent consultation hierarchy)之上,当然还有其他的各种形式的得体的万民社会,虽然不符合"得体的协商等级制"形式,但在万民社会中亦是有价值的成员。第三种为"法外国家"。第四种为"负担不利条件的社会"。第五种为"仁慈的专制社会"。这种社会尊重各种人权,但其成员在政治决策中被剥夺了有意义的角色,因而不是秩序良好的社会。罗尔斯又将第一种社会与第二种社会合称为"秩序良好的万民社会"(well-ordered peoples)。

罗尔斯在此提出的五种社会类型,不是用来描述任何一个现实的民族国家,而只是作为一种理想模型来讨论当前的国际和平问题的。其出发点是现代西方文化的自由主义和西方文化中的法制文化传统。相对于东方文化传统而言,其思想基础仍然是权力,而相对弱化责任与义务。比如说,他也提到了"良序民族共同体"对于处于劣势的民族共同体有援助义务,但是,这种援助是有条件的:第一,援助过程中必须携带一定的价值观强迫,第二,援助是有限度的。当被援助的民族共同体的正义储蓄已经达到自治的水平时,就停止经济援助。因此,罗尔斯的法哲学思考,还是以西方文化为优位的,忽视了民族际间的文化传统的神圣性,在相当大的程度上还残留着启蒙理性的傲慢。

在思考文明对话的问题时,我个人认为,当代中国的新儒家蒋庆先生有关政治合法性问题的思考,对此问题有极大的启发意义。他从政治儒学的观念出发,认为政治合法性的问题至少涉及三个层面的问题:第一,以"天下归往的为民思想"来确立政治秩序合法性的民意基础、以"法天而王的天人思想"来确立政治秩序合法性的超越基础、以"大一统的尊王思想"来确立政治秩序合法性的文化基础。他甚至断言:"无论古今中外,凡政治秩序欲合法,必同时具有此三重合法性的基础,即同时具有民意(世俗)、超越(神圣)、文化(传统)的合法性基础,缺一不能合法。"[16]他从此"三重合法性"的思想出发,认为仅从"理性的合法性"(或曰"法理的合法性")观点出发来评价政治权力合法性的做法是非常狭隘的。[17]

在这里,我并不想对"三重合法性问题"究竟能否作为古今中外政治合法性的通则这一论断做出评价,只是想从国际政治哲学的角度对文明交流的前提作一新的论述。由于当今世界的多元化格局是不争的事实,任何民族文化之间的对话都必须要尊重这一事实前提。因此,在文明对话的过程中,尊重其他民族国家的文化传统也就是逻辑的必然。任何具有法理上合理性的价值观念,都不能以普遍法则的理性傲慢方式,强迫其他民族国家必须接受,而只能诉之于该民族国家中与之相契合的精神传统,进行文明的对话。否则就会引起民族国家之间的政治冲突(而非文明冲突)。在文明对话过程中,尊重"文化(传统)的合法性基础"是实现文明对话的必要前提。这是我对杜先生文明对话论的一种引申性的论述,也是对蒋庆先生关于政治合法性问题——文化(传统)合法性论述的一种拓展。至于在不同的民族传统中寻找什么样的文化传统,既是对话双方民族共同体内公众知识分子的责任,更是双方有远见卓识的政治家们的责任。

注　释:

① 塞缪尔·亨廷顿(Samuel Huntington):《文明的冲突》,余国良译,《二十一世纪》第 5 页,1993 年 10 月号总第十九期,香港中文大学中国文化研究所。该文的英文版发表于同年美国《外交事务》夏季号。

② 塞缪尔·亨廷顿（Samuel Huntington）：《文明的冲突》，余国良译，《二十一世纪》第 6 页。1993 年 10 月号总第十九期，香港中文大学中国文化研究所。

③ 塞缪尔·亨廷顿（Samuel Huntington）：《文明的冲突》，余国良译，《二十一世纪》第 8 页。1993 年 10 月号总第十九期，香港中文大学中国文化研究所。

④ 塞缪尔·亨廷顿（Samuel Huntington）：《文明的冲突》，余国良译，《二十一世纪》第 9 页。1993 年 10 月号总第十九期，香港中文大学中国文化研究所。

⑤ 郭齐勇、郑文龙编：《杜维明文集》第 5 卷，武汉出版社 2002 年版，第 474 页。

⑥ 郭齐勇、郑文龙编：《杜维明文集》第 5 卷，武汉出版社 2002 年版，第 475 页。

⑦ 郭齐勇、郑文龙编：《杜维明文集》第 5 卷，武汉出版社 2002 年版，第 477 页。

⑧ 郭齐勇、郑文龙编：《杜维明文集》第 5 卷，武汉出版社 2002 年版，第 479 页。

⑨ 郭齐勇、郑文龙编：《杜维明文集》第 5 卷，武汉出版社 2002 年版，第 485 页。

⑩ 郭齐勇、郑文龙编：《杜维明文集》第 5 卷，武汉出版社 2002 年版，第 480 页。

⑪ 郭齐勇、郑文龙编：《杜维明文集》第 5 卷，武汉出版社 2002 年版，第 480 页。

⑫ 郭齐勇、郑文龙编：《杜维明文集》第 5 卷，武汉出版社 2002 年版，第 491 页。

⑬ 郭齐勇、郑文龙编：《杜维明文集》第 5 卷，武汉出版社 2002 年版，第 491 页。

⑭ 郭齐勇、郑文龙编：《杜维明文集》第 5 卷，武汉出版社 2002 年版，第 483 页。

⑮ John Rawls：The Law of Peoples P. 6，Harvard University Press Cambridge，Massachusetts；London，England 1999

⑯ 蒋庆著：《政治儒学——当代儒学的转向、特质与发展》，三联书店 2003 年版，第 210 页。

⑰ 蒋庆著：《政治儒学——当代儒学的转向、特质与发展》，三联书店 2003 年版，第 301 页。

（作者单位：武汉大学哲学学院）

儒家视角下的多元现代性、新轴心文明与全球伦理

——论杜维明的"文明对话"观

□　胡治洪

　　"文明对话"是杜维明于 1990 年开展的一个论域。① 如同杜维明开展的其他论域一样，"文明对话"作为人类文明交通方式的一种概括，被赋予了强烈的现实性格。在当今全球化与根源性两个向度均深入开展、现代性中的传统愈益凸显、西方与西方之外绝对二分语境中由启蒙心态所型塑的现代西方强势文明已使人类发展几乎难以为继的情况下，文明对话具有前所未有的必要性和紧迫性。

　　毋庸赘言，文明对话得以进行的一个必要前提是多种文明的并存。在现代以前的漫长时期，多种文明并存一般只需满足诸文明在时间上同在以及在空间上接近或可能接近等自然规定性即可实现。但是，自从现代化进程于 18 世纪后期在西欧发生并进而在世界范围扩张以来，随着西方价值标准凭借其物质和制度文明优势而逐渐成为强制式的普世性"游戏规则"，多种文明并存的自然规定性的意义相对甚至绝对减弱，而诸文明按西方价值标准所定义的性质则逐渐成为判断其是否"存在"或在何种时空坐标轴上存在的重要因素。在黑格尔、韦伯等西方思想家看来，非西方文明与西方文明之间存在着影响其"并存"的巨大时差，而弥补这种时差的唯一途径就是非西方文明趋向西方文明的同质化演变，这样，作为文明对话必要前提的多种文明并存的状况当然是不存在的。②

　　西方思想家关于东西文明时差以及西方一元现代化的论说曾经强烈影响了 19 世纪以来非西方世界的许多重要思想家，并通过他们影响到各该社会的不同阶层，甚至于至今余波未泯。日本明治启蒙思想家福泽谕吉的"脱亚入欧"论，土耳其基马尔的世俗化改革乃至废止阿拉伯字母改用罗马字母的政策，中国"五四"主流知识分子的"打倒孔家店"和"全盘西化"论，都是以现代西方文明为趋归，主动否认本有文明传统与现代西方文明并存的资格，自愿居于"学习的文明"的地位，而推崇现代西方文明为"传授的文明"，因此当然也就谈不上"文明对话"了。

　　时至今日，上述基于西方中心主义的观念或论说及其对应的社会实践由于对自然、社会以及人类精神生态造成严重破坏而日益丧失其说服力，而非西方文明所蕴涵的丰富的传

统生存智慧在"后现代"语境中却日益彰显。但是，由于"现代社会特有的诸领域，如科学技术、工业资本主义、市场经济、民主政治、大众传播等等都来源于启蒙精神或与之相关；我们所珍视的价值，包括自由、平等、人权、隐私权、民有民治民享的政府、法制等等也与启蒙精神密不可分"，所以，"一方面，我们不能不加批判地接受启蒙精神的内在逻辑，因为它给我们的生态系统带来了许多未预期的负面影响；另一方面，我们又不能完全弃绝它，它与我们的精神自我定义，与我们的现在和未来都有着千丝万缕的联系"。③这样，非西方文明只能是在保持本有传统资源以期充实并矫正启蒙精神的同时，首先涵化由西方现代化所开出的利益领域及其核心价值，实现传统的现代转化。只有如此，非西方文明才可能在现代意义上与西方文明"并存"，从而实现多元现代性的文明格局，而这也正是现代条件下开展文明对话、进而进行启蒙反思的必要前提。问题在于多元现代性、即非西方文明在保持本有传统的同时实现现代转化是否可能。

一、多元现代性

在发生学意义上，以工业化为核心的现代化进程开始于西欧。18 世纪后期至 19 世纪中期，在英国发生的以采用蒸汽机为主要标志的第一次工业革命，引发现代化的第一次浪潮；19 世纪下半叶至 20 世纪初，在西欧北美资本主义工业化核心地区，由内燃机和电动机带动的"电工技术革命"引发第二次现代化浪潮；20 世纪下半叶，西欧北美以高科技、新能源、新材料为基础的第二次工业革命引发第三次现代化浪潮。至此，工业化—现代化真正成为全球性浪潮。④

无可争辩，现代化的三次浪潮都是由西欧、北美希伯来—希腊文明世界发起或领先。虽然在第二次浪潮中有日本的成功，在第三次浪潮中又出现了工业东亚，但这些非西方工业化—现代化国家毕竟是基于"传导性变革"而实现的"外源的现代化"，并不像西方世界是基于"创新性变革"而实现的"内源的现代化"。因此，作为现代化理论思想前源的"韦伯命题"在"选择的亲合性"意义上将"新教伦理"当作"资本主义精神"的导因，以及作为近二百年现代化运动之总结的现代化理论在其形成之初的 20 世纪 60 年代前后几乎一致以西方工业文明为世界现代化的统一模式，⑤乃至于如中国"五四"主流知识分子将以富强为旨归的现代化等同于"欧化"或"西方化"，⑥概言之，即西方一元现代化论说的提出与盛行，也就多少是可以理解的了。

但是，西方现代化在发生学意义上的领先是否意味着它在任一社会结构的现代化进程中都将具有主导作用？"韦伯命题"是否能够绝对普遍化？西方现代化理论，特别是柏深思引申韦伯思想而将现代化不仅等同于"西方化"、而且进一步等同于"美国化"的论说是否符合世界现代化的历史进程及其未来趋向？韦伯所提出的"理性化"以及柏深思所概括的"市场经济、民主政治、个人主义"是否就是作为现代化之实现特征的现代性的不二法门？非西方文明实现现代化是否就只有彻底抛弃本有传统而选择"全盘西化"这一条道路？归根结底，现代化及其现代性是否只能具有在发生学意义上获得的一元规定性？进而，西方一元现代化是否真正是人类的福祉？这些问题不仅关涉现代化的模式、现代性的内涵、传统与现代的关系，而且关涉对于由启蒙思潮导出的西方现代化后果的认识与评价，当然它们更直接地关涉儒家传统的当代命运。因此，早在西方一元现代化论说大盛的 20 世纪 60 年代，这些问题便受到杜维明的关注，构成他的主要问题意识的一个方面，从而成为他驳斥一元现代化论说和阐扬多元现代性的出发点。⑦

事实上，如果对西方现代化进程深入了解，可以发现，严格意义上的一元现代化即使在西方文明范围内也并不存在。"西方文化应当落实到英国文化、法国文化、德国文化和美国文化的层次才能分析得比较精当。……在所谓现代化即是西化的历程中，英国、法国、德国和美国都有其特殊而具体的文化认同"。⑧如果说此处指涉的"西方"尚宽泛地包含了基督教传统中的天主教和新教的话，那么"即使我们只是集中讨论新教伦理和资本主义的兴起，在新教伦理的内部也有复杂的多元倾向"。⑨现代西方文明内部的多元倾向是由于西方现代性中毫无例外地存在着传统问题，西方各国的现代化背后都有相当深厚而又互不相同的传统资源。⑩因此可以说，"在现代化的历程中，西方多元化所代表的是一些特殊和具体的实例（各有各的文化认同）而不是放诸四海皆为准的一般原则"；由此可能得出的一般原则倒是，"没有任何一个现代性……和这些地区的传统能够绝然分开来观察的，因为它们之间有难分难解的纠葛"。⑪

当然，西方各国的传统无论多么歧异，终究是从希伯来—希腊文明一根而发；其现代性虽然形形色色，却大致不出乎市场经济、民主政治和个人主义（或者还加上市民社会）之外。因此，西方一元现代化论说并不能由其内部的多元倾向所真正突破，⑫而必须通过相对于西方而言的异质文明地区现代化模式的出现才可能对其构成真正的挑战。

迄今为止，相对于西方而言的异质文明地区唯一成功的现代化模式就是工业东亚，即在 20 世纪下半叶的第三次现代化浪潮中先后实现工业化的韩国、新加坡以及中国的台湾、香港地区，此外还包括二战以后重新实现现代化的日本。工业东亚的性质究竟如何？20世纪 70 年代前后，赖世和、赫尔曼·康恩、马若然、彼得·伯格、罗伯特·贝拉、墨子刻等西方学者围绕这一问题进行了研究。⑬这些研究几乎表露了工业东亚现代性中的传统以及由此获得的独特现代性的思想，对于杜维明无疑颇具影响，不过他还是基于自己的问题意识，对工业东亚研究既保持浓厚兴趣和投入极大关注，又表现出充分的谨慎。他不止一次地坦承，他对这一问题的观察还是试验性的，他的探讨还处在初级阶段。⑭之所以如此，是因为相对于韦伯对已经发展成型了的资本主义的研究来说，工业东亚还是一个发展中的现象，其中难以掌握的中介和互动因素太多。⑮

使杜维明感到困难的显然不在于工业东亚是不是现代化社会，而在于它实现现代化的途径及其性质。仅仅着眼于经济和社会层面，工业东亚的现代化是显而易见的。综合韦伯、柏深思以及赖世和等人所提出的理性化、市场化、工业化、科技化、民主化、世俗化、都市化、科层化、专业化、大众传播网、个人多样性等现代化指标加以衡量，工业东亚大多达到了较高水平。在经济方面，工业东亚的表现更加突出。⑯问题在于"如何解释这个史无前例的现象"。⑰

按照西方一元现代化论说的逻辑，像工业东亚这类处于异质文明地区的社会要实现现代化，除非其经济、政治、社会、文化全盘西化，否则莫办。事实是否如此呢？诚然，"东亚的兴起显著地表现出西方现代主义的一些最消极的方面：剥削、重商主义、消费主义、吝啬、自私、粗野的竞争"，同时西方启蒙思潮所高扬的工具理性、自由主义、权利意识、法律程序、隐私权限、个人尊严等价值观念也在东亚社会逐渐普及。⑱但从深层次看，作为在公元 11～19 世纪的漫长岁月中、从大传统到小传统都深受儒学浸淫的文化圈，

"儒家文明的影响早已积淀存留了，不会因为近百年西方文明来了，就没有了！或许知识精英分子是可以摆脱影响，但是民间文化和传统是不可能摆脱儒家影响的，这个影响具有相当大的生命力"。[19] 从现实社会观察，"儒家的政治意识形态为日本和'四小龙'（中国台湾、韩国、香港、新加坡）的发展提供了丰富的符号资源。它在中华人民共和国、北朝鲜、越南的政治过程中是很明显的。随着资本主义和社会主义的东亚之间的界线开始模糊，跨越这条大鸿沟的共有伦理规范完全可以由儒家观念来解释。在东亚、在中国（包括台湾、澳门和香港），经济文化、家庭价值、商业伦理也由儒学词汇表现出来"。由儒家伦理所发展的同情、公义、责任、礼仪、公心以及集体精神等"亚洲价值"也仍然是工业东亚所自然认同的社会行为准则。[20]

工业东亚特殊的文化传统和价值观念使之在经济、社会层面的现代化过程中发展出一种特殊的现代性。参照柏深思以市场经济、民主政治、个人主义三要素对西方现代性——亦即他所认为的一元现代性的规定，"儒家文化影响之下的工业东亚就发展出了对立性较小，个人主义与私利意识较淡的现代文明。在这里，市场经济与政府调控并行，民主政治与选贤与能的精英政权并存，个人的主动性与集体意向相协调，使得这里成为二战之后世界上最具经济与政治活力的地区"。[21] 如果进一步分析，东亚现代性可以表述为与自由资本主义相对的"网络资本主义"、与民主政治互补的"软性权威主义"、与压力集团殊异的"信赖社会"以及与个人主义分途的"社群伦理"诸要素的结构体系，[22] 其中包涵的个人与社群、人类与自然、人心与天道面面俱到的关切同普罗米修斯式的个人/人类中心主义迥然异趣。总之，东亚现代化从实现途径到结构性质都是"一个充分现代化，但是不完全属于英美翻版的儒家现代化模式"。[23]

工业东亚作为相对于西方而言异质但其本身在宽泛的意义上则属同质的现代化社群，其内部也存在着多元倾向。"在经济领域，政府的参与可以采取不同的形式——直接管理（新加坡）、积极引导（南朝鲜）、示范诱导（日本）、有选择地干预（中国台湾）和积极地不干预（中国香港）"；[24] "至于非经济的结构和功能因素在这个地域的歧异性则远较同一性为大。例如，日本和新加坡是一党民主，韩国和中国台湾是大权独揽，中国香港是自由放任；新加坡的一党民主以英国的文官制度为基础施行全面统一规划的家长政治，而日本的一党民主则派系林立，是美国的平等主义和元老门阀传统混成的政体"。[25] 经济、政治层面的这种歧异又与工业东亚各地区文化传统及其现实影响的差别相关。[26] 工业东亚的多元倾向再次证明了"没有任何一个现代性和这些地区的传统能够截然分开来观察"之说，一切现代性都必然蕴涵着传统，这也就意味着任何现代化都必然不同程度地遵循传统的路向并且赋有传统的特性。

工业东亚以其区别于西方的现代化途径及其结构特性，业已证明了多元现代性之可能。而作为"第一个现代化的非西方地区"和"现代化倾向多元最有说服力的个案"，[27] 它的兴起还具有特别深远的意义。它表明，"现代西方为全世界的社会转变提供了原动力"，但"西欧和北美的现代化过程的历史动力却不一定是现代性的结构成分"；"现代化在本质上不是西化或美国化"，而"可以采取不同的文化形式"；"东亚现代性所意含的是多元论，而不是另一种一元论"。[28] 由此，工业东亚一方面"并没有反证清教伦理和西方资本主义精神兴起的韦伯命题"，而只是"迫使韦伯命题只通用于现代西方"，亦即将西方一元现代性从一种曾经被当作具有全球意义的"自明真理"限定为一种地方性论说；

另一方面逻辑地推导出所有地方性传统文明现代化的可能性,例如,"伊斯兰教之于东南亚,印度教之于南亚,佛教之于亚太,天主教之于拉美,东正教之于俄罗斯,乃至本土宗教之于非洲都可以发挥塑造现代性的作用",㉙"据此,我们可以推论出现代化从一到二到多的结论"。㉚至此,针对西方一元现代性论说的独断,通过实现了的东亚现代性的驳诘,杜维明在理论上证成了多元现代性之可能,从而为文明对话铺垫了必要前提。

二、新轴心文明

如果说多元现代性是为了通达文明对话境地而在西方一元现代性与非西方多元传统之间开凿的一条狭窄的山脊,那么,新轴心文明构想作为多种文明并存的自然规定性的否定之否定,则为所有递续至今的人类文明──包括轴心传统以及原住民文化──的多元平等对话铺设了一条康庄大道。

新轴心文明构想是杜维明顺着尤尔·卡森斯的议题,对德国现代哲学家卡尔·雅斯贝尔斯的历史轴心期理论的引申。㉛雅斯贝尔斯的主要观点在于论证的历史的起源与目标始终是历史的统一。他将其前的人类历史划分为史前、古代文明、轴心期以及科学技术时代四个阶段。关于轴心时期,他认为,在公元前8~前2世纪(以公元前5世纪前后为高峰期),人类发生了以自我意识的觉醒和超越观念的形成为标志的精神突破,对应于古代文明而发展出统属于西方世界的希腊哲学、希伯来先知教义、波斯琐罗亚斯德宗教,印度的佛教,以及中国的儒、道、墨诸子学说。这些世界宗教和基本思想成为此后人类精神的原动力,人类历史每当届临新的飞跃,都要回溯轴心期以汲取思想资源。人类文明在轴心期三个相互隔绝的区域中几乎同时发生精神的突破,表现出人类历史在意识上和本质上的统一。㉜

从显层次看,雅斯贝尔斯所论证的是历史的统一。但是,除了史前阶段那种猜测性的"一致性"之外,实际历史过程中的"统一"只是多元文明表象之上的抽象统一;而那种作为历史目标的"完全统一",雅斯贝尔斯明确声称仅仅是历史运动的一个方向,甚至只是一种假设。因此雅斯贝尔斯的历史观实质上是一种多元统一的文明史观,特别是一种多元文明观。他给出了"多元文化的深刻的历史理由",作出了"人类文明发展的多元倾向不是20世纪以后的现象,而是有着相当长的历史"这一启示,并且表露了"人类文明有各种不同的文化表现,不同的文化有不同的价值,有不同的生命力,各有其长处和短处。对这些现象都应如实地去加以了解"的思想。㉝

历史轴心期各大文明一直延续至今,其生命力如此旺盛,以至于"我们肯定面向21世纪所有第一次轴心文明时代的大传统都是不可消解的,而且仍然是有极大的塑造力的文明"。㉞同时,"原始传统,即美洲土著人、夏威夷土著人、毛利人等各部落的本土宗教传统"也都"以力与美向人们展示出人的生活从新石器时代开始就是可持续性的。他们的生活方式并非一种凭空想象而是实际存在于当今时代"。㉟这种多种文明并存的格局正是新轴心文明建构的基础,而容纳多种文明的新轴心文明无疑也就为多元平等的文明对话的进行提供了充足条件。㊱

当然,基于特定环境和问题阈所建构的新轴心文明相对于轴心期也有其自身的特质。首先,如果说轴心期的突破是以人类从平面的存在中挣脱出来的"超越的突破"或形成

"第二序思考"的"反思的突破"为特质的话，[37] 那么新轴心文明的突破将发生于"扎根轴心文明各大精神传统而对当代人类社会的困境进行深层反思的氛围中"，而以作为"继承启蒙精神和超越启蒙心态的新思维和新契机"的"一种符合生态原则，能满足女性主义的基本需求，充分肯定宗教多元性而且还能建构全球伦理的人文精神"为特质。[38] 即是说，新轴心文明将针对以个人／人类中心主义为特征的启蒙主义的极端发展所导致的自然生态毁坏、社群伦理偏废以及人类精神世界单调庸俗的现状而酝酿以"何为人"这一问题为根据的"启蒙心态的突破"。[39]

其次，"假若第一个轴心时代所体现的不管是超越突破或反思能力的加强或特殊知识集团的出现，基本上都有它独立运作的轨迹，而没有明显的互动迹象"，那么，"今天，因为地球村的出现，所有以前轴心文明的资源都变成了天下的公器，是人类的共同记忆"。[40] 轴心期各大文明在特定区域内曾有可能一枝独秀，并且相对独立地解决该文明人群存在的问题，而"在新轴心时代之中，一枝独秀的宗教环境已不存在"，[41] 各大文明都"必须对全球和平和人类生存有所作为"。[42] 基于这种状况，容忍、沟通、了解、参照、信任、尊重这些人类持久和平共存所必需的条件已经成为迫切需要。在这种境况中，新轴心文明便亟需突破由西方一元现代性论说所导致的全球／本土、现代／传统、西方／非西方三个排斥性的二分法：在科技、信息、贸易、金融、旅游、移民甚至疾病等领域的全球化趋势中高度重视地域、族群、阶级、性别、年龄、语言、信仰等根源意识的普遍性、深刻性、敏感性和严重性，了解"有全球意义的地方知识"和"局部知识的全球意义"的辩证关系；基于根源性与全球化同步加强的趋势以及多元现代性的实现而超越"从传统到现代"的线性进化观，充分认识现代性中的传统以及传统在型塑特定现代性中的积极作用；根据根源性的普遍深刻以及传统与现代性的错综纠结，将曾经在"西化"、"欧化"、"美国化"与"全球化"、"现代化"相混淆的意义上被认为完全体现全球化与现代性的西方还原为在本质上与非西方同样具有传统根源的特殊社群，将西方从一种"传授的文明"恢复为与人类所有文明同样的既"传授"又"学习"的文明。[43]

新轴心文明的建构及其特质不仅满足了文明对话的前提条件，而且提出了文明对话的必要性和紧迫性。在这一背景下，文明对话的主旨即在于"考虑生态环保，社群整合，文化多元及相互参照的可能"，[44] 概括而言即以人类持久共存为目的的启蒙反思与文明互补。

实际上，作为对治启蒙心态的精神资源的非西方轴心文明、原住民文化以及西方文明范围内的希腊传统和"后现代"思潮近三十年来一直在以各种形式驳诘或破斥一元现代性论说、单一富强模式、西方中心主义乃至个人／人类中心主义。印度以其丰富多彩的精神文化资源在干枯无味的物质世界中标举性灵，对于唯富强是尚的迫切心态无疑是一种清凉剂。[45] 儒家经过创造性转化所开展的个人、社群、自然、天道面面俱全的包容性人文主义乃是矫正以个人为中心、充其量只在个人与社群的平面上进行"沟通"的西方排斥性人文主义的生存智慧。[46] 伊斯兰文明作为虽非第一次轴心期传统、但同属亚伯拉罕三大一神教因而理当纳入新轴心时代的文明，以其"伦理宗教传统在世界观、礼仪、教育方法以及人的相关性等方面为我们提供了丰富而有实际价值的资源"。[47] 至于原住民本土宗教传统以其与自然的亲和、对血缘的重视、同祖先的关联，概括而言即"物质的精神性"特征，对于否定笛卡儿式的心物二分理念、挽救人类中心主义造成的生态系统破坏，具有重要的启发意义。[48]而福科通过"知识考古学"一直挖掘到前苏格拉底资源以解构启蒙主义及其理性传统,[49]麦金太尔继承亚里士多德伦理学思想解决现代社会"德性之后"的困境,[50]都是回溯西方思想源头以反思西方现代启蒙思潮,这就比来自异质文明的批判更能说明"现代西方文明为创造一个干枯无味的物质世界而大闹天宫,破坏全球生态,是亘古未有的例外,世界宇宙观中的异数,人类精神生命的歧出"![51]

互补意义上的文明对话则由各个文明传统的双边或多边互动构成,如基督教保守主义者从印度教传统中获得多元宗教的影响,基督教神学家与禅学家长期对话从而形成"基督教能从佛教学到什么"的问题意识,受西方宗教影响的人士通过了解印度而开始重视亚洲精神文明,现代西方科学家从复杂的化学形态与藏传佛教曼陀罗的深奥联系中领悟无量智慧,本土宗教领袖与穆斯林在身心性命之学方面的互相引发及其对根源性的共同关注,等等。[52]

以儒家文明为主体的互补意义上的对话基本上在它与各大文明之间都得以展开。在儒家与希伯来—希腊传统之间,"第一次儒—耶对话的国际会议于1988年6月在香港新亚书院的祖尧堂举行,成绩甚佳。第二次会议于1991年夏天在柏克来的联合神学研究院举行,据说也相当成功",第三次会议则于1994年在波士顿大学举行,围绕世俗伦理、个人主义及礼仪等问题进行了辩论。[53]作为儒家一方的代表,杜维明还与基督教神学家、现代西方科学家讨论过生命起源、生命意义、人的责任等问题,阐述了"乾父坤母"、"一体之仁"、"天生人成"等儒家思想,提出了人作为天的 co-creator(合作创造者)的宇宙观,给了西方思想家很大的震撼。[54]当然,从西方如基督教文明那里,儒家也获得很多借鉴,如"超越上帝的观念和体验,可以彻底消除把任何相对事物绝对化的危险",又如"人性的阴暗面,亦即人的原罪问题"可以导致"对人的善性提出督责"。[55]而"有效地推动儒家人文精神与西方现代启蒙精神的对话与互补"则将"不但对西方而且会对中国现代性的良性生成发育起到不可或缺的作用"。[56]

儒家与伊斯兰教之间也有频繁沟通。1994年在美国康桥的回儒对话中,它们共同回应了"文明冲突"论;[57]1995年在马来西亚吉隆坡举行的"伊斯兰教和儒学"会议,开启了一系列回儒对话;2000年在哈佛大学的回儒对话则高度肯定了两大文明的相互裨益。[58]

比较而言,杜维明认为印度文明可能更多地单向地有益于文化中国,归根到底可能有益于近代以来被启蒙心态所遮蔽的儒家传统的重光,这是杜维明自20世纪70年代迄今在许多论著中表露的一贯思想,这一思想产生于多年来他与印度学者的交往与对话。他的基本看法是,"假如中国比较杰出的知识分子开始能够重视印度,认为能够从印度的文化中吸取养分,那就显示我们的心态已超越了富强第一的典范,就可以面对21世纪的挑战了;假如中国的知识分子完全被西化、或被东洋化的观点所笼罩,就不能了解其他第三世界。如果发展得越神速,受伤害就越大,倒不如稳步地全面成长。……印度的音乐、哲学、文化、艺术,都是了不得的资源。其地方色彩及学术上的高峰也都令人叹为观止"。[59]

儒家传统在文明对话中还有一种特殊表现,即文化中国的儒学与东亚文明圈的儒学的互动互补。儒学在公元11~19世纪的第二期发展中逐渐从中原正统流衍为"东亚文明的体现"。一方面,"儒家传统因为只是中国民族文化的构成要素,所以它所指涉的范围远较中国民族文化要狭隘";另一方面,"正因为儒家传统也是东亚文明的体现,它的影响圈又不仅限于中国民族文化的圆周里。因此儒家传统不但是中国的，也是朝鲜的、日本的和越南的"。[60]这便将儒学定位于文化中国与东亚文明圈的交叉部分，由此，基于共同学统以及由于学术流变及民族性格而产生的差异，东亚区域有关民族（国家）围绕儒学形成了特殊的文明对话格局。

作为互动的例证，如日本的岛田虔次于"文革"期间在北京大学演讲时表示将"格外努力发扬"作为东亚文明体现的儒学，[61]另如韩国的柳承国根据箕子的传说认为韩国是儒学的母国，[62]这中间蕴涵的尊儒信息，对于五四以来以"只手打孔家店"为荣的反传统心理颇具针砭意义。在互补的意义上，典型例证是 16～17 世纪朝鲜大儒李退溪在当时中国陆王心学大盛的前提下，继承并发扬了程朱理学；以及退溪弟子李栗谷在"四七之辩"中揭橥"四端""七情"一发于"气"的气学思想。这对于全面认识宋明儒学史上心、理、气诸学之摩荡消长大有裨益，"有了这层认识，我们至少不能武断地判定程朱理学被陆王心学所取代是儒学发展的必然规律"，[63]也不会得出"从张载到王夫之都是气学，可惜从来没人提过"的片面论断。[64]

与上述新轴心时代平等、多元、多层次文明对话形成对反或歧出的有排斥性理论和融摄性态度，前者的近期特例为亨廷顿的"文明冲突"论，后者则以孔汉思的"抽象的普世主义"为代表。

亨廷顿认为，冷战后的世界改变了过去那种由美国及其盟国、苏联及其盟国以及第三世界国家三分的格局，而由西方基督教、儒教中华、印度教、日本、伊斯兰、斯拉夫东正教、拉丁美洲和可能存在的非洲等七种或八种主要文明构成"一个多文明的世界"；过去那种意识形态支配下的地缘政治让位于文明支配下的地缘政治；冷战集团为文明共同体所取代。相同文明的民族（国家）的聚合与不同文明的民族（国家）的分离正在进行，文明之间的权力均势正在变更，西方文明正在衰落，而中华、伊斯兰等非西方文明正在复兴。在 21 世纪初期，人类将经历非西方文明相互之间及其与西方文明之间的冲突。面对这种形势，西方的生存有赖于美国人重新肯定他们的西方认同，西方人也必须把他们的文明看作是独特而非普世的。在这种单一的文化认同基础上，西方文明才可能成功消解来自非西方文明、主要是中华文明和伊斯兰文明的挑战。[65]

形式地看，亨廷顿主张世界的多极性与文明的多元化，他甚至承认在这些并存的文明中，已经有越来越多的非西方国家在保持本土文化的同时实现了现代化，[66]由此区别于狭义的排斥性的西方一元现代化论说。一般地说，这种"文明多元的预设是值得肯定的"。[67]但是，亨廷顿沿袭冷战思维，秉承社会达尔文主义以富强为后盾的生存竞争观念，并不认为多元文明是文明对话的条件，反而以之作为文明冲突的导因。之所以如此，根本上是由于亨廷顿运思的基本结构，"他自己也很坦白地说了，是 The West and the Rest，就是现代西方面对全球挑战的模式。这个当然是欧洲中心主义或西方中心主义"。[68]因此可以说，亨廷顿的"文明冲突"论同样是一种排斥性理论，不过是一种在西方中心主义立场上承认多元文明的排斥性理论。

1993 年，在芝加哥举行的世界宗教议会上，天主教神学家孔汉思起草了一个普世伦理宣言文本。"孔汉思的伦理普世化的起点是天主教内部的对话。以此为基础，他先设法消解基督教之间（天主教与新教）的歧异，再考虑三大一神教（犹太、基督教及伊斯兰三教）的会通。接着，他联系各大宗教（包括佛教、兴都教、儒家和道家）进行对话，最后才讨论宗教和世俗的分别以及形成共识的可能",[69]这种层层"淡化特殊性和削弱排他性"的对话策略的表层意旨在于找出人类社群普世伦理的最大公约和底线标准。但是,仅就表层意旨而言,孔汉思的对话策略就受到了质疑。华朔"从多元文化出发,非常反对离开具体的历史、文化的背景抽象地谈一个普世原则,他认为即使建立起来也是没有说服力的,哪怕是最底线的,它也有很多预设",[70]"如果刻意摆脱浓郁而强烈的信仰,只通过淡化和削弱的宗教情境来建立人的共识,即使支持宣言的签名者成千成万,实质意义仍极有限",[71]也就是说,人们很可能在口头上不反对或者赞同这种缺乏根源性的空洞原则,而在实际情境中却仍然我行我素。

从深层次看,正如华朔所担忧的,这种抽象原则"如果再和西方霸权结合在一起,会产生许多不可预期的不良后果"。事实上,孔汉思的"抽象的普世主义"里面确实"最基本的还是自由人权等导源于现代西方的'启蒙'价值";而作为天主教神学家,他用以建立最大公约和底线标准的根据显然还在于他的"扎根天主教"、"浸润在基督教氛围中"而又"不脱当代德国的心灵积习"的根源性。质言之,孔汉思的"抽象的普世主义"正是一种与他自己的宗教根源性结合在一起、用以"淡化"、"削弱"进而包容其他宗教传统的"公约"和"标准",而这也正是一种融摄性态度。

综上所述,"排他性的原教旨主义是宗教冲突的根源,这点很容易举例说明。以一种宗教融摄各家之长,本来是判教精神而且有兼容并包的气度,何乐而不为?可是,如果世界三大宗教(基督教、佛教及伊斯兰教)皆坚信人类社群只有通过耶稣、释迦牟尼或穆罕默德才真能获救,那么,即使各教皆充分体现兼容并包的气度,还是难免道路、生命与真理只此一家别无分号的狭隘"。[72]所以,唯有新轴心时代文明对话所体现的多元主义较之排他和融摄两种思路更有说服力。从积极方面看,在多元架构中,诸文明均"采取以'仁心说,学心听和公心辨'的态度,从容忍、共存、参照、沟通,逐渐提升到尊重、了解和学习的祥和之境",乃是"迈向全球伦理共荣的先决条件";[73]从消极方面看,一味承认多元多样则"又怕走向极端的相对主义。因此,我们要特别强调社群伦理,全球的社群伦理"。[74]这样,新轴心时代平等、多元的文明对话可能而且也必须导向全球伦理。

三、全球伦理

如果说,从文明存在的自然规定性到西方一元现代性再到多元主义,是一个否定之否定的进程,多元性当中业已扬弃了现代性因素;那么,从西方一元现代性到多元主义再到全球伦理,则是承续前一进程而递进的否定之否定进程,全球伦理拒斥一元论、涵化多元成分而向着更高层次的统一性复归。多元主义并非目的,虽然它有可能消解导致自然和人类精神生态严重破坏的西方一元现代性论说、构建一个多元平等的全球社群;但是,"我们在颂扬文化多样性的同时也为相对主义的问题而忧虑,它把我们想象中的全球社群变成了一个充满差别、对立、分歧、冲突和歧视的支离的村落"。[75]着眼于这种状况,应该承认"文明冲突"的警告确实是有一定见地的,"即将出现的'全球村'远远不是一个一体化的信念共同体,而将以分歧、差异和极端歧视为标志",由此便"进一步加强了文明对话和探讨全球伦理的紧迫性"。[76]

全球伦理当然不能建立在特殊的、一元的、排斥性的或融摄性的基础之上,无论如何，"想从一种文明（希腊、儒家、佛教或基督教）导引出普世伦理绝无可能"。全球伦理也不能建立在抽象的普世主义基础之上，抽象的普世主义的伦理"即使建立起来也是没有说服力的"。[77]全球伦理的建立必须以根源性与普世性的结合为基础，形成"一种能够符合全球任何人都应该遵循的原则"。[78]1993 年以来，经过世界宗教议会、联合国教科文组织普世伦理研究计划讨论会、东西方伦理讨论会以及一批世界知名政治家联合发表《责任伦理宣言》，各大文明思想家得出了人类社群可以共同奉行的两个基本原则。[79]杜维明说："这两个原则我把它归结为儒家原则，也就是说，可以用儒家的语言来概括"。[80]而实际上，这两个原则不仅与"儒家伦理的基本精神是相契的"，而且"和佛教、道家、犹太教、基督教、伊斯兰教的伦理也可以合拍"。[81]

两个原则之一可以孔子所谓"己所不欲，勿施于人"的"恕道"加以表述，[82]"这个金科玉律在各大宗教里面，有些是正面的提法，有些是负面的提法，宗教界的学人经过二十多年的努力，认为负面的提法方能比较全面地掌握恕道。……恕的意思就是'如心'，就是要推己及人"。[83]实质上，推己及人才是"恕道"原则的精髓。只有在"通过自我同情的理解来建立人与人相遇的最基本准则"[84]、亦即在推己及人这一意义上，"恕道"才成为人类奉行的共同原则之一。

另外一个原则直接采用康德"人是目的"这一命题，即人道原则，就是把人当人。[85]而"把人当人看，而不当作手段，这与儒家的'己欲立而立人，己欲达而达人'也是同构的"，[86]这是因为"己欲立而立人，己欲达而达人"首先是"把人当作关系网络的中心点，不把人当作一个孤立绝缘的个体。正因为他是关系网络的中心点，人的尊严是必须保障的"；同时，也"正因为我是人际关系网络的中心点，所以我的发展一定意味着要帮助其他人的发展。……我的发展可以使你发展，你的发展也可以使我发展"，[87]这无疑是一种全面的"人是目的"观。

除了上述两个原则之外，在生态环保这一关涉整个人类从而也具有全球性的课题研究方面，曾经对之作出杰出贡献的思想家汤玛士·别瑞为《地球大宪章》提出两个直接出自于儒家资源、有利于改变现代人类基本态度以重构人与自然关系的原则，即"差等之爱"和"一体之仁"。所谓"差等之爱"秉承孟子"亲亲仁民爱物"思想，意指主体的恻隐之情在家庭、社会、国家、人类、宇宙这一无限序列中的先后推展，以及主体的同情心从"不忍"到所"忍"对象的逐渐普及，这是"一种具体体现的爱和普世的爱能够协调起来的一个复杂的过程"。而"一体之仁"启沃于程颢"仁者以天地万物为一体"的见解，意指"人的感性体悟是无限的"，"我们人的心量能够有足够的能力与人、物，与天地万物联合为一体"。[88]如果说"恕道"和人道原则展示了儒家在建立人类社群伦理方面所拥有的普世性资源，那么"差等之爱"和"一体之仁"则突出了儒家在构设持久和谐的天人关系方面所特擅的宇宙观。

儒家之所以在建构全球伦理方面具有上述世所公认的意义——它既拥有所有主要文明均奉行的伦理信条，又拥有某些主要文明所奉行的伦理信条，还拥有它所特擅但却愈益具有普世意义的伦理信条——从表层看，是因为"儒家的排他性不强而其特殊性并不妨碍其普世性，因此有发挥中介功能的潜力"。[89]但在实质上，儒学作为一种身心性命之学，一种个人、社群、自然、天道面面俱到的包容性人文主义，在当今多元根源性与全球一体化双向深入，人的状况已经面临困境，生态环保、女性主义、宗教多元以及全球伦理等思潮日益成为人类强烈诉求的时代条件下，相对于其他在个人、社群、自然、天道四层面中有所偏畸或缺失的文明传统，特别是相对于表现为个人/人类中心主义、实质上是西方中心主义的作为一种排斥性人文主义的现代西方启蒙理性，具有更大的说服力。着眼于儒家与现代西方启蒙理性之间的摩荡消长，"在现阶段处理人类生存条件和重大关系方面，'启蒙理性'仍然具有很强的说服力，但另一方面它又面临很大的困境。这首先表现在人（类）的自我理解、自我发展遇到了很大的挑战。……个人、社群、自然、天道四大问题或曰人的问题的四个侧面，都不是启蒙理性所能妥当解决的，而对于这些问题的思考恰恰是中国文化、特别是儒学所长"。质言之，在人的精神归系、生存环境、社会关系以及人的身心本身都呈现不同程度危机的当代世界，作为一门哲学的人学，"正是在关于'人'的问题上，儒学拥有丰富的资源，可以对人类作出很大贡献"。⑨

必须指出，在建构全球伦理的给定情境中，儒家与女性主义的关系是一个比较复杂的课题。长期以来，儒学作为一种被概括为"三纲"的意识形态，它所体现的权威政治、家长制社会，归根到底被归结为男性中心主义，因此也被女性主义作为消解的对象。⑨但是事实上，在轴心文明诸传统中，儒家是比较最不强调性别区分的。"与其他的精神传统不同的是，在反对教育妇女和反对培养妇女儒家大师的问题上，儒家并没有理论上的限制"；与此形成对照的是，犹太女性在以色列国不能被训练为拉比，在天主教中妇女要当神父几乎不可能，在伊斯兰文化中妇女要成为宗教领袖也非常困难。⑨因此可以说，"儒家的核心价值——为己之学（人人皆可通过自己活生生具体的情境进行'己立立人己达达人'的修身工夫以发展自己成德的潜能）绝非偏颇的性别论说，而四端五伦的教言亦有放诸四海皆实用的可能"。⑨

进一步观察，儒家非但不强调性别区分，而且它所标举的公义、平等、同情、礼让、责任、人际关系等基本价值，与女性主义的价值取向相互契合。"从儒家立场看，更重要的是平等而非自由、同情而非理性、市民生活而非法律、人情而非个人主义"；⑨而在女性主义那里，"女性主义强调公义、同情、礼让、责任和人际关系等基本价值，不再毫无保留地接受自由、理性、法治、权利和个人尊严为现代精神的突出表现"。⑨显然，儒家与女性主义基于近似的价值观念而共同对启蒙理性进行反拨，两者之间的差异却有可能弥合。

如上所述，儒家在建构全球伦理方面所具有的世所公认的意义及其业已由东亚现代性所体现的基本价值，与18世纪以来现代西方启蒙思潮所标举的核心价值形成鲜明对照。如果说后者所型塑的西方一元现代化论说、单一富强模式、西方中心主义以及个人/人类中心主义，在迄今为止的两百多年中，凭借西方物质和制度文明优势而逐渐成为强制式的普世性"游戏规则"，那么，由于这种排斥性人文主义导致人与天道、自然、社群乃至自我全面紧张从而难以为继，因此，儒家特有的个人、社群、自然、天道面面俱到的包容性人文主义便在扬弃现代西方启蒙价值、坚持新轴心文明多元互补的前提下，历史地担当起改变当前人类"游戏规则"的任务。这种有待改变的"游戏规则"的内涵就是："绝不能重蹈帝国主义霸权心态的覆辙，以暴易暴"，而应该"联合世界各地的弱小民族为他们安排合情合理的生存条件，并以此为基础结合东西南北的各种民族形成真正具有代表性的人类的生命共同体"；⑨"建立责任伦理"，"认识钱多权大是带来更多的责任课题"；⑨"能以公义扩充同情之心，并采取'己所不欲，勿施于人'的恕道的群体才是文明；相反，以弱肉强食的逻辑只为一己之私的个人、家庭或民族利益而宰制天下资源的集团，即是野蛮"。⑱概括而言，这种有待改变的人类"游戏规则"就是："个人自我之中身体、心知、灵觉与神明四层次的有机整合"；"个人与社群（家国天下）乃至社群与社群之间的健康互动"；"人类与自然的持久和谐"；"人心与天道的相辅相成"。⑲由于儒家传统作为中华民族的不朽灵魂，也正是以中华民族作为其物质载体，因此，儒家传统在改变人类"游戏规则"方面可能作出的贡献，也正是中华民族在当代全面崛起所应透露的文化信息。⑳

注　释：

① 参见杜维明：《现代精神与儒家传统》，北京三联书店 1997 年版，第 469 页；《新轴心时代的文明对话》，载《南洋商报》（马来西亚）2000 年 1 月 1 日。

② 不同程度地否定东西文明在现代条件下并存或肯定非西方文明只有"西化"一条出路的当代西方思想家还有不少，如塔尔科特·柏深思、罗伯特·贝拉（前期）、于尔根·哈贝马斯、丹尼尔·贝尔、理查德·罗蒂、弗兰西斯·福山，甚至于对多元宗教研究颇有造诣的西蒙·爱森斯塔。

③ 杜维明：《全球社群──探寻社会发展的精神资源》，载联合国社会发展高峰会议（哥本哈根）特刊《社会政策与社会发展》，1995 年 3 月。

④ 参见罗荣渠《现代化新论──世界与中国的现代化进程》，北京大学出版社 1993 年版，第 131～141 页。

⑤ 关于 20 世纪 60 年代西方乐观的社会进化论思潮，从以下论说可以得到证明：美国学者库马认为"未来基本上是根据西方工业发展模型拟想的：西方工业文明乃是它的终点"；美国社会学家柏深思认为现代社会只有一个体系，即以美国为领导的西方社会体系；美国经济史学家罗斯托将现代化进程划分为"传统社会"、"为起飞作准备"、"起飞"、"向成熟推进"、"大众高消费"五个阶段，将英、美置于最高阶段，而将其他国家置于向着最高阶段演进的不同水平；美国历史学家布莱克则将现代化水平划分为七类，将欧美国家置于高级类别，而将亚、非、拉发展中国家置于低级类别。参见罗荣渠：《现代化新论──世界与中国的现代化进程》，第 28～34、141～142 页。

⑥ "欧化"说例见陈独秀《答佩剑青年》，载《新青年》第 3 卷第 1 号；"西方化"说例见柳克述《新土耳其》，商务印书馆 1927 年版。

⑦ 杜维明曾经回忆道："1966 年，我在母校台湾东海大学首次讲授文化价值和社会变迁，当时就对儒学研究在工业化东亚的复兴极感兴趣。"（《反传统、整体观、耐心谨慎：关于当代中国学术思想追求的个人反思》，收入《道、学、政：论儒家知识分子》，上海人民出版社 2000 年版，第 182 页）由此反映出他在当时就对西方一元现代化论说的挑战以及以儒家传统为背景的工业东亚的兴起在回应这一挑战方面的意义甚为关注。

⑧ 杜维明：《儒学第三期发展的前景问题》，收入《儒学第三期发展的前景问题──大陆讲学、问难和讨论》，台北联经出版公司 1989 年版，第 291～293 页。

⑨ 《儒家与自由主义：和杜维明教授的对话》，载《儒家与自由主义》，北京三联书店 2001 年版，第 61 页。

⑩ 参见杜维明：《人文精神与全球伦理》，载《人文论丛》（1999 年卷），武汉大学出版社 1999 年版，第 29 页。本文中"德国的……国族精神"原误为"德国的……怀疑精神"，现经杜维明本人校正。

⑪ 杜维明：《全球化与本土化冲击下的儒家人文精神》，收入《十年机缘待儒学》，香港牛津大学出版社 1999 年版，第 108、116 页。

⑫ 这正是爱森斯塔肯定现代性具有多面相但仍是一元而非多元的理由。爱森斯塔这一说法根据杜维明 2001 年 9 月 21 日在哈佛燕京学社的学术报告录音记录。

⑬ 以上诸说分别参见杜维明《从世界思潮的几个侧面看儒学研究的新动向》，收入《儒学第三期

发展的前景问题——大陆讲学、问难和讨论》，台北联经出版公司 1989 年版，第 348、351 页；《现代精神与儒家传统》，北京大联书店 1997 年版，第 3、331～332、334～335、335～338 页；《儒家之风引领新亚洲》，载《天下杂志》（台湾）1996 年 1 月 1 日。另见罗荣渠《现代化新论——世界与中国的现代化进程》，北京大学出版社 1993 年版，第 220 页。

⑭　参见杜维明：《儒家伦理与东亚企业精神》，收入《新加坡的挑战——新儒家伦理与企业精神》，北京三联书店 1989 年中译版，第 103 页。

⑮　杜维明：《现代精神与儒家传统》，北京三联书店 1997 年版，第 340～341 页。

⑯　参见罗荣渠：《现代化新论——世界与中国的现代化进程》，北京大学出版社 1993 年版，第 220、36、214～215 页。

⑰　杜维明：《从世界思潮的几个侧面看儒学研究的新动向》，收入《儒学第三期发展的前景问题——大陆讲学、问难和讨论》，台北联经出版公司 1989 年版，第 349 页。

⑱　杜维明：《儒教东亚兴起的涵义》，载《代达鲁斯》（美国）2000 年冬季号。

⑲　杜维明：《走出现代化的死胡同》，载《天下杂志》（台湾）1993 年 8 月 1 日。

⑳　杜维明：《儒教东亚兴起的涵义》，载《代达鲁斯》（美国）2000 年冬季号。

㉑　杜维明：《全球社群——探寻社会发展的精神资源》，载联合国社会发展高峰会议（哥本哈根）特刊《社会政策与社会发展》，1995 年 3 月。

㉒　参见杜维明：《现代精神与儒家传统》，北京三联书店 1997 年版，第 2～3 页；《儒教东亚兴起的涵义》。

㉓　杜维明：《走出现代化的死胡同》，载《天下杂志》（台湾）1993 年 8 月 1 日。

㉔　杜维明：《儒教东亚兴起的涵义》，载《代达鲁斯》（美国）2000 年冬季号。

㉕　杜维明：《从世界思潮的几个侧面看儒学研究的新动向》，收入《儒学第三期发展的前景问题——大陆讲学、问难和讨论》，台北联经出版公司 1989 年版，第 333 页。

㉖　参见杜维明《儒家伦理和东方企业精神有关吗?》，收入《儒家自我意识的反思》，第 102～103 页。

㉗　参见杜维明《现代精神与儒家传统》，北京三联书店 1997 年版，第 2～3 页；《儒教东亚兴起的涵义》，载《代达鲁斯》（美国）2000 年冬季号。

㉘　杜维明《儒教东亚兴起的涵义》，载《代达鲁斯》（美国）2000 年冬季号。

㉙　杜维明《现代精神与儒家传统》，北京三联书店 1997 年版，第 3 页。

㉚　杜维明《儒家之风引领新亚洲》，载《天下杂志》（台湾）1996 年 1 月 1 日。

㉛　参见《儒家与自由主义：和杜维明教授的对话》，载《儒家与自由主义》，北京三联书店 2001 年版，第 21 页；《新轴心时代的文明对话》。

㉜　参见卡尔·雅斯贝尔斯：《历史的起源与目标》，华夏出版社 1989 年版。

㉝　杜维明：《现代精神与儒家传统》，北京三联书店 1997 年版，第 33 页。

㉞　《儒家与自由主义：和杜维明教授的对话》，载《儒家与自由主义》，北京三联书店 2001 年版，第 31、23～26、16～17、108～111、63 页。

㉟　杜维明：《全球社群——探寻社会发展的精神资源》，载联合国社会发展高峰会议（哥本哈根）特刊《社会政策与社会发展》，1995 年 3 月。

㊱　参见《论儒学的宗教性——对〈中庸〉的现代诠释》"中文版代序"，武汉大学出版社 1999 年中译版，第 6 页，杜维明说："'轴心时代'（axial-age）的观点，为文明对话（dialogue of civilizatons）提供了发展的空间。"另见《"思想、社会与环境变迁"座谈会》，杜维明肯认"文明对话""是根据德国学者雅斯培在 40 年代提出的'轴心文明'的构想"，收入《文化中国的认知与关怀》，台北稻乡出版社 1999 年版，第 54 页。

㊲　杜维明：《从世界思潮的几个侧面看儒学研究的新动向》，收入《儒学第三期发展的前景问

题——大陆讲学、问难和讨论》，台北联经出版公司 1989 年版，第 336～338 页。

㊳ 杜维明：《新轴心时代的文明对话》，载《南洋高的》（马来西亚）2000 年 1 月 1 日。

㊴ 杜维明说：" '第二个轴心时代'所期待的新的形上学及普世伦理，其核心问题即'何为人'。"见胡治洪《康桥清夏访硕儒——杜维明教授访谈录》，载《哲学评论》2002 年第 1 辑，湖北人民出版社 2002 年版；另参见《现代精神与儒家传统》，第 448 页。

㊵ 杜维明：《现代精神与儒家传统》，第 32、456 页。

㊶ 杜维明：《新轴心时代的文明对话》，载《南洋商报》（马来西亚）2000 年 1 月 1 日。

㊷ 胡治洪：《康桥清夏访硕儒——杜维明教授访谈录》，载《哲学评论》2002 年第 1 辑，湖北人民出版社 2002 年版。

㊸ 参见《儒家与自由主义：和杜维明教授的对话》，载《儒家与自由主义》，第 16、60、71 页；《儒教东亚兴起的涵义》；《现代精神与儒家传统》，第 2、15～19、376～383 页；《全球社群——探寻社会发展的精神资源》；《全球化与本土化冲击下的儒家人文精神》，收入《十年机缘待儒学》，第 108、109～112 页；《新轴心时代的文明对话》。

㊹ 杜维明：《全球伦理的儒家诠释——东亚现代性的儒家含义》，台北"中研院"文哲所筹备处 1999 年刊。

㊺ 参见杜维明：《印度行感言》，收入《人文心灵的震荡》，台北时报出版公司 1976 年版，第 41～45 页。

㊻ 参见杜维明：《新轴心时代的文明对话》；《儒家与自由主义：和杜维明教授的对话》，载《儒家与自由主义》，第 96～97、112～113 页；《关于儒家人文精神的再认识》，载《思想家（第 1 辑）：杰出人物与中国思想史》，江苏教育出版社 2000 年版，第 74～76 页。

㊼ 杜维明：《全球社群——探寻社会发展的精神资源》，载联合国社会发展高峰会议（哥本哈根）特刊《社会政策与社会发展》，1995 年 3 月。

㊽ 参见《新轴心时代的文明对话》；《全球社群——探寻社会发展的精神资源》；《现代精神与儒家传统》，第 469～470 页。

㊾ 杜维明：《现代精神与儒家传统》，第 260 页。

㊿ 参见胡治洪：《康桥清夏访硕儒——杜维明教授访谈录》；《儒家与自由主义：和杜维明教授的对话》，载《儒家与自由主义》，第 25 页。

51 杜维明：《现代精神与儒家传统》，第 470 页。

52 参见《儒家与自由主义：和杜维明教授的对话》，第 26、109、124 页；《新轴心时代的文明对话》；《如是我闻一时俱在檀香山》。

53 杜维明：《现代精神与儒家传统》，第 467～468 页。

54 《儒家与自由主义：和杜维明教授的对话》，载《儒家与自由主义》，第 23～26、16～17 页。

55 《理性沟通和开放心性》，载《崩离与整合——当代智者对话》，东方出版中心 1999 年版，第 41 页。

56 《儒家人文精神与现代启蒙心态——燕园访杜维明》，载《中国国情国力》1998 年第 8 期。

57 杜维明：《现代精神与儒家传统》，第 467～468 页。

58 参见马小鹤：《哈佛大学召开回儒对话会议》，据 yyyin@ guoxue. com，2000 年。

59 杜维明：《现代精神与儒家传统》，第 95～96 页。

60 杜维明：《儒学第三期发展的前景问题》，收入《儒学第三期发展的前景问题——大陆讲学、问难和讨论》，第 301 页。

61 杜维明：《现代精神与儒家传统》，第 20 页。

62 杜维明：《现代精神与儒家传统》，第 7～8 页。

63 杜维明：《儒学第三期发展的前景问题》，收入《儒学第三期发展的前景问题——大陆讲学、问难和讨论》，第 302 页。

(64) 杜维明：《关于儒家人文精神的再认识》，载《思想家（第 1 辑）：杰出人物与中国思想史》，第 64～65、72 页。

(65) 参见亨廷顿《文明的冲突与世界秩序的重建》，新华出版社 1999 年中译版。

(66) 参见亨廷顿《文明的冲突与世界秩序的重建》“中文版序言”。

(67) 杜维明《全球伦理的儒家诠释——东亚现代性的儒家含义》，台北“中研院”文哲所筹备处 1999 年刊。

(68)《杜维明教授谈东西方价值观》，载《联合早报》（新加坡）1995 年 9 月 4 日。原文英文拼法有误，径改。

(69) 杜维明：《全球伦理的儒家诠释——东亚现代性的儒家含义》。

(70)《儒家与自由主义：和杜维明教授的对话》，载《儒家与自由主义》，第 63 页。

(71) 杜维明：《全球伦理的儒家诠释——东亚现代性的儒家含义》。

(72) 杜维明：《新轴心时代的文明对话》，载《南洋商报》（马来西亚）2000 年 1 月 1 日。

(73) 杜维明：《新轴心时代的文明对话》，载《南洋商报》（马来西亚）2000 年 1 月 1 日。

(74)《杜维明教授谈东西方价值观》，载《联合早报》（新加坡）1995 年 9 月 4 日。

(75) 杜维明：《全球社群——探寻社会发展的精神资源》，载联合国社会发展高峰会议（哥本哈根）特刊《社会政策与社会发展》，1995 年 3 月。

(76) 杜维明：《儒教东亚兴起的涵义》。

(77) 杜维明：《全球伦理的儒家诠释——东亚现代性的儒家含义》。

(78) 杜维明：《人文精神与全球伦理》，载《中国大学人文启思录》，华中理工大学出版社 1998 年版，第 97～98 页。

(79) 参见《全球化与本土化冲击下的儒家人文精神》，收入《十年机缘待儒学》，第 116～117 页；《人文精神与全球伦理》，载《中国大学人文启思录》，第 98～99 页；《人文精神与全球伦理》，载《人文论丛》（1999 年卷），第 34～35 页；《全球伦理的儒家诠释——东亚现代性的儒家含义》；《儒家人文精神与宗教研究》，载《台湾宗教研究》第 1 卷第 1 期，台湾宗教学会，2000 年；《儒家人文精神与文明对话》，收入《杜维明：文明的冲突与对话》，湖南大学出版社 2001 年版，第 15 页；《儒家与自由主义：和杜维明教授的对话》，载《儒家与自由主义》，第 108～110 页。

(80) 杜维明：《人文精神与全球伦理》，载《中国大学人文启思录》，第 97～98 页。

(81) 杜维明：《全球化与本土化冲击下的儒家人文精神》，收入《十年机缘待儒学》，第 108 页。

(82) 语出《论语·卫灵公》。

(83) 杜维明：《全球化与本土化冲击下的儒家人文精神》，收入《十年机缘待儒学》，第 116 页。

(84) 杜维明：《现代精神与儒家传统》，第 401 页。

(85) 杜维明：《人文精神与全球伦理》，载《中国大学人文启思录》，第 97～98 页。

(86)《儒家与自由主义：和杜维明教授的对话》，载《儒家与自由主义》，第 110 页。“己欲立而立人，己欲达而达人”语出《论语·雍也》。

(87) 参见杜维明：《人文精神与全球伦理》，载《人文论丛》（1999 年卷），第 34 页。

(88) 参见杜维明：《人文精神与全球伦理》，载《人文论丛》（1999 年卷），第 35 页。

(89) 杜维明：《全球伦理的儒家诠释——东亚现代性的儒家含义》，台北“中研院”文哲所筹备处 1999 年刊。

(90) 胡治洪：《康桥清夏访硕儒——杜维明教授访谈录》，载《哲学评论》2002 年第 1 辑，湖北人民出版社 2002 年版。

(91) 参见杜维明：《儒家思想的核心价值》，收入《新加坡的挑战——新儒家伦理与企业精神》，第 35～36 页。

㊥ 杜维明：《儒家对于学的理解》，收入《新加坡的挑战——新儒家伦理与企业精神》，第 82 页。

㊦ 杜维明：《新轴心时代的文明对话》。

㊣ 杜维明：《儒教东亚兴起的涵义》，载《代达鲁斯》（美国）2000 年冬季号。

㊤ 杜维明：《新轴心时代的文明对话》，载《南洋商报》（马来西亚）2000 年 1 月 1 日。

㊨ 杜维明：《培育"文化中国"》，载《文化中国》（加拿大）1994 年 6 月号。

㊧ 丁果《以"文明对话"取代"文明冲突"——与哈佛大学杜维明教授谈文化》，载《世界周刊》（加拿大）1997 年 1 月 5 日。

㊩ 杜维明：《从多元的现代性看儒学创新》，载《明报》（纽约）1997 年 4 月 17 日。

㊪ 杜维明：《新轴心时代的文明对话》。

⑩ 关于中华民族经济、政治以及军事上的崛起所包含的文化信息，是杜维明自 20 世纪 90 年代前期便开始关注的问题，至今未辍。对这一问题的探讨首先意在警醒"文化中国"某些深陷启蒙心态的人士，劝诫他们不要步霸权主义的后尘；唯有遵循儒家包容性的人文精神，才可能踏上人类、也是中华民族的未来坦途。主要参见《培育"文化中国"》；《阐释中华民族觉醒的文化信息》，载《明报月刊》（香港）1996 年 5 月号；《大陆智识分子的儒学研究》，载《交流》（台湾）1996 年 9 月号；《以"文明对话"取代"文明冲突"——与哈佛大学杜维明教授谈文化》；《以公心辨国族主义》；《从多元的现代性看儒学创新》；《感受北大，寄望北大——著名汉学家杜维明先生访谈录》，载《北京大学学报》（哲学社会科学版）1998 年第 4 期；《传统儒学如何定位现代——访美国哈佛大学著名教授杜维明》，载《台声》1998 年 7 月号；《康桥清夏访硕儒——杜维明教授访谈录》。

（作者单位：武汉大学中国传统文化研究中心）

蔡仁厚文化哲学思想述略

☐ **洪晓楠**

蔡仁厚，1930 年生于江西。1948 年高中毕业保送入私立广州大学，1949 年 7 月自广州去台湾，1953 年 5 月赴基隆水产职业学校任教。1954 年经程兆熊先生介绍结识牟宗三。1962 年由牟宗三、唐君毅先生发起"东方人文学会"，蔡仁厚正式加入。1970 年经谢幼伟先生之介，蔡仁厚应聘华岗中国文化学院哲学系任教，主讲孔孟荀哲学、宋明理学、墨家哲学。1979 年东海大学成立哲学系，应聘为该系专任教授。主要著作有《孔孟荀哲学》、《宋明理学北宋篇》、《宋明理学南宋篇》、《王阳明哲学》、《儒家心性之学论要》、《新儒家的精神方向》（1982）、《儒家思想的现代意义》（1987）、《儒学的常与变》（1990）、《中国哲学的反省与新生》（1994）、《牟宗三先生学思年谱》（1996）、《熊十力先生学行年表》、《孔子的生命境界》（2000）等 30 余部。

一、中国文化的特质

中西文化的比较研究是 20 世纪中国文化哲学讨论的主要问题之一。正是通过这种比较，人们才彰显出中国文化的特质。蔡仁厚认为，中西文化的异同及其会通，可以说是中国知识界在中西哲学比较的架构下的"世纪困惑"①。正是基于此一认识，蔡仁厚非常关注这个问题，并且给出了自己的答案。他认为，中西文化的差异主要表现在五个方面：西方文化以物为本、以神为本，中国文化以人为本；西方文化首先"正视自然"，中国文化首先"正视人"；西方文化"以知识为中心"，中国文化"以生命为中心"；西方文化"重客体性、重思辨"，中国文化"重主体性、重实践"；西方文化"学与教分立"，中国文化"学与教合一"。此外，蔡仁厚还从感性、知性、德性三个方面来衡论中国文化的特质。他认为，无论中西文化，都有感性生命之活动，都会通过文学、诗歌、音乐、绘画以及才子佳人之情与英雄豪侠之气，以显发感性文化的多姿多彩，因此，对于文化的特质就不宜单从感性层面作分判，而必须关联知性与德性来论衡。从知性层面来看，可以说西方文化是知性为主的文化，它的主要成就是科学、民主、宗教。科学是"心与物对列"，民主是"权利和义务对列"，宗教是"神与人对列"。由于西方文化是顺着"主客对列"的格局来表现，故其精神是"向外追求，向上攀缘"，是一种单向度的无限伸展，结果是"取单向而无回向，有追求而无反求"，所以不讲反求诸己、反身而诚，文化生命中的

"德性主体"无法充分独立地透显出来，因此在西方知性文化的传统里，没有心性之学，没有成德之教，结果是西方文化"知性强而德性弱"。与之相对，中国文化是重德的文化，儒家也主要是顺着道德心灵（德性之体）的活动，来讲论内圣成德之学，主要表现在两个方面：一是"化气成性"，使"感性理性化"，以完成德性生命的价值；二是"摄智归仁"，使"知性价值化"，也就是把理智的活动摄归于德性的涵润主导之中，使之依循价值规范，符合善的原则。

在蔡仁厚看来，人的德性生命可以自我提升，自我开扩，可以向各个方面流通贯注，以完成多元性的价值创造。例如，它可以通向人伦世界，创造一个"天下一家"的社会观；通向人文世界，创造一个"精诚肃穆、慧命相续"的历史文化观；它可以通向自然世界，创造一个"天人和谐"的宇宙观。然而，这个广大丰富的价值世界，一经与西方知性文化比较，我们就可以发现，近代西方通过"科学、民主"所开创的事功，正是中国文化所欠缺的。所以中国文化是"内圣强而外王弱"。经过这番比较，蔡仁厚认为："西方文化宜当取资于儒家乃至道释二家的智能，以期调适而上遂；而中国文化则须调整文化心灵之表现形态，开出政道与知识之学。"②在此基础上，蔡仁厚进一步发挥了他的老师牟宗三先生有关中西文化比较的架构，指出：由于中国文化心灵的表现，是以德性主体为纲（心与万物相感通，万物皆备于我），所以知性主体未能脱开德性主体之笼罩以充分独立地展现它的活动；"心物相对、主客对列"的认知活动之格局既未客观地显立，科学知识的学术传统遂亦未能发展完成，这是有关"科学"未能出现的内因。另一方面，从数千年的历史来看，中华民族实已虽是透显其高度的科学心智，也一直有各种科学器械的发明，但由于古代中国社会（农业社会）对于知识技术比较没有迫切的需要性，所以中国人虽然随顺事机而显露了科技上的聪慧灵巧，却并未纳科学心智于概念架构之中，以成立中国的科学传统，这是"外缘"方面的不备。内因受阻、外缘不备，这就是传统中国未曾开出科学的原因所在。

透过中西文化的比较，蔡仁厚更对文化的代表形态之一哲学作了详细的分析。他指出：如果从"物本"、"神本"和"人本"的角度来看，中国的哲学思想，既不是"物本"，也不是"神本"，而是"人本"。由于物本首先正视自然，因而导出以知识为中心的文化思想，如希腊；神本首先正视上帝，因而导出以神为中心的文化思想，如希伯来；人本首先正视人，因而发展出以生命为中心的哲学智能，如中国。在西方，哲学以知识为中心，宗教以神为中心，学与教双线并行，互不相涉，二者都重视客体性；中国哲学则以生命为中心，重主体性，因而成立了"心性之学"与"成德之教"，学与教是合一的。就此而言，中国哲学有三个方面的特质：（1）天人合一。本天道以立人道，立人德以合天德，从而天道性命相贯通，人生宇宙通而为一，道德宗教通而为一；（2）仁智双彰。仁通内外，感通于人类，通化于万物（民胞物与）；智周万物，由知人明理，而开物成务、利用厚生；（3）心知之用。心知的上达之路，是通过良知明觉来完成圣德，以臻于天人合德的境界。这是"与物无对"，是消融了主客的对待；心知的下开之路，是通过良知明觉的"自我坎陷"，转而为认知心，使心知之明"与物有对"，形成主客对列之局，以主观面的"能知"认知客观面的"所知"，来成就科学知识。由此可见，与西方哲学相比，中国哲学也有一些缺失。在蔡先生看来，第一，中国哲学器识宏大，智能甚高，而思辨力则较弱。比较而言，中国哲学具有"天人相通"、"物我相通"、"古今相贯"、"幽明不隔"的精神器识，以及"宇宙与人生通而为一"、"道德与宗教通而为一"的圆融通透的智能，实非其他文化系统所能比拟。然而，中国哲学的"平、常、淡、直"，却很少层层深入，步步进逼，则显示其思辨力不足。第二，中国哲学重实践过于重知识，其理论亦以满足实践为依归。第三，中国哲学不重立说以现己，而重文化慧命之相续。这是就整个中国哲学而言的。在另一处，蔡先生专门将儒家文化的特质归结为八个方面，这就是：开发了"人性本善的道德动源"（善出于性，理由心法）与"天人合德的超越企向"（下学上达，与天合德）；建立了"孝悌仁爱的伦理思想"（敦亲睦族，仁民爱物）与"情理交融的生活规范"（以礼为纲，以法为用）；体验了"生于忧患，死于安乐的生死智能"（以理逆势，据理造势）与"因革损益，日新又新的历史原则"（守常应变，与时俱进）；提揭了"修齐治平、以民为本的政治哲学"（好民所好，恶民所恶）与"内圣外王、天下为公的文化理想"（己立立人，世界大同）。蔡仁厚认为，这八项道理，都是人类赖以生、赖以活的精神故土，全都可以作为"人类生活的基本原理"，可以作为"人类文化的共同基础"，所以，它不是教条，而是普遍的真理。③因此，文化之"新"，正是从上述基本宗旨凝成之文化原则与价值取向中，随顺事理之宜与时代要求，以决定文化生命的走向；再从新的走向中，昭显民族文化之新生命、新精神。这才是真正的文化之"新"。

二、儒家思想与中国现代化

儒家思想与中国现代化的论题，可以说是当代新儒家主要论说的主题之一。在蔡先生的讨论当中，主要包含了这样几个方面的内容：首先是儒家思想与中国现代化的关系；其次是中国现代化的具体内容是什么；最后是中国现代化内在地包含了中国哲学的现代化这一论题，因此，蔡先生也就中国哲学的现代化与世界化问题作了解析。

关于儒家思想与中国现代化的关系，从总体上来说，蔡仁厚基本上承袭了牟宗三的论点，这就是儒家思想与中国现代化是不矛盾的，中国现代化是儒家思想的内在要求。但是，在具体论说方面，蔡作出了自己的解释。在蔡仁厚看来，儒家的学问，可以总括为内圣之学与外王之学两大纲维。"内圣"是内在于自己，自觉地完成如同圣人一样的德性人格，所以这是"生命的学问"。"外王"是由内推向外，以实现仁政道。"儒家学术，不同于分门别类的专门知识，也和一家之言的诸子之学有所不同。儒家一直是立根于民族文化生命之大流，以开显文化理想、揭示生命方向、建立生活规范为职志。因此，儒家所讲论的，实以常理常道为主。而儒家哲学的基本观念及其具有代表性的思想，也都可以作为人类生活的基本原理，和人类文化的共同基础。"④因此，就哲学思想（因而也包含儒家思想）的本性来说，实在没有古今之异，也没有新旧之分，这就是所谓的"常理"、"常道"。可以说，这是当代新儒家第二代主要代表人物一贯坚持的观点，例如，牟宗三、唐君毅、徐复观、张君劢发表的《中国文化与世界文化宣言》就持这一观点。在蔡仁厚看来，"常理"、"常道"是生活的基本原理，它可以适用于任何时代，所以是永恒真理。所以，"中国的现代化，不能从内圣之学方面去讲，儒家内圣成德之学，是道统，道统和西方文化中的宗教相当，是永恒的真理，这里没有现代化的问题。而民主科学的层面和内圣之学并不相同，因此，现代化这个问题，应该顺着外王事功这个线索来讨论。"⑤

就现代化的具体内容和现代化的精神来说，蔡仁厚认为，现代化既不是单纯的时间观念，也不只是一个生活方式，它有真实的价值内容，这就是民族国家的建立、人权运动的展开和知识的独立发展；现代化的基本精神，一个是尊重个性，也叫做个体原则；另一个是价值多元，也叫做并列原则。两者相辅为用。正基于此，蔡仁厚认为，中国要实现现代化有两个关键，即民主建国的完成和知识之学的开出。

在处理 20 世纪中国文化与哲学的"古今中西"之争问题的过程，发展出来的一个主要课题就是如何实现中国哲学的现代化与世界化。所谓中国哲学的现代化，并不只是用西方哲学的概念来解释中国的哲学思想而已，更为重要的，是必须使中国的哲学智能显发"活"的意义，以表现其时代的功能。因此，所谓中国哲学的现代化的意指，应该有二个方向：第一，如何通过现代语言，把中国哲学的思想智能阐述出来，显发出来，使它能为现代人所了解，而进入人的生命心灵之中，以表现它"本所涵蕴"的活泼的功能和作用；第二，如何对中国哲学作进一步批判性的反省，既要重新认识和发挥它的优点长处，也要补救它的短处和不足，以求进一步之充实发展。这才是中国哲学现代化的最积极的意义。由中国哲学的现代化，推进一步，便是中国哲学的世界化问题。就此而言，中国哲学的世界化也至少包含二个方面内容：其一就现实情况来看，要使中国哲学世界化，就必须把中国哲学翻译成外文，或者用外文来写中国哲学；其二就是要使外国人"了解"并且"承认"中国哲学的价值。那么，实现中国哲学的世界化其可能性如何呢？在蔡先生看来，由于中国哲学"以人为本，以生命为中心"，而其"亲亲、仁民、爱物"的伦理思想及其生化流行的天道观，更把人类世界乃至整个宇宙视为一个大生命，所以，中国哲学从始到终都是对全人类乃至全宇宙而发的。这种具有普遍性的思想，人人都应该承认。因此，要实现中国哲学的世界化，一方面端赖中国人自己能不能对中国哲学有恰当相应的了解，了解之后能不能明确而透彻地表达出来；另一方面，在此基础上和西方（以及其他）的哲学系统相互融摄，相互会通，使中国哲学的精粹，透入别的文化系统之中，进而达到中国哲学世界化的目的。所以，中国哲学究竟是否有前途，其决定性的因素主要有二个：其一，中国哲学本身的义理纲维，能不能重新显发出来？能不能重新挺立起来？其二，中华民族能不能如当初消化佛教那样，来消化西方的哲学和宗教？

三、衡论当代新儒家的学术贡献

蔡仁厚在文化哲学上的一个主要的贡献，就是较为系统地总结了以牟宗三为代表一系当代新儒家在哲学和文化上的贡献，他在自己的著作中从不同的角度反复申说当代新儒家在文化和哲学上所开展的一些工作。可以说，在当代新儒家的第三代学者中尚未见到像蔡仁厚这样用心总结和反省新儒家的学术工作。

蔡仁厚认为，所谓"当代新儒家"，既没有组织，也没有政经势力做凭借，只是屈指可数的几位学者、思想家，数十年来持续讲学、著书、写文章，因而显示出一个大体相同的"文化理想"和"思想立场"而已。一般来说，当代新儒家第一代是指熊十力、梁漱溟、马一浮、张君劢等；第二代则以唐君毅、牟宗三、徐复观为代表。年辈介于一、二代之间的钱穆、方东美，以及大陆的冯友兰，也被列为当代新儒家。显然，在这里，蔡先生只是谈到了前二代新儒家，没有涉及第三代新儒家。

蔡仁厚认为，四十年来，当代新儒家（主要指港台）对于儒学与中国文化学术之研究，主要表现在五个方面：一是阐扬内圣心性之学的义理；二是开展儒家外王学的宏规；三是抉发中国哲学思想中所涵蕴的问题；四是打通"中国哲学史"开合发展的关节脉络；五是疏导中西哲学会通的道路。在另一处，蔡先生认为，当代新儒家大致做了四件事：厘清了中国哲学演进发展的思想脉络，分判了中国哲学异同分合的义理系统，阐释了中国哲学的基本旨趣及其价值，开出了中西文化融摄会通的义理规路。⑥"当代新儒家，一方面要复活民族文化的慧命，使有二千多年传统的内圣成德之教，能够发扬光大。一方面又要在深切的文化省察中，正视民族文化的缺点和不足，以自本自根地发展出科学知识，和建立民主政治的常规，以解决外王事功的问题。"⑦所以，在蔡仁厚看来，当代新儒家最卓越的贡献，就是为中国知识分子的"世纪困惑"提供了根本的解答。同时也为中国文化的发展，确定了三大纲领：（1）光大内圣成德之教，重开"生命的学问"。每一个文化系统，都有"安身立命"之道。它包括"日常生活的轨道"和"精神生活的途径"，同时也决定"生命的方向"和"文化的理想"。在印度、在西方，安身立命之道是由宗教来提供；而在中国，则由内圣成德之教来承担。内圣成德之教是由孔子的仁教而开显出来的。经过二千多年的发展，它已经成为中国文化生命中的"常道"。这是中国之所以为中国，中国文化之所以为中国文化的本质所在。虽然这个安身立命的内圣成德之教如今是在衰微之中，但是作为一个知识分子就必须激发我们的文化意识，使文化心灵从不自觉进到自觉，从被动转为主动，关键就在于我们能否自觉地调整表现的方式，使内圣成德之教的真理，能够在现时代充分地表现出来。（2）开出法制化的"政道"，完成民主政体建国。蔡仁厚认为，中国传统政治，有一个宰相制度，这是很好的，但那只是治权的行使。至于政权的转移，却始终没有一个法制化的轨道。这是安排政权的体制问题。这个体制就是民主政治的体制。民主政治这种政体，正好可以消解中国传统政治的三大困局：一是改朝换代、治乱相循的问题；二是君位继承、宫廷斗争的问题；三是宰相地位受皇帝压制的问题。也就是"政权转移"和"治权运用"的问题。因为在民主宪政中，无论政权的转移或治权的运用，都有宪法作为依据。蔡认为，民主政治是实现各种价值的基础。所谓"民为本，民为贵"的观念，以及人性的发扬，人品的尊重，人格的完成，人道精神的发扬，都必须在民主体制的政治形态之下，才能获得充分的发展和实现。站在儒家或中国文化的立场，必然肯定民主政治的价值。而民主政治的实现，也正可以使儒家的外王学得到进一步新的充实和开展。（3）调整文化心灵的表现形态，开出知识之学。中国文化可不可能产生科学呢？蔡仁厚认为，答案是肯定的。中国传统的学问虽然是顺着"道德心"而发展，但在中国的学术思想中也同样有讲论"认知心"的端绪，像儒家的荀子和朱子所讲的心，就是"认知心"的性质；而朱子"即物穷理"的格物论，也透显主智主义的倾向；只要作进一步转化，就可以成为"从中国文化心灵中开出知识之学"的现成线索。至于正宗儒家所讲的"道德心"（良知）当然也肯定知识的价值，只因为中国传统的社会，是一个和谐安定、自给自足的社会，对于知识技术的需要性并不迫切，而中国人的聪明又足以解决农业社会器械之用的问题，所以没有发展出知识性的学问传统。蔡仁厚认为，作为德性主体的良知，必将自觉地转而为"知识的主体"，以主客对列的格局，来展现认知活动以成就知识。这只是一个"文化心灵表现形态"转换调整的问题，在思想观念上绝无困难。至于具体落实到现实的层面，当然要经过一段长时间的努力，例如要自觉地培养"纯知识"的兴趣，要确立"重视学理而不计较实用"的求知态度，要学习"主客对列"的思考方式。这样，就可以从文化心灵中透显知性主体，开出知识之学，以建立纯知识的学理。有了学理作根据，就可以提供"开物成务"的具体知识和实用技术，以满足"利用之用，厚民之生"的要求。综上所论，在蔡仁厚看来，当代新儒家的学术贡献，就是阐明三教，开立三统，畅通慧命，融摄中西，疏导新路。⑧

对于当代新儒家提出的"返本开新"的文化主张，蔡给予了较为通俗明了的解答。他指出，儒家之本，实际上也就是中华文化之本。因此，文化上的"返本"，就是要回归"以仁为中心"的文化传统，畅通"以仁为本根"的文化生命。所谓"开新"，主要包含两层含义：第一，就是要拓展新的文化道路，使"真、善、美"交融会通，由此，就可以避免宗教上的排他主义，以及学术知识上的"唯理智"、"唯科学"的偏执。第二，要开展新的文化内容。天地间不可能有"无本之新"，所以新的文化道路与文化内容，都必须回归于民族文化生命的根源处，才能开得出来。这就是"开新"必须"返本"的原因。⑨

蔡仁厚不仅在宏观上总结了当代新儒家的学术贡献，而且还具体而微地总结了当代新儒家的重要代表牟宗三的学术成果。蔡仁厚不仅撰述了《牟先生的学思历程与著作》、《牟宗三传》，而且在此基础上写出了《牟宗三先生学思年谱》。在他看来，牟宗三对中国文化和儒家哲学的卓越功效主要表现在以下三个方面：（1）在历史文化的反省方面，牟宗三有《道德的理想主义》、《历史哲学》、《政道与治道》三书，其主旨是本于内圣之学以解决外王事功的问题，也就是上承晚明诸儒之豁醒外王大义而推进一步，以解答中国文化里面"政道、事功、科学"的问题；（2）在阐述中国传统哲学方面，牟宗三有《才性与玄理》、《佛性与般若》、《心体与性体》三书，分别表述魏晋玄学，南北朝隋唐佛学，宋明理学三阶段的学术思想；特别是《中国哲学十九讲》，则为中国哲学之大纲，及其未来发展之轨辙，提供了综贯融会之说明；（3）在中西文化会通方面，牟宗三认为康德是"通中西文化之邮"的最佳桥梁，因此，他先后撰述了《逻辑典范》、《认识心之批判》、《智的直觉与中国哲学》、《现象与物自身》等，期望能以中国传统哲学的义理和智能来融摄康德，提升康德，并藉资康德哲学来充实中国文化声名，以凸现知性主体，开出知识之学。

蔡仁厚在总结当代新儒家所开展工作的基础上，提出了两个论断：这就是当代新儒家已经"超越五四"与"超越宋明"。所谓"超越五四"主要是指：（1）当代新儒家对文化传统的理解，比五四时代更能如理如实、恰当响应；（2）当代新儒家确认民主乃是一种政治体制，西方可以施行，中国也可以施行；（3）确认科学也非西方之物，而是人类文化心灵中的知性主体进行认知活动所完成的成果，因此中国也可以产生科学；（4）确认儒家不可能反对民主和科学，由民本民贵到民主，由德性主体开显知性之用，都是文化生命的内在要求。所谓"超越宋明"，主要意指：（1）当代新儒家同时表述"儒道释"三教的义理，不再持辟佛老的态度；（2）当代新儒家对儒学内部的义理系统，不再持门派之见，而能作客观的解析与全面的表述；（3）当代新儒家承认在"道统"之外，还有"学统"和"政统"，主张三统并建。⑩显而易见，蔡先生的这两个论断仅代表他个人对当代新儒家的评价，并不能代表整个当代新儒家的实际状况。首先，就蔡先生所列的当代新儒家"超越五四"的几个方面来说，第一点当代新儒家对文化传统的理解并不像蔡先生所说的那样"恰当相应"。因为这取决于人们对"文化传统"的理解，至少第一代和第二代的新儒家并没有突破意识形态的限制，第三代的新儒家虽然比其前辈对文化传统的态度要开放、宽容，就此而言，他们却是"超越了五四"。第二点和第三点本身就是五四一代提出的口号，当代新儒家不过是随着时代环境的变迁，对其内容有所深化，因此，也就谈不上"超越五四"。最后一点确实是当代新儒家反复申说的观点，这也是新儒家之"新"所在。其次，就蔡先生所列的当代新儒家"超越宋明"的几个方面来看：第一，当代新儒家对"儒道释"的态度确实不同于宋明理学家，梁漱溟、马一浮、熊十力等人是出入于儒学与佛学之间，他们或援佛入儒，或由佛归儒，虽然他们不再持辟佛老的态度，但是他们的立足点大多是儒学，这是没有疑问的。第二，当代新儒家内部是否有门派之见，对于这个问题很难有一个客观的判断。因为这关涉到当代新儒家的自我定位问题，哪些人可以被称为当代新儒家？可以说至今仍没有一个共同的标准。这里，且举两个例子。是否存在着"哲学派的新儒家"与"史学派的新儒家"，这一争论已经持续很久了。有些人以熊十力的师友关系来断定新儒家的代表人物，这样熊十力、牟宗三一系就可以开列出一个"谱系"，不然为什么在大陆和港台之间发生"冯友兰是不是新儒家"的争论呢？余英时为什么要反复强调自己是新儒家"局外的人"呢？为什么要反复强调他和新儒家是"所同不胜其异"呢？最后，当代新儒家如果坚持"道统"的存在，也就必然存在着"判教"的问题，因此，也就不可能没有门派之见。

四、影响与评价

蔡仁厚曾经在《孔子的生命境界》自序中云："回溯四十年来，涌身文化生命大流，参与儒学复兴运动。虽学疏识浅，无所靖献；但对于中国文化与儒家学术之光大发扬，则一直眷眷深怀，梦魂牵系。我从来不估量自己有多大能力，也从来不计较有多少成功机会；唯是始终一念，精诚贯注，尽我心，尽我力，尽我分。过去如此，现在如此，将来也是如此。"⑪"我平生别无他求，只希望儒圣之学昌盛，中华文化先大发扬。"⑫透过这些语言，可以看出蔡先生对民族文化尤其是儒家文化的关切情怀。正如有学者所指出的："蔡仁厚是牟宗三先生的弟子，现代新儒家第三代的代表人物之一。在整个新儒家阵营中，他是对传统儒学、现代新儒学诠释最多最系统的人物。"⑬这一观点，我个人也深有同感。

蔡仁厚对当代新儒家的学术贡献进行了全面研究与阐释，他对当代新儒家的精神方向、当代新儒家的批判性与战斗性、当代新儒家的关怀与落实、当代新儒家的学术功绩及其文化功能、当代新儒家对政治的理解与参与等都做了深入细致的研究与阐发，从而使人们能够比较深切地认识和体会当代新儒家的学术关怀和政治关切。当然，蔡仁厚对当代新儒家的缺陷也有所觉察。

蔡仁厚不仅泛论当代新儒家，而且对当代新儒家的主要代表人物进行了深入研究与讨论，他对熊十力、牟宗三、唐君毅、徐复观等人的生平与学术都有精到的研究，特别是他对牟宗三先生学思历程及其思想的研究尤为专精。由于牟宗三先生的著作多艰涩难懂，自造词汇、术语、范畴不少，借鉴佛学、道家概念也常有之，因此，通过蔡仁厚先生对牟宗三先生学术贡献的阐发、概念术语的疏解、重要命题的发挥，人们对当代新儒家的学术贡献及其成就的理解就更加全面、系统，可以说通过蔡仁厚版的牟宗三哲学对于深化和推进人文学者对当代新儒家思想的研究起到了积极的和重要的推动作用。

蔡仁厚对儒学与现代化这一问题尤为关切，他撰写了多篇文章专论这一"世纪困惑"的问题。他发表了《儒家思想与中国现代化》、《从前瞻性的观点看儒家哲学的价值与贡献》、《儒学的时代性与普遍性》、《儒家思想对人类前景所能提供的贡献》、《儒家精神与中国现代化》、《中国现代化的纲领与层次》、《儒学与现代化的种种问题》、《中国传统政治与现代化》等，可以说，蔡仁厚念兹在兹的核心问题就是儒学与现代化的关系问题，也就是儒学对于中国现代化的可能贡献，这一问题恰恰是中国文化哲学讨论的基本问题。

在经历了梁漱溟、熊十力"寂寞"的时代，经历了牟宗三、唐君毅"花果飘零的季节"，第三代现代新儒家终于时来运转，从 20 世纪 80 年代起，现代新儒学在中国大陆和海外持续升温，日益成为炙手可热的国际"显学"。在第三代现代新儒家之中，与杜维明、余英时等人对中国大陆文化热影响较大不同的是，蔡仁厚的新儒学思想对大陆的影响相对就小多了。除方克立、郑家栋主编的《现代新儒家人物与著作》中有一章专门介绍蔡仁厚生平与著作之外，祖国大陆介绍蔡仁厚先生的著述寥寥可数。我个人认为，主要有两个方面的原因。其一是祖国大陆图书馆馆藏蔡仁厚先生的著作不是很多，虽然蔡先生曾经转赠了一些图书资料给国内一些图书馆，但能够读到蔡先生著作的人数并不是很多，笔者能够大量阅读蔡先生的著作也是到美国哈佛大学访问期间得到这个便利的；其二应该说是与蔡先生的个人学术旨趣相联的，蔡先生并不像第三代新儒家中大部分学者那样"意识形态的偏见"相对较少，而是在著述中仍然步其老师的后尘，甚至在某些方面比牟宗三先生的"意识形态的偏见"还要深，这也严重影响了蔡先生观点在祖国大陆的影响。虽然蔡先生在自己著作中反复申论，他所写的文字，"都是真情实感，每一句话都是我所学知的，所信守的，相信可以引发同然的响应"⑭，我相信蔡先生所说的这些都是真实的，我也尽力本着"同情的理解"的态度，但是，我也必须指出，在蔡先生著作中，时代的印记很深，特别是蔡先生未到大陆访问之前，对大陆的成见很多，对儒学思想护卫的意识形态因素比较明显，这至少表明，蔡仁厚仍然没有克服和突破唐君毅、牟宗三代表的现代新儒家固有立场的局限，因此有人将其称为"护教的新儒学"的典型代表。⑮

纵观蔡仁厚文化哲学思想的发展历程及其主要学术贡献，我们可以发现他的文化哲学在当代新儒家文化哲学发展的历程中具有总结的性质，他站在牟宗三等先辈的基础上，对当代新儒家文化哲学探讨的诸多问题都进行了清理与分梳，从而提出了自己的思想与主张，这些思想对于我们进一步思考中国哲学的现代化、儒学与现代化的关系等一系列问题具有重要的参考价值。

附记：本文是我在美国哈佛大学从事《当代西方文化哲学研究》的副产品，初稿于2002 年上半年完成于美国哈佛大学，此次根据第七届当代新儒家国际学术会议主题进行修订。在此，特别感谢国家留学基金委资助，感谢哈佛大学哈佛-燕京学社社长杜维明教授的邀请。可以说，没有哈佛-燕京图书馆的丰富资料，此文是不可能完成的。

注　释：

① 蔡仁厚：《孔子的生命境界——儒学的反思与开展》，台湾学生书局 1998 年版，第 155 页。
② 蔡仁厚：《中国哲学的反省与新生》，正中书局 1994 年版，第 6 页。
③ 蔡仁厚：《中国哲学的反省与新生》，正中书局 1994 年版，第 49 页。

④ 蔡仁厚：《儒家思想的现代意义》，文津出版社 1987 年版，自序。

⑤ 蔡仁厚：《儒家思想的现代意义》，文津出版社 1987 年版，第 5 页。

⑥ 蔡仁厚：《孔子的生命境界——儒学的反思与开展》，台湾学生书局 1998 年版，第 137 页。

⑦ 蔡仁厚：《中国哲学的反省与新生》，正中书局 1994 年版，第 283 页。

⑧ 蔡仁厚：《中国哲学的反省与新生》，正中书局 1994 年版，第 116 页。

⑨ 蔡仁厚：《孔子的生命境界——儒学的反思与开展》，台湾学生书局 1998 年版，第 130~132 页。

⑩ 蔡仁厚：《孔子的生命境界——儒学的反思与开展》，台湾学生书局 1998 年版，第 158~159 页。

⑪ 蔡仁厚：《孔子的生命境界——儒学的反思与开展》，台湾学生书局 1998 年版，自序。

⑫ 蔡仁厚：《哲学史与儒学评论》，台湾学生书局 2001 年版，自序。

⑬ 方克立、郑家栋主编：《现代新儒家的人物与著作》，南开大学出版社 1995 年版，第 361 页。

⑭ 蔡仁厚：《哲学史与儒学评论》，台湾学生书局 2001 年版，自序。

⑮ 施炎平："后现代新儒学的可能命运"，载方克立主编：《21 世纪中国哲学走向》，商务印书馆 2003 年版，第 480 页。

（作者单位：大连理工大学人文社会科学学院哲学研究所）

韦伯与现代新儒学

□ 余怀彦

在过去的一个世纪，儒学遭遇了空前的厄难，这中间有世纪之初袁世凯的尊孔读经对它的嘲弄，也有 1919 年"打倒孔家店"和中国"文革"对它的大批判，但真正对它构成严重挑战的还不是这些，而是韦伯对它的批评。

一、韦伯关于资本主义精神的探讨

19 世纪到 20 世纪，以马克斯·韦伯为代表的几代哲学家和社会学家，为了解释现代化，借以考察理性在整个人类文明发展过程中所起的作用，烛照其在所处社会的特殊性格，在比较文化蓬勃发展的背景下，对资本主义的兴起，以及资本主义何以会形成一股"以动力横绝天下"的思潮进行了卓有成效和富于启发意义的研究工作，形成了一种观察现代社会发展的解释模式。在韦伯《新教伦理与资本主义精神》中，他着力于探究一种特殊的宗教伦理与现代资本主义精神或心理之间的联系。他区分了四种类型的资本主义，其中每种都能够被假定具有自己相应的精神：掠夺型资本主义是一批具有投机和冒险性格的人通过战争、劫掠去获取财富的方式，它的原型代表是"强盗贵族"；社会遗弃型资本主义是商业性的敲诈活动，特别是放高利贷，它通过被社会主流所排拒的社会集团来进行，它的精神特点是善于利用对方的心理和需要，牟取暴利，韦伯认为犹太人即属此类；传统型资本主义，又称政治型资本主义，是一种建立在全部文明发展上的官方垄断企业，如中国汉代的矿业，宋明时期的瓷窑，铸币、盐厂……这种企业是为特殊的有限的目的而设立，而不是为财富和利润的持续积累而建立的。以上三种资本主义都不是韦伯了解的重点，韦伯主要探讨的是现代资本主义，即工业资本主义，或称合理型资本主义，它是一种经济活动的理性形式，这种经济活动适合于一个有规律的市场，适合于使用簿记来保证严格预测，也适合于采用合法手段对利润进行按部就班的追求，这种资本主义必然需要正式雇佣自由劳动力，在工人工资和资本家的利润之间保持一个不断变化的平衡，由此便创造了工人阶级和资产阶级以及它们之间相互依存的关系，它是我们今天所熟悉的资本主义。遗憾的是，韦伯认为这种合理型资本主义只出现在西方，而其他所有类型的资本主义则可以在全球各个地区和不同的历史阶段中被独立发现。韦伯认为，这种合理型资本主义是要求有特殊的产生环境的，他部分借用亚理士多德的四因说对这种特殊环境作了阐明。首先，他为合理型资本主义的诞生区分了两套独立的环境或先决条件：规范性的和制度性的。在这种经济体系的类型得以出现之前，资本主义的理性"精神"和物质"质料"已经呈现出来，但只有两者的偶然结合才能产生革命性的综合，如果缺少其中任何一个，合理型资本主义就不可能产生。

韦伯坚信，规范性的和制度性的先决条件——精神和质料——是可以相互独立不依的，它们实际上产生出四种可能的结合：

	精神	质料
①	–	–
②	–	+
③	+	–
④	+	+

①表现了原始部落社会的状况，资本主义的规范性和制度性的支持都没有出现。

②表现了东方社会的情况。这些社会的某些物质基础非常适合于资本主义的开发，但它从未获得必要的动机刺激而进入运行。

③反映了与②完全相反的情况，这里资本主义精神非常活跃，但缺乏适当的制度性支持。当年身处毫无希望的边远地区宾夕法尼亚的富兰克林即是一例，富兰克林被韦伯视为现代资本主义精神的典型代表，但他在当时的宾夕法尼亚却不可能有所作为。

④反映了精神和质料的相合，它出现在欧洲和美洲的一些地区。这一机缘产生了爆炸性的混合，这种混合转变为经济和社会生活的基础，并促成了现代资本主义的产生。

韦伯的观点与众不同之处是，他认为，不是一般的西方启蒙思想，也不是一般的基督教，而是早期新教之一的加尔文教与资本主义精神之间有一种特殊的姻亲关系，加尔文教的教义在资本主义精神的创立中是一种活跃的、决定的因素，它是一切合理经济活动的思想和实践的激发力量，韦伯的研究发现，资本主义的经济活动形式在早期新教徒中要比当时的其他基督徒中更普遍，他便宣称："这种差异的主要解释，必须在他们宗教信仰的不变的固有特点中去寻找，而不是到他们不同的社会环境中去寻找。"①加尔文教的特有伦理并不仅仅在历史上先于资本主义的精神，它还是这种精神形成中的决定性因素，因为这种新教徒合理的经济行为都建立在要验证"天职"（calling）的观念上，无论是工人或企业主，为了证明自己是上帝所选，他们不但工作异常勤奋，而且律己甚严，非常节俭，积累的财富都用来再投资，从而培养出一种工具理性和精打细算的思维方式。韦伯把这种观念视为"资本主义精神的根本要素之一，它产生于……基督教禁欲主义的精神"，体现在新教伦理中。

二、韦伯对儒学的批评

现代类型的资本主义只有在质料和精神——结构性支持和规范性支持——都已出现时，才能畅通无阻。他强调指出：像古印度和中国这样的地方，质料已经达到足以给资本主义一线生机的程度，但却未能获得精神方面的强有力的支持。

"许多世纪以来，都市在印度的发展，在许多方面都平行于西方，当代的有理数系统，全部'计算'的技术基础，都是发源于印度，算术和代数学也被认为在印度有独立的发展。印度的司法经历了多种形态的发展，它可以像我们自己的中世纪法律那样方便而且完善地服务于资本主义的目的，商人阶层在立法中的自治起码不下于我们中世纪的商人，印度的手工业和职业分工得到了高度的发展，从资本主义发展的可能性来说，各个阶层的印度人的贪婪几乎已登峰造极，而且在任何地方也找不到这种对财富的津津乐道。然而，由于缺乏形成上的精神上的支持，现代资本主义在英国统治之前或之中，却并没有土生土长出来。"②

类似的是，中国和其他非西方文明，似乎并没有对合理性资本主义的内在发展设置结构上的障碍，韦伯认为，中国人对资本主义的要求并非"天生无才"，同西方相比，中国有大量十分有利于资本主义产生的条件。"据说在汉代已有（以铜钱计）亿万富翁"，中国人强烈的营利欲得到了高度的发展，中国人的勤勉与工作能力一向被认为是无与伦比的，中国人口自 18 世纪以来有了如此巨大的增长，贵金属的储备又不断增加，但"在中国式的管辖下，现代意义上的工商业资本主义是不可能产生的"③。

同时，韦伯并不认为在制度方面的任何东西都有利于资本主义在西方的出现，韦伯提醒我们，在欧洲也有许多对于资本主义的结构方面的障碍——而且是某些东方社会并未为之所苦的障碍。例如：通常被认为一直是资本主义在西方发展障碍的封建制和地主制的束缚，几千年在中国已不复存在。在中国，行会制度也较少见，除此之外，作为西方特征的名目繁多的贸易限制的专利，显然也并不存在于中国。但是，在积极和消极之间的总的平衡上，西方偏重于积极方面，中国却偏重于消极方面。

因此，韦伯强调指出，不能认为东西方在对资本主义的准备上有深刻的差距。它们各自都以其不同的方式拥有充分强大的制度上和物质上的基础，去最大规模地支持合理的经济行动。因此，新的制度唯独产生于西方这一事实，便只能通过仅仅出现于西方的东西的附加影响来解释，而这种独特的东西，正是资本主义的精神。资本主义之所以没有在西方以外的其他任何地方出现，是因为那些地方没有一套类似于新教伦理的信仰。

现代资本主义首先是在城市中产生的。在西方和东方，城市是以完全不同的方式发展的，在东方，城市几乎总是处于中央集权和军方的强力统治之下，而且从未赢得中世纪后期欧洲城市所享有的法律和政治的自主权。因而，在东方，一个独立的自由化阶层从没有出现。而说到财产所有权，在西方的城市国家总是被当作一种可以让渡的商品来对待，这种情况在东方则极罕见。在中国，一个人把房子卖给了别人，后来因为穷苦，他便要求再搬进去。④同样，谈到公民权和正式的个人自由，"东方和古代世界为一方，中世纪的西方为另一方，在个人的法律地位问题上，成为绝对的反比"，前者从来不尊重公民权和正式的个人自由，后者虽然也出现过规模地迫害异教徒的事件，但公民权和正式的个人自由从来是被承认的，并被认为是上帝赋予的。

在西方，法律和司法是根据合法的程序和客观的法则来执行的；在东方，司法的执行是极其"非理性的"，因为它是根据强有力的官员一时的兴致和个人风格，按照专制的方式来执行的。中国的司法，一部分是由高级官员主持的草率的专制司法，一部分则是案卷司法，法官是名不符实的，"他根本不懂法律，但却是写文章的好手"。⑤最主要的是，欧洲唯一能够夸耀的是根深蒂固保护着和加强着契约和交换权力的法律与制度，在东方并没有，韦伯认为，为了使合理的经济秩序兴盛起来，最必须的应该有"一种明白清晰的法律体系，它应该摆脱非理性的执行的专断……它也应该为契约的法律约束性质提供坚定的保护"。⑥

从这一切中可以得到的唯一可靠的结论是：资本主义在东方的阻滞是由于规范与结合上的障碍，由于缺乏精神性的强大支持，虽然有一些支持经济理性的因素，但都处于边缘地带，作为中国唯一的正统学说的儒家文化的中心部分是与此相反的，儒家文化追求的是安定和谐，"所要求的是对俗世及其秩序与习俗的适应"，为此要内省和谨慎，对任何热情都要加以抑制，贪欲乃是社会不安的根源，知足常乐，"不患寡，而患不均"，一旦富有，或挥霍享受，或附庸风雅，缺乏不断进取的强烈愿望和焦虑感，缺乏新教伦理的冲动和禁欲主义，缺乏一种能够把人民动员起来导致巨大的资本积累的转化型伦理。

三、现代新儒家对韦伯的反批评

马克斯·韦伯的这种结论无疑带来了对中国传统文化，主要是儒家文化基本否定的态度和中国传统社会的病态性质的看法，韦伯并没有明说，但却使人隐约感到，儒学与现代化是"鱼和熊掌不可得兼的"。这与五四运动所提出的"打倒孔家店"的口号似乎不谋而合，但在提法上都远比后者来得巧妙和具有魅力。袁世凯的谀媚和中国大陆"文革"对它的大批判，只能**制造出儒学与复辟政权是一丘之貉的假象**，而韦伯的批评却肯定了儒学**只能属于那个已逝去的时代**。在韦伯的盛名下，受到了中西方广泛的关注和赞同，这不能不引起以复兴儒家文化为己任的现代新儒家的强烈抗争，被称为现代新儒家的第三代学人杜维明、刘述先、成中英、余英时等，他们以开放的眼界和越来越平心静气的态度审视韦伯观点中的片面和不足，对儒学和现代化的关系进行了一些新的探索。

余英时说，以今天的历史知识的水平来衡量，韦伯在《中国宗教》一书中关于儒家、道家的理解可以说基本上是错误的和片面的，尽管他从比较文化史的观点所获得的某些观察仍不失其启发性。

首先，韦伯把儒家看成一个完全统一的整体是不正确的，儒学绵延五千年，儒家文化的内涵是十分丰富的，它的派别错综复杂，有些比较守旧，有些则极力主张变革。孔孟为原始儒家，但那时已有君子儒和小人儒的区别。孔子死后，儒分为八。汉以后有官化儒家，杜维明称为政治化儒家，与之相配套的有俗儒和奴儒混杂其间，但也有非官化儒家，杜称之为民间的儒家，他们是"以道德理想转化政治势力的中国优秀分子"。韦伯认为，汉以后，除了王安石，中国没有改革家。而现代新儒家以为，其实中国很多学者都是改革家，余英时说："真正的儒家对现世决非是适应，而主要是采取积极的改造的态度"，⑦他们以天下为己任，针贬时弊，以道纲纪天下，只是他们改革的主张不被当权者重视和采纳，杜维明说："儒家传统和世界上其他大传统相比经历了极其曲折的命运，因此，作为一个人类文明的长江大河，挟泥沙而下的情况，当然存在，有些是它本身的缺陷，有些却是浮面现象，即是由各种外在因素扭曲而产生的现象"。⑧

汉以前的第一流的儒家和人君的关系是老师和学生的关系，第二流的儒家则为朋友关系，只有第三流的儒家才臣服于统治者。《汉书·艺文志》载："儒家者流，盖处于司徒之官，助人君顺阴阳，明教化者也，游文于六经之中，留意于仁义之际，祖述尧舜，宪章文武，宗师仲尼，以重其言，于道最为高"。因此，中国汉以后的官方儒学和奴化儒家，不能代表汉以前的原始儒家文化，后者是史官文化的继承者，孔子是中国文化发展演进的普罗米修斯，他盗取的火种燎原为先秦的百家争鸣，虽然在文化上他促成了古中国的领主分封制向集权官僚制变革，规定了中国政治文化演进的路向。但儒家是在汉代被'官化'之后才变成"助人君顺阴阳"的，本来原始儒家是要做帝王师，教帝王顺阴阳而非"助"的，原始儒家并非是顺世的，并非绝对地崇拜现实王权，而是想用圣王理想改变现实的王权的性质，设定的圣王理想是从不满现实王权而发展出来的一种具批判性质的价值理性，孔子讲的"仁"，并非忠君，而是要给人民带来好处，管仲虽然不忠其君公子纠，降了杀其君的桓公，并出任宰相，但由于他"霸诸侯，一匡天下，民到于今受其赐"，孔子连连称赞："如其仁，如其仁！"⑨对这一设定后来人们读懂的并不多，庄子算是读懂了，他说："圣贤不死，大盗不止"，这里的大盗是指窃国者，即敢于起来造反，以仁义挑战现有王权的人。在孔子看来，中国的历史是追求理想的君臣秩序的历史，也是统治者不断腐化，背离人民的需求，而不断被改朝换代的历史。孔子的这种精神可以从他称赞"水"中得到说明："原泉混混，不舍昼夜，盈科而后进，放乎四海；有本者如是，是之取尔"。孟子作为孔子精神的最好诠释者，他所倡导的是对于无道之君，不仅不应当拥护，而且可以推翻他。经典的阐述是："君之视臣如手足，则臣视君为腹心；君之视臣为犬马，则臣视君如国人；君之视臣如草芥，则臣视君如寇仇"，对贵戚之卿来说，"君有大过，则谏；反复之不听，则易位。"

自汉代始，儒学就成为中国官方统治者玩弄的工具，在历代帝王中像汉宣帝、明太祖那样坦率，公然说："决不施仁政"者少，多数是打着德政为民，博施仁爱的招牌，行的却是权谋法术，专制暴虐，谋一己之私，所谓阳儒阴法；他们把儒学抬到了"独尊"，但却千方百计加以曲解，例如，强调了儒学中所包含的尊君内容，却抹煞了它所尊之君必须是有道之君。汉以后的官方儒学就抛弃了孟子的"君轻"论和荀子的"从道不从君"论的观点，明太祖更是下令从书中删除，这是韦伯所不知道的。

汉以后的官方统治者，利用控制的资源，威之以酷刑，诱之以利禄，使大多数儒家成为俗儒和奴儒，一味对官化儒学和专制统治歌功颂德，阿谀奉承，甚至被迫害时还要高呼："皇帝圣明，臣罪当诛。"政制始终陷入无法摆脱的"尊君卑臣"之格局中，每况愈下，病狂丧心，直降清朝。对于中国君主专制，马克思讽刺它是"普遍奴隶制"——所有人都是最高统治者一人的奴隶，连大臣也难逃廷杖杀头之辱——在精神上的确是靠被他们所曲解的儒家传统来支持的。刘述先、杜维明也不否定韦伯所指出的儒学的某些缺陷，如强调内省修身，而不重人权；主张人治，忽略法治，等等。但他们认为，把儒家视为非理性的，一味盲目崇拜权威，维护专制，这是汉以后中国官方儒学的写照，而不是整个儒学的本质。

为了反驳韦伯的观点，现代新儒家，对汉以后的儒家作了严格的区分。汉代第一个把儒学官方化的儒生是叔孙通，而不是董仲舒。太史公称"叔孙通希世度务，制礼进退，与时变化，卒名汉家儒宗"。朱熹评他那套"礼仪"时说："叔孙通为绵蕝之仪，其效至于群臣震恐，无敢失礼者，比之三代燕享，君臣气象，便大不同，盖只是秦人尊君卑臣之法。"⑩

董仲舒虽然提出了"独尊儒学，罢黜百家"，但他和官化儒学仍有区别，他把"尊君卑臣"推而广之，演变为合于自然之法的"三纲"说，但他还是用"天"给君权作了一定的限制，他那一套"君权神授"和"天人交感"的学说和民本意识相结合，神是民心的表现，"天听自我民听，天视自我民视"，"天子不能奉天之命，则废而称公"，甚至一度使汉朝的专制统治陷入危机，余英时说："汉儒如董仲舒所说的'天'和宋儒所说的'理'也全部是用来压制和驯服政治权势的。"⑪

余英时赞赏韦伯看到了中国一些杰出学者和官方宗教处于不即不离的状态，但他没有看到，正如刘述先指出的："真正的儒者在传统的架构之下，根本不能用世。"⑫即使是死后被尊奉为正统的朱熹夫子，在他本人的时代，都被视为异议分子，其学说亦被诬为伪学；像王阳明那样的大才，在平乱之后仍不能背谤，其他的儒者就可想而知了。中国杰出的学者，像黄宗羲那样认识到"君王是天下的大害"的固然是极少数，多数对集权统治的实质仍有所悟。刘述先就注意到一个奇特的事实，被历代君王供奉上神位的朱熹早已把三代以后的历代君王看得漆黑一团："黄仁卿问：自秦始皇变法之后，后古人君皆不能易之，何也？（朱子）曰：秦之法尽是尊君卑臣之事，所以后世不肯变，且如三皇称皇，五帝称帝，秦兼皇帝之号，只此一事，后世如何肯变？"⑬

朱熹评价汉高帝，唐太宗的成功，只在于他们比竞争对手更加阴险狡猾，"陈同甫曰：老兄视汉高帝，唐太宗之所名而察其心，果处于义耶，出于利耶？出于邪耶，出于正耶？"（朱子）答曰：若高帝则私意分较犹未甚炽，然已不可谓之无，太宗之心则吾恐其无一念之不出于人欲也。盖以其能假仁借义以行其私，而当时与之争者才能知术处其下，又不知有仁义之可借，是以彼善于此而得以成其功耳。若以其能建立国家、传世久远，便谓彼得天理之正，此正是以成败论是非，但取其获禽之多而不羞其诡遇之不出于正也。千百年之间，正因为此，所以只是架漏牵补过了时日，其间虽或不无小康，而尧、舜、三王、周公、孔子所传之道，未尝一日得行于天地之间也"。⑭

至于现在人们津津乐道的康、乾盛世，乾隆将他对《资治通鉴》的指点汇辑成《御批通鉴辑览》，以皇帝的观点"定千古是非之准，破儒生迂谬之论"，现代新儒家也注意到梁启超早作了一针见血的针砭："及夫雍乾，主权者以悍鸷阴险之奇才，行操纵驯扰之妙术，摭拾文字，小故以兴冤狱，廷辱大臣耆宿以蔑廉耻，又大为四库提要，通鉴辑览诸书，排斥道学，贬绝节义，自魏武以后，未有明目张胆变乱黑白如斯其甚者也。"⑮在这一康乾盛世中，箝制言论自由更胜于前朝，迫害一切敢于独立思考，对现实保持着敏锐批判精神的人，在字里行间捕风捉影，动辄鞭笞毒打，甚至处死，从而为这一盛世的最后衰亡创造了条件，为由治到乱埋下了祸根。

在现代新儒家看来，孔孟精神的真正继承者是各个朝代一些非官化的儒家，是那些在专制统治的威逼利诱面前有所操守的人，是那些怀着千年忧患意识，不断突破陈腐思想束缚的人，是那些不顾个人安危，怒斥权贵，敢于为民请命的人，如东汉李膺等太学之士，明、清之际的四大家：顾炎武、王夫之、黄宗羲和颜元。成中英称他们为"真正体现了儒家知识传统中'道'与'学'的知识分子"。⑯

其次，现代新儒家认为，韦伯对儒家文化缺乏同情的了解，余英时说，韦伯在谈到新教伦理有助于资本主义发展时，特别强调了"勤"与"俭"，其实在中国的儒家伦理中早就有了，见于《尚书·大禹谟》"克勤于邦，克俭于家"；中国明清的商人早已把'诚'与'不欺'作为经商之道，而韦伯对中国商人的"诚"与"信"疑惑不解，竟然认为这是外来的观点。

余英时还认为，中国早就发生过类似西方宗教改革的运动，韦伯对中国宋明以后的新禅宗、新道教、新儒家是完全不了解的。如新道教号召信徒"积功行，存无为而行有为"，在人间完成"事业"才能成"正果"，"与基督新教的"天职"（Calling）观念至少在社会功能上有相通之处"。⑰新儒家中固然有一些与现代化格格不入的非理性因素，但也有一些有利于现代化的理性因素。如王阳明的心学中，就存在着西方人所夸耀的理性主义因素，王阳明哲学的核心是"心即理"，如果把这句话翻译成西方的语言，那就是说，人的心都是理性的，如果不被私欲蒙蔽，它都具有合理的判断是非的能力，因此，一切观点都应当放到这个审判台上来："求之于心而是也，虽其言之出于庸常，不敢以为非也；求之于心而非也，虽其言之出于孔子，不敢以为是也。"⑱

　　在余英时看来，中国文化的病是从内在超越的过程中长期积累而成的，与西方外在超越型的文化因两个世界的分裂而爆发的急症截然不同，中国人的价值之源不是寄托在人格化的上帝观念之上，正因为如此，中国人长期以来虽然对科学比较忽视，缺乏自然科学的思维，但并无反对的理由，达尔文生物进化论在西方引起强烈的抗拒，其余波至今未已，但进化论在近代中国的流传几乎没有遭到阻力，其他物理、化学、天文、医学各方面的知识，中国人更是来者不拒。我们不能完全从当时中国人要求"船坚炮利"的急迫心理上去解释这种现象，因为早在明清之际，士大夫在接受耶稣会所传来的西学时，他们的态度已经是如此了，17 世纪初中国名士如虞淳熙、钟始生、杨生光等人攻击利玛窦的《天学初函》，其重点也完全是放在神学方面，科学部分并未引起争端，中国人认定价值之源，虽出于天，而实现则落在心性之中，所以对"天"，他们往往是存而不说，至少不十分认真。他们只要肯定人性中有善根这一点便够了，科学知识不可避免地要和西方神学中的宇宙论、生命起源论等发生直接冲突，但像"天地之大德曰生"、"生生不已"、"一阴一阳之谓道"、"人之异于禽兽者几希"，这一类中国人的基本价值观念判断，却不是和科学处在尖锐对立的地位，不但不对立，而且还大有附会的余地，谭嗣同的"仁学"便是一个最好的例证。谭氏用旧物理学中"以太"的观念来解释儒家的"仁"，用物质不灭，科学元素的观念来解释佛教的"不生不灭"，我们可以从这个实例中看到，近代中国人比较容易接受西方的科学知识确与其内在超越的价值系统有关。中国文化没有发展出现代科学是让人遗憾的，但是它对待科学的态度是开放的。换言之，内在超越的中国文化由于没有将价值之源实质化、形式化，因此没有西方由上帝观念而衍生出来的一整套精神负担，科学的发现当然也会逼使中国人去重新检讨以至修改传统价值论的立论，但这一套价值却不会因科学的进步而立刻有全面崩溃的危险。关于儒家传统组织理论中追求亲密型的人际关系和具有家族主义色彩这一点，是受到普遍非议的，在现代社会经济文化中虽然有其负面的影响，但从另一方面说，这种组织形态在现代社会经济中依然具有一定的价值。现代西方经济学界一直在追求正式组织与非正式组织、效率逻辑与情感逻辑的平衡，在这方面，儒家的组织理论可以提供有益的启示。西方学者犹瑞克·戴维兹 1983 年 6 月在《远东经济评论》撰文说，儒家传统的组织管理理论，对东亚地区工业发展依然肯定有积极价值。这表现在：1、儒家学说有一套社会程序的基本原则，社会的和谐发展需要有道德、有才识、守纪律、重和平、有着强烈责任感的领导者；2、领导者的责任感与下属的忠诚而勇于任事，要相互契合；3、在上司与其下属之间，亲如家人，有着忠诚孝悌相互感应的关系；4、东亚人将这些价值观念用于现代社会，从而设计出促进经济快速增长的工业组织。多年来，成中英一直在推动儒家现代管理体系的建立，他认为，儒家的整体观念，知行合一观念，平衡、协调、和谐观念，在撷取了西方管理的精华之后，是可以建立一套自己的体系的。杜维明进一步指出，60 年代后东亚文明的兴起表明，资本主义和现代化的发展可能有多种模式，韦伯谈的新教伦理是一种模式，东亚文明则是另一种模式，虽然不能简单说，东亚文明，"亚洲五小龙（日本、韩国、中国台湾、中国香港、新加坡）的腾飞"就是由儒家伦理所赐，但"儒家伦理确实对东亚的成功作出过巨大贡献"。[19]

四、结论和意义

现代新儒学对韦伯学的反结论是：韦伯从发生学的角度来了解资本主义的兴起，而他后来把发生学的理由变成了结构的理由。原来，发生学的理由与结构的理由并没有必然的联系，甚至可能是相互冲突的。他研究资本主义兴起时，强调了各种不同的价值，同时他对现代化从结构上来了解，发现这种精神是不可缺少的环节，从而形成了一种十分坚固的典范。但韦伯的了解是有片面性的，忽视了现代资本主义形成的多种因素，除新教伦理外，还有浮士德精神，个人主义精神等，以及这些因素之间的互相制约和影响，同一种因素在不同的政治、经济、文化的架构下可以产生完全不同的结果。现代新儒家不是要完全否定韦伯的观点，而是要证明这种观点并不适用于中国及东亚，不是放之四海而皆准的真理。当然，这也不否定韦伯的方法所具有的世界性的启示意义。

日本的明治维新，特别是 20 世纪东亚工业的迅速崛起，华人企业家在世界各地的成功，都证明了儒家文化在当代世界政治、经济、文化互动的背景下可以发挥着有益的作用，不期而遇促成一种现代工业社会的产生，形成了适合于现代的一种新的企业精神，创造出比西方更快的另一种现代化的模式。进一步说，儒家文化不仅可以和现代工业社会相辅相成，甚至也可以和现代民主体制相互包容，当然这种民主体制不可能是西方民主体制的翻版，而是有中国或东亚特色的。杜维明说："东亚工业所代表的企业精神，以及东亚的社会组织所导引的特殊的政治发展路线，加上以儒家为主的文化价值，创造出一个不同于现代西方的生命形态。"[20]

同时，从哲学的高度而言，成中英说："我们更有理由将中国哲学当作一种应受普遍关注和具有普遍意义的哲学"，"我们应当在中国所开创出的意义系统、语言系统、思想体系和方法体系中，去批判和重建中国哲学所具有的文化与生活的整体性，而不容全盘放弃和否定"。[21]儒家文化也是一种不同于西方文化的美学、人类学和宗教观，刘述先指出："中国人背后自有个安身立命的东西，虽然与基督教不一样，但却在同一层次之上"。[22]它和西方宗教文化之间完全有一种互相补充，取长补短的作用。在这些现代新儒家看来，儒家文化现在正在不断发展，迈入了一个崭新的时期，他们力图使儒学与西方基督教、马克思主义、心理学、结构学和解释学进行对话、交锋和互动，从而在吸取现代西方文明最新成果的基础上建立起新的儒学和再建中国哲学，"开创出一套与现代社会相适应的自觉的伦理"。[23]

值得注意的是，世界上许多对中国文化抱有浓厚兴趣的外国汉学家，也加入了这一问题的讨论。这一点很重要，因为他们没有中国人对中国文化的特殊情结，没有"王婆卖瓜，自卖自夸"之嫌。如美国斯坦福大学的墨子刻教授，也把韦伯对儒学的解释作了一个批判性的认识，他认为，儒学虽然没有新教伦理的那种"命定说"，但却有同样带来使命感的"忧患意识"。在他看来，儒家传统所塑造的人，并不是对现实妥协，一味地屈服于权威，而是要改变现实，不但要改变现实，而且依照一个永远无法彻底完成的理念来改变现实，他们都坚信个人道德力量的自我纯净必然带来社会实践性的思想，中国大陆、台湾、香港的改革开放和快速发展，似乎都在证实着儒家的这种观念，墨子刻欢欣鼓舞，他说："韦伯要解释的是中国为什么会失败，我们要解释的则是中国为什么会成功。"㉔

尽管人们对现代新儒家的看法和评价不尽相同，但对韦伯主义的这种修正，或称新韦伯主义，毫无疑问，实际上也是对儒学传统和中国文化的全新认识。杜维明认为，政治化儒家所代表的儒教中国应当死亡，但表现中国人文理想的真正儒家传统不仅不会死亡，而且将会获得新生。东方的太阳正在冉冉升起，现在已经到了东方与西方应当真正以平等、包容、信任的眼光互视对方的时候了。不带成见的沟通与对话，将对彼此都带来极大的好处。这种新的观点和格局，对 21 世纪中西哲学和文化的发展有十分重要的意义。

注　释：

① 马克斯·韦伯：《新教伦理与资本主义精神》，北京三联书店 1987 年版，第 26 页。四川人民出版社 1986 年版，第 10 页。

② 马克斯·韦伯：《印度宗教》，纽约，自由出版社 1951 年版，第 3~4 页。

③ 《儒教与道教》，江苏人民出版社 2003 年版，第 87 页。

④ 《韦伯文集》上，中国广播电视大学出版社 2000 年版，第 409 页。

⑤ 《韦伯文集》上，中国广播电视大学出版社 2000 年版，第 406 页。

⑥ 马克斯·韦伯：《新教伦理和资本主义精神》，北京三联书店 1987 年版，第 58 页。

⑦ 《中国近世宗教伦理与商人精神》，中国广播电视出版社 1992 年版，第 306 页。

⑧ 《儒家传统为现代精神》，台北联经出版公司 1990 年版，第 45 页。

⑨ 《论语》（宪问）。

⑩ 《朱子语类》135 卷。

⑪ 余英时：《中国知识分子的创世纪》，中国广播电视出版社 1992 年版，第 232 页。

⑫ 刘述先：《论儒家理想与中国现实的互动关系》，《儒家思想与现代人》，中国广播电视出版社 1992 年版，第 237 页。

⑬ 《朱子语类》35 卷。

⑭ 《朱文公文集》36 卷 "答陈同甫"。

⑮ 梁启超：《新民说，论私德》，《梁启超全集》，第二册，北京出版社 1999 年版，第 715~716 页。

⑯ 成中英：《论知识分子与中国现代化的目标》，贵州人民出版社 1991 年版，第 43 页。

⑰ 余英时：《中国近世宗教伦理与商人精神》，《内在超载之路》，中国广播电视出版社 1992 年版，第 288 页。

⑱ 《传习录》，《王阳明全集》上册，上海古籍出版社 1991 年版，第 76 页。

⑲ 杜维明：《儒家伦理的现代意义》，《儒家传统的现代转化》，中国广播电视出版社 1992 年版，第 375 页。

⑳ 杜维明：《现代精神与儒家传统》，台北联经出版公司 1996 年版，第 316 页。

㉑ 成中英：《论中西哲学的精神》，东方出版中心 1991 年版，第 315 页。

㉒ 刘述先：《从学理层次探讨新儒家思想本质》，《儒家思想与现代化》，中国广播电视出版社 1992 年版，第 277 页。

㉓　杜维明:《儒家传统的现代转化》,《儒家思想与现代化》,中国广播电视出版社 1992 年版,第 374 页。

㉔　墨子刻:《摆脱困境》,江苏人民出版杜 1995 年版,第 223 页。

（作者单位：贵州师范大学）

传统价值理念的必要性辩护和挖掘路径

——略论早期现代新儒家的中国传统价值观

□ 柴文华

早期现代新儒家指中国 20 世纪五四时期至中华人民共和国建立前 30 年间产生和发展起来的，通过弘扬中国传统文化特别是儒学精粹，融合西方近代文化精神，以创建中国新文化为目标的一种学术思潮或学术群落，其代表人物主要有梁漱溟、张君劢、马一浮、熊十力、冯友兰、贺麟、钱穆等。

中国传统价值观就是对中国传统价值理念的基本观点（包括经济价值观、政治价值观、伦理价值观、宗教价值观等，概括地讲，主要是涵盖极宽的"人化"或"大文化"意义上的价值观），早期现代新儒家学者立本于儒学，从传统文化的现实和未来生命力等方面为中国传统价值理念存在的必要性进行辩护。运用抽象的路径、置身现代场景，洗练或提升了中国传统价值理念的内容，从而构成了他们理路明晰的中国传统价值观，为当代中国价值理念的重建提供了重要启示。

一、传统价值理念存在的必要性辩护

早期现代新儒家学者从西方文化的转型、心性的永恒性、"中体西用"的范式、中国传统文化的生命力等方面为中国传统价值理念存在的必要性进行了辩护。

梁漱溟从西方价值理念的转型入手，阐释了中国传统价值理念存在的必要性。梁漱溟指出，在他生活的时代，西方价值理念已经开始向中国传统价值理念接近。从心理学方面讲，西方文化一直重理性、重知识，是一种"唯智主义"，现在这种倾向开始改变。人们从动物心理学中获得启示，原来支配人们行为的不只是有意识的一面，更重要的是无意识的一面，即人的生命冲动、本能、情感等。这说明"西方人两眼的视线渐渐乃与孔子两眼视线所集相接近到一处"，[①] 即人类的情志方面，这表明西方文化发生了根本的变迁，即从理性转向非理性方面，而非理性在梁漱溟看来，是孔子和中国文化的路数。除心理学之外，梁漱溟还介绍了西方进化论的变迁。梁漱溟指出，以前西方讲进化论只注重竞争图存一面，"处处都是互竞相争，互竞相争为自然界法则，唯互竞相争乃可图存，唯互竞相争乃得进化……把动物界单看成了弱肉强食的世界"，[②] "近世以来，西方人专走个体自拓一路，其个人也各自自拓，其国家也各自自拓，才有其社会上种种罪恶痛苦，才有此次大战的创害，把个体的生存竞争真演得烈"。[③]现在不同了，人们发现了动物进化的另一面，互助图存，"动物很靠着同族类间的互助以营食求活，以殖种蕃息，以为卫护；互助的存留，不互助的淘汰，互助也是天择作用留下而要人发达的一种本能"，[④]用这种眼光看待人类社会就会发现，人类不仅仅需要互竞，更要互助，互助是人类的"社会本能"。"在社会的完成上，个体须照顾他人"，重于情感，舍己为人。他们宣称现代思想的潮流具有伦理的色彩，不是个人主义。梁漱溟指出，这种社会本能的发现，奠定了未来文化的基础，表明西方文化的转变，这种转变恰恰与中国尚情的文化视角相合。

张君劢在《再论人生观与科学并答丁在君》中明确提出昌明宋明理学的口号，并对其必要性作了阐释。在张君劢看来，宋明理学把心规定为实在，其"功不在禹下者焉。"宋明理学复兴的必要性主要有两条，一是理论上的必要性，"惟以心为实在也，故勤加拂拭，则努力精进之勇必异乎常人。……所谓明明德，吾日三省，克己复礼之修省功夫，皆有至理存乎其中，不得以空谈目之。所谓理论上之必要者此也。"二是实际上的必要性，"当此人欲横流之际……诚欲求发聋振聩之药，惟在新宋学之复活，所谓实际上之必要者此也。"从理论和实际两个方面肯定了复兴宋明理学的必要性。张君劢还通过道德与经济关系的论述，进一步阐明了他提倡新宋学的初衷。他说："在君（丁文江——引者注）亦有说曰，生计充裕，则人谁不乐于为善？故引管子'衣食足而后知礼节，仓廪实而后知荣辱'之言为证。……试以美国煤油大王之资财，界之今之军阀与政府，则财政能整理乎？尽人而知其不能也。何也？今之当局者，不知礼节，不知荣辱故也。又试倾英伦法兰西日本三国家银行之资财以界之今之军阀与政府，政治其清明乎？亦尽人而知其不能矣。何也？今之当局者，不知礼节，不知荣辱故也。故管仲所言，乃就多数人言之也。若夫国事鼎沸纲纪凌夷之日，则治乱之真理，应将管子之言而颠倒之，曰：知礼节而后衣食足，知荣辱而后仓廪实。吾之所以欲提倡宋学者，其微义在此。"[⑤]认为管子之言不具有绝对性和普遍性，在当时中国的具体背景下，应该强调"知礼节"、"知荣辱"，即加强道德建设，否则，无道德背景的经济不但无益而且有害，这也是张君劢为什么提倡复兴宋明理学的重要理由。张君劢还由此提出了不能看轻自家文化的观点，他说："假定世界各国不扩张军备，实行裁兵，组织超国家之政府，则孔子之所谓大同，墨子之非攻，何尝不可为世界所赞同？反过来说，欧洲因科学之发明，所看到的多半是杀人利器，何尝不有人批评其残酷，而望其有废弃之一日。总括言之，欧人所重者为科学，印人长于冥想，我国则专讲人伦，各有其伟大之处。我人不能因印度中国之削弱，而轻视自己文化，须知文化之特点不在一时之成败利钝，而在其对于人类之永远贡献。国人不可因目前之失败，而遂看轻自家文化。"[⑥]认为中国重人伦的文化也是对人类的很大贡献，自己应该珍惜。

马一浮用心性的永恒性为中国传统文化的价值辩护。马一浮有一种信念，认为国学博大精深，必能复兴。他在《泰和会语》中说："此是某之一种信念，但愿诸生亦当具一种信念，信吾国古先哲道理之博大精微，信自己身心修养之深切而必要，信吾国学术之定可昌明，不独要措我国家民族于磐石之案，且当进而使全人类能相生相养而不致有争夺相杀之事。"⑦与其他民族的文化相比，中国传统文化具有优越性，"吾国固有特殊之文化，为世界任何民族所不及"，⑧千言万语不抵先儒一语。由于中国文化建立在心性之上，所以非但不会消亡，而且必然复兴，如他所说："世人侈言保存中国固有文化，不知中国文化是建竖在心性上，心性不会亡，中国文化自然也不会亡。即使现代的文化全被毁坏，心性却不能毁坏，则中国文化终有复兴之日也。"⑨"此学不是凭藉外缘的产物，是自心本具的，不可视为分外。"⑩认为国学有体系、有生命力，是从心性中自然流出的。正因为马一浮对国学尤其是儒学有信念、有信心、有自觉、有感情，所以他极力提倡尊重而不应该轻议先儒，如他所说："在书院所谈经术，一以义理为归，虽曰温故知新，不欲轻改先儒轨范。"⑪"不可批评先儒，当从后学未瞭言之。"⑫"判先儒得失须极慎重，岂可轻易下语。"⑬"学者不信古，则必以私意造作。轻议古人，最是病痛。"⑭表现出马一浮对先儒的一片敬畏之心。马一浮尤其肯定了以六艺为核心的儒学价值观，认为它是圣人成圣的依据，是圣人成教和学者所学的内容，是全部人类心灵的表现，与人类的生活息息相关。它放之四海而皆准，对于人类的未来发展具有重要意义。世界上的一切学问，不论古今中外，不论东西南北，都可以归置于六艺之下。六艺与前进、日新、普遍、平民、解放、自由、平等这样一些流行的价值观念非但不对立，而且可以完美地结合。

熊十力十分重视中国传统的价值理念，尤其肯定了儒家学说的价值。他认为"儒家则以舍故生新、创造不竭的宇宙大生命之禀赋来界定人性，以生动创化、刚健自强、大用流行、德配天地的内涵说明'心体'，以之推广于社会人生，则自强不息、精进不止，人类的文化即由是而创建、累积、丰富、发展。在熊氏看来，唯有儒学才是立足现实、积极奋进之学，于此才见得人生的意义与价值。"⑮熊十力不否认佛学的价值，但认为佛儒毕竟有分，而儒学更具有积极意义。所以，熊十力的融会佛儒是以儒学为基础，兼采佛理，从而建构了自己的哲学体系。

冯友兰用"中体西用"的观点为传统道德价值存在的必要性辩护。冯友兰承认"中体西用"有说不通的地方，因为读四书五经，是不会读出枪炮来的。但"中体西用"也有说得通的地方，"如所谓中学为体，西学为用者，是说：组织社会的道德是中国人所本有底，现在所须添加者是西洋的知识、技术、工业。则此话是可说的。我们的《新事论》的意思，亦正如此。"⑯冯友兰是提倡现代化的，但认为基本道德无所谓现代化不现代化，"忠于职务、忠于纪律、忠于法律"并不是现代人才有的。在冯友兰看来，中国自从清末以来所缺的是某种文化的知识、技术、工业，所不缺的是组织社会的道德。"若把中国近五十年来的活动，作一整个看，则在道德方面是继往；在知识、技术、工业方面是开来。"⑰冯友兰在这里说得很明确，如果从道德普遍性的角度看中体西用，那么中体西用还有可取的一面。他的"继往开来"说应该是当代新儒家"内圣开出新外王"的雏形。这里的问题在于，冯友兰自以为通过逻辑分析就超越了清末人的"中体西用"，但在事实上并没有超越，他所说的道德力依然是传统的，如墨家、儒家的严肃和道家的超脱，儒家、墨家的在乎和道家的满不在乎，等等，从这一点来说，冯友兰的价值观如果不是儒家本位的，也是传统本位的，并没有跳出"中体西用"框架的限定。

钱穆用历史、现实和未来生命力为中国文化和道德价值存在的必要性进行了多角度的辩护。钱穆指出，从历史上看，"中国文化，于世界为先进。古代学术思想，当有研讨之价值。"⑱如果对一种民族文化的评价，以历史的悠久博大为标尺，那么中华文化"于并世固当首屈一指。"中华民族的文化是中华民族几千年来精心培植和积累的结果，其成就"独步于古今"，在世界文化中占有显赫的地位。钱穆指出，由于中国文化具有强大的同化力，所以完全有能力应对现实的挑战。从中国历史上看，汉民族曾数次屈服于夷族的武力之下，但在文化上却征服或同化了夷族，这说明中华文化具有先进性。从现实来看，"中国固有文化传统，将决不以近代西方科学之传入发达而受损。因为中国传统文化，一向是高兴接受外来新元素而仍可无害其原有的旧组织的。这不仅在中国国民性之宽大，实亦由于中国传统文化特有的'中和'性格，使其可以多方面地吸收与融合。"[19]由于中国文化具有的博大胸怀和中和的品格，它足以应对当代西学东渐、文化冲突的境遇。钱穆的结论是，中国传统文化具有强大的同化力，不仅在历史上能够吸收和融化夷族文化，而且在现实中也可以容得进近代西方的科学文明，这是不成问题的。"不仅可以容受。应该还能融化能开新。这是我们对于面临的最近中国新文化时期之前途的希望。"[20]在钱穆看来，中国传统文化不仅具有历史上的先进性，现实的协调性，而且在未来也会表现出巨大的生命力。他认为人类的未来生活仍然以农业为主，人类的未来文化仍然以和平为归。中国文化尽管在目前看来有一些毛病，但当经过吸收西方的工业文明以自我更新之后，就会以一个"崭新的大型农国"的面目而自立于世界之林，成为人类未来的依归，这也从一个方面反映出中国文化的未来生命力。在钱穆看来，中国文化的历史、现实和未来生命力均与其人道观念及道德精神相关。钱穆认为，中国文化是一种"现实人生的和平文化"，它的主要源泉就是"一种极深厚的人道观念"。这种人道观念，并不是指消极性的怜悯与饶恕，而是指积极方面的"忠恕"与"爱敬"，人与人之间以此相待，这才是"真的人道"。钱穆进一步指出，中国人的人道观念与"家族观念"紧密相连。"人道应该于家族始，若父子兄弟夫妻间，尚不能忠恕相待，爱敬相与，乃谓对于家族以外更疏远的人，转能忠恕爱敬，这是中国人所绝不相信的"，"中国文化，全部都从家族观念上筑起，先有家族观念乃有人道观念，先有人道观念乃有其他的一切"。中国的家族观念还有一个重要特征，这就是"父子观"重于"夫妇观"，孝悌之心乃是人道之"核心"，"可以从此推扩直通百世，横通万物。"[21]那么，如何看待这种家族观念呢？钱穆指出，中国文化里的家族观念，并不像有些人所说的那样，"把中国人的心胸狭窄了，闭塞了"，而是恰恰相反，是把中国人的心胸"开放了、宽大了"。因为中国人的家族观念从来没停留在家族观念上，而是由家族观念过渡到了人道观念，因此"把狭隘的民族观念与国家观念转而超脱解放了。"[22]另外，中国社会内部始终能保持一种勤奋与朴素的美德，使其文化常有新精力，不易腐化。

应当说，早期现代新儒家学者对中国传统文化非常热爱，对中国传统文化应对现实和未来的能力十分自信，对中国传统价值理念的描述也包含有许多合理之处，这些都值得我们钦佩和肯定。这里涉及一个老而不旧的问题，在中国走向现代化的场景下，如何对传统价值理念进行定位？作为与农业文明密切关联的中国传统价值理念与现代化的价值理念确实存在着内在的冲突，总体上不可能成为当代价值理念重建的主流或中心，个性自由、人格自主、责任自觉等现代价值理念应当是当代价值观建构的基础。然而，现代化的价值理念正像工业文明本身一样，决非尽善尽美，其劣迹或负面效应从马克思的时代就日益被人们所认识，我们学习西方必须是有条件的或修补性的，在西方的价值理念面前，我们不能失去中华民族的主体性。我们不能奢望从"内圣"中开出"新外王"，但"内圣"却可以修补、完善"新外王"。中国传统价值理念对中国走出中世纪、实现现代化的转型确实起到了严重的阻碍作用，但这并不是说中国传统价值理念会被作为一种偶然性和特殊性而完全抛弃，它所含蕴的那些现实化、未来化、世界化的因素总会发出夺目的光彩。中国传统价值理念包含着对人与自然、人与人、人与社会之间和谐关系的向往和追求，它提倡现实中多一些理想，功利中少一些贪婪，冷酷中多一些温情，竞争中少一些争斗……这些颇具特色的价值理念对于丰富我们的人生，推进社会的进步具有重要的指导意义。

二、传统价值理念必要性的发掘路径

早期现代新儒家学者对传统价值理念必要性的发掘路径大体相似，都是层层提升，由具体到抽象，力图发掘出传统价值理念中具有超越历史时空的永恒性因子，即具有现实化和未来化因素的"活精神"。梁漱溟把儒家的"仁"、"良知"、"孝悌"等界定为"直觉"，合生理本能与求善本能于一体，高扬了礼乐对人类情感的维系和提升价值。张君劢着眼于宋明理学的现代价值，认为以宋明理学为代表的东方文明具有救治西方精神文明危机的功能。马一浮力图挖掘出以"六艺"为代表的儒家价值理念的普适性价值，把其规定为放之四海而皆准的真理，高度重视其现实性和世界性意义。熊十力从本体论的高度阐释了"体用一源"、"生生不息"、"操存涵养"等传统价值理念的重要意义。冯友兰更是用逻辑分析的方法，提升出中国传统价值理念的抽象性意义，如把"舍生取义"、"天人合一"等与人生的高境界紧密联系起来。本题主要以贺麟的学说为范例，展示早期现代新儒家学者对传统价值理念必要性的发掘路径。

贺麟从他的中西文化观出发，试图站在哲学的高度，深入分析中国传统道德价值理念尤其是儒家道德价值理念的本质，挖掘其精华。这一立场集中表现在他对五伦和其他一些具体问题的分析和评价上。

1. 分析五伦的方法论问题

五伦指五种人伦，即君臣、父子、夫妻、兄弟、朋友，也可指五常，即仁、义、礼、智、信。贺麟所说的五伦兼含上述两层含义。贺麟主张对五伦推陈出新。他指出："五伦的观念是几千年来支配了我们中国人的道德生活的最有力量的传统观念之一。它是我们礼教的核心，它是维系中华民族的群体的纲纪。我们要从检讨这旧的传统观念里，去发现最新的近代精神。从旧的里面去发现新的，这就叫做推陈出新。"㉓那么，如何才能推陈出新呢？贺麟提出了批评五伦观念的四条方法论原则：第一，要根据本质加以批评，而不能从表面或枝节上立论。如果从表面或枝节上立论，就会认为五伦是吃人的礼教。而实际上，吃人的东西多着呢？自由平等观念何尝不吃人？许多宗教上的信仰，政治上的主义或学说，何尝不吃人？第二，不能用实用的观点去批评五伦。也就是不把中国之衰亡不进步归罪于五伦观念，因而反对之；也不把民族之兴盛之发展，归功于五伦观念，因而赞成之。因为有用无用，为功为罪，在两千多年的历史上，乃是一笔糊涂账，算也算不清楚，纵然算得清楚，也无甚意义。第三，不能因噎废食，因末之流弊而废弃本源。具体地说，不能因为实现五伦观念的方法不好而谓五伦本身不好，不能因为实行五伦观念的许多礼节须改变而谓五伦观念本身须改变，等等。第四，不能以经济状况生产方式的变迁，作为推翻五伦说的根据。因为在近代工业化的社会里，臣更忠、子更孝、妻更贞，理论上、事实上都是很可能的。在以上四条中，最重要的是第一条，要批评五伦观念须从本质入手。那么，五伦的本质是什么呢？

2. 五伦的本质

贺麟指出，从本质上考察，五伦说包含四层要义：第一，五伦注重人以及人与人的关系。因为五伦就是五个人伦或五种人与人之间关系的意思。它特别注重人与人的关系，而不十分注重人与神及人与自然的关系。注意人和人与人之间的关系便产生道德。在贺麟看来，五伦重人伦和道德价值的方向并没有错，应当坚持，但同时不能忽略宗教价值、科学价值，要把它们有机地结合起来。第二，五伦是人生正常永久的关系，是人所不能逃避，不应逃避的关系。人不能逃避政治的责任，放弃君臣一伦；不能脱离社会，不尽对朋友的义务；不应抛弃家庭，不尽父子夫妻兄弟应尽之道。总之，五伦说反对人脱离家庭、社会、国家的生活，反对人出世。不过这种五伦的思想一经信条化、制度化，发生强制的作用，便损害个人的自由与独立。而且把这五伦的关系看得太狭隘了、太僵化了、太机械了，不惟不能发挥道德政治方面的社会功能，而且大有损害于非人伦的超社会的种种文化价值。第三，五伦以等差之爱为本。贺麟指出，五伦是以等差之爱即有差别的爱为基础的。所谓"等差之爱"，借古人的说法就是"亲亲、仁民，即由亲至疏，由近及远的爱"。贺麟说："从现在看来，爱有差等，乃是普遍的心理的事实，也是很自然的正常情绪。""说人应履行等差之爱，无非是说我们爱他人，也爱得近人情"，它比兼爱更切实际。"但持等差之爱说的人，也并不是不普爱众人，不过他注重在一个'推'字，要推己及人"。㉔贺麟指出，儒家的等差之爱主要是以亲属关系为标准的，在此基础上还应当增加两条标准：一是以物为标准，"外物之引诱力有大小，外物之本身价值亦有高下，而吾人爱物之情绪亦随之有等差"；二是以知识或精神的契合为标准，"大凡一个人对于有深切了解之对象其爱深，对于仅有浮泛了解之对象其爱浅。又大凡人与人间相知愈深，精神上愈相契合，则其相爱必愈深，反之则愈浅"。㉕如果等差之爱加上这两条标准，就不会为宗法观念所束缚。总之，五伦的本质是等差之爱，等差之爱是切近人情的爱。第四，五伦观念的最基本意义和最高最后发展是三纲说。因为三纲说把五伦的相对关系（即双方义务）发展为绝对关系（单方面或片面义务），把互助之爱、等差之爱，发展为绝对之爱、片面之爱。故三纲说可以补救相对关系的不安定，进而要求关系者一方绝对遵守其位分，实行片面的爱，履行片面的义务。三纲说还将人与人的关系转变为人对理、人对位分、人对常德的片面的绝对的关系，它比五伦说来得更深刻和更有力量。

以上是贺麟关于五伦说的四项本质内容或要素以及若干评价。贺麟最后总结说："五伦观念是儒家所倡导的以等差之爱，片面之爱去维系人与人间的常久关系的伦理思想，这个思想自汉以后，加以权威化、制度化而成为中国的传统的礼教核心。这个传统礼教在权威制度方面的束缚性……已因时代的大变革……而逐渐减削其势力。现在的问题是如何从旧礼教的破瓦颓垣里，去寻找出不可毁灭的永恒的基石。在这基石上，重新建立起人生新社会的行为的规范和准则。"㉖

3. 对"饿死事小，失节事大"普适性意义的提升

在《宋儒的新评价》一文中，贺麟对一些关于宋儒的流行看法进行了反驳，提出了

很多肯定性的评价。与此相关，贺麟还对程颐"饿死事小，失节事大"的道德格言提出了自己的看法。他认为这句格言包含着一条放之四海而皆准的伦理原则，即人应当保持自己的节操。他说：程颐的"'饿死事小，失节事大'一语只不过为当时的礼俗加一层护符，奠一个理论基础罢了。至于他所提出的'饿死事小，失节事大'这个有普遍性的原则，并不仅限于贞操一事，若单就其伦理原则而论，恐怕是四海皆准、百世不惑的原则，我们似乎仍不能根本否认。盖人人都有其立身处世而不可夺的大节，大节一亏，人格扫地。故凡忠臣义士，烈女贞夫，英雄豪杰，矢志不贰的学者，大都愿牺牲性命以保持节操，亦即所以保持其人格。伊川此语之意，亦不过是孟子'舍生取义，贫贱不能移'的另一说法，因为舍生取义实即'舍生守节'，贫贱不能移即'贫贱或饿死不能移其节操'之意。今日许多爱国之士，宁饿死甚至宁被敌人逼害死而不失其爱国之节，今日许多穷教授，宁贫病致死，而不失其忠于教育和学术之节，可以说是都在有意无意间遵循着伊川'饿死事小，失节事大'的遗训。当然凡事以两全为最好，不饿死，亦不失节，最为美满。但当二者不可得兼之时，当然宁饿死而不失节，宁牺牲性命而不愿失掉人格，这亦是舍鱼而取熊掌之道义。"[27]贺麟这一大段话是要告诉我们，程伊川的"饿死事小，失节事大"不只限于贞操，即使单说贞操，也有可以理解的地方，因为程伊川生活的时代有夫死妻不能再嫁的习俗，假如伊川生在现代，他也许不会固执于那种旧贞操观念。重要的是"饿死事小，失节事大"包含着一条普遍的伦理原则，节操重于生命，这条原则不仅有历史意义，也有现实意义，它正自觉或不自觉地贯穿在许多人的行为操作中。

综上所述，贺麟通过对批判五伦的方法论、五伦的本质、"饿死事小，失节事大"等具体问题的探讨，提升出其中具有普适性意义的精髓，这是一种可贵的努力，反映出早期现代新儒家学者对中国传统价值理念的共同性挖掘路径，即由具体到抽象，层层提升，从而展示出中国传统价值理念中那些超越历史时空的共相性、永恒性的内涵，并赋予其旺盛的现实和未来生命力。这种方法也就是新中国成立后冯友兰提出的所谓"抽象继承法"。细细品味一下，抽象与具象固然不可截然分离，但这种不可分离性却无法排除共相的实存性，人类理性的历史价值并不拒斥它的类价值。既然共相存在，抽象继承又何以不能？在以往关于中华民族精神的讨论中，一些专家学者把其界定为自强不息、爱国主义等多个层面，但地球上生存至今的民族中，哪一个民族精神中的自强不息、爱国主义比中华民族差呢？这表明人类精神当中确实存在着共相，它可以超越时间和地域的界线而恒在，而传统中的不死而常新的东西恰恰是这些反映了人类价值的共相性因素。以此审视早期现代新儒家学者对中国传统价值理念的挖掘路径，或许能给予一份同情的理解。

此外，早期现代新儒家学者还融合中西之学，结合现代的生存感受，洗练或提升了中国传统价值理念的内容，限于篇幅，该部分将另文发表。

注　释：

① 《梁漱溟全集》第 1 卷，山东人民出版社 1989 年版，第 498 页。
② 《梁漱溟全集》第 1 卷，山东人民出版社 1989 年版，第 499 页。
③ 《梁漱溟全集》第 1 卷，山东人民出版社 1989 年版，第 501 页。
④ 《梁漱溟全集》第 1 卷，山东人民出版社 1989 年版，第 499 页。
⑤ 吕希晨等选编：《精神自由与民族文化——张君劢新儒学论著辑要》，中国广播电视出版社 1995

年版，第 77 页。

⑥ 吕希晨等选编：《精神自由与民族文化——张君劢新儒学论著辑要》，中国广播电视出版社 1995 年版，第 77 页。

⑦ 《马一浮集》第 1 册，浙江古籍出版社、浙江教育出版社 1996 年版，第 4 页（以下只注册数和页码）。

⑧ 《马一浮集》第 2 册，第 564 页。

⑨ 《马一浮集》第 3 册，第 1159 页。

⑩ 《马一浮集》第 1 册，第 4 页。

⑪ 《马一浮集》第 1 册，第 523 页。

⑫ 《马一浮集》第 1 册，第 935 页。

⑬ 《马一浮集》第 1 册，第 941 页。

⑭ 《马一浮集》第 3 册，第 1151 页。

⑮ 郭齐勇：《熊十力思想研究》，天津人民出版社 1993 年版，第 175～176 页。

⑯ 冯友兰：《贞元六书》，华东师范大学出版社 1996 年版，第 369 页。

⑰ 冯友兰：《贞元六书》，华东师范大学出版社 1996 年版，第 370 页。

⑱ 钱穆：《国学概论》，商务印书馆 1997 年版，第 1 页。

⑲ 钱穆：《国学概论》，商务印书馆 1997 年版，第 221 页。

⑳ 钱穆：《国学概论》，商务印书馆 1997 年版，第 228 页。

㉑ 钱穆：《国学概论》，商务印书馆 1997 年版，第 50～51 页。

㉒ 钱穆：《国学概论》，商务印书馆 1997 年版，第 53 页。

㉓ 宋志明：《儒家思想的新开展——贺麟新儒学论著辑要》，中国广播电视出版社 1996 年版，第 111 页。

㉔ 宋志明：《儒家思想的新开展——贺麟新儒学论著辑要》，中国广播电视出版社 1996 年版，第 115 页。

㉕ 宋志明：《儒家思想的新开展——贺麟新儒学论著辑要》，中国广播电视出版社 1996 年版，第 116 页。

㉖ 宋志明：《儒家思想的新开展——贺麟新儒学论著辑要》，中国广播电视出版社 1996 年版，第 124 页。

㉗ 宋志明：《儒家思想的新开展——贺麟新儒学论著辑要》，中国广播电视出版社 1996 年版，第 103～104 页。

（作者单位：黑龙江大学哲学学院）

从知识儒学走向生命儒学

—— 当代儒学的转向

□ 颜国伟

一、知识儒学发展的契机

晚清以降，西方现代性的挑战导致了中国文明深刻的秩序危机和意义危机，中国现代性转化亦渐次向政治制度和文化价值层面深化。1895 年至 1925 年的 30 年间，为中国思想由古典而现代的转型时代。①由严复、梁启超肇始的晚清启蒙运动，表征着"中国的觉醒"，而 1915 年兴起的五四运动，则为转型时代启蒙运动的高峰。它是清末民初中国社会的政治危机和文化危机的产物。在西方文明的侵蚀下，随着清政体的瓦解、科举制度被废除，儒学先后在政治和教育领域遭到放逐。揭橥"民主"、"科学"和"打倒孔家店"的新文化运动，更进一步动摇了中国人两千多年来建立起来的道德取向、精神取向和文化认同，开始了迄今仍未停止的、以西方现代性为模仿对象的自我改造之路。

促成中国的现代性运动的外因是中国饱受西方船坚炮利的欺压下所引发的救亡图存意识，内因则是作为中国文化主流的儒学，经明、清两朝大约五百年的时间，已日渐走上僵化、空洞化之穷途，需要为中国文化找寻新动力的资源。比起西方的现代性运动，在 20 世纪才开始的中国和于 18 世纪滥觞的西方存在着巨大的时代落差，在中国的知识分子饥不择食地吸收西方 18 世纪以来两百年的各种现代性思想之际，西方的现代性已陷入深刻的危机之中，如史壮伯格（R. N. Stromberg）所谓的"欧洲思想危机的时代"。②19 世纪末以后，代表启蒙价值的自由主义运动盛极而衰。随着 1914 年欧战的爆发，自由秩序在欧洲大陆陷于崩溃。③1918 年，斯宾格勒写于大战中的《西方的没落》的出版并风行欧陆，成为欧洲文化危机的重要思想表征。

在这个急速转型的时代，无论是自由主义者、马克思主义者和维护传统文化的新儒家，大家都不约而同地认同中国急需进行现代性转化，而且必须向西方吸取资源，才能完成使命，形成传统与现代性二元对立的思维格局，而且是前者劣后者优，并且以西方现代性为参照的标准，在社会人生各个领域进行激烈变革，传统的政治、经济、教育、宗教、伦理价值，在西方现代性的挑战下全面解体。

"五四"以后历代的知识分子，积极为中国社会找寻新的动力之源的渴望从来都没有停止过，因此各种的西方思潮，便如走马灯似的盘踞了中国思想界。随着 1949 年共产党在中国大陆取得政权，思想界便一面倒向马列思想，对中国传统文化，无论孔孟老庄，还是程朱陆王，无一不在批判之列。20 世纪 70 年代"文革"结束后，中国思想文化界从来没有停止过探讨如何使中国由传统走向现代的问题，并且在 80 年代再次成为焦点。由 90年代初热起来的宠儿则是西方的后现代主义思潮和国学热潮。

影响中国学术深远的西方现代性价值乃其独尊理性，追求客观性、准确性、明晰性的学术传统。在与西方学术传统的对照之下，新儒家由熊十力开始，便以西方的哲学体系、观点、方法、言论与论辩方式来分析阐发儒学。为何依附西方哲学的标准来说清楚儒学的精神，牟先生说得很清楚：

"欲实现儒学第三期之发扬，则纯学术之从头建立不可少。新时代之创建，欲自文化上寻基础者，则不得不从根本处想，不得不从源头处说。从根本处想，从源头处说，即是从深处悟，从大处觉。依是儒学之究竟义不能不予以提炼，复不能不予以充实。充实之，正所以使其转进至第三期，而以新姿态表现于历史，以与今日在须创造之局面相应和。充实之之道，端赖西方文化之特质之足以补吾人之短者之吸纳与融摄。于此吾人特重二义。一、在学术上名数之学之足以贯彻始终，而为极高极低之媒介，正吾人之所缺，亦正西方之所长。儒学在以往有极高之境地，而无足以贯彻之者，正因名数之学之不立。故能上升而不能下贯，能侔于天而不能侔于人。其侔于天者，亦必驯至远离飘荡而不能植根于大地。其所以只能上升者，正因其系属道德一往不复也。而足以充实之之名数之学，则足以成知识。知识不建，则生命有窒死之虞，因而必蹈虚而飘荡。知识不广则无博厚之根基，构造之间架，因而亦不能支撑其高远。故名数之学，及其连带所成之科学，必须融于吾人文化之高明中而充实此高明。且必能融之而无间也。是则须待哲学系统之建立与铸造。"④

二、从熊十力到牟宗三：攀登知识儒学之巅峰

熊十力的《新维识论》，便是中国哲学体系化的第一步。熊氏采用了西方哲学的本体论、宇宙论等范畴，批评西方人把宇宙人生划分开来的做法，把《大易》乾坤之义的精神纳入佛学《新唯识论》的架构中，把宇宙人生融成一体而谈。⑤他认为，只有先立起本体论、宇宙论，才能讲身心性命，但何以必须先讲宇宙论，才能讲人生论？熊氏认为本体论才能阐明万化根源的究竟，是人生本性、道德根底的总根源，意图为中国的传统学问建立形而上的根据，为中国文化建立其存在的价值。熊氏在语体文《新唯识论》正文前附的笔札说：⑥

"近世哲学不谈本体，则将万化大原、人生本性、道德根底一概否认。此理本平常，本着显，直缘人自锢于知见，不能证得。

知识论所由兴，本以不获见体，而始讨论及此。但东方先哲则因知识不可以证体，乃有超之而趣归证会之方法。西人则始终盘旋知识窠臼，茫无归着，遂乃否认本

体。明者辨识此中得失，方信本论所为作，是不容己。"

在其建立宇宙论、本体论的同时，熊氏处处强调个人的生命即是宇宙生命，人只有通过内心涵养才能在内心中使真理开显，哲学不是单纯的知识学问，而是涵养证明的学问，他说：

"哲学所研究者，则为一切事物之根本原理，易言之，即吾人所以生之理与宇宙所以形成之理。夫吾人所以生之理与宇宙所以形成之理本非有二，故此理非客观的、非外在的。如欲穷究此理之实际，自非有内心的涵养工夫不可，唯内心的涵养工夫深纯之候，方得此理透露，而自达于自明自了自认之境地。前所谓体认者即此。故哲学不是知识的学问而是自明自觉的一种学问。"⑦

熊氏力图将本体论、宇宙论、人生论融成一片之用心在于希望打通中国的学问和西方的学科，使"不失吾先圣哲精神处"⑧，站在儒家的立场上吸纳西方的科学，把西方的各学科，如物理学、生物学、数学、辩证法和东土学问打通。所以熊氏说："谈宇宙论而不能融会生物、质力诸学，虽持论可以名家，终与宇宙源底无涉，有识所必弃也。"⑨熊氏晚年完成《体用论》的"成物"章后，在心脏病复发之际，强行支撑起身体写下的结束语为⑩：

"余写至此，精力已不支，只好结束。心所欲言者甚多，而不堪执笔。余平生酷好哲学，深居独念。科学毕竟是分管宇宙，若综观宇宙，深彻源底，当有哲学专其责。私怀唯冀质诸力学、生物学、数学、辩证法各种理论之深究，日益宏深；东方古哲遗经，其中确有宝物在，尤望学人苦心精究。将来有哲人兴，融会上述诸学，以创立新哲学之宇宙论，是余所厚望也。"

继成熊氏遗愿，真正为儒学建立起博大精深的哲学体系的是牟宗三先生。牟先生首先是以对列的格式工整地把中西文化的异同理性地架构起来。对中西文化的反省，牟氏由思维方法的不同切入，认为中国文化是"综合的尽理之精神"下的文化传统，西方文化是"分解的尽理之精神"下的文化传统。所谓的"综合的尽理之精神"的综合就是"上下通彻，内外贯通"之意，而尽理是由荀子的"圣人尽伦者也，王者尽制者也"和孟子的"尽其心者知其性也"以及《中庸》之尽己之性，尽人之性，尽物之性等综摄而成。尽心、尽性、尽伦、尽制，统概之曰尽理。"尽心尽性是从仁义内在之心性一面说，尽伦尽制则是从社会礼制一面说。其实是一事。尽心尽性就要在礼乐的礼制中尽，而尽伦尽制亦就算尽了仁义内在之心性。"⑪牟先生视心、性、伦、制为理性生命，道德生命之所发，故皆可曰"理"，所以这种尽理是"综合的尽理"，中国的文化生命完全顺这一条线而发展。所谓"分解"，指的是西方文化偏向抽象、概念性的思维进路，其所尽之理是超越而外在之理。在长期的发展过程中，中国文化仁的一面特别彰显，而智的一面则始终未能独立地彰显出来；反之，西方文化则成就了科学和民主政治，然而却始终未转出生命的学问。

牟先生还指出西方文化之所以会有周期性的断灭的根源在于它的基本精神是"以气尽理"，而中国文化之所以悠久的根源则在于它的基本精神是"以理生气"。所谓"以气尽理"，就是顺生命之凸出而尽量用其才情气者或"文化成果就等于才情气扑向一具体对象而在具体对象中尽理所成之产品"⑫，所以科学、哲学、宗教、艺术、文学等俱是才情气扑向一具体对象而在具体对象中所成之产品。反之，中国文化则"先由生命之凸出逆回来而呈露'无我无人之法体，统天先天之悲愿'，故能'以理生气'，引生无尽的未来，而决然主张文化不断也"，[13] 所以历史纵在极端晦否之际，生命虽已极端堕落淫靡之时，只要一念不昧，即当下承担，力挽狂澜。西方文化之理为外在事物之理，中国文化之理是德性之理，正是自然之气有尽，而心愿之理无尽，故引生亦无尽，故以理生气，能引无尽的未来而不断灭。

就中西文化的根本精神所展现的方式言，牟先生将中国文化生命的特征概括为"理性之运用表现"，西方文化的生命特征为"理性之架构表现"。理性之运用表现是就具体生活而言的实践理性，理性之架构表现则是理论理性，架构表现即以对列之局来规定。[14] 牟先生认为理性之架构表现是现代性的基本精神，而中国文化生命里缺乏理性之架构表现。牟先生还以理性之内容表现及理性之外延表现区分中西政治思想理路的展开，认为中国"有道统而无学统，有治道而无政道。道统——孔孟所开辟的内圣成德之教之统绪，学统是指独立的科学知识之统；治道是指治理国家之道，政道即权力安排之道。"[15]

以对列的格式工整地把中西文化的异同理性地架构起来，反映牟先生卓越的架构性思维，如上文提到的中国文化传统是综合的尽理精神，西方文化传统是分解的尽理精神；中国文化的基本精神是以理生气，西方文化则是以气尽理；中国文化生命的特征是理性之运用表现，西方文化则是理性之架构表现；中国的政治思想理路是理性之内容表现，西方则是理性之外延表现。牟先生所成就的，是康德化的中国哲学，借康德的框架说明中国过去未能产生民主政治与科学之故，把认知主体系属于道德主体，从而对治那些把自由民主和道德理性切割开来的"泛政治主义"[16]的思维。牟先生认为康德哲学是沟通中西文化的最佳桥梁，东方的智能可以融摄而且提升康德，而康德哲学则可以充实中国文化。所谓的充实，只是替儒学建立起一个理性的诠释架构，使个人在知性的层次上对儒学有所认知。这种工作是思辨性的，是知解的，不是实践的。牟氏本人很清楚，"知解的'文明以止'必须融摄于实践的'文明以止'中，然后始能具体而落实，而不流于空论或只是理智的游戏。"他进一步指出："顺西方哲学传统，常只是流于纯理智的思辨，虽理论壮阔，义理丰瞻，思理奇突，而常无关于人品。因此，虽其所思辨者能明而止之，然于其'自己为人'之本身却陷于黑暗而无所止，此亦是荡而无归者。此是'思辨之只为思辨'之荡而无归。哲学家亦可讨论人，而且根据种种学问，如人类学、心理学、生物生理学、社会学、文化学、道德学等，以讨论之，然结果其所讨论者只是一个客观的人，而不是其自己，其所成者仍只是一些空泛的一般性的理论，而无与于个人自己之成德。是则其自己人之为人仍是暗而不明，到处皆明，而只自己是一个黑点子。……中国儒家成德之教，'文明以止'之人文化成之特殊。它从不绕出去根据种种学问泛讲一客观的人，它只令人当下立于其自己来觉悟价值之源以期存在地实践地完成其自己之人品，并期善化善成人之所有一切事。"[17]

然而，牟先生一生的成就，却是"理性之架构思辨"之表现，以现代哲学的语言、形式将儒家哲学的有关思想发挥到了极致，"特别将儒家哲学所论道德实践中所包含的形上学和宗教性意义，发挥到了极致。"[18]无论在理论的完整和思想的深刻圆融方面，"牟宗三哲学都堪称是现代新儒学发展的一个巅峰"[19]，使中国哲学"能哲学地建立起来"。

牟氏竭其全力为儒学建立起法度严谨的体系，在于其认为："必先建立本体，或究明本体，才能超越现实层次的拉扯，而立足有地。这是生命的本源，必须由此出发，才能有本，才能深闳其学问。"在这一点上，牟先生继承了其师熊十力的看法，动机源于："就我个人说，自抗战以来，亲灸师门，目击而道存，所感发者多矣。故自民国三十八年以来……，乃发愤从事文化生命之疏通，以开民族生命之途径，扭转满清以来之歪曲，畅通晚明诸儒之心志，以开生命之学问。"⑳因此他认为需要先"立乎其大者"，以重建儒学之形上学为其基础和出发点，汇通中西，以解决中国文化的出路，响应西方知识传统的挑战，使儒学在学理上经得起理性的考验，确立标准和法度㉑。他为儒学重建的博大而精深的道德的形上学体系，引用了康德的架构，兼涉佛教，继承而又推进了其师的形上探求。他借用康德对现象界和本体界的划分，提出了所谓"两层存有论"的道德的形上学系统。对物自身而言本体界的存有论；对现象而言现象界的存有论。前者亦曰"无执的存有论"。无执是相应"自由的无限心"而言。后者亦曰"执的存有论"，执是相应"识心之执"而言。㉒"无执的存有论"亦即道德的形上学，而"执的存有论"又是自由无限心自我坎陷而开出，因而"可说是一个道德的形上学而含有两层存有论。道德的形上学不但上通本体界，亦下开现象界，此方是全体大用之学。㉓牟的体系肯定人是道德实体，具有"智的直觉"，并且能在实践中呈现。历史哲学是"良知"呈现自身的过程，把黑格尔的"绝对精神"换为"良知"，使历史具有形而上的基础，即历史是天之正命的展现，是良知通过人展现自身力量的过程。牟先生所要回答的不是本体界如何存在、运行的知识论问题，而是人在生命创造、价值创造的意义上如何与天道统一的问题。

由熊十力到牟宗三，两人皆以重建儒学之形上学为其基础和出发点，从熊氏的本体宇宙论到牟氏道德的形上学，两人学术方向的连接和发展如下㉔：

- 强调以道德实践和道德心性为首出
- 强调本心性体统贯天人的形上意义
- 强调天道仁体的生化创造功能
- 强调中国文化精神的彰显不在于某种外延意义上的分析与廓清，而在于与主体之直觉体悟相关联的"内容真理"的开显与贞定。

三、牟氏未完成的任务：良知如何呈现？

牟先生所建立起的道德形上学，虽然在实践方面强调"心"必须能够通上去，成为一超越的，实体义的"心即理"之心；在存在方面，强调"理"必须能够落下来，成为一"即存有即活动"的"心即理"之理；把宇宙存有论与人的道德实践打成一片，讲"仁心之感通"、"大其心体天下物"一类的实践问题，实际上牟先生只是将这些问题转为"认知上如何可能"的问题㉕，如其谈"智的直觉"如何使人从现象界进入本体界，良知又如何坎陷以成就认知主体。牟的说法只是在理性上把形上世界和形下世界接驳起来，把良知理性化、本体化。他说"仁"、"良知"是"孔孟之文化生命与德慧生命所印证"的"绝对理性"，"怵惕恻隐之心"或"恻隐之感的良知之觉"为一切实践、个人的及社会的，之所以可能的普遍而必然的条件㉖，这一道德本体即体即用，同时落于人心（内在于人的实现之理，心性与性体合一的人性论）与历史（外在于人的实现之理，文化意识宇宙/道德形上学的历史观）中。和先儒相比较，孔子对人的道德能力和道德行为的终极根源始终保持缄默；孟子开始自觉地为人的道德能力和道德行为寻求形而上的根源，从天命的角度理解仁义，提出仁义乃天所赋予人的正命；到唐、宋明间的儒家，尤以阳明的良知教化，才真正把"仁"抬到宇宙之本体地位。蒋庆先生指出：

"王阳明良知教的根本宗旨是解决德行问题而不是知识问题。换言之，良知之学的关键是工夫，而不是'只在语言上转说转胡涂'。但牟宗三的'良知坎陷说'，'从根本上改变了阳明良知学说性质，使阳明的良知学说变成了一种思辨的形上学和概念的知识论'。如果硬要它来解决知识问题，实际上违背了良知本身的功能法则。"[27]

蒋先生一语道出牟先生把本属于实践范畴的良知问题转化为思辨活动的误差。在知识的立场上，牟先生的说法即须面对理性的诘难，史学家余英时在提出他对新儒家的道统论的看法时说：[28]

"道统如果有实义则只能是儒学史上的客观事实，而为人人（至少是大多数人）所共见，另一方面，心体、道体的体证如确有其事，自古及今也都仅限于极少数的人，不仅如此，体证必然是个人的私经验，往往因人而异，甚至同一人也先后不同，那么我们究竟怎样才能断定儒学史上谁曾见'道'？又如何分辨谁所悟者是真'良知'，谁所见者仅是'良知的光景'？"

郑家栋对牟宗三的"智的直觉"，有以下的评语：[29]

"即便是我们承认'人可有智的直觉'，我们也不能保证此智的直觉所呈现者就是'物自身'"。

两位学者的评论中带出方法论上三方面的问题：体证"心体"、"道体"、"本体"、"本心"的悟道经验的客观性问题；其普遍性与必然性问题；"心体"、"道体"、"本体"、"本心"的客观性问题。这是一个不容易获得圆满解答的问题[30]。康德从认识主体的出发点上追寻本体时同样遇到类似的问题。他在《道德形而上学原理》、《实践理性批判》中强调，意志的自由以及上帝、灵魂的存在，虽然人的理性不能证明它们，但对于人类实践来说却有着永恒的意义。他因此将它们当作实践理性的前提性假设，理性于此止步。康德的回答可能已经是最好的答案，而我们从康德的回答中得到的启发正是：思辨和实践分属不同层次，并行不悖，谁也代替不了谁，两个都不可少。这些对实践的问法，来自理性要求客观标准的影响。对知识的客观性与普遍性，科学的态度是不断地通过修正已经建立的知识来纠错。对实践，由于和知识分属不同的范畴，本文主张以不断印证的态度来检测其客观性与普遍性，即通过行动来响应实践的问题。这并非主张唯我论，而是因为具体的人不能全化约为抽象的理，生命成长的问题必须回归个体，回归成长者自身，如人饮水，冷暖自知，不能准确量化，不能预测，不能预定时间点。

四、应知识独立发展所产生的危机
而起的创造——生命儒学的转向

诚然，浸濡在传统文化土壤中的牟先生，道理上对"道"的体悟并非不重视，他强调"良知"、"本心仁体"或"智的直觉""是呈现，而不是一假设（不只是一个理论上的设准），是透过道德实践而可'逆觉体证'的。"[31]牟先生也指出，逆觉体证只是一关，并非终极，必须有进一步的工夫：[32]

"既知此体证只是一关，故全部积极工夫只在'体现'，而体证则只是消极工夫。体现而至纯熟，便是化境之平平。此延平之所以雅言'冰解冻释'、'日用处体用合'之故也。……到冰释浑化时，则体之抽象状态即归于具体，而全体是用，全用是体，山峙川流无非是道，鸢飞鱼跃无非斯体之流行，而光景即拆散。"

他还认为，纯知识层面的探求对于儒家传统的弘扬和重建没有多大意义，不认为有独立于"道统"之外的纯客观的"学统"[33]，然而，其毕生最有建树的洽洽是"为学"的论述，所真正成就者，实在于学统方面[34]。

牟先生所遗留下来的问题——如何使人重新得到对"良知呈现"的体会，其实际意义即儒学教化的问题，如何直接令人在面对人生的现实境遇中运用儒学的思想价值以对治。这条生命体验之路，自 20 世纪 90 年代初至今，在当代学者霍韬晦教授的努力之下，取得了突破性的成果。

霍先生是当代新儒家中"走出学院，走向社会、走向生活，寻求体验，从生命和时代的存在感受中发掘资源"的倡导者和先行者。"办学、办报、组织出版社、宣扬教化、扩大影响，探索新时代的礼乐，积极向社会提供建立健康的文化生活的内容。"[35]他面向社会的教化工作，重点放在人如何跨越障碍，突破自己的过程，并称此历程为"生命成长"[36]，提倡"诚"的工夫论，创造独特的教学法——"喜耀教学法"，摒弃由讲课以达致理解的方式，改为具体的对自己成长经验的回顾、感受、体会，以发现自我希望，训练方法集合各种进路，包括佛教传入之禅修、参究、与现代人文科学之心理分析、精神活动，但整体精神是立足于东方光明的心性之学，此课程的设计，为生命与生命成长架起一道桥梁，标榜着霍先生由学术文化回到生命实践的开拓与贯通。

经过多年的实际教学工作，霍先生把传统的体会方法提升至方法论的层次，作为东方文化的方法论，与西方的科学方法对扬[37]。这是对唐君毅先生之"感通"的继承与发展；唐先生把超越反省法运用在学理的论述上和个人的实践工夫上；而霍先生则更进一步，灵活运用于教化之上，使学生从现实的障蔽中体会"心"的真实。体会的方法通过行动、锻炼、感受、把整个生命投入进去，触动到生命最深的性情而生起一种感动，这是一种深度的体会，由有感而生出动力，由动而通于他人，通于历史，通于天地，通于道，使生命不只是一个生物的存在、情绪的存在、心理的存在，而是一个主体的存在，四通八达的存在。从中验证成长之理的真实性，把生命成长之理还诸各个特殊无可替代的个体，不把生命视为推理系统、逻辑系统、抽象系统。就此义言，行动是第一义，预设一套对生命的架构的了解是第二义。当人如是学，如是行而到达终极之境——悟入本心，则到达传统所谓之"悟道"境。所谓悟道，就是生命彻底地真实化自己，体悟到生命最深的根据，摆脱个体性的局限，身与道会，不但获得行动的标准，建立自信，而且知道自己就是标准，但这个自己，不是经验之自我，不是认知之个体，不在一时一地，而是刻刻有其超越的根据，为证者所自知自信，如志勤禅师之悟道诗云[38]：

> 三十年来寻剑客，几回落叶又抽枝；
> 自从一见桃花后，直至如今更不疑。

喜耀教学的具体步骤细分如下：

经历活动

↓

感受性情

↓

性情流露与察觉

↓

因材施教的点豁和障碍的开通

↓

道理的吸收与思维统整

成就不同的生命内涵
（如：孝、自信、勇气、意志力等）

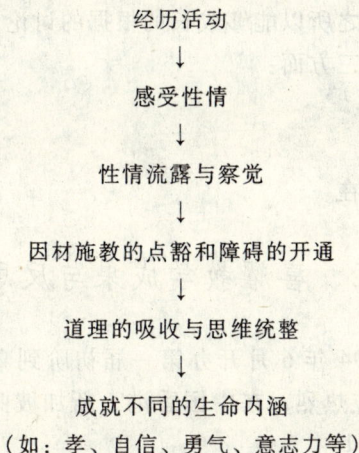

喜耀教学的特色包括：

- "开启"——引领性的语言，作用在于遮拨、扫除一切执障，使人能自发其本心本有之灵明，如实地行动；
- "相应"——应学员资质之真实及障碍之真实；
- "扭转"——转化思维；
- 成长。

喜耀教学的施教原则是扣紧具体的生命而展开，不将之还原为一静态结构的知识命题，以论其真假与矛盾[39]，而生命的成长与超升，是从 A 走向非 A，从接受现实走向否定现实。这不但是一思维上的辩证关系，更是实践者方有之实感[40]。在引导学员的过程中，施教者没有纯抽象的思维、概念的分析，而是带引学员对"理"有真实的感受、体会，进一步才要他们去行动，最后才有人格的突破，即成长。这是传统儒学的理想，说明儒学回归生命，成长生命，才是最彻底的"返本"。施教者本身的修养与生命的突破也很重要，在教的过程中，需要抵达别人的心[41]，才能因材施教。对学员的障碍，施教者非常强调当下的过关。

对来学者的要求，由于体验是直接的进入本心，不是观察，不是分析，不是提出假设，不须第三者来证明，因此只需来学者要行动、要开放、要付出、要辨志、要善于感受，同时还要读书。为什么开放是如此重要呢？霍先生指出人能开放自己，放下自己，"才能发现别人，发现不同的存在、不同的层次、不同的领域、不同的价值世界及不同的贡献"[42]。人之所以不用讲，而要先做、先实践、先行动，所谓"先行其言而后从之"，因为真理是动而后现的。而辨志之所以重要，在于如果在起步的阶段没有作出生命价值的抉择，遇到考验时便会动摇，甚至放弃。生命的志向如果确立，则有一个坚实的立足点，读书处事才有力，才能不屈不挠，永不放弃。[43]人能善于感受、才能体会自己的"心"[44]。霍氏指出，"治中国学问，决不能只是观察、分析、比较、评价，作旁观者，而是要问自己：自己经过读书、感受，有没有体会？有没有感到有一股力量在推动自己？要自己做一个真正的人、做有意义的事？"[45]朱子曰："涵养久，则喜怒哀乐发而中节"，对朱子的这番话，霍先生说："朱子这一领会很有启发：人要举止言谈恰当，当然要先有教养。"[46]而教养来自一方面读书，一方面作心性或性情的体会工夫[47]。

虽然喜耀教学不涉及对人之所以能够成长的根据的讨论，但在精神上，是继承儒家的心性观的，而且特别强调以下三方面：

- 生命是一开放体
- 生命是一创造主体
- 生命是一追求价值的存在

五、喜耀教学成果与反思

"喜耀生命"课程，由 1994 年 6 月开办第一届初阶到 2004 年 3 月，已有近 10 年历史，参加学员共 2884 人，反应热烈，在中国香港、新加坡两地建立起卓越的声誉，所开办的不同层次的课程总数如表 1：

表1　　不同级别的喜耀课程数量统计

课程级别	届数
初阶	香港 89 届
	新加坡 29 届
进阶	香港 36 届
	新加坡 1 届
高阶	13 届
进升	11 届
少师训练班	9 届
少师精进班	5 届
少师团	4 届

十年光阴，到来求学的有专业人士如学者、医生、律师、会计师、建筑师、教师、社工、信息科技界、财经界和传媒界专才、企业家、政府公务员，也有世井小民如司机、文员、餐饮业从业员、零售业从业员、制造业员工、学生和家庭主妇。林林种种的众生，面对生命，不论男女、青年、中年还是老年，未婚还是已婚，学历高低，职位尊卑，人生处于顺境还是逆境，一样有人成长所必问的问题：究竟"我"是谁？人生的真实需要是什么？"我"需要探讨宇宙与人生的奥秘吗？"我"需要明白道理来支持我自己的行为吗？如果"我"行事没有道理支持，心理能安然吗？世界真有公道吗？如果没有公道，历史能存在吗？如果不能，是不是证明了有普遍性的、超越于个人的客观真理或道德愿望的存在？真理与道德究竟立足于何处？根据个人的具体情况，这些生命的问题反映在个人对人生方向的迷惘、感情的安顿、事业的意义与前景、人际关系的困惑、家庭问题的烦恼、社会现象的纷扰上。

"五四"以来中国人便一直走在反叛自己传统的道路上，在进行其现代性转化的过程中把西方的"民主"、"自由"、"理性"、"权利"、"平等"等价值移植过来。然而，这些在西方滥觞的价值，经过五百年的走向，已经开始异化，甚至被利用。"自由"现已下降为放任，"权利"、"平等"变成自我保护、逃避责任的借口，理性只剩下工具的价值，造成价值世界的崩溃，理想的失落。这些思想文化的异化对生命所带来的灾害，在这些学员的身上反映出来。这些学员的生命存在之状态是这个时代的缩影，概括起来包括：

- 思维平面化
- 价值虚无
- 心灵封闭
- 心理逃避

经过喜耀的教育，在个人的内涵方面，如自信、勇气、方向感、自我了解等；在个人情感的安顿方面，如压力和情绪之化解、自我的开放等；在与家人、夫妻、其他人际关系的相处上彼此间的互信、责任感与珍惜之情，超过95%以上的学员都认为自己受益。这个成果是从香港初阶第60届至第79届，新加坡初阶第9届至第22届，共717人次所反馈的调查统计出来的，具体情况现总结如表2:[48]

表2   初阶课程感受调查结果

调查的素质	获得改善/加强的百分比（%）	
	香港学员	新加坡学员
个人内涵（包括自信心、勇气、方向感、自我了解）	97.0	98.8
个人情感（包括情绪化解、自我开放、获得轻松自在）	96.0	97.0
父母兄弟姊妹关系（包括更融洽的相处、更主动的关怀、懂得更加珍惜亲情）	97.3	98.0
夫妻关系（包括更加关怀对方、珍惜、信任、支持、体谅对方）	96.6	97.1
亲子关系（包括更加主动关怀、更有耐性、明白、体谅子女）	95.5	97.0
人际关系（包括更加关怀、主动分享、支持、珍惜对方）	95.6	97.0
整体的人生与事业（包括开阔眼界、提升能力、提高思维、加强理想性）	93.9	98.0

以上数据显示，喜耀教学法在开发人的性情、价值重建上成效斐然。在方法论上，它重新复活了生命成长的学问的学习方法。在学的立场上重现《论语》中那种活泼、灵活而又有针对性的教学精神。所有参加者，不论素质高低，能够突破知识与理性的束缚，深入生命中发现性情，为儒学精神朝向具体生命的回归提供一具体可行的模式。就其社会意义言，喜耀教育是一力挽狂澜的文化、价值重建工作，使现代人能够正视生命真实的要求，重新树立价值与信念，从而安顿生命，影响所及，近者婚姻、家庭和企业，远者移风易俗，对国家社会乃至世界的稳定作出贡献。通过面向社会的教化工作，从人性的扭曲到复位，见证了儒学的价值在生命中的根。

诚然，喜耀十年的教化，虽然有初步的成果，但霍先生对自己的评价是："在西方的理性文化之外重建心的文化，性情的文化，这一工作，即使做了二十年，也只是播种而未有成果。"[49]喜耀的教学其实就是礼乐的重建，将光明的人性客观化。礼乐不仅仅是古代所谓的典章制度，更重要的是教化，首先是在生活，建立生活的规矩。礼乐不是法律，规矩不是规范，规矩只是一种修养的表现，修养跟内心连在一起，法律不一定跟内心连在一起，是一种不要违反的规约，是一种制度，而礼乐就不单是完全外在的东西，它跟人的内心配合起来，根不在外面。能客观化的礼乐教育才能对我们内心的光明人性有成长之功，我们的下一代才可以成长。⑩

六、结　论

从文化发展的角度看，知识儒学走向生命儒学，是紧紧扣住了时代之症结，力图冲破此症结而创造出来，极富时代意义的文化生命之发展。知识儒学是中国知识分子消融西方文化的第一步："做了大量的、扎实的中西文化和哲学的比较工作，精思细琢，而气魄闳大，无论从系统的铸造或文献资料的整理，都有不可磨灭的贡献，使我们对中国文化的信心有认识的和可经理性考验的基础"㉛，完成了追求理性化、客观化的现代性转换，使中国的儒家学者，与世界各大宗教、各大哲学学派可以展开高层次的对话，同时也可以与其他文化提升到学理上的交流。然而，在涵摄西方文化的努力上，却也犯了严重错误：脱离西方的学术精神传统，以中国古代学术的传统观念来解读西方学术，同时又脱离中国文化的本来精神，以西方的学术标准来批判中国文化。结果是把中国性与现代性对立起来，形成现代性即西方性的意识，还以西方学术标准来否定中国传统学问的价值，造成传统学问的成教之匙的失落，现在只能依西方知识教育的架构来进行知识化之教，虽然建立了知识化之理，却失去了"成己"之学。用了西方标准来改造中国人原有的思想之后果，是把自己的精神实质丢之殆尽，导致文化传承的中断，传统人文精神的丧失。杜维明在《人类精神与全球伦理》一文中便忧虑地指出：㉜

"作为一个从事人文学研究的人，在看文化中国的时候，我们觉得最忧虑的一个问题是，整个文化中国，中国大陆、中国台湾和港澳地区、新加坡以及散布在海外各地的华人社会，精神资源非常薄弱，特别是知识分子群中的精神资源特别薄弱。"

李慎之先生在纪念匡亚明先生逝世的文章中解释为何这样薄弱时说，中华民族的现代史断裂的情况非常严重，使得文化中国的精神资源无法积累，反而是近代西方所代表的人文精神对我们的影响最大。很多在传统社会中发挥积极作用的机制，如基本的人际关系，人与人之间的依赖、礼貌，不忍我的父母、兄弟、子女受苦受难而推己及人，被破坏得荡然无存。

其实，价值世界的崩塌，是 21 世纪全球人类共同面对的问题，是西方现代性之路经五百年发展所产生的偏差的后果。

为了"安全"，西方高歌理性，"知识就是力量"，由此所开拓的知识领域，加强了人类对自然的驾驭，成果所向披靡。科学知识带动了西方经济的高速发展，结果理性与科学方法一枝独霸。当科学性思维成为唯一的意识形态之后，知识、技术进步的同时是人精神和思维能力的衰退。人的精神萎缩了，价值或意义只是个人自己主观的选择，只有相对性。这种相对的价值观如果被视为"多元"及"开放"的话，则只是"一种平面化的多元，不但不能达致开放，反而造成个体价值观的封闭。"㉝人的神性结果被否定掉，各种理想也被视为没有道理的空想。理性只剩下工具性价值，只能从工具、目的的角度来理解，只强调理性有没有实用性，有没有价值，对我们有没有用，假如没有用，则这种理性对我们就没有价值。有远见的哲学家，如胡塞尔、海德格尔、伽德默尔、哈伯马斯，无不对当代科学独尊的局面深感忧虑，认为是一种文化危机或精神危机，有必要对科学主义甚至科学理论提出批判。

18 世纪歌德笔下的浮士德，很有可能预兆了西方现代性之路的命运：浮士德是一个对自己的能力、成就充满自信，以为凭自己的力量，什么都能创造的人物。为了追求不息的生命，他接受魔鬼的挑战，认为自己绝不会被其迷惑，安于享乐，否则于末世将做魔鬼的仆人。魔鬼亦与天主打赌，一定可以使浮士德堕落。结果，浮士德在魔鬼的诱惑下，返老还童，先后爱上了纯洁的少女和古希腊女神。又错手杀死少女的哥哥，连番惨变，无数奇诡偶遇，想创造理想却接受魔鬼引导，最后其雄心壮志虽未消磨，却已背负一身罪业。以此观照西方的现代性：人从神性走向本能性；理性之咒无法解除，对价值问题只是一味地回避，人生形成一大虚无；为了知识和权力出卖灵魂，这一后果可能使人类走向自我的毁灭。

如何使知识不独立于生命而发展，生命儒学的兴起正是应此呼声而起的新一波的运动。唯有心灵重新得到开发，才能够扑灭现代性带来的虚无之火。霍韬晦先生说过："价值并非依个人主观之选择而立，而是通过生命的成长来发现。"[54] 对生命而言，价值有一种先在性，能开发者得之，半途而废者失之。如何开发，便落到具体的方法论上，我们急需要恢复传统儒学的教化精神，让人能够打通自我的封闭，看到别人的价值、社会的价值、知识的价值、历史文化的价值乃至自然的价值、天地的价值、整体的价值。喜耀教学法正是重新恢复传统的教化精神的一种尝试。

注　释：

① 张灏：《中国近代思想史的转型时代》，《二十一世纪》，1999 年 4 月号。

② 转引自金观涛、刘青峰：《中国现代思想的起源》第一卷，香港中文大学出版社 2000 年版，第 347 页。

③ 参阅格雷：《自由主义》，台湾桂冠图书公司 1991 年版，第 124 页。

④ 牟宗三：《道德的理想主义》，台湾学生书局 2000 年版，第 3 页。

⑤ 熊十力：《与梁漱溟》，《十力书简》油印本，深圳大学国学研究所编选，1985 年 11 月。

⑥ 熊十力：《新唯识论附笔札》，《新唯识论》，中华书局 1999 年版，第 243 页。

⑦ 熊十力：《答马格里尼》，《十力语要》，第 145 页。

⑧ 熊十力：《为诸生授〈新唯识论〉开讲词》，载《摧惑显宗记》附录，台湾学生书局 1988 年版。

⑨ 熊十力：《体用论》，中华书局 1994 年版，第 156 页。

⑩ 熊十力：《体用论》，中华书局 1994 年版，第 156 页。

⑪ 牟宗三：《历史哲学》，台湾学生书局 1988 年版，第 167 页。

⑫ 牟宗三：《道德的理想主义》，台湾学生书局 1992 年版，第 217 ~ 218 页。

⑬ 牟宗三：《道德的理想主义》，台湾学生书局 1992 年版，第 220 页。

⑭ 牟宗三：《政道与治道》，台湾学生书局 1983 年版，第 52 页。

⑮ 牟宗三：《近代西方意义下的民主政体》。

⑯ 牟宗三：《政道与治道》，台湾学生书局 1983 年版，第 57 ~ 62 页；亦参阅其《道德的理想主义》，第 253 ~ 259 页。

⑰ 牟宗三：《道德的理想主义》，台湾学生书局 2000 年版，第 271 页。

⑱ 郑家栋：《新儒家思想理论的展开与终结》，《断裂中的传统——信念与理性之间》，中国社会科学出版社 2001 年版，第 120 页。

⑲ 郑家栋：《新儒家思想理论的展开与终结》，《断裂中的传统—信念与理性之间》，中国社会科

学出版社 2001 年版，第 102 页。

⑳ 牟宗三：《生命的学问》，台湾三民书局 1984 年版，第 38 页。

㉑ 霍韬晦：《建立者的光辉》，《世纪之思》，法住出版社 1998 年版，第 344 页。

㉒ 牟宗三：《现象与物自身》，台湾学生书局 1984 年版，第 39 页。

㉓ 牟宗三：《现象与物自身》，台湾学生书局 1984 年版，第 40 页。

㉔ 郑家栋：《牟宗三》，台湾东大图书公司 2000 年版，第 105 页。

㉕ 牟宗三：《现象与物自身》，台湾学生书局 1984 年版，第 243 页。

㉖ 牟宗三：《道德的理想主义》，台湾学生书局 2000 年版，第 34～35 页。

㉗ 蒋庆：《良知只可呈现而不可坎陷——王阳明与牟宗三学说之比较及"新外王"评议》，原载《中国文化》1996 年第 2 期，第 168～181 页。

㉘ 余英时：《钱穆与新儒家》，《现代儒学论》，八方文化企业公司 1996 年版，第 138 页。

㉙ 郑家栋：《断裂的传统——信念与理性之间》，中国社会科学出版社 2001 年版，第 452 页。

㉚ 牟宗三和唐君毅便曾尝试用知识性的论述方式企图对此加以说明，结果除了陷入无穷的分析之外，还是未能满足分析哲学的要求，对他们的论述的批判不绝，其中非常尖锐的有冯耀明。例如他批评牟先生没有对形而上的智的直觉与形而下的生活经验之间的作用性的关系作出说明；他又质疑唐先生的"心通九境"，要求唐氏证明九境何以判高低、一心何能通九境、一心如何得实证等。诚然，即使在言说上满足了这些认知性的要求，认知上的了解仍然不是真实的体会。详情参阅冯氏著《超越内在的迷思——从分析哲学观点看当代新儒学》，第 160 页。来自儒家内部的蒋庆，对唐、牟这样的做法，也批评他们只在语言的层次说明人有光明的人性，少了真正的工夫，只能是空话，只是个戏论。见《霍韬晦先生访谈录》，《天地悠悠》，法住出版社 2003 年版，第 176 页。

㉛ 牟宗三：《智的直觉与中国哲学》，台北商务印书馆 1970 年版，第 193 页。

㉜ 牟宗三：《智的直觉与中国哲学》，台北商务印书馆 1970 年版，第 340 页。

㉝ 郑家栋：《当代儒学发展中的"道"与"学"》，《断裂中的传统——信念与理性之间》，中国社会科学出版社 2001 年版，第 189 页。

㉞ 郑家栋：《当代儒学发展中的"道"与"学"》，《断裂中的传统——信念与理性之间》，中国社会科学出版社 2001 年版，第 193 页。

㉟ 霍韬晦：《第三代新儒家应该做什么?》，《世纪之思》，法住出版社 1998 年版，第 90 页。

㊱ 霍韬晦先生提出"生命成长"之目的在于建立一不断开辟、不断成长的动态生命观，而非静态的生命本质还原论。生命成长，由立志、读书、学做人、认识自己、关怀家人、关怀社会、关怀国家民族，最后必回归文化之重建，而根不在外，不离人的真实性情。

㊲ 霍韬晦：《东西文化与悟道方法论的反思》，《世纪之思》，法住出版社 1998 年版。

㊳ 霍韬晦：《世纪之思》，法住出版社 1998 年版，第 38～39 页。

㊴ 霍韬晦：《世纪之思——中国文化的开新》，法住出版社 1998 年版，第 154 页。

㊵ 霍韬晦：《世纪之思——中国文化的开新》，法住出版社 1998 年版，第 154 页。

㊶ 霍韬晦：《风雨中的信心——法住二十周年献语》，《法灯》第 241 期。

㊷ 霍韬晦：《世纪之思——中国文化的开新》，法住出版社 1998 年版，第 138 页。

㊸ 霍韬晦：《书院之旅》，法住出版社 2001 年版，第 85 页。

㊹ 此"心"是一具主动性之"心"，即孟子所谓的道德心，践履心。

㊺ 霍韬晦：《书院之旅》，法住出版社 2001 年版，第 63 页。

㊻ 霍韬晦：《书院之旅》，法住出版社 2001 年版，第 74 页。

㊼ 霍韬晦：《书院之旅》，法住出版社 2001 年版，第 79 页。

㊽ 一个更全面的 10 年教学成果统计目前正在进行中。

㊾ 霍韬晦：《法住事业与二十一世纪》，《法灯》第 245、246 期。

(50) 参阅《霍韬晦先生访谈录》，《天地悠悠》，法住出版社 2003 年版，第 178 页。

(51) 霍韬晦：《第三代新儒家能做些什么?》，《世纪之思》，法住出版社 1998 年版，第 86～87 页。

(52) 杜维明：《杜维明文集》（第五卷），武汉出版社 2002 年版，第 507 页。

(53) 霍韬晦：《时代急需新思想》，《世纪之思——中国文化的开新》，法住出版社 1998 年版，第 77 页。

(54) 霍韬晦：《天地唯情》，法住出版社 2002 年版，第 40 页。

（作者单位：新加坡东亚人文研究所）

现代新儒家论儒学与宗教性问题

□ 李 建

　　儒学的宗教性关涉到对儒学特质与中国文化精神的定位，以及儒学现代转化和未来走势的评价等问题，因而它成为 20 世纪儒学与传统文化研究中重要的议题之一。现代新儒家，作为一个以继承儒家道统、复兴儒学为己任的 20 世纪三大思想文化流派之一，在该议题上有着自己独特的运思和见解。他们试图以现代语境和较为宽泛、灵活的宗教理念，重新界定与审视儒学这一断裂的民族文化传统，以便彰显中国历史文化之生命与中华民族之精神。现代新儒家的这一独特运思，体现了对中国传统文化精神的积极探寻，对于我们探讨儒学与宗教、儒学与民族文化精神，以及对于 20 世纪 80 年代以来中国大陆学界关于儒学与宗教关系问题的争论都具有一定的启示意义。

一、"以道德代宗教" 的伦理致思

　　20 世纪 20 年代初，梁漱溟在《宗教问题的讲演》及《东西文化及其哲学》中，把宗教界定为 "以超绝于知识的事物谋情志方面之安慰勖勉"，满足宗教须有两个条件：其一，必以对于人的情志方面之安慰勖勉为他的事务；其二，必以对于人的知识作用之超外背反立他的根据。"超绝" 与 "神秘" 是宗教的特质。孔子及儒家本不具有这样的条件与特征，不算是宗教。但孔子提倡实施的孝悌和礼乐与其他大宗教对于人生有同样伟大的作用，"凡宗教效用，他无不具有，而一般宗教荒谬不通种种毛病，他却没有"[①]，所以，儒家（孔家）非宗教又似宗教。即是说，孔子及儒家本身不是宗教，却起了宗教的作用。其后，在此基础上，他形成了比较系统的关于儒学宗教性问题的论说，这就是四十年代末他在《中国文化要义》中阐述的 "周孔教化非宗教"，儒家 "以道德代宗教" 说[②]。撮其要点有以下几方面：

　　首先，中国文化中 "几乎没有宗教底人生" 或 "缺乏宗教"。缘由有三：其一，中国文化的发展开朗，原是周公孔子以后近三千年的事，上述判断即是就此而言。其二，中国文化流传至今，且一直为中国民族所实际受用的，是周孔以来的文化，在其之前的文化，对后世生活无大关系，仅有文化史上的意义。其三，周孔以来的文化虽然有一部分属于宗教范畴，但从总体上看，三千年文化的 "发展统一不依宗教做中心"。中国文化之统一的精神中心 "是周孔教化而非任何一宗教"。其他同时并存的宗教，如自古沿袭的祭天祀祖，外来的佛、回、耶等，要么成为了"孔子教化内涵之一部分"，要么成为孔子教化的"帮腔"。由上而言"中国缺乏宗教"。③

其次，"周孔教化非宗教"。所谓"周孔"，是"举周公以代表他以前那些人物；举孔子来代表他以后那些人物"。周公及其所代表者，贡献在礼乐制度等具体制度创造上；孔子则推阐昔贤制作之理以教人。所以对中国文化的影响孔子又大过周公。故推断"周孔教化非宗教"可以首先从孔子方面予以说明。主要有两点：其一，生死鬼神问题是宗教赖以存在的基础，因为"它恰合于宗教底两条件：情志方面正需要宗教，知识方面则方便于宗教之建立。"但在宗教脱离不开的生死鬼神一套，孔子偏不谈它，这充分证明孔子不是宗教。而且，伴随生死鬼神而来的宗教的罪福观念、祈祷禳祓等宗教行为，孔子也表示反对。其二，孔子不具备宗教所必有的要素，却有一种宗教所不能有的精神，即相信人都有理性，完全信赖人类自己。因此，孔子没有宗教那种要求人的独断的标准，而是要人自己反省。"这就是宗教里所万不能有底事"。④

第三，儒家"以道德代宗教"。孔子虽没有排斥或批评宗教，却"实是宗教最有力的敌人"，因为孔门的教法与学风是"一面极力避免宗教之迷信与独断"，"一面务为理性之启发"。"儒家没有什么教条给人，有之，便是教人反省自求一条而已。除了信赖人自己的理性，不再信赖其他。"这种理性精神的实质是"道德"，而非"宗教"。"道德为理性之事，存于个人之自觉自律。宗教为信仰之事，寄于教徒之恪守教诫。中国自有孔子以来，便受其影响，走上以道德代宗教之路。这恰恰与宗教之教人舍其自信而信他、弃其自力而靠他力者相反。"而且，在人类文化历史上，"道德比之宗教还为后出"，但中国较早实现了"以道德代宗教"，所以说，"中国文化是人类文化的早熟"。⑤

第四，"周孔之礼"是儒家之所以能"以道德代宗教"的依傍。宗教在古代往往居于政治之上，涵容礼俗法制，整个社会靠其组成，整个变化以之为中心，并非道德所能轻易取代。儒家之所以能以道德代宗教，关键在于古时儒家把古宗教转化为理性化之"礼"（周孔之礼），"更把宗教所未及者，亦无不礼乐代之"，而"周孔之礼"，正可起到"设为礼乐揖让以涵养理性"和"安排伦理名分以组织社会"的功能。"礼乐使人处于诗与艺术之中，无所谓迷信不迷信，而迷信自不生"，"礼乐有宗教之用，而无宗教之弊；亦正唯其极邻近宗教，乃排斥了宗教"。⑥

二、"人道天道融合为一"的本体关照

作为现代新儒学真正开山的熊十力，他为现代新儒学奠定了形上学的基础，构建了一套博大深邃、细密谨严的儒家哲学本体论体系。他所谓的儒学本体，"非是离自心外在境界及非知识所行境界"，也非是"离我的心而外在的物事"。即不是作为外缘的、离开主体（心）客观独存的实体，或超越于主体和客观的"第一因"、"主宰者"，君临万物之上的造物主、神天、上帝，而是"万物本原与吾人真性（本心），本非有二"的"心物不二"、"体用不二"的本体。因此，不能"把本体当做外界独存的东西来推度"，或向外界寻求"构画一种境界而建立为本体"。⑦儒学"体用不二之旨，实融天人而一之"，这与"情感上有超越万有之神之信仰"的宗教截然殊途。⑧

熊十力并且指出，"儒言天道，乃宇宙本体之称，非谓神帝。……视本体为超越于人

类而独在，惊叹其无穷，是犹宗教以神道统治人道之余习也。如其实悟吾人之真性即是遍为天地万物本体，天地万物之本体即是吾人真性，则高明悠久无穷者，皆吾性分上所固有，孰谓天人对立，不得融而为一耶？……孔子曰：'人能弘道，非道弘人'。（道者，即本体或真性之称。）斯义广大渊微至极，其否认有超越吾人与天地万物而独尊之神道，使神道不复能统治吾人。哲学精神，至此完全脱去宗教尽净，遂令人道天道融合为一，不可于人之外觅天也。其功诚巨哉！"⑨也就是说，由儒家"心物不二"的本体来说，宗教是以外求神道统治人道，儒学是以内省人道融摄天道。儒学与宗教有着内在根本的差别。

三、"儒家婚丧祭礼非宗教"的哲学理念

冯友兰亦是主张儒学非宗教论者。如在 20 世纪 40 年代成书的《中国哲学简史》中，他指出"儒家不是宗教"，中国人"不大关心宗教，是因为他们极其关心哲学。他们不是宗教的，因为他们都是哲学的。他们在哲学里满足了他们对超乎现世的追求"，⑩即"以哲学代宗教"。1928 年 6 月，冯友兰在《燕京学报》第三期发表了一篇《儒家对于婚丧祭礼之理论》的论文，其内容涉及"儒家婚丧祭礼非宗教"的观点，在同时期有关儒学宗教性问题的论述中具有代表性。他认为：

第一，"儒家婚丧祭礼是诗与艺术而非宗教"。人心有情感及理智两方面，人们对待死者若纯依理智，则为情感所不许；若专凭情感，则使人流于迷信而妨碍进步。而儒家以述为作，将古时已有的宗教性质的丧祭礼加以修正，予以新意义。使对待死者之道折衷于二者之间，兼顾理智与情感。这就把宗教的一套变为诗的、艺术的。诗与艺术所代表的虽然不真实、不科学，但它与理智和科学并不冲突。人们既可以在诗与艺术中得到情感的安慰，又不妨碍理智的发展，所以它是"非宗教的"。例如，古时为死者预备器具（儒家所谓"明器"），未尝不以为死者灵魂继续存在，但儒家为之赋予新义，即"备物而不可用"。"备物"是希望死者能用，符合人的情感；"不可用"符合人的理智，即明知死者不能用。所以，儒家对待死者态度是"诗的，艺术的，而非宗教的"。⑪第二，儒家对于丧祭礼的理论，专就主观情感方面立论，以达到人们情感的慰安。例如祭礼，因人们主观方面对死者有"志意思慕之情"，所以儒家通过祭祀以使人们得到情感的慰藉，至于祭祀的对象，儒家则以"无形影"、"如或飨之"、"如或尝之"的态度对待，所以儒家祭祀"君子以为人道"而"百姓以为鬼事"。而且，儒家还为祭祀赋予了"报本反始"、"崇德报功"之义，目的是使"民德归厚"。另外，儒家还把公共祭祀看成是一种休息娱乐。因而，儒家主张的祭祀是艺术而非宗教。第三，凡人皆有死，于是种种迷信藉此产生，许多宗教皆以灵魂不死相号召。而儒家（至少一部分儒家）不主张灵魂不死，于是特别使人得生物学意义上的不死及理想的不死（不朽）之道。这就是儒家在婚姻理论上完全注意于其生物学的功用，即在于使人有后。中国传统结婚生子，造"新吾"以代"旧吾"，"以为自己生命已有寄托，即安然以俟死，更不计死后灵魂之有无。此实儒家思想所养成之精神"。由儒家的婚丧祭礼可知，"儒家之思想乃积极人文主义的（Humanistic），积极主义的（Positivistic），并不需渺茫虚幻之假定，而一切根据于事实，此所谓中庸之道也"。也即是说，儒家本质上是哲学的，而不是宗教的。

四、"孔子与心教"的现世特色

钱穆在儒家与宗教的问题上，通过比较中、西方（儒家与宗教）的"不朽"观念，"灵魂"与"人心"观念，提出了孔子"心教"说⑫，亦颇具典型性。其主要观点是：（一）西方解决人生生死、不朽乞灵于宗教。"它们用宗教灵魂出世之说来慰藉现世孤零的人心，它们把人生不朽的要求引到别的世界（天国）去。""它们的人生是两个世界。来世的人生是宗教的，现世的人生是法律的。二者相互为用，他们的政治社会以及一切文明，都支撑在此上。"（二）中国人的"不朽"观念（《左传》所谓立德、立功、立言三不朽）都属于现世，是现世的不朽，因此中国人可以不信灵魂而仍有其不朽。这是儒家"仁"的境界建立的基础。在仁的境界里，自私自利之心自不复有，人生问题亦牵连解决。由此扩充至极，则中国社会可以不要法律和宗教而另有支撑点，这便是内在的"仁"和外在的"礼"。（三）西方人的不朽为灵魂，故重上帝与天堂。中国人的不朽即在人群之中，故重现世与人群。两者相较，中国人的不朽观念更著实更高超，是更进步的观念。从事宗教生活者必须求知上帝的意旨，求三不朽现世生命者必须求知人群的意志。中国人的上帝即是人类大群。人能解脱"小我"的隔膜与封闭，而通晓人类大群的意志者，其心的境界即谓之"仁"。（四）中西方"人心"观念不同。西方所谓"心"，只是肉体机能，与灵魂为两物，超肉体者、可以与上帝相通者只有灵魂，却不认为人我之间的心可以直接相通（须经上帝旨意转手）。中国人以心即仁，其境界可以超乎肉体，人心能超出个体"小我"之隔膜与封闭而相互之间直接相通。此即中国儒家所谓"仁"。孔子是首倡此论者。（五）孔子讲人生直指人心。由人心显而为世道，这是中国人传统的人生哲学，亦可说是"中国人的宗教"。孔子舍弃了古人上帝鬼神之信仰，使以后的人但讲"人心世道"而不谈上帝，这实是中国的大进步。由此可称西方宗教为"上帝教"，中国宗教为"人心教"或"良心教"。（六）孔子培养良心最直接的方法是教人孝悌。心之相通，必自孝始，因此中国宗教亦可说是孝的宗教。孝之外貌有礼，其内心则为仁。由此推扩则为整个的人心与世道。因此既有孔子，中国便可不需再有宗教。孔子不从来世讲永生，避免了先民朴素的天鬼旧观念束缚，直接以人生问题来解决人死问题，与其他宗教以人死问题为解决人生问题绝不相同。他只看重人心的境界，不再在人心以上补一个天鬼的存在，这实在是超宗教的、进步的。（七）孔子的心教把握了人生的"基本大原"，即追求超出肉体生命的心的生命。所谓人生的不朽与永生，即是指其人能常留在人类大群的公心中而永不消失。人生即在仁体中，人生之不朽应在此仁体中不朽。孔子的心教使中国能无需法律宗教的维系而屹立不摇。所以，"此后的中国乃至全世界，实有盛唱孔子心教之必要。"综观钱氏该说，实为主张"以儒家心教代宗教"。

五、文化失落中的超越心结与宗教意蕴

现代新儒家的第二代人物由于时代氛围和社会环境的变化，在儒学宗教性问题的看法上与第一代新儒家有了较大的差别。20 世纪 40 年代末移居港台的新儒家第二代人物唐君毅、牟宗三等，在西方宗教意识及宗教价值的启发下，进一步认识到宗教在西方文化中的

底蕴和深意，基于与西方文化抗衡与护持中国文化精神的心结，开始以新的视域认识、掘发、诠释儒学资源中所蕴含的宗教精神、宗教意识，并试图以此与西方宗教文化进行理解式的对话。这里以牟宗三、徐复观、张君劢、唐君毅联名发表的、集中代表第二代新儒家观点的《为中国文化敬告世界人士宣言》为例，概要叙述第二代新儒家对儒学宗教性问题的反思。

《宣言》指出，多年来众多中外人士普遍认为中国文化（儒家思想）只注重人间伦理道德，不注重人对神的宗教信仰；或以为中国文化中缺乏宗教性的超越感情，中国之伦理道德思想，都是一些外在的行为规范的条文，缺乏内心之精神生活上的根据。这些见解，在《宣言》看来，是犯了"莫大的错误"。《宣言》认为，中国文化中虽然没有独立的宗教文化传统，没有像西方那种制度化的宗教教会及宗教战争，但并不意味着中国民族没有宗教性的超越感情或宗教精神。这可以从以下几个方面说明。第一，中国诗书中明显地"原重上帝或天之信仰"，普通家庭中有"天地君亲师之神位"，古代帝王也以"天子"代万民祭天祀上帝。在中国人生道德伦理实践中，"明明涵有宗教性之超越感情"。第二，自孔孟以来的儒家，都重视"天人合德、天人合一、天人不二、天人同体"。其中"天"的含义，初为"超越现实的个人自我与现实的人与人关系的"，"明明指有人格之上帝"。后来，古人对天的宗教信仰被儒家贯注于关于"人"的思想中，融合于人生伦理道德中。第三，不是中国"无神、无上帝、无宗教"，而是儒家能"天人交贯"：一方面使"天""由上彻下以内于人"，一方面使"人""能由下升上而通于天"。儒家的义理之学、心性之学是打通人的生活之内外、上下、天人的枢纽。第四，儒家倡言"气节"，为"最高理想献身"。此中若没有对仁义等价值的绝对信仰是做不到的。这种既内在于心而又超越个体现实生命的对仁义之价值及道本身的信仰，即是一种"宗教性的超越信仰"。[13]

在《宣言》中，第二代新儒家虽然没有明确提出儒家或儒学就是宗教，但他们对儒家、儒学中超越情感或宗教精神的掘发与诠释，充分说明了儒家既超越又内在、既神圣又凡俗的既具宗教性又超越一般宗教的特征。所以，唐君毅、牟宗三等在其后的著述中就儒学的宗教性问题又作了多方面的、进一步的阐述。如唐君毅认定儒家精神有与一切人类高级宗教共同之点，"此共同点即其宗教性"。牟宗三则更进一步，直接把儒教界定为"道德的宗教"、"成德之教"、"人文教"，明确提出，儒学具有"高度的宗教性，而且是极圆成的宗教精神，它是全部以道德意识道德实践贯注其中的宗教意识、宗教精神，因为它的重点是落在如何体现天道上"。[14]

应当说明的是，同在《宣言》中署名的徐复观、张君劢（张本是新儒家第一代人物），在儒学宗教性问题的意见上并不与唐、牟一致，他们并不赞成以儒家为宗教的观点。例如徐复观认为中国文化自春秋时代起就逐渐从宗教中脱离出来，儒家所谓"天命"，"乃道德性之天命，非宗教性之天命"。[15]张君劢则把儒家思想"看作一套论理或哲学体系而不看作宗教"，因为，"中国人从来没有把孔子看作是先知或教主。孔子也从来没有自称为主或光。……孔子根本不想谈超现实世界或创立宗教"。[16]但无论如何，从总体上看，第二代新儒家关于儒学宗教性问题的反思及唐、牟等对儒学资源中蕴含的超越理念（内在超越）和宗教精神的掘发，丰富了人们对儒家精神特质的认识，更深深启迪了第三代新儒家对该问题的见解。

六、"终极关怀"与"内在超越"的创造性转化

第三代现代新儒家学者在儒学宗教性问题上，具有更为开放宽容的心态。在第二代新儒家的基础上，他们借助西方有关"宗教"的新界定、新诠释，积极阐发儒学的价值与意义，主动与西方宗教、文化对话。他们对神性与人性、道德精神与宗教精神、终极关怀与现实关怀、内在超越与纯粹超越的问题作出进一步探讨，尤其阐发宋儒"身心之学"、自我观念与自我实践过程中的本体论意蕴和伦理宗教的特质。面对两种西方模式——科学主义与绝对外在的上帝模式的夹击，他们作出了创造性回应，努力与西方神学界沟通，为其提供儒家资源中把超越外在的天道与俗世生活、自我反思连在一起的慧解。[17]这里从"终极关怀"、"内在超越"理念的角度，简要分析第三代新儒家（以刘述先、杜维明为例）在儒学宗教性问题上所进一步阐发的儒家宗教意蕴。

儒学是否宗教或具有宗教性，不仅是一个事实的判断问题，而且涉及"宗教"一词的界定。近代以来儒学宗教性问题的探讨者，无不以自己所理解的"宗教"作为自己立论的出发点。刘述先认为，如果宗教的意思只是相信一个超自然的上帝，祈向一个永恒的天国，那么，很明显，孔子所彰显的是彻底的现世精神，缺少对于超世的祈向，中国人的思想的确绝大多数是现世性和非宗教性的。但他又认为，无神未必一定非宗教，佛教就是一个明显的例子。[18]所以，他在20世纪70年代初就提出，必须捐弃传统以神观念为中心的宗教定义，对其重新加以修正。对"宗教"含义的新理解，他比较倾向于现代基督教神学家田立克（Paul Tillich）的见解，即把宗教信仰重新定义为人对"终极之关怀"（Ultimate Concern）。他认为，每个人都有他自己不同的终极关怀，有的人终生为名利，有的人终生为国家民族。如果把终极关怀的对象界定为神，那么每个人都有他自己的神，虽然内容可以完全不同。在这个意义下，乃至一个无神论者也有他自己的神，虽然他的神可以完全不同于一般人所信仰的神。在这一意义下，人的宗教的祈向是普遍的，因为每个人必有他自己的终极的关怀。[19]这种"终极关怀"的比较宽泛的宗教涵义，他以为恰恰适合时代的需要。

由此出发，他认为，从现代西方神学思想的发展看，现世精神之注重未必一定违反宗教超越之祈向。拿儒家来看，它虽不是一个组织宗教，但它既然可以为人提供安心立命之所，就不能不说他有深远的宗教意涵。当代新儒家就由此角度立论，定儒家思想为"内在超越"之形态以对比于基督教"纯粹超越"之形态。他指出，事实上也只有通过正视儒家思想的宗教意涵，才能够解释何以基督教在中国传教得不到巨大成功的理由，正如田立克所指出的，只有信仰才能对信仰形成抗拒的作用。中国传统一向有"三教"之称，这个"教"虽不是现代所谓的宗教（Religion），但不容置疑的是儒家思想与佛家、道家思想一样有宗教的意涵。[20]总之，儒家的思想既有内在的一面，也有超越的（宗教性的）一面。从此亦可看出，刘述先是以当代西方神学思潮的发展（如俗世化趋向）来反观本来即是俗世化性格的学说体系——儒学的，即儒学与现代世俗化走向的宗教有相通处，故儒学具有如此的宗教性意蕴。

杜维明在对儒家经典《中庸》进行现代诠释的基础上，对儒学的宗教性问题又有一番别样的理解。他认为，所谓儒学的宗教性归根结底是一个"成为宗教的人的儒家取向"

问题，这种取向可"界定为一种终极的自我转化"，"儒家的宗教性是经由每个人进行自我超越时具有的无限潜在和无可穷尽的力量而展现出来的"。"终极的自我转化"意味着追求"成圣"的过程是永无止境的，"终极"是人性最大限度的实现，"自我转化"则意味着经过修身能够达到人性的最高境界。儒家终极的自我转化不是超离人性而是最大限度地实现人性，这实质具有伦理宗教意义。而且，儒家重视群体（社群），因而，"强调信赖社群之为终极的自我转化中一种不可消解的终极的真实，乃儒学宗教性的一个规定性特征"，并且"不受同超越者无涉的社会伦理的支配"。他还认为，儒家包容的人文主义内蕴着一种与天的"盟约"，因为儒家的道德责任不在于把自己作为一个孤立的个体来实现自己，也不在于把社群完善成某种自足的实存，而是通过自我实现和社群完善去实现"与天地参"的人类的最高理想。儒家天人一体观的人的概念为儒家的伦理学更增添了超越的层面。[21]

综上所述，现代新儒家在儒学是否宗教问题上，尽管论点不一，体证各异，但他们对该问题的独特运思和见解却呈现出一定意义上的一致性，即以现代语境和宗教功用相结合之视野重新审视与肯定儒学在社会整合与人生定向方面曾经或将要发挥的作用。而内涵终极关切与终极的自我转化意蕴，立足于提供安身立命之道与解脱方式的儒学宗教性问题的提出，则表明现代海外新儒家在文明对话和现代多元主义背景下，以一种较为宽泛、灵活的宗教理念界定儒学这一断裂的民族文化传统的努力。这一方面展现出新儒家寻获意义方式的改变：儒家已经退出社会秩序的整合中心而试图继续维持作为人心秩序统合中心的地位。现代社会中意义问题已经不与世界秩序的整体有关而只维系个人的选择。[22]另一方面又说明，把儒学看作一种内在的精神品格，一种"宗教人文主义"，一套人生信仰体系等等，远比把其限定在政治、哲学或伦理道德等的层面，更能彰显其在中国文化传统中的独特地位与其现代价值，也更能凸显中国历史文化之生命与中华民族之精神，正如牟宗三先生所说："若谓中国文化生命，儒家所承继而发展者，只是俗世（世间）之伦常道德，而并无其超越一面，并无一超越的道德精神实体之肯定，神性之实，价值之源之肯定，则即不成其为文化生命，中华民族即不成一有文化生命之民族。"[23]上文所述或许就是现代新儒家儒学宗教性问题提出的重要意义之所在。

注　　释：

① 梁漱溟：《东西文化及其哲学》，商务印书馆 1923 年版，第四章。
② 梁漱溟：《中国文化要义》，成都路明书店 1949 年版，第六章。
③ 梁漱溟：《中国文化要义》，成都路明书店 1949 年版，第六章。
④ 梁漱溟：《中国文化要义》，成都路明书店 1949 年版，第六章。
⑤ 梁漱溟：《中国文化要义》，成都路明书店 1949 年版，第六章。
⑥ 梁漱溟：《中国文化要义》，成都路明书店 1949 年版，第六章。
⑦ 熊十力：《新唯识论·明宗》，中华书局 1985 年版。
⑧ 熊十力：《十力语要初续·答徐复观》，台北东天出版社 1971 年版。
⑨ 熊十力：《原儒》上卷《绪言》，上海龙门书局 1956 年版。
⑩ 冯友兰：《中国哲学简史》，北京大学出版社 1989 年版，第 4 页。
⑪ 冯友兰：《儒家对于婚丧祭礼之理论》，《燕京学报》1928 年第 3 期。
⑫ 钱穆：《孔子与心教》，《思想与时代》1943 年第 21 期。

⑬ 唐君毅等：《为中国文化敬告世界人士宣言》，《民主评论》1958 年。

⑭ 牟宗三：《心体与性体·综论》，台北正中书局 1968 年版。

⑮ 徐复观：《中国人性论史·先秦篇》，台北商务印书馆 1987 年版。

⑯ 张君劢：《新儒家思想史》，台北弘文馆出版社 1986 年版。

⑰ 郭齐勇：《当代新儒家对儒学宗教性问题的反思》，《中国哲学史》1999 年第 1 期。

⑱ 刘述先：《理一分殊》，上海文艺出版社 2000 年版，第 52 页。

⑲ 刘述先：《儒家宗教哲学的现代意义》，收入《生命情调的抉择》，台北学生书局 1974 年版。

⑳ 刘述先：《理一分殊》，上海文艺出版社 2000 年版，第 53 页。

㉑ 杜维明：《论儒学的宗教性》，武汉大学出版社 1999 年版。

㉒ 《关于"儒家与宗教"的讨论》，《中国哲学史》2002 年第 2 期。

㉓ 牟宗三：《生命的学问》，台北三民书局 1970 年版，第 74 页。

（作者单位：曲阜师范大学历史文化学院）

论人文主义与幸福问题之关系

——依现代新儒家而来的基础性理解

□ 张晚林

人虽是一种理性的存在，但同时也是一种物质性的存在。此即表明，对于人来说，如何维持其物质性的存在以延续人类的历史，亦是一个相当重要的问题。正是基于这种认识，马克思才说："所以我们首先应当确定一切人类生存的第一个前提也就是一切历史的第一个前提，这个前提就是：人们为了能够'创造历史'，必须能够生活。但是为了生活，首先就需要衣、食、住以及其他东西。……因此任何历史观的第一件事情就是必须注意上述基本事实的全部意义和全部范围，并给予应有的重视"。①在中国文化中，以孔孟为代表的正宗儒家虽不以人的物质性的欲望为人的天命之性，但亦不随便抹杀它。故孔子曰："饮食男女，人之大欲存焉。"（《礼记·礼运》）又曰："富而可求也，虽执鞭之士，吾亦为之。如不可求，从吾所好。"（《论语·述而》）孟子亦曰："生，亦我所欲也；义，亦我所欲也。二者不可得兼，舍生而取义者也。"（《孟子·告子上》）从孔、孟的话中便可知，生之富贵亦为人之所求，只有当它与性之仁义发生矛盾时，才放弃前者而从后者，以保住人禽之辨或君子小人之辨。也就是说，人的物质性的存在应予以足够的重视，但对于人这种理性的存在而言，它亦不是唯一的使命。这里隐含的意思是：人的物质性的存在需要加以调护滋养，但还有一个如何加以调护滋养的问题。这里的"如何"不是根据科学分析而来的适度与否的问题，而是依照道德原则而来的配与不配的问题。而这，乃是任何文化必须加以重视并合理解决的重大问题。这才是真正的人文主义的立场，任何文化都不应该偏离这样的一种立场，一旦如此，则必然要进行文化上的补偏救弊的工作。文艺复兴时期的人文主义在西方文化中的发生正是因此而起的。

Renanissance 的本来意思是"人的再生"，即把人从神的蛰伏之下解放出来以强调个体生命和世俗生活，这即是重视人的物质性存在的调护滋养问题，然而文艺复兴时期的人文主义是否合理地解决了这一问题呢？对此要作出解答，需要考察一下这种人文主义成立的基点在哪里？即，若以一般的看法，人文主义就是人本主义的话，则这种人文主义是在什么意义上来把握人这个"本"的？文艺复兴时期的人文主义因对治基督教神学而标举人的再生，它是基于对个性自我的强调，既而来肯定人的世俗生活。这样一来，人的普遍的理性的一面被忽略，而特别重视人的气质性的一面。这可以说是一个感才情的立场，故文艺复兴时期有很多在才情上表现出极强的创造力的科学家、艺术家，他们使这一时期呈现出极富美感的人间景观。但必须指出的是：若对人的反省只到这种程度，即把人文主义得以成立之"本"建基在人的气质之性上，则这样的人文主义依然有不可克服的限制，尽管它能尽人之才情的个性创造而因此精彩。其个中关键即在：此时的"人"，即个性自我只是一个浑沌的整全，尚缺乏反省的破裂、超越的分解的内在工夫，而见一个超越的普遍自我，以作为个性自我的领导原则。这样一来，文艺复兴时期的人文主义——正如唐君毅所言——使得"人之一切自然本能，蛮性的权利意志，向外征服欲，得一尽量表现之机会；而形成近代文化中另一种人之神性与其兽性之纠缠。"② 我们现在再来看它是否能合理地解决调护滋养人的物质性的存在的问题。

调护和滋养人的物质的存在，我们简单地称之为人的"幸福"。因为幸福——依照康德的讲法——就是人的一切爱好的满足（注意：康德对幸福的规定有广、狭二义。狭义的幸福就是 happiness——即官能欲望的满足；广义的幸福被称为 general happiness——永恒福祉，它是狭义的幸福加上道德而形成的一个圆善境界。本文所讨论的"幸福"取狭义）。西方文化复兴时期的人文主义就是要从中世纪的宗教天国中抽离出来，回到世俗世界，以肯定人的物质性存在。这一回转就使人文主义与人的"幸福"关联起来，这并非不对。但因为此时的人文主义——如前所述——只停留在个性自我之整全，缺乏反省的破裂、超越的分解的内在工夫，而见一个超越的普遍自我，以作为个性自我的领导原则，即只停留在人的物质性的当身来探讨人的"幸福"，它的精神性也只表现在对这种物质性的当身的光彩的欣赏与叹服之上。这用牟宗三的话说便是综合的尽气之精神，即其精神是服从自然生命的强度原则，让自然生命充沛而不滞。虽然，这种自然生命的充沛、不滞，在"不自觉中亦有近道者存焉，其尽气中的'自然之强度'亦含有精神的，而非为纯物质的也"③。因此，文艺复兴时期的文化总体上表现出一种健康向上的精神。但因为这种精神是切就人的物质性当身而向上，故始终只停留在主观状态之中，而不能客观化出来而成为规范者。因此，这种基于自然强度的生命精神时常提掣不住，而转化堕落为纯物化之气，由对才情之美的愉悦叹服转化为肆情纵欲，薄伽丘的《十日谈》便是这种情形的最好说明。这种肆情纵欲的生活态度，便是嵇康在《养生论》中所说的："惟五谷是嗜，声色是耽。目惑玄黄，耳务淫哇。滋味煎其府藏，醴醪煮其肠胃。香芳腐其骨髓，喜怒悖其正气。……身非木石，其能久乎？"可以说，这正是对人的物质性存在的戕害，恰恰走向了"幸福"的反面。

既然西方文艺复兴时期的人文主义就人的物质性存在的当身来探讨人的"幸福"时常会走向其反面，则显然，以这种方式来探讨人的"幸福"的问题是不够的。既如此，我们必须为"幸福"寻找一个规范性或限制性原则，使"幸福"能得其正，真正起到滋养、维持、延续人的物质性存在的作用。要解决这个问题，便牵涉到对人的基本看法。孟子说："人之所以异于禽兽者几希。"（《孟子·离娄下》）亚里士多德说："人是有理性的动物。"这两种说法大同小异，即都承认人既有理性又有动物性。但文艺复兴时期的人文主义切就人的物质性存在之当身及其才情之美来看人，则多只陷在动物性的一面，其超越动物性之所在，只表现为才智的成就。但才智的成就，只成为人进一步追求幸福的工具。这样一来，追求幸福，成了人的全部。由此，人们并不能找到一个场域，作为"幸福"的对立面，以便限制、规导人们对"幸福"的追求。这是文艺复兴时期的人文主义因关注人的"幸福"的问题而又陷入肆情纵欲之泥潭的根本原因。要克服这种流弊，必须为"幸福"寻找一个对立性的场域，以形成一个限制性、规导性的原则。那么，这个对立性的场域在哪里呢？这依然只能在人的本质中来寻找。就孟子和亚里士多德对人的本质的定义和解说来看，则这个对立性的场域只能在"几希"或"理性"那里，且这里所说的理性不是"知识理性"，而是"价值理性"。也就是说，人作为追求价值的动物，对于"幸福"的问题的关注，如何利用手段追求"幸福"是第二位的，而反省自己，是否配享幸福才是第一位的。因为前者是一个科学问题，后者是一个价值问题。因此，前面所讲的使"幸福"得其正，便不是一个科学上的适度问题，而是一个价值的反省问题，即人对"幸福"的追求和享受是否是道德的。通过这一价值反省，则人对"幸福"的追求与享受，借用萨特的话说，则"不但为自己的将来作了抉择，而且通过这一行为同时成了全人类作出抉择的立法者——在这样一个时刻，人是无法摆脱那种整个的和重大的责任感"。④这样，便把"幸福"推到了一个对立性的场域中，在那里得到进一步的规导与限制，而这个对立性的场域，正是由人的"价值理性"（或名"实践理性"、"道德理性"）而确立的。

前面说过，任何文化要关涉到人的"幸福"问题，但幸福本身并不能构成一个自足的体系。在西方，古希腊的斯多亚派早就意识到这一点，所以便说出了"德行便是幸福"的名言，但这实际上是取消了幸福在人生中的意义。康德尽管也认为幸福本身并不能构成一个自足的体系，但他并不取消它在人生中的意义。在康德看来，在一个至善（the supreme good）的世界里，一定含有幸福和道德两种成分。因为仅仅是幸福，对于我们的理性来说远远不是完全的善。如果幸福不与配享幸福（worthiness to be happy），也就是道德上的善结合起来，理性则并不会赞同这样的幸福，无论人们怎样地热望它。这样，由于康德把幸福与道德结合起来，便为幸福开显了一个对立性的场域，在那里，幸福得到了道德的规范与限制。但必须要指出的是，康德这里所说的虽然义理周全，但毕竟是纯粹哲学家的解析，这是一种概念性的，用康德自己的话说，若我们仅从其概念而抽掉一切道德性的障碍，则一个与道德性相结合成正比的幸福的体系的智性世界（intelligible world）是可以被设想为必然的。显然，康德也很清楚，这样的世界只是一个理念（only an idea），而我们之所以需要这个理念，乃是因为我们必须假定那个世界就是在感官世界（the world of sense）中的行为的一个后果，尽管感官世界并未向我们呈现这样一种联结，我们依然假定那个世界对于我们来说是一个未来的世界。这样，康德把幸福和道德相联结，只是先天地解析出人类永恒福祉（general happiness）的必要条件，而这个永恒福祉的未来世界之所以可能，康德认为还必须有两个预设，即上帝（God）和来世（a future life）⑤。康德的这一思路，尽管在义理上很详备，但依然是基于纯粹概念性的推导，他的系统中的上帝和来世的预设，正是这种纯粹概念性推导的有力证明。但这种推导，有学理上的意义，却无操作的可能，因为它不是基于"人本"的，即依赖于人自身这个"本"并不能直接解决问题，也就是说，"幸福"的规导性的场域在人自身这里并没有被真正确立起来。但尽管如此，我们仍然不能抹杀康德的理论的价值，这便是：为人类找求永恒的福祉，不使幸福发生流弊乃至走向其反面。尽管康德只是通过先验批判找到一个先天性的原则，且因这个原则的纯形式性，使其只停留在理论的意义上。但我们依然可以由康德的理论的价值与不足，来看"幸福"的规导性的场域如何才能被真正确立起来？

康德之所以不能把"幸福"的规导性的场域在人自身这里真正确立起来，乃是因为他始终把道德作为概念来解析，他的实践理性的三大概念——自由、上帝、来世——俱为解析时的必要假设即为明证，他始终不能反省证悟到人自身生命中质实的道德主体，由这个质实的道德主体来开启"幸福"的规导性的场域。但儒家却一直认为，通过人格的修养工夫，即刻便可觉悟到这个质实的道德主体。这个质实的道德主体，可以是孔子的"吾欲仁，斯仁至矣"的"仁体"，也可以是孟子的"四端之心"的"心体"或"性善"之性的"性体"，亦可以是王阳明的"致良知于事事物物"的"良知"，等等。儒家正是由这个质实的道德主体来开显出"幸福"的规导性的场域。一方面，它不像西方文艺复兴时期的人文主义那样，因只反省到人的气质之性的浑全而开不出"幸福"的规导性的场域；另一方面，它不像康德的批判哲学那样，因限于纯粹概念的推导而使这个场域最终落空。这表明，一方面它是人文主义，因为它之开显这个规导性的场域纯粹依赖于人自身，无须上帝或来世的假设；另一方面，它不是西方文艺复兴时期的人文主义，因为它能开显出这个规导性的场域。正因为如此，我们把儒家称为由道德的主体所开启的人文主义。现在，我们再来看"幸福"的规导性的场域在儒家那里是如何被确立起来的。

康德把幸福和道德联系起来，是想把幸福推向一个对立性的场域以使其得到规范，但因他只是纯哲学的先验批判，因此他只是找到了一个普遍性的原则（Do that through which thou becomest worthy to be happy，即"去做那使你配享幸福的事情吧"。）。这条普遍性的原则只有认知和律则的意义，它并没有内在于生命、生活开启一个质实的场域，人在此场域中有切实的觉悟与感通。于人的生命、生活中不能有切实的觉悟与感通，即表示不仁，不仁即表示生命不健（牟宗三认为："仁有二特性：一曰觉，二曰健。"⑥），生命不健即无力量去执行那条普遍性的原则，这是这条普遍性的原则在康德那里最终落空的根本原因。要开启一个有切实觉悟与感通的场域，唯有在儒家即道德的主体所开启的人文主义始有可能，因为在这里，人的道德主体是质实的，这个质实的道德主体使人有力量去执行康德所说的那条普遍性的原则，故孔子曰："力行近乎仁。"（《中庸》）此即是说"仁"即质实的道德主体自身即含有实践的力量与可能。而一旦人的生命中的质实的道德主体呈现，或者说一旦这个场域被确立，则不是去执行在这个场域之外的一条普遍性的原则，而是这个场域自身即是原则，这便是孟子所说的"由仁义行，非行仁义也"（《孟子·离娄下》），同时，在这个场域中，亦必然是"理义之悦我心，犹刍豢之悦我口"（《孟子·告子上》）。从上面的疏解中可知，"幸福"的规导性的场域的确立，完全维系于人的生命中的道德主体，一旦通过人格的修养工夫觉悟到这个道德主体，则这个场域便可确立起来。而一旦这个场域被确立起来，即刻可见康德的理论与儒家由道德的主体所开启的人文主义在"幸福"的问题上的不同。这种不同，就是徐复观所说的：中国文化（特别是儒家）在"修己"和"治人"上的区别。

康德在人的"幸福"问题上追求普遍性的原则，而说：去做那使你配享幸福的事情吧。而德行是构成我们之值得享有幸福的必不可少的条件，因此，追求幸福必须自修习德行开始，因为唯有德行使他有资格享有幸福（尽管他事实上不一定享有幸福）。这种思想在中国文化中也有，便是：修其天爵以为人爵的前提条件。关此，《孟子·告子上》有如下的陈述：

　　孟子曰：有天爵者，有人爵者。仁义忠信，乐善不倦，此天爵也；公卿大夫，此人爵也。古之人修其天爵，而人爵从之；今之人修其天爵，以要人爵；既得人爵，而弃其天爵，则惑之甚者也，终亦必亡而已矣！

　　"天爵"就是"仁义忠信"，依朱子的解释，因"德义可尊，自然之贵也"，故称。"修其天爵"就是"乐善不倦"，依朱子，就是以"仁义忠信""以为吾分之所当然者耳"。故孟子所说"修其天爵"就是修习德行。"人爵"就是"公卿大夫"，这是世间的富贵，即幸福。显然，孟子论"天爵"与"人爵"，也就是在论述"德行"与"幸福"的关系。切就这种关系而言，孟子认为应该是"修其天爵，而人爵从之"，而不应该是"修其天爵，以要人爵"（此所谓"有意为善，为善亦私"也），更不是"既得人爵，而弃其天爵"。所谓"修其天爵，而人爵从之"，乃是说尽"吾分之所当然者"，则人爵"盖不待求之而自至也"。也就是说，就理想状态而言（孟子以"古之人"、"今之人"对举，并非历史事实，而是以"古之人"寄寓理想也），"修天爵"应为"人爵"的前提条件。这就同康德所说的德行构成了我们配享幸福的必不可少的条件的讲法一致了。康德由此而说出"去做那使你配享幸福的事情吧"的普遍原则，儒家亦由此而说出"自天子以至于庶人，壹是皆以修身为本"的普遍原则。所谓"修身"，就是通过人格修养的工夫，让道德主体在生命中动转甚至作主，使整个生命呈现出一个仁者的境界。这个仁者的境界，才构成了"幸福"的一个质实的场域，人在此才有切实的内在于生命和生活的觉悟、感通，给"幸福"以限制和规导。何以能如此呢？这同康德的理论相比即可明白。康德对"幸福"的规导和限制只是基于一条普遍性的原则——"去做那使你配享幸福的事情吧"。就此一原则，我们可问：我做什么事情才使我配享幸福呢？这种价值上的关联靠什么来肯认呢？康德可回答曰：依人的道德理性。但在康德那里，这个原则要被遵循，还须有上帝存在和来世这两个条件。这样一来，则这个由人的道德理性所确立的内在原则，因与上帝和来世挂搭起来，便不可避免其外在性，成为了悬拟于人的主体之外的上帝的命令。但其实，我们行事，当下即是。何以必想到上帝是否存在耶？亦何以必想到是否有来世耶？康德不能见人的生命中的道德主体的纯正与庄严，而涉至那么远，如此"支离"，真是煞费苦心。若能打开道德的主体，则当下即是，良知的决断即是生命当下的行为，亦即是幸福的规导原则，何等"简易"。但这个原则（实不能说是原则）并不是悬拟在人的主体之外的一条抽象性、形式性的原则（如康德者然），而是良知的自然发露，是心的不容己，情的不自禁（即孟子所谓"若决江河，沛然莫之能御也。"）。这不是外在的智性的认取，而是内在的德性的证悟，不是对外在的原则的服从，而是求自家仁心之安。这里面有切实的觉悟与感通，这是质实的，而不是形式的。形式性的原则只追求普遍性，如康德就是要把那普遍性的原则给解析出来。而对于质实的感通而言，原则的普遍性不是最重要的，求仁心之"安"（"安"即是夫子答宰我问"三年之丧，期已久矣"时，所说的"食夫稻，衣夫锦，于女安乎"之"安"也）才是最重要的。正因为如此，则在"幸福"的问题上，与康德的普遍性原则不同，儒家有"修己"和"治人"上的区别。用徐复观的话说，即是，在"修己"方面是"教先于养"，在"治人"方面是"养先于教"。他说：

　　孔孟乃至先秦儒家，在修己方面所提出的标准，亦即在学术上所立的标准，和在治人方面所提出的标准，亦即在政治上所立的标准，显然是不同的。修己的学术上的标准，总是将自然生命不断底向德性上提，决不在自然生命上立足，决不在自然生命上安设价值。治人的政治上的标准，当然还是承认德性的标准；但这只是居于第二的地位，而必以人民的自然生命的要求居于第一的地位。治人的政治上的价值，首先是安设在人民的自然生命的要求之上；其它价值必附丽于此一价值而始有其价值。⑦

按照徐复观的理解，则儒家对于"幸福"的态度，一方面，不能以治人的标准来律己，若然，则是误认为儒家精神乃停顿在自然生命之上，而将其修己以"立人极"的工夫完全抹杀掉；另一方面，亦不能以修己之标准治人，果尔，势必酿成"以理杀人"的悲剧。儒家之所以能有这种思想，这决不是基于逻辑的分析或先验的批判，而是在道德主体的质实的场域中觉悟，即仁心之不容己而始可能的。这才是人文主义的切义。为了进一步表明中国的人文主义在"幸福"的问题上的这种胜义，再列举下面二段文字：

> 子适卫，冉有仆。子曰："庶矣哉！"冉有曰："既庶矣，又何加焉？"曰："富之"。曰："既富矣，又何加焉？"曰："教之。"（《论语·子路》）
>
> 是故明君制民之产，必使仰足以事父母，俯足以畜妻子，乐岁终身饱，凶年免于死亡；然后驱而之善，故民之从之也轻。今也制民之产，仰不足以事父母，俯不足以畜妻子；乐岁终身苦，凶年不免于死亡。此唯救死而恐不赡，奚暇治礼义哉？（《孟子·梁惠王上》）

把这种胜义说得更为清楚明白的，是下面的一段话：

> 是故内治反理以正身，据礼以劝福。外治推恩以广施，宽制以容众。孔子谓冉子曰：治民者先富之而后加教。语樊迟曰：治身者先难而后获。以此之谓治身之与治民，所先后者不同焉矣。《诗》云：饮之食之，教之诲之。先饮食而后教诲，谓治人也。又曰：坎坎伐辐，彼君子兮，不素餐兮。先其事，后其食，谓治身也。《春秋》刺上之过，而矜下之苦。……求诸己谓之厚，求诸人谓之薄。自责以备谓之明，责人以备谓之惑。是故以自治之节治人，是居上不宽也。以治人之度自治，是为礼不敬也（《春秋繁露·卷第八·仁义法第二十九》）。

由上所述，在"幸福"的问题上，儒家由道德的主体所开启的人文主义，既不同于西方文艺复兴时期的人文主义，着眼于自然生命本身，其结果是对物欲的满足与欣赏。亦不同于康德的批判哲学，着眼于纯粹理性的先验批判，其结果只发现抽象的规导原则。前者因未为幸福确立一个对立的场域，故幸福在那里会发生流弊；后者因只为幸福确立了一个形式性的场域（抽象性的原则其实不能叫做场域，这里用"形式性的场域"正表示它是——依亚里士多德的四因说——没有质料塞入的空概念），故人的现实生活却并不能因此而得到规导。唯有在由内在于人的生命的道德主体所开显的场域中，如前所述，幸福才会切实地调适而上遂。一方面，它不会流为纯粹的物欲；另一方面，它不会沦为"以理杀人"。总之，唯有在儒家由道德的主体所开启的人文主义中，幸福才会尽其性，使仁者心安也。这是儒家式的人文主义对幸福问题的解决的最后结论。

注　释：

① 《马克思恩格斯选集》第一卷，人民出版社 1972 年版，第 67 ~ 68 页。

② 唐君毅：《人文精神之重建》，台湾学生书局 1984 年版，第 141 页。

③ 牟宗三：《历史哲学》，·台湾学生书局 1984 年版，第 197 页。

④ 萨特：《存在主义是一种人道主义》，收入凡人等译：《萨特哲学论文集》，安徽文艺出版社 1998 年版，第 114 页。

⑤ 以上关于康德的幸福与道德的关系的思想，俱见 Norman Kemp Smith 的英译本：Critique of Pure Reason，China Social Sciences Publishing House，1999，pp. 635-644.

⑥ 牟宗三：《心体与性体》中册，上海古籍出版社 1999 年版，第 183 页。

⑦ 徐复观：《释论语"民无信不立"》，收入徐氏著：《学术与政治之间》（新版），台湾学生书局 1985 年版，第 299 页。

（作者单位：湖南科技大学）

张载哲学中的"体"与"本体"范畴

□ 田文军

张载是美学的创立者和主要代表人物，其独特的思想体系和学术地位，历来为人们所关注和重视。历史上先贤大家对张载之学的推崇，除二程、朱熹外，以王船山最为典型。王船山推崇张载的缘由，与二程、朱熹有别。他肯定张载的"气学"，认为张载通过《正蒙》一书，反经研几，精义存神，不仅以"气化"论诠释了天地万物的生成演化，而且以"气化"论"贞生而安死"，论释了人生中"死不足忧而生不可罔"。并据此肯定张载学说乃"匠者之绳墨也，射者之彀率也"。①这样的观念，使得诠释张载的《正蒙》构成了王船山思想理论的重要资源和组成部分。在现代哲学史上，冯友兰、张岱年视张载为宋明道学中"气学"的代表人物，牟宗三则基于其宋明儒学可划分为伊川、朱子，象山、阳明，五峰、蕺山三系的观念，将张载与周濂溪、程明道一起视为胡五峰、刘蕺山的思想先驱，视张载为"关河之雄杰，儒家之法匠"。②但牟先生认为，张载学说的主旨并非论"气"，而在于"以太虚神体说道体"。人们同尊张载之学，但所尊崇的内容与对张载学说价值的理解却大相径庭。究其原因，除了人们诠释张载思想的学术视角、旨趣、历史文化场境的差异之外，也有对张载著作的误释。本文对张载哲学中的"体"与"本体"范畴作一些疏理与辨析，以求真实地了解张载学说的基本内容及其理论价值。

形体之"体"

"体"或"本体"是张载哲学中的重要范畴。可以说，张载通过"体"与"本体"范畴，从不同的层面规定"气"范畴，论释了自己认定的事物本原，建构了自己的哲学思想体系。因此，系统地考察"体"与"本体"范畴，全面把握"体"与"本体"范畴的真实含义，是我们正确理解张载哲学的基本内容与致思趣向及其理论价值的重要途径。

要了解张载哲学的"体"或"本体"范畴，有必要对"体"范畴从文字的角度作一些溯源与考辨。在中国文字中，体字"从骨"，其本义当为人或动物肢体的总称。在中国较早的字书《说文解字》中，对体字的解释即是："体，总十二属也。""十二属"依段玉裁注，即是指人体的不同组成部分。从这种本义出发，体字衍生出了十分丰富的意蕴：取整体义，体字可指所有事物的形体；取肢体义，体字可指事物的部分、方面；取规定义，体字可指事物的属性；取功能义，体字可指事物的主体、本质、本原；而从其引申义看，则尚有体现、体察、形式、生长、依照、容纳等方面的意蕴。在张载的著作中，论及"体"与"本体"处达百次以上，其所用"体"与"本体"的意蕴也不完全相同。我们先从形体之体的角度对张载哲学中的"体"范畴作一些具体诠释。

张载为建构自己的哲学体系，从形体之体的角度使用"体"范畴，以"体"论释"气"之实存与实有，比较集中的是《正蒙·太和》中的一段文字：

> "天地之气，虽聚散、攻取百途，然其为理也顺而不妄。气之为物，散入无形，适得吾体，聚为有象，不失吾常。太虚不能无气，气不能不聚而为万物，万物不能不散而为太虚，循是出入，是皆不得已而然也。"③

诠释张载这段文字，应注意三个层面的内容：一是"天地之气"（亦可说阴阳之气）交互作用、运行变化，形式多样；但"天地之气"多种形式的交互作用和运行变化，仍然遵循一定的秩序、条理，服从一定的规律，不是杂乱、无序的。

二是强调在"天地之气"的交互作用中，"气"与物的统一与联系。在"天地之气"的交互作用中，物之消散，是有形转化为无形，这种转化是由物反原为"气"。故"适得吾体"说中的"吾体"乃"气"之"体"，所谓"适得吾体"，强调的是物消散之后仍是回复为"气"自身。"在天地之气"的运行变化中，"气"聚为物，是无形转化为有形。有形之物，本质上即是"气"，或说是"气"的一种存在形态。而这样的转化同样是"天地之气"在其运行变化中"为理也顺而不妄"的体现。因此，张载又有"聚为有象，不失吾常"之说。

三是认定"气"聚为物与物散为"气"，或说无形转化为有形，有形转化为无形，是一个必然的过程。在"天地之气"的交互作用中，这种由"气"聚到物散，由物散到"气"聚的运行变化，自然而然，"不得已而然"。

弄清张载所谓"气之为物，散入无形，适得吾体，聚为有象，不失吾常"说的本意之后，应当肯定，这段文字中所使用的"体"范畴，含义当在形体之"体"的范围。张载的著作中，从形体之体的意义上使用"体"范畴的地方很多，譬如："聚也吾体，散也吾体，知死之不亡者，可与言性也"；"神易无方体"；"地纯阴凝聚于中，天浮阳运旋于外，此天地之常体也"；"太虚无体，则无以验其迁动于外也"；"不曰天地而曰乾坤，言天地则有体"；"形而上者是无形体者，故形而上者谓之道也；形而下者是有形体者，故形而下者谓之器"；④从"天地之常体"、"太虚无体"、"神易无方体"、"言天地则有体"等说法看，"体"字的含义也在形体之体的范围。但张载以"体"论"气"的文字，最为集中者仍是"散入无形，适得无体，聚为有象，不失吾常"、"聚也吾体，散也吾体"之说。

张载也曾使用"兼体""两体"概念。譬如："两体者，虚实也，动静也，聚散也，清浊也，其究一而已"；"一物两体，气也"；"一物两体，其太极之谓与"；⑤张载所谓"两体"的意蕴也可以形体之体的意义来理解。"两体"实际上是形体之体的引申义，表示部分、方面或具体形态。譬如，以"虚实"、"动静"、"聚散"、"清浊"为"气"之"两体"，即是以"虚实"、"动静"、"聚散"、"清浊"表述具有对立性质的"气"的不同形态。

·　张载论及"兼体"的文字也很多，如"水火之所以升降，物兼体而不遗者也"；"若道则兼体而无累也"⑥等。《正蒙·乾称》中论及"道则兼体而无累"的全文是："体不偏滞，乃可谓无方无体。偏滞于昼夜阴阳者物也，若道则兼体而无累也。以其兼体，故曰'一阴一阳'，又曰'一阖一辟'又曰'通乎昼夜'。语其推行故曰'道'，语其不测故曰'神'，语其生生故曰'易'，其实一物，指事而异名尔。"这里的，"体"与"兼体"之意也当在形体之体的范围。"体不偏滞"是说"气"在运行变化中不止滞于某一种具体的形态。"体不偏滞，乃可谓无方无体"，则是强调"无方无体"意为"体不偏滞"。张载对"无方无体"的这种理解，与其"知太虚即气，则无无"⑦的观念是联系在一起的。理解"太虚即气"，才能理解世界上不存在绝对的"无"；同理，了解"体不偏滞"，才可能正确理解"无方无体"。从张载的致思趣向来看，可以说他既否定绝对的空、无，也否定绝对的"无方无体"。这段文字中，"阴阳"、"阖辟"、"昼夜"在"物"的范围，"道"是"语其推行"，实为"气化"过程。从"气化"过程看，"若道则兼体而无累"之"兼体"，可理解为"气化"统摄不同形态，"无累"可理解为"气化"不会止滞于某一具体形态。

张载在形体之体的意义上使用"体"、"两体"、"兼体"等范畴，目的都在于论释他所理解的作为事物本原的"气"。在他看来，"气"作为事物存在的本原、根基，自身处于恒常的变化之中。因此，"气"的存在状况与形态必然会有所不同。这种不同主要表现为两个方面，一是"气聚为物"，现实中，山河大地，风、霜、雨、雪等皆"气"聚使然。这种由"气"凝聚而成的具体事物，以有形有象的形式展示"气"的实有与存在。

其次是"形溃反原"，即事物消散，反原为"气"。事物消散，反原为"气"，是"气"回复为无形，这是"气"的另一种存在形态。张载将"气"的这种形态谓之"太虚"。"太虚"也有"虚空"或太空的含义，故张载的著作中，既有"太虚即气"之说，也有"虚空即气"之说。他所谓"气块然太虚"与"太虚无体"说中的"太虚"也是指太空或说虚空。但"虚空"或太空与"气"是可以相通的。因为，张载认定"凡象，皆气"，太空或"虚空"本质上都是"气"。

"太虚"为无形，无形并非绝对的无，因为"太虚即气"；"太虚"之"气"作为事物的根基，仍是实存、实有。用张载的话说，这样的"太虚"之"气"，乃"至虚之实"，不但实存、实有，且是至上的实在。因此，张载为了把作为事物本原的"气"与一般的实际事物区别开来，一方面肯定"气"可以无形的形式存在，将"气"谓之"太虚"；同时，为了区别于佛、道的空、无观念，又强调"太虚"之"气"为实存、实有。

通过以上考察，我们可以看到张载以形体之体释"气"的一些思路：即认定"气"在运行变化中，有聚有散，聚则有形，散则无形，聚则显，散则隐，或说聚则有，散则无，聚则实，散则虚。但聚、散只是"气"运行变化的不同形式，聚者与散者只是"气"存在的不同形态；在"气"的运行变化中，聚、散两态，都根源于"气"。因此，可以说"气之为物，散入无形，适得吾体，聚为有象，不失吾常"与"聚也吾体，散也吾体"这样的论断，既较为集中地论证了"气"自身实有、实在，也肯定了"气"对于实际事物得以存在的本原、根基作用。

形性之 "体"

在张载哲学中，使用作为形性之体的 "体" 范畴，是要以 "体" 释性，用 "体" 这一范畴来表述 "气" 的属性。张载以 "体" 释性，较为集中的也是《正蒙·太和》中的一段文字：

> "太虚无形，气之本体，其聚其散，变化之客形尔；至静无感，性之渊源，有识有知，物交之客感尔。客感客形与无感无形，惟尽性者一之。" ⑧

在这段文字中，张载使用了 "本体" 这一概念，学术界对于张载的 "本体" 概念的理解歧异较多。张岱年先生在 20 世纪 30 年代即认为中国古代哲学中的 "本体"，意为本来而恒常者，西方哲学中的 "本体" 概念指宇宙之究竟者，两者内涵并不相同。后来在论及张载的 "太虚无形，气之本体" 说时，张先生又认为：张载所谓 "本体" 实谓本然或本来状况，将张载哲学中的 "本体" 视同西方哲学中的 "本体"，不符合张载哲学的本意。张先生否定那种望文生义，以 "太虚" 为本体，以 "气" 为现象的学术观念，肯定了张载哲学的 "气" 本趣向，曾在学术界产生重要影响。

但是，全面考察张载的著作，对张载 "太虚无形，气之本体" 说中的 "本体" 二字也可作新的诠释。因为，张载在这里所说 "本体" 二字，并非要说明 "太虚" 或 "无形"，乃 "气" 的本来状况，而是强调 "太虚" 或 "无形" 乃 "气" 本有之性。换言之，这里所谓 "本体" 之 "体"，非形体之 "体"，而是形性之 "体"；张载使用 "本体" 概念，不在于肯定 "太虚" 或 "无形" 是 "气" 的本来状况，或说 "太虚" 或 "无形" 乃 "气" 本来之 "体"，而是要肯定 "太虚" 即是 "无形"，"太虚" 或 "无形"，乃 "气" 本有之 "性"。

这样理解张载的 "本体" 概念，似更符合张载原意。因为在原文中，"太虚无形，气之本体" 之后的文字是 "其聚其散，变化之客形尔"。从文意来看，张载认为 "气" 之聚、散皆为 "气化" 的暂时形态（客形），这实际上也肯定了 "太虚" 乃 "气化" 的一种形态。如果将 "太虚无形，气之本体"，理解为张载肯定 "太虚" 乃 "气" 的本来状况，那么对紧接其后的 "其聚其散，变化之客形尔" 的说法即较难理解了。因为，"气" 的本来状况与 "气" 的暂时形态或一种形态在意蕴方面是有距离的。

以本有之性释 "本体" 则没有这种疑难。因为，张载哲学中，作为事物本原的 "气" 是一种特殊的物体，兼具有形与无形两态，既可以实物展示其有与存在，也可以无形的形式体现其有与存在。张载在本有之性的意义上使用 "本体" 范畴，把 "太虚" 或无形视为 "气" 的本有属性，正是力图将作为事物本原的 "气" 与由 "气化" 而成的实物区别开来。

同时，从张载在形体之体的意义上对 "体"、"兼体"、"两体" 范畴的使用情况来看，也可证明他所谓 "本体" 之 "体"，其含义不在形体之体的范围。如前所述，张载曾以 "聚也吾体，散也吾体" 的断语，论定 "气" 之实在、实有。这种断语中的 "体" 字并未完全囿于 "体" 之本义。若依 "体" 的本义，无形即应无体。张载即曾以纯形体意肯定"太虚无体"。"太虚无体"是直语太空没有形体。如果从形体之体的意义上将"太虚无形,气之本体"诠释为无形之"太虚",乃气之本然状态,则难以解释张载的"太虚无体"说。因为,一说"本体",一说"无体",前后所说似有矛盾。

在张载著作中,在形性之体的意义上使用"体"与"本体"概念,尚有其他例证。《正蒙·诚明》中说:"未尝无之谓体,体之谓性。"⑨这是明确的以"体"为"性"。在张载看来,"体"乃恒有,这样的"体"即是"性",或说事物的属性。《正蒙·乾称篇》中也有两段文字以"体"言"性":"凡可状,皆有也;凡有,皆象也;凡象,皆气也。气之性本虚而神,则神与性(中华书局本《张载集》中,认为此处性字当为虚)乃气所固有"。"太虚者,气之体。气有阴阳,曲伸相感之无穷,故神之应也无穷;其散无数,故神之应也无数。虽无穷,其实湛然,虽无数,其实一而已"。⑩第一段文字在肯定"凡象,皆气"的同时,强调"虚"与"神"作为"性",乃"气"所固有。第二段文字中所谓"太虚者,气之体",则不仅肯定了"太虚"为"气"的属性,且明确地以"体"字来表述这种属性。

从以上文字可以看到,张载确曾在形性之体的意义上使用"体"或"本体"范畴。但是,理解张载从形性之体的意义上使用的"体"与"本体"范畴,必须注意两点。一是所谓"太虚无形,气之本体"说中的"本体"之"本"非根本之本,而是本有之本。换言之,张载肯定"太虚"或无形是"气"的属性,并非肯定"太虚"或无形是"气"的根本属性。如此理解张载所说"本体"之"本"的根据即是张载"气之性本虚而神,则神与性乃气所固有"这一论断,在肯定"虚"为"气"的固有之性的同时,也肯定了"神"为"气"的固有之性。

张载肯定"虚"与"神"为"气"本有之性,固有之性,实是沿袭儒家生之为性的思想传统。儒家号称天人性命之学,历来重视对性范畴的考辨。先秦诸子中,荀子认定"不可学,不可事而在天者谓之性;可学而能,可事而成之在人者,谓之伪,是性伪之分也"⑪。这是对"性"与"伪"(为),先天与后天的最为经典的诠释之一。《中庸》提出"天命之谓性,率性之谓道,修道之谓教。"⑫这也是将性理解为自然而然者。孟子则更是明确地肯定"生之谓性"。⑬宋儒释性,大体沿袭先秦诸子的观念。张载虽然曾认为"以生为性,既不通昼夜之道,且人与物等,故告子之妄不可不诋。"⑭但张载以"本体"释性,实际上也是认定性为本来即有者,或说性为自然而然者。用张载自己的语言表述即是"天能谓性,人谋谓能。"⑮在诠释张载哲学的过程中,若不是将"虚"或"太虚"理解为"气"的本有之性,而是将"虚"或"太虚"理解为一种可以离"气"而有的根本属性,并从本体论、宇宙论的层面论释所谓"虚体",不但是对张载著作的误读,而且会导致对张载哲学理趣的误解。

二是张载在形性之体的意义上使用"体"或"本体"范畴,是有其理论基础与思想前提的。这种基础与前提即是以"气"为万有之原和万化之本,在形性关系上,反对"形自形,性自性",坚持形性相待,依"气"论性。张载曾论解释天、道、性、心:"由太虚,有天之名;由气化,有道之名;合虚与气,有性之名;合性与知觉,有心之名。"⑯所谓"合虚与气,有性之名"实即是强调形性相待。在张载看来,性虽为形而上者,但形而上者并不能离形而有。"虚"与"神"作为"气"的属性,也不能离开"气"而存在。后来王船山曾明确指出:"有形而后有形而上。无形之上,亘古今,通万变,穷天穷地，穷人穷物，皆所未有者也。"⑰张载对形性关系或说形上形下关系的理解与王船山的思路是同一的。程颢、程颐、朱熹等人曾批评张载以"太和"、"太虚"、"虚空"说"气"，本要说形而上者，结果停留于形而下者。程、朱看到了张载哲学的理趣在于以"气"来论释万物之原，却不了解张载反对离"气"言性，离物言理，对形上形下的理解有别于自己的理学。这种学术史上的歧异也告诉我们，把握张载在形性之体的意义上使用"体"或"本体"范畴的思想前提，才能理解张载著作中"太虚无形，气之本体"，"太虚者，气之体"，"气之性本虚而神"，"合虚与气，有性之名"等论断，并对其作出正确的诠释。

形质之"体"

形性与形质有相通之处，古人有"质，性也"的说法；在特定的语境中，质与性可以互训，一事物的质总是由该事物的属性来表现和规定的。但在中国文字中，质也有根本或主要的含义，古人有"质，犹本"与"质，主也"的说法。在事物本质的意义上使用质或性范畴，应当有别于一般意义上的质、性概念。因为，任何事物都是多重属性的集合，事物的属性不可能是单一的，而作为事物本质的则只能是事物的根本属性。张载曾在形性之体的意义上使用"体"范畴，也曾在形质之体的意义上使用"体"范畴。张载著作中明确地从形质之体的意义上使用"体"范畴的地方不多，但形性之体意义上的"体"范畴与形质之体意义上的"体"范畴的意蕴略有不同。因此，我们将张载著作中形性之体意义上的"体"范畴与形质之体意义上的"体"范畴分别进行考察。

张载从形质之体的意义上使用"体"范畴，主要是《正蒙·神化》中的一段文字："神，天德，化，天道。德，其体，道，其用，一于气而已。"⑱如前所述，张载认为"虚"与"神"皆为"气"之属性。"虚"乃无形，"神则主乎动"。从"神"作为"气"的能动之性这种含义看，这段文字的大意是说，"神"是自然的性能，"化"是自然的过程，自然性能为"体"，自然过程为"用"；作为"天德"或"体"的"神"，与作为"天道"或"用"的"化"，都统一于"气"。以"天德"为体，以"天道"为用，是以自然性能为内在本质，而将自然的变化过程看作内在本质的外在表现。张载在这里所说的"天德"与"天道"，"体"与"用"，虽仍在论释"气"的属性与功用的范围，但与一般论"气"之性的层面已有所不同。在张载看来，作为"天德"与"体"的"神"，实为"气"之本质属性。

要正确理解"神"为"天德"，为"体"，需注意"神"字的多种含义以及张载对"神"范畴不同层面的论释。在中国文字中，"神"的基本含义之一，是指自然变化的玄妙，不易观察和难以理解。关于"神"的这种含义，荀子的论释最为经典："万物皆得其和以生，各得其养以成，不见其事而见其功，夫是之谓神；皆知其所以成，莫知其无形，夫是之谓天。"⑲荀子在这里所论释的"神"，不能简单地等同于自然界的变化，他所谓"不见其事而见其功，夫是之谓神"，本意是说人们能见到自然界运行变化的结果，但难以观测自然界生成万物的奇妙过程；这样的"神"，其含义与孟子所谓"大而化之之谓圣，圣而不可知之谓神"，⑳《易传》所谓"阴阳不测之谓神"的含义是相通的。张载对"神"的论释，大体上沿袭着孟子、荀子特别是《易传》论"神"的思路，但也有所发挥。

张载著作中对"神"的论述很多，大体上可归纳为这样几类：一是将"神"理解为事物内部性质难以观察。例如："清通而不可象为神。""天之不测谓神，神而有常为天"。"大而化之，能不勉而大也，不已而天，则不测而神矣"；"故神也者，圣而不可知"；"神不可致思，存焉可也，化不可助长，顺焉可也。"㉑二是"鬼"、"神"联用，将"鬼"、"神"理解为归、伸、并以此来表述"气化"的具体形式。例如："鬼神，往来、屈伸之义"；"至之谓神，以其伸也；反之谓鬼，以其归也。"㉒三是以"神"来表达"气"的性能。张载著作中这类论述最多，例如："鬼神者，二气之良能也"；"天下之动，神鼓之也"；"神化者，天之良能，非人能"；"惟神为能变化，以其一天下之动也。人能知变化之道，其必知神之为也。""动静合一存乎神，阴阳合一存乎道"等。㉓从张载这些论述中我们可以看到"神"的不同含义，也可以看到"神"的不同含义之间的联系。

当张载以"神"为"天德"、为"体"，以"神"表述"气"的能动的性能时，作为"气化"根源的"神"，基本含义实际上仍是"气化"的内在根据不易观测。因为，在张载看来，"气"之所以能聚能散，成为万物之原，是因为"气"自身包含的具有对立性质的两方面相感相应，相互作用。这种观念使张载实际上认为"气"的根本属性是"合两"："性其总，合两也；命其受，有则也；不极总之要，则不至受之分，尽性穷理而不可变，乃吾则也。天所不能自已者谓命，物所不能无感者谓性。"㉔"性其总，合两也"这种论断，可说是张载从最高的层面上对"气"的属性的概括与论释。

在张载的理论系统中，"气"可谓"太虚"、"太和"，亦可谓"太极"；他肯定"一物两体者，气也"，也肯定"一物两体，其太极之谓与"。张载所论之"两"意为阴阳，所论之"一"则为"太极"："有两则有一，是太极也。若一则有两，有两也亦一在，无两亦一在。然无两则安用一？不以太极，空虚而已，非天参也。"㉕在张载看来，"太极"包含阴阳，或说"一太极两仪而象之"，所表明的正是"气"以及由"气化"而成的事物的本性。张载如此理解"气"的根本属性，目的在于揭示"气"运行变化的内在根据。因此，在张载哲学中，能对"气化"之源予以理论论证的是其"一"、"两"之说，能对"神"、"化"范畴予以理论阐释的也是其"一"、"两"之说："一故神，两在故不测。两故化，推行于一。此天之所以参也。"㉖"气"之所以有"化"，因其有"两"，"两""推行于一"；"化"之所以谓"神"，因"气"为"一"，"一"中之"两"不易观测。由此可见，在张载"神，天德，化，天道。德，其体，道，其用"的论断中，"神"这一范畴的内容实也是"合两"，"合两"乃"气"之本质属性。

从张载对"气"的根本属性的理解与论释中我们可以看到，他在形质问题与体用问题上，同样坚持形性相待，反对离形言质，离体言用。具体到"神"、"化"问题时，他既反对离"气"言"神"，也反对离"气"言"化"。在他看来，"神"为体，乃"气"之体，"化"为用，乃"气"之用，"气"为两者统一的基础。张载论"气"之体、用的这种思路与结论，曾为清儒王船山所认同与褒扬。在王船山看来，张载学术上的成功之处即在于他能以理论的形式"揭阴阳之固有，屈伸之必然"，论释了"气之外无伸，神之外无化，死不足忧而生不可罔"，从而使其从形、性与体、用两个层面上对佛、道二家的批判都达到了时代允许的理论高度。因此，他认定"张子之学，上承孔孟之志，下救来兹之失，如皎日丽天，无幽不烛，圣人复起，未有能易焉者也。"㉗王船山对张载的学术追求与理论旨趣的理解，值得我们今天诠释张载哲学时借鉴。如果我们在诠释张载"神，天德，化，天道。德，其体，道，其用"这种论断时，否认张载哲学依"气"论"神"，依"气"言"体"；依"气"释"化"，依"气"说"用"，以"气"为万物本原的基本思路，离开"气化"诠释"神体"，那么，同样会造成对张载著作的误读与对张载思想实际的背离。

体认之"体"

知识问题是张载哲学的重要组成部分。张载在建构自己哲学系统的过程中，不仅将知识问题与道德问题联系在一起，而且将对"气"的客观实存的论证求之于人的经验与直观。因此，张载也常常从认识的意义上使用"体"范畴。

从认识的角度解释事物的有、无、隐、显，是张载哲学的特色之一。在张载的著作中，这样的论证有时诉诸感觉经验："气聚则离明得施而有形，气不聚则离明不得施而无形。方其聚也，安得不谓之客？方其散也，安得遽谓之无？故圣人仰观俯察，但云'知幽明之故'，不云'知有无之故'。盈天地之间者。法象而已；文理之察，非离不相睹也。方其形也，有以知幽之因；方其不形也，有以知明之故。"[28] 在张载看来，所谓有形，一则因为"气聚"，二则因为"离明得施"；所谓无形，则是因为"气不聚"，"离明不得施"，人们凭视觉无法观察。因此，事物的有、无决定于"气"的聚散变化，现实中不存在绝对的空、无；人们关于事物有、无的观念，实际上源于对"气"的聚散变化及其不同存在形态的观察；人们通过观察事物的形与不形，既可理解有、无的实质，也可找到幽、明的成因。

"离明不得施"不同于心之体认。因此，张载在论释对于作为事物本原的"气"的属性的理解时，又常常诉诸理性与直观。在张载著作中，作为体认之体的"体"范畴，主要即是在理性或直观的意义上使用的。张载从理性与直观的意义上使用体范畴的实例，较为集中地表现在他对佛、道的批判："若谓虚能生气，则虚无穷，气有限，体用殊绝，入老氏'有生于无'自然之论，不识所谓有无混一之常；若谓万象为太虚中所见之物，则物与虚不相资，形自形，性自性，形性、天人不相待而有，陷于浮屠以山河大地为见病之说。此道不明，正由懵者略知体虚空为性，不知本道为用，反以人见之小因缘天地。明有不尽，则诬世界乾坤为幻化。幽明不能举其要，遂躐等妄意而然。不悟一阴一阳范围天地、通乎昼夜、三极大中之矩，遂使儒、佛、老、庄混然一途。"[29] 张载以"气"的聚散变化说明事物的有、无，肯定在"气化"过程中"神"、"化"、"有"、"无"、"虚"、"实"、"隐"、"显"、"幽"、"明"的"通一无二"，所以他在事物本原问题上既否定道家的"无"，也反对佛家的"空"；认为佛、道二家空、无观念的形成，一个重要原因就在其"略知体虚空为性"，对"合两"这一事物的内在本质与宇宙间普遍法则的了解肤浅表面，未有深入的理解或体认。张载从认识根源上来否定佛、道的空、无观念，不仅在理论上达到了较高的认识层次，实际上也从一个侧面展示了"体"范畴对于张载建构其哲学体系的重要价值。

张载著作中，从认识的角度使用"体"范畴的实例还很多，例如："大其心则能体天下之物，物有未体，则心为有外。世人之心，止于闻见之狭。圣人尽性，不以闻见梏其心，其视天下无一物非我，孟子谓尽心则知性知天以此。""以我视物则我大，以道体物则道大。""体顺用中"，"心且宁守之，其发明那个却是末事，只常体义理，不须思更无足疑"等。㉚在这些论述中，"体"字大体上可从认识的层面上去理解与诠释。

　　总之，张载著作中，"体"与"本体"范畴的使用频率较高，其意蕴分别属于形体、形性、形质、体认或产生等。在一篇短文中，我们不可能对张载哲学中的"体"与"本体"范畴详加考辨。本文粗浅地辨析张载哲学中的"体"与"本体"范畴的主要意蕴，目的在于证实：解读张载著作，诠释张载哲学，需要深入地解读与辨析其"体"与"本体"范畴；在这种解读与辨析中，既需要顾及"体"与"本体"范畴在张著作中出现时的语境，又需要注意张载建构其哲学体系的思路。唯有如此，才能够避免对张载哲学中"体"与"本体"范畴的误读与误释，从而全面地把握张载哲学的旨趣与追求，真实地论定张载哲学的学术价值与历史地位。

注　　释：

①㉗　王夫之：《张子正蒙注》，中华书局，1977 年版。

②　牟宗三：《心体与性体》，上海古籍出版社 1999 年版。

③④⑤⑥⑦⑧⑨⑩⑭⑮⑯⑱㉑㉒㉓㉔㉕㉖㉘㉙㉚　张载：《张载集》，中华书局 1978 年版。

⑪⑲　《荀子简注》，上海人民出版社 1974 年版。

⑫　来可泓：《大学直解·中庸直解》，复旦大学出版社 1999 年版。

⑬⑳　杨伯峻：《孟子译注》，中华书局 2003 年版。

⑰王夫之：《周易外传》，中华书局 1977 年版。

（作者单位：武汉大学哲学学院）

邵雍开宋代理学经学义理化之先声

□ 蔡方鹿

邵雍（1011～1077 年），北宋著名哲学家、宋代理学奠基人之一，河南共城（今辉县）人，字尧夫，谥康节。曾隐居苏门山百源之上，后人称之为百源先生，或称为康节先生。与周敦颐、张载、程颢、程颐同称为北宋五子。其著作主要有《皇极经世书》和《击壤集》等。邵雍对儒家经学尤其是易学十分重视，在对经学和儒家经典的研究中，提出"经有因革"的思想，指出随着岁月的流逝，书传等经书难以详考，应重视礼乐诗书之道的自新，而不停留在以往记问引用讲解的治学阶段和层次上。邵雍治学，侧重哲学理论的创造，提出以道、心、太极为宇宙本原的思想，同时把哲学本体论与儒家伦理学初步结合起来，批判佛教等"夷狄"之道，指出佛教弃儒家伦理而非自然之理。邵雍对儒家经学的创新主要表现在通过以义理解经，阐发本体论哲学，重视穷理尽性以至于命，将儒家经学由原来的重训诂注疏传统转换为重义理阐发、重人情物理的心性之学，从而在一定程度上，为理学的确立奠定了基础，也为新经学诠释法开了新路。

一、"经有因革"，"不必引用讲解"

邵雍在对经典的研究中，提出"时有消长，经有因革"的思想，以皇、帝、王、伯为圣人之时，以《易》、《书》、《诗》、《春秋》为圣人之经，认为古今之时在不断消长变化，圣人之经也应随时因革损益，而不可固执拘泥。他说："皇、帝、王、伯者，圣人之时也；《易》、《书》、《诗》、《春秋》者，圣人之经也。时有消长，经有因革。时有消长，否、泰尽之矣；经有因革，损、益尽之矣。否、泰尽而体用分，损、益尽而心迹判。体与用分，心与迹判，圣人之事业于是乎备矣。"[①]认为当"时有消长"之时，可以否、泰来尽之；而当《易》、《书》、《诗》、《春秋》等圣人之经有因革时，则以损益来尽之，即有因有革，随时而损益。并指出，在"时有消长，经有因革"的过程中，使得体用分而心迹判。其体与心相对应，而用与迹相对应，如此分体用，判心迹，圣人之事业得以完备。在这里，邵雍通过论"经有因革"，而提出体用对应、心迹二分的体用论和心本论哲学，这是对以往汉唐儒家经学重训诂而轻哲理倾向的修正。

邵雍看到了随着时间的推移、岁月的流逝，古代留下来的书传等经典材料已是难以考详。他说："岁月易迁革，书传难考详。"②在岁月变迁，书传之载难以详考的情况下，邵雍重视儒家经典之道的更新，而不停留在论辩纷纷，重文而不重道的阶段。他说："纷纷议论出多门，安得真儒号缙绅。名教一宗长有主，中原万里岂无人。皇王帝霸时虽异，礼乐诗书道自新。观古事多今可见，不知何者谓经纶。"③针对当时学术界论辩纷纷，莫衷一是，论出多门的情形，邵雍期望有真儒出现引领风气之先，而提倡儒家名教，把儒家伦理发扬光大，使学者有所宗主，统一人们思想。这反映了北宋时期社会统一要求思想统一，以对前代统治阶级思想失向、全民思想涣散而造成思想理论危机和社会危机的弊端的修正。在当时宗教冲击人文、儒家经学发展停滞的时代背景下，邵雍强调儒学之道、经典之道的自我更新，认为圣人的经纶事业就存在于历久弥新的经典之道中。而记问之学，则不足以为事业。他说："记问之学，未足以为事业。"④邵雍重视发掘经书中的道，而不是单纯追求对经典的记问之学，认为道的存在是自然而然的，不必引用讲解而知道。他以《易》道为例加以阐发，指出："知《易》者不必引用讲解，是为知《易》。孟子之言未尝及《易》，其间《易》道存焉。俾人见之者鲜耳，人能用《易》，是为知《易》，如孟子可谓善用《易》者也。"⑤认为孟子并没有言及《周易》，但在不言之中就存在着《易》道。推而广之，经典之道并不一定要言及，在不言之中存在着经典之道。由此，知经典之道不必引用讲解而可知。在这里，邵雍批评单纯引用讲解而不知道的学风，表现出北宋以降经学学风的转向，从以往的凡治经学必引用讲解而知经典，到邵雍主张的不必引用讲解而知经典之道，这体现了宋学兴起之初思想家对汉学学风的扬弃。

从批评汉学学风出发，邵雍重视以义理解经，把放言遣辞纳入穷理尽性的范畴。他说："同道道亦得，先天天弗违。穷理以尽性，放言而遣辞。"⑥强调穷理尽性以得道，放言遣辞是为穷理尽性服务的。邵雍并对汉代经学提出的孔子乃有德无位的素王的观点持有不同意见，认为五伯、三王、五帝、三皇之道不过为一世、十世、百世、千世之事业，而孔子之道则乃万世之事业；天子以四海为土，仲尼则以万世为土，其地位超过皇帝王伯乃至天子。他说：

> 自古当世之君天下者，其命有四焉：一曰正命，二曰受命，三曰改命，四曰摄命。正命者，因而因者也；受命者，因而革者也；改命者，革而因者也；摄命者，革而革者也。因而因者，长而长者也；因而革者，长而消者也；革而因者，消而长者也；革而革者，消而消者也。革而革者，一世之事业也；革而因者，十世之事业也；因而革者，百世之事业也；因而因者，千世之事业也；可以因则因，可以革则革者，万世之事业也。一世之事业者，非五伯之道而何？十世之事业者，非三王之道而何？百世之事业者，非五帝之道而何？千世之事业者，非三皇之道而何？万世之事业者，非仲尼之道而何？是知皇帝王伯者，命世之谓也；仲尼者，不世之谓也。⑦

> 孔子赞《易》，自羲轩而下；序《书》，自尧舜而下；删《诗》，自文武而下；修《春秋》，自桓文而下。……人谓仲尼惜乎无土，吾独以为不然。匹夫以百亩为土，大夫以百里为土，诸侯以四境为土，天子以四海为土，仲尼以万世为土。若然，则孟子言自生民以来未有如夫子，斯亦未为之过矣。⑧

邵雍指出，可以因则因，可以革则革乃万世之事业，而万世之事业者，只有仲尼之道能为之。而其余的皇、帝、王、伯只能为从一世、十世、百世，到千世之事业，不能与孔子相比。孔子则可当万世之事业，或者说超越了时代，为"不世"之事业。不仅从时间上，邵雍认为孔子之道为万世之事业，而且在空间上，孔子也超越了"匹夫以百亩为土，大夫以百里为土，诸侯以四境为土，天子以四海为土"的局限，而是以万世为土，其地位在天子诸侯之上。在这里，邵雍不同意汉人所说因孔子没有封疆受土，所以孔子是有德无位的素王的说法。认为孔子是以万世为土，由此否认孔子无土的说法。邵雍对汉代经学孔子素王说的批评，其目的是为了提高孔子的地位。以此表现出与汉学的不同。

二、批佛，重人情物理

批佛、重人情物理，体现了邵雍新经学观的理论针对性。这是对隋唐五代时期宗教冲击人文，伦常扫地，儒家经学发展停滞的回应，一定程度体现了时代思潮的转向，由佛、道盛行，宗教冲击人文；重训诂、轻义理的风尚转向以人文为主导，重义理，重振儒家伦理的时代风尚。学风的转向，预示着新思想的产生。

邵雍对佛教不讲儒家纲常伦理，抛弃君臣、父子、夫妇之道的宗教出世主义提出批评，指出这不符合自然之理。他说："佛氏弃君臣、父子、夫妇之道，岂自然之理哉！"⑨人们知道，宋代新儒学或儒家新经学产生的理论针对性主要有两个：一是佛、道宗教思想的盛行动摇了儒家文化的主导地位；二是旧儒学拘于训诂，牵于名物，提倡注不驳经，疏不破注的注疏之学，而不重视对经书义理的探讨，导致儒学发展的停滞。邵雍通过批佛，把佛教不讲儒家伦理的宗教出世主义的教旨教义视为与讲儒家伦理的中国之道相对立的夷狄之道，对其提出批评，以图重整儒家伦理纲常，为实现社会治理，维护宋王朝的长治久安服务。在这个过程中，从而亦使中国的儒学之道和传统经学得到了发展。他说：

> 三代之世治，未有不治人伦之为道也；三代之世乱，未有不乱人伦之为道也。后世之慕三代之治世者，未有不正人伦者也。后世之慕三代之乱世者，未有不乱人伦者也。自三代而下，汉唐为盛，未始不由治而兴，乱而亡，况其不盛于汉唐者乎。其兴也，又未始不由君道盛、父道盛、夫道盛、君子之道盛、中国之道盛；其亡也，又未始不由臣道盛、子道盛、妻道盛、小人之道盛、夷狄之道盛。噫！二道对行，何故治世少而乱世多耶，君子少而小人多耶。⑩

邵雍总结三代、汉唐以来兴亡治乱的历史经验教训，认为存在着中国之道与夷狄之道二道的对立并行，凡君道、父道、夫道、君子之道、中国之道盛行的时候，国家就得到治理；反之，凡臣道、子道、妻道、小人之道、夷狄之道盛行之时，国家就陷于亡乱。为何治世少而乱世多，就在于二道并行时，邪道压住了正道，使得儒家伦常扫地，夷狄之道盛行，君不君，臣不臣，父不父，子不子，夫不夫，妻不妻，导致天下大乱，社会动荡，国家分裂，人民生灵涂炭。如此失去了维系社会稳定的基础，阻碍了社会生产力的正常发展。在邵雍等理学家看来，正是由于"佛氏弃君臣、父子、夫妇之道"，出世出家，违背了人伦物理和自然之理，才造成了唐末五代的社会大动乱。而汉唐儒家经学重训诂注释，轻义理探讨，导致儒学发展停滞，不足以应付佛、道宗教思想的挑战。对此，邵雍在批评佛教和传统经学流弊的同时，重人事、实事，大力提倡和肯定儒家伦理的价值。他说："学以人事为大。今之经典，古之人事也。"⑪主张治学要联系实际，以人事为重，儒家经典乃记古之人事，与人事不相离。在这里，邵雍强调治经不得脱离社会人事，这是对佛教不讲儒家伦理，出世出家，不讲社会治理的批判，亦是对传统经学重训诂、轻义理弊病的批评。

邵雍以儒家经典为例，说明义理是通过实事体现出来的，道德性命、人情物理存在于经书之中。他说：

> 人言《春秋》非性命之书，非也。至于书郊牛之口伤改卜牛，牛死犹三望，此因鲁事而贬之也。圣人何容心哉？无我故也。岂非由性命而发言也。又云：《春秋》皆因事而褒贬，岂圣人特立私意哉！人知《春秋》，圣人之笔削，为天下之至公。不知圣人之所以为公也。如因牛伤则知鲁之僭郊，因初献六羽则知旧僭八佾，因新作雉门则知旧无雉门，皆非圣人有意于其间。故曰：《春秋》尽性之书也。……圣人之经，浑然无迹，如天道焉。故《春秋》录实事而善恶形于其中矣。⑫

邵雍不同意《春秋》非性命之书的观点，他认为《春秋》乃尽性之书，性命之理通过录其实事体现出来，圣人之经中蕴含着的道是无形迹的，善恶之道存于实事之中。这是邵雍以《春秋》阐发义理的表现。

除《春秋》外，邵雍对作为宋代"四书"之一的《中庸》也很重视，认为《中庸》是揆物理，度人情之书。他说："《中庸》非天降地出，揆物之理，度人之情，行其所安，是为得矣。"⑬盛赞《中庸》之书为得，并认为《中庸》既讲天，又讲人。他说："《中庸》之法，自中者，天也；自外者，人也。"⑭把中外天人结合起来，体现了邵雍对人情、物理的重视。

三、通过解经，阐发本体论哲学

邵雍是理学初兴时期的代表人物，也是首先提出道本论、心本论的理学家。为宋代理学本体论哲学的确立奠定了一定的基础。需要指出，邵雍本体论哲学的提出，是通过诠释儒家经典进行的。

（一）关于道本论哲学

邵雍由经典讲到道，由道引申出道本论思想。他说：

> 春夏秋冬者，昊天之时也；《易》、《书》、《诗》、《春秋》者，圣人之经也。天时不差，则岁功成矣；圣经不惑，则君德成矣。天有常时，圣有常经，行之正则正矣，行之邪则邪矣。邪正之间，有道在焉。行之正则谓之正道，行之邪则谓之邪道。邪正之由人乎？由天乎？天由道而生，地由道而成，物由道而行，天地人物则异也，其于由道一也。夫道也者，道也。道无形，行之则见于事矣，如道路之道，坦然使千亿万年行之，人知其归者也。⑮

认为昊天之时和圣人之经都有道存在于其中，并把道看作宇宙的本原，天地人物都由道生成。天地人物虽各不相同，但它们同出于道，则是相同的，天地人物皆以道为其存在的根据。邵雍认为，在道生万物问题上，天地自然物由道生成，作为万物之至灵的人，更是由道而生。他说："天地尚由是道而生，况其人与物乎。人者，物之至灵者也，物之灵未若人之灵，尚由是而生，又况人灵于物者乎。是知人亦物也，以其至灵，故特谓之人也。"⑯在邵雍看来，天地尚由道生成，物更是由道而生；物尚由道生成，作为物之至灵的人，与物相比，则更由道而生。似乎在道生天地人物的问题上，人与道的联系，比天地自然物更为紧密，这个派生万物的道，似乎具有某种与人相通的主观精神的意味。邵雍强调，道作为宇宙本体，具有比天地更为根本的本原性，尽管天地生万物，但道在天地之上；就道生天地的角度看，天地亦是万物。他说："以天地生万物，则以万物为万物。以道生天地，则天地亦万物也。"⑰可见道是包括万物和天地在内的宇宙万物的本原。

邵雍通过以义理解《易》，回答了理、性、命与道的关系。在邵雍的哲学体系里，理、性、命诸范畴是与具体事物结合在一起的，它们作为事物的道理、属性和规律而存在。他说："天下之物莫不有理焉，莫不有性焉，莫不有命焉。"⑱而道则是超越理、性、命的本体范畴或最高范畴，道与理、性、命的关系是统率与从属的关系。这是因为，既然万物都由道生成，那么作为事物的道理、属性和规律的理、性、命当然也得在道的统辖之下。他说："《易》曰：'穷理尽性以至于命。'所以谓之理者，物之理也；所以谓之性者，天之性也；所以谓之命者，处理、性者也。所以能处理、性者，非道而何？是知道为天地之本，天地为万物之本。以天地观万物，则万物为万物；以道观天地，则天地亦为万物。"⑲理为物之理，性为天之性，邵雍认为以道观天，天也为物，所以天之性也即物之性。所谓命，即"处理、性者也"，命在物之理和天之性之上。然而在物之理、天之性之上而主宰命的，还有所谓道。道具有至高无上的意义，无论是理、性，还是命，都从属于道。

从邵雍哲学道与理、性、命诸范畴的逻辑联系中，可以得出，道是本体范畴，理、性、命是从属于道的范畴。理、性、命是与事物结合在一起的，有了"天下之物"，则有了理、性、命。在邵雍的哲学思想体系里，理之所以还没有被邵雍从"物之理"中抽象出来，上升为其哲学的最高范畴，是因为任何一个哲学最高范畴的提出，体现着一个时代的哲学思潮、流派和哲学家思想的本质特征，它是先行哲学发展的必然结果，没有一定阶段的酝酿准备，是不会被哲学家们提出来的。后来，二程洛学把理、性、命从具体事物中独立抽象出来，把它们上升为最高范畴，便与道等同了。这个抽象、上升的过程，反映了理学思潮的创立、形成和逐步成熟。这也说明理学在邵雍思想这个阶段，还没有十分完备地确立起来。也就是说，邵雍所指的理，还有别于二程哲学的理。二程哲学的理，主要是指天理，二程在新的历史时期，着眼于从哲学的高度来探讨宇宙的本原和社会的治理等重大问题，他们创造性地提出天理论的哲学体系，理作为其哲学的最高范畴是宇宙万物的主宰者和最终的根源。以天理为最高范畴，上升为宇宙本体，在宋代理学思潮的格局里，始自二程，并把哲学本体论与儒家伦理学统一于天理。而邵雍的理主要指物理、条理，尚不是宇宙本体。可见邵雍与二程思想的区别。

（二）关于心本论哲学

邵雍在继承前人思想资料的基础上，提出心本论哲学，开宋代理学心本论思想之先河。心作为邵雍哲学的最高范畴，是宇宙万物的本原，天地万物均由心产生，心与物的关系，是生与被生的关系。心与太极、道等相通，同为其哲学的最高范畴。邵雍对心范畴十分重视，他的心学思想是联结隋唐佛、道心学与宋明儒家心学的中间环节。

邵雍在对儒家经典《周易》的诠释中，借鉴以图解《易》的治《易》方法，从陈抟那里接受了《先天图》，认为"伏羲八卦"即"先天八卦"，先天学来源于先天图，并将先天之学等同于心，又一定程度地吸取道教宇宙生成的思想，由此而构筑起自己的以心为宇宙本原的思想体系。他说："先天学，心法也。故图皆自中起，万化万事生乎心也"[20]认为万事万物及其变化都是心的产物，有了心，才有万事万物。并将心与迹对举，以说明各自的先天、后天性质。他说："先天之学，心也；后天之学，迹也。"[21]无形迹的心是先天存在的，而有形迹的万事万物是后天才有，来自于心的。邵雍进一步将此思想概括为"心在天地前，天地自我出"的命题。他说："身生天地后，心在天地前，天地自我出，其余何足言。"[22]即是说，人的身体虽然产生于天地之后，但心却不以人的身体为存在的居所，心与人体是脱离的，心在天地之前就已存在，而天地万物则是我心的产物。这种心生天地的思想是典型的心为宇宙本原的理论。

总的来说，邵雍哲学的心与人的身体是互相脱离的，它们之间的关系是先天与后天、本原与派生的关系，心不需要任何物质为其存在的载体。他把心夸大为脱离物质世界又在物质世界之先的精神实体，提倡心本论宇宙观。然而其心亦具有客观精神的成分，邵雍哲学的心是主观精神与客观精神合一的宇宙本原。他认为，心既是己之心，又是天地之心；既是一心，又是万心。当他把天地之心作为宇宙本原时，其心便是客观精神实体。他说："天地之心者，生万物之本也。"[23]而当他把天下之心归于己之心时，其心便具有主观精神而无所不谋的涵义。他说："用天下之心为己之心，其心无所不谋矣。"[24]将心分为己之心与天下之心，承认有独立于己之心之外的天下之心的存在。并认为，圣人"能以一心观万心"[25]其他人的心对于圣人之心来讲，是客体，而不是主体之心。邵雍把心分为以己之心为代表的主体之心和在己之心以外的天下之心，心的二分，使心兼容具有了主观精神和客观精神的两重属性。

心的这两重属性又是合一的，这涉及到天人关系问题。他说："一物其来有一身，一身还有一乾坤。能知万物备于我，肯把三才别立根。天向一中分体用，人于心上起经纶。天人焉有两般义，道不虚行只在人。"[26]人心是沟通天与人的中介，通过探讨人心，便可了解宇宙间的变化，而天人合一的基础在于人心。这是对天人合一说的发挥。

虽然邵雍把人心与人身的关系说成先天与后天、本原与派生的关系，但邵雍为了论证天人合一的基础在于人心的观点，又认为人心和人身是相互联系的，先天与后天，人心与人身具有"相去而不相远"的关系。他说："天虽不语人能语，心可欺时天可欺。天人相去不相远，只在人心人不知。人心先天天弗违，人身后天奉天时。身心相去不相远，只在人诚人不推。"[27]指出天人既相区别又相联系，其天人合一只在人心而人或有不知；人心与人身，虽一为先天，一为后天，但心与身是相去而不相远，亦是既相区别又相联系的。

（三）关于太极论哲学

邵雍通过解释儒家经典《易传》之太极说，提出了独具个性的太极论哲学，用"先天四图"（即《伏羲八卦次序》、《伏羲八卦方位》、《伏羲六十四卦次序》、《伏羲六十四卦方位》）并加以引申发挥和创造，来建构太极论哲学体系，以太极为宇宙本原，来推衍自然和人事的变化。在其先天图之《伏羲八卦次序》图中，最低一层为太极；太极"主乎动静"，而产生第二层的阴阳两仪；第三层是阴阳两仪分化为四象，即太阳、少阴、少阳、太阴；最上一层是四象演化成八卦，即乾、兑、离、震、巽、坎、艮、坤。又有先天图之《伏羲六十四卦次序》图，在《伏羲八卦次序》图的基础上增加十六卦、三十二卦、六十四卦三层。由此，邵雍先天图之先天象数学的宇宙生成演化体系是以太极为宇宙本原和逻辑起点而展开，天地万物皆由太极而生。宇宙形成的过程是："太极，一也，不动；生二，二则神也。神生数，数生象，象生器。"[28]其宇宙生成是象、数的演化过程，太极为宇宙万物之本，象数亦由太极而生。并强调这种图式及其所根据的"象数"原理在天地之先便已存在，故其图称"先天图"，其学称"先天学"。所谓"先天学"，其主旨是以《周易》思想为基础，推衍、探究宇宙万物生成及发展过程，讲求心法的象数哲学体系。

邵雍提出的宇宙形成及万物衍生的整个过程是：

> 太极既分，两仪立矣。阳下交于阴，阴上交于阳，四象生矣。阳交于阴，阴交于阳，而生天之四象。刚交于柔，柔交于刚，而生地之四象。于是八卦成矣。八卦相错，然后万物生焉。是故一分为二，二分为四，四分为八，八分为十六，十六分为三十二，三十二分为六十四。故曰：'分阴分阳，迭用柔刚，《易》六位而成章也。'十分为百，百分为千，千分为万，犹根之有干，干之有枝，枝之有叶，愈大则愈少，愈细则愈繁。合之斯为一，衍之斯为万。[29]

也就是说，太极是宇宙万物的本原，太极生两仪，两仪生四象，四象生八卦，八卦相错，生天地万物，其具体演化过程即按照邵雍所说的"一分为二，二分为四，四分为八，八分为十六，十六分为三十二，三十二分为六十四"，直至无穷这样的公式展开，程颢称此为"加一倍法"。

邵雍不仅把先天学纳入心法的范畴。强调"先天学，心法也。故图皆自中起，万化万事生乎心"[30]而且在心与太极的关系上，提出"心为太极"[31]的思想，把太极与心等同，即把太极解释为心，其太极范畴亦具有了主观精神的性质。在邵雍的哲学体系里，心与太极均为重要的本体范畴，心所具有的宇宙本原的意义，在太极那里同样具有。如上所引："太极，一也，不动；生二，二则神也。神生数，数生象，象生器。"[32]太极作为宇宙的本原，它是一，其性质是不动，这是对老子"归根曰静"思想的继承。一生二，即太极生阴阳，变化运动的阴阳产生于静止不动的太极，阴阳变化莫测，故为神。然后神生数，数生象，象生器，宇宙万物在阴阳变化的基础上产生，但以太极为最后的根源。太极既是生成天地万物之始，又存在于万物之中，为具体、个别事物生存之本。可见，太极与心相通，同样具有宇宙本原的意义，二者同为其哲学的本体范畴。邵雍认为，太极就是吾心，吾心即是太极，太极所生之万化万事，也就是吾心所生之万化万事。

需要指出，虽然邵雍"心为太极"的思想把心与太极等同，二者同为宇宙的本原，但心与太极两个范畴之间，仍有某种区别，即邵雍哲学的心，主要是作为宇宙本原的意义上使用，而其太极范畴除具有宇宙本原的意义外，还有宇宙本体即宇宙万物之所以存在的根据这一层含义。他说:"有生天地之始,太极也;有万物之中各有始者,生之本也。"③③
生天地之始,这是宇宙生成论,太极在这里作为宇宙的本原;万物之中各有始,这个始便
为太极,即"万物各有太极"③④,存在于万物之中的太极,是万物之所以存在的根据或根
本,这是宇宙本体论,太极在这里作为宇宙的本体。由上可见,太极具有宇宙本原和宇宙
本体两层含义,而心则只具有宇宙本原的意义,这便是心与太极的相同与细微区别之处。
邵雍的心学思想对陆王心学产生了一定的影响,而其"万物各有太极"的思想则对朱熹
"万物之中各有一太极"③⑤的理论产生一定的影响。

在邵雍哲学的逻辑结构中,太极范畴除与心相通外,还与道相通。他说:"心为太
极,又曰道为太极。太极,道之极也。"③⑥可见心、太极、道三者相通,是同一层次的本
体范畴,虽然邵雍没有正面阐述道与心的关系,但通过太极,把心与道联结起来。

四、邵雍经学义理化思想的历史地位

邵雍把经学义理化,通过诠释儒家经典尤其是《周易》来阐发其义理及理学思想,
从事哲学本体论的创造,并通过批佛,宣扬儒家伦理,把哲学本体论与儒家伦理学结合起
来,这在儒家经学发展史上占有重要地位,是宋代经学理学化的先驱。

在对儒家经典《易》、《书》、《诗》、《春秋》等的诠释中,邵雍提出了意、言、象、
数、仁、义、礼、智、性、情、形、体、道、德、体、用、心、迹、变、权等一系列范畴
加以对应解释,其中既有倾向于哲学本体论的范畴,又有倾向于儒家伦理学的范畴,邵雍
将它们结合起来,讲体用论和心性之学,发展了以往的儒家经学。他说:

> 皇帝王伯者,《易》之体也;虞夏商周者,《书》之体也;文武周召者,《诗》
> 之体也;秦晋齐楚者,《春秋》之体也。意言象数者,《易》之用也;仁义礼智者,
> 《书》之用也;性情形体者,《诗》之用也;圣贤才术者,《春秋》之用也。用也者,
> 心也;体也者,迹也。心迹之间有权存焉者,圣人之事也。
> ……夫意也者,尽物之性也;言也者,尽物之情也;象也者,尽物之形也;数也
> 者,尽物之体也;仁也者,尽人之圣也;礼也者,尽人之贤也;义也者,尽人之才
> 也;智也者,尽人之术也。尽物之性者,谓之道;尽物之情者,谓之德;尽物之形
> 者,谓之功;尽物之体者,谓之力;尽人之圣者,谓之化;尽人之贤者,谓之教;尽
> 人之才者,谓之劝;尽人之术者,谓之率。道德功力者,存乎体者也;化教劝率者,
> 存乎用者也。体用之间有变存焉者,圣人之业也。③⑦

认为《易》、《书》、《诗》、《春秋》等经典各分体用,其中皇帝王伯是《易》之体,意言
象数是《易》之用;虞夏商周是《书》之体,仁义礼智是《书》之用;文武周召是
《诗》之体,性情形体是《诗》之用;秦晋齐楚是《春秋》之体,圣贤才术是《春秋》
之用。但却把经典之用作为心,而把经典之体作为迹。不过心迹之间也存在着权变。又把
作为《易》之用的意言象数视为尽物之性情形体,把作为《书》之用的仁礼义智视为尽
人之圣贤才术。并把尽物之性情形体分别看作道德功力,把尽人之圣贤才术分别看作化教
劝率。而以道德功力为体,以化教劝率为用,体用之间也存在有变化。在这里,邵雍既讲

体用、心迹，以概括经典的不同性质和作用；又讲尽物、尽人，把意言象数和仁义礼智作为尽物、尽人的要素，并将道德功力和化教功率分别归于体用，而体用之间亦是变化联系的。

邵雍重视对经典的诠释，把注经与体用论、心性之学联系起来，重视仁义理智的道德培养和教化功能；又提出心本论、道本论和太极说，一定程度地把哲学本体论与儒家伦理学结合起来；修正汉唐儒家经学重训诂而轻哲理倾向，强调礼乐诗书之道的自新，批评单纯引用讲解而不知道的学风；批评佛教不讲儒家纲常伦理，抛弃君臣、父子、夫妇之道的宗教出世主义。在批评佛教和传统经学流弊的同时，重人事、实事，提倡和肯定儒家伦理的价值；强调穷理尽性以至于命，将儒家经学由原来的重训诂注疏传统转换为重义理阐发、重人情物理的心性之学。大力促使经学学风的转向，预示着新思想的产生，开宋代经学义理化、哲理化之先声，从而体现出邵雍在经学史和理学史上所占有的重要地位。

注　释：

① 《皇极经世书》四库全书本，卷十一，《观物篇五十五》。
② 《击壤集》四库全书本，卷八，《书皇极经世后》。
③ 《击壤集》卷五，《偶书》。
④ 《皇极经世书》卷十四，《观物外篇下》。
⑤ 《皇极经世书》卷十三，《观物外篇上》。
⑥ 《击壤集》卷一，《观棋大吟》。
⑦ 《皇极经世书》卷十一，《观物篇五十五》。
⑧ 《皇极经世书》卷十一，《观物篇五十六》。
⑨ 《皇极经世书》卷十三，《观物外篇上》。
⑩ 《皇极经世书》卷十二，《观物篇五十九》。
⑪ 《皇极经世书》卷十四，《观物外篇下》。
⑫ 《皇极经世书》卷十三，《观物外篇上》。
⑬ 《皇极经世书》卷十三，《观物外篇上》。
⑭ 同上注。
⑮ 《皇极经世书》卷十二，《观物篇五十九》。
⑯ 同上注。
⑰ 《皇极经世书》卷十四，《观物外篇下》。
⑱ 《皇极经世书》卷十二，《观物篇六十二》。
⑲ 《皇极经世书》卷十一，《观物篇五十三》。
⑳ 《皇极经世书》卷十三，《观物外篇上》。
㉑ 同上注。
㉒ 《击壤集》卷十九，《自余吟》。
㉓ 《皇极经世书》卷十四，《观物外篇下》。
㉔ 《皇极经世书》卷十二，《观物篇六十二》。
㉕ 《皇极经世书》卷十一，《观物篇五十二》。
㉖ 《击壤集》卷十五，《观易吟》。
㉗ 《击壤集》卷十八，《推诚吟》。
㉘ 《皇极经世书》卷十四，《观物外篇下》。

㉙ 《皇极经世书》卷十三,《观物外篇上》。
㉚ 《皇极经世书》卷十三,《观物外篇上》。
㉛ 《皇极经世书》卷十四,《观物外篇下》。
㉜ 《皇极经世书》卷十四,《观物外篇下》。
㉝ 《皇极经世书》卷十四,《观物外篇下》。
㉞ 同上注。
㉟ 《通书·理性命注》。
㊱ 《皇极经世书》卷十四,《观物外篇下》。
㊲ 《皇极经世书》卷十一,《观物篇五十四》。

(作者单位:四川师范大学政教学院)

再论"见在良知"

□　林月惠

一、前言："良知是个真实的呈现"之古典表述——见在良知

熟悉当代新儒家思想义蕴与发展的学者，大都会注意到熊十力（1885～1968 年）与冯友兰先生（1895～1990 年）有关"良知"讨论的一则轶事。作为"在场者"的牟宗三先生（1909～1995 年）对此作了生动的叙述：

> 有一次，冯友兰往访熊先生于二道桥。那时冯氏《中国哲学史》已出版。熊先生和他谈这谈那……最后又提到"你说良知是个假定。这怎么可以说是假定。良知是真真实实的，而且是个呈现，这须要直下自觉，直下肯定"。冯氏木然，不置可否。这表示：你只讲你的，我还是自有一套。良知是真实，是呈现，这在当时，是从所未闻的。这霹雳一声，直是振聋发聩，把人的觉悟提升到宋明儒者的层次。然而冯氏依旧聋依旧聩。①

这场学术对话，也似乎为当代新儒学揭幕，点出学术灵魂之所在，故牟先生有感而发地说："由熊先生的霹雳一声，直复活了中国的学脉。"②由此可见，相对于冯友兰"良知之为假定"的不相应，熊先生言"良知是个真实的呈现"，实是中国哲学的命脉所在；自此之后，牟宗三先生善绍此哲学洞见，在其哲学理论的建构中，一转而为人有"智的直觉"之证成与阐发，成为牟宗三先生哲学理论的拱心石。因而，牟先生的诸多哲学论断，如对陆、王思想的诠释、对朱熹"别子为宗"的判定、对西哲康德（Immanuel Kant，1724～1804 年）的批判，对"圆善"的证成等，都紧扣"智的直觉"（intellectual intuition）来立论。事实上，不论熊先生之谓"良知是个真实的呈现"，或是牟先生之证成"智的直觉"，此概念都可溯源于王龙溪（畿，1498～1573 年）所言"见在良知"。换言之，"良知是个真实的呈现"的古典表述是"见在良知"，而与"智的直觉"相应的传统中国哲学概念，也是"见在良知"。大多数研究牟宗三哲学的学者，多会关注"智的直觉"这一概念，而牟宗三先生也在《智的直觉与中国哲学》一书中，指出中国儒、释、道哲学皆能

证成人类这一有限的存在能够有"智的直觉"。③然而，研究当代新儒家思想的学者，就较少论及紧扣"良知之呈现"而言的"见在良知"；而研究宋明理学的学者，对于"见在良知"的理解，相应者不多。因此，本文的重点，不在讨论牟宗三哲学中如何证成"智的直觉"之相关问题，而是将此概念溯源于"见在良知"的探讨，试图阐发"见在良知"的意涵，澄清若干误解，为熊先生此"霹雳一声"、牟先生此"憬然一悟"作一注脚。

二、"见在良知"之概念溯源

众所周知，"良知"是王阳明（守仁，1472～1528 年）哲学的核心概念，此概念本于《孟子》，而龙溪之"见在良知"也本于阳明之旨。不过，同一概念，在不同哲学家的论述中，基本核心义理虽同，诠释重点却有转移。就孟子而言，"良知"与"良能"并举，所谓：

> 人之所不学而能者，其良能也；所不虑而知者，其良知也。孩提之童无不知爱其亲也，及其长也，无不知敬其兄也。亲亲，仁也；敬长，义也。无他，达之天下。④

孟子藉由"良知"、"良能"来指点"仁"、"义"之心内在而本具，非由外铄，而能自然真实且具体地呈现。故孟子立言的重点，在于"仁义内在"，由此奠定儒家道德哲学的义理矩矱，牟先生誉之为"伟大的洞见"（great insight）。⑤

至于阳明，其诠释"良知"的重点，聚焦于"是非之心，智也"的阐述上，阳明说道：

> 是非之心，不虑而知，不学而能，所谓良知也。⑥
> 良知者，孟子所谓"是非之心，人皆有之"者也。是非之心，不待虑而知，不待学而能，故谓之良知。是乃天命之性，吾心之本体自然灵昭明觉者也。⑦

显然地，阳明所言之"良知"，其意涵实指孟子四端之心中的"是非之心"，并屡屡强调其"自然明觉"之发用，而谓："我此良知，实千古圣圣相传一点滴骨血也。"⑧事实上，阳明之前，诸儒多以"仁"来综括四端之心，作为道德实践之所以可能的超越根据。不过，阳明却以"良知"（知）来统摄四端之心，取代"仁"之根源性地位。⑨这样的转化，牟宗三先生也指出其意义："至阳明，将智冒上来而言良知，通彻于心德之全部，则不但能彰着道德的真实心之具体创发性与泛应曲当性，而且能彰着其于是非善恶之上内在地树立其准则性。"⑩换言之，阳明之言"良知"，特别彰显道德决断的能力，即吾人能自作断制、自立准则、自定方向之自主性，其主体意识比孟子更强。吾人即在"知是知非"的道德决断中，当下体证良知，道德实践乃有着力处。故黄梨洲（宗羲，1610～1695 年）赞曰："自姚江指点出'良知人人现在，一反观而自得'，便人人有个作圣之路。"⑪

阳明之后，其高弟王龙溪又本阳明之义而言"见在良知"，成为龙溪思想的重要哲学概念。龙溪常用以下的论述方式来阐明"见在良知"之义，龙溪说：

先师提出良知二字，正指见在而言，见在良知与圣人未尝不同。所不同者，能致与不能致耳。且如昭昭之天与广大之天原无差别，但限于所见，故有大小之殊。⑫

又说：

良知是斩关定命真本子，若果信得及时，当下具足，无剩无欠，更无磨灭，人人可为尧舜。⑬

据此，龙溪表达其"见在良知"的论述，可归纳如下：

（1）藉由"信得良知及时？"、"自信何如？"的当机指点，令人对本有自存的良知，作一存在的肯信与承诺。

（2）以"良知"为"见在"，正是阳明立教之本旨。

（3）"见在良知"的意涵，含蕴在"见在良知与圣人未尝不同"这一论点上。

（4）上述论点（3）的证成，龙溪运用的是一个类比的论证：昭昭之天与广大之天原无差别。

以上四点，均可在阳明思想中找到根据。首先，就"信得良知及时"言，如阳明晚年征宁藩归来，天下谤议益众，众师友齐聚一堂，各言其故。阳明便反求诸己，道出"一段自知处"云："我在南都以前，尚有些子乡愿的意思在。我今信得这良知真是真非，信手行去，便不着些覆藏。我今纔做得个狂者的胸次，使天下之人都说我行不掩言也罢。"⑭此番"夫子自道"，弟子薛尚谦（侃，正德十二年〔1517〕进士）感悟到："信得过此，方是圣人的真血脉。"（同上）嗣后，刘蕺山（宗周，1578～1645 年）也评论道："读此方知先生晚年真面目。"⑮因此，若将阳明早年南都论学"只教学者存天理，去人欲，为省察克治实功"⑯，与晚年"专提致良知"相比，阳明认为前者工夫"拘局"⑰，后者"信得这良知真是真非"才是学问头脑所在，能使"精察克治，俱归一路"⑱。由此可见，克治工夫的根据，在于"良知"作主，故"信得这良知真是真非"才是更根本、更关键的工夫。就此而言，龙溪本阳明而强调"自信良知"，不仅承自孟子"先立其大"的工夫方向，而且此"自信"、"信得及"的态度，即意味着现实存在处境下的"自我认同"与"行动抉择"。由于吾人对于自家本有之"良知"的全然认同（identify），意谓"良知"即是"真我"，故道德实践的主体才能存在地确立。尤有进者，此"自我认同"同时指向"依良知而行"⑲的"行动抉择"，故良知发用的实践动力是"当下具足"，不必外求。

其次，就"见在"一词而言，《传习录》多处提及⑳。而阳明逝世前《答聂文蔚》第二书所云："良知只是一个，随他发见流行，当下具足，更无去来，不须假借。"㉑最贴近龙溪"见在良知"之义。因为，"见在"相对于"过去、未来"，意谓"当下"（现在）这一时间范畴；但阳明与龙溪的诠释重点却在于良知时时"发用流行"、"当下具足"。而阳明的一些亲炙弟子，如钱绪山（德洪，1496～1574 年）、欧阳南野（德，1496～1554 年）、邹东廓（守益，1491～1562 年）等人㉒，一言及良知与致知工夫，也都肯认"见在良知"之义。只是阳明与绪山等人，并未如龙溪那样：将"见在"视为一专有名词，并提出一套有关"见在良知"的论述方式，反复强调良知与致知的义蕴。无可讳言，"见在"一词作为专门术语，源自佛教，意指"现今作用之义"。如《俱舍论》即云："有作用时，名为现在。"㉓而与"见在"相近的"现成"一词，也是禅宗之语，意指"自然出来，不假造作安排者"，与天台宗所云"当体即是"㉔等同。此二者皆是禅宗"作用见性"的一种诡辞的表达方法。宋明理学自朱熹（晦庵，1130～1200 年）以来，多将禅宗"作用见性"误解为告子"生之谓性"而排斥之。但阳明、龙溪却操戈入室，不忌讳"作用见性"的表达方式，因"作用见性"与阳明、龙溪所强调的"即用见体"之思维相近。㉕由于"见在"表示"作用"，"现成"意谓"自然"，故龙溪也接受"现成良知"一词。易言之，对龙溪而言，"见在良知"与"现成良知"都是指涉：良知"当下自然呈现"，强调良知的实践动力"当下具足"。

为了阐明上述"见在良知"之义，龙溪强调两个论点，一是"见在良知与圣人未尝不同"，一是"昭昭之天与广大之天原无别"。前者根据阳明"成色分两"说㉖与"满街都是圣人"之答问㉗而立言，指出"见在良知"人人本有，是"人皆可以为尧舜"的超越根据。后者则与阳明所云"一节之知即全体之知，全体之知即一节之知，总是一个本体。"㉘之义相同，强调"见在良知"的实践动力，当下完整具足。据此，牟先生言简意赅地指出，"见在良知"本是良知之存有论的存有之问题；而"见在良知"之语原只"良知本有，可随时呈现"之义。㉙

由上述"见在良知"概念溯源之分析，从孟子、阳明至龙溪之言"良知"，皆坚持"不虑而知"、"不学而能"的"道德先天论"（moral apriorism）之立场，也主张"人皆有之"的"道德普遍主义"之观点。所不同的是，孟子藉由"良知"、"良能"并举，强调"仁义内在"；阳明揭示"良知"，凸显"知是知非"的道德决断力；龙溪之言"见在良知"，彰显道德实践动力可当下自然呈现，完整具足。洎乎牟宗三先生，则别开生面，经由对康德哲学的吸纳、批判与转化，探问"智的直觉"如何可能，证成儒家"道德的形上学"。由此可见，先圣后哲，其揆一也，哲学慧命，相续不绝。

三、"见在良知"之意涵

相较于孟子、阳明之言"良知"，龙溪之"见在良知"虽是对阳思想的深化，但解人不多。而此概念自揭示之初，即引起王门直至明末不少理学家的误解与争辩，故"见在良知"之意涵须要详加阐释。然而，本文不拟全面疏解诸理学家对"见在良知"的误解或争辩，此亦非本文所能竟其功。因而，本文拟藉由讨论当今学者对龙溪"见在良知"的诠释，探讨龙溪"见在良知"的意涵及其立言之旨。

（一）"见在良知"不是"感性知觉"

针对龙溪的"见在良知"，江右王门之聂双江（豹，1487～1563 年）、罗念庵（洪先，1504～1564 年）、刘师泉（邦采，嘉靖七年〔1528 年〕举乡试）都提出质疑。如双江就批评龙溪说：

以见在为具足，以知觉为良知，以不起意为工夫，乐超顿而鄙坚苦，崇虚见而略实功。㉚

同时，双江也以告子的"生之谓性"来理解龙溪的"见在良知"，双江云：

> 仁是生理，亦是生气，理与气一也，但终当有别。告子曰："生之谓性"，亦是认气为性，而不知系于所养之善否。杞柳、湍水、食色之喻，亦以当下为具足。"勿求于心，勿求于气"之论，亦以不犯做手为妙悟。孟子曰："苟得其养，无物不长。苟失其养，无物不消。"是从学问上验消长，非以天地见成之息冒认为已有而息之也。"仁者与物同体"，亦惟体仁者而后能与物同之。㉛

而念庵对龙溪"见在良知"说的质疑，书札往复论辩数十年，也曾面晤切磋印正，但直至念庵逝世前，两人议论始终未能归一。如故念庵生前最后一次与龙溪亲自面晤的《松原志晤》㉜就有如下的记载：

> （龙溪）问曰：君信得乍见孺子入井怵惕与尧舜无差别否？信毫厘金即万镒金否？
>
> （念庵）曰：乍见孺子，乃孟子指点真心示人，正以未有纳交、要誉、恶声之念。无三念处始是真心。其后扩充，正欲时时是此心，时时无杂念，方可与尧舜相对。
>
> 次早，纵论二氏之学及《参同契》。
>
> 龙溪曰：世间那有现成先天一气，先天一气非下万死工夫，断不能生，不是现成可得。……
>
> 余应声赞曰：兄此言极是。世间那有现成良知？良知非万死工夫，断不能生也，不是现成可得。今人误将良知作现成看，不知下致良知工夫，奔放驰逐无有止息，茫荡一生，有何成就？谚云："现钱易使"，此最善譬……㉝

由以上的引文可见，双江与念庵对"见在良知"的质疑有二：（1）"见在良知"不是良知本体的直接发用，而是受经验决定的"感性知觉"；（2）若以"见在良知"为"具足"，将导致工夫的取消。首先，对双江与念庵而言，道德生活的现实面往往为闲思杂虑所扰，而良知的发用又不免有"搀和"的问题，因而，龙溪所谓当下自然呈现、当下具足的"见在良知"，犹如"杞柳"、"湍水"、"食色"诸喻一般，恐怕是实然层面的"感性知觉"之作用，而非"良知"本体的发用。其次，双江与念庵从工夫实践的"历程意义"与"完成意义"着眼，认为"良知"不是"现成可得"，故言："世间那有现成良知？"据此，若承认"良知现成可得"，则如"现钱易使"一般，工夫的努力将是徒然与多余。后者的论点，辗转至明末，便将"见成良知"与"现成圣人"相提并论，模糊龙溪言"见在良知"的真正焦点。

也许是受到中、晚明诸理学对龙溪"见在良知"之误解的影响，今人探讨"见在良知"时，多以"见在良知"与"感性知觉"的关系，作为讨论的重点。如牟宗三先生就辨明说：

> 所谓现成良知，见在具足，是就呈露的良知自身说，并不是说人在随时不自觉地混杂呈现这个现实状态中就是圣人。现在具足不是就这个现实状态说。……说满街都是圣人，这等于说愚夫愚妇都是潜在的圣人，因为他亦有随时呈现的良知故。……聂双江把就良知自身说的"见在具足"与一个人的现实状态混而唯一，视此现实状态为现成具足，因而遂疑见在具足的良知，而说无现成的良知，此大误也。人的现实状态可不具足，而见在良知可具足。无现成的圣人，但并非无现成的良知。两者焉可混同视之而混乱致疑？㉞

牟先生指出，"见在良知"所强调的"见在具足"，是就良知自身的呈露而言，而不是就人的"现实状态"来说。若是就后者言，那么"现实状态"的"见在具足"，一则可指"饥食渴饮"、"口之于味"等感性知觉的本能反应；一则可以从臻至圣人果位的境界来描述现实存在的圣人。若将良知的"见在具足"错解为感性知觉的自然反应，则道德的"应然"与现实状态的"实然"无别，将造成道德思考与实践的混乱。而从圣人果位所理解的"圣人"，其"见在具足"是经由工夫努力所臻至的结果；这与龙溪从工夫的因地与根据所言的"见在良知"，立言分际全然不同。实则，双江与念庵反对以"知觉"为"良知"，以及无"现成圣人"的论点，本无可议；他们的盲点在于无法理解"见在良知"的"当下具足"究竟是何义？遂以现实状态的感性知觉混漫之。因此，经由牟先生的辨明得知："见在良知"是个本体论的概念，"见在良知"不是"感性知觉"。

就"见在良知"是个本体论的概念，学界已形成共识，毫无异议。但是，针对"见在良知"不是"感性知觉"的论点，学界的辨明仍不够充分。例如，近年来研究龙溪而有专著出版的两位大陆学者，论及龙溪的"见在良知"，也将焦点置于"见在良知"与"感性知觉"的关系上，但却得出不同的结论。吴震在其《阳明后学》的《序章》中，就开宗明义地讨论"现成良知"，足见此概念在阳明后学思想开展的重要性。根据吴震的理解，"现成良知"的意涵，一指良知的先天性，意谓良知是超越现象层次的本质存在；一指良知的显在性，意谓先天的良知不能脱离后天而存在。换言之，"现成良知"意谓作为"先天性"的良知同时又具有"显在性"。㉟此外，吴震还从整个陆王心学的脉络指出：从孟子论四端到陆象山"当下论"直至王阳明的"现成论"，本是一脉相通，都强调"本心自然"，以孩提爱敬之情来证明人性本善，此乃重大的理论缺陷，有导致直觉主义的可能，也忽视人性"恶"的问题。㊱而彭国翔在其《良知学的开展——王龙溪与中晚明的阳明学》一书中，对"见在良知"有如下的诠释：一是肯定良知的"在"，即其存有性；一是指出良知的"见"（现），即良知的活动性。作者更进一步解说，良知具有先验的本质属性（在），又体现为经验的感性知觉（见），前者强调良知的先天性，后者侧重良知的后天性。龙溪之言"见在良知"就是强调良知本体在感性知觉中的当下呈现。彭国翔也根据龙溪所谓"见在良知与圣人未尝不同"，以及"昭昭之天与广大之天原无差别"的比喻，不断强调：表现为感性知觉的见在良知与作为先天本体的良知具有本质的同一性。㊲作者也藉"体用一源"诠释"见在良知"：作为先天本质存在的良知可以说是良知之体，作为后天感性经验的良知则可谓良知之用。㊳不过，作者一方面虽将见在良知与作为

"欲"的感性经验区别开来，另一方面又根据龙溪之言"知一也，不动于欲，则为天性之知；动于欲，则非良也"，指出良知与感性经验、自然本能之间的内在一贯性，亦即见在良知与感性经验、自然本能又并非截然二物。㊴

以上两位学者对于龙溪"见在良知"的诠释，都认同"见在良知"之"先天本有"的存有义（本体义）、"先天性"，但对于"见在良知"可当下呈现活动义却有不同的解读。吴震所谓良知的"显在性"、彭国翔所强调的良知之体现为感性知觉，均指涉良知之发用或活动义。吴震认为，龙溪、阳明之言"现成良知"，是从道德情感的当下自然呈现来说，此即阳明所谓"知是心之本体，心自然会知，见父自然知孝，见兄自然知弟，见孺子入井，自然知恻隐。此便是良知，不假外求。"㊵显然阳明此论点本于孟子而来，但吴震认为孟子以"孝悌"、"恻隐"、"孩提爱敬"之"情"来证明人性本善，此是以"情善"来证明"性善"，未能对道德情感与道德理性作出严格的规定，有理论上的重大缺陷。㊶依此论据，吴震乃以朱熹"性情之异"来理解孟子性善之义。朱熹认为，"性"乃形而上之"理"，恻隐等四端之"情"乃形而下之"气"，理气不杂。虽然如此，朱熹仍紧扣《孟子》"乃若其情，则可以为善"来论证性善。吊诡的是，吴震所谓情善不能证明性善，正显示朱熹理论的困境，而非陆王心学一脉的困境。由于朱熹以心、性、情三分而理气二分的义理间架来诠释孟子"四端之心"，因而"四端"作为道德情感与"七情"之感性知觉没有本质上的区分，皆是可善可恶的形而下之"情"，它与"仁义礼智"之"性"有本质上的不同。这就是吴震所谓的"道德情感"（恻隐、辞让、羞恶、是非）与"道德理性"（仁、义、礼、智）的严格规定。在此理解下，"四端"（或"爱、敬"）作为"道德情感"与自然本能的感性知觉无别，故吴震认为上承孟子、象山而来的阳明、龙溪"良知现成"说，导致直觉主义，用宋明理学的术语说，即是"认情为性"、"认欲为理"。然而，笔者认为朱熹对孟子"四端之心"的理解是有问题的，孟子所谓"四端之心"，并未预设朱熹般性情二分的义理间架；相对地，四端之心是道德本心的发用，它直接显现仁义礼智之性，故孟子乃以"心善"证明"性善"。"心"、"性"俱是"理"，故"四端之心"是一能自立道德法则且悦乐道德法则的道德主体。即使将"四端之心"视为"道德情感"，它也不是形而下的感性之情（七情）。故牟宗三将"四端之心"名之为"本体论的觉情"（ontological feeling）㊷，李明辉则借用谢勒（Max Scheler, 1874～1928年）的术语，认为"四端之心"应属于"精神的情感性"之领域；㊸韩国儒学特别将此论题主题化，而有"四七之辩"（四端与七情之辩）。就此义理的深究言，吴震将现在良知所显现的道德情感活动，视之为经验的感性知觉，实有未察；他对"见在良知"的"显在性"的理解，仍未中肯綮。

另一方面，彭国翔在诠释"见在良知"的"活动义"时，虽强调良知本体必须在感性知觉中当下呈现，但他使用"后天感性经验的良知"㊹、"良知的经验属性"㊺诸语，容易引起误解。因而，作者在论述时，就出现两个类似对反的命题，一是表现为感性知觉的见在良知与作为先天本体的良知具有本质的同一性，一是良知与感性经验、自然本能之间有内在一贯性。但笔者认为，前者的论断可以成立，后者则有待商榷。因为，前者强调的是，作为先验本体的良知必然要表现于后天的感性经验世界中，但表现于后天感性经验中的见在良知，它的活动具有先天的必然性、自发性（若火之始燃，泉之始达，沛然莫之能御），与因外物引发而受经验、自然法则决定的感性知觉活动不同。故随时可呈现在经验世界的见在良知，与先天本体的良知有本质的同一性。意即同一"见在良知"，其存有（体）或"活动"（用），皆是先天本具；不能理解为有先天的良知，又有后天的良知与之相对，否则"见在良知"这一概念将自相矛盾。至于"良知与感性经验、自然本能之间有内在一贯性"这一命题，恐怕难以成立。因为，就彭国翔所援引龙溪之言"知一也，不动于欲，则为天性之知；动于欲，则非良也"来说，"动于欲"⑯之"知"，已是良知之异化，不是良知自身；据此，无法解释良知与感性知觉、自然本能有"内在的一贯性"。因此，笔者认为，在经验世界中呈现的"见在良知"，其与"感性知觉"的关系，当是"不滞"、"不离"的关系。借用阳明"良知不由见闻而有，而见闻莫非良知之用。故良知不滞于见闻，而亦不离于见闻"⑰之言，笔者类比地说："见在良知"不由"感性知觉"（感性经验）而有，而"感性知觉"莫非"见在良知"之用；故"见在良知"不滞于"感性知觉"，亦不离于"感性知觉"。在这个意义下，当下呈现的"见在良知"对"感性知觉"有主宰作用，"见在良知"与"感性知觉"仍是异质异层的区分，此乃"不滞"的关系；而就"见在良知"必须在经验世界中呈现发用言，"见在良知"与"感性知觉"乃"不离"的关系。事实上，从阳明对"良知"与"七情"的讨论，就可看出"见在良知"与"感性知觉"的关联。阳明虽言"乐是心之本体"，但也辨明此乐（良知之乐）"不同于七情之乐"⑱，而阳明也曾顺其弟子"知譬日，欲譬云"之喻指出："喜怒哀惧爱恶欲，谓之七情。七者俱是人心合有的，但要认得良知明白。……七情顺其自然之流行，皆是良知之用，不可分别善恶，但不可有所著。七情有着，俱谓之欲，俱为良知之蔽。然纔有着时，良知亦自会觉，觉即蔽去，复其体矣。"⑲据此，"良知"与作为感性知觉的"七情"有本质上的区分（犹"日"与"云"为二物），必须良知作主（认得良知明白），才可说"七情顺其自然之流行，皆是良知之用"。因此，不论就阳明或龙溪来说，"见在良知"当下呈现的仍是自发、自主的"道德情感"（或是具有道德意义与价值的情感），它与受经验决定的"感性知觉"仍有区别。

由以上的讨论，不难发现学者对龙溪"见在良知"的理解，都聚焦于"见在良知"与"感性知觉"的讨论。牟先生辨明"见在良知"不是现实状态中的"感性知觉"。吴震则将良知所呈现的"道德情感"错解为一般意义的"感性之情"，藉此指出"见在良知"的理论困难，此仍是误解"见在良知"为"感性知觉"。彭国翔虽强调良知本体必须在感性知觉中当下呈现，但为使道德实践的必然性获得更坚强的经验基础，⑳又认为"见在良知"必须"体现为经验的感性知觉"。不过，道德实践的必然性，并不建立在感性经验中；"良知必须在感性经验中呈现"，并不意味着"良知体现为感性知觉"。固然，我们不能以康德理性、感性二分下的道德法则与道德情感来理解"见在良知"，但就儒家心学传统情、理合一而言的"见在良知"，虽强调道德情感与道德法则的合一，但并未放弃"道德情感"与一般"感性知觉"的严格区分。否则，"见在良知"将陷入"认欲为理"的自然人性论之思考；而道德实践的经验基础便将归属于"血缘基础"与"心理原则"。㉑

虽然古、今学者多将"见在良知"聚焦于"感性知觉"的讨论，但笔者认为，这样的讨论，反而模糊焦点，并未彰显龙溪言"见在良知"之本旨。因为，龙溪言"见在良知"，不仅指出良知先天本有，当下可随时呈现，更重要的是要强调：良知当下呈现的道德实践动力是完整的、"具足"的。换言之，"见在良知"之"当下具足"，不是指涉

"现实状态"的"感性知觉"，而是指涉道德实践的根源性动力之强度是"具足"而"沛然莫之能御"。

（二）"见在良知"是"理性底事实"

承上所述，龙溪之"见在良知"不是现实状态下的"感性知觉"。但双江、念庵之所以误解"见在良知"（将一个人的现实状态与见在良知混而为一），也许与龙溪之言说论述有关。最明显的例子是，念庵与龙溪在《良知辨》的论辩。龙溪竟举"饥腹索食"当下自然呈现，不须归寂，不须收摄为例，来类比良知感触神应，不须归寂，不须收摄。这番指点语，念庵视之为实然的陈述，故曰："若是，则安取于学？饕餮与礼食固无辨乎？"[52]因此，区别"见在良知"与"生之谓性"之经验事实的不同，才成为讨论的重点。然而，若"见在良知"不是"感性知觉"，也不是经验事实，那么，我们要如何理解"见在良知"必须在感性经验中呈现这一"事实"？因为，一旦言及"事实"，通常是指直接呈现于经验之前的东西；而"见在良知"虽不是经验，但它却直接呈现于经验世界中，此一"事实"当该如何理解？事实上，"见在良知"之"不虑而知，不学而能"，除了意谓良知本有外，还意谓"良知"是一种直接呈现的原始道德意识，它是一种先天的意识，但却不是经验的事实。因而，就"见在良知"是先天的道德意识，而又必须在感性经验世界中呈现言，套用康德哲学的术语，"见在良知"是一"先天综合命题"。对比于"见在良知"不是经验事实，而又是"先天综合命题"来说，笔者认为，"见在良知"应是康德道德哲学中"理性底事实"（fact of reason）这一概念。

"理性底事实"这个概念出现于康德《实践理性底批判》一书中。康德说：

> 我们可以将这种基本法则〔纯粹实践理性底基本法则〕底意识称为理性底一项事实；因为我们无法由理性之先行的所与物——例如自由底意识（因为这并非先被给予我们的）——将它推衍出来，而是它作为不以直观（无论是纯粹的，还是经验的）为依据的先天综合命题，自行强加于我们——尽管当我们预设意志底自由时，这个命题将是分析的。可是要得到这种自由底积极概念，就需要有一种智性的直观，而我们在此绝不可假定有这种直观。但要无误解地将这项法则视为既与的，我们可得注意：它并非经验的事实，而是纯粹理性底唯一事实，理性藉此事实宣告自己是原初的立法者（此乃我所欲，此乃我所命）。[53]

康德在此处所谓的"基本法则"是指"纯粹实践理性的基本法则"，并将此基本法则称为"理性的事实"。所谓"纯粹实践理性的基本法则"，即是"定言令式"。简言之，"定言令式"即是呈现在有限存有者（如：人类）的意识中之基本道德法则。这种基本的道德法则是我们据以决定一切具体道德原则（譬如：我们不当说谎）的准则。由于这种基本的道德法则是"既与的"，故它能直接呈现于我们的意识中；但它并非经验的事实，不以经验为根据，而是"理性的唯一事实"，故康德称之为"理性的事实"。康德相信：即使在未有过哲学反省的一般人的道德意识中，也包含这项基本的道德法则。[54]

根据康德的说明，笔者用"理性底事实"来诠释"见在良知"是相应的。因为，"见在良知"意谓"定言令式"直接呈现于我们的意识中，人人皆具此道德意识。此"既与的"道德意识,尽管一般人"习焉而不察",有其隐默的面向,但却是道德实践与道德生活的起点。诚如龙溪所言:"享用见在,固涉笼统;不信见在,又将何所用力耶?"⑤因为,就儒家的"道德先天论"与"道德普遍主义"言,道德实践不在于发明新的道德法则,而是透过当下指点而"逆觉体证",抉发且确定隐默而固有的道德法则,进而稳住我们的道德洞识。这就是儒家道德实践与道德教育的基本目标。如同"理性底事实"是康德伦理学的"阿基米德底支点"一样,"见在良知"是儒家心性之学的支点与起点。因而,一旦言及"工夫"(道德实践),必得肯认良知是一"理性底事实",否则道德实践将"义袭于外",失去其真正的道德价值。就此而言,"见在良知"无待于后天的教化或扩充而始全,反而一切道德实践与教化要以此当下具足的"见在良知"为根据。职是之故,龙溪一再宣称"见在良知与圣人未尝不同",也可以从"理性底事实"(人人或隐或显都有此道德意识)来理解;而龙溪言及"见在良知",必当机指点、启发"信得良知及时",亦可见其豁醒人人皆有的道德意识之用心。

(三)"见在良知"彰显"道德实践动力"的"当下具足"

如前所述,龙溪阐释其"见在良知"一再援用的是"见在良知与圣人未尝不同"与"昭昭之天与广大之天原无别"两个论点。笔者认为,龙溪根据此两个论点所要强调的不只是"良知本有"、"可随时呈现"之义,更重要的是要彰显良知的随时呈现发用,其实践动力是"当下具足"的。固然,就"见在良知"之概念分析说,我们可以说"见在良知"是有关良知之存有论的存有问题;但就龙溪论证此概念的论证方式来看,龙溪的意图在于强调:道德实践动力的当下具足。就此而言,我们必须再深入理解龙溪使用"见在良知与圣人未尝不同"与"昭昭之天与广大之天原无别"之义。

虽然,龙溪援用"见在良知与圣人未尝不同"本于阳明的"成色分两"说。学界对此命题的诠释,多从"见在良知"作为人人本具的超越根据来理解。此乃静态地追问道德实践之所以可能的根据。不过,从阳明与龙溪的讨论中,可以得知,"良知"不仅是道德实践的根据,而且是道德实践的根源性动力。如阳明论及"成色分两"说时,就强调:

> 圣人之所以为圣,只是其心纯乎天理,而无人欲之杂。由精金之所以为精,但以其成色足而无铜铅之杂也。人到纯乎天理方是圣,金到足色方是精。然圣人之才力,亦有大小不同,由金之分两有轻重。……才力不同,而纯乎天理则同,皆可谓之圣人。由分两虽不同,而足色则同,皆可谓之精金。……盖所以为精金者,在足色,而不在分两。所以为圣者,在纯乎天理,而不在才力也。故虽凡人,而肯为学,使此心纯乎天理,则亦可以为圣人。犹一两之金,比之万镒,分两虽悬殊,而到其足色处,可以无愧。故曰"人皆可以为尧舜"者以此。⑤⑥

从阳明"所以为精金者,在足色,而不在分两。所以为圣者,在纯乎天理,而不在才力也。"的类比来说,"精金之足色"与"此心之纯乎天理"都属于"质"的范畴,"分两"之不足以决定精金,犹"才力"之不足以决定"圣人"一样。换言之,每个人心中所呈现的良知与圣人之心一样,并没有本质上的差别。所不同的是,凡人与圣人在工夫的历程上,呈现不同的努力。不过,当提问的焦点,由"'人人皆可以成圣'如何可能"转向

“道德实践的动力”时，“见在良知”因其“纯乎天理”，故其“强度”也是“当下具足”。因而，龙溪在论辩时，常将“见在良知与圣人未尝不同”转为以下的提问：

> 君信得乍见孺子入井怵惕与尧舜无差别否？信毫厘金即万镒金否？

细察龙溪此类的提问，其意图可能不在于证成“人人皆可以成圣”如何可能的问题，而是要人确信：凡人“乍见孺子入井怵惕”是“良知”当下直接的发用，原与圣人尧、舜所发用的良知一样；其“强度”都是“当下具足”。换言之，“见在良知”作为根源性的实践动力，无论凡、圣，其当下的呈现，皆是“完全充分”的，无所亏欠，不必增损。为表示此实践动力的具足，龙溪常以“神感神应”来说明：

> 先师良知之说，仿于孟子。不学不虑，乃天所为，自然之良知也。惟其自然之良，不待学虑，故爱亲敬兄，触机而发，神感神应；惟其触机而发，神感神应，然后为不学不虑，自然之良也。(57)

龙溪认为，“见在良知”惟其“自然之良”，故其发用可随时“触机而发”，而其动力则是“神感神应”。所谓：“良知者，感触神应，愚夫愚妇与圣人一也。”更确切地表述是：“良知本神应，无取乎照应，照应者，义袭矣。吾人不能神应，不可持以病良知，良知未尝增损也。”(58)换言之，“不学不虑”不仅指良知先天本有，还意谓良知能“触机而发”，当下自然呈现，更强调其呈现出来的动力“神感神应”，当下具足。吾人不患所呈现之“良知”动力不够，而在于舍“见在良知”而另求依傍。设若作为道德实践之根据的良知不能呈现，而呈现之动力不完足，则工夫势必落空而无着力点，实践之动力也将削弱不足而待外求。

为了彰显“见在良知”实践动力之“当下具足”，龙溪每每强调良知“一点灵明，照彻上下”。(59)龙溪曾表明：“予所信者，此心一念之灵明耳。一念灵明，从混沌立根基。专而直，翕而辟，从此生天生地，生人生万物，是谓大生广生，生生而未尝息也。”(60)据此，一念灵明的见在良知，基本上其实践动力是生生不息，未曾稍减。因而，龙溪乃谓“良知在人，本无污坏，虽昏蔽之极，苟能一念自反，即得本心。譬之日月之明，偶为云雾所翳，谓之晦耳。云雾一开，明体即见，原未尝有所伤。此原是人人见在具足，不犯做手本领工夫。”(61)正因为“一点灵明与太虚同体”，(62)故一念灵明已蕴藏生生不息的创造实践动力，“有如太阳一出，魑魅魍魉自无所遁其形。”(63)换句话说，一念灵明，枉念自消。足见“见在良知”的实践动力，何其充沛，所谓“丹府一粒，点铁成金”。(64)在这个意义下，愚夫愚妇与圣人的“一念灵明”，其“触机而发”且“神感神应”的实践动力之强度，原是一样的。犹如“昭昭之天”与“广大之天”，其光照之强度本无差别。

论述至此，不难发现，龙溪之所以喜用“昭昭之天与广大之天”的类比，其意图能在于强调“实践动力”。龙溪此类比本于阳明而来，阳明强调“念念致良知”而有此比喻说：

> 比如面前见天，是昭昭之天。四外见天，也只是昭昭之天。只为许多房子墙壁遮

蔽，便不见天之全体。若撤去房子墙壁，总是一个天矣。不可道眼前天是昭昭之天，外面又不是昭昭之天。于此便见一节之知，即全体之知；全体之知，即是一节之知。总是一个本体。⑥⑤

与此"昭昭之天"类似的比喻还有：

> 圣人之知，如青天之日；贤人如浮云天日；愚人如阴霾天日。虽有昏明不同，其能辨黑白则一。虽昏黑夜里，亦影影见得黑白，就是日之余光未尽处。困学功夫，亦从这点明处精察去耳。⑥⑥

> 比如日光，亦不可指着方所。一隙通明，皆是日光所在。虽云雾四塞，太虚中色象可辨，亦是日光不减处。⑥⑦

龙溪则将阳明的比喻作更简要的表述：

> 昭昭之天即广大之天。容隙所见则以为昭昭，寥阔所见则以为广大，则是见有所牿，非天有大小也。⑥⑧

而且龙溪还用《孟子》齐宣王"不忍觳觫"之心来解释此义：

> 齐王觳觫堂下之牛，特一念之昭昭耳。孟子许其可以保民而王，此岂有所积累而然哉？充而至于保民，亦为不失此一念而已。故曰：大人者不失赤子之心，大人之所以为大人，惟在不失而已，非能有加毫末也。⑥⑨

显然地，阳明与龙溪使用这些与"天"或"日光"相关的比喻，不在说明天有大小，"日光"之"照"的范围有大小。而在于强调：无论"广大之天"或是"一隙通明"，都能有"辨黑白"的作用。换言之，"日光"之"照"（发用），本自充沛，其强度"不减"（当下具足）。如是，阳明"一节之知即全体之知"与龙溪"昭昭之天即广大之天"的比喻，其寓意不在于说明感性经验与先验良知的密不可分，⑦⑩而在于强调当下呈现的良知，就是良知本体的自然发用，此道德实践的根源性动力是完满整全、当下具足。犹如齐宣王"不忍觳觫"之心，虽是"一念之昭昭"，但其实践动力具足，无须增损、不待外求，此是龙溪言"见在良知"的精义所在。换言之，当下一念灵明所呈现的良知，其实践动力与良知本体一样，同是具足完整的，没有"一节之知"与"全体之知"的强弱之别，或是"部分"与"全体"的区分，也没有"昭昭之天"与"广大之天"的大小之分。⑦⑪问题只在于能否"念念"致良知（"不失"赤子之心），而不患见在良知力量之不足，此即阳明所言："人若知这良知诀窍，随他多少邪思枉念，这里一觉，都自消融。真个是灵丹一粒，点铁成金。"⑦⑫就此而言，龙溪对良知的"一念之微"再三致意，甚至有"一念万年"之说；⑦⑬而颜回之"纔动即觉，纔觉即化"更是龙溪强调"见在良知"的范例。而与龙溪一样强调见在良知的罗近溪（汝芳，1515～1588），也喜用"太阳一照，魍魉潜消"⑦⑭之喻，其用意都在强调当下呈现的"见在良知"，其实践动力充实圆足。在这个意义下，所谓"致良知"或"扩充良知"，不是指当下呈现的"良知"，其本身实践动力不足，而须要靠外力一点一滴地增加其力量；也不是"充广其知识之谓也"，[75] 而是指良知之"一念灵明"的实践动力本自具足，吾人只须"念念致良知"，使"良知"之发用"不间断"，如是，"人欲"无隙可乘，"云雾"无从"蔽日"。

可惜的是，龙溪彰显"见在良知"之实践动力"当下具足"的用意，并未得到双江、念庵等人的相应理解。如念庵就批评说：

> 今之谈学者多认"良知"太浅，而言"致良知"太易。盖良知本于"不学不虑"之虚体，而后有"知是知非"之流行。……"知是知非"，愚夫愚妇与圣人同也。愚夫愚妇则星星也，圣人则燎原也。自星星以至燎原，其蕴积郁煽，赓续广大，必有次第，而顾持星星自足，措之于用，可不可也？故吾人"知是知非"不足以为事物之主宰者，以其不尽出于虚体故也。[76]

对念庵而言，愚夫与愚妇虽同有"知是知非"之流行发用，但却认为发用的良知，不能为主宰。由他所举的"星星之火"与"燎原之火"来看，念庵并不认为"星星之火"本身具有足以"燎原"的力量，必须添加"蕴积郁煽"，才能有燎原的强大力量。如此一来，当下呈现发用的"见在良知"，其实践动力是不足的。这样的理解，也同时出现在念庵对孟子"四端"之心的理解。念庵说："故谓良知为端绪之发现可也，未可即谓时时能为吾心之主宰也。"[77] 据此，念庵显然认为"恻隐"、"羞恶"、"辞让"、"是非"都是良知"一端之发现"。值得注意的是，念庵本于朱熹而将"四端"之"端"解释为"端绪"，其意犹如朱熹所谓："若以终始言之，则四端是始发处，故亦可以'端绪'言之也。"[78] 如此一来，作为"始发处"之"端绪"，就有"未完成"之意，其实践动力显然不足。[79]

念庵的看法，也表现在双江对孟子的理解，双江说：

> 孟子曰：孩提之童，不学不虑，知爱知敬。是盖即其所发，以验其中之所有。故曰：亲亲仁也，敬长义也。初非只爱敬为良知也。犹曰：恻隐、羞恶，仁、义之端，而遂以恻隐、羞恶为仁、义，可乎？[80]

双江也意有所指地批判龙溪说："今夫以爱敬为良知，则将以知觉为本体。以知觉为本体，则将以不学不虑为工夫。"并谓：

> 然则致良知者，将于其爱与敬而致之乎？亦求所谓真纯湛一之体而致之也？……故致知者，必其充满虚灵本体之量，以立天下之大本，使之发无不良，是谓贯显微内外而一之也。[81]

双江也认为"爱敬"、"恻隐"、"羞恶"都是"仁、义"之"端"，可谓"知觉"，但不是"良知"本体自身。故不能以"恻隐、羞恶"为"仁、义"。这样的思维，也显示龙溪所谓的"见在良知"（爱敬、恻隐、羞恶等）其实践动力不足，"良知本体"滑转为"量"的范畴，因而，双江乃以"充满虚灵本体之量"为"致知"。

总之，由双江、念庵的批评，更显示龙溪言"见在良知"的本旨，在于彰显道德实践动力的"当下具足"。他关注的是："见在良知"的"活动性"与"能动性"。笔者认为此乃龙溪言"见在良知"的用心所在，也是最为殊胜的论点，后人难以正视此义，是以龙溪屡屡疾呼"信得及良知"！台湾学者王财贵研究龙溪思想时，便独具慧眼地指出，"保住良知体用之一贯性"与"宣扬良知之见在性"是龙溪言"良知"的要点所在，㉒故王财贵说得好：

> 依龙溪之了解，首先心体之存有是"见在"而活动的，其次心体之功能是"完整"而一贯的。依此二义入悟，便是本着心体之见在性而成就其实践之完整性。㉓

由王财贵言良知"见在"而"活动"与"完整"而"一贯"之义，更显示出"见在良知"之道德实践动力是"当下具足"。依此义，笔者也以阳明意义下的"体用一源"（体即良知之体，用即良知之用）来解释龙溪的"见在良知"。

笔者认为，龙溪"见在良知"显示良知之"体用一源"，其意涵如下：

其一，"见在良知"之"在"，意味着良知本体的"存有"义。良知是人人本有，人人同具的本体。就心性论言，良知是心之体，是吾人道德实践之所以可能的超越根据。因此，圣人与愚夫愚妇之良知，并无本质上的差异。愚夫愚妇原是潜存的圣人，毫厘金与万镒金，就其成色则同，皆谓之精金。

其二，"见在良知"之"见"，显示良知本体的"活动"义。良知本体虽具存有论上的普遍性，但它不是理论上的设准：一如朱子之"太极"，虽是超越之理，却不内在于心。相对地，良知是于穆不已的本体，又是最高的主体性，"只是一个真诚恻怛，便是他本体。"㉔超越的天理内在于心而显现发用。故良知本体的活动，是神感神应，虚灵明觉，且"当下自然呈现"——"心自然会知，见父自然知孝，见兄自然知弟，见孺子入井，自然知恻隐。"㉕尤其，"当下自然呈现"一义，特别为龙溪所重视，故径以"见在"形容良知，所谓"今心为念，念者见在心也。吾人终日应酬，不离见在，千头万端，皆此一念之主宰。"㉖意即良知虽是超越的本体，但却能在具体的经验世界里当下自然呈现，即使一念之微，也能表现良知超越的主宰能力。进言之，良知当下自然呈现，在道德实践上，即意味吾人可当下体证良知。龙溪以"见在"诠解良知，千言万语，在于强调不论现实生命如何昏蔽，良知总可当下呈现，其力量具足。如此，致知工夫才有着力处，故龙溪说："此（一念良知）是千古入贤入圣真正路头，舍此更无下手用力处矣。"㉗

其三，"见在良知"又谓"现成良知"，龙溪以此显示良知是先天的心体，并凸显良知心体之活动，有其实践上的"完整性"。故龙溪屡屡宣称："良知本来是真的，不假修证。"㉘析言之，龙溪使用"现成"一词，是相对于"修证"而言。他认为良知本身不待修证而成，当即自觉心中之良知，即与最高境界中之良知，是一非二，此即"现成"之义。是以龙溪最常用"昭昭之天与广大之天原无差别"这一推论来显示此义。需要说明的是，龙溪言良知不待修证，并不是指悟良知不需要工夫，而是指良知本身不受经验决定而成的，所谓"良知者，本心自明，不由学虑而得，先天之学也。"㉙

其四，龙溪言"见在良知"或"现成良知"，其用意在于强调良知本体之发用，不仅"当下自然呈现"，而且其实践动力亦是"当下具足"。因为良知本体当下自然呈现时，已涵蕴了实践上的必然性（自不容已），故当下涌现的道德实践动力是沛然莫之能御的。换言之，就良知本体自身之发用言，没有完全呈现与不完全呈现的问题，也没有充分（强）与不充分（弱）的区别；这也是"见在良知"最易令人误解的论点之一。因此，龙溪所谓"良知即是未发之中，即是发而中节之和。未应非先，已应非后。即寂而感行焉，寂非内也；即感而寂存焉，感非外也。此是千圣斩关第一义，所谓无前后内外而浑然一体者也。"⑩并不只是对良知自身作分析而已，也意谓良知当下呈现的动力，使道德实践得以充分贯彻。"见在良知"之能动性与切于实践的特色，正是龙溪再三致意之紧要处。

四、结　语

牟宗三先生于 1948 年起草的《江西铅山鹅湖书院缘起暨章则》一文中，就提出儒学发展三期说，即以先秦儒学为第一期，宋明儒学为第三期，当代新儒学为第三期。⑪此说法经由杜维明先生的宣扬而广播于天下，成为当代新儒家的共识。⑫因此，先秦儒学、宋明儒学与当代新儒学的核心价值与精神乃一脉相承。即以本文为例，"良知"作为儒学的核心概念，从孟子、王阳明、王龙溪到牟宗三先生，哲学洞见与新意迭出，使儒家的实践智慧历久弥新，得以发皇。对于龙溪"见在良知"的理解，牟先生指出"先天本有"、"可随时呈现"之义，可谓切中肯綮。牟先生晚年《圆善论》也再度强调良知"当下呈现"之义：

> 孔、孟立教皆是认为此本心之实有是可以当机指点的；其所以可当机指点乃因其可当下呈现也。如当下不能呈现，还指点什么呢？因可当下呈现，故又可操存而培养之，工夫有落实处。⑬

本文之作，乃本牟先生之说，再探龙溪立言之本旨，指出当下呈现的"见在良知"，其作为道德实践的根源性动力是"当下具足"的。此论点的补充，也是理解儒家"性善说"与道德理想主义的锁钥，或可破除时下"人性向善论"之盲点。⑭

昔日龙溪曾用陆象山鹅湖韵和诗云：

> 未论舜哲与尧钦，万古人传万古心。
> 莫道涓流非是海，由来一篑即成岑。
> 江天杳杳云初净，童冠依依日未沈。
> 但得春风长入手，唐虞事业只如今。⑮

相较于当代新儒家前辈学者所感慨的中国文化之"花果飘零"⑯，当代新儒学颇有"一阳来复"之契机⑰。就学术研究环境而言，我们不仅能"从根本处想，从源头处说"⑱，且在中西哲学的比较视野下，跨文明的对话里，儒学可运用的资源多元且丰富，可谓"已得春风长入手"。而当代新儒家是否能继龙溪"见在良知"、牟宗三先生"智的直觉"之哲学洞见后，再度攀登儒家哲学的高度，再创儒家的"唐虞事业"？实有待吾人共勉之。

注　释：

① 牟宗三：《五十自述》，收入《牟宗三先生全集》，台北联经出版公司 2004 年版，第 32 册，第 78 页。

② 牟宗三：《五十自述》，收入《牟宗三先生全集》，台北联经出版公司 2004 年版，第 32 册，第 78 页。

③ 参见牟宗三：《智的直觉与中国哲学》，收入《牟宗三先生全集》，台北联经出版公司 2004 年版，第 20 册，第 169～276 页。

④ 孟子：《尽心》上，第 15 章。

⑤ 牟宗三：《中国文化发展中义理开创的十大净辩》，《牟宗三先生晚期文集》，收入《牟宗三先生全集》第 27 册，第 372 页。

⑥ 凡本文所引王阳明《传习录》文，皆以陈荣捷：《王阳明传习录详注集评》（台湾学生书局）为据，卷数与编号亦从该书，不另注明。

⑦ 王守仁撰，吴光、钱明、董平、姚延福编校：《王阳明全集》（上海古籍出版社，1992 年版）下册，《大学问》，第 791 页。

⑧ 《年谱》，同前注，第 1279 页。

⑨ 王龙溪引阳明之语云："先生曰仁统四端，知亦统四端。良知是人身灵气，医家以手足萎痹为不仁，盖言灵气有所不贯也，故知之充满处即是仁，知之断制处即是义，知之节文处即是礼。说个仁字，研习既久，一时未易觉悟；说个良知，一念自反，当下便有归着，唤醒人心，尤为简易，所谓时节因缘也。"见王畿：《王龙溪全集》（道光壬午年重刻本，台北华文书局），卷 4，《东游会语》，第 290 页。

⑩ 牟宗三：《致知疑难》，《从陆象山到刘蕺山》第三章附录，收入《牟宗三先生全集》第 8 册，第 216 页。

⑪ 黄宗羲：《明儒学案》，（华世出版社 1987 年版）卷 10，第 179 页。

⑫ 《王龙溪全集》，卷 4，《与狮泉刘子问答》，第 285 页。

⑬ 同前注，卷 10，《答吴悟斋》，第 689 页。

⑭ 《传习录》下：第 312 页。

⑮ 刘宗周撰，戴琏璋、吴光主编：《刘宗周全集》台湾中研院文哲所筹备处，1996 年，第 4 册，《阳明传信录三》，第 102 页。

⑯ 《年谱》，《王阳明全集》，下册，第 1237 页。

⑰ 《传习录拾遗》，第 39 页。

⑱ 《传习录拾遗》，第 38 页。

⑲ 阳明说："良知原是完完全全，是的还他是，非的还他非，是非只依着他，更无有不是处。这良知还是你的明师。"（《传习录》下：265）又说："若晓得头脑，依吾良知上说出来，行将去，便自是停当。"（《传习录》下：242）

⑳ 阳明于答弟子"至诚前知"之问时说道："良知无前后，只知得见在的几，便是一了百了。"（《传习录》下：281）又说"只存得此心常见在，便是学。过去未来事，思之何益，徒放心耳。"（《传习录》上：79）

㉑ 《传习录》中，第 189 页。

㉒ 钱绪山云："格物之学，实良知见在工夫，先儒所谓过去未来徒放心耳。见在工夫，时行时止，时默时语，念念精明，毫厘不放，此即行着习察、实地格物之功也。"见《明儒学案》，卷 11，第 236 页。引绪山论学书《与陈两湖》。欧阳南野致书双江云："致知之功，致其常寂之感，非离感以求寂也。致其大公之应，非无所应以为廓然也。盖即喜怒哀乐而求其未发之中，念念必有事焉，而莫非行其所无事。时时见在，刻刻完满，非有未发以前未临事一段境界，一种功夫。"见欧阳野：《欧阳南野先生文

集》（明嘉靖三十七年梁汝魁陕西刊本，台北"国家图书馆"善本微卷 11987），卷 4，《寄聂双江》第二书，第 14 页。邹东廓致书双江时，亦赞同南野之论点。参邹守益：《东廓邹先生文集》（明嘉靖末年刊本，台北"国家图书馆"善本微卷 11823），卷 8，《再答双江》，第 35 页。

㉓ 《佛学大辞典》（台北新文丰出版公司影印，1985 年 6 月），第 2000 页，"现在"条下。

㉔ 同前注，"现成"条下。

㉕ 阳明云："夫体用一源也，知体之所以为用，则知用之所以为体者矣。虽然，体微而难知也，用显而易见也。……君子之于学也，因用以求其体。"见《王阳明全集》上册，《答汪石潭内翰》，第 146 ~ 147 页。

㉖ 《传习录》上，第 99 页。

㉗ 《传习录》下，第 313 页。

㉘ 《传习录》下，第 22 页。

㉙ 牟宗三：《从陆象山到刘蕺山》，收入《牟宗三先生全集》第 8 册，第 335 页。

㉚ 聂豹：《双江聂先生文集》（明嘉靖四十三年吴凤瑞刻隆庆六年印本）收入《四库全书存目丛书》，集部 72 册（台南县庄严文化事业，1997 年），卷 8，《答王龙溪》第二书，第 48 页。

㉛ 同前注，卷 11，《答王龙溪》第一书，第 10 页。

㉜ 有关念庵与龙溪于松原晤谈的记录，直接的数据有念庵的《松原志晤》，还有龙溪的《松原晤语》（《王龙溪全集》，卷 2，第 190 ~ 194 页）、《松原晤语寿念庵罗丈》（同上，卷 14，第 989 ~ 994 页）。），相关的资料有念庵的《书胡正甫册》，见《念庵文集》，《文渊阁四库全书》387 册（台湾商务印书馆），卷 8，第 22 页）。其中念庵的《松原志晤》，载有原先二人的对话，最切近事实。

㉝ 罗洪先：《念庵文集》，卷 8，《松原志晤》，第 41 页。

㉞ 牟宗三：《从陆象山到刘蕺山》，收入《牟宗三先生全集》第 8 册，第 281 ~ 282 页。

㉟ 吴震：《阳明后学研究》，上海人民出版社 2003 年版，第 8 页。

㊱ 吴震：《阳明后学研究》，上海人民出版社 2003 年版，第 15 ~ 19 页。

㊲ 彭国翔：《良知学的展开——王龙溪与中晚明的阳明学》，台湾学生书局 2003 年版，第 69 页。

㊳ 彭国翔：《良知学的展开——王龙溪与中晚明的阳明学》，台湾学生书局 2003 年版，第 71 页。

㊴ 彭国翔：《良知学的展开——王龙溪与中晚明的阳明学》，台湾学生书局 2003 年版，第 73 页。

㊵ ㊶ 吴震：《阳明后学研究》，上海人民出版社 2003 年版，第 15 ~ 17 页。

㊷ 牟宗三：心体与性体（台北正中书局 1987 年版），第 3 册，第 277 页。

㊸ 李明辉：《孟子的四端之心与康德的道德情感》，《儒家与康德》，（台北联经出版事业公司 1997 年版），第 136 页。

㊹ 彭国翔：《良知学的展开——王龙溪与中晚明的阳明学》，第 71 页。

㊺ 同前注，第 351 页。

㊻ 《王龙溪全集》，卷 3，《答中淮吴子问》，第 255 页。

㊼ 《传习录》中，第 168 页。

㊽ 《传习录》中，第 166 页。

㊾ 《传习录》下，第 290 页。

㊿ 彭国翔：《良知学的展开——王龙溪与中晚明的阳明学》，第 77 页。

51 如李泽厚论及"仁"的结构时，首先标举"血缘基础"与"心理原则"，并认为心理情感原则是儒家区别于其他学说或学派的关键点。参见李泽厚：《中国古代思想史论》（台北三民书局 1996 年版），第 12 ~ 19 页。

52 《念庵文集》，卷 10，《良知辨》，第 11 页。

53 Immanuel Kant: *Critique of Practical Reason*, translated by Lewis White Beck, (New York: Liberal Arts Press, 1956), p.31. 译文见李明辉：《康德伦理学与孟子道德思考之重建》（台湾中研院文哲所，

1994 年），第 45～46 页。

⑬ 以上有关"理性的事实"一词之疏解，参见李明辉：《康德伦理学与孟子道德思考之重建》，第 45～57 页、第 93～103 页。

⑭ 《王龙溪全集》，卷 10，《与罗念庵》，第 660 页。

⑮ 《传习录》上，第 99 页。

⑯ 《王龙溪全集》，卷 6，《致知议辨》，第 425 页。

⑰ 《念庵文集》，卷 10，《良知辨》，第 11 页。

⑱ 《王龙溪全集》，卷 7，南游会纪，第 460 页。

⑲ 《王龙溪全集》，卷 7，《龙南山居会语》，第 499 页。

⑳ 《王龙溪全集》，卷 6，《致知议辩》，第 416 页。

⑴ 《王龙溪全集》，卷 7，《华阳明伦堂会语》，第 480 页。

⑵ 《王龙溪全集》，卷 3，《金波晤言》，第 244 页。

⑶ 《念庵文集》，卷 5，《夏游记》，第 28 页，引龙溪语。

⑷ 《传习录》下，第 222 页。

⑸ 《传习录》下，第 289 页。

⑹ 《传习录》下，第 290 页。

⑺ 《王龙溪全集》，卷 16，《别曾见台漫语摘略》，第 1152 页。

⑻ 《王龙溪全集》，卷 16，《别曾见台漫语摘略》，第 1152 页。

⑼ 彭国翔认为，"一节之知，即全体之知"，是说具体的感性经验中包含着先验而普遍的"良知"；"全体之知，即一节之知"，是说先验的良知必然表现为具体的感性经验。见氏着《良知学的展开——王龙溪与中晚明的阳明学》，第 405 页，但此解释不切合阳明与龙溪之文意。

⑽ 明儒孙淇澳（慎行，1564～1635 年）就明白此义，孙淇澳《困思抄》云："昭昭非小，无穷非大，犹之火然，一星之火，与燎原之火，无大小可言。"转引自《明儒学案》，卷 59，《东林学案二》，第 1450 页。

⑾ 《传习录》下，第 209 页。

⑿ 《王龙溪全集》，卷 16，《别曾间台漫语摘略》，第 1154 页。

⒀ 罗汝芳：《盱坛直诠》（台北广文书局，1977 年），下卷，第 187 页。

⒁ 《王阳明全集》下册，《大学问》，第 971 页。

⒂ 《念庵文集》，卷 8，《别宋阳山语》，第 2 页。

⒃ 同前注，卷 5，《夏游记》，第 31b 页。

⒄ 黎靖德：《朱子语类》，卷 53，第 1286 页。

⒅ 念庵认为："孩提爱敬乃一端之发见，必以达之天下而后为全体。孩提之知比诸昭昭之天，达之天下比诸广大之天，收摄保聚所以达之也。"见《王龙溪全集》，卷 16，《别曾间台漫语摘略》，第 1151～1152 页。

⒆ 《双江聂先生文集》，卷 4，《送王惟中归泉州序》，第 5a 页。

⒇ 同前注，卷 8，《答东廓邹司成》三，第 42b 页。

⒈ 王财贵：《王龙溪良知四无说析论》，（台湾师范大学）《"国文研究所"集刊》35 号（1991 年，6 月），第 397 页。

⒉ 王财贵：《王龙溪良知四无说析论》，（台湾师范大学）《"国文研究所"集刊》35 号（1991 年，6 月），第 397 页。

⒊ 《传习录》中，第 189 页。

⒋ 《传习录》上，第 8 页。

⒌ 《王龙溪全集》，卷 15，《趋庭漫语付应斌儿》，第 1098 页。

⑧⑦ 同前注，卷9，《答茅治卿》，第 642 页。

⑧⑧ 同前注，卷1，《抚州拟岘台会语》，第 152～153 页。

⑧⑨ 《王龙溪全集》，卷6，《致知议略》，第 406 页。

⑨⓪ 《王龙溪全集》，卷6，《致知议略》，第 406 页。

⑨① 牟宗三：《牟宗三未刊遗稿》，收入《牟宗三先生全集》第 26 册，第 13～16 页。

⑨② 刘述先：《大陆与海外——传统的反省与转化》，（台北允晨文化，1989 年），第 29 页。而杜维明有关"儒学三期"与"儒学第三期发展"之说，主要见于（1）《论儒学第三期》，《道·学·政——论儒家知识分子》，收入《杜维明文集》第 3 卷，第 632～651 页、（2）《儒学第三期发展的前景》，《现代精神与儒家传统》，收入《杜维明文集》第 2 卷，第 597～620 页、（3）《儒学第三期发展的前景问题》，《儒学第三期发展的前景问题——大陆讲学、答疑和讨论》，收入《杜维明文集》第 1 卷，第 398～427 页。此外，亦见于《儒学第三期发展的设想》，《一阳来复》，第 1～8 页。

⑨③ 牟宗三：《圆善论》（台湾学生书局 1985 年版），第 36 页。

⑨④ 台湾学者傅佩荣喜言"人性向善论"，其解释《孟子》"四端"之"端"说："'端'这个字用得好，说明是开始而不是完成；而'火之始然，泉之始达'（《公孙丑上》）更生动地描绘这种'趋力'状态。"见氏着《儒家哲学新论》（台北业强出版社 1993 年版），第 175 页。依此解释，四端之心的道德实践动力仍是不足的。

⑨⑤ 《王龙溪全集》，卷18，《再至水西用陆象山鹅湖韵四首》之一，第 1268 页。

⑨⑥ 唐君毅：《中华民族之花果飘零》，《中华人文与当今世界》（上）收入《唐君毅全集》（台湾学生书局 1985 年版），卷 7，第 11～37 页。

⑨⑦ 杜维明即以《一阳来复》（上海文艺出版社 1997 年版）作为其文集之书名。

⑨⑧ 牟宗三：《道德的理想主义》，收入《牟宗三先生全集》第 9 册，第 3 页。

（作者单位：台湾"中研院"文哲所）

吕大临与"五峰蕺山系"

□ 文碧方

当代宋明理学研究大家牟宗三先生曾在其《心体与性体》中一反传统学界把宋、明儒学分为程朱、陆王两系的做法，而将宋、明儒学重新分为三系，即五峰蕺山系，伊川朱子系，象山阳明系，并且，牟宗三先生还认为，较之伊川朱子系和象山阳明系，五峰蕺山系更具优越性，乃宋、明儒之嫡传与儒学之大宗。且看牟宗三先生对五峰蕺山系的界说：

> 此承由濂溪、横渠而至明道之圆教模型（一本义）而开出。此系客观地讲性体，以《中庸》、《易传》为主，主观地讲心体，以《论》、《孟》为主。特提出"以心著性"义以明心性所以为一之实以及一本圆教所以为圆之实。于工夫则重"逆觉体证"。①

牟先生的上述划分和见解尽管受其理论立场、哲学倾向的影响，学者们未必赞同，但其洞察力之敏锐、见解之深刻，说理之透辟是为人所叹服的。如果牟先生所开出和豁显的五峰蕺山系之独立意义的观点成立，那么该系有一重要人物决不可忽视，此即吕大临（字与叔，号芸阁，1046～1092年），而在时间上，吕大临在胡五峰之前，更宜作开创者来看待。下面先对吕大临的思想略作介绍，然后再依据牟宗三先生上述界定五峰蕺山系的标准来具体分析和讨论何以应视吕大临为该系的开创者的根据和理由作一说明。

一

北宋理学的兴起，开创了一个整整影响七、八百年的所谓"理学"的时代，在其理论初建、思想方兴之时，可谓朝气蓬勃、规模宏大、大师辈出、才人涌现，而"北宋五子"无疑是儒学这一新风气的开拓者和奠基人。吕大临的一生正好与北宋理学的兴起同时，他从五子中的三人问学，先是张载关学中的著名弟子，张载去世后，他又从学于二程，在二程门下，他与谢良佐、杨时、游酢并称为"四先生"。吕大临作为关学、洛学中举足轻重的杰出弟子，不仅其思想兼具关、洛两学之特点，而且他又负传关洛两学之使命，故在宋明理学史上有着极为特殊而又重要的地位。

"天道性命相贯通"是宋明儒学学者普遍关注的主题和共同的意识，但首次如此自觉地提出者为张载。青年时代的吕大临正是在其师张载的引导和影响下，直接以张载这方面的思想为前提和出发点来致力此儒家心性形上学领域的思考和探讨的。他们师生俩之所以如此关注此儒家心性形上学领域问题，显然跟他们与佛道计得失、较是非的问题意识有关。佛道通过一套精致的思辨哲学和系统完备的心性之学，否定世俗生活的价值和意义，严重地冲击了儒家的价值观念和人伦纲常。面对佛老的挑战，他们认为，必须在儒家的心性形上学领域有所建树，才能真正抵御佛老思想的泛滥，才能真正肯定和维护儒家的价值原则和人伦纲常。因此，他们慨然以道自任致力此儒家心性形上学领域的探讨，在探讨过程中，他们以儒家经典中对这一领域讨论最为深入集中的《中庸》、《易传》、《孟子》等为依据重新发掘了先秦儒家的心性形上学的思想与资源，尤其重构和阐发了孟子性善论之旨，并以此性善之"性"为中介把天道、天理与儒家的道德原则和人伦纲常联系起来，从天道性命的高度来重新定位和解释儒家的道德原则和人伦纲常的价值和意义，既视儒家的价值原则和人伦规范为天道、天理的体现，维护了儒家价值原则和人伦规范的合理性、必然性、至上性；同时亦视儒家的价值原则和人伦规范出于人自身本有之性命之理，从而亦使儒家伦理学不失为一种康德所说的自律伦理学。

在上述思想的基础上，张载、吕大临师生俩又皆致力于本体与工夫关系的探讨，提出了一套关学特有的"为学工夫"。吕大临的本体工夫论尽管所依据的基本上是张载的"知礼成性、变化气质"②的本体工夫论思想，但他亦作了颇能体现他个人特色的阐发和说明。

就关学这种特有的"知礼成性变化气质"的本体工夫论而言，此本体工夫论原本是张载、吕大临针对"自明诚"③者或"反之者"而提出的，因为在他们看来，"自明诚"者或"反之者"心中本具的"性"亦即"理"、"理义"为气禀之质所障蔽，无法象"性之者"④的圣人那样做到"理义皆由此出"⑤，故须"知以成性"、"礼以成性"、"变化气质"。并且，他们还认为，在"自明诚"者或"反之者"凭借知礼工夫来变化气质的过程中，即使礼法未能使人上达，未能使人实现"成性"的目标，但其中"性命之理具焉"⑥的礼法作为一种外在规范力量至少能检束人"弗畔道"⑦，能约束人尽人伦义务。因此可以说，张载、吕大临所主张和强调的这种"知礼成性变化气质"的本体工夫论，针对"自明诚"者或"反之者"亦即社会中的大多数，虽允诺其可以通过知礼工夫"成性"亦即"复乎性"⑧而获得一道德上的自由之境，但张载、吕大临又考虑到，作为社会中的大多数的"自明诚"者或"反之者"又难以克服其"气禀之杂"，难以摆脱其"形气之私"，故为了保证"自明诚"者或"反之者"最初与最低的据守；为了使得"自明诚"者或"反之者"的道德修为立足于社会生活的规范性、普遍有效性上；为了促使"自明诚"者或"反之者"真正知晓和践履儒家的道德原则和人伦规范；他们主张和强调一种具明显的理性主义特点和现实主义性格的知礼工夫，而这种具明显的理性主义特点和现实主义性格的知礼工夫，与其说是为了使"自明诚"者或"反之者"来追求和实现"成性"或"复乎性"的目标，毋宁说是为了使"自明诚"者或"反之者"来知晓和践行儒家的道德原则和人伦规范。

尽管张载、吕大临所主张和强调的这种具明显的理性主义特点和现实主义性格的知礼工夫在认知和遵循儒家的道德原则和人伦规范方面其有效性显而易见，其成就道德人格亦无可怀疑，但要达至道德上的一种自在圆满之境上又显然有其困难，故他们在凭借知、礼工夫来追求那种"一天人，合内外"的"成性"的理想和目标时也就常常陷入困境。纵使如此，但对张载、吕大临而言，"成性"即"成圣"，圣人那种"纵心所欲，由仁义行也；出于自然，从容不迫，不待乎思勉而后中也"⑨的道德自由之境和"民胞物与"的宏大仁爱又可以说始终是他们追求的理想和目标，故在他们的有关论说和著述中，他们曾对此大加推崇屡加阐发。不仅如此，在如何来达至这种道德的自由圆满之境上，张载在强调知、礼工夫的同时，亦曾试图通过对心性天为一之"仁心"或"大心"的说明来实现道德上的这种自由圆满之境。当然，张载的这种对心性天为一之"仁心"或"大心"的说明还只是一种理论上的探讨且在他的整个思想体系中也不显豁，而吕大临却对此极为注重，他不仅对张载这种心性天为一之"仁心"或"大心"的思想作了详尽的阐明，而且在此基础上作了进一步的引申、推演和发挥，从而使他在关学阶段时就已形成了比较完备和成熟的心性天为一、"求其本心"的思想。吕大临对此"本心"的讨论和阐发，可以说使理学早期从《孟子》、《中庸》、《易传》着眼和入手来讨论此心性天为一之"心"的思想深切著明、灿然具备，他的这种思想显然在北宋理学的发展史上有着极为独特而重要的地位。

吕大临之所以如此注重"求其本心"，是因为在他看来，此"本心"作为心性天为一之"仁心"，既是未发，又是已发；既是本体，又是发用；既是立法原则，又是践履原则；故只须致力此心性天为一之"本心"或"仁心"的开启、彰显，此"本心"或"仁心"即能成为人之道德实践中的立法原则和践履原则，从而使人能达致一种"此心所发，纯是义理"⑩的道德自由之境，不仅如此，此"本心"或"仁心"既是理亦是情，此情乃人之怵惕恻隐之仁心所本具的一种不容已之万物一体之情，能视己与天地万物为一"血脉相连"、"疼痒相关"的"大身体"，故当人顺此一体不容已之情做去时，自能亲亲、仁民、爱物，无须勉强，自然而然，简易直截。可见，吕大临是主张以这种"求其本心"的"简易工夫"来作为追求和实现道德的自由之境以及万物一体之仁的理想与目标的。

吕大临这种心性天为一、"求其本心"的思想可谓是导致关学洛学化的关键所在。张载去世时，吕大临时年三十一岁。据《宋元学案·吕范诸儒学案》述："横渠卒，乃东见二程先生。故深淳近道，而以防检穷索为学。明道语之以识仁，且以不须防检、不须穷索开之。先生默识心契，豁如也。作《克己铭》以见意。"⑪程颢对于吕大临能接受自己的观点，曾推测到："巽之（范育）凡相见须窒碍，盖有先定之意，与叔据理却合滞碍，而不然者，只是他至诚便相信心直笃信。"⑫实际上，吕大临之所以能对程颢的"识仁"之语"默识心契"，即在于他那种心性天为一、"求其本心"的思想原本就与大程的"识仁"的看法有着相通和一致之处。程颢的"一本"之道以即心即性即天泯灭和取消了天与人、主与客、内与外、理与气之间的彼此对待和疏离分隔，并不依赖那种二元分立的前提来确立本体与工夫之间的关系，而是直接致力于本心的开启和呈现，他的"识仁"之方正是开启和呈现此本心的决定性原则和最直截的门径。吕大临就是在这种"识仁"之方的指点、引导下，开始从儒家伦理道德的学问式、理论性的探讨真正转向于内在心性的体认存养的实践，从持复杂构造的唯理的、对立的思考和探讨转向于持单纯构造的实践的、一体的思考。

宋神宗元丰八年（1085年）程颢病逝。宋哲宗元祐元年（1086年）程颐"以布衣被召"，任崇政殿说书，这一年吕大临也以门荫入宫为太学博士。师生俩同居京师，这就为吕大临随时向程颐请教带来了方便，在此期间，他们师生俩曾就"中"的问题进行过极为深入的讨论，讨论的内容后被录而编之，称之为《论中书》。在《论中书》中，吕大临与程颐对"中"的问题的讨论，可以说是吕大临在洛学阶段后期最为重要的一次哲学思考和探索。他们师生之间在"中"的问题上的分歧既涉及各自的思想系统中是否有心性为一之"本心"的观念亦即双方是视心与性为一还是歧心与性（理）为二，同时还关联着各自的为学工夫之实践。

正因为吕大临对此"本心"不仅在关学阶段从理论上作过深入的探讨，而且他还在洛学阶段经历了"独立孔门无一事，唯传颜氏得心斋"[13] 的亲身体验和实践，故他在"中"的问题的讨论中对此"本心"及其作用确信无疑，当程颐基于其"圣人本天，释氏本心"[14] 的立场反对他以"喜怒哀乐未发之际"的"赤子之心"亦即"本心"为大本时，他反复为自己分辩、辩护，并声称自己对此"本心""自信不疑，拳拳服膺，不敢失坠"。[15] 诚然，依理而言，这种内在心性的体认和显发可谓直截而又简易，但实践中却又委实难以把握极易出现主观随意性，故其所导致的实际的流弊也就甚多，或只弄玄妙，虚泛不切，不着实际，最终导致价值实在的虚无，流为禅者即是；或滑向意志主义，"任心率性而行"、"纯任自然"、"情识而肆"，从而引发个人的现实行为的失范，王学末流之失即是。就吕大临的为学历程来看，在关学阶段时，由于他不仅即已树立坚定的儒家信念和信仰，而且在精研礼学、博及《六经》的过程中对儒家的价值原则和人伦规范又有着全面的了解和深刻把握，在儒家的心性形上学领域的探讨过程中则更是从天道性命的高度来解释和说明儒家的道德原则和人伦规范，故这些皆使得他无论是谈心论性，还是对"以天地万物为一体"的仁者境界和"不思而得，不勉而中"的自由境界的阐发，都始终以儒家的价值原则、道德理念为归依，以坚持儒家的社会关怀和道德实践为前提，以礼法伦常、经世致用为价值取向，并且他言行一致，身体力行，人称其"曲礼三千目，躬行四十年"[16] 这一切为他在洛学阶段真正从事内在心性的体认、彰显的实践时提供了一种铺垫、一种贞定，构成了一种限制、补充，保持着一种内在张力，从而使他为学中的内与外、体与用、高明与笃实两方面逐渐融合和统一起来，可见，正是关学和洛学共同形塑和造就了吕大临一生的为人为学。后来朱子如此评价道：

> 与叔年四十七，他文字大纲立得脚来健，有多处说得好，又切。[17]
> 吕与叔惜乎寿不永！如天假之年，必所见又别。程子称其"深潜缜密"，可见他资质好，又能涵养。某若只如吕年，亦不见得到此田地矣。[18]

朱子是在间隔一段时间距离后所作出的评价，不可谓不公允。

二

在上述对吕大临的思想已有所交待的基础上，下面依据牟宗三先生在界定五峰蕺山系时的标准来对吕大临的思想作一具体分析和讨论，以便对吕大临应视为五峰蕺山系的开创者的根据和理由有所说明。

先就牟宗三先生所谓的五峰蕺山系"客观地讲性体，以《中庸》、《易传》为主"的标准来说吧，吕大临在关学阶段时，由于他是在其师张载的引导和影响下以《中庸》、《易传》为依据来致力于儒家心性形上学领域的探讨的，故他对"天道性命通而为一"的阐发，对天道、天理亦即道体的客观性、自存性的肯定，对"性体"客观超越义的凸显，应与牟先生所界定五峰蕺山系的这一标准不悖。

再就牟宗三先生所谓的五峰蕺山系"主观地讲心体，以《论》、《孟》为主"的标准而言，吕大临承《孟子》之义对"本心"的阐发以及"求其本心"的强调，他对张载的"仁心"或"大心"思想的引申、推演和发挥，他在大程"识仁"之语的指点下所从事的"求其本心"的具体的修养实践，亦可以说与牟先生所界定五峰蕺山系的这一标准未有不合。

对于牟先生所特别重视和反复强调的"以心著性"义，吕大临说得更是显豁，他在其《礼记解·中庸第三十一》中称：

> 未及乎所以中也，喜怒哀乐之未发之前，反求吾心，果何为乎？《易》曰："寂然不动，感而遂通天下之故。"《语》曰："子绝四：毋意，毋必，毋固，毋我。"《孟子》曰："大人者，不失赤子之心。"此言皆何谓也？"回也其庶乎，屡空"，唯空然后可以见乎中，空非中也，必有事焉。喜怒哀乐之未发，无私意小知挠乎其间，乃所谓空，由空然后见乎中，实则不见也。[19]

在其《论语解》中，他认为：

> 空空无知，则无所不达，自得自生，岂见闻之比乎！不受命者，货殖之学，聚闻见以度物，以已知求中，而不受于命于天。空空无知，则未始有已，所以应物如响，一受于天而已，吾何与乎？[20]

这里首先需要说明的是，吕大临在此所谓的"中"即"性"或"天道"，他所谓的"中，性与天道也"[21]即表明这一点。按吕大临的看法，在"喜怒哀乐未发之前"，亦即当人心中摒去私意小知的干扰处于"空"或"空空无知"的状态时，性之实即能全体呈现于心中，此心体"寂然不动，感而遂通"、"无所不达，自得自生"，故既保持了性天的客观超越性、自存性，又突出了心体对性体的彰显。至于牟先生所说的"逆觉体证之工夫"，吕大临在《礼记解·中庸第三十一》中所谓的"反求吾心"、在《论中书》中所谓的"反求诸己"、"求之于喜怒哀乐未发之际而已"可视为此。言至乎此，我们完全可以说吕大临思想是符合牟先生在界定五峰蕺山系时的标准的。

在对宋、明儒学重新分系时，牟宗三先生之所以视五峰蕺山系乃宋、明儒之嫡传与儒学之大宗，是因为他认为：

> 五峰之思路，除逆觉体证之工夫入路外，其重点大体是在心性对扬，以心著性，盛言尽心以成性，而最后终归于心性是一。此路既不同于伊川、朱子之静涵静摄系统，亦不全同于陆、王之纯从孟子学入者。此盖承北宋濂溪、横渠、明道之会通《中庸》、《易传》而言道体，即本天命于穆不已之体而言性体，而复本明道之"识

仁"，以会通孔子之仁与孟子所言之本心，而以心著性也。此以"由《中庸》、《易传》言道体、性体"为首出者，所必应有恰当之义也。[22]

吕大临是横渠、明道的及门弟子，明道的"识仁"之语原本就是为指点他而发，他可谓地地道道的横渠、明道之嫡传；并且，他不仅直接继承横渠、明道之学，而且也确实实对横渠、明道之学作了消化和吸收，既以《中庸》、《易传》为首出而言道体、性体，他所谓的"'天命之谓性'，即所谓中；'修道之谓教'，即所谓庸。中者，道之所自出；庸者，由道而后立。盖中者，天道也、天德也，降而在人，人禀而受之，是之谓性。"[23]即是，又本明道之"识仁"以会通孔子之"仁"与孟子所言之"本心"，《论中书》中他那为人所熟知的"赤子之心""窃谓未发之前，心体昭昭具在，已发乃心之用也"即是，此外，他还可以说是明道"识仁"之方的真正实践者。毫无疑问，凡研究横渠、明道之学者，不可不涉及吕大临，而只要对他思想稍加注意，就极易觉察和见出他继承了这两位北宋理学大家的思想。而以牟先生对横渠、明道之学所下工夫之深，了解之全，理解之透，不知为何在发掘五峰蕺山一系时却反而忽视了吕大临，也许是有关吕大临的文献资料太少之故，但牟先生在疏解明道、伊川思想时涉及到吕大临的文献资料已相当多了；也许是牟先生认为吕大临在理学中的地位不太重要、不足为人道也，但牟先生却又大力豁显在理学中也并不引人注目的胡五峰，何况牟先生亦认为"此人甚有劲力，朱子亦极赞佩之，而惜其早卒。"[24]总之，无论如何牟先生在疏解横渠、明道之思想时与吕大临擦肩而过，已失之交臂也。

牟宗三先生对宋明儒学的重新分系，由于他是以哲学理论之型态来区分的，故无须据思想史来立论，也无须合乎思想史的证据，但在《心体与性体》中，牟先生还是对五峰之学的学术渊源作了一番追溯。且看牟先生是如何来追溯的：

> 谢上蔡官湖北，胡文定安国尊师道，以高位"修后进礼"从之游，在师友之间。黄梨洲谓其学"得于上蔡者为多"（参看《武夷学案》）。安国精春秋，未专着力于内圣之学，然有若干基本观念影响其子胡五峰（名宏字仁仲）者甚大。五峰"尝见龟山于京师，又从侯师圣于荆门，而卒传其父之学"，又"卒开湖湘之学统"（参看《五峰学案》）。胡五峰消化濂溪、横渠、明道所言之天道性命相贯。通中之性体义，并本明道之识仁、孟子之求放心，正式言逆觉体证之工夫入路，吾名此曰"内在的逆觉体证"。五峰虽早年师事侯师圣（因父命故，参看《刘李诸儒学案》），然其学路实环绕明道、上蔡以及其父而转出者。[25]

牟先生对五峰之学术渊源的追溯尽管看起来有凭有据，但究其实又似有似无、若是似非，显然猜测成分颇大。与其如此追溯，倒不如以五峰自己的一些说法为据。五峰在《题吕与叔中庸解》中称：

> 靖康元年，河南门人河东侯仲良师圣，自三山避乱来荆州，某兄弟得从之游。议论圣学必以《中庸》为至，有张焘者携所藏明道先生《中庸解》以示之，师圣笑曰"何传之误？此吕与叔晚年所为也"。[26]

这就是说在胡宏早年从侯师圣于荆门时,其论学必以《中庸》为依归,并且见到了当时人们误传为明道所作而实际上乃吕大临所撰的《中庸解》。

> 后十年,某兄弟奉亲南止衡山,大梁沈向又出所传明道先生解,有莹中陈公所记,亦云此书得之涛。某反覆究观词气,大类横渠正蒙书。而与叔乃横渠门人之肖者,征往日师圣之言,信以今日己之所见,此书与叔所著无可疑明甚。惜乎莹中不知其详,而有疑于行状所载,觉斯人明之书皆未及之语耳。虽然道一而已,言之是。虽阳虎之言,孟轲氏犹有取焉,况与叔亦游河南之门,大本不异者乎!尊信诵习,不敢须臾忘,勇哉莹中之忘!某虽愚,请从其后。㉗

这说明胡宏后来又见到了误传为明道所作的《中庸解》,他反复究观《中庸解》之词气后,觉得与横渠的《正蒙》颇类,故确信其为"与叔所著无可疑明甚"。尽管《中庸解》乃吕大临所著而并非明道所作,但胡宏认为:吕大临为横渠高弟,并且又从二程问学,其道其大本与二程无异。故胡宏表示:"尊信诵习,不敢须臾忘,勇哉莹中之忘!某虽愚,请从其后"。由此可见,吕大临的《中庸解》对胡五峰影响至深。而牟先生在《心体与性体》中所概括和总结出的五峰之学的义理与精义,吕大临的《中庸解》中几乎皆有所论及和阐明。

注　释:

① 牟宗三:《心体与性体》上册,上海古籍出版社1999年版,第42页。

② 《附录·吕大临横渠先生行状》,引自《张载集》,中华书局1978年版,第383页。

③ 《礼记解·中庸第三十一》,引自《蓝田吕氏遗著辑校》,陈俊民辑校,中华书局1993年版,第297页。

④ 《礼记解·中庸第三十一》,第296页。

⑤ 《礼记解·中庸第三十一》,第298页。

⑥ 《礼记解·表记第三十二》,第315页。

⑦ 《礼记解·表记第三十二》,第315页。

⑧ 《礼记解·中庸第三十一》,第296页。

⑨ 《礼记解·中庸第三十一》,第296页。

⑩ 《论中书》,引自《蓝田吕氏遗著辑校》,第497页。

⑪ 《宋元学案·吕范诸儒学案》卷三十一。

⑫ 《二程遗书》卷二上,《二程集》,王孝鱼点校,中华书局1984年版,第27页。

⑬ 《文集佚存·送刘户曹》,引自《蓝田吕氏遗著辑校》,第600页。

⑭ 《二程遗书》卷二十一下,第274页。

⑮ 《论中书》,第497页。

⑯ 《附录三·朱子语类·程子门人·吕与叔》,引自《蓝田吕氏遗著辑校》,第643页。

⑰ (宋)黎靖德编:《朱子语类》卷第一百一,杨绳其、周娴君点校,岳麓书社1997年版,第2300~2301页。

⑱ 《附录三·朱子语类·程子门人·吕与叔》,第643页。

⑲ 《礼记解·中庸第三十一》,第273~274页。

⑳ 《论语解》,引自《蓝田吕氏遗著辑校》,第452页。

㉑ 《礼记解·中庸第三十一》，第 273 页。

㉒ 牟宗三：《心体与性体》中册，第 355 页。

㉓ 《礼记解·中庸第三十一》，第 271 页。

㉔ 牟宗三：《心体与性体》中册，第 5 页。

㉕ 牟宗三：《心体与性体》中册，第 354 页。

㉖ 《附录·胡宏题吕与叔中庸解》，引自《蓝田吕氏遗著辑校》，第 627 页。

㉗ 《附录·胡宏题吕与叔中庸解》，第 627 页。

（作者单位：武汉大学哲学学院）

当代韩国阳明学的研究活动及未来课题

□ 〔韩〕梁承武

一、序　言

在朝鲜时期，政治上和学术上均以性理学为主导思想，阳明学被打成异端邪说或斯文乱贼而判和排斥。韩国阳明学的发展经历了多次受到批的断绝和延命等曲折的历程。在朝鲜时期，南彦经（1528～1594 年），李瑶（生平未详），张维（1587～1638），崔鸣吉（1583～1647 年），郑齐斗（1649～1736 年）等许多学者关注和研究，特别是郑齐斗的不懈研究，使韩国阳明学逐步形成了一门较有体系的学术，在韩国儒学史上谱写了新的一页。

1995 年 1 月，韩国首次召开了韩国阳明学会发起大会，同年 4 月 8 日正式创立了韩国阳明学会。从此国内外阳明学研究活动有了新的活力，提高了韩国阳明学学术研究水平，韩国东洋哲学研究也有了长足的发展。韩国阳明学会的成立，在韩国学术界是一件大事，对东洋哲学发展具有深远的意义。它表明韩国东洋哲学界里尚有相当大的阳明学学术研究队伍，表明东洋哲学仍然被受到人们的关注。

1995 年 11 月 25 日召开了韩国阳明学会成立暨秋季学术会议。此后每年春秋两季定期召开学术会，至今共召开了 17 次。300 多年以前，霞谷郑齐斗（1649～1736）在京畿道江华研究和传授当时因异端而备受排斥的阳明学，后来逐渐形成了"江华阳明学派"。2004 年 10 月 15 日～16 日，在这有历史意义的京畿道江华城市召开了第二次韩国阳明学国际学术会议，并取得了圆满成功。在这次学术会议上，韩国儒学史上曾被排斥和批判的所谓"异端"——阳明学及其研究有了进一步的弘扬，为今后阳明学发展打下了基础。

本文根据上述的历史背景，①首先简略考察韩国阳明学的传入，然后分析历史上韩国阳明学研究受阻的原因和 1949 年光复以来韩国阳明学的研究活动，最后讨论韩国阳明学研究的未来课题。

二、韩国阳明学的传入经过及其发展

今天，对韩国阳明学传入时期问题仍有多种说法。归纳这些说法，则大体上可推测为由朝鲜朝中宗（在位 1506～1544）16 年（1521）以前到明宗（1545～1567）21 年（1566）之间。

下面简单说明其中的几种主要说法：

1. 根据讷斋朴祥（1474～1530）的《讷斋集》和十清轩金世弼（1473～1553）的《十清轩集》而推断的中宗 16 年（1521）传入说。②

2. 根据耻斋洪仁祐（1515～1554）的《耻斋日记》和《退溪全集》等文献而推断的明宗 8 年（1553）传入说。③

3. 根据西厓柳成龙（1542～1607）的《西厓集》（书阳明集后）而推断的明宗 13 年（1558）传入说。④

4. 根据退溪的《白沙诗教辨》和《传习录论辩》等把阳明学当作异端批驳的文献而推断的明宗 21 年（1566）传入说⑤。

从上述的推断中可以了解到阳明学传入韩国以及公开进行议论、批判和接纳已有半个世纪的历史。⑥

第一阶段：阳明学开始被议论或批驳的阶段。那是中宗 16 年（1521），即王阳明还在世的时期。朴祥和金世弼读了《传习录》以后开始进行辩驳。即"王阳明文字，东来未久，东儒莫知其为何等语，先生与金十清见其传习录，斥为禅学，有酬唱三绝"。⑦这就是对阳明学的最初的批判。由此可知阳明学成为议论和批驳的对象开始于 16 世纪前半期。

第二阶段：阳明学正式被议论或批驳的阶段。对阳明学开始批判以后，又过了 30 年，即明宗 8 年（1553）退溪和洪仁祐、南彦经之间正式展开辩论。花潭徐敬德（1489～1546）门下人之人洪仁祐看到退溪所提及的《传习录》之后说："专以一心为内，天地万物为外，以格致为非，径约为是"。⑧他认为，阳明轻视物资世界而偏于内心世界，在其理论中存在无视方法和程序而贪图捷径的弊端。

明宗 13 年（1558），《阳明集》首次传入韩国。退溪门下之人西厓柳成龙在其《书阳明集后》中记载："余年十七，趋庭义州，适谢恩使沈通源自燕京回，台劾不检罢，弃重于鸭绿江边而去，行橐中有此集，时阳明之文未及东来，余见之而喜，遂白诸先君，令州吏善写者誊出，既而藏箧笥中。"⑨

另外，明宗 21 年（1566）退溪所发表的反阳明学之资料《退溪文集》卷 41 杂著《白沙诗教辨》、《白沙时教传习录抄传因书其后》、《传习录辨》、《抄医闾先生集附白沙阳明抄后复书其末》4 篇，成了退溪门下和学者理解阳明学的指针。当时还介绍了罗钦顺、陈建等明代儒学者批判陆象山和王阳明的心学著述。这说明明宗（在位 1545～1567）时代各种阳明学的文献不断地传入朝鲜，从而对阳明学的理解也越来越广泛。这与阳明学作为单纯的禅学来议论的初级阶段较之更有深刻的意义。

第三阶段：在朝鲜朝廷的经筵中阳明学被公开议论的阶段。第二阶段延续了 20 多年之际，明代和朝鲜之间有着更加频繁的交流。一方面朝鲜使臣赴燕京接触明代盛行的阳明学，另一方面，对阳明学有一定造诣的明代使臣入朝鲜。从而阳明学逐渐提到国家教育体制中的重要问题的高度。举其实例如下：

1）中宗 34 年（1539），明使臣薛廷庞批判宋代理学存在支离的病痛。

2）明宗 22 年（1567）明使臣魏时亮批判王阳明提倡文庙从祀的事实。

3）宣祖 4 年（1571）和 6 年（1574）眉岩柳希春和朴淳在经筵中批判王阳明文庙从祀。

4）宣祖 2 年（1569）28 岁的柳成龙以圣节使书状赴燕京找太学。当他听到明代道学宗主是王阳明和陈白沙的太学生的回答时，严正指出阳明之学出自禅学，明代要崇尚的学者应该是继承朱子学的薛瑄（文清）。对此退溪称赞道："公能遇数百诸生，发此正论，略点检其迷，不易得也。"⑩

上述实例均属自明宗（在位 1545～1567）末到宣祖初（在位 1567～1608）期间的事情。当时明朝使臣迫使朝鲜接纳阳明学和王阳明文庙配享的要求，但受到了来自朝鲜学术界的强烈批判和排斥。

第四阶段：阳明学虽然受到批判，但被朝鲜学者接受和研究的阶段。阳明学受到退溪和其门下人的批判和排斥。但是李瑶、张维（1587～1638）、崔鸣吉（1586～1647）等人接受和研究了阳明学。后来经过霞谷郑齐斗（1649～1736）和江华学派努力，阳明学终于成了韩国学术百花园中的一朵花。在经历壬辰倭乱和丙子胡乱中，他们批判朱子学存在所谓大义名分的虚伪意识，批判其缺乏主体意识和实践性。同时，主张根据阳明学的良知论和知行合一说，恢复实心、实质、实理、实事的精神，恢复主体性、实践性及自主性，谋求解决当时的问题。⑪

第五阶段：阳明学的研究步入了由古代到近代的历史转折时期。19 世纪韩末，在西势东占的历史转折时期，继承江华学派的为堂郑寅普（1892～未详）和由研究朱子学转入阳明学的谦谷朴殷植（1859～1925）极力主张阳明学，主张以此对抗西欧文化，解决东北亚共同的课题和日本铁蹄下恢复民族主权的重大课题。⑫

三、韩国阳明学不振之原因

14 世纪末至 15 世纪初的朝鲜朝初期，朝廷信奉理学。在统治国家和一切学术领域里贯彻理学理念，排斥和批判其他一切学术主张。譬如，阳村权近（1352～1409）在他的《入学图说》中，通过详细的龟子论述了理学的形而上学论；三峰郑道传（1337～1398）则在他的《佛氏杂辨》中，对当时被称为异端的佛教进行了批判。

到 16 世纪中叶，由于权奸横行党锢不断，不少学者仍为确立理学的正统地位，身居深山《独善其身》修身养性，深入研究理学，寻求名分和实践的可能性。这方面的代表人物就是退溪李滉（1501～1570）。为确保理学的正统性，他一方面从理论上深入分析和确认主理论的正当性；另一方面通过彻底的自我修养方法，确立了"敬"的修养论。他认为陆王学的心学学风违背了朱子学的正统，于是提出"异学批判论"⑬，使理学水平从理论上得到深化和提高。退溪超越了郑道传单纯批判和排斥老佛等其他一切理念的水平，把它们看作理学理念中气和心的脱离，增强了批判的力度。这正是以朱子的主理哲学，确立宋代以后道学正统的性理学过程，也就是朝鲜时代正统理学的形成和确立过程。⑭在此过程中，阳明学始终被当成异端而受排斥。

阳明学一传至朝鲜初期，就与"禅学"一起被退溪为首的理学派当成了批判和排斥的对象。后来退溪及其门下人把阳明学当成"异端"和"斯文乱贼"来加以批判和排斥。这就是阳明学在韩国不振的主要原因。在朝鲜时期，以退溪为首的朱子学派，批判和排斥阳明学的原因和背景主要如下：

1）阳明学曾批判过朱子学；2）在把道、佛均看做异端的朱子学派看来，阳明学与"禅学"没有什么区别；3）朝鲜朝廷里尊崇朱子学的"南人"、"老论"与崇尚阳明学的"少论"之间存在矛盾。⑮ 4）他们双方各持己见，然而后者势力远不及前者。特别是由退溪率先，有众多门下和后学跟随，掀起猛烈的反阳明学高潮，使阳明学发展受到了严重的阻碍。

退溪学派批判阳明学的历史，最早可追溯到宋末对陆象山的批判。后来元代对朱、陆折衷论者草庐吴澄的批判，明代对心学先驱者白沙陈献章及其门下人医闾贺钦的批判等，均与后来批判王阳明是一脉相承的。由此可见，批判和排斥阳明学有其较深的历史渊源。退溪批判阳明学的著述主要如下：

1. 《传习录辨》：这是一部重点批判王阳明著作《传习录》的著作。这部《传习录辨》为16世纪批判阳明学提供了理论根据。退溪在此文中批判了王阳明的'知行合一说'和对《大学》中的'明明德'与'新民'字句的错误解释，同时还指出阳明学存在只强调"心体"而排除"穷理学"的弊端，与"禅学"别无两样的道理。

2. 《白沙诗教辨》和《白沙时教传习录抄传因书其后》：退溪在《白沙诗教辨》中说："滉草庐此言，亦禅家顿悟之机圣门无此法。"⑯他站在朱子学的立场上，指出："滉谨按陈白沙王阳明之学，皆出于象山，而以本心为宗，盖皆禅学也。"⑰因此主张对其加以批判和排斥。

3. 《抄医闾先生集附白沙阳明抄后复书其末》：退溪在此文中说："滉按静坐之学，发于二程先生而其说疑于禅，然在延平朱子则为心学之本源而非禅也。"⑱

下面进一步探讨一下退溪批判阳明思想的具体内容：⑲

1. 退溪认为程朱把《大学》中"在亲民"词句的"亲"字改为"新"字。然而王阳明却反对这一改动，坚持"亲"字，主张"亲民说"。退溪则反对阳明的此举。退溪把《大学》中的"明明德"一词解释为通过学习懂得人性品德之重要；"新民"恰是通过学习提高品德修养之义，两者均强调学习，并无"养"或者"亲爱"的含义。据此批评阳明谓："阳明乃敢肆然耕先儒之定论，妄引诸说之仿佛者，牵强附会，肆无忌惮。可见其学之差而心之病矣。由是求之，种种丑差，皆是差病。"⑳

由此可见，王阳明则在经典中寻找固守自己立场的论据，退溪则尊崇程朱之学，为守护程朱之学，采取提防的立场。王阳明坚持"亲"字而主张"亲民说"，是强调其亲民之社会实践，即强调情感及其实践；而退溪则站在朱子"新民说"的立场上，主张通过学习和教育，使百姓逐渐改进和提高品德素养。

2. 对《大学》中有关"止于至善"一句的理解和解释上双方存在异议。究竟理出于客观事物，还是出于人心问题上，王阳明则主张"心即理"，天下之事无不在于心，心外则无理。他否定从客观事物中求理，坚持彻底的唯心主义立场。对此，退溪则批判谓："徐问至善只求诸心，恐于天下事理，有不能尽曰心即理也。天下又有心外之事，心外之

理乎？"㉑

显然王阳明否定理出自事物之内部，穷理之对象也不是客观的事物，理仅是人的主观"心里"之表白。主张在主观心里中排除私欲，露出天理的"致良知"的方法。对此退溪指出："本是论穷理工夫，转就实践功效上，衰说。"㉒双方表露出认识事物的方法论上存在明显的对立和差异。退溪主张物和心的相遇，经穷理学习，经实践，看功效而求理的"道学方法论"。王阳明则主张，通过心中的良知天理去认识适应客观事物的"心学方法论"。

退溪虽然排斥和否定王阳明所确立的道德规范"心即理说"，但必须通过理气复合现象中认识心的本体方法则并不否认。他只反对和批判阳明在认识客观事物过程中忽视学习和认识过程，而直接论本体而造成的逻辑上的混的"衰说"。

3. 阳明主张，心中没有纯粹的致极的"天理"而求至善至极之"天理"，则如同"戏子在演戏"。对此退溪提出批判。退溪强调迫求事物真理，明白其义理，自觉修身养性，具有诚意、正心之素养，进而履行齐家、治国、平天下。他明确指出要能做到这些，绝不是戏子演戏所能办到的。批评王阳明惧怕客观事物而心理带来影响，不知排除外界干扰，这是不明白"民彝物则之理、吾心其本之理"，指出通过讲学穷理使人心体正的道理。同时批判阳明学与禅学本质上别无两样。由此可见，退溪的道学真理观是客观与主观的统一；强调通过学习修养提高改造主客观世界的能力，是唯物的。与此相反，阳明学则极力摆脱客观存在对自身心理所带来的影响，是主观唯心的。

4. 退溪对王阳明的"知行合一说"进行了重点批判，其具体内容大体有如下两方面：

1）首先据形气和义理，分辨知和行的问题。王阳明把"大学"中的"女好好色，如恶恶臭"一句为其"知行合一"说之论据。对此退溪则引用"论语"中"子罕"："子曰吾未见好德如好色者也。"㉓一句，反驳王阳明的"知行说"，在此说明，见美女有好感，则可算"知行合一"，但见善者不可能如同见美女都能行善。答案是否定的。指出人心有"形气"所动和"义理"所动之区别。王阳明的"知行合一"说只适合于"形气"所动范围，不能一概而论。"形气"所动的知行，可以不学习不努力也能自然做到，但"义理"所动的知行，若不学习不努力，则不懂得也不能做到。所以世上见善则不知善，知善则不行善者大有人在。王阳明的知行合一说，不分"形气"和"义理"之区分，以"形气"一概而论，属是一种谬论，是站不住脚的。退溪认为"义理之知行，合而言之，固根须并行，而不可缺一，分而言之，知不可谓之行，猷行不可谓之知也，岂可合而为乎？"㉔明确指出两者有时可并行，但不能一概而论的道理。而且说王阳明所举论据，均属血气和人心的范围，离开义理和道心而论知行，对禽兽也行得通。替代义理和道心，甚至两者混为一谈的"知行合一"是站不住脚的。

2）退溪对比心贯通事物而知行一贯的圣人的为学方法和心中混淆知行的阳明的为学方法，批判了阳明学已经脱离圣人的为学之道。退溪为首的正统理学，追求人心和客观事物的统一、知行统一、知善行善。与此相反，阳明学的知行观，则排除一切外界条件的影响，一切从主观"人心"出发。可见在认识事物的方法论上，双方各持己见，存在根本的对立。退溪质问王阳明，喜欢女色却不成婚，怎能谈得上知行合一？指出只论"形气"，而排除"义理"之"知行合一说"是一种谬论。退溪的批判不仅是阳明学，而涉及到王阳明本人。他严厉地批判王阳明排挤朱子学，把朱子学说成如同洪水和猛兽的灾殃之根源，把秦始皇的焚书坑儒比作孔子整理六书。叱责王阳明为狂人，说"使若人者，得君而行其志，则斯文斯世之祸，未知其孰烈于秦也"㉕。

退溪门下人继承先人之志，对阳明学的批判有增无减。譬如龟严李桢（1512～1571）、月川赵穆（1524～1606）、锦溪黄俊良（1517～1563）、艮齐李德弘（1541～1596）、西厓柳成龙（1542～1607）等，先后撰文对陆象山和王阳明的学说进行了批判。这对朝鲜朝后期社会产生了极为广泛而深远的影响。为了防止阳明学在朝鲜扩散，退溪一开始就对其进行猛烈的批判，试图消灭其瘟床，确保朱子学的道学在朝鲜朝的正统地位。当时阳明学在中国和日本十分盛兴，但一直到朝鲜后期阳明学也未能在社会上占有一席之地。其原因与退溪对其展开的批判和排斥有直接关系。到目前为止，韩国学术界对韩国儒学史的认识基本上往朱子学一边倒。这已既成事实。

四、当代韩国阳明学研究现状

探讨当代韩国阳明学的研究活动之前，首先就当代韩国阳明学的主要发展状况简单概括如下：㉖ 1）19 世纪末韩末转换时期：朴殷植和郑寅普二人，根据阳明学对抗西方文化和日帝强压，而极力主张恢复国家主权；2）1945～1976 年：这一时期可谓韩国当代史上，仅仅维持长期沉默状态时期；3）1980 年代：主要是先驱学者介绍并开始系统研究阳明学的时期。当时受台湾学风的影响，阳明学倾向于被认为道德形上学和道德实践哲学；4）20 世纪 90 年代到 21 世纪：在 1990 年代的研究成果的基础上，韩国学者一方面自力发扬阳明学，另一方面，从中国台湾、中国大陆、日本以及西方，大量引进阳明学研究资料，以多元的观点来进一步研究和评价阳明学。1990 年代后半期开始，针对生态环境以及生命问题进行研究活动，并且开始研究文学、艺术、教育、基督教等领域，从而扩大了阳明学研究活动领域。

自 1945 年光复到 2005 年为止，根据笔者收集到的不完全统计，有关阳明学方面的论著约有 799 篇。其中发表在各种学术刊物上的 584 篇，学位论文 153 篇（包括国外取得学位论文 18 篇），著作 62 册。㉗在此需要说明的是，因时间关系，没能完全统计所有资料，有待进一步收集和补充。下边根据所收集到的资料，想初步考察韩国阳明学研究现状。

在 799 篇论著中，1970 年以前发表的仅有 50 篇（占 6.27%），1970～1980 年间发表的有 147 篇（占 18.39%），这里包括部分在国外取得学位的学者论文。随着在国外取得学位归国的学者逐渐增多，研究活动也比较活跃，并引起国内学术界的广大重视，学位论文和学术论文的数量处于逐渐上升的趋势。进入 90 年以来，此种论文的的数量大幅度增加，竟达 409 篇（占 51.18%）。这与 1995 年 4 月 8 日创立韩国阳明学会有很大关系。这时期的大量学位论文，学术论文以及不少单行本著作，为韩国阳明学的发展作出重要贡献。

前不久韩国阳明学会主办了以《江华阳明学派之地位和现代意识》为题的第二届阳明学国际学术会议。遗憾的是这次学术会上外国学者的论文数量明显减少，这说明韩国阳明学研究的国际化问题，将是有待研究和重视的课题。

表1　　　　　　　　　　　　按年度阳明学研究论著现况

区分 年度	论著（单行本）		学位论文		学术论文		其他论文		小计
	韩文	外文	硕士	博士	韩文	外文	在外国 取得学位	外国人 论文	
1965					2				2
1966					1				1
1967					3				3
1968					2				2
1969					1				1
1970									0
1971			1				1		2
1972	1	1			4				6
1973					1	1			2
1974	2	2		1	1				6
1975			1		5				6
1976			1		1				2
1977					4				4
1978			1		5				6
1979					7				7
1980			1		7			2	10
1981	1		2		7		1		11
1982	1		2		11		1		15
1983	2		5		6	1			14
1984			4		13				17
1985			3		5				8
1986		1	3	2	10		2		18
1987			4		18		1		23
1988			1		11		2		14
1989			4		12		1		17
1990			2	1	18				21
1991	1		2	2	13		1		19
1992			7	5	25		2		39
1993	1	1	8	2	32				44
1994	4	3	7	1	34	1	1	1	52

续表

区分 / 年度	论著（单行本）		学位论文		学术论文		其他论文		小计
	韩文	外文	硕士	博士	韩文	外文	在外国取得学位	外国人论文	
1995	4		4	1	33	2	1		45
1996	3	2	5	4	32	1	1		48
1997			4	2	32			1	35
1998	1	3	1	1	42		1	2	51
1999	3	2	9	3	31		1		49
2000	1	3	1	4	24	3		2	38
2001	2	2	6	2	42	1	1		56
2002	2		5	4	22	1			34
2003	1	3	3	1	24	2			34
2004	3	4	1	1	19			6	34
2005				2	1				3
合计	33	29	98	37	557	15	15	14	799

表 2　　　　　　　　　　按学问类别阳明学研究论著现况

区　　分	细　　分	篇　数	比　　率
哲　　学	哲学概论及形成	70	8.76 %
	理气论	26	3.25 %
	心性论/ 心学	84	10.51 %
	工夫论	33	4.13 %
	知行合一说	19	2.37 %
	良知说/ 致良知	53	6.63 %
	方法论	6	0.75 %
	价值论	19	2.37 %
	认识论	25	3.13 %
	亲民说/万物一体说	11	1.36 %
	群经	23	2.86 %
	比较/ 批评	90	11.27 %
	现代及未来意义	27	3.37 %
	前后儒学关联/ 翻译	14	1.76 %
	小　计	500	62.57 %

续表

区 分	细 分	篇 数	比 率
文 学	文学思想	13	1.63 %
	诗歌	6	0.75 %
	文章论	1	0.12 %
	小 计	20	2.50 %
教 育		13	1.63 %
军 事		3	0.36 %
历 史		5	0.63 %
美 学		1	0.12 %
政 治		9	1.13 %
自然 环境		9	1.13 %
社 会		16	1.13 %
生 平		21	2.00 %
学 派		47	2.63 %
宗 教		19	5.88 %
艺 术		5	2.38 %
体 育		10	0.63 %
音 乐		1	0.12 %
历代阳明学		5	0.63 %
有关阳明学		115	14.39 %
	小 计	279	34.93 %
合 计		799	

　　研究阳明学论著的学术内容来看，[28]属哲学范畴的500篇（占62.57%），文学范畴的20篇（占2.50%），教育范畴的13篇（1.63%），军事相关的3篇（占0.36%），历史相关的5篇（占0.63%），美学方面的1篇（0.12%），政治方面的9篇（1.13%），社会方面的16篇（2.00%），人物生平方面的21篇（2.63%），学派方面的47篇（5.88%），宗教方面的19篇（2.38%），艺术方面的5篇（0.63%），体育方面的10篇（1.25%），音乐方面的1篇（0.12%），历代阳明学方面的5篇（0.63%），阳明学内容方面的115篇（14.39%）等等。以上论著中，哲学方面内容为500篇，数量最多，其次为阳明学相关的115篇，再次为学派相关内容47篇，人物生平21篇，文学相关的20篇等，往下则以宗教、社会、教育、体育等顺序。属政治等社会科学方面的9篇，只占1.13%，自然环境相关的9篇，历史5篇，艺术5篇，历代阳明学5篇，军事3篇，美学和音乐各1篇等顺序，其内容十分丰富和广泛。其中特别引人注目的是自然、环境、军事、体育等

部门。

在上述学科分类中，把哲学部分再作细分，㉙则阳明学概论 70 篇（8.76%），理气论 26 篇（3.25%），心性论、心即理 84 篇（10.51%），工夫论 33 篇（4.13%），知行合一说 19 篇（2.37%），致良知说 53 篇（6.63%），方法论 6 篇（0.75%），价值论 19 篇（2.37%），认识论 25 篇（3.13%），亲民说、万物一体说 11 篇（1.36%），群经 23 篇（2.86%），比较、批评 90 篇（11.27%），现代、未来意识 27 篇（3.38%），历代儒学、译注 14 篇（1.76%）等。

由此可见，在哲学领域里阳明学概论和理气论、心性论、致良知说、比较、批评等方面的论著明显地多，而方法论、价值论、群经、现代或未来意义方面的论文明显地少。这充分说明，今后有必要重视阳明学研究的均衡发展。

在文学领域里，属文学思想方面的 13 篇（1.63%），诗歌 6 篇（0.75%），文章论 1 篇（0.12%）。相比之下文学思想方面的论著多一些，但总的来看，文学仍不及其他领域。由于阳明学本身的特点，在现有研究论著中，偏重于哲学方面的内容是无可非议的。但为确保阳明学研究的全面发展，在今后的研究中有待加强文学、历史、教育方面的研究，尤其要加强政治和经济等社科领域的研究。有关专家学者要积极投入，有关部门要订出切实可行的研究计划，努力造成良好的学术研究环境和氛围。

五、结语：韩国阳明学的未来课题

韩国阳明学果断地突破了传统时代学风的陈旧外壳，从 1970 年开始到贯穿整个 20 世纪 80 年代的研究课题是"阳明学研究的新继承与发展"；之后，从 20 世纪 90 年代到 21 世纪初期，又一直着手于"阳明学的多元化与本土化"㉚的发展研究。在此过程中，不少崭新优秀的学者也涌现了出来，并不断发表高水平的研究成果，从而使得韩国阳明学的学术研究不断地获得发展，取得了令人刮目相看的成就。但是，环境哲学、生命伦理、自然科学等学问提出的现代社会的问题只有通过"传统与现代、东方与西方、人文科学与自然科学的融合与互相比较、互相补充"的过程，并兼和现代学问的成果，才能获得最接近完美的解答。在当今知识信息化和全球化的时代，如果韩国阳明学想要主动发挥其应有的作用，就切实需要研讨论定"韩国阳明学在新时代的新选题"，也就是，我们要确立对韩国阳明学的新认识和研究方向，并确定韩国阳明学未来的发展方向。

1. 韩国阳明学的体系化

1) 对既有的研究成果重新进行整理与综合分析：对有关阳明学的过去论著和现代学说，按人物、学派、研究领域、范畴要重新进行整理和综合分析，令人一目了然，让今人在把握过去的研究成果的同时，也为各种研究活动提供基础数据，就是说，对阳明学的既有研究成果，按人物、学派、研究领域、范畴等进行整理，收集并概括过去的文集，完成所谓"江华阳明学大系"工程，进而完成"韩国阳明学大系"部分，㉛为后辈学者的更深化研究提供基础资料。

2) 积极开拓韩国阳明学研究的新领域：我们要积极发掘考虑未尽的领域及学术人物，从而深入进行研究，以促使阳明学均衡发展，也就是说，要继续发掘整理朝鲜王朝时代的阳明学学者。从 1930 年，郑寅普与李能和最初介绍朝鲜王朝时代杨明学者以来，对新发掘的过去阳明学者，我们不断地进行了研究。不过，自阳明学的传入以及对历代阳明学的主要学者和他们学派的周边人物，仍有待进一步研究，这样才会不断发现并具化他们的真面貌。研究周边学者和文人也是发掘过去阳明学者的契机之一。在研究阳明学时，学问范畴不应该只局限于哲学思想，还要把以阳明学为基本思想的历史、文学、社会科学、宗教等领域也纳入到阳明学的学问范畴来，从而全面进行研讨。

3）对阳明学研究资料加以注释与翻译：我们要对阳明学研究资料加以注释，进而把它翻译成韩国语。在进行翻译工作时，要放弃书面语体风格的解释方法，并采用浅近易懂的现代用语加以注解，从而才能提供对任何人都容易参考的研究资料。我们要扩大出版事业的力量，以便国内学者积极发表阳明学的专门研究论著，以谋求阳明学研究领域的进一步扩大。

2. 深化阳明学研究的理论[32]

1）对"事实世界"与"价值世界"的均衡探索：在阳明学中，未及论议"事实"与"价值"的哲学命题。在"生命问题"中，也没有分离"生物学的生命"与"道德的生命"而是只统合地进行了讨论。因此我们需要通过对"事实"与"价值"部分的均衡研究，从而把握阳明学的意味与特性。既存的阳明学因侧重于伦理学的价值论与认识论而对宇宙、自然、人类生命的问题没有充分表明阳明学的立场，并只能持续形而上的讨论。另外，因侧重于心性问题而疏忽了宇宙、自然界中人类的角色和人类与自然的互补相成关系，这些都是有待研究和解决的课题。

2）"万物一体说"的全球化：目前，与自然、生命、环境等问题相关联的部分阳明学研究只集中于阳明的"万物一体说"，从而难免产生偏向性和概论性，因此，就"生态环境"和"生命危机"还不能充分地进行多方面的诊断，于是"环境伦理学"与"生命伦理学"的比较研究也就不够充分。目前，我们需要提出具体而实际的方案，以便准确表现出"万物一体说"的特性，进而联合其他学问，取长补短，共同解决阳明学的生态环境与生命危机问题。

3）从生命哲学的观点来研讨：我们既对现有阳明学的既有成果予以肯定的评价，同时为了阳明学进一步发展，也还有必要在道德的形上学与道德实践学的基础上，从生命哲学的观点出发重新进行研讨考证，也就是说，要将研究重点放在阳明学本身的生命哲学结构和阳明的生命哲学的创造性和独特性上。笔者认为这种观点还能代替解决以下一系列问题：如有助于解决现代社会对人类与自然的二分法的思维方式带来的矛盾和以人类为中心、以自然为工具的自然观导致的自然环境破坏和人类生命价值丧失等问题，也有助于跟其他学问进行共同合作。

3. 通过阳明学研究扩展韩国学发展的水平

1）在国内外广泛进行学术交流：我们要进行国内有关研究领域间的交流，并与其他研究领域的院校、及外国学术界进行交流，相互参考各自既有的研究成果和资料，并不断发掘新的研究领域，从而为国际共同合作研究活动添砖加瓦。

2）确立阳明学的学术地位：我们在整理江华阳明学派的遗留文化的同时，还要建立纪念馆等[33]来收藏和介绍其遗迹遗物，从而提供更广的传播机会并对过去学者所做出的贡献给予应有的评价。笔者希望通过这种过程，韩国阳明学研究能广泛传播到国内外各地，参与国际学术界的各种研究交流，从而亦有助于确立阳明学在国际学术上的地位。

3）阳明学与其他学问共同进行研究：我们只有超越阳明学与朱子学、实学、道佛等宗教学之间的壁垒，才能重新钻研并发扬新时期的阳明学，特别是通过对与阳明学的批判者——退溪或退溪学派以及理学的差异点分析和阐明，摆脱把它看成"异端"或'斯文乱贼'的偏见，才能进一步深入研究韩国阳明学，并实现韩国儒学研究的充实化，开辟韩国学研究的新纪元。

注　　释：

① 金世贞，《韩国阳明学的研究现况和课题》，《哲学研究》第 93 辑，大韩哲学会，P.75～100.2005.2：这篇文章就以时为别，整理出韩国阳明学的研究现况和课题。

② 李丙焘，《阳明书之东来与退溪辨斥》，《白乐浚博士还历纪念国学论丛》，《思想界》，1955 年版。

③ 刘明钟，《朝鲜朝阳明学的研究和展开》，《韩国的阳明学》，同和出版公社 1983 年版。

④ 尹南汉，《朝鲜时代的阳明学研究》，集文堂，1982 年版。

⑤ 吴钟逸，《阳明传习录传来考》，《哲学研究》，高丽大学校 1978 版。

⑥ 琴章泰，《退溪门下的阳明学理解和批判》，《阳明学》第 2 号，韩国阳明学会，P.25～29。

⑦ 《讷斋集》，《附录》卷 2，18，叙述："王阳明文字，东来未久，东儒莫知其为何等语，先生与金十清见其传习录，斥为禅学，有酬唱三绝。"

⑧ 《耻斋遗稿》卷 2，26，《日录钞》（癸丑 6 月 10 日条）："专以一心为内，天地万物为外，以格致为非，径约为是。"

⑨ 《西厓集》卷 18，6，《书阳明集后》："余年十七，趋庭义州，适谢恩使沈通源自燕京回，台劾不检罢，弃重于鸭绿江边而去，行囊中有此集，时阳明之文未及东来，余见之而喜，遂白诸先君，令州吏善写者誊出，既而藏箧笥中。"

⑩ 《退溪集》卷 35，16，《答柳而见》（庚午）："公能遇数百诸生，发此正论，略点检其迷，不易得也。"

⑪ 金吉洛，《韩国的象山学和阳明学》，艺文书院 2004 年版。

⑫ 郑仁普，《阳明学演论》，三星文化财团 1975 年版。

⑬ 刘明钟，《退溪和栗谷的哲学》，东亚大学出版部，1987，p.205～241。

⑭ 琴章泰，《退溪门下的阳明学理解和批判》，《阳明学》第 2 号，韩国阳明学会，p.24. 参照

⑮ 金吉焕，《韩国阳明学研究》，一志社，1981，p.24。

⑯ 《退溪文集》卷 41，《杂著》："滉草庐此言，亦禅家顿悟之机圣门无此法。"

⑰ 同上书："滉谨按陈白沙王阳明之学，皆出于象山，而以本心为宗，盖皆禅学也。"

⑱ 同上书："滉按静坐之学，发于二程先生而其说疑于禅，然在延平朱子则为心学之本源而非禅也。"

⑲ 琴章泰：《退溪门下的阳明学理解和批判》，《阳明学》第 2 号，韩国阳明学会，p.33～40。

⑳ 《退溪文集》卷 41，《传习录辨》："阳明乃敢肆然排先儒之定论，妄引诸说之髯髯者，牵强附会，略无忌惮，可见其学之差而心之病矣，由是求之，种种丑差，皆是此病。"

㉑ 同上书："徐问至善只求诸心，恐于天下事理，有不能尽曰心即理也，天下又有心外之事，心外之理乎。"

㉒ 同上书："本是论穷理工夫，转就实践功效上，衮说。"

㉓ 《论语》,《子罕》:"子曰吾未见好德如好色者也。"

㉔ 《退溪文集》卷41,《传习录辨》:"义理之知行,合而言之,固根须并行,而不可缺一,分而言之,知不可谓之行,犹行不可谓之知也,岂可合而为一乎?"

㉕ 同上书:"使若人者,得君而行其志,则斯文斯世之祸,未知其孰烈于秦也。"

㉖ 金世贞:《关于国内王阳明的研究目次》,《阳明学》第11辑,韩国阳明学会,p.373~394,2003。

金世贞:《中国阳明学派研究目次》,《阳明学》第12辑,韩国阳明学会,p.319~332,2004。

金世贞:《关于国内阳明学的研究目次》,《阳明学》第13辑,韩国阳明学会,p.259~289,2004。

㉗ 金世贞:《韩国阳明学的研究现况和课题》,《哲学研究》第93期,大韩哲学会,p.83~92,2005。

㉘ 《图表1》。

㉙ 《图表1》。

㉚ 金世贞:《韩国阳明学的研究现况和课题》,《哲学研究》第93期,大韩哲学会,p.83~92,2005。

㉛ 崔在穆:《江华阳明学派研究的方向和课题》,《明斋遗稿选译出版纪念儒学研究所学术大会论文集》,p.169,2004。

㉜ 金世贞:《韩国阳明学的研究现况和课题》,《哲学研究》第93期,大韩哲学会,p.83~92,2005。

㉝ 同上书。

(作者单位:韩国中央大学)

朱子学的传播与普及

——《朱子训蒙绝句》如何被阅读

□ 〔日〕白井顺

一、引　言

　　《朱子训蒙绝句》（以下简称《训蒙绝句》）长期以来被当作朱熹的著作而广泛流传，我今天的报告希望通过对《训蒙绝句》阅读方式的考察，来概述朱子学普及和传播的思想史。该书至今为止几乎没有被朱子学研究所利用，所以可能很多人并不知道它。这本书没有被收入《晦庵先生朱文公集》之中，是由百首七言绝句组成的理学诗集。本稿所论虽然是有关《训蒙绝句》，但既不是讲述该书的真伪、校勘以及善本等纯粹目录学上的问题，也不是论述其内容和鉴赏等文学之事。该诗集的存在，尽管很早就被认知，可是没有被收入朱熹的著作集中究竟是为什么呢？笔者认为从中可以管窥朱子学的普及和传播的关系。我要讲的是，在明代究竟是谁而且怎样阅读了这本书？在思想世界中起到什么样的作用？又与讲学和出版有着怎样的关系？

　　以前对《训蒙绝句》的先行研究几乎没有，近年作为佚文，[①]《训蒙绝句》被收录到《朱熹集》，《全宋诗》卷 2383 中也有收录[②]。2002 年，朱熹著作的集大成《朱子全书》得到出版，在佚文辑录中收了《训蒙绝句》。在内容简介中，束景南氏初次提到了《训蒙绝句》。但是，束景南氏没有论及这个作品在朱子学的普及以及朱子学的受容与展开过程中的位置，因而笔者认为对《训蒙绝句》进行重新论述是有意义的。通过考察明代《训蒙绝句》的情况，可以揭明伴随着清代朱子学回归潮流而被收录进与朱熹相关的书籍和《全集》的过程——也就是说朱子学普及的一个侧面。

二、何为《朱子训蒙绝句》

　　南宋末年的黄惟寅，字季清，注过《训蒙绝句》。据徐经孙的跋可知，《训蒙绝句》有朱子的自序，所收篇数为 98 首。黄惟寅参照《四书集注》、《文集》、《语录》和宋代理学家的各种著作，附上注解。尽管朱熹自己在序文中称这是用来替代儿童背诵诗的，但徐经孙和黄惟寅一样，认为其题目冠以"训蒙"，是朱熹的谦逊之辞，他把《训蒙绝句》理解为高度的理学诗集。下面举一两个黄惟寅的注为例。

> 诗题：《命》
>
> 静思二五生人物，新者如源旧者流。流自东之源不息，始知聚散返而求。
>
> 黄注：新者，如源来无穷也。旧者，如流往不返也。
>
> 诗题：《戒慎恐惧》
>
> 防欲当施御寇功，及其未至立崇墉。尝求四者无他法，依旧同归主敬中。
>
> 黄注：寇未至则高其垣墉，欲未动则敬以直内。

这是把将要开始学习性理学和已经习得者置于念头之中，为了理解诗的内容而添加的注。

到了元代，在朱子学北传过程中，各地兴建社学和家塾，在家塾和书院中，为了使朱子的书得到系统的学习，通过《小学书》进行的教育受到推广。元朝的延祐二年，开始了以朱子学为基础的科举制度，元统三年程端礼刊行了《程氏家塾读书分年日程》。该书卷首有8岁"入学以下"的条目，记载如下：

> 日读《字训》纲三五段，此乃朱子以孙芝老能言作《性理绝句》百首教之之意。以此代世俗《蒙求》、《千字文》最佳。又以朱子《童子须知》贴壁，于饭后使之记说一段。

这里所说的《性理绝句百首》就是指《训蒙绝句》，该《日程》模仿朱熹教孙子芝老《训蒙绝句》（即《性理绝句》），让儿童每天背诵《性理字训》数段，这是《训蒙绝句》对朱熹之后的儿童教育产生影响的证据。8岁以下的儿童仅仅靠背诵当然是无法理解理学诗内容的。可知程端礼认为背诵比理解内容更为重要。但是在《日程》中，虽然把重点放在背诵的使用方法上，却不是背诵《训蒙绝句》本身，而是让他们背诵《性理字训》，从这个教育方针的转换，可以看出《性理字训》比《训蒙绝句》更符合现实的需要。正如《日程》这个书名所提示的思路那样，当时性理学的现状是如何授以更加合适的小学书的问题。虽然《训蒙绝句》没有被《日程》所采用，但是作为小学书似乎被阅读了。

元代熊大年编的小学书《养蒙大训》由10种书籍组成。

> 三言　陈淳《经学启蒙》
>
> 四言　陈淳《初学经训》，王柏《伊洛精义》，饶鲁《性理字训》，程端蒙《毓蒙明训》，胡寅《序古千文》
>
> 五言　陈淳《小学礼诗》，饶鲁《训蒙理诗》
>
> 七言　朱熹《训蒙绝句》，朱熹《刊误孝经》

这些全部都是用三言、四言、五言、七言的韵文形式把性理学内容编辑成便于儿童记诵的样式。南宋时代和元代的决定性不同之处是，《朱子训蒙绝句》的受容者层和使用形态的变化。伴随着朱子学的普及，朱子学自身发生变化，也就是说由于依据小学书进行教育的对象年轻化和内容的简朴化，使高度哲学性的理学诗被定位为儿童的记诵诗，以至于认为《朱子训蒙绝句》的内容即使无法理解亦可。说句极端的话，背诵《朱子训蒙绝句》本身就是有意义的事，并不以内容理解为目标。由于重视起朱熹所言"训蒙"的原有使用形态，尽管它是朱熹在阅读四书之后创作的具有高度哲学性内容的诗，却被贴上了蒙学书的标签。

三、明代的《朱子训蒙绝句》和《朱子性理吟》

在明代的文教政策之下，社学不仅是儿童教育的设施，它逐渐成为通向生员之道和地方儒学教育的场所。明代中期的弘治年间，《养蒙大训》是民间流传相当广的书籍，这似乎和社学有关，《山西通志》卷96记载"孙磐，辽东人。弘治间，以进士知陵川县。抑豪强，恤孤弱，使贫富各得其所。尤殚心风教，穷乡遍立社学，集《养正篇》、《小四书》、《养蒙大训》，悉为刊布之"。《小四书》指方逢辰的《名物蒙求》、程若庸的《性理字训》、陈栎的《历代蒙求》和黄继善的《史学提要》，是由四言构成的4本蒙学书，元末明初朱升（1299～1370）所辑。似乎《养蒙大训》和《小四书》同样在社学中得到使用。尽管不能肯定这是全国共通的，然而可知《养蒙大训》主要用于社学。

但是，本稿并不是想要论证明代蒙学书和儿童教育，是以《朱子训蒙绝句》的读法为研究课题，所以，关于《养蒙大训》到此暂告一段落，将话题回到《朱子训蒙绝句》。天顺四年进士、弘治年间参与纂修《宪宗实录》和《大明会典》的张元祯（1437～1507），就皇太子的教育问题上奏如下。

> 今《孝经》、《诗经》、《小学》，俱有朱子《考正》、《集传》等书，而朱子《感兴诗》及《训蒙诗》，亦皆紧要。③

《感兴诗》，被收录于《朱子文集》乃至《性理大全》之中，不难想象是当时的必读之书，至于将连《朱文公文集》也没有收录的《训蒙诗》视为"紧要"，则证明它得到了高度评价。那么，明代思想界是怎样看待《朱子训蒙绝句》的呢？让我们来看看明代前期对儒学产生很大影响的吴与弼（1391～1469）的下列绝句。

> 连日禅房昼梦浓，人情物理静时功。宵来更拟寻潇洒，净几明窗写训蒙。小注：朱子《训蒙诗》。④

此处的"训蒙"，据注解云，乃《朱子训蒙诗》。吴与弼不是将其视为蒙学书，而是为了自身功夫而抄写《朱子训蒙绝句》的。吴与弼每天把《晦庵文集》放在枕边阅读，有时晚上与门人讲《感兴诗》，⑤其信奉朱熹甚至到了梦见朱熹的程度。更有吴与弼的门人、朱子学的实践者胡居仁（1434～1484）说：

> 意者，心有专主之谓，《大学》解以为心之所发，恐未然。盖心之发，情也。惟

朱子《训蒙诗》言"意乃情专所主时"为近。⑥

此外，与刚才所举魏校和王阳明都有交流的夏东岩（1466～1538）也说：

> 道理是个甜的物事。朱子《训蒙诗》云"行处心安思处得，余甘尝溢齿牙中"，
> 非譬喻也。⑦

由这些资料可知，上述朱子学者们不是为了教育儿童而使用《训蒙绝句》，而是为了自我思考和讲学进行使用的。尤其是胡居仁的话，对清代的胡渭，⑧以至朝鲜、日本都产生了影响。

也就是说，这个时期的《训蒙绝句》拥有蒙学书和性理学书两张面孔。胡居仁和张元祯他们是成化、弘治年间讲学活动的中坚人物，他们在讲学实践的场域，使用《朱子训蒙绝句》以辅助其哲学性理解，可知尽管其未被收进《晦庵先生朱文公文集》，却是比较切身的著作。

正德七年，谭宝焕著《性理吟》二卷，由此使《训蒙绝句》别开生面。谭宝焕的《性理吟》自序记载如下：

> 朱子著述繁于川岳，人得片言，珍如珠璧。余读其《训子短吟自序》云：'己亥春，以病废书，默诵四书注，随所思记以绝句几百篇，用代今之训蒙五七言律诗也。'窃惟唐人音韵，声越金石，开发初学才思则可，而性功无裨焉。布帛菽粟，易知简能，无如文公朱子《训子》一篇，蒙以养正，甚善也。

谭宝焕似乎不知道《朱子训蒙绝句》这个题名，他所读《朱子训子短吟》的自序和《朱子训蒙绝句》的自序文字几乎相同，所以他所读之物必是《训蒙绝句》无疑。谭宝焕称唐代的"五言七言律诗"对修习性理学毫无帮助，他为了自身的功夫而阅读《训蒙绝句》。他接着又说：

> 余寻味久之，漫摭朱注，胪列篇端，明其宗旨，而又窃取遗意，效颦东家，续以七言五韵□□百首，署曰性理吟，其中有为朱子所已咏，有为朱子所未咏，要皆阐朱子欲言之意。《语》曰："泰山不让土壤，河海不择细流"，亦是为训，后君子当刍荛之采云。

"朱子所已咏"指《训蒙绝句》，"朱子所未咏"指谭宝焕对朱熹想说的遗意进行阐释而创作的诗，并附上他自己的注。也就是说，《性理吟》二卷的结构是：前集七言绝句92首为《训蒙绝句》，后集七言律诗49首为谭宝焕模仿朱熹所作的诗。而且谭宝焕自己附上注解并命名为《性理吟》。谭宝焕自己正如前引序文所言"余寻味久之，漫摭朱注，胪列篇端，明其宗旨"那样，其注解是对《命》、《意》、《刍荛悦口》的诗题即性理学的重要概念的解说，遇到相同诗题有两首的情况，注则只有一个。其注解是从《集注》和《语录》中收集和性理学重要概念相关的朱熹的话，用"朱子曰"的形式附在诗题之下。

可以认为，到夏东岩和谭宝焕等人活跃的正德年间为止，《训蒙绝句》具有这样的共通认识，即它是朱熹自身如实地汇集性理学术语的诗歌形式的用语集。

谭宝焕《性理吟》后集，谭宝焕代替朱熹就"道"、"格物"、"四端"等49个术语咏以七言律诗，而且与前集一样，其诗以"朱子曰"形式附上谭宝焕的自注。但是，谭宝焕死后，不知道是谁把《训蒙绝句》和谭宝焕作的49首七言律诗合起来编为《朱子性理吟》约150首。于是，这个《朱子性理吟》，由于没有了"训蒙"的题名，作为理学诗而不是蒙学书得到了广泛传播。

到了嘉靖年间，谭宝焕代替朱熹所作49首诗，业已没有注解的形式作为朱熹的著作得以流传。高攀龙在重印《朱子性理吟》时，写了一篇序文，记载如下。

> 昔者子朱子尝取六经四子中要义约为韵语，命曰性理吟，以训其子芝老。金川车公名振者，受于其祖松坡公，松坡得之五河李先生，李得之双峰饶先生，饶得之勉斋黄先生，黄则亲承师授者也。天顺中，车公为常州府司理，刻于常，携其板归，毁于火。嘉靖中，车公婿饶公名传者，为汀州府司理，刻于汀。今年予访维城张公于武林，得而珍之曰，信非朱子不能作矣。……夫因重梓之以广其传焉。万历乙巳孟夏后学锡山高攀龙书。⑨

高攀龙自称自从见到张维城获得的《朱子性理吟》以来，一直想将它出版，在姻戚杨尔亮出版的书前附上自己的序，所以似乎再版是由他主导的。高攀龙的序文写于万历三十三年，恰值东林书院复兴的翌年，比高攀龙先在杭州获得《朱子性理吟》的友人张维城，是许孚远（1535～1604）的弟子，曾和周自淑一道共同刊刻了《许敬庵先生语要》，由此可见他的思想倾向。嘉靖年间的《晁氏宝文堂书目》卷上（四书类），虽没有记载作者名，但著录了《性理吟》，高攀龙所称"重梓"是颇有意思的事实。是嘉靖年间饶传在福建出版时假托了朱熹的著作呢？还是当时已经被误解为朱熹的著作呢？总之，此事已无法判明。嘉靖年间，《朱子性理吟》已经作为朱熹的著作在福建得以出版。《朱子性理吟》在短时期内得到了急速推广的痕迹可以得到确认。

高攀龙的序文成为证明该书来历的根据，丝毫没有怀疑是伪作或是假托。明末朱培的《文公大全集补遗》依据高攀龙序文称《性理吟》，可知是以《朱子性理吟》为底本的。这样，从嘉靖、万历朝起《朱子性理吟》约150首全部被当作朱熹的著作的动向就可以得到确认，说明了《朱子性理吟》是如何在短时期内得到推广的。如此一来，对与朱熹相关的书籍进行再评价和编纂的过程中，《训蒙绝句》和《朱子性理吟》变得并存不悖。前面所举嘉靖年间藏书家晁瑮《晁氏宝文堂书目》卷上（诗词）中并列著录有《校定晦翁感兴诗》和《文公先生训蒙绝句》，皆是当时的单行本。也就是说，由于《朱子性理吟》的登场，《训蒙绝句》并没有消失，《训蒙绝句》的流向依然是连续不断的。

即使进入清代以后，康熙六十一年（壬寅1722）朱熹的子孙朱玉在《朱子文集大全类编》⑩中也以《训蒙诗》为名予以收录。当然，不包含《性理吟》七言律诗。《四库全书存目丛书》所收谭宝焕《性理吟》二卷中，附有乾隆十九年朱凤英的叙文，朱凤英云"前列《朱子家训》截句98首，而纂《朱子语演》七言律以系于后，志所宗也"，宣称《训蒙绝句》附于《朱子家训》。《朱子家训》，又名《朱子治家格言》，是清代朱用纯

（朱柏庐）编纂的日常生活中的儿童教育书，日本也有刊刻，得到广泛阅读。这是对清代《训蒙绝句》状况的说明，它的定位更加蒙学化，作为和宗族比较密切的蒙学书，《训蒙绝句》由社学转变为宗族的阅读方法又和明代有所不同。

但是，进入清代以后，伴随着朱子学回归的潮流，康熙年间已经出现将150首全部视为朱熹作品的见解。康熙二十二年（1683），收集朱熹诸论分成23门类编为《朱子学归》的郑端，在最后第23门"诗教"中载有《朱子性理吟》（全150首）。将《性理吟》约150首视为朱熹作品的误解被固定下来了，《四库全书》所收《两宋名贤小集》也将它作为朱子的作品而被收录。⑪

此外，前述尤侗（1618～1704）的《西堂余集》中虽然也收有《性理吟》二卷，查阅之后发现其中并不包含《训蒙绝句》，而只收录被当作朱熹作品的谭宝焕作七言律诗49首。尤侗在卷首刊登高攀龙的序文，将《性理吟》49首记为"朱熹晦庵撰"，可见他相信那是朱熹的作品。尤侗自己模仿《性理吟》用相同诗题创作的《后性理吟》48首登载其后。

四、东亚的《朱子训蒙绝句》

上一章讲了《训蒙绝句》和《朱子性理吟》的关系，如果把视野扩展到东亚儒教文化圈的话，实际上会发现一个有趣的事实。恰好是《朱子性理吟》诞生的嘉靖年间，朝鲜大儒李退溪（1501～1570）读到了《训蒙绝句》。李退溪在给李刚而的信中论及《训蒙绝句》。⑫

> 示喻《训蒙诗》胡敬斋亦以为朱先生作，滉亦曾见之。然滉尝反复参详。非但义理之疏，意味亦浅；非但意味之浅，文词又休歇。且以上三者姑不论，只看其命题立训大概规模，已觉非出于先生之手。其末乃揽取先生二绝句，附入刊行，欲以是瞒天下后世之人，以明其上诸诗之皆为先生作，不知碔砆美玉之终不可合为一也。

李退溪谈到自己直接阅读《训蒙绝句》的原因是受了胡居仁的影响，他为了自身的学问而阅读了《训蒙绝句》。但是，李退溪以《训蒙绝句》内容浅显和措辞拙劣为由，认为并非出自朱熹之手。李退溪虽然怀疑是伪作，不过又向李刚而推荐了《训蒙绝句》，说："今来别纸，随当条绎，呈纳《训蒙绝句》，荷寄珍重。"

当时，伪作说不是主流，所以和张元祯上奏进言皇太子教育一样，朴齐仁（1536～1618）提到让太子阅读《训蒙绝句》之事，云：

> 右绝句一百有二首，晦庵先生所作也。皆以《庸》、《学》、《语》、《孟》中紧要格言为题，一句一绝，各有工程，明白简易。诚学者人德指南，非若词人触物寓兴、浮华无益之比。⑬

朴齐仁相信那是朱熹的著作，认为其题目都是《中庸》、《大学》、《论语》、《孟子》中的重要格言（术语），因而非读不可。此外，李普（畜庵）说为了医治自己的身心疾病，收集律己格言诗文，摘录了《训蒙绝句》。

> 上自孔、孟、程、朱，下至宋、元诸儒，《格言》、《至训》、《击壤集》、《感兴篇》、《训蒙绝句》，凡紧于律己者，必括出衰集，取之多而不厌其繁。⑭

朴齐仁和李普的资料虽是说明朝鲜王朝前期《训蒙绝句》的读法和用法，实际上李退溪对《训蒙绝句》的评价对其后的朝鲜朱子学产生了深远影响。朴世采（1631～1695）把没有被《朱子大全》收录的怀疑是赝作的所有朱熹作品编辑为《朱子大全拾遗》。其后，康熙壬寅（1722），朱玉《朱子文集大全类编》的补遗⑮传来，朝鲜的《朱子大全》遗集卷一冒头引用了《朱子大全拾遗》朴世采（南溪）的跋文，云：

> 南溪《拾遗跋》曰：晦庵《大全》并《续》、《别》二集俱行于世。然今所拾遗几至数百余条，厘为六卷。岂当时诸公或者未暇于收录否。夫以海隅管窥，犹能有所追得如此。……噫，且如《训蒙诗》诸篇，虽曰出于年谱，而尝被退溪李先生所深贬，其论颇详，然犹以传述之已久，不敢辄删。

据朴世采称，没有被《大全》收录的朱熹作品达数百条。朴世采认为《训蒙绝句》见于年谱，虽然被李退溪批为伪作，但由于其长期流传，所以不敢删除而收录了。此处提到了"年谱"，但在王懋竑《朱熹年谱》（中华书局）中没有发现记载，该书附录的"后世学者所辑关于朱熹的书籍"（第 560 页）中载有《朱子训蒙诗百首》。

到了朝鲜王朝后期，洪启禧（1703～1771）从中国传入《朱子性理吟》，校勘了朴世采《朱子大全拾遗》和《朱子性理吟》。⑯朝鲜本《朱子性理吟》现藏于韩国国立图书馆、梨花女子大学⑰等各处机关，可见它得到了广泛传播。韩国国立图书馆所藏高攀龙著《朱子性理吟》二卷，载有洪启禧的癸酉（1753 年）跋文，虽不是所有诗句，但有数首附有注解，和其他版本不同，卷一以"道体"、"为学"、"圣贤"，卷二以"道体"、"为学"、"尽分"、"希圣"为范畴对诗歌进行分类编辑，末尾附有写于甲戌（1754 年）的《考异》。首先让我们来看一下洪启禧的跋文。

> 右朱先生《性理吟》七言百四十一章，九十三章章四句，四十八章章八句。出似封张伯行所辑《养正类编》，盖《全书》所轶也。启禧读而喜之。若先生论性理诸书，地负海涌，有不可以卒作究索。而之诗也，命题该备，造语明简，虽其寂寥短编，而华实得中，包括甚广，使学之者，讽诵易而感悟切，与《斋居》诸篇可为表里也。或以为果系先生手笔，则及门之士无一言表章之，何也。夫《童蒙须知》一编亦晚出，不载《大全》、《遗书》，固不必于此而独疑之尔。已而读《高景逸集》，有刻朱子《性理吟序》，而论其来历甚详。

中国出版的《朱子性理吟》版本没有附总目，因而该版本是以张伯行（1651～1725）《养正类编》⑱为底本在朝鲜出版的。洪启禧认为它和在朝鲜颇受重视并附有详细注解的朱熹《斋居感兴诗》互为表里，深信高攀龙序文的来历。然而，翌年甲戌（1754 年），洪启禧在《考异》中论述朴世采《朱子大全拾遗》（玉堂藏）和《朱子性理吟》的不同，云：

> 篇名《性理吟》作《训蒙绝句》，篇名下别有小序，"道体"、"为学"等总目并无。
>
> 四句诗九十三章为九十八章。所加五章别录于下。八句诗四十八章并无。…予读之而瞿然曰，退溪先生之言，此如则谁敢硬主己见以为必出于朱子乎。余未见退溪书而径刻此篇。诚愧不敏，然既刻之矣。并附其颠末于后，以致自讼之意云尔。此篇之为朱子作，后人疑信已相半，而即此二本考之，其多少次第大相径庭，又未知孰为先，孰为后，孰为真，孰为赝，第此两存之，以待知者。

根据《考异》，洪启禧最初很高兴地读了《朱子性理吟》，进而逐渐发觉和《训蒙绝句》很相像，继承了李退溪视《训蒙绝句》为伪作的价值判断，转而将《朱子性理吟》视为伪作。洪启禧的《考异》不过是对《训蒙绝句》和《朱子性理吟》的比较。洪启禧并没有对《朱子性理吟》的诸版本进行校勘，却突然转而提出伪作的看法。就是说，《朱子性理吟》传来之后，洪启禧最早对两书的差异进行把握，继承李退溪视《训蒙绝句》为伪作的价值判断，重点弄清楚是否出自朱熹之手。就连同时期的乾隆三十七年（1772）纂成的《四库全书总目提要》，对《性理吟》的解说也只字未提《训蒙绝句》，洪启禧知道李退溪所批判的《训蒙绝句》就是《朱子性理吟》，这件事实际上很有意思。并且，洪启禧所指出的五章，即《致知》、《唤醒》其二、《优游厌饫》、《固穷》、《为己》（为己为人），1771 年编辑的朝鲜版《朱子大全》（1984 年保景文化社，影印）佚文辑录遗集《性理吟》[19]的七律序文沿用了他的见解。

朝鲜版《朱子性理吟》的特征在于总目和注解。在卷一总目"警戒"中，刊载了《朱子训蒙绝句》部分的《良知》、《为人》、《山径之蹊》、《四十五十无闻》4 首，卷二总目"希圣"中刊载了《性理吟》部分的《圣》、《践形》、《诚》、《神》4 首，编辑者认为约 150 首全部都是朱熹的作品，从性理学的观点对诗篇进行了分类。总目"圣贤"之下，有"孔子、颜子、曾皙、曾子、闵子骞、子路、伊尹太公"的小注，其中收录的《克己》二首、《卓尔》、《不改其乐》4 首的末尾，有"以上颜子"的小注。虽然不是全部，但部分诗篇的诗句附有小注。例如《志》（七言律诗）"儒而无立事无难为，始焉趋向尤当辨"句，附有"胡敬斋曰正趋向以立其志亦此意也"的注解，在中国出版的版本中，没有这样引用胡敬斋的附注。可以看出，它被作为理学诗从性理学的观点按范畴进行分类，附上注解，被热心地阅读。

在朝鲜，虽然《训蒙绝句》从很早开始就作为朱熹的著作被传播，但《朱子性理吟》也得到传播，高攀龙的序文成为它的来历根据，其结果在把握两书差异性的同时，反过来把《朱子性理吟》作为理学诗来接受，由此可以看出朝鲜朱子学的特色，这也是朝鲜的独特读法。

另一方面，日本的情形如何呢？崇信朱熹的教条，亦崇拜李退溪的山崎闇斋（1618~1682）出版了《朱子训蒙诗》。明历三年（1657），他在跋中说道：

　　右诗九十八首。考之朱先生《文集》，惟《易》诗有之，而《命》以下无有焉。按明正德年间，新安程叔玉载之其所辑《晦庵诗集》，而无训蒙之号。叔玉序云：《易》、《命》、《太极》、《先天》、《体用》、《居敬》、《人心道心》、《一贯》、《克己》、《感兴》诸作，皆发明道体之蕴奥，表章孔孟之心法，以及历代之治乱，如诸指掌，汉唐诸作安得同日语。

　　正德年间出版的《晦庵诗集》中没有题为"训蒙诗"的，据诗集所收程叔玉序称，98 首以"》《易》、《命》、《太极》……"为序附在《感兴诗》后面。按《朱熹集》第 10 册第 5884 页的《版本考略》，明代比较有影响力的选集是正德十六年新安程璘编刻的《晦庵先生朱文公诗集》十二卷，故山崎闇斋证言正德年间没有《朱子训蒙绝句》这个名称的版本也许正是这个。他紧接着考证如下。

　　　又，朝鲜吴祥所跋之本题号《训蒙绝句》，其下曰文公朱先生撰，卷颠无《易》诗而有《天》诗（小注），有《优游厌饫》诗（小注），卷末载《观书有感》二诗（小注），中间 96 首（小注），凡一百首也。斯诗胡敬斋信用之，李退溪诽议之。敬斋所用，未知其孰本；退溪之所议，则正吴本也。予向依敬斋信之，后来以谓退溪议得是矣。更详之，抑先生有言曰：尝疑"曲礼衣毋拨"等是古人教小儿语也。程子欲作诗教童儿，盖亦古人之遗意尔。北溪之《小学礼诗》，则继程子之志，而石堂之《学》、《庸》、《论》、《孟》、《毛诗》之诗，则训蒙之体也。顷有人携《训蒙诗》来者，吾为之言之，遂书其后如此云。

　　按山崎闇斋的说法，不清楚胡居仁所用的版本，但李退溪见到的《训蒙绝句》是朝鲜出版的载有吴祥跋文的朱熹的诗集。并且，所谓朝鲜吴祥编辑的《训蒙绝句》中，有《天》，《优游厌饫》，《观书有感》二诗，有些诗篇不一样。山崎闇斋最初相信胡居仁，可后来转而支持李退溪的说法，山崎闇斋也认为《训蒙绝句》不是朱子的作品。山崎闇斋虽然拥有众多的门人，是在当时思想界具有影响力的人物，但他出版的《朱子训蒙诗》，现在仅藏于数处，[20]所以似乎并没有得到太多的阅读。

　　其后的日本，崎门学派的朱子学者、明治维新时期在九州平户蕃从事教育的楠本端山之弟硕水（1832～1916）抄写了《朱子性理吟》。《硕水先生余稿》卷一第 15 页《朱文公性理吟誊本叙》[21]云：

　　　近读文公朱先生《性理吟》。窃以为初学之士，吟咏此诗，玩味其意，则庶几无风流慷慨之害，而有益进于圣贤之大道矣。此书虽不载《朱子文集》，而明高忠宪先生尝有序文，其传历历可知也。因誊写数本，以颂同志之诸友云。嘉永七年甲寅九月。

　　按照叙文，他是在嘉永七年（1854）22 岁的时候读的《朱子性理吟》的。那时候，他已经觉得那是"为了入门者的诗"。楠本硕水抄写的版本，现藏九州大学硕水文库。该版本卷首载高攀龙序文，收录七言律诗 49 首，卷末记载庆应二年（1866）据尤侗《西堂全集》所抄。据冈田武彦氏的研究，楠本硕水崇拜尊奉朱子学的吴与弼、李退溪和明末倡导新朱子学的高攀龙。除楠本硕水以外，抄写尤侗《西堂全集》的版本，还有东京都立中央图书馆（中山久四郎文库）藏本。《训蒙绝句》和《朱子性理吟》在日本的传播，与其说是对朱子学的关心，不如说是因李退溪和高攀龙而带来的关心，实际上日本国内传播并不广。

[追记]

本稿是在 2005 年 9 月 9～12 日于武汉大学召开的"第七次当代新儒学国际学术会议"上所作的口头发言的基础上写成的。借此谨向惠予我发表机会的郭齐勇教授，会上见赐宝贵意见的彭国翔教授、陈来教授，司会的徐水生教授，以及鼓励我的武汉大学同学们致以衷心的感谢。武汉大学是我在中国的母校，2001 年 9 月至翌年，我曾在此留学一年。本稿也得到了日本学者的指正，所以在本论文集之前，我已投稿于《日本中国学会报》第58 集。中文版和日文版的大纲及结论未变，细节稍有若干异同。

注　释:

① 《朱熹集》第 9 册《朱熹外集》卷一，四川教育出版社 1996 年版。

② 《全宋诗》第 44 册，北京大学出版社 1998 年版。

③ 张元祯:《张东白先生文集》卷二十三。

④ 吴与弼:《康斋集》卷七《太平寺》。

⑤ 和刻本《康斋先生日录》第 19 页。

⑥ 胡居仁:《居业录》卷八。

⑦ 夏东岩:《夏东岩集》卷一。此外，还见卷一论"性即理"条目，"朱子《训蒙诗》云:'性蔽其源学失真，异端投隙害弥深。推原气禀由无极，只此一图传圣心"。

⑧ 胡渭:《大学翼真》卷四。

⑨ 尤侗:《西堂余集》，东北大学藏本。

⑩ 《四库全书存目丛书》所收雍正八年重刻本。

⑪ 《朱子性理吟》在元代并未存在，何况将谭宝焕所作诗误植入朱熹作品之中，所以，不可否认，《两宋名贤小集》所收《性理吟》成书于谭宝焕之后。《两宋名贤小集》有壹百八卷本、二百十五卷本和三百六十六卷本三种（都是清代抄本），壹百八卷本没有收录《性理吟》，《四库全书》的底本是清代辑补的三百六十六卷本。

⑫ 李退溪:《退溪全书》卷二十二《答李刚而》。

⑬ 朴齐仁:《篁嵒先生文集》卷二《书上训蒙绝句于王子君因以献规》。

⑭ 李普:《涧松集》卷三《养病心鉴主静铭后跋》第 20 页。

⑮ 《朱子大全》佚文辑录遗集《性理吟》的小注云"自此至四十五十无闻，每首四句，并出中州人张伯行所辑《养正类编》，朱玉所辑《大全类编》及《拾遗》。……但张《编》、朱《编》互共有同异，凡九十三首，《拾遗》加五首为九十八首，共三百九十二句，朱《编》及《拾遗》不称《性理吟》而称《训蒙绝句》。"关于《养正类编》，参照注㉟。

⑯ 洪启禧，1748 年曾以朝鲜通信使身份，为祝贺德川家重袭位率 475 名来日。恰好是他自左迁后重新起用为吏曹判书的那一年。他于 1770 年出版了《朱子语类大全》，被收进朝鲜版《朱子大全》中。由这个事实可知，他是对朝鲜儒学界具有影响力的人物。

⑰ 高攀龙《朱子性理吟》，据《韩国古书综合目录》第 1297 页，宪宗五年（1839）的抄本现存

韩国梨花女子大学（2 卷一册），可以确定它一直传承到朝鲜王朝末期。

⑱　无论是《正谊堂全书》所收《养正类编》十三卷本，还是没有被《正谊堂全书》收入的《养正类编》二十二卷本（康熙四十六年刻，东北大学藏本），都见不到《朱子性理吟》。洪启禧也说"盖全书所轶也"，他也没有直接见到张伯行的《养正类编》进行确认吧。

⑲　并论述了与尤侗《性理吟》的不同，"自此至干禄每首八句，亦出张伯行所辑《养正类编》，而朱《编》及《拾遗》不载。中州人尤侗亦有录而张《编》四十八首，尤录加一首为四十九首，共三百九十二句"。

⑳　东北大学、京都大学人文科学研究所、东京都立中央图书馆（冈文库）、九州大学图书馆。

㉑　《楠本端山·硕水全集》，苇书房，1980 年，第 289 页。

（作者单位：日本大阪市立大学）

传统儒家修身学说及其现代价值
　——以李材为中心

□　姚才刚

　　传统儒家大都看重修身，认为修身是人的内在需要，是做人的第一要务，是人之为人的唯一途径，也是人们建功立业应具备的前提条件。故而传统儒学常以修身为出发点，以治国平天下为归宿。限于篇幅，本文拟以李材为中心对传统儒家修身学说作一探讨，指出其现代价值与不合时宜之处，并反思当代人的修身问题。

一

　　李材（1519～1595），字孟诚，别号见罗，江西丰城人。"止修"是其学说的根本宗旨。笔者认为，李材虽然将"止"、"修"并举，可是他的最终落脚之处是在"修"，即是要人重视修身。本文重点剖析他的修身学说。

（一）以修身为本

　　在李材看来，修身的行为贯穿于齐家、治国、平天下的始终。他说："其实合家国天下，通为一身，自是万物皆备，固无烦于解说。在家修之家，在国修之国，在天下修之天下，亦自是一物当机，何所容其拟议云然者？"① 他所谓的"在家修之家，在国修之国，在天下修之天下"，即是表明，无论处于何种场合、何种境遇之下，都要修身。身之所处，无非是家、国、天下，不在家则在国，不在国则在天下，言身则家、国、天下皆举之，从这个意义上讲，他认为"身外无有家、国、天下"，家、国、天下都是修身的场所，也可以说是身的外延（对古代和现代的多数人而言，家应当是有的，但没有机缘去治国，与"平天下"更是不相干，所从事的可能就是某一项很普通的职业，可是不管从事何种职业，都需要修身，这与李材所讲并不矛盾）。李材认为，若能修身，"随事随物而实止之，实修之"，自然能够齐家、治国、平天下，自然可以做到无过无不及。

　　心、意、知、物在李材看来都是"身之所运用者"，格物、致知、诚意、正心都是修身之功，都是修身工夫的具体展开，是修身行为的必要步骤，舍弃格、致、诚、正，修身便没有可以入手之处。

李材认为，修身本身是实事实功，且是做其他外在事功的一个必要的基础，这种看法自然是不错的，而且也合乎儒家"内圣外王"的一贯主张。现代社会虽不再讲"内圣外王"，可是同样也要求人们做任何事情都需要有最低限度的道德品行，任何时候都要做起码的修身工夫，这是一个基本的前提。也就是说，无必要的修身行为，一定不会建立真正的事功（即合乎社会公义与大多数人利益的事业），当然，有修身的行为，却未必能够成就事功，更不能保证外在事功的实际效果如何，"内圣"不能成为"外王"的充分条件。

李材以为当时学风的衰敝、官僚集团的腐朽及社会秩序的紊乱，都是不修身而造成的，故极力主张"以修身为本"，以作为对治之方，他说："今天下之士，无不知学之必求诸其心也，而其所缺者，正惟在于不知身之为本也，此其所以高持意见，流为空疏，甚至恣情循欲……则此修身者，岂惟学圣之常法，固即所以为今日学者对治之良剂也，则舍修身之外，将何所本？而又复将何所以用其力也乎？"②李材救世之心可谓切矣，只可惜学风、官风以及社会风气之弊是多方面因素使然，他的"以修身为本"的主张不大可能从根本上挽救一代风气。

不过，李材对"以修身为本"的论述确实有他的卓见，他说："本之一字虽有定分，却又活泼泼地无有定分。予每谓盖孔子观象于天地之间而得所为本者，挈出以定学者之命，以立经世之枢，使人握之以自修，则家国天下之柄在我。运之以应物，则均平齐治咸宜。事事反归身上，即事事止归本上；事事立在本上，即事事止在善上。所酬者至变而执者有常，所御者甚繁而握者有要。真孔子半生磨裁，老后经纶，而非浅鲜之襟所得而测识也。"③"本"有"定分"，即"以修身为本"，它是"经世之枢"，是"家国天下之柄"，凡事都要以修身为本，都要止于当止之处。同时"本"又"无有定分"，将此"本"推扩出去，施之于外，只要执之"有常"、握之"有要"（即时时以修身为本），尽管外在事物多变、繁杂，都不会失当。

李材认为，要真正落实儒家仁、善的精神，就必须凭藉修身，将儒家"以修身为本"的宗旨明白地揭示出来，他说："只一挈到修身为本，不觉至善与仁浑然俱在我，不复烦寻索矣。"④也就是说，对于儒家义理仅作抽象的玄思是不够的，而是需要通过修身将其落实于提高个体的德性问题上来，知修身为本才能真正"识仁"。礼与修身的关系亦如此，礼不只写在经文中，而且需要通过每个人的修身才能使礼的精神得以彰显，有礼文而不修身，礼文即形同空文，如同无礼。而明白以修身为本的道理，自然会战战兢兢，视听言动不敢有所逾越，礼即从此而出。再就格致之辨而言，李材认为，学者们关于格物致知的辩论实在是太多了，可以用汗牛充栋来形容，但并无太多的实际意义，枉费了不少口舌，却不得要领，若能提揭出"以修身为本"的宗旨，实格实致，自可终结此类辩论。

李材将"止"、"修"结合起来讲（他所谓的"止修"即是对《大学》中的"知止"与"修身"的合称），但"止"、"修"并非两个不同的阶段。他说："止为主意，修为工夫，盖对修而言，则止为修之主意，其实吃紧工夫正在于此，格致诚正为其有不能止而修之者。旧答汝潜书有谓真止即是修，真修只是止。悟得此，则谁非修者，谁非止者，立命归要，总在一处。"⑤李材认为，"止"为主意，"修"为工夫，止、修是结合为一体的，有"修"而不知道"止"，是"漫而无统"，有"止"而缺少"修"，则又会沉空守寂。

李材又说："挈知止必要止归于本，则不偏于寂；挈知本必要本归于身，则不骛于虚；言正诚、言致格、言齐治均平必本归于修身，则伯功佛老、训诂支离与夫循生执有、自私自利者，一切非所病矣。"⑥这里，他指出"止归于本"、"本归于身"，其意是说，"知止"落脚之处是"知本"，而知本即是明白"以修身为本"的道理，因而，"知止"也就可理解成是通过修身而止于至善，止于当止之所。无修身便无所谓知止。知本、知止、修身是一贯而下的，而修身又居于枢纽地位。或者说，知本是知修身为本而本之，知止是知修身为本而止之，《大学》之八目也要归本于修身，提揭出以修身为本，才能使"止于至善"落于实地，才能避免心性之说成为不着边际的玄谈。故笔者以为，李材固然是"止修"并举，但根本之处还是"修"，与"止"相比，"修"较具实义，他的为学宗旨即是要人重视修身。当然，李材又认为不能对"身"有执着之念，不能把"身"看成是躯壳。

李材在讲他的修身学的同时，对阳明学多有批评与扭转。他认为，阳明"致良知"说仅仅是权宜之计，是因病立方，不可当作为学的根本宗旨，也不可以"致（良）知"来解释《大学》。在李材看来，"知"不具有主宰义，只有"分别"义，属于知性理性的范畴，不可将"知"作为"体"（道德本体）。因此，他提出"摄知归止"（他有时说成是"摄知归性"）的命题，主张将知识理性统摄在道德理性之下。依李材，阳明是从知觉层面来理解"知"，"知"是"用"，尽管它也会有"偶良"的时候，可是却不能提升到本体的层面上来，不能成为安身立命的归宿。"知"常常逐物任情，向外纷驰，顺其发展下去，必至灭天、泯理，它也不利于内敛反省的修身行为。不过，依笔者的看法，阳明所讲的"知"虽然包含着知觉义，但不能完全被理解成经验层面的知觉，从根本上来说它应属于"德性之知"的范畴，是一种道德理性原则，李材对阳明之"知"有误解之处。

（二）修身方法论

李材的"止修"说体现在人伦关系上，便是人人都要尽其本分，做其应做之事，止于当止之所，他说："止有归宿，随其身之所接，于为君也而止仁，于为臣也而止敬，于为子而止孝，于为父也而止慈，于与国人交也而止信，则无适而非止也。"⑦此处所讲的是所谓的"止德"，即做君主的止于仁，做臣子的止于敬，做儿子的止于孝，做父亲的止于慈，与国人交往做到诚信，他重申了儒家的这些道德条目，总起来说就是"止于善"。当然，禅宗也讲"止"，李材认为，儒者之"止"与禅者之"止"大相迥异，"禅之止主于空，故外人伦、遗事物以求之，其究不可以经世。儒之止主于实，故即人伦事物以求之，差毫末而异千里。"⑧禅宗中的"止"是指止息妄念，专心一境，不分散注意力，也就是禅定的意思。儒、禅虽都讲"止"，但李材认为，禅宗之"止"旨在明心见性，以使人悟得"空"的道理，其弊在于弃绝人伦；儒家之"止"旨在追求人伦道德的恰到好处，与禅宗"主于空"相反，儒家"主于实"，儒家的着眼点在于修身践德。

李材认为，修身即是修行，它要求时时检讨自己在人伦道德方面的欠缺之处、在喜怒哀乐方面的不"中节"之处以及在"辞受、取与、出处、进退"方面的不合乎礼仪之处，然后再克服这种种的不足，不断增益自己的德行。他认为，明中叶以来学者士人身上的弊病往往都是较为明显的，却因把修行看成是"浅事"（即不值一提之事）而有所疏忽，终于造成一代风气的涣散。他重提"以修身为本"，恰是针对此种弊病而发。而以修身为本，依李材的看法，关键是要"头守得身"，⑨这个说法是极为形象的，大凡理学家，关注的中心问题无非是天理如何统驭人欲，说白了即是头如何守得住身的问题，以便使身不至于陷溺下去，身、心（即头）皆应有合适的安顿。他说："捉定修身为本，将一副当精神，尽力倒归自己，凝然如有持，屹然如有立，恍然常若有见，翼翼小心，昭事上帝。上帝临女（汝），毋贰尔心，视听言动之间，时切检点提撕，管归于则，自然嗜欲不得干，狂浪不得夺，常止常修，渐近道理。"⑩这是对修身状态的一种描述，他把修身当成是极为庄重严肃的事情，朝乾夕惕，所有行为无不小心翼翼，如临深渊，好像上帝时时在监督自己一样，若有病痛，实加查考，看其病根从何而来，检点提撕。如此，则欲自去，身自修，同时止之以固其根本。

李材对具体的修身之法未作太详细的论述，在他看来，只要明白修身为本的道理，便自然会重本，也就知道如何做修身工夫，他说："人谁无本，只为看得不重之故，所以不修，譬之将本求利，只为看得本重，常欲举倍称之，息于铢两之间，就令不得百计千方，亦决不肯折了本。如此岂有不能修身之理。予故曰知本而后重本，重本而能以修身为本。"⑪他以商人做生意为例说明"本"之重要，商人千方百计要保本（此是盈利的前提），将"本"看得很重。人若知"身"为本，岂能不重"本"？又岂能不去修身？他甚至认为，悟得"止修"要义，使心意知物各止其所，则诚正格致、防检穷索之事亦属多余之事，当然，若尚未臻于"止至善"的境地，上文所提到的检点提撕的工夫仍是不可缺少的。

（三）李材修身学说之评价

李材提揭出"止修"宗旨，进一步确立了"以修身为本"的观念，主张将儒家义理落实于"修身"上，也就是落实于如何提高个体德性的问题上来，这既合乎孔孟儒学的根本宗旨，也切中了明中叶以来学者士人喜爱谈玄弄虚、不重视修身的弊病。而且，他从"止修"角度来阐发《大学》的义蕴，此种思路有其独特之处。尽管他对阳明学有误解的地方（如对阳明"良知"的理解），可是毕竟对阳明学做了一些补偏救弊的工作。

李材的修身学说也有一些缺陷，如他在修养工夫论方面未能够作出细密阐述，他认为，明白了修身的重要性，就自然能够修好身。可是在事实上未必是这样，在确立了"以修身为本"的信念之后，没有正确的修身方法，同样也达不到应有的效果，修身的具体方法仍有探讨的必要性。与李材不同，刘宗周对修身方法就有较为具体的展开，这从其《改过说》即可见一斑。同时，李材的修身学说有过于乐观的倾向，在李材看来，只要揭示出"修身为本"的宗旨，学者士人身上的弊病即可断除，一切社会问题也可迎刃而解。这种看法显然是把复杂问题简单化了，修身对于每个时期的人来说都是十分重要的事情，可它并不是解决所有问题的灵丹妙药。

二

笔者最后再对修身问题作一现代审视。当代人无疑也有修身的必要。可是，我们需要正视的一个现实是，当代人愈来愈淡化修身，对修身采取无所谓的态度，更不要说像传统儒家那样去做极其严苛的修身工夫。在崇尚轻松、休闲的当代社会，传统儒家的修身学说似乎让人感到太沉重，谈修身话题似乎有点不合时宜。

不过，在笔者看来，修身对于当代人而言，决不是可有可无、无关紧要的事情，它是完善道德人格、提升道德境界的必由之途。通过个体的自觉修身，在一定程度上可以抗拒社会不良习气对个体的不良影响，防止一己之身陷溺于各种欲望之中而不能自拔。同时，它也是维持当代良好人际关系、建立诚信社会的基础，是公民道德建设得以真正落实的前提条件。

中国古代儒家有源远流长的修身传统，发掘这一传统，将会为当代人的修身及当代中国修身理论的建构提供有益的借鉴。比如，传统儒家注重自我的道德修养，本文所论及的李材就反复强调以修身为本，他所谓的"头守得住身"的说法不仅可以警示当时人，而且也足以启发当代人，当代人亦需增强修身的自觉性、主动性，这样才不会在各种诱惑面前迷失自我；传统儒家讲为政之本在于修身，此种观念对当前的"官德"建设有借鉴意义。传统儒家对道德涵养、气节操行、容态举止以及立身处世方面的论述对于当代人都不无启示意义。

不过，传统儒家修身学说也有其局限性，概而言之，它没有超出自我的圈子，有时与实际生活实践脱节；着眼于精英、圣人的道德，难以在民众中广泛普及；有禁欲主义倾向，忽视了人的正当需求，等等。以此之故，当代人不可能原封不动地照搬传统儒家的修身学说，而是要对其加以改造和转化。

比如，在修身方法上，除了要借鉴慎独、自省等传统修养方法之外，还应在具体的实践活动中不断完善自己，或者说，在自己的本职工作、日常生活以及人际交往等活动中不断提高自身的修养，同时应多关注当前社会中出现的各种问题，在有可能的情况下还应积极参与解决这些问题，从而将个体的修身与推进整个社会文明的进步结合起来。当代人修身不必固守传统儒家的修身方法，也不必拘泥于特定的形式。刘述先先生曾谓，当代新儒家也未必做传统儒家式的圣贤修养工夫，可是这不妨碍他们在文化价值上具有一定的担负以及在道德操守上表现出了凛凛的风骨。[12]也就是说，当代新儒家不一定如宋明理学家那样专门去做静坐、存养省察、存理灭欲等修养工夫，他们的精力主要倾注在学问上面，并将自己的生命融入学问之中。部分当代新儒家也许在生活中不拘小节，但在大节方面是没有什么亏欠的。

另外，在修身目标上，当代人不必再以成圣成贤为最终目标，而是通过修身提高自身的道德素质，成为一个合格公民，对于多数人而言，只能要求其保持最低限度的道德操守。当代人修身，也不必如宋明理学家那样过分强调谨身节欲，当然，既然要修身，则不可以完全顺着生理本能欲望而发展，合理的节制仍是必要的。

注　释：

① 《明儒学案》卷三十一，《止修学案》，中华书局 1985 年版，第 678 页。

② 《见罗先生书》卷一，《大学古义》。

③ 《见罗先生书》卷十九，《门人记述》。

④ 《见罗先生书》卷十九，《门人记述》。

⑤ 《见罗先生书》卷十六，《门人记述》。

⑥ 《见罗先生书》卷十九，《门人记述》。

⑦ 《明儒学案》卷三十一，《止修学案》，中华书局 1985 年版，第 684 页。

⑧ 《见罗先生书》卷十六，《门人记述》。

⑨ 《见罗先生书》卷十一，《书问》。

⑩ 《明儒学案》卷三十一，《止修学案》，第 669 页。

⑪ 《见罗先生书》卷十七，《门人记述》。

⑫ 刘述先：《对于当代新儒家的超越内省》，《当代中国哲学论：问题篇》，美国八方文化企业公司 1996 年版，第 40 页。

（作者单位：湖北大学哲学系）

焦竑会通三教的方式与途径

□ 黄 熹

　　要找出三教会通的方式和途径，首先就要找出那些历史上三教得以融通的根据，因为
这些根据决定了三教会通的方式、途径以及样式和结果。在焦竑这里，使三教得以融通或
会通的根据应是致力于使三教在最深沉的层面上融合，而不只是在一些具体方面如宗教礼
仪和道德教化方面方式的互相借鉴和吸取。也就是说，这种借鉴更多应是在思想、哲学层
面而非现实层面，因此，其根据也应是属于三教的最根本层面。

　　从焦竑本人的思想来看，他所主张的会通也侧重于从思想、哲学根源上展开而非仅仅
现实层面的融合会通。考察焦竑的三教会通思想，三教总的交融冲突是历史背景，宋明儒
学尤其是心学的三教合一思想可作为直接的理论渊源，尽性至命的复性之学为依据，而对
"无"之境界的追求则是其根本契机。焦竑三教会通的方式和途径也是其三教会通思想的
特色，即三教一般范畴之间的互参互证和根本理念上的援佛老入儒，在这个过程中焦竑同
时实现了三教在思想、哲学层面的融合与会通，如此也同时达到了三教的根本会通与
"圆融无碍"。也正是从这个意义出发，本文将儒家与佛道范畴之间的相互参证和三教间
根本理念的互相援引发明作为焦竑会通三教的主要方式及途径。前者表明的是一个三教间
一般范畴的互相阐发，它是三教在一种局部意义上的哲学层面的会通；而后者则意味着三
教在最为根本层面或最终的根据上实现会通，这也是焦竑三教会通的完成。

一、焦竑会通三教的两个原则

1. 对性命的一致追求

　　首先，我们来看焦竑三教会通思想的两个比较基础性而重要的原则。

　　焦竑三教会通思想的第一个原则是：对性命的一致追求。此点可被认做是三教会通的
基本前提，也是焦竑对阳明以来心学的三教融合或一致思想的一个继承。

　　王阳明也提出三教归一，他认为佛老是圣学之一枝。其门人应典有言："维公学承千
圣之传，道阐诸儒之秘。立言垂训，体本良知，功归格致。修齐治平，一言以蔽。将刊末
学之支离，司二教之同异，总摄万殊，归之一致"，[①]说的便是阳明反对末学支离而要融
摄二教，归于一致。阳明自己在《别湛甘泉序》中说：

颜子没而圣人之学亡。曾子唯一贯之旨传之孟轲，终又二千余年而周、程续。自是而后，言益详，道益晦；析理益精，学益支离无本，而事于外者益繁以难。盖孟氏患杨、墨；周、程之际，释、老大行。今世学者，皆知宗孔、孟，贱杨、墨，摈释、老，圣人之道，若大明于世。然吾从而求之，圣人不得而见之矣。其能有若墨氏之兼爱者乎？其能有若杨氏之为我者乎？其能有若老氏之清净自守、释氏之究心性命者乎？吾何以杨、墨、老、释之思哉？彼于圣人之道异，然犹有自得也。而世之学者，章绘句琢以夸俗，诡心色取，相饰以伪，谓圣人之道劳苦无功，非复人之所可为，而徒取辩于言词之间；古之人有终身不能究者，今吾皆能言其略，自以为若是亦足矣，而圣人之学遂废。则今之所大患者，岂非记诵词章之习！而弊之所从来，无亦言之太详、析之太精者之过欤！夫杨、墨、老、释，学仁义，求性命，不得其道而偏焉，固非若今之学者以仁义为不可学，性命之为无益也。居今之时而有学仁义，求性命，外记诵辞章而不为者，虽其陷于杨、墨、老、释之偏，吾独且以为贤，彼其心犹求以自得也。夫求以自得，而后可与之言学圣人之道。②

阳明认为圣人之学为周（敦颐）和程（颢）所续，而二人以后的学者，治学专务辨名析理，以至学术日益支离而失其本。对于世人的贵孔孟而贱杨墨佛老，阳明批评他们其实并未得圣人之真，反倒不如墨家得兼爱、杨朱的为我、老子的清净自守和佛家的究心性命。阳明认为，佛老虽然和圣人之道有所不同，不过也是有其自得者，这与那些言之太详、析之太精者是不同的，至少佛老杨墨还是为求性命之学，不是俗儒的放弃性命而徒陷于辞章记诵。只要是求性命之学，都够得上"贤"的标准，能够学以尽性至命，则可与之论及圣人之道。也就是说，在阳明看来，求性命之学是圣人之道的必须条件，世儒不求，则不可与言圣人之道；而佛老言之，则与圣人之道一致。焦竑作为阳明心学后劲，继承了这一对三教的评判标准。

同阳明一样，焦竑否定三教的差别，认为"孔、孟之学，尽性至命之学也"。"释氏诸经所发明，皆其理也"。③孔孟之学虽言性至命之学，惜哉言约指微，未能清晰阐明，而佛老思想中所阐发的，正是孔孟之学的性命之理，只因孔子当初不言"性与天道"，故让后人分歧至今。所以，儒学和佛老的互相贬斥，实际上是互相不了解，也是对自家思想的不了解。焦竑认为，由于根本的一致，三教的不同与区别只在形迹上，如能切实求道，这些表面上的争议是可以忘记的。焦竑吸收的是三教共同的对根本的性命的重视，对性命的一致追求，这也是焦竑所认为的三教的共同之根本。

2. 三教平等的立场

焦竑会通三教的第二个原则是他三教平等的立场或者说态度。焦竑不是只从儒学角度出发，以儒学作为"判教"的标准和归宿，而是以平等的立场和超然的态度，同情地理解佛老思想。

焦竑对佛老的理解并非仅出于一个儒者的立场而是企图平等地看待彼此，而这也带给他同情、贴切地理解佛老提供了机会和可能。由于没有所谓的"前识"，焦竑得以对佛老思想的各个层面包括本体论、心性论作出比较公平切实的判断和评价。前识即先入为主的成见，焦竑说："道无高、坚、前、后也，而见为高、坚、前、后，老子所谓'前识'

也。夫博文约礼，颜子之体诸我也，而我之未竭，故前识生焉。"④焦竑认为，前识就是局限于具体的看法，没有由博返约，这样无法达到对道的体悟和无我的境界。所以，焦竑主张见道，主张学以知性、复性，主张尽性至命，并以此作为根本立场去观照三教，看到三教本身没有分别。分别也是前识和臆见，是意、必、固、我，是三教会通的阻隔。因此，要会通三教，必然的前提就是否定三教的分别和肯定三教的根本平等一致。

焦竑不以儒家作为出发点和评判标准，而是以性命之学为三教分析的基础，学以复性、尽性至命即是融合三教的可能契机。在此原则上，三教没有分别。焦竑反对理学的局促狭隘和对佛老的偏见，主张首先对儒家自身有贴切的理解，而后可理解佛老的精神。如果不能理解儒家自身，那么也不会理解佛老，而只会纠缠于三者的分别。三教归一之旨的实质是尽性至命，儒者应在此基础上，平等对待三教，以开放的胸襟接纳与会通佛老。

焦竑认为，程朱等人对佛老的评判，往往以儒家的立场批评和驳斥佛老，他们的批评又多是针对佛老的社会伦理方面的思想，而不是从哲学思想的根本处着手，而这并非三教关系的关键所在，所以，也往往只是停留在表面而没有深入佛老思想的内部。在这个意义上，程朱对佛老的驳斥，焦竑认为他们并没有批到点子上。非但如此，在焦竑看来，程朱对佛老的驳斥反而暴露了他们对儒家性命之学的不理解。因此，焦竑主张采取超越的态度，即不试图维护儒家的地位，也不将儒家设定为最终的归宿，而是平等地去看待三教和企图找出三教共同的东西。所以，焦竑虽仍属儒家，但是在会通三教的同时，他又超越了儒家自身的局限。正是对此局限的超越，使他能够对排斥佛老的宋明儒者作出批评，也因而能够在更高层面上回归孔孟之学。

在肯定三教平等且都有对性命的一致关注这两个原则的基础上，焦竑展开了他的三教间范畴的相互参证和三教根本理念的相互援引，并以此展开三教在哲学层面的会通。

二、儒家与佛道范畴之间的相互参证

在焦竑的思想中，儒家思想可以用佛、道的观念来表达。这种三教范畴间的互参互证就是焦竑在哲学范畴会通三教的一种方式。这种范畴之间的相互参证说明了三教间思想会通的可能性，也是哲学层面的思想的具体交融，而思想范畴的具体的交融又为更进一步的三教根本理念的会通做好了准备。也可以说，这是一种由哲学上局部会通到根本会通的过程，是由范畴间的相互参证必然发展到对三教根本理念一致的肯定的过程，也即对三教共同根源的肯定的过程。而这两种不同的方式，相互参证和相互援引，可以作为会通的两个阶段或层次。前者表现三教思想的具体交涉，而后者则引导三教归于同一个根源。这就是由范畴之间的相互参证发展到根本理念的相互援引的结果，即三教具体思想的会通到最终根本层面的根源性的交融。

焦竑用佛教对"妄"这个观念的理解来阐发他对儒家性情的看法。在《原学》中，焦竑提出为学之的目的是学以复性，"夫学何为者也？所以复其性也。"⑤在他看来，人之为性，无古今无舜跖，是性则一。但是，如果不经过复性的过程，则人不能体会到内在于己的本然自足之天性，所以性自明而人妄以为是昏，性自足而人以为不足。因此产生种种喜好憎恶，产生情识，由此，性被禁锢蒙蔽。也就是说，人性本明，由妄以昏，由是生情，情生性牯，所以要学，学则明，则无妄、无情至有性。焦竑借用了佛家的"妄"的观念。妄乃分别、妄见，是烦恼、障碍，是无始以来的染污。焦竑认为，为学实际上也就是要祛除人心之妄而归于无妄。性情之间，性为根情为枝，学者颠倒性情，以情识知见为学，为情识知见所蔽而不知其根本，这是由于学而不知所学。《菩提心论》说："妄心若起，知而勿随。妄若息时，心源空寂。"《起信论》说："一切众生，以有妄心，念念分别。"妄是分别而不真实，由妄而有妄念，妄念即虚妄之心念也，亦即凡夫贪恋六尘境界之心。"若无妄想垢即净也。妄想者妄分别之想也。"⑥妄想即起分别心，认假名为自己，执幻相为本身，因而有种种攀缘。心不独起，必有所对之境，攀缘于彼而起，《楞严经》说"诸众生以攀缘为自性"，即心随外境而转。妄是虚妄颠倒，分别诸法相，是由于心之执着而产生谬误。焦竑之学就是要消除妄念而归于清净本源，归于无妄。焦竑关注的焦点问题仍是心性问题，他认为俗儒常常是不知所学，又妄以为知性，其心中未能尽扫尘埃，消除疑虑惶恐，即使能够欺骗有些人，但是最终自己的心也是不能被蒙蔽的。

焦竑常作儒佛观念的互相表达与诠释。比如，孟子的"求放心"，焦竑用佛教之"觉"来作解释。他认为，心本是活的，不是人去操存它才存在，所以说"迷而不觉则为放。如忿懥未生，视即见，听即闻，食即知味，一着于忿懥，此等处皆茫然不知，非放而何？语云：'一尘起而蔽天。'是大小利害。"⑦所谓放心，乃是由于迷而不觉，不觉就是妄，妄即是放心。再比如他说"本来无物"：

> 所言"本来无物"者，即《中庸》"未发之中"之意也。"未发"云者，非拨去喜怒哀乐而后为未发也，当喜怒无喜怒，当哀乐无哀乐之谓也。故孔子论"憧憧往来朋从尔思"，而曰"天下何思何虑。"于憧憧往来之中，而直指何思何虑之体，此非佛法何以当之？顾学者不察，而猥以微言奥理，独归之梵学，是可叹也！近世谈学者，既不足以知此，即吾师所举学佛数公，皆未能稍窥其藩，况其它乎！⑧

焦竑认为佛家所说"本来无物"就是《中庸》所说"未发之中"。未发乃是"当喜怒无喜怒，当哀乐无哀乐"的意思，乃是"于憧憧往来之中，而直指何思何虑之体"，而这正是佛法所主张的，只是学者不明白其中的微言大义，而只将其限于佛家奥义，这就错得太多了。这说明后世即使是学佛的学者，对佛家理解也常常不得要领，更不必说那些斥佛之人。而且，在焦竑看来，最为严重的问题是，学者们连儒家本身的大义也无法理解，把儒家本身的义理归之于佛家所有，实际上就是把儒家自身的根本抛弃了，这就是"沿门托钵效贫儿"的原因。

又比如，在解释所谓"喜怒哀乐未发之中"时，焦竑用"恼"和"净"这样的有强烈佛教色彩的概念来加以理解和说明，他说：

> 僧肇云："知恼非恼，则恼亦净；以净为净，则净亦恼。"知恼之非净，即知发为未发，可以触类而通矣。⑨

焦竑把"喜怒哀乐未发之中"与佛家之"恼"、"净"观念作比较，认为照僧肇的说法，不以烦恼为恼，则心自清净；而以清净为清净，则虽净实恼。如不动心，则清净无烦恼；如若动心，则清净为烦恼。发与未发也是如此，二者之间没有截然分别，如果知道烦恼就是不清净，那么也就可以体会到发即是未发。既然焦竑认为未发与发之间关系如此，那么，他对心性分别的关系也大概类似了，他说："心性原无分别。然既有此二字要说，分别亦得。古人谓'性如水，心如波'。又云：'静谓之性，心在其中矣；动谓之心，性在其中矣。心生性灭，心灭性现。'"⑩心性本无分别，二者实为一体，无心则性现，二者相生相灭。"一切种种心，一时顿尽。心无其心，性体自现。""学道人不可当面错过，须要当体受用方好。"⑪强调人当体受用，即明心见性，当下体会自性清净，即是知性，这里有很浓的佛教色彩。

一方面，焦竑肯定佛老理念对于理解儒家圣学的积极意义。对于佛老理念，焦竑认为人若"虚心体验，当自得之，不必于门面上争闲气。"⑫他曾叙述：

> 向年傅顺所与王麟洲见过，傅言"佛语多疵，人何故惑之？"余问："公于何处见得？"曰："如'不思善、不思恶'是也。"余曰："此绝妙语。公何得恶之？"曰："恶可不思，善亦可不思耶？"余曰："公虽自谓思善，其实每日间还是不思善、不思恶时多也。"⑬

傅将理由归结为像"不思善、不思恶"这样的说法不对，恶可不思，而善不能不思。而焦竑则认为虽说思善，而人还是不思善不思恶的时候更多。这实际上是在批评傅并未理解"不思善、不思恶"一句之意所在，从而进一步反驳"佛语多疵"，进而说明佛语也是对心性的阐明这里也同时强调了为学不可浮于字面而要深入其中。

另一方面，焦竑也反对随意借用佛教观念。比如他说：

> 彼其以多欲之心，假道于"无碍"之语，而不知其不可假也。某请有以诘之：为恶无碍也，为善独有碍乎？为善惧有着心也，为恶不惧有着心乎？以彼所托，意出禅宗。顾禅宗无是也。⑭

俗儒未能知性而妄以为知性，以其内心充满欲望的心思，假借佛家"无碍"的观念来表现自己知性后的通达境界，却不知道这是不能假借的。无碍又称无阂，自在通达而无碍，自在涉入而无碍，自在融通而为一体，如灯光互相涉入。焦竑反驳俗儒假借"无碍"，认为这是断章取义，而以为多欲之心也可无碍，实际上不过是对禅宗的作用见性的误解，也是对佛家范畴的错误使用。

焦竑在理解三教彼此间的概念时，常以三者观念互参互证，而范畴概念本身即已酝酿了焦竑的三教会通。从三教哲学各自的精义的相互参证阐发开始，三教间的局部融合也已发端，同时为进一步三教在根本层面的融合作好了准备。焦竑著作中引用了许多佛老经典，其中又以佛家经典的引用居多，比如《宗镜录》、《起信论》、《华严论》、《文始经》、《定观经》、《还源观》、《楞伽经》、《圆觉经》、《文始经》、《宝积经》、《净名经》、《月灯三昧经》、《深密经》、《善夜经释》、《法华经》、《惟心诀》、《净名经》、《书四体心经》、《首楞严》等，理解这些经典无疑有助于我们发现焦竑思想的内在组成，了解焦竑受佛老影响的痕迹和三教在焦竑思想里会通的过程。

三、三教间根本理念的互相援引发明

焦竑希望说明三教在思想与哲学层面上的根本一致。他认为，对于一个学者而言，其为学最重要的是学以复性，是要理解孔孟的性命之学，如此，不管是儒学、佛教还是道家，实际上都是一致的。三者都是尽性至命之学，学者们不必在伦常道德和社会习俗等细节和具体层面上去作分别从而造成彼此间的隔阂和差异。所以，焦竑认为，即使是程颢这样的大儒，如果不知尽性至命之学，也与孔孟之学的原意相去甚远。他说：

> 伯淳，宋儒之巨擘也，然其学去孔孟则远矣。孔孟之学，尽性至命之学也。独其言约旨微，未尽阐晰，世之学者又束缚于注疏，玩狎于口耳，不能骤通其意。释氏诸经所发明，皆其理也。苟能发明此理，为吾性命之指南，则释氏诸经，即孔孟之义疏也，而又何病焉！⑮

焦竑以为，所谓异学不足为忧，异学非异，应该忧虑的是没有"性命之志"。他指责学者们不为尽性至命之学，而只去与佛老斤斤计较。宋明理学开始于对复性问题的探讨，这也是整个宋明儒学探讨的主题。在焦竑眼中，学即是孔孟之学，是复性之学、尽性至命之学，是学以致道、复其初心、还其良心之学，学者就是要能够从性命上去发现三教的一致从而形成三教间的融通，也即是要能会通三教。在焦竑看来，三教的思想间，这种共同的根本指向就是尽性至命，根本理念间的互相援引也即是要发明此义，这是三教共同的归宿。

在前面的讨论中，我们看到，焦竑开始了儒家与佛道思想范畴间的相互参证，并为进一步根本理念的互相援引作了铺垫。他认为，学者们往往只是"束缚于注疏，玩狎于口耳，不能骤通其意"，拘束于注疏辞章，不能有更高的眼光和视野来看待孔孟之学，结果不仅不能理解孔孟，甚至还倒是佛家更为通达孔孟之学之宗旨，甚至佛门宗旨成了儒家要义，也可为儒者之性命指南。俗儒不能理解"性与天道"的问题，而佛教诸经所发明的，倒正好是圣人的意思。焦竑认为，根本归宿就是知性复性、尽性至命，只要是能发明尽性至命之学，不论是佛老还是杨墨，都是圣人之学。"此梵学之妙，孔学之妙也。总之，非梵学之妙、孔学之妙，而吾心性之妙也。"⑯这里比较明确地肯定了根本就在心性之上，佛道经典所阐明的，也都是尽性至命之理，佛学之玄妙即孔学之玄妙，最终归结为心性之玄妙，而会通三教之契机也正在此。

所以，焦竑不只是引用佛老资源与儒家思想观念的具体参证，而且佛老的概念范畴所带来的影响亦在他自身的思想中潜移默化。三教的观念互相援引，正是出于他对三教的理解及其三教归一之旨的需要。三教互相援引并不是简单的彼此借鉴，而是企图使三者的根源融为一体。焦竑要证明的是超越三教的一个更为根本的理念，这个理念是超越三教而适于三教的。因为，每一家的观念都不只限于一个体系的意义，而是要能融入另外的两个体系，要能同时具有三教的意义，这是焦竑所要达到的结果。王龙溪曾说："人言世儒借路禅家，非也。岂惟吾儒不借路禅家之路，禅家亦不借禅家之路，吾儒亦不借吾儒之路。"⑰焦竑同意他的说法，认为如能发明本心，无需也无所谓借与不借；能自有所得，不必分辨三教；能了彻根本，无论哪一家，都无不可。因此，焦竑会通三教的另一个主要方式与途径，就是三教间根本理念的互相援引发明。这个方式更为直接地指向会通三教的终极归宿，并以印证三教共同归属的尽性至命之学为使命，更多地发现三教在根源上的一致。焦竑说：

> 性命之理，孔子罕言之，老子累言之，释氏则极言之……唐疏宋注，锢我聪明，以故鲜通其说者。内典之多，至于充栋，大抵皆了义之谈也。古人谓暗室之一灯，苦海之三老，截疑网之实剑，抉盲眼之金镵。故释氏之典一通，孔子之言立悟，无二理也。⑱
>
> 窃以为儒、释之短长，可置勿论，而第反诸我之心性，苟得其性，谓之梵学可也，谓之孔孟之学可也，即谓非梵学、非孔孟学，而自为一家之学，亦可也。盖谋道如谋食，藉令为真饱，即人目其馁，而吾腹则果然矣。⑲

焦竑认为，三教都是对性命之理的阐述，只是各自谈的方式不同。实际梵学之妙即孔学之妙，学佛而后可知儒，能通释氏之典，则能悟孔子之言。这样的对三教的理解，就已经在观念中融合了三教。焦竑认为，不必议论儒释短长，而只需反求诸己，尽性至命。如得其性，则称为梵学也可，儒学也可，自为一家之学也是可以的。倒是唐疏宋注，拘泥狭隘，禁锢人的思想，让人不能理解什么是孔孟之学。在焦竑看来，三教本无不平等。三教其实都是为了一个目的，即性命之理，这正是学者应当维护的。

对一些核心观念的理解，焦竑也常常借助佛道理念来展开。比如，"诚"这个儒家的核心理念，焦竑亦是借佛教观念"妄"来解释的，从中也可以体会到儒佛在最终境界的追求上的一致。《中庸》的"诚"是至诚之天道，表示真诚无妄、纯正专一的状态和存在。天赋予人为性，而人通过修养心性，洞明诚之至诚至纯，而后则"存诚尽性"而达到"天人合一"之境界。传统儒学是以一种肯定的方式，认为"天命之谓性"，人之性由天赋予，天本身纯粹清明，真诚无妄，只是常人不可能天生达到这种本然的最佳状态，还需"修道之谓教"的过程，以达到"喜怒哀乐未发谓之中，发而皆中节谓之和"的本然状态。而这就是要"自明诚"，其中修道谓教的过程，就是学。而在焦竑这里，所谓学就是"冥其妄以归于无妄者"⑳，实际上也就是"自明诚"、"自诚明"的衍生。妄与诚，在儒佛而言是两种不同方向的思维，焦竑借佛家的理念来表达了儒家的思想，"妄"即是"不诚"，"诚"即是"无妄"，如来藏自性清净心与"诚"所表示的纯粹清明的境界在焦竑这里没有不同。相比之下，佛教其实是以一种否定的方式，认为世界虚幻迷妄，人的认识也常常由于攀缘于境，心随境转，从而有种种妄念、种种痛苦。于是，要解脱则要人能够觉悟，觉悟一切的虚幻不实，消除种种妄念执着，觉悟一切皆无自性，因缘而生，从而体悟自性自明自足，解脱成佛。所以，《中庸》的"诚"就是无妄，"自明诚"则是通过修养而达致天道本然纯粹的极境，这与佛教祛除一切虚幻与迷妄，祛除迷惑人的蒙蔽而觉悟如来藏自性清净心是一致的。

当有人说"空"只是佛氏语言时，焦竑说：

> 孔门专言空也。……吾辈必于一物不立之先着眼，令空空洞洞之体了然现前。情

累梦梦，自然无处安脚。身不期修而修，心不期正而正，何等简易直截。㉑

焦竑认为，儒学之根本也是要见那空洞本体，要见空洞虚明的心性，所以，空空之宗非佛家独有，也是儒家之要务。焦竑的目的也是要学者放弃局促狭隘，总要心中空空如也，方是见道之门，而情累梦梦自然消失。如果心中尚有遮蔽，则众累塞胸，见不到干净本体。王龙溪说道：

> 人之恒性，乃上帝降衷，人所同具者。以其无思无为，故谓之寂；以其不可睹闻，故谓之微；以其无物，故谓之虚；以其无欲，故谓之静；以其智周万物，故谓之觉，而其归不出于无之一言。无者，有之基也。
>
> 是谓千圣相传无所倚之学。汉儒以训诂为学，补缀张皇，考订于器数之末，取古圣贤已行之迹，著为典要，相守以为世法，不知以无为用。彼佛氏者，见吾儒学术之弊，奋然攘臂其间，取吾学之精义，据而有之于己，凡古圣贤已行之迹，一切扫除于无。而吾儒乃竞竞自守，拘滞于形器之中，终身烦恼而不自觉，语及虚寂，则曰：此异端之教也，避之惟恐不及，不知佛氏所谓虚寂，本吾儒之故物，彼直窃而据焉。㉒

龙溪认为，人之永恒的性，是由天命所赋予，这是每一个人都具有的。因为此性无所思为，不可见不可闻，视若无物，无欲而流行于万物，所以称为虚、微、寂、静，说到底就是个无。只是儒家学者自己拘泥于形器见闻，而不知此乃儒家本来之精义。当佛教称虚寂时，却称佛教为异端，不知这本来就是儒家自己的东西。儒者不识儒家故物，反倒去排斥佛道之虚无寂灭。如果人能够了解人本来之恒性原本就是无和归于无的，那么也不会拘泥于形器见闻而去攻击佛道了。龙溪这段话，表明的是儒家之根本，而这也正是焦竑所要说明的，儒佛在境界上追求的都是纯粹清明的空无之境。

焦竑的见性之法，或者修养功夫论，也是充满佛家色彩的。其实在他看来，既然在根本上儒佛一致或相通，那么修行方法的一致自然也是可行的。所以，佛教许多开悟之道，焦竑也是信手拈来，随处去用。比如，他在说明道不远人，无需向外索求，而应反求诸己时，说道：

> 曾子悟后，直举此示之，所谓信手拈来，头头是道。然非愤悱之人，骤而语之，真成说梦。余友邵敬吾斋中闲步，闻论此，不觉洞然，因曰："此非玄语。即云夫子之道，举足而已矣也得；夫子之道，挥扇而已矣也得。"㉓
>
> 先生云："此心自在，求即是迷。如人忘己之头，奔走号呼，别求首领。旁人告以'汝头自在'，却反拒而不信，岂不可悯？古人云：'饭箩边饿死汉，大河边渴死汉'，又云'通身是饭，通身是水'。"㉔
>
> 盖我即是道，而昧者失之，愈求愈远。古德言："抛家失业，向外边走。"殆无人不然。老丈一眼觑破，自此举足下足，无非道场，洒扫应对，皆为精义，取之左右逢其源，何乐如之。昔李汉老言："着衣吃饭，色色仍旧。"既无拘滞之情，亦不作奇特之想，已是千了百当语。大慧复诘之云："仍旧处，莫更走作否？"不知着衣吃饭处，如何走作？真为无风起浪矣……㉕

《易》言"复以自知",又言"复则不妄",复者回光自照也。盖反本还原,方
为自知;反本还原,方为无妄。若非鞭心入里,而空事多闻,定复何益?故云:"阿
难多闻,总持积岁,不登圣果;息缘反照,暂时即证无生。"[26]

举足下足,无非道场;一欬一吐,尽成法妙,此岂可以名理求,言思测哉?学者
真知行之一字,则《六经》为筌蹄,千圣为过影;释氏之棒喝,独属不亲,老聃之
微妙,皆为余食矣。[27]

所谓"信手拈来,头头是道"、"此心自在,求即是迷"、"举足下足,无非道场"、"反本
还原,方为无妄"等,都是焦竑在理解儒家思想时所借鉴的佛教语言。道不远人,无须
放弃内心光明而去向外求索,做那种抛尽自家无尽藏的饿死汉。焦竑将儒家思想与佛教理
念联系,而佛教理念也很自然地渗入焦竑思想的内部。焦竑的思想已很有些佛教尤其是禅
宗的味道,不过他自己认为这是儒学本身就有的思想,如"道不远人",还有如"能近取
譬"、"反求诸己"等,儒家本身即向内寻求,这是焦竑儒学对佛学的借鉴和吸纳,而他
的会通也便以这样的方式展开。

焦竑的会通,以三教根本理念间的互相援引发明为主要方式,不只是引用佛教、禅宗
的东西,同时,也借佛教禅宗或者道家来恢复对儒家圣人之学自身的记忆。从这个意义上
来说,在焦竑这里,佛道对儒学意义重大。而三教合一的基础也在这里,即三教本身就有
可相通之处,并且应是根本问题上的相通,这才是三教融合之可能,是三教会通之应该的
方式和途径所在,也即焦竑所主张的在尽性至命的超越层面实现三教的会通。

焦竑会通三教的方式是使儒释道三家的哲学范畴和概念系统融合,而不只是以一个体
系来评判对方。因此,焦竑从对佛老的同情理解过渡到他的三教会通的方式和途径,由相
互参证到援佛老入儒,尤其是援佛入儒,来发明彼此的意义,并以此为基础,使三教在根
源上、在思想和哲学的更深层面上实现会通和归一。

四、小　　结

焦竑三教会通的主要方式,是在平等一致基础上的,三教互参互证和援佛老入儒。此
种会通同时也不妨碍在实际的世俗伦理道德层面上三教的不一致。焦竑的理解佛老,是从
深入佛老经典进而深入佛老的思想入手的。比如他对《老子》、《庄子》、《法华经》、《楞
严经》、《楞伽经》和《圆觉经》以及《阴符经》的注解,都体现了他不以儒家立场评判
佛老的态度。而对儒家经典《易经》的解读,则体现了他在根本上融会三家的努力,同
时,也是对他援佛老入儒的最好见证。在焦竑思想中,有很多三教的互参互证,这都加深
了焦竑对三教一致的肯定和对分别三教的否定。另外要说明的是,在焦竑的三教会通中,
儒佛的会通似乎占有更多的篇幅,不过这并不影响他对老庄的肯定。在他看来,老庄之道
家而非后来的道教,根本上同于儒家的尽性至命之学。实际上,焦竑更多地谈及佛家也是
因为,在三教长期的互动中,佛家的佛性思想与儒家的心性论发生了更多的联系。故而,
在他的为佛老的辩护中,对佛教的维护也占了主要部分,这与三教关系在当时的实际状况
也是相符的。至于儒家伦理纲常等方面,即宋明理学常常批评佛道离伦绝类,焦竑的方式
是承认差别的存在,但坚持三教在性命之理上的一致。另外,他也肯定三教对社会的教化

及其具体功能有所不同，但这并不影响三教在根本的性命之学上的一致。

通过对佛老哲学的理解和对佛老经典的注解，援佛老入儒成为焦竑会通思想的重要特征。焦竑用三教的基本观念来发明彼此的意义，他试图以这种方式找出一种共同的存在，即能存在于三者之间的东西。这些共同存在于三教间，是三教得以存在和会通的依据，它们也决定了会通的方式、途径与特征。通过这样的方式，焦竑让他的儒家性命之学与佛道之根本精神在他所理解的层面上实现会通。

三教融合及佛老思想深刻影响了焦竑的思想，这也是一个历史问题的反映，即三教观念互相渗透、互相吸纳，同时拓展自身内涵。因此，焦竑三教会通的方式与途径在他的平等立场下，便也就是三教观念的互相渗透，相互参证和援引发明。这样一种方式与途径符合三教本身状况形成的实际。

在焦竑的著作中有大量的佛老思想，这些思想不仅以文字或语言的形式出现于其著作之中，更以某种逻辑结构渗入焦竑本身的思想体系。同时，这种渗入本身也存在着被渗入的可能，即佛老思想在为焦竑所借鉴和引用的同时，也不可避免地为焦竑本人的思想所融化。对此的理解也可以帮助我们理解焦竑思想中借用别人思想的部分，尤以其《焦氏笔乘》里所大量出现的焦竑所作的摘录为例。他对《楞伽经》、《楞严经》以及《老子》、《庄子》的注解中也有类似情况。应该说，焦竑对别人思想的引用转述，也可以看做他自己思想的一部分，因为别人的思想在一定程度上刺激了焦竑本人的思想创造。这其中有属于焦竑自己的东西，我们不必以为那是焦竑抄袭别的学者而无创见，因为直到今天，这本身也是思想发展的一种方式。

焦竑是儒家，他的思想与佛老思想的兼容是内在的。焦竑不是简单的以佛、老证儒，而是将其纳入自己的体系。焦竑的体系是不同于但又未离开原有儒学思想体系的新体系，此体系表现为三教会通，会通的根据则是彼此间相互影响而融成统一的性命之学。焦竑所吸纳的佛老的概念和体系受着儒家思想的影响，而他本身所处的心学和泰州学派的思想也同时是受到佛老影响之后的儒学体系。再者，儒学之外，影响宋明理学的佛教，也是受中国传统文化影响的佛教或者说是中国化的佛教。焦竑要做的，就是以儒家与佛道范畴之间的相互参证和三教间根本理念的互相援引发明会通三教，而会通三教的目的在于肯定三教的一致，在观念的互相渗透中，发现和肯定三教追问之根本问题的一致以及终极归宿的一致。

注　释：

① 《悟真录》之十一，《王阳明全集》卷三。

② 《悟真录》之一，《王阳明全集》卷三。

③ 《答耿师》，《澹园集》卷十二，第 83 页。

④ 《读论语》，《焦氏笔乘续集》卷一，第 198 页。

⑤ 《原学》，《澹园集》卷四，第 18 页。

⑥ 《注维摩诘经》卷三。

⑦ 《古城答问》，《澹园集》卷四十八，第 730 页。

⑧ 《答耿师》，《澹园集》卷十二，第 81 页。

⑨ 《读中庸》，《焦氏笔乘续集》卷一，第 222 页。

⑩ 《明德堂答问》，《澹园集》卷四十九，第 741 页。

⑪ 《明德堂答问》，《澹园集》卷四十九，第741页。

⑫ 《崇正堂答问》，《澹园集》，卷四十七，第715页。

⑬ 《崇正堂答问》，《澹园集》，卷四十七，第715页。

⑭ 《答耿师》，《澹园集》卷十二，第80页。

⑮ 《答耿师》，《澹园集》卷十二，第82页。

⑯ 《答耿师》，《澹园集》卷十二，第82页。

⑰ 《支谈上》，《焦氏笔乘续集》卷二，第230页。

⑱ 《支谈上》，《焦氏笔乘续集》卷二，第230页。

⑲ 《答耿师》，《澹园集》卷十二，第82页。

⑳ 《原学》，《澹园集》卷四，第18页。

㉑ 《古城答问》，《澹园集》卷四十八，第730页。

㉒ 《释教总论》，《楞严经精解评林》。

㉓ 《古城答问》，《澹园集》卷四十八，第736页。

㉔ 《古城答问》，《澹园集》卷四十八，第736页。

㉕ 《答苏抚州》，《澹园续集》卷五，第863页。

㉖ 《支谈中》，《焦氏笔乘续集》卷二，第232页。

㉗ 《读论语》，《焦氏笔乘续集》，卷一，第206页。

（作者单位：华中科技大学哲学系）

李光地的儒学志业

□　钟彩钧

　　李光地，字晋卿，号厚庵，福建安溪人。生于明崇祯十五年，卒于清康熙五十七年（1642～1718），享年七十七岁。

　　李氏是清初朱学的领袖，康熙御纂《性理精义》、《朱子全书》、《周易折中》等书的实际编辑者。李氏长期任翰林院清要之职，晚年任直隶巡抚、文渊阁大学士，他不但是康熙的近臣，也是切磋学问的朋友。由于康熙尊崇朱学，鼓动了清初朱学复兴，而明末兴盛一时的阳明学与三教合一思潮不仅成为异端，也迅速地声响消歇。学术界要到数十年后才有不同的声音，亦即起自民间，建立在考证学基础上的戴震思想。李光地与其前的王学、其后的戴学相对照，似乎难逃官方学者乃至御用学者的印象，而这个印象无疑地会妨碍我们对李光地的正确理解。

　　近年对明末清初学术的研究日益蓬勃，学者更能在充分掌握材料的情形下从事客观研究，而避免做出简单化标签化的结论。关于王学衰微与朱学兴起，学者指出这是整个时代的趋势，形上玄远之学失去吸引力，而朱学复兴更是在朝在野学者共同努力的结果。[①]在这个研究基础上，我们得以去除可能的偏见，而从客观的原因、客观的成就来研究李氏的学术。

　　将明末至清中叶的学术思想视为由王学而朱学而戴学的发展，偏重于哲学一面，是高度抽象的结果。笔者宁将明末清初思想的转变视为新学术潮流的表征，这潮流的特色如许多学者已经指出的，是努力将儒家学术中的释道成分排除出去。如果说顾炎武、黄宗羲、阎若璩站在不同的位置引领风骚，那么李光地是参与这潮流的一员大将。李光地虽然编辑过不少理学著作，也有许多讨论理学观念的文章，但整体地看，他更是一位推动儒学运动的博雅学者。

　　本文拟从志业的角度，据《榕村全集》中的材料，对李光地的儒学做初步的观察，也就是讨论李光地认为儒学是什么，应该包括那些内容，他在实践过程中表达了怎样的抱负与心境等问题。

一、学问的规模

　　李光地少年即研究朱子学，其直接渊源是家庭的影响，广阔言之则是浸润于闽地数百年来的风气。《文贞公年谱》："（康熙）十六年己亥，公十八岁，始讲性理之学。"②下注云：

> 季明风气杂驳，破弃绳尺，争脱略为名高，动以程朱为诟病。赠公（钧案：指光地之父）独喜蓄濂洛关闽，及同郡蔡、林诸先贤书，虽橐无赢赀，而购辑不择价。公既厉志，首抽性理之编，专心一力，每夜手录数千言，昼则熟诵精思，穷极深微，遂毅然希踪前哲，敛衣冠，谨坐起，非程朱不敢言。

而在二十岁条注云：

> 公尝曰：吾年十八时，手纂性理一部，十九时，手纂四书一部，二十时，手纂周易一部。于诸家同异，条分缕析，用为熟研覃思之地，终身得力，此实根基。

至于闽地的学术风气，光地曾撰《重修蔡虚斋先生祠引》，其中提到：

> 吾闽僻在天末，然自朱子以来，道学之正为海内宗。至于明兴，科名与吴越争雄焉。暨成、弘间，虚斋先生崛起温陵，首以穷经析理为事，非孔孟之书不读，非程朱之说不讲。其于传注也，句谈而字议，务得朱子当日所以发明之精意，盖有勉斋、北溪诸君子得之口授而讹误者，而先生是评是订。故前辈遵岩王氏谓自明兴以来，尽心于朱子之学者，虚斋先生一人而已。自时厥后，紫峰陈先生，次崖林先生，皆以里闬后进受业私淑，泉州经学遂蔚然成一家言。时则姚江之学大行于东南，而闽士莫之遵。其挂阳明弟子之录者，闽无一焉。此以知吾闽学者守师说，践规矩，而非虚声浮焰之所能夺。然非虚斋先生，其孰开之哉？③

根据以上几条资料，光地受其父影响，少年便接触到程朱著作。他从十八岁到二十岁，对程朱派的理学、四书学与易学下了深厚的工夫。光地一生重要的著作集中在这三方面，可见此时奠定的学问基础够他终身受用。其父的学术爱好是闽地学术风气的反映。福建是朱子学的故乡，又有蔡清、陈琛、林希元等研究朱子经学学者的相继出现，而形成"泉州经学"的传统，成为光地学术的源头。④

程朱理学、四书学、易学等三项，是李光地一生学问的基础，也是一生成就所在。然而李光地的感触、志业，形成其全体学术规模的，却有更大于此者，这样才能参与一时代的学术风气。以下试作探讨。

李光地二十岁补诸生。康熙元年，二十一岁，读书妙峰山。二十五岁举福建乡贡，二十六岁会试落第，二十九岁举进士，开始仕宦生涯。光地自二十一岁至二十五岁，有五年的时间在妙峰山读书。据《榕村谱录合考》⑤康熙元年条，李清馥注云："馥按，是山在本里碧翠岩之麓。公祖念次公及族祖心湖先生懋桧始开辟，迨后渔仲在明相继建造山房，募僧住之。公偕诸弟读书其中。"⑥因此文中又有"碧翠山"之称。青年的经验在人格思想发展上有重要的地位，因此这时的作品是有探讨价值的。李光地有几篇对话体的文章，⑦主人翁自称雯萝子，其中《太乙丈人篇》云："雯萝子学于碧翠山中，俯仰图书，神交千载。一夕，肃衣襟，望北而拜，再俛乃兴，仰瞻紫微，其光煌煌。祝曰：微臣之生，两终星纪……"据此考出这些文章在 24 岁前后作于碧翠山。又据《榕村谱录合考》康熙 5 年 25 岁条，李清馥注云："按《续语录》，公尝言自廿一至廿五，看陆王之书及诸难书。"⑧可知光地在 18 岁至 20 岁以朱子学打下学问基础后，其后的 5 年对学问有更广泛的涉猎。其博览宁可视为对人生方向的摸索，而非一般的旁骛。我们也宜考察这几篇文章是否留下了情志的痕迹。

考察的结果，发现主要是对儒家的抉择。如《希寥子篇》是道家与儒家的对话。希寥子学道，以为雯萝子矻矻求用求名，其实成败本有天命，而且"标枝之民陋，世淳以睦；六艺既修，乱亡相躅"，因此所谓救世其实是荒诞的，不如离世而与大化翱翔。这完全是道家的超越思想。雯萝子则回答道：

> 夫子之论，天人一矣，而又二之。夫世有先后，道有淳漓，浑疊朴散之人，则投以百药之滋。弃天者不祥，为己者不公，古之至仁，尽天之职而不范其躬。诗云：民莫不逸，我独不敢休。诚未能谢役役之讥，而与夫子相从（子）〔于〕大荒之野。

后世朴散而为器，天即在人之中，无法另寻一个超脱自在的天地境界。希寥子的离世其实是弃人归天，反而以天人为二。雯萝子则宁可出而救世，投药给浑疊朴散之人，尽其天职而忘其身。

李光地对儒道的抉择并不是出于党派偏见，而是以经世思想为依据的。但在另一篇《衲者篇》，雯萝子竟辩不过衲者。雯萝子本来从"过而不留者天之道"来批评衲者轮回说的不当，但衲者答复道，轮回是轮回者的自作自受，并非造物有病，因此不宜以过而不留的天道来否定轮回。衲者又提出另一轮回的论证，"夫天地则心法尔，生死则起灭尔"，随着人的生死，天地亦为之起灭，人实无法知道此心之起（即此生），不是此心之灭者之往（即前生）。衲者又指出心的起灭不止于生死，"子亦知子一日之闲，人而兽，兽而人者，盖不知其凡几乎？"雯萝子于是谈制伏之道，衲者则谓制伏是治标非治本，"夫学则有愿力焉，有行力焉。愿力大者行力大，愿力小者行力小。愿力完以固，则有折冲于谈笑，一战而功成。"雯萝子只知消极地克服心的堕落，而不知心也是上进的动力，所谓愿力行力都是心。雯萝子于是叹事心之难，衲者曰：

> 有是夫？子其心子之心尔！子其心子今日之心尔！不以已陈之迹而误当几，不以未生之境而存顾虑，不以浮形幻影而废大事。

雯萝子深受感动，书其言于几。衲者申述愿力行力不待外求，只要把握当下之心，而不思前想后，此犹程明道《定性书》的"无将迎，无内外"，"廓然而大公，物来而顺应"，与陆王心学重视心的积极性、主动性亦相去不远。当然，通全篇来看，心横跨消极性与积极性，在人兽之间流转，并非可以无条件地肯定，然而工夫的要诀仍在积极肯定心的愿力与上进。本篇可能反映了李光地这几年中"看陆王之书及诸难书"的影响，而他亦终身不离对心地工夫的重视。

《临川篇》是一篇融化先儒轶事的寓言，颇为有趣，兹全录于下：

临川人有游于华山之洞者，其洞至深，游者以炬照行，炬尽则返，率不知洞之奥近。一人者不返，亭虑凝视，久之则若有微睹焉，又久之澄若月星之明，旁侧倾坎，皆可瞩见。其卒也，乃烂如太阳之昼，珉璞之藏，蛇虎之居，神魖之窟，三古之坟埋，千年之薜萝，靡所不睹，遂极洞之趣而还。越山高者千仞，众登之脊敝焉。其一人气意休暇，若无劳者。问之，则曰："吾畴昔精力不分，今者之行视前一步，当其未至，吾不矫首而一望巅焉，犹平地也，是以心闲而不挫于气。"洛人有迁于海滨而航海者，飓风至，垂覆溺，舟人跳踉号呼。洛人起正冠衣，若将有所待者，而神不荒。舟既岛，众谓洛人曰："若子无惧则勇矣。敢问适者之容甚庄，何谓也？"洛人曰："或者天之以死我也，敢不敬乎？"希寥子闻之曰："善乎三者之于道。虽然，夫至人则不然。彼且憩于混沌之谷，而又乌乎见？彼且御于大风之隧，而又乌乎践？彼且狎于吕梁之波，而又乌乎变？"或以问于雯萝子，雯萝子曰："否！否！夫入洞者心矣夫，登山者性矣夫，航海者命矣夫。传曰：'思之思之，鬼神通之。'心也。易曰：'不耕获，不菑畲。'性也。诗曰：'上帝临汝，无贰尔心。'命也。"

文中第一个故事是王安石《游褒禅山记》的改写，第二个来自阳明登山的故事，[9]第三个则出于伊川在涪州渡江的故事。[10]雯萝子首先否定希寥子对道家超越境界的追求。道家的价值是混沌，因此不求有见；是御风，因此不必步步践履；是入水不溺，因此不必俟命。然而雯萝子则用这三个故事说明尽心知性，尽性至命的道理。心在这里是知识性的，心久用则明照，使世界不复混沌，而能尽睹其胜。性是不待外求的能力，步步践履，就是率性之道，虽远而可达。命则是天赋的限定，有人所不能强求者，因此须敬以俟之。与《希寥子篇》一样的，雯萝子选择了儒家，然而这里的标准不是经世，而是舍超脱而取实际。

这里可以补充的是，这几篇所举的释道多是真实的，而非寓言。李光地晚年有诗《妙峰寺弱冠读书处今来屈指五十余年》云："昔有苦行僧，自名参唯者，中岁海外来，结构兹峰下。先兄好与游，晨暮武溪泻。犹然效陶潜，恣酒不入社。德林居南山，天问隔兰若。相望三高人，世外亦风雅。"[11]诗中举出当年隐居处所附近的三位高人。而李光地晚年曾作《锐峰和尚传》[12]，锐峰为光地叔父友人，观《传》中锐峰与光地的对话，知即为《衲者篇》中的衲者。《传》云"是后居余乡之南山"，或者锐峰即诗中的"德林"。还有一件值得注意的是《锐峰和尚传》中，下引一段对话不见于《衲者篇》。"又问：佛说所谓了心性者如何？曰：除善恶无记。问其指。曰：心不存恶，亦未存善，又非昏昏然不省觉者，是除善恶无记。"青年李光地未记录此段，可能是并不觉得感动。其含义下文将试加分析。

以上叙述的是李光地在人生的清晨阶段所做的一些思想抉择，这些抉择固然是粗略的，不外乎儒道释之间的互动与分判。然而宋明以来的思想家多半经历过这类的抉择，而后走上自己的思想道路，因此不可以其粗略而轻忽，而要细心体会其抉择中的个人特色。李光地的特色可以举出几点：经世的、实际的、知识的、主体的（就重视心地工夫而言）。他的学术评价如何是一回事，但他是个有自己特色，走自己道路的思想家，则是必须肯定的事实。以下继续探讨李光地全体的学术志业。

清初学术界由王返朱的潮流有很明白的证据，本来不应再辩。此处要指出的是研究李光地时，眼光却不应局限于此。李光地的志业其实包括整个儒学传统，他曾作《劝学箴》云：

> 易与诗书，最务精熟。三礼三传，随分诵读。西京东京，文极醇厚。唐人之雄，曰韩曰柳。北宋文章，于唐有烈。欧苏条达，曾王峻洁。择其尤者，含咀英华，将来融洽，不名一家。诸子之粹，亦可采焉。荀卿论学，庄子谭天，仲淹中说，子云法言，伟长中论，康节外篇。奥指奇辞，手录心追，醇疵小大，默而识之。周程张朱，至为精凿，孔孟通津，经书正鹄。易通正蒙，性书学论，以逮雒闽，微言至训，并须熟讲，益以精思，笃嗜深契。尚友遥师，义理昭明，庶几不畔。穷经观史，靡不贯串，犹有余力，列代诗骚，搜春撷卉，以咏以陶。如是读书，方有根氏。文学德行，实相表里。⑬

此文表现了对于博雅传统的追求，值得注意，其中包括了经史子集（史书较不重要）。这个传统比起朱子的道统说当然显得庞杂，比起朱子所谓孟子以后其道不传，直到北宋周程始得复兴的说法，也缺少一种超越性。然而正如余英时所谓明末清初儒学开展了体、用、文中的"文"的传统，李光地在儒学上的创意，与其求之于体用，不如求之于文。李光地列举儒学传统中名家的方式，就如其后桐城派"学行继程朱之后，文章在韩欧之间"、曾国藩《圣哲画像记》所提出的宣言一样，不但以整个儒学传统为对象，而且提出了学习典范作为门径。以下再略引一些资料做较详细的说明。

李光地相当强调博辩的重要。他作《朱陆析疑》，以为朱陆皆欲明圣人之道，但陆却不知博辩的重要，因此不如朱。他说：

> 陆氏盖见世之支离沈溺，而不能以自振，故刊落摆脱，直接乎孟氏之传。然愚窃观夫孟子之时，发明人心而无述作者，去圣未远，群经大备，故第启管钥，示关津，以为当世人心对病之药而已。自汉以来，道丧文弊，礼乐诗书扫地而尽，异端邪说，诸子百家，纷纷藉藉相乱，学者颠倒眩瞀于其中，何由而见圣人之宗乎？濂洛诸子，扶持整顿者未几，或疑或信，若明若昧，又绵延而将绝。是故朱子之矻矻著述以终其身，殆有所不得已也。⑭

正学的整顿，异端的辨析，而发挥于著述，都是维护儒学传统所不可少的工作，也是朱子超过象山之处。前文曾引述李光地青年时的《衲者篇》，记录佛者之言，以明立心与愿力的重要。然而却未录"心不存恶，亦未存善，又非昏昏然不省觉者，是除善恶无记"即是"了心性者"的一段。这是没有任何内容的主体性，是无用之体，与李光地主张的人文充盛、大用繁兴的正好相反。李光地不录此文，或者是不以为然之故。李光地这种见解在《孟子不动心章》讲义有较多的发挥。孟子与告子不动心之异，在告子只求于心，孟子则既求于言又求于气。他说：

> 盖告子之事心也……其学自有明心之法，而不在于识知见解之间；自有定心之术，而不藉于气魄精神之用，最与后世释氏之道相近。……曰：孟子所以异于告氏何

也？曰：孟子不以言为非心，故必知言也。不以气为非心，故善养其浩然之气
也。……告子之不以气为心，故不得于心，则但当强制其心而已。持志者制其心之谓
也。夫持志之功，吾儒亦有之，但吾儒所持者，义理之志，持之之功，贯动静而不
偏。告子所持者，空虚之志，持之之功，偏于静而无用，是则不待究论夫气，而所谓
持志者亦已非矣。⑮

于是我们看到典型人文主义的观点，相对于理学、尤其是陆王的反求本心，先立乎其大的
看法，李光地却强调立体的工夫不能离开用与文。陆王对朱子的批判主要在根本与枝叶之
辨，李光地在解释志、气关系时，却说：

譬之树然，志则根也，气则枝也，拔根则伤枝，然拔枝则亦败其根也。譬之水
然，志则源也，气则澜也，塞源则绝流，然堙流则亦溃其源也。由斯以言，告子以气
为非心者，亦岂识心者乎？⑯

这比喻形象地指出独立修心的不可能。李光地当然还是将心体视为第一义，只是不把它孤
立起来，而重视人文教养的工夫。

二、科举之学的肯定与改造

李光地一生编辑了无数书籍，除了表现研究心得的著作之外，还有两类书籍：一类是
代皇帝编纂的如《性理精义》、《朱子全书》、《周易折中》等，另一类则是小型的选本，
包括理学家言如《二程子遗书纂·外书纂》、《朱子语类四纂》，历代文选如《韩子粹
言》、《古文精藻》，以至科举范文如《易义前选》、《名文前选》、《辛未会试录》等。本
节讨论后一类的编辑著作。

李光地本有以钞书方式学习的习惯，如前文所述青年时手纂性理、四书、周易，因此
这些书籍的编辑可视为与他学习儒学传统的历程，同时也作为儒学传统的教材。但另一方
面，这些著作的编纂和科举也有密切的关系。前节引述李光地少年即对经学与哲学有高度
兴趣，虽受家庭与福建一地风气影响，还是出于个人情志居多。但科举之学却是士大夫家
族的共同课业，李家比较特别的地方是要求先读完经书，有了比较充实的学识后，才去从
事科举之学。《榕村谱录合考》十三岁条："毕诵群经。"⑰十六岁条："受学于家庭。"下
注云：

按赠公（按，李光地之父）墓志："解难后（钧按，光地在十四岁至十五岁，为
山寇绑票一年），赠公出故书数篦，诠次指授，趋庭提耳，祖宋而裨汉，先经而后
史，用以端学术，正趋向，砻磨镞荡，茹蘗食荼若干年。"按赠公家传："先生教子，
必备熟诸经，溥及天文地理六韬九章之言，悉俾了然于心口，而后出帖括授之。诸子
非十五而上，不知有八股业也。"⑱

这是以经学、史学，乃至广博的知识来做科举文字的基础。这种教学对李光地的影响很

大。李光地出生于科举制度高度发展的时代，相对于其他思想家的抨击科举，他对科举是相当认同的。只是他能进一步要求士子在科举制度下充实学养。

在《杨宾实制义序》一文中，李光地为科举之学辩护，说明其作用所在：

> 呜呼！科举之学，识者以为敝也久矣。盖国家功令，使士子传注是遵，格式是守，非固束天下之心思才智而使之不得逞也，将率天下尊经学古，游于圣贤之路，不导之以濂洛关闽之书，则不得其门而入焉；至于体制，则有王钱诸公，其变极于归胡而止。非无厌卑趋高，荡然破前人格律为之，顾经义之文，主于明理；明理之文，主于深厚简切平易疏畅，而恶乎以才乱之，使人务为文词之华而不尽心理义之实，又岂设科之初旨哉？⑲

李光地辩护的要旨有二：一是内容恪尊程朱学派传注的问题，李光地指出濂洛关闽本来就是圣贤门户，对学者本来有好处。二是格式的问题，八股文本有一定格式，但从李光地的评论来看，其中仍然大有争奇斗艳、刻镂拗折的机会。李光地主张谨守格律，但格律对他来说是满足形式的基本要求，主要的精力还是要用在内容上，所以他说："明理之文，主于深厚简切平易疏畅。"

这种内容上主张程朱，形式上主张平易，使他以明代中叶以前的文章为范本。他在《名文前选序》指出明代科举文的升降：

> 前代自洪永之间，设科取士，以经义为先。至于中世，王钱诸家辈出，而其道始盛。今择其至者，则不过熟读章句或问大全之书，专精于先儒之说而已。以故其取材甚雅驯，非洙泗濂洛之精华不收也。其持论甚敬谨，非孔孟程朱之謦欬不貌也。其传神甚微细，非圣贤之语脉文意则不敢搏合控勒，而纵横以骛驱也。……嘉隆以后，异说盛流，师传毁弃，材则兼收夫子史，论则出入于秦汉。又其甚者，则佛老之绪余糟粕而已。至于破体坏法，踸踔颠倒，尤韩子所谓杂乱无章，而转相夸毗，侈为至极。彼不知经义设科之意初不如此也。⑳

可见他以为明代科举文之佳者，在于以程朱为范围的纯正内容，他又以为文章体制的平易与内容的纯正是互为表里，而文章又与世运相连，因此嘉隆以后，程朱毁弃，文章的内容形式皆趋向杂乱无章，而明代亦走向衰亡。李光地家庭的科举教育讲求以经学为中心的博学知识，然后作文，与这篇文章合观，则博学必须不离正统，不可如明末的异说横流，杂乱无章。他在《韩慕庐制义序》中说："盖古之能者，未有不久于经子史集之道，而凌厉轹踔，自为家以名一时者。……其特变化于经传笺疏，及昔作者之微言深趣。"㉑就是涉猎虽然广博，但却以经传笺疏与古作者的深意为本。

除了编选科举文字外，李光地对古文、程朱理学也有精约的选本。从这些选本的序文来观察，他在《朱子语类四纂序》中说："视学畿辅，朋友间有欲布之者，曰：为其门目部分之约，易于寻检，士子等进于经书之便。其又下者，敷议论，对策有司，抑其根氏也。"㉒《二程子遗书纂序》中说："既出朱书于前，子弟辈谓且并刻以损童蒙欲读者之劳。"㉓《古文精藻序》云："校士一年，甸南既毕，每见下邑孤村之士，果限于荒僻不能得书，或师承无资而终身不曾见古文一字，即见亦即不晓为当读。则余前序所谓剽剥于村学坊贾之余，其气体卑凡，殆非才之过者，又岂非教者之责与？"[24]可知这些选本都是为了充实科举士子的学养而编的，这是为了入门容易，或为了偏远的士子能有书可读。至于选本在文化上的作用，李氏《榕村讲授序》有云："吾家子弟辈授诸经（异）〔毕〕，即令稍诵近世儒先说理之文。虽今之学者不崇此，然而幼志趣舍系焉。吾惩夫晚出之为俗驱，未卭角辄已笑宋人之为腐且陋矣。此殊有关涉，非特讲解文字间也。……然则后起之文，非恶其采摭子史杂书，以后代言语附于经也，恶其不类焉耳。词句如此，义理何如哉？讲解文字之所关涉如此，趣舍何如哉？此集所编，是前辈以配经书者也，故幼者讲授自此始。"[25]除了作为科举士子的补充读物外，李氏将后人说经之文（按，指科举文）作了批评，不是不可以采摭子史杂书，只是惟恐其"不类"，也就是俚俗而无法配经。《榕村讲授》选择后儒之文以配经，所选皆雅正而思想端正者。由此亦可综观李氏这些选本的用意，一方面开拓学者的眼界，丰富科举文字的内容；另一方面又要词义雅正，不使流于异端。

三、晚年的述怀

以上略述了李光地对儒学的抉择，对当前时文的态度，可以看出他对时风众势，在迁就适应中又有所兴革。大抵是在不否定功名词章的追求当中，努力联结上长远的文化传统，欲以雅正来改变浮华的文风与世风。

李光地位居高官，与康熙帝在学术上意气相投，颇受宠信，因此给人以御用文人的印象，这种身份自然容易受到讥评。[26]笔者无意深入讨论这个问题，只想指出，李光地所处的时代背景非常复杂，他身历其境，不但能全身而退，而且在学问事业上都有相当的建树，自有其用心良苦之处，因此片面地称赞或讥评都是简单化的做法。李光地有不少述志的诗作，本节将介绍的是他 69 岁（庚寅 1710）时所作《拟古诗十九首》。这组诗反映了复杂多歧的环境与情感，读者倘能由此而在论断李光地时更加审慎，笔者的目的便达到了。

第一首《苏子卿怀李陵》：

> 荧荧陌上花，经霜着根蒂。人生义与恩，蛮貊不可弃。蓬转入边沙，所分长委翳。回飙忽天来，吹我上云际。故友盈觞酒，殷勤为我置。短舞复哀歌，泪下沾襟袂。嗟子慕奇勋，终怀神明忌。自非上圣人，达节安得冀？[27]

此诗所拟为苏武返汉后追怀李陵之作。"故友盈觞酒，殷勤为我置"，指返汉前的饯别，其根据是李陵《与苏武》的"独有盈觞酒，与子结绸缪。"[28]苏武虽以不降而享旷世高节的美名，然而他对李陵的评论却无片语及于节操，只是婉惜其战败陷敌，又以为人非上圣，降敌实是情有可原。李光地的这种设想放在明清之际来观察，饶富意义。李光地明亡时才三岁，并不发生认同问题，但身处易姓之初，一定目睹许多遗民的出处抉择问题。李光地出身明清世宦之家，[29]虽然没有任何记载显示其父执辈曾有抉择问题，但这种感触一定是有的。李光地所处的位置是鼎革已定，能较超然地看待这种矛盾，因而亦有较宽大的看法。

第二首《武侯躬耕言志》：

> 我生逢离乱，避世来南州。四体聊且勤，正为衣食谋。中原戎马暗，微管何时休？天王狩洛许，厥咎在诸侯。耕夫亦何冀，场功岁晚收。稂莠纷不薅，谁谓我无忧？㉚

诸葛亮汉末因避乱，自琅琊来南阳隐居躬耕。此诗谓耕夫无求于世，所忧乃在莠草乱禾。然而这又比喻奸邪乱国，贤者虽在野而不能无忧。对照李光地读书妙峰山时的用世之志，此诗彷佛自述一般。

第三首《又续梁父吟》：

> 我昔琅琊日，行吟悲晏子。今此辍耕来，居然寄百里。岁岁欲东征，苦无精锐士。先生相齐国，一日遽忍此。晋楚方强大，时欲疆我鄙。民感区豆恩，争为陈常臣。公室正睽孤，漫言以礼已。㉛

《梁父吟》相传为诸葛亮所作，批评晏子"二桃杀三士"之毒计。㉜此诗设想诸葛亮辍耕秉政，欲东征而无士可用，遂作《续梁父吟》，责难晏子忍心杀害武士，使国家无法应付内忧外患，犹以力士无礼的理由自辩。李光地居官，颇知培养拔擢人才以为国用，武士无礼本是常态，能宽容与重用，在于主政者的胸襟与眼光。此诗使人联想到李光地推荐受到冷落的施琅，而得以建立平定台湾之功。㉝

第四首《陶靖节怀古》：

> 五世生韩家，秩比赵魏老。一朝西风动，武穆枝叶扫（原注：邢、晋、应、韩，武之穆也）。张子亦何归？避迹甘枯槁。不待拥立时，预识商山皓。偶乘少年气，平沙奋一搥。意外逢真人，因缘撼素抱。时会非邂逅，辟穀良须早。㉞

此诗以张良为韩臣，其出为汉高祖谋臣，乃是为韩报秦之仇。程伊川云："人言高祖用张良，非也，张良用高祖尔。秦灭韩，张良为韩报仇，故送高祖入关。既灭秦矣，故辞去。及高祖兴义师诛项王，则高祖之势可以平天下，故张良助之。良岂愿为高祖臣哉？无其势不及。天下既平，乃从赤松子游，是不愿为其臣可知矣。……或问：张良欲以铁锤击杀秦王，其计不已疏乎？曰：欲报君仇之急，使当时若得以锤击杀之，亦足矣，何暇自为谋耶？"㉟李光地此诗全用伊川之意。但相对于伊川，李光地对高祖和张良的关系有较多肯定，《张留侯步王荆国韵排字》云："寂寞五君恩，泣涕当流连。邂逅识真帝，去留每闲闲。"㊱言张良同时为韩、汉之臣（钧按：张良家族五世相韩，故谓五君恩。高祖则为真帝），然而"泣涕当流连"与"去留每闲闲"，情感的浓淡仍然大不相同。㊲从李光地的歌咏张良，可知他对君臣之义虽然重视，然而亦保留了遇合的自由度，而有选择的空间。

第五首《张曲江归韶州》：

海峤抟飞来,科名惭我设(原注:曲江中道侔伊吕科)。既乏匡时资,宁敢忘归洁。皇路虽清夷,吾道每弭节。党人乐已偷,众女曼相说。鄙夫抱狷介,生还固无缺。翻思忤王凤,又曾识石羯。余身岂惮殊,诚惧骇机发。赠汝绕朝鞭,恃有祖宗烈。[38]

张九龄《感遇》:"孤鸿海上来,池潢不敢顾。……今我游冥冥,弋者何所慕?"[39]此诗的"海峤抟飞来"、"诚惧骇机发"与之正相呼应。咏张九龄归隐,提到"党人"、"众女"、"王凤"、"石羯",则政治旅途上党派倾轧的情景仿佛在目。李光地在仕途上经历了不少党争,他的态度基本上是谨小慎微,不卷入其中,终能全其晚节。从其与张九龄的共鸣,可以觇知其一生仕途的辛苦。[40]

第十三首《范文正登第后》:

韩子斋盐饭,我乃亲尝之。读书得一第,穆然更忧思。宋承五代敝,冯道老韦脂。士习今未振,致主当何时?翩翩鸿渐羽,所贵树之仪。绛灌虽重厚,坐使贾生悲。[41]

如果将清比为宋,则李光地自己便以范仲淹为榜样。宋代承五代之后,范仲淹鼓励士子担荷天下的气节,期能改变五代以来的风气。而这正是李光地提倡经学、实学,改造科举文,欲藉文风革新而达到士风改变的想法。

第十九首《真西山谒建阳祠》:

生于夫子乡,髫龄未负箧。幸此昆仑渠,烂熳山溪浃。孟氏计所生,相望犹几叶。今我拜幽宫,高第响然接。既茹琼玉英,花露岂足猎?同里两文公(原注:杨亿亦谥文公,浦城人),吾将安卒业?[42]

本诗中李光地以真西山有幸生于朱子之里,比喻自己有幸与朱子同属福建。末四句是重点,谓既然得闻圣贤之道与读经,则文辞乃可有可无之物,不值得学。此诗反映了李光地对朱子学问的景仰与抉择。

以上从李光地晚年的《拟古诗十九首》中选出7首,以见其心境的一斑。这组作品可以和早年读书妙峰山时的述志之作相比观。李光地青年时即有积极用世之志,至晚年而此志不改,只是昔时的憧憬,今日已在某些方面得到实现,而丰富的阅历也使他在出处抉择与认同上保持较大的弹性。

以上略述了李光地青年时期对儒家的抉择,一生以经学为中心,对儒家学术作广泛研究,对科举文加以改进,以及欲藉端正文风而达到改良士风的用心。儒家作为士大夫的学问,与佛老的专志于内不同,除了指导精神修养,还要负起经世济民的责任。在从"内圣"向"外王"的转向中,李光地扩大了理学的规模,纳入博雅的人文传统。士大夫入仕必须通过科举一关,李光地把科举之学也纳入其学问组成之中。这些在明清之际学术风气转换中都是饶富意义的,我们由此可以确定他在清初儒学运动中的重要地位。纵使李光地在观念的突破与学术的开创上不如顾炎武、黄宗羲、阎若璩突出,但是他的平实、敦笃与博雅，却绝对有资格成为一位清初儒学运动的中坚人物。

注　释：

①　参看王泛森：《清初思想中形上玄远之学的没落》，《历史语言研究所集刊》69 本 3 分（1998 年 9 月），第 557～587 页；《清初思想趋向与〈刘子节要〉——兼论清初蕺山学派的分裂》，《历史语言研究所集刊》68 本 2 分（1997 年 6 月），第 417～448 页。

②　李清植：《文贞公年谱》（北京图书馆出版社，1998 年影印道光五年刻本）。

③《榕村全集》卷 13，台北文友书店 1972 年版，第 16 上下页。

④　这段文字说朱学在福建形成坚强传统是正确的，至于说姚江之学无法进入福建，狭义言之是如此，若取广义，则李贽就是泉州人。《榕村谱录合考》十八岁条，注云："按，《续语录》：明末闽中学者饮酒读史，崇尚李卓吾书，举国若狂，而先君笃好性理，尝购买得一部内府板性理，喜若重宝，归而督子读之，遂开子孙读书一派。"（卷上，第 6 页）可见福建朱子学在明末也失守了。

⑤　李清馥：《榕村谱录合考》（北京图书馆出版社，1998 年影印道光五年刻本）。

⑥《榕村谱录合考》卷上，第 7 上页。

⑦《东里书生篇》、《希窦子篇》、《临川篇》、《袄者篇》、《刍者篇》、《太乙丈人篇》，见《榕村全集》卷 19，第 11 上～12 下、12 下～14 上、14 上～15 上、15 上～16 上、16 上～17 下、17 下～18 下页。

⑧《榕村谱录合考》卷上，第 8 下页。

⑨　朱得之《稽山承语》三十四条：丙戌春莫，师同诸友登香炉峰，各尽足力所至，惟师与董萝石、王正之、王惟中数人至顶。时师命诸友歌诗，众皆喘息不定，萝石仅歌一句，惟中歌一章，师复自歌婉如平时。萝石问故。师曰："我登山不论几许高，只登一步。诸君何如？"惟中曰："弟子辈足到山麓时，意已在山顶上了。"师曰："病是如此。"收录于《中国文哲研究通讯》8 卷 3 期（1998 年 9 月），第 65 页。

⑩　"伊川先生贬涪州，渡汉江，中流船几覆。舟中人皆号哭，伊川独正襟安坐如常。已而及岸，同舟有老父问曰：'当船危时，君正坐，色甚庄，何也？'伊川曰：'心存诚敬耳。'老父曰：'心存诚敬固善，然不若无心。'伊川欲与之言而老父径去。"（《二程全书·外书》卷 12，第 3 下页，19 节）

⑪《榕村全集》卷 39，第 15 下页。按，李光地居长，下有三弟。光地二十一岁偕诸弟读书妙峰山中。见《榕村谱录合考》卷上，第 1 下、7 上页。此诗言"先兄"，或为其弟之作混入其中，俟考。

⑫《榕村全集》卷 33，第 3 下～4 下页。

⑬《榕村全集》卷 34，第 13 下～14 上页。

⑭《榕村全集》卷 17，第 22 上下页。

⑮《榕村全集》卷 24，第 4 下～7 下页。

⑯《榕村全集》卷 24，第 5 下页。

⑰《榕村谱录合考》卷上，第 3 上页。

⑱《榕村谱录合考》卷上，第 5 上页。

⑲《榕村全集》卷 12，第 12 下～13 上页。

⑳《榕村全集》卷 11，第 7 上～8 上页。

㉑《榕村全集》卷 12，第 10 下～11 上页。

㉒《榕村全集》卷 11，第 2 下页。

㉓《榕村全集》卷 11，第 2 上页。

㉔《榕村全集》卷 11，第 4 上页。

㉕《榕村全集》卷 11，第 3 上下页。

㉖　清儒对李光地的批评以全祖望为代表。《答诸生问榕村学术帖子》云："榕村大节，为当时所共指，万无可逃者，其初年则卖友，中年则夺情，暮年则居然以外妇之子来归，足称三案。大儒固如是乎？"见《鲒埼亭集·外编》（台湾商务印书馆，1968 年 12 月国学基本丛书本），卷 44，总第 1332 页。伍安祖认为全谢山主张陆王，因此其批评涉及学派的歧见，见 On-cho Ng, *Cheng-Zhu Confucianism in the Early Qing: Li Guangdi (1642-1718) and Qing Learning* (Albany: SUNY Press, 2001), pp. 67-68。

㉗　《榕村全集》卷 36，第 12 页。

㉘　萧统编，李善注：《文选》（台北弘道文化事业公司 1971 年版），卷 29，第 4 上页。

㉙　李光地：《过苏州题泉州会馆》："身惭有妫后，八世宾王家。"（《榕村全集》卷 39，第 6 上页）既然可以上数八世，在明代自然是官宦家族。

㉚　《榕村全集》卷 36，第 12 下页。

㉛　《榕村全集》卷 36，第 12 下 ~ 13 上页。

㉜　沈德潜：《古诗源》（台湾商务印书馆，国学基本丛书本）卷 1，总第 39 页。

㉝　李光地推荐施琅，并调和姚启圣与施琅之间的矛盾，使平台之役得以成功。杨国桢、李天乙主编：《李光地研究》（厦门大学出版社，1993 年版），其中收录多篇论文讨论此事，可以参考。

㉞　《榕村全集》卷 36，第 13 页。

㉟　程颢、程颐：《二程全书·二程遗书》（台湾中华书局 1969 年版）卷 18，第 38 上页，209 节。

㊱　《榕村全集》卷 37，第 8 页。

㊲　李光地以为张良正式为汉臣在韩亡之后。《留侯武侯论》："留侯之君，非汉也，韩也。虽识汉王于邂逅之间，知天授之主，而韩国犹存，则于汉有不纯臣之义。及乎韩亡而归汉，而后主臣之交定矣。"见《榕村全集》卷 16，第 29 上下页。

㊳　《榕村全集》卷 36，第 13 页。

㊴　张九龄：《曲江集》（香港迪志文化公司，文渊阁四库全书电子版）卷 3。

㊵　李光地仕途数十年中，朝廷上经历了索额图党、明珠党、以徐乾学、高士奇为代表的南党、以科尔坤、佛伦为代表的北党等几个党派的斗争。李光地没有依附任何一个党派。康熙对李光地也经过长时期的伺察与打压，到李光地五十七岁任直隶巡抚后才情同朋友，完全信任。参看许苏民：《李光地传论》（厦门大学出版社 1992 年版），第 216 ~ 245 页。

㊶　《榕村全集》卷 36，第 15 页。

㊷　《榕村全集》卷 36，第 17 页。

（作者单位：台湾"中研院"文哲所）

水的环境识觉与人的身心安居

—— 古典儒家环境与空间论的一个诠释

□ 潘朝阳

一、前　言

原始儒家对于生存所依的自然环境，具有敏锐深契的观察和感应，特别是大自然重要存有现象——"水"，在《四书》中可以检证十分丰富的相关章句。在历代儒典中，水是重要的自然物，儒家依之而表达了丰富的环境和空间观点。

儒家通过对于水的识觉而呈现其特有的环境诠释，此诠释乃是以道德主体心为核心的环境伦理。再者，儒家不单独为自然环境立说，一旦提出"天地"，必以"人"为其界面或中体而建立"天地人三才"的人与环境同存共在的空间性；儒家的"人观"，不是身心对裂的，而是身体与心性合一的身体观下的人观，因此其人与环境共同存有的结构性关系，实为"身心一如"地在天地中"安居"的空间和环境思想。

本文检证《论语》、《孟子》、《中庸》和《易》等经典中的水之诠释，引用大儒话语，透过他们对于水的识觉而展现的环境和空间观念，尝试论证古代儒家的环境空间伦理。

二、《论语》"水章句"中的曾子敬畏型和孔颜安乐型的身心安居

《论语》是儒家最原初的经典，"原初"表达"存有性原义"，而原义彰着存有的本质。本文先行诠释《论语》中的"水"。《论语》与水相关的章句有 9 条。[①]其中 7 条是孔子之言，一条是曾子临终诀别语，另一条记载曾点的"风乎舞雩"。

首先诠释曾子的水识觉。

水体可呈现生命心灵的敬慎和戒惧性，曾子引《诗》所言"战战兢兢，如临深渊，如履薄冰"来形容其一生的生活态度，"深渊"和"薄冰"皆属自然环境的险峻状态或形势之水体，人若身在深渊薄冰，甚有可能陷落而身殒命丧。此章句表现出曾子守约持敬的身心修养，其一生是以"战战兢兢"的姿态，执持身心的道德操守，其身心在天地之间，

不敢稍有闪失，有如身危于易于失道丧德的渊崖。曾子表现了以敬慎警惧之姿态和内涵来安顿身心于天地之间的儒家典范，这个典范后来在"程颐——朱熹"一系的儒学儒教中获得充分的发挥，②在此系统中，是以"水体"的深渊和薄冰来形容阴深酷冷的人间世的，人在天地之间的存有，充满各种身心坠落陷溺之可能性，依据这样的自然环境的识觉，人间世是一种深渊冰河型的陷溺性空间，儒者终身为抗拒这种身心异化的下拖之幽暗，表现了十分紧张而强大的戒慎恐惧之道德张力。

曾子一生敬持德性，并非纯就心灵的内在境界而言，"启予足、启予手"，是启示语，意谓心灵中的道德纯粹性，是通过身体实践才能呈现其具体性；在这里，我们看到原始儒家真切的身体承载和具现心灵的身心一如的存有论，没有纯粹抽象的心灵内在的道德；通过身体实践于天地万法的照面交会才彰显道德的真实。

对照曾子的戒惧警慎型的身心在世存有，孔子表现了从容泰然之姿；儒家实不必以紧绷戒惧之方式在天地空间存有；孔子的仁教，存在着由于体证仁道而从容悦乐之生命境界。子曰："饭疏食饮水，曲肱而枕之，乐亦在其中矣；不义而富且贵，于我如浮云。"（述而）。因为是以天命真我之身体安居于天地之中，因此素朴纯真无加伪饰的"道德主体我"，直接以自然的谷粮和清水为彰显存有性之自然物，以此无有染污的自然物养育儒者的身体并永续其洁净的心灵；这样的生活和生命，方属纯一不杂的身心安顿之场域，孔子在如此的境界中以自然自在的身体而安居（曲肱而枕之），因而说"乐在其中"。在这里，"水"是以它最清澈、清凉的本性而浸透盈满了儒家的身体性命，象征了儒家悦乐于仁道的环境和空间。

孔子以此为标准赞美安贫乐道的颜回，子曰："贤哉，回也！一箪食、一瓢饮，在陋巷。人不堪其忧，回也不改其乐，贤哉回也！"（雍也）。③颜回执持固守的是生生仁道，吃粗糙无华的饭，饮清洌甘甜的水，居陋巷穷弄的破屋，但其生活和生命呈显活泼泼的大化生机，在心灵上活泼泼而无罣碍，乐这样的无罣碍的生机之活泼泼，虽然身体存在于陋巷破屋之中，且只依自然的粗食以及纯净的清水维生，却由于心灵依于仁之大自由，所以，颜回的身体乃是在素朴纯真的天地空间中安居，此等境界，为孔子所欣赏赞扬。程朱认为颜回非乐箪食瓢饮及陋巷而只是乐道。此诠释有误。实则，由于颜回悦乐仁道，自然也就悦乐虽简朴却自然的空间；"乐道"与"乐粗食清水陋巷"，是同一而存有的，因为"仁道"就在"粗食清水陋巷"的"安居"中显现。在这条章句中，颜回居陋巷而日饮的清水，象征了"颜回之乐"的儒家环境与空间伦理，是物质资源俭朴简约但心灵却与生生大化之仁相和合而无限活泼泼的儒家生命存有之境界，且又由于心之安和于俭朴简约，所以其身体亦能当下安居于俭朴简约的箪食瓢饮陋巷破屋的空间。

上述孔子和颜回的浮云清水之生活姿态和内容，被称为"孔颜乐处"，实可警戒世人浮滥浪费资源的现代化物化型堕落陷溺性的生活方式。

"孔颜乐处"的"人与水"之伦理，孔子以一条章句而加以概念性点明，子曰："知者乐水，仁者乐山；知者动，仁者静；知者乐，仁者寿。"（雍也）。在此章句中，孔子虽以知者（智者）与仁者对举，且朱子将此区分为"有智慧的人"和"有仁心的人"。④然而，似可将孔子的意思理解为一位儒家君子的修养境界，在同一本体里以及其发用的工夫中存在两个面向，就是智与仁的共同之显发和实践，换言之，一位真正的儒者的生命进程，必是仁智双彰；仁智固然双彰，却又是和合为一个完整圆周的人格生命。《中庸》就充分地表达了这个意思。《中庸》曰："君子尊德性而道问学；致广大而尽精微，极高明而道中庸；温故而知新，敦厚以崇礼。是故居上不骄；为下不倍。国有道，其言足以兴；国无道，其默足以容。《诗》曰：'既明且哲，以保其身'，此之谓与！"⑤此章所谓"尊德性"即仁之发用；"道问学"即知（智）之发用，但皆同属"君子"同一本体的修养，所以是一而非二，这也就是其所引的诗句"既明且哲"的意思；明者智也，哲者仁也，均是君子必修的两轮，缺一不可。朱子注解得很好，他说："尊德性，所以存心而极乎道体之大也；道问学，所以致知而尽乎道体之微也。二者修德凝道之大端也。不以一毫私意自蔽，不以一毫私欲自累；涵泳乎其所已知，敦笃乎其所已能，此皆存心之属也。析理则不使有毫厘之差，处事则不使有过不及之谬；理义则日知其所未知，节文则日谨其所未谨，此皆致知之属也。盖非存心无以致知，而存心者又不可以不致知。"⑥依此，则仁与智均道体之发用；道体亦资之而得以显发，实属道德实践的一体双彰。

孔子其实是指君子的身心同一性之修养，是仁智如两轮将"一乘"加以运转而向前迈进。此"一乘"就是一个活泼泼的"在世存有"之人的身心。孔子在"仁智山水"章句中，显著地表达了人与自然天地之间的深厚密契伦理。

这样的深厚且密契的伦理，以山与水来呈现之，儒家君子存心养性极乎道体之大与尽乎道体之微，显然是从自然环境的崇山峻岭和大川巨泽的"自然属性"或"自然徵向"获得启发而在心中有所感悟体察，因而以山体之敦笃盘稳恒久之象指明君子生命之静和寿，以水体之波动流行活跃之象指明君子生命之动和乐；静动寿乐均是道体之德行，在人的身心修为上，透过心灵和自然的感通，人以其体证山水之道德性而在自然天地之中获得了静动寿乐四者兼备的安居空间。

三、从"水"的识觉到"大哉乾元"的儒家本体宇宙论

与水有关的 9 条《论语》章句，最具存有性警惧之赞叹且表显出孔子的本体宇宙论心灵之语句者，当属《子在川上》。孔子立于川边，川水滔滔、奔流不息，对于"健行不已的生生大化"（"逝者"）发出了"逝者如斯夫，不舍昼夜"的叹语。朱子释《子在川上》并引程颐之言：⑦

> 天地之化，往者过，来者续，无一息之停，乃道体之本然也。然其可指而易见者，莫如川流，故于此发以示人。（朱子语）
> 此道体也，天运而不已，日往则月来，寒往则暑来，水流而不息，物生而不穷，皆与道为体。运乎昼夜，未尝已也。是以君子法之，自强不息，及其至也，纯亦不已焉。……圣人之心，纯亦不已也，纯亦不已，乃天德也，有天德，便可语王道。（程子语）

综合伊川和朱子的诠释，孔子乃是从滚滚东逝水的行健不已的具体自然生态而体悟到天地环境的自然律之永续，此即朱子所言"天地之化，往者过，来者续"以及程子所言"天运而不已，日往则月来，寒往则暑来；水流而不息，物生而不穷"；程朱二大儒是从具体的自然生态的永续发展之现象阐明孔子主张的生态永续演进之理。

《子在川上》是时空的"存有结构"举其全体而彰着自然生态之大化流行的语言，可视为儒家对于自然环境的健动性，最早的识觉性文本。孔子在川边观流畅奔腾之川水，体悟天地和生命"健行不止"的永续性自然律则。在如此简短的章句中，蕴含着在时空中动态存有彰显的存在之理：川水滚滚滔滔之奔流不已，从上游的 A 点流往下游的 B 点，此是空间之存有动态；亦是于"前时间"的 A 点流至"后时间"的 B 点，此是时间之存有动态。而在时空结构中运行不止的则是存有者（beings）。时空的动态相其实就是存有者的活动相；"实时空即存有即活动"地呈现彰着了"存有者本身"（being in itself），于是以"逝者如川水东流，不舍昼夜"的永续现象点明了天地生机大化所形构的生态者本身的一大生命场；换言之，孔子从滚滚川流的具体自然生态现象体证道体创化生命所呈现的整体生机之生生不已、至刚至健的永续性大德；道体全幅地彰着为生命之全德。这乃是儒家主张天地万物总体地表象为动态永续性自然环境生态之基本观念系统。

孟子对于"逝者如斯夫，不舍昼夜"的水体，有进一步的诠释：

> 徐子曰："仲尼亟称于水曰：'水哉！水哉！'何取于水也？"孟子曰："原泉混混（滚滚），不舍昼夜，盈科而后进，放乎四海，有本者如是，是之取尔。苟为无本，七八月之间雨集，沟浍皆盈，其涸也，可立而待也。"⑧

蒋伯潜释曰："亟，屡次也。混混，水涌出不断之貌。科，坎也、坑也。放，至也、达也。本谓水源。'是之取尔'，言孔子之取于水者此耳。按《论语·子罕篇·子在川上章》即记孔子称水之语。此云'亟称'，当不仅一次矣。水流昼夜不止，似君子之自强不息；盈科后进，似君子之循序渐进而不躐等；放乎四海，似君子之欲罢不能，必求至道，故孔子取之也。"⑨大江巨河远源于不竭的源泉，其德刚健永续，象征了自然环境恒久不停止不枯竭的运行之本性。蒋氏的诠解似乎可作一个倒转，即倒转成："君子之自强不息，似水流之昼夜不止；君子之循序渐进而不躐等，似水流之盈科后进；君子之欲罢不能而必求至道，似水流之放乎四海"。人之身心是当下存有于大自然环境及其所围合的空间中的，因此，人与自然天地的伦理关系，应是自然环境先于人之身心，而人以其"身体主体"（body-subject）之在世存有而"临在"或"融入"大自然环境的生态永续系统以及空间结构之中，亲合密契天地自然而心灵有所感应于自然之仁德大化，方有人文化成以及法天法地法道法自然的文明创建。

上述的人与自然的伦理关系，在《中庸》，是被忠实传承的。天地自然之存有，为《中庸》的作者所深深赞颂，其曰：

> 天地之道，可一言而尽也："其为物不贰，则其生物不测。"天地之道，博也、厚也、高也、明也、悠也、久也。今夫天，斯昭昭之多，及其无穷也，日月星辰系焉、万物覆焉。今夫地，一撮土之多，及其广厚，载华岳而不重，振河海而不泄，万物载焉。今夫山，一卷石之多，及其广大，草木生之，禽兽居之，宝藏兴焉。今夫水，一勺之多，及其不测，鼋鼍蛟龙鱼鳖生焉，货财殖焉。⑩

朱子注解此章句曰："天地之道，可一言而尽，不过曰诚而已。不贰所以诚也，诚故不息。而生物之多，有莫知其所以然者。言天地之道，诚一不贰，故能各极其盛，而有生物之功。"⑪朱子直接指出了"天地之道"就是"诚"；而所谓"诚"，即是天地生生不息、大生广生的生态规律和健动。朱子是存有本体论地说出天地的生化之道。

然而《中庸》的重心却是依据宇宙生成论而将天地的大生广生所形成的生态永续性之发展和扩充，生动地说出来。"诚"只是表征天地之道的"内在且超越"的本体，可谓之"诚体"，是天地自然生生不息的原动力和生态律；但是《中庸》不孤悬地单提"诚体"，而是以具体性的天地山水来说明自然生机的体系之生化和发展是显著、宏富、广大、无限、不竭。换言之，《中庸》实乃承继并发挥了"子在川上"的体证，在具体世界而不是在抽象观念思维之中，肯定了如大江巨河的混混源泉之天地大生广生的诚道、仁道。

上述的大生广生的天地，《中庸》作者认为它是一个无限大的空间，因而他说："天地之大也，人犹有所憾。故君子语大，天下莫能载焉；语小，天下莫能破焉。"⑫这无限的空间，却存在一个人文坐标，而此坐标的中心，就是"君子"；君子是以他的"身体——主体"对照了天地宇宙的大虚空，再以其能感善会的心灵，临在于天地的大尺度和小尺度而有所发问和探索（语大语小），则发现由于物理性的身体之固定的尺度，因而对照出天地宇宙奥妙之无穷的大空间以及无穷的小空间；又发现由于精神性的心灵之无固定的尺度，因而对照出天地宇宙奥妙之大空间的无穷以及小空间的无穷。

《中庸》接着引《诗》所言"鸢飞戾天，鱼跃于渊"，形容在天地空间之中，往上则如鸢之高飞于天空而无极；往下则如鱼之跃潜于深渊而无底。章句接着说"言其上下察也"，此即指君子以其敏锐活泼的心灵，强探力索可至于天上与深渊（察者，至也，见《广雅》），从匹夫匹妇之间隙空间造其开端而上穷碧落下黄泉以至于无穷。在这天地空间，人是中心，以其心灵往空间的无限处追索，追索的路程亦是无穷尽的，因为无限之外复有无限之无限。然而，除了空间之无限无穷之外，天地之本质则非死寂，而是生机活跃健动的，所以才以鸢飞鱼跃形容之，换言之，人是以其活泼泼的仁心之生机在无限宽广的天地空间之中，贯通上下而随时随处感悟体证大自然生态系的大生广生之无限生机。这正是孔门儒家所肯定的人与环境的伦理。

《中庸》如同孔孟，是期待人能效法其身心所存有的天地自然之生态健行之律则的，其"君子"的最高典型就是至圣之孔子，《中庸》赞颂了孔子善法天地之仁道而具足的圣人境界；天地对于万物是"无不持载、无不覆帱"的；而且它具有"四时错行、日月代明"的循环永续性；在天地含覆包容的空间中，万物"并育而不相害"地繁生演育，终于发展出大生广生、生机繁赜的地球生态环境，在此环境中，多元繁复的生命系统和网络是其本质，此即"道并行而不相悖"；丰富盛茂的生物之生存和繁殖，正是其生生至健的呈现，此即"小德川流，大德敦化"。圣人的境界就是以其身体主体密契亲融于永续生生的流行大化之仁德中而亦成为仁德的身体象征，换言之，圣人的身心之内修外显，乃是天地之仁道的流行大化之气象。⑬

如上论述，在《易传》，就成为"大哉干元"的生生不息之哲理。《易干卦》就是阐明环境生态的刚健生生之本质的第一卦；孔子在川上观水而启发的对于环境生态之生生之道体的存有感悟，在此卦中，是以"干元"一词而明之。《干卦大象》曰：

> 大哉干元，万物资始乃统天，云行雨施，品物流形，大明终始，时乘六龙以御天，干道变化，各正性命，保合太和乃利贞，首出庶物，万国咸宁。

"干元"就是孔子揭橥的"仁"，⑭是宇宙大化的生生不已之创造真几，《易传》以"云行雨施，品物流形"来形容或象征这个生生不已的创造真几以及其显发的形形色色的生命。事实上，云雨乃是水的变形，其本质实际上就是水。

水作为一种与人的生理和生存密切相关的自然物，由于它的流动性、渗透性、密着性、周普性，因此被儒家想象成较水抽象化的存有性根基，此即是"气"。明代易学家来知德解释"云行雨施，品物流形"曰：

> 有是气，即有是形。资始者，气也。气发泄之盛，则云行雨施矣。品者，物各分类；流者，物各以类而生生不已，其机不停滞也。云行雨施者，气之亨；品物流形者，物随造化以亨也。虽物之亨通，而其实干德之亨通。⑮

来氏直接说"云行雨施"，就是所谓"'气'发泄盛且亨"的状态；云雨是自然环境中的气候现象，然则，来氏指出《易传》作者，实际上是根据气候现象的浓云密雨之状态，在思维形式中，从具体层次往上提到抽象层次而识觉地说一种存有论或本体宇宙论的万物及生命之创造发动之根源—"气"；儒家主张宇宙和生命是满盈以"气"的，因而呈显为"生生不已，其机不滞"，也就是亨通的物物繁荣的世界，《易传》作者转换"气"这个状态词，而用"干元"或"干德"来说这超越的根源体。但无论如何，思维的基础依据，事实上是气候上的自然现象——云雨；而云雨的本质则是"水"，换言之，儒家的生生不已、大化流行的环境哲学，乃是孔子川上之叹的"逝者如斯夫，不舍昼夜"而奔逝不已的滔滔江河水。

王船山对于水本质的云雨，也作了相同的本体宇宙论和存有论诠释，其释曰：

> 天气行于太虚之中，纲缊流动者，莫着于云；其施于地以被万物者，莫着于雨。言其著者，则其轻微周密，于视不见、听不闻之中，无时不行、无物不施者，可知已。"品物"，物类不一，而各成其章之谓。"流形"，理气流行于形中也。行焉施焉而无所阻，流于品物成形之中而无不贯，亨之至盛者矣。
>
> 自其资始而统天，为神化流通之宰者，则曰元。自其一元之用，充周洋溢，与地通彻无间，而于万物无小不达者，则谓之亨。⑯

船山此段诠释指涉的对象是"天气"或"理气"；儒家认为万事万物是由"气"凝聚而显出者，然而船山给"气"之作用的形容，事实上就是水的德行，如"纲缊流动"固然可以形状"气"、"云"，而亦可以形状"水"；其所述"流行于形中、行焉施焉而无所阻"、"流于品物成形之中而无不贯"以及"充周洋溢"等等，虽然是说"天气"、"理气"的作用，但亦分明就是"水"的作用。船山所发挥的"气"，在抽象思维的路向上，与来氏相同，亦从较具体性的"气"概念转化为更抽象的"干元"概念；然而若依从具体思维的路向，从"气"概念落实则必经由观察，必可直接具体地还原纲缊流动的云气而突出"水"的具体形象。换言之，孔子在川上所体悟而叹的水，以其不舍昼夜健逝不已的德行，使儒家从中往形而上理境加以抽象思维，遂得出一种生生流行的健行性道体的本体宇宙论本质观；儒家的环境识觉，其实就是从水的健逝不已的德行，加以扩大成为对于总体环境生态律则之永续性的认同。

四、"天行健，君子以自强不息"的环境伦理

易学家指出八卦和六十四卦本是象征物理人事的符号，为了使读《易》的人容易体会，因而特别标举出通过人之感官和意识能够观察和思维之自然环境中的现象和物体，使人有所启发体悟，这就是"象辞"的作用。[17]

"象"又分为"大象"和"小象"，前者是卦辞的象，后者是爻辞的象。大象具有一个固定的笔法，就是"○○○，君子以※※※※。"前者的"○○○"，是自然现象，后者的"君子以※※※※。"则是人文和心灵的活动；《易传》希望人们可以直接观察大自然环境的某一现象，启发出人文和心灵活动可资以取法而加以实践的规范；显然，此亦是承继了孔孟而与《中庸》一样，认为自然之道与人文之道，是可以相融通的，而且，自然之道是人文之道学习效法的法则。

《易干卦》的"象"曰："天行健，君子以自强不息。"南怀瑾和徐芹庭指出：

> 干卦的象辞，指出干卦的象征就是天体。我们所知觉、感觉到的天体，它永远在运行不息的旋转前进。人与万物，都生长在这个运行不息的天地之间，所以有志的君子，要完成德业、学问、事功，应当要效法天道，永无休息的求进步。[18]

南、徐二人点明了人文和心灵的活动，应该效法运行不息、旋转前进的天体，如王船山说："天、地、雷、风、水、火、山、泽，八卦之垂象于两间者也。"[19]是以所谓"天体"，其实就是介乎太空和地球之间的环境要素，总体地说就是大自然环境。大自然环境，儒家在《易传》和其他经典中多以"天"、"天体"或"天地"等词来表述之，而其内在的永续动力，则以"天道"、"天命"等词表述之。"天行健"意谓大自然的生态律，永续健动而不止息停滞，易学家朱维焕曰："天道之运行，其可观者，为夜往昼来，冬去春回；日月代明，风雨时至……其所蕴者，则为生机之畅旺，故曰'天行健'。"[20]所谓"天道"，是透过"夜往昼来、冬去春回"的自然运行之时间序列以及"日月代明、风雨时至"的自然运行之空间序列而显发了它就是自然生态律的生生畅旺之永续性。

从《论语》发展到《易传》，是儒家思想从上游到下游的发展路径；由孔子川上一叹而逐步启发了后来儒家从水的环境识觉扩大为总体环境的生态律永续健动之认同，"天道"是从具体的水而扩大为具体的总体天地宇宙而抽象言之的。

《干卦·大象》在"天行健"的自然生态律语句之后，接着一个人文和心灵活动语句："君子以自强不息"；此自强不息有双方面的意思，一是君子须法天体运行刚健不已之德而在内圣的道德修养中，永远保任仁心；一是君子亦须法天体运行刚健不已之德而在外王的政治行事中，不断实践王道。天与人，也就是天地的环境生态与人的人文心灵，在儒家看来，乃是二而一的整全生机体；人是一个整全的小宇宙，人有身体，身体本身是自

然物，但却是人文的载具，而其内在的主宰就是"本心"、"德性"，当代新儒家称之为"道德的主体性"，天地是一个整全的大宇宙，其内在的主宰就是"天道"、"天理"，当代新儒家称之为"创造的真几"。此两者实乃二而一者，换言之，道德主体和创造真几根本即是和合纯一的共同体，但惟有经由前者的实践，才能凸显后者存有的意义和价值。

如上所言，就以"天行健，君子以自强不息"此句《干卦·大象》来看，儒家认为"君子"是自然世界和人文世界的"接口"，也就是君子的"道德主体"的心灵（古语谓之"仁心"、"诚心"）能够体悟自然环境刚健运行的生态律，同时，也能够体悟经由这个能够体悟永续健动生态律的心灵所发出的沛然生机的实践力，就能发展维续人文世界的存有。如果以现代语言而言，儒家肯定了"道德秩序即宇宙秩序；宇宙秩序即道德秩序"的环境存有论。㉑

其实在孔子川上一叹之前，《诗经》已有如此的诗句："维天之命，于穆不已；于乎不显，文王之德之纯。"㉒儒家透过对自然生态现象的律动和规则的体认和启发，而在人文和心灵活动中肯定了存在的意义和价值，乃是十分久远的本体宇宙论的思维传统；也是十分久远的环境伦理传统。此诗的句法，与上述的《干卦·大象》是完全一样的，前一句是刚健永续生态力的语句；后一句是自强不息道德力的语句。

上面论述的儒家环境生态观之章句中，存在着一个核心性的"位格"，此即"观察大自然具体动态现象"的"人"；依海德格的语言，就是"在场"的"此在"。换言之，是"谁"能在川上观水而叹"逝者如斯夫，不舍昼夜"？也就是提问："是哪一位'此在'，他'在场'，而与'场'融合为一而彰着？"而这也是问："是何者与川流同融共构而为此天地大化的能思能感的核心？"实则，能够认知而体悟到大自然环境生态之生生永续之德性者，乃是"人"这个主体性位格。若无人心之能知能感天地生生大化的有机性和永续性之本质，则此生生至健的天地，就是"非存有"了。

儒家主张人与自然天地为一体，所以，如《易传》的文脉，基本上是以自然之德和人文之德同属一体，而以人内在能感能思的"心"为自然和人文的共同灵明之中核。通过人心之能思能感而体悟天地自然之永续生态，这方面的阐发，发展到宋明儒家，也是很清楚的思维形式，兹以王阳明为例来加以诠释：

> 朱本思问："人有虚灵，方有良知。若草木瓦石之类，亦有良知否？"
> 先生曰："人的良知，就是草木瓦石的良知。若草木瓦石无人的良知，不可以为草木瓦石矣。岂惟草木瓦石为然，天地无人的良知，亦不可为天地矣。盖天地万物与人原是一体，其发窍最精处，是人心一点灵明。风雨露雷日月星辰禽兽草木山川土石与人原只一体，故五谷禽兽之类皆可以养人，药石之类皆可以疗疾，只为同此一气，故能相通耳。"㉓

显然，阳明是秉持一种整全生机的自然观而说良知；良知不是一团安置在人之胸腔内的血肉，而是整全生机的天地宇宙之"灵明"。这是儒家的本体宇宙论与心性论合而为一的存有哲学；换言之，就是以"灵明之心"为能思能感的知悟之性而通透天地自然，形成身体与环境的合为一体。

然而，若进一步去问，阳明所谓"盖天地与人原是一体，其发窍最精处，比心一点灵明"，究竟是意味什么？他其实是说自然与人本来就是整全一体的，而这整全一体的生机体，有如人之五官的"发窍"，是有能知能感能悟的"灵明"的；这个发窍的灵明，就是人的"良知之心"。

但是，这种以"良知"为天地自然之一点灵明发窍之整全生机论，并非人人皆能明白，所以有学生质问："人心与物同体。如吾身原是血气流通的，所以谓之同体；若于人，便异体了。禽兽草木益远矣。而何谓之同体？"于是阳明与其学生又展开了一场关于整全生机的天地自然以"良知"为其灵明发窍的存有性对话：

> 先生曰："你只在感应之几上看，岂但禽兽草木，虽天地也与我同体的；鬼神也与我同体的。"
> 请问。
> 先生曰："你看这个天地中间，什么是天地的心？"对曰："尝闻人是天地的心。"曰："人又什么教做心？"对曰："只是一个灵明。"
> （先生曰：）"可知充天塞地中间，只有这个灵明。人只为形体自间隔了。我的灵明，便是天地鬼神的主宰。天没有我的灵明，谁去仰他高？地没有我的灵明，谁去俯他深？鬼神没有我的灵明，谁去辩他吉凶灾祥？天地鬼神万物离却我的灵明，便没有天地鬼神万物了；我的灵明离却天地鬼神万物，亦没有我的灵明。如此便是一气流通的，如何与他间隔得！"
> 又问："天地鬼神万物，千古见在。何没了我的灵明，便俱无了？"
> 曰："今看死的人，他这些精灵游散了，他的天地万物尚在何处？"㉔

此段对话，较前面所引，阳明启发学生应该脱离自己的肉体而来感悟心之能思、能感、能悟的作用，乃是超越在人之个别肉身之外，换言之，阳明要我们都能遗忘自己有限的身躯之圈绊，若能忘体，自然就能了悟心灵的广袤无限的本质，于此，阳明又更彻表达了"良知灵明"乃是通透整全生机宇宙的能知能感能悟的发窍，超越了个人的肉身而为全体大自然所有存在物的共同心灵。

在另外一段师友对话中，阳明又更扼要地表达了人心是天地宇宙整全生机体的灵明之儒家思想：

> 先生游南镇，一友指岩中花树问曰："天下无心外之物，如此花树，在深山中自开自落，于我心亦何相关？"
> 先生曰："你未看此花时，此花与汝心同归于寂；你来看此花时，则此花颜色一时明白起来，便知此花不在你的心外。"㉕

阳明藉山中花树与人心的互为主体性而说及主客两界的相摄互涵而同时寂同时感的整全生机之一体之生态观。显然，阳明并非西方哲学所谓主观唯心论（subjective idealism），认为万法均由心识创造，轻忽了世界的客观性；阳明是肯定山中花树的客观存在的，但是他强调了互为主体性的心之感应的重要性，如果人未到山中观赏此花，花的存在客观性就无法引发人的感动；就是说由于人与花两结构体未在"互为主体性"的脉络中，因而灵明之心无从去知、去思、去感，因而人与花之间乃是互为寂静的。相反地，如果人到了山中而与花"照面"，则花的存在客观性就立即引发了人的感动；就是说人与花两结构体已在"互为主体性"的脉络中，因而灵明之心依据于人与花的照面而生发的美之感知和感悟，于是人与花之间乃是互为兴发的。

阳明这样的人与花互感相通的整全生机观，是儒家以良知灵明为感悟之中核而照觉出天地的环境思想，换言之，以阳明为代表的儒家环境思想，对于心灵知觉能力能对天地自然有所感悟的此点性质，十分注重，认为是人从他内在的自己通向身体具体存有的自己，再通向世界的关键，在这个通透过程中，人心是天地宇宙的中心，具有感通润泽整全宇宙的无限可能性。

人以其灵明良知而为天地宇宙的中心，因而使人与自然合而为一个整全生机体，这是王阳明在《传习录》中表达的环境伦理。回溯到孔子的时代，原始儒家实已具备相同的体悟，如"知者乐水，仁者乐山"一句就是彰着仁智双修的君子，是真能与天地山水的自然生态融合一体而得其畅乐之本质；又如曾点对孔子所言的恬淡如春风的生活品味，曾点说："莫（暮）春三月，大人和小孩相约到沂水中游泳戏水，然后在舞雩之坛的树林中让清凉香爽的春风吹拂过身体，多么舒畅啊！大家一起欢快地唱着歌走回家。"孔子最为叹赏这样的生活态度了，为什么？那是因为曾点以全然放开、一无所求的心灵和生活，真正地与自然环境的生机融为一体；儒家认为一旦人文和心灵在大自然生生健行的怀抱中，才是生命的最高境界。

五、客观结构性的水诠释——仁政实践生生
永续的环境伦理及人之安居空间

但是，这毕竟是"境界底"说人与环境的和合相融，人地关系却须正视"结构底"，否则就陷于主观的虚明了，因为人地关系不是唯心圆融的主观光景而已，而必然是人以其身体与环境互动下的具体的客观状态和结构。就对水的识觉而言，儒家不仅仅是停留在"川上一叹"；也不停留在"乐山乐水"；亦不只是在"沂水中戏泳"而已。孔子盛赞大禹平治中国洪水之功，曰："禹，吾无闲然矣！菲饮食，而致孝乎鬼神；恶衣服，而致美乎黻冕；卑宫室，而尽力乎沟洫。禹，吾无闲然矣！"（泰伯）其中关系到水与民生的词句是"尽力乎沟洫"。大禹治平中国洪水以及修建农业用的灌溉、排水等水圳工程，这种连系了水利与农业的禹功传说，是大禹被万世称颂为中国古代圣王的原由，而事实上在文明发展的深层中，则反映了中国古代重视自然环境生态的永续经营，因为农业文明的环境基础是水：可资以灌溉、饮用、航行的水，而不是怀山襄陵、坏田毁家的大洪水。在"结构"中而非只在"境界"中，水以及总体的自然环境之生生永续及其和谐不乱的状态，提供给人文世界一个健全畅旺的发展，而使人类身心性命获得安居，这是儒家的环境伦理。

孟子更拓深了"大禹治水"的文化生态的结构性意蕴：

> 当尧之时，天下犹未平，洪水横流，泛滥于天下。草木畅茂，禽兽繁殖；五谷不登，禽兽逼人；兽蹄鸟迹之道，交于中国。尧独忧之，举舜而敷治焉；舜使益掌火，

> 益烈山泽而焚之，禽兽逃匿；禹疏九河，瀹济漯而注诸海；决汝汉、排淮泗而注之
> 江。然后，中国可得而食也。㉖
>
> 天下之生久矣，一治一乱。当尧之时，水逆行，泛滥于中国，蛇龙居之。民无所
> 定，下者为巢，上者为营窟。《书》曰："洚水警余"。洚水者，洪水也。使禹治之，
> 禹掘地而注之海，驱蛇龙而放之菹，水由地中行，江淮河汉是也。险阻既远，鸟兽之
> 害人者消，然后人得平土而居之。㉗

水，在结构上而言，纯属自然生态之水，代表了大自然之"在其自己"的自然法则。洪
水横流逆行，泛滥于天下，而在这样的大荒野状态下，草木畅茂，禽兽繁兴，兽蹄遍中
国、蛇龙居天下，是十分正常的情形，在此种大蛮野洪荒时代，人文只是微弱的存在，人
只能很艰辛地以简陋的巢窟为居；换言之，洪荒世界的人，其身心是无法在天地空间中获
得安居的。

尧舜禹代表了中国文明初启，其最重要的象征，即是"大禹治水"。洪荒洚水，原本
属于大自然的鸟兽鱼龙之活跃生态，可是经由大禹的治理，水成为被驯服的"治水"，它
温驯地支持了农耕和饮用，人文世界在自然界之治理过程中发展演进；在人文世界中，人
与鸟兽蛇龙均能各归其位，人之身心才得以在人文化成的自然天地的空间中安居。

由上所述，儒家所主张的人之"身体—主体"立其身心之命于天地之空间，并非仅
止于主观上心灵内在的修养境界而已，更重要的是，儒家清楚地主张通过以平治洪水而尽
力乎沟洫的大禹为象征的王道仁政之结构性施为，才能真正使人之身心获得天地之中的安
居。孟子谈到此种使人安居其身心于天地之中的仁政，喜以沛然雨水来加以说明。孟子
曰：

> 王知夫苗乎？七八月之间旱，则苗槁矣。天油然作云，沛然下雨，则苗浡然兴之
> 矣。其如是，孰能御之？今夫天下之人牧，未有不嗜杀人者也。如有不嗜杀人者，则
> 天下之民，皆引领而望之矣。诚如是也，民归之，由水之就下，沛然谁能御之？㉘

天之旱雨和苗之槁兴，均是用以形容说明执政者如能实行亲民爱民之仁政，则天下百姓将
如望云霓沛雨而急急归趋于仁君之周围；于是，以仁君为天下空间的中心，世人皆必如铁
屑之聚附在磁铁之核心，在这种由周围往核心聚附的空间结构中，仁君与所有人民的身心
才能在仁道的沛然不竭的生机大化中得到安居。相同的话语也见于孟子之论说商汤征葛的
故事，孟子曰：

> 汤始征，自葛载，十一征而无敌于天下。东面而征西夷怨，南面而征北狄怨，
> 曰："奚为后我？"民之望之，若大旱之望雨也。归市者弗止，芸者不变。诛其君，
> 吊其民，如时雨降，民大悦，《书》云："徯我后，后来其无罚。"㉙

商汤征伐从灭亳之邻国葛伯开始，征战天下吊民伐罪，天下庶民看待商汤是天地空间的中
心，盼望商汤的来征，就像是盼望久旱而及时降下的倾盆大雨；仁君商汤安居于国都亳，
亳，天下的核心，天下之民皆有赖于居天下核心的商汤敷播其仁政的大化生机于全天下，

令天下黎民百姓的身心亦获得安居。

行仁政让天下黎民与仁君共同安居于大化流行、生机沛然的天地之中，其实就是孟子所强调的"与民同乐"的王道观念。《孟子》载曰：

> 孟子见梁惠王，王立于沼上，顾鸿雁麋鹿，曰："贤者亦乐此乎？"孟子对曰："贤者而后乐此，不贤者，虽有此不乐也。《诗》云：'经始灵台，经之营之。庶民攻之，不日成之。经始勿亟，庶民子来。王在灵囿，麀鹿攸伏。麀鹿濯濯，白鸟鹤鹤。王在灵沼，于牣鱼跃。'文王以民力为台为沼，而民欢乐之，谓其台曰'灵台'，谓其沼曰'灵沼'。乐其有麋鹿鱼鳖。古之人与民偕乐，故能乐也。"㉚

周文王行仁政，就是以大化流行、生机蓬勃的环境资源与天下黎民同享共乐，所谓"与黎民同享共乐"必须是黎民的"身体主体"的身心一如的享乐，而非唯心抽象的空言。换言之，为政者通过仁政的客观性而将自己和天下黎民一起同时将"身体主体"，从最起码的不饥不寒出发而安居于永续和谐的生态空间之中，这样的发政施仁，是孟子的王道思想，它是从"古之人与民偕乐于丰沛活水的'灵沼'"开始的。

六、结　论

仁心具有感应、润泽生命和世界的永续刚健之道德意志和动力，所以它是主观的修养，也是在客观架构上的实践。换言之，儒家的环境识觉以及从此识觉而建立的人与生态和空间的伦理，是从身心主体之修养到仁政的客观实施双重路线来加以证成，孟子藉水体说明此双重性，孟子曰：

> 不仁者，可与言哉？安其危而利其菑，乐其所以亡者。不仁者而可以言，则何亡国败家之有？有孺子歌曰："沧浪之水清兮，可以濯我缨；沧浪之水浊兮，可以濯我足。"孔子曰："小子听之，清斯濯缨；浊兮濯足矣！自取之也。"夫人必自侮，然后人侮之；家必自毁，而后人毁之；国必自伐，而后人伐之。㉛

"沧浪之水"的清浊用以形容仁与不仁的双重性，一是指人心主体性的仁或不仁；一是指政治客观性的仁或不仁，两者虽为双重，而实则为一，就是仁道本身的主客观之是否合一而呈显。

然而主体的仁心，是必须依客观的仁政来加以证成的，"沧浪之浊水"表现在政治上的污浊，此例于《孟子》文中有之：

> 白圭曰："丹之治水也，愈于禹。"孟子曰："子过矣！禹之治水，水之道也。是故禹以四海为壑。今吾子以邻国为壑。水逆行，谓之洚水；洚水者，洪水也，仁人之所恶也，吾子过矣！"㉜

白圭就是典型的乱臣，他破坏了生存环境，黎民百姓丧失了可资以安身立命的天地，因而身殒命毁。所以，政治的残暴不仁，就是类如白圭之以邻为壑，以人为的方式招引洪水，产生了人为的环境破毁，在人与环境的相逆性中，坐令天下生灵的丧亡。

"白圭以邻为壑"的环境破毁而导致中国人民的身心丧亡之苦难，代代有之。当代中国实施封山禁伐、退耕还林的山林环保政策以及整治河湖生态政策，是落实且积极的国家大政，欣见其已粗具成效，但是在许多地区，依然存在着严重的环境危机，仍需中国人全力加以对治。

古代儒家强调在主客体两领域之践仁，要求人依据生生整体有机观而安居其身心于自然天地之中，这个环境和空间伦理，在当代新儒家的天地宇宙生成论中，依然存在且更为彰明，其高智渊德有待我们深思之且力加实践。

注　释：

① 这 9 条《论语》的"水章句"列述于下：

子曰："道不行，乘桴浮于海。从我者其由与？"子路闻之喜，子曰："由也，好勇过我，无所取材。"（公冶长）。

子曰："贤哉，回也！一箪食，一瓢饮，在陋巷；人不堪其忧，回也不改其乐。贤哉，回也！"（雍也）。

子曰："知者乐水，仁者乐山；知者动，仁者静；知者乐，仁者寿。"（雍也）。

子曰："饭疏食饮水，曲肱而枕之，乐亦在其中矣；不义而富且贵，于我如浮云。"（述而）。

曾子有疾，召门弟子曰："启予足，启予手。诗云：'战战兢兢，如临深渊，如履薄冰。'而今而后，吾知免乎！小子！"（泰伯）。

子曰："禹，吾无闲然矣！菲饮食，而致孝乎鬼神；恶衣服，而致美乎黻冕；卑宫室，而尽力乎沟洫。禹，吾无闲然矣！"（泰伯）。

子曰："凤鸟不至，河不出图，吾已矣乎！"（子罕）。

子在川上曰："逝者如斯夫！不舍昼夜。"（子罕）。

子曰："点尔何如？"鼓瑟希，铿尔，舍瑟而坐，对曰："异乎三子者之撰。"子曰："何伤乎？亦各言其志也。"曰："莫春者，春服既成，冠者五六人，童子六七人，浴乎沂，风乎舞雩，咏而归。"夫子叹曰："吾与点也！"（先进）。

② 朱子注解此章曰："曾子平日以为身体受于父母，不敢毁伤。故于此使弟子开其衾而视之。《诗》，小旻之篇。战战，恐惧；兢兢，戒谨；临渊，恐坠；履冰，恐陷也。曾子以其所保之全示门人，而言其所以保之之难如此。至于将死，而后知其得免于毁伤也。"又说："程子曰：'君子曰终，小人曰死，君子保其身以没，为终其事也，故曾子以全归为免矣。'尹氏曰：'父母全而生之，子全而归之，曾子临终而启手足，为是故也。非有得于道，能如是乎？'范氏曰：'身体犹不可亏也，况亏其行以辱其亲乎？'"见：〔南宋〕朱熹：《四书集注·论语·泰伯》。朱子纯粹是以孝子尽孝之道为保全身命而不敢有所狂乱暴行进而毁伤或毁坏身体之意思来注解曾子临终训诰弟子之话语，固然不违守约持敬之曾子儒学精神，但显然太过于狭窄拘谨。观诸曾子之言，其核心大意实指人以身心同存共在之存有的局限性，在自然天地和人间世之空间中，需以戒慎恐惧的道德戒律武装护卫，如此，方能终身而在人间世之天地之中安身立命。朱子乃至于程子（伊川）之诠释局囿于孝行，也就是将身心之安顿只匡在对其父母作交代，无乃过于狭隘乎？

③ 朱子注解此章曰："箪，竹器；食，饭也；瓢，瓠也。颜子之贫如此，而处之泰然，不以害其乐，故夫子再言贤哉回也，以深叹美之。程子曰：'颜子之乐，非乐箪瓢陋巷也。不以贫窭累其心，而改其所乐也。故夫子称其贤。'又曰：'箪瓢陋巷非可乐，盖自有其乐尔。'其字当玩味，自有深意。又曰：'昔受学于周茂叔，每令寻仲尼颜子乐处所乐何事。'……"见〔南宋〕朱熹：《四书集注·论语·

雍也》。于此，程伊川和朱夫子都指出颜回乐于生机活泼之仁道而不在乎箪瓢陋巷的艰苦。

④ 朱子注解此章曰："知者达于事理，而周流无滞，有似于水，故乐水；仁者安于义理，而厚重不迁，有似于山，故乐山。动静以体言；乐寿以效言也。动而不括故乐；静而有常故寿。"见朱熹：《四书集注·论语·雍也》。此种诠释分明是依人之类型而言智者和仁者两种人格。

⑤ 《中庸》第 27 章。

⑥ 朱熹：《四书集注·中庸·第 27 章》。

⑦ 朱熹：《四书集注·论语·子罕》。

⑧ 《孟子·离娄·第 46》。

⑨ 蒋伯潜：《广解语译四书读本·孟子》（台北启明书局，未刊年份）第 194 ~ 195 页。

⑩ 《中庸·第 26》。

⑪ 朱熹：《四书集注·中庸·第 26》。

⑫ 《中庸·第 12》。

⑬ 《中庸》曰："仲尼祖述尧舜，宪章文武，上律天时，下袭水土；譬如天地之无不覆载，无不覆帱；譬如四时之错行，如日月之代明；万物并育而不相害，道并行而不相悖；小德川流，大德敦化，此天地之所以为大也。"（《中庸》第 30 章）。

⑭ 程子说："大哉乾元，赞乾元始万物之道大也，四德之元，犹五常之仁。"乾元就是仁。见程颐：《易程传》（台北河洛图书出版社 1974 年版）第 7 页。

⑮ 来知德：《易经来注图解》（上），台北天德黉社 1976 年版，第 252 页。

⑯ 王夫之：《周易内传》，收于《船山全书》（第一册），岳麓书社 1996 年版，第 52 页。

⑰ 南怀瑾、徐芹庭：《周易今注今译》，台湾商务印书馆 1983 年版，第 15 页。

⑱ 同前注。

⑲ 王夫之，《周易内传》第 55 页。

⑳ 朱维焕：《周易经传象义阐释》，台湾学生书局 1993 年版，第 9 页。

㉑ "道德秩序"与"宇宙秩序"如如一体；"道德主体"与"创造真几"本即同体。此种论述和诠释，在牟宗三先生的许多重要著作中，经常可见。笔者此处是依据牟先生的观点而说儒家这个基本的、核心性的存有论。

㉒ 《诗·周颂·维天之命》。

㉓ 王守仁：《传习录》（李生龙：《新译传习录》，台北三民书局 2004 年版，第 477 ~ 478 页。

㉔ 《传习录》，第 556 页。

㉕ 《传习录》，第 479 页。

㉖ 《孟子·滕文公篇·第 4》。

㉗ 《孟子·滕文公篇·第 14》。

㉘ 《孟子·梁惠王篇·第 5》。

㉙ 《孟子·滕文公篇·第 10》。同样的句子亦见于《梁惠王篇·第 17》："《书》曰：'汤一征，自葛始，天下信之。东面而征西夷怨，南面而征北狄怨，曰：奚为后我？'民望之，若大旱之望云霓也。归市者不止，耕者不变，诛其君而吊其民，若时雨降，民大悦。《书》曰：'徯我后，后来其苏！'"。

㉚ 《孟子·梁惠王篇·第 2》。

㉛ 《孟子·离娄篇·第 8》。

㉜ 《孟子·告子篇·第 31》。

（作者单位：台湾师范大学地理系）

论索隐派伪书《论语辨》及学问分际的问题

□ 〔美〕李淳玲

2002 年 12 月 8 日，"中国哲学与文化研究基金会"（FSCPC）请到圣荷西大学比较宗教研究的周克勤教授（Chris Jochim）为我们座谈，周教授介绍白牧之、白妙子夫妻合撰的《论语辨》，并提出讨论。因为这本书的立论大胆新奇，绝非传统读《论语》的诠释，故引起笔者的兴趣，进行展读。当时笔者更大的好奇心是，这样一本在美国汉学界已经引起相当注意的书籍，为何没有听说或看到中国学者对之呼应或反弹？然而笔者读进去以后，就知道本书细节性的铺排与结构方式，以及作者选择的纪年符号与拼音方式，对读者群并不友善。读者必须耐心反复随着文本团团兜转，东翻西找，并随手作笔记加强记忆、熟悉材料，才可能进入论证内容。事实上一旦明白论证假设以后，作者的理论基础其实相当简单，证据也相当薄弱：他们基本上对儒家的义理毫无兴趣，对哲学这门学问也有偏见。他们仅相信"权力斗争"，把今本《论语》先加以解构，再纂撰包括他们自己在内的、历来纂撰人，重新组构这部长期集体纂撰的伪书——《论语辨》。他们号称《论语辨》是《原论》（*The Original Analects*），是一部"历史性"与"科学性"的著作，目的在还原《论语》的原始面貌，然而他们所提出的论证完全被他们的"索隐性"所笼罩，只是他们庞大的"战国工作团"（WSWG, Warring States Working Group）已经造成震撼，也形成烟幕，许多西方评家都被他们的计划震慑住，大部分的书评都对他们称誉有加。以此，笔者深感疑惑，何以一本索隐派的伪书，可以沾上"历史"或"科学"的美名？何以推崇"历史"与"科学"必须轻蔑"哲学"？究竟什么是汉学？哲学与历史的学问分际何在？何以西方汉学界与中国哲学界对这些学问的分际有这许多混漫？本文因此当在铺排并评论本书之际，指出这类学问混漫的问题。

本书名为《论语辨》是源于顾颉刚先生的《古史辨》。《古史辨》怀疑大部分的古书是伪书，事实上并不是托名的作者所撰。但是令白氏狐疑的是，为何那么多古书的真伪都已经被挑战，唯独《论语》历来少有人怀疑它的真伪？早在唐代，韩愈、柳宗元就已怀疑《论语》并非孔子的几个直接弟子所撰；宋代胡寅（1098 ~ 1156）有上、下论之说，以为下论松散、不如上论整齐；日本学者伊藤仁斋（Ito Jinsai, 1627 ~ 1705）则以为《论语》第 11 ~ 20 章较长，托言三代之说都是后来增添的；崔述（1740 ~ 1816）的《洙泗考信录》则以为第 11 ~ 20 章是晚出、第 16 ~ 20 章尤其是晚出，形式性强、不一致、孔子在这几章里似乎已经被固执化与僵硬化；西方汉学家华利（Arthur Waley）则同意崔述之说，以为第 10 章不相干，3 ~ 9 章是早期《论语》的核心；白氏则增添第 1、2、10 三章，以为是《论语》的核心。如此，以华利的 3 ~ 9 为第一层核心说，白氏的 1 ~ 10 是第二层，11 ~ 15 是第三层，16 ~ 20 是第四层，就成为以四层为基础的新说，与捷克汉学家普克拉（Timoteus Pokora, 1928 ~ 1985）的说法相应。由于崔述在《洙泗考信录》里，已经怀疑《论语》原非一时一人所撰，这一点对白氏的醒豁甚大，所以《论语辨》一成，他们就以纪念崔述为名出版。

但是白氏的野心更大，他们不只以为《论语》是伪书，并以为每一章的纂撰都有来历，他们称他们的理论为"层层增生说"（Accretion Theory），以下简称为"增生说"。《论语》被他们的"增生说"一化约，就只剩下第 4 章《里仁篇》的局部为原始《论语》。只有《里仁篇》的局部还保有孔子朴素的身影与言行，其余的章节都是两百多年来的纂撰，并且他们假设纂撰者为了强化本门的思想，就把新撰的《论语》放置在最前面，以为立教的目的。如此，三、二、一这三篇都是在不同的时期、为着同样的目的，一层一层往前置放的前置篇，三晚于四，二晚于三，一晚于二。

如此，中国人两千多年来诵读《论语》，展开第一页"学而时习之……"竟然都是作伪的；还原以后的《论语》，应该是从"里仁为美……"开始诵读的。因此白氏这本《论语辨》的次序完全是依其还原以后的时序纂编的。进一步，每一篇内的章句也多有纂编：他们依几个假设为标准，例如，先简后繁，先仁后礼，文句对偶，24 标准句，望文生义等，把不合这些标准的章句摘捡出，重新纂编到合乎他们"增生说"的位置里。因此所谓的"增生说"不只是以全篇为单位的前置纂撰而已，还包括各别章句前后调置错综的纂撰。因此集体创作《论语》这本伪书的工程其实是十分繁复浩大的，等于是两百多年来孔门立教的奋斗与思想斗争的过程，以及作伪技巧的故意。这其中包括门弟子彼此的斗争、孔氏家族与门弟子的斗争、儒家与百家的斗争以及儒家内部义理的斗争，读起来十分刺激。这就是白氏对《论语》的解读法，他们声称是"历史的"与"科学的"，但是笔者不敢同意，只敢同意其为"索隐的"，一个影影绰绰没有证据的假设理论。但是他们的立论却相当大胆，也相当任意，完全不是一般读《论语》得到的舒坦与体受。

依此"增生说"他们企图把每一章的纂撰者"对号入座"。从公元前四七九年（479BC）孔子死，到公元前二四九年（249BC）鲁亡于楚这两百多年间，"可能"纂撰《论语》每一章节的主谋人物，从子贡到子慎，都被白氏像编写争夺武林秘笈的电影剧本一样，凭着想象与揣测勾绘出来。以下笔者即先介绍白氏纂撰的始末及理由，以便读者熟悉他们的假设、诠释与证据，然后再提出笔者的评论。如此，以下每一段首从一到十九的标号是《论语辨》新纂的顺序，篇名内从（4）到（20）的标号则是今本《论语》原来的篇章。

一、《里仁篇（4）》，子贡撰于公元前 479 年。孔子死，子贡芦墓三年、或说六年。所以子贡是第一个最有可能记录孔子言行的人。孔门集团初现，子贡是第一个领导人。此时的孔子还没有被"伟大化"（aggrandizement），没有宅舍的描述、没有车子坐、没有交结贵人、没有华丽的宫室、没有华美的袍服，仅仅以"仁"为教，着重于军人团体日常的生活伦理教育，没有谈及庄严的庙堂之"礼"。华利以为第（3）章及第（4）章最早、白氏则以为第（4）章更早，因为句子简短（平均每句 19 字，其他的约 30 字，更晚出的章句则有 123 字），文章形式简单，没有学生间的对话、道白安排及场景转折；除了第 15 与 26 句以外都是以孔子为主角，因此 15 句出现"曾子"、26 句出现"子游"结果都被剔除于本章之外，（又，第 18～25 句也被剔除，以为是后来子京所篡，理由详后）。并且出土的、公元前 479 年的铜镂、竹简都表现出与本篇类似的文字技巧，例如本章第 4 句"苟志'于'仁"及第 5 句"颠沛必'于'是"之"于"，与公元前 443 年出土漆器之"日辰'于'维"的语言用法相同，故可旁证《里仁篇（4）》是前五世纪的作品。但是白氏自己也承认这个以语言用法的证明方式还太单薄，从至今有限的资料里实不足以对当时的语义作任何决定性的论断。

二、《公冶长篇（5）》，子游纂撰于公元前 470 年。孔门集团渐成，子游称"子"，算是年轻导师（young master）的尊称，他可能有学问，足以吸引青年人，又因为他是"武城宰"，有官位，所以可能成为子贡以后集团的领导人，具有结集文献的客观能力与环境。《里仁篇》的说话对象还似是孤立的、单一的对象，《公冶长篇》里的说话对象就已经是青年学生群众了，因此孔门教室（schoolroom）已经逐渐形成。本篇对子贡有所批评——"汝器也"、"赐也、非尔所及也"；以及对校子贡与颜回的德行——"女与回也孰愈"等，对于刚刚过去的导师子贡已经带有贬意，代表孔门弟子之间开始斗争，本篇因此决非子贡所纂撰。本篇共 24 句，与前《里仁篇》之 16 句不同，此后每章有 24 句即成为标准体裁。《里仁篇》后来又被子京增添为 24 句就是这个缘故。这也是白氏篡改的标准之一，在以后的篇章里，凡是多于 24 句的，就尽量把它们搬开，不足 24 句的就搬些进来，实在是太多而删改不尽的，如（14）、（15）章，各有 44 句及 42 句之多，就是因为到了百家争鸣的时代，文献自然膨胀之故。

三、《雍也篇（6）》，有子纂撰于公元前 460 年。《雍也篇》已经反映了实际的办公室了（actual office）——武城、偃之室。《左传》称有子曾在武城附近，或许因此接近子游而进入孔门也说不定。他也被称为"子"，所以也是有地位、有学问的尊称。他以后继承子游成为下一个领导人，因此可能就是纂撰《雍也篇》的主谋人。但是他的被称为"子"与"子贡、子游"还是有所不同，他只被称做"有子"而不是"子有"，代表众人不必服从他的领导；因为看轻他的出身只是一个低阶层的"兵"，因此在往后的《论语》里有关他的事迹记载就非常少。颜回在本章里被称颂，代表对内在德行修养的重视，渐渐有一种逆反《里仁篇》里强调军人外在伦理的意趣。本篇第 3 句出现"哀公"谥年，故本章必撰写于公元前 469 年之后。

四、《述而篇（7）》，曾子纂撰于公元前 450 年。曾子比孔子小四十六岁，可能从来没有见过孔子，他从武城附近的要塞城来，有时进武城接近子游。他可能是第一个孔门外的领导者，因此他对于孔子的教育必须有所说，这很可能就是本章纂撰的来路。对于孔子的描绘从本章开始有了新意，孔子开始变成"圣人"，并且成了周文化的继承人、与"天"有了特殊的关系，还带有一丝颜渊的气质；这是孔门立教，"伟大化"孔子的开始。这样的教义一路连接到第（9）、（10）与（11）章里，成为孔教的主要特征。因为曾子是门弟子中的后来者，所以本章有意识地淡化早期的弟子，仅提及子路与公西华，其余的孔门弟子都无事迹可寻。孔门渐长，逐渐精练，渐渐地以"礼"为基础自我定位。就内容而言，本篇继承前篇低阶层及颜渊内向神秘冥想（mystical meditation）的情调，这种情调在接下来的几层"增生说"里会被殿堂之礼仪所取代，但是以后又会在公元前四世纪的晚期，因为孟子及其继承者的发扬光大而再度重现。

五、《泰伯篇与子罕篇（8，9）》，曾元纂撰《泰伯篇》于公元前436年，撰《子罕篇》于公元前405年。曾元是曾子的大儿子，这两章对曾子的描述特别多，包括他"战战兢兢"的死，故第（8）章必写于公元前469年之后，而第（7）章必早于第（8）章。曾子的地位一如结集圣经的保罗，都是晚出的学生，无缘面见创教主，结果却成为立教的核心人物。他们因晚生而特别紧张，从灌注新观念把立教活动带到新高潮。为了稳定正统的地位，在斗争上采取贬抑老学生，赞扬新学生、新教义的手段，认同颜渊的神秘性、低阶层性。第（9）章虽然对政治有比较多的兴趣，但大体还是顺延前两章的价值旨趣，维持对周文化与德行的关注。第（9）章还对当时的经济与物质文明的进步有所描述——"麻冕礼也"、"齐衰者、冕衣裳者"、"有美玉于斯韫匵"等等。从（7）到（9）章还出现一个"门弟子"的新观念，前（4）到（6）章里都不曾运用到这样的辞语，显然此时孔门家学（residential school）已经建立，虽然此时的家学还没有伟大到庙堂庄严的地步，但是已经有了家学与门弟子的事实与观念了。

六、《乡党篇（10）》，子思纂撰于公元前380年。孔门家学很可能是曾家三代所建，宅舍也可能是曾家三代所盖，但是住进来的却是孔家的子孙，这代表孔门权力的转移。以子思为首的孔家人，要夺回孔门嫡系的权力，这个孔门血源的正宗从此绵延到鲁亡为止。这部分的系谱是依《史记·孔子世家》的数据得来的，只是史记的记载简单多了，没有白氏增添的种种斗争故事。第（10）章没有谈论什么德行的问题，仅只开始强化"礼"教，种种对孔子行为举止的描述，只是为了要训诫新来的学生守礼，这代表孔氏家族从门弟子手中夺回正统之后强化控制的手段。从此《论语》里及于"礼"的章节很快地就被纂撰出来，而凡是出现在本章以前的、有关"礼"的描述都是后来的纂撰，例如第（3）章"人而不仁如礼何"、"林放问礼之本"，第（2）章"齐之以礼"、"生事之以礼"、"殷因于夏礼"，第（1）章"恭近于礼远耻辱也"、"富而好礼者也"等等，都是因为沾上了一个"礼"字而被打入后来编纂的命运。这是白氏编年的一个非常重要的标准，他们把"仁"与"礼"的概念分开，先"仁"而后"礼"，凡是强化"礼"的都是孔家已夺回嫡系以后，用以维持孔门正统的控制手段。即使是原始的"仁"的概念，到了此时也重新再藉"礼"来诠释，以此强化守礼的重要，例如第（12）章"颜渊问仁，子曰：克己复礼为仁"、"仲弓问仁，子曰：出门如见大宾，使民如承大祭"等都是为了孔门立教纂撰出来的思想控制机制。

七、《先进篇（11）》，子上纂撰于公元前360年。第（10）章是孔子单人的素描，到了本章孔门弟子的面貌清晰鲜明了。第三句："德行颜渊……言语宰我……政事冉有……文学子游……"等一系列的排行榜，独不提曾子。曾子在本篇里显然刚经过"夺门之变"而被贬抑；反之，原来在第（5）、（6）章里曾家掌权时代被批评的其他弟子，到了本章里都得到了平反。第（11）章传达的讯息是早期孔家儒的状况，孔家儒持续地夸大孔子的爵位及他对政治的影响；关涉到"礼"，但是还没有把"礼仪"与"政治伦理"的关系紧密联系，对于子贡富裕的赞誉决不及对于颜渊内在德行的称颂。本章代表孔门已立，去古渐远，创教主及其门生的言行容貌已定，都成了古人。

八、《八佾篇（3）》，子家纂撰于公元前 342 年，这是第一个前置篇。本篇的主题是"礼"，是《论语》里最为统一的篇章。但是其中也被一大片对季氏犯上的谴责所中断，这可能是反映公元前 342 年齐君僭越称王的史实。因此虽说《八佾篇》统一，也还隐藏了两重层次。将本篇前置是为了抢眼、醒目、申诉、抗议，由此托出"礼"的主题。本篇兴起的问题是"儒家是不是宗教？"以及"儒家对个人的看法？"前者包括了什么是宗教？超自然、精神性、或信仰等问题；后者则包括了坚持内在情感是礼的基础、礼的价值是在于形构社会等种种的问题。

九、《颜渊篇（12）》，孟子、子京纂撰于公元前 326 年。本篇进入"百家争鸣"的时代，新的议题被提出来讨论，比如说个人的内在生活、百姓与君主的关系，以及名的定义等等。孟子此时可能还在鲁孔门授教，他是公元前 320 年开始他的事业的。此时孔门的领导人可能是年幼的子京，因此我们看到一些孟子思想的痕迹，例如，"子张问崇德辨惑，子曰主忠信徙义崇德也……"、"子欲善而民善矣"、以及"舜有天下……"等这类"义"、"善"以及"崇三代"的孟子思想，因此孟子可能还实际参与了纂撰的活动。但是在本章里我们也看见许多反孟子的思想，因为本章还掺杂了道家——"苟子之不欲，虽赏之不窃"，与法家——"举直错诸枉"的思想，因此表现出年幼的子京在思想上的困顿与挣扎，以及孟子庞大的身影。

十、《子路篇（13）》，子京纂撰于公元前 322 年。本篇与第（12）章算是姐妹篇。孟子的身影缩小了，子京成人了，有自己的主见了，所以本篇的主纂者应当是他。政治教育趋向实际，与孟子理想主义的观点有所区别了。子京纂入齐法家的思想，因此原来在第（6）章第 24 句所谓："齐一变至于鲁，鲁一变至于道"的章句也被白氏改纂于此。

十一、《为政篇（2）》，子京纂撰于公元前 317 年，这是第二个前置篇。本篇延续第（12）、（13）章对政治技巧的兴趣，同时增添一些新义：科学、家庭德行与教育。公元前 321 年子京已经完全控制了鲁孔门学院，孟子的影响减小。这与孟子于公元前 320 年去鲁赴齐相呼应。《为政篇》可以看作是（12）、（13）章的综述，同时孔家学院在子京的领导下，虽然家族控制的权力已经稳定，但是孔门在庙堂的势力却逐渐失势。孟子的观念虽然不合实际，但是他显然有特殊的魅力，足以吸引人君，孔家人此时让孟子走，可能是失策的。子京此时已是一个有意识而熟练的编纂者，他技巧地把一些新观念，编进旧材料里，比如说《里仁篇》里第 18～25 句、强调"孝道"与"教育"的，就是他经手纂改的。这完全合乎他子承父业，继承学院领导者的身份，与曾元的地位类似，可以看出两人一方面重视孝道、一方面鼓励教育的双向重点，这与他们的身份是相符的。又本章表现显明的天文科学的兴趣——"为政以德，譬如北辰，居其所而众星拱之"——这种把自然科学譬喻为仁君的传统中国思想。

十二、《宪问篇（14）》子京纂撰于公元前 310 年。本篇持续前篇《为政篇（2）》的主题，强调文献、宇宙观以及政策的军事化。此时鲁平公希望鲁国在战事上扮演一个角色，考虑与齐结盟，结果却为楚所侵。儒家人显然希望鲁国在东边扮演一个文化多于政治的角色，并且在新国度里扮演政论家的角色，政治理论从神秘趋向理性；失掉孟子、道家与军事理论家的痕迹；宇宙观上是阴阳理论的加入（此仍指延续前篇"北辰"句是阴阳家的色彩而言）；诗与易等古书此时已经伪造成功（此是指从第（8）章纂改至此的第 8 句"子曰兴于诗、立于礼、成于乐"而言）。本章看出鲁国儒家正处于备战状态，希望能在知识的权力上争夺一席之地。子京仍是纂撰的主谋。

十三、《卫灵公篇（15）》，子京纂撰于公元前 305 年。本篇看出一个不可避免的趋势——统一。此时的鲁国事实上已经被楚国所统治，如果我们接受《史记》的暗示，在公元前 302 年时，鲁君已经不再称"王"、只称"侯"，而臣属于楚国了。当庙堂文化渐渐趋向齐管仲的官僚政治时，鲁国的儒家采取一个决定性的步骤——以三代圣王为统一国君的楷模，而不以齐管仲为楷模，这正是这个时代创造出来的神话。子京仍是本篇纂撰的主谋，只是他在一个与现实相背的现况里渐渐显出挫折。

十四、《学而篇（1）》，子高纂撰于公元前 294 年，这是第三个前置篇。子京死于公元前 295 年，56 岁；子高继承他成为领导人。此时儒家在庙堂上已经完全失势。前（15）章里，我们看到子京对弟子的责难与鼓励；本章里我们则看到子高进来解除这个困难——消除掉儒家的政治色彩，强调个人的修养与公民伦理——即使不当令也要把持德行及孝道的普遍价值。儒家开始普遍化了，社会因此得益，这个新的走向以后成为千年以后新儒家的主要课题。还有就是本篇与《道德经》的关系，白氏将《道德经》定为公元前 340 ~ 249 年的作品。《论语》从（12）篇以降与《道德经》的创作时代平行，故很可能互相影响。《学而篇》与当今可见的《道德经》情调类似：平和、超逸与家庭化，它远离政治的气质决定了《论语》全篇的主基调，吐露往后儒家被迫脱离政治以后活泼生动的心态。

十五、《季氏篇（16）》，子高纂撰于公元前 285 年。公元前 285 年齐征服宋，增添了百分之五十的土地，几乎把鲁国重重包围起来，本篇从 1 ~ 3 句就是表达这个愤怒——"季氏将伐颛臾"、"天下有道…无道、则礼乐征伐自诸侯出"、"禄之去公室五世矣"。这与第（3）章之 1 ~ 3 句呼应——"八佾舞于庭"、"人而不仁如礼何"、"夷狄之有君不如诸夏之亡也"。以后诸国联盟才把齐国赶出宋地。在此事件之前，本篇还出现以三、九数字组构概念的形式，如三友、三乐、三愆、三戒、三畏、九思等等，与管子、墨子的体例类似，这是被崔述认定《论语》（16）~（20）章是晚出的一个特征。本篇表现儒家与鲁国庙堂再度牵系；原来占据子京意识的"儒墨之辩"，此时转成"儒道之辩"。墨家成熟于公元前三世纪，以后在教义上没有再发展，墨家此时在政治上仍然很活跃，文化上则继续以"三年之丧"的问题攻击儒家，儒墨不曾合并，但是在兼相爱、交相利及道德导师的诸观念上被儒家吸收了。反之道家却对儒家频频攻击，《论语》里与道家的关系一方面具有《学而篇》的平和舒坦，另一方面又有本篇"损者三友……友善柔"的紧张拉拒。

十六、《阳货篇（17）》，子慎纂撰于公元前 270 年。本年鲁顷公继位，是楚国的傀儡政权，鲁君有意吸收儒家入阁；一开始儒家人可能为了合法性的问题拒绝出仕，但是结果又勉强同意了，这一点从篇首"阳货欲见孔子、孔子不见……吾将仕矣"的譬喻里表现出来。子慎此时为领导人一直到公元前 249 年鲁亡于楚为止。公元前三世纪，外在极端的环境使儒家在许多方面都与一般百姓隔离了，伤残丑陋社会低下的人物在《庄子》及（18）篇的 5 ~ 7 句里（指楚狂接舆、长沮桀溺、子路遇杖人等三句）得到了胜利。与此平行的是我们在本篇里读到个人情感的强调，在孟子学派里，情感是人性普遍的基础。孟子的学说与荀子的学说尖锐抗衡，他们对人性截然不同的看法，可以看出这个时代思想斗争的激烈。这个有关人性的争论至今还是鲜活的。

十七、《微子篇（18）》，子慎纂撰于公元前 262 年。本章维持与前（17）章一样的争辩主题，即"是否出仕于不合法的国君"？传统的答案然是否定的，但是本章采取一种非传统的立场——鸟兽不可与同群，吾非斯人之徒与而谁与，天下有道丘不与易也——把"国"与"君"分开——侍国不侍君，以天下百姓为重了。全篇都是故事体，不是语录体。这种文体最先由《左传》开始，由《孟子》继续发展，到了《庄子》就已经成为诸家采取的体裁了。对于当代争辩的问题，为了避免抬高对方，故采取一种"托古"的间接辩论法，把"儒墨之辩"推到孔子的时代。这种托古喻意的技巧也是崔述注意到的、属于本章的特色；同时这种托古辩论法，也是形成于这个时代，比如《墨子48 篇》（公元前 285 年的作品）就有"且子法周而未法夏也，子之古非古也"，指出子之圣王不够古之说。又本章从 5～7 句提及的楚狂接舆、长沮桀溺、子路遇杖人等道家人物，白氏则想象目睹半夜三更有人从窗户潜入孔门的文枢机要处，拉开抽屉，拿出《论语》，篡改下这些反儒家的文字，然后听见他们得意洋洋暗自窃笑潜逃而去，消逝于黑夜中。这当是《论语》与《庄子》交涉的时代，并且这部分的文字当该晚于《庄子》，因此《论语》的写成必然是经过相当冗长的时期，这是白氏所以演绎"增生说"的主要原因。此时儒家回到庙堂，斗争的对象转成法家，如此进入下一章。

十八、《子张篇（19）》，子慎纂撰于公元前 253 年。公元前 255～254 年冬，楚军占据鲁国南边，为了控制新的疆域，楚在兰陵设立管辖区，并以荀卿为兰陵令。在此之前荀卿曾任齐稷下集团的祭酒官三年，但是可能是与齐集团的思想有根本冲突，故迁至兰陵，并在此开创学派，一直到公元前 238 年，他的楚上司逝世为止。他的学说对儒家造成深广的影响，一直绵延到汉代（或现代）。此时鲁国北方并没有被楚占据，但是政事上却深受兰陵控制，以子慎为首的《论语》集团，一方面对荀子的学说反弹（如本篇大部分的章句）；一方面对荀子的学说表现极大的兴趣〔指现存于他章，其实是此时改纂的、有关荀子思想的章句，如"当仁不让于师"（15：36），"有教无类"（15：39），"仕而优则学，学而优则仕"（19：13）等等有关"教"与"学"的章句，白氏都将之编纂成荀派，好像孟派的人都不识字似的。）白氏以为本篇因此表现出极为反讽的面相，一如一切的地下文学，造成后代解读的困难。本篇的内容由五个弟子组成，其中三人（子夏、子游、子贡）被另两人（子张、曾子）批判，那被批判的三人可能即是此时荀派争辩者的写照，这些争辩即成为《荀子》的主要构造。颜回此时因在（16）章到（20）章里消失无踪，因而跑到《庄子》里找到了永恒的归宿。鲁国的儒家此时在哲学上的演绎上已经是"朝受命而夕饮冰"，炙烈如热锅蚂蚁了（steamroller）。

十九、《尧曰篇（20）》，子慎纂撰于公元前 249 年。公元前三世纪，楚国首先发明弓弩以为武器，公元前 255～254 年冬，楚军占据鲁国南边，后于 249 年全面蚕食北方，鲁国亡。与鲁宫廷相涉的 5 家：道家、南方孟子儒、北方孟子儒、鲁国墨家及《论语》集团于此同时消亡。本篇包含以"子张"为首的两段，实是"鲁论"的（21）章，于今的"尧曰"一段已被白氏编纂到（19）章末，以为是早于第（20）章的。显然楚军进攻时，子慎将《论语》藏于孔家宅壁，以后逃至齐国的儒者于未来的二十八年里凭记忆编纂出"齐论"，直到公元前 221 年秦统一中国为止。子慎本人依《史记·孔子世家》的记载则奔走于魏，尝为魏相，并死于公元前 237 年，得年 57。孔家宅壁的"古论"直至公元前 157 年的汉代才被发掘出来，逐渐取代"鲁论"与"齐论"，成为今本《论语》的底本。

这大体是白氏篡改《论语》的实况。仔细想来"增生说"所运用的篡改手法，是把《论语》先"解构"打散，然后注入他们以"权力斗争"为主的哲学诠释，然后再重新层层构造所谓"原始论语"的章节。这一种重构方式完全把知识、哲学、义理都当作政治权力的筹码看待。这一点从他们把"仁"与"礼"分裂的解读可以完全看得出来,这可能是受到法国后现代主义(post-modernism)解构主义哲学家(deconstructionist)傅柯(Michel Foucault, 1926~1984)的影响。解构主义在当代有它的流行与当令,是学者竞相追逐的时髦玩意儿。虽说他们声称他们的解读法是"历史的"与"科学的",不是"哲学的",并以为"哲学的"读法不够资格担当"历史"读法的美名,但是他们以政治上"权力斗争"为主题的诠释,已然表现了自己隐藏的哲学立场(hidden agenda),这一点是难以撇清、抹都抹不掉的。

还有,他们对"禅味"似乎有相当的偏好,因此在不顾儒家义理的解读下,把儒家"学而不思则罔、思而不学则殆"的"思"及"默而识之"之"默","有若无、实若虚"之"无"、"虚","其庶乎屡空"之"空"等——通通都解成"冥想打坐"(meditation)的神秘意义,完全没有反省、思想、深思默想(contemplation),甚至"反身而诚、乐莫大焉"的道德意识。颜渊、甚至孔子本人都成了道家式、甚至佛家式的人物,完全跳开了儒家义理的精髓,成为"软疲无力"、"无体无力",很会打坐、静默无语、空空如也、身具"禅悦美感"情调的人物。这很可能是与晚近西方学界看东方,喜欢一种简单朴素的情调有关,他们好禅、好老庄,也好《里仁篇》里那个朴实无华、平和宁静的孔子;这大概也是一种激烈权力斗争的反弹或深化,算是一种对东方文化乌托邦式的憧憬吧。

由此引申白氏读中文喜欢"望文生义"的兴趣,比如说"三人行"是孔子在走路,没有车子坐;楚狂"接舆"、"樊迟御"、"冉有仆"是孔子成了有车阶级;子张书于"绅"是证明从口述历史转为书写历史的写照(好像甲骨文都不是文字似的);"鲤趋而过庭"是孔门有了宅院学堂、"宫室之美、百官之富"是孔子被"伟大化"以后有了庙堂样的宫殿居住;"义"与"善"是孟子专属的思想;"爱人"是墨家思想;"教"与"学"是荀派儒家;"北辰"是阴阳家;"齐"、"刑"、"格"、"正"是法家;"思"当然就只是冥想的道家了。这些"望文生义",近乎幼稚的文字诠释都是他们用以解构、归类、重解《论语》的判准,简直把中国学问单薄化、肤浅化了。

但是,有趣的是白氏并没有把《里仁篇》里第16句的"君子喻于义,小人喻于利"搬走,以为是后来的孟子或子京所纂;也没有把第11句的"君子怀刑,小人怀惠"搬走,说是荀派或是齐国法家所纂;但是他们确实已经把(13)章的第3句"必也正名乎"搬到第十九章去,以为是荀派或是齐国法家人的纂撰。这主要是因为他们以为"君子喻于义,小人喻于利"与第14句"子曰:不患无位,患所以立;不患莫己知,求为可知也"是对偶;"君子怀刑,小人怀惠"与第12句"子曰:放于利而多怨"是对偶。这又是他们慧眼自设的改纂标准之一,以为理想论语的章句当有这种文章对偶之美,所以在此不惜采取双重判准,违背自己设下的原则;不只如此,他们以为标准论语的结构,每篇应该是24句。因此在这两重标准的要求下,这两句被保留了。更何况《里仁篇》已经不堪再割舍了,待子京未来纂好第18~25句以后就正好是完美的24句了。这一切在笔者看来都是异常薄弱可笑又造作的诠释、判准与证据;因为如果这样的说法可以成立,换一种说法,倒着说也都可能成立,这样合起来说并没有使证据更有力,反而看出白氏主观的审美情调与偏爱。我们大可说儒家原来就有这些种子思想,然后去影响百家也不为过,总不成只有阴阳家可以看星星,有车坐的孔子就不再走路,仁者一爱人就成了墨家,不通之至。

何况传统儒家是有吸纳百家、融会贯通的特色的，他们一旦遭遇外来的挑战与阻力，就有一种吞噬、消化、转化、创生的奋斗力，古时如此，今时亦然；到如今，儒家人努力消化西方精华的准备与努力还是历历在目的。白氏不把这些儒家的特性当作一种哲学或文化的现象来思考或诠释，反把论语幼稚地支离分割，颠倒地说这才是还原历史的考据，这种考据法也忒大意、忒单薄了，实在难以令人置信！

再就是有关"仁"与"礼"分裂的看法。白氏其实提出了一个很有意思的评论：他们说当一个文化会谈及"死亡"，是指该文化对"个体性"（individuality）已有相当的意识与包容了，这是指从（7）到（9）章有关孔子与曾子死亡的写照——"丘之祷久矣"、"曾子有疾"，及孔子"食于有丧者之侧，未尝饱也"等句而言。儒家重视厚葬，对生命有一份"不忍仁之情"，因此"子见齐衰者……虽少必作、过之必趋"（9：10），这已然是"仁心"充分的表现了，何以因之而起的行动——"虽少必作、过之必趋"之"礼"，能与"仁"分开谈论呢？白氏自己在此已经提出了一个很有意义的评论，却又忽略它，把"礼"与"仁"分开，只解成是有政治目的的形式与僵化的控制机制，真是十分可怪，仿佛回到孔子以前，礼乐崩坏之际，毫无精彩精神可言。

另有一点值得提出的是：在论证时白氏喜欢把儒家的立教与基督教及佛教的立教平行模拟。一般的宗教徒都有"伟大化"教主的倾向，但是白氏不从哲学解读，完全没有提到儒家从来没有像基督教或佛教一样把教主神话化的倾向。"伟大化"以后的孔子也不过是"食不厌精"、坐坐车子、住住房子、交见贵人罢了，与人间世的生活要求并没有什么两样；但是基督复活的奇迹与诸佛法界的神妙却不是一般人间世轻易可及的。白氏以为颜渊对孔子"仰之弥高、钻之弥坚，瞻之在前、忽焉在后"的赞颂已经是很超越、很神秘的了；但是这样的解读与他们"望文生义"的习惯是一脉相传、毫无义理可循的，对于道德与宗教也没有任何的分际与深刻的探讨。颜渊的孔子赞，写得亲切得体，只令人对孔子起崇高景仰之情，那是一种人人可及的道德崇高情感，并没有一丝的神秘或神话的倾向，这一点白氏没有意愿也没有办法掌握，他们对哲学义理的轻视、不通，使得这本《论语辨》的写作问题重重，已经索然无味了。

2003 年 3 月 27 日，周克勤教授在"国际中西哲学比较研究学会"（ISCWP）"美国哲学会太平洋区"（APA Pacific Division）旧金山会议上提出一篇"以《论语辨》为例，谈论文本批判对哲学义理可能产生影响的问题"（*The Original Analects and the Philosophical Implications of Text-Critical Analysis*）。笔者当时忝为该场讨论的评论员，因此有幸读到周教授这篇文字。周教授主要是以为晚近西方的《圣经》学者对文本批判性的诠释，可能对神学或哲学的诠释造成冲击，因而模拟地联想《论语辨》这一类"文本批判"的研究方向，未来也有可能对哲学义理产生影响。虽然周教授在文中对《论语辨》本身幼稚的哲学识见及对《论语辨》所提出的证据水平有所置喙，但是周教授大体对这一类的"文本批判"是有所期待的。笔者对于周教授的论点并无异议，只是对于《论语辨》是否担当得住这类可能影响哲学义理的"文本批判"有强烈的质疑。笔者以为《论语辨》的失败不只是在哲学义理的不通与幼稚而已，其文本索隐的大胆粗疏，已不足以担当历史考据这门学问之名。历史考据当是与哲学一样，都是分别独立的学问，各有各应该尊重的客观规则，并不是可以轻易被混淆的。撇开一般已知的常识事实不论（指哀公谥年、曾子死这些章句当该出现于哀公、曾子死之后），《论语辨》所增添的新鲜、刺激、抢眼的花样、意见与故事，大体都是作者没有落实证据的索隐与纂撰，笔者不能同意它能沾上历史与科学的美名，更遑论涉及哲学与宗教义理的讨论。笔者在此同意斯林杰兰（Edward Slinger-land）评论《论语辨》的总结：“假使我们将白氏论证里比较揣测性与不能落实的因素除掉，看来我们好像没有超越当年崔述（1740～1816）考据的成果多少：那就是1～10章是原始的核心，11～15章是后来，16～20章是更后来。”①

事实上，读哲学者并不至于天真到以为“义理”不必斗争、争辩；正是“义理”需要斗争、争辩，哲学的批判性才始终存在。并且读哲学者也不必不顾历史，说出违背史实的话。在方法学上，文化考古的工作是各行学者都欢迎的，没有人会在这里持异议，因此白氏希望从出土的文物逼近他们的研究与思考，是没有人会反对的——比如说想熟悉一个时代的语言用法、生活物资、生命情调、文化质地等——但是哲学义理是一门独立的学问，它不必被历史考据或科学所蔑视、所凌越。

牟宗三先生曾经说过几句简要的话，即刻就把儒门立教的义理挺立：

“在儒家，道德实践、仁义内在在生活的践履中达至成熟，那就是圣、神……重要的观念在曾子，所以传圣人之道靠曾子，道德的意识是表现在曾子那里……到孟子才大，在孔子那里是个混沌呀……耶稣的精神后来靠保罗弘扬。”②

在此，一个哲学家并没有说出什么违背历史或科学的话；反之，白氏那么强调历史与科学，却处处违背历史与科学的基本精神——纂撰了一系列包括他们自己在内的论语纂撰人——把古人都坑了。把揣测、索隐当做历史与科学看待，真是遗憾之至！为何当代有些评家还以为他们的方法严谨呢？

康德在雅舍本《逻辑学》③导论第三节里有一大段对哲学这门学问意义的探索，与这里有关学问分界的问题相涉，笔者以为可以用来澄清像《论语辨》这类西方汉学及某些中国哲学现阶段学问混漫的状况。康德说：

“有时去解释什么是所谓的一门学问‘科学’是很困难的。但是透过决定概念的建立、学问能得到精确；并因此避免掉许多错误。因某些理由，如果一个人不能将学问从与它相关的其他‘学问’分辨，错误就会偷溜进来。”

这是精道地综述问题的关键了：当我们不明哲学是一门什么样的学问，也不明它与其他学问的分际时，错误就会偷偷地溜进来。

依康德，哲学是属于一种理性的知识：从客观的来源论，理性的知识与经验的知识对比，理性的知识是先天的知识，先天的知识包括先天直觉与先天概念，数学是先天直觉的知识，哲学则是先天概念的知识，因此哲学是属于一种理性知识的系统；从主观的来源论，理性的知识与历史的知识对立。哲学是对原理加以认知（*ex principiis*）的知识，历史则是对材料加以认知（*ex datis*）的学问。有些主观的、历史的知识，就客观而言，可能是一种理性的知识；换句话说，一个历史的知识，可能是出于理性：比如说一个抄袭者，他学习别人理性的产物时，他自己的知识却只算是历史的。

对于像哲学这种理性先天的学问，如果仅仅是历史地认知它，康德以为是有害的。因为这类先天的知识是“立法者”，立法者必须勤练活用理性，而不能只是一味地模仿或机械地操作理性。这就是以学术的（*scholastic concept*）概念来决定哲学这门学问的意义。进一步，就学术的概念言，哲学必须与技术相关，它与数学一样，是属于理性的两个不同的艺术家，理性的艺术家是指苏格拉底所谓的，爱华丽者（*philodoxus*），爱华丽者致力于思辨的知识，并不在意他们的知识对人类理性的终极目的有多少贡献。就此哲学的学术意义言，哲学家必须为了达成各种目的而努力培养才性与技能，并且哲学家必须运用一切手段完成任何意欲的目的。这两者还同时必须互相连接；因为没有知识，一个人永远不能成为一个哲学家，但是单只有知识也永远不能成就一个哲学家。因此，康德以为：

> "除非在一个统一性里增添一个一切认知与技术有目的性的结合，并'增添'一个洞见，以进入它们与人类理性最高目的的互相同意之中。"

这就指出哲学的另一重深意了，康德说哲学的另一重意义是就普世的（*worldly concept*）概念而言的：

> "哲学是人类理性终极目的的学问。这个高度的概念给予了哲学它的尊严，亦即，一种绝对的价值。"

这是哲学的究竟意义，也是牟先生在《圆善论》里所说的哲学的古意，哲学在此成为一种具有绝对内在价值的知识，它不只是一般的知识系统，而是一种实践的智慧学，在此康德把哲学及哲学家的活动看得极为庄严尊贵。他说：

> "就其普世的意义言，哲学是一种智慧学，理性的立法者。因此哲学家在这个脉络下，不只是一个理性的艺术家，还是一个立法家……实践的哲学家、智慧的导师透过学说与事例，才是真正的哲学家。因为哲学是一个圆满智慧的观念，它对我们显示着人类理性终极的目的。"

这是和盘托出哲学这门学问丰富的意蕴了，只有这样包含学术与普世双重意义的学问，才可能具有一种作为智慧的工具的、真正的、内在的价值，才具有真正安身立命的力量，而哲学是惟一能够提供我们这种内在满足的学问。也是如此，康德反过来提到一种厌学者（*misologist*）的状况。他说厌学者是指那些十分憎恨学问，却万分爱好智慧的人：

> "厌学通常源于一种对学问的虚无感，以及与之黏合的某种虚荣。"

这很像是牟先生晚年感慨的不知学问艰难，却讨尽便宜、大脑懒惰的人。但是奇特的是，这些厌学者却特别有一种想当智慧导师的虚荣，与康德在此所描述的情况十分一致。他因此进一步中肯地说：

> "然而，有时人们一开始是相当勤学、也很幸运的，但是最终却无法由他们所有的学问中得到满足，因而堕入厌学的错误。"

这是说这厌学者一开始是相当勤学的，只是走到了中途，学问的功夫做不下去了，就开始拥抱智慧，并反过来摒弃学问，这种现象其实在中国学界里是相当普遍的。康德说，这是一种错误，与前述以历史的眼光读理性的先天学问一样，都是一种有害的错误。这两种错误，我们眼下都有例可循：一是发生在西方的汉学界，如《论语辨》这类的书，望文生义抠文字，把揣测与想象当成是客观的历史与科学知识；一是表现在中国的学界，许多只强调智慧，贬抑哲学之厌学的宣称，以为中国学问可以不通过哲学的锻炼就极高明了，其实这只是一种虚妄的爱智能。结果落空的是哲学这门珍贵的学问。康德接着说：

> "没有人能在不作哲学的活动之下而称自己是哲学家。然而，哲学活动只能透过实践、并透过一个人自己理性的运用而学习……另一方面，那想从事哲学活动的人，可能会把一切哲学系统当作理性运用的历史，并把它们当作锻炼自己哲学才能的对象……因此，作为一个为自己思考的真正的哲学家，必须为他自己的理性作出一种自由的运用，而不是一种奴性模仿的运用。但这并不是辩证的运用，亦即一个人不该把对真理与智慧虚妄的认知当作目标，那仅仅是诡辩家的事业，完全不能与一个作为熟知与教导智慧之哲学家的尊严相应。因为学问具有一种只是智慧底工具的、真正的、内在的价值。然而如此，它也是不可或缺的；所以一个人大可坚持：没有学问的智慧，只是一种永远达不到的、圆满的影子。"

哲学与哲学家在这种意义上不只要求具备学问，还要求具备深刻的道德实践力与宗教情操，这与传统儒家的意识是完全雷同的。这种深刻的哲学与哲学家的意义是没有任何理由被任何学问排斥的。白氏对哲学的蔑视是一种轻浮、傲慢与偏见，这种态度其实是普遍地渗透于古今中外任何一个时代的。这一点实是必须时时刻刻提出来反省与澄清的。

笔者结果还是把《论语辨》仔细读完了，后来实在只能把它当做索隐小说读。这与《红楼梦》的索隐派一样，好好的一本小说不当文学读，却要当政治阴谋读；《论语辨》也是如此，好好一本《论语》不当哲学理解、不当实践的智慧受用，却解读成政治的权力斗争，真是"支离事业竞浮沉"了。这样对待一门先天学问是有害的。《论语》之所以永恒，当是它的义理价值与人性的道德意识相通，与权力斗争是不必相干的。撇开义理，简直就不能读《论语》，白氏的读法，是一种错误，与历史考据的学问也不相干，只是想象、揣测与索隐，是编剧，不是学问。

注　释：

①　见 Why Philosophy is Not "Extra" in understanding *the Analects*. A reiview of *The Original Analects* by Edward Slingerland, in Philosophy East & West, Jan. 2000。有兴趣的读者可以直接从网络下载，网址是白氏夫妻"战国工作团"的网址：www. umass. edu/wsp。

②　见《庄子〈齐物论〉讲演录（12）》，鹅湖月刊，2002/11，第 8 ~ 9 页。

③　雅舍本《逻辑学》笔者已依 Robert S. Hartman and Wolfgang Schwartz, 1974 及 Michael Young, 1992 的英译本译成了中文（未出版），以下引文皆出于此，特此注。

（作者单位：美国中国哲学与文化研究基金会）

郭简乐教之"情"说在儒家道德哲学中的意义

□ 李美燕

一、前　言

　　先秦时期的乐教思想，从周公制礼作乐以教化人心以来，使乐教在礼乐相行的实践中开展出人文化成的意义，尔后，孔子本乎"仁"以"正乐"，使周文的价值一脉相承，迄《荀子·乐论》与《礼记·乐记》乃使乐教思想的重要性呈显。如今再加上 1993 年在湖北省荆门郭店出土，一批据大部分学者估计至少应该是在公元前 300 年左右，战国中期以前的竹简佚书①，有可能是子思学派的作品②交相参照，则又可使先秦时期的乐教思想更明朗化，而可为儒家的乐教思想提供新的诠释契机。

　　其中，尤其值得注意的是，郭店竹简乐教思想中的"情"说，其实是关联着儒家道德哲学而产生，然而，所谓"情"说的意涵为何？何以其能成为儒家礼乐教化的关键呢？其是否已具有理论的高度，而可以成为儒家道德情感说的理据？又其能为今日新儒家道德哲学之建构提供的参考面向为何？其不足的限制性又为何？透过本论文的探讨，期能为传统儒家乐教思想提供一个新的诠释契机，并为新儒家道德哲学的重建指出一个可能的方向。

二、"道始于情"在郭店简乐教思想中的意涵

　　基本上，郭店竹简的乐教思想主要集中在《性自命出》篇，其次则是《五行》篇，而少数的片言只语则散见于《尊德义》、《六德》、《语丛一》、《语丛二》、《语丛三》诸篇，这些乐教思想的观点都不是为了音乐艺术而提出，而是立于礼乐教化以成德的前提下，提出教化成速之效莫如"乐教"，如：

　　　　凡学者隶（求）其心为难，从其所为，近（近）得之壴（矣），不女（如）以

乐之速也。③

协 （教）以乐，则民亩惠（德）清渺 。④

而在郭店竹简中之“乐教”理念最值得注意的是，以“情”作为礼乐教化的根据：

乐，豐（礼）之深泽也。凡圣（声），其出于情也信，狀（然）句（后）其内（入）拔人之心也敀（厚）。⑤

里（理）其青（情）而出内（入）之，狀（然）句（后）复以协（教）。协（教），所以生惠（德）于审（中）者也。豐（礼）复（作）于青（情）。⑥

豐（礼）因人之情而为之。⑦

豐（礼）生于情。⑧

在这些论著中指示出“礼”（礼乐教化）的兴作乃是本乎人之情而产生，这个线索提供给我们一个重要的认知观点，在早期的儒家思想中，“情”其实是礼乐教化兴作的根据。然而，“情”的意涵究竟为何？严格说来，古人并未给予明确的定义，因此，今日只能随着文本脉络来解读，以探析古人对于“情”作为礼乐教化的动力，其得自生命实践的体认为何？另外，笔者亦参照郭店竹简中有关“情”说的论述，而将郭店竹简的“情”说全面检视后，笔者以为如下数语可以作为理解郭店竹简乐教思想中“情”说的重要关键：

衍（道）司（始）于青（情），青（情）生于眚（性）。司（始）者近青（情），终者近义。⑨

凡至乐必悲，哭亦悲，皆至其情也。⑩

青（情）出于眚（性）。⑪

情生于眚（性）。⑫

在这些论述中指出“情”是出自人性之本然，如“至乐必悲，哭亦悲，皆至其情也”，不论喜极而泣或哭泣而悲皆是人之真情而形诸于外的表现，故“情”乃本乎内在之真实人性而发，所谓“情生于性”。至于《性自命出》中“衍（道）司（始）于青（情），青（情）生于眚（性）。司（始）者近青（情），终者近义。”⑬原本是心性论的论述，但在郭店竹简中也可以视为礼乐教化的心性论根据，而有必要深入地探讨，何谓“衍（道）司（始）于青（情）”呢？

这个命题在先秦诸传世文献中皆未见，所谓“衍（道）司（始）于青（情）”，“道”是指天道？或人道呢？由于诸文献史料皆未见相关的记载以资辅证，因此，也只有从文本自身来探讨，倘若“衍（道）司（始）于青（情）”之“道”是指天道，这个说法就成为“情”为“天道”之始，“情”在“天道”之上，则不合乎儒家思想以天道为终极依归的价值观；如果“道”是指人道，意谓着人道之始当本乎人情而发，一切教化价值的建构，皆应以合乎人性人情之真实为基础，则较合乎儒家人文化成的理想。

换言之，所谓“衍（道）司（始）于青（情）”，“情”其实也就是人道建构礼乐教化的人性论根据。而下文又谓"司（始）者近青（情），终者近义"，这句话据今人研究的成果来看，有二说可以作为参考，其一是饶宗颐先生在《从郭店竹简谈古代乐教》一文以儒家乐教的理念为主，再参酌《五行》篇而论：

> 【君】子之为善也，又（有）与司（始），又（有）与冬（终）也。君子之为惪（德）也，【有与始，无与】终也。金圣（声），而玉晨（振）之，又（有）惪（德）者也。金圣（声），善也；玉音，圣也。善，人道也；惪（德），而（天）【道也】。唯又（有）惪（德）者，肰（然）句（后）能金圣（声）而玉晨（振）之。⑭

饶先生从"始"、"终"两字着眼，发现《五行》篇也有金声而玉振，始终条理之说，同时，这个说法亦见于《孟子·万章下》有"金声而玉振，始终条理"⑮之文，因此，饶先生从《五行》篇整理出"善为人道，德为天道。人道之善有与始，有与终；而天道之德则有与始而无与终，由有而反乎无"⑯的线索，而后乃提出"由有与终到无与终，推进一层次，由人而及于天，由有形到无形"⑰，由人道之有与终到天道之无与终，建构出由人道及于天道的观点，点示出唯"有德者"能体现"人道"通达"天道"的意义，如此一来，"司（始）者近青（情），终者近义"，将可阐释为"情"是人道的起点，由人道而通达天道是以"义"为依归。

其二是丁原植在《楚简儒家性情说研究》一书中则提出："简文称'始者近情'，是说人道的完成，在于人文制度的确立，必须以人义的价值为归趋。因此，唯有'深知人存之实情者'，能开启人道建构的肇始，唯有'深知人义之价值者'，能包容人道建制的完成。"⑱，同时，丁先生也引述《礼记》、《缁衣》、《乐记》、《礼运》之说以为辅证，换言之，人情是人道（人文化成的礼乐制度）建构之起点，但礼乐教化的意涵则需以人义为价值依归，也唯有深知人义者，才能成就人道建构的意义。

此二说皆以人之情作为人道建构的起点，不同者是，"终者近义"之"义"当如何来规定呢？是指由人道通达天道以"义"为依归？或是指由深知人之义才能成就人道建制的价值呢？笔者透过《性自命出》篇如下数语来思考：

> 万（厉）眚（性）者，宜（义）也。⑲
> □唯（虽）又（有）眚（性），心弗取不出。⑳
> 四海（海）之内其眚（性）弌（一）也。其甬（用）心各异，孝（教）貞（使）肰（然）也。㉑

在《性自命出》篇中有谓"万（厉）眚（性）者，宜（义）也"，说明磨砺人性乃在使人表现"义"之价值，而人性又当如何磨砺呢？关键在于"心"，心是主导人性之主宰，审言之，《性自命出》篇有谓"四海（海）之内其眚（性）弌（一）也"，就人之所以为人的本然之性而言，人性并无不同，然随人之"甬（用）心各异"，却可使人性之表现有所不同，因此，所谓"义"之价值其实是由心"取"之，"心"是建构义理之标准，然而，人心之"取"又何以会有不同呢？则在于"教"使然也，教化之熏习可使人心各"取"所异，而使人性表现出合宜（义）的价值依归。

如此一来，也就不难发现，"司（始）者近青（情），终者近义"这句论述中的关键词——"情"与"义"的意涵其实与"心"、"性"有环环相扣的关系。"情"字的意蕴已不止是人之生之所以然之情实，更涵摄著作为人道建构礼乐教化的起点，而教化则是使人心取之以建构人义的指导，当人心能在礼乐教化的熏习下建构起人义之价值，也就使人性在人心的主导下而趋近于义，所谓"终者近义"。因此，笔者以为饶、丁二说皆持之有物，但丁原植之说或许更能贴近郭店竹简乐论之意。

换言之，从"衍（道）司（始）于青（情），青（情）生于眚（性）。司（始）者近青（情），终者近义"这一段话，可以让我们得知，在先秦的儒家曾以人之"情"作为人道建构礼乐教化的起点，以使人心在礼乐教化的熏习下建构起人义之价值，然而，值得注意的是，简文又谓"司（始）者近青（情），终者近义"，"近"字的意义据清人朱骏声撰《说文通训定声》来看，"近"字的本义是"附也"，又引《礼记·祭义》："为其近于道也"，疏曰："凡言近者，非是实到，附近而已"㉒，这意谓着透过始终条理之礼乐教化以通达人道之实践，乃是使人心近乎"情"与"义"的方式，其真正的目的还是在于道德的实践，如《礼记·乐记》所谓"情见而义立，乐终而德尊"。㉓

三、"情"说对新儒家道德哲学的意义与启示

从郭店竹简乐教思想即人之"情"以乐成德教之义来看，儒家道德教化理念中的人之"情"不止是就"情欲"而言，有可能包括情实、情感、情绪、情欲等，而儒家对"情"也并非抱持负面否定的态度，甚至可以说，先秦时期的儒家相当重视人之"情"，作为提升道德本我的动力，尤其是郭店竹简《性自命出》中"衍（道）司（始）于青（情），青（情）生于眚（性），司（始）者近青（情），终者近义"这句话指出人之"情"乃是人道建构礼乐教化的起点，人心则在礼乐教化的熏习下建构起人义之价值，使今人发现"情"在儒家道德哲学中的价值。

然而，值得思考的是，郭店竹简乐教思想以"情"作为人道建构礼乐教化的起点，是否已具有理论的高度，而可以作为儒家道德情感说的理据？又其能为今日新儒家之道德哲学的建构提供的启示为何？其不足的限制性又为何呢？先就当代新儒家的论著来看，除了从传统文本来立论外，显然较少涉及由出土文献中的儒学，来提出当代儒学的新契机，这当然是由于地下文献出土时间较晚，因而新儒家之人士在昔日尚无法参照出土文献的观点。然而，在新儒家人士既有的相关研究中，是否已注意到"情"在儒家道德教化的重要性呢？

我们可以从徐复观和唐君毅两位先生的论著中发现，彼等皆曾提出"情"作为儒家礼乐教化的基石，如徐复观在《中国艺术精神》第一章《由音乐探索孔子的艺术精神》中，即以"情"作为儒家乐教思想的根据：

> 如实地说，道德之心，亦须由情欲的支持而始发生力量；……乐本由心发，就一般而言，本多偏于情欲一方面。但情欲一面因顺着乐的中和而外发，这在消极方面，便解消了情欲与道德良心的冲突性。同时，由心所发的乐，在其所自发的根源之地，已把道德与情欲，融合在一起；情欲因此得到了安顿，道德也因此而得到了支持；此

时情欲与道德，圆融不分，于是道德便以情绪的形态而流出。"致乐以治心，则易直
子谅之心，油然生矣;"……易直子谅，不应作道德的节目去解释，而应作道德的情
绪去体认。因为道德成为一种情绪，即成为生命力的自身要求。道德与生理的抗拒性
完全消失了，二者合而为一，所以便说"易直子谅之心生则乐（洛）"，人是以能顺
其情绪的要求而活动为乐（洛）的。㉔

当人之情欲因顺着中和之乐而外发，自然解消了情欲与道德良心的冲突，而使道德与
情欲融合在一起，换言之，一旦情欲得到了安顿，道德也得到了支持，"致乐以治心，则
易直子谅之心，油然生矣"，这是徐先生提出乐教教化之所以能成德的缘故，然对于
"情"在道德教化中所扮演的角色，徐先生是视为"情欲"而言。另外，徐先生在《谈礼
乐》一文中也曾提出如下的说法：

> 礼乐的意义……乃在于对具体生命中的情欲的安顿，使情欲与理性能得到和谐统
> 一，以建立生活行为的"中道"。更使情欲向理性升进，转变原始性的生命，以成为
> "成己成物"的道德理性的生命。㉕

同样是强调道德教化透过礼乐的实践，其意义乃在使情欲与理性能得到和谐统一，更
使情欲升华以成就道德理性的生命。但徐先生的说法却有值得商榷之处，此即情欲本身是
中性义，如何透过中和之乐的感发，而消解与道德冲突的对立呢？显然，使人之情欲转化
来作为道德实践的动力，亦即使"情随理转，情可成为实现理的一股力量，而情亦是
理"㉖，其间应该还需要层次深入的说明。

另外，徐先生也指出，"道德成为一种情绪，即成为生命力的自身要求"。事实上，
道德一旦成为情绪，道德实践又如何有必然的保证呢？换言之，徐先生或许意识到透过礼
乐教化的熏习以强化人之道德实践的动力，可以使情欲与道德的冲突获得消融，然而徐先
生并未发现古人所谓的"情"不止是就情欲而言，而人之一般情绪与道德情感的意义与
作用亦有所不同，显然徐先生也并未作清楚的区分。

至于唐君毅先生在《中国哲学原论·原性篇》之《礼记之尚情，与其即礼乐之原之
人情以言性之论》一文中，曾对《荀子》论礼乐源自人情提出其看法：

> 荀子之思想中，礼乐虽亦原自人情，然此人情只为一原始之朴质。圣王所制礼乐
> 之节文，则为对此朴质外加之形式，对此人情与以文饰，而亦养之，以维系其存在
> 焉。㉗
>
> 荀子只自后王之制礼作乐处，言礼乐之源，只知礼乐之为圣王所制以变化人情
> 者，而不知礼乐之本于人原始之自然之情者矣。㉘

唐先生指出《荀子》一书中之"人情"虽为礼乐之源（如《乐论》有"夫乐者乐
也，人情之所不能免也。"㉙），然"人情"乃是就人之原始之质朴之情而言。另外，唐先
生在《礼乐、人情、德行、与天地之道》中则引述《礼记·乐记》之原文，如"故知礼
乐之情者能作"、"君子反情以和其志，广乐以成其教……情见而义立，乐终而德尊"、

"乐章德"等作如下的诠释：

> 此所谓君子反情，非与情相对反之谓，乃反回其情，而更内和其志，以成其德，得见其性之端，使乐如为德性之所开出发出之英华之谓。此亦即所以使君子之情更深，气更盛，其内在之光明与和顺，更外发为英华，其感发之功更神者也。故其情之见于乐，亦即其义之由此以立，其德之由此以尊。[30]

> 何以德性之必见于情，为君子之所以对礼乐有所述作之关键之所存？此即因礼乐原为人情之表现。苟无德行之见于情，则无充盛之情流行；无充盛之情流行，即不能有此礼乐之表现，人亦可不要求有此表现也。[31]

唐先生以君子返归其情，即是由内和其志以成其德，再由德性以开显乐之德教，并且他强调"苟无德行之见于情，则无充盛之情流行；无充盛之情流行，即不能有此礼乐之表现"，这里，"德行之见于情"即意味着"道德情感"之流行，乃是人之礼乐表现之动力。尤其是唐先生指出"德性之必见于情，为君子之所以对礼乐有所述作之关键之所存"、"苟无德行之见于情，则无充盛之情流行；无充盛之情流行，即不能有此礼乐之表现"，更是难能可贵。此外，在其他新儒家的著作中，如徐、唐两位先生能正视礼乐教化中之"情"说者并不多见。

当然，事实上，这也是因为在先秦的儒家思想中"情"概念的理论并未具体地形成，但从徐、唐两位先生关于先秦两汉礼乐教化的论述来看，新儒家已经注意到在《荀子·乐论》与《礼记·乐记》中，对于如何由人之情渐浸熏习以落实道德理想的实践，而在现实的人间世中对政治、社会与伦理起全体大用的观点。唯遗憾者是，徐、唐两位先生当年并未见到郭店竹简的资料，尔今见于郭店竹简乐教思想中的"情"说正好可以提出印证，证明先秦儒家在以德化民的理念下，确实有正视由人之"情"的教化熏习，以成就内圣外王的理想。

尤其是郭店竹简《性自命出》有"衍（道）司（始）于青（情），青（情）生于眚（性），司（始）者近青（情），终者近义"这句话，指出人之"情"是人道建构礼乐教化的起点，则"情"的意涵应该是包括道德情感而言，倘无道德情感之充盛体现，人之情又如何能作为建构礼乐教化的起点呢？而此一道德情感之充盛体现，在现实的人间世实践，一切客观价值的安顿又必须以"义"为依归，方不致失其中道。所以，郭店竹简以"情"作为儒家道德教化的人性根源，虽未具有今日学术理论的建构，且"情"说作为儒家道德情感之论述亦不多见，然而这对当代新儒家而言，却足以作为儒家道德情感说的理据，而能为今日新儒家之道德哲学之重建提供一个值得正视的面向，值得今人加以正视而重新思考，如何在古人的洞见中发掘出重建新儒家道德哲学的新契机。

四、结　　论

先秦儒家的乐教思想由于《乐经》的亡佚，使今人仅能依传世文献中最重要的两篇——《荀子·乐论》与《礼记·乐记》作为了解的主要素材，然而自从郭店竹简出土以来，其断简残编保留的文字，使先秦儒家乐教思想的意涵获得更多的认识，尤其是

"情"说，乃是乐教思想的理论根据，在郭店竹简中明白地点示，由人道建构礼乐教化的关键在于人之"情"，所谓"衍（道）司（始）于青（情），青（情）生于眚（性）"（《性自命出》），以人之"情"作为人道建构礼乐教化的起点，而使人心在礼乐教化的熏习下建构起人义的价值。

换言之，今人倘欲重建儒家的道德哲学，除了正视道德理性的原则外，充分地认识"情"在道德哲学中的意义，而思考如何透过"情"（包括情实、情感、情绪、情欲等）的体验与转化，使外在的道德规范内化为人们内在的信念，再外化为具体的道德实践，应是为传统推陈出新的人们值得思考的课题。虽然，以今日的学术观点而言，郭店竹简《性自命出》篇中"道始于情"之"情"说作为道德实践的动力，只是一个命题式的描述，而尚未形成自觉的理论高度，但这对于一向为人们所忽略，在道德哲学中应加以深入探讨的人之"情"，已不啻点出古人的洞见，而可以作为贡献当代儒学的新契机。

注　　释：

① 参阅李学勤序，李天虹：《郭店竹简〈性自命出〉研究》，湖北教育出版社 2003 年版。

② 参阅姜广辉：《郭店楚简与〈子思子〉——兼谈郭店楚简的思想史意义》，《哲学研究》7（1998 年），第 56～61 页。

王德裕：《从〈郭店楚墓竹简〉论子思》，《重庆师范学院学报》（哲学社会科学版）第 3 期（2000 年），第 7～11 页。

孔德立，《郭店楚简所见子思的修身思想》，《管子学刊》1 期（2002 年），第 55～64 页。

以上诸篇皆是立于郭店楚简是子思学派的作品而说，然亦有人持不同的看法，如郭齐勇在《郭店儒家简与孟子心性论》一文中提出"郭店儒家简诸篇并不属于一家一派，将其全部或大部视作《子思子》，似难以令人信服。笔者不是把它作为某一学派的资料，而是把它视作孔子、七十子及其后学的部分言论与论文的汇编、集合，亦即某一时段（孔子与孟子之间）的思想史料来处理的。"参阅郭齐勇：《郭店儒家简与孟子心性论》，《武汉大学学报（哲学社会科学版）》第 5 期（1999 年），第 24～28 页。

③ 同注 1，第 180 页。

④ 同注 1，第 173 页。

⑤ 同注 1，第 180 页。

⑥ 同注 1，第 179 页。

⑦ 同注 1，第 194 页。

⑧ 同注 1，第 179 页。

⑨ 同注 1，第 179 页。

⑩ 同注 1，第 180 页。

⑪ 同注 1，第 180 页。

⑫ 同注 1，第 203 页。

⑬ 同注 1，第 179 页。

⑭ 同注 1，第 150 页。[ ] 表缺字，据帛书本补，参见页 152，注释：[二一]、[二二]、[二四]。

⑮ 赵岐注，贾公彦疏：《十三经注疏 孟子》，台北艺文印书馆 1989 年版，第 176 页。

孔子之谓集大成。集大成也者，金声而玉振之也。金声也者，始条理也；玉振之也者，终条理也。始条理者，智之事也；终条理者，圣之事也。

⑯ 饶宗颐：《从郭店竹简谈古代乐教》，《郭店竹简国际学术研讨会论文集》，湖北人民出版社 2000 年版，第 3～7 页。

⑰　同注 17。

⑱　丁原植：《楚简儒家性情说研究》，台北万卷楼图书有限公司 2002 年版，第 53 页。

⑲　同注 1，第 179 页。

⑳　同注 1，第 179 页。

㉑　同注 1，第 179 页。

㉒　朱骏声：《说文通训定声》，台北世界书局 1972 年版，第 711 页。

㉓　郑玄注，孔颖达疏：《十三经注疏　礼记》，台北艺文印书馆 1989 年版，第 683 页。

㉔　徐复观：《中国艺术精神》，台湾学生书局 1998 年版，第 27 ~ 28 页。

㉕　徐复观：《中国思想史论集》，台湾学生书局 1979 年版，第 239 页。

㉖　同注 25，第 241 页。

㉗　唐君毅：《中国哲学原论》，台湾学生书局 1980 年版，第 81 页。

㉘　同注 28，第 82 页。

㉙　荀况：《荀子集解》，卷第十四，《乐论篇》第二十，世界书局 1978 年版，第 252 页。

㉚　同注 28，第 84 页。

㉛　同注 28，第 85 页。

（作者单位：台湾屏东教育大学语文教育学系）

从"体用架构的转接"与"概念篇目的比附"探讨《易》、《老》融通中的曲解问题

□　颜国明

一、前　　言

　　《周易》经传与《老子》间，原本就涵括着交相的影响，因之其在天道内涵与思维方式上，具有着某种程度的迭合关系，亦且二书又都寓含着深邃的哲理智慧，以是之故，《易》、《老》的融通，实有其思想上的"构造性"因素使然。而战国之后，哲学思想崇尚融通和会，前有两汉魏晋的儒道会通，后有唐代成风的三教互补，加以后世的哲学家喜欢寓"作"于"注"，这些"轨约性"因素的学术风尚，也推波助长了《易》、《老》思想的交会融合。

　　《易》、《老》的融通，起源甚早，而依进向之不同，约可分为三种类型：第一种是引《易》、《老》为谈资者，或兼治《易》、《老》者，古人立说，好"持之有故，言之成理"，而《易》、《老》二书，其道深远，故每为立言谈说之依据，其言谈之中，每好援《老》引《易》，以为佐证，如颜斶、蔡泽、司马季主等人，而其所征引，虽有一些意义上的关联，但未必成一系统，故较难考辨其是非得失。第二种是体用架构的转接，即诠释者在疏解文本时，于思想的关键扼要处作了曲折性的移接，"体用架构"是其转接的媒介，亦即是其将一家之"体"，以移花接木的方式，转接到另一家之"用"；抑或是以彼家的"用"，接合到此家的"体"，由之而创发出另一个富有新意的学说体系，严遵的《道德经指归》、王弼的《周易注》等皆属此类。第三种是概念篇目的比附，即诠释者或在某些数目字上大加发挥，牵引挽合；或视篇章的安排为依据某些原理原则而成，强为说解；或在一些语汇概念上舍异求同；有时更为了擘画两种思想间的密切关系，精构巧思，以至于郢书燕说、穿凿附会，试图联系成一个广大而密切的《易》、《老》关系网络，吴澄的《道德真经注》、杜光庭的《道德真经广圣义》、袁桷的《清容居士集》等皆属之。

以《周易》与《老子》的义理思想言之，二书是有可融通的一面，但也包括有难以融通的一面；就可融通者而加以融通之，则无思想扞格的问题。反之，如果难以融通者也要强为融通，则将产生"曲解"的问题。

何谓"曲解"？依其"曲"向的不同，可以区分为"转折性的解释"与"附会性的解释"，前者即如郭象《庄子注》中所言的"曲与生说"①，"体用架构的转接"所含的曲解，大体属于此类。后者则如《高僧传》所云："以经中事数，拟配外书，为生解之例，谓之格义。"②其中的"生解"，"概念篇目的比附"之曲解属于此类。

如果从平章学术的角度来评比，"曲解"一义，未必全然是劣义，以"体用架构之转接"这一类的曲解言之，它实际上是寓"作"于"注"，其对古籍，虽有曲解的成分，但在学术史上，犹能建构一个新颖的哲学体系，亦自有其成就与贡献，故可谓是功过相参，以王弼《周易注》为例，后世赞其"独冠古今，功不可没"者有之，责其"惑世诬民，罪深桀纣"者亦有之。至如"概念篇目的比附"，既乏学说体系之创新，在说解上又郢书燕说、牵强比附，终将难以避免如格义佛学般，落得"新旧格义，于理多违"③的下场。

本文试图从"体用架构的转接"与"概念篇目的比附"两方面，对《易》、《老》融通之问题，作一个思想史性的考察。

二、《易》、《老》融通的曲解缘何而起？

何以传统哲学中对《易》、《老》关系会产生曲解？此问题涉及了两个层面：一个是一般性之问题，即传统经籍的注解与诠释问题；另一个是特殊层面的问题，亦即《周易》与《老子》何以易于被曲解的问题。

就前者而言，古人注经、解经，以当时的名言概念解释古人的思想，使经籍的慧命能够不间断地在后世流衍传递，并发挥其启迪人性、使人安身立命的作用。然而在其注书之时，他们一方面钩深致远、抉发幽微，使经典古籍的义理粲然明晰；一方面也以"注"为"作"，"自标新学"④。也就是说：他们一方面如西方诠释学的"客观主义"（objectivism），标榜原著的"本来面目"，但同时一方面也试图展现自己创发性的新意，建立自己注解的特色，于是寓"作"于"注"，由之而产生了"文本"与"注解"间微妙的"离"、"合"关系，汤一介先生即说：

> 古今中外对一种书的注解，许多并不真正是解释原书，而是藉注解用来发挥他们自己的思想。但既然是注书，因而注解总和原书有着千丝万缕的联系，在思想上总有某些一致之处，总有一定的继承关系。⑤

"藉注解用来发挥他们自己的思想"，汤先生指出的，正是传统中"经"与"传"间那种"若即若离"的关系，毋宁说：注解家一方面在解说古籍，但有时也在建构自己的学说体系，他们是用"旧瓶"装"新酒"，文本是旧的，诠解中却有"新义"存焉，既存"新义"，则意谓着他们所作的乃是一种"创造性的诠释"，甚而是一种"创造性的转化"。王泛森先生也说："'传统'是在一次又一次的诠释与使用中获得它的活力，也在一次又一次的诠释中改变它的风貌。"⑥这些话语虽是就"传统与现代的辩证"关系而言，但其意涵实也隐括着注解与原著文本间那种亦分亦合的辩证关系，这层关系点出了：古籍的诠解对原有的文本而言，既是一种思想上的"继承"，但同时也是一种"风貌的改变"。

风貌的改变，则有大有小，有的并未偏离文本的基本意趣，有的则已在某些关键处作了较大的转向，以致与原来的文本产生了某种程度上的扞格，以郭象的《庄子注》为例，其对"'逍遥'、'无为'、'性分'、'有和无'"，乃至于"最高的理想人格"等诸问题，皆与原著《庄子》有着"基本上的差异"⑦，因着这些差异，使得《庄子注》发挥了"妙析奇致，大畅玄风"⑧的效果；但也因着这些差异，使得郭象必须不断强调庄子有时是"寄言出意"，读者（达观之士）必须能"要其会归而遗其所寄"，只要"不害其宏旨"者"皆可略之"⑨。这些陈说正显示着，当郭象愈加强调"不足事事曲与生说"，则愈加流露出他"曲与生说"了《庄子》。⑩

"创造性的诠释"，或"创造性的转化"，虽为古籍注解的一般性问题，然而其在《老子》与《周易》二书特为显然，何以此二书特别易于被解释者所借题发挥，笔者认为约有两个原因促成此种现象，首先关涉到《易》、《老》义理性格之特殊层面问题。《道德经》五千言，首开形上道体论述的先河；"正言若反"的辩证思维与表义方式，也隐含了"本体与作用"、"语言与意义"间"诡谲依即"的辩证关系，加以其对文化与生命问题的深层反省，经由"致虚"、"守静"、"损之又损"等实践功夫，所朗现的澄澈心境与观照智慧，都是深具原创性的学说思想，且预留有很大的发展空间。加以其言简意赅，论证又阙如，更增添了后世解说家自由挥洒的余地，袁保新先生因之而言：

> 老子《道德经》文简意深的经体形式，以及一切论证付诸阙如的表述方式，使得其核心概念的意涵均难于测定把握。换言之，老子《道德经》的义理宗趣并非昭然若揭、不可争议的。宛若天降的寥寥数语，往往涵蕴着多重诠释的可能性。……如果老子《道德经》本身的义理性格非常明确，根本没有多重诠释的可能性，则后代之注《老》与解《老》的学者，也将没有余地因其个人的才情、洞见，或时代思潮的趋向，演为不同之理解系统。⑪

因为《道德经》的义理性格并不明确，"涵蕴着多重诠释的可能性"，才给予了后世注解家各抒己义的空间，如从"体"、"用"意涵析解之，则有道体道用的庄子思想、道体术用的黄老思想、道体神用的养生思想、道体儒用的玄学思想、道体兵用的韬略思想，等等。然而，从另一面言之，唯其如此，方能孳乳成一个丰富而多彩的"老学"系统。

至如《周易》，其卦爻辞本是作为卜筮之用，《易传》将之诠解成一个进德修业的哲学系统，"经"、"传"之间虽然产生了一种离合关系，有些学者因而主张"经传分家，以经解经，以传解传"⑫，然而对《周易》经文和筮法加以逻辑化、哲理化、体系化的解释者，《易传》仍是最有系统的一部著作；加以其兼有"占筮语言"与"哲学语言"，既可"取象"，亦可"取义"，都涵括了甚多原创性的思想，这些给予了后来的易学家很大发展空间，因之后世展衍成"象数易学"与"义理易学"，迄于有宋，又有"图书之学"，朱伯昆先生因之而言："《易传》实际上是哲学著作，有自己的理论体系，成为战国时期一大哲学流派，在易学史和哲学史上都占有重要地位。汉代以来形成的各种解易的哲学流派，都可以从《易传》中找到其思想的渊源。"⑬而后世"解易的哲学流派"涵盖面非常广大，无论是天文、地理，抑或是民间所称的"五术"——星、医、命、相、卜等，都喜欢依《易》以为说，故《四库全书总目提要·易类小序》云："《易》道广大，无所不包，旁及天文、地理、乐律、兵法、韵学、算术，以逮方外之炉火，皆可援《易》以为说。"⑭

《周易》与《老子》，都"涵蕴着多重诠释的可能性"，故而历代对于《易》、《老》的诠解，亦可谓"各取所需"，以《易》言之，有以象数为说者，有以玄理为说者，有以医道为说者；以《老》言之，则有以权谋法术为说者，有以神仙养生为说者，亦有以军事用兵为说者，这是其思想易于被作曲解性解读的第一个原因。

此外，《周易》与《老子》间存在著交叉性影响，是其易于被曲解的第二个原因。《老子》理当受到《周易》经文的影响，而其又影响了后起的《易传》；而《易传》是解释经文和筮法的，可谓是经文思想的直接继承者与发扬者；由之《周易》与《老子》具有着一些思想上的迭合。然而，它们相互迭合的部分，大体上都是属于形式意义的部分，以"道"言之，《老子》首章言："道可道，非常道"，将"可道之道"和"常道"作了两层区分。而《系辞传》受到《老子》影响，亦言："形而上者谓之道，形而下者谓之器"，也将"道"与"器"作了两层区分，但这种超越的区分，或说"道"超言绝象的特性，都是属于道的形式特性，这些特性是可以相融的，《易》、《老》融通之所以会产生曲解，问题并不在此，而是由此形式特性延伸到道的"内容意义"之特性，因为后者决定着《周易》与《老子》思想系统之归属，它们大体是难以融通为一的，黄沛荣先生因是而言："故凡言《易》、《老》之旨不殊，应兼《老子》承《易经》及《易传》承《老子》言之，经传之着成时代既有不同，自应分别观之也。"⑮：如果不能抽丝剥茧、条分缕析，厘清此中的复杂关系，则易于陷入谜团而产生曲解。

除了前述两个原因外，尚有两个外缘性的因素，也助长了《易》、《老》关系的牵合，其一是：《老子》第十八章、第十九章对"圣智、仁义、孝慈"等，提出严厉的批判⑯，极易招致后代的误解，而《周易》是儒家很重要的经典，故而借着《易》、《老》融通，一方面可以消弭此种误解，另一方面又能借着《周易》以抬高《老子》的经典地位，使《老子》与《周易》，在学术地位上并驾齐驱，受到等同的重视，陆希声《道德真经传》即云：

> 夫老氏之指，执古御今，故辨其必然之理，盖不得已而为之者，后世不能通其意，乃谓不合于仲尼。在此与后章也，于乎老氏之受诬久矣，吾今乃阐而明之。⑰

陆氏"阐而明之"的方式，就是在解说《老子》时，援入许多《周易》的学说与概念，他努力地想使后人相信：老子与伏羲、文王、孔子——所谓"《易》之三圣"——只是"兴于文"与"本于质"的教法不同，他们的最终的意旨则是相同的，其云："此三君子者，圣人之极也，老氏皆变而通之，反而合之，研至变之机，探至精之颐，斯可谓至神矣"⑱。

其二是：自春秋战国之后，哲学的发展渐渐蔚成一股杂糅合流之势，从《吕氏春秋》，经《韩诗外传》，迄于《淮南》，都属杂糅形态，司马谈《论六家要旨》中说"道家"是"因阴阳之大顺，采儒、墨之善，撮名、法之要"，已是"混合各家的学派，与其名之为道，不如称之为杂，来得更正确些"[19]。汉世之后，各个时代又有其主要的时代课题，或辩"老庄与圣教同异"[20]，或倡"三教互补合流"，即今之世，亦有想要建构"《易传》是道家易学"者，其对《易》、《老》的诠解，可谓"各取所需"，全凭己意，穿凿弥合，《易》、《老》的关系，由兹而日益紧密。

三、体用架构转接之曲解

古人立说，每好"持之有故，言之成理"，而《易》道深远广大，故每为立言谈说的根据，胡自逢先生即云："《易》为六艺之冠冕，义理渊薮，又当时至通行之书，其引述以为立言之据者固多。"[21]胡先生考察的对象虽然是先秦诸子，但他所指出的这种引《易》为说的现象，是后世皆然的。

而老子《道德经》亦深富哲思，对有为造作的人文之道，深具痛切性的反省；对人生价值的归趋，也有一种根源性的指引，因之战国秦汉之后，《易》、《老》兼修者，时有其人；且亦非唯儒道兼综、《易》《老》并治，甚而"博贯载籍"，穷究"九流百家之言"[22]，已成后世日渐蔚然的一种风尚，从一些战国以后的《易》学家，如颜阖、蔡泽、司马季主、司马谈、淮南九师等人，都可见到这种趋势。即或在 1978 年，于湖南长沙马王堆汉墓出土的帛书《周易》、《老子》、《战国纵横家书》等，也显示出这个墓主生前是一个好尚《周易》与《老子》的人。

除了上述诸人外，汉魏之时，古籍著录之兼治《易》、《老》的学者，尚有：韩婴、严遵、扬雄、马融、虞翻、董遇、钟繇、何晏、裴徽、阮籍、管辂、钟会、王弼、荀融、王济、阮脩、谢鲲等人，他们有的纯是个人兼容并蓄的积学；有的则是试图将《易》、《老》思想作一交融。此种融通，又可区分为两种类型：一种是引《易》、《老》以明义，其或引《周易》之文，以解说《老子》思想，或引《周易》、《老子》之文，以证己说；而其引用，较为随机，并没有一个思想理论的层次结构来安立儒、道思想，诸如韩婴的《韩诗外传》、淮南王刘安的《淮南子》都属此类，如前者云：

> 昔者舜甑盆无膻，而下不以余获罪。饭乎土簋，啜饮乎土型，而工不以巧获罪。麑衣而盩领，而女不以侈获罪。法下易由，事寡易为，而民不以政获罪。故大道多容，大德多下，圣人寡为，故用物常壮也。传曰：易简而天下之理得矣。（卷三，一章）

引《系辞传》"易简而天下之理得矣"，来说明老子的"大道多容，大德多下，圣人寡为，故用物常壮"之思想。另外，《淮南子·谬称训》也说：

> 道者，物之所导也；德者，性之所扶也；仁者，积恩之见证也；义者，比于人心而合于众适者也。故道灭而德用，德衰而仁义生。故尚世体道而不德，中世守德而弗坏也，末世绳绳乎唯恐失仁义。君子非仁义无以生，失仁义，则失其所以生；小人非嗜欲无以活，失嗜欲，则失其所以活；故君子惧失义，小人惧失利，观其所惧，知各殊矣。《易》曰："即鹿无虞，惟入于林中，君子几不如舍，往吝。"

前段阐论的是老子"失道而后德,失德而后仁,失仁而后义"的思想,后段则叙说君子小人之别,一"惧失仁义",一"惧失利",最后引《屯·六三》爻辞以证己说,儒、道兼融,随机而引,甚为了然。

除了上述类型外,另一种则是在作儒、道融合之时,以道家的"玄"或"无"为"上半截",以儒家的仁义道德为"下半截",再将上下两层作一有机性的整合,由之而形构成一个"道体儒用"的理论结构,从严遵、扬雄,到王弼,可寻究出此一"体用架构转接"的发展脉络,这个新颖的体用架构是一种学说的融合,也是义理上的创新。但是除了扬雄是一种"拟作"外,其余大体上都是借"注"为之,亦即批注旧籍,加入新意,而"新"与"旧"之间,或有"伸展",或有"转折",二者之别,在于其所解说的文本是《老子》,抑或是《周易》;如是前者,乃是一种学说上的伸展;倘是后者,则是一种体用关系上的转向,兹分别讨论于后。

(一) 严遵的"自然仁义"

严遵,字君平,《汉书》言其"博览亡不通"[23],《华阳国志》载其"雅性澹泊,学业加妙,专精《大易》,耽于《老》、《庄》。常卜筮于市,假著龟以教。与人子卜,教以孝;与人弟卜,教以悌;与人臣卜,教以忠。于是风移俗易,上下慈和。日阅得百钱,则闭肆下帘,授老庄。著《指归》,为道书之宗"。可以见出其在治学上,《易》、《老》并治;生命人格亦朗现出儒、道兼具的风范,故其书虽为"道书之宗",然考其内容,援"儒"入"道"的思想实昭然可见,如《善建篇》云:

> 治之于家,则夫信妇贞,父慈子孝,兄顺弟悌,九族和亲。耕桑时得,畜积殷殷,六畜蕃殖,事业修治,常有余财,乡邑愿之。治之于乡,则睹纲知纪,动合中和,名实正矣。白黑分明,曲直异理,是非自得,奸邪不起。威严尊显,令行禁止,奉上化下,公若父子,敬爱信向,上下欢喜。百姓和集,官无留负,职修名荣,称为君子,常有余德,没身不殆。治之于国,则主明臣忠,朝不壅贤,士不妒功,邪不蔽正,谗不害公。和睦顺从,上下无怨,百官乐职,万事自然。远人怀慕,天下同风,国富民实,不伐而疆。宗庙尊显,社稷永宁,阴阳永合,祸乱不生。万物丰熟,境内大宁。邻家托命,后世蕃昌,道德有余,与天为常。[24]

这是严君平对《老子》第五十四章"善建者不拔"一章的部分解说,儒家修身、齐家、治国、平天下的思想,与《老子》的学说,已被作了一个巧妙的结合。

《指归》中以《易》解《老》之处甚多,而较多的情形是以《周易》的语汇或思想,来解说《老子》,如在《得一篇》中,其以《干·彖》的"大哉干元! 万物资始,乃统天。云行雨施,品物流形",与《坤·彖》的"至哉坤元,万物资生,乃顺承天。坤厚载物,德合无疆",用之来解说《老子》的"天得一以清,地得一以宁",其云:

> 天之性得一之清,而天之所为非清也。无心无意,无为无事,以顺其性;玄玄默默,无容无式,以保其命。是以阴阳自起,变化自正。故能刚健运动以致其高,清明大通,皓白和正,纯粹真茂,不与物糅。(礭)【确】然《大易》,干干光耀,万物

资始，云蒸雨施，品物流形，元首性命，玄玄苍苍，无不尽覆。地之性得一之宁，而地之所为非宁也。无知无识，无为无事，以顺其性。无度无数，无爱无利，以保其命。是以山川自起，刚柔自正。故能信顺柔弱，直方和正，广大无疆，深厚清静，万物资生，无不成载。㉕

由此即可概略见出借《易》以诠《老》的解说倾向，而其引用《易》中的词汇、语句、思想，有引自卦爻辞者，也有取于《系辞》的；或资借于《象传》、《彖传》，或取义于《文言》、《说卦》者，其他涵括的语汇诸如："贵而无位，高而无民"、"阴物穴居，阳物巢处，火动炎上，水动润下"、"物以族别，类以群分，尊卑定矣，而吉凶生焉"等等。㉖而由上列之引文亦可见出，其引用《易》文，并非僵化性套用过来，而是将之融入于自己的叙述脉络之中，由此亦可显见严君平对《周易》文本的精熟。

然其融贯《易》、《老》之荦荦大者，莫过于将《周易》的"一阴一阳之谓道"，系统性地融于《老子》"天地之道"中，如其云：

> 天地之道，始必有终，终必有始。阳气安于潜龙，故能铄金；阴气宁于履霜，故能凝冰。
> 天地之道，一进一退而万物成遂，变化不可闭塞，屈伸不可障蔽。
> 天地为法，阴阳为象。日月为仪，万物为表，因应为元，诚信为首。
> 夫天地之道，一阴一阳，分为四时，离为五行，流为万物，精为三光。阳气主刑，覆载群类，含吐异方。
> 法象莫崇乎道德，稽式莫高忽神明，表仪莫广乎太和，著明莫大乎天地。
> 道德之化，天地之数，一阴一阳，分为四时，离为五行。㉗

《老子》虽然也有提到阴阳，如四十二章言："万物负阴而抱阳，冲气以为和"，但并没有像《易传》般，建构出一个阴阳学说的系统，王德有先生因之而说："《老子》也讲阴阳……认为万物都有阴阳两个方面。但老子并没有着意表述这种思想，涉及阴阳的文句也仅止一处。而严遵的《老子指归》则不同，其中的阴阳思想不仅已成系统，而且已成全书整个思想体系的一根支柱。"㉘

严遵的借《易》诠《老》，虽然并非像唐以后一些解《老》者般，作一种生硬式的套用，而是因其对二书文本的精熟，在思想上作一种融通，但文本的精熟是一回事，其融通之后，在义理上是否恰当，却是另一回事。《指归》之援《易》入《老》，将儒家的人伦道德，注入于《老子》之思想中，此部分对《老子》之诠解而言，已是一种伸展性的解释，王德育先生称此种思想为"自然仁义"，其云：

> 严遵将仁义与自然融为一体……老庄学说上半截是道法思想，下半截是人法思想，将自然与人为的仁义对立起来，从而与儒学对立；《周易》的上半截是天道阴阳，下半截是人道仁义，将人道视为天道的体现，将仁义视为阴阳的体现，从而与儒学融合。而严遵的《老子指归》则将《周易》的下半截与老庄的上半截融为一体，将自然与仁义融为一体，我们给它起个名字，叫"自然仁义"。㉙

"将《周易》的下半截与老庄的上半截融为一体,将自然与仁义融为一体",这是一种"体"、"用"思想的融合,只不过严君平尚未运用这一对范畴性的概念,且"体"、"用"异质异层的区分,似乎也尚是一种隐括;然而儒家的人伦道德,与《老子》的"道经"、"德经",已被巧妙地作了一番接合。此一融合,使得《老子》的自然无为思想,与仁义道德间,有一较为积极义的关联。唯此一调融,对《老子》的思想而言,乃是一种义理上的延伸,已有"曲解"存焉。

严遵调融《易》、《老》的学风,直接影响了魏晋,王弼"道体儒用"的学说,溯其本源,可说是肇端于严君平。然而,两人的学说虽皆融摄儒、道,但其曲解的程度却不相同,王弼因批注的是儒家的典籍《周易》,但却以道家的"无"当"上半截",把原有儒家"存在义之体",一变而为道家"境界义之体"[30],其曲折性的转向较大;而严君平诠解的是《老子》,而其"上半截"仍然是道家的,"下半截"虽代之以儒家的仁义道德,但《老子》原本对仁义等德目,只是"作用的保存"[31],并非全盘的否定;严君平所作的,乃是由消极义的批判、省察,转为积极义的涵括、融摄,其"境界义之体"的理论架构并未因之而改变;故而,这些所增添的内容,并未与文本的主要思想产生大的抵牾;由是之故,后世苛责王辅嗣者较多,而批判严君平者较少。

(二)扬雄的"为仁义"之"玄"

扬雄,字子云,蜀郡成都(今四川成都)人,生于西汉宣帝甘露元年,卒于新莽天凤五年,他才华出众,不仅是一位辞赋文学家,也是文字训纂学家,同时也是一位颇有创意的哲学家,而更是一位多方位的摹拟作家。《汉书》本传载他:

> 以为经莫大于《易》,故作《太玄》;传莫大于《论语》,故作《法言》;史篇莫善于《仓颉》,作《训纂》;箴莫善于《虞箴》,作《州箴》;赋莫深于《离骚》,反而广之;辞莫丽于相如,作四赋:皆斟酌其本,相与放依而驰骋云。[32]

他少时曾师事严君平,在人格与学风上深受严君平影响,严君平"雅性澹泊,学业加妙",他也是"默而好深湛之思,清静亡为,少嗜欲,不汲汲于富贵,不戚戚于贫贱,不修廉隅以徼名当世。"[33]严君平在学术风尚上援《易》入《老》,他则在摹拟《周易》而作《太玄》时,也注入了《老子》的思想。

"《太玄》确是摹拟《周易》而作"[34],不论是卦爻的结构形式,抑或是经传的架构与解说关系,都可以寻究出其摹拟的辙迹,如:《周易》的卦画有阳爻与阴爻,《太玄》模仿之而作奇 ▬、偶 ▬▬、和 ▪▪▪。《周易》有六位,由下而上,曰:初、二、三、四、五、上;《太玄》则有四重,最上为方,其次为州,再次为部,最下为家。《周易》用二分,八卦相重,是为六十四卦($2^6=64$);《太玄》用三分,错布于方、州、部、家四重之中,得出八十一首($3^4=81$),首以拟卦。《周易》每卦六爻,六十四卦共为三百八十四爻,爻有爻辞;《太玄》每首九赞,八十一首共为七百二十九赞,赞有赞辞,赞以拟爻。《周易》立天之道曰阴与阳,立地之道曰柔曰刚,立人之道曰仁曰义;《太玄》立天之道曰始、中、终;立地之道曰下、中、上;立人之道曰思、福、祸。《周易》干之策二百一十六,坤之策一百四十四,乾坤之策凡三百六十,当期之日;《太玄》每两赞主一昼夜,七百二十九赞合为三百六十四日半，外加踦、嬴两赞而满三百六十五日半，亦当期之日。凡此皆可见出《太玄》准拟《周易》卦爻的形式结构，同时又将《周易》的符号模式加以改组的痕迹。

在经传的体例架构上，《太玄》的模仿也是甚为显然的，如《周易》有经有传，传以解经；《太玄》也有经有传，经分三卷，传有十一篇，传也是用以解说《太玄》经文。《周易》有《彖传》，太玄则有《首》。《周易》有《象传》，《太玄》则有《测》；《象传》是解说爻辞，《测》也用以解说赞辞。《周易》有《文言》，《太玄》也有《文》；《文言》主要是解说元、亨、利、贞四德，以及乾坤两卦的爻辞；《文》也依拟《周易》，提出罔、直、蒙、酋、冥作为《玄》的五德，并且反复阐释《中首》九赞之辞。《周易》有《系辞》，《系辞》是《易传》的通论，包括有揲蓍求卦的体例、《易经》的创作、意蕴和功用等；《太玄》则有攡、莹、掜、图、告等五篇，这五篇主要在推赞《玄经》，并且阐发《太玄》的创作、意蕴和功用。《周易》有《说卦》，《太玄》则有《数》；《说卦》主要在论述八卦所象的事物，《数》也是在讨论九赞所象的事物。《周易》有《序卦》，主要在解说六十四卦"二二相耦，非覆即变"[35]的排列规则；《太玄》则有《冲》，用来序列八十一首，说明其两两相对的理由。《周易》有《杂卦》，以"杂糅众卦，错综其义，或以同相类，或以异相明。"[36]《太玄》则有《错》，以"分别解释八十一首之意义，不依各首之次序，亦皆两首相对成文，错综交杂而说之，故题为《太玄·错》。相当于《周易·杂卦传》。"[37]此外，《周易》有揲蓍求卦的方法，《太玄》也有揲蓍索首的法则。《周易》有占断吉凶的断定之辞，《太玄》也有一套占筮断卦的终赞之辞。由这些经传关系、揲蓍求卦、占断吉凶等，也可见出《太玄》摹拟《周易》的轨迹。

《太玄》虽是模仿《周易》而作，但是其所摹拟，较偏向于《周易》的外在形式层面，在思想内容上，他是颇有创意的，一些对扬雄有深入研究的学者，大多肯定他在哲学思想上的成就，如郑万耕先生说：

> 要而言之，《太玄》确是一部模仿《周易》而作，具有神秘色彩的占筮之书。然而，它却对以前的易学、哲学和自然科学作了一定程度的总结，提出了一个世界图式和哲学体系，包含有丰富的哲学思想。[38]

《易经》原始的功能是占筮，到了《易传》才加以逻辑化、哲理化，与体系化；而扬雄在拟《易》以作《太玄》时，也是经、传两者兼拟，甚而在两者的主从关系上，是以阐发哲学思想为主，而以占筮为辅，周立升先生即说：

> 由于《太玄》拟《易》而作，故《太玄》亦有占筮之功能，然而《太玄》的主题却不是占筮而是阐述其哲学思想。质言之，《太玄》的哲学思想不是通过占筮、围绕占筮而展开，而是在进行深湛之思的过程中，旁及占筮，这是和《周易》不同的。[39]

《太玄》虽拟《周易》而作，但扬雄主要是借着《太玄》来建构其哲学体系，而其学说体系的特殊之处，乃在于他承继了其师严君平的学风——融通儒、道，他试图将老子的"玄理",融进他所摹拟于《周易》的形式结构中,此又可由两方面来探讨。

首先,《周易》的卦爻结构是在二进制的基础上建立起来的,从阴爻━━、阳爻━━(2^1),而四象[40] ═ ═ ═ ═(2^2),而八卦(2^3),进而八卦相重,成为六十四卦(2^6)。而扬雄一方面"从《易传》天、地、人三才的观念出发"[41],一方面则资取了《老子》"道生一,一生二,二生三,三生万物。"(第四十二章),认为一分为三是事物发展的规律,《玄图》说:"玄有二道:一以三起,一以三生。"所以他以三进位为准则,在奇━━、偶━━之外,又加了一个和━━━,然后将━━、━━、━━━加以四重(3^4),得出八十一首,每一首又内分为九赞之位,而每九首又合为一天,共得"九天",故而三、九(3^2)、二十七(3^3)、八十一(3^4),成为《太玄》宇宙图式的基本数字,如《太玄图》说:"一玄都覆三方,方同九州岛,枝载庶部,分正羣家",即是说:一玄分为三方,每一方又各分为三州,即是"方同九州岛",每州又各分为三部,是为二十七部,每部又各分为三家,共得八十一家,此为"分正羣家"。《太玄告》也说:"玄生神象二,神象二生规,规生三摹,三摹生九据。玄一摹而得乎天,故谓之有(九)天;再摹而得乎地,故谓之有(九)地;三摹而得乎人,故谓之有(九)人。天三据而乃成,故谓之始中终;地三据而乃形,故谓之下中上;人三据而乃着,故谓之思福祸。上欲下欲,出入九虚,小索大索,周行九度。"[42]

在阴、阳之上,又添加上了一个基本成素"和━━━",这也是扬雄颇为独特的创见,"和"意谓著其非阴非阳,又即阴即阳的"参和状态",它双遣阴阳二边,又不离阴阳二边,这种不即不离的辩证性融合,恐非来于《周易》,而是把取自于《老子》"万物负阴而抱阳,冲气以为和",周立升先生于此有深刻的见解,其云:

> 《太玄》是拟《易》之作,同时又吸收了老子的天道观和辩证法,因此是会通《易》、《老》的杰作。但就这思理路而言,《太玄》明显地近于《老子》,而与《周易》有所不同。……它(《太玄》)以三分法代替了《周易》的二分法,强化了阴、阳的结合体即阳(一)、阴(二)、和(三),突显了阴阳参和、阴阳消长的调节功能。此思想可溯源于老子。……只有"一生二,二生三"的三分架构,才能昭示"阴阳一体"以及阴阳在一体中的"参和状态"。[43]

此外,《太玄》取用《老子》"玄之又玄"的"玄",作为其贯通天人的最高原理,《太玄》的"玄",有如《周易》的"易",是天地万物的本原、宇宙的本体,世间万物的发生、变化都归因于这个"玄",如《太玄攡》说:"玄者,幽攡万类而不见形者也,资陶虚无而生乎规,关神明而定摹,通同古今以开类,攡措阴阳而发气。一判一合,天地备矣;天日回行,刚柔接矣;还复其所,终始定矣;一生一死,性命莹矣。"[44]

扬雄并将此最高原理,与儒家的"仁义、三纲、伦理道德"接合在一起,"或曰:玄何为?曰:为仁义。"[45]"玄"妙用无方,几凡"智、仁、勇"、"公、通、圣"等一切人伦德目,都不过是"玄"特定方向的一种定用,"玄"俨然立在一个更高的层次上,笼罩着伦理道德,在儒、道体用思想的融通上,又向前跨越了一步。桓谭《新论》也说:

> 扬雄作玄书,以为玄者,天也,道也。言圣贤制法作事,皆引天道以为本统,而

因附续万类、王政、人事、法度，故宓羲氏谓之易，老子谓之道，孔子谓之元，而扬雄谓之玄。……扬子云何人耶？答曰：才智开通，能入圣道，汉兴以来，未有此人也。……子云所造《法言》、《太玄经》也；《玄经》，数百年，其书必传。⑯

桓谭认为：扬雄的"玄"，与宓羲氏的"易"、孔子的"元"、老子的"道"，其内容都是在表述"天道"，意涵都是相同的，也都是"万类、王政、人事、法度"的最高原理。扬雄、桓谭尚未使用"体"这个概念，但其学说已把宓羲氏的"易"、孔子的"元"、老子的"道"，乃至于扬雄借用自《老子》的"玄"等，这些本体性意义的概念，都视为是相同的，虽然它们是在不同的学说系统中，用以表述的概念也各自有别，但它们莫不都是"圣贤制法作事"时，引之以为"本统"的"天道"。

桓谭此段话值得留意的有两处：首先，他把扬雄的《太玄》抬高到与《周易》、《老子》平齐的地位，亦即视之为"经"。其次，不管是《易经》、儒家的《易传》，抑或是道家的《老子》、扬雄的《太玄》，其作为最高原理的"天道"，名称虽异，意涵却是相同的。就前者而言，桓谭称扬雄所作的为"太玄经"，云："《玄经》，数百年，其书必传"。但桓谭却万万没料到，短短数十年间，这部《太玄经》，世人已不读了，"自雄之没，至今四十余年，其《法言》大行，而《玄》终不显，然篇籍具存。"⑰

《太玄》何以未受到当时与后代的重视？与其学说体系的理论缺陷是有关系的，金春峰先生从模仿、缺乏创新的勇气、与其时代脱节等几个方面，分析《太玄》"成了徒具文字的躯壳，受到社会和人们的冷落"⑱的原因。徐复观先生则从道家的"体"，能否接合儒家的"用"提出质疑：

> 《太玄》是以老子的道德为体，以儒家的仁义为用建立起来的。这样的体用是否联结得上，乃另一问题，但这种道、儒两家思想的结合，也表明西汉思想的一个倾向。⑲

扬雄虽然尚未明确提出"体"、"用"这一对范畴性的概念，然而老子的"道"如何等同"易"与"元"、如何接合人伦之用，扬雄并没有提出进一步的说明，但其实其中已涵括着一种曲解；此曲解肇因于只见到"易"、"道"、"元"、"玄"四者在"形式意义"方面的同，但忽略其"内容意义"的相异；内容意义上的混淆，正是《太玄》理论建构上的一个缺失，它不仅混合了儒、道的体用，亦且以"卦气说"为"《易》"，焦循即言："《太元（玄）》所准者，卦气也，非《易》也"⑳，这种理论系统上的缺陷，终导致其书不显的结局。然而，扬雄如此的接合，已为思想史上《易》、《老》会通的问题，产生了不小的影响。魏晋王弼"道体儒用"体系的建构，可谓是其理论的进一步深化。

（三）王弼的"体无用有"

"以老子的道德为体，以儒家的仁义为用"，王弼可谓是"后出转精"者，而同时期也想作这种融通结合的尚有何晏等人，何晏在《论语集解》中，认为颜回因能"虚中"，故能"怀深远"㉑；其与王弼并提出了"天地万物以无为本"、"贤者恃（无）以成德"㉒的主张；道家的"无"是天地万物的本体，圣贤人物唯有凭借着"无"，方能成就其德行人格。而王弼在十余岁时,就从"体无"与"言无"二者比较孔、老的同异,《三国志·魏书·钟会传》裴注引何劭《王弼传》记载:

> 弼幼而察慧,年十余,好老氏,通辩能言。父业,为尚书郎。时裴徽为吏部郎,弼未弱冠,往造焉。徽一见而异之,问弼曰:"夫无者诚万物之所资也,然圣人莫肯致言,而老子申之无已者何?"弼曰:"圣人体无,无又不可以训,故不说也;老子是有者也,故恒言无所不足。"⑬

王弼的回答可谓言简意赅,这是魏晋清谈所向往的"谈言微中",唯其中所涵蕴的义理尤可注意者约有数端:

1. 孔子"体之而不言",老子"言之而不能体"是王弼会通儒、道二家的中心线索,虽然二家学说所展现的风貌不同,但究极核心皆在于"道",只是一个以"体现"的方式,直接实践于德业之用中,另一个则以"言说"的方式,详细申说"道"的内容意涵。故若能突破表象上的差异,而直扣其会归的枢纽,则儒、道二家,其道"一"也。

2. "圣人体无,老子是有",在境界层次之分判上,真正的圣者是孔子,老子则未入圣域,此种"人品崇儒圣,理趣宗老庄"之玄唱,亦正是魏晋玄学家"阳尊儒圣,阴崇老庄"的一贯作风,如此,既可不悖传统,复能妙畅玄虚。

3. 圣人将"无"体现于人伦日用之中,而"体无"的"无",不可道,不可训,是以孔子体之而不言,故臻上乘的圣境,老子止于"有"的境界而向往"无",但因言之而不能体,故未入圣域。

4. "人品宗儒圣,义理则崇老庄",道体儒用,会通儒道,此步会通,推进了道家冲虚玄德在境界义的体用,而由于道家对其本体"无",在内容上并没有特殊的规定,它只是一个显冲虚浑化妙用的"体",因之而说:孔子"体无",也不为过,孔子不也有"无知"、"无言",与"毋意,毋必,毋固,毋我"的工夫与理境之阐述,然而孔子之所以被后代尊称为"圣",其关键要旨是否在此冲虚浑化的"无为"一面?

5. 以王弼为首的正始玄学,在中国学术发展史上可谓为一大转变环节,他推弃汉儒,下起六朝流变,而其能有如此大的影响力,乃在于他在"儒道会通"的学风下,将道家冲虚玄体的"无",取代儒家实体性的"道",进而开展出一个依止于冲虚玄德的主观境界形态之"体用圆境"。"道体"的转接,使两汉天人感应目的论与谶纬象数之学失去其根源性的凭借;而体用圆境的开展则为"儒道会通"扎下坚实的理论基础,是故"道体儒用"的体用圆境,可以说是他理论体系的核心,也是后人赞誉与讥毁的焦点所在。

王弼也曾与何晏论辩"圣人有情、无情",王弼的主张是"圣人体无而有情"⑭,凡此皆透显出他以"体无用有"融通儒、道的主张。虽然,"体"、"用"这一对富于中国色彩的范畴是否肇创于王弼,可能尚有争论,但是"本"、"末"则是大量被使用于王弼的学说思想中,而其意涵即是表述本体与现象(或作用)的"体"、"用"意涵,王弼以"本"、"末"为基本概念去建构其思想体系,再以无有、母子、一多、静动、常变、意言去表述"本"和"末"的关系。"无"和"有"虽是源自于老子《道德经》,但在《道德经》中,"无"性之妙与"有"性之徼,辩证地融合即是"玄",同属于"道",故谓"道的双重性"(double character)⑮。而在王弼的思想体系中,"本、末"即是"无、有"，亦犹"体、用"，表述着本体和现象。在此数对显性的概念，其关系都是一种不即不离的辩证关系，亦即：举道而不离物，道即在物中；言无必不离有，无因于有；举一而不舍多，一即是多；执本而不弃末，本即是末，形构成一个本体与现象不即不离的动态性、有机性之关系网络，此关系网络可借其《大衍义》以说明之：

> 演天地之数，所赖者五十也。其用四十有九，则其一不用也。不用而用以之通，非数而数以之成，斯易之太极也。四十有九，数之极也。夫无不可以无明，必因于有，故常于有物之极，而必明其所由之宗也。[56]

万物存在根据的本体是不用之"一"，是"非数"，虽不用，而凡用必"以之通"，虽非数，而诸数皆"以之成"，体虚而用实，虚非实，然无虚不足以运实；体无而用有，无非有，然非无不足以生有。而不论是"一"，抑或是"无"，都表述着其非隔绝的单体，而是成用的体，体即在用中，用即是由体所繁兴的用，故是承体而起的用，非离体的用。体在用中，用因体显。体非用，而体不离用；用非体；而用不离体，体用不即不离，这是王弼崇本举末、体无用有、守母存子的圆唱。而其所言的"体"，《周易·系辞传》名之曰"太极"，至于其真实意涵则是道家的"无"。

以"反本"去诠解《周易·复卦》的"复"，再以道家的"无"来解说"反本之"本"，这是王弼甚为有名的新解，其注《复·彖》"复其见天地之心乎"时说：

> 复者，反本之谓也。天地以本为心者也。……天地虽大，富有万物，雷动风行，运化万变，寂然至无，是其本矣。[57]

以道家的"寂然至无"，作为天地万物的"本"，将老子《道德经》与《周易》的学说，熔冶于一体，开决《周易》的儒学之"用"，使趋向于冲虚玄德的道家的"体"，由此而构作出一个崭新的体用圆境的思想体系。另外，《蛊·彖》："巽而止，蛊"，王弼也注说："既巽又止，不竞争也；有事而无竞争之患，故可以有为也"，这是《老子》"为而不争"、"无为而无不为"的思想。在《周易注》中，这种思想上的融通处甚多，戴师琏璋在《王弼的玄理》一文中有很多深刻的阐发。

王弼非唯援《老》入《易》，他同时也援儒入《老》，他也将儒家的仁义之"用"注入到老子的思想中，与老子的"道体"作了一个巧妙的接榫。如《老子》第三十八章，其注曰：

> 故苟得其为功之母，则万物作焉而不辞也，万事存焉而不劳也。用不以形，御不以名，故仁义可显，礼敬可彰也。夫载之以大道，镇之以无名，则物无所尚，志无所营。各任其贞事，用其诚，则仁德厚焉，行义正焉，礼敬清焉。……载之以道，统之以母，故显之而无所尚，彰之而无所竞。用夫无名，故名以笃焉；用夫无形，故形以成焉。守母以存其子，崇本以举其末，则形名俱有而邪不生，大美配天而华不作。[58]

只要"用不以形，御不以名"，则"仁义可显，礼敬可彰"；"用其诚，则仁德厚焉，行义正焉，礼敬清焉"，崇本即可举其末，守母即可存其子，依旧是"道体儒用"的基本架构。

王弼的援《老》入《易》，招致后代截然两极化的评价，有赞之为："天下耳目焕然一新，圣道为之复觌"[59]者；也有责之为"崇尚玄虚，杂述异端"[60]、"惑世诬民，罪深桀纣"[61]者；前者指的是其扫除象数，摈落五行灾异之功；后者则是对其援《老》入《易》的责难；前述的这些赞誉与批评皆未免过于两极化，《三国志·魏书·钟会传》裴注引孙盛的说法则是长短互见，其云：

> 《易》之为书，穷神知化，非天下之至精，其孰能与于此？世之注解，殆皆妄也。况弼以傅会之辨而欲笼统玄旨者乎？故其叙浮义则丽辞溢目，造阴阳则妙赜无闲。……虽有可观者焉，恐将泥夫大道。[62]

"丽辞溢目"、"妙赜无闲"，显示王弼敏锐的玄思与生花之妙笔，然其"虽有可观者焉"，却恐"泥夫大道"，因为他是以"注"为"作"，牵强结合之处易被视为是一种"傅会之辨"。

孙盛从思想内容上点出王弼《周易注》的得失，《四库全书总目提要》则从学术源流上权衡其功过：

> 平心而论，阐明义理，使《易》不杂于术数者，弼与康伯深为有功；祖尚虚无，使《易》竟入于《老》、《庄》者，弼与康伯亦不能无过。瑕瑜不掩，是其定评。[63]

"瑕瑜不掩"，爱而知其恶，恶而知其美，《四库》提出的是一个褒贬互见，且较为中肯的"定评"。而"祖尚虚无，使《易》竟入于《老》、《庄》"，乃是王弼《易》注的问题所在，黄佩荣先生对此方面亦有的当的见解：

> 王弼《易》注，或以《老》注经，或以《老》义释传。凡以《老》学释经者，必非经宜之质，固不待言；其以《老》学释传处，亦未能深中肯綮。足见王弼对《易》、《老》相通之认识并不正确。换言之，王弼非以《老》学探究《易》传思想之本源，仅为发挥一己之议论而已。[64]

王弼并非"以《老》学探究《易》传思想之本源"，而是抒发"一己之议论而已"，意谓着其《易》、《老》的融通实存在着不小的问题，而其主要的曲解在于：他以为用道家境界义的"无"体，可以完全取代儒家实体义的"道"体，虽然"道体儒用"的体用架构可以抉发儒圣无执无为、应物而不累于物的一面；但是他却忽略了：仁心实体作为德性实践的必要性，它是不能被取消的；只有儒家实体义的"道"体，才能说明"干道变化，各正性命"、"一阴一阳之谓道，继之者善也，成之者性也"，与刚健弘实、日新又新的圣王德业。

"圣人体无"，孔子确实也有此等理境："子绝四：毋意，毋必，毋固，毋我"，即是无执无为的表现；"曲肱而枕之，乐亦在其中矣"，也是无待而自得的写照；在陈绝粮，而言"君子固穷"，坦然自若；"鸟兽不可以同群，吾非斯人之徒而谁与"，随波同尘，了无分别之心。但是如此说虽然没有错，然而儒圣之所以为"圣"，主要并不只是在其体现了"寂然至无"的"无"；而是在于朗现了金声玉振、始终条理、既"仁且智"⑥的实体义之道德主体。因之，境界义的体用可以为儒学义理所涵括，王弼在此义上的抉发也甚有意义，有助于儒学底蕴的开发。但王弼只言境界义的体用，而不言存在义的体用，他可能以为只阐发境界义的体用就足矣；殊不知境界义的体用虽然也可以为儒学所涵摄，但存在义的体用才是儒学义理的根源与核心。牟宗三先生即说：

> 大抵儒圣立教及孔门义理必须合存在之体用与境界之体用两者而观之，始能尽其蕴而得其实。境界之体用是儒释道之所同，存在之体用是儒圣之所独，以存在之体用贯境界之体用，则境界之体用亦随之而不同，即不可以权假论，亦不可以以应迹论。⑥

统合存在与境界二义的体用，始能尽儒学之蕴，得儒圣之实。但是如果不能两者兼明，而只举其一端，则存在义的体用与境界义的体用，哪一个较为相应？答案是前者而非后者，因为存在义的体用才能显发儒家"仁心不容己"的道德担当，是儒家学说精蕴之所在；如果仅有境界义的体用，则一切的道德行为，诸如"己立立人，己达达人"，将会失去它们积极的动力根源，而变成只是一种"应迹"与"权假"，这有如孟子所说，要养"浩然正气"，必须"配义与道"，"无是馁也"。如果一个儒者行事缺乏义理担当，仅仅流为应迹权假之行，则当其处在危急存亡之秋，他可能不会选择"舍生取义"；亦且当其生在"臣弑其君，子弑其父"的乱世，他也不必然会栖栖惶惶，席不暇暖，想要挽狂澜于既倒；而如此应世态度，显然已不是一个儒者的风范。故而，境界义的体用理当只是一种消极义的隐括，即儒圣也当涵括有此理境，从这一层面来看儒圣，也并不悖理。但是，如果没有同时阐明儒家存在义体用这一面，只片面地单从"冲虚无为"而言"本体"，则无异等于把儒家原有的"体"给转向了，如此会通孔、老，乃是以老摄孔，并不能显儒圣道德创生义的奥蕴，这是王弼援《老》入《易》所引生的曲解，其虽有新义存焉，于义理上却终显片面与不足；而魏晋的儒、道会通，最终亦流于"阳尊儒圣，而阴崇老庄"的学术倾向。

（四）小结

严遵、扬雄、王弼等皆融摄儒、道，严遵援《易》以入《老》，王弼援《老》以入《易》，扬雄则融通《易》、《老》，而自创《太玄》，三人都试图为旧有典籍注入新颖的诠解，而其新解大体都是经由体用架构的重构来表现；而其重新组构，或是如严君平与王辅嗣一般，借着注经来完成；或是像扬子云一样，只在形式上准拟《周易》，借着《周易》的外在格式，来形构自己的学说体系。而前者的方式易于产生文本与新解之间的离合问题，后者则无此问题。

从严君平，经扬子云，到王辅嗣，三人共同的特色都是想要经由体用架构的转接，形构出一个"道体儒用"的学说体系，因此，三人共同面对的问题是：道家的"体"如何开出儒家的"用"？而此步开展，却因着其诠解文本的不同，而有不同的曲解面向，此中且又涉及到"体"与"用"何者优位的问题，在体用的立体架构中，虽言体不离用，用不离体，体用不即不离，二者形构成一种诡谲依即的辩证性融合关系，然而"用"乃承"体"而起，其上下关系犹如"宗"与"教"一般，"教路"乃依"宗极"而起，此之谓"依宗起教"，虽然也可以双回向而言"以教定宗"，由之而形成"宗"与"教"的相互依即关系，然若分解地说之，"依宗起教"仍是首出的，也就是作为"宗极"的"宗"，在义理层级上仍是较高的。"体"与"用"亦然，从双回向言之，由体开用，即用见体，体用不即不离；但若分解性地言之，由体开用仍是首出的，亦即是超越性格的"本体"，在义理层级上，仍是高于经验性格的"作用"的。

严君平因解说的是《老子》，但他保留了老子的"道"，作为其学说体系的"上半截"，再把儒家的道德仁义作为"下半截"转接过来，此步转接，虽显突然，但细究其实，从《老子》而《庄子》，再到汉初的道家，已有一个逐步递嬗衍进之迹可寻：《老子》三十八章言："失道而后德，失德而后仁，失仁而后义，失义而后礼。夫礼者忠信之薄而乱之首。"至《庄子·人间世》时，则假借孔子之口而说："天下有大戒二：其一，命也；其一，义也。子之爱亲，命也，不可解于心；臣之事君，义也，无适而非君也，无所逃于天地之间。"从老子对仁、义、礼的遮拨、批判，到庄子把"子之爱亲"的"孝"，与"臣之事君"的"忠"，当成"命"与"义"，对人伦道德的态度，已有转化的迹象。逮乎汉初，司马谈《论六家要旨》所言的"道家"，已是"因阴阳之大顺，采儒墨之善，撮名法之要"者。严遵与扬雄，乃至于王弼的《老子注》，在这样的学术氛围中，自然易于对老子学说再作义理上的伸展，将儒家之"用"转接于道家之"体"。

王弼的《周易注》则不然，他并不是在"用"上作学说思想的伸展，而是把儒家实体性的"本体"，转换成道家冲虚玄体的"无"，是在"体"上作移花接木的工作；就"曲解"的程度言之，其以"境界义之体"取代"存在义之体"，这种取代与转向，比严遵与扬雄在学说理论上之伸展所引生的曲解还来得大，戴君仁先生因之而说：王弼"把道家思想渗入在儒家经书里，分量虽不多，药性却很强烈。"[67]然而，他确实天才卓出、辞才逸辩，其之所以能"推弃汉儒，下启六朝流变"，则正在于他在"儒道会通"的时代课题下，开展出一个依止于冲虚玄德之主观境界形态的体用圆境；道家之"体"的转接，使两汉天人感应目的论与谶纬、象数之学失去根源性的凭借；而体用圆境的开展，也为魏晋玄学扎下坚实的理论基础。因之，如果我们能够跳开儒家的立场，单从体用不即不离的圆融关系来看王弼所构建的哲学体系，即可知何晏"若斯人者，可与言天人之际乎！"的赞叹，徇非虚美。戴师琏璋以是而从原创性理论的角度给予肯定，认为他"为《周易》的研究开拓了新的视野，丰富了《易》学义理的内涵"，戴师云：

> 王弼《易》学在卦爻象、位方面是归本于《易传》；而在义理方面则企图会通儒、道。他据传解经，矫正了汉儒象数的流弊；他又援《老》入《易》，开拓了《周易》玄理的领域。……如果我们不把《易》学限制在儒学系统中，那么王弼《易》学的玄思，把《易》学的义理玄学化，也可以说是为《周易》的研究开拓了新的视野，丰富了《易》学义理的内涵。[68]

后世在"体用"上融通《易》、《老》者尚且不少，如程大昌的《易老通言》也说：

"天地之产，是为人物，而人物皆蕴元气也。大道之孤，是为德、仁、义、礼，而德、仁、义、礼皆涵大道也，则凡云万有者，又皆分载混成之一无也，于此致察而后始见有无之本末也。是故易之肇言大道也，亦虑夫世人不知本末之相须矣。"但已鲜少能如王弼以"体无用有"的系统性架构，作一整体有机的融摄。

四、概念篇目的比附之曲解

王弼借着体无用有、迹本圆融的体用学说，引《老》入《易》，于儒、道之义理，虽未必全然的当，但如果视之为"仅为发挥一己之议论而已"，则不可否认地，他是作了一个很好的"创造性的诠释"，此非唯显现了魏晋名士擅长于辨名析理的理智清光，也昭显了王弼辞才逸辩、善言"天人之际"的长才。唐以后，一些批注《老子》者，则试图援《易》入《老》，亦想缔构《老子》与《周易》的血缘关系，但是却缺乏了像王弼那样的体用架构为其撑架，故而大都流于表象上的牵强附会。除此之外，还有一些喜欢在篇章数字上经营《易》、《老》关系者，亦属此类。本小节将先探讨篇章数目之比附者，其次再讨论概念语汇之牵合者。

（一）篇章数目的比附

在篇章数目上营构《易》、《老》关系，大抵始于严遵的《指归》，他除了在思想上融摄儒、道外，也在篇目分章上，试图以《易传》中的阴阳之数，来解说《道德经》的篇章，《老子指归·君平说二经目》云：

> 庄子曰：昔者《老子》之作也，变化所由，道德为母，效经列首，天地为象。上经配天，下经配地。阴道八，阳道九，以阴行阳。故七十有二首。以阳行阴，故分为上下。以五行八，故上经四十而更始。以四行八，故下经三十有二而终矣。阳道奇，阴道偶，故上经先而下经后。阳道大，阴道小，故上经众而下经寡。阳道左阴道右，故上经覆来，下经反往。反复相过，沦为一形。冥冥混沌，道为中主。重符列验，以见端绪。下经为门，上经为户。智者见其经效，则通乎天地之数、阴阳之纪、夫妇之配、父子之亲、君臣之仪，万物敷矣。

严遵，本姓庄，班固作《汉书》，避明帝刘庄讳，改"庄"为"严"，故此处"庄子"，即是严遵。此段引文乃是《指归》的序文，它在行文方式上显然地已在模仿着《易传》[69]。而由其内容可知，严遵所用的《老子》本子，是分为上、下两篇，上篇四十章，下篇三十二章，全书共七十二章，上篇在前，下篇居后，严遵认为：《道德经》的篇目章次，并非是老子随意之作，而是依据《周易》的"阴阳及天地之数"而来，首先是：何以要分"上、下经"？主要是为了以"天地为象，上经配天，下经配地"，《系辞传》不曰："天尊地卑，乾坤定矣"。其次，为何要分成"七十二章"？为的是要配合"天地阴阳之数"，因为《系辞传》说："天一，地二，天三，地四，天五，地六，天七，地八，天九，地十。"又云："干，阳物也；坤，阴物也"。《说卦》也说："干为天，坤为地。"且《周易》筮法是以奇数为阳，以偶数为阴，故"七十二章"乃是"阴道八"与"阳道九"

相乘而得，以阳为列，以阴为行，故曰："以阳行阴"。九列八行，列是奇数，分而为二，上五下四，仍为一阳一阴，上经五列八行，得四十章；下经四列八行，得三十二章，有始有终。五是奇、是阳，四是偶、是阴，所以曰："阳道奇，阴道偶"、"上经先而下经后"；阳大阴小，上经四十，下经三十二，"上经众而下经寡"。阳道尚左，阴道尚右，一左一右，一来一往，一辟一阖，"上经为户"，大门敞开，是为干；"下经为门"，门已阖闭，是为坤，此正《系辞传》所说："是故阖户谓之坤，辟户谓之干；一阖一辟谓之变，往来不穷谓之通；见乃谓之象，形乃谓之器；制而用之谓之法，利用出入、民咸用之谓之神。"严君平认为：这些都是老子意义深重的安排，唯有智者才能洞察到《道德经》的篇章之数，与"天地之数、阴阳之纪、夫妇之配、父子之亲、君臣之仪"，乃至于普及一切万物，都具有着密切的对应关系。二者间的关系，王德有先生也有非常清楚的阐说：

> 地属于阴，在《周易》中"八"为少阴；天属于阳，在《周易》中"九"为老阳。在宇宙中，天地相交而生万物，所以在《老子》中天地相交而生章数；地八、天九，相交而而生七十二章。九是由五与四相加而成。五是奇数，为天；四是偶数，为地。《老子》上篇配天，所以用五和八相交，得四十章；下篇配地，所以用四和八相交，得三十二章。上篇为天，为阳，为奇，下篇为地，为阴，为偶。奇在先而偶在后，……上篇为天，为阳，为尊，下篇为地，为阴，为卑。尊者为大，卑者为小，所以上篇章数多而下篇章数少。⑦

严君平把《老子》的篇章数目描绘得如此神奇，但是假如果真确是如此神奇，则其中隐含的两个问题将很难有一合理的解说，第一个是《道德经》前后两部分排列的问题，也就是《说二经目》"道德为母，效经列首，天地为象。上经配天，下经配地"中的"上经"与"下经"的问题，依现行有将《老子》分成前、后两部分的版本言之，可以通行本与马王堆帛书本两种为代表，通行本第一章至第三十七章称为《道经》，第三十八至第八十一章称为《德经》，《道经》在前，《德经》在后。马王堆帛书本虽无分章，却也分成两部分，且分别自题篇名为《德》与《道》，而其次序则是《德经》在前，《道经》在后，与通行本恰恰相反。严君平所用的本子，虽有分章，其次序也是《德经》在前，《道经》在后，与帛书本同，如果此本果如严君平所言，是"上经配天，下经配地"，则通行本将会是天地颠倒，变成"地在上，天在下"，反之亦然，因为两种排列方式恰成一个对反。

其次，假如老子《道德经》的篇章果真是依《周易》的"阴阳与天地之数"而分，则在写定之时即当以如此之篇章流传，此即有无所谓的"《老子》祖本"问题，但由现今出土的文献来看，郭店楚简本与马王堆帛书本，在篇名有无与章序排列两方面本就已甚为分歧⑦；而即使在严遵之后，其他的版本也未必如此分法，然而个中一个很值得玩味的现象是：不同的分章方法，其背后都各自有一套玄妙的数字，作为其区分的根据。故而，显然地，《老子》之分章，"乃后代注家之所为"⑦，并非其最初原貌；"因而，很有可能，在以任何形式写定之前，某些章节（或是章节的部分内容）有细微差异的《老子》版本已在中国并行流传。不同版本分别在不同地区、不同时间首次著录成册。"⑦故而，凡是试图用神妙数字来说解篇章，大体都是想要抬高《老子》作为经典的分量与地位而有的附会性做法。

除了严君平所看到的《老子》七十二章本子外，前面提到的马王堆帛书甲乙本都没有分章，郭店楚简本似有分章，但"它不像今本《老子》那样分章，而是用小方块、一横杠、空格、弯钩加以标明的。"[74]亦即它不是用数目字，而是用符号，故其章数较难定论。除此之外，通行本的八十一章是流传最为广远的，名之为"通行本"，即已显见出其广为流通之意，而其所以能流布广远，主要出于两个原因：其一，王弼的《老子注》师心独见，锋颖精密，玄理卓绝，体用圆融；而其注解的本子即是八十一章本。其二，是唐玄宗的注解所产生的影响，李唐以老子"姓李名耳"，自称为老子后代，追封之为"太上玄元皇帝"，并尊《老子》为《道德真经》，且设"崇玄馆"，令生徒习道家经籍，每年以明经例保举，又置"崇玄博士"，讲授《老子》等书，唐玄宗亦且用心十余年时间，两度注解《老子》，并数度下诏，颁布其《御注》及《御疏》，"诏天下家藏其书"，各地更纷纷刻石流传。玄宗所注，即是"道"上"德"下篇次及八十一章的分章的本子，他一方面以其帝王之尊的权威，有意无意间已将《老子》八十一章的本子也定为一尊，使得前代与当代的注解本"逐渐淹没"[75]。另一方面，他在注解时，"喜欢擅改经文字句"[76]，以是之故，"不仅唐玄宗之后诸本《老子》遭到变形，而且连唐以前之严遵、王弼本也统一被施变形手术。"[77]所以，八十一章之所以能够成为"通行本"，《唐玄宗御注道德真经》与《唐玄宗御注道德真经疏》，确实也有不小的影响。

而把《老子》分为八十一章，是始于何时？出自何人之手？依宋代谢守灏所编的《混元圣纪》，其中有引述自刘歆的《七略》，提到刘向在校书时，其所参校的定本已是如此分章，且说明其分章的原则即是"阴阳与天地之数"，谢书云：

> 按刘歆《七略》：刘向雠校中《老子》书二篇，《太史书》一篇，臣向书二篇，凡中外书五篇一百四十二章，除复重三篇六十二章，定着二篇八十一章。上经第一，三十七章；下经第二，四十四章。此则校理之初，篇章之本者也。但不知删除是何文句，所分章何处为限。中书与向书俱云二篇，则未校之前已有定本，参传称《老子》有八十一章，共云象太阳极之数。《道经》在上，以法天，天数奇，故有三十七章。《德经》在下，以法地，地数偶，故有四十四章。[78]

《道经》所以"在上"，为的是"法天"；《德经》在下，是"法地"。因为"天数奇，地数偶"，所以《道经》三十七章，是奇数；《德经》四十四章，是偶数。而九是老阳之数，双九之积是八十一，故《老子》有八十一章，以"象太阳极之数"，"这似乎说明，八十一章的划分并非是根据思想内容和修辞节奏，而是出于阴阳的考虑：双九之积的八十一是一个完满的阳数。"[79]

通行本《老子》八十一章的分章，究是出自刘向之手，抑或是果如其所言"未校之前已有定本，参传称《老子》有八十一章"，此因文献所限，尚无从查考。但从时间点方面来看，即至晚在西汉末年之前，至少有两种不同分章的《老子》版本，已在当时流传着，一种是严遵所依的七十二章本，另一种则是刘向所参的八十一章本，而两种分章的原则，都被说解成是依"阴阳与天地之数"，但两者却存在着几个方面的扞格：其一，一个是"以阴行阳"，另一个则是双九纯阳，虽然不论是阴阳，或是双阳，"七十二"与"八

十一",都代表着一个神秘而奇妙的数字,但究竟这个数当该是阴阳相合呢?还是双九
"阳极"呢?又如何解说此种不一致性呢?其二,一个是《德经》在上,《道经》在下,
另一个则恰恰相反,而不论是何者在上,上经都可配天,下经亦可配地,但究竟是"道"
是"天",还是"德"是"天"?其三,一个上篇三十七,下篇四十四,一奇一偶,故可
以"天数奇,地数偶"说之,但若依清代姚振宗辑录的《七略别录佚文》,其中记载着:
"《老子》:臣向定着二篇八十一篇,上经三十四章,下经四十七章。"⑩则将变成为"天数
偶,地数奇"。此外,另一个上篇四十,下篇三十二,虽都是偶数,但因是八行九列,可
以析解成五列与四列两组,所以也可以"以阳行阴"说之,但究竟奇偶之数是需要整体
性地言之,还是可以选择性地解释,一层没有,再看下一层,可以一直往下延伸呢?其
四,一个上篇四十,下篇三十二,故可说:"阳道大,阴道小,故上经众而下经寡";而
另一个却上篇三十七,下篇四十四,上经寡而下经众,但却总不能说:"阳道小,阴道
大",如此已违阴阳之数的原则,因此索性就避之而不提了。由上述四个方面的扞格,可
以看出:《老子》的分章与《周易》的"阴阳与天地之数"的结合,乃是一种人为的、
随意的、选择性的解释方式,而它产生的时间点,与汉世的天人感应目的论,与讲究符箓
图谶的谶纬之学,或当是相互呼应的。

　　在篇目分章上融通《易》、《老》,除了上面所述者外,尚有元代的邓锜,他依据的
《老子》,也是八十一章的通行本,他虽然没有直言阴阳、天地之数,但似乎也把此种意
涵隐括于其中,只不过他模拟的手法显得更加粗糙,其《道德经三解·自序》说:

> 《周易》上经起于三,下经终于四,其卦六十四;《道德》上经起于三,下经终
> 于四,其章八十一。……《道德经》,其经与大《易》准,中间有不得容心者矣!先
> 圣后圣,其揆一也。⑪

今本《周易》分上、下经,上经三十,下经三十四,故其云:"上经起于三,下经终于
四";而通行本《老子》也分《道经》与《德经》,《道经》三十七,《德经》四十四,也
是"上经起于三,下经终于四"。邓锜认为两部经典有一个很神奇巧妙的一致性,即是它
们上经的十位数,也是起"始"的数字,都是"三",而下经的个位数,也是"终"了
的数字,则都是"四"。这种奇妙的吻合,说明了《道德经》可"与大《易》准",而无
论是《周易》的作者,抑或是老子,圣人所见。

　　邓锜的穿凿,黄沛荣先生已明言其谬:"实则分《老子》为八十一章,乃后代注家之
所为……邓氏所云,荒诞无稽;退一步言,纵古本《老子》确有分章,邓氏所言,亦不
过就二书之外在形式强为比附而已,无与于二书之内容思想也。"⑫

　　故而,以篇章的数目牵合《易》、《老》,乍看之下,似乎真有一些奇妙巧合存焉;然
而,如果仔细加以考察,其实都是一种选择性的撷取,"不过就二书之外在形式强为比附
而已,无与于二书之内容思想也"。但古之人有时偏好在此方面发挥其联想力,因此,除
了阴阳、某些数字外,有时"四时"、"五行"等,也成为比附的媒介,陈荣捷先生在
《战国道家》一文中,讨论到"《老子》其书"时,也提到了好几个注解本在分章上的分
歧,而每一种分法皆有它背后的依据,而把《老子》的章数与"四时"、"五行"相结
合,也是其中一个分项,其云:

这本书之分上下两篇，是《史记》本传里所说的。有人说王弼的《注》本来不分篇，但是他的注明明有"下篇"的字。也许到宋朝时他的《注》有分篇有不分篇的。至于分章，学者以为是在隋唐之后，因为《汉书·艺文志》录河上公《注》不指出章数，陆德明（556~627）《老子音义》也不分章。有人说河上公分上篇三十七章以符天之奇数，分下篇为四十四章以符地之偶数。严遵（壮年53~24B.C.）分上篇为四十章，下篇三十二章，共七十二章，以抵阴八阳九之和。葛洪（253~333）以天有四时，地有五行，于是把三十六章（天四与九之和）做上篇，四十五章（地五与九之和）做下篇，总共八十一章。唐明皇（713~755）的《注》以九章为一组，上篇四组共三十六章配四时，下篇五组共四十五章纪五行。吴澄（1249~1333）的《注》合两三章为一章，共六十八章。每章专言一题。明太祖（1368~1398）《道德真经注》分六十七章。姚鼐《老子章义》仍然是八十一章，不过上篇有三十一，下篇有五十章。现代的马叙伦、严灵峰等人都自编新的章句，学者很多移易句语，增减文字，恐怕如果老子复生，就无所措手足。⑧

由此可见《老子》一书在分章上的分歧，而每一种分法皆持之似有其故，言之也似成其理，但除了几家纯就思想内容加以区分者外，其余凡是从外在形式上，以"阴阳天地之数"、"四时五行"之说作为分章原则者，大体都属附会之辞，而有些为了自圆其说，更进而"移易句语，增减文字"，陈荣捷先生的感叹是："恐怕如果老子复生，就无所措手足"了。

（二）概念语汇的比附

数字上的比附，除了篇目章次者外，还有一种是概念上的数目，如《老子》有提到"一、二、三"，《周易》也有"贞夫一"、"两仪"等，有些注解家喜欢在这些带有数目字的概念上去作联系，如马其昶的《老子故》，只不过他不是在篇章上去发挥联想，而是从概念上加以引申，如《道德经》言："道生一，一生二"，他认为："一、二"即是《周易》的"太极、两仪"；他从数字上的联系，渐次及于学术思想的连贯，诸如："自知者明，自胜者强"，是《老子》的"干道"；"知其雄，守其雌，为天下溪"，是老子的"坤道"等等，其《自序》云：

> 予治《周易》既卒业，因下及九流百氏，求其可以继《易》者，于儒家得《中庸》，于道家得《老子》。……老子之言道德，皆原于《易》。其曰"道生一，一生二"，与《易》大极两仪之说合；曰"得一"，即《易》所谓"天下之动贞夫一"；又称三宝，曰慈，曰俭，曰不敢为天下先，要即乾坤易简之旨；慈故易，俭故简，"不敢为天下先"，则坤之"先迷失道，后顺得常"也，常即老子之常道矣。……干知始，坤成物。凡干所始，皆坤成之，而坤则柔道也，此与老子之尚柔何以异？老子岂无阳德哉！孔子拟之于龙，龙，阳象也，不然彼既弱且雌矣，尚何成功之足云？是故老子曰："自知者明，自胜者强"，此老子之干道也，而体斯立焉；曰："知其雄，守其雌，为天下溪"，此老子之坤道也，而用斯行焉。扶阳以为主，而抑阴从之。《易》、《老》殆无殊旨。⑨

"老子之言道德，皆原于《易》"、"《易》、《老》殆无殊旨"；这些论点，非唯"论《易》而经传不分"⑧⑤，亦且混漫了学术源流。而将《老子》的"道生一，一生二"，视同"《易》有太极，是生两仪"；《老子》的得"一"，即《易》之"天下之动贞夫一"的"一"；《老子》的"三宝"，也是"乾坤易简之旨"，马其昶试图借由这些连贯，增强《周易》与《老子》的紧密关系，但他殊不知这种外在表象上的联系，与前述篇章数目上的比附，皆属同类。

除了马其昶外，吴澄的《道德真经注》也尝试着经由数字与概念的结合，以达到融通《易》、《老》的目的，他透过的中介物是一卦中"初、二、三、四、五、上"的爻位，吴澄认为：易卦的六爻，与《老子》三十三章⑧⑥"失道而后德，失德而后仁，失仁而后义，失义而后礼……"两者间存在着一种互相对应的关系，其云：

> 按老子上篇首章分说道德，下篇首章分说道德仁义礼智，吾之所谓道德仁义礼智，以其天地人物之所共由者曰道，以其人物之所得于天地者曰德，德其统名，分言则四，得天地生物之元，以为德而温然慈爱者曰仁，得天地收物之利以为德而裁然裁制者曰义，得天地长物之享以为德而粲然文明者曰礼，得天地藏物之贞以为德而浑然周知者曰智，老子则以道为无名，德为有名，自德而为仁义礼智，每降愈下，故此章之等，以道为一，在德之上，故曰上德，以德为二，在仁之上，故曰上仁，以仁为三，在德之下，义之上，故曰下德上义，以义为四，在礼之上，故曰上礼，而总名之曰，失道而后德，失德而后仁，失仁而后义，又继之曰，失义而后礼，以礼为五也，又先言失礼而后言前识，以智为六也，疑诸易卦之六位，则道初德二，仁三义四，礼五智六，道实智华，实实虚华，初上为始终也，德根礼叶，根厚叶薄，二五为世应也，仁干义枝，干单枝坼，三四为比邻也，道犹天也，包含偏覆，万有之原，德犹地也，忠信为土，四端所资，仁犹春也，德土禅木，义犹秋也，仁木禅金，礼犹夏也，义金禅火，智犹冬也，礼火禅水，各传所胜也。⑧⑦

依照吴澄的叙述，以《干卦》为例，画一个简图如下，将能更清楚地看出其所提出的对应关系：

—— 智上（前识）	—— 冬 —— 水
—— 礼五	—— 夏 —— 火
—— 义四 —— 上礼	—— 秋 —— 金
—— 仁三 —— 下德上义	—— 春 —— 木
—— 德二 —— 上仁	—— 地 —— 土
—— 道初 —— 上德	—— 天 —— 万有之原

经由上图，可清楚地看出，吴澄把易卦的六爻，配上《老子》的"道、德、仁、义、礼、智"，进而再配上四时、五行，而为了相称，他在"四时"中加上了"天地"，在"五行"之上再冠上一个"万有之原"，试图形构成一个六六对应的有机体关系。然而，如此

地构作组合，却内含着不少的问题：

其一，依《易传》的解释，《干》、《坤》两卦，一个是"创生原则"，一个是"终成原则"，二卦并建，成为"易之门"、"易之蕴"，立体性地笼罩下层的六十二卦。而《老子》的"道"，是"不可道、不可名"，是"超言意境"的形上本体，其与"德、仁、义、礼、智"的关系，虽然也是一个立体性笼罩的架构关系，但一个是"乾坤并建"，另一个则是只有"道"，才是"有物混成，先天地生，寂兮寥兮，独立不改，周行而不殆，可以为天下母。"二者并不对应，亦且一为"创生义本体"，一为"境界义本体"，内涵亦甚悬殊。

其二，《周易》六十四卦三百八十四爻，象征着宇宙的生成与循环往复的过程，但《老子》的"失道而后德，失德而后仁，失仁而后义，失义而后礼。夫礼者忠信之薄而乱之首，前识者道之华而愚之始"，并非宇宙的生成过程，而是有为造作、步步下堕的过程。由是之故，易爻由"初"至"上"，是一个逐步上升的发展，而《老子》的由"道"到"礼"、"智"，却是一个向下沉沦，二者的方向恰然相反。

其三，易卦中的六爻，涵摄着"内外上下"、"中与不中"、"正位与不正位"，与"乘承比应"等复杂的有机关系，吴澄也想将"德、仁、义、礼"模拟之，构建出"世应"与"比邻"的关系，他说："德根礼叶，根厚叶薄，二五为世应也，仁干义枝，干单枝坼，三四为比邻也"，这种模拟，斧凿之迹，已甚为显明；至若又将四时、五行等填加进来，则更加流于比附了。

除了前述在数目字概念上融通《易》、《老》者外，二书在一些概念用语上的相类似，也是被用来作为勾拟串联的媒介，然而这种做法最早可以追溯到东汉末年的虞翻，虞翻《周易注》中以《老子》来解释《周易》的，据李鼎祚《周易集解》所引，共有四处：

> 1. 《干卦·大象》"君子以自强不息"句，虞翻曰："'君子'谓三。干健故'强'。……《老子》曰：'自胜者强'"。
>
> 2. 《坤卦·大象传》"君子以厚德载物"句，虞翻曰："势，力也。……《老子》曰：'胜人者有力'也。"
>
> 3. 《屯卦》卦辞："勿用有攸往，利建侯"句，虞翻曰："……震为侯。初刚难拔，故利以建侯，《老子》曰：'善建者不拔'也。"
>
> 4. 《系辞传下》："有不善，未尝不知"句，虞翻曰："复以自知，《老子》曰：'自知者明'。"⑧⑧

在虞翻的原著中，有多少个地方是引《老》释《易》的，今日已不得而知，然而李氏的《周易集解》"共集《易》注二千七百余节，虞氏的注约一千三百节，几近二分之一"⑧⑨，在李氏所引这么多节中，只有四节涉及到《老子》，由此推估，虞氏原来所引并不甚多；而由所留存的这四节来看，乃是在"强"、"力"、"建"、"知"等概念上作一种附会性的连属，如《干象》的"君子以自强不息"，与《老子》的"自胜者强"，二者表述的意涵本不相同，虞氏却引为解说，其他三个皆然。

自唐代开始，儒、道、释三家思想渐趋融合，有一些注解家为了顺应潮流，在其解经之时，往往泯除三家之分际，在学说义理上相互引用、发明。而欲了解此种学风，有必要先知道所谓的"盛唐文化气象";唐代文化,辉煌灿烂,而其辉光大体是植基于大胸襟、大开放、大融合之上:为政者恢弘宽大的胸襟、民族的大融合、宗教与文化的多元与开放,交织成了所谓的"盛唐气象";民族上不严夷夏之防,文化上则雅俗共赏;如此开放的学术氛围,加以战国之后,士人大体都儒、道兼习,故自南北朝后,"三教互补",已渐蔚然成风,到了唐世,更是大盛;唐李鼎祚《周易集解·序》即说:"原夫权舆三教,钤键九流,实开国承家修身之正术也。"⑨⓪且自德宗朝开始,又实施"三教讲论例"⑨①,即皇帝时而召集儒生、和尚、道士共同研道论学,令他们各自阐述自己的学说观点,再求同存异;三教讲论一方面促进了三教理论的相互借鉴与影响,一方面也逐渐淡化三教彼此间的矛盾与冲突。"三教互补"与"三教讲论例",皆或直接、或间接地促进了儒、释、道三家思想的合流,"从三教互补到三教合流,是唐代思想文化发展的主要线索"⑨②;而这个合流的学术走向,我们从陆希声与杜光庭的解经,可以略知一二,如陆希声的《道德真经传·自序》说:

> 昔伏羲画八卦,象万物,穷性命之理,顺道德之和;老氏亦先天地,本阴阳,推性命之极,原道德之奥,此与伏羲同其元也,文王观大《易》九六之动,贵刚尚变,而要之以中;老氏亦察大《易》七八之正,致柔守静,而统之以大,此与文王通其宗也。⑨③

儒、道思想同中有异,也异中有同,其工夫入路虽然不同,但都属"生命的学问";两家因此都重视实践,然一为道德的实践,一为超脱的实践;而儒家志在成圣成贤,老、庄也希冀"做救世的圣人"⑨④,但一个是栖栖遑遑,席不暇暖;一个却崇尚无为,"行不言之教"。因此,《系辞传》说:"天下同归而殊途,一致而百虑";《庄子·德充符》亦云:"自其异者视之,肝胆楚越也;自其同者视之,万物皆一也"。而平章学术,一方面要考镜源流,同时也要厘清本末;既要知其会归,也要辨析其异旨。陆希声说:《老子》"与伏羲同其原"、"与文王通其宗",这是同者见其所同,而忽略其异,其纵有所当,也只是得其一端,更何况未必有所当。所以黄沛荣先生评之曰:"陆氏所论,虚泛无根,且所谓太易'贵刚尚变',老子'致柔守静',二者适得其反,何得谓之'通其宗'?"⑨⑤

邓锜也是一个擅长在学说概念上融通《易》、《老》的个中能手,前小节曾征引他在篇章数目字上的附会,而在学说概念上,他援《易》解《老》的风格,可谓一仍旧惯,不改本色,其《道德真经三解》云:

> 太极中空,致虚极也。虚极既致,静笃乃守。分阴分阳,两仪立焉,至于四象八卦,而生三百八十四爻。"万物并作",干以君之也;"吾观其复",坤以藏之也。故曰"夫物芸芸,各归其根,归根曰静",万物之所归也。"静曰复命",冬至一阳生也。⑨⑥

他把《系辞传》的"《易》有太极,是生两仪,两仪生四象,四象生八卦",迄乎六十四卦三百八十四爻,将之与《老子》的十六章相互发明,所以《易》的"太极"是《老子》的"无",《干》卦是"万物并作";而"吾观其复",是观《坤》卦是"万物之所归"；至于"静曰复命"，则是"冬至一阳生"的《复》卦。然细究其实，都是因着《周易》有《复》卦，而《老子》言"观复"所产生的联想。

晚唐杜光庭的《道德真经广圣义》也可见出一些端倪，杜氏综理了历代批注《老子》者六十余家，而归纳出如下的倾向：

> 所释之理，诸家不同。或深了重玄，不滞空有；或溺推因果，偏执三生；或引合儒宗；或趣归空寂。莫不并探骊宝，竞掇珠玑。⑰

解释《老子》的思想，而"或引合儒宗"、"或趋归空寂"，各依所须，左摭右取，三家的合流，于斯可见。杜氏自己在广衍唐玄宗《道德真经注》与《道德真经疏》时，也是将儒、道思想加以合流，例如就孔、老学说差异较大的"礼"而言，孔子提倡"克己复礼"；老子则认为"礼"是逐步失落素朴、自然之道的产物，其云："故失道而后德，失德而后仁，失仁而后义，失义而后礼。夫礼者，忠信之薄而乱之首。"（第三十八章），杜氏在解说此章时则云：

> 乱者，理也。……忠信既薄，上下离心，圣人设礼以教之，约法以检之，明尊卑上下以劝之，着降杀等伦以节之。虽忠衰信薄，人不敢为乱者，由行礼以理之矣。⑱

老子认为"礼"愈彰显，意味着离"道"愈远，这个思想，经由杜氏"广"义的解说，已经被改造成为对于"礼"的重视与肯定，它摇身一变，已变成了儒家的学说，这种移接式的手法，在其书中随处可见。

杜氏等人的曲解在于：就一个人主观的生命智慧而言，"儒、道互补"，也许将更有助于其处世的圆融周洽；但就学说的系统性与客观性而言，这种方式的"儒、道合流"，则将导致成"儒不儒、道不道、亦儒亦道、非儒非道"的混漫，这是一种学统的大混乱。

唐代之后，三教合流已蔚然成风，因之在概念语汇上穿凿比附者，可说是更加"后出转精"，而其尤甚者，则莫如元代的袁桷，他在援《易》入《老》时，大量在概念形式上牵强比附，其《清容居士集·吕成之老子讲义序》，在这方面可谓作了一个极致性的发挥，例如《老子》有"玄之又玄，众妙之门"，《周易·系辞下》云："乾坤，其《易》之门邪"，他就说"众妙之门"即是"《易》之门"；《老子》有"常使民无知无欲"，《系辞下》亦曰："百姓日用而不知，故君子之道鲜矣"，其以为"无知"就是"不知"；依此类推，"多言数穷"即是"吉人之辞寡"、"水善利万物"即是"坎之行有尚"、"生而不有，为而不恃"即是"无思无为"、"观复"即是"复其见天地之心"、"轻则失臣，躁则失君"即是"君不密则失臣，臣不密则失身之义"、"将军居左"即是"师左次无咎"、"自胜者强"即是"君子之自强不息"、"不疾而速"即是"不行而至"、"柔弱胜刚强"即是"坤至柔而动也刚"、"利器不可以示人"即是"君子藏器于身也"、"得一"即是"贞夫一"、"其出弥远，其知弥少"即是"称名也小，取类也大之义"、"介然有知"即是"知微知彰，知柔知刚，介于石之义"、"善建者不拔"即是"确乎其不可拔也"、"图难于其易，为大于其细"即是"简易而天下之理得矣"、"吾言甚易知"即是"易知则有亲也"、"天下莫柔弱于水"即是"坎之内爻坚强者也，故险之时用大矣哉"、"受国之垢"即是"国君含垢"、"常与善人"即是"积善之家有余庆"、"小国寡民章"即是"通其变，使民不倦也"、"利而不害"即是"干不言所利，保合大和，乃利于贞矣"等，遇到有意旨不相合的，就说这是老子"矫世之言"，如："若夫十八、十九、二十章，矫世之言也。……有不信焉，亦矫言也。"袁桷约略汇整了九十余则，可说是集穿凿附会之大成，如此比附也就无怪乎提出这样的论点："昔之善言《老子》者，谓其同者合于《易》，其不同于孔子者，皆矫世之弊，此论千万年不能以易也。"[99] 这种附会的乖迕不伦，从黄佩荣先生的评论即可晓然知悉：

> 袁氏之论，殊多错迕：一曰强为牵合，《老子》"众妙之门"，本谓有无之用，何得谓之"易之门"也！"功成弗居"，固为处事之道，然蛊卦何尝言之？"自胜者强"，与"君子以自强不息"，内涵迥异，图用字之相类耳！若此之类，皆嫌牵合无据。二曰经传不，袁氏所论，细核其旨，盖谓《老》同于《易》，非谓《易》同于《老》也。故以"生生之谓易"释"谷神不死"；以"以前民用"释"后其身"、"外其身"，以"民咸用之谓之神"释"有之以为利，无之以为用"，以"知进退存亡而不失其正"释"寄于天下"、"托于天下"，以"复其见天地之心"释"观复"，若此者，皆以《象传》、《系辞传》、《文言传》之语与《老子》比附，是经传不分也。盖《老子》之著成，晚乎《易经》而早于《易》传，故以《易》传释《老子》，直倒果为因。袁氏既混同经传，且牵合文义，强为比附，岂不误之甚乎！[100]

"袁氏既混同经传，且牵合文义，强为比附，岂不误之甚乎！"黄教授的评论可谓深中肯綮。而袁桷这种作法或当说是一种"末流之弊"，他不知道如此混漫，其实是违背"三教互补"的本意与初衷的，"三教合流"，虽是植基于"多元"、"包容"的精神之上，但却是在儒、释、道三家的个别性与特殊性之上，再向上升进一层，以更宏观的态度来相互尊重，此层次的"多元"，意味着不同学说、不同宗教皆可蓬勃发展；"包容"也意含着对不同主张的尊重；能互相尊重、包容，就不会流于相斥与相非。然而学术与文化的多元，并不是要取消各自的特色、泯除彼此的分际；如果是这样，那就不是真正的多元与包容了。《庄子》的《齐物论》有"'齐物'论"与"齐'物论'"两种解读方式[101]，就后一种解读而言，好似庄子要泯除"物论"的差别分际；其文中也说："天地一指也，万物一马也"、"恢诡谲怪，道通为一"。实际上，庄子所欲解消的，乃是主观上的"成心"之执，因为成心的执取，会牵引出自是非他的情识之纠结[102]，此即"故有儒、墨之是非，以是其所非而非其所是"；在客观上，庄子还是强调"两行"，也就是以"不齐"齐之。而杜光庭、袁桷等人的曲解，在于将主观上的去执，误解为客观学说上的泯除分际；这样的"合流"，非唯是一种牵强附会，将造成儒、道思想丧失其本真面貌；亦且也使恢弘的盛唐文化气象，与夫多彩多姿的学术氛围，蒙上了一层假象的阴影。

五、结　语

《老子》曾经受到《易经》的影响，这是甚多前辈学者提出的共同看法；而《老子》的思想也反过来影响着《易传》，故而《周易》经传与《老子》思想间，本就具有某种程度的迭合关系，加以二书又是我国最早系统性抉发"道"之深刻意涵的著作，两书也都富含着深邃的哲理智慧，这些都是《易》、《老》融通的"构造性"因素。"构造性"因素意味着《易》、《老》思想确有可融通的一面。但后世的思想家，其兴趣却并不囿限于此可融通的一面，他们喜欢借解经的途径，寓"作"于"注"，也就是用"旧瓶"装"新酒"，将具有创发性的新意加人注解之中。旧籍新注，自然产生了"文本"与"注解"间微妙的"离"、"合"关系，但此中隐含的问题是：何以两个原本相离的思想会被相融在一起？除了一些《易》、《老》融通的"轨约性"因素外，另一个关键点是：《周易》与《老子》皆"涵蕴着多重诠释的可能性"，这是本文第二节"《易》、《老》融通的曲解缘何而起？"探讨的主要问题。

《易》、《老》的融通，依其进向之不同，约可区分为三种类型：第一种是引《易》、《老》为谈资者，亦即在言谈之中，喜好援《老》引《易》，以资佐证，如颜阖、蔡泽、司马季主等人，但因为其所征引，大多只言词组，并未构成一个诠解的系统，难以论究，故此一类型存而不论。

第二种是体用架构的转接，即诠释者在疏解文本时，于思想的关键扼要处作了曲折性的移接，特别是当"体用"的立体性架构逐渐由酝酿而成形之际，这些注解家们每每喜欢以"体用架构"为其转接的媒介，此中又随其注解文本的差异，而可区分为两种不同的走向，一种是注解《老子》，另一种是注解《周易》，前者是把儒家的"用"，接合到道家的"体"；后者则以道家的"体"，去"鸠占鹊巢"，取代儒家原有之"体"，再进而接合上儒家的"用"；两者都创发出富有新意的学说体系，但也产生了不同程度的曲解。前者把《老子》原本对仁、义、礼等德目的消极义批判、省察，转而为积极义的涵括、融摄；但因"境界义"的"体"并未改变，所以思想上的抵牾较小；而后者以为用《老子》境界义的"无"体，可以完全取代《周易》实体义的"干元、坤元"之"体"，把儒家原有"存在义之体"，一变而为道家"境界义之体"，其曲折性的转向较大。但是，后者的曲解程度虽然较大，然因其开展出一个体用不即不离的圆融体系，此一理论体系对后世影响极为深远，因之其评价亦甚为两极，这是本文第三节"体用架构转接之曲解"所梳理的主要问题。

《易》、《老》融通的第三个类型是概念篇目的比附，即诠释者或在某些数目字上大加发挥，牵引挽合；或以为篇章数目字的相同，都是古代圣人有意义的安排；或视篇章的安排为依据某些原理原则而成，强为说解；或以为一些概念语汇的相同，意味着其思想亦相同；或以为思想的阐述方式虽然有别，但其终极意旨则同，因之可以旁征博引，相互发明，是故在《老子》的批注中，有人"引合儒宗"，也有人"趣归空寂"，都是在"并探骊宝，竞掇珠玑"；有时更为了擘画两种思想间的密切关系，精构巧思，以至于郢书燕说、穿凿附会，试图联系成一个广大而密切的《易》、《老》关系网络。然而如此合流，最终将导致成：儒不儒、释不释、道不道，各家的特色与精彩将因而丧失，思想上的多元也将流于空泛。这是本文第四节想要厘清的主要问题。

除上述者外，当代主张"《易传》是道家易学"的学者，也涉及到《易》、《老》融通的曲解问题，唯其在理论建构的过程中，也隐括了甚多体用架构的转接与概念语汇的比附，因之能把自古以来一直都被视为"儒家易学"的《易传》，经过其反复论证，即摇身一变，变成了"道家的易学"，并言其已"打破学界公认的看法，推翻了两千年来经学传统的旧说",这原本也是本文所欲考察的主要问题之一,但因篇幅冗长,无法接续于本文之中,当另文发表,以期就教于诸位前辈先进。

注　释：

① 郭象云："达观之士宜要其会归,而遗其所寄,不足事事曲与生说,自不害其宏旨,皆可略之耳。"见《庄子·逍遥游注》,郭庆藩：《庄子集释》(台北：河洛,1974 年),第 3 页。

② 慧皎：《高僧传》(台北：广文,1976 年),第 227 ~ 228 页。

③ 道安对释僧光曰："新旧格义,于理多违",见释慧皎：《高僧传》卷五《释僧光传》,《续修四库全书》(上海：上海古籍,2002 年),第 1281 册,第 300 页。

④ 《四库全书总目》卷一载《周易正义》十卷,提要云："王弼乘其极敝而攻之,遂能排弃汉儒,自标新学。"册一 (台湾商务印书馆,1965 年) 第 58 页。

⑤ 汤一介：《郭象与魏晋玄学》(湖北：湖北人民,1983 年),第 173 页。

⑥ 王泛森：《中国近代思想与学术的系谱》,台北联经出版公司,2003 年。

⑦ 参见汤一介：《郭象与魏晋玄学》第六章《向、郭〈庄子注〉与庄周〈庄子〉的差异》,第 173 ~ 196 页。

⑧ 见刘义庆著,[梁] 刘孝标注,余嘉锡笺疏：《世说新语笺疏》(台北：仁爱,1984 年),第 206 页。

⑨ 郭庆藩：《庄子集释》,第 3 页。

⑩ 汤一介先生云："……自然郭象在这些地方就可以大作文章,按照他自己的意思对《庄子》'曲与生说'了,所以说,郭象'不足事事曲与生说',正是'此地无银三百两'的伎俩。"见《郭象与魏晋玄学》,第 180 页。

⑪ 袁保新：《老子哲学之诠释与重建》(台北：文津,1991 年),第 6 页。

⑫ 见朱伯崑：《易学哲学史》(第一卷),第 61 页,黄沛荣先生亦言："论《易》而经传不分,此盖昔人旧习。"参《易学乾坤》(台北：大安,1998 年),第 216 页。

⑬ 朱伯崑：《易学哲学史》,第 62 页。

⑭ 《四库全书总目提要·易类小序》(第 1 册),台湾商务印书馆,1983 年,第 54 页。

⑮ 黄沛荣：《易学乾坤》,第 217 页。

⑯ 《老子》十八章云："大道废,有仁义；智慧出,有大伪；六亲不和,有孝慈；国家昏乱,有忠臣。"十九章亦曰："绝圣弃智,民利百倍；绝仁弃义,民复孝慈；绝巧弃利,盗贼无有。"

⑰ [唐] 陆希声：《道德真经传》,收入《宛委别藏》丛书,第 96 册,卷一,第 16 上 ~ 16 下页。

⑱ 同前注,《序》第 2 上 ~ 2 下页。

⑲ 戴君仁：《梅园论学集》(台北：开明,1970 年),第 277 页。

⑳ 《世说新语·文学第四》载："阮宣子有令闻。太尉王夷甫见而问曰：'老庄与圣教同异？'对曰：'将无同？'太尉善其言,辟之为掾。世谓'三语掾'。"〔南朝宋〕刘义庆撰,〔梁〕刘孝标注,余嘉锡笺疏：《世说新语笺疏》(台北：仁爱,1984 年),第 207 页。

㉑ 胡自逢：《先秦诸子易说通考》(台北：文史哲,1974 年),第 2 页。

㉒ 《后汉书·班彪列传》附《班固列传》载固"博贯载籍,九流百家之言,无不穷究",(台北：鼎文,1979 年),第 1331 页。

㉓ 《汉书·王贡两龚鲍传》(台北,鼎文,1979 年),第 3056 页。

㉔ 严遵著,王德有点校：《老子指归》(北京：中华,1997 年),第 53 ~ 54 页。

㉕ 同前注,第 10 页。

㉖ 严遵著,王德有点校：《老子指归》,第 24、120、26、32 页。

㉗ 同前注，第 100、27、68、102、23、24 页。

㉘ 王德有：《严遵引易入道简论》，登载于《道家文化研究》第 12 辑（北京：新华，1998 年）第 229 页。

㉙ 王德育：《严遵引易入道简论》，《道家文化研究》第 12 辑（北京：新华，1998 年），第 233 页。

㉚ 牟宗三先生以"存在义体用"与"境界义体用"区分儒、道两家的哲学，请参见《才性与玄理》，第 125 页。

㉛ 同前注，第 134 页。

㉜ 班固撰，〔唐〕颜师古注《新校本汉书》（台北，鼎文，1979 年），第 5 册，卷 87 下《扬雄传》，第 3583 页。

㉝ 同前注，第 3585 页。

㉞ 参见周立升：《两汉易学与道家思想》（上海：上海文化，2001 年）第 111 页。

㉟ 孔颖达语，见王弼、韩康伯注，孔颖达正义：《周易注疏》（台北：艺文，十三经注疏本，1981 年），卷 9，第 186~187 页。

㊱ 同前注，第 188 页。

㊲ 扬雄原著，郑万耕校释：《太玄校释》（北京：北京师范大学，1989 年），第 255 页。

㊳ 同前注，第 4 页。

㊴ 周立升：《两汉易学与道家思想》，第 112 页。

㊵ "四象"可有二解：一作"四时"，一为"讲揲蓍或画卦的过程"，此处取后者之意。可参看朱伯崑：《易学哲学史》，第 73~74 页。

㊶ 扬雄原著，郑万耕校释：《太玄校释》，第 5 页。

㊷ "有天"、"有地"、"有人"，郑万耕《校释》云："《集注》本'有'皆作'九'。"见《太玄校释》，第 375~378 页。

㊸ 周立升：《两汉易学与道家思想》，第 131 页。

㊹ 扬雄原著，郑万耕校释：《太玄校释》，第 260~261 页。

㊺ 扬雄原著，汪荣宝撰、陈仲夫点校：《法言义疏·问神》（北京：中华，1997 年），第 168 页。

㊻ 桓谭：《桓子新论》（台湾中华书局，1969 年），第 12~22 页。

㊼ 班固撰，颜师古注《新校本汉书》，第 5 册，卷 87 下《扬雄传》，第 3585 页。

㊽ 金春峰：《两汉思想史》（北京：中国社会科学，1997 年），第 459~462 页。

㊾ 徐复观：《两汉思想史》（台北：学生，1976 年）卷二，第 488 页。

㊿ 焦循：《易学三书》（台北：广文，1970 年），《易图略·论卦气六日七分下》，第 12 上页。

51 何晏注、邢昺疏：《论语正义》（台北：艺文，1979 年）十三经注疏本，第 98 页。

52 《晋书·王衍传》载："魏正始中，何晏王弼等祖述老庄，立论以为：'天地万物皆以无为本。无也者，开物成务，无往不存也。阴阳恃以化生，万物恃以成形，贤者恃以成德，不肖恃以免身，故无之为用，无爵而贵矣。'衍甚重之。"（台北：鼎文，1979 年），第 1236 页。

53 陈寿撰、裴松之注：《三国志》（台北：鼎文，1979 年），第 795 页。

54 陈寿撰：《三国志》（台北：鼎文，1979 年），〔宋〕裴松之《注》引何劭《王弼传》，第 795 页。

55 参见牟宗三：《中国哲学十九讲》，第 98 页。

56 王弼注，楼宇烈校释：《王弼集校释》（台北：华正，1992 年），第 547~548 页。

57 同前注，第 336 页。

58 同前注，第 95 页。

59 朱彝尊：《经义考》（《文渊阁四库全书》第 677 册，台湾商务印书馆，1983 年），卷十，第 18

上页。

⑥ 同前注。

⑥ 《晋书．范宁传》载："时以浮虚相扇，儒雅日替，宁以为其源始于王弼、何晏，二人之罪深于桀纣。"《晋书》，第 1984 页。

⑥ 陈寿撰〔宋〕裴松之注：《三国志》（台北：鼎文，1979 年），第 796 页。

⑥ 永瑢、纪昀等《武英殿本四库全书总目提要》（台湾商务印书馆，1983 年）第一册，第 58 下页。

⑥ 黄沛荣：《易学乾坤》，第 260 页。

⑥ 《孟子·万章下》云："孔子，圣之时者也。孔子之谓集大成。集大成也者，金声而玉振之也。金声也者，始条理也；玉振之也者，终条理也。始条理者，智之事也；终条理者，圣之事也。智，譬则巧也；圣，譬则力也。"《公孙丑上》又曰："学不厌，智也；教不倦，仁也。仁且智，夫子既圣矣。"〔宋〕朱熹：《四书集注》（台北：汉京，1981 年，四部刊要本），第 756、542 页。

⑥ 牟宗三：《才性与玄理》（台北：学生，1978 年），第 125 页。

⑥ 戴君仁：《梅园论学续集》（台北：艺文，1974 年），第 49 页。

⑥ 戴琏璋：《玄智、玄理与文化发展》（台湾中研院文哲所，2002 年），第 79 ~ 80 页。

⑥ 王德有先生云："就前两句及最后一句来看，基本上是《易传》看待《易经》时的思维方式的再版，甚至一些行文形式都与之相似。《易传》说'昔者圣人之作《易》也'，《说二经目》则说'昔者《老子》之作也'；……从书的来由到书的内涵，再到书的功用，《说二经目》脱胎于《易传》。这是严遵引易入道的一大表现。"见《严遵引易入道简论》，《道家文化研究》第 12 辑，第 227 ~ 228 页。

⑦ 同前注，第 228 ~ 229 页。

⑦ 尹振怀先生说："楚简《老子》并无篇名，帛书《老子》甲本也无篇名，乙本篇后标有"道经"、"德经"。……楚简《老子》也是上、下两篇，上篇章多，下篇章少。"又说："简本之章序排列，完全不同于帛书，更不同于今本。"参见氏著《楚简老子辨析》（北京：中华，2001 年），前段见《自序》第 13 页，后段见"比较研究部分"，第 3 页。

⑦ 黄沛荣：《易学乾坤》，第 213 页。

⑦ ［美］韩禄伯（Robert G. Henricks）著，邢文改编，余瑾翻译：《简帛老子研究》（北京：学苑，2002 年），第 13 页。

⑦ 尹振怀：《楚简老子辨析·自序》，第 15 页。

⑦ 董恩林先生说："玄宗《御注》、《御疏》颁行于世后，由于书制帝王的权威性，致使此前产生的唐代其他注疏如成玄英的《道德经讲疏》和李荣的《道德经注》等逐渐湮没，而唐代此后产生的《道德经》注疏则多以衍译玄宗注疏为主要形式。"参见氏著《唐代老子诠释文献研究》（山东：齐鲁书社，2003 年），第 151 页。

⑦ 同前注，第 149 页。

⑦ 尹振怀：《楚简老子辨析·自序》，第 12 页。

⑦ 谢守灏编：《混元圣纪》（1132 年作），卷 3。见《正统道藏》（台北：新文丰，1994 年），第 30 册，第 54 下 ~ 55 上页。

⑦ ［美］韩禄伯（Robert G. Henricks）著，邢文改编，余瑾翻译：《简帛老子研究》，第 8 页。

⑧ 刘向撰、（清）姚振宗辑录《七略别录佚文》（上海：上海古籍，《续修四库全书》，据复旦大学图书馆藏稿本影印，1995 年），第 916 册，第 568 页。

⑧ 邓锜：《道德真经三解·自序》收入《正统道藏》丛书（台北：艺文，1962 年），第 1 ~ 4 页。

⑧ 黄沛荣：《易学乾坤》，第 212 ~ 213 页。

⑧ 陈荣捷：《战国道家》，登载于《历史语言研究所集刊》第 44 本第 3 分（台湾中研院文哲所，1972 年），第 444 页。

㉞ 马其昶：《老子故·自序》，收入严灵峯编：《无求备斋老子集成续编》（台北：艺文，1970年），第 2 上 ~ 3 下页。

㉟ 黄沛荣先生云："论《易》而经传不分，此盖昔人旧习。如马其昶……马氏称《老子》为继《易》之作，且更明谓"老子之言道德，皆源于《易》"，未免过当。夫老子，"古之博大真人也"（《庄子·天下》，其思想虽颇受《易经》之影响，然谓之皆原于《易》，则绝非事实；另一方面，《易》传著成于战国末年以后，其天道思想及政治哲学等，皆受《老子》之影响，故与《老子》思想颇多相近。故凡言《易》、《老》之旨不殊，应兼《老子》承《易经》及《易经》传承《老子》言之。经传之著成时代既有不同，故言《易》、《老》关系者，自应分别观之也。）《易学乾坤》，第 217 页。

㊱ 吴澄的《道德真经注》分为六十八章，其三十三章即通行本《老子》的三十八章。

㊲ 吴澄：《道德真经注》，《丛书集成初编》第 538 册（北京：中华，1991 年），第 42 ~ 43 页。

㊳ 李鼎祚集解，李道平纂疏，潘雨廷点校：《周易集解纂疏》（北京：中华书局，1994 年），第 38、75、95、651 页。

㊴ 同前注，第 6 页。

㊵ 李鼎祚集解，李道平撰，潘雨廷点校：《周易集解纂疏》，第 5 页。

㊶ 《旧唐书·礼仪志》载："其年二月，则天又御明堂，大开三教。内史邢文伟讲孝经，命侍臣及僧、道士等以次论议，日昃乃罢。"《文渊阁四库全书》（台湾商务印书馆，1983 年），第 268 册，卷 22，第 590 下页。又《韦渠牟传》亦曰："贞元十二年四月，德宗诞日，御麟德殿，召给事中徐岱、兵部郎中赵需、礼部郎中许孟容与渠牟及道士万参成、沙门谭延等十二人，讲论儒、道、释三教。渠牟枝词游说，捷口水注；上谓其讲耨有素，听之意动。"第 270 册，卷 135，第 604 下页。

㊷ 熊铁基、马良怀、刘韶军著：《中国老学史》（福建：福建人民，1995 年），第 256 页。

㊸ 陆希声：《道德真经传》，收入《宛委别藏》丛书，第 96 册（台湾商务印书馆，1981 年），第 1 ~ 2 页。

㊹ 陈荣捷：《战国道家》，登载于《中研院史语所集刊》第 44 本第 3 分，第 470 页。

㊺ 黄沛荣：《易学乾坤》，第 213 页。

㊻ 邓锜：《道德真经三解·自序》（京都：中文出版社，1986 年），《重编影印正统道藏》第 11册，"洞神部·玉诀类"，第 8610 页。

㊼ 杜光廷《道德真经广圣义·序》，收于《续修四库全书·子部·宗教类》（上海：上海古籍，2002 年，第 1290 册），第 572 页。

㊽ 同前注。《道德真经广圣义》卷 30，第 53 页。

㊾ 袁桷：《清容居士集·吕成之老子讲义序》，收入《文渊阁四库全书》第 1203 册（台湾商务印书馆，1983 年），第 290 页。

⑩ 黄沛荣：《易学乾坤》，第 216 页。

⑩ 张默生：《庄子新释》对此问题有较多之讨论，可参见，第 31 ~ 33 页。

⑩ 参见王邦雄：《庄子其人其书及其思想》，收录于《中国哲学论集》（台北：学生，1983 年），第 53 ~ 106 页。

（作者单位：台北教育大学语文教育学系）

发挥儒教道德宗教的功能

□　蔡德贵

　　池田大作认为中国正像孔子"不语怪力乱神"所代表的，不是用固定的三棱镜去观察事物，而是把目光对着现实，从实际中探索出普遍的规律来，因此中国是最早和神诀别的国家。① 而吉川幸次郎博士则把中国定名为"无神的文明"。因为在中国文明中找不到像基督教、伊斯兰教中那样的神。② 这种说法不无道理。中国一般被认为是没有国教的国家，普通中国人尤其是汉族人的宗教信仰很淡漠。

　　但即使这样，能不能就说中国是没有宗教的呢？

　　如果说中国有宗教，那只能说中国的宗教是道德宗教，而不是神学宗教。正如牟宗三所说："自事方面看，儒教不是普通所谓宗教，因它不具备普通宗教的仪式。它将宗教仪式转化而为日常生活轨道中之礼乐。但自理方面看，它有高度的宗教性，而且是极圆成的宗教精神。"③ 布莱德雷（F . H. Bradley）说："宗教其实就是在人之存在的每个面向中，体显善之全貌的一种努力"，阿诺德（Mattheu Arnold）说："宗教就是一种由感情加以升华了的德行"，④ 他们所说的都是这种道德意义上的宗教。儒如果体现有宗教感，也是这种充满人文精神的宗教情操。从这个角度，我曾经提出儒学儒教一体论的观点，认为儒学与儒教是一而二，二而一的。

　　从儒家道德宗教的角度，其作用主要是在以下三个方面表现出来，就是在处理人和自然的关系、处理人和社会的关系、处理人自身的身与心之间的关系中表现出来。

　　在处理人和自然的关系方面，儒学重视人与天的相通，以达到天人协调、和谐与一致的境界。这样的思想，强调人只有尊重自然规律、顺从自然规律，人才能得到自然的赐予和恩惠，反之，只会身受其害，破坏了自然只会尝到自然报复的苦果。正是儒家思想中蕴含着这种人与自然要和谐一致的思想，所以世界上的很多有识之士才号召到孔子中去寻找人类与自然彼此能和平共处的智能。人称现代大儒的日本人冈田武彦，也把儒学思想同克服现代人因科技进步而产生的忧虑结合起来。他认为科学文明的进步一日千里，但本来应该贡献于人类共存繁荣的科学文明反而产生了危害人类生存的弊害。在此前提之下，在拯救人类的对立斗争中，万物一体论基于人我共存的人道主义立场，对不同的思想、文化和宗教采取兼容并包的态度，是一种宽容的、具有普遍性的思想。⑤ 因为儒家期望与物一体从而实现理想的人、理想的社会，与物为体就是使物各得其所，实现万物生存的理想的态度。⑥这正说明儒家的宇宙学即天人之学是一种整体性的大生命观，它与当代生态学相一致，同时又表现出热爱生命、泛爱万物的纯朴情感，在中国生态环境虽然局部有所改善、整体却在继续恶化的情况下，我们应当依照儒家天人一体的思想，吸取现代科学的最新成果，建立起生态哲学，从而向更高级的生态文明转型。⑦儒家的"天人合一"学说把天看做大宇宙，人是小宇宙，人是天的缩影，而且人性也来自天性。人作为小宇宙，不仅要保持与大宇宙（天）的和谐一致，而且人与人之间、人的内在自我和外在表现之间，也应该是和谐一致的，有一些规范性的关系制约，而这些关系也就是儒家的实用伦理学所要解决的问题。天人合一体现出一种宇宙秩序，难怪马克斯·韦伯把儒教理性看做是一种秩序的理性主义。而由于对宇宙和谐的提倡，也就导致了"儒家的惟一终极目的就是实现社会的和谐——宇宙和谐在人世间的影子"⑧。

在处理人和社会的关系方面，儒家向来注重社会和谐、家庭和谐、群己和谐，而其核心是贯彻儒家的纲纪学说。陈寅恪先生在《王观堂先生挽词并序》中说："吾中国文化之定义，具于《白虎通》三纲六纪之说。"⑨三纲六纪之说就是有些学者所主张的礼教，实际上是处理社会关系的法规。季羡林先生对此的解释是：这里实际上讲的是处理九个方面的关系：君臣、父子、夫妇、诸父、族人、兄弟、诸舅、师长、朋友，也可以解释成国家与人民、父母与子女、夫妻、父亲的兄弟姐妹、族人、自己的兄弟姐妹、母亲的兄弟姐妹、师长、朋友。这九个方面的关系处理好了，就是使这九对关系都能相互照应，相互尊重，形成一种平等的关系，而不是像在儒家思想那里只强调单方面的服从关系，就可以保证社会和谐、家庭和谐、群己和谐。社会和谐安定是和平的基础，而家庭和谐是社会和谐的基础。

在处理人自身的身与心之间的关系方面，儒家特别重视修身养性。修齐治平是儒家内圣外王思想的核心内容，它主张格物、致知、修身、齐家、治国、平天下。修身是关键，《大学》对此进行了全面的论述："古之欲明明德于天下者，先治其国；欲治其国者，先齐其家；欲齐其家者，先修其身；欲修其身者，先正其心；欲正其心者，先诚其意；欲诚其意者，先致其知；致知在格物。物格而后知致，知致而后意诚，意诚而后心正，心正而后身修，身修而后家齐，家齐而后国治，国治而后天下平。自天子以至于庶人，壹是皆以修身为本。"孟子说："人有恒言，皆曰'天下国家'。天下之本在国，国之本在家，家之本在身。"⑩修身使人人都能树立起家国一体的观念，为国家的稳定和长治久安做出贡献，从而也为天下的长治久安做出贡献。政治家如果能化除私欲，达到身心的和谐，获得精神与物质的平衡，就会逐渐去平衡社会与众生。修身是通过克己而实现最高的精神境界和觉悟，而不是伪装和压制自己的人性。事实证明，人的欲望可以通过心灵的净化而去除。修身克己，然后才能够谈得上齐家治国、平天下。因此儒家提倡的诚意修身、维护人伦道德、实现和谐相处，作为人们提高理性、维护社会秩序及世界和平的指导思想，日益显其重要。

上述儒家对三种关系的处理作为儒家道德宗教的主要成分，在当代的重要性往往被忽视。但是实际上，它对当代的很多伦理问题是可以用现代的观点加以解释或者解读的。比如过去对三纲的消极解释，被韩国学者赵骏河用一种新解释所代替，他在其著作《东方伦理道德》中把三纲的"纲"解释成模范作用，认为三纲的"君为臣纲，父为子纲，夫为妻纲"就是君主成为大臣的模范，父亲成为儿子的模范，丈夫成为妻子的模范，颇具新意。⑪如果当权者真的能够对下级起模范作用，父亲对儿子起模范作用，丈夫对妻子起模范作用，或者是相互起模范作用，那么这个世界肯定会非常和谐。对这些方面的问题应该花一些力气来重新认识和解读，使儒家的道德思想能够为当代所用。

从儒学本身已经产生的影响来看，我注意到一个与宗教的影响不同的现象。作为一个宗教徒，不管是伊斯兰教徒，还是基督教徒，我认为他们都是从小就熟读宗教经典，宗教中的道德金律已经牢牢地深入到他们的灵魂之中。这些道德金律教育孩子从小就知道应该如何做人、如何做事，而且伴之于一个人的一生。所以，基督教徒和伊斯兰教徒在思想理念中已经解决了如何做人的问题。而中国因为没有国教，没有作为国家理念的道德金律，所以，我们始终要强调做人的问题。在学术界，也是强调做人、做学问同样重要，甚至认为做人更为重要。这就使我们不得不把做人摆在十分重要的地位，下大气力去解决做人的问题。

在如何做人方面，不能说儒家没有自己的主张，儒家的修身之道应该说就是做人之道。儒家提倡通过修身养性，使人成为君子，成为圣人、贤人。但儒家从孟子开始提倡尽心、知性、知天的认识路线，把如何成圣锁定在心的领域；又提倡性善论的人性论，使人人都有善性成为普遍定律。经过明代心学大师王守仁的推动，演变出一套"满街都是圣人"的泛圣论逻辑。这样，你也是圣人，我也是圣人，你有你做圣人的一套办法，我有我做圣人的一套办法。结果如何呢？自然成圣就没有客观标准了。王守仁启发一个"梁上君子"也有良知的故事充分说明，提倡性善论的结果，会让人人都自诩为性善者，做事的动机都是善的。性既然是善的，那就用不着外界的约束，任性去发展就是了。道德失范是性善论的必然结果。

宗教世界里，不管是基督教世界，还是伊斯兰教世界，都经过了至少1400多年的不懈努力，树立起上帝或真主的最高和绝对的权威。即使尼采喊出"上帝死了"，也没有完全动摇上帝至高无上的地位。而且，一般人是只知道上帝而不知道尼采的。上帝作为外在的能管理人的力量，在人的心灵深处起着主宰作用，使人对这种外在力量时刻怀有一种敬畏之心。这敬畏之心，在时刻提醒人们，不管是做什么事，都有一个外在的力量在监视着自己。做善事，上帝会给予奖赏；做恶事，上帝会给予惩罚。人类历史证明，有这样一个上帝管着人类，比没有一个上帝管着人类要好得多。设想出一套天堂地狱的赏罚系统，再加上人类自己制定的法律、规章，社会的管理机制应该说就完全了。而儒家经过发展演变，最后由王守仁把"心"说成是最高实体，天的权威被破坏了。再加上中国自古以来法制就不健全，结果就会导致"无法无天"的现象发生。震惊世界、影响深远的"文化大革命"，就是这种"无法无天"的最有力的证明。而"文化大革命"作为"无法无天"的产物，既否定了"天"的权威，就难免否定"儒"的权威了。事实上，"儒"在"文化大革命"中是首先被冲击的对象。"儒"的威信被扫荡殆尽，孔夫子被打入"老二"行列，直到今天，还没有完全翻身。这不能说不是"儒"的悲剧。如果"儒"真正变成一种宗教，恐怕任何人要想打倒"儒"，都是不容易的了。

有人在北京的一所中等学校里做过一次调查，结果是大多数学生不知道孔子，全部学生都没有读过《论语》。如果"儒"是宗教，还有人不知道孔子、没有读过《论语》吗？

确实，儒学是伟大的，它伟大到能消化一切外部的或外来的文化和宗教，如道教、佛教，都不得不被儒学同化，被纳入到儒学的体系之中。但也正因为儒学的伟大，使它最终没有形成宗教，没有变成一套宗教的道德金律。这又是儒学的可悲之处。现在年轻人接受泰坦尼克号、麦当娜、玛丽莲·梦露和可口可乐、麦当劳、肯德基比接受儒学要容易得多。这是应该引起注意的大问题。现在的年轻人不知道儒学，将来再过几代还会有人知道儒学吗？

"儒"是否能变成真正的宗教，是一个值得深思的问题。中国人是最缺乏宗教情怀的，再加上"文革"的严重冲击，中国人的宗教情怀几乎被扫地出门。但从最近一些年来看，宗教徒在中国也有增加的趋势，基督教、天主教都增加较快，这一点，我们无须隐讳。从这一方面来看，汤恩佳先生的"孔教"在一定程度上得到推广，也不是全无希望。然而，没有高屋建瓴的统筹，没有高层的大力支持，恐怕是很难建立起"孔教"的。

原因何在呢？在中国，人们长期受到马克思主义的教育，形成了崇信唯物主义的传统。即使不崇信马克思主义的人，他们也不愿意有一个外在的教主来管着自己。尤其是人们很长时间都牢记着马克思的一句话：宗教麻醉是人民的鸦片，但人们很少有知道马克思的另一句话的："宗教是这个世界的总的理论，是它的包罗万象的纲领，它的通俗逻辑，它的唯灵论的荣誉问题，它的热情，它的道德上的核准，它的庄严补充，它藉以安慰和辩护的普遍根据"。⑫就是在现代社会里，宗教还是有其合法存在的根据。这是用不着大惊小怪的。但是，由于中国特殊的国情，要人们去马上接受一个儒教，又是很困难的。很多人对儒教的否定，已经证明推广儒教是十分困难的，也可能是出力不讨好的事情。所以，据我个人的浅见，与其去无休止地争论"儒"是不是宗教，或花大力气去说服人们接受"儒"是宗教的说法，还不如扎扎实实做些普及儒学的工作。当前，最值得推广的是儒家伦理中的普世因素。如果能把这些普世因素挖掘出来，变成像宗教那样的道德金律，用以指导人们的道德实践，是完全可能的。比方说，《论语》中的"己所不欲，勿施于人"，季羡林先生就说过，用不了半部《论语》就能治天下，用这八个字就能治天下。我认为，只有这样，才能重新树立起儒学的权威，使儒学的价值观重振雄风。

所以，结论是，儒学儒教是一体的，用不着再去争论是儒学还是儒教，要花点力气把儒学中的普世因素挖掘出来，把它变成道德金律，起到教化的作用，普及到民间，就算完成了一项大任务。简单一句话就是要发挥儒家的道德宗教的作用。

注　释：

① 见池田大作：《我的人学》，北京大学出版社 1992 年版，第 347 页。

② 董毅然：《中国人为何在逻辑思维上比美国人差》，《北京科技报》2004 年 12 月 6 日。

③ 见牟宗三：《中国哲学的特质》，台湾学生书局 1963 年版，第 99 页。

④ 转引自 William P. Alston，"Religion，"收入：Paul Edwards，ed.，The Encyclopedia of Philosophy，New York：The Mcmillan Company & the Free Press，1967，Vol. 7，第 140～145 页。

⑤ 冈田武彦：《儒教的万物一体论》，《儒学国际学术会议讨论会论文集》，齐鲁书社 1989 年版，第 40～41 页。

⑥ 冈田武彦：《孔学的运用》，《孔子研究》1989 年第 3 期。

⑦ 牟钟鉴：《生态哲学与儒家的天人之学》，转引自傅云龙《海峡两岸首次儒学学术讨论会综述》，《孔子研究》1992 年第 1 期。

⑧ 汪德迈：《新汉文化圈》，陈彦译，江西人民出版社 1993 年版，第 161 页"后记"。

⑨ 吴学昭：《吴宓与陈寅恪》，清华大学出版社 1996 年版，第 53 页。

⑩ 《孟子·离娄上》。

⑪ 赵骏河：《东方伦理道德》，吉林人民出版社 2004 年版，第 28 页。

⑫ 《马克思恩格斯选集》，第 1 卷，人民出版社 1995 年版，第 1 页。

（作者单位：山东大学犹太教与跨宗教研究中心）

"李约瑟难题"与内圣开出科学

□ 陈卫平

一般来说，"李约瑟难题"有两个方面：一是中国古代的科学技术居于世界领先地位的思想文化基础是什么？二是中国传统科学为什么没有发生向近代科学的转变？现代新儒学的核心命题是内圣开出外王，其所谓的外王主要是指民主和科学。本文围绕"李约瑟难题"的上述两个问题，对现代新儒学内圣开出科学的说法作点分析。

一、仁智合一与中国古代科技的发展

通常的流行看法，认为儒学在中国传统社会里对科学技术采取鄙视和排斥态度。现代新儒家的内圣开出科学，显然与这样的流行看法是不同的。因为其前提就是儒学从不反对科学，"不能承认中国文化是反科学的，自来即轻视科学实用技术"。[①]这对于回答"李约瑟难题"的第一方面问题是有关联的。李约瑟的研究证明，中国古代科技成就是世界上最为辉煌的。如果儒学对于中国传统科技的发展毫无正面的作用，那么很难从逻辑上解释下列的问题：作为中国传统文化中值得骄傲的科技成就，竟然和这一文化的主流思想即儒学是完全对立的。不过，现代新儒家仅仅是强调了儒学不反对科学技术，但并没有对儒学是中国古代科学技术的思想文化基础作出论证；同时对于儒学给中国古代科学技术的发展带来的某些负面影响缺乏深刻的认识。

牟宗三认为，儒家建立了"仁智合一"的"文化模型"，这是有历史根据的。孔子奠定了儒学仁智合一即伦理学与认识论统一的传统。他将"仁"和"知"并举，以"爱人"解释"仁"，以"知人"解释"知"，并说"未知，焉得仁"[②]，"知者利仁"[③]，认为知是为仁的必要条件，知是实行仁的手段。这样的仁智合一在以后儒学的发展中得到了继承和发挥。孟子对"智"下的定义是："仁之实，事亲是也；义之实，从兄是也；智之实，知斯二者而弗去是也。"[④]理智的功能就是认识并保存仁义等伦理准则。荀子在《正名》中说："知者为之分别制名以指实，上以明贵贱，下以辨同异。"明贵贱即认识伦理纲常关系，辨同异即把握事物的同一差异关系，而"知"则兼容两者。可见孟子和荀子虽然观点不尽一致，但他们都延续和贯彻了孔子的仁智合一。汉代大儒董仲舒对仁知关系作了这样的论述："仁而不知，则爱而不别也；知而不仁，则知而不为也。"[⑤]认为没有理智，仁爱就会无区别地爱所有的人；没有仁爱之心，理智就不可能引导人们去践履仁爱。

因此仁要以知为支持，知要以仁为依归。二者相辅相成，不可须臾分离。仁智合一在宋明理学那里，是把"格物致知"的过程和德性培养的过程看成是同一的。这用程朱理学的说法，就是"穷理致知"（提高认识）与"涵养用敬"（自我修养）的相互促进和相互渗透："尝闻之程夫子言曰，涵养须是敬，进学则在致知，此二言者，实学者立身进步之要，而二者之功盖未尝不交相发也。"⑥"学者工夫唯在居敬穷理二事，此二事互相发，能穷理则居敬工夫日益进，能居敬则穷理工夫日益密。"⑦而用陆王心学的说法，"所谓致知格物者，致吾心之良知于事事物物也"，"致吾心之良知者，致知也；事事物物皆得其理者，格物也"。⑧认为致知是使道德意识即良知明白起来，格物是使事事物物合乎道德秩序即良知之天理。

依照儒学仁智合一的传统，如果科技领域中某些学科的知识是具有道德（仁）属性的，那么这些学科就体现了仁智合一，这些学科就会得到重视，获得较大的发展。在中国古代，医学、农学、天文学和数学（古代经常将后两者并称为历算学）就是这样的学科。

中国历来有"医儒同道"的说法。宋代名儒范仲淹曾说，"不为良相，当为良医"，视良相与良医为儒生进退之道。儒学看重医学，就在于医学治病救人与儒学爱人之仁相吻合。于是，医学就成了科学知识（知）和伦理道德（仁）合一的学科，行医就成了仁智合一的践履，对医术的精益求精就成了对仁术的追求而不是沉溺于雕虫小技。在历代医学文献中，我们可以看到，正是这种思想观念决定了对医学的推崇。"医以活人为务，与吾儒道最为切近"⑨（《九灵山房集·医儒同道》），之所以切近，因为"医乃仁道"⑩。正是在这个意义上，可以说"医出于儒"⑪。同时，作为儒者，如果对医术一无所知，就不可能真正做到仁智合一。明代《原机启微·序》指出："父母至亲者，有疾而委之于他人。俾他人无亲者，反操父母之死生，一有误谬，则终身不复。平日以仁推于人者，独不能以仁推于父母乎？故于仁缺。朋友以义合，故赴其难。或疾则曰素不审，而不能携友于死生也，故于义缺。济身以爱为主……疾至而不识，至危犹不能辨药误病焉，故于知缺。夫五常之中，三缺而不备，故为儒者不可不兼夫医也。故曰：医为儒者一事。"这种观点在宋明以后的儒生中颇为流行，儒者兼医因而蔚然成风。⑫正因为医学的治病救人是行仁爱之德，所以要求行医者须集医学知识与仁爱之心于一身。魏晋之际的杨泉说："夫医者，非仁爱之士，不可托也；非聪明达理，不可任也。"⑬唐代大医家孙思邈的《千金方》说，医家对待患者应一视同仁，"皆如至亲之想"；而要做到这一点，就须研读五经，"若不读五经，不知有仁义之道"，于医道就会有"滞碍"。

古代中国以农立国，重农与儒学的"仁政"、"德政"紧密相关，因为只有农业发展了才能富民，而民富既是实施仁政的表现，也是对百姓进行德教的基础。孔子把"足食"放在为政治国的首位以及"先富后教"，就表现了这样的思想。孟子更明确地把发展个体农业即"复井田"作为仁政的主要内容。这种将农业和仁政相联系的"重农"思想，随着儒学成为传统文化的主流而有力地影响了科技领域——农学有了伦理属性，被认为是仁智合一的学科。于是，研究和发展农学就成了儒学的题中之义。传统的农学著作正是这样来认识农学的。《吕氏春秋》的《上农》等四篇是现存最古老的农学论文。它们指出："古先圣王之所以导其民者，先务于农。"把农业置于为政的优先地位，体现了"古之君民者，仁义以治之，爱利以安之，忠信以导之"的德政。草创古代农学体系的《泛胜之书》说："神农之教，虽有汤池，带甲百万，而无粟者。弗能守也。夫谷帛实天下之命，卫尉前上蚕法，今上农事，人所忽略，卫尉勤之，可谓忠国爱民之至。"把研究农学看成是"忠国爱民"之德的表现。《齐民要术》是传统农学的继往开来之作，其作者贾思勰在该书序中说："盖神农为末耜，以制天下。尧命四子，敬授民时。舜命后稷、食为政首。禹制土田，万国制义。殷周之盛，《诗》、《书》所述，要在安民，富而教之。"自神农到殷周，儒学理想中的德政都是以重农为基础的，因而农学实是"齐民要术"。直至明代集农学之大成的徐光启，其研究农学著作以"农政全书"名之，而这里的"政"就是理想中的仁政。他对农学"尤所用心"，仍是因为农业是"生民率育之源，国家富强之本"，"不耕之民，易与为非，难与为善"[14]。不难看出，视农学为与仁政德治相关的仁智合一的学科，是古代儒生献身农学的重要动因。

儒学把伦理纲常和政权的合法性以及等级秩序相匹配，以"天"作为它们的形上根据。因而儒学的"知天命（天道、天理）"传统把认识天命和践履伦理纲常紧密相联。这在孔子那里已有端倪，其"知天命"的重要内涵就是圣人、大人和君子在认识和按照天命行事的过程中，达到与天所赋予的德性相合。如此的"知天命"被董仲舒发挥得更为突出和明确。他说："王道之三纲，可求于天"[15]，并以三纲五常与阴阳五行相配；"王者不可不知天"，但"天意难见也，其道难理，是故明阴阳入出虚实之处，所以观天之志；辨五行之本末顺逆，小大广狭，所以观天道也。"[16]以阴阳五行观"天志"、"天道"与认识三纲五常的终极根源之所在是同一个过程。程朱理学的"穷天理"，认为伦理纲常的神圣性来自于与"天理"的一致性："所谓天理，复是何物？仁义理智信岂不是天理？君臣父子兄弟夫妇朋友岂不是天理？"[17]受儒学这种"知天命"传统的支配，历算学的知识被赋予了伦理的意义，成了仁智合一的学科。于是，它也就为儒学所重视。这里以一些名儒和儒学经典本身对历算学的研究和吸取为例予以说明。孔子编修《春秋》，载有我国最早的彗星记录，提出了春夏秋冬的四季概念，他把"数"作为教授学生的六艺之一。孔子的得意门生曾参对天圆地方说提出质疑，认为圆形的天穹和方形的大地无法吻合[18]。很可能孔子和他讨论过这类问题。孟子对天文历算颇为自信："天之高也，星辰之远也，苟求其故，千岁之日至，可坐而致也。"[19]显示了具有通过数学计算来求得天体运行规律的能力。《周易》强调的"参天两地而倚数"[20]和"极其数，遂定天下之象"[21]，实际上提出了历算学的基本思想，即凭借数学方法来把握天象。董仲舒"人副天数"之"天数"包含着对历算学知识的汲取，并提出了把"天数"和历法相联系的"三统"说。以后刘歆将"三统"说引入历法，制定了"三统"历，"为后世历法树立了范例"。[22]朱熹对以地球为中心的天地生成过程的推测，把张衡以来的浑天说提高到新的水平，他还有月光是日光的反照、潮汐与月亮有关等说法，由此他说"历象之学自是一家，若是穷理，亦不可不讲"[23]。其他理学家如张载关于"天地自动"的假说、二程关于"宇宙无中"的猜测、邵雍关于"日望月则月食，月掩日则日食"的解释，都是居于当时历算学前沿的。邵雍象数学不仅包含了某些有科学价值的历算学知识，而且其流行对宋元历算学的发展有相当的推动作用。[24]

综上所说，可以看到医学、农学、历算学成为中国古代科技最发达、最完备的主干学科并非偶然，从思想文化上讲，是受到了儒学仁智合一传统的有力支撑。

在儒学仁智合一的传统里，如牟宗三指出的，是"以仁为笼罩，以智为隶属"。因而这一传统十分明显地表现出科技知识伦理化的倾向，即获得科技知识是为了从中领悟和践履伦理道德。但是，牟宗三认为仁笼罩智、智隶属仁是"当该"的。于是，他对仁智合一对中国古代科技发展的负面作用没有作深入的分析。儒学仁智合一传统对中国古代科技发展主要有两方面的负面作用。第一，限制了科学认识的广度和深度。因为科技知识的伦理化，必然导致注重选择能体现某种伦理关系和道德观念的自然现象作为认识对象，同时对这些现象的认识也往往以就此论证某种伦理关系和道德观念的合理性为终点，不再深入探讨。宋明理学家下面的几段话可以佐证："格物穷理，非是要穷尽天下之理"，"要在明善，明善在格物穷理"，"致知但止于至善"㉕；格物如果仅是广泛研究自然事物，"为此学而不穷天理、明人伦、讲圣言、通世故，乃兀然存心于一草一木一器用之间，此是何学问"㉖。"既知至善，即知格物矣"㉗，"明伦之外无学矣。外此而学者，谓之异端；非此而论者，谓之邪说"㉘。第二，容易导致对科技的轻视。因为科技知识的伦理化，意味着科技知识本身没有独立的价值，其价值是由被赋予的伦理属性才得以显现的。所以，在儒学的价值体系里，科技只是"小道"、"小技"、"方技"。宋元大数学家秦九韶、李冶深受这种价值观的影响，因而前者认为与性命之学相比，自己所从事的是次一等学问；后者则说谢良佐记诵文史，被程颢斥为玩物丧志，自己的数学研究，就更不足道了。㉙

从上述的儒学仁智合一传统与中国古代科技关系，不难看出传统儒学的"内圣"之学具有开出和阻抑中国古代科技的双重性。

二、实学流变与中国科技的近代转向

在古代居于世界前列的中国科技为何没有首先走向近代？要回答这个"李约瑟难题"的第二方面问题，牵涉到传统儒学和近代科学的关系。对此现代新儒家的内圣开出科学有两方面的涵义：一是传统儒学潜含着近代科学的种子，所以能够从前者"开出"后者；二是传统儒学没有引导中国传统科学实现向近代科学的转换，因而有待于从前者"开出"后者。但这里缺乏两方面的交代：一是传统儒学哪些因素包含着与近代科学的端绪；二是传统儒学为什么没能发展出中国近代科学。近代科学的曙光首先出现在西方，西方科技在明清之际传入中国。这里以明清之际的西方科技与实学流变的关系来分析上述两个问题。

明清之际西方传教士向中国输入了某些当时已在西方出现的近代科学技术。据一些学者的研究，来到中国的一些传教士与意大利近代科学兴起时期最著名的科学社团灵采研究院有较为紧密的联系，或是其成员，如邓玉函、汤若望、罗雅各；或是曾访问于其间，如金尼阁。㉚从李之藻的《请译西洋历法等书疏》，可以看出西方传教士在中国所介绍的近代科技知识涉及天文学、地理学、数学、解剖学、力学、光学、实验仪器和水利、测量、机械、采矿、兵器等。利玛窦与徐光启合作翻译《几何原本》，所介绍的欧氏几何虽不属近代科学范围，但正如爱因斯坦所说，近代"西方科学的发展是以两个伟大成就为基础的，那就是：希腊哲学家发明的形式逻辑体系（在欧几里得几何学中），以及通过系统的实验发现，有可能找出因果关系（在文艺复兴时期）"。㉛欧洲近代科学的萌芽首先在哥白尼的天文学和伽利略的机械力学里显露，而为这些科学理论起奠基作用的圆锥曲线研究，实际上是欧几里得几何理论体系的直接延伸。㉜因此，可以说《几何原本》提供了中国转向近代科学的逻辑思维方式。明清之际大多数科学家对上述的西方科技抱着学习、吸取并与之融合的积极态度。这就是徐光启说的："欲求超胜，必须会通，会通之前，先须翻译"㉝。明清之际的中西科学会通取得了成效，如李约瑟所评论："到明朝末年的 1644 年，中国和欧洲的数学、天文学、物理学已经没有显著差异，它们已经完全融洽，浑然一体了。"㉞这意味着中国传统科技出现了某种类似西方近代科技的转向。

就这一转向与传统儒学的关系来说，当时的实学高涨为其提供了思想张力。儒学演进到明清之际，其重要表现是形成了实学思潮。实学以回归经学（原始儒学）为旗帜，与理学的空疏相对立，而以经世致用为宗旨。它萌发于明代中期，在明清之际形成高潮。当时的一些科学家都把西学看成是实学的同道。徐光启肯定传教士是"实心、实行、实学"㉟；李之藻说西学是"真修实学"㊱；方以智赞扬西学"详于质测"㊲的实证精神；其儿子方中通讲西学"以实学胜无益之博学"㊳；金声由"敬服西儒，嗜其实学"而发愿"译授西学，流布此土，并为人广细宣说"㊴。他们把西学视为实学，意味着实学是他们接受和认同西方科技的思想基础。这主要有以下三个方面：

第一，实学经世致用的宗旨，为西方科技的传入在价值观上打开了通道。实学主张回归经学（原始儒学）的重要指向，就是认为理学空谈心性，背离了经学（原始儒学）经世致用的本意。理学以"明善"、"明伦"作为格物穷理和学问之道的首要和根本，其价值体系将心性之学置于学问的核心地位，而包括科技知识在内的其他知识则被贬黜为"形下之器"、"雕虫小技"等。实学思潮冲击了这样的价值观。黄宗羲指出，理学高谈心性之阔论，鄙视事功，背离了"儒者之学，经纬天地"的精神㊵。顾炎武指责理学"以明心见性之空言，代修己治人之实学"㊶。这里表达的观念是：空谈心性绝非儒学经世之根本。实学虽然并不排斥"修己"即修身，但要求把儒家学问从沉迷于个人的心性涵养拓展到一切涉及国计民生的"实用之学"。黄宗羲将财赋、扞边、作文、政事都列入经纬天地的实学㊷。顾炎武说："士当求实学，凡天文地理兵农水火及一代典章之故，不可不熟究。"㊸在顾、黄之前，力倡实学的东林学派已提出不能将学问局限于修身，而要与经世实际相联系，顾宪成说："水间林下，三三两两，相与讲求性命，切磨德义，念头不在世道上，即有他美，君子不齿也。"㊹高攀龙说："先致格物，后必归结于治国平天下，然后始为有用之学"㊺。实学的经世致用为归和理学的讲求心性为本，在价值取向上是不同的。于是，随着崇尚实学蔚为风气，理学以心性为本的价值观有所松动。

西方科技跻身于经世有用之学而被明清之际科学家接纳，正是这一松动的表征。徐光启认为，西方科技尽管是形下之器，但"器虽形下，而切世用，兹事体不细已"㊻。王徵译绘刻印所谓"远西奇器图说"，有人问他："今兹所录，特工匠技艺流耳，君子不器，子何敝敝焉于斯？"他答道："学原不问精粗，总期有济于世"，"兹所录者，虽属技艺末务，而实有益于民生日用，国家兴作至急也。傥执不器之说而鄙之，则尼父系《易》，胡以又云备物制用，立成器以为天下利，莫大乎圣人。"㊼与此同时，这些科学家对理学空谈心性提出批评。徐光启借典故指责理学如魏晋玄学般崇虚黜实而误国："典午朝臣鲜尚实，意以旷达相矜夸，娓娓玄谈未终席，纷纷胡骑乱如麻。"㊽他还指出，从黄帝到周孔之教再到唐代经学，都是注意算数之学的，"算数之学特废于近世数百年间尔"，原因之一就是"名理之儒士苴天下之实事"，于是"往昔圣人所以利世利用之大法，曾不能得之于士大夫间，而术业政事尽逊于古初远矣"㊾。李之藻在叙述了传教士携带的科技书籍有助于国计民生的种种用处后，说"以上诸书，多非吾中国书传所有，总皆有资实学，有裨世用"㊿，婉转地批评了理学书传清谈心性而排斥科技之类的实学，他认为这是对古代儒学的割裂:"古者教士三物,而艺居一,六艺而数居一","自古学既邈,实用莫窥",于是"其在于今,士占一经,耻握从衡之算;才高七步,不娴律度之宗;无论河渠历数,显忒其方,寻思吏治民生,阴受其敝"[51]。可见,接受和认同西方科技,与以经世致用为归的实学淡化了理学以修养心性为本的价值观念是很有关系的。由此,中国科技表现出朝着具有独立价值地位发展的近代趋势。徐光启的《泰西水法·序》先说"道之精微,拯人之神;事理粗迹,拯人之形,并说之,并传之",接着有"器虽形下,而切世用"之语,把探索事理粗迹即形下之器的科技与思辨性命精微即形上之道的学问相提并论,置于同等重要的地位。当时把西方科技普遍称之为"格致"学也显示了这一点,因为它意味着在儒学(尤其是理学)以修身养性为本质的"格致"学之外,还存在着另一种"格致"学。

第二,实学强调言必证实,与西方科技在方法论上有契合之处。实学批评理学的治学方法是"束书不观,游谈无根",意谓理学很少问津儒家经典,其论说缺乏实据。与之相对,实学在方法论上主张"言必证实"[52]。这包含两个方面:一是指以自然界的事实为证据;二是指以典籍尤其是儒家经典为证据。当然,这两个方面是混同在一起的。顾炎武一方面说:"以书御马者,不尽马之情","善治水者,固以水为师耳"[53];另一方面又说:"非好古而多闻,则为空虚之学"[54]。黄宗羲亦是如此。他一边批评明儒将自然天文牵强纳入《周易》的象数:"舍明明可据之天象,附会汉儒所不敢附会者,亦心劳而术拙矣"[55];同时他又说:"学必原本经术,而后不为蹈虚,必证明于史籍,而后足以应务"[56]。方以智疾呼"欲挽虚窃,必重实学"[57],既注重实测:"物有其故,实考究之,大而会元,小而草木螽蠕,类其性情,征其好恶,推其常变,是曰质测"[58];又注重爬梳典籍,《四库全书总目提要》评论其《通雅》时说:"以智崛起崇祯中,考据精核",顾炎武等沿此风气,"始一扫悬揣之空谈",其"在明代考证家中,可谓卓然独立"。

传教士输入的西方科技明显不同于中国传统科技的一个方面,就是重视用仪器和实验取得证据。这和实学"言必证实"方法论以自然界的事实为证据的要求有相同点。这反映在明清之际科学家那里,就是以论说是否有事实根据来彰显西方科技之实证和宋明理学之虚空。徐光启指出利玛窦等人讲的科技知识,"其言理言道,既皆返本跖实,绝去一切虚玄幻妄之说"[59];他批评邵雍以象数推算历法:"邵尧夫未娴历法,而撰私理立法"[60]。在徐光启看来,西方科技之实和理学之虚,在方法论上的区别就是道理根植于事实还是出自于杜撰。其他科学家也持同样的看法。李之藻认为西方所言的天文历数之所以是"阐著实理"[61],重要的原因在于"其所制窥天观日之器,种种精绝",用这些仪器观察天象予以验证,"窥测既核"[62]。与此形成对比的是,"儒者本天,然二千年来论推无征,漫云存而不论,论而不议,夫不议则论何以明,不论则存之奚据"[63]。方以智一再肯定"泰西质测颇精"[64],他的儿子方中通说:"此贵质测,征其确然耳"[65];而理学则"竟扫质测而冒举通几"[66],于是就"或舍物以言理,或托空以愚物"[67]。宋代以来理学的象数学盛行,黄宗羲批评它把历算学引入了不顾实际天象而主观臆测的死胡同:"有宋名臣,多不识历法。朱子与蔡季通极喜数学,乃其所言者,影响之理,不可施之实用。康节作《皇极书》,死板排定,亦是纬书末流"[68];而以实证为基础的西方科技则为历算学开辟了新道路:"西人汤若望,历算陈开辟,为吾发其凡,由此识阡陌。"[69]王锡阐由"测候精详"而称赞"西历善矣",这是针对理学不用事实作根据和验证的学风影响了历算学而言的,

"至宋而历分两途，有儒家之历，有历家之历；儒者不知历数而援虚理以立说，术士不知历理而为定法以验天；天经地纬缠离违合之原，概未有得也"⑦。从这些科学家以西方科技的实证映照宋明理学的虚空，可以看到实学"言必证实"方法论为明清之际科学家接受和认同西方科技的实证方法也提供了思想张力。以实验为主要内涵的实证方法是西方近代科技的一个基本标志，明清之际科学家张扬西方科技的实证方法，确有催生近代科技幼芽的意义。

第三，实学经世致用的宗旨和"言必证实"的方法论，是明清之际科学家把构建西方近代科技理论体系的形式逻辑思维方式纳入视野的引导。徐光启视《几何原本》的"由数达理"即体现在数学推导过程中的形式逻辑思维方式为西方科技之根本。他称其言几何之学是好比把绣鸳鸯的"金针"度与人，而《几何原本》的逻辑思维方式则是针线之所出的本源："若此书者（指《几何原本》），又非金针度与而已，直是教人开矿冶铁，抽线造针；又是教人植桑饲蚕，涷丝染缕。有能刺者，其绣出鸳鸯，真是等闲细事"⑦。显然，他试图以"由数达理"的形式逻辑思维方式作为重建中国科技体系的基础。这可以说是明清之际科学家的主潮。从李之藻的"缘数寻理，载在几何"⑫和王徵的"先考度数之学"而后可以穷物之理"⑬，到黄宗羲的"借数以明理"⑭和王锡阐的"因数可以悟理"⑮，再到方中通的"格物者格此物之数，致知者致此知之理"⑯和梅文鼎的"几何原本为西算之根本"，因而西历能推算出"所以然之故"⑦；无不如此。明清之际科学家这一群体意识的形成，⑱是实学经世致用价值观和"言必证实"方法论的产物。

如前所述，在实学经世致用价值观的推动下，西方科技作为实用之学受到明清之际科学家的推崇。由于他们认识到"由数达理"的逻辑思维方式是刺绣锻造西方科技的根基，因而按照实学经世致用的价值观，它是最根本的实用之学。这在徐光启下面的话语里表达得非常充分："《几何原本》者度数之宗，所以穷方圆平直之情，尽规矩准绳之用……由显入微，从疑得信，盖不用为用，众用所基"⑲；"象数之学，大者为历法、为律吕，至其他有形有质之物，有度有数之事，无不赖以为用，用之无不尽巧极妙者"⑳；"能通几何之学，缜密甚矣。故率天下之人而归于实用者，是或其所由之道也"㉑；"历算之学，渐次推广，更有百千有用之学出焉"㉒。实学的"言必证实"要求论说必须以事实作根据和验证，其中蕴涵着逻辑推论精确的问题。这也是明清之际科学家倡导"由数达理"逻辑思维方式的立足点之一。徐光启指出：利玛窦讲格物穷理，"物理之一端，别为象数，一一精实典要，洞无可疑，其分解擘析，亦能使人无疑"㉓，这里"精"、"实"并列，以为分解擘析即精细严密的逻辑论证，能有效地保证《几何原本》的公理确实无疑。因此，运用"由数达理"的逻辑思维方式就是"言必证实"的题中之义。徐光启在《几何原本杂议》里说："此书为益，能令学理者祛其浮气，练其精心"；"几何之学，深有益于致知"，其中的两个有益之处是，"明此，知向所揣摩造作而自诡为工巧者，皆非也"，"明此，知向所想象之理，多虚浮而不可授也"。李之藻的《同文算指·序》认为，《几何原本》"缘数寻理"的逻辑论证，"其道使人心心归实，虚骄之气潜消"。李天经在为直接介绍西方形式逻辑的《名理探》所作的《序》中，在批评"世乃侈谭虚无"而远离"真实之大道"的同时，强调"舍名理探而别为推论，以求真实免谬误，必不可得"。上述议论赋予"由数达理"形式逻辑思维方式以"实"的属性，而与虚浮想象相对立，从中可见明清之际科学家把"由数达理"的形式逻辑思维方式看作西方科技之所以为"实学"的重要方面，是对实学"言必证实"的发挥。[84] "由数达理"形式逻辑思维方式成为明清之际科学家的群体意识，无疑是带有近代色彩的思维方式变革，因为这与西方近代科学"力图以数学定律来说明自然现象"[85]的运思倾向相类似。

从上述三方面，可以看到明清之际的实学蕴涵着与近代科技相通的因素。然而注重实学，表明儒学的价值重心内圣向外王倾斜。因此，应该说儒学中内含近代科学种子的，是实学偏重外王的因素而不是内圣之学。

就思想学术的主流而言，明清之际的实学高涨流变为乾嘉时期的朴学兴盛，其间的逻辑是：从前者的回归经学到后者的"经学复盛"。[86]复盛之经学（朴学）如阮元所说："崇宋学之性道，而以汉儒实之。"[87]就是说，明清之际关注民生日用的实学演变为了乾嘉时期以实证为阐发心性之工具的朴学。这一演变的必然性蕴含在实学自身之内。如前所述，明清之际实学在回归经学的旗帜下，外在事实的证据和儒家经典中的证据是相混的。由此就产生了两个问题：一是把自然科学的实证等同于经典文献的考证，由于当时尚未形成呼唤科学的社会力量，后者自然就取代了前者，于是很多明清之际的实学思想家被朴学视作其考据学的前驱；二是形下经验领域之求证与形上思辨领域之穷理没有明确的区隔，明清之际实学所谓的格物穷理，往往兼具形下经验之求证与形上思辨之穷理两义，如徐光启的格物穷理既用来指称西方科技，也以此表示"费禄苏非亚"即哲学[88]，因而朴学把经验实证与心性之学联结在一起是顺理成章的。

显然，由实学流变而来的朴学，成了以内圣为体、实证为用的经学。在它的统治下，中国科学由实学引导的近代转向遭到了夭折，西方科技成了治经的工具。这主要表现在两个方面：一是对儒家经典中涉及的天文、数学、地理等方面，以西方科学知识来予以注解，梁启超对此评论说，"天算者，经史中固有也，故能以附庸之资格连带发达，而他无闻焉"，"惟天文算法，至清而尤盛，凡治经者多兼通之"；[89]二是"由数达理"的形式逻辑思维方法被用于考据学，正如范文澜所说，"明末清初的西洋天主教徒来中国，天文历算之学，大受中国学者的欢迎，科学方法影响考据学。清朝考据家黄宗羲、梅文鼎、王锡阐、江永、戴震、焦循、王引之等，都兼长算学"。[90]随着西方科技成为治经的工具，当时科学研究的重心就转向证明西方科学源自中国传统典籍，所谓"西学中源"说被奉为圭臬。[91]实学曾经松动了理学以内圣为本的价值观，而西方科技成为治经的工具，无疑是这一价值观重新得到推崇的产物。可见，实学流变为朴学的历史，表明固守内圣为本是中国科技在明清之际初露端倪的近代转向没能继续推进的思想原因。这也从一个侧面表明，现代新儒学的由良知坎陷转出近代实证科学，之所以至今很难走通，就在于其仍未突破内圣为本的理学传统。但是，现代新儒学内圣开出科学的命题，对于当代哲学的构建提出了一个必须正视的问题：形上哲学智慧与形下经验世界如何贯通。

注　释：

① 牟宗三等：《为中国文化敬告世界人士宣言》，《民主评论》4 卷 1 期，1958 年 1 月。

② 《论语·公冶长》。

③ 《论语·里仁》。

④ 《孟子·离娄下》。

⑤ （《春秋繁露·必仁且智》）。

⑥ 《朱子文集》卷 56。

⑦ 《朱子语类》卷 9。

⑧ 《传习录中·答顾东桥书》。

⑨ 《九灵山房集·医儒同道》。

⑩ 龚廷贤：《万病回春》。

⑪ 李梴：《医学入门》。

⑫ 袁运开等主编：《中国科学思想史》中册，安徽科学技术出版社 2000 年版，第 602 ~ 608 页，专门论述了宋代"'儒医'思想的兴起"。

⑬ 《物理论》。

⑭ 《农政全书·凡例》。

⑮ 《春秋繁露·基义》。

⑯ 《春秋繁露·天地阴阳》。

⑰ 《朱子文集》卷 59。

⑱ 参见《大戴礼记·天圆》。

⑲ 《孟子·离娄下》。

⑳ 《说卦传》。

㉑ 《系辞上》。

㉒ 杜石然等：《中国科学技术史稿》上册，科学出版社 1982 年版，第 174 页。

㉓ 《朱子文集》卷 60。

㉔ 李申：《中国古代哲学和自然科学》，上海人民出版社 2002 年版，第 730 页指出："抽象的宋元数学成就，源于人们对数本身的兴趣；对数的兴趣，又与象数学的流行有关"。

㉕ 《二程遗书》卷 15。

㉖ 《朱子文集》卷 39。

㉗ 《传习录》上。

㉘ 《万松书院记》，《王文成公全书》卷 7。

㉙ 参见李申：《中国古代哲学和自然科学》，第 737 ~ 738 页。

㉚ 参见《方豪文录》，北平上智翻译馆 1948 年版，第 295 ~ 300 页；朱之谦：《中国哲学对于欧洲的影响》，福建人民出版社 1985 年版，第 91 ~ 92 页；方豪：《中国天主教人物传》上册，中华书局 1986 年版，第 217 ~ 224 页。

㉛ 《爱因斯坦文集》第 1 卷，商务印书馆 1976 年版，第 574 页。

㉜ 参见克莱因：《数学史——数学思想的发展》上册，九章出版社 1979 年版，第 194 页。

㉝ 《历书总目表》。

㉞ 《世界科学的演进》，《李约瑟文集》，辽宁科技出版社 1986 年版，第 196 页。

㉟ 《泰西水法·序》。

㊱ 《请译西洋历法等书疏》。

㊲ 《物理小识·自序》。

㊳ 《数度衍·序》。

㊴ 《上徐玄扈相公书》，《金忠节公文集》卷 3。

㊵ 《南雷文集后集》卷 3。

㊶ 《日知录》卷 7。

㊷ 《南雷文集后集》卷 3。

㊸ 《亭林余集·三朝纪事阙文序》。

㊹ 《小心斋劄记》卷 11。

㊺ 《东林书院志》卷4。

㊻ 《泰西水法·序》。

㊼ 《远西奇器图说录最·序》。

㊽ 《题陶行士运甓图歌》。

㊾ 《刻同文算指·序》。

㊿ 《请译西洋历法等书疏》。

(51) 《同文算指·序》。

(52) 《日知录·序》。

(53) 《天下郡国利病书·嘉定县志水利考》。

(54) 《亭林文集》卷3。

(55) 《答范国雯问喻春山律历》。

(56) 《南雷文约》卷1。

(57) 《东西均·道艺》。

(58) 《物理小识·自序》。

(59) 《刻同文算指·序》。

(60) 《简平仪说·序》。

(61) 《圆容较义·序》。

(62) 《请译西洋历法等书疏》。

(63) 《译寰有诠·序》。

(64) 《通雅》卷首。

(65) 《物理小识·编录缘起》。

(66) 《物理小识·自序》。

(67) 《物理小识·总论》。

(68) 《答万贞一论明史历志书》。

(69) 《赠百岁翁陈赓卿》。

(70) 《晓庵新法·自序》。

(71) 《几何原本杂议》。

(72) 《同文算指·序》。

(73) 《远西奇器图说录最·序》。

(74) 《答忍庵宗兄书》。

(75) 《畴人传》卷34。

(76) 《数度衍》卷3。

(77) 《畴人传》卷37、卷38。

(78) 详见拙作《论明清之际“由数达理”的思维方法》,《哲学研究》1989年第7期。

(79) 《刻几何原本·序》。

(80) 《泰西水法·序》。

(81) 《几何原本杂议》。

(82) 《致老亲家书》。

(83) 《刻几何原本·序》。

(84) 这种发挥为以后的乾嘉朴学吸取,乾嘉朴学的“言必证实”就明确地要求逻辑推论的精确坚实。

(85) 《牛顿自然哲学著作选》,上海人民出版社1974年版,第10页。

(86) 皮锡瑞:《经学历史》,中华书局1959年版,第295页。

⑧⑦　《拟国史儒林传序》，《研经室一集》卷 2。

⑧⑧　见其和毕方济合译的《灵言蠡勺》。

⑧⑨　《清代学术概论》，《梁启超论清学史二种》，复旦大学出版社 1985 年版，第 24、19 页。

⑨⓪　《中国经学史的演变》，《范文澜历史论文选集》，中国社会科学出版社 1979 年版，第 290 页。

⑨①　详见拙作《从"会通以求超胜"到"西学东源"说》，《自然辩证法通讯》1989 年第 2 期。

（作者单位：上海师范大学哲学系）

"存有三态论"及其本体诠释学

—— 后新儒学的思考向度之一

□ 林安梧

楔子：

"存有三态论"是我在写博士论文时逐渐发展出来的一套理论，在《存有、意识与实践：熊十力体用哲学之诠释与重建》①一书中，已有相关的章节论述。这十几年来，"存有三态论"可以说是我思考的主要向度。在 1996 年秋，南华大学哲学研究所的"启教式"（开启教学仪式）时所讲的《"道"与"言"》，后来以《道言论》正式发表在 1997 年南华大学哲学所《揭谛》学刊上，作为创刊的《发刊词》。关于《道言论》原以 8 句构成，即：

> "道显为象，象显为形，言以定形，言业相随，
> 言本无言，业乃非业，同出于道，一本空明。"

1999 年在国际中国哲学会会议上，我进一步地以"后新儒家哲学之拟构：从'两层存有论'到'存有三态论'——以《道言论》为核心的诠释与构造"为题阐述了这个思想。后来，我将这篇文章增订修饰，做为《道的错置：中国政治思想的根本困结》②一书的第一章《导论："道"的彰显、遮蔽、错置与治疗之可能：从"两层存有论"到"存有三态论"》。今天我们要讲"存有三态论"及其诠释学，这一方面关联我们这学期来的课程；一方面是想借这机会，更集中而系统地对存有三态论可开启的诠释学做一简要的概述。首先，我们将对"存有三态论"做一简单的引介，之后，再展开其与诠释学的关系。

一、"存有三态论"的基本构造

1. 存有三态：存有的根源，存有的彰显，存有的执定③

"存有"这字眼乃借西方哲学的话语而来，相应的是"Being"这个词，但在这里，

我们并不以此自限。我们不以其自柏拉图（Plato）、亚里士多德（Aristotle）以来主导的概念来说，或者它较接近海德格尔（Martin Heidegger）《存有与时间》（Being and Time）》里所说的意涵。但这样来理解"存有"这个词仍然易出问题。或者能回到中国传统"道论"的脉络上来理解，会较为恰当。"存有"指的不是"存有一般"（all beings in general），不是作为一个对象义去把握的"存有"，而是"天、地、人交与参赞所成的总体根源"。"存有"指的是："人"迎向"世界"，"世界"迎向"人"，天地人我万物通而为一且不可分的总体，如其根源而说其为存有，这并非与主体区别开来，而作为一主体认识的对象。"存有"之作为天地人我万物通而为一且不可分的总体而说之"存有"，这并不是人认识的对象，而是作为人参与而构成的那个场域、总体、根源。这么说来，"存有"此一字眼相当于中国古代哲学所说的"道"，存有的根源即隐含一开显的动力，"道"之为"道"即隐含一开显的动力，因"道"其中已隐含天地万物人我通而为一的总体根源性动力。

　　"道"之所以能够彰显，因为人之作为一"活生生的、实存而有"的存在，若借海德格尔的话来说即人做为一"在世存有"（Da-sein），具有一使得存有能开显的可能。以中国老话来说"人能弘道，非道弘人"，但老子也说"道生之"，这并非道来弘人，其实是人"志于道"而"道生之"；进一步"道生之"而"德蓄之"，因其"德蓄之"而人可以"据于德"。存有根源之所以隐含开显的动力，因为那存有之道，姑且用海德格尔（Martin Heidegger）的"Sein"去说它，人之作为一"Da-Sein"，存有之道落实在那儿，因其"活生生的实存而有"使得那存有之道彰显。存有的根源不停留在存有的根源，它必然得开显，就如同"道"不停留于一隐匿的状态，他必要开显出来。至于如何彰显，用中国古代的话来说，他隐含一开显动力，即阴阳开阖，翕辟成变。这是讲道体本身彰显的动力、律动，此律动能够彰显的关键，就在人这活生生实存而有的参与。所以从来华人文化传统谈本体论、宇宙论，均不能离开人来说。这不是将它视为一客观对象而凝视它的传统，而是人动态的去参与它，这样所成的传统。更精确地讲，是人含于其中，去触动、参与，而使之开显，并不是人去开显它。

2. 从"存有的根源"到"存有的彰显"进而"存有的执定"之过程

　　由此谈"存有的根源"到"存有的彰显"，若借用佛教唯识学所说，这是从"境识俱泯"到"境识俱显而未分"，境识俱泯相与为一体所构成的整体称为"道"，而"道"之揭露即"境识俱显而未分"。由于人作为一活生生实存而有的人，在触动参与的过程中使之彰显了，此彰显使"境"与"识"（即外境与人的心灵意识主体）同体彰显，相互迎向而彰显，人触动道、参与道，道即迎向人，所揭露者还未分别，即未形成主客对立之貌。再进一步，才有所谓"以识执境，以主摄客，以能摄所"，才有所谓"存有的执定"，即"主体的对象化"活动，才使对象成为被决定的定象。这重要的过程即"话语"进到其中，也就是主体对象化活动，即人们通过一"言以定形"（即王弼所谓"名以定形"）"文以成物"的方式，使"形、器、物"成为一被决定的定象。④换言之，一个对象物之所以为对象物，这是经过非常复杂的过程，是主体对象化过程使得它形成定象，才有所谓与我这个主体区隔开来的对象，即物之为物并非本有一可摆在那个地方、被抛掷（be given）在那个地方的东西。其实，这是人们去建构它，而成为对象物，过程中人们有其规定及隐含的诠释，在其中人范限、构造了它，说它是什么。这过程中也把人所隐含的意趣、欲望、权力、作用等都掺和了进去，使得话语所规定的对象所构成的一大套系统隐含了这些东西。借用佛教的话来说，即"业力"伴随而生，经由语言文字所范限构造的对象物均有这些问题。

二、关于"道、意、象、构、言"的诠释层级

1."道论"较接近中国哲学的原型

关于"存有三态"的展开，我曾透过道家《老子道德经》"道生一，一生二，二生三，三生万物"来诠解这个问题。"道"之为"根源性"，"一"之为"整体性"，"二"之为"对偶性"，"三"则为"对象性"，而"三生万物"之为"万物"，即为"对象物"。"道"之为道，其根源之为一总体，此即隐含对偶的两端，进而经由一"主体的对象化活动"，而成一决定了的"定象"。这也就是如我们前面所述，是从"境识俱泯"到"境识俱显而未分"到"以识执境"的过程。由"根源性"而"对偶性"转为"对象性"，由对象性才能对象化成为一被决定的定象。这样说来，我们可将"道生一，一生二，二生三，三生万物"的哲学理路厘清了，这与"存有三态论"是相合的。⑤就总的说来，这较符合中国哲学传统中儒道原型。中国哲学谈宇宙万有一切，谈存在如何开启，存在是什么，谈对象物如何成为对象物，谈存在又如何的与价值和合为一。

华人文化传统谈"存有之道"，乃言"天地人我万物通而为一且不可分的整体"。此存有之道，当我们讲物时，是经过复杂的彰显生发的过程，因为彰显生发而被决定，而再经过认定的过程，此中有"纵贯的发展"及"横面的执取"；"纵贯的发展"是从"境识俱泯"到"境识俱显而未分"，"横面的执取"是进一步到"以识执境"的过程。⑥这样的说法避免了"主体主义"及心灵独大的倾向，因中国哲学乃以"道论"做为归依。"道"所贵为天下以前，天下万物一切皆为道。"道"的内涵是什么，就其能动性来说，就隐含开展为物质的可能，"道"其实是心物不分的，化而为一的，姑名之为"气"。"气"是"对比于心灵与物质两端而成的一个辩证性概念"，⑦它是最源初的概念。我以为：中国哲学既非以主体能动性的"心"做主，亦非以客观的法则性的"理"为主，而是以总体的根源性之"道"为主。用唐君毅先生的话来说，此中隐含着"存在的流行"及"流行的存在"，⑧这存在的流行，亦是存在的律动。

2.话语的介入后使得万物成为万物

笔者认为，以"气论"（或道论）为核心的诠释较接近于中国哲学的原型。这里所说的原型是就整个理论系统的原初而言原型，这并不是通过时间之追溯而溯其源。因为时间的溯源，此为不可能，顶多只能溯至最初最古老的巫教传统即萨满教（shmanism）的传统，而此一传统又可与"道论"的传统连接在一起。我们这样的诠释方式，可避免牟宗三先生以《大乘起信论》"一心开二门"的哲学思维来处理康德（Immaneul Kant）"现象"与"物自身"的区分，而构作成两层存有论的问题。这一思维有主体主义倾向，这是以道德主体的优位性来涵摄一切。此一方式对整个中国哲学中许多层面的解释力上有其

限制，而且在整个哲学史的诠释上，忽略了汉代哲学、唐代哲学，以及清代哲学。视汉代哲学宇宙论倾向为歧出，视汉代重气的哲学为一种陷溺，这是不当的。这类问题我曾于 2000 年在"中央大学"（台湾中坜）讲座中提出。我当时主要是从"两层存有论"到"存有三态论"去谈相关问题，在此处暂不多谈。回到"存有三态论"的构造来说，一个严重问题在于，我们常误认为万物之为万物是一既与的存在而为万物。实则不然，通过我们的名言概念、文字符号象征，通过非常复杂的主体对象化活动后，才使得万物成为万物。简单地说，是话语介入后才使得万物成为万物。所以"凡物皆论"，无论即无物，无可怀疑的，我们其实是透过话语来建构、理解世界的。

3. "道、意、象、构、言"：存有根源的体证、意向的体悟、图像的想象、结构的把握与话语的记忆

凡物皆论，无论就无物，没有通过话语的介入，就不可能有物。从这样来理解，就可以发现一个非常重要的事实：我们其实是通过话语去建构这个世界。同时，我们是通过话语去理解这个世界。建构跟理解是一体之两面，而我们对于那一大套已经被建构成的语言文字符号系统，你又如何重新去理解它，这时候很重要的是，我们必须去理解这套系统建构的过程。我们在这里谈"存有三态论"，隐含建构所成的结构脉络。这个结构脉络是从"存有的根源"到"存有的彰显"到"存有的执定"。

建构与理解是一体两面，对于已有的一大套语言文字系统，我们如何重新去理解它？此时我们必须理解此一建构的过程，所以我们谈存有三态论即隐含一建构所成之结构脉络。这就是先前所说"存有的根源"到"存有的彰显"，再到"存有的执定"，若通过一话语系统去说它的话，再往前追溯在话语之前有其结构，结构之前有图像，图像之前有意向，意向之前即在宇宙造化之几，这是说心意初几前那个浑然未分的"道"的状态，或者我们可用《易经》所说"寂然不动"之态去诠解它。由此"寂然不动"而有"感而遂通"，由此"诚无为"而有"几善恶"，由此一不可分的整体，所以在它开显的过程才会有一心灵意向，由意向才构成图像，由此图像才化为结构，由此结构才化为一大套语言文字符号系统。⑨

从这层级我们可以看到，其实是隐含着道的开显到展放的层级，同时也隐含着我们去理解去诠释的层级。理解与诠释刚好与存有的开启与展放是一个互为不可分的整体；但是它们的向度，一个是由上而下，一个是由下而上。理解、诠释是由"言"到"构"到"象"到"意"到"道"，而"存有"的开展则是由"道"到"意"到"象"，到"构"到"言"。我们这么说是想要说明：在华人传统有个非常可贵的东西，凡是我们去诠释任何一个存在的事物，我们预取在这个事物是可以上升到浑然不可分的层级，这个最高层级是存在也就是道，我们预取会有这个体证。

从话语、结构逐层而上，以更简单的语词来说，我们对"话语的记忆"，到"结构的把握"，再往上升到"图像的想象"，再到"心灵意向的体会"，最高到达"存有之道的契入"、道的体证。"道的体证"是无言，是不可说的，而落实到我们对于句子的认知、记忆，这其实是已经说出了对象，有个对象你去记忆它认知它是什么。换言之，我们有个从"不可说"到"可说"，到"说"，而说出对象，这个复杂的过程。在我们的哲学里面，从不可说到可说到说出是一个连续的发展过程，"言"上及"无言"，言之成为物，

而无言则契及于道，道器原是冲和为一的。作为定象的物，它可以恢诡谲怪地冲而化之，而上及一个无言之境，不可言说的道。在我们的文化传统里，非常强调这个"道"。换言之，你对于话语系统，当然要去把握它、理解它、诠释它，但重要的是在认知、把握、理解、诠释的过程中，不断地瓦解，不断地往上升进，最后到达这个"道"。

基本上，我们肯定人可以伴随这样的发展过程，而到达"体道"或是"证道"的活动；这同样是诠释不断发展的层次，在华人的文化发展里，非常强调这一点。而且，我们相信人们其实是必须要摆脱话语结构的限制，不断地解构，不断地一层一层往上升进，才可能达到道的体悟。人们不一定要完完全全通过整个语言的结构系统的把握，才能往上升进。在存在的当下，本身就有个机会直接契入于道。华人文化传统强调这个过程是要告诉我们"存在优先于思考"，"思考优先于认知"，"认知优先于话语"，"话语优先于被话语决定的定象"。正因为这样的一个氛围，禅宗的六祖慧能可以告诉他的弟子无尽藏，你要我讲《法华经》可以，不过"字即不识，义即请问"，字我不懂，但道理我是懂得的，你就直接问吧！"道理"之为道理，是如其道，彰显而为理，称之为"道理"也。回到那个最高存有根源的契入，如其本身所显露的，这里便隐含一套脉络系统，这叫"道理"。所以我们说这样的诠释学是上及到"道"那个最高本体的活动而成的"本体诠释学"。

三、"生活世界"与"意义的诠释"

1. 在"生活世界"里展开"意义诠释"

"道、意、象、构、言"这五层是层层互动、两端一致、和合为一的。"道"与"言"有个循环互动，"道"跟"意"之间也有个循环互动，"道"到"象"之间也有个循环互动，"道"到"构"之间也有个循环互动，"道"到"话语"之间也有个循环互动，彼此之间又不断有循环互动。我们之所以做这样的强调，正因为我们回到华人的世界去看，我们会发现那复杂而有趣的经传注疏解等的解释学传统。它看起来万变不离其宗，却在万变不离其宗里生根，往下扎根，往上生长，不断彰显，不断地让意蕴在这个彰显、扩大、转化与创造的过程里，一而再、再而三地生长下去。如上所述，就是我对"道、意、象、构、言"的诠释层级以及隐含存有的开显层级的一个互动所强调的几点。

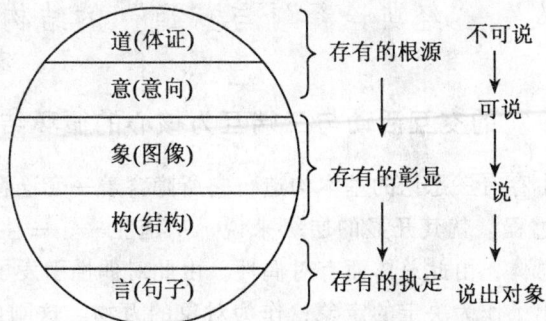

人去展开意义的诠释，其实是不离您的生活的，你在阅读经典，这就是生活，这也是修持的活动、体证的活动。印顺法师有个说法我非常赞同，他认为做经典疏解的活动本身就是修持。印顺法师是非常了不起的学问僧，他的修习法门依我来看以及他自己所说的，整个经典诠释的活动就是修持的活动。[⑩]大家不要误认为经典诠释活动与修持无关，经典的诠释与实践无关，他要告诉你这其实是不可分的东西。当我们展开意义的诠释，其实不是紧抓着字句不放，而是要注重在字句后头的结构，后头的图像，在更后头的意向，在最后头最高的道，在存有之道整个彰显的过程所构成的那个生活世界。在这个生活世界里面，展开我们的意义诠释。

2. 沟通·解放·批判与建立

生活世界之为生活世界是什么呢？是"天地人我万物通而为一"的那个当下、那个场域，这就是生活世界。譬如现在我们的生活世界，就是现在的生活场域所构成的。像我一来到东华，就会让我有种休养生息的体会，放开了、放松了，就会有创作的欲望。由于这个地方它所构成的生活世界气息交感不同。我们说那个"道"就是"天地人我万物通而为一"，气息交感的原初状态。"道"不同，它彰显的就不同，你当下的意向不同，你所揭露的那个想象图像就不同，那个结构不同，话语表达方式也就不同，所以它整体就会有影响。我们在展开意义的诠释的时候，其实就在天地人我万物通而为一所构成的生活世界所展开。这意义诠释隐含了实践的向度，这个实践向度落实来说，很重要的就是"人迎向世界"，"世界迎向人"，人迎向你所想要迎向的，也因此构造着它，它也迎向你，又回应到你自身。就在这不断迎向、不断沟通的过程里，你获得一种解放，同时你也因之而解放，同时你也构成自己，又构成了它。

在生活世界里展开意义诠释的过程，同时也展开了批判性的活动，这批判的活动就是刚刚我们所讲的，在诠释的过程隐含着转化，这个转化带有批判性的活动。批判之为批判，其实有个更高的东西作为一切批判的依准，这依准就是道。这批判的依准就是"和其光，同其尘"，[⑪]这里所说的"批判"与康德意义下的批判不同，它比较接近黑格尔意义下的辩证。它也不像哈贝玛斯意义下的批判，它其实比较像海德格尔意义下所说的融通与开显，我们通过历程而达到更高的"存有的实在"，那个"实在"其实是人们参与那个场域中的整个构成。

四、"人"、"经典诠释"与"道"的结构性关联

1. "两端而一致"的交互活动与三端互为核心的循环结构

这么说下来，经由存有三态论的基本构造，它所隐含着一套诠释学的理解，一方面是顺着存有之道的开显过程，就其开显的层级来说，从道生一，一生二，二生三，三生万物，从道的根源而为总体，由此总体而有对偶性，由此对偶性引发了对象性，由此对象性而生出了万物，而生出了作为决定的定象，作为对象的万物。这刚好配合"道、意、象、构、言"这一结构，相对来说，诠释是由下而上的，由言而构，由构而象，由象而意，由意回到了道之本原。这样的提法其思想资源，有一大半以上是来自于王夫之对于《易

传》的诠释，他强调"两端交与为一体"，两端而一致。⑫就人与经典，一方面人诠释经典，同时经典也诠释著人。人能诠释经典，是因为人在诠释的过程里是上及于道，而这个道又经由人之诠释又下贯到经典。这个过程是"两端而一致"的交互活动，一方面又是经典、诠释与道，这三者互为核心的循环结构。

人对经典的诠释必须调适而上遂于"道"，人之所以能够调适上遂于"道"，是因为这个道是源泉滚滚，沛然莫之能御，把它的道理彰显于人，所以使得人具有诠释的能力。人之为人，就在这样的过程里面，逐渐长成，经典也在这过程里面被诠释被彰显，道也就在这过程里面，从不可说到可说，又从可说回到不可说。"道"、"经典"与"人"这三端个自作为核心，其他两端而一致，互为循环，这三者构成不可分的整体。以"人"作为核心的时候，"道"与"经典"是两端；以"经典"为核心的时候，"人"与"道"作为两端；以"道"为核心的时候，"人"与"经典"作为两端。这个部分可以参考我所著《王船山人性史哲学之研究》的第四章，在方法论里面提到互动循环的部分。

2. "义理明"、"训诂明"的互为"先"与"后"

诠释的活动不只是字句训诂的问题，不只是历史文物制度考证的问题，不只是地上所能掌握的数据，也不只是地下所挖掘出来的资料，不只是如何上天下地去把握而已，因为这些都只是基础。这些基础是作为展开理解的一个起点，但不是理论性的基础建构。真正理论性的基础建构应该是我们这里所说的这五层的诠释层级、五层的存有之道的开展层级。我认为人文学的研究必须要以字句的训诂、历史文物制度考证或者地上你能掌握的、地下能挖掘的种种东西作为一个起点，但是不能以此起点当作终点。这个起点能不能清楚还必须放到这五层诠释层级或是存有之道的开展层级里去加以论证，才能够对字句的训诂、历史文物的考证、地上或是地下所挖掘的下判断。

清代考据学者所说的"训诂明而后义理明"说的很简单，字句训诂你比须能把握到作为认知的起点，这是最为基本的。更高一层地说，"义理明而后才使得训诂明"，因为唯有存有之道的照明，这义理明了，训诂之为训诂，才得明白起来。⑬存有三态论落实到五层存有之道的开展层级来说，可以有五个诠释层级的诠释学。我认为这样的诠释学时时刻刻要去面对与调整，一方面必须正视理解与诠释的起点，不能忽视它；但是你不能就此为止，必须把它放到那里面去看。譬如说大学之道，讲三纲领、八条目，八条目里面讲的"格、致、诚、正、修、齐、治、平"，这"格、致、诚、正、修、齐、治、平"一直有一个问题就是："物格而后知致"，"知致而后意诚"，"意诚而后心正"，"心正而后身修"，"身修而后家齐"，"家齐而后国治"，"国治而后天下平"，这个"而后"如何理解？这时候，其实你就必须回到整体的结构上去理解，你不能够只是抓着一句话的话语结构就去说，你必须放在更高的结构上，而这个"结构"隐含着"图像"，这个"图像"又隐含着"意向"，这个"意向"又隐含着"道"，也就是说你有一个"体道"的活动。如何有一个"体道"的活动？《大学》里讲："大学之道，在明明德。"还是回到那个"明明德"，"明"其"明德"，"在亲民"，"在止于至善"，"使知止而后能定"、"定而后能静"、"静而后能安"、"安而后能虑"、"虑而后能得"；然后再落实而说：格物、致知、诚意、正心、修身、齐家、治国、平天下。

物格而后知致、知致而后意诚，意诚而后心正，心正而后身修、身修而后家齐、家齐而后国治，国治而后天下平。看起来好像这个次序很清楚，格物是最优先的，但是，我们发觉到真正的功夫不是从格物到致知，而是一步步往前展开，进而诚意、正心、修身、齐家、治国、平天下。什么是"本"呢？其实这里有一句很清楚地告诉我们："自天子以至于庶人，壹是皆以修身为本。"换言之，修身之本呢，由本贯末，这样的发展里，这个"本"从修身作为一个起点讲齐家、讲治国、讲平天下。这个"而后"有着时间发展的先后，这是很清楚的。但是，你去讲格物、致知、诚意、正心到修身，其实并不是一个时间先后的关系，这时候我们就必须用另外一个诠释方式说，其实这不是一个时间的先后，这是一个理论上或逻辑的先后，也就是说，为修身找寻一套理论的程序说：格物、致知、诚意、正心、修身……

换言之，"修身"这个活动是当下的，而这个当下就隐含了前面所说这个东西作一个整体。这个意思也就是说，我们要去了解这个"而后"在这里就可以区隔成两个意思。从"格物"到"致知"到"诚意"到"正心"到"修身"，这个"而后"我们说它是一个"理论逻辑的先后"；从"修身"到"齐家"到"治国"到"平天下"，我们说它是一个"时间历程的先后"。⑭我们之所以作这些判断的时候，一方面了解前后次序所构成的结构，而我们更高的再往上去理解，已经触及到"明明德"、"亲民"、"止于至善"。"明明德"、"亲民"、"止于至善"是从你内在的一个"明"其"明德"而又参与于整个生活世界，落实为历史社会总体讲，"亲民"而最后到达一个道德理想国度，再"止于至善"。

3. 从"道的根源"去思考问题

如果从这样的方式去看的话，我们其实可以对诸如牟先生所说的：《大学》是一个横面的横摄的系统，提出不同的见解。因为《大学》其实无关于横摄或纵贯，而这里就牵涉到牟先生在诠释《大学》的时候，太强调朱熹的格物，而他在强调朱熹的格物的时候又太强调心性二分学说，又太强调了朱熹的格物穷理，而忽略了朱熹讲"格物"、"穷理"是与"涵养""主敬"合而为一的说。正因为他太强调这一面，就把它贬到另外一边去了，所以他认为《大学》、《中庸》、《论语》、《孟子》、《易传》，这五部宋明理学家重视的经典，他认为《大学》是一个横摄的顺取系统，是比较不妥适的，而比较不是一个纵贯的系统。它是一个横摄的系统，而不是一个逆觉体证的系统，这是牟先生的诠释方式。但是依照我们前面所做的诠释，便可以有一个调整。这个"调整"，我认为应该重视《大学》之为《大学》本身它并不是悖离《中庸》的传统，《大学》之为《大学》它其实不必被视为一个横摄的顺取的系统，不是一个知识认知的系统，即使强调"格物"、"致知"，其实就隐含了一个"涵养主敬"的活动在里面；隐含一个"明明德"的活动在里面；隐含一个"止于至善"这样一个活动在里面。

我们这样诠释的时候其实是放到更高的结构上看，更高的层级上去看，放到一个圆满的一个结构上，也就是回到一个最高的"道"上去看，不然的话我们会觉得解不通，怎么解会比较好？譬如说："形而上者谓之道，形而下者谓之器"，一般人很习惯的就把这个"形"解释成"有形"，"有形"之上者为"道"，"有形"之下者为"器"，这是不通的。其实"形"是一个"形着的活动"（embodiment），"形着的活动""上溯其源"谓之"道"，"下委其形"谓之"器"。这也就是说以这个"形着的活动"作核心，往上追溯它叫"道"，"上溯其源为之道，下委其形谓之器"。可以发觉到，我们如果用这样的一个诠释,就可以把"形而上者谓之道,形而下者谓之器"理解了,也可以定案了。所以我说一个问题应该放在这里去看,这是值得关注的。

再者,当我们通过这样的一个处理方式,我们再把它放到整个古代经典的话语系统与现代的生活话语系统,跟现代的学术话语系统,该当如何诠释,那又是另一个问题。这必须通过另一个专题去说它,通过中国哲学研究这个话语问题,就先不去说它,就"存有三态论"的结构跟诠释层级的构造,以及这里所可能彰显出来的脉络,到这里我们先告一段落。

(按:2005 年 6 月 7 日先在台湾花莲东华大学中文系博士班"人文学方法论"授课结业讲述,后在武汉大学与台湾鹅湖学社共同举办之"第七届当代新儒学国际学术会议"宣读,此文经由东华博士生翁燕玲、余欣娟、程志媛、林菁菁、陈沛淇据录音笔录,略去了讨论部分,并重新润稿,由讲者加注完成。)

注　释:

① 该书已由台湾东大图书公司印行,1993 年,台北。
② 该书已由台湾学生书局印行,2003 年,台北。
③ 关于此,请参见同注 1 前揭书,第五章,第 107~150 页。
④ 参见王志铭编,《老子微旨例略·王弼注总集》,东升书局 1980 年版,第 65 页。王弼于《老子》第二十五章"吾不知其名"下,注曰:"名以定形。混成无形。不可得而定。故曰不知其名也。"又于"字之曰道"下,注曰:"夫名以定形。字以称可。言道。取于无物而不由也。是混成之中。可言之称最大也。"
⑤ 关于此请参看林安梧《人文学方法论:诠释的存有学探源》第七章,第 177~203 页,读册文化事业公司印行,2003 年 7 月,台北。又请参见林安梧《"道""德"释义:儒道同源互补的义理阐述,《鹅湖》第廿八卷第十期(总号 334),第 23~29 页,2003 年 4 月,台北。
⑥ 关于此,请参见林安梧《"存有三态论"与"存有的治疗"的构建》,《鹅湖》第廿六卷第六期(总号:306),第 28~39 页,2000 年 12 月,台北。
⑦ 这个理解,得自于船山学,请参见林安梧《王船山人性史哲学之研究》第五章,东大图书公司印行 1987 年版。
⑧ 语见唐君毅先生《中国哲学原论》。
⑨ 这在拙著《人文学方法论:诠释的存有学探源》第六章所提"道、意、象、构、言"的层级系统,有详细的阐发。
⑩ 语见印顺法师《法海微波》,正闻出版社 1987 年版。
⑪ 语出《老子道德经》第五十六章。
⑫ 关于"两端而一致"请参看林安梧《王船山人性史哲学之研究》第四章、第四节《"两端而一致"对比辩证的思维模式,第 87~93 页,东大图书公司 1987 年版。
⑬ 训诂与义理本是两端而一致的,互为一体而不可分。清儒常常主张"训诂明而后义理明",而新儒学者则从另角度说,亦唯有"义理明,训诂方能明",钱穆、唐君毅、牟宗三等都可以说是如此。
⑭ 关于这样的阐析,我首发之于《关于〈大学〉"身""心"问题之哲学省察——以《大学》经一章为核心的诠释兼及于程朱与陆王的讨论》,第五次儒佛会通学术会议论文集,华梵大学,2001 年,台北。

(作者单位:台湾师范大学国文学系)

儒学在日本现代化中的多种走向
—— 以明治时代为中心

□ 徐水生

自公元 405 年王仁携《论语》以来，儒学经过千余年的传播在德川时代（1603 ～ 1867 年）对日本社会产生了全面的影响，成为日本传统思想中的重要组成部分。然而在明治时代（1868 ～ 1912 年），日本社会结构发生了剧变，西方思想文化全面涌入，儒学在日本现代化的进程中命运如何，又走向何方呢？中外学术界对此问题的探讨形成了两大对立性的观点，即一种看法认为，儒学对日本现代化的发展产生了阻碍作用，被彻底抛弃；另一种看法认为，儒学对日本现代化的发展起到了推动作用，地位依然如故。历史的内容是丰富多彩的。通过对大量有关原始资料的阅读和研究后，笔者认为：儒学在日本现代化中的作用不是单一性的，而是出现了颇为复杂的多种走向。

一

儒学在日本现代化中的走向之一是：其成了"欧风美雨"猛烈冲击的对象和日本启蒙思想家严厉批判的靶子。

1873 年成立的"明六社"是日本现代化中第一个合法传播、研究西方思想的学术团体，其刊物《明六杂志》共出版 43 期，发表论文百余篇，系统地介绍了西方的经济、政治、宗教、哲学、伦理、法律、教育、社会等各个方面的新知识、新学问，在当时的社会上产生了很大的影响。"明六社"的日本启蒙思想家们以西方近代思想作理论武器，纷纷将批判矛头指向在德川时代思想领域占统治地位并在明治时代仍有着影响的儒学。福泽谕吉（1834 ～ 1901 年）就是日本启蒙思想家的重要代表，被誉为"日本伏尔泰"，他从"天赋人权"的思想出发，抨击了封建制度和旧的道德伦理观念，其对儒学的批判主要表现在以下几个方面：

第一，福泽谕吉批判了儒家的君臣论。他指出："在中国和日本，把君臣之伦称为人的天性，认为人有君臣之伦，犹如夫妇父子之伦，并且认为君臣之分，是在前生定的。就连孔子也没能摆脱这种迷惑。……然而君臣的关系，本来是在人出生之后才发生的，所以不能说它是人的本性。天赋的人性是本，人出生之后产生的是末。不能以有关事物之末的高深理论来动摇事物之本。"①福泽谕吉从人的生物性与社会性不能等同的角度指出了儒学君臣观中的错误，并以欧美的现代化发展根本与君臣之道没有任何关系的事实否定了儒家"君臣之伦"的所谓神圣性，这种批判是有说服力并富有时代感的。

第二，福泽谕吉指出了儒家学问观的缺陷。他说："所谓学问，并不陷于能识难字，能读难懂的古文，能咏和歌和做诗等不切人世实际的学问。这类学问虽然也能给人们以精神安慰，并且也有些益处，但是并不像古来世上儒学家和日本古学家们所说的那样可贵。"②福泽谕吉在这里指出了儒学中存在着脱离实际生活的一面，批判了传统的学问观，丰富了"学问"的内涵和扩大了"学问"的范围。福泽谕吉进而认为："拿东方的儒教主义与西方的文明主义相比，那么东方所缺少的有两点：即有形的数理学和无形的独立心。"③缺乏科学和民主的思想确实是儒学的两大弱点，福泽谕吉的上述看法至今仍不失其一定的深刻性。

第三，福泽谕吉抨击了儒家的愚孝观。他指出："对于提倡违反天理，倒行逆施的人，即使是孟子孔子，也不必有所顾虑，仍当视为罪人。娶妻而不生子，怎么就认为是大不孝呢？这真是故甚其词，只要稍具人心，谁能相信孟子的妄言？所谓不孝，是指为人子者做出了背理的事，使父母的身心感受不快。""自古以来，在中国和日本，劝人行善的故事很多，以'二十四孝'为最著名，这类书籍，不胜枚举。但其中十之八九，是劝人做世间难以做到的事情，或者叙述得愚昧可笑，甚至是把违背道理的事情誉为孝行。"④福泽谕吉认为，儒家的愚孝观一是违背人性，为了孝顺父母，活埋赤子，极其残忍；二是违反天理，缺乏理性，是一种封建性的愚行。福泽谕吉认为，总之，儒学的道德观有两大弱点：一是过分强调忍耐，影响人的个性发展；二是将智慧和道德分离，使人的道德行为缺乏理性的基础，以至于出现了大量的"愚孝"现象。

第四，福泽谕吉对儒学由批判而走向了全盘否定。他时而咒骂时而用武断的口气说："儒教在后世愈传愈坏，逐渐降低了人的智德，恶人和愚者越来越多，一代又一代地相传到末世的今天，这样发展下去简直要变成了禽兽世界。……生在今天的世界而甘受古人的支配，并且还迭相传衍，使今天的社会也受到这种支配，造成了社会停滞不前的一种因素，这可以说是儒学的罪过。……在西洋所谓'Refinement'，即陶冶人心，使之进于文雅这一方面，儒学的功德的确不小。不过，它只是在古时有贡献，时至今日已经不起作用了。"⑤福泽渝吉认为儒学适用于日本古代，但在日本的现代化过程中已失其存在价值，应该抛弃。从思想深层来看，这与他"脱亚"的政治偏激情绪密切相关，正如他自己所说，"我明知经史之义而故装不知，却屡次抓住汉学的要害，不论在演讲或写作上都毫不留情地予以攻击，这就是所谓的'恩将仇报'。对汉学来说，我确实算是一个极恶的邪道。我与汉学为敌到此地步，乃是因为我坚信陈腐的汉学如果盘踞在晚辈少年的头脑里，那么西洋文明就很难传入我国。"⑥显然，福泽对儒学的认识有着严重的片面性：第一，他将儒学与日本社会状况的复杂联系看为简单的因果联系，将儒学理论本身与儒学社会效应简单地等同；第二，他受西方中心论的局限，未能注意到东方现代化的道路（尤其深层的精神文化建设）的特殊性，以西方文化来作衡量一切文化的价值标准，未对儒学的内容进行辩证的分析。第三，他将东方文化与西方文化、传统与现代的关系看成是形而上学的绝对对立。

福泽渝吉等人对儒学的严厉批判虽然起到了思想解放的作用，但是明治时代的历史证明，儒学并未因福泽渝吉全盘否定而"已经不起作用了"，恰恰相反，她继续产生着各种各样的影响。

二

儒学在日本现代化中的走向之二是：其"忠孝"思想与天皇专制主义相结合，成了日本明治政治体制的理论基础之一。

西方近代思想尤其是法国启蒙思想家伏尔泰、卢梭等人所宣扬的自由、平等、民主，以及"天赋人权"、"社会契约"等思想的传入，对当时的日本国民产生了很大的影响。因而，日本自 1874 年始兴起了声势浩大的长达 15 年之久的自由民权运动，对天皇专制统治形成了巨大的威胁。为此，明治政府随后改变了 1872 年"政府声明"中否定儒学的态度，将儒学的"忠孝"思想与天皇专制主义相结合，以构造他们政治统治的思想基础。

1879 年，日本以天皇的名义颁布了《教学大旨》："教学之要，在于明仁义忠孝，究知识才艺，以尽人道。此所以我祖训国典之大旨，上下一般之教也。晚近专尚知识才艺，驰文明开化之末，破品行，伤风俗者甚众。然所以如是者，则维新之始，首破陋习，向世界寻知识以广卓见，虽一时取西洋之所长，奏日新之效，然徒以洋风是兢，恐于将来，终不知君臣父子之义亦不可测，此非吾邦教学之本意也。故自今之后，基于祖宗之训典，专以明仁义忠孝。道德之学，以孔子为主，人人尚诚实之品行。然此，各科之学，随其才器，益益长进，道德才艺，本末俱备。大中至正之教学，布满天下，则吾邦独立之精神，可无愧于宇内。"⑦

此《大旨》有三点值得注意：第一，它认为西方近代文化中有与日本社会激烈冲突的内容，尤其是在伦理道德方面，"破品行，伤风俗者甚众。"第二，它认为，知识才艺为末，伦理道德为本，而"道德之学，以孔子为主。"第三，它强调"以孔子为主"的伦理道德要"基于祖宗之训典"，要为"万世一系"的天皇服务。

而上述的第二点在明治天皇 1890 年颁布的《教育敕语》里进一步明确化，《教育敕语》说，"朕惟吾皇祖皇宗，肇国宏远，树德深厚。吾臣民克忠克孝，亿兆一心，世济厥美。此乃吾国体之精华，而教育之渊源亦实在于此。尔臣民应孝父母，友兄弟，夫妇相和，朋友相信，恭俭持己，博爱及众，修学习业，以启发智能，成就德器，进而扩大公益，开展世务，常重国宪、遵国法，一旦有缓急，则应义勇奉公、以辅佐天壤无穷之皇运。如是，不仅为朕忠良臣民，亦足以彰显尔祖先之遗风矣。斯道实我皇祖皇宗之遗训，子孙臣民之所当遵守，通于古今而不谬，施于内外而不悖者也。朕庶几与尔臣民俱拳拳服膺，咸一其德。"⑧

这里的"孝父母，友兄弟，夫妇相和，朋友相信，恭俭持己"等内容，使用的是儒家伦理，但其政治目的是"以辅佐天壤无穷之皇运"，要求国民绝对的为天皇专制主义服务，乃至献出生命。显然，明治天皇是将儒学的"忠孝仁义"思想作为自己专制统治的理论工具，《教育敕语》实际上成了明治政府统治日本国民思想的纲领性文件。所以，后来的大正天皇、昭和天皇在长期的对内实行专制主义、对外进行军事侵略的政治生涯中也视《教育敕语》为统治的思想法宝。

明治天皇为了使儒学的"忠孝"伦理与专制主义的结合达到他们所希望的最佳社会

效果，便费尽心思地邀请了当时日本的著名学者为其《大旨》、《敕语》作文饰性的诠释和发挥。如明治时代的著名思想家、教育家西村茂树（1828～1902 年）于 1887 年出版了《日本道德论》，此书以维护天皇专制主义为目的，用孔德的实证主义方法对儒学的道德观进行了近代性的阐发，他在古今东西文化的比较中，提出应以儒家伦理作为日本国民道德的基础。除了西村茂树外，还有一位著名哲学家井上哲次郎（1855～1944 年）为儒学与明治天皇专制主义的结合作了新的论证。井上哲次郎（1897～1904 年）时任东京大学文科学长，此后任日本哲学会会长，是日本学院派哲学的创始人之一。明治政府为了扩大《教育敕语》在国民中的影响，经过内阁讨论，决定由海外留学归国、兼通东西方思想的井上哲次郎博士撰写《教育敕语衍义》。《教育敕语衍义》的主要特点有二：其一，它的思想内容是儒家伦理学说与日本的复古神道、德国的国家主义的相结合；其二，它的政治目的是维护明治天皇的专制主义体制。书稿完成后经明治天皇亲自审读，1891 年以井上哲次郎的个人专著名义由日本文部省组织出版，《教育敕语衍义》发行量极大，它实际上成了当时日本中学以上的各类学校修身课的教材。

<h2 style="text-align:center">三</h2>

　　儒学在日本现代化中的走向之三是，其学理性内容成了明治时代思想家介绍西方文化的重要媒介和建立日本新文化的思想基础。

　　这里以"日本近代哲学之父"、⑨百科全书式的学者——西周为例。西周（1829～1897 年）是第一位系统地将西方哲学介绍到日本的重要学者，他创译了许多至今仍在东亚各国使用的哲学术语。在介绍和创译的过程中，他常常将儒学作为沟通东西哲学思想的重要媒介。

　　第一，西周借用儒学的"修、齐、治、平"模式来介绍"人生三宝说"。"人生三宝说"吸取了穆勒的功利主义思想，要求自由平等和个性解放，对于反对封建制度和封建道德，对于日本现代化的发展都起到了积极的进步作用。然而，西周即使在论述这种近代功利主义学说之时，也没有离开与儒学的联系。西周指出："所谓三宝者，何也？第一，健康；第二，知识；第三，富有。""三宝"的反面是"疾病"、"愚痴"、"贫乏"又称为"三祸鬼"。他认为，人生的最大目的，就是驱逐三祸鬼，增进三宝，以达到人生之最大幸福，此乃道德之大本。"人之三宝无贵贱上下之别，其贵重同一也。如果三宝不受侵害，则人的百行自主自在也。"这实际上宣传了穆勒的人的本性是追求幸福，幸福就是一种利益的"最大幸福主义"思想。为了强调"三宝"的重要性，西周又说，"总之，人生百般之事，除了来世的祸福外，都不外乎靠此三宝，修身、齐家、治国、平天下，没有哪一件能离开三宝。"⑩因而，三宝不仅是"交人之要道"、"治人之要道"，而且还是"治政之要道"。西周在这里借用儒学的表达方式论述了西方近代的功利主义思想及其重要性，这既是他个人知识结构在理论上的表现，又是当时日本民族接受外来文化的需要。

　　西周还提出，"百科学术统一观"（哲学）与齐家治国有关。他说："凡百科学术具有统一观一事至为紧要。如学术上建立统一观，则人类事业可就绪，社会秩序亦将自臻安定。人们各自事业真的就绪，社会秩序亦安定，苟无紊乱之事，其结果即康宁。若能致力于此一事，其结果家、国、天下自可富强。此康宁和富强二事实行，即生有所养死有所葬，人皆熙熙跻于寿考之城，是即幸福，幸福乃人道之极功。"⑪西周要求"百科学术具有统一观"观点是受孔德思想的影响。孔德认为，他的实证哲学不是处于"五种实证科学"（即天文学、物理学、化学、生物学、社会学）之外，而是用实证原则把它们联系起来，并给它们以方法和原则。至于学术与家、国、天下相联的观点则是受朱熹思想的启发，朱熹说："诚意、正心、修身而推之以至于齐家、治国，可以平治天下，方是正当学问。"⑫因而，西周的上述观点是对孔德思想的吸收和朱熹思想的积极改造，它非常强调哲学的社会功能，是一种东方型的近代学术统一观。

第二，西周借用儒学思想创译西方哲学新范畴。哲学现代化的重要体现之一，是哲学范畴的清晰化、时代化。西周认真地翻译西方近代哲学的范畴，但其翻译不是简单的直译，而是融合了儒学思想的创译。试看下面两例：

1. "哲学"范畴。在古希腊，哲学原词为"PHILOSOPHIA"，意为"爱智"。西周参照中国宋明儒学思想，开始将"PHILOSOPHIA"译成汉字"性理学"、"理学"、"穷理学"。随着对近代哲学认识的加深，西周便觉以上译语均不大妥。继之，他又说，"斐卤苏比（PHILOSOPHIA 之日语音译）之意如周茂叔说的'圣希天，贤希圣，士希贤'之意，故亦可将斐卤苏比直译为希贤学。"⑬后来他又将"斐卤苏比"译为"希哲学"，这可能受中国《尚书》中思想的启示。《尚书·皋陶谟》记载大禹语说："知人则哲，能官人，安民则惠，黎民怀之。"《孔氏传》解释说："哲，知是也。无所不知，故能官人、惠，爱也。爱则民归之。"经西周反复思考和进一步推敲，最后他在 1874 年刊行的《百一新论》中说："把论明天道人道，兼之教法的斐卤苏比译为'哲学'。"⑭这样与英文原意的"爱智"十分吻合。由此可见，"哲学"一词是经过精心创译的，而西周的儒学素养在其中起到了不可缺少的重要作用。

2. "理性"范畴。西周也是汉字"理性"范畴的创译者。"理性"原词产生于西方哲学，它一般指概念、判断、推理等思维形式或思维活动。西方理性主义的共同特性是，只承认理性认识的可靠性，否认理性认识依赖于感性经验。西周在 1862 ~ 1865 年留学荷兰期间所写的《破题门》一文中说："宋儒和理性主义二者在说法上虽有不同，然也有酷似之处。"可见西周对西方近代理性主义和中国宋明哲学有深刻的理解。西周在 1870 年左右写的《尚白札记》中，又作了如下注释：Reason 广义使用时，可译为"道理"；狭义使用时，可译为"理性"。在 1873 年所写的《生性发蕴》中又解释说："理性就是理解道理的性能"。他在 1884 年（56 岁）所写的《生性札记》中又指出："理性，英语 Reason 是唯吾人因抽象作用而命此名者。……理性之作用，亦如记性不特限知感二觉，又并及情欲二动，然其所以异于记性者，在于记性则受而不拒，理性则有时与二动抗衡抵争也。若夫抗争，此心城为之扰乱，是宋儒人心道心之别，独知诚意之工夫，所以陆子便是之说，阳明良知之工夫亦存于此也，盖尝推究其所以然者，理性也者。其质正直贞信，其印象，一踬外界显像极其曲折，无一点矫饰，无毫厘加损，惟纯性精，以奏天君。是以心君虽为情所扰，为欲所扰，理性呈象者依然袭旧，毫无变更，不服从谀君心之非，是其所以为心府之司直，而每与情、欲二动相斗争而不止也。"⑮西周对"理性"范畴的创译，虽主要是以西方理性主义哲学为蓝本，但不可否认，他从宋明儒学、尤其是陆九渊、王阳明等人的心学中得到较大的启迪。

此外，西周在创译主观、客观、悟性、现象、实在等近代哲学范畴的过程中，也在不同程度上吸收了中国古代哲学的营养。这些创译对于东西思想的交流，对于日本和中国哲学的现代化作出了积极贡献。西周主要以儒学为媒介来介绍西方近代哲学思想、创建日本近代哲学，这不仅仅是西周个人的文化素养所致，而且也是日本明治时期哲学发展的历史选择，正如日本现代著名哲学家下村寅太郎所指出："接受时代的学者全部以汉学为文化基础，理解西洋哲学只有将此作为道路才有可能。""哲学用语的翻译就证明了此点。如'悟性'、'理性'类今天均在使用的概念多半是亏了这些人们，尤其是西周"。⑯

四

儒学在日本现代化中的走向之四是，孔子等人的思想与西方企业管理思想相结合，成了日本近代企业文化中的重要内容。

一生创立了500多家企业、被誉为"日本近代企业之父"的涩泽荣一（1840～1931年）是这一方面的典型代表。他说："我常将《论语》看做是商业上的圣经。"

首先，涩泽荣一吸取了西方近代注重物质利益、经济效益的思想，对孔子的"义利观"作了全新的诠释。如孔子说："富与贵，是人之所欲也；不以其道得之，不处也。贫与贱，是人之所恶也；不以其道得之，不去也。"⑰涩泽荣一指出，一般人认为此语有轻视富贵之义，这实际上是片面而论。如仔细地思考，此话没有一点鄙视富贵之义，其旨是告诫人们不要淫于富贵。如直接以此看成孔子厌恶富贵，真可谓荒谬之极，孔子在这里是指不道德地得到富贵，宁可贫穷，如以正当之道得到富贵，绝无妨碍。"对于此句，要得出正确的解释，关键是要注意'不以其道得之'"。⑱

涩泽荣一借用西方近代的商业意识、经济思想，对孔子的"义、利"思想，尤其是对其中长期以来被中、日历代思想家曲解的"利"方面，作了认真的发掘，具有强烈的时代感。当然，涩泽荣一对《论语》的诠释不仅仅是从文字上对孔子思想的考证，更主要地是试图使明治时代的日本人从传统的轻利、鄙利思想的误区中走出来，轻装上阵地投入到日本现代化的经济活动中去。

其次，涩泽荣一还提出了"《论语》和算盘一致"的明治时代的企业文化论。他说："以我一个实业家的身份来说，为努力使经济和道德齐头并进，经常以简易的方法向大家说明《论语》与算盘相互调和的重要性。"⑲"《论语》和算盘，换言之是道德与经济的合一"，⑳"义"与"利"的合一。因而，"《论语》和算盘一致"论，实际上指孔子的思想与经济企业发展是相适应的，二者为什么能够"一致"或相适应呢？涩泽荣一认为：第一，《论语》讲了很多修身养性之道，特别是讲了许多关于如何处理"义、利"关系的道理，有利于提高商人或企业家的才干。"至于商才的培养之道，亦全在《论语》之中。有人以为道德之书和商才并无关系……商才不能背离道德而存在，因此论道德之《论语》自当成为培养商才之圭臬。"㉑第二，经济企业的发展，必须有一个好的指导思想作为精神支柱和行动标准。"我之所以爱读《论语》，是因为本来商人是争铢锱之利的，贤者如有一步失误的话，是为利而失道的，更何况商人生活在世俗社会之中，如无防止失误的规矩准绳，那么是很危险的。""如无仁义道德、正义道理之富，其富便不能持久。"㉒第三，二者紧密结合，相得益彰。涩泽指出，"道德和经济如鸟之双翼车之双轮，缺一不可，换言之《论语》和算盘并不是对立之物，可以右手拿《论语》讲之，左手把算盘计之，退

则可利家和富国，进则可理天下之经济。"㉓

再次，涩泽荣一不仅仅是从理论上阐述"《论语》和算盘一致"的思想，而且更重要的是将之实践在众多的企业管理活动中去。正如他自己所说："我常将《论语》看做是商业上的圣经，在经营时，绝不敢逾越孔子之道一步。"㉔涩泽在总结自己办理各种企业的经验时说，"我力量微薄，未干成什么大事，但我坚定地奉事孔子的思想，并体会到它与商业、工业、矿山业、制造业及所有事业毫不抵触。"㉕

在日本现代化的经济发展史上，涩泽荣一确实做出了重要的贡献。他创办了日本的首批银行、造纸、保险、电信、铁道、纺织、电力、煤气、造船、仓库，以及旅馆、剧院等。如：在金融业方面，他首先创立了第一国立银行（今第一劝业银行），随后又帮助建立了一些国立银行、专业银行、普通银行，组织成立了银行家同业协会——"拓善会"，亲自指导成立了股票交易所，为发展日本的金融事业作出了很大成绩。在企业方面，他先后创立了王子造纸厂（1873 年）、大阪纺织厂（1879 年，后改名为东洋纺织厂）、东京海上保险公司（1879 年）、日本铁道公司（1881 年）、日本邮船公司、日本人造肥料公司、东京煤气公司、东京电灯公司、石川岛造船所、札幌麦酒厂、东洋玻璃厂、明治制糖厂、帝国饭店等 500 多家企业。此外，他一生赞助的公益事业达 600 多项，它包括国际交流、社会事业、福利设施、文化团体、教育设施等。总之，在这些重要的工作中，涩泽荣一认为《论语》是其"精神支柱"。

尤其值得注意的是，涩泽荣一除了以"《论语》和算盘一致"的思想指导其金融实践和企业管理之外，还注意培养孔子思想与企业管理相结合的人才。他坚持多年亲自向所属企业员工讲授《论语》，并著有《论语讲义》（七卷本）和《论语加算盘》等书，以此作为培训教材，使孔子思想深入到他所领导企业的每位员工心中，使"一致"的理念化为全体员工的实际行动。以至"在涩泽身边及其以后，受其感化和影响，接连不断地涌现出一大批精明强干的'小涩泽'式的企业家。"㉖1983 年日本一家大报——《日经产业新闻》曾对日本企业家最崇拜的人物进行调查，调查结果是，涩泽荣一占第二位。由此可见，涩泽荣一的"《论语》和算盘一致"思想的影响，不仅仅是存在于一批企业和一代人之中，而是伴随着整个日本经济现代化的过程。

五

除此之外，儒学在明治时代还是大量汉学塾的主要教学内容，是青少年的人文素养的基本知识。有的日本学者经过深入研究后指出："在颁布学制的明治五年（1872 年）前后，日本各地所设立的私塾中教授汉学的，在数量上远远比江户时代多……从 1881 年到 1907 年山井清溪所持续的汉学塾、养正塾培养的儒者达三千名以上。"㉗据《日本教育史资料》统计，仅明治年间开设的汉学塾就有 180 余家，有的汉学塾形成了一定的规模并在当时的社会上产生了较大影响。如当时被称为两大汉学家之一的三岛毅博士，于 1877 年 10 月"以扩张东洋固有的道德文学"为目的在东京创设了"二松学舍"（即现二松学舍大学的前身），并随后建立了高等科二年和普通科一年半的二种学制，1879 年就达到了 500 名以上的学生，他们学习的主要内容就是以"四书五经"为基础的中国传统思想文化。如后来成为日本著名文学家的夏目漱石（1867～1916 年）早年曾进入该校学习，打下了十分扎实的汉学基础。总之，这些明治时代的汉学塾为儒学在日本民众中的传播起到了较大的作用。

综上所述，儒学与日本现代化的关系，并非是"儒学阻碍了日本现代化的发展"或者"儒学促进了日本现代化的发展"这类单一性的结论所能简单概括的。为什么会产生这样的复杂现象呢？

首先，儒学自身包含有多种成分，它既有理论精华，也有思想糟粕。儒学中的"自强不息"的主观能动性思想，"见得思义"的道德价值取向，"以和为贵"的人际关系思想，"知行合一"的思想与生活统一原则等内容，在漫长的历史上起过促进日本社会发展的积极作用，在现代化的过程中仍有重要的意义。此外，与神道、国学、佛教比较起来，儒学在日本传统文化中有着特殊的作用和优越的条件。儒学一方面关注现实、重视政治、是"积极入世"之学；另一方面它经过漫长时期的发展，形式上组成了一套严密的概念、范畴体系，理论上达到了古代哲学思想的最高水平，故是明治时代日本传统思想中与西方近代思想最相契合的成分。但是，儒学中的"君为臣纲、父为子纲、夫为妻纲"的否定人格平等的三纲观念，"存天理、灭人欲"的忽视人的物质生活需要的思想等，确实有阻碍现代化发展的消极作用。这些复杂的思想成分均有着相对的独立性，经过不同人们的运用，就会产生不同的社会效果。

其次，日本现代化有其特殊性。日本著名的现代化问题研究专家、东京大学名誉教授富永健一指出："战前日本的现代化在'经济现代化'即资本主义化或产业革命上取得了成功，而西方的现代化中先行于产业革命的'宗教改革'（文化现代化）、'市民革命'（政治现代化）以及'家长制的解体'（社会现代化）并没有实现。……必须讲，在这些方面，日本的现代化与西方的现代化大体上是不同的。"㉘此话值得深思，它告诉我们，日本的现代化不同于西方的现代化，也不可能全盘西化，而是一场在东方的政治体制、社会结构、文化传统的基础上进行的现代化。明治时代，一方面，日本在政治上建立了近代天皇专制主义体制；在思想上，用"国家神道"作天皇的精神支柱，颂扬"万世一系"的天皇统治，要求国民无条件地忠诚天皇，鼓吹日本是"万邦无比"的神国。另一方面，"殖产兴业"的政策又必须使日本以欧美为样板，大力发展资本主义工商业，聘请外国专家，引入先进技术；"文明开化"的政策又促使其进行一系列教育改革和社会改革，如派遣留学生和聘请欧美著名学者，传播新知识、新文化，试图通过各种改革建立既适应世界潮流又适合日本国情的近代文明体系。这些明治时代的政治上、经济上、思想上乃至整个社会的多重需要，也决定了儒学在日本现代化过程中必然会出现多种走向。

由于以上原因，儒学在日本明治时代既不可能被彻底抛弃，也不可能面貌如故，而只能作为一种思想文化基因融入现代化的肌体之中。

注　释：

① 福泽谕吉：《文明论概略》，商务印书馆 1959 年版，第 35 页。
② 福泽谕吉：《劝学篇》，商务印书馆 1984 年版，第 3 页。
③ 福泽谕吉：《福泽谕吉自传》，商务印书馆 1980 年版，第 180 页。
④ 福泽谕吉：《劝学篇》，商务印书馆 1984 年版，第 49 页。
⑤ 福泽谕吉：《文明论概略》，商务印书馆 1959 年版，第 149 页。

⑥ 福泽谕吉：《福泽谕吉自传》，商务印书馆 1980 年版，第 181 页。

⑦ 《近代日本思想大系》30 卷《明治思想集》（I），日本筑摩书房 1976 年版。

⑧ 《近代日本思想大系》31 卷《明治思想集》（Ⅱ），日本筑摩书房 1977 年版。

⑨ 船山信一：《日本的观念论者》，日本英宝社 1956 年版，第 36 页。

⑩ 大久保利谦编《西周全集》第一卷，日本宗高书房 1950 年版，第 25～27 页。

⑪ 麻生义辉编：《西周哲学著作集》，日本岩波书店 1933 年版，第 5 页。

⑫ 《朱文公文集》卷 74。

⑬ 《西周全集》第四卷，第 146 页。

⑭ 《西周全集》第一卷，第 289 页。

⑮ 《西周全集》第一卷，第 144～145 页。

⑯ 《下村寅太郎著作集》第 12 卷，日本みすず書房，1990 年版，第 543 页。

⑰ 《论语·里仁》。

⑱ 涩泽青渊纪念财团龙门社编：《涩泽荣一传记资料》别卷六，日本涩泽荣一传记资料刊行会 1962 年版，第 52 页。

⑲ 涩泽荣一：《论语与算盘》，第 86 页。

⑳ 《涩泽荣一传记资料》41 卷，第 381 页。

㉑ 涩泽荣一：《论语与算盘》，第 5 页。

㉒ 《涩泽荣一传记资料》41 卷，第 390、349 页。

㉓ 《涩泽荣一传记资料》41 卷，第 379 页。

㉔ 涩泽荣一：《论语与算盘》，第 162 页。

㉕ 《涩泽荣一传纪资料》第 41 卷，第 143 页。

㉖ 中井英基：《张謇与涩泽荣一》，日本《一桥论丛》1987 年 12 月号。

㉗ 山室信一：《明治儒学的存在形态及其意义》，见刘岳兵主编：《明治儒学与近代日本》，上海古籍出版社 2005 年版，第 359 页。

㉘ 富永健一：《日本的现代化与社会变迁》，商务印书馆 2004 年版，第 8 页。

（作者单位：武汉大学哲学学院）

作为理想人格建构的礼

——论儒家人格成长中一个忽略的问题

□　龚建平

随着传统文化研究的深入，礼文化研究也得到较大进步。但是，近年来的礼学研究，因多少有些脱离实践氛围而侧重于礼制、礼的文化功能等实证性、客观性方面的研究，对礼在传统社会的实际作用，特别是礼在儒家人格成长中的作用及意义方面的研究，似有所未及。这种研究的不足，导致迄今为止，对于礼的性质乃至传统中国人理想追求的认识仍南辕北辙，分歧很大。本文拟从儒家礼观念对理想人格的实践建构方面探讨礼的意义和作用，以深化我们对礼学和传统文化及儒学的认识，并进而理解仍存在的两种对礼的截然对立的立场和态度。

一、儒家的礼意识与"学己"

首先，提出儒家礼意识而不是礼范畴或概念，是基于它不符合一般所谓范畴、概念的思维规定。我们必须区别两个不同层面的事实：历史上实存的、作为儒家思想背景和前提的礼俗社会和儒家礼的理想和观念。它们之间不是机械的反映与被反映的关系。因为，儒家礼意识原则上是对实存的礼制和规范的人文解释，是儒者对客观的历史相沿的礼的价值赋予，代表中国人在"轴心时代"重要的礼的自觉意识。传统的礼则产生很早，有"三代不相袭礼"之说，到了周代，宗法礼制已发展到较完备的形态。儒家礼意识在孔子创立儒家之后才形成并逐步完善起来，强调对伦理的自觉改造。此乃所谓"天降大常，以理人伦"。"君子治人伦以顺天德"。[①]

传统的礼和儒家礼意识的区别，可以从若干方面看出来：第一，礼基于宗法血缘关系或以之为中心，是理顺宗法血缘关系的原则和规则，以亲亲为核心；儒家礼意识继承了亲亲原则，但又根据时代特点吸取了新内容，如《中庸》将亲亲之仁和尊贤之义并举。第二，礼承诺自然差别的先在性，如血缘、性别、年龄等的差异，承诺这些差异导致的差别对整体社会的天定意义；但是，儒家礼意识更突出不同地位人的社会共性，这样，礼不仅是宗族社会间人际分野的界线，而且更是人和自然界的根本区别。第三，礼原则上源于与祖先崇拜有关的宗教信仰；儒家礼意识则从亲属关系中体认出人际乃至天地万物之间的愔恒、恻隐之仁。标志儒家礼意识或观念正式形成，是孔子发现了仁。只有在礼与仁的相互关系中才能领悟儒家礼的意识。相反，礼或实际存在的礼俗和礼法社会中的礼，是始源性的。第四，传统的礼止于有别有辨的等级界线分明的社会理想，而儒家礼意识在后世吸收了道、墨诸家的思想，提出"天下为公"的"大同"社会理想。二者有很大的区别，即使历史上的儒家，不少因为对《礼运》"大同"理想认同感较低，怀疑《礼运》等儒家思想的正统性，从反面说明二者确有差异。可见，礼是一个更具宗教性、社会学和人类学特征的伦理哲学观念。儒家礼的意识是一个哲学的范畴。因而，由于中国文化的特殊性，我们不能一般地从现实来规定和理解思想，相反应从思想来理解现实。即使如此，也不能从思想理解全部现实。

礼作为制度和规范，虽是历史相续和自我成长的，但是，它既非人类生活之外存在又作为其生活的自然前提，非仅取决于主观信念的作用，有自身的形式化、相对独立的性质。礼在儒家看来，是合理社会得以构造的重要理由。由此，它是儒家进行礼文解释和创造的根源。

从传统礼的角度看，它有自身发展、成长的历史；从儒家礼意识的角度看，则有自己的本体基础。

礼自身成长的历史是与宗教、习俗、生产相联结的血缘等有关系的。这属于礼的科学研究范畴。若将礼视为一个平面结构，它包含礼仪、礼物、礼意等要素。但是，在儒家礼的意识中，它并不是单纯等级特征的表征，甚至不是一般今人讳论的"人兽之别"的表征，而是通过人和物的关系来展示和表现人际社会关系的根本方式。甚至在根本上，是通过人和物的关系来展开人的自我关系。这里，隐涵着对人和人、人和物、人和天、乃至人对自己的关系的合理性前提承诺。虽说人与人的社会关系，对于其它两种关系具有根本性；换言之，人和天的关系，人与物的关系，对于人文世界而言，只有同时表现为人的社会关系才是现实和重要的。人与物的关系，是人和人的关系的表现；人和天的关系，对于人而言，天是一切人文关系的本体基础。但是，人人关系在人这里一定最终落实到人的自我关系上。也就是说，人和物、人、天的诸种关系，并不是简单的自然关系，而是人的自我关系的展开。不然，儒家"为仁由己"的思想就是没有反思性的本能了。因此，礼的涵义虽多，但是，从儒家给出的定义看，莫过于把它视为反映与物、与天道，乃至与自己的关系上来把握更重要的了。从前者，涉及社会的分配制度，从后者，是礼的超越性和儒家人格成长的根据。

儒家的礼是一文化结构，一个建构人生和宇宙的必要结构。这个结构虽没有对人人同样的先验普遍性，但是却也是对人人内容不同而形式却同样需要的性质。所谓内容不同，是指因个人身份不同而决定的礼仪和相应的礼意的不同；所谓形式相同，即任何身份和年龄的人都毫无例外地实用某种礼。以此而论，"无礼无以立"。"君子欲观仁义之道，礼其本也"。②"欲察物而不由礼，弗之得矣"。"君子无物而不在礼矣"。③君子相见以礼乐像示而已。无礼之意，君子谓之不成人，世界只能是浑沌，没有方向。礼是个人分别而又联结起来的人造纽带。儒家试图通过礼之律身达到导心的作用。在儒家看来，身心关系并非仅仅是君臣主仆关系，心可导耳目，而且，"心以体全，亦以体伤"。④所以，律身的目的也是为了心。虽然用今天的话说，这个心，可能是形而下的经验心，但是，它是能感受的、成长的。从这个角度说，礼仪形式和礼物的运用，都是为了将生物性的行为活动，纳人社会的范畴，使之具有社会性，并最终上升到反身关系之上。

儒家礼意识形成之后，一般的礼或作为仁义知信诸德之一的礼，就有双重身份：一是作为客观制度规范，二是精神文化象征。作为前者，礼得到统治者的提倡，可以复制制度性实在并具有法律的功能；作为后者，礼是人格理想的追求和社会文明的表征。二者交织在一起，构成日后一切传统文化正面和负面的影响。

礼的意识体现了中国哲学的根本性质。可以说，中国哲学主要不是改造现实，甚至也不是解释现实，而是调整、规范、顺应现实。以现实存在来倒推其思想是犯了方法论上的严重错误。现实分为两部分，一是作为人类生活内容的现实，它就是人们的生活。一是作为人类生活必要前提的现实。对于前者，它就是人的生命和生活的十字打开，由"学"、"教"等活动所构成；后者则是活动的客观基础和前提。二者的关系是："教，非改道也，教之也。学，非改伦也，学己也。"⑤理性、思想不是现实的全部原因，而只是部分原因。《学记》云："学，然后知不足。"对"学"字的理解，有许多的《论语》解释著作说上文第一个字"学"为"学习"，应该只是一种近人的浅近解释。《郭店楚简·尊德义》云："教，非改道也，教之也；学，非改伦也，学己也。""学己"，即指向自己的"学"，即自我觉悟，即《成之闻之》"求之于己为恒"。这是通过孔孟一直强调的"反躬"、"反己"、"反求诸己"、"内省"等活动完成的。如夫子谓子贡曰："赐也，汝以予为多学而识之者欤？非也，予一以贯之。"如果解"学"仅为"学习知识"，那么，我们不仅不能了解《论语》第一个字对于儒家乃至中国哲学和中国文化的重要意义，而且从诸如"生而知之者上也"的说法，就会得出结论，认为孔子也讲"生来就有知识的是上等人"这样的话。因此，"学"有学习知识和"学己"的双重涵义。许慎《说文》亦云："学，觉悟也。"显然，说孔子已经明确了自我觉悟和向外求知的区别是不为过的。孟子此后将其称为良知良能。可惜，我们忘记了，只好从西学路数来解释。甚至有人怀疑"内省"的思想是多余的。

"教"，效也。《白虎通·三教》云："上行之，下效之。民有质朴，不教不行。"《学记》云："教然后知困"。《学记》又云"知不足，然后能自反也；知困，然后能自强也。故曰：教学相长也。"通过学与教，以实现所谓"治人伦以顺天德"、"理人伦"的理想。这些思想，不是偶然的，而是有深刻背景的中国哲学思想。这说明，儒家的人文主义不是人类中心主义，也不是逻格斯主义，而是承诺客观宇宙的存在前提和人类活动的重要意义的人文主义。因为，逻格斯主义的两种走向，一是承诺宇宙存在秩序和人的概念逻辑理性思维之间的必然联系，认为概念知识系统自身可逻辑地变换和换算；二是从人类观念走向与此观念对应的事实关系的论证。前者为理性主义，后者为经验主义。但是，两种古典意义的理性都重在说明、理解世界。其实，世界相对人的理解而言，始终有不可思议、不可理解的一面（"教然后知困"）；也不是人们的一切观念都可以落实到对象上去的。所以，逻格斯主义不能排除信仰，它有时就表现为逻辑和信仰的统一。要求观念的完全坐实会走向生理学、生物学。相反，将生活理解为不是一个逻辑结构，而是人的实践活动结构的儒家哲学更关注的不是世界的客观逻辑，而是行为的可行性。行为可行性原则不是服从对象、作为前提的存在的自身逻辑，而是人的生活的原则，即所谓"人道"原则。人道原则来源于人自己对生活的领受："反求诸己而可以知人"，此乃所谓"知而比即（次）"。⑥人的生活是具体境遇中的、感性的，甚至于对人而言，它更多的是感受性的，而非是理论推理的。感受性、感觉的偶在性的超越，就是客观的、服从具体境遇的原则：礼和礼意。因此，礼的结构不是逻格斯主义的自洽性原则；也不突出对象性坐实原则。礼的结构来源是作为人类行为活动前提存在的、超越的天道；现实上，是人的实际的人格成长。所谓道或伦都是其表现。

通过礼的律身作用，个人的偶在性获得了稳定性，生物性上升为社会性、个体性获得了群体性，客观性内化为主体性。所以，对于个人而言，礼仪的熟悉和知礼就是非常重要的获得社会流通性的中介环节。在礼仪的规范和制度要求下，同样的社会生活和人生感受被不断重复复制出来。

重视儒家礼的意识有积极意义。据此，可以区别传统的礼俗文化、制度规范和儒家理想之间的关系，明白历史上对礼各自不同的立场，了解儒家的礼其实是改造加工了的礼。传统的礼既因儒家的改造有某种新的合理内涵，也因为儒家礼观念对宗法的妥协而使宗法观念得到一定的强化。后来历史上的礼文化就有了原生性和儒家的自觉改造两个基本层面的内容。

二、礼义及礼的实践运作

礼，从客观方面看，主要包括政治制度、行为规范、宗教祭祀仪式等内容；但是，"礼尊其义"，特别是在儒家赋予礼的精神后，礼义就应从儒家观念系统中得到理解。那么，客观的礼如何内化为精神品格，作用于人格成长呢？实践中，儒家礼的运作并不是后人想象的墨守成规，而是实践中内化和外转的同一。这一点，在《礼记》和《郭店楚简》有关篇章中得到反映。

对个人而言，因礼而接通自我的社会性结构关联。实践上，礼的内化和外转被视为从外心到中心，及由中心到外心的交互动态过程。

《郭店楚简·五行》云："以外心与人交，远也。远而庄之，敬也。敬而不懈，严也。严而畏之，尊也。尊而不骄，恭也。恭而博交，礼也。"所谓"外心"，是就心之作用方向所决定的性质。"外心与人交"，即心向外与他人的交往。为何说"外心与人交，远也"呢？《尔雅·释诂》云："远，遐也。"许慎《说文》云："远，辽也。"从现代心理学、认识论立场看，"外心"在接受对象刺激而产生相应行为反应前，须有至少包括经验乃至相关性和形式化推理等在内的、对刺激意义进行解释作为必要前提。《说文》又云："交，交胫也。"指树枝交参。段氏注云："凡两者相合曰交。"此处可理解为交往活动。"外心与人交，远也"之"远"，客观的根据上，是因为差异、距离，主观的反映则是由此所决定的心理间距或分寸，形式上则是以具体的礼仪作为重构的前提结构来化解交往中的冲突。外心、中心和客观的礼这三者在同一时空中动态的统一，是为"合礼"。但其中，礼仪是化客观差异为主观心理结构的终结。远、敬、严、尊、恭是就心理状态而言，字义甚相近。"敬"，乃"远而庄之"，"庄，上讳。""敬而不懈，严也。""敬，肃也。""恭，肃也，从心共声。"

因而，远、敬、严、尊、恭是指人交往中相应的主观情感态度或精神品格。交往活动以客观性为前提。客观性的内容包括人际交往的关系和行为，·如视听言动等。客观性与礼仪存在着稳定性的关联，所以在行为活动就以上述礼仪作为人们适应或可说构造世界的前提条件。原则上，"由礼观物"的构造只是"文"，是礼得以流通的原因，而真正决定合礼行为的是质。这就涉及所谓"中心"。

与"外心"对应是"中心"。《五行》又云："其中心与人交，悦也。中心悦焉，迁于兄弟，戚也。戚而信之，亲也。亲而笃之，爱也。爱父，其攸爱人，仁也。"所谓"中心"，指非从外在客观性原则而自然呈现的本然之心，即《中庸》概括的"不勉而中，不思而得"之心。"中心"的主体原则是"悦"，此悦非外在的官能之悦，而是与"远"相反而又可迁于兄弟交往关系上的悦。显然，它指亲子关系上向外推扩的精神之乐。又说："亡中心之悦则不安，不安则不乐，不乐则亡德。""中心"由衷之悦显于亲子关系，使生命安顿。"中心"之"悦"由亲迁于兄弟，发而为戚戚亲爱之情。"中心"的实质为"仁"。又云："中心辩然后正行之，直也。直而遂之，肆也。肆而不畏强御，果也。不以小道害大道，简也。""辩"通"辨"。《说文》云："直，正直。""肆"者，"极陈也。"段氏注云："极陈者，穷极而列之也。""果，木实也，从木，象果形在木之上。"段氏云："引伸假借为诚实、勇敢之称。""简"之义甚明，不以小道害大道。这是说，"中心"能辨察大是大非并正直地实行，不受任何外在强力干扰。"中心"之仁显现为悦、戚、亲、爱，其外转的特点是直、肆、果、简。此与外心与人交要遵客观性原则有质的不同。

交往活动包括外心的内化和中心的外转两条路线。

《语丛一》云："人之道也，或由中出，或由外入。""由中出者，仁、忠、信。由外入者，礼、乐、刑"[⑦]。"人之道"既可从中出，即外转，也可外入，即内化。此说法虽简，但与上述"中心"、"外心"对应。若"中心"指道德的内在性与主体性，[⑧]则"外心"应指道德的客观性与有效性。由"外心"到"中心"和由"中心"到"外心"，应是由客观性到主体性，通过中心之"辩"而后行并达到客观有效性，或由主体性到客观性的过程，也是由礼乐刑到仁忠信的反复过程。此过程在道德实践上以肯定"由中出"的核心地位为前提。外心向外，要文饰；中心在内，自然呈现。由此可知礼成性。可见，通过外心与人交，因"远"而实现敬、严、尊、恭等品格；通过中心与人交，展示中心悦、戚、亲、爱的内涵，体现直、肆、果、简等品格。因而，中心并非没有方向和结构，也非与外心无涉，而是内源性的动力和主宰。如果说外心是构造生活世界的结构，那么，中心则是支配和决定外心方向与结构合理性的主体。

"中出"、"外入"二者的交互作用，包括"中心"之所发与如何发的问题，及"外心"如何使"由外入"而"内转"的问题。具体地说，"外入"的"内转"和"中心"的"发而皆中节"，只能通过"外心"与"中心"相联的机制完成。这里，"外心"所遭遇的层次、差别等客观性和"中心"的"发而皆中节"，通过远、严、尊、恭、敬、礼等的转换，和中心的悦、戚、亲、爱相遇，形成直、肆、果、简的品格，热心因此而达到"安"与"乐"。这无异于说，对于人格而言，个人身份、地位及一切可量化社会乃至荒谬的自然差异不仅不是任何意义上的障碍，而且都是其完善的条件。但是，问题在于，这些性质是如何完成其转换的呢？人间的差异，如果说可以上述礼节来处理的话，那它如何可能同时而被任何个人所"悦"呢？显然，仅从世俗情感和客观礼节本身似难得到合理说明。

可以说，"外心"内化，或"中心"外转，可从道德主体自我完善的内在要求和礼仪本身的艺术化、格调化的普遍社会意义来解释。"五行"云："（仁义礼智圣）五行皆形于内而实行之，谓之君子。"形者型也。《说文》云："土铸器之法也"。君子为理想人格。君子人格是将五行内化，理想人格的落实，即发而中节，外信誉人交，与中心之不勉而中所依据的主体根据与中心的迁有关，与外心收敛和中心之安、乐所依的客观条件有关。外、内是相对的，原为一心之两面。对"中心"言，有"中出"而求客观有效性的问题；对"外心"言，亦有"外入"而求主体根据的问题。以此，"中心"的主体性与外心的客观有效性互补形成实践中的"人心"，成为生成礼意的一对双向并依的探测仪。若仅"外心与人交"，可能放其心而不知求或"物化"；⑨若仅"中心与人交"，则"无文而不行"。⑩若以德报怨，则何以报德？可见，不论是"外心"与人交还是"中心"与人交，能达到安与乐，皆是因能在"中出"与"外入"二者的交错运动中达到"发而皆中节"，均与作为"中介"的社会历史化的礼有难解的关系。

礼的实践结构并非一定有形。无疑，"仁"更具根源性。《五行》云："仁，义礼所由生也。"但是，中心之"仁"因其所发而有远近亲疏的差等，即中心之仁发出来与外心之礼（敬）相对应，产生出"义节"之义。《礼记表记》中子言之："仁有数，义有长短小大。中心憯怛，爱人之仁也；率法而强之，资仁者也。"表现在根源和实践两个方面："人道"除亲亲之情（仁），还包含外推的义和由外向内收的礼，以及落实到中心的乐（所谓"中心"之悦）。而且，既然从主观不可避免通向客观，那么，就不能仅止于理想追求，还要追求理想。理想追求是主体性的建立，所谓"自诚明谓之性"；⑪追求理想则需要主客观统一，乃"自明诚谓之教"。这样，知也成为人格完善的必要条件。所以，《五行》云："圣，知礼乐之所由生也。"其中，"仁"是核心，礼是手段。仁是意义，礼是意义的生成与实现的方式。义是仁之节，知是仁的体认。但不能把它们作为彼此凝固独立的概念来看。比如，作为方法的礼在一定意义上同时是目的。这些概念本身是在实践中流动变化的。离开相关的概念，它们便无法得到准确理解。可见，礼在实践中的动态结构通过仁义礼知的关系来表现。从仁的方面说，礼服从道德主体性原则；从知的角度说，礼依据客观必然的法则；从义的维度看，礼是正当、适宜之仁；从乐的角度说，礼则是中心之悦的落实。因而，仁虽可总括仁义礼智诸德，其实，礼又何尝不体现诸德呢？

不过，有时必须做出选择。"中心"或"外心"，虽为一心之两面，但内容不同。"中心"自为主客，自为中心；"外心"涉及中介的参照，有"不形于内"的外在性。只有前者才能自身圆满，后者不免有经验条件等决定的比较或限制。实践中有时很难保证道德的主客统一，在必须选择的情况下，心性派儒者选择动机的善，而礼乐派儒者偏向道德的有效性。中、外心之别也表明轻重与高低。礼以物为用，而以仁为本，不以小道害大道，都是此意。

可以说，"中心"与礼的根源性、价值方向性、理想性相联，"外心"与礼的人为性、成长性、形式化的关系更切。当然，这种说法是相对而言的。

无论是"中出"还是"外入"，都有待礼的作用。"中心"与"外心"的辩证联结由作为独立系统的礼转化为理想人格的内容来完成。这也是作为体系化的制度可以被抛弃，但礼仍可变相存在的原因。

外心与人交而有敬、严、尊、恭，中心与人交而有悦、戚、亲、爱，最终形成直、肆、果、简的精神品格，反映了礼意的两个不同来源：一是外部世界，一是心灵世界。但中心并非单子式的孤心，而是与人交并使人之所以成为人的心。因之，内外打通需要超越偶在性。所以，《中庸》云："性之德也，合外内之道也。""学己"也就不是专注心灵的感受或体认，而走向外部世界。相反，否定礼作为联结内外环节的道家只能倾心于主观化的自然或审美意境。

"中心"、"外心"二者的运转和实践中轻重高低的动态交错，成为道德实现客观有效性的大前提。因为，仁、知关系突出客观性，但却是仁礼关系突出的客观有效性实现的必要前提。所以，经历了自《六德》的"仁内义外，礼乐共"（此处的"乐"是狭义的，指音乐），到《语丛一》的"仁中出，礼外入"，再到《祭统》、《中庸》的"诚（仁）内知外"，这是一个向内求道德主体性，向外求客观性的双向过程。其虽隐晦，却以曲折形式反映出来。"义"、"礼"作为"中介"逐渐内化为主体的心性。这样，礼就不再只是"外心与人交"的"中介"，而且是主体自我完成的内容。因而，从实践上看，儒家礼意识的结构是通过仁、义、礼（狭义）、知而存在的。

赵良澍释《乐记》"四海之内合敬同爱"时云："敬由节而生，爱以和而笃，其性本于天地，而功成于礼乐。"[12]礼敬显然源于"外心"，仁爱则是发自"中心"。《表记》作了概括提升："中心安仁者，天下一人而已矣"。此"安仁"之人不仅"内尽于己，外顺于道"、[13]且"内和而外顺"、[14]"和顺积中而英华发外"。[15]但与《郭店楚简》中似较突出动机论的理想主义不同的是，《礼记》的提法又有贴近现实的一面。如《中庸》不仅说"自诚明"之性，而且将"自明诚"之教与之相提并论；不仅讲"安而行之"、"不思而得，不勉而中，从容中道"的理想性与主体性，而且《表记》还列"仁者安仁，知者利仁，畏罪者强仁"，与《中庸》"或安而行之，或利而行之，或勉强而行之，及其成功，一也"相对应，兼顾道德的客观有效性。这是包含实践中轻重高低的价值判断的。所谓轻重，即不以小道害大道；所谓高低，即安仁、利仁、强仁之别。

三、儒家礼意识与人格成长

传统中国人有时被人视为缺乏崇高理想追求、乃至被扭曲为是求生物性生存的"人"。这种观点来由复杂，但总体上是没有从中国思想实际而是被打散割裂的实际加以放大的结果。对于这样的问题的解决都多少与对礼的评价有关。如果认为礼的唯一功能就是"吃人"，礼只是维系不平等的宗法社会和专制统治秩序的，那么，它作为单纯统治的工具无疑应受到批判。

不过，这样的理解存在严重偏颇。无礼的人和自然的关系也就蜕变为物与物的关系了。另一方面，礼学虽遭受 20 世纪文化裂变的重创，儒家礼的意识得以生长的宗法社会已不复存在，但作为文化传统，精神品格的礼乐文化仍有影响。杜维明说：礼是"一个人性化的过程"。[16]甚至还有人提出：从初衷看，礼教是一个"人道主义"的工程。[17]尽管乐的研究薄弱且有偏颇，[18]但这些研究也说明有重新认识礼乐的意义和价值的必要。

因为，人既然不是静态平面的存在，而是展开的与物、人、天乃至他自己的各种关系，那么，为了使作为落脚点的自我关系不是单纯的意念关系或虚假的客观关系，为了使横列关系的人变为立体成长的人，那他必须依赖客观的根据和成长的中介。问题是，这个根据和中介不能是异己的东西，而是使人成就他自己、展开他自己，回到他自己的东西。这样，作为建构人文世界的结构和中介，礼是人与自然界相区别的原则，也是人自身得到确立的根据。礼作为"中出"与"外入"二者的交错运动所遵循的原则，虽然是社会历史的，但同时也是人自己的。礼使人的自我关系展开为客观现实的、社会历史的真实联系。这就是"克己复礼"。所以，礼是儒家人格成长的必要中介。

这里，人和物的关系不是儒家视野中的中心问题，而只是一个被作为反思、反躬基础上来处理的一种关系。《乐记》云："夫物之感人无穷，而人好恶无节，不能反躬，天理灭矣。"人固然不能回绝和自然物发生关系，但是必须将这种关系的解决建立在"反躬"的基础上。所以，物的关系服从于人及其自我关系。这样，人不是孤立绝缘的单子，而是有立体内涵的生命存在，且必须不离与自然物的关系而开始成长。这里，没有超越的力量可依凭，要从自然的生命走向完善，需要经验世界的方向指引和价值诱导。

概言之，始源性的礼是客观和社会性的，儒家礼意识突出客观社会性的礼对于人生成长和自我觉悟与建构的重要意义。人生不是自洽性的逻辑概念的演绎，或仅仅是横向空间上的陈列，而是包含着必须在荒谬与异己的世界中建构自身、回到自身的时间历程，经历着曲折和变化。人虽有天赋的德性，但"心无奠志，待物而后作，待悦而后行，待习而后奠"。[19]所以，它不只是一个持续而且是反复的过程，还有跳跃性和阶段性。在时空交叉的关系中展开自身历史，就需要有作为人生内涵的礼发挥作用。因而，仁不是一连串毫无关系的纯主观感受或经验，而是有自身趋势和过程的觉悟。礼作为联结内外的杠杆，一面将内在个人的体验和觉悟转化为客观社会性的行为，另一方面又将外在的距离和荒谬内化、转换成精神的格调和品格。通过内化和外转，礼定格儒者的人生，完成宇宙人生的重建。对儒者而言，观物不由礼而不察。跳出近代所谓理性和非理性、逻辑和信仰之间尖锐的对立所展开的巨大张力，我们发现这种对立以中国方式隐匿在礼的实践结构中。天国与人间、圣贤与恶魔，并非人间的不变的原则来区分，而是实践中理的结构所显现出来的。[20]在礼或理这面镜子被打破后，失去方向感；所以会在西式的信仰和法制面前自愧不如。

注　释：

① 《郭店楚墓竹简·成之闻之》，文物出版社 1998 年版，第 194 页。

② 《礼记·礼器》。

③ 《礼记·仲尼燕居》。

④ 《礼记·淄衣》。

⑤ 《郭店楚墓竹简·尊德义》，文物出版社 1998 年版，第 194 页。

⑥ 《郭店楚墓竹简·成之闻之》，文物出版社 1998 年版，第 194 页。

⑦ 《郭店楚墓竹简·语丛一》，文物出版社 1998 年版，第 194 页。

⑧ 《郭店楚简"五行"的身心观与道德论》，《儒学与儒学史新论》，台北学生书局 2002 年版，第 40 页。

⑨ 《礼记·乐记》。

⑩ 《礼记·礼器》。

⑪ 《礼记·中庸》。

⑫ 《读礼记》卷七。

⑬ 《礼记·祭统》。

⑭ 《礼记·祭义》。

⑮ 《礼记·乐记》。

⑯ 杜维明：《仁与修身》，《杜维明文集》第 4 卷，武汉出版社 2002 年版，第 25 页。

⑰ 詹世发：《"礼"的哲学意义研究》，《江西社会科学》，1991 年第 5 期。

⑱ 关于"乐"，人们多专注对古代音乐文化的研究，对其复杂涵义有所省略。参见拙著《乐教与儒者的宗教情怀》，《学术月刊》，2005 年第 5 期。

⑲ 《郭店楚墓竹简·性自命出》。文物出版社 1998 年版，第 194 页。

⑳ 《礼记·仲尼燕居》："礼也者，理也。"又云："言而履之，礼也。"

（作者单位：西安交通大学人文学院）

儒佛会通的二种进路及其对近世中国文化的影响

□ 张家成

引　言

宋明理学（即新儒学）的一个最重要的思想特征就是儒道佛"三教融合"。这也是所谓"新儒学"新之所在。那么，"新儒学"最早出现于何时，其创始人是谁？一般的中国哲学史教科书均以北宋五子之周敦颐为其开山祖。而陈寅恪先生在冯友兰著《中国哲学史》的"审查报告书"中就曾提到：提倡中庸、自号"中庸子"的孤山智圆似应为宋代新儒学的先觉。著名学者饶宗颐先生则认为，宋初以"中庸子"为号、且在智圆之前揭橥"中庸"的实际上是益州儒者陈充，"所以不能说重视中庸是出于释氏的提倡。"①从儒佛会通与宋代新儒学的产生之角度来说，对于宋明新儒学的最早提倡者是佛门中人还是儒者这一问题，如果要追溯其源头，也许既不是陈充，也不是中庸子智圆。站在儒门（正统士大夫）的立场来说，早在中唐时期的韩愈、李翱，甚至在隋代大儒王通那里就已经开始了援佛入儒的努力；而如果从身在佛门却倡导儒学的人来说，则远在"中庸子"孤山智圆之前就有了不少会通儒佛的佛教学者。

上述问题实际上涉及这样一个普遍而又复杂的历史文化现象：从中国思想文化演变的历史过程来看，所谓"儒佛道三教融合"，儒佛道三家却各自有其融合会通的轨迹与进路。需要注意的是，在具体描述宋明时期"三教合一思潮"时，学术界存在着某种程度的简单化的倾向。虽然三教融合会通的结果，致使儒道佛各家思想形态、思想性格均有一定程度上的转型和改变，然而，本文认为，儒家、佛教及道教在三教融合思潮中并未完全丧失其各自独特的思想特质。也就是说，从儒家、佛教及道教方面来看，相互之间虽有影响，但仍保持着一定的张力以及各自的独立性，存在着各自独特的会通进路。本文以三教合一与宋代新儒学（理学）为参照坐标，由中国思想文化史上的"儒佛会通"出发，试图对传统儒家与中国佛教二者各自不同的会通进路进行大致的梳理和归纳，并简单分析其对近世中国文化的不同影响。不当之处，敬请方家批评指正。

一、中国佛教思想史上的儒佛会通

一部中国佛教思想文化史，实际上就是佛教中国化亦即与中国本土儒家道家文化由冲突到融合会通的历史。这一佛教中国化的历程，早在佛教传入中国之初就开始了。

早期输入中国的佛教之所以被学者称为"格义"佛学，实则与会通儒学有关。如北魏昙靖所撰的《提谓波利经》中用儒家"五常"来比附佛教"五戒"，不过这还只是简单的比附。魏晋时，会通儒学开始进入教义的层面。这与来中国传法和西行求法的中外高僧及学者对佛经的翻译和研习密不可分，其中以康僧会、释道安、慧远等尤为突出。据梁《高僧传》，吴主孙皓命张昱质问康僧会（约222~265年），论儒佛异同，昱不能屈。后迎康僧会问"佛教所明，善恶报应，何者是耶？"康僧会以"虽儒典之格言即佛教之明训"答之，皓谓"若然，则周孔已明，何用佛教？"会曰："周孔所言，略示近迹，至于释教，则备极幽微，故行恶则有地狱长苦，修善则有天宫永乐，举兹以明劝沮，不亦大哉？"据日本学者常盘大定考订，此为中国思想史上最早的儒佛关系说。②果若如此，则它显然是一种最早的判教式儒佛调和论。康僧会编译的《六度集经》，编译了各种佛经共91篇。其主要意旨在于用佛教的菩萨行（六度）发挥儒家的"仁道"说，把孟子的"仁道"作为"三界上宝"，要求"王治以仁，化民以恕"，阐明了"儒典之格言即佛教之明训"的观点，从而为佛教"会通儒学"、儒佛结合开辟了路径。东晋高僧慧远对儒释道都有极深的造诣。他继承了道安研习和弘扬佛教的根本学风，一方面广泛介绍外来佛典，以求把握佛教原旨；另一方面，又坚持佛教必须适应中土的需要，不惜"失本"地将其纳入中国传统文化的轨道。慧远在中国佛教史上的主要贡献，在于将佛教同儒家的政治伦理和道家的出世哲学结合起来。慧远与桓玄论沙门不敬王者，明确提出：佛教有"一者处俗弘教，二者出家修道"两大任务，"处俗"与"出家"都能令"道洽六亲，泽流天下"，起到"协契皇极，大庇生民"的作用。需要说明的是，虽然慧远、道安等已开始进行会通佛教与中国传统儒家学说的工作，但他们的努力意在调和，即站在佛教的立场上，以为佛教争取在中国文化背景下的生存空间。

至隋唐时期，三教竞争激烈，朝廷为了稳定政局，显然采取三教兼容的策略。随着中国化的佛教宗派的产生，中国佛教则基本完成了其理论形态。隋唐佛教不仅对儒、道学说加以融合吸收，而且还从理论上对这种融合作出了论证。因此，三教得以在相互论争的前提下，谋求会通与发展。例如中国佛教宗派中创立最早的天台宗以《法华经》为"宗经"，并根据有关经义而提出了"会三归一"的理论，在"方便"法门的旗号下，一方面把天台宗的教义说成是至上的"一乘"，另一方面又为它把佛教的不同教义乃至儒、道等不同的思想"会归"到天台宗教义中来提供了依据。华严宗则有"立破无碍"、"会通本末"的判教论，它一方面破斥了华严教义之外的种种异说，另一方面又以华严教义来"会通本末"，认为所破斥的诸种异说都可以同归一源，即站在华严宗的立场上看，其他各家学说也都具有真理的成分，都可以归入华严教义中来，这样既抬高了华严宗本家之学，又为调和会通包括儒、道等在内的各种异说作出了论证。③禅宗被认为是中国化最为典型的佛教宗派，其一向以"不立文字"、"教外别传"相标榜，而这实际上也可以看作是禅宗特有的判教说。禅宗正是以此而将自己与其他教派相区别，并从"不立文字"出发，"不拘一说"地在坚持佛教基本教义立场的同时，实现了对中国传统的儒、道思想文化的会通与融合。隋唐佛教宗派对融合各家学说作出的理论论证，标示出佛教的中国化与中国化的佛教理论在隋唐时趋于成熟，这也是隋唐儒佛道三教鼎足而立新关系格局下的理论产物，它对隋唐佛教的思想理论建设影响重大，也对其后的中国佛教发展乃至整个中国学术思潮的演进产生了重要的影响。其中，真正从理论上从事儒佛会通以重建中国佛教思想，则为中唐以后的宗密禅师以及五代吴越国的永明延寿禅师、宋契嵩等人。

实际上，佛教与儒学的融合会通的过程，并未止步于唐。经五代至宋元明清，这一过程仍在继续——鉴于儒学的复兴，此时的佛教同时也在大规模地进行儒佛会通，以寻求佛教的发展空间与存在定位。宋元以后的中国佛教的走向，表现为日益世间化与世俗化。

北宋时期，伴随着儒家学说地位的逐渐巩固和佛经编译、印刷及流通事业的不断展开，打通儒释已成为一个普遍的社会潮流，因此，这一时期兼通儒释的禅僧较多，佛教在思想理论及社会文化的层面上逐渐与儒学有机融合。其中，尤以灵隐契嵩与孤山智圆的"会通儒学"的努力与成就最具影响力和代表性。孤山智圆（976～1022）的著作以宣扬"三教同源"、"宗儒为本"的思想而引人注目。他说："非仲尼之教，则国无以治，家无以宁，身无以安。……国不治，家不宁，身不安，释氏之道，何由而行哉？"又说："夫儒、释者，言异而理贯也，莫不化民俾迁善远恶。儒者，饰身之教，故谓之外典也；释者，修心之教，故谓之内典也。惟身与心，则内外别矣，蚩蚩生民，其越于身心哉？非吾二教，何以化之乎？嘻！儒乎？释乎？其共为表里乎？"④这证明两教功用相同，但手法各异，"修身以儒，修心以释"，不可重此轻彼。而宋代另一个倡导儒佛合流的著名人物是契嵩（1007～1072）。其调和儒释的理论不像早期佛教徒那样，简单地在文字层面上寻找两家的相似之处，而是首先在心性论上找到了两者的理论结合点。他坚持"心生万法"的宗旨，指出各家圣人不过是从不同角度发明本心，殊途而同归，皆劝人向善。在此理论基础上，契嵩全面调和佛教戒律和儒家纲常："吾之喜儒也，盖取其于吾道有所合而为之耳。儒所谓仁义礼智信者与吾佛曰慈悲、曰布施、曰恭敬、曰无我慢、曰智能、曰不妄言绮语，其为目虽不同，而其所以立诚修行善世教人岂异乎哉？"⑤又用佛教的"五戒"会通儒家的"五常"："五戒始一曰不杀，次二曰不盗，次三曰不邪淫，次四曰不妄言，次五曰不饮酒。夫不杀仁也，不盗义也，不邪淫礼也，不饮酒智也。"⑥契嵩还特别大讲孝道："夫孝也者，大戒之所先也。"⑦契嵩承认孝在戒先，实质上是承认了儒家在中国社会中的主导地位，佛教自愿向儒家靠拢。契嵩还极力证明儒家从人世的立场上说明孝道，佛教从出世的立场上神化孝道，"其所出虽不同，而同归于治"，所以，他直接向宋仁宗呼吁："愿垂天下，使儒者儒之，佛教佛之，各以其法赞陛下之治化。"⑧契嵩最终在巩固现行社会制度的立场上将儒佛两家结合起来。契嵩、智圆的"会通儒学"理论，将佛教的儒学化推到了更高的层次。

不过，在中国佛教学者那里，儒佛会通有一个基本的前提：即是站在佛教的立场上提倡三教融通，认为："佛法如海，无所不包"，"世出世间，以上善为本。初即因善而趣入，后即假善以助成。实为越生死海之舟航，趣涅槃城之道路。作人天之基陛，为祖佛之垣墙。在尘出尘不可暂废。"⑨

总之，佛教进入中国后，先是在社会功能上寻求协调，接着发展到教义上与儒、道特别是儒相衔接，至宋之后达到了包括哲理在内的全方位的融通，且深入到中国社会的深层结构之中。

二、宋明新儒学与儒佛会通

在中国思想文化史上，我们不难发现，除了上述站在中国佛教的立场上会通儒佛的进路之外，还存在着基于传统儒学立场以寻求会通儒佛的另一种进路。就中国哲学发展史的角度来说，儒道融合的历史出现较早。汉末及魏晋时期，儒学式微，有识之士开始以道家思想来解释儒家经典，以会通儒道来挽救名教危机。南北朝及隋唐时期，佛教道教盛行，三教竞争激烈，而站在儒家立场上自觉地融合会通儒佛以重建儒家哲学的权威，亦开始出现。号称"文中子"的隋代大儒王通是早期儒佛会通的代表人物。王通在《中说》（一名《文中子》，由其学生整理而成）一著中指出：三教的互相攻击和对立，不利于国家政治。在他看来，虽然治国安邦之道主要在"五常之典、三王之诰，两汉之制"，但佛道二家本质上也是善教，可以为统治者所用，与儒家共处。关键是要有"圆机之士"、"皇极之士"加以融会贯通，就能达到"三教于是乎可一矣！"王通此说，是站在儒家立场上，基于周易通变原理以调和儒佛，但却受到了佛教人士的欢迎。因此王通其人及该文部分内容亦被收录入《佛法金汤编》卷六。此后，有唐一代，柳宗元、刘禹锡、李翱、韩愈等人于儒佛会通贡献最大。四人当中亦有区别：柳、刘在感情上与佛教相投合，主张接受佛教心性论，统合儒释。而韩、李则不赞成佛教的出世主义，甚至批判佛教学说，但也开始认识到应从心性论上吸收佛教的理论，重新建构儒家哲学。

宋代新儒学（理学）的出现，则标志着站在儒家立场上会通儒佛之完成。通过"儒佛会通"这一侧面，亦可看出理学的演变轨迹。两宋理学诸儒，大多辟佛而又入佛。全祖望曾这样说道："两宋诸儒，门庭径路，半出于佛老。然其立身已，则固有不愧于古人者，龟山上蔡而后，横浦玉山皆是也。"⑩儒佛交融，其实是宋儒思维的特色。二程与其弟子及再传弟子（如谢良佐）与佛门大有渊源，甚至入禅甚深。程伊川在《明道先生行状》中也说其兄"泛滥于诸家，出入于佛老几十年，反诸六经而后得之。"但是"辟佛"、"入佛"并不矛盾。"辟佛"是对儒家"人文化成"的文化价值观、伦理本位的"性善说"之价值根源论以及生生化育之天德流行说的坚持与维护，"入佛"则是对佛学思辨形式与方法之采取，入道门径与功夫涵养之领受，以及生命情调与终极关怀之品味与深思。

朱熹集北宋理学之大成。朱熹早年也"出入于经传，泛滥于佛老。"他在《延平答问》中自述其二十四、五岁以前未见李侗之前，确曾留心于禅学，"理会得昭昭灵灵底禅"，即使初见延平后，也"意中道禅也自在"，最后在李侗的启发下"回头看释氏之说，渐渐破绽，罅漏百出"，终于由禅归儒。

在《朱子语类》一百二十六卷《释氏》及《近思录》卷十三《辨异端之学》，其辟斥佛氏之言达130余条之多。所引佛书有《四十二章经》、《清净经》、《肇论》、《大般若经》、《楞严经》、《圆觉经》、《维摩诘经》、《金刚经》、《心经》、《华严入法界品》以及达摩、庞居士、惠能、雪峰、宗杲等禅僧语录，也可说是集"辟佛"之大成。然而，朱熹之"辟佛"，无论是在思想内容，还是在思辨形式上，多有汲取佛家学说及思想方法之处。如朱熹多从佛家"净染"之说，以彻见心性；在论心之体用，则与禅门之虚灵寂照无异。朱熹最重要的理论是"理一分殊"，在理论形式上是将"体用"、"理事"（或理气）、"一殊"（即"一多"）等范畴概念合并运用。一方面表述为用依体起，体由用显的一中有多，多中有一的"无碍观"，如华严宗的"理事无碍"，"事事无碍"。另方面表述为即体显用，即体即用的一即一切，一切即一的"映现说"。如朱熹说"不是割成片去，只如月印万川相似。"又说："释氏云：'一月普现一切水，一切水月一月摄，'这是那释氏也窥见得这些道理。"⑪"水月之喻"出自禅僧永嘉玄觉的《证道歌》，"一多"之说出自法藏《华严金狮子章》。法藏与玄觉都是唐朝的僧伽，朱熹是南宋人，因此实际上并非"释氏也窥见得这些道理"，而是朱熹为学自有其渊源所在。

陆象山的心学，朱熹常责之为"禅"。清儒也常讥嘲"朱子道，陆子禅。"陆九渊本人也曾承认道："某虽不曾看释藏经教，然而《楞严》、《圆觉》、《维摩》等经则尝见之。"他"发明本心"之"简易工夫"是"先立乎其大者"，其实最能表达孟学本旨，而不必是"禅"。他之所以为人讥为禅的，主要表现在为学方法与工夫接引上。所谓"穷究磨炼，一朝自省。""一是即皆是，一明即皆明。""大中至正之道，近在日用，见于动静语默，不必他求。"颇类似于禅家之"顿悟"与"平常心是道"，"学苟知本，六经为我做注脚"，"某虽不识一个字，亦须还我堂堂的做个人"。⑫等内容颇类似于禅宗之以心传心，教外别传。另外，陆氏在教法上常有工夫指点，动作示意，言下即悟等亦类于禅门之"机锋"等等。

应当注意的，陆象山所说的"心"，是先验的道德本心，人人皆有的道德判断之先天内在律则。他所说的理，就是本心的律则，价值的根源，"心即理"。其"发明本心"的思想，如同孟子的"存心"、"养心"、"求放心"，是善端之扩充，是道德自觉心的自我肯定、自我完成。这在概念的规定上，思想的内容上，理趣的意境上，较之朱熹，尤见儒家本色，而与禅宗则是貌合神离，大异其趣。然而，从中国思想文化史的宏观着眼，陆氏心学的建立，恰恰表明站在儒家立场上，融会贯通儒佛的思想格局的最终形成。

三、儒佛会通对近世中国文化的影响

儒佛会通，始于佛教传入中国，完成于唐宋之际。北宋新理学的形成则是三教融合思潮的一个很重要的里程碑。三教融合是中国文化史上一件非常重要的事件。这一思想潮流对中国文化的基本结构，尤其是宋元以来的近世中国思想文化有着重大且深远的影响。先秦时，中国文化是"九流十家"，秦汉以后，随着儒学的官方化，佛教传入，中国文化基本结构也由"九流"（诸子百家）演变为儒释道"三家"。儒佛道三教合一（会通）构成了近世中国文化的基本特征。具体而言，表现为如下几方面：

1. 儒家心性哲学体系的构建（新儒学及现代新儒学的出现）

儒佛之间融通互动，在理论形态上首先表现为儒家人性论思想推动了佛教学术思想由般若学向佛性论的转变，随后佛教的佛性论思潮又反过来影响儒学的转轨，推动儒学定位于性命之学。儒、佛学术思想重心转变的原因是复杂的，其中彼此心性论的互动是重要原因。从传统儒学的发展历程来看，经先秦原始儒学、汉代神学化的儒学，至宋代以理学形式复兴的新儒学，经历了与道家、佛教的冲突融合，至宋代完成其融合形态。在中国思想文化史上，儒、佛互动是一突出现象。儒、佛之间，在互相碰撞、冲突、贯通、融会的过程中，终于在心性思想上寻觅到了主要契合点。其直接结果是境界型的儒家形上哲学（心性哲学）的完成——宋明理学的出现，同时也构成了产生现代新儒学的理论基础（现代新儒学的另一理论背景即为近代西学）。

从儒、佛心性论互动的全过程来看，其最基本的特色是鲜明的互补性，即儒佛双方的互相借鉴、吸收、融会和补充。儒、佛心性论的互补现象不是偶然的。首先，从儒、佛学说的主旨、结构来看，儒家学说主要是教人如何做人，如何成为君子、贤人、圣人，为此它强调在现实生命中去实现人生理想，追求人生归宿，也就是要求在现实生命中进行向内磨砺，完善心性修养。这样，心性论也就成为儒家理想人格和伦理道德学说的理论基础。佛教是教人如何求得解脱，成为罗汉、菩萨、佛，为此它强调修持实践，去恶从善，摆脱烦恼，超越生死，这也离不开主体的心性修养，离不开主观的心理转换，心性论也成为佛教转凡成圣、解脱成佛学说的理论基础。心性论作为儒、佛分别成就理想人格的理论基础，为双方在这一思想领域进行互动互补提供前提。其次，儒、佛两家由于重入世或重出世的区别，追求理想人格的不同，以致原来在心性思想的内涵界定、心性修养的途径、方法等方面都存在差异，这种差异为双方互动互补提供可能。再次，印度佛教心性论的内容虽然十分丰富，但是与中国重现实的人生哲学传统并不协调，为此，中国僧人必须作适当的调整，使之中国化。先秦儒家心性学说虽然也有一定的规模和基础，但是不够细密、深刻，缺乏体系化，而且后来一度衰落，亟需充实、发展，就是说，儒、佛心性论的互动互补也是各自思想文化发展的需要。因此，即使是儒、佛双方基于心性论的互动与互补，然而，无论是宋明新儒学还是现代新儒学的儒佛会通，都并未因此丧失其基本立场，主要还是基于各自立场的儒佛会通。

2. "中国佛教"核心思想观念（一心）的完成

而从中国佛教思想的历史来看，自佛教传入中国以来，与中国文化相结合，逐渐中国化。一般说来，唐代禅宗的出现，是佛教中国化（即所谓"中国佛教"）的完成形态。从理论形态上来说，中国佛教虽然源于印度佛教，但在与中国本土文化冲突融合及发展演变过程中，有它自己的独特的核心观念，作为宗教修持和解脱的指南。这种思想的成立，乃是中国批判源自印度的大乘佛法（空宗和唯识宗）的结果。在大乘有关慈悲和智慧的教法影响之下，接受了如来藏和佛性的概念，并进一步认为它们就是"一心"——绝对的心。在中国佛教最早的宗派"天台宗"创始人——智者大师那里，其心性论就已经含有儒佛融合的痕迹。但天台思想主要还是基于大乘中观学的基本教义。而到了中国禅宗创始人慧能那里，其"心性本觉"的说法则是典型的中国佛教的思想观念了。不过，因禅宗否定经教，其理论形态还不俱足。有学者研究认为，中国佛教"一心"的理论体系，实是由澄观（738～839）开始建立，而完成于宗密（780～841）和延寿（904～976）。⑬本文亦赞同此一说法。宗密、延寿皆是禅僧，禅宗因而成为中国佛教的主流，使得这个思想代表了整体的中国佛教。但此时的禅宗，正如永明延寿所谓"举一心为宗，照万法如镜"⑭，已与中唐时期慧能所创立的"超佛越祖"的南禅颇异其趣，而是代表了融合禅教、指归一心的新禅学了。

3. 近世中国文化世俗化进程的加剧

佛教与儒学的融合过程，虽然完成于唐宋时期，但宋元以后，这一融合过程仍在延续。在明清时期，三教融合的思潮则呈现进一步深化的趋势。总体来说，"儒佛会通"对中国近世文化的影响是双重的：一方面是传统儒学的心性化和本体化（即道德形而上学的重构），同时，另一方面则表现为中国文化的世俗化与平民化。相对说来，如果唐及此前的三教融合思潮主要表现为儒道佛三家理论体系的建构及其理论形态的转型，那么宋元以后的三教融合则更多地体现为中国文化的进一步世俗化。

世俗化、平民化是近世社会的主要特征之一。当然，这一世俗化进程在儒、佛、道各有其独特的表现形式。就儒学而言，三教融合则意味着儒家形而上学的完成（道德形而上学）及其伦理道德观念的普世化（正如王阳明所说的"满街都是圣人"）。在宋明以后，特别是陆王心学的出现并流行，儒学（宋明理学）的平民化特色也益愈明显。近世中国文化的世俗化，在明清中国佛教方面表现得更为明显。一方面，明清佛教因世俗化（入世精神）的深入，而与中国社会进一步结合，乃至成为中国社会文化习俗（这在江南地区尤为明显）的重要组成部分；另一方面，伴随着中国佛教的社会化和世俗化，中国佛教之宗教性、神圣性也渐失。因此，总体上而言，宋元以后中国佛教主要呈现为衰落之势。

注　释：

① 饶宗颐：《中国宗教思想史新页》，北京大学出版社 2000 年版，第 37 页。

② 常盘大定（日）：《支那に于ける佛教と儒教道教》，东京：东洋文库，昭和 5 年（1930），第 45 页。

③ 参见宗密《原人论》，收入《大正藏》第四十五册。

④ 智圆：《闲居编》卷一九《中庸子传》上，《续藏经》第 101 册，第 55 页。

⑤ 契嵩：《镡津文集》卷八《寂子解》，《大正藏》第五十二册，第 686 页。

⑥ 契嵩：《镡津文集》卷三《辅教编下·戒孝章》，《大正藏》第五十二册，第 661 页。

⑦ 契嵩：《镡津文集》卷三《辅教编下·明孝章》，《大正藏》第五十二册，第 660 页。

⑧ 契嵩：《镡津文集》卷八《万言书上仁宗皇帝》，《大正藏》第五十二册，第 687 页。

⑨ 永明延寿：《万善同归集》卷上，载《中国佛教思想资料选编》第三卷第一册，第 10 页，中华书局 1987 年版。

⑩ 全祖望：《鲒埼亭集·外篇》卷三十一"题真西山集"，台湾"商务印书馆"1968 年版《鲒埼亭集》（第十册），第 1098～1099 页。

⑪ 《朱子语类》卷十八，岳麓书社版《朱子语类》（四），第 357 页。

⑫ 以上引文均见《宋元学案》卷五十八《象山学案》，载台湾"商务印书馆"1968 年国学基本丛书本《宋元学案》第十五册。

⑬ 参见冉永华：《论中国佛教核心思想的建立》，《中华佛学学报》第 13 期（2000.07）。

⑭ 《宗镜录》"自序"，《大正藏》第四十八册，第 415 页。

（作者单位：浙江大学）

儒家伦理中之道德德性与非道德德性

□ 黄慧英

一、前　言

　　苏格拉底的重要伦理关怀，就是"我们应该过怎样的生活"？这问题亦可表达为："什么是美好的人生？"这问题并非单纯关于责任和义务的概念，因此亦不能仅借着对责任等的理解来回答。将"好"这观念局限于"道德上的应然"，只是现代道德哲学的取向。"美好"本可容许以自利的观点来衡量，虽然如此，这并不表示伦理学要探索的，是某个个别的人在某特定处境下识别对他／她最好的生活或行动。相反地，正如伯纳德·威廉姆斯（Bernard Williams）所描述的："它似乎探求美好人生的条件，亦即对人类之为人类来说，正确的生活。"①假若我们认同苏格拉底的观念，认为美好的人生应包括自利意义及道德意义的"好"，那么，伦理学亦应越过道德的领域，不单注目于判断或行为的对与错之上。

　　对于儒者来说，其所念兹在兹的也非局限于人的行为或判断的对错，而是对于美好人格及美满生活的实现。这点可从儒家推崇的"德性"观念反映出来。明显地，儒家的德性包括道德的与非道德的两类，前者可理解为有助于道德成就的行为倾向及性格，后者可理解为有助于成为卓越的个体的行为倾向及性格。虽然一般对于儒家在非道德领域方面的肯定并无异议，但非道德德性与道德德性的关系并未有充分的研究。例如：非道德德性是否可藉道德德性来界定？又，前者是否被后者凌驾？这些问题一日未获解决，则非道德领域存在的样态便不会清晰。本文试图从孔孟的思想中探讨早期儒家在这问题上的立论。

二、君子与德性

　　早在西周晚期，德性已受到重视，尤其在贵族阶层，德性常用作评价个人行为的准则，例如在《逸周书》中所谓的"九德"、"九行"、"九思"、"五教"等，皆是对各种不同的德行的描述及推崇。② 如：孝、悌、惠、忠、恕、中正、宽弘、庄、刚、知、清、信、仁、义、勇、武、柔、友、端、和、诚、恭、让、俭、固、逊等。其中出现最多的是仁、信、忠、孝、义、勇、让与知。③ 在这些德行中，有些是礼制规定，根据各人不同的身份地位（如作为君或臣）必须遵守的。孔子的贡献，就是将德行的外在规范的涵义，转变成为个人内在修养而成的品格。对孔子来说，德行的核心意义，远超乎社会对个人的要求。其中更重要的当然是，孔子为这些德行寻找及建立了超越的根据。

在《论语》与《孟子》中对德性的讨论，大多联系到君子这理想人格。传统上君子指在政治上居高位的人，自孔子开始，君子指有道德修养的人；作为君子，必须具有很多不同的德性，其中最重要的，莫过于"义"了。

> 子曰："君子义以为质，礼以行之，孙以出之，信以成之。君子哉！"④
> 子曰："君子义以为上……"⑤

君子与小人之别，义与利就是分水岭。

> 子曰："君子喻于义，小人喻于利。"⑥

仁是成为君子的另一必要条件。

> 子曰："富与贵，是人之所欲也；不以其道得之，不处也。贫与贱，是人之所恶也；不以其道得之，不去也。君子去仁，恶乎成名。君子无终食之间违仁，造次必于是，颠沛必于是。"⑦

在这章内，仁与义是同义的，而君子之道，正是仁义之道。"仁"、"义"的观念固然有很多不同涵义，但这些涵义乃对应于不同的层面。⑧ 当"仁"与"义"理解为德性的时候，它们确实代表道德德性。道德德性的特性是，假若一个人违反了道德德性，则他是不道德的。

当然，单纯遵守道德，不足以让一个人成为君子。君子还要能够将其所肯定的价值，恰当地及巧妙地表达出来。

> 子曰："质胜文则野，文胜质则史。文质彬彬，然后君子。"⑨

这里所说的"质"，就是道德的内容，而"文"就是适当的表达方式。因此"文"可以看作是一种非道德的德性。

> ……曾子曰："……君子所贵乎道者三：动容貌，斯远暴慢矣；正颜色，斯近信矣；出辞气，斯远鄙倍矣……"⑩

"文"在儒家教育中，占有重要的地位，在排列上甚至居四教之首。⑪ 孔子教授的

"六艺"，再加上诗教，乃是当时造就有文化修养的君子必须通过的，从下面一节可见孔子对文的重视。

> 子曰："君子博学于文，约之以礼，亦可以弗畔矣夫！"⑫

孔子称孔文子好学，不耻下问，因而称他为"文"，可见好学是达致文的质量。

> 子贡问曰："孔文子何以谓之'文'也。"子曰："敏而好学，不耻下问，是以谓之'文'也。"⑬

知与勇也是有助于一个人成为君子的非道德德性。

> 子曰："君子道者三，我无能焉：仁者不忧，知者不惑，勇者不惧。"⑭

不惑与不惧是构成美好人生的要素，而一个人具备知与勇，便能达致这种可欲的状态。

虽然不惑不惧有时有着道德的意涵⑮，然而，知与勇亦有独立于道德涵义的意义，如：

> 子路曰："君子尚勇乎？"子曰："君子义以为上。君子有勇而无义为乱，小人有勇而无义为盗。"⑯

"矜"与"群"是另外两种君子具备的非道德德性。

> 子曰："君子矜而不争，群而不党。"⑰

对于孔子，有些目标是君子必须努力实现的，而这些目标及表现便构成君子的特质。

> 孔子曰："君子有九思：视思明，听思聪，色思温，貌思恭，言思忠，事思敬，疑思问，忿思难，见得思义。"⑱
> 子谓子产："有君子之道四焉：其行己也恭，其事上也敬，其养民也惠，其使民也义。"⑲

"明"、"恭"、"忠"、"敬"、"惠"、"义"等明显地是一个君子必须具备的德性，其中一些是道德的，另一些则不是。

上面已罗列出君子具备的德性，但道德德性与非道德德性之间有什么关系呢？理所当然地，道德德性比非道德德性重要，因为前者是成为君子的必要条件，而后者只充当辅助角色。此外，非道德的质量只当满足道德的要求时，才能被视作德性。举例来说，"勇"假若违背仁义的话，便成了反德性，⑳此外，《论语》中说：

子曰："恭而无礼则劳，慎而无礼则葸，勇而无礼则乱，直而无礼则绞。"[21]

有子曰："礼之用，和为贵。先王之道，斯为美，小大由之。有所不行，知和而和，不以礼节之，亦不可行也。"[22]

从上两节中可见，"恭"、"慎"、"勇"、"直"、"和"等德性，本身并不具备道德的内涵，亦即不必然符合道德的准则，它们可以由不良的动机发出，或者被引导去一错误的方向，因而变得不道德。不道德的行为必定为任何伦理系统不容，就算以一种为己设想的利益观点来看，亦是如此。儒家伦理亦不例外。但是只要非道德德性不妨碍道德，它们是受到鼓励的。一旦非道德的追求引致不道德的后果时 —— 撇开当时有关的非道德德性是否仍算是一种德性不论 —— 非道德德性必须经反省而重新定位。

刚刚作出的肯定预设了道德德性与非道德德性之间有一严明的区分，这亦是本文一直预设的，这区分可以概括描述如下：一种德性是道德的假若在道德的观点下，符合此德性的行为是道德上必须去作的，而违背此德性的行为则是道德上禁止的。另一方面，一种德性是非道德的，假若遵守或满足它并不是道德上必须，没有达成它的要求也非违反了道德。根据上述的区分，仁、义、孝、悌、诚等是道德德性；柔、明、惠、和、勇等则是非道德的，因为一个人没有具备勇的德性并不是不道德，而道德上亦没有要求他必须具备此德性。[23]然而，这区分并非像它表面上看来的泾渭分明。例如：当一个人由于缺乏勇而没有去做他应该做的，那便是不道德了。孔子说："见义不为，无勇也。"[24]当他这样诠释"勇"的时候，便赋予"勇"一道德的涵义。由此看来，似乎非道德德性是否能够维持其非道德的身份，是基于道德观点而作出的判断。从此推论出，道德与非道德的区分是根据道德的准则而作出；假如这是实情的话，则非道德德性是由道德所界定，因而失却了其独立性。

三、仁、义与德性

子曰："有德者必有言，有言者不必有德；仁者必有勇，勇者不必有仁。"[25]

……子曰："……未知，焉得仁？"[26]

从以上的例子，我们可以得出，仁者必须具备勇、知等非道德德性，但具备这些德性的未必就是仁者，在这个意义下仁是一种统摄诸德的德性：具备仁德必然具备其他的非道德德性，但反之不然。然而假若仁被理解为一种道德的德性，则看来非道德德性的价值只在于其成全道德。这观点加上上节的结论 —— 非道德德性由道德德性所界定 —— 则会打击了非道德德性的独立性，而后者是在本文开始时预设的。

如第一节所述，仁与义在西周晚期已被视为两种重要的德性。当"仁"被看作德性时，它的含意是"爱人"，[27]孟子更认为"亲亲"乃是仁的内容，其中以"事亲"为最重要。[28]同样，当"义"被看作一种德性时，它指谓君臣间的应然关系，或者从社会规范厘定的关于获得益处的合理性。[29]然而，仁义在德性的约定俗成的内容之外，有另一意义。

在《孟子·离娄下》中，指出了义的超出德性义的另一层意义：

　　　　孟子曰："大人者，言不必信，行不必果，惟义所在。"

　　在本节开首所引《论语》两篇中所提到的"仁"，同样不是指谓一种德性。当我们说"仁"、"义"是统摄其他德性并赋予它们道德意义的时候，"仁"、"义"是表示一种能力，这种能力使我们能够以一种伦理观点判断什么是应该的。

　　虽然在本文的开始时我提过伦理与道德的两个观念，但是在这里必须作一较详细的说明。所谓对一行为（或决定、或抉择）作出伦理的考虑，预设该行为（决定等）是被视为对于塑造美好的人生是相关的，因此当一个人以伦理的观点询问："我应如何作？"的时候，那是将此问题置于一较宽广的脉络中，相当于询问："一个人应该过怎样的人生？"上述两个问题中牵涉的"应该"一词，并非限于道德的意涵。道德处理的主要是有关责任与义务等问题，它们虽然亦是构成美好人生的一部分，但非全部。因此，"我应如何作？"这问题包含两方面的意涵：道德的与伦理的。这是沿用 Williams 的用法：他将"伦理"一词用来指谓一种较宽广的考虑，用以解答"在所有都经考虑后（all things considered），我应如何作？"的问题。所经考虑的所有因素包括道德的与非道德的。Williams 用"道德"一词来专指有关责任与义务的观点。㉚

　　既然"仁义"是使我们能够在伦理观点下思考一个人应如何作的能力，那么它必定也能够为我们决定，在某一特殊处境下，应该给予道德什么分量，在下面的篇章中可帮助我们明了此点。

　　　　孟子曰："仕非为贫也，而有时乎为贫；娶妻非为养也，而有时乎为养。为贫者，辞尊居卑，辞富居贫。辞尊居卑，辞富居贫，恶乎宜乎抱关击柝。"㉛

　　当一个人考虑的是选择什么职业的时候，一般来说，他会分析比较相关的非道德变量如薪酬、福利、升迁机会等。当然这预设了考虑中的职业是合乎道德的。但是假若一个人询问的不单是哪份职业是最有前途、最合乎个人利益，而是问什么职业对个人的人生最有意义，或者问选择某一职业是否就伦理观点看是好的决定，那他必须同时考虑道德上的与非道德上的"好"。假若我们认同当时的道德标准，如："我们不应该由于贫穷而做官。"㉜在一般情况下，便应恪守。但在一些特殊处境下，例如当一个人已经穷途末路，只有做官能提供生计的时候，从一伦理的观点看，他可以接受官位。然而由于贫困而选择官位，再不是一种纯粹非道德上的比较，而只能局限于卑微的官职，这才合乎伦理上的要求 —— 一方面持守着原先道德标准的精神，同时维护了非道德价值方面的发展可能。如此兼顾了道德价值及非道德价值，此时道德没有让位于非道德，非道德亦没有无条件地凌驾道德。也许有人会质疑，这种保卫非道德价值的做法，是否牺牲了道德的凌驾性？关键是，在日常生活上，人们遵守的道德规范或原则，都只是一些初确的原则（prime facie principle），意即在一般情况下，它们应该得到遵守，但在特殊处境下，它们必须被调整、修订或放弃。㉝这些特殊情况，包括两个道德原则冲突的情况，事实上，在道德原则与非道德原则冲突的情况下，亦应对原初的原则重新再思考、衡量及判断其是否适用于当前的处境，而无论得出怎样的结论，这种衡量本身既不是单从道德观点作出，也非单从非道德观点作出，我们是站在一更高的层面来思考，那便是在本文所称的伦理层面，在这层面上，"所有都经考虑"，而所作出的判断就是伦理上最好的，在儒家，则称为仁义。此时的仁义，再不是指道德德性，而是"统摄诸德"——所有有关各种德性的要求都已根据其轻重缓急而得到应有的序位。在下面引用的篇章中，孟子的讨论对现今的课题来说可谓发人深省。

> 孟子曰："可以取，可以无取，取伤廉。可以与，可以无与，与伤惠。可以死，可以无死，死伤勇。"㉞

"可以取，可以无取"、"可以与，可以无与"、"可与死，可与无死"这里的"可以"，应理解为"道德上的许可"，当面对取或不取的抉择，而无论取或不取都没有违背道德的话，则单从自利的观点出发，可能会选择"取"，但若我们将此选择提升到伦理观点，而考虑此"取"的行为对我们的人生构成什么意义，又如发觉若"取"则伤害清廉的非道德价值，我们便不该去"取"。同样，"惠"、"勇"亦是非道德德性（不满足此等德性并非不道德），而"与"与"殉死"一般来说可以成就"惠"与"勇"，但在特殊的情况下，当"与"与"死"被滥用而失却其原来意义的话，"与"与"死"便被扭曲成只是搏取"惠"与"勇"的名声的手段，那么"不与"以及"不死"（不轻易地"与"及"死"）方是将惠与勇的意义拨乱反正的做法。上述的思考是融合了道德的、非道德的与自利的考虑而作的伦理思考，所得出的结论就是满足了在"所有都经考虑"后的合宜性，亦即"义"。这种合宜性超越了初确的道德规则，而针对具体情况作出。

> 子曰："君子之于天下也，无适也，无莫也，义之与比。"㉟

这里"义"的意思与《孟子》："大人者，言不必信，行不必果，惟义所在。"㊱中"义"的意思相同，都是指在伦理观点下，就着具体情况作出的关于合宜性及合理性的判断。孔子说的"君子义以为上"㊲与"君子义以为质"㊳中的"义"也应作此理解，才能承当此重要地位。同样，在以下的篇章中，可见礼义有两层涵义。

> 孟子曰："非礼之礼，非义之义，大人弗为。"㊴

前一个出现的"礼"与"义"表示明显地超越于作为道德规范的礼义。

> 孟子曰："……舜……由仁义行，非行仁义也。"㊵

"由仁义行"中的仁义是基于伦理判断而得的结论，"行仁义"中的仁义仅是一种狭义的道德而已。

四、仁、圣与超义务的要求（supererogative requirement）

孔子指出，要成为君子，要以"修己以敬"出发，继而"修己以安人"，最终达成

"修己以安百姓"。

> 子路问君子。子曰："修己以敬。"
> 曰："如斯而已乎?" 曰："修己以安人。"
> 曰："如斯而已乎?" 曰："修己以安百姓。修己以安百姓，尧舜其犹病诸!"㊶

"修己以敬"是将仁体现于个人的生命里，"修己以安人"及"修己以安百姓"是将仁体现于他人身上。"修己以安百姓"是圣王的目标，连尧舜都未必能实现，故远超乎对君子的要求。

> 子贡曰："如有博施于民而能济众，何如? 可谓仁乎?" 子曰："何事于仁，必也圣乎! 尧、舜其犹病诸! 夫仁者，己欲立而立人，己欲达而达人。能近取譬，可谓仁之方也已。"㊷

看来成圣是君子的终极目标，但在孔子的年代，能够做到"博施于民而能济众"的，必须在位者才有机会，并且要有客观上的种种条件配合。对于一般人而言，因未能身在其位，只能力求"己欲立而立人，己欲达而达人"而成为仁者而已。换句话说，作为"仁者"是操之在我的，亦可作为君子的最终目标，因此，去开扩道德心灵，进而变化气质，推己及人，是儒家成德之教的理想。以此来看，成圣并不是一道德要求，没有达成圣人的境界并非在道德上有所缺失，我们可以将成圣的要求理解成一超义务的要求。

圣人既然是儒家构思中的理想人物，它必定在道德上与非道德上都具备超卓的品格及德性。因此可以说，圣人的生命是最完善的生命。然而，值得注意的是，圣人可以有不同的型态。例如孟子对古代圣人的评论，即伯夷是"圣之清者"，伊尹是"圣之任者"，柳下惠是"圣之和者"，孔子则是"圣之时者"。㊸他们在事君、交友、治民、做官、去国等决定及处理方式上，都迥然不同，虽然如此，"皆古圣人也"，㊹他们的决定都没有违离道德，而在特殊处境中选择在他们看来最合宜的做法。他们被尊为圣人，由于他们在道德成就方面，以至非道德的品格方面，都有卓越的表现，亦即是说，他们都有着完善的伦理生命。在非道德的才性方面，他们分别体现，"清"、"任"、"和"、"时"等非道德价值。孟子特别敬慕孔子，称他为"圣之时者"，乃突显出孔子在特定处境中，运用其超凡伦理智慧，在所有经考虑过后做出适时及合宜的决定的能力。

仅次于圣人的伦理生命的成就，儒家称之为"成人"。

> 子路问成人。子曰："若臧武仲之知，公绰之不欲，卞庄子之勇，冉求之艺，文之以礼乐，亦可以为成人矣。"㊺

上述"成人"拥有的品质，除了不欲之外，知、勇、艺、文等，都是非道德的德性，只当这理想太难实现，便退而只要求一个人具备道德操守，便姑且算作"成人"了吧，故紧接上文，孔子继续说：

"今之成人者何必然？见利思义，见危授命，久要不忘平生之言，亦可以为成人矣。"⑯

《论语》中，孔子透露出"艺"作为一种非道德成就，与道德同样重要。

子曰："志于道，据于德，依于仁，游于艺。"⑰

可见艺是独立于道德之外的价值。

五、结　　论

笔者在前文已详细论述，对于儒家来说，道德德性与非道德德性对于美好的伦理生命同样重要；无论作为圣人或君子，都要二者兼备。非道德德性不能化约为道德德性，它有其独立的领域。

儒家认为，有些时候，一件原本仅是与自利有关的事件，又或者与非道德价值（如美学价值）相关的选择，可以提到应然的层面来考虑，在此意义下，道德与非道德的区分不是固定不移，或有严格的界定，但经过上述的分疏，我们当清楚在这些情况下，所谓应然的层面，再不是狭义的道德上的应然，而是以一更宽广的观点，重新衡量各种于人生有意义的价值，然后给予这些价值一种针对于具体问题及处境的定位，这就是伦理的向度。

也许人们会询问，以伦理观点来思考问题的能力源自什么地方？答案就是：在道德心之内。儒家所肯定的道德心，不单能辨别抽象的善恶，更能识别在具体情况中，所有经考虑过后，以何种方式所体现之善。这善的概念看似有别于狭义的道德上的善，但其实就是普遍的善在特殊处境中的具体表现，故二者只是体与用的分别（而且即体即用），而非类别上的差别。

注　释：

① 见 Williams（1985），第 20 页。
② 见黄怀信等（1995）。
③ 见陈来（2002），第 269 页。
④ 《论语·卫灵公》。
⑤ 《论语·阳货》。
⑥ 《论语·里仁》。
⑦ 《论语·里仁》。
⑧ 见黄慧英（1998）。
⑨ 《论语·雍也》类似的观点也见于《论语·颜渊》。
⑩ 《论语·泰伯》。
⑪ 《论语·述而》。
⑫ 《论语·雍也》，亦参见《论语·子罕》及《论语·学而》。
⑬ 《论语·公冶长》。

⑭ 《论语·宪问》。

⑮ 见《论语·颜渊》司马牛问君子章及《孟子·公孙丑上》不动心章。

⑯ 《论语·阳货》。

⑰ 《论语·卫灵公》。

⑱ 《论语·季氏》。

⑲ 《论语·公冶长》。

⑳ 见上引《论语·阳货》。

㉑ 《论语·泰伯》。

㉒ 《论语·学而》。

㉓ Williams 曾提出疑问：一个人是否应该对他的性格负责。Williams（1985），第 38 页。儒家对此会给予一个肯定的回答，因为他们相信人能够，并且应该，转化其气质的，但这是否一种道德上的责任？后面将加以讨论。

㉔ 《论语·为政》。

㉕ 《论语·宪问》。

㉖ 《论语·公冶长》。

㉗ 《论语·颜渊》、《孟子·离娄下》及《孟子·尽心上》。

㉘ 《孟子》〈离娄上〉、〈尽心上〉、〈尽心下〉。

㉙ 见《孟子》〈尽心上〉、《论语》〈宪问〉、〈季氏〉、〈子张〉、〈公冶长〉。

㉚ Williams（1985），第 6 页。

㉛ 《孟子·万章下》。

㉜ 这是儒家对知识分子的使命的观点。知识分子应以做官来实践其济世匡民的使命，而不应为求俸禄。

㉝ R. M. Hare 将道德思维分成两个层面：直觉层与批制层。在直觉层中的道德原则都是初确的，可被凌驾，详见 Hare（1982）与黄慧英（1999）。

㉞ 《孟子·离娄下》。

㉟ 《论语·里仁》。

㊱ 《孟子·离娄下》。

㊲ 《论语·阳货》。

㊳ 《论语·卫灵公》。

㊴ 《孟子·离娄下》。

㊵ 《孟子·离娄下》。

㊶ 《论语·宪问》。

㊷ 《论语·雍也》。

㊸ 见《孟子》〈万章下〉及〈公孙丑上〉。

㊹ 《孟子·公孙丑上》。

㊺ 《论语·宪问》。

㊻ 《论语·宪问》。

㊼ 《论语·述而》。

（作者单位：香港岭南大学哲学系）

晚清台湾基层儒士的守旧思想及其根源：以吴子光为例

□黄丽生

一、前　　言

无论说儒学是一门生命的学问、体践的智慧之学、道德的理想主义，①是修己治人之学，②是维系中国政治社会文明秩序的体制和价值系统，③或是理一分殊，分为精神、政治、民间三层的思想文化体系④；形上超越与现世体践，若有偏废，对儒家本意皆非的解。⑤故儒家价值的呈显，并非纯理思维或概念的产物，而是个人或群体在现实处境的信念体证；既有其不为一时一地所限的恒遍性层面，亦有由个别主体因应殊遇的权变创建。

晚清以降，儒学面临西力冲击下前所未有的变局，其在响应迎拒之间所表现的创发动力或穷蹙局限，更与客观形势的剧变更迭紧密相系。此期间，维新应变以救亡图存，成为许多知识分子的必然选择，其创变动力的来源不离儒家"生生不息，日新又新"的价值启示，目标则兼含富强与卫道。但也有部分儒士反抗这种新的转变，忽视它们的历史意义，抨击吸纳西学和兴办洋务为"以夷变夏"，讥其徒劳耗费。这两种响应近代变局的方式和思维，自有其重大歧异之处。唯中外学界却因他们相对于激进的全盘西化论者，仍保有对中国传统文化和民族情感的立场，而将之一并归为所谓的"文化保守主义"⑥。

但如此归类，固然反映了无论是主张"师夷长技以制夷"变革自强的维新派，或力拒西学洋务，唯恐"以夷变夏"道统势将凌夷的守旧派，皆以儒学为立论基础的事实，以及儒学在此变局中呈现兼有进取创变与保守固陋双重的历史效应，却使更重要的儒学问题含混不清：儒家何以产生这两种截然不同的历史效应？其影响具体人物趋于进取创变或保守固陋的关键为何？在未厘清以前，一概谓之为"文化保守"，反使近代儒学发展的核心问题未得到正视。即以晚清活跃于同光时期的儒臣曾国藩与倭仁为例，两人虽皆为理学人物、并同负盛名；但前者则为推动洋务运动，首倡"商战"观念的中兴大臣，后者为力拒西学、主张严防夷夏之守旧论者的代表。两人对儒学要旨的把握与响应，以及对己身价值信念体现的方式与程度皆迥然相异，何能一概而论！晚清儒学的两面效应，不独曾国藩、倭仁这样的中央儒臣为然，必也发生在无数的地方儒士身上。本文期能以晚清台湾基层儒士吴子光的思想为例，在此方面有所补充，并凸显其所以守旧、固陋的思想根源，以呼应前述的儒学关怀。

台湾儒学的发展，向与大陆内地的形势演变密切相关——从明末郑氏渡台首创儒家政教体制，到清领台湾以御用儒学为张本的学校科举，再到乙未割台儒绅创建民主国抗日不懈，无一不是台湾儒学发展脉络的一环。[7]其思想内涵与体践行动，与内地既有同一脉络的传承，亦不免有隔海而别的殊遇。吴子光（1819～1883）是晚清同光之际台湾的地方儒绅，弱冠之年始随父从大陆粤东客家原乡渡海来台，读书应考数十年，迄于四七之龄方得中举。其终身致力文教，[8]并以博学、能文而闻于乡梓。吴氏好为古文，遗有《一肚皮集》18卷，20万言；《三长赘笔》16卷；《经余杂录》12卷；又参与纂修《淡水厅志》。[9]著作之丰，为清代台湾士儒所少见。唯其学思特性倾于崇古、琐碎、喜考据，对"性""理"等形上学说不感兴趣，其著作多以历史典故比附论述，而对近代世界竞逐海权的剧烈变化，着意不深；在思想上，则深受满清帝王儒学"治统即道统"意识型态的框限。相对于较其后辈的客家儒绅丘逢甲（1864～1912）之具有现代世界视野，敏于世变，并付诸论述与行动，[10]吴子光尤显闭锁消极。本文拟以之为例，藉由其性格际遇与学思特性，检视清末台湾儒学思想演化中一个守旧的面向及其根源，并讨论像他这种基层儒士在近代儒学脉络中的角色与意义。

二、读书应举的人生：吴子光的际遇与性格

清朝本其"天命汗权"的意识，吸纳儒家的道统观并结合程朱理学，建构了御用的"道统与治统合一"的意识，并以学校科考掌控士儒思想，遂将儒家理想曲承于皇权之下，形成清代治统凌越道统的思想形势。台湾儒学教育的发展亦深受影响，唯早期较重视忠君郅治和心性理欲问题；嘉庆以后，则转而较强调个人如何于人伦日用中体现道德；降至同光，变化更为明显，除主张明经致用外，考证学派也受到注意，似有逐渐跳脱帝王御控的趋势。[11]吴子光虽躬逢其时，但其学思特性并未与此趋势完全一致。其不喜程朱形上性理之学而好考据辞章，略符当时儒学潮流的趋势；但另一方面却又深受帝王儒学"忠君"意识的浸渍而不能自拔，甚至以此为其人生终极价值之所在。

吴子光出身于广东嘉应州，先世勤于务农本业，饶有积蓄。传至祖父吴禹甫，始弃农就贾，渡台从商。[12]这使子光得在青年时期即数度往返台海之间，其后并得以随父亲来台定居。其家族向鲜有人习制举业，迨至其父吴远生始重文教，并将一生心血寄望于子光，盼能兴旺宗族，光耀门楣，而不惜散尽家财。尝兴建"启英书社"藏书数万卷，并延当地宿儒入居以课，十数年如一日。其父寄望既深，不吝家货，而课子严厉的慈威并济，是其不敢荒废学业的根由。[13]其幼年与青少年时期，皆在父子负担都极为沉重的氛围中度过，难免对他日后的性格意识有所影响。

其父吴远生以承袭祖赀而富，唯任侠好客，却不善治业营生，终致祖产渐虚，不得已而携同子光东渡台湾依亲。吴子光以"国史四千余年中创局"的激越文字惨述家贫之苦，可见其家境由富裕而贫寒的变化，以及父子两代皆因习儒而无力改善的窘境，成为他人生深重的阴影。文曰：

蹉乎！穷者士之常；独山人之穷，如天雨烟霾，夜昏黑，身独游丛葬祠中，阴风怪磷，狐鸣鬼啸声啾啾，令闻者毛发窸窣，且走，且僵，且狂叫，不避之玉门关去中国数千里外不止，直是开天辟地，国史四千余年中创局，而到人所不忍见闻之境。⑭

吴子光笔下家贫之苦，不啻千年科举体制下，无数寒儒的写照。凸显了基层儒士在传统的社会和经济结构中，除了考试中举或兼馆师，没有其他出路。清人沈垚早已指出：士大夫读书科考必须有足够的经济支持为条件，乃是宋、元、明数百年以来的长期趋势；非父兄先营事业于前，子弟即无由读书，以致身通显；故古者士之子恒为士，后世天下之士则多出于商。⑮事实上，吴子光祖父渡台经商有成，累积厚赀，方使其家有习制举业之人，正是沈垚笔下的历史见证。唯子光父子两代，不察于此，未能在经营祖业上持盈保泰，终致坐困愁城，呼穷自怜而无可如何。吴子光无谋生之力，却宁守穷苦而不改对"儒士"身份与功名成就的矜持与承担。但这个承担来得太早，而成就太晚，致其从弱冠渡台到壮年中举，二十多年的人生黄金岁月中，一直处于唯举业是望，却久负亲愿，而又贫困、挫折、惭窘交迫的境地。⑯这些际遇，不无是其日后学思、视野趋于守成、封闭的背景。

吴子光一直处于进取功名与淡泊仕宦的矛盾心态中，摇摆不定。同治四年乙丑（1865），吴子光中乡试举人第 52 名（乙丑补行甲子正科），曾自作联酬祖："说法贵现身，四七虎榜才登，岂真山斗名高，漫诩文章能报国；读书存夙愿，九万里鹏程斯奋，遥拜君亲恩重，还期忠孝永传家。"⑰尽表其志在读书，以文章报国、孝亲的心愿，惟亦不免慨叹年华已长的遗憾。此后，其虽得与名公巨卿相游，但愿与淡水厅同知陈桂培交，显露其不汲于营求的性格。⑱不过，吴子光仍在中举十年后的五十八岁之年，积极准备会试，并且寄予厚望。光绪二年丙子（1876）会试，子光原已束装就道，却为船误、罡风所阻。其知时不我予，乃弃舟而返，从此无意再应会试。加上同年前后，连损二孙，⑲更使他心灰意沉，甚至退缩为虚无的宿命论者。其文言曰：

> 实一儒者于一万小世界中，直么么蝼蚁耳。然其吉凶祸福，亦似有一定之数，断难以人力为转移者。盖人不能与天争，理不能与数争，君子不能与小人争。……君子于小人，无论争之必不能胜；即胜，而报复之际，有出于所备而防之不及者；防者，夫其心险，其计毒睚眦图报，犹若以为未慊，势不至一网打尽不止者。……君子知天下事之不如意者，十恒八九也，故太上化导之；其次，鬼厉之；又其次，逊避之；若小不如意，则情恕之理遣之。⑳

吴子光不但将"儒者"比作蝼蚁，且谓人力无可如何，只能以"不争"避险自安；遇有不如意事，只能靠"太上"化导。其心态之消极，几近对天理、人心、是非、善恶皆已毫无信心的地步。甚至，作为一个"人"有其道德主体的尊严，也被放弃。显然其一生习儒，但儒家教旨并未成为他安身立命之道；反而哀怨自己一生困顿，而年岁日长，举业与家道，却两皆有憾；遂强烈质疑其习儒、读书、应举，却不能文章报国的人生，有何继续活生不死的意义？其晚年自述，多怨命怨穷、自负忧愤、自艾自怜，颓丧虚无而不能自拔：

山人终身未至燕台，与四海九州岛之士一试薄技，以荣词馆。……乃半生读书，欲少伸其文章报国之志而不可得；前则自误，后则奸人误，固命之穷，非才之罪。……问天天泣，砍地地裂。如闻空中霹雳，令人神魂沮丧，心胆破碎。……

总之，聪明为造物所忌，故一生以才穷、以命穷、以骨相穷，既自惭、自怜、自讼、自艾，旋复自慰、自奋、自负、自解嘲。……曩自序云：未识天之生此一人者何意？由今思之，又未识天之不遽死此人者又何意？言至此，墨痕与泪痕交流，笔亦僵且仆矣！[21]

由字里行间不难看出，吴子光是在沮丧、痛苦而无所遣怀的心境下渡其晚年。溯其源，这些痛苦无非来自其数十寒暑，皆未能达成又不敢违背其父自幼为其框定的读书、应试、以求功名的人生目标。故一旦失去最后的机会，对他来说，不只是一生所习儒家义理，皆如梦幻泡影，渺不可得，甚至迷失了自我生存的意义。吴子光一生无法跳脱这个只知"读书应举"的框架，而且缺乏更高远的价值为导引，这恐怕就是他总是怨天、尤人、责己，且思想视野无以开展而闭锁固陋的根由，也是他惟知尊君父，而不见道体的写照。

三、尊君父而不见道体：吴子光的学思与局限

（一）不见道体

吴子光自诩才学兼具、博学多闻，通晓经史，而擅作古文，师承名家，堪为豪杰之士。[22]唯其所谓才学，实指他偏好玩味冷僻艰深的字句辞典，以符其习作古文兴味的能力，尝言："余生平以文章视性命，不以存殁视性命。……稍长，则涉猎于古文经史，诸子百家，以及稗官小说无不含英咀华，以供作文之用。"[23]在他眼中，像《左传》、《史记》、《汉书》等名家史著，多于琐碎处见奇，认为如能将其中设嘲小语，采摭略备，加以细心玩索，则其中"峭字奥句，英辞老笔，如弦外之音，甘余之味，令人领取不尽。"[24]由此可见，吴子光治学倾于重考据、好琐屑，概以章句作文为目的；即使对《左传》、《史记》、《汉书》这样的国史名著，其亦仅着眼于用典、考据以增华其文章词藻为目的，而非关乎春秋大意或古今演变之旨。

相对于在细节琐碎处用心，吴子光对"性""理"等形上理论概不感兴趣，并自承根器钝拙；当他不得不面对儒学的核心内容"道"时，只愿承认其于形下世界呈现的部分。所以他说："道"唯有在人伦日用中显，余皆空谈。同样地，他也以此为标准来评断儒典中有关"理"的阐述。他认为：《论语》坦白易晓，且历代群贤不能出其范围，故为说理第一；《大学》、《中庸》则已落于第二义矣。又谓：韩非子论性有三品之说，实本孔圣性相近、习相远、上智下愚之义，推而阐之，理彻义完，浅学者不能道一。[25]意指韩非思想更切合孔孟之道，地位当在《大学》、《中庸》之上。但众所周知，自朱熹编定四书以后，《大学》、《中庸》已成为和《论语》、《孟子》齐名的儒家经典；反观立基于"法治"、"性恶"之说的韩非思想，则有浓厚的反儒意味。吴子光却认为韩非思想一本孔子学脉，并以之为孔学脚注。如此与一般认知相违的理解，可能来自以下原因：

其一，吴子光思想混乱，理解不清，将儒家天命之"性"与法家习气之"性"混淆，

并且未能辨明儒学之言仁教，系着眼于对仁义内在的肯定与启发，法家之严法制，则着眼于以外在的利害刑赏施以诱导约束，两者有其根本不同。

其二，吴子光似乎更重视外塑、他律力量对人的影响。他认为韩非的人性论系推阐"性相近、习相远、上智下愚"的孔圣之义而得，并据此抬升了韩非思想的地位；但与此同时，他也藉由韩非主张重诠儒家价值，以此延伸《三字经》所述人性若不加以教化必迁流而下的基本观点，意在凸显儒家礼仪教化有其讲求外塑、他律功能的一面，故与韩非思想类同。可见其所理解的儒家价值，倾于束缚于形下、外在、他律的教条和制约功能之下。

其三，吴子光虽不完全否定《大学》、《中庸》，但认为其"理"已落为次要，甚至指其不如韩非完澈。吴子光并未详说其论断所据为何，但足以说明他对《中庸》的天命、性、道等形上论，以及《大学》之讲求诚、正、修、齐、治、平由内而外的体践格局，及其格物致知、本末先后的宏论体系并不相契；对儒家"仁"学的内在之旨以及"仁"之所由自的形上根据亦甚为隔阂。

总之，吴子光对人事的理解与价值判断，系较倾于从形下、外在、他律的范畴为依据；而对形上超越的道体以及人内在能动的主体缺乏理契与关注。此一思考模式，不但影响其对儒学的理解，亦左右其对人伦世界、乃至于人生意义与价值的体会，此亦其所以不好宋明理学、甚至加以贬抑的缘由。

降至晚清，久为帝王所提倡的程朱理学虽已退潮，但仍为中央儒臣如倭仁及其所属的中州学派发扬不坠；彼据此护卫道统、力拒洋务，因而被视为晚清保守思想的代表。[26]与此同时而处于边陲台湾的吴子光，虽亦深受帝王威权所浸沁，但对流行已久的性理之学却颇疏离，甚至认为历来有关"性"、"理"的言论，鲜有不堕"魔障"者。他形容张载、周敦颐等艰深之论徒为"空言"，"道"实不在其中。其言曰：

> 此外（按指论语、学、庸、韩非子之外，见前述。）言性，鲜有不堕魔障者。张子西铭、周子通书，精微奥博，予穷年探索，茫然不得其指归，真释家所嗤钝根者也。吾谓：道在人伦日用间，但察识扩充，以考圣贤之成法，究理道之当然，使事事真实而无妄，即性理，即学问也。若故为艰深元远之说，反复数千百言，强立门户，是以性理当设禅矣！夫道岂在空言？[27]

如上所述，吴子光系在既有的人伦日用、圣贤成法、以及现实事件中理解、论述所谓"性理"，正与他倾于从形下、外在、他律等角度出发的思考模式相一致。对他而言，逾越形下界线的言说，即有"故为艰深元远"、"设禅"、"空言"之疑，已不在他能认同、理解的范围之内；这就是其对周敦颐、张载等理学大师之说，会感到茫然不知其旨的根由。按周敦颐为两宋理学的开创人物，其《通书》言"诚体与干道"，有明显的宇宙论意味，并涉及人道德主体的形上论；张载的《西铭》于义理内涵系开示天地体性、民胞物与之理，阐明理一而分殊之意；就履践规模而言，则以万物为一体，视天下犹一家。[28]两者都凸显了儒学之形上超越与现世体践两不偏废的要旨，并开启千年理学时代的序幕。吴子光不能理解《通书》《西铭》之义，反而视之为"魔障""空言"，说明其不具形上论、宇宙论的心灵，也缺乏恢阔的天下视野。此与他治学喜琐碎，视作文为性命，思想重形下的意识背景和性格特质可谓一体两面。

此外，吴子光认为道学家苛刻迂腐，也是他不好性理之学的原因。他抨击南宋理学家失之迂拘，终至于积重难返，而堕入道学腐气；[29]并语带讥讽地责备：宋儒虽有功于经学，死后坐吃两庑猪肉固可无愧，但过于讲求妇女贞节和忠君之义，未免流于刻薄而不尽情理，后世读宋儒书者尤有过之而无不及。[30]此外，他也批评明代杨慎哭号太祖高皇的矫情，以及清代李光地、彭鹏者流撷拾浮辞以耸圣听的不堪。[31]总之，吴子光对理学家有不屑为之的心态。他将人才分为两种：一是沈潜之士，高谈心性，谈索语录，"似舍两庑门庭，别无地方安顿豪杰之处。"二是高明之士，嘲风弄月，抒写性情，如晋人之清谈。前者系吴子光讽刺性理论者，只知列位孔庙两庑，而不知他处别有豪杰；对于后者，则抱以崇慕之心，以为对这种人"不得以稗官家薄之，盖小品中固多大手笔存焉。若以委巷谰言为小说，则谬矣。"[32]显然他较认同所谓的"高明"之士——对他来说，游艺于风月性情的词章小品，远比深究心、性、道、理的宏论更有价值。故尝自谓："两庑中，即无吾辈坐位，庸何伤？"[33]可见其不以理学家为然、疏隔性理学说之一斑。

相对之下，吴子光较能接受王阳明，视之为古来惟一能兼理学、经济、文章、兵法的人才，并谓两庑人物只有韩世忠和范仲淹经略西夏，材兼将相，堪可比拟而已。又尝言："夫道，在人伦日用之间，不在先天无极之初；求道在身体力行之际，不在语言文字之末。"以此推崇阳明在理学之外，犹事功文章兼能有成，正是"道"在人伦日用、身体力行的最好印证。[34]可知他肯定阳明，重点并不在阳明的心性之学，而在于阳明事功、名位、文章等外在的表现。此无疑再次印证其思考模式重外在、形下、他律等因素的特质。不过，他也承认阳明讲学，系取孟子良知立说，意在使人认识心体，而非教人耽于禅寂。[35]说明吴子光虽不喜性理之学，却不至于全面否定儒学的良知、心体之说。唯其毕竟只愿在表面外显的"人伦日用"中承认"道"，既反对形上超越论的提法，也未能深切把握阳明"致良知"之教的核心旨意，可说是超越、内在两相疏离，拘泥于辞章功名而不见道体。这与倭仁致力于理、气、心、性之辨的学思深度，可谓判若天壤。[36]

（二）唯尊君父

吴子光既反对从形上超越层而言"道"，对他来说，一切价值的归向与最高判准，就是可具体感受到的，现实世界中最高的政治权威——帝王。他衷心臣服满清为受有天命、至高无上、规天矩地的人极准绳，尊清帝为"恩主"，赞清廷为"育夏陶周，胡越一家，梯航万国，贯胸聂耳"的神圣天朝。[37]在此信念下，他主张士绅无论已仕未仕，皆应当激发天良，无一饭或忘君父，无一息不思报效封疆，而以大清皇帝之灵爽为式凭；[38]视士儒之考取科名，为沐受君父殊恩之隆遇。[39]尤有甚者，他认为河得真源，淮得真源，皆乾隆间事，故敬奉乾隆为"圣人"，称颂其功德盖于蒙古："中国有圣人在位，复神禹之迹，追竖亥……，巍巍荡荡，功德高出蒙古万万矣。"[40]

吴子光既视清廷和清帝为至高无上的权威和价值判准，其论史、评事亦莫不以服膺清廷为立场。对他而言，所谓"以道事君，不可则止"。系针对身处窳败朝政的道学家而发，却不适用于既沐皇恩浩荡的清朝儒士。[41]其多歌颂满清而贬抑明朝，谓明朝国政污秽，覆亡势属必然，而讥讽明末拒绝降清的气节之士。如他批评方以智刺指血疏、日跪朝门以洗父冤之事，只是明朝国运已竭、潆迹缩流的印证；又讽其固为忠臣孝子，"虽野鹤闲云，十指间犹带血腥气者也。"⑫完全不能认同方氏宁忍明朝溷政，却不仕清廷的遗民心态。其忠心臣服清廷到此地步，难怪会批评宋儒讲求忠孝节义"过于刻深"，而对道学家深不以为然。

同理，吴子光亦反对某些明臣儒生的举兵抗清，故而大肆批评。他认为明朝必亡，而满清问鼎中原本应天顺人之举，书生、寒儒自不应奢言恢复、过问国事而不自量力，徒使官兵民人死伤无数而已。他批评黄道周自募兵勇，师老财匮必败："兵者不祥之器，且非书生事也。惟身无韬略之才，心怀恢复之志。所愿非所习，又有权奸从而构之，事事多所掣肘，岂不惜哉！"⑬并感慨明末诸多殉国义士，如能沐受康熙教泽，当不致如此一意孤行；又认为舍身取义，保全名节，皆明朝贵戚重臣之事；寻常寒儒只是一介平民，朝不坐、宴不与，何须与闻国是，甚至为之殉死？⑭归纳言之，吴子光认为儒士毋需对明朝舍身取义，却应当无时无刻效忠清廷、怀记圣恩以思报效。类此言论，不啻道尽其膺服当权的现实主义功利本怀。

吴子光也是世俗以成败论英雄观念的服从者。在他看来，大清统兵南下无战不克，即是天朝仁义王师的明证，非张李之猖獗可比。他强调御寇与归顺有别，故讥讽南明抗清的诸士义兵："上无顾命之言，下无成城之志，不过干萤朽蠹，妄自称尊，借兴复之名，可以耸动人心与博取人间之富若贵也。"意指南明诸儒抗清，只是误会孔孟杀身成仁、舍身取义旨意而愚学名节的矫情之举。⑮对吴子光而言，清廷、清帝既为世间人极的绝对判准，一切抵拒清朝的势力和个人，都失去正当性，儒家的春秋大义也须配合重予诠释。因此，吴子光虽承认郑延平有驱逐荷兰的开台贡献，而称之为"诚奇男子也。"但在他眼中，也只不过是使"一家骨肉罹于非辜，数十里桑梓为墟。"的盗兵书生、洛邑顽民；而且相对于康熙的圣主当阳、神武无敌，⑯郑氏的开台功业只是"蜃气楼台"，转眼成空。⑰相对于此，与他同时期的沈葆桢因牡丹社事件于同治十三年（1874）来台，却为崇扬郑氏的气节与历史功绩，呈请清廷追谥"忠节"并为建祠。此举无疑凸显出吴子光一味贬抑明郑、唯以成败论断人物，而忽视深度体察历史意义的思维倾向。今人批评清廷借尊奉理学之名，行摧残理学之实，因为理学重视气节，清廷却日日诱人失节，致清代许多士人亦是非不明，善恶不辨。⑱从吴子光弃理学如蔽屣，却衷心尊奉清廷为人极，严辞讽刺抗清人物的例子看来，这个摧残理学、诱人失节的历史效应，还真深远广大；也同时反映吴子光唯尊当权，而无视儒家气节教旨之一斑！

四、守旧思想的特质：以史限事、泥古薄今

吴子光这种全心效服清廷，以之为至高标准，唯尊君父的心态，也成为限制其眼界器识的另一个制式框架，既阻碍他对所处世界的客观认知，而不易体察时代剧变的趋势与意义，也导致其思想意识之倾于守旧固陋。概可归为以下特质：

其一，视清廷为居于世界中心的天朝，也是一切价值的最高判准，而将西方诸国模拟为历史上的犬戎夷狄，而无视（或有意回避）西力东渐后清朝国势式微的现实，也昧于三千年未有的变局正在发生。

其二，总是藉由历史记述建立自己的认知系统，超出此范围的现实状况，则极少描述，或存而不论、或强予附会，因而表现出"以史限事"、"泥古薄今"的思维模式。

其三，缺乏天下视野，对所处世界以及近代变局无知与忽视——无论是对中国本身或国际形势的变化，常认知不足或具有偏见，更缺乏应变创新的意识。

在此背景下，吴子光对时势的见解常失之片段而混乱。就晚清时期动见观瞻、影响至巨的海防问题而言，他仍将西方列强及其势力的东渐，描述为"进贡称藩"和"夜郎自尊"，怀具浓厚的"内天朝而外夷狄"的尊卑意识。其虽意识海防的重要，但言及西洋的船坚炮利及其威胁，非但对魏源早已提出的"师夷长技以制夷"的应变求新之说毫无所悉；并且一味强调史册典故的考证和引述——如谓汉朝已有楼船、弋船、有伏波将军、横海将军等制；其时击朝鲜、定南越，皆多赖舟师之力等，以为其论述海防问题的历史后盾。此外，则一味歌颂清朝"德洋恩普，波臣效贡，当无游魂之虑。"[49]而不措意相对于西洋的船坚炮利，清廷内政窳败且战备疏弱的现实；反指海防问题，关键不出于内政而患于外夷。在吴子光眼中，夷人本性犷悍，仗恃船坚炮利东来，名为通商，实则窥伺中国土地，威胁利诱奸宄之徒；因此，倘若边衅一开，则沿海数千里必遭蹂躏，一如前明的倭寇之祸；其认为应对之道，在于防微杜渐，只要慎加封守、勤予会哨、严以纪律，万全其计，当可措之裕如。[50]可见他完全未能识及问题的严重性——此时中国所面对的列强已不同于历史上的"夷狄"；这些外夷所倚恃的船坚炮利，也不再是传统的武器与战术所能防守；而且其入侵之患，亦绝非仅止于窥伺国土而已，更远不是倭寇之祸的历史翻版所能比拟。

吴子光对西方世界及其文化的一知半解与偏见，亦可从其对"洋人"的描述略窥一、二。其谓：英国、荷兰分合无常，秉性英鸷而多技巧；康熙乾隆年间，犹进贡表，称藩臣，执礼甚紧；自道光中叶后，遂有夜郎自尊之意，而视中国为敌体；并于沿海要港兴筑屋舍、炮台，而饰词以为互市。此外，他又天真地以为洋人倚恃船坚炮利而不善陆战；因此，若得威望重臣，富国强兵，严内外之防，则可阴消其桀骜不驯之心，使无所作为而不能得逞。言下之意，面对这些洋人，只要能宣扬国威，不战仍可屈人之兵。

吴子光或许认为：兵为不祥之器，而倾向以非战方式来面对洋人的武力威胁。因此，他固对英人以鸦片毒害中国近200年，岁糜金银以数千百万计，而感到深恶痛绝，却又反对禁烟政策，只是因为禁烟之后开启战端，致粤海繁华之地顿成荒凉，而犯者如故，内外交祸。[51]唯其批评之余，却回避了最困难、最核心、也最需要施以大变革的问题：若不禁烟，如何可使鸦片不再继续毒害中国，而金银不再外流？显然他并未从更宏观的角度理解禁烟政策，更无从了解这场战争所涉及的历史结构——鸦片贸易关系着英国在亚洲进行之"中国（茶、银）→英国（棉布）→印度（棉花、鸦片）→中国"之三角贸易不可或缺的利益环节，并足以影响工业革命初期的发展，而中国已为此付出巨大的代价。[52]正由于缺少足够的认知，吴子光竟荒谬地认为：鸦片并非人力所能造成，而是上天注定生来要耗尽中国金币，毒害百姓身命的物品，洋人即依此而能富强。[53]意指中国对鸦片烟害只能认命，因为这是上天旨意，无可违抗，却不质疑：何以中国就只能任凭毒害、坐以待毙？可见，除了认知不足以外，吴子光还缺乏挑战不义现实意识，遑论思考如何改变这种不幸。

在这种自失立场的怯懦意识下，吴子光不但因中国战败而指责林则徐和他的禁烟政策，甚至矛盾地对英国的胜利与强大，持以正面肯定、甚至是殷羡的态度。他回避（或昧于）英国迫使清廷签下不平等条约的现实——事实上，这已与他奉清廷为无可动摇之最高权威的信念相违背，已超出了他能理解或承认的范围——他只能一厢情愿地为英国的富强寻找自己能够接受的解释，竟将英国所以能立国而治的根本，理解为春秋时代由余对秦穆公所言的"圣人之治"，并赞叹其为令人神往的"太古淳风"：

> 由余曰：此（按指中国以诗书礼乐法度为政）乃中国所以乱也。戎夷不然，上含淳德以遇其下，下怀忠信以事其上，一国之政犹一身之治，不知所以治，此真圣人之治也。……余观英夷立国，相传已一千八百数十余年之远，问其国何以治，则与由余所言若合符节，此太古淳风也，令人神往矣。㊴

吴子光很难自圆其说被他论定为秉性英鸷的英人，何以又能"上含淳德"、"下怀忠信"？无论其是否有意托古讽今，藉之批判当时学界"侈言道学，视两庑外，不复有一人。"以及官场上"文法愈密，则弊窦愈滋。"的现实，㊵但将英国之治比作中国的"太古淳风"，将复杂的国家治理事务化约为单一的道德问题，反映了他的德治主义倾向，并不擅以客观理性探求问题的症结所在；也说明他对时势一知半解、流于片段而混乱之一斑。

这种不问现实真相，而喜以历史考述替代或强予附会的文字，充斥著作，正是吴子光好考据、玩琐碎、泥古不化之学思性格的反映，也充分暴露其倚赖有限的历史记载来建立认知系统的穷蹙不足，以及其"以史限事"、"泥古薄今"的思维的狭隘。例如其记清代台湾新竹北埔地方"金广福大隘"成立之原由，叙及大隘左右皆为番民聚居之地，番民嗜杀，不知何故，独与姜氏（按指"金广福"垦号的垦户首姜秀銮）相得甚欢，有如胡越一家。对此，吴子光竟从史传中考证有关"姜氏"的记述下手，最后得出"古姜、戎同族"的结论，乃谓姜氏本与番族同类，物以类聚，故番民能独与之相善共处，㊶而未就近对事情的来龙去脉进行客观的查证和了解。此不啻印证其执着于古代记载而舍当代事证的学思态度。

除了好附会古事外，其记叙评论亦不免怀具某些历史成见。如其引用山海经而将台湾原住民（即所谓"生番"）形容为与"人面兽"同类："（生番）惟性嗜杀，不可向迩。按山海经，少咸之山有窫窳，咸山有合窳，皆人面兽，食人。生番即人面兽之类耳。"㊷难掩其拘于历史偏见，而不免表现出对台湾原住民怀以歧视的心态。且其记事无论巨细，几已到无所不用典故的地步。这种"以史限事"的思维，无疑使吴子光的学思识见固囿在有限的领域，甚至影响他看待所处世界的视野与态度。

如上所述，吴子光的思想和认知世界，有如一个甘奉清廷为主宰并以有限历史记述所构筑的封闭城堡。他在这个城堡中，不断上演"唯尊君父"、"以史限事"、"泥古薄今"的思维。在此背景下，他对于超出这个有限认知范畴之外的当代变化，常茫昧不觉或着意不深；对牵涉到清朝或当代的事物，不是一味歌颂清廷，就是避重就轻，而对近代变局的冲击则鲜有回应。例如其书写邻国日本，除了描述日本之强盛、贪黠外，又谓其有如春秋之夷虎，为楚庄问鼎以来，夷狄困扰中国之最甚者。㊸其记叙过于凸显比附历史典故，而对近代日本之崛起迥异于传统所谓"四夷"的时代意义，却无所着意。

尤有甚者，吴子光述及后明代时期的日本时，重点又一转而为尊崇清廷之承天所命的至高地位，并赞颂其驾御得道而能无倭祸之患："赖中国有圣人在位，恩威远播，虽有殊方异俗，罔不陆　而水栗，以视成周之命文间，李唐之命王会图，殆有过之而无不及矣。"他极力描述一个充满历史想象的清朝盛世，企图以之说明天下澄清，复得台湾为中土藩屏，事事有备，故可不畏远近戎毒；而完全避开（或无知于）清朝国势凌夷，而日本业已维新变革，并亟思侵逼中韩、觊觎台湾的现实，反而代之以抄录历史上有关日本的记述典故为务。[59]

吴子光亦以同样的模式摘录史册有关外夷的记载，来描述琉球、占城、波斯、高丽、吐蕃、回讫、暹逻等周边及其他的域外国家。[60]这说明他对域外世界的存在并非毫不关注，但这只是他以大清天朝为中心所构画之世界秩序图像的一环——在这个图像中，世界秩序仿佛已经固化而趋于静态，历史也已经停止演变，大清天朝即是永远的最高主宰和判准，而其所记叙的周边外夷则继续扮演着他们千百年来的历史角色，仍为天朝权威仍然有效的明证。其尝言：古今所有事迹，皆备载于经史之中；究心经史即可得度世之道。[61]此说并非强调"以史为鉴"的古训，而是宣告在他心目中，经史所记之外，没有真正的事实与意义；因此，其对日本、或其他远近四裔外国的认知，乃至于当代新见的事物，必考证史册典故，从中寻找相关记载加以附会。仿佛不经如此，不能据以承认彼之存在。

这种只能借由历史相关记述来理解周遭事物的思维，相当程度地限制了吴子光对所处世界和近代变局的认知与关注层面。甚至对当时已不乏听闻的洋人洋务，其回应亦然。如其言"天主教"，竟先从《封禅书》开始考证，谓其中八神有"天主"之目，但中国从未以"天主堂"立教，始作俑者是明末传授西法的利玛窦，又将之比作佛教东传，而考述其如何始自东汉，经大秦之鸠摩罗什以至于后代；又说英人奉耶稣为宗主，异于"天主教"，并自称曾粗阅其书，多言因果事，略似释家天堂地狱之说；又谓耶稣源流不可考，乃长篇考证佛教源流以替代之，最后自承"茫然不得其指归，徒费搜索耳。"[62]由此可见，其认知方式受制于"以史限事"、"泥古薄今"的思维，减损了他对事理脉络正确判断的基础，致其费心考证附会的结果，是既不明佛理，亦昧于耶教，乃至于佛耶混淆。

又其言西洋火器，先是考证中国历代炮制，并记述元朝如何授有功炮匠为"回鹘炮手"，再赞颂大清有道圣君："我朝铸炮始于天聪五年，一人有道，九译来宾，火器精良，军容整肃，以巩我国家亿万载无疆之休也。"最后才简要评论："闻西洋火器尤精，其状如狝猴，其机夺神鬼，虽穷发偏隅，駸駸乎与回鹘炮手争烈矣。"[63]他也能了解洋人"电线"的快速与功用，谓之遇事紧急，万里一线飞报，神速有若闪电，为唐代明驼使所不及。但他忧虑的是这些鹰眼龟声、非我族类的洋人，竟在沿海地方架设电线，踪迹诡秘，而官员不得过问，实非中国之福。[64]可见吴子光对西洋的船坚炮利与巧思发明并非毫无所悉，也感受到它们对中国的威胁，但其用心更多是在历史的考证和比附，而且不忘借机歌颂清廷；相对之下，他并不关注、甚至尚未能意识到眼前正在发生的剧变，以及更迫切的，诸如当如何因应西洋火器的强大战力，当如何自造电线使能万里飞报，胜于唐代明驼使，何以官员不得过问洋人在华架设电线，又当如何使官员得以过问洋人在华踪迹等更积极、前瞻、乃至巨大变革性的议题。

换言之，吴子光思想意识的活动是封闭性的，他既不能体察眼前剧变的历史意义，也不擅于对既有现象进行历史的（包含过去、现在、未来等向度联贯）思考（historical thinking），故无法产生延伸性和推论性的问题意识，也就很难发展出创新求变的思维。

五、结　论

生于中国末代王朝的晚期，吴子光呈现了那个时代基层儒士最为困窘、穷乏而无所出路的一面，此不只是就其生活资用的匮乏而言，亦就其价值信念、学养器识、知识眼界、以及开发成长的潜能而言。这不只是吴子光个人的问题，并且象征晚清儒学从某种程度而言，已面临失去发展活力的重大危机。

其危机之一，是儒学逐渐失去其社会支持的基础。习儒之人在传统社会经济结构中，除了应举中试别无前途，难免损及儒学的社会影响力。降至晚清这种困境愈加明显。吴子光父子两代皆因习儒不事生产，而一生贫寒至极、身心交困。就个人而言，尚不足以营生养蓄，遑论兼善天下？就社会流动而言，科举名额有限加上捐官益盛，儒士原所扮演的角色已逐渐受到侵蚀。吴子光举业家道，两皆有憾，遂慨叹其习儒一生无任何意义。不啻反映晚清社会经济日趋复杂，儒学与儒生的角色功能已面临严重挑战的现实。

其危机之二，儒学似逐渐失去它提供高层价值信念以引领人生奋进方向的地位，而沦为追求功名的工具与门阶。对许多士人而言，读书习儒只是为了应举科考，其目的下焉者在于争取权势利禄，上焉者则美言之以文章报国。此无非是长久以来，清廷以御用儒学主导学校科考，控制士子思想，治统凌越道统的结果。吴子光一生以读书应举为志，人生别无更高的奋斗目标；除了皇清天朝，世间别无更高的价值判准，所思所想从未敢越此雷池一步。这种唯尊君父而不见道体的学思特质，正说明儒学固有其深刻的形上论和宇宙论内涵，却未必能启发基层儒士超越于世俗权位的价值信念。易言之，晚清儒学的传播在地方基层，有关终极价值的部分逐渐落空，其提撕社会的功能与活力也趋于式微。

其危机之三，是儒学失去它召唤人之清明理性的启迪作用。所谓清明理性，就内在存有而言，是对人所以为人之道德主体能动的肯定和体践（仁）；就人与外在世界的互动关联而言，是仰观天文、俯察地理、反省人事的客观理性（智）。两者合而言之，即形上超越与现世体践两不偏废，尊德性与道问学兼容并蓄的心智活动。这是儒学所以延累中华文明数千年而不坠的根本。但从吴子光的例子来看，他偏向从外在、形下、他律的因素考虑人存于世的价值。因此在德性修为上，其既不能承认道体的形上根据，亦不强调道德主体的能动价值。对他而言，儒者即如蝼蚁，系依附皇权而有价值，并无独立的人格与尊严；若功名不得、文章不闻、而穷乏一生，就失去了人存于世的意义。这种境地，自难使他从自卑自怜、怨天尤人的忧愤中超拔出来，提升自我实践的高度；更无法让他从道义气节而非皇朝威权的立场，公允地看待历史上功败垂成的英雄和拒降不仕的儒者。

就客观理性而言，吴子光自限于"唯尊君父"、"以史限事"、"泥古薄今"的意识框架，以至于不能客观看待清朝式微的现实及所处近代世界的变化，也无法从这些现实感受到忧患而思创变。于是他仍将西方诸国模拟为历史上的犬戎夷狄，总是以现实状况附会于历史，而对超出历史记述范围的现实，则失去客观认知乃至于进一步推论的能力。固然这是由于当时信息不足，致其难免对近代事物认知不全；但重点是他总是将有限的信息，放在其以天朝权威和历史记述所建构之封闭的认知系统中，这不只使有限的信息无法形成客观的知识，更无法由此推断这些信息所含藏的积极性意义。

其危机之四，是儒学未必能鼓励基层儒士对新知探索的好奇心，以及勇于改变现状的动力。西力东渐带来许多新生的人、事、物，吴子光对此并非毫无所悉，但他只关注如何模拟历史的旧有情境，而无进一步求知的好奇，并漠视于它们所可能肇致的历史变化。此不独基层儒士为然。事实上自鸦片战后魏源发表《海国图志》，倡论"师夷长技以制夷"以来，吸纳西学、兴办洋务已成为难以回头的历史趋势。但在 1895 年以前，中国士大夫们对西学洋务的好奇与关注并不像日本那样普遍，许多大儒对西学并不是拒斥而是一种全然的漠视；一直到历经甲午战败乙未割台的刺激后，士大夫才开始对西学洋务有了较为普遍的反应。⑥而像吴子光那样对西方一知半解，充满误会和偏见的名儒也不少。即以英法联军以后自强运动时期来说，当时以模仿西法而建立的各种新事业，遭到了守旧势力的强大反对，倭仁就是其中的代表。他们所举的理由涉及西洋事物者，不少皆因孤陋寡闻而悖于事实和理性。虽然论者指出这些误会和偏见，全然归咎于儒家并不公平。⑥但无论是中央朝臣或台湾的基层儒士吴子光，他们对新事物的漠然、无知、或骄矜，毕竟鲜明地反映了其儒学教养，并不足以鼓励他们探索新知，勇于改变现状。

不过，与此同时，也有不少士大夫根据儒学确立了维新创变、救亡图存的理论与价值，使儒学仍能呈现它适应时代的活泼动力和发展潜能。维新论者概表现出积极进取的特质与企图。如：胸怀天下视野，留心中外世局变化；积极认识新知，主动吸纳西学；理性开明，能客观评价西方的政制；治学处事，惟理是循，不分古今中外；勇于维新改革，适时应变，而不废传统；深具历史忧患，总以救亡图存为念；择长去短，会通中西，以兼容并蓄；以著述论说鼓吹维新之意，并毅然付诸实行。⑥

相对于上述吴子光守旧思想所反映的衰颓和危机，这些特质与企图，透露出维新论者体现了儒学不为一时一地所限，而又能应世发展的价值——它高悬了在科举和皇权之外，还有更高的目标理想和价值信念值得追寻；开启了道德主体和客观理性可能并行不悖的体践之路；它提供了一个理性开放而非封闭反智的认知和推论系统，以及整体动态的历史意识和演化史观，可以充分探索客观世界的变迁；展示了"理"有其贯穿古今中外，可以把握依循的恒遍性，值得努力关注；它并激发了人们以行动尝试改变现状的勇气和热诚。

对比之下，吴子光只知读书应举的人生框限，唯尊君父而不见道体的学思窠臼，以及"以史限事"、"泥古薄今"的思维模式，则难以引发这些进取开放的价值和动力，由而成为其守旧思想的根源。他的局限和维新论者的企图，恰正对照出儒学故不免出现危机，但只要人能弘道，其与时俱进的核心价值依然展现活力。

注 释：

① 牟宗三：《中国哲学的特质》、《道德的理想主义》，收入《牟宗三全集》（台北：联经公司，2003）

② 徐复观：《儒家在治人修己上的区别及其意义》，收入氏著，《学术与政治之间》（台湾学生书局，1980），第 229～245 页。

③ 余英时：《现代儒学的回顾与展望——从明清思想基调的转换看儒学现代发展》，收入氏著，《现代儒学论》（纽泽西：美国八方文化企业公司，1996），第 1 页。

④ 刘述先：《儒学的理想与实际——近时东亚发展之成就与限制之反省》，收入氏著，《儒家思想意涵之现代阐释论集》（台湾"中研院"文哲所，2000），第 121～150 页。

⑤ 刘述先：《作为世界哲学的儒学：对波士顿儒家的回应》，收入氏著，《现代新儒学的省察论集》（台湾"中研院"文哲所筹备处，2004），第 17～19 页。

⑥ 参见史华慈（B. Schwartz）原著，林镇国译，《论保守主义》；傅乐诗（Charlotte Furth）原著，廖仁义译，《现代中国保守主义的文化与政治》，皆收入周阳山、杨肃献编：《近代思想人物论：保守主义》（台北：时报出版公司，1980），第 1～77 页；喻大华：《晚清文化保守思潮研究》（北京：人民出版社 2001 年版。）

⑦ 陈昭瑛，《当代儒学与台湾本土化运动》，收入刘述先编：《当代儒学论集：挑战与响应》（台湾"中研院"文哲所筹备处，1995），第 245 页。

⑧ 江淑美以为吴子光是清代台湾对客家子弟教育贡献最大者。见氏撰《清代台湾客家子弟教育研究（1684～1895）》（台湾师范大学教育系硕士论文，2003），第 178 页。

⑨ 王国璠编，《吴子光全书》（台湾史迹中心，据手抄本影印，1979）

⑩ 黄丽生：《传承与应变：儒绅丘逢甲的台湾、中国与世界观》，"台湾与遗民儒学：1644 与 1895"学术研讨会（台湾大学东亚文明研究中心 2005 年 9 月 8 日）

⑪ 同属边疆地区的台湾和内蒙古地区，都出现了这种趋势；它显然不是单一、偶然的现象。参见黄丽生，《清代边区儒学的发展与特质：台湾书院与内蒙古书院的比较》，《台湾师大历史学报》，第 34 期，第 17～55 页。

⑫ 吴子光，《先大父禹甫公家传大母附》，收于氏著《吴子光全书·一肚皮集》（台北：台湾史迹中心印行，1979），卷之四，传，不注页码（以下同）。

⑬ 吴子光：《先考守堂公家传》，同前注，卷之四，传。

⑭ 吴子光：《芸阁山人别传》。

⑮ 沈垚，《费席山先生七十双寿序》，收于《落帆楼文集》（台北："国家图书馆"藏，1918 年吴兴刘氏嘉业堂刊本），卷 24，第 11～12 页。

⑯ 吴子光：《芸阁山人别传》。

⑰ 徐炎正：《吴子光先生年谱》，收入《吴子光全书》下册。

⑱ 同治七年淡水厅设志局，吴子光应邀担任纂修。见沈茂阴：《苗栗县志》（光绪 20 年）（台北：大通书局，台湾文献史料丛刊，不详出版年月），卷 14，列传，第 203 页。

⑲ 徐炎正：《吴子光先生年谱》。

⑳ 吴子光：《史论二》，《经余杂录》，卷之九，论辩类，收入《吴子光全书》下册。

㉑ 此文为吴子光会试不成，复失爱孙之翌年所写。见《芸阁山人别传》。

㉒ 同前注。

㉓ 吴子光：《答客问》，《一肚皮集》，卷二，书。

㉔ 吴子光：《书红楼梦后》，《经余杂录》，卷之四，书后题跋类。

㉕ 吴子光：《附论文数则》，《一肚皮集》，卷一，总论。

㉖ 李细珠：《晚清保守思想的原型——倭仁研究》（北京：社会科学文献出版社，2000），第 1～5 页。

㉗ 吴子光：《附论文数则》。

㉘ 蔡仁厚：《宋明理学·北宋篇》（台湾学生书局，1979 年修订再版），第 17～97 页。

㉙ 吴子光：《答客问》。

㉚ 吴子光：《史论一》，《经余杂录》，卷之九，论辩类。

㉛ 吴子光：《史论一》。

㉜ 吴子光：《书红楼梦后》。

㉝ 吴子光：《答客问》。

㉞ 吴子光：《阳明禅学辨》（上）（下），《经余杂录》，卷之九，论辩类。

㉟ 同前注。

㊱ 黄丽生：《清末蒙古籍的中央儒臣与地方文人：倭仁与尹湛纳希儒家思想的比较》，第四届蒙古学国际会议（呼和浩特：内蒙古大学，2004 年 8 月 17～19 日）。

㊲ 吴子光：《募建猫里文祠疏》，《芸阁山人集》，序，收入《吴子光全书》上册。

㊳ 吴子光：《呈诸当事书》，《一肚皮集》，卷三，书。

㊴ 吴子光：《覆向静庵司马书》，《芸阁山人集》，书。

⑩ 吴子光：《河源杂考》，《一肚皮集》，卷十五，杂考。

㊶ 吴子光：《史论一》，《经余杂录》，卷之九，论辩类。

㊷ 吴子光：《书南疆绎史后》，《经余杂录》，卷之四，书后题跋类。

㊸ 吴子光：《书南疆绎史后》，《经余杂录》，卷之四，书后题跋类。

㊹ 同前注。

㊺ 吴子光：《春秋纪侯大去其国后论》，《经余杂录》，卷之九，论辩类。

㊻ 吴子光：《郑氏纪略》，《一肚皮集》，卷之十七，纪事。

㊼ 吴子光：《寄题延平王庙壁二首》，《小草拾遗》。

㊽ 喻大华：《晚清文化保守思潮研究》，第5页。

㊾ 吴子光：《海防》，《一肚皮集》，卷之十八，序。

㊿ 同前注。

(51) 同前注。

(52) 有关中、英、印三角贸易与鸦片的关联，可参看：陈慈玉：《以中印英三角贸易为基轴探讨十九世纪中国的对外贸易》，《中国海洋发展史论文集》（台北："中央研究院"三民主义研究所，1984），第一辑，第130~173页。

(53) 吴子光：《台事纪略》，《一肚皮集》，卷之十六，记事。

(54) 吴子光：《史论三》，《经余杂录》，卷之九，论辩类。

(55) 同前注。

(56) 吴子光：《金广福大隘记》，《一肚皮集》，卷之七，记。

(57) 吴子光：《台事纪略》，《一肚皮集》，卷之十六，纪事。

(58) 吴子光：《瀛堧偶述》下篇，《经余杂录》，卷之十二，文辞类。

(59) 同前注。

(60) 同前注；吴子光：《和戎与外国风俗考》等篇，《一肚皮集》，卷之十四，考。

(61) 吴子光：《和戎与外国风俗考》等篇，《一肚皮集》，卷之十四，考。

(62) 吴子光：《台事纪略》，《一肚皮集》，卷之十六，纪事。

(63) 吴子光：《炮制杂考》，《一肚皮集》，卷之十五，杂考。

(64) 吴子光：《记台地怪异》，《一肚皮集》，卷之十六，记事。

(65) 张灏：《晚清思想发展试论——几个论点的提出与检讨》，收入周阳山、杨肃献编：《近代思想人物论：保守主义》，第25~31页。

(66) 吕实强：《儒家传统与维新》，《近代思想人物论：保守主义》，第37~55页。

(67) 同前注，第55~83页。

（作者单位：台湾海洋大学人文社会科学院通识中心）

刘鉴泉先生的"人道"思想研究

□　欧阳祯人

　　1923 年，中国随着新文化运动的推进爆发了"科学与人生观"的大论战，除了主将张君劢、丁文江外，梁启超、胡适、梁漱溟、陈独秀、王星拱、唐钺、张东荪、范寿康、林宰平、吴稚晖等人都卷了进去。①没有引起人们注意的是，地处西蜀成都的刘鉴泉先生也参加了这场论战，他写了一篇题为《人道》的文章，初稿完成于 1923 年，修改、定稿完成于 1929 年，历时 5 年，这是一篇在思想上深思熟虑的作品。其文与《推十书》②中《内书》的《群治》（1923）、《故性》（1921）、《善恶》（1928～1930），《外书》的《进与退》（1925）、《动与植》（1925）诸篇在思想上有深刻的照应，首先批判胡适先生的"功利主义"，然后批判梁启超、梁漱溟二位先生的自由主义，最后发扬其祖父刘止唐先生"吾以圣人之道定百家，不以百家之谬涊圣贤"③的学术思想，显示了刘鉴泉先生作为一名后五四时期思想家的远见卓识。

一

　　对胡适先生在评价墨子时表现出来的"实用主义"观点，梁启超、梁漱溟、刘鉴泉三位先生均持反对、否定的态度。但是，他们三人各自的理论出发点却是不一样的。二梁在"科玄论战"中被吴稚晖等人斥为保守主义，④但是，在刘鉴泉先生看来二梁的思想中已经裹挟了很多有违"吾华先圣"的糟粕。所以《人道》一文批判胡适的"功利主义"只是一个铺垫，批判二梁的思想才是梁鉴泉先生的真正目的。正是从这个角度上来说，《人道》一文实际上已经超出了"科玄大战"的范围，刘鉴泉先生本来就不是一位凑热闹的人。

　　以"西洋的哲学"为"比较参证的材料"而写成《中国哲学史大纲》的胡适先生十分欣赏墨子。胡谓："墨子的根本方法，应用之处很多，说得最畅快。""墨子以为无论何种事物、制度、学说、观念，都有一个'为什么'。换言之，事事物物都有一个用处。知道那事物的用处，方才可以知道他的是非善恶。"⑤这种"应用主义"为上的观点遭到了梁启超与梁漱溟二位先生的反对。梁启超先生云："墨家凡事总要问个'为什么'。吾畴昔亦颇喜其说，细而思之，实乃不然。人类生活事项中，固有一小部分可以回答出个'为什么'者，却有一大部分回答不出个'为什么'者，'什么都不为'，正人生妙味之所存也。"⑥梁漱溟先生将孔墨之争向上提升了一层，直谓："大约这个态度问题不单是孔墨的不同，并且是中国西洋的不同所在。"并且进一步分析说："将整个的人生生活打成两断截，把这一截完全附属于那一截，而自身无其意味。如我们原来生活是一个整的，时时处处都有意味，若一分，则当造房中那段生活就全成了住房是那一段生活的附属，而自身无复意味。若处处持这种态度，那么就把时时的生活都化为手段——例如化住房为食息之手段，化食息为生殖之手段——而全一人生生活都倾歇在外了。不以生活之意味在生活，而把生活算作为别的事而生活了。其实生活是无所为的，不但全整人生无所为，就是那一时一时的生活亦非为别一时生活而生活的。平常人盖多有这种错分别——尤以聪明多欲人为甚——以致生活趣味枯干，追究人生的意义、目的、价值等等，甚而情志动摇，溃裂横决……这彻底的理智把直觉、情趣斩杀得干干净净，其实我们生活中处处受直觉的支配，实在说不上来'为什么'的。"⑦

刘鉴泉先生在批胡的态度上与二梁完全一致，鉴泉先生曰："胡氏持实验主义功利之说，二梁驳之是也。顾有当分析论者，人生行为固显有目的手段之分，安可皆混？积财以养生，而反舍生以守财，人莫不笑之；设兵以卫民，而反朘民以供兵，人皆恶之。本末之间，岂可无辨？顾凡诸意义，推论至人生而止，更求生之所为，则用无答案，此本无有，非求者之不力而未工也。西方之人，多求生之目的意义，价值终结，求之不得，遂成悲观主义。"⑧刘鉴泉先生在二梁的基础上更进一步，语言犀利、尖锐，切中要害，强化了梁漱溟将儒与墨的争议引向中国与西洋的争议路径。所不同的是，刘鉴泉先生在《人道》中大量引用了柏格森、托尔斯泰、叔本华等学者悲观主义的人生哲学言论来说明，西方文化务求于外的人生观最后必然导致"物物而物于物"，人生所以倚赖的精神必将丧失的悲观主义。用刘鉴泉先生所引托尔斯泰的话来讲，就是"吾觉吾前此所借以立足者，今已破坏。两足空无一物，吾遂无以为生。"⑨在笔者看来，这些材料的引用，并不仅仅说明刘鉴泉先生在反对西化的层面上认同梁启超、梁漱溟二位先生的观点，更为重要的是，它说明了刘鉴泉先生对这一问题进行了深入的研究，理论视野宽广，对相关的各个方面的情况相当了解。换言之，文章将要提出的重要观点，实际上是刘鉴泉经过反复斟酌，认真思考之后取得的思想结晶，是有厚实的资料作为论证的基础的。

不过，在刘鉴泉先生看来，二梁的观点并不是什么新的东西，因为早在朱元晦那里就已经进行过讨论："朱元晦门人常问六合之外。元晦曰：'人生天地间，且只理会天地间事。'此语妙矣！柏格森何来何去之问，可直答之以来自天地间，去向天地间而已。且即以所见察之，天止一生。《易》曰：'天地之大德曰生，生生之谓易。'固不见其有他之目的在也。朱元晦常令门人思天地有心无心，而谓以生物为心。实则此亦以人推天之言耳。谓天有心，天亦生也。谓天无心，天亦生也。生是事实，要不可改。故吾华圣哲殊不问天之生何为？即使天可问，天殆亦当答之曰：'吾亦不知吾何为而然也。'天地之何为而生不可问，则人之何为而生固不可求矣。"⑩这是顺着朱元晦"以天推人"的理论推出来的不可问、不可求的结果。

但是，刘鉴泉先生认为，朱元晦的这种说法是需要进一步商榷的。刘鉴泉先生云："若于生之长途中求其价值终结，固非无可言也。生有高下，是价值也；生有始末，是终结也。价值之不同，即在于意义。既有终结，亦未始不可谓有目的也。二梁之驳胡氏有太过者。利者，义之和。以义为利，圣人固非不言效果。使不言效果，则毁瓦画墁，亦可无讯，一切生活，孰非精神？皆可以常务所为而废其选择耶？梁氏之驳托氏，又有太浑者。"⑪批评朱元晦，意在批二梁。刘鉴泉先生的意思是，完全说人生没有任何目的，梁启超之"什么都不为，正人生妙味之所存也"、梁漱溟之"生活是无所为的"的判断是值得商榷的。因为人生有价值的高下，否则"毁瓦画墁，亦可无讯"，人生有始末，必然要有精神的追求。什么都不为，从价值观上来讲，无论如何是说不过去的。

刘鉴泉先生在其《人道》中对他与二梁的思想分歧，只是说了"什么"，没有说明是"为什么"。笔者在此略作说明。众所周知，严复先生以进化论为核心的思想体系曾经对梁启超先生产生过深远影响。逃亡日本之后，梁启超先生接触的都是诸如福泽谕吉、中村正直、中江兆民、伊藤博文、大隈重信、德富苏峰、加藤弘之等在日本具有卓著影响的启蒙思想家的著作，并且深受其影响，成了一名地道的自由主义者。有学者甚至称他为"典型的唯意志论者"。⑫他曾经说："我既为我而生，为我而存，以我之良知别择事理，以我之良能决定行为，义不应受非我者宰制，蒙非我者之诱惑，若是者谓之自由意志，谓之独立精神。"⑬对墨子的评价，梁启超先生十分欣赏《庄子·天下篇》中的评语："黄帝有《咸池》，尧有《大章》，舜有《大韶》，禹有《大夏》，汤有《大濩》，文王有辟雍之乐，武王周公作《武》。古之丧礼，贵贱有仪，上下有等，天子棺椁七重，诸侯五重，大夫三重，士再重。今墨子独生不歌，死不服，桐棺三寸而无椁，以为法式。以此教人，恐不爱人；以此自行，固不爱己。未败墨子道，虽然，歌而非歌，哭而非哭，乐而非乐，是果类乎？其生也勤，其死也薄，其道大觳；使人忧，使人悲，其行难为也，恐其不可以为圣人之道，反天下之心，天下不堪。墨子虽独能任，奈天下何！离于天下，其去王也远矣。"实际上也是与他的自由主义思想体系分不开的。诚如蒋广学先生所云："梁启超自由观是以近代进化学说为背景、以近代人文主义和科学主义知识为基础"的一种"新民说"⑭这与刘鉴泉先生"任天"、"圆道"，"以圣人之道定百家"的学术理路是大相径庭的。

梁漱溟先生是一位深受非理性主义哲学家柏格森生命哲学影响的思想家，因此在其批胡的表述中，始终强调人生的"直觉情趣"。"直觉"一词是梁氏《东西文化及其哲学》的核心概念之一，虽然梁氏本人可能自认为这是一个理性的概念，并且对此进行了多方面的解释，但是，它直接来源于柏格森的"内感直觉"则是肯定的。刘放桐指出，柏格森的生命哲学是"师承意志主义者布特鲁，综合吸收了生物学进化论、心理学、细胞学等现代科学理论，使生命哲学作为一种有影响的非理性哲学在 20 世纪初进入全盛期。"⑮有了这种思想作为基础，梁漱溟先生关于人生意义的一些解释就不可能不打上非理性的烙印："人生没有什么意义可指，如其寻问，就是在人生生活上而有其意义；人生没有什么价值可评，如其寻问，那么不论何人当下都已圆足无缺无欠（不待什么事业、功德、学问、名誉。或什么好的成就，而后才有价值）。人生没有什么责任可负，如其寻问，那么只有当下自己所责之于自己的。"⑯在刘鉴泉先生"以圣人之道定百家"的眼光看来，梁漱溟先生用柏格森的"内感直觉"来解释人生哲学，比梁启超先生走得更远。

不论是梁启超先生还是梁漱溟先生，都浸润在"欧风美雨"的话语背景之中，在很大程度上是脱离了中国固有文化精神的。刘鉴泉先生还专门撰写过《进与推》、《动与植》两篇重量级的文章，痛批西方"以物道概人道"的"进化论"，对当时所谓的科学主义、个人主义之类的东西是很不以为然的。他认为这不是自然而然的东西。西方的民主、科学、平等、自由打破了"任天"、"圆道",天人合一的"人道"境界,给人类的未来只能带来永不停息的争斗。鉴泉先生在其《变歌》中写道:"……千年笼络一旦脱,豺狼狐狸同邀嬉。千钧百喙唾陈迹,鲁变齐楚华变夷。我生恨晚乱耳目,纵观忽笑思忽悲,漫言醒眼看沉醉,独患坦道成嵌崎。世间万事尽虚诳,胶柱刻舟吾固痴,古今茫茫哪堪数,谓我哗众将何辞。长歌之哀过痛哭,听我蒍蒍空于戏……"⑰所以,二梁与刘鉴泉先生都反对胡适先生在杜威的影响下标榜的"实用主义",归根结底,这是中国文化与西方文化的冲突。值得我们深思的是,二梁与刘鉴泉先生之间关于人生目的的不同看法,同样可以归结为中国文化与西方文化的冲突。

本来,五四运动以来,学术界实际上是把梁启超先生与梁漱溟先生当作保守主义的代表人物来对待的,可是现在看来,刘鉴泉先生实际上要比梁启超、梁漱溟二位先生"保守"得多。但是,笔者以为,刘鉴泉先生的学说之最大的特点就是"考镜源流、明统知类",不仅对中国固有学术的发展了如指掌,而且对西方哲学的各种思潮也把握得相当准确。从《推十书》所反映的情况来看,他吸收西方新学说的速度与深度是令人钦佩的,在批判西学的缺陷时,也往往击中要害。然而,刘鉴泉先生的最大特点在于不人云亦云,始终坚持中国文化的"原典"立场,从学术的灵魂深处捍卫中国文化的真精神,是刘鉴泉先生思想的最动人之处。有诗为证:

> 自笑年来为底忙,痴情谁共俗人商。
> 摊书顿喜贫儿富,落笔都成老汉狂。
> 侈口迂儒无剑气,秃头道士有丹方。
> 生涯说与秋风听,故纸堆中是乐乡。⑱

二

刘鉴泉先生的人道观是植根于他的宇宙观的。他认为人在宇宙之中,不仅是宇宙中的一部分,而且与宇宙相续相联,是大化流行,生生不已的一个环节。他在《群治》一文中写道:

> 夫孝弟仁义之义,岂独人道之必然哉?远原于宇宙分合之天理,而近基于人心爱敬之良能。盖不止为群之自然,抑且为天之自然、人之自然也。分合之义详于《易传》、《乐记》;爱敬之义详于《孟子》。吾常持以推说,已散见于各篇矣,兹复总述其略,以述天人群己之一贯焉。夫宇宙万象之则,惟调和与秩序,一则合之趋于同,一则分之趋于异。《乐记》曰:'乐者,天地之和也。礼者,天地之序也。和故百物皆化,序故群物皆别。'《易传》曰:'各正性命,保合太和。'《礼运》曰:'连而不相及,动而不相害。'皆是义也。盖宇宙无过二态,一为动,二为静。动则发而行以成和,静则敛而止以成序。故《易传》曰:'天行健,地势顺。'《记》曰:'不息者天,不动者地。'宇宙即如是矣。人居宇宙中,亦顺是道,其和合也以爱,其序别也以敬。爱,恩也;敬,义也。盖人之心亦无过二态,其发也,趋于合,没人我而交

通；其敛也，趋于分，定彼此而各守。发者，爱也；敛者，敬也。"⑲

此一段表述植根于相续相摩、不离不流的先秦礼乐精神是肯定的。但是，刘鉴泉先生具有超乎寻常的整合、超拔之功却又十分明显：第一，整合了孔子、孟子与《易传》、《乐记》由人道而天道，由现实践履而形上超越，在至俗至常的人间现世追求至神至奇的功夫；第二，把宇宙的生生不息、于穆不已概括为"动"、"静"二态的流转、互动，实际上就是整合了整个儒家与道家的思想资源。这种整合本来在《易传》、《乐记》中就已经做得很不错了，但是，鉴泉先生的整合是基于人生观的，是在讲宇宙万物与人类之生老病死相续相联，因此，践履中透出了高远，凡俗中透出了弘大。其理论目的是要矫正中国学术史不离则流，分崩离析的状态，是要批判五四时期很多人执一而废百的偏激行为，这当然具有更为深刻的现实意义；第三，将宇宙分合之天理与人心爱敬之良能整合起来，实际上是将先秦原典的精神与陆、王心学理论的成果融会贯通。所以，笔者以为，鉴泉先生的思想始终继承了其祖父刘止唐先生立足于孔、曾、思、孟，吸收宋明理学，特别是陆、王心学的思想资源的理路。萧萐父先生说："鉴泉先生之学思脉络淹贯经史而以史为重，兼崇儒道而以道为归。"⑳如果把这个判断置放到中国宋明以来学术发展融合儒、释、道的情势之中来审视，我们就会发现，萧先生所说的这个"道"其实并不是先秦时期原汁原味的"道"，而是宋明以降经过了几番风雨、无数历炼的"道"。因为，鉴泉先生云："盖人之所以异于禽兽者，以其纵能久而横能大。纵能久者，父子祖孙百世不忘，是以有史；横能大者，远近亲属分殊理一，是以有群。人居宇宙间，纵横系属，不可以离。仁以脶合之，义以序列之，而其本在于孝悌。诸德由是而成，百体本是而制，皆因其自然之情而定为当然之则。"㉑先秦儒家的孝悌仁义之道既久且大，是人之所以为人之异于禽兽者，是系属于宇宙的自然之情，里面确有吸收了道家思想的陆象山、王阳明的影子。"诸德由是而成，百体本是而制"，体现了天与人的高度统一的精神。这种精神既符合宇宙生生不息的规律，也有利于人之所以为人，植根于善性的自然发展，没有任何矫揉造作的逆天之"妄"。因此，这种天道人道一以贯之的理论就不是学派的固执己见，而是放之四海而皆准的真理。

所以刘鉴泉先生在其《人道》中写道："凡人生观必本于其宇宙观。盖凡言人道者，无非求合于大自然而已。吾华先圣之道不过曰：'尽人以合天。'天者，宇宙之总名也。人在宇宙中，固不能超之，亦不能变之，彼持斗争分别之态以对宇宙者，妄也。"㉒"求合于大自然"，在鉴泉先生的观念中就是求合于宇宙、天人的世界中唯一的"善"，所以在其"性说"中，他不仅反对告子的"生之谓性"、荀子的"性恶论"，也反对世硕、宓子、漆雕子、公孙尼子，再到董仲舒、王充、韩愈、李翱、程朱、戴震、陆世仪、陈澧等各种有关"性说"的偏误，他只认同孟子的"性善论"，因为只有"性善论"遵循了宇宙自然之情的根本法则。㉓正是从这个角度上来讲，建立在"适者生存"，"以物道概人道"的"进化论"基础之上的西方近代文化就是"持斗争分别之态以对宇宙"的"妄"者。鉴泉先生云："自由平等之说倡，而人伦孝悌之说弃。"虽然"适者生存"、自由平等之说在人类社会的进程中有一定的合理性，但是这种学说"矫枉过正，因噎废食。自由之极裂其合，平等之极混其序。自由平等之极，欲并纵横之系属而绝之。而生物家等观人物之说，适盛于是。舍人从兽，倡言不耻，标野鸭之放逸，慕蜂蚁之均齐。如其所见，人之自由平等乃不如禽兽远甚矣。"㉔鉴泉先生的意思是,以"适者生存"为基础的西方文化,倡导的是人的生物性、兽性,它违反了"尽人以合天"的自然之道,违反了宇宙万物浑然一体的中合之德。值得注意的是,"实用主义"与告子的"生之谓性"之间有内在联系,它们都会有意无意地导致人的兽性,因此,孟子的"率天下之人而祸仁义者,必子之言夫"㉕的圣断在这里仍然可以起作用。毫无疑问,这种批评在第一次世界大战刚刚结束,帝国主义列强瓜分中国的罪恶面前,是具有相当的说服力的。

在这种理论背景下,鉴泉先生提出了自己的"人道"理论:"圣人知宇宙之相续相联,故其言人道曰:'上事天地父母而下传子孙',全其所得于天地父母之性命,而与天地父母同其久大,是为大孝。此即人生之目的意义。"㉖这段表述指出了人生的目的实际上可以化解为两个层面:第一个层面是"事天地父母",第二个层面是"下传子孙"。鉴泉先生的这一重要的总结,来源于《曾子》记载孔子的有关论述:"天之所生,地之所养,人为大矣。父母全而生之,子全而归之,可谓孝矣。""天之所生,地之所养,人为大矣"说的是"上事天地父母","父母全而生之,子全而归之"说的是"下传子孙"。所以《曾子》云:"君子一孝一悌,可知终矣。""知终",就是说的人生目的。《曾子》又云:"夫孝者,天下之大经也。夫孝置之而塞于天地,衡之而衡于四海,施诸后世而无朝夕,推而放诸东海而准,推而放诸西海而准,推而放诸南海而准,推而放诸北海而准。"由此可知,在《曾子》中,"孝"实际上是一种宇宙观、天人观,是人的自然情感的泛化,是"塞于天地,衡于四海"的一种宗教精神:"居处不庄,非孝也;事君不忠,非孝也;莅官不敬,非孝也;朋友不信,非孝也;战陈无勇,非孝也。五者不遂,灾及乎身,敢不敬乎?"这与《孝经》"孝悌之至,通于神明,光于四海,无所不通"的超越精神是完全一致的。

鉴泉先生的"孝道"思想注重儒家与道家的融合:"《易》曰:'成象之谓乾,效法之谓坤。'《老子》曰:'人法地,地法天,天法道,道法自然。'吾华先圣之观宇宙,不于现象之外更求本体,盖知更求之徒劳而不可得也。故曰'道法自然'。自然者,有二象焉,纵之宙则生生不已,横之宇则万物一体。夫弥异宙者,变也;弥异宇者,异也。变之中有不变焉,故不已,异之中有不异焉,故一体。不一者,相续也。道家之言循环,精于是矣。一体者,相联也,佛家之言因缘,精于是矣。其在《周易》以'咸'、'恒'为首曰:'咸,感也。观其所感而天地万物之情可见矣','恒,久也。观其所久而天地万物之情可见矣。'咸,宇也;恒,宙也。庄周曰:'万物皆种也,以不同形相禅,始卒若环,莫知其使。'""故圣人之言造诣曰:'久与大。'《易传》曰:'可久则贤人之德,可大则贤人之业。大根于久,惟久乃大。'《中庸》曰:'至诚无息,不息则久,久则征,征则悠远,悠远则博厚,博厚则高明。博厚配地,高明配天,悠久无疆。'《易传》曰:'天地之道,恒久而不已也。日月得天而能久照,四时变化而能久成,圣人久于其道而天地化成。'……皆言久大也。"㉗鉴泉先生的意思是,久,就是"下传子孙后代",大,就是"上事天地父母","纵之宙则生生不已,横之宇则万物一体"。"大根于久,惟久乃大","上事天地父母"是以"下传子孙后代"为基础的,只有子孙万代不息不辍,人之所以为人的价值才能真正做到"博厚悠久高明"。这就是鉴泉先生效法自然、宇宙,天道人道一以贯之的人道精神。从宇宙天地的广阔视野来把握"孝"的精神,是刘鉴泉先生"人道"的最大特色,他从根本上抓住了《大戴礼记·曾子大孝》"夫仁者,仁此者也;义者,宜此者也；忠者，中此者也；信者，信此者也；礼者，体此者也；行者，行此者也；强者，强此者也"[28]的表述中所显发出来的宇宙精神，天人群己一以贯之，既继承了"吾华先圣"的思想，也回应了"鲁变齐楚华变夷"的颠覆局面。

因此，刘鉴泉先生十分注重《孝经》。他认为《孝经》是先秦原始儒家哲学的精华与理论结果。在其《〈大学〉〈孝经〉贯义》中，鉴泉先生写道："《论语》、《大学》、《礼运》、《中庸》、《孟子》之言，不可以不互证，缺其一则不贯，非独句义之多显同而已也。《论语》发其端，《大学》纵贯其次第，《中庸》横包其范围，《孟子》直指其要领，而《孝经》则定其会归。此诚儒家之大义也。"[29]这实际上给予了《孝经》极高的评价，这也正显示了鉴泉先生的理论归结。

在《人道》一文中刘鉴泉先生提出的"孝道"理论虽然植根于孔、曾、思、孟的原典，声称是"吾华先圣"的绝学，但是，由于鉴泉先生面对的是"持斗争分别之态以对宇宙"的现代生活，因此，从思想的统系来看，鉴泉先生走的是其祖父刘止唐先生整合儒家与道家，二者融通为一的道路，所以其"人道"的精神境界与宇宙相续相联，天地为大父母，父母为小天地，博厚高明悠久无疆的导向之中透着一种天人合一的萧朗、自然和了无挂碍的洒脱；从思想的方法上来讲，鉴泉先生走的是章实斋考镜源流、明统知类的道路，推十合一，两而能一，御变用中，"纵之宙则生生不已，横之宇则万物不息不辍"，其间蕴含了鉴泉先生对人类未来发展的深层忧虑和无限憧憬。有诗为证：

> 人海风涛总未平，萧条秋气倍凄清。
> 挑灯忽忆兴亡事，闭户难禁渐沥声。
> 晦景鸡鸣悲乱世，故庐蠖屈幸吾生。
> 年来已断沧桑感，但视银河洗甲兵。[30]

注　释：

① 事后由亚东图书馆汪孟邹先生搜集了论战各方的文章，总名为《科学与人生观》于 1923 年 12 月出版，其后多次再版，产生了深远的影响。

② 刘鉴泉，名咸炘，别号宥斋，生卒于 1896～1932。祖籍成都双流，家世业儒，为成都大学、四川大学教授，与著名学者蒙文通、唐迪风（唐君毅之父）等为知交。武汉大学萧萐父先生在其《刘鉴泉先生的学思成就及其时代意义》一文中指出："刘鉴泉先生玄思独运，驰骋古今，所取得的学术成就最为突兀，堪称近世蜀学中的一朵奇葩。"（见氏著：《吹沙二集》，巴蜀书社 1999 年版，第 454 页）萧萐父先生又在刘鉴泉先生《推十书·序》中写道："《推十书》，乃英年夭逝的天才学者刘鉴泉先生之重要遗著，是其所撰哲学纲旨、诸子学、史志学、文艺学、校雠目录学及其他杂著之总集，都二百三十一种，四百七十五卷。"（见氏著：《吹沙二集》，巴蜀书社 1999 年版，第 460 页）刘鉴泉先生的学术成就还受到过陈寅恪、梁漱溟等先生的欣赏和赞誉。由于各种复杂的原因，刘鉴泉先生的学术成就湮没无闻，没有得到当代学术界应有的重视。萧萐父先生在《推十书·序》中还写道：刘鉴泉先生"面对'五·四'新潮及开始向后'五·四'过渡的新时期，中西文化在中国的汇合激荡，正经历着由肤浅认同到笼统辨异，再向察异观同求其会通的新阶段发展。在其重要论著中，已有多处反映了这一主流文化思潮的发展趋势。"这一点，在《人道》中体现得特别突出。《人道》一文，居《推十书·内书》之首。

③ 刘止唐，名沅，生卒于 1767～1855 年，祖籍成都双流，被列入《清史·儒林传》。其著作有《槐轩全书》（四川省图书馆、武汉大学图书馆有完整的线装版本），其中哲学方面除《四书恒解》、《周

易恒解》、《诗经恒解》、《书经恒解》、《春秋恒解》、《周官恒解》、《礼记恒解》、《孝经恒解》、《大学古本质言》外，还有《正讹》、《子问》、《又问》、《约言》、《拾余四种》等，其学业多受自其父刘汝钦先生（精于《易》学，洞彻性理）。止唐先生认为，真正的圣学圣道至汉代以后，已被弄得面目全非，并且认定韩愈、周敦颐、张载、邵雍、程朱的思想都歪曲了孔子孟子的真义，致使圣学不传。他在其《槐轩约言》中说："吾以圣人之道定百家，不以百家之谬涸圣贤。"这种精神完全被五四时期的刘鉴泉先生继承了。

④ 深受胡适欣赏的"科学派"战将吴稚晖在《一个新信仰的宇宙观及人生观》一文中辛辣地讽刺了梁启超、梁漱溟二位先生，并且在《箴洋八股化之理学》一文中说，二梁的"谬误，乃是完全摆出西学古微的面孔，什么都是我们古代有的，什么我们还要好过别人的，一若进化学理直是狗屁。惟有二千年前天地生才，精华为之殚竭。无论亿万斯年，只要把什么都交给周秦间几个死鬼，请他们永远包办，便万无一失了。你想他如此的向字纸篓里，掏甘蔗渣出来咀嚼，开了曲阜大学，文化学院，遍赠青年，岂不祸世殃民呢？这是梁先生走去那条路上，走得太远了，所以陷入迷魂阵。"（张君劢、丁文江等著：《科学与人生观》，山东人民出版社 1997 年版，第 309 页。）

⑤ 胡适著：《中国哲学史大纲》，东方出版社 1996 年版，第 24、139、136 页。

⑥ 梁启超著：《先秦政治思想史》，浙江人民出版社 1998 年版，第 131 页。梁启超先生在其《人生观与科学》评判张君劢、丁文江的论战文章中也持有相似的观点："人生问题有一大部分是可以——而且必要用科学方法来解决的。却有一小部分——或者还是最重要的部分是超科学的。"（见《科学与人生观》，山东人民出版社 1997 年版，第 139 页）

⑦ 梁漱溟著：《梁漱溟全集》，山东人民出版社 1989 年版，第 460~461 页。

⑧ 刘鉴泉著：《人道》，见氏著《推十书》，成都古籍书店 1996 年（影印本）版，第 419 页。

⑨ 刘鉴泉著：《人道》，见氏著《推十书》，成都古籍书店 1996 年（影印本）版，第 417 页。

⑩ 刘鉴泉著：《人道》，见氏著《推十书》，成都古籍书店 1996 年（影印本）版，第 419 页。

⑪ 刘鉴泉著：《人道》，见氏著《推十书》，成都古籍书店 1996 年（影印本）版，第 419~420 页。

⑫ 高瑞泉主编：《中国近代社会思潮》，华东师范大学出版社 1996 年版，第 196 页。

⑬ 梁启超著：《饮冰室合集·文集》，中华书局 1989 年影印版之 32，第 75 页。

⑭ 蒋广学著：《梁启超和中国古代学术的终结》，江苏教育出版社 1998 年版，第 37 页。

⑮ 刘放桐编著：《现代西方哲学》（修订本），人民出版社 1990 年版，第 198 页。

⑯ 梁漱溟著：《梁漱溟全集》，山东人民出版社 1989 年版，第 688~689 页。

⑰ 刘鉴泉著：《变歌》，见氏著《推十书》，成都古籍书店 1996 年（影印本）版，第 2227 页。

⑱ 刘鉴泉著：《自笑》，见氏著《推十书》，成都古籍书店 1996 年（影印本）版，第 2225 页。

⑲ 刘鉴泉著：《群治》，见氏著《推十书》，成都古籍书店 1996 年（影印本）版，第 429 页。

⑳ 萧萐父著：《刘鉴泉先生〈道家史观说〉述评》（打印稿，第二届道家文化国际学术研讨会交流论文摘要）。

㉑ 刘鉴泉著：《群治》，见氏著《推十书》，成都古籍书店 1996 年（影印本）版，第 428 页。

㉒ 刘鉴泉著：《人道》，见氏著《推十书》，成都古籍书店 1996 年（影印本）版，第 422 页。

㉓ 参见刘鉴泉著：《故性》、《善恶》，见《推十书》，成都古籍书店 1996 年（影印本）版。

㉔ 刘鉴泉著：《群治》，见氏著《推十书》，成都古籍书店 1996 年（影印本）版，第 428 页。

㉕ 《孟子·告子上》。

㉖ 刘鉴泉著：《人道》，见氏著《推十书》，成都古籍书店 1996 年（影印本）版，第 423 页。

㉗ 刘鉴泉著：《人道》，见氏著《推十书》，成都古籍书店 1996 年（影印本）版，第 422~423 页。

㉘ 此一段表述与小戴《礼记》的《祭义》一篇有雷同的地方："居处不庄，非孝也。事君不忠，非孝也。莅官不敬，非孝也。朋友不信，非孝也。战阵无勇，非孝也。五者不遂，灾及于亲，敢不敬乎"，"仁者，仁此者也；礼者，履此者也；义者，宜此者也；信者，信此者也；强者，强此者也。"

㉙　刘鉴泉著：《〈大学〉〈孝经〉贯义》，见氏著《推十书》，成都古籍书店 1996 年（影印本）版，第 60 页。

㉚　刘鉴泉著：《夜听雨》，见氏著《推十书》，成都古籍书店 1996 年（影印本）版，第 2225 页。

（作者单位：武汉大学留学生教育学院）

吴芳吉的儒学实践

□ 黎汉基

近代中国屡受西潮的冲撞，传统文化究竟有没有价值？有什么价值？假如有价值的话，有没有可以证明的论据，或足以服人的见证？这是世变以来困扰着许多知识分子的问题，其中不只涉及思辨的理论层面，更涉及实践的行为层面。

儒学最重道德实践，"德行为吾人之所当行"，①此乃异邦儒者亦能言之的常识。德之不修，教化也无从谈起。扬子《法言·学行》有云："学，行之，上也；言之，次也；教人，又其次也"。②这里所讲的"教人"，指施教者不掺己见、照本宣科；"言之"，指施教者义理广博，有心得有发挥，甚至成一家之言；但这两者都不如"行之"。"行之"，指以身作则，行为举止垂范于世，要求施教者的道德品格至高，最难企及；这是身体力行的实践过程，不是徒托空言的观念游戏。只靠装门面的漂亮话，而没有孜孜不倦的"行之"工夫，绝不足以取信于人，更遑论化民成俗的政治理想。

白屋诗人吴芳吉（1896～1932）就是一个久被遗忘但却有高度典型意义的个案。笔者最近撰写了一部逾25万字的合传，题为《吴宓与吴芳吉——现代中国文化保守主义者的两种面相》。内容主要是重新考证各种新旧材料（新材料包括笔者在2000年赴四川江津县考察时收集的吴芳吉与其友人的未刊文稿等），并剖析二吴鲜为人知的交往事迹。在研究过程中，笔者发现光是把吴芳吉定位为诗人和文学家是不够的；吴芳吉乃是以全部生命躬行道德的儒者，笃信心性之学的永恒性。在生命的最后岁月中，他的德化教育，洋溢着自强不息的刚健精神，被世人公认为儒家道德的典范之士。以下，本文对此略作析论，聊供新儒学大会诸先生作为谈助，并盼指教。

一、家世与学业

吴芳吉，字碧柳，别号白屋，祖上原籍湖北孝感，1896年7月1日出生于四川省重庆江津县杨柳街李家院。③父亲吴传姜（1858～1927）本属贫农，因改行为货郎担，有所盈利，在江津县德感坝街上作一小商户。母亲刘淑贤（1875～1949）曾考入江津城内唯一的一所女子师范，后任职小学教师，自办私塾维持家计。④鉴于邻里售毒聚赌，风俗浇漓，吴氏夫妇为了保持家贫不短的骨气，对祖辈留下来的三间茅屋一直保存完好，而且每年都要用石灰粉刷得白白的，并在门口挂上"白屋吴宅"的牌子，以示身家清白。⑤

这样严正的家风，自然而然影响了吴芳吉的成长心路。他虽是吴传姜中年所得的独子，自幼体质虚弱，⑥但双亲从未放松了笃责和教学。⑦尽管未等到成年，吴芳吉即有孝名传诵乡里，在他七岁那年（1903），吴传姜在重庆经商亏折负债，讼狱连年，家道失坠。吴芳吉随母亲刘淑贤迁回德感坝，投靠吴氏伯叔过活。长贫难顾，母子俩后来迁居江津县城西南的白沙镇。1906 年，十岁的吴芳吉入读聚奎学堂。入学之初，校内会计龚茂如同情吴家的遭遇，慷慨资助路费，让吴芳吉奔赴重庆，自作申诉书，替父辩诬；县吏见他年幼，情辞恳切动人，乃将吴传姜释放出狱。⑧从这一投书救父的故事可知，吴芳吉没有辜负双亲的教诲。国乱出忠臣，家贫出孝子。通过生活逆境的严峻考验，中国文化所讲求的孝道伦理，早已烙印在吴芳吉的脑海深处，成为无可逃避的天经地义。

除了家庭背景外，在读的学校也是推动吴芳吉认同传统道德的重要因素。在聚奎学堂中，吴芳吉有两位最敬重的老师，一是萧湘（1875～1918），其人豪迈倜傥，嗜酒能文，诲人不倦，严于义利之辨，使包括吴芳吉在内的学生"有振聩发蒙、顽廉懦立之概"。⑨另一是唐定章（1871～1920），其人行事谨慎，毕生服膺清儒李二曲"悔过自新"之说。其学"以礼为归，而以敬持礼。行必顾言，止于慎独之功"。在校管教诸生，素称綦严。凡有讲说，听者"无敢睑有惰容者"。⑩萧、唐二师，恰好形成一个强烈的对比，吴芳吉如此比拟说："唐先生之学在克己复礼，近于荀况；萧先生之学在养吾浩然，极似孟轲。"⑪吴芳吉性格豪迈旷达，气质与萧湘较合；但自幼遵奉庭训的经历，使他深知社会规范之不可不守，所以没有让自己的豪气发展至不合理的程度。经过唐定章的教导，吴芳吉尤其着眼细行，在校自律，条条不紊，常被同学们称为"吴圣贤"。⑫在以后的日子里，吴芳吉一直和萧、唐保持联络，即使二人逝世，他仍怀念其言行教诲："比年阅人既多，益觉两师之教不可几及。萧公启人大节，唐公着眼细行，岂今之言教者所能梦到？"⑬

二、居乡自修期间的道德思考

吴芳吉成年以后的际遇十分坎坷。他曾到清华学堂进修，却因少年义愤，参与反校方的学潮而最终退学，终其一生，也不晋身大知识分子的行列。经过一连串的挫折，让吴芳吉痛定思痛，在 1917～1918 年居乡自修期间深切反省，自知禀性具有"好动气轻举"的弱点，⑭重新想起以前唐定章的道德学说，⑮于是埋首阅读《李二曲集》，至"悔过自新"一篇，大为感动，笃信"此真入德之门，而立己之基"，⑯曾赋诗云"悔教幼年胆气粗，新从贤圣致工夫"；⑰以后遇有行为偏差的青年朋友，往往重申此一学说的要旨，以此自励励人。⑱

除了宋明儒学的思想资源外，不能忽略的是当时名震海内的国学大师章太炎的影响。吴芳吉在 1915 年上海右文社工作期间，其中一份任务就是校对《章氏丛书》；章太炎有一名言："人人皆不道德，则惟有道德者可以获胜。"⑲吴芳吉对之信服不已，以此感慨说："天下无道久矣。彼朴素者付饥寒困苦，或屈于一时，然而最后战胜，正此辈也。"⑳在他看来，道德修养不只是个人的事情，还是关乎社会规范的确立；而民初的社会失范，正是造成混乱失调的祸首，"风俗坏于人心，人心坏于无真正之信仰"，"苟失信仰，虽有道德宗教法治，举失其用矣。"㉑

　　拨乱反正的第一步，是从自己身上做起。为了培养德性节制情欲，吴芳吉长期静坐，每天少则三十分钟，多则数小时；㉒认为"勉行淡泊"是"入德之门"，"今人所急图者，彩舆、娇仆、丽姬、仪卫之事，皆是可怜生活、赘疣生活。主动被动，同是寡廉鲜耻"。㉓基本上，他是遵循宋明理学公私之辨的大纲维，㉔强调必须由己身痛下功夫，尽力克除私欲。㉕尽管他饱历忧患，但却能达观视之："今之得失，要皆小幸小患。立身大节，犹在后日。牺牲今日，以立后日之基，是乃不可忽矣。"㉖

　　道德修养，切忌执着己私。吴芳吉热切期待小我化为大我，"化作百千万亿身"㉗，其诗云："吴碧柳，吴碧柳，碧柳无奇常有偶。或在东洋与西洋，或在南斗与北斗。天地来时相与来，尝向羲皇一携手。天地闭时相与归，讵随日月共衰朽。莹莹何洁白，神瑛射琼玖。造化而无我应无，造化而有我终有。呜呼惟德邻不孤，碧柳之外有碧柳。"㉘

　　为了团结同志，扩大影响，吴芳吉曾找了一批四川同乡朋友，筹组一个名为"布衣会"的组织，会约规定极其严格，内有十条"当勉行者"：1. 必有独立中正生活之计；2. 必知防病除邪，保持康健之事；3. 必静坐；4. 必正容；5. 必作日记；6. 必研习国学一种；7. 必躬自工作力所能逮者；8. 必与人日有善绩。还有二十条"当禁戒者"：1. 不自杀；2. 不忧叹；3. 不疾言怒色；4. 不嫖；5. 不赌；6. 不娶妾；7. 不用奴仆；8. 不戏谑，背地道长短；9. 不艳妆；10. 不嗜烟酒；11. 不看戏；12. 不购洋货；13. 不作无益文字、书札、浮语；14. 不读非正经书；15. 不尚俗习，无谓馈送；16. 不做官；17. 不从军；18. 不作议员律师；19. 不妄服医药、求神鬼、炼丹砂；20. 不虐待生物。㉙

　　此外，吴芳吉还响应参与吴宓等人创办的"天人学会"。此会起源于1915年5月9日，这是袁世凯接受日本"二十一条"的国耻日，吴宓、刘朴、汤用彤等人闻讯怒不可遏，感觉亡国终难幸免，便想筹组一个为世俗表率的学会。㉚成员挑选严格，前后不过三十多人。如今可考者包括吴宓、吴芳吉、刘朴、汤用彤、吕国璠、黄华、童锡祥、王善佺、周君南、向哲浚、何墨林、王正基、凌其峻、潘承圻、冯友兰、曾昭抡、王焕培、尹寰枢、沈鹏飞、邓成均、石仲麟、瞿国眷、薛桂轮、刘泗英等人。㉛名为"天人"，是源自童季龄"人力挽回天运，以天运启悟人生"的主张。该会宗旨是："除共事牺牲，益国益群而外，则欲融合新旧，撷精立极，造成一种学说，以影响社会，改良群治。又欲以我辈为起点，造成一种光明磊落、仁心侠骨之品格，必期道德与事功合一，公义与私情并重，为世俗表率，而蔚成一时之风尚。会名之意，原因甚多。天者，天理；人者，人情。此四字，实为古今学术政教之本，亦吾人之方针所向，至以人力挽回天运，以天运启悟人生，乃会众之责任也。"㉜

　　随着会中成员陆续出国留学，吴芳吉在1918年夏便成为天人学会的国内联络人，㉝一度搜索枯肠，思考如何将天人学会办成一个类于宗教团契的组织，认为"天人学会真谛，非推许以相赞，乃观摩以相劝，非比附以相利，乃体行以相慰耳"。㉞他心中的具体措施，计有：1. 天人学院："以养成吾人心目中之人材，而吾人亲教之"；2. 天人杂志："以为苍生立命而正天下之是非"；3. 天人印刷所："集诸友之力为之，便发表吾人之文章"；4. 天人大家庭："自由集合，谋共合之生活，俾各无内顾"。5. 天人学系统："立古今中外学道之大成，明天地幽冥之大法"。6. 天人会友之补充："所以善其后也"。㉟可惜因为条件的限制，天人学会和布衣会最终不了了之，没能落实为真正的社会事业。

三、心性之学与德化教育

以上是吴芳吉在少年治学期间的若干片断。尽管他很早立志于"救济人心世道"，并相信"于至德要道，尤当实践，处处为人类楷模"，㊱1927 年回川以后，与四川名儒唐迪风、刘咸炘等人论学结交，吴芳吉开始勤读宋明理学的书籍，对宋明儒的思想人格，愈读愈信服。㊲从前因为专注诗歌创作，鉴于程朱曾有作文害道之说，以为理学与文学冰炭不容，所以不自觉地回避宋明儒的作品。㊳经过切实的钻研，他才省悟"立诚所发，正是修辞"，知道讲求公私义利之辨的理学，非但和文学没有抵触，更有"合而为一"的可能；㊴私下计划以 10 年时间，仿效但丁《神曲》三部曲的体例，撰写一首长达三万六千字的史诗，以"表现儒学之真"。㊵

在吴芳吉看来，心性之学还有复兴的可能性，并非如反传统主义者般所说的已然破产。他信心满满地对学生说："理学复兴，殆成必至之势。吾于此研习最浅，体行之工亦粗；然实知之最具，信之弥笃。微中国之文化，不能救济人类，微宋明诸子理学，不足代表中国文化。今之乡愿，尽教糟蹋孔子。然儒学之昌明广大，蔚成世界文化之一，固可预卜，而即自今日开始者也。吾之为诗，所以欲扫前人气习者，亦正着眼此处，不徒消遣一人性情而已。弟须知今之现象，非中国兴衰问题，乃全体人类之生死问题。吾人之言理学，非只阐扬孔道，裨益中国，盖使功利主义、浪漫主义之深入人心，无异驱人之向绝路。为救济人类计，实惟此为一坦途。"㊶

吴芳吉对宋明理学和中国文化的未来，较诸很多彷徨不知终日的文化保守主义者，无疑更有高蹈阔步的自信心。他笃信传统儒学的性善论，认为"古圣哲之用心，无不在于扶善制恶，以存人之本性"；而善与恶的战斗，是关乎个人、国家、民族、世界、文化的隆污兴废；为了存亡续绝，所以每一个人不能拒绝作战，也没有尤怨感伤的权利。㊷不少文化保守主义者为了王国维自沉一事而激刺哀愤，吴芳吉就深表不以为然。他认为王国维一瞑不视，只是个人的选择，花落春犹在，中国文化没有那么容易消沉；㊸就算"人心半死，文化垂亡"，仍不能就此撒手不管，起码也要绍承清初遗民如顾炎武、王夫之、黄宗羲、李二曲等大儒的志业。㊹

在反传统主义泛滥的文化环境中，吴芳吉的道德理想显然不易得到认可。他曾在上海、长沙、西安、成都、重庆等地执教，经常觉得新派当权，时不我予，不免生出灰心无力之感："至于天下已乱，大道沦亡，诗人生其间者，未尝不欲救世。然实不能有救，则惟慨然舍去，但求保其一身为已足，转忧为喜，破涕为笑，特立独行，以游乎物外。"㊺

事实上，吴芳吉毕生也没有超然出世，反而他满脑子都是入世教化的理想。在少年期间，他便梦想能在四川"建设吾理想中的学校"。㊻说实在的，他所皈依的宋明理学，实是反传统潮流下的空谷之音。国内绝大多数的大学生惟新潮是尚，要向他们宣扬中国文化的好处，毋宁对牛弹琴，成效微乎其微。但如果听众换了一群年纪较小、胸中还未怀有任何成见的中学生或小学生，从小开始教起，想也知道，他能感化的学生一定比在大学来得更多，更加深入人心。

在吴芳吉死前的一年，转换听众的机会就出现了。他的两位朋友邓褵仙和谷醒华，分别出任江津县的县长和教育局长，在 1931 年同时函请吴芳吉辞去重庆大学教职，回乡出任江津中学校长。4年前，即1927年初，吴芳吉将要离开陕西之际，本想接受江津中学提出的教职，只因路途周折，到北京后计划大变，才没有如约上任。[47]这可说明，他并不抗拒在这间中学服务；犹有疑虑的，只是校长工作的责任和困难度。吴芳吉感觉自己客居日久，人地生疏，不谙师资，深恐难以胜任。然而，邓禴仙乃是聚奎中学创办人邓石泉之子，聚奎出身的吴芳吉不能不卖面子给他。谷醒华治事勤奋朴素，廉洁公正，素有“布衣县长”之称。[48]他本是吴芳吉在嘉定联中（1914~1915）的旧同事，十多年来一直私下周济吴芳吉一家，但从不把这些恩义挂在嘴边。吴芳吉多次推辞，但最终也敌不过邓、谷二人的人情关说，答应这一聘约，限期半年。[49]半年之后，重庆大学虽提出回校述职的要求，但因为吴芳吉治理江津中学成效斐然，上下拥戴，所以继续留任，迄至1932年5月9日病逝为止。[50]

在吴芳吉接手之前，江津中学自身的客观条件，有好也有坏。好的条件，是学校原有的设备和师资，在四川来说堪称第一流的水平。[51]坏的条件，是派性严重，斗争成风。吴芳吉以前在外工作，就收过该校学生寄来宣布校长罪状的传单，而感叹说：“此种学校，只是一群瞎闹的痞子，师不成师，弟不成弟，是亦足以言教育乎？”[52]

要把“痞子”驯服过来，单靠权威不行，还要有耐性和爱心。[53]到校之初，吴芳吉便以谦恭下士的态度，礼遇校内各教职员，争取他们的戮力效劳。开学日致词，他只说到自己才疏学浅，办学又无经验，希望师生同心协力，共同办好江津中学，只字不提他个人的经历，更听不出他是什么诗人、学者、教授一类的话。师生们听后，一致感到出人意料，异口同声地说：“这个校长跟往常的校长大不相同！”[54]

学生刚经过暑假和新生刚考取到校，生活不免自由散漫，随时可以听到学生间用粗鄙语言戏谑，互相辱骂。吴芳吉不以庸俗繁琐的校规制裁，而是采取耐心教育的方式来启发学生自觉改正。他第一次在布告栏内贴出的，不是板着脸孔的长篇训示，只有“开口不骂人，熄灯不说话”的警句。随后他又发觉有的学生不自节约用度，任意向人借钱，他又贴出“忍穷不借钱，健儿不爱怜”的通知。为了纠正学生上街秩序不好的毛病，他提出“两人并肩，三人成行，让路踩左”的上街走法。他还针对学生不常写家信、但又多向家里要钱的情况，贴出规定每周星期三为家书日的指示：“懒生懒写家书，关系非小可也！能忍忘其父母，将何事不可为乎？自本周起，规定星期三为家书日……”并且作了一首《家书歌》，以中英文本附在后面。对于每周的家书，他都要抽阅、评讲，凡至诚至善者多加表扬，一时蔚然成风，深受社会上特别是家长的赞扬。总之，他从每周的实地考察中，发现当前存在的问题，对症下药，提出纠正和改进的措施。这些简单易行的标语口号，比起“本校长如何如何”之类的堂堂训词，更能起着潜移默化的引导作用。[55]

吴芳吉深明身教重于言教的道理，自接任起，勤勤矻矻为校务任怨任劳，事事亲躬，件件用心，经常带头示范，以铸成人格教育。他常说：“我将以办大学之道办中学。”由于他在县中德望高尚，办学的经费也得以增加一倍，一到校便亲自设计，添置了连椅书桌三百套，充实图书仪器，设专人管理，并在仪器室旁修阶梯形专用教室一间，加强理化实验教学。[56]在学校自备了发电机，用电灯照明，每天早晨三点钟他就起床开灯读书，学生们也不待督促，不匝月而全校灯火辉煌，书声琅琅，勤奋好学的风气很快就树立起来。他起床比谁都早，但却是全校最晚入睡的人。每夜十一时后，必提手灯，亲至寝室三匝，俟全校学生安寝而后寝。[57]如遇教师缺课，吴芳吉经常去班上代课补缺，常说：“我来当个

'听用吧'"，很受学生欢迎。对于学生的文娱活动，他也极其关注和提倡，把学生的课外时间，从赌钱、玩妓女等恶习，引导到足、蓝、排、网球类和田径比赛的活动上。有关校徽的设计，同样亲力亲为，不假手于人，其图案是一琴、一笔、一球，象征学生要在德、智、体三方面平均发展，作一个有高尚情操、丰富知识和健康身体的有用人材。他又制订"校呼"，每逢解队、散会时，都要全体高呼"江津县中学，学生活泼泼!"连呼三遍，鼓舞学生士气。为了显示师生同心协力，他更一度荷担执畚，亲率诸生于西门外辟大操场，从而引领学生参加劳动锻炼。在这种坐言起行的精神感召下，纵然顽石也会点头，江津中学的学生后来回忆，一致认为吴芳吉春风化雨，为学校注入一股前所未有的活力。⑱

吴芳吉的德化教育，感人最深之处是他能引咎自责，循循善诱。有一次巡查自习，遇某室笑语喧天，当他轻脚走到窗前时，有一名学生兴高采烈地向窗外吐痰，恰恰唾在他的面部，众皆为之哑然失色，肇事者更惊惧万分，如惹滔天大祸，不料被叫到校长办公室，吴芳吉却不加责罚，只是谆谆告诫一番，以此归咎自己；随后普遍设置一大批新痰盂盒，又亲自用毛笔写了"吐痰入盂"的字样，自此形成定规。⑲

又有一次，29 班（毕业班）有 4 名学生，在作文本中故意刁难国文老师陈泽熙。他是成都大学文科毕业，是吴芳吉物色来的，学识颇为丰富，只因口齿不灵，经常被学生瞧不起。这一次哄闹，陈泽熙脸目无光，再也不愿来校上课，照过去像这样已不折不扣地形同"罢教"，要么老师去，要么学生记过、开除，舍此别无他途。⑳吴芳吉却悬出一张庄严的牌告，一面指明是非，端正学生们的认识；一面自己申明处境，引咎辞职，并说："夫匿怨而友，贤圣所羞；反唇相讥，匹夫不取。芳吉固爱诸生，尤自爱此数尺穷骨。吾不能禁止诸生之自新，亦何必助长诸生之我慢。惟二十九班诸生三复思之。"㉑句句至情至理，处处动人心弦，使犯过的 4 名学生感到良心不安，相率向吴芳吉承认错误，同时也向陈泽熙衷诚悔过。这使吴芳吉欣慰无似，于是又悬出第二张牌告，对学生们洗涤前非，极表嘉许，特别援引"悔过自新"之说勉励全校学生："芳吉自幼不学，长以家穷，不能买书，及弱冠之年，始得《李二曲集》读之，至悔过自新一篇，大为感动。其略曰：'悔而又悔，至于无过之可悔；新而又新，至于日新之不已。'此真入德之门，而立己之基。十余年来，得力于此至多。愿以献我全校同学。"㉒

这可看见，吴芳吉可以随时随地把儒学义理应用在日常生活上面。他所理解的心性之学，是生命的学问，是活泼泼的，是关乎做人立品的简易道理。他很清楚，在国内反传统的气氛中，一般学生都不可能主动翻阅古人的著作和语录，所以大费周章地将刘宗周的《人谱》改编，手写石印，附以《论语》、《孟子》、《小学集注》、《大学衍义》等资材，每周星期六晚上，集合全校诸生讲授。尽管讲的是严肃的人生道理，但吴芳吉讲话流利优美，富于形象化，时常援引名人的嘉言懿行和一些生动有趣的故事，颇合初中生的年龄特征，故此同学们总是洗耳恭听，反应极佳，甚至当场击掌叫好。许多年后，不少学生还把他讲的故事内容牢记在心，成为做人处世的座右铭。㉓

四、为校献身的结局

传统儒者所讲的道德，不只是个人私德，更须在国家社会有所贡献。吴芳吉高明的不只是私人操守和德化教育，他对民族大义之伸张，尤令学生敬仰。治校不久，东三省便发生"9·18事变",吴芳吉傍晚得到消息,立即把江津县教育局长邓禊仙请来,为师生们作抗日救亡报告。到时,学生刚下课自习,吴芳吉亲自打紧急集合钟,将师生齐集在中堂坝听讲。在他的共同鼓动下,满场师生声泪俱下,无不义愤填膺,随即示威游行。[64]后来吴芳吉向人表示,不惜"欲以赤手与倭寇拚之"的决心,[65]并把像衙门的校门拆了,改建成一座黄河铁桥式的照墙,墙头四个桥墩上都安置一尊牛儿炮,炮对准东方,表示抗日之意。[66]此外,他还不忘文学救国,写了《日军占我沈阳》、《雠货买不得》、《别白沙油溪少年》、《在江津县中学水陆游行会作》、《巴人歌》诸诗,慷慨悲歌,发扬蹈厉,以扩大抗日宣传。[67]他的诗不只激起了县内许多青年学子积极投身抗日,后来在抗战期间还成为鼓舞民族复兴的宣传作品,口碑载道。[68]

遗憾的是,吴芳吉没能亲眼目睹抗日战争胜利的日子。以前有人替他算命,说他可活至58岁;[69]事实证明,这个批言彻底错误。他对人对事无微不至,但对自己的身体健康明显注意不够,[70]身体瘦弱,[71]在28岁前更染上肺病,长期咳嗽未愈,[72]可惜穷困不堪,病发了也无钱吃药。[73]

1932年5月4日,吴芳吉应加拿大友人文幼章的邀请,到重庆中华基督教青年会讲演,讲题自定为《儒家思想与耶教精神》。[74]5月3日出发,因无江轮可乘,只得自行雇了一只"双飞燕"小木船顺流而下。他在舟中的半日余闲写成《巴人歌》,但因河上风大,抵渝后已感不适,但仍坚持向到会中外人士作讲演,并且大声朗读《巴人歌》,语调高昂愤急,声泪俱下,听者无不感动。讲演结束,翌日匆匆乘船赶回江津中学。[75]

尽管身体不断被病魔侵蚀,但吴芳吉仍兢兢业业,视听言动未敢稍有怠懈非礼。从码头上岸至学校的一段路,约有七八里,他的手头提了一大包新印的诗篇和其他东西,沉甸甸的,头顶着正午的大太阳,火辣辣的,双脚艰难地蹬着一级一级的石梯走,慢吞吞的。此时学校正在培修校舍,后门大开着,以便施工,假如他从后门进校,可少走两三里路。然而,他以前对师生讲及"不可行不由径""正己而后正身"的道理,所以再辛苦也不肯走那条快捷方式,硬要绕一个大圈子,从大门进校,一到寝室就支持不住病倒了。[76]

当晚吴芳吉仍不顾劳瘁,强自振作精神,向全校学生朗读、讲解《巴人歌》,未竟即晕倒在讲台上。次日延校医刘某处方,因与病情相左,服药不久,即高烧不止,人事不醒。下午送回德感坝家里。县长谷醒华将名医请来诊治,又各持己见,致久久不能下药,终因病势日剧,医治无效。[77]吴芳吉病笃时仍忘不了发妻何树坤,咽气前执意与之吻别,作最后的缠绵,时值1936年5月9日11时半,终年三十六岁。[78]

吴芳吉死前带病讲课坚持到底的精神,已深深地感动着全校师生的心,噩耗传来,尽皆嚎啕痛哭。次日,全体师生过江向他的遗体告别,依次静静地走过正厅门瞻仰遗容出来,每人无不清泪涔涔。[79]5月29日早上10时,假旧重城至公堂,设位致奠,[80]谷醒华亲临主持,追悼会一切都很隆重,行礼严肃,与会者不下千人,共收挽联、祭帐二百余件。遵照吴芳吉生前遗嘱,遗体安葬于母校聚奎学校所在地黑石山的默林。他的遗像,师生们每人都加印一张永远存作纪念。送葬那天,江津中学考虑师生都去,缺课太多,决定每班推选代表二人送葬,但学生不肯依从,终于由全体师生出动护送灵柩,观者塞途,哭声震野。[81]到达默林后,学生们争相出力掘穴造墓,以表最后哀思。旁观者私下都说:"为人如吴校长足矣。"[82]刘朴见状亦慨叹说:"不至江津中学,不知碧柳建设之伟,可以愧死办大学之不认真者。平日佩碧柳能立言,岂知发愤有为,乃能若是!"[83]

吴芳吉德性之醇，任事之勇，待人接物之厚，为儒家学说作了最亲切感人的见证。当时江津中学亲聆教益的各班（29～35 班）师生，多年后聚谈起来，仍对吴芳吉无比的敬佩和尊仰；邑中父老对他的办学精神，同样非常支持和拥护。㉞吴芳吉英年早逝，未竟之志尚多，但其生命光芒照耀在不少人的心中：例如唐迪风之子唐君毅，多年后回想吴芳吉其人，不禁盛赞"精诚恻怛，使人一见不忘"；㉟又如爱国将军冯玉祥，对吴芳吉也敬佩之极，抗战期间途经江津，也不忘打听其后嗣的消息。㊱

还有，曾经激烈反对吴芳吉离湘回川的明德中学校长胡元倓，也不计前事，对吴的早死深表哀恸，在校亲自指导《明德旬刊》出版《吴芳吉专号》；尽管他本身已是万人敬仰的大教育家，但自比于吴芳吉，仍觉有所不及，曾赋诗云："以身殉学先吾死，果力精心愧弗如。回首昔游余隐痛，秋风凉露检遗书。"㊲

至于与吴芳吉曾有剧烈纠纷的吴宓，在多年以后，也承认吴芳吉的为人行事，确实体现着道德礼教的真精神，㊳并称许吴芳吉"乃真特立独行者"，"深觉碧柳之伟大坚实。其人其诗，近世中国无能比并者矣。"㊴

结　束　语

明儒王阳明曾这样区分两种不同的讲学方式："有讲之以身心者，有讲之以口耳者。讲之以口耳，揣摸测度，求之影响者也；讲之以身心，行着习察，实有诸己者也。如此，则知孔门之学矣。"㊵显然的，吴芳吉的所言所行，不限于读书作文的纯知识活动，而且更是一种切身的求道实践。他念兹在兹，是要在浩浩荡荡的反中国文化的新潮之中，通过自己的"身教"来捍卫传统道德礼教，以此救世、救中国、救中国文化。在他而言，这不是象牙塔内的思辨玄学，而是以全副生命投入其中的道德事业。他的思想形态，不同于西方的哲学家和思想家，反而有点像各大宗教的传道人。尽管他没有留下深奥难懂的哲思玄理，但他的办学精神却是体现儒学的真精神，值得今人再三玩味。

注　释：

①　［韩］李退溪：《李子粹语·为学》，载《增补退溪全书》（韩国成均馆大学大东文化研究院 1978 年影本），第 5 册，第 226 页。

②　汪荣宝（撰），陈仲夫（点校），《法言义疏》（北京：中华书局，1987），第 5 页。

③　刘朴：《吴芳吉传》，载《吴芳吉集》，贺远明、吴汉骧、李坤栋（选编），（成都：巴蜀书社，1994），第 1361 页。

④　吴汉骧：《忆先君吴芳吉》，载《江津文史资料选辑》第 2 辑（1985 年 2 月），第 60 页。此文说"刘淑贤系江津城内贫民"，按常识推敲，刘氏既能读书识字，而不必为口奔波，相信再贫也不会贫到哪里去，起码也在中人之上。

⑤　文强：《我在明德中学的风云变幻中》，载《明德春秋》（长沙：长沙市政协文史资料研究委员会，1993），第 101 页。

⑥　吴芳吉四岁患上"大溲而血"之症，七岁方告痊愈；参阅刘朴，《吴芳吉传》，第 1361 页。

⑦　《痛定思痛行》（载《吴芳吉集》，第 30 页）云："教我识字，天地亲师。三岁发蒙，《周南》二诗。"鉴于刘淑贤具有女子师范的学历，教儿读书是情理所必然的事情，故取信之。

⑧　吴汉骧：《忆先君吴芳吉》，第 60 页。此事发生在 1906 年，从吴芳吉 1915 年 6 月 17 日日记

（载《吴芳吉集》，第 1085 页）"十岁时，以父狱滞渝州"一语可证。施幼贻《吴芳吉评传》一时说十岁（第 212 页），一时说十三岁（第 8 页），前后矛盾，可怪。刘朴《吴芳吉传》（第 1361 页）将之系于入读聚奎以前，亦非。

⑨　吴芳吉：《萧湘先生事略》，载《吴芳吉集》，第 590 页。

⑩　吴芳吉：《校长唐定章先生事略》，载《吴芳吉集》，第 608 页。

⑪　吴芳吉：《萧湘先生事略》，第 590 页。

⑫　刘朴：《吴芳吉传》，第 1362 页。

⑬　吴芳吉：《致邓绍勤〔1925 年 3 月 9 日〕》，载《吴芳吉集》，第 776 页。

⑭　这是吴芳吉从儿子吴汉骧所看到的性格遗传特点；参阅吴芳吉 1917 年 3 月 4 日日记，载《吴芳吉集》，第 1135 页。

⑮　吴芳吉：《吴碧柳·注》，载《吴芳吉集》，第 2 页。

⑯　吴芳吉：《训谕牌告（二）》，载《吴芳吉集》，第 566 页。

⑰　吴芳吉：《戊午元旦试笔》，载《吴芳吉集》，第 53 页。

⑱　吴芳吉：《与姚生书〔1918 年 9 月 28 日〕》、1918 年 9 月 15 日日记，载《吴芳吉集》，第 641、1260 页。

⑲　章太炎：《革命之道德》，载《章太炎选集》，朱维铮、姜义华（编注），（上海：上海人民出版社，1981），第 298 页。

⑳　吴芳吉 1917 年 2 月 4 日日记，载《吴芳吉集》，第 1124 页。

㉑　吴芳吉：《与王梦余〔1918 年 3 月 17 日〕》，载《吴芳吉集》，第 629 页。

㉒　在上海期间，吴芳吉的静坐记录；参阅吴芳吉 1915 年 6 月 13 日至 16 日、18 日、21 日、7 月 1 日至 11 日日记，载《吴芳吉集》，第 1082、1084～1085、1087、1089、1109 页。1917 年，因为水灾避难，吴芳吉连日未进早餐，又不能从事静坐，后来形容其害："竟惯惯若病夫，不能振作"（参阅吴芳吉 1917 年 7 月 25 日日记，载《吴芳吉集》，第 1155 页）。1919 年秋，吴芳吉再次旅居上海，因为担心梦遗发作，仍继续静坐（参阅吴芳吉 1919 年 10 月 26～27 日日记，载《吴芳吉集》，第 1300～1301 页）。迄至三十四岁，亦即逝世前两年，他和学生谈论静坐后的心得（参阅吴芳吉，《与周光午〔1930 年 7 月 29 日〕》、载《吴芳吉集》，第 1038 页），不难看见，静坐是他一生持之以恒的工夫。

㉓　吴芳吉 1918 年 7 月 13 日日记，载《吴芳吉集》，第 1245 页。

㉔　有关宋明理学的公私之辨，参阅翟志成：《宋明理学的公私之辨及其现代意涵》，载《公与私：近代中国个体与群体之重建》（台北：中研院近史所，2000），第 1～57 页。

㉕　吴芳吉曾经构思写作一本名为《天人之书》的书，预计分为人才论、学术论、真理论、家庭论和政府论五章，而家庭论的主旨，是希望打破父母万能、亲子尚私的观念。吴芳吉认为，一般世俗的孝道，往往是愚昧蒙昧、迷信习俗的产品，为父母之私心所摆布；症结所在，全在一个"私"字，"上下交征，要在于私。私在一国，则一国乱；私在天下，则天下乱。此世之所以不治、道德学问所以颓败而无已乎？"参阅吴芳吉 1917 年 7 月 3 日日记，载《吴芳吉集》，第 1148～1149 页。

㉖　吴芳吉：《与吕谷凡〔1916 年 11 月 25 日〕》，载《吴芳吉集》，第 623 页。

㉗　吴芳吉：《可怜曲》，载《吴芳吉集》，第 62 页；"亿"字《吴芳吉集》误植为"忆"，今据《吴白屋先生遗书》（第 1266 页）改正。

㉘　吴芳吉：《吴碧柳歌》，载《吴芳吉集》，第 1 页。

㉙　吴芳吉 1917 年 8 月 17 日日记，载《吴芳吉集》，第 1254～1257 页。

㉚　《年谱》，第 143～144 页。吴宓 1915 年 5 月 9 日日记，第 436～437 页。

㉛　《年谱》，第 143～144、148、195、216 页。吴宓 1921 年 8 月 12 日、1927 年 10 月 10 日日记，2：234；3：418。吴芳吉：《禀父母〔1926 年 11 月 8 日〕》、1918 年 7 月 3 日日记，载《吴芳吉集》，第 888、1239～1240 页。

㉜ 吴宓：《致吴芳吉〔1916年4月3日〕》，转引自《空轩诗话》，载《雨僧诗文集》（台北：地平线出版社，1971），第424页。

㉝ 吴芳吉1918年7月3日日记，载《吴芳吉集》，第1239～1240页。

㉞ 吴芳吉1918年4月25日日记，载《吴芳吉集》，第1215页。

㉟ 吴芳吉1918年12月23日日记，载《吴芳吉集》，第1281页。

㊱ 吴芳吉：《与周光午〔1924年7月18日〕》，载《吴芳吉集》，第699页。

㊲ 吴芳吉：《与邓绍勤〔1931年7月28日〕》，载《吴芳吉集》，第1051页。

㊳ 吴芳吉以前和人讨论读书，也只是计划熟读九通、廿史、百子、群经，或者谈及对佛典和《文选》的心得；参阅吴芳吉：《与吴雨僧〔1922年9月7日〕》、《与吴雨僧〔1922年9月〕》、《与吴雨僧〔1924年2月16日〕》，载《吴芳吉集》，第675、678、696页。

㊴ 吴芳吉：《与吴雨僧〔1928年3月26日〕》，载《吴芳吉集》，第981页。

㊵ 吴芳吉：《与邓绍勤〔1929年1月1日〕》、《与吴雨僧〔1930年6月8日〕》，载《吴芳吉集》，第991、1030～1031页。

㊶ 吴芳吉：《与周光午〔1929年1月25日〕》，载《吴芳吉集》，第992页。

㊷ 吴芳吉：《〈白屋吴生诗稿〉自序》，载《吴芳吉集》，第554～555页。

㊸ 吴芳吉：《与周光午〔1928年7月8日〕》、《与吴雨僧〔1928年8月10日〕》，载《吴芳吉集》，第985～986页。

㊹ 吴芳吉：《与刘柏荣〔1930年12月27日〕》，载《吴芳吉集》，第1044页。此信的主旨，以透过文化大义，来劝喻刘朴不要弃学从政；当时刘咸炘同样也有类似的见解，参阅刘咸炘，《致吴芳吉〔1930年11月19日〕》（原稿）。

㊺ 吴芳吉：《与邓绍勤〔1925年6月10日〕》，载《吴芳吉集》，第809页。

㊻ 吴芳吉1920年6月9日日记，载《吴芳吉集》，第1355页。

㊼ 此事周折甚多，拙著《吴宓与吴芳吉》已有详细考证，于此不赘。

㊽ 四川省荣县志编纂委员会，《荣县志》（成都：四川大学出版社，1993），第590页。

㊾ 刘朴：《吴芳吉传》，第1363、1374页。

㊿ 吴芳吉：《致省教育厅厅长〔1931年冬〕》及张铮的挽留指令，载《吴芳吉集》，第1053～1054页。

(51) 王利器：《王利器自传》，载《中国现代社会科学家传略》第2辑（太原：山西人民出版社，1982），第80～81页。

(52) 吴芳吉：《禀父母〔1925年1月16日〕》，载《吴芳吉集》，第753页。

(53) 吴芳吉爱护学生的心情，可从《岁暮示诸生》（载《纪念集》，第337页）一诗略窥一二，此诗共五首，今举其三："相感复相观，问眠还问餐。护惜如花草，玲珑见肺肝。知者谓我严，不知谓我宽。宽严均未允，惟尔身心安。"

(54) 钟泽普：《吴芳吉先生治校回忆》，载《吴芳吉逝世五十周年纪念集》（重庆：重庆市江津县文化局，1984，以下简称《纪念集》），第34页。

(55) 李则夷：《吴芳吉先生在江津中学》、郭明达：《白屋诗人对我的影响》，载《纪念集》，第28～29、51页。肖嘉辉：《吴芳吉先生以德化人二三事》，载《江津文史资料选辑》第12辑（1991年12月），第139～140页。

(56) 钟泽普：《吴芳吉先生治校回忆》，第35页。

(57) 王利器：《从吴芳吉先生读〈淮南子〉》，载《往日心痕：王利器自述》（太原：山西人民出版社，1997），第21页。伍义泽：《回忆吴碧柳校长》，载《纪念集》，第48页。周光午：《致海内师友公函》，载《大公报·文学副刊》第231期（1932年6月6日），第八版。

(58) 龚灿滨：《吴芳吉传》、钟泽普：《吴芳吉先生治校回忆》、张锦兰、漆保邦：《精诚所至，金石为开——为纪念吴芳吉先生逝世五十周年作》、张汉儒：《怀念吴芳吉校长》，载《纪念集》，第 4、35、78 页。

㊾ 肖嘉辉：《吴芳吉先生以德化人二三事》，第 140 页。

⑥ 陈显钦、王利时：《难忘的一次教诲》，载《纪念集》，第 74～75 页。

㉖ 吴芳吉：《训谕牌告（一）》，载《吴芳吉集》，第 565～566 页。

㉒ 吴芳吉：《训谕牌告（二）》，载《吴芳吉集》，第 566～567 页。

㊗ 吴芳吉：《与汉骧、汉骥〔1932 年 3 月 8 日〕》、《与刘鉴泉〔1932 年 4 月 16 日〕》，载《吴芳吉集》，第 1056、1059 页。钟泽普：《吴芳吉先生治校回忆》、沈永忠，《吴碧柳校长逝世五十周年纪念》，载《纪念集》，第 34、41 页。

㊽ 钟泽普：《吴芳吉先生治校回忆》，第 34 页。

㊻ 吴芳吉：《答刘雪耘〔1932 年 3 月 15 日〕》，载《吴芳吉集》，第 1057 页。

㊺ 王利器：《王利器自传》，第 81 页。

㊿ 诸诗载《吴芳吉集》，载《吴芳吉集》，第 328～329、331～335、339～341 页。

㊻ 昝健行：《纪念白屋——为吴白屋先生逝世八周年作》，载《民族诗坛》总第 21 辑（1941 年 5 月），第 3 页。

㉟ 吴芳吉：《禀父母〔1925 年 4 月 8 日〕》，载《吴芳吉集》，第 785 页。

⑦ 据刘朴：《吴芳吉传》（第 1377 页）的记载，吴芳吉亵衣不足，也没有添购，出汗之时，也只用纸张覆背，等到汗干为止。由此可见，他对于自己身体的凉燠调节，是如何的随便和不检点，也难怪他染上肺病了。

㉑ 柳诒征《哀吴碧柳》有句云："碧柳之瘦如猱猿"；载《泰安诗词选》（长沙市明德中学百年校庆办，2003）第 85 页。

㊼ 吴芳吉：《致树坤〔1924 年 8 月 3 日〕》、《致树坤〔1925 年 4 月 18 日〕》、《禀父母〔1925 年 4 月 26 日〕》、《致树坤〔1925 年 4 月 26 日〕》、《致树坤〔1925 年 5 月 5 日〕》，载《吴芳吉集》，第 703、787、789、790、796 页。

㊽ 吴芳吉：《致树坤〔1930 年 3 月 17 日〕》，载《吴芳吉集》，第 1015 页。

㊻ 吴芳吉之所以选择《儒家思想与耶教精神》的讲题，可能是因为那时他相信《圣经》的教训有不少地方可以和儒家相印证。翻查现存原稿，就有一张他手绘的《耶稣行教地图》，一篇名叫《耶稣要言》的笔记，后者是在 1931 年圣诞节所写的，抄录了十六则箴句，中英并录，其中十二则来自《路加福音》、两则来自《马太福音》、一则来自《马可福音》、一则来自《约翰福音》，不少是有关道德实践的教训，例如"尔欲人施己者，亦如是施诸人"、"利尽天下而自丧亡者，何益之有"、"勿止之，凡不阻汝者，即助汝者也"、"尔不能事上帝又事货财"等等。

㊾ 李则夷：《吴芳吉先生在江津中学》，第 31～32 页。吴汉骧：《忆先君吴芳吉》，第 65 页。

㊻ 王利器：《王利器自传》，第 82～83 页。肖嘉辉：《一代人师——吴碧柳先生治校回忆》，载《纪念集》，第 103 页。

㊺ 吴汉骧：《忆先君吴芳吉》，第 65～66 页。

㊽ 吴灿桢：《明德忆旧》，载《明德中学建校八十五周年纪念册，1903～1988》（自印本，1988），第 19 页。

㊾ 李则夷：《吴芳吉先生在江津中学》，载《纪念集》，第 32 页。

⑧ 《成都追悼吴芳吉先生哀启》，载《大公报·文学副刊》第 236 期（1932 年 7 月 11 日），第八版。

㊶ 钟泽普：《吴芳吉先生治校回忆》，第 36 页。

㊷ 刘利扬"：《敬悼吴碧柳先生》，载《纪念集》，第 39 页。

㊸ 刘朴：《与刘鉴泉书》，第八版。

⅏　为了酬答吴芳吉的贡献，江津县全体行政会议代表，旋即一致决定在地方财政余项下，拨出
2000 元给何树坤等人作为抚恤费；参阅张锦兰、漆保邦：《精诚所至，金石为开——为纪念吴芳吉先生
逝世五十周年作》，第 38 页。

⑧　唐君毅：《病里乾坤》，载《唐君毅全集》，3：9。

⑧　吴汉骧：《冯玉祥将军与先父吴芳吉》，载《江津文史资料选辑》第 12 辑，第 126～127 页。

⑧　梁赐龙（编）：《胡子靖先生年谱（1872～1940）》，载《明德春秋》，第 61 页。

⑧　吴宓 1933 年 8 月 18 日日记，5：441。

⑧　吴宓 1944 年 11 月 24 日、12 月 24 日日记，9：357、385。

⑨　《传习录》卷中，第 172 条。

（作者单位：中山大学政治与公共事务管理学院）

儒学的世界性与世界性的儒学

□ 林桂榛

"世界"一词源于汉译佛经,本义同于"宇宙"。唐代转译的天竺《楞严经》第四卷说:"云何名为众生世界?世为迁流,界为方位。"先秦《尸子》佚文以及汉代蒙书《三苍》佚文皆说"四方上下曰宇,往古来今曰宙";《文子·自然》谓"往古来今谓之宙,四方上下谓之宇";《淮南子·齐俗训》谓"古往今来谓之宙,四方上下谓之宇"(唐代成玄英疏《庄子·齐物论》等篇亦作如是观);东汉张衡《灵宪》则谓"宇之表无极,宙之端无穷";故《太平御览》卷二引《纂要》曰:"天地四方曰六合,四方上下谓之宇,古往今来谓之宙。"——可见,"世界"、"宇宙"两词的本义一直是相通或相同的,"世"、"宙"指时间,"界"、"宇"指空间,两词都是指时间、空间的无限性或无限的时间与空间(即存在);进而,它又衍变成对"普遍性"、"普适性"、"现世性"(当下性)的一种哲学指称或抽象叙述。

儒学的世界性

"儒学的世界性",是指儒学所关注、关怀、讨论的问题的普遍性(广泛性、深刻性)。——如果儒学的创立从孔子开始算起的话(是否如此可存疑讨论),那么孔子所秉承和传授的"六艺"之学,无论作为初级教育的"小六艺"(礼、乐、射、御、书、数六种技艺)还是作为高级教育的"大六艺"(《诗》、《书》、《礼》、《乐》、《春秋》、《易》六种经术),它们的构成都足以说明儒学所关注的问题的广泛性和深刻性。因而,孔子的思想学说亦只有在"六艺"尤"六经"的构成体系里,才能得到充足的理解和阐释;任何偏于一隅而忽略其他的解释和发展,都可能在深化孔子思想学说的同时,偏离孔子原有的思想理路与精神本貌。(《汉书·艺文志》:"昔仲尼没而微言绝,七十子丧而大义乖。"《韩非子·显学》:"孔墨之后,儒分为八,墨分为三,取舍不同,而皆自谓真孔墨。")

1. 任何一种深层的文化或文明,都会对整个宇宙的存在提出终极性的解释框架,并在理论叙述上完成它的逻辑闭合性。作为人类文明大系的中华文化,其主流的学术即儒学,同样表现了这样一种认知上的宇宙情怀与理论上的终极追求,并在《易》学"宇宙三才"的深刻叙述框架下(天、地、人:天道,地道,人道;天德,地德,人德),展开它的宇宙观及该宇宙观下的详细之学术演绎。所以在最高层次上,儒学所关注的问题的普遍性，首先就在于儒学"仰观天文，俯察地理，中知人事"的学术广泛性（与"天地人"三才相应，宏大叙事的天文学、地理学、历史学一直是中国传统学术的重心，而史学又是重中之重），此正古人所谓"一事不知，儒者之耻"的意味之所在。当然，早期儒学它那学术上"天文、地理、人事"的全面关注只表明儒学对世界问题有无所不涉的传统，并不表明后世儒学未曾深化和发展，更不意味着后人要以坚守儒学的混沌一体性来反对儒学的具体深化。（有深化就必有分化，《庄子·应帝王》曰"七窍凿而浑沌死"，《庄子·天下》曰"百家往而不反必不合矣，道术将为天下裂"。）

2. 儒学不仅有"天、地、人"的广泛关注与宏大叙事从而散发出它独特的哲学意味与哲学形式，而且儒学在天文、地理背景下围绕"人事"所展开的大规模的学术进路与学术成就，也表明儒学所关注、关怀、讨论的问题的普遍性。——如何来概括儒学在社会生活领域方面（"人事"）的学术内容呢？敝以为早期儒学即先秦、秦汉儒学自有它非常周密而恰切的几个概念可概括之，那就是《礼记·乐记》中"礼乐刑政四达而不悖则王道备矣"的"礼乐刑政"四字。（"礼乐刑政"的"刑"以及孔子"道之以政，齐之以刑，民免而无耻"、"刑罚不中，则民无所措手足"中的"刑"，其本字当是"荆"，"荆"是作为一般律令、律例的"灋"［法］，不同于刑到、刑杀、刑戮或现"刑法"的"刑"；许慎《说文解字》、徐锴《说文解字系传》以及清代小字学家段玉裁、桂馥、王筠、朱骏声、严可均等，都对此有详证的考辩，梁启超在《先秦政治思想史》第十三章中也予以了认同，详待另文专述。）

孔子说"人道政为大"①和"政者正也"，②早期儒家的思想学说不仅忠实于中华史三代以来"礼乐文明"的基本特征而重视礼乐或礼乐化的生存，而且早期儒家对作为一般律例的"荆"以及"政以行之"的"政"，也予以了足够的学术重视，并在理论上将对政治清明的追求诉诸于法治框架的支持。后世儒学尤宋明儒学则不仅将本有"制度"性质的"礼"或制度关怀的"礼学"转向了心性路径的"理"或"理学"（儒学的佛学化），而且也失缺了早期儒家重视"荆政"之思的学说维度。"养生丧死无憾，王道之始也"③；"礼节民心，乐和民声，政以行之，荆以防之，礼乐荆政四达而不悖，则王道备矣"④——此正表明儒学对一切"人事"的广泛关注。而高度重史的文化传统以及囊括一切"人事"的正史体式，也恰是儒学学术广泛性在社会生活领域的直接体现。

3. 儒学将目光投向了宇宙的一切现象或问题，并且尤其覆盖了他们视野中的人类生活史及当下生活的一切内容，其学术的关怀或旨趣可谓极其广泛和完备；而儒学不仅在问题的广泛性上具有广阔而丰富的学术关注，而且也在问题的深刻性上，获得了非凡的学术纵深与文化成就。这种学术纵深与文化成就，其显著的标志就是儒学"天命之谓性，率性之谓道，修道之谓教"⑤的理路下，其贯穿"仁"之精神也即"善美精神"所建构起来的丰富之人文教化以及反映该人文教化的儒学话语。可以说，儒学不是创世人格神的宗教（religion）或宗教神学（theology），但它同样具有不亚于世界各大宗教之宗教精神的深刻性：理智下的仁爱、宽厚与热诚，并在厚重的生命感、历史感、宇宙感里，洋溢着一种明快而轻盈的悠然与飘逸，这种精神在儒家礼教、乐教、诗教中体现得最为淋漓尽致。——儒家学说对人精神领域的深刻洞见与深沉智慧，乃是儒学贡献于人类文明的最大一笔财富。

荀子曰："凡以知，人之性也；可以知，物之理也。"⑥显然，《论语》、《孟子》等著作更多的不是对"存在"（物之理）的描述与探究，而是对"超越"（人之情/人之性/人之生）的描述与探究；如果硬要说它们也叙述和探究"存在"，那么这个"存在"也只是"超越性的存在"即思想性的人事存在或人之存在而已（人情、物理之分在古代学术中由来已久，明代吕坤《呻吟语》卷六，清代李渔《闲情偶记》卷一亦有该区分和别识）。儒学乃是与生活、历史及个我的生命体验共生的，因而和进行对象化探究的西洋"哲学"、"科学"相比，作为人文教化的儒学，自然不能指望于西洋学术所擅长的"形式逻辑的体系"来彻底贯穿或阐释之；如果儒学按照西洋哲学或近现代科学所通有的"形式逻辑的体系"来进行学术分解和组装，那么儒学的生命和儒学的意义，就将宣告"终结"。19 世纪末至今，"现代化"呼声中的中国儒学或中华文化其发展的困境，无不反衬了以儒学为主的中华传统学术的固有路径，也无不昭示了有别于"形式逻辑的体系"的儒学它那浓厚生命气息的"历史逻辑的体系"。（即使是"形式逻辑的体系"的问题，我们也当汲取它们的"逻辑方式"即治学方式或叙述方式而非照搬它们现成范畴的"逻辑形式"，毕竟中西某些学问或学科的问题路径、讨论对象以及相关的范畴体系是不一样的，比如中西"哲学"、"神学"的问题。）

4. 当然，儒学不仅在宇宙领域、人类生活领域以及人类生活领域内的思想精神领域这三大构成上享有广泛而深刻的"普遍性"，而且儒学在它两千余年的历史发展中，它的空间传播和生活渗透，也的确是"世界性"的：儒学在当时的"天下"视野中，也就是在西伯利亚以南与天山、喜玛拉雅山以东的东部亚洲，得到了广泛而深入的传播，从而形成了"儒学文化圈"或"汉字文化圈"；除中国外，东亚大陆周边地带的朝鲜、越南、日本、琉球等半岛或岛屿，受中国儒学的影响极深也是漫长的史实，至今余音不绝。当然，儒学或儒学文化不仅对东部亚洲产生了广泛而深刻的影响，对西亚以及欧洲，在历史上都产生过丰富的影响，甚至在 18 世纪的欧洲"启蒙运动"中，东方的儒学思想也曾一度成为他们重要的批判性之思想资源。

世界性的儒学

如果说"儒学的世界性"是叙述历史上的儒学，那么"世界性的儒学"则是叙述未来的儒学或儒学的未来。所谓"世界性的儒学"，是指儒学置身于全球的学术话语或文明话语的浪潮中，儒学在开放、传承、革新、转生等一系列重大过程上的自我演进与发展——儒学不仅要承担"内在性"以传承和转生中华文明的使命，也要积极回应乃至主动推动"外在性"的不同学术体系的对话与不同文明体式的对话，为中华文明的发展提供历史理性，也为世界文明的发展提供深层智慧，并从而获得它"世界性"的话语地位与思想意义。

1. 开放性：儒学要获得它"世界性"的话语地位与思想意义，儒学首先就必须是"开放性"的。与 16 世纪以来欧美思想学术的突飞猛进相比，16 世纪以来的中国，自大儒王阳明之后，儒学数百年来都未再有过创造性的重大突破，乃至近代以来儒学的话语空间都在国势衰微以及西方话语强势下逐步萎缩甚至几于绝境。显然，儒学要在世界学术中占有一席之地并代表中华文明进行言说，儒学就必须直面数百年来欧美思想学术的成就，对民主、法治、人权、市场等重大问题予以自我吸收与化解（一如宋明理学回应与超越当时佛学思潮）；如果儒学对人类普遍性的重大问题都缺乏应有的回应或回答，那么中国儒学就不可能具有任何"世界性"而将自我"放逐"于人类生活之外并成为仅供学者们把玩的陈腐"文物"而已。

2. 生活性：自我"放逐"于活生生的人类生活之外，这不是儒学本来的旨趣和面目。故儒学除了要在"挑战——回应"方面化解西方冲击带来的问题，儒学还应走出纯书斋式的学术研究而来观照或关怀人们的生活尤其是精神生活，否则如前面所述——儒学的生命和意义就将宣告"终结"。而观照、关怀和提升我们自己的生活，就得充份发挥儒学它人文之学的性质与功能（礼教/乐教），将学术研究与人文教化充分结合起来，将儒学研究与儒学的弘扬或传统文化的弘扬结合起来，走一条"儒学走向生活，生活走向儒学"的相生共长之路。当然，在都市化的生活日用或生活嬗变中（城市化过程），几千年来与乡村宗族型的社区生活以及东亚固有政体相适应的"从祭坛走向讲坛，从讲坛走向祭坛"的儒学能否实现恰当的现代移植或转生，是值得我们继续观察和探索的。

3. 现代转生：基于上述两点，儒学如何回应全球浪潮（全球化）和生活方式的转变（城市化），已经成为考验儒学在社会生活领域能否继续具有现实生命力的标志。"每一个时代的理论思维都是一种历史的产物"[⑦]，先秦、秦汉以来的儒学只是它们相应历史的一种反映，并不意味古代儒学的伟大成就可以一劳永逸于后人。所以，追随生活与历史的"日新"步伐来实现儒学的"因革损益"是儒学发展的必由之路，这种"因革损益"的本质是对历史或传统的合理传承与创造性发展。如果儒学拒绝固有的血脉，如果儒学拒绝全球性问题，如果儒学拒绝活生生的生活，那么儒学走向"博物馆"是不可避免的；故置身于世界与投身于生活的儒学，对传统菁华的传承与海外思想文明的汲取并转换成自我话语（消化之），是儒学发展的当务之急。

4. 文化儒学：《易·贲》曰："观乎天文以察时变，观乎人文以化成天下。"正因为儒学对"人事"即人类生活或历史的紧密追随，正因为儒学与百姓人伦日用的天然伴生，所以自古以来儒学都是"文化儒学"，而儒学也注定驶向"儒学文化"。因而，如果说"因革损益"是儒学发展的基本规律，那么"旧邦新命"则是儒学文化的基本使命。基于文化儒学的共同历史辐射与儒学文化的长期民间浸淫，振兴中华文化以及推动东亚文化的发展乃至推动东亚文明与世界文明的对话，是儒学文化超越它原本"天下"中心视阈（即东亚地区）而自立于世界的崇高任务；而"语言是存在之家"[⑧]，文化儒学作为东亚"儒学文化"之话语的主导者，也要担负起它"文不在兹乎"[⑨]的神圣职责。

显然，儒学的"世界性"是"世界性儒学"的基础或前提。没有在宇宙论、社会历史论、人生情性论上具有人类普遍意义或价值的丰富学识与深刻见解，儒学要向置身世界与投身生活的"世界性儒学"去发展就无从谈起。人乃天然生存于宇宙天地之间与万物群生之中，而儒学所着重关注的就是我们生活的"存在——超越"，就是人类的"文化——文明"。所以，姑不论深沉关怀人类之外的万物群生的生命与生活，单仅就人类自身的关怀而言，所谓"世界性的儒学"，一则是要走向人类的世界（全球），二则是要走向生活的世界（习俗）——在全球化（globalization）的生活世界中，儒学不应成为"失语"的思想孤儿，而应成为文明对话或文明"再构"的智慧使者，乃至成为引领我们文化生活的弄潮儿或砥柱。

【本文初撰于甲申年孟春，首发于 confucius2000. com （2004-11-16），2004 年 12 月 28日摘要刊于《光明日报》第八版。本文为敝人于儒学之历史形态与未来前景的纲领性论述，着重强调了儒学"天、地、人"的宏观结构与"礼、乐、刑、政"的社会旨趣，并对儒学走向"世界"之路径作了若干预期，欢迎读者批评赐教。2004 年 12 月 31 日虔州夷山重校并识。】

注　释：

① 《礼记·哀公问》、《大戴礼·哀公问》。
② 《论语·颜渊》、《礼记·哀公问》。
③ 《孟子·梁惠王上》。
④ 《礼记·乐记》。
⑤ 《礼记·中庸》。
⑥ 《荀子·解蔽》。
⑦ 恩格斯《自然辩证法》，人民出版社 1971 年版。
⑧ 海德格尔：《关于人道主义的书信》。
⑨ 《论语·子罕》。

（作者单位：徐州师范大学法政学院）

韩国儒教文化的存与变

□ ［韩］权容玉

儒学作为中韩两国传统社会的主流文化，沿存于两国封建社会 2000 余年。到了现代社会，由于西方强势文化的冲击及社会政治的变迁而退居边缘。因此现代儒学地位与社会转型的问题自 20 世纪 80 年代至今，讨论了已有二十几年，论者各执异见。其实，这也是个随时间推移、社会发展而在不断变化的问题。今天我在这里简单地介绍韩国儒教文化里最完善地保存的安东地方儒教文化以及韩国儒学的现代社会转型中的几个问题。

一、韩国儒学的发展

儒学在韩国的传播，经历了与中国若干不同的发展阶段。大略公元前 2 世纪，儒家思想随同汉字开始传入韩国以后，儒学在韩国发展的几个阶段如先秦儒学、汉唐经学、宋明理学、明清实学等，在韩国都有相应的影响和表现。公元 372 年，高句丽设立太学，教授儒家经典。百济、新罗、统一新罗都非常重视儒学，并派遣弟子入中国学习中国儒学经典。到高丽末期，朱子学传入韩国并得到最明显的发展。到了朝鲜，儒学似乎占据国教的地位。

韩国朝鲜王朝是以儒教立国的王朝，朝鲜时代的儒教文化曾经是遍布于全国八道的一种普遍的文化现象。堪称"儒教式通过礼仪"的"冠婚丧祭"不仅在两班阶层，在庶民阶层也得到了普及。其结果是，无论是由巫师掌管的村落范围内的法事，还是由祭祀官边读祭文边主持进行的洞祭都渐渐发生了变化。儒教思想本身虽源自中国，但在把儒教精神转化为一种生活文化并加以实行方面，韩国无疑做得更加完备而彻底，这个事实已经得到了当今世界的认同。而韩国的儒教文化中，安东的儒教文化则可谓居于独特的地位。在以建立完备而彻底的儒教国家为目标的朝鲜社会，安东颇以其儒教文化为自豪，甚至自称为"邹鲁之乡"①。邹鲁地区本是孔子和孟子的故乡，也是儒教文化的发祥地，而安东正是当今韩国的"邹鲁之乡"。正如作为孔子故乡的中国鲁地，在孔子之后的时代仍然占据着儒学中心的地位，还出现了许多儒学家一样，在韩国儒学史上，安东不仅养育了韩国性理学的集大成者退溪李滉（1501～1570 年），还相继涌现出许多儒学名家，也正因如此，朝鲜后期到现今，安东被誉为韩国的"邹鲁之乡"。

这样继续发展的韩国儒教遭到 36 年的日本统治并受到非常大的打击，但研究儒学及其精神一时也没有中断过。尤其是国内政治家、学者都保留着它的精神而继续高扬忧国衷情。因此到国外也都为国家奋斗努力，经过南北战争绵绵地维持发展起来。到了朴正熙政权时代儒学精神同西方价值观、同西方先进的科学技术及管理方式相结合，从而有力地推动了韩国的现代化。

二、安东地方退溪学派的形成

退溪李滉的伟大之处在于，他在韩国历史上不仅是最著名的学者，也是非常优秀的教育家。退溪过世以后，他的学术师承集团汇集成的退溪学派，分成为四大支脉。即安东北部以礼安县为中心的赵穆一脉、安东东部以临洞县为中心的金诚一一脉、安东西部以丰山县为中心的柳成龙一脉和南部以星州牧为中心的郑逑一脉。除了人们常说的以"溪门（'退溪门下'的简称）四大弟子"为中心而形成的这些支脉外，还有以奇大升为中心形成的湖南一脉和以曹好益为中心形成的关西一脉，但他们所展示出来的活动能力还不足以发展成为一个学派。以安东为中心，沿东西南北四脉分化的退溪学派在向下一代过渡的同时，又经历了不少变化。受"仁祖反正（1623年，首尔的西人党派发动军事政变，驱逐据守在庆尚道南部的北人党派，从而掌握了政权的事件）"政治巨浪的侵袭，原与北人派交好的赵穆一脉遭到沉重的打击，丧失了自立能力，被金诚一一脉和柳成龙一脉吸收。而郑逑一脉则被首尔的许穆和仁同的张显光分别继承，在庆尚道以星州、漆古和仁同等地为中心形成了寒旅学派，首尔的郑逑一脉则发展成为许穆—李滉—丁若镛相继而成的首尔实学派。

经过以上变迁，在安东地区，柳成龙一脉和金诚一一脉逐渐成为学术主流，他们统合了其他小的支脉，并发展成为西厓学派和鹤峰学派。以安东府为中心，东面的鹤峰学派和西面的西厓学派渐渐形成了各自独立的师承关系，并一直延续到20世纪的前半期，但这两派在学术上并没有特别大的差别，因而未形成文化差异。也就是说，安东的儒教文化实际上就是指岭南学派中的退溪学派的儒教文化，说得更具体些，即400年的时间里植根于安东地区并发展壮大的鹤峰和西厓两学派的文化。

作为岭南学派核心的退溪学派的这两支，是与前代以金宗直的弟子为主形成的岭南士林派有本质区别的儒生集团。金宗直的弟子中有出身于岭南的文庙从祠金宏弼、郑汝昌以及金馹孙、曹伟、表沿末、俞好仁、李胄、李宗准等优秀的学者、文人，他们虽然在数量上只相当于退溪学派的四分之一，但在学术及文学成就方面，比起溪门的得意门生来却也毫不逊色。但此一派在戊午甲子士祸（1498年和1504年，首尔的掌权派从政治上肃清庆尚道新派势力的事件，因祸及很多儒生，故称"士祸"）中受到重创，从此一蹶不振，仅在郑鹏—朴英—金就文的手中苟延残喘，如此挣扎尚不足百年，善山的金宗直一脉就断了香火。这反映了仅以学脉结束的岭南士林派集团在政治压力下"意外身亡"的脆弱。后又经过近百年的时间，因戊午甲子士祸而分崩离析的岭南士林派才仰仗李滉的岭南学派而获重生。

岭南士林派与岭南学派之间存在很多差异，其中最大的变化应属婚姻风俗的不同。两班的婚姻自古以来就以同等身份内通婚和地域临近的地域内通婚为原则而进行，在这一点上，岭南士林派和岭南学派并无太大差别。但是，岭南士林派生活在宗法家族制度尚未确立的 15、16 世纪，当时通行的是子女均分继承制和女婿在妻子家生活的率婿婚制。在这样的婚姻制度下，孩子从小在外婆家长大，长成娶妻后到丈人家生活，随着子女渐渐长大，才带着妻子和孩子回到自己家生活，依照这种程序进行居住地点的迁移成为一种习俗。因而，在祭祀中，子女轮流奉祀和外孙奉祀是一种较为普遍的现象。当时，村落居民的构成也很自然地按亲族关系，以与女婿和外孙共同生活的异姓杂居村为主。例如，李彦迪长期生活在庆州良佐洞的丈人家中，而金诚一则在妻子家所在的安东金溪村定居。在临河县的水谷一带建立了全州柳氏一族根据地的柳复起也同样是依靠从丈人那里分得的土地才建立起水谷柳氏 400 年的根基。从另一方面来看，这样频繁的移居生活无可避免地削弱了儒生们的凝聚力及他们抵御外部冲击与压力的能力。

17 世纪以后，随着以《朱子家礼》为基础形成的宗法制度和婚姻制度的广泛普及，继承制度中长子继承制成为一般规则，以男性为中心的"家父长"式家族制度也逐渐确立。婚姻制度方面，以迎亲（到女子娘家迎娶新娘）为中心的六礼逐渐通行，婚姻形式也按女子出嫁到婆家的形式固定下来。其结果是，因结婚而发生的男子居住地的迁移现象消失，以各家各户世代相传的居住地为中心形成的同姓村落迅速增加。作为丰山柳氏的同姓村落而闻名的河回村，就曾经生活着早先已定居此地的安氏和许氏，以及 15 世纪初随着柳从惠和裴尚恭迁入而逐渐发展形成的丰山柳氏、兴海裴氏连同他们的女婿和外孙，是个多姓氏人口共同生活的异姓杂居村。这种杂居状态一直延续到 17 世纪中期，其后，随着以柳云龙、柳成龙兄弟的子孙为中心的丰山柳氏的势力不断增强，他姓人口或者离开该村，或者沦为丰山柳氏的佃户，村落本身逐渐演化成为受丰山柳氏支配的同姓村落。

特别是安东地区，作为在韩国同姓村落最发达的地区，这里不仅有两班贵族的同姓村落"班村"，还有乡吏和驿吏聚居的中人们的同姓村落，以及没能成为名人或官员的同姓普通人聚居的民村。到了朝鲜后期，同姓村落数量甚多，已遍及整个安东地区。

三、婚班和安东儒教文化

岭南学派（从地域角度，称退溪学派为岭南学派。岭南是庆尚道的别称）常通过不迁位祭祀、书院享祀和书院议会等大规模集会来增强自身的凝聚力。然而，岭南学派之所以能成为从本质上区别于前代的岭南士林派的另一个集团，最主要是依靠被称作"婚班"的牢固的姻亲关系，这比起举行大规模集会来似乎发挥了更大作用。随着女孩嫁入婆家的婚姻制度确立，几乎不再有前代那种移居到遥远的妻乡或外乡的情况出现，男孩即便移居，也不会脱离自身所属的学派的地域范围。事实上，对于两班来说，离开故乡就意味着放弃两班的身份，因为每移居到一处新的地方，要在当地的乡案（乡校的出入资格）和院案（书院的出入资格）上登记入册并享有两班的待遇是非常困难的。正如仕途受阻的岭南学派的儒生们，从 17 世纪后半期开始，他们几乎一生的时间都在自己出生的村落里渡过，即便移居他处，也大都离不开生养自己的那片土地。另一方面，女子出嫁后就成了外人的观念逐渐形成，女子一旦结婚，就意味着要离开故乡，从此生是婆家人，死是婆家鬼，死后要安葬在婆家的墓地里。久而久之，就形成了同一家族世代相传的嫁出女儿、娶进儿媳的婚姻集团，即形成了"婚班"。由于相同的婚班内以称呼为中心的社会方言及礼节、儒教礼仪等都大同小异，所以新娘很容易适应，但如果超越了婚班，因为彼此的生活方式存在很大差异，甚至出现了新娘因不能适应环境而自杀的现象。由于婚班向来重视家族世交，所以大体上按学术上的师承关系或师友关系结交。例如，河回的丰山柳氏在丰山县一带和礼泉、义城、军威、尚州形成通婚圈，而川前的义城金氏则以临河县一带为中心，在礼安、奉化、宁海等地形成通婚圈。

这种通过学脉和婚班共同结成的儒生集团具有坚不可摧的凝聚力。代代相传、亲上加亲的婚姻加强了彼此的交流并形成了姻亲意识，使人们越来越强烈地感受到彼此具有血脉相连的亲属关系。特别是河回的丰山柳氏和尚州的东莱郑氏（郑经世家族），以及川前的义城金氏和水谷的全州柳氏（柳复起家族），他们的亲上加亲的程度相当之高，充分显示了其家族之间具有密不可分的纽带关系。这股坚强的凝聚力，成为仁祖反正后仕途受阻的岭南地区的南人们在掌权的西人与老论的压迫下仍顽强坚持的原动力。值得一提的是，甚至在遭遇朝廷以参与戊申之乱为由，将庆尚道贬为逆乡、在大邱监营前立下平岭南碑，且英祖在位的 50 余年里彻底把他们排除在官职之外的劫难时，退溪学派内部也未曾有过丝毫的动摇。当时，庆北地区虽有与李珥—金长生—宋时烈学脉连接而成的老论或少论家族，而且出身庶孽（士大夫的正室之外的妻子所生的孩子）或中人、以业儒（以儒学为业）自我标榜的新乡（新的士大夫阶层，主要由科举身份低下的中人和庶子出身的人构成）们也归于老论一族，但仍不足以撼动通过学脉和婚班牢固地建立起来的退溪学派的根基。反倒是那些家族，往往因为周围找不到适当的人选而不得不与出身寒微或是祖上不甚光彩的家族结成姻亲，从而不得不承担门第等级逐次降低的后果。

四、韩国儒学的现代社会转型

中国儒学从周代以来继续发展人文主义的礼制文化。到了孔子时代突出人间的、合意的要素，注重人际关系问题、非超越的现象。反而，韩国的儒学从古至今涵盖着神秘的要素。这样中韩儒学其发展过程上有很大的差异，韩国的通儒和纯儒都内涵着韩国的神秘性与创新性，因此比中国儒学创造出进一步"全人"味道的学术思想。

许多的学者们说韩国是世界第一的儒学国家。确实，在韩国，儒学在一定时期是在政府的扶植保护之下，作为官方的、与佛教相抗衡的传统意识形态被引进的。韩国儒学者对朱子理学有一种近乎"原教旨主义"的情结。[②]

在韩国历史上，儒学从高句丽小兽林王二年（公元 372 年）设立太学，以儒学教授子弟、培养人才开始，以后渐渐越出教育领域，向国家制度层面和社会价值层面渗透。到朝鲜王朝建国之初更明确了儒教入国的政策，自此儒教享有国教地位，支配整个思想界长达 500～600 年之久。这样以来的韩国儒学有传统儒学的基础下更明显地发展出朱子理学，其结果具有强烈的排斥异端的色彩。

因此近代来临时，作为朱子学嫡统的韩国，不能迅速热烈接受西欧文明开创新世界的新形势，儒教作为统治哲学，完全执着于既得权力，没有理解异教的努力，受到官学权威的限制，没有接受新文化的雅量。这样一来，在韩国同新加坡一样，具有儒家的意识形态和君主制的历史传统以及相应的政治文化诞生。韩国的权威主义是与资本主义相结合而发展的，它代表的是新兴工业化势力的利益。这是在韩国根本条件的转换以及政治制度的转型。它也说明了儒学在韩国，是经过政治制度转型后才得以发挥积极作用的。

研究韩国现代化问题时不能忽略朴正熙政府。朴正熙政府将儒学精神同西方价值观、同西方先进的科学技术及管理方式结合，从而有力地推动了韩国的现代化。这现代化过程中儒学在韩国的积极作用有两点：其一是定立儒家教育理念。至今从政府官员到一般百姓都保留有"学而优则仕"的儒教传统观念；其二是社会文化体系中儒家文化积淀的作用。在韩国儒学在社会文化体系层面的作用突出地表现在国民意识改造和家风式企业文化的积淀。

国民意识的改造注重发扬儒家重视道德教化的传统，并把它与西方崇尚科学的精神相结合。韩国的企业文化是一种家风式的企业文化。这种类型企业文化的突出特点是重视人性，依靠礼义和人情把人们紧密地团结起来。它深深地植根于强调忠孝和仁义礼智信的儒教传统思想之中，受传统的大家族制度的家长式权力及其相关的行为准则的影响。

韩国家风式企业文化有三大特点：一是以儒教思想为基础的共同价值观。重视企业成员应具备的诚实、勤勉、责任感、合作精神等品德；二是集团团结。表现集团主义的行为原则；三是位阶团结。表现为重视企业组织内的上下职位秩序，因而形成服从权威、恭敬上司、忠诚于企业等。但这样的企业文化到了 21 世纪也更大地变化了。

21 世纪韩国的企业文化继续保留着儒教的人文精神，而创新了个人能力提拔的企业精神。结果韩国儒学重新介入国民教育，或融入国民精神中，在新的市场经济的条件下发挥了另外的积极作用。

简单地说，韩国儒学伴随着时代的发展而不断进步，去其保守、过时的思想因素，增加其适应社会发展的新内容。由此普及到广大民众之中，客观上促进了韩国文化的发展，形成高尚的社会道德和美风良俗。但其流弊也一定程度地阻碍了社会的进一步发展，而延缓了现代化的进程。如何对待和解决儒学与现代化的关系问题，使二者协调，实现儒学的现代转换，客观地摆到人们面前以适应社会发展的客观需要。进入 21 世纪经济全球化时代，韩国儒学与市场经济企业文化相结合领导伦理道德的精神上的领域。

总体来讲，儒学是中韩两国社会独有的文化财富，是中韩两国精神的代表，它是能够贡献给今天人类的最有价值的文明成果。我们要珍惜它、研究它、使更多的人了解它、运用它，要建设现代的新仁学、新礼学，使儒学为中韩两国社会信仰和礼仪的重建，为世界和平与发展，做出更多的贡献。

注 释：

① 朱昇泽：《韩国儒教文化和安东的位相》第十四届韩中人文学会国际学术大会，2005。
② 黄秉泰：《儒学与现代化》，社会科学文献出版社 1995 年版，第 461 页。

（作者单位：韩国南汉城大学中国学系）

从旁观者的角度看中国哲学的合法性

□ [澳] 梅约翰 (John Makeham)

在过去的 20 年里，香港、台湾的社会科学诸科，尤其是社会心理学、人类学和社会学，经历了一场日趋深化的"中国化"或"本土化"运动。这场运动提倡返回"中国"的文化根源以及发展"中国化"的社会与行为科学的研究方法。这是从意识到理论的普遍性要求 (universalist claims of theory) 对本土文化认同的特殊性所施加的威胁而作出的反应。

过去 10 年，越来越多的中国学者提出类似的看法，即西方哲学尚未承认中国哲学的合法性，亦未在对话的过程中进而将中国哲学视作同等的对象。①有学者认为在研究中国哲学与学术思想的过程中，有必要采取以中国学术思想为本位的态度。亦有学者则将西方哲学当作某种文化帝国主义参与者的霸权话语。又有学者担忧许多西方哲学家认定中国只有思想，而并无"真正"的哲学。

当然，西方哲学家并不一向都认为中国哲学不是真正的哲学。这从马勒伯朗士 (Malebranche)，莱布尼茨，和沃尔弗 (Christian Wolff) 的著作看得出来。然而，总的来说，黑格尔的否定观点似乎更能代表西方哲学界主流对中国哲学的看法。尽管有一些中国学者以尼采、海德格尔、后期维特根斯坦、梅洛庞蒂 (Merleau-Ponty) 与德里达为例证，来说明西方哲学界已逐渐显现开放的迹象，②但我们仍然不可否认胡赛尔、海德格尔、加达玛以及在最近，德里达仍坚持中国只有思想而并无哲学。当他 2001 年访问上海提出这个看法时，在国内引起了一些惊讶。③

两位有名的中国哲学家分别在 2001 年底和 2002 年初发表了两篇颇有影响力的论文，于是相关的讨论更达到一个转折阶段。④这些论文掀起了以"中国哲学的合法性"为主题的讨论。虽然讨论在近几个月较为缓和，但讨论提出的问题以后仍会继续受到许多中国知识分子的关注。这是因为这场讨论涉及一些更广泛、更深层的忧虑，即在西方文化条件下塑造的理论所预设的文化前提如何威胁到中华文化的认同。

此次讨论的历史根源可以追溯到 20 世纪初有关孔子是宗教家还是哲学家的争辩。⑤有关中国传统思想是否应归作哲学这个疑问是由王国维、梁启超等重要人物提出的。30 年代金岳霖进一步提出"中国哲学"与"在中国的哲学"颇有影响力的区分。当时冯友兰也采用"中国底哲学"与"中国的哲学"来作类似的辨别。

近年来，中国学者指出了一些有利于重新评价中国哲学地位讨论的因素。这些因素包括：新出土文献的发现、经典诠释的新开展和"中国诠释学"的探讨以及基于对中国哲学研究范式的反思而提出的重写中国哲学史的要求。⑥除了这些因素之外，我们另外还可以加上在过去的 10 年，国学再度兴起以及从"疑古"到"释古"的范式转移。

在一篇有关中国哲学合法性的文章里，郑家栋写道："'中国哲学之合法性'问题的真实涵义在于：中国历史上存在着某种独立于欧洲传统之外的'中国哲学'吗？或者说，'哲学'是我们诠释中国传统思想之一种恰当的方式吗？又究竟在什么意义上'中国哲学'概念及其所表述的内涵能够得到恰当的说明，并取得充分的理据呢？"⑦

中国的知识分子为什么提出这样的问题？是什么样的认同危机引起的？中国学者之所以捍卫"中国哲学"这个概念的原因之一是：哲学被看作是文化的最高形态，表明文明的精神内核，是否拥有哲学被看作是一个民族成熟与否的标志，也是判定一种文化之优劣高下的基本尺度。⑧

有人指出，说传统中国没有哲学，就等于是一种侮辱，因为这会意味着中国古老文明无论多么灿烂辉煌，毕竟没有达到比较高的理论思维水平。⑨牟宗三的这么一段话也经常被引用："任何一个文化系统都有它的哲学，否则，它便不成为文化系统。因此，如果承认中国的文化系统，自然也就承认了中国的哲学。"⑩有趣的是，恰是因为西方文化的高度全球化才使得"哲学"这一概念能具有如此昂贵的身价，以致很少有哪种文化会承认它们自己不具有哲学。⑪

有人提出，正是因为在有关民族精神与文化传统的讨论中，以及在东西文化的对话中，中国哲学是讨论的重点，所以中国哲学合法性危机在人文领域中就显得异常敏感。据彭永捷的解释，一方面，"人们已习惯将哲学作为文化的核心，习惯于通过对哲学的把握来理解整个文化的精神，而目前的中国哲学是未能提供人们一种有效的通达传统的路径。"他感到在最近几十年，中国哲学经历了萧条的状态以致它已失去了自我更新的能力。⑫

许多其他参与讨论的学者认为，其中的关键问题是要打破纯粹以西方为中心的哲学概念。实际上，关于中国哲学合法性的讨论在大陆展开以前，台湾哲学家林安梧就已提出以下激烈的看法："台湾（乃至台海两岸）当前对于中国哲学的研究，即使一些对于中国哲学颇为重视的学者，仍然不免将中国哲学视为被动的研究对象；他们忽视了她是一个活生生的生命体，动不动就说是从西方某一位哲学家的观点来研究中国的哲学，我们将这种状况叫做'妓女-嫖客心态'。有从'多马斯'观点的，有从'康德'观点的，有从'黑格尔'观点的，有从'马克思'观点的，有从'存在主义'观点的，有从'现象学'观点的，有从'解释学'观点的。……这样的做法不是平等的对话，而是某种强暴的行为，这就好像是以中国哲学作为'妓女'，而将西方哲学当成一群'嫖客'。"⑬

这几年，景海峰对中国学者模仿西方哲学模式提出了比较严峻的批评。他以为诸如"中国哲学是真正的哲学吗"、"中国有没有哲学"之类的问题是西方式的问题。⑭对景海峰来说，哲学学科的制度化意味着所谓中国哲学事实上已仅仅成为一个戴着"中国"面具的西方式哲学。令他不满的是，尽管中国哲学研究已经历了一个多世纪的发展，并且尽管该学科也已被专业化和制度化，但是中国哲学的内容仍然是稀薄与空洞的。事实已证明，依傍西方哲学的模式与形式去建构中国哲学始终无法提供当代社会所需要的那种民族精神动员的能量。既不能给中国思想提供一个可行的现代形式也未能起到沟通传统与现代之间的桥梁作用。⑮

80年前（1923年），蔡元培曾指出，尽管西方哲学已被引进了50年了，具有独创性的中国哲学还是未建立起来。⑯约8年前，郑家栋也提出类似的观点："九十年代中国哲学的繁荣，在很大程度上还只是一种'史'的繁荣，而不是真正意义上'哲学'的繁荣。大陆中国哲学的发展目前还只是处于'述'的阶段，而还没有真正进入一个多元创造的时期。"⑰

他认为，长期封闭的环境、简单化的方法论原则，以及在整体上非专业化的背景下追求局部的高度专业化戕害了中国学术界的思想创造能力。"这其中唯一被看重的是立场（阶级斗争）、方法（唯物、唯心）、政治的敏感与热情，以及在对所批判的对象全无了解的情况下能够一往无前的革命大批判的勇气，而那些为哲学研究和哲学创造本身所不可缺少的素质，如功底、学历、历史专业、思想的深度等等，反而变得无足轻重。"⑱他认为偏狭的专业化阻碍了两种传统之间的相互了解："治中国哲学者可以完全无视于西方哲学的整体精神和现代发展，治西方哲学者可以不理睬中国本土的思想根脉和哲学传统，不同的学术群体之间缺乏起码的相互了解、沟通、对话与交流。这就是我们所说的在整体上非专业化的背景下局部的高度'专业化'。"⑲郑家栋还在别处指出，从50年代开始，研究的问题和使用的方法都不是产生于中国的哲学传统。⑳结果是，事实上中国哲学仅仅成为以西方模式为基础的普遍概念的一个特殊例证而已。㉑

尽管景海峰与郑家栋对当前中国哲学的情况提出相似的诊断，郑家栋却还另外主张，除了思想以外，传统的中国早已存在哲学。对他来说，如何能够实现中国哲学的"中国性"就是中国哲学合法性问题的关键所在。他说"中国性"指的就是中国哲学的精神、风貌和特征与中国历史和文化传统的关系。他指出，更基本的是，"这关涉到'中国哲学'如何能够相切于现当代中国人的精神生活和历史实践，如何能够为后者提供某种文化价值、意义资源和精神理念。"㉒

比起郑家栋，景海峰对未来的情况则更抱有希望。他认为虽然中国哲学的合法化问题似乎显露出一种危机感，实际上，它更象征一种觉醒。引用景海峰的说法，这"是当代中国知识分子对自己民族思想之元叙事的非主体状态的觉醒"。㉓

有别的学者也表示类似的乐观，但他们持的原因不同。魏长宝把合法化的争议跟中国哲学之走向"合理化"的漫长历程联系起来。他所谓"合理化"指的就是中国哲学逐渐脱离与西方哲学的附庸关系。先无视于有何理由应将中国思想视为哲学，他就坚持说，20世纪的中国哲学这一"解释框架和叙述模式"给中国传统思想提供了新的表达方式。现在中国哲学有条件与能力"对中西哲学之间的依附关系或依从关系做深入的反思和必要的调整"。接受这种挑战将有利于更进一步发展中国哲学的制度化并提高它的独特形象。

对魏长宝来说，强调中国哲学的合法性反映出中国知识分子现已意识到西方哲学作为主导论述是如何剥夺了他们对自己民族思想之元叙事的主体性认同。他写道："关于'合法性'问题的反思和讨论，预示着当代'中国哲学'研究正在经历一个从关注'哲学'到强调'中国'的转变；从一个关注学科建制意义上的'中国哲学'到强调文化表征意义上的'中国哲学'的转变。"

魏长宝认为，中国哲学的研究与发展应以本土自发的理论论述而非以西方哲学模式为指导。在过去，中国学者以西方哲学的问题与范式为标准来建构中国哲学。虽然西方模式对中国哲学的专业化发展和现代性转型作出了巨大贡献，但这却"埋没乃至牺牲了中国哲学独特的问题意识、机构旨趣和风貌神韵"。[24]

作为近年中国哲学合法性讨论的旁观者，我认为学者们把过多的注意力集中在中国哲学如何曾适应、依从西方模式的知识分科系统，而对于中国哲学如何抵抗与调整西方模式的知识分科系统却还缺乏足够的注意。

香港社会学家赵明德（Matthew Chew）曾区分两种对西方模式知识分科系统的反应形式：普遍形式和隔离形式。至于哲学学科，日本代表普遍形式的情况，而中国则代表隔离形式的情况。普遍形式的特点是照搬诸如知识论、本体论、伦理学、形而上学等等固有的西方模式知识分科系统，而同时又争取应用这些知识分科系统来生产本土哲学。普遍形式重视标准化的分科系统，而不赞同偏离常态。尽管如此，这里面有两种相悖的力量在运行：一种是镇压本土知识分科系统的继续生产；一种则以低调的方式促进本土哲学作为合法的学科知识。

1881 年，日本第一个哲学系在东京帝国大学设立。初期阶段，采用的却是隔离形式——大学同时设有东洋哲学（即印度哲学与中国哲学）和西洋哲学。1887 年，这个双层结构被废弃，取而代之的是所谓的纯哲学学科，并以中国哲学、印度哲学等独立课程作为副修科目。紧接着的几十年，西洋哲学逐渐排斥其他的哲学专业，从其中独立出来，并成为该学科的唯一合法代表。印度与中国哲学仅能作为选修科。日本本土哲学则连一席之地也没有。

当时的图书分类系统也反映了日本（本土）哲学被镇压的情况。东京图书馆（后来的国立国会图书馆）、东京帝国大学图书馆、早稻田大学图书馆以及山口县图书馆均无设置日本哲学图书的副分类。直至 1939 年日本国内才开始设置日本哲学图书的副分类；当时日本（本土）哲学界早已十分发达。

1912 年在京都帝国大学，作为一门正式的学科，日本本土哲学首次登场。这一情况之所以可能是因为当时京都帝国大学分设了两个讲座教授职位：哲学讲座教授与西方哲学史讲座教授。执行这种分设就削弱了只有西方哲学才有资格等同于"哲学"这样简单化的认同，并对日本哲学家将哲学知识当成一个能够包罗不同本土哲学传统的普遍类别，亦起了积极作用。这是第一次日本的任何大学拨给了日本本土哲学家自己的组织空间。从 1914 年开始，哲学讲座教授的职位分别由西田几多郎、田边肇、西谷启治等人相继任职。这几位就是所谓日本哲学京都派的主要代表人物。

作为一门学科，哲学在中国的引进与同化过程是将本土知识与西方知识加以制度性分隔为特点的。一方面，为了发展本土知识，学者们忽视了一些西方固有的准学科（sub-disciplinary）分类（譬如知识论）。另一方面，学者又为本土知识建造了一些新的准学科分类，诸如人生观、价值观和世界观。

与日本的情况不同，民国初期的中国学术机构更愿意容纳本土知识。新学术系统的建造者如蔡元培对本土知识持同情态度。从 1912 年的建立到 1914 年，北京大学的哲学门（1917 年改为哲学系）就分为两个不同学科：中国哲学和西方哲学。（尽管如此，西方哲学几年后才开始聘任教员。) 1914 年,哲学系第一次开始招生。1917 年以后,开始设有西方哲学史和印度哲学的课程。从那时起,所有主要大学的哲学系都在同一系内对中国哲学与西方哲学采取非正式的分离安排。(强调西方哲学的清华、燕京两所大学的哲学系亦都渐渐扩大它们中国哲学的课程。)

这种分隔形式便于中国学者建造本土分科。他们仅需在哲学分科的科目前加上"中国"这样的修饰语便可。如中国伦理学、中国逻辑学、中国美学等等。自从建制开始,中国哲学学科就有自己的教员职位、学刊中的篇幅、认知范畴以及典籍。甚至于连专科的图书分类法也是为中国哲学而创设的,从而加强了中国哲学更进一步隔离于西方哲学。㉕况且,在 20 世纪中国的历史发展过程中,"哲学"这一概念的意义也不断得到更改、扩大、挑战、反驳,甚至削弱了"philosophy"这一概念的西式主流涵义。

例如,陈来曾谈到冯友兰如何将中国义理之学与西方哲学两个知识系统作出对照。(冯友兰将义理之学理解为包含魏晋玄学、宋明理学以及清代的义理之学)至于如何调和这两种系统,冯友兰提出了两条可能途径:一条是以西洋所谓哲学作为支配性架构,选取中国义理之学中可与之对应相当者,则以此为中国哲学,一条则是干脆以中国义理之学作为支配性架构而称之为中国义理之学(甚或以中国义理之学为标准,进而写成西洋义理之学史)。㉖陈来指出,因为冯友兰采取了第一条途径,中国义理之学的完整性就遭到了破坏,而且传统义理之学体系中某些关键性组成部分也因不合乎所谓中国哲学的准则而被抛弃。陈来接着提出第三条途径:以传统的中国义理之学作为中国哲学,而不必严格按照西洋所谓的哲学来加以限定。陈来还进一步指出,实际上,自冯友兰的《中国哲学史》发表后,中国哲学研究就一直采用这个途径。他说,中国哲学史的学者"一方面在理论上认定以西方哲学的内容为标准,另一方面在实际上以中国义理之学为范围。20 世纪的学者并没有表现出强烈的愿望去在理论上充分解决这个问题。"㉗

另外在这次讨论中被忽视的一个重要方面就是"本土语法"所扮演的角色在中国哲学作为学术学科的形成与发展的过程中以及这些"语法"在与西方范畴与概念互动中的具体形式。著名历史学家列文森曾说过这样的名言:"西方向中国施加的影响大概就是改变了中国的语言,而中国向西方施加的影响则是扩大了西方的词汇量。"㉘列文森指的就是 1900 年前后几十年开始,以西式学科典范来取代中国传统知识分科系统的一过程。然而,应用列文森的观点来解释中国哲学学科的情况却有所不妥。众所周知,20 世纪初期,中国知识分子将新的"语言"或"语法"——学术性哲学——介绍到了中国,导致体制上"中国哲学"与西方哲学两科并行不悖的情景。两科都属于"哲学"。"哲学"是借用 19 世纪日文中的"哲学(てつがく)"一词;是相当于当年西方诸语言中"philosophy"一概念而被翻译过来的新名词。极少提到的是,知识建构的本土"语法"也影响了中国哲学作为学术学科的形成与发展。这一过程肇始于知识的传统分类被"翻译"成"哲学",这一新的学术类别。这些传统的分类主要是与典籍的图书分类范畴有关联的,如经、史、子、集以及有关形而上学的讨论与道德典范的话语,即所谓义理之学。

这些语法根植于本土的学术传统与具有中华文化特殊的知识概念与范畴,并通过诸如"谱系"与"传承"、"正统"与"异端"等概念的持续应用而使之强化。这些语法——即同实异名的"理性根据的标准——的最有影响力者也包括:

- "学"不仅是某种理解的方式,亦是某种存在的方式

- 某些知识可以知觉
- 将经典当作真理与道德准则的宝库
- 将人格、自然以及宇宙均当作有力的规范性楷模
- 将历代圣贤授于异常权威的资格
- 通过阅读某些文本可以直接体会到历代圣贤人格的积极影响

参与这次讨论的某些人曾提出，既然中国不具有西方所指的哲学，中国哲学就应该被命名为"中学"或"中国的古学"[29]或甚至"道述"。[30]然而，多数的参与者还是支持张岱年将哲学分成"类称"或"总名"与"特殊"两种范畴。"特殊"即以中国哲学、西方哲学、印度哲学等等为例。[31]正如一位学者所说："'哲学'一名不应当是西方传统的特殊意义上的东西，而应当是世界多元文化的一个富于包容性的普遍概念。"[32]

也有人持相关的"原型"（form）或"理念"（idea）的概念跟朱熹的"理一分殊"作为模拟。[33]引用柏拉图的原型作为模拟就意味着存在某种独立于任何殊相的"理念哲学"概念，即哲学自身或元哲学。恐怕这种模拟未免牵强。亚里士多德的"共相"这一概念与朱熹的"理一分殊"这一概念也许可以避免这个问题，因为至少"共相"与"理"都是内在于个体的殊相。至于"哲学"的具体情况，我们却还很难说明到底这些殊相体现什么。作为一个模拟，"理一分殊"的缺陷在于它意味着所有哲学活动具有基本统一性，而这种基本统一性是否存在就相当成问题。

有一些学者引用"共相—殊相"模式的同时，又把它等同"家族相似"模式。例如，陈来赞同把中国哲学与西方哲学都当作哲学共相中的两个殊相，而同时两者之间又具有"家族相似"之特征。[34]他写道："我们应当立基于全部人类文化，把'哲学'看作一个共相（并非本体意义的），一个'家族相似'的概念。"[35]

我总觉得我们最好还是不要把"共相—殊相"与"家族相似"二模式混为一谈。若需选取其中之一，"家族相似"模式更为恰当因为不须预设一组核心的共同殊性也还能成立。如果我们接受"家族相似"模式，那么与某些学者的看法恰恰相反，我们更应该下功夫扩大"哲学"概念的外延，而不仅仅去丰富和深化它的内容。[36]

法国人类学家杜瑞乐（Joël Thoraval）——也是这次讨论的重要参与者之一——认为扩大了哲学概念的外延将会导致曲解，因为外延一扩大则理论上"道德学者的文章、神学方面的论文以及神秘主义的著作"也都可能算得上是哲学作品了。[37]这种反驳有两个问题。第一，它预设了哲学具有一套被公认的标准或定义。但是，由谁来决定什么是哲学而什么不是哲学呢？连哲学内部对如何解决分歧意见也缺乏统一的处理办法。那是因为哲学不是科学，更遑论是"科学之女王"。事实上，至 18 世纪末，已有自然科学家开始将哲学看成神学的替代物："同样会犯无法验证有关真理的先验断言之罪"。[38]同时我们也不应该忘记，哲学一类名词的意义，随时间而逐渐改变。

杜瑞乐还忽略了一个事实，即西方哲学传统里并不缺少道德学者的论文（如：休谟）、神学方面的论文（如：阿圭那、斯宾诺莎）以及神秘主义的著作（如：柏拉图、十架约翰 [St. John of the Cross]、帕斯卡尔 [Blaise Pascal]）。20 世纪以前的中国并没有一个支配着一切的知识传统或较高层次的话语足以称为哲学，但我们仍能认出许多富有哲理学性的东西。

最后，120 年以前，尼采已注意到"印度、希腊与德国的哲论述都具有一种巧妙的家

族相似关系"。㊴将这个家族网络推及到中国，应无任何重大障碍。意外的是，很少有参与这次有关中国哲学合法性讨论的中国学者引用中国哲学与印度哲学之间的关系来加强这方面的论述。尤其是，鉴于佛教在中国哲学发展中所扮演的至关重要的角色，这个忽略则更为显著。这是否因为"隔离"的形式在中国学术界中早已过于根深蒂固了呢？

注　释：

① 50 年代港台新儒家早已发表过类似的论述，但当时影响所及并不甚广。

② 张祥龙代表这个观点。参见该氏所著《"中国哲学"，"道术"还是可道术化的广义哲学？》，《哲学动态》，2004 年第 6 期，第 13 页。

③ 参见《是哲学还是思想：王元化谈与德里达的对话》，《中国图书商报》，2001 年 12 月 13 日；亦参见德里达著《L'Écriture et la différence》（1967 年）的中译本，《书写与差异》，张宁译，三联书店，2001 年版，第 9~10 页，该书所载序文是德里达为中译本专写的序文。

④ 郑家栋：《"中国哲学"的"合法性"问题》，《中国哲学年鉴 2001》，北京：哲学研究杂志社，2001；陈来：《中国哲学研究的挑战》，《中国社会科学文摘》，2002 年第 2 期。

⑤ 有关此争辩参见小岛毅《儒教与儒学涵义异同重探：新儒家的观察》，载于刘述先编《儒家思想在现代东亚：中国大陆与台湾篇》，台湾中央研究院中国文哲研究所筹备处，2000 年版，第 206~207 页。

⑥ 景海峰：《中国哲学研究的热点问题及发展趋势》，《光明日报》，2005 年 1 月 7 日。

⑦ 郑家栋：《"中国哲学"的"合法性"问题》，第 1 页。

⑧ 参见景海峰《中国哲学的现代诠释》，人民出版社 2004 年版，第 240 页。

⑨ 参见张志伟《中国哲学还是中国思想？也谈中国哲学的合法性危机》，《中国人民大学学报》，2003 年第 2 期，网上版：

http：//www. guoxue. com/ws/ShowArticle. asp？ArticleID = 879。

⑩ 牟宗三：《中国哲学的特质》，上海古籍出版社 1997 年版，第 4 页。

⑪ 参见 Joël Thoraval, "The Western Misconception of Chinese Religion：A Hong Kong Example," *China Perspectives*, 1996 年第 3 期第 59 页。

⑫ 彭永捷：《论中国哲学学科存在的合法性危机：关于中国哲学学科的知识史学考察》，《文史精华》，2004 年第 1 期，网上版：http：//www. guoxue. com/ws/ShowArticle. asp？ArticleID = 875。

⑬ 林安梧：《当前台湾哲学界更大的问题在丧失主体性的毫无省觉》，载于王英铭编《台湾之哲学革命》，台北书香文化 1998 年版，第 237 页。

⑭ 景海峰：《中国哲学的现代诠释》，人民出版社 2004 年版，第 243 页。

⑮ 同前注，第 210，241~247 页。

⑯ 蔡元培：《五十年来中国之哲学》，载于高平叔编《蔡元培全集》卷 4，中华书局 1984 年版，第 351 页。

⑰ 郑家栋：《近五十年来大陆儒学的发展及其现状（1950~1996）》，载于李明辉编《儒家思想在现代东亚：总论篇》，台湾"中研院"中国文哲研究所筹备处，1999 年，第 34 页。

⑱ 同前注，第 32 页。

⑲ 同前注，第 33 页。

⑳ 郑家栋：《"合法性"概念及其他》，《哲学动态》，2004 年第 3 期。

㉑ 郑家栋：《后"疑古时代"的"中国哲学史"写作》，《中国社会科学院院报》，2004 年 7 月 22 日，网上版：http：//www. guoxue. com/ws/ShowArticle. asp？ArticleID = 1368。

㉒ 郑家栋：《"合法性"概念及其他》，第 4 页。

㉓ 景海峰：《中国哲学的现代诠释》，第 210 页。

㉔ 魏长宝：《中国哲学的"合法性"叙事及其超越》，《哲学动态》，2004 年第 6 期，第 7～9 页。

㉕ Matthew Chew, "Politics and Patterns of Developing Indigenous Knowledge under Western Disciplinary Compartmentalization: The Case of Philosophical Schools in Modern China and Japan," 载于 Martin Kush（编），*The Sociology of Philosophical Knowledge*, Dordrecht/London: Kluwer Academic Publishers, 2000 年。

㉖ 冯友兰：《中国哲学史》，商务印书馆 1934 年版，第 7、8 页。

㉗ 陈来：《关于"中国哲学"的若干问题浅议》，《江汉论坛》，2003 年第 7 期，网上版：http://www.guoxue.com/ws/ShowArticle.asp?ArticleID = 882。

㉘ Joseph Levenson, *Confucian China and its Modern Fate: A Trilogy*, Berkeley: University of California Press, 1968 年，第 157 页。

㉙ 张祥龙：《从现象学到孔夫子》，商务印书馆 2001 年版，第 190 页。

㉚ 张祥龙：《"中国哲学"，"道术"还是可道术化的广义哲学?》，第 11 页。

㉛ 张岱年：《中国哲学大纲》，中国社会科学出版社 1982 年版，序言，第 2 页。

㉜ 陈来：《关于"中国哲学"的若干问题浅议》。

㉝ 参见彭国翔《合法性，视域与主体：当前中国哲学研究的前瞻》，《江汉论坛》，2003 年 7 期，网上版：http://www.guoxue.com/ws/ShowArticle.asp?ArticleID = 882。

㉞ 《"中国哲学"研究的挑战：访陈来教授》，《哲学动态》，2002 年第 3 期，第 3 页。

㉟ 陈来：《关于"中国哲学"的若干问题浅议》。

㊱ 举郑家栋为例。郑氏（《"中国哲学"的"合法性"问题》第 10 页）写道："在我看来，'中国哲学'研究的努力方向应该是丰富和深化'哲学'概念的内涵，而不是无限制地扩大它的外延。'中国哲学'能否最终被西方世界承认，取决于它能否在一些'元哲学'问题上（而非仅仅是文化功能上），提供某种原创性的智慧，并对于西方哲学的发展构成挑战"。

㊲ Joël Thoraval, "On Philosophy in China and the 'China' Dimension in Philosophy," *China Perspectives*, 1996 年第 6 期，第 5 页。

㊳ Immanuel Wallerstein 等，*Open the Social Sciences: Report of the Gulbenkian Commission on the Restructuring of the Social Sciences*, Stanford: Stanford University Press, 1996 年，第 5 页。

㊴ Friedrich Nietzsche, *Beyond Good and Evil: Prelude to a Philosophy of the Future*, Section 20。

（作者单位：澳大利亚阿德雷德大学）

西方伦理关怀圈之扩展与儒家推恩的根据

□ 朱建民

一、应用伦理学的发展

在西方伦理学的发展史中，最特殊的事件即是应用伦理学在当代的兴起。这是因应现代社会许多新兴伦理议题而出现于 20 世纪 70 年代初的一门新兴学科，起初发展于美国，20 世纪 80 年代开始受到欧陆和亚洲等地学者的重视，至今已有散布全球的态势。

台湾学者对于应用伦理学的注意始于 20 世纪 80 年代初期，当时东海大学哲学系已出现相关课程。1988 年，中央大学成立哲学研究所，以应用伦理学为研究重点之一，于 1991 年设立"应用伦理学研究室"（现已扩充为"应用伦理研究中心"），并先后自香港、加拿大争取生命伦理学家李瑞全和商业伦理学家叶保强加入专任行列。1997 年 1 月创办《应用伦理研究通讯》季刊，至今已出版 33 期。1999 年开办之硕士在职专班，课程和研究范围更完全锁定应用伦理学。

与其他地区的反应类似，台湾哲学界一开始也不把应用伦理学视为"纯正的"哲学，而后才逐渐放弃成见。目前 13 个哲学系所中，有半数以上出现过应用伦理学的课程。至于开出应用伦理学的学程或课程群组的哲学系所，除了中央大学之外，近年又有南华大学和佛光大学加入。

大陆在 20 世纪 80 年代后期即出现应用伦理学的相关论著，近 10 年的发展更是迅速。1995 年，中国社会科学院和复旦大学先后成立应用伦理学研究中心，1999 年，北京大学成立应用伦理学研究中心，此后，华中师范大学、陕西师范大学也成立应用伦理中心。同时，也有一些关于医学伦理、环境伦理和经济伦理的研究机构相继在各大学成立，例如北京大学的医学伦理研究室。由于投入的学者日益增加，大量的相关著作也陆续出版，近 5 年在出版量上已远超过台湾。

在发展过程中，应用伦理学因应不同的专业与专题而衍生众多分支。诸如：医学伦理、生命伦理、基因伦理、环境伦理、生态伦理、动物伦理、商业伦理、传播伦理、新闻伦理、网络伦理、研究伦理、工程伦理、谘商伦理、护理伦理、律师伦理、设计伦理、博物馆伦理等。这些分支仍可进一步分化，例如研究伦理可再细分为社会科学研究伦理、自然科学研究伦理等，谘商伦理可再细分为婚姻谘商伦理、老年谘商伦理等。

传统西方伦理学的论述场域主要限定在人类社会中，也预设着唯有人与人之间才有伦理关系可言。不过，这种范围上的限定在当代开始动摇。李奇（W. Lecky）的《欧洲道德史》提到，欧洲道德的发展显示出一种关怀范围的扩大。他说："从前，仁慈之情仅及于家人，不久，这个圈子扩大而开始包括了阶级，进而国家，继而国家联盟，而后整个人类，最后，在人类对待动物界的过程中也感受到仁慈之情的影响。"①事实上，在应用伦理学的发展过程中，我们可以清楚地看到人类在伦理道德方面的关怀范围不断地扩大。应用伦理学中的生命伦理学不仅关心到一般人的权利，也扩大到植物人、初生婴儿、胎儿、后代人类的权利。应用伦理学中的环境伦理学不仅考虑到人类的权利，也开始呼吁动物的权利、生态系统的权利。在此，伦理的范围不再局限于人类，而开始扩展到其他的生物，甚至扩展到整个环境。放在儒家义理的脉络来看这种关怀圈的扩大，当代应用伦理学的发展过程其实就是"推恩"之具体实践，亦即仁心之不断扩充其范围，仁心施用范围之逐步扩展。

二、当代环境伦理学的争议

把伦理考虑的范围扩展到人类以外，势必需要一些理论根据来说服传统想法。在此，我们可由西方当代环境伦理学中的一个重大争议看出某些理论根据。1967 年怀特在《我们生态危机的历史根源》一文中指出，近代科学及技术的发展造成当前生态危机，但究其根源，还得溯源到传统基督教对于自然的傲慢自大心态②。简言之，源于传统基督教的人类中心主义是当代生态危机的祸源。此一指控引发西方思想界的热烈讨论，并相继出现反对人类中心主义的观点，诸如：生命中心主义、大地伦理、生态中心主义、深层生态学等等主张；这些反人类中心主义的说法可统称为自然中心主义。简单地说，人类中心主义主张，人类在道德上应该仅仅考虑人类的利益，一个行为是道德上对的若且唯若它有益于人类福祉。依之，唯独人类才有究极的或内在的道德价值，道德权利或道德考虑仅限于人类；人类对非人类没有直接的道德义务。自然中心主义则反对上述人类独具道德地位或内在价值的说法，而主张人类之外的生物或生态也都拥有道德地位或内在价值，并因而应该享有相关的权利和道德考虑。

在自然中心主义与人类中心主义的论战中，前一路线主要是提出一些客观的判准，藉此打破人类独占道德社群的局面，以容纳动物、其他生物、甚至整个生态系统进入我们道德关怀的范围。例如，动物权利论者黎根（Tom Regan）曾区分道德行动者（moral agents）及道德接受者（moral patients）。道德行动者能够运用不偏不倚的道德原则来决定什么是应该做的道德行为，并且能够在做出决定后，自由地选择是否依道德而行。由于道德行动者具有这些能力，因而也被要求为其行为负道德责任。道德接受者缺乏一些先决条件，无法控制自己的行为，因而也无法为其行为负责。道德接受者没有能力形构或运用道德原则来思考诸种可能行动中何者是对的；总之，它没有能力做对的，也没有能力做错的③。

依黎根的看法，虽然唯有道德行动者才具有道德判断的能力，但是道德行动者与道德接受者皆有权利享有道德地位，因为二者皆是生命主体，因而具有内在价值。换言之，对黎根来说，唯有生命主体才能享有道德地位。依他的说法，一个生命主体，不仅只是活着，也不仅只是有意识，它还要有信念及欲望；要有知觉、记忆、未来感；要有情感生活，有快乐及痛苦的感受；有喜好的利益；有能力行动以追求欲望及目标；有经历一段时间的身心同一性；有个别的福祉，亦即对其生命有好坏之别，而不论对其他个体之利益有何工具价值。④

黎根的说法有可议之处，他对生命主体的定义以及由此而界定内在价值的做法，都显不出必然如此的道理。如果我们发现，他说的生命主体，范围似乎限定于 1 岁以上的哺乳动物，则更缺乏充足的理由了。⑤道德受动者为何仅限于合乎生命主体判准的动物？为什么以哺乳动物为主呢？为何不能扩及其他生物或山河大地呢？以辛格（Peter Singer）为例，所有能感受苦乐的生物皆应享有道德地位而加以考虑。辛格认为，对于一个能感受痛苦的存有者，我们没有道德上的理由能够拒绝把它之感受痛苦纳入考虑之中。而且，不论此存有者的本性是什么，依据平等原则，必须把它的痛苦与其他存有者相似的痛苦予以平等地计算。⑥

辛格纳入道德考虑的范围显然大于黎根的，而泰勒（Paul W. Taylor）更进一步把所有的有机体皆纳入考虑。泰勒主张尊重自然，他强调人类是地球生命社群的成员之一，并非生下来就优于其他生物。每一个有机体都是一个生命的目的核心，一个独一无二的个体以自己的方式追求自己的目标。⑦

总之，西方自然中心主义者试图从各种知性的理由说明，为何要承认并尊重其他生物与自然界等等"非人类存在"本身的价值。而且，若是接受这些理由，我们就应该平等地对待那些被纳入道德考虑的对象。

针对上述论点，一种争论重点在于这些扩展界限的理由是否具有客观性，另一种争论重点在于是否应该普遍地平等考虑每一个道德对象。就前者而言，自然中心主义固然提出一些理由来扩展道德界限，但是，就其仍有界限而言，为何止于此界限，仍可有争议。从儒家的观点来看，道德行动者固然仅限于人类，至于道德接受者应该扩展到何种对象，仁心之发用其实是没有界限的。最理想的推恩范围，当然是要扩及到天地万物。就后一争论而言，可见于女性主义哲学家提出的关怀伦理学。在此，部分呼应了儒家的差等之说。当然，儒家更由实践层面考虑，"博施于民而能济众，尧舜其犹病诸"；个人或人类的能力都是有限的，实践亦有未逮处。

三、关怀伦理学对于理性义务论的挑战

雷秋斯指出⑧，传统的各种义务理论极不适合用来描述家人和朋友间的生活。那些理论拿义务观念作为道德上的基本观念；它们说明什么是我们"应该"做的。但是，如女性主义哲学家 Annette Baier 观察到的，当我们想要把"做有爱心的父母"解释成一种义务时，我们立即遇到问题。做有爱心的父母，其动机并不是出于义务。如果你关怀你的孩子乃是因为你觉得这是你的义务，这就是灾难了。你的孩子会感觉到，并认为你不爱他们。出于义务感而做父母，是坏的父母。

此外，遍及各种义务理论的平等观念和公平观念似乎也深刻地敌对于爱和友谊的价值。穆勒说，道德行动者必须"要像一个无关利害的、仁慈的旁观者一样的严格公平"。但是，这不是父母或朋友的立场。我们并没有把我们的亲人和朋友只是当做芸芸众生中的一员。我们认为他们是特别的，我们对待他们是特别的。

在另一方面，关怀伦理学却极为适合描述这种关系。关怀伦理学没有把"义务"当成基本的；它也没有要求我们公平地增进每一个人的利益。取而代之，它一开始把道德生活看成一种与特定的别人的关系网络。

这些观点导致对于我们应有做法的不同判断。我可以奉献我的时间和资源来照顾我自己的朋友和亲人，即使这样会忽略其他我也可以帮助的人的需求？从公平的观点，我们的义务是去同样地增进每一个人的利益。但是，我们很少会接受这种看法。女性主义哲学家提出的关怀伦理学肯定我们自然给予我们亲人和朋友的优先性，因此它看起来是比较可接受的道德观。

以上仍是针对人类而言，若是针对非人类的存在而言，我们对动物有义务吗？例如，我们应该成为素食者吗？由理性原则而来的论证会说，我们应该，因为动物为了供人食用而在受苦，而素食可以提供我们营养，又不残忍。20世纪70年代中期以来的动物权利运动，靠着这类论证，说服很多人放弃吃肉。

女性主义哲学家 Nel Noddings 认为，这是一个很好的议题，可以用来测试关怀伦理学所依据的基本观念。这些基本观念是什么呢？首先，这种伦理诉求的是直觉和感受，而非原则。这导出不同的结论，因为多数人不觉得吃肉是错的，或是不觉得家畜的痛苦是重要的。Nel Noddings 观察到，因为我们是人，我们对其他人的情绪反应是不同于我们对非人类的反应。

关怀伦理学所依据的第二个基本观念是，关怀者和被关怀者之间的个人关系。被关怀者必须能够参与这种关系，至少要能响应关怀者。Nel Noddings 相信，人们确实与某些动物（在家里饲养的宠物）有这种关系，而这可成为义务的基础。在此，关系建立起来，而关怀的态度也必须出现。但是，我们和屠宰场里的牛只没有这种关系。因此，她结论说，即使我们可能期盼有一个世界其中的动物不必受苦，但我们没有义务为了牛只而做任何事，甚至没有义务不再吃它。

平等地考虑并对待自己的亲人和陌生人，对大多数人来说，是有违常情的。在这点上，关怀伦理学符应了人之常情。就儒家的差等原则而言，"老吾老以及人之老，幼吾幼以及人之幼"，必定有个次第之别。在这点上，关怀伦理学与儒家似乎有同样的立场。不过，儒家毕竟还是要讲推恩。然而，对关怀伦理学来说，推恩似乎没有得到任何积极的地位。

且不论关怀伦理学与儒家的异同，在西方哲学传统中，很少人认为关怀伦理学足以取代讲求平等考虑原则的义务伦理学，而顶多认为关怀伦理学是一种补充。例如，雷秋斯指出，德行论很适合用来说明公众生活和私人生活的价值，这两个领域需要不同的价值。公众生活需要正义和仁慈，而私人生活的德行则包括爱和关怀⑨。言下之意，讲求平等考虑原则的义务伦理学适用于公众生活的领域，关怀伦理学适用于私人生活的领域。而主张前一立场的哲学家，与儒家一样，强调推恩的积极意义。更重要的是，他们提出推恩的理论根据。以下即以辛格的说法为例。

四、辛格由理性谈扩展之圈

人类是社会性甚高的动物，人不但在物质和精神各方面需要其他人，亦同时在人际互动中形塑其部分特性。其中有些特性是个别的，例如社会学提到的"社会之镜"，个人透过周遭人群对他的看法而形塑对自己的认知。而有些特性则是具有较高的共通性，甚至成为普遍于人类的。如此，某些在人类长远历史中经由人际互动而发展出来的共通特性，即有可能被视为人之本性（human nature），甚至忽略背后的发展历程，而视之为自有人类以来即是与生具来的本性。

进行伦理判断或道德评价，乃是普遍于人类的一种活动。我们借着是非对错、应该与否等概念，对别人的行为以及自己的行为进行评价。一般来说，我们不对非人文的自然世界及动物世界施以道德评价，而仅对人类之行为施以道德评价。因为，一般相信，唯有人类能够为自身订定一些应然的标准，并且同时具有达到这些标准的能力以及违反这些标准的能力[10]。伦理道德即以某些应然的规范及标准为基础，人们由此而展开对于彼此及自身的要求与评价，其中涉及社会层面的责任问题、赏罚问题，也涉及个人层面的德性发展历程。

自 1859 年达尔文《物种源始》问世以来，陆续有人试图藉由演化论来说明伦理的本性[11]，19 世纪是以斯宾塞（Herbert Spencer）为首的社会达尔文主义（Social Darwinism），20 世纪则是以威尔逊（Edward O. Wilson）为首的社会生物学（Sociobiology）。威尔逊在 1975 年出版《社会生物学》，宣称天择（natural selection）论足以彻底说明伦理议题。当代著名的伦理学家辛格则在 1981 年出版《扩展之圈》，试图借镜社会生物学探讨伦理的路向来重新理解伦理议题。

达尔文在 1871 年指出，人与其他动物之间最明显的区分或许即在于道德感之有无。他认为，社会本能是构成人类道德机制的首要原则，再加上人类具有主动的知性能力以及习惯之养成，自然导出基督教所谓的金律："你要别人怎么待你，你就怎么待人。"达尔文认为，这条金律即是整个道德的基础[12]。在这点上，我们可以提供其他的线索加以支持。在推动全球伦理（global ethics）的过程中，德国神学家孔汉思从各种立场中找出大家共同之处，而对差异点稍后再做处理。其实，他找到的共同点，亦是一切道德实践和伦理学说的共同基础。这个共同点，基督教称为金律。儒家称为絜矩之道："所恶于上，毋以使下；所恶于下，毋以事上；所恶于前，毋以先后；所恶于后，毋以从前。"康德称为无上令式："只依据那种你能够同时愿意它成为普遍法则的格准去行动。"穆勒称为公平对待原则："效益主义以快乐作为行为对错的标准，此处说的快乐不是行为者自身的快乐，而是所有相关者的快乐。在他的快乐和其他人的快乐中间，效益主义要求他要像一个无关利害的、仁慈的旁观者一样的严格公平。"名虽有异，实则相通。

在此，当代的社会生物学以及演化伦理学有何重要主张呢？简言之，社会生物学乃是运用演化论和生物学的知识来说明各种社会行为，演化伦理学则强调以演化论的天择概念和适者生存概念来说明伦理行为如何在演化过程中成型。依之，人类的社会本能和伦理行为乃是演化出来的。

进一步来说，人是演化的产物，此一事实对伦理学的影响有两个完全不同的方向。首先，演化观念可助于说明人们为什么会有他们现有的这些伦理思想和感受。其次，演化观念可助于指出那一种规范伦理主张是对的、真的或正确的，例如利他行为之具有价值，乃是因其有益于保存人类的物种。前者在于解释"实然"如何形成，后者在于证成此一"实然"何以是"应然"。换言之，前者在于解释为什么人类有如此这般的行为，后者则须证成为什么如此这般的行为是应该的。

在解释的部分，辛格与威尔逊都承袭了达尔文的基本立场，以社会本能作为构成人类道德机制的首要原则，并以演化论说明社会本能的形成。不过，在证成的部分，辛格则明显与威尔逊划清界限，并加以批判。对辛格而言，威尔逊似乎直接把实然当成应然，把演化的结果当成伦理上应该的事。辛格将威尔逊的论证表述如下："前提一，我们的基因来自共同的基因库，并将回归于共同的基因库。前提二，我们的任何行为都不应该损及我们基因的长期生存。结论，因此，我们的任何行为都不应该损及这个共同的基因库。"⑬ 辛格认为，威尔逊的最大问题在于忽略人类理性的抉择功能，而这点却是达尔文未曾忽略的。

辛格强调，人类的理性是让人类不断扩大其关怀圈的关键。演化是盲目的进程，在此进程中，若干物种具备了推理的能力，而人类在这些物种中的推理能力又是佼佼者。在演化的进程中，出现一些具有社会本能的动物，其行为模式趋向于彼此协助并避免相互伤害。如达尔文早就说过的，理性加上社会本能，使得道德快速发展。辛格则用了一整章的篇幅说明理性如何让人类扩展其道德关怀的范围⑭。

当代生物哲学家区分生物演化与文化演化，并说明人类经由生物演化而来的大脑，如何在文化演化上发挥其功能。"一个器官所拥有的特征，并不是解释它为何演化的因果说明的部分，这是演化论中的标准观念。心脏发出噪音，但这并不是为何心脏演化的原因，它演化是因为它唧血。产生噪音是附加的结果；它是演化副产品。……虽然器官演化是因为它所拥有某些特征，但这不应该引导我们期望，人类心/脑所产生的每一项行为都是具有适应性的。大脑想必有许多的附加影响：它产生了思想和情感，这都无关于为何大脑演化。"大脑/心灵使人类在生物演化之外还有另一种选择：文化演化。"生物演化产生了脑，而脑则造成了我们所做的行为，这完全是实情。……生物选择产生了脑，但脑已启动了一个有力的作用，这个作用可以抗拒生物选择的压力。心已不再是一个能够产生生物选择所支持的行为这样的装置，它超越了这个装置。它是它自己的选择过程的基础，受它自己的适应度和遗传力的度量所定义。天择已产生了一种自由漂浮的选择过程。"⑮ 依上所述，人类经由生物演化而拥有异于万物的大脑，使其得以进行具有较高度主控权的文化演化。而大脑的功能包括思想和情感，如此，理性和情感成为文化演化的两大操控机制。

依辛格的说明，理性使我们得以设身处地，使我们得以平等考虑所有的对象。而且，尤其在提出理由加以证成时，必须跳出自身的立场，而从一种不偏不倚的角度出发，朝向普遍于所有人都能适用的原则⑯。具体言之，辛格采取效益主义（utilitarianism）的立场，平等考虑相关对象的利益（interests）⑰。依他看来，所有具有感受苦乐能力的个体皆有其利益，亦因而应该被纳入平等考虑。如此，在理性思考下，我们承认自己的利益没有比他人的利益更为重要，自己亲人朋友的利益没有比陌生人的利益更为重要，人类的利益没有比其他具有感受苦乐能力的动物的利益更为重要，就这样，伦理考虑的圈子不断扩展出去⑱。

辛格认为，理性使人类得以克服基因决定的自私倾向。但他也承认，二者之间存有相当程度的紧张，也造成人类内心中不时的天人交战[19]。他承认当前的社会大众还没有到达可以完全遵循理性指导的地步，他说："一套完全以大公无私的理性为诉求而建构的伦理规范只会被大公无私的理性者遵守。为人类订定的伦理规范必须依人类的现实状况来看待之，或是依他们比较有可能成为的状况看待之。"[20]在人类演化的进程中，有亲疏之别，似乎成了人性的一部分。我们对自己亲人和朋友的感情显然强过陌生人。不过，辛格并不认为我们应该停在现况，而应该以现实人性为起点，订定一套伦理规则，让人类行为有可能趋于理想发展。最后，有一天，人类理性的建构机制甚至可能影响到人类演化的进程，届时，人性会有一种更趋于理想的面貌[21]。在辛格的愿景中，我们看到类似儒家所说的"参赞天地之化育"的努力目标，而其订定规则使人趋于至善，亦有如儒家所说的"制礼作乐"之功能。

五、结语：西方伦理关怀圈之扩展对儒家的启示

关联于儒家，上述西方伦理发展有何意涵呢？若以关怀伦理学与辛格的义务伦理学对照观之，则前者偏向儒家所说之"仁"，后者偏向儒家所说之"义"。关怀伦理学如同儒家，肯定我们对于亲人和朋友的感情，也肯定亲疏之别的差等原则。但是，不同的是，关怀伦理学在此预设了性别的差异，似乎意味著女性偏向关怀伦理的模式。更大的不同在于，儒家肯定推恩的积极意义，而关怀伦理学则未论及关怀圈之扩展。就关怀圈之扩展这点而言，儒家较接近辛格之说。辛格透过理性而突破基因决定论，儒家亦可以基于自觉的抉择而避开血缘决定论的批评。然而，不同于辛格之处在于，儒家强调亲疏之别的差等原则，辛格强调不偏不倚的平等原则[22]。此外，就扩展的范围而言，儒家并未指出停止的界限，辛格则以苦乐感受能力之有无作为明确的界限。

注　释：

① 转引自 Peter Singer, *The Expanding Circle* (New York: Farrar, Straus & Giroux, 1981), Preface.

② Lynn White, "The Historical Roots of Our Ecological Crisis", *Environmental Ethics: Readings in Theory and Application*, edited by Louis P. Pojman, Boston & London: Jones and Bartlett Publishers, 1994, pp. 11-14.

③ Tom Regan, "The Case for Animal Rights", *Environmental Ethics: Divergence and Convergence*, edit by Richard G. Botzler, and Susan J. Armstrong, 2nd ed., Boston: McGraw-Hill, 1998, p. 351.

④ Ibid.

⑤ Ibid., p. 355.

⑥ Peter Singer, "Equality for Animals?" *Environmental Ethics: Divergence and Convergence*, edit by Richard G. Botzler, and Susan J. Armstrong, 2nd ed., Boston: McGraw-Hill, 1998, p. 361.

⑦ Paul W. Taylor, "Respect for Nature", Ibid., p. 366.

⑧ 本节对关怀伦理学的陈述皆参见 James Rachels, *The Elements of Moral Philosophy*. 4th ed. (New York: McGraw-Hill, 2003), pp. 82~83.

⑨ Ibid., p. 84.

⑩ 动物世界亦有伦理行为，但未有概念上的伦理判断。表现伦理行为，需要有一些先决条件；同样的，表现伦理判断，同样也需要有一些先决条件。后者应属人与动物差异之源。

⑪　达尔文本人则到 1871 年出版的 *The Descent of Man*，才开始讨论演化与伦理的关系。在《物种源始》一书中，为了避免过多的误会，达尔文尽量避开人的议题。

⑫　转引自 Peter Singer, *The Expanding Circle* (New York：Farrar, Straus & Giroux, 1981)，p. 87.

⑬　Ibid.，p. 80.

⑭　Ibid.，pp. 87~124.

⑮　Elliott Sober 著，欧阳敏译，《生物演化的哲学思维》，台湾韦伯文化事业出版社 2000 年版，第 316~317 页。

⑯　Peter Singer, *The Expanding Circle*, p. 93. "To imagine myself living the lives of all affected by my decision, and then ask what decision I prefer. ... By imagining ourselves in the position of others, however, and taking on their tastes and preferences, we can often arrive at a reasonably confident verdict about which action will satisfy more preferences." p. 101.

⑰　"let us cling to the simpler idea that ethics evolved out of our social instincts and our capacity to reason. And let us cling to the principle of equal consideration of interests—which relies on nothing but the fact that we have interests, and the fact that we are rational enough to make a broader point of view from which our own interests are no more important than the interests of others—as a uniquely rational basis for ethical decision-making." Ibid.，p. 111.

⑱　Ibid.，pp. 118~120.

⑲　Ibid.，p. 146.

⑳　Ibid.，p. 157.

㉑　Ibid.，p. 172.

㉒　辛格澄清，平等只是就考虑上而言，不表示人类的苦乐与老鼠的苦乐相同。然而，在衡量的标准方面，辛格并没有清楚的说明。辛格较儒家明确的一点在于以理性作为扩展的根据。

（作者单位：台湾中央大学哲学研究所）

中国哲学合法性问题的合法性问题

——一个"生命儒学"的回应

□ 袁尚华

儒学作为中国传统哲学的主流思想，其关心的核心价值一直放在生命之上：生命由立志开始，下学上达，而成己、成德、成贤，提升人格、增厚修养、成熟智慧。我们知道，不尚空言，崇尚实践，反求诸己，内外一致，在中国传统中，一直以来都是衡量一个读书人的素养的基本标准；至于通变古今，学究天人，由成己以至成物，参与历史文化的创造与开新，而与天合德，即生命价值的究极，更是儒学生命最高理想之所托。孔子所谓"为己之学"，孟子力主义内、尽心知性，《大学》说"明明德于天下"者，唐君毅先生寄予其文化理想为一个"以德性为中心而人文全幅开展"的世界，①牟宗三先生说之为"生命的学问"、"道德的理想主义"，霍韬晦先生则名之为"生命成长的学问"。②这一学问传统，从古到今，在历史中虽经无数跌宕，而总常以一超越的理想精神超临于历史之上，成为中国传统儒学的核心价值之所归向者。不过，自从进入近代，受西方文化冲击，西方学术进入中国，当"泛知识主义"逐渐成为了新的叙述范式，而传统学问的精神价值在一代一代人之间渐渐消退之后，传统中国哲学在这大潮下日渐"变形"，如今究竟剩下多少"实质"？委实令人不无疑问。

或者，我们首先要问：什么是传统中国哲学的"实质"？这是一个不容易回答的问题。也许，这正是"中国哲学的合法性问题"近百年来一直辗转以不同形态反复刺激着中国知识分子思想的原因。近年"合法性问题"又再重新提起被热烈谈论。不过，经过历史的推移，有关问题已经复杂化，在一次又一次的讨论过程中，它实质上已延伸出不同内容和不同层次的议题。如何在根源上将问题的关键突显？先简别问题的外延，后区分整体的本末，分开处理，显得尤其重要。③至于作为中国传统文化中心的儒学思想如何响应全体中国哲学合法性的有关问题，则可视之为例释以通于佛、道二家。

一、"合法性问题"的多重含意

通过简别，我们发现所谓"中国哲学的合法性问题"，由于"中国哲学"一词的歧义性与含混性，实质上可被解释为至少七个不同问题，即该问题的外延至少可以演绎成以下七个子问题④：

1. "中国哲学的合法性问题"意指"'中国哲学'这个语词的合法性问题"：
即针对"哲学"一词为日人所译所传，翻西方"philosophy"，非中国本有者；

2. "中国哲学的合法性问题"意指"'中国哲学'的内容相应于过去历史传统的合法性问题"：
即针对当代中国哲学的研究内容既非过去历史传统所有，亦非过去历史传统的合理延续者；

3. "中国哲学的合法性问题"意指"'中国哲学'被称为（西方意义下的）'哲学'的合法性问题"：
即针对"哲学"的有限历史性而被限定为属于西方传统而不属于其他传统者；

4. "中国哲学的合法性问题"意指"'中国哲学'作为一个学科的合法性问题"：
即针对当代中国哲学并未经历如近代西方学术分科的结构化、体系化的过程，因而并没有资格作为一门严格意义的学科而言者；

5. "中国哲学的合法性问题"意指"'中国哲学史'这门学科的表述范式的合法性问题"：
即针对当代"中国哲学史"这门学科的叙述方式在很大程度上依据"西方哲学史"的叙述方式建立而言者；

6. "中国哲学的合法性问题"意指"'中国哲学'这门学科的研究范式的合法性问题"：
即针对当代中国哲学研究所使用的概念与方法均移植于西方而非中国传统固有而言者；

7. "中国哲学的合法性问题"意指"'中国哲学'体制化、专业化的合法性问题"：
即针对当代中国哲学研究者普遍隶属于一体制化的学术机构，受学术机构的体制所支配，未必真能代表中国哲学而言者。

由于上述不同的问题之间互相交织纠缠，盖中国哲学不离"哲学"，它由中国哲学的历史传统所延续，被今人范围成"中国哲学史"，在体制化的学术机构中表现为一门学科，由某种时下流行的研究范式所构成，当然亦不能离开参与其中的知识分子。当我们在"现代"的脉络下发现，原来这一切从未被认可过合法的资格，中国哲学被批评为世界学术的"庶子余孽"时，关心中国哲学的人是没有不深感忧戚的。究竟中国哲学"合法"抑或"不合法"？由于上述各种现象之间的互为因果，讨论起来，不一定容易发现其共同本源。有没有"合法性问题"的共同本源？以上问题之得以合理解决，有没有一个共同基础？这基础是什么？如果在这基础建立之前就试图回答"合法性问题"，又是否合法？

首先，从处理问题的进路上看，无论是语言层次的问题、历史层次的问题、哲学是什么的问题、中国哲学的研究方法的问题、体制化的问题等，正如过去延续下来而且不断在扩大的讨论外延一样，都可以在知性推演中持续引发更新的思考。本来，知识的发展，就必须经历这种思辨的过程。问题在于：若对学术文化现象仅仅采取平面分析的进路，或只作触摸不到实质的抽象响应，对解决"合法性问题"，可以提供哪一层次的帮助？事实上，我们可以再次追问这些处理方法的"合法性"，因为它们恰恰是"合法性问题"之所以产生的一个原因，尤其是当中国哲学甚至变成了一种近乎知性游戏、训练聪明的练习、和只作为满足个别人士兴趣、或作为生存的工具、而与现实人生、社会关系越来越疏离之后。令人困扰的是，"合法性问题"似乎不但持续，而且正曼延至更阔的领域，并没有看到解决的前景，恐怕有关质疑蛰伏一段时间后又将会恶化下去。有人乐观地认为随着多元文化的发展，文化体系之间的对话增加，更广义的"哲学"观念将会取代狭隘的西方中心主义视角下的狭义哲学观，到时作为这哲学大共相下其中一种殊相的中国哲学，将会获得它与西方应有的平等关系。这种想法近似中国政治现行的"多边主义"及"和平发展"的策略，但用于处理中国哲学的合法性问题，则未免简单。问题是：多元主义是否具有守护文化价值的积极功能？被动地等待多元社会的自我调节，是不是太过消极？至于把所有文化一体平铺，大家都是"共相"中的一片"殊相"，构成各自相对、彼此不同的关系，又是不是太过平面化？如果说"对话"，"对话"须有实质，不能停留在语言、信息的层次，如何由"一般对话"进至"精神对话"？我们在自己"站得稳"以前，根据什么跟别人对话？而且，"合法性问题"涵蕴的一个可能质疑正是：为什么"中国哲学"必须在"对话"中或求取别人的认识中才能认识自己？

基于"合法性问题"的深层性质，显然不只是一种知性的玩意或一种偶然的文化现象那么简单；它在一定程度上已触及"中国哲学"的存在价值的合理基础的问题，它的质疑是带有危险性的，只不过它的批判力与所导致的不安感，并未进至危及人们或学者们生存的临界点，因而暂不致于引发超越知性讨论以上更根源性的和更强烈的回响和反动了吧。但如果这压根儿是一种带有"自欺"成分的现象，它是实然的而不是当然的，那么，它最终所引致的文化破坏和对学术建制的冲击就总难避免，历史里的启示还少了吗？至于"传统中国哲学的实质价值"这"东西"，在知性的怀疑下，亦认为根本是一个问题，而不是一个解答。也许有人认为，哲学问题的延续探索，正是哲学这门学问的特质所在，所谓"哲学起于惊奇"，哲学只提供疑问而不提供答案。但这正又吊诡地回到上述"合法性问题"所质疑的，以西方思维来套中国思维的合法性问题，这可称为"合法性吊诡"——越问（抽象地追问）越不合法？——盖以思辨问题为中心的哲学思维形态乃西方哲学所有，而非中国传统之所宗。

二、"合法性问题"的文化意义及时代意义

从逻辑的角度看，问题的清晰明确是问题得到合理解决的必要条件（necessary condition），因而严谨思考的必要性不言而喻。但从问题的内容看，文化问题与价值问题相钩，它并不能简约成某种经验对象或互相分析的符号，这种情况因中国哲学本身的特质而越加明显。那么，不同的文化观念在纷乱的现实中如何找到价值存在的必然性和普遍性？在知性的可能世界内又如何避免观念之间的互相背反？当抽象成了抽离，当现实越变得纷扰不安，我们越来越感到需要有实质意义的响应。我们要有对"合法性问题"的明确的观念，同时也要有文化存亡的危机意识，更需要深沉的思考和可以实质依据的行动。当我们有了这准备而认真面对问题的症结时，"合法性问题"的合理解决看来必须有层次上的突破，即看出其深层意义，⑤从而建立解决问题的真正基础，以便驱散这场已经弥漫超过一个世纪的精神迷雾。

中国哲学的新发展当然不必亦不可能在与西方绝缘的前提下进行，但是，如果认为中国哲学的自我认识必须在西方传统（或非中国传统）作为参照者的沟通互动中才能建立，则这种想法可正是"合法性问题"产生的一个原因。因为如果我们接受这一想法，那我们就必须认同一个既可笑又可悲的观点，即：中国哲学的原创人如孔子与老子，对"中国哲学"是毫无认识的；而且，并不存在"一个人的儒家"。令人困扰的是，这不仅是"中国哲学"这门学问的命名问题，将"中国哲学"改为"义理之学"或沿用"子学"、"经学"、"道学"之名就可解决，而是自我存在的肯定问题。虽然，清明的理性告诉我们中国哲学的原创慧解是来自先哲们自身生命内在的创造，在孔子与老子那里，创造的根源不是亦不需来自中国域外传统的系统参照，但在今日现实的心境下这种想法却好像咒语一样不断扰动着几代中国知识分子的心灵，令这个"中国哲学的心灵"无法独处，而讽刺的是，生命独处之道本来就是传统中国哲学所最胜场的智慧之一。为什么如此？回到历史的脉络，在当代处境下的"中国"出现所谓"身份认同危机"，正如大家所经历着的，这根本就是近现代以来一种普遍的文化现象，存在于中国各个社会和文化领域之中，不只是中国哲学界与中国知识分子独然；可能由于哲学从来都被认为是民族文化的核心部分，中国文化的历史感又向来特强，因此中国哲学研究者内心由"主体性失落"所产生的自我扭曲和历史压力往往更大。纵使中国哲学研究者大都深知他们研究的学问对人类极有价值，但从现实的环境出发思考中国哲学的前途时却始终无法平复那患得患失的心情。

至于这一文化问题、时代问题的产生，当然与当代中国历史现实、和中国知识分子的处境有重要关系。自从五四（或更早）开始对传统中国文化作连续的非理性批判、和经过数 10 年来各种运动的摧残，继而近年思想的解放让中国知识分子开始呼吸到思想自由的空气，却又"自由地"把传统中国学问用西方思维"泛知识化"，到已有泛滥之势的今天，正中了庄子的名言："道术为天下裂"。我们知道，"中国文化的现代化"一直被唐君毅、牟宗三等当代新儒家视为核心课题并作了认真的处理。但当涉及对西方知识传统定位时，新儒家的立场是相当清晰的，例如依唐君毅先生所说，知识之领域只能有相对独立性，而为儒学尊德性之学所摄，⑥意者知识在没有德性规范下自由发展将造成颠倒；牟宗三先生以良知摄了别心（认知心），即置知识活动于道德活动之下；至于霍韬晦先生则顺唐先生、牟先生之思进一步指出，由道德心开出科学、民主这一想法，实质上是应这个时代中国国情的需要，换言之，"开出说"是一个"时代问题"更多于一个儒学理论必须涵蕴的"内在问题"；随着一个时代的过去，在知识泛滥变质、民主质素下降的今天，新儒学要面对的问题已经转变，现在的问题是要在如实替中、西文化定位以肯定其不同价值的前提下，进一步超越西方知识传统之上批判这一传统以防治其现代偏差的问题。⑦总之，知识与良知在新儒家那里，从来未有过平面对等的关系，何况倒置过来？新儒家对精神生命的主体自觉是深刻的，其为文化立本的用心也是显而易见的。但今天的实际情形则可能是相反，令人担心的已不仅是中国哲学，甚至连新儒学⑧这一支当代最强的中国哲学研究系统自身的阵营也守不住。

中国自身的历史行程以外，当代文化环境的转变也是重要因素，例如西方后现代性（post-modernity）的出现，它对"中心"（centre）的解消，配合知识活动的相对性格，在人文学的领域内，正不断地延伸着它所制造出来的人文世界的"后现代性混乱"。当思想进入无政府状态之后，有普遍意义的人文价值将如何建立？的确是一重大难题，现在中国哲学研究者在自顾不暇的困境下自然无从回应。过去，在不认识西方的情境下，我们以西方理念作为处理中国学问的参照系统，通过"他者"认识自己；现在，在较为认识西方的情境下，我们才发现原来一直被我们参照的西方系统自身也一直在解体之中，渐渐连"他者"都没有了。"合法性问题"的出现，在过去（如冯友兰先生写《中国哲学史》）是为了建立一个可与西方接轨的有效的知识体系而被思考，在今天则是因为"泛西方化"下解释的知识体系太多而令人怀疑一切解释方法的合法性，这真是一种"知识化的讽刺"。"中国哲学"是什么？当所有的参照系统都消失之后，我们好像忽然变得空虚无力。

三、"合法性问题"的主体合法性基础

我们发现"合法性问题"的出现与时代因素、历史因素有着密切关系，但经验的成素毕竟只是文化变异的外在条件，它有现实上的张力，但没有历史的必然；换言之，它只能是"合法性问题"产生的原因（cause），而不是"合法性问题"存在的理由（reason）。"风里落花谁是主"？在传统中国哲学的智慧看来，"合法性问题"的产生，归根到底还是来源自"生命"自身。如果主体性的失落必须在生命中寻根，"知识化的讽刺"必须在知性主体上批判反正，那么，在这个意义下，"合法性问题"便不只是语意问题、表述问题、也不只是思辨问题、亦不只是时代问题、历史问题，而是一个"生命问题"。所谓"生命问题"是什么意思呢？

有部分学者意识到，为了摆脱西方语境下的霸权主义，必须重建中国哲学的范式和叙事方式，不要跟着别人讲，而要"自己讲"，也就是说，要用新"方式"重构和重表中国哲学。这一提法，我们以为还有深化的余地。"生命问题"的自觉是来自中国哲学自身，它是中国哲学在面对自己时所不能回避的反思；它要求我们对从事中国哲学的主体进行自我检查，在主体中发掘回答"合法性问题"的合理基础，因而这不是对某一个相对而个别的对象的研究；寻找某种体系、范式、叙事方法作为中国哲学的新的典范形态，并不是这里要处理的问题。更基本的是，在寻找新方式的过程中，我们有必要警惕自己避免空悬无根的思考，它会把"合法性"要么变成一种独断论，要么把它变成一个永远的疑问；前者可带来另一场观念的灾难，后者可促成一个虚无的时代。我们现在要做的是更深一层的反思：要找出一切可能方式之所以具有"合法性"的"先验基础"，也就是说，要在范式建立之前、叙事之前的建构者的心灵下手。接下来，我们才有条件回答这心灵如何施行于一切可能的中国哲学表述方式之上，及如何切入现代社会生活之内，这一相对来说是"后验"的问题。因此，这是"纯粹的"⑨；即是说，完全是面向自己的，用传统儒学的话说，完全是"反求诸己"⑩的，所谓"先立乎其大者，则小者不能夺"（孟子）、"物有本末，事有终始，知所先后，则近道矣"（大学）。传统中国哲学思维中的"本末"范畴，相信已直接而清晰地在大原则上提供了对此问题明确的层次区分。

这种超越的反省相当重要，它告诉我们，问题的解决必须在"问题外"寻找出路，在"问题内"钻营恐怕自困笼牢，这一点在当代有关"合法性问题"和儒学的现代性问题的种种思考中，是过去我们所未充分正视的。顺是，研究中国哲学的人必须先反求诸己，先在自己生命中下工夫，不能将中国哲学这种讲求逆觉内省的学问停留在纯知性的悬空讨论之中。我们必须自觉这学问与自家生命的内在关系，把问题向自己心灵深处问到

底。客观地说，即中国哲学研究者的生命能否接上传统中国哲学精神，让它的基本理念能在自己生命中生根而自觉地发现它具有不可易之真实价值；我们认为，这是研究中国哲学的"先验"基础，唯有在这个基础之上，我们才有能力恰当地驾驭复杂的知识世界和纷乱的文化现象。但仍须强调，面向这种如孔子所说的"为己之学"，归根究底，人只有一途，即通过自身的实践、体会、成长，来获得颠扑不移的对中国哲学的内在价值的见证，而不能再简约这基础为一知性的追问或可能性的抽象探讨。知性的反省是需要的，但不能一开始就越出它的应然范围，否则，便立刻重新跌落无止境的"合法性吊诡"之中，走不出"合法性问题"的内在困局。从这个角度看，所谓"合法性问题"，便实质上是中国哲学研究者自身的"生命主体的合法性问题"。

这不是"道德形上学"、不是"宇宙生成论"、不是"文化的保守主义"，更不是"非理性主义"，而是对传统中国哲学精神的领受与见证，到底有多深入的问题？这也不能简单地约化为一个诠释学问题。[11]我们知道，一个不懂科学方法的人没有讨论科学哲学的资格，一个缺乏艺术感受的人谈论艺术不免贻笑大方，那么，为什么一个未经检查的哲学心灵，可以有条件讨论中国哲学？这是简单易明的原则；我们亦不能因为对哲学心灵的检查缺乏如科学方法般可以客观操作的指引而对此简单易明的原则不闻不问。传统中国哲学精神立根生命，"人能弘道，非道弘人"（孔子），先哲教人，总以生命接引生命，以人格感染人格。问题是今天我们哪里去找到这种人格？所以有人高喊这是一个"没有圣贤的时代"。但在我们看来，真正的问题并不是圣贤"存在"抑或"不存在"，而是到底我们有没有可以"看到"圣贤和向慕贤圣之"心"，令人想到，是不是没有此"心"的人才是真正的"游魂"？中国哲学的本性决定了它自己并非首先是一个"客观问题"，它首先是一个"主观问题"。但现在颠倒这关系的人却嫌太多，长期以来"合法性问题"的纠缠不清便没有什么可以奇怪的了。

经过近代对西方认识的几次循环而在长期累积中逐渐摆脱对西方的模糊印象，我们现在似乎又一次走到临界对中、西哲学基本理念的分别的自觉意识之前，这涉及对传统中国哲学重新定位的重大课题。在中国哲学传统一面看，究竟而言，如孔子之"仰之弥高，钻之弥坚"、老子云"大音希声，大象无形"、庄子所谓"以卮言为曼衍，以重言为真，以寓言为广"、禅宗所谓"以心印心"、王阳明之"致良知"，都非形式问题、论证问题、认知问题，也不是语境问题、话题问题、沟通问题，这根本是不同范畴；纵使后者作为知识传递的工具可以而且应该被灵活运用，但仍必须在乎其人，否则便易成空言。"生命成长"与知性范畴不同，"生命成长"可摄知性范畴，但相反则不然，盖"生命成长"是生命内在整体素质的提升，知性能力只属其一。至于人自身生命境界的突破，究极言之，更全是自知、自见、自觉、自证，"如人饮水，冷暖自知"；在回馈现实时，仍是"苟非其人，道不虚行"（《易系辞》），别人无可替代、语言无可替代。霍韬晦先生所谓"生命成长的学问"[12]，此之谓也。

解决"合法性问题"必须有解决此问题的基础，至于建立基础以后，怎样在上面以不同形态的新方式重建中国哲学的世界，则是另一问题。如果没有基础，一切的建立都如无根之树、无源之水；而"合法性问题"亦会因为缺乏真正解决的基础而注定"合法地"永远困扰中国哲学研究者的心灵。我们认为，回归中国传统文化的精神，重振"生命成长的学问"，为生命立本、为中国哲学寻根，这才是中国哲学智慧中本有而可解救今天困局的正本清源之道。

四、"生命儒学"的再生——"合法性问题"的方法论反思

这是一种方法论的自觉与转向，即：中国哲学之作为一种具有普遍价值的学问的有效性的自觉反思。有没有这种"有效性"？如有，它的根据在哪里？为什么霍韬晦先生要极力提倡"生命儒学"？在回应时代挑战的意义下，便是为了针对"知识儒学"的"变形"而出。首先，"生命儒学"与"知识儒学"的区分是实然的而不是应然的与当然的，从儒学的理想观之，二者最终必须在生命的整体中实现统一。但今天儒学研究的学术现实给人的感觉却是有意无意之间朝着"知识儒学"一面倾斜，不健康的单线发展偏向一种资料性、思辨性、文化现象性、对话性等的悬空研究，它们大都与现实社会甚至现实人生脱节，亦渐渐成为少数人的小圈子活动。虽然，它们能成功制造出一种"资料儒学"、"思辨儒学"、"文化现象儒学"、"对话儒学"等，在儒学知识化的过程中或许有着某种贡献；事实上，这些研究取向作为知识与学术中的一门，有着它们客观独立的意义，也应受到尊重。但是我们知道，在不考虑主观因素下，知识活动自身具有它的独立性，它有它自己活动的规则，依进路、立场、视角、语言、推论等因素而包含着一个既相对、又充满可能、且边界模糊的广泛论域；这种相对可能性与模糊性，在人文学科的世界之内尤其是相当明显的，儒学研究自然不能例外。或许，你仍可以称这一形态的"知识儒学"为"知识"（严格而言则是疑问），但其自身之论域实不必与"生命存在"及"生命存在之成长"直接相干；换言之，即不必对人的生命的境界的提升带来任何实质性的帮助，令人怀疑它还有没有条件把儒学的精神价值保存在内。问题也许不在它们的表述方式和讨论话题，而在于它们是否建立在一个更稳固建全的基础之上？令人忧虑的是：如果任"知识儒学"在纷乱的现象世界和抽象的观念世界中无约制地自由转动，对于儒学这种立根生命实存感受的学问而言，这种偏离，在客观上将会为儒学的发展造成什么后果？对个人来说，它们能否贯彻儒学的关怀帮助人完成生命应该完成的价值？

我们知道，在操作上，自然科学的研究可以完全与研究者自身的精神修养的深度无关，因为这是纯知识性之研究；但自然科学的知识研究尚有客观的科学方法可循，是真是假，有检证性（verifiable）可考，即具有"知识进步的逻辑"。然而，中国哲学的研究若完全离开它的精神价值的核心，我们还有什么可供规范的准则作为"中国哲学进步的逻辑"？纵使退一步说，把中国哲学只作为纯知识研究的对象，而不去考虑这学问对研究者自身生命成长的帮助，这类研究成果的优劣，依然与研究者的精神素养有着密切关系，而不能仅仅由一些外在的学术规范所保证甚至入主出奴。由此看来，当今"儒学"的发展表面虽然繁富，但儒学的精神生命的存续却不能不令人深忧；合法不合法的问题，亦会因此持续延生，不善处理肯定会形成恶性循环。

作为一种具有普遍意义的学问，当然有它一套独特的方法。根据当代分析哲学的基本理念，一个语句之所以是"合法"的，首先是它的表述符合语言使用的法则；其次是推论过程中遵从逻辑法则；或语句所陈述的内容符合客观事实。第一种情况令该语句具有可被理解的合法性，第二种情况令该语句具有有效推理的合法性，第三种情况令该语句具有合符事实的合法性。从较为严格的逻辑角度看，所谓"合法"、"不合法"的判准，即不

外乎以上三种。但"生命儒学"的方法论则不同，霍韬晦先生特立之为"体验的方法"⑬，究极而言，其合理根据完全建基于生命主体之内。所谓"体验的方法"，简言之，即重视把知识向生命回归，重视生命的投入、参与、行动、承担、感受、自省，然后再投入、再参与、再行动、再承担、再感受、再自省，在过程中获得德性人格的整体提升，因而有别于静态的知性方法，却又能在根源上对静态的知性方法之运用，在人文世界的研究内，提升其判断的准确性与衡量问题的深度。"生命儒学"的先在性更多地表现为一种人格感染力、行动承担力、教化对应力和生活方式，但必须强调，这种"生活方式"是活着的，而且首先是在自己生命中活着的，而不是仅仅被谈论的对象；在"生命儒学"的基础上开展的"知识儒学"种种研究，才更有恒久真实的价值和真切的深度。

如果以上这些反省是正确的话，那么，"中国哲学的合法性问题"是不是一个"伪问题"，便不再具有根本的重要性。为什么？因为我们已发现回答和解决这问题的真正基础。由知识向生命回归开始，回到传统中国哲学的老传统中，把"合法性问题"立即转为一反求诸己的实践问题，即"生命成长的问题"。我们将会重新发现，我们有体验传统中国哲学基本价值理念的真实性的能力和开出自身精神价值世界的自由，我们可以突破"合法性的吊诡"、超越知性层次的思辨循环，也就是说，我们有可以出入西方思考的自主性和驾驭西方思考的主体性。当然，这并不表示上述涉及的七大领域的"合法性问题"会因此而自动获得解决，但这已是第二义上的事。必须强调，这是"合法性问题"的"哥白尼式的转向"，经此乾坤之转，在"生命成长"这一基础下，中国哲学的"合法根据"才能获得必须的保证，重建中国哲学的新生命方得成为可能。

注　释：

① 唐君毅：《科学世界与人文世界》，收入《人文精神之重建》。

② "生命成长的学问"含义丰富，散见于霍韬晦先生著述之中。简言之，除确立"生命"为价值世界之主体与中心外，更强调"成长"，即突显生命存在之动态性，作为一开放之主体、体会之主体、行动之主体、自由之主体之义，并与世界存在与其他生命存在互动、互感、互通、互照、互摄、互成之整体关系，此为中国传统文化之中心价值所在。

③ 本文的基本理念相当简单，有些思考上的迂回其实是因为"中国哲学的合法性问题"的性质及讨论背景所导致不得已而作的，但在个人看来这许多曲折都是不必的，祈读者径取本文精神，舍其糟粕即可。

④ 如果再考虑到时间性，例如区分古、今"中国哲学"，则问题的分殊性将会倍增，本文重点不在此故不赘之。

⑤ 陈明先生认为"中国哲学的合法性问题"所引发的不只是"学科危机"，更是"意义危机"："它指向的是当代中国哲学家群体及其工作方式和产品，无法承担起作为意义提供者和阐释者的思想文化功能……以及它们与民族生命/文化在精神上的自觉联系。"见《读书时报》，2004 年 9 月 9 日。换言之，"合法性问题"实质上是文化问题、时代问题、意义问题、精神状态问题，更多于是一个理论问题或知性问题。

⑥ 《中国哲学原论·导论篇》，台湾学生书局全集版，第 356 页。

⑦ 见霍韬晦《中国哲学必须重新定位》、《儒学对西方文化可以说什么？》，《世纪之思——中国文化的开新》，香港法住出版社 1998 年版。

⑧ 有学者使用某些"现代"标准区分"新儒学"与"新儒家"，这种区分的"合法性问题"却从来没有被有关提法自觉的提出讨论；这里值得深思的是：如果缺乏一种精神生命的主体自觉，"新儒学"

还算是"新儒学"吗？

⑨　如果借助康德批判哲学的观念解释"主体合法性基础"这一深层问题特别在新儒学的现代脉络下这样做可以帮助理解的话，对此我们并不感到陌生亦没有必要表示抗拒。事实上二者之间的确存在某种可模拟性。

⑩　唐君毅在 20 世纪 50 年代反省自五四以来当代中国知识分子的精神病痛的来源与后果时已经表示，这与当代中国知识逐渐丧失传统的"反求诸己"的精神修养而转为一味以理性向外批评所导致的精神之空虚无力有莫大关系。看来半个世纪过去了，今天"为人之学"与"理性外用"的情况可能更加严重。唐先生文见《我们的精神病痛》，收入《中国人文精神之发展》。

⑪　伽达默尔（H.G. Gadamer）的诠释学认为，主体在认识真理的过程中必须以某种"前见"为基础，"前见"是"此在（Dasein）"的存在方式。但依传统中国哲学的最高精神，生命内部并不存在一种不可超越的有限方式，在这个意义下，我们不妨说，我们讨论的是"前见之前"的精神修养问题。

⑫　见前注②

⑬　详见霍韬晦：《东西文化与悟道方法论的反思》，《世纪之思——中国文化的开新》，香港法住出版社 1998 年版。

（作者单位：香港法住文化书院、东方人文学院）

各正性命与"政─治"生活境域的开通

──以早期中国哲学思想为中心

□ 陈 赟

　　将来中国政治若有出路，我敢断言，决不仅就在活动上，决不仅是在革命与组织上，也决不仅是在抄袭外国一套现成方式上，而必须触及政治的本质，必须有像孙中山式的为自己而创设的一套政治理想与政治意见出现。……这是我穷究了中国两千年传统政治所得的结论。──钱穆《中国传统政治》。①

一、各正性命与引导性的政治观念

　　《论语·颜渊》载："季康子问政于孔子，孔子对曰：'政者，正也。子帅而正，孰敢不正？'"与此类似的记载见于《礼记·哀公问》："公曰：'敢问何谓为政？'孔子对曰：'政者，正也。君为正，则百姓从政矣。君之所为，百姓之所从也。君所不为，百姓何从？"东汉许慎《说文解字》仍然以"正"解"政"。这样一种对"政"的理解，贯穿着整个中国古代思想史。君主端正自己，则百姓皆有所遵从。有所从也就是"有路可走"，天下人都有路可走，这就是所谓的"天下有道"，政治生活的最高目标就是"天下有道"。"有路可走"意味着生命有了方向，因而可以正定其命。是故《管子·法法》云："政者，正也。正也者，所以正定万物之命也。"正定万物之命，也就是物各付物（庄子所谓"齐物"），让存在者作为存在者自身而存在。这一关于"政"的思想在《周易·象传》中被概括为"各正性命。"此一概括有着更为古老的思想背景，《尚书·吕刑》所谓的"自作元命"可以视作这一观念的更早的表达。

　　"各正性命"的政治观意味着，政治并不是在人的日常在世过程之外增加另外一种生活空间，作为自我确证的新型方式。当个人自正性命时，他就已经进入到"各正性命"的境域中，因而也就处在政治过程之中。②当然，这样一种政治过程对于他个人而言是无名的，也即他并不把它作为政治过程来看待。这样，在严格的意义上，个人就不是"参与"政治，即是在政治之中。对政治如是理解意味着，政治过程只要撇开了在世的个人，它就还没有真正开始。所以,我们看到,在古代中国思想中,自正性命也即修身被作为政治生活的根本,相对而言,家、国的治理则位于政治事业的末端。《礼记·大学》云:"自天子以至于庶人,壹是皆以修身为本,其本乱而末治者否矣。"孔颖达解释说:"本乱,谓身不修也。末治,谓国、家治也。言己身既不修,而望家国治者否矣……本,谓身也。既以身为本,若能自知其身,是'知本'也,是知之至极也。"③修身在双重意义上构成了政治生活之根本:1. 齐家治国平天下,其归宿是每个人正其自己,而这种正其自己的活动还是要通过个人一己的修身来落实,没有个人的修身,以正其自己为鹄的的政治生活无法到达并完成自身。而在一定意义上,天下之平治意味着人人之"身修"。2. 齐家治国平天下基于责任而展开,而责任的发生,又必在修身过程中来达成。由此,政治生活并不能理解为一种由他者可以替代进行的事业,"各正性命"的要求是指向每个个人的,而不仅仅是指向"为政者"(君主、政府或官僚阶层)的。只要政治生活还被理解为政府或少数为政者的事业,那么它就同样没有到达自身。

但这并不是说"政府"或"为政者"在政治生活中就不存在任何意义。事实上,各正性命的政治过程也不可能脱离"政府"或"为政者"来达成。真正的问题毋宁是,当政治被构想为个人的各正性命的在世过程时,个人何以必然遭遇为政者主导的"政府"政治?或者说,在各正性命的政治观念中,如何规定君主或政府工作的性质呢?事实上,当我们说"各正性命"时,被传达的并非仅仅是单个个人的修身活动,还包括不同个人自正性命得以发生在其中的境域,单个个人的自正性命只有在此境域中才得以可能。而通常在"为政"这个词语中所传达的那种政治,就着力于营构这种境域,以为各正性命开通道路,这正是"为政"的中心指向。那种立身于每个个人的各正性命的政治活动乃是无名的,因为个人并不把它作为政治活动来看待。但它并非不存在,而是作为由为政者从事的那种政治的幽暗的背景境域而存在,离开了"各正性命",我们也就无法理解"为政"之"政"。而通常被我们命名为"政治"活动以便与人类其他事务区分开来的,恰恰是所谓的"为政"之"政",这个意义上的"政治"可以作为一种志业来从事,它本质上是以各正性命("政")为主轴而展开的治理("治")活动或治理术:"君者不过奉天行政,经理调济,所谓无为而天下治矣"④。在此,我们已经触及到"政"与"治"的区分及其关联,而通常所说的"政治"一词实际上是将二者结合到了一起,从而传达了"政治"观念中"政"与"治"的双重向度。⑤但是在现代汉语中的"政治"一词,更多地偏向了"治","政"的维度似乎退隐了;而在古代思想传统中,⑥正是"政"的那个维度,构成了"治"的基础,它规定了治理术的指向与方式。

《论语·为政》开篇云:"为政以德,譬如北辰,居其所而众星共之。"这是中国政治思想对"为政"(治理术)的最经典的表述。北极星居丁其所不动,而众星四面旋绕而归向之;与此相类,为政以德,则无为而天下归之。而所谓为政以德,实即无为而治。⑦梁皇侃疏云:"为政以德者,此明人君为政教之法也。德者,得也,言人君为政,当得万物之性,故云以德也。故郭象云:'万物皆得性谓之德。'夫为政者,奚事哉!得万物之性,故云德而已也……人君若无为而御民以德,则民共尊奉之而不违背;犹如众星之共尊北辰也。故郭象云'得其性则归之,失其性则违之'。"⑧由此,为政以德,也就是让不同的个人各得其性,只有当个人各自以其自身的方式获得自身的本性时,人君才走在为政的道路上。在这个意义上,为政以德,恰恰是无为。无为不是什么都不做,而是不去干预,让存在者自己有所为——这是无为的消极意义；其积极的意义则是去帮助个人自为，让其以自己的方式成就自己。但即使是积极的无为，也只是开通道路而已，它并不能替代存在者的自为，存在者借此通道可以自正性命。在这个意义上，为政以"德"，恰恰是让存在者有所"得"，而为政者本身却不"得"；或者说不得之"德"，即是为政者之"德"。这种不得之"德"，在老子的《道德经》中被称为"玄德"，其特性是"生而不有，为而不恃，长而不宰。"换言之，玄德之所以为玄德，正在于它是引导性的，它引导个人走在获得其本性的道路上。因而，王弼在解释玄德的时候说："不塞其原也，不禁其性也。不塞其原则物自生，何功之有！不禁其性则物自济，何为之恃！物自长足，不吾宰成，有德无主，非玄而何？凡言玄德，皆有德而不知其主，出乎幽冥。"⑨由此，在古代思想中，"为政"或"治理术"在本质上是引导性的。而通常所说的"无为之治"与"德治"，便是同一种政治类型的不同表述方式。我曾经把这样一种政治命名为"引导性的政治"。⑩由"为政者"所从事的引导性的政治与个人自身的各正性命，共同构筑了中国古典思想对政治概念的理解，而这样一种政治概念无疑是立体性的，而这两个维度既互为隐显，又相互通达，它们构成了一个活泼泼的境域。

引导性的政治这个表述意味着政治事务在其本性上是引导性的，是对存在者各正性命的引导。事实上，中国思想在其轴心时代就确立了"道"在人文中的中心地位，这决不是偶然的。⑪"道"是道路，道路的本性是开通、引导，若没有开通、引导，道路就不成其为道路。政治作为一种引导性的事业，不是对对象的宰割或改造，而是按照其自身的本性加以引导。于是，在中国古典思想中，政治不是别的，正是各个不同的存在者之各正性命在其中发生着的"境域"。

二、"天下"或"天地之间"：政治生活的境域本性

政治生活乃是存在者各正性命的引导，而"各正性命"这个表述则有其特定的内涵。"性命"指向的是人这种特定的存在者，在这里，人是如何标画自身的呢？《中庸》有云："天命之谓性。"对此的分析可以从以下两个方面展开：

（一）当个人之存在被表述为"生命"与"性命"时，人的自我理解是以"命"为出发点的。而"命"在古典思想的语境中意味着天人之际，是天之赠与（"天授"）与人之接纳（"人受"）两个方面的结合。天日生其命，人被抛其中，所以谓之天之所命者，因其初不过是"莫之为而为"，"莫之致而致"⑫的"在外者"——非我所能测度、所能把握的遭遇总体，究其实则是不可穷止的自然过程。唯其如此，个人在此流行的天命过程中坚定自己的方式只能是"尽其在我者"——"尽己之性"以"事天""俟命"。也只有以这样的方式，他才能在突如其来的变故、不可测度的周遭世界以及无可奈何的境遇中获得内在的安定与平静，"无往而不自得"⑬。而在这种安定平静与自得的境界中，本来是自然过程的天命转而被经验为不容已的责任或使命，而借此责任或使命，他即可于此"莫之为而为者"遭遇那"于穆不已"、"生物不测"、"为物不贰"之天。此中意思曾被孟子概括为"无义无命"⑭，其意为即义见命，以在我之义领会、回应在天之命。而个人以在我之义日接纳天之所命而成性，日新不已，其存在因而成为"天命之发生"或"发生着、流行着的天命"，正是在这个意义上，人的存在被表述为"生命"。生命作为生生不已的

天命之流行，它是在个人自我更新（日新）中被经验到的，通过自我更新的活动而将天命保持在发生着的境域之中，构成了"性命"这个词语的原初内涵。⑮也正是通过这种将天命保持在发生着、正在到来的过程之中的自我更新活动，人将自身提升到人性的水平，此种"得"其本性的过程也就是古典思想语境中的"德性"的原始意义。⑯人以其自我更新之德性而配天，承继并推进着天命之性，将后者开采到其潜能之极致，这就是所谓"尽性以至于命"。也只有以这样的方式，他才走在自正性命的道路上。也正是在这里，我们才能理解，为什么"自作元命"或"各正性命"的事业从一开始就与天命具有不可分割的关联。⑰

（二）人性在其起源上就是"天"之所"命"，而天者我之所不能，因而人性总有其不可规定、不可制作的那一个维度，基于这一维度而产生的人性理解，往往被称之为"天性"，这一概念揭示了人之存在中的原始、天真、单纯、质朴的那一面向，一切政教营为都必须充分地尊重这一向度，为个人的天性（自然本性）敞开空间。因而，中国古代思想对那种制作或改造人性以便在此基础上推行人为之文明的观念似乎具有一种自觉的防御性姿态而保持潜在之警惕，而现代中国的革命与改造话语如果不与中国古典思想的有意识解构（新文化运动、打倒孔家店、破"四旧"等）联系在一起事实上是无法顺利进行的。一切政教营为固然必在此自然本性的守护上确立其合法性，而个人也必须持守此一天真以回应、酬答、对越天之所命。事实上，中国古代思想对成人（成熟的个人）的理解，总是为此一天真本性持留位置。成熟的个人意味着真正长大成人，因而在古典思想中常常被表述为"大人"，一如尼采在《善恶的彼岸》中所道出的"人的成熟：找回儿时游戏的严肃"⑱，中国古代思想对大人的理解，也围绕着天真之守护而展开："大人者，不失其赤子之心者也"⑲、"含德之厚，比于赤子"⑳赤子之心，是活泼泼的，天真质朴的："含德之厚，比于赤子，大人之所以为大人者，不失其赤子之心而已。童蒙之时，情窦未开，天真未散，粹然一出于正，所谓赤子之心是也。"㉑政教人文的目标在于引导、推动个人自作元命，因而，更理应积极地承担与天命之通达。由此，一切政教的、个人的营为都必须与天命之性保持相互的通达，在天人之间的持续沟通中确立自己。而各正性命的实践唯有在人性与天道的相互通达中才得以可能。㉒

从字面上看，"各正性命"这个表达意味着存在者端正"性""命"，也即通过端正人"性"与天"命"之间的关联方式而端正自己，因而，这种关联方式通过"天人之际"这一古老的主题打开了人类自我理解与政治活动的更为广阔深远的境域。我们知道，在古希腊，通常被汉语翻译为"政治学"的那个词语（Politika）是由"城邦"（polis）加"学"（-ka）构成，其本意是"城邦学"。一如亚里士多德所认为的，所有的城邦都是某种共同体（koinonia），而人在本性上是趋向于政治（politikon，也即是城邦）的。对希腊思想而言，"城邦"不仅仅是土地疆域与聚居之人民，而是一种"空间"（Chora，space），是"空间"实现的最为充分的形式，人是通过空间而得以成为人自身的。在这个意义上，城邦空间先于现实的城邦并且赋予后者以秩序、给予公民以存在意义。城邦空间不是在无限的物理世界中的一个片断，而是一个"界限"，通过这个"界限"，个人从他的维持生计的劳动、家庭事务与日常生活中分离出来，进入一个共同生活的区间，而政治就是在"空间"中人的活动，在空间之外，无政治可言。天空（神）、神庙（祭坛）、广场、公民（敬神者，沐神恩者，为神眷顾之人）构成空间四要素，城邦在古希腊不是一个由利益联结起来的集团，乃是神圣的空间，是共同信仰的团体，它更像一个教团，是一个以神为本而形成的权力均匀分布的几何学空间，其主导的原则为平等与规则。㉓在希腊语中，"成为公民"的本意就是"始分神物"，公民是共同神的分享者，是共同献祭者。㉔与此相对应，在拉丁文中，"公民"的本意是"受征召者"，"国家"（civitas）则是"受征召的团体"，因为起初公民并不杂居在城垣之内，城并非居住之所，而是神庙和公众聚会的广场之所在。㉕这样，政治被构想为在城邦之广场与神庙中敞开的"空间"，其"特质是对国家（城邦）行动的一种期望，是勾勒其行动方案的一种努力。"㉖因而，空间性的希腊式政治乃是将人们从天地之间、从家庭劳动等日常生活中抽离出来，聚集在一起的"共有之域"（koinón）。

这种希腊式的政治理解，相对于中国古代思想而言，可以称之为一种"中心聚焦式的政治意识"，它把人们集中在某一个特定的区间。而对中国古代思想传统而言，在任何一个中心焦点，政治生活都具有无法完成自身的特征，因而，与空间性的政治意识相比，它必须是散开性的、发散性的，政治活动不但不能被收缩在一个特定的"空间"之内，此空间乃是一个从生活世界的整体中被抽离、分割出来的，因而具有自主性、自律性的存在区域，以与家庭的、经济的等其他存在区域处在各自为政的相互分离的状态中。恰恰相反，任何一个焦点性空间都必须被视为一个通向更为广阔的境域总体的道路。㉗这个境域总体就是通常所说的"天下"。对中国古代思想而言，政治生活必须在"天下"的立体性境域中才能得到深刻的理解。

在这个立体性的境域中，不同的存在之间相互感通的具体媒介是流动着、氤氲着的气。"通天下一气耳。"㉘整个天下为一气所流行贯通，正是此气将天下、将所有的存在者都纳入到自然而然的感通、相与之中，从而也在彼此相关的状态中。这种感通相与性也把当下发生的活动带入到"天下"的任意一个角落，而本来互不相与的不同存在者在人类当下的活动中也得以相互贯通。"天下"这一表述中隐含着的是"大地之上"，天空之下、大地之上的这个世界在古代思想中通常被表述为"天地之间"，"天地之间"已经不再是一个离人而自存的"自在"世界，因为"之间"这个维度只能在人那里才得以敞开，它意味着人所打开的那种在两者之间进行通达、贯通的维度。㉙"天地之化，生生不穷，特以气机阖辟，有通有塞。故当其通也，天地变化草木蕃……当其塞也，天地闭而贤人隐。"㉚人正是在天地之间的相互贯通中敞开自己的存在，其当下之视听言动、行为举止等等，便是在某种"气机"当中打开这一"之间"的维度。因而，在"天地之间"发生的何一个行动，都不仅仅是其自身，而是把彼此不相与、不相知、不相通的"事—物"沟通起来，从而开通"天下"这个境域总体的方式。正是在这个意义上，被命名为"天地之间"的这个世界同时也被表述为"两间"，所谓"两间"，也就是"两者之间"，通过人的活动而打开的那个"之间"的维度贯穿着天地之间的任何两个"事—物"之间，它们因而得以相与、相通，因而，人的任一活动都牵涉着整个"天地之间"。

在这种语境中，政治活动便担负着整个"天下"或"天地之间"。"阴阳之气与政通，政失于下，则二气乖于上。"㉛政治行为对于天地之"气机"的影响更为直接，也更为深远，从总体上影响着天地之开通或闭塞，事实上，在汉语中，人们总是借助于"政通人和"来形容好的政治，这也可以看出，人类自身的和谐固然是政治关注的重要方面，但另一方面，政治还必须开通整个天地之"气机"，使之保持在顺畅开通的状态中，所谓

"兼三才(天、地、人)以为政"③②,就是如此。因而,中国古代思想可以在更为广泛的意义上谈论政治,燮理阴阳、治国安邦、平治天下、修养身心都被理解为政治事务。正如钱穆先生深切意识到的那样,在这里成为关注之中心的并不是"主权"问题,而是"责任"问题。③③建构政治主体的途径不是将不同的个人聚集到一个共同空间中来,而是在其各自的地方世界中将每个个人以各不相同的方式塑造成责任主体。这里所谓的责任是广泛的,不仅仅是个人的行动,而且还有世代长河中的过去与未来;而且,不仅仅是人类,他还承负整个世界。"天地始者,今日是也;百王之道,后王是也。"③④只有将过去、未来以及整个世界都接纳到当下的行动之中,并且据此来打开当下的行动时,行动者由此而被带到"未来的当前",行动本身才具有推陈出新、开端创始的意义,这种在"未来的当前"的创始致新恰恰是"责任"的最为原始的意义。正是在这种语境中,当下就成了我们的世界(天地,天下,天地之间)发生开始的时刻,同样,它也意味着天地终结完成的时刻。换言之,世界之开端创始及其终结完成,维系于我们当下的行为之中,并由此行为来推动,当下的行为承担着整个世界的发生与终结,而"责任"一词也在此承担中找到了自己的语境。

以"天地之间"(天下)为境域而展开的责任理解也必然是立体性的,这意味着在同一个事务上要通达整个"天地之间",也就是要担负起此一当下事务与天下之任一"事一务"之间的相互通达、并行不悖。当下之一事之不正,就可能引发全体之失正。因而,对于"为政"者而言,天地一切之不正,皆需自觉承担。在这个意义上,为政者个人之自正其身,就不再是其一己之自我实现,而恰恰是其个人所能承担的对天下的最大承担,这里起作用的是一种博厚而深远的责任意识。古代思想没有把这种责任归纳为"政治的责任",而一旦将这种责任命名为"政治的"以便与其他的责任形式(如"伦理的"、"道德的"等)分化开来的时候,那种境域性的维度也就式微了。如同现代人的以事务为指向的"分工"观念在古代则被转换为以人为中心指向的"分艺"③⑤(其实质含义为"尽才")观念那样,现代人基于事务而产生的责任分类(如法律责任、伦理责任、道德责任、政治责任、经济责任等)到了古代思想语境中则被自然地转换为人的存在的不同境界或层次。正是在责任的不同层级(广度与深度)的领会与承担中,为政者也就处在不同的境界中,例如他可以是"事君者"、"安社稷臣"、"天民"、"大人"等等。"有事君人者,事是君则为容悦者也;有安社稷臣者,以安社稷为悦者也;有天民者,达可行于天下,而后行之者也;有大人者,正己而物正者也。"③⑥随着责任意识的层级越高,其立体性、境域性也就愈强,责任意识所指向的维度也就愈多,承担所及的范围也就愈广。

注　释:

① 见《国史新论》,三联书店 2004 年版,第 119 页。

② 个人自正性命也即个人的修身活动,通达于行道、立教,由此而连通于各正性命。这一点,可以参看后文对性、道、教三者之间的立体性关系的分析。

③ 《十三经注疏(整理本)》第 15 册,北京大学出版社 2000 年版,第 1863 页。

④ 魏荔彤撰《大易通解》卷九。

⑤ 这两个向度通常被概括为"政道"与"治道",政道涉及政治的正当性问题,而治道关涉的则是治理术。

⑥　本文所谓的"中国古代思想"或"中国古典思想"，是指那个发端于先秦、并在后来的历史文化中逐渐开显的思想方向，它以构成中的"传统"的方式给予我们，并作为隐黯的维度进入当代人的生存状态中。

⑦　郑玄注释曰："德者，无为，譬犹北辰之不移，而众星共之也。"朱熹《章句》亦云："为政以德，则无为而天下归之"、"程子曰：为政以德，然后无为。"在更为广泛的意义上，无为并不是道家或儒家的特有思想，而是整个先秦诸子的共有思想。参看张海燕《先秦诸子无为观念的演进》，《学人》第5 辑，江苏文艺出版社 1994 年版；又见张海燕《先秦"无为"说论述》，《中国哲学》第 17 辑，岳麓书社 1996 年版。

⑧　《论语集解义疏》卷一。

⑨　《道德经注》第十章。

⑩　陈赟《自发的秩序与无为的政治——中国古典思想中的政治正当性问题》，上海《社会科学》2003 年第 1 期。

⑪　在《孟子·滕文公》、《尚书·禹贡》、《史记·夏本纪》等记载的大禹治水的故事中，其实就奠定了中国古典政治的基本模型。"当帝尧之时，鸿水滔天，浩浩怀山襄陵，下民其忧。"尧用鲧治水，采用堵截、打坝等方法，没有成功；后来舜用大禹治水，大禹改用疏导、引导的方法，使得治水得以成功。这一治水的经验直接而深远地影响了中国文化精神的形成。

⑫　《孟子·万章上》。

⑬　《礼记·中庸》。

⑭　《孟子·万章上》。

⑮　王夫之有云："圣人说命，皆就在天之气化无心而及物者言之。天无一日而息其命，人无一日而不承命于天，故曰'凝命'，曰'受命'。"（《船山全书》第六册，岳麓书社 1996 年版，第 677 页）又云："天日命于人，而人日受命于天。故曰性者日生也，日生而日成之也。"（《船山全书》第二册，第 300 页）

⑯　《周易·系辞》云："日新之谓盛德"。

⑰　《尚书·吕刑》云："惟克天德，自作元命，配享在下。"《周易·象传》曰："乾道变化，各正性命。"

⑱　尼采《善恶彼岸》，断章第 94。

⑲　《孟子·离娄下》。

⑳　《道德经》第五十五章。

㉑　宋俞琰撰《周易集说》卷十四。

㉒　事实上，在《尚书》中，"自作元命"与"惟克天德"联系在一起，而在《周易》中，"各正性命"则与"乾道变化"直接关联。

㉓　洪涛《空间与逻各斯——古代希腊政治哲学研究》，上海人民出版社 1998 年版，第 15～41 页。

㉔　洪涛《空间与逻各斯——古代希腊政治哲学研究》，上海人民出版社 1998 年版，第 46 页。

㉕　洪涛《空间与逻各斯——古代希腊政治哲学研究》，上海人民出版社 1998 年版，第 40 页，第 46 页，第 104 页。

㉖　厄奈斯特·巴克（Sir Ernest Barker）：《希腊政治理论：柏拉图及其前人》，卢华萍译，吉林人民出版社 2003 年版，第 9 页。

㉗　在古代希腊正如同在古代印度那里那样，文化被构筑在空间性的结构上，这个结构在几何学中表现得最为充分，其思想文化政治学说均与几何学有着甚深关联，因而柏拉图学园有一规定：不懂几何学者莫入。这个思想结构虽然也给予历史一个位置，但这种历史却是非历史性的。欧洲思想直到谢林、黑格尔时代才诞生历史性的感觉，但这个感觉总是与空间性的思维缠绕在一起，以至于真正意义上的时间性—历史性意识的发现，构成了一个极其漫长的过程。20 世纪西方现代思想家如来维纳斯、马丁·布

伯、海德格尔等开始真正认识到希腊思想与整个欧洲传统的空间性品格。而在印度那里,我们从一开始就看到这样的教诲:在时间出现的国度,智慧消失了;在智慧升起来的地方,时间沉没了。与此不同,境域性的思想文化具有极其深刻的时间─空间意识。

㉘ 《庄子·知北游》。

㉙ "之间"的"间"本作"闲",也即是孔隙之意,自在的天地之化本来至密"无间",唯人的加入,使得天地之化有可以填补的"间",而此"间"作为天地之孔隙,表面上意味着二者之隔离,但其实唯有此隔离,才有"之间",也就是到那孔隙中去,因着那孔隙而天地得以在人那里并通过人的存在而贯通起来。王夫之对此意有所阐发,参看拙作《回归真实的存在──王船山哲学的阐释》(复旦大学出版社 2002 年版)。

㉚ 朱熹《中庸或问》。

㉛ [宋]李衡撰《周易义海撮要》卷三。

㉜ 《文章辨体汇选》卷四百五十七。

㉝ 钱穆《中国传统政治》,见《国史新论》,生活·读书·新知三联书店 2001 年版,第 82 页。

㉞ 《体论·政》云:"夫欲知天地之终始也,今日是也;欲知千万人之情,一人情是也。"近代章太炎在其《菿汉三言》中云:"《荀子·不苟》云:'天地始者,今日是也。(此本仲尼告冉求说,所谓当下即是也。)百王之道,后王是也。'内圣外王之学,不出此十六字矣!七国大儒所以可贵。"见其著《菿汉三言》,辽宁教育出版社 2000 年版,第 68 页。

㉟ "分艺"的观念出自《礼记·礼运》。"分工"指向"工"(工作事务),它追求的是结果与效率,分艺指向如何尽人之才,它将自身规定在"生活世界"的范围之内,而不是引到"系统"中。

㊱ 《孟子·尽心上》。

(作者单位:华东师范大学哲学系、中国现代思想文化研究所)

中西哲学主体意识觉醒方式概观

□ 郭晓丽

主体意识是人类对自身主体地位、能动作用和历史使命，以及主客体关系的自觉探索和理性把握。标志人类主体意识觉醒的主要表现，是人形成对自己与外部世界的关系中处于主导地位和支配作用的自觉意识。人类的主体意识总是伴随着其求生存的物质活动逐渐觉醒和不断展开的，不同地域和不同民族，其主体意识的觉醒方式和发展进程是不同的，往往呈现出多样化的个性品格。

东西方不同的地域文化和民族精神使其主体意识的觉醒方式明显不同：中国哲学主体意识在"天人关系"视域内沿"知命"方向觉醒，伦理义务和审美境界优先显示。西方哲学主体意识在"神人关系"视域内沿"爱智"方向觉醒，物理知识和世界理念优先突出。然而，东西方思想殊途同归，中西方哲人百虑一致。不同的觉醒方式和表现形式体现的却是人类对主体的客观制约性、自觉能动性及其文化创造性的共同追求与体悟。

（一）

中西哲学主体意识觉醒的地域特征和民族特色表现出极大的差别。农耕生产方式在黄河与长江流域的确立和发展，相对优越和十分封闭的地理环境，以及组织严密的宗法血缘关系的确立，促使中国古代思想家对主客体问题的思考始终与对"天人之际"的探究紧密联系，天人、内外不断调和，最后在"知命"、"乐天"上达成共识，人在天地间的主体地位及其职责和使命得以确立。而商业经济在古希腊主要区域的确立和发展，相当优越和相对开放的海洋环境，以及血缘关系向契约关系的转化和奴隶制民主政治在城邦中的确立，促使西方古代思想家对主客体问题的思考始终与对神人关系的追究密切相关，神人、灵肉不断分离，最后在"爱智"、"求善"之上达成共识，人的理性与自由的至高无上的地位得以确立。

由于农耕生产方式对自然之天的依赖；宗法血缘关系对天然人伦的重视（因为宗法人伦不外是自然人伦关系的延伸）；以及统一王权对宗法人伦的利用；在中国人的观念中特别注重人与自然的和谐一致，重视人的自然性与人为性的协调统一，致使中国哲学对主客体关系的思考沿天人（主要指自然与人、天然与人为）关系展开。于是化自然为人为，从天道自然中寻求人道之依据，把人道原则天然合理化的"天人合一"思想成为共识，其本质是肯定人具有超越万物的主导和支配地位。

　　而在西方由于商品生产和交换的普遍、深入发展摧毁了建立在天然人伦关系之上的氏族制度，使氏族成员获得了相对独立和平等的社会地位，加之契约关系的出现、奴隶制民主政治的繁荣，引发对个人自由的不断追求。于是在西方人的观念意识中十分重视人与自然的区分，强调人的自然性与人为性的区别。由人与自然的分离，产生了把自然看作完全独立于人的纯客观存在，形成了自然哲学和自然科学知识，与此相连在认识人自身时也就力图排除自然的因素。致使西方哲学对主客体关系的思考从神人（人的人为与人的天然、灵魂与肉体）关系展开。认为人之为人的根本在于具有对于外物的主导和主动性，把人的本质看作灵魂，只有摆脱肉体的束缚，灵魂才能得救进而实现正义和纯善。这实则是借神意和灵魂表达了对人自由意志的肯定。正像费尔巴哈对宗教本质的揭示那样，早期西方哲学主体意识通过神所揭示的则是人的本质，是人对自身主体地位和能力的自觉，只不过它是以颠倒了的形式表达出来而已。

（二）

　　在天人关系视域内，中国哲学主体意识沿"知命"方向觉醒。尽管"天命"在中国哲学历程中具有多义性，但朱熹在诠释孔子"知天命"思想时所作的"天命即天道之流行而赋予物者"①的阐发，是对"天命"认识的高度概括和深刻揭示，内涵着肯定自然界的大化流行确有其方向性、目的性的认识。在此意义上，"知命"就是要人对赋予万物的天道加以体认。孔子把"仁"作为天命流行的"生"的目的的集中体现，那么知天命就是要人对天地大化流行的目的意义进行体验并实践，从而实现"从心所欲不逾矩"的主体自由的"仁"的境界。道家虽以"安命"为对待天命的基本态度，然而"安命"实则是另一种形式的"知命"，庄子言"知其不可奈何而安之若命，德之至也。"②强调认识到人的自由和幸福的界限，并因此不计较现实生活中的成败得失，形成"乐天知命"的"逍遥游"的自由之境。"知命"观念的另一含义就是强调，认识人道就是体认天道，因为人是天道流行所赋予的最灵秀产物。正如孟子所言"尽其心者，知其性也；知其性则知天矣。"③在此"知天命"实则指向"知人道"、"知人伦"，强调认识人及其目的、意义的重要性所在，把人看作天人关系的核心，肯定人的自由意志的实践就是自然目的的实现。自此知命、乐天和逍遥在中国古代哲人心目中成为不懈追求的目标，甚至具有神人的境界。

　　在神人关系视域内，西方哲学主体意识的觉醒走的是"爱智"之路。尽管"智慧"在西方哲学进程中含义有所变化，但亚里士多德"智慧就是有关某些原理与原因的知识"④的阐释始终被广泛认可。在此意义上，"爱智"就是要把对最普遍和最高的一般原理的认识和追求作为人的目标和理想。从古希腊第一位哲学家泰勒斯"水是万物的本原"哲学命题开始，到智者学派普罗泰戈拉"人是万物的尺度"的提出，由追问原因和原理，苏格拉底进一步提出目的论哲学观。认为世界之所以如此的原因是万物的存在和发展都追求一种完满性原则，整个世界服从一种善的目的。人的全部活动都是通过有意识的目的来进行的。于是他对"认识你自己"的铭句进行哲学思考，要求把哲学研究的重点指向人事及人的心灵，肯定人是哲学追问的核心，确立了理性主体的地位。自此知识、道德和智慧在古希腊哲人的心目中具有至高无上的地位，甚至具有神性的尊严。

（三）

　　沿"知命"的觉醒方向，中国哲学主体意识表现为既相互区别又充分一致的两部分：以崇尚"仁义道德"为特征的儒家天人合一思想和以崇尚"自然无为"为特征的道家天人合一思想，伦理义务和审美境界优先显示。既然"知命"指向知人道、知人伦，化自然为人为，于是从自然界万物生生不息儒家引出"仁"，仁也就成为人生的最高价值目标。化自然为人文的基本进程就体现为自觉履行家族伦理的"孝亲"、主动献身国家政治的"忠君"和能动实践价值目标的"爱人"。由孝亲、忠君到爱人恰是主体通过道德实践不断拓展其自主权能的表现，内含着人自我发展与完善的高度的追求和愿望。

　　从自然的无限和永恒之中道家引出对人生命意义和价值的思考，主张把有限的人生放到无限的时空中去体验和把握，于是其主体意识的基本进程体现为自觉遵循自然法则的"为无为"、主动回归原始和谐的"同于大道"和能动实现人生追求的"逍遥游"。从为无为、同于大道到逍遥游恰是主体对个体人格价值的充分肯定，这种对人生采取的超越利害得失的态度就是审美的要求，沿着这种审美要求去体验人与自然的和谐，对象与主体之间所构成的正是一种审美境界，是真正人生之"大美"。

　　沿"爱智"的觉醒方向，西方哲学主体意识表现为二元的格局和发展道路：从德谟克利特的原子论到亚里士多德的物理学，形成了以崇尚自然为特征的哲学观；从苏格拉底的伦理学到柏拉图的理念论形成了以崇尚理性为特征的哲学观；物理知识和世界理念优先突出。既然"爱智"要求追问人事的原因、人心的目的，确立理性主体的地位，于是从纷繁复杂的现象世界中德谟克利特发现了"原子"，把"原子"作为物质世界存在的可靠基础，肯定自然界的客观实在性，引导人们用必然性和规律性取代神灵，以此确认人的本质力量。亚里士多德哲学则进一步认为，从研究自然物出发是研究哲学本体的最正确可靠的途径，因为自然物是感性个体事物，它自己存在、自我运动变化、无须外力，所以才是真正的本体。他通过"目的因"来说明自然的必然性。肯定自然事物的发展过程必然有一个完成阶段，而这个完成本身证明其中包含有一种目的。这一思想中的深刻意义在于：肯定离开人的利益、目的与活动，自然对人无意义。因为人对自然的认识必须通过实践，通过人自身的能动作用来实现。可以说亚氏在其自然哲学和第一哲学里，虽以客观自然的规定形式讲本体论，却处处渗透着对人的能动作用的理解和规定。为此亚氏提出"能动理性"，肯定能动理性是人积极的、创造性的思维活动，人的意志有能力选择和决定自己的行为。强调纯粹的理性生活才是真正人的甚至近似神的生活，认为"理性美德"才能造就完人。从自觉遵循"自然规律"，主动寻求"自然原因"，到能动实现"理性美德"其基本思想进程恰是主体通过探索自然的实践不断提升自主权能的过程。内含着人认识其本质以至实现其本质的高度自觉和迫切要求。

　　出于反对自然哲学的因果决定论，苏格拉底提出目的论，认为整个宇宙服从一种善的或神的目的。既然将世界归结为一种"善"的目的，且由神来支配，那么研究自然对人是无意义的。于是"认识你自己"，"最大程度地改善人心灵"，为自己灵魂的善而斗争成为苏格拉底哲学的基本主张。柏拉图沿着苏格拉底目的论哲学的方向，侧重于研究道德的本体论和认识论基础，建立了以理念论为理论基础的体系。强调只有理念是真实的，是世界万物的本原。而理念只能是理性所把握的对象，人只有靠理性才能认识真理。柏拉图借"哲学王"阐发了对人的主体能动性和价值意义的肯定，他指出人类要建立真正理想的"正义"的国家，只能靠具有知识、道德、智慧的"哲学王"统治。从自觉改善人的灵魂以实现"善"到主动把握普遍本质的"理念"再到能动实践人类理想的"哲学王"恰是人类通过思辨理性确认其主体能动性的表现。通过这一思想进程实现了人和神的统一，表明只有在理性主义基础上，人才能实现其理想的精神境界。

（四）

主体意识说到底是主体自觉能动性和文化创造性的观念表现。通过以上分析可以看出，尽管中西哲学主体意识觉醒的天人关系与神人关系视域不同，觉醒的知命与爱智方向有别，觉醒的具体方式和表现形式有"伦理义务"和"物理知识"与"审美境界"和"世界理念"之异，但双方在对主体的自觉能动性和创造性的理论认识水平和所达成的思想实质却是相通的。

首先从反映自觉能动性的层面来看，自觉能动性是指人的活动具有目的性、意识性和自觉性，从而表明人对周围世界有着积极主动的态度。中西哲学主体意识的觉醒，都把人作为关注的核心，并采用各自特有的方式将人从自然界中提升出来，肯定在人与物的关系之中人处于主导和主动的地位。在此基础上，肯定人的认识和实践活动有明确的目的："'生'之目的"与"善的目的"。正是基于对"'生'之目的"和"善的目的"的追求，人们在此意识和思想指导下主动地进行"知命"和"爱智"的认识和实践活动，并自觉到其认识和实践活动的意义是为了实现"内在的仁"或"灵魂的善"。这无疑是对人类的主体能动性的深刻理解和体悟。

从主体的文化创造性的层面来看，创造性指植根于人的存在结构之上的精神活动。文化哲学意义的创造性往往与人的自由是等价的，体现为人的自主权能和自由意志。它内含着两个层面的意义即人的创造能力及结构和人创造对象的活动。中西哲学主体意识觉醒中对"伦理"与"物理"之"理"的追问，力求寻找人事与自然之"理"，揭示理之与人的内在联系，探索主客体之间的深层关系，进而用"理"指导和规范人类改造世界的活动，这正是对人类创造能力的清醒认识。而"审美境界"和"世界理念"中对真善美的主动确立和真诚向往，对完善人精神本质的能动追求和不懈探索，正是人类通过文化创造性确定自己的存在方式，实现自我塑造和自我完善的意志自由的充分体现。

然而，伴随此后东西方社会不同的生产方式和逻辑结构的确立，致使双方觉醒之后的主体意识的发展进程呈现出较大的差异。亚细亚生产方式和"大一统"和谐结构，使主体意识觉醒之后出现了半睡半醒、时睡时醒的现象，个体的主动性和创造性始终受到来自群体规范的过强约束。而西方五种典型生产方式和三段论演绎结构，使主体意识觉醒之后，经过中世纪的长期"冬眠"而迅速扩张，最后又在个人主义、利己主义和自由主义的泛滥中进入"黄昏"。

主体意识是人的权利、价值、尊严和自由的自我觉醒和不断探索。通过中西方哲学思想的比较研究可以发现，迄今为止，中西哲学文化中的主体意识既有智慧的闪光，又有愚蠢的暗昧。对于双方思想方法的合理分析和准确把握，有助于我们客观地审视中西哲学，理智地面对中西差异，达观地面向人类未来！

注　　释：

① 《论语集注》卷一。
② 《庄子·人间世》。
③ 《孟子·尽心上》。
④ 亚里士多德：《形而上学》，第 982 页。

（作者单位：内蒙古大学人文学院）

现当代新儒学的一次盛会

——第七届当代新儒学国际学术会议综述

□ 刘体胜

为推进现当代新儒学的研究，进而研讨儒家传统的现代性与世界化问题，武汉大学中国传统文化研究中心、武汉大学哲学学院、武汉大学中西比较哲学研究中心、武汉大学孔子与儒学研究中心与台北东方人文学术研究基金会、台北鹅湖杂志社、台湾"中央大学"哲学研究所等单位共同举办了第七届当代新儒学国际学术会议。此次大会于 2005 年 9 月 9 ~ 12 日在武汉大学隆重召开。来自美、加、韩、日、澳、以色列、比利时、新加坡和我国港台、大陆 20 个省市自治区 140 多位学者共襄盛举。学者们围绕大会的主题"儒学、当代新儒学与当代世界"进行了广泛深入的探讨，会议取得了丰硕成果。此次盛会标志着当代新儒学进入到研究、创新的又一重要阶段。兹将大会研讨的主要内容综述如下。

一、关于儒学创新的哲学反思

美国哈佛大学杜维明教授认为：儒学的第三期发展，经过三代思想家的努力已进入到一个新的时期；五四哲人和新儒家所积累的智慧为我们提供了深厚的思想资源，我们的哲学反思应在更宽广的视野、更坚实的理论基础和更全面深入的人文关怀中进行。杜先生指出，我们要在欧美哲学中培养基本功，广泛吸收各种思想资源，以开阔的胸怀迎接错综复杂的生命世界，在日常生活的具体实践中锻炼思想能力；通过文明对话来丰富儒家的内涵，深化儒家传统的自我反思能力，积极参与文化主体意识的创建；儒家传统是超时代、跨文化、多学科的人文现象，儒学是多层次和多维度的生命哲学，是具有全球意义的世界哲学，其哲学反思的特色不只是描述和诠释，更是创造。台湾东吴大学刘述先教授对中国传统的知识与价值整体观作了现代、后现代的阐释。他认为：以儒家思想为主流的中国哲学传统一向把知识与价值视为一个整体，此与西方迥异；而在全球意识觉醒的时代背景下，我们要看到其有严重的限制——分殊的拓展严重不足，一元正统的意识过强，故未能充分体现《易传》所揭示的生生不已的理想；新儒家由道德心之直贯转往认知心之坎陷的路向对传统的现代化所面对的困难而言显然不够；故要放弃建构的说法，而致力于"理一分殊"的创造性阐释，只有如此才可看到未来希望的曙光。台湾师范大学林安梧教授提出了"后儒学思考向度"的问题，并详细阐释了"存有三态论"及其本体诠释学。
香港法住机构创办人霍韬晦先生认为，新儒家应走出学院而走向社会、生活，从生命和存
在感受中发掘资源，通过具体工作把儒家价值重新植入社会，从而为儒学开创一条新路。
上海师范大学陈卫平教授围绕"李约瑟难题"的两个方面，对现代新儒学内圣开启科学
的说法作了考析，认为传统儒学的"内圣"之学具有开启和阻抑中国古代科技的双重性。
中国人民大学宋志明教授就德性儒学的成就、困境与走向等问题作了阐述，认为吸收其理
论成果，避开其误区，把思考向度转向实践和大众，立足现实以开发其资源，将预示现代
新儒学发展的大趋势。

二、关于现当代新儒学代表人物的思想研究

关于现当代新儒学代表人物的思想研究是大会研讨的热点，而其中又以牟宗三的为
多。武汉大学郭齐勇教授认为，在中西哲学交流、互动的背景下产生的牟宗三哲学是 20
世纪中国哲学的一个典范，其在方法学和问题意识上给予我们诸多重要的启迪，这主要体
现在两方面：一是其借取西方哲学的智慧来阐发中国哲学，以西学改造中学，凸显知性和
制度，以使其与现代化相调适，使之转化为现代哲学；二是批判、反省西方哲学，重建了
中国哲学的本体论。牟氏哲学会通中西、重建哲学系统的意义有三点：其一，中西哲学的
互释与会通是中国哲学转型的重要途径之一；其二，中国哲学自主性的彰显；其三，提出
了诸多有价值的论域和思路，启迪后学融会中西、创造出新的哲学系统。台湾中央研究院
戴琏璋研究员根据牟宗三对"一阴一阳之谓道"的阐释，进一步检视了韩康伯、朱子的
释说，认为应从《系辞传》的道德的形而上学这个义理体系来进行解读。香港中文大学
郑宗义副教授分析了牟宗三的"判教"和"时代之判教"观念，对牟氏的判教工作作了
简述，认为牟氏的判教说"徘徊在绝对与多元之间"，而多元主义的判教模型正是当前文
明、宗教对话的适当的思想框架。复旦大学杨泽波教授对牟宗三的三系论作出评述，认为
三系论的创立是为了解决传统心学和理学的难题，但其支点是皆有内在缺陷的自律论和形
著论，而坚持感性、理性两分的方法是三系论失误的根本原因。南开大学李翔海教授梳理
出牟宗三有关"中国哲学特征"的思想，认为其在相当程度上代表了 20 世纪中国思想界
力图体现中国哲学之精神特质的理论自觉，以内在于中国哲学的尺度对中国哲学的基本理
论特质做了深度的揭示，实现了 20 世纪中国哲学演进中的"范式转换"。深圳大学王兴
国副教授从牟宗三对"中国向何处去"问题的解答这一视角，阐释了牟氏的"三统并建"
说，对其返本开新、重建中国哲学的理论意义进行了宏观审视。韩国岭南大学郑炳硕教授
从象之主要含义与取象、对重象论和忘象论的评价、论象与内容真理关系、论象之实践性
格与尽意的关系等方面考释了牟宗三易学中的"象"论。复旦大学东方朔教授和华中师
范大学储昭华副教授则对牟宗三的"外王学"理论进行了述评。东方朔教授以学界关注
较少的牟氏《荀学大略》为探讨对象，疏解了此书的主要内容，认为此书与牟氏的"外
王三书"有着共同的思想关怀，而其所考察的时代课题在当今世界仍有重大的启示意义。
储昭华副教授则在总结牟宗三关于儒家文化和现代民主政道的融合问题上所实现的理论突
破及其思想意义的基础上，分析了其所面临的难题及其形成的思想根源，揭示出其对后世
的正反两方面启示。清华大学彭国翔副教授利用鲜为人注意的文献，分析阐述了牟先生在

20 世纪 30 年代对于中国农村经济局面和社会形态的基本判断及其所提出的解决农村问题的一整套方案，并将其放到中国农村社会性质论战和乡村建设运动这两大脉络之中来加以检讨和定位，显示了牟宗三强烈的社会和政治关怀。此外，还有学者对牟氏的道统说、认识论和文化哲学等作了研讨。

北京大学陈来教授以冯友兰《新世训》为中心，论述了现代儒学的伦理意义和功能，认为《新世训》包含的功利主义和道德中性论述正代表近代在伦理观念上的一种转变，适应了转型时代的伦理特点，并为现代社会提供了一种适合现代化过程、适应市场经济结构的儒家行为伦理，是传统圣人理想去魅化后能给予现代人以正确指导的方式。有的学者则围绕冯友兰的宋学精神、清代学术史观等进行了探讨。中国社会科学院郑大华研究员认为：梁漱溟为谋求儒学的现代转换所作的努力体现在对真假儒学的区分和援柏格森生命哲学入儒两方面；其儒学的"似宗教非宗教"、"似艺术非艺术"论点对新儒学产生了深远的影响；梁氏是现代新儒家谋求儒学与西方哲学结合这一致思路向的定位者。有的学者则对梁漱溟的乡村建设理论作了研究，认为其既有着道德理想主义的共性、又体现了梁氏的鲜明特点，而梁氏这一理论及其实践具有较大的建设性和重大的思想价值。

武汉大学李维武教授认为，熊十力通过对哲学与科学、本体论与知识论、中国哲学与西方哲学诸关系的探讨，形成了他的哲学观；其哲学观开启并规定了现代新儒学发展的基本方向，对 20 世纪中国哲学的发展产生了深远影响。河南省社会科学院高秀昌研究员则对晚年熊十力的"外王"学所包括的内容作了梳理，并评议了其理论诠释路向和思想意义。日本关西大学吾妻重二教授从文言本《新唯识论》中用"玄学"而力避用"哲学"的用语方式出发，对熊十力哲学在现代哲学中的地位作了研讨。韩国江原大学高在旭教授从心性的意义与功能、心性修养论两方面论述了熊十力的心性论，并发挥了其现代意义。还有学者对熊十力新唯识论中的道家精神和"转变"观念进行了探析和评论。

台湾辅仁大学郑志明教授以唐君毅《人生之体验》为探讨文本，论述了儒学的生命教育观，认为《人生之体验》可作为生命教育的范本。宜宾学院何仁富教授则以《人生之体验续篇》为立论依据，阐述了唐君毅的人生修养论。以色列 University of Haifa 学者 Gad C. Isay 探讨了钱穆《湖上闲思录》，对书中"记忆"、"语言和文字"和"情"等概念形成的新儒学体系作出述评。台湾中央研究院李明辉研究员分析了徐复观关于儒家和宗教之关系的观点，并通过比较来彰显此问题的不同面向；认为与唐、牟等人相异，对徐复观而言，儒学是人文主义，至于其宗教性则仅为历史的残余。陕西师范大学丁为祥教授对徐复观的"双重主体性"（现实主体和应然主体）思想作了述评，认为"双重主体性"是其反思中国政治问题所提出来的一种诠释结构，其架构既有传统精神的一以贯之，又蕴含着中西文化融合的方向。对当代新儒学的代表人物，如杜维明、蔡仁厚等人的思想进行研讨，是本次大会的一个热点。大连理工大学洪晓楠教授从中国文化的特质、儒家思想与中国现代化的关系、衡论当代新儒家的学术贡献等三个方面，对蔡仁厚的文化哲学进行了阐述。而杜维明先生同"杜维明思想研究者"们同场对话、交流互动亦是大会的热烈场面之一。

对现当代新儒学代表人物的思想作综合、比较研究是本次大会的又一热点。黑龙江大学柴文华教授对早期现代新儒家的中国传统价值观进行了探讨，认为：早期现代新儒家从传统文化的现实和未来生命力等方面为中国传统价值理念存在的必要性进行了辩护，他们在现代场景下运用抽象的发掘路径，洗炼或提升了中国传统价值理念的内容，从而建构了他们的中国传统价值观，并为当代中国价值理念的重建提供了重要启示。北京大学张学智教授以《读经示要》为中心，讨论了熊十力和牟宗三关于《大学》释义的辩争，认为：辩争的焦点在对"格物致知"的释解上，而此关乎对儒家根本精神的理解和本体的诠释方向，从中可见二人在思想上的一些重要关涉。鹅湖杂志社社长杨祖汉教授以牟宗三未刊的《湖上一夕谈》信札所记载的熊、唐、牟师弟论辩内容为研究对象，认为此文明白显示出牟、唐与熊在学思进路上的差异，对理解牟后半生思想的发展有重大参考价值。台湾东海大学荣誉教授蔡仁厚先生对唐君毅和牟宗三的"大判教"作出研讨，认为：唐通观文化心灵活动的全部内容而开列出"九境"，以分判人类文化中各种思想，是广度式判教；牟则采取了较为精约、集中的方式，是就人类文化心灵最高表现的几个大教来论说；以唐、牟为代表的新儒家以判教的方式开拓出中西文化会通融摄的坦途，是中国文化的"贞下起元"，亦为人类文化融会的先声。香港公开大学助理教授林忆芝、台湾花莲教育大学教授黄汉光两位学者则分别对唐君毅、牟宗三的孟子学和道家哲学研究作了探讨。华南师范大学周炽成教授从世界儒者、用英语阐述的儒学、体认真理与体知等三个方面对陈荣捷和杜维明的儒学研究作了比较。

三、关于儒学与西方哲学、宗教及其他思潮的会通问题

研讨儒学与康德哲学的会通是其一大焦点。美国夏威夷大学成中英教授认为，儒学与康德哲学的相互诠释必须基于对二者全面、深入的理解上，即一方面要在会通"康德六书"（"三大批判"、《未来形而上学导论》、《道德形上学基础》和"遗论"）的基础上对古典儒家思想进行理性化的重建，另一方面又要在融合"古典儒学六书"（"四书"、《易传》和《荀子》）的基础上来摄取康德的批判精神、与康德进行更直接的对话和回应；二者只有在持续地相互辩驳、理解和诠释中才能得到相互融通，从而实现儒学的发展、创新。香港新亚研究所卢雪崑研究员认为，牟宗三是中国哲学与康德哲学会通研究的开山祖，为后人指示出方向并奠定了基石；但牟对康德的批评多有商榷之处，其以智的直觉说为补救之方亦不对应于康德哲学，其根源在于未能遵循批判哲学的理路去通贯整全地看康德复杂、缜密的体系，对其新思维和新方法未能完全吸纳；会通工作，不仅是以中国哲学的圆融智慧为依据去消融康德，而且亦可以康德批判哲学展示出来的包含人类心灵机能及其全部理性原理的解剖图为依据去安置中国哲学，从而使后者得到精确清晰的说明。鹅湖杂志社执行长周博裕对康德的判断力之动力理论和道德动力问题作了探讨，简析了其对当代新儒学的启发意义。比利时鲁汶大学马琳对牟宗三道德理性的自我坎陷说和海德格尔的另一启始说进行了比较研究，认为二者在出发点和目的以及关涉的文化会通问题上皆有相似之处，二人的中西文化二元对立观皆招致必然的困难和悖论；但两人在文化会通问题上的立场则截然相异。

关于儒佛会通、儒学和宗教的关系问题，亦引起了与会学者的关注和热烈探讨。浙江大学张家成副教授以三教合一和宋代理学为参照系，对传统儒家与中国佛教各自不同的儒佛会通进路进行了梳理和辩证，并简述了其对近世中国文化的不同影响。山东大学蔡德贵教授提出了儒学、儒教一体论的观点，认为在当代世界，要从人与自然的关系、人与社会

的关系和人的身心之间的关系之处理上来发挥儒家道德宗教的功能。曲阜师范大学李观澜副教授梳理和检释了现当代新儒家关于儒学和宗教关系问题的论述，并申论了其思想意义。台湾南华大学欧崇敬教授从夷狄恐怖意识、观念幽灵系谱及苦难记忆和禅的解脱等层面，分析了儒学和禅宗的互补性。

许多学者还就儒学和其他思潮的比较、会通问题发表了高见。台湾中央大学李瑞全教授省察了道德规范的根源问题在当代西方伦理学界的研发状况及其主要议题，对孟子和牟宗三的规范根源理论作出论析。台湾中央大学朱建民教授考察了当代西方伦理学的发展状况，并以儒学为参照，简析了儒学、关怀伦理学和辛格的义务伦理学三者之间的异同。浙江大学董平教授对儒家道德哲学之"伦理生态"系统作了阐述，认为由"亲亲"到"爱物"，随着主体生存境域的扩展，善的价值领域和主体的道德世界亦拓展，由此构成一个以主体实践为联系纽带的普遍的"社会—自然生态"的伦理系统。台湾淡江大学曾照旭教授探讨了爱情学的本体论和工夫论，认为爱情生活与心性修养有本质上的关联，爱情学是心性学的最现代形态和最新课题。贵州师范大学余怀彦教授从"韦伯与现代新儒家"这一考察视角出发，对韦伯关于儒学的批评和现代新儒家的反批评等理论作了评述。河北省社会科学研究院李洪卫副研究员则以政治哲学的视域对儒学的良知理念和西方的正义概念作了比较、会通，认为在全球化背景下以良知理念为基础构建人类共同体具有重大的理论意义。华东师范大学陈赟副教授以早期中国哲学思想为中心，阐述了中国古典思想对政治概念的理解，认为中国古典的"引导性政治"和"各正性命"理论共同构建了一个立体性的、活泼泼的政治生活境域，而这个境域的打开是通过礼、乐来完成的，其本性则是三才之道的通达。在现代西方解释学背景下，西北大学张茂泽教授对中国古代儒家经典诠释学思想的开创、流派和代表人物等作了探讨。

四、经典新释与儒学史新探

儒学在新时期的发展和创新，都须扎根于中国传统思想这一伟大母体。儒学的现代转化是一个不断地返归传统思想本源、从中汲取营养的过程。故"开新"其根在"返本"。此次会议较突出地体现了学者们在此方面的共识。诸多学者利用新材料、应用新方法、开放新视域，或对儒家经典进行了新释，或积极地拓展儒学史研究的新领域。武汉大学萧汉明教授结合上博简相关材料，对《易经》的讼、蛊、丰三卦作了新的诠释。台湾屏东师范大学李美燕教授把郭店简和传世文献中关于"情"的论述作了对比研究，显现出对其不同的致思面向在儒家道德教化上的意义，并对其能否为当代新儒家道德哲学的发展提供新契机问题作了探讨。西安交通大学龚建平副教授从儒家礼观念对理想人格的建构方面探讨了礼的意义，并进而分析了儒家礼观念与人生哲学的关系。台湾师范大学颜国明副教授探讨了《易》、《老》融通中的"曲解"问题，认为其可具体分梳为"体用架构转接之曲解"和"概念篇章的比附"两大类型。台湾中央研究院林月惠副研究员以牟宗三相关论说为其立论之本，对"见在良知"概念进行了溯源，辩证了其意涵，认为它是"理性的事实"、并彰显了"道德实践动力"的"当下具足"。台湾师范大学潘朝阳教授择撷并探讨了中国古代经典和熊十力晚年著作中关于"水"的论述，认为：关于"水"的意识是儒家自然环境生态观体系中的一个重要象征，儒家通过对"水"的诠释，体现了其以道德主体性为中心的环境伦理观。

　　台湾中国文化大学王钦贤教授以密契主义（Mysticism）视角对孔子的天道和仁道思想进行了述评，认为其是道德神学观。贵州省社会科学院于民雄研究员通过对孔子的敬畏意识的探讨，认为孔子有着强烈的宗教感。清华大学 Daniel Bell 教授阐述了孟子关于"义战"的理论，并把其与西方义战论作了比较。武汉大学田文军教授和文碧方副教授分别探讨了张载哲学中"体"的范畴和吕大临的思想。田教授认为，全面把握张载哲学中"体"范畴的真实含义是正确理解张载哲学的重要途径，他从"形体之体"、"形性之体"、"形质之体"和"体认之体"等方面对张载"体"的范畴作了全面的解读和辨析。文碧方副教授把吕大临的思想放在牟宗三关于宋明儒学的分系理论中进行分析和讨论，认为吕大临思想不仅兼具关学和洛学的特点，而且也有其独特的理论架构和形态。湖北大学姚才刚副教授以明代思想家李材为中心，探讨了传统儒家的修身学说，并对其现代价值作了申述。台湾中央研究院钟彩钧研究员对鲜为今人关注的著名理学家李光地的理学思想作了发掘、阐述。四川师范大学蔡方鹿教授考察了著名经学家蒙文通的经学思想，认为重视传记、因经以明道、兼重义理与考据、以经学阐述政治关怀是蒙氏经学的重要特色。台湾海洋大学黄丽生副教授对明清儒学之东传台湾过程及其发展脉络作了考察，并以吴子光为研究个案，探讨了晚清台湾基层儒士保守思想的根源。武汉大学欧阳祯人教授对近现代被称作"蜀学奇葩"的刘鉴泉之"人道"思想作了研究。中山大学黎汉基副教授考述了近现代思想史上"白屋诗人"吴芳吉的生平、思想和儒学实践等。美国中国哲学与文化研究基金会李淳玲研究员对在美国汉学界引起相当注意的《论语辨》一书进行了详细的研究、辨析，对此书的性质和价值作了评判，认为此书作者的理论基础比较简单，论据也颇为薄弱。

五、关于儒学与当代世界

　　韩国中央大学梁承武教授就阳明学在韩国历史上和当代的研究状况作了述介，对其未来进行了展望。韩国汉阳大学金炳采教授对当代新儒学在中国的作用和意义作出阐述，认为新儒学在当代中国可应对西方思想的挑战，能为其提供新的价值观和道德意识，克服其市场经济所带来的弊端，可与马克思主义结合以作为其未来精神的建构基础。韩国南汉城大学权容玉教授对韩国儒教文化的"存与变"作了研讨，认为在经过政治制度转型后，儒学在韩国现代化过程中发挥了重大的积极作用。日本大阪市立大学学者白井顺以《朱子训蒙绝句》为中心，对朱子学在中国明代、韩国和日本的传播和普及状况作了详细的考察。日本筑波大学中村俊也教授介绍了日本的中国文化及中日文化比较方面的情况。武汉大学徐水生教授以明治时代为中心，探究了儒学在日本现代化中的诸种走向，认为儒学在日本现代化中的作用不是单一的，而是出现了颇为复杂的路向。澳大利亚阿德雷德大学学者 John Makeham 从"旁观者"的角度对新近中国学界热烈探讨的中国哲学的合法性问题作了述评。深圳大学景海峰教授和武汉大学吴根友教授、胡治洪教授对当代世界的儒学与文明对话话题作了探讨。景教授认为，在当今全球化时代背景下，文明对话已成为大势所趋；当代新儒家代表人物杜维明和刘述先在与其他文明对话的基础上提出了诸多儒学发展的新课题，拓展了儒学的论域以及走向世界的空间，为新儒学的进一步发展提供了可能。吴教授从国际政治哲学的视域检视了亨廷顿"文明冲突论"和杜维明"文明对话论",认为冲突和对话是人类文明交往的永恒的一体两面,而尊重"文化传统的合法性基础"是实现文明对话的必要前提。胡教授从多元现代性、新轴心文明和全球伦理等方面对杜维明"文明对话"观进行了论述。

关于儒学以什么方式融入生活世界的问题,与会学者在当代儒学的理论建构与实践走向上有不同的偏重,因而有一些分歧。在大会闭幕前特设的中青年论坛上,有的学者认为,儒学是生命的学问,是老百姓的安身立命之道,是生活的方式与态度而不是概念的游戏,因此儒家学者在当代的重点应是把儒家精神推广到民间,强调生活的实践。有的学者则认为,生活实践固然重要,但儒学作为哲学的、理性的思考与知性的、反省的工作也很重要。在儒学"返本开新"的工作中,二者不应偏废。有的学者强调儒学理论与生活世界的统一。有的学者则认为,现在在学苑或民间弘扬儒学的人非常驳杂,不乏名利之徒。因此,儒家修养的正道、儒学基础理论的学问与学养更应被重视。更多的学者反省现代性与全球化,思考传统与现代、人文与科技、东方与西方、全球化与本土化之间的诸多问题,积极参与文明对话与全球伦理的建构。不少学者对儒学作为伦理共识与族群认同的基础做了分析,评价了儒学在当代坚持社会正义、构建和谐社会,沟通海峡两岸民众的心灵的积极意义,积极思考和促进仁、义、礼、智、信等传统价值理念的现代转化。

大会期间与会后,会议主办方还组织与会的知名专家、学者在武汉大学校内举行了有关"我们还可以从孔子那里学到什么"、"中西文化与哲学的冲突与会通"、"全球化挑战下的中国文化及其命运与前景"、"儒学、传统文化与变动中的海峡两岸社会"等四场大型的人文讲座(每场约四位专家联袂演讲)和八场专业性强的小型演讲。

(作者为武汉大学哲学学院博士研究生)

第七届当代新儒学国际学术会议手册

The 7th International Conference on Contemporary New-Confucianism

中国　武汉

2005 年 9 月 9 ~ 12 日

主办单位：

武汉大学中国传统文化研究中心　　台北东方人文学术研究基金会

武汉大学哲学学院　　　　　　　　台北鹅湖杂志社

武汉大学中西比较哲学研究中心　　台湾中央大学哲学研究所

武汉大学孔子与儒学研究中心

一、前　言

值此熊十力先生诞辰 120 周年，牟宗三先生逝世 10 周年，当代新儒学亦处于发展关键时期之际，为推进当代新儒学的研究，进而探讨中国传统思想文化的现代性问题，武汉大学中国传统文化研究中心、哲学学院与台北鹅湖杂志社商定召开第七届当代新儒学国际学术会议。会议的主办单位有：武汉大学中国传统文化研究中心、武汉大学哲学学院、武汉大学中西比较哲学研究中心、武汉大学孔子与儒学研究中心、台北东方人文学术研究基金会、台北鹅湖杂志社、台湾中央大学哲学研究所。

本次大会的主题为"儒学、当代新儒学与当代世界"。会议主要讨论：熊十力、牟宗三与现当代新儒学三代代表人物的学术思想，当代新儒学与宋明儒学，当代新儒学与西方哲学，当代新儒学与佛学，儒家伦理的特殊性与普遍性及其创造性转化，儒学与东亚社会的现代性，儒学在当代的作用与意义，儒学与文明对话，儒学与当代各种思潮，儒学与启蒙心态，儒学的宗教性与草根性，当代新儒学如何深入发展，等等。

举 办 时 间

2005 年 9 月 10~12 日，共计 3 天。9 月 9 日报到，9 月 13 日离会。

举 办 地 点

武汉大学国际学术交流中心（弘毅大酒店），武汉市武昌东湖路 136 号。

会 议 语 言

汉语（文）为主，英语（文）为辅。

会议时间管理

大会报告的时间管理详见该场议程；分场报告每位主讲者 15 分钟，其余为讨论时间，每位讨论者以 3 分钟为限。

二、总 日 程 表

日 期	时 间	内 容	地 点
9 月 9 日 星期五	全 天 19：00	接待，报到，住宿，领取资料， 欢迎晚宴	弘毅大酒店一楼大厅 湖光轩
9 月 10 日 星期六	7：00 8：30~9：10 9：20~12：00 12：10 14：00~17：40 18：00 19：30~22：00	早餐 开幕典礼 第一次大会报告 午餐 第一、二次分场报告（中间茶叙 20 分钟） 晚餐 大型人文讲座	湖光轩 有容堂 有容堂 湖光轩 博雅斋、滋兰斋、朝华斋 湖光轩 教五楼多功能报告厅
9 月 11 日 星期日	7：00 8：00~11：55 12：00 14：00~17：40 18：00 19：30~22：00	早餐 第二、三次大会报告（中间茶叙 15 分钟） 午餐 第三、四次分场报告（中间茶叙 20 分钟） 晚餐 大型人文讲座	湖光轩 有容堂 蓝色港湾 博雅斋、滋兰斋、朝华斋、芳芷斋 另定 教五楼多功能报告厅

续表

日　期	时　间	内　容	地　点
9 月 12 日 星期一	7:00	早餐	湖光轩
	8:00~11:40	第五、六次分场报告（中间茶叙 20 分钟）	博雅斋、滋兰斋、朝华斋、芳芷斋
	12:00	午餐	湖光轩
	14:00~16:20	"儒学、当代儒学与当代世界"中青年论坛	有容堂
	16:30~17:00	闭幕式	有容堂
	18:00	晚餐	湖光轩
	19:30~22:00	大型人文讲座	教五楼多功能报告厅
9 月 13 日 星期二	全　天	送别与会学者	

三、议　　程

2005 年 9 月 10 日（星期六）

上午

8:30~9:10　　　开幕典礼

有容堂

主持人：冯天瑜、蔡仁厚

1. 胡德坤副校长致辞

2. 萧萐父教授致辞

3. 郭齐勇教授致辞

4. 杨祖汉教授致辞

5. 李瑞全教授致辞

6. 宣读汤一介、方克立、李宗桂、高柏园、李晨阳、蒋庆、颜炳罡诸教授贺信

7. 蔡仁厚教授致辞

8. 台湾学者向武汉大学中国传统文化研究中心赠送《牟宗三全集》

9:20~12:00　　　第一次大会报告（每位 30 分钟）

有容堂

主持人：郭齐勇、杨祖汉

1. ［美国］杜维明：儒学创新的哲学反思

2. ［美国］成中英：论康德与儒学的相互诠释：一个新的思想架构

3. 刘述先：中国传统知识与价值整体观之现代/后现代阐释

4. 蔡仁厚：20 世纪新儒家的大判教——以唐牟二先生为例

讨论（30分钟）

下午

14:00～15:40　　第一次分场报告

第一会场：博雅斋

主持人：宋志明、周群振

1. 张学智：熊十力与牟宗三关于《大学》释义的辩争——以《读经示要》为中心
2. ［韩国］高在旭：熊十力心性论的现代意义
3. 李维武：论熊十力的哲学观
4. 高秀昌：晚年熊十力先生的"外王"论述评
5. 郭美华：论"转变"在熊十力新唯识论哲学中的意义

第二会场：滋兰斋

主持人：蔡方鹿、欧崇敬

1. 李瑞全：当代新儒学道德规范根源之建立：从孔孟到牟宗三
2. 李翔海：评牟宗三先生的"中国哲学特征"论
3. 杨泽波：牟宗三三系论的理论贡献及方法终结
4. 东方朔：客观化及其限制——牟先生《荀学大略》解义
5. 龚建平：作为理想人格建构的儒家礼观念

第三会场：朝华斋

主持人：柴文华、颜国明

1. 郑大华：谋求儒学的现代转换——梁漱溟新儒学思想研究
2. 李锦招：从梁漱溟到霍韬晦——中国文化再生力量的方法论反思
3. 易燕明：试论梁漱溟的道德理想主义
4. 郭　刚：略论熊十力"新唯识论"中的道家精神——以他的哲学本体论为主
5. 邓曦泽：论"中国哲学"的意义困境

15:40～16:00　　茶叙

16:00～17:40　　第二次分场报告

第一会场：博雅斋

主持人：陈　来、李瑞全

1. 郑宗义：徘徊在绝对与多元之间——论牟宗三先生的"判教"
2. ［比利时］马　琳：自我坎陷与另一启始：牟宗三与海德格尔的传统转化观及文化会通问题
3. 黄慧英：儒家伦理中之道德德性与非道德德性
4. 王兴国：中国的去向与"返本开新"——牟宗三重建中国哲学的宏观审视
5. 彭国翔：牟宗三早年对中国农村问题的研究

第二会场：滋兰斋

主持人：杨泽波、李翔海

1. ［加拿大］贝淡宁（Daniel Bell）：孟子论义战与非义战
2. 陶国璋：牟宗三先生对西方人文主义
3. 荆　雨：牟宗三道统说述评
4. 黎斯华：从唐君毅的"性情观"到霍韬晦的"性情教育"
5. 黄汉光：唐君毅、牟宗三论魏晋名理之学

第三会场：朝华斋
主持人：田文军、潘朝阳
1. 曾昭旭：爱情学之本体论与工夫论——再论心性学与爱情学
2. 何仁富：唐君毅之人生修养论
3. 陈可勇：儒学人文精神之重建：唐君毅的人文精神与霍韬晦的新人文主义
4. 孙邦金：冯友兰清代学术史观刍议
5. 孙文礼：友爱还是公正

晚上
19:30 ~ 22:00　　　大型人文讲座
教五楼多功能报告厅

2005 年 9 月 11 日（星期日）

上午
8:00 ~ 9:50　　　第二次大会报告（每位 20 分钟）
有容堂
主持人：陈卫平、钟彩钧
1. 陈　来：略论现代儒学的伦理意义与功能——以冯友兰《新世训》为中心
2. ［韩国］梁承武：当代韩国阳明学研究活动及未来
3. ［日本］吾妻重二：民国时期中国的"哲学"与"玄学"——以熊十力为中心
4. 郭齐勇：牟宗三先生会通中西重建哲学系统的意义
讨论（20 分钟）

9:50 ~ 10:05　　　茶叙

10:05 ~ 11:55　　　第三次大会报告（每位 20 分钟）
有容堂
主持人：景海峰、戴琏璋
1. ［韩国］金炳采：当代新儒家在中国的作用与意义
2. 宋志明：德性儒学刍议
3. 李明辉：徐复观论儒家与宗教
4. 霍韬晦：我的儒学道路
讨论（20 分钟）

下午

14:00～15:40　　第三次分场报告

第一会场：博雅斋

主持人：李维武、李明辉

1.［韩国］郑炳硕：论牟宗三先生易学中的"象"

2. 丁为祥：撑起民族精神的间架——徐复观"双重主体性"思想述评

3. 洪晓楠：蔡仁厚文化哲学思想述略

4. 吴　明：目的与体性——从人学体性学看牟宗三对康德物自身思想之发展

5. 王守雪：儒学的自律演进——兼论徐复观、余英时"汉学"之争

第二会场：滋兰斋

主持人：蔡德贵、李美燕

1. 景海峰：文明对话与当代儒学的发展

2. 周炽成：从陈荣捷和杜维明看儒学研究的世界化

3. 吴根友：人类文明的一体与两面——对亨廷顿"文明冲突论"与杜维明"文明对话论"的政治哲学检视

4. 胡治洪：儒家视角下的多元现代性、新轴心文明与全球伦理——论杜维明的"文明对话"观

5. 汤　云：启蒙反思下的儒学创新与现代化——杜维明先生的新儒学思想

第三会场：朝华斋

主持人：徐水生、卢雪崑

1. 田文军：张载哲学中的"体"与"本体"范畴

2. 文碧方：吕大临与"五峰蕺山系"

3.［日本］白井顺：朱子学的传播与普及——《朱子训蒙绝句》如何被阅读

4. 姚才刚：传统儒家修身学说及其现代价值——以李材为中心

5. 黄　熹：焦竑三教会通思想的理论基础

第四会场：芳芷斋

主持人：李德永、董　平

1. 陈卫平："李约瑟难题"与现代新儒学

2.［澳大利亚］梅约翰（John Makeham）：从旁观者的角度看中国哲学的合法性

3. 张家成：儒佛会通的两种进路与近世中国文化

4. 释依空、欧崇敬：禅与儒家文化——从夷狄恐怖忧患意识、观念幽灵系谱及苦难记忆到禅的解脱

5. 陈　赟："公—共"性与"政—治"生活境域的开通——以早期中国哲学思想为中心

15:40～16:00　　茶叙

16:00～17:40　　第四次分场报告

第一会场：博雅斋

主持人：张学智、曾昭旭

1. 钟彩钧：李光地的理学思想

2. 蔡方鹿：蒙文通经学之特色

3. 蔡德贵：发挥儒教道德宗教的功能

4. 欧阳祯人：刘鉴泉先生的"人道"思想研究

5. 黄丽生：晚清台湾基层儒士保守思想的根源：以吴子光为例

第二会场：滋兰斋

主持人：黄　钊、黄汉光

1. 于民雄：孔子的敬畏意识

2. 欧崇敬：孔子的文明哲学与"仁学"的创造转化

3. 王钦贤：孔孟之宗教神圣观

4. 高立梅：孟子"仁义内在"说浅析

5. 梁林军：孟轲之"居"

第三会场：朝华斋

主持人：唐明邦、罗　炽

1. 戴琏璋：《周易·系辞传》"一阴一阳之谓道"的解读

2. 颜国明：从"体用架构的转接"与"概念篇目的比附"探讨《易》《老》融通中的曲解问题

3. 颜国伟：从知识儒学走向生命儒学——当代儒学的转向

4. 孙劲松：《易传》中的君子教育

5. ［美国］李淳玲：论索隐派伪书《论语辨》及学问分际的问题

第四会场：芳芷斋

主持人：姚才刚、林月惠

1. 袁尚华：中国哲学合法性问题的合法性问题—— 一个"生命儒学"的回应

2. 黎汉基：吴芳吉的儒学实践

3. 吴启超：唐君毅先生对"克己复礼为仁"的解释

4. 谢永鑫：徐复观对《论语》中的"仁"的诠释

晚上

19：30～22：00　　　大型人文讲座

教五楼多功能报告厅

2005 年 9 月 12 日（星期一）

上午

8：00～9：40　　　第五次分场报告

第一会场：博雅斋

主持人：郑大华、朱建民

1. 杨祖汉：时代与学问——熊先生与牟先生的一次论辩

2. 林安梧："存有三态论"及其本体诠释学——后新儒学的思考向度之一

3. 余怀彦：韦伯与现代新儒学

4. 林桂榛：儒学的世界性与世界性的儒学

第二会场：滋兰斋

主持人：吴　光、王镇华

1. 周群振：儒学关于历史与当今势运之开济

2. 柴文华：中国传统价值理念存在的必要性辩护和挖掘路径——早期现代新儒家的中国传统价值观管窥

3. 郭晓丽：中西哲学主体意识觉醒方式概观

4. 黄敦兵："接着讲"：冯友兰的宋学旨趣

第三会场：朝华斋

主持人：萧汉明、丁为祥

1. 李观澜：中国传统文化精神的探寻

2. 王运涛：儒学人文精神在经典文学中的传承及其当代意义

3. 林月惠：再论"见在良知"

4. 周恩荣："对列之局"或"隶属之局"——牟宗三文化历史哲学的关节点

第四会场：芳芷斋

主持人：何仁富、黄丽生

1. 郑志明：从唐君毅《人生之体验》谈儒学的生命教育

2. 黄敏浩：牟宗三先生早期宋明儒学研究的价值续论——以"宋明儒学综述"及"陆王一系之心性之学"为例

3. 李美燕：郭简乐论之"情"说在儒家道德哲学中的意义

4. 张晚林：论人文主义的成立及其内涵——以牟宗三、唐君毅、徐复观为中心的基础性理解

5. 刘贻群：试说"五至""三无"和"五起"

9：40～10：00　　　茶叙

10：00～11：40　　　第六次分场报告

第一会场：博雅斋

主持人：东方朔、林安梧

1. 周博裕：康德美学判断力进于其道德动力对新儒学之启发

2. 卢雪崑：康德哲学与儒家哲学会通之问题

3. 朱建民：西方伦理关怀圈之扩展与儒家推恩的根据

4. 张祥平：面对简单科学的三大文明体系——从巴哈伊教和统一教会说起

第二会场：滋兰斋

主持人：周炽成、郑志明

1. ［加拿大］石百睿（Barry D. Steben）：Taking Confucianism back to the World：Reflections on the *Xiyao Shengming* Mode of Teaching

2. ［以色列］伊塞（Gad C. Isay）：*Memory，Language，and Emotions，and an Intercul-*

tural Humanist Synthesis

   3. 徐水生：儒学在日本现代化中的诸种走向——以明治时代为中心

   4. ［韩国］权容玉：韩国儒教文化的存与变

第三会场：朝华斋

主持人：高秀昌、丁四新

1. 董　平：从亲亲到爱物——儒家道德哲学之"伦理生态"系统的形成

2. 潘朝阳：水的环境识觉与人的身心安宅——儒家环境与空间的一个诠释：古典和熊十力

3. 王镇华：天赋的人格主体——继承五四科学民主，跨过五四德道主体

第四会场：芳芷斋

主持人：张连良、欧阳祯人

1. ［日本］中村俊也：关于所谓外行主义

2. 储昭华：儒家文化与民主政道的融合之路

3. 李洪卫：良知与正义——政治哲学的重构及其对"全球化"的考量

4. 陈有志：新儒学的本心与合理化的社会

下午

14：00 ~ 16：20　　　"儒学、当代儒学与当代世界"中青年论坛（每位 10 分钟）

有容堂

主持人：吴根友、周博裕

主讲人：伊　塞（Gad C. Isay）、李翔海、郑宗义、东方朔、彭国翔、胡治洪、林月
         惠、张学智

讨 论（60 分钟）

16：30 ~ 17：00　　　闭幕式

有容堂

朱建民教授致辞

林安梧教授致辞

吴根友教授致辞

晚上

19：30 ~ 22：00　　　大型人文讲座

教五楼多功能报告厅

四、与会学者名录

（分国家或地区，按姓名音序排列）

美国

成中英	男	夏威夷大学哲学系	教授
杜维明	男	哈佛大学燕京学社	社长、教授
李淳玲	女	美国中国哲学研究基金会	研究员
李绍崑	男	美国中美精神心理研究所	教授、所长

加拿大

Daniel Bell			
（贝淡宁）	男	北京清华大学哲学系	教授
陈荣灼	男	Brock University 哲学系	教授
B. D. Steben			
（石百睿）	男	香港东方人文学院	研究员、教授

澳大利亚

John Makeham			
（梅约翰）	男	阿德雷德大学	主讲

比利时

马琳	女	鲁汶大学	研究员

以色列

Gad C. Isay			
（伊塞）	男	University of Haifa	讲师

日本

白井顺	女	大阪市立大学	讲师
三浦国雄	男	大东文化大学文学部	教授
藤善真澄	男	关西大学	名誉教授
吾妻重二	男	关西大学文学部	教授
中村俊也	男	筑波大学	

韩国

高在旭	男	江原大学校人文大学哲学科	教授

金白铉	男	江陵大学哲学科	教授
金炳采	男	汉阳大学人文学院哲学系	教授
李明汉	男	中央大学哲学系	教授
梁承武	男	中央大学中文系	教授
权容玉	男	南汉城大学中国学系	教授
郑炳硕	男	岭南大学校文科大学哲学科	教授

新加坡

颜国伟	男	东亚人文研究所	副教授

中国台湾

蔡仁厚	男	东海大学哲研所	荣誉教授
陈有志	男	台湾师范大学	秘书
戴琏璋	男	中研院中国文哲研究所	兼任研究员
黄汉光	男	花莲师范学院	教授
黄丽生	女	海洋大学人文及教育中心	副教授
李美燕	女	屏东师范大学语文教育系	教授
李明辉	男	中研院中国文哲研究所	研究员
李瑞全	男	台湾中央大学哲学研究所	教授、所长
林安梧	男	台湾师范大学国文系	教授
林月惠	女	中研院中国文哲研究所	副研究员
刘述先	男	东吴大学端木恺讲座	教授
欧崇敬	男	南华大学禅佛教研究中心	主任
潘朝阳	男	台湾师范大学地理系	教授、主任
释依空	女	南华大学	教授
王钦贤	男	中国文化大学哲学系	副教授
王镇华	男	德简书院、中原大学建筑系	主持人、副教授
颜国明	男	台北师范大学语文教育学系	副教授、主任
杨祖汉	男	台湾中央大学中文系所、鹅湖杂志社	教授、社长
曾昭旭	男	淡江大学中国文学系	教授
郑志明	男	辅仁大学宗教学系	教授

钟彩钧	男	中研院中国文哲研究所	研究员
周博裕	男	中国文化大学、鹅湖杂志社	讲师、执行长
周群振	男	台南师范大学	教授
朱建民	男	台湾中央大学哲学所	教授

中国香港

陈可勇	男	东方人文学院	副教授
黄慧英	女	岭南大学哲学系	副教授
黄敏浩	男	香港科技大学人文学部	副教授
霍韬晦	男	法住文化书院 东方人文学院	院长
李锦招	男	东方人文学院	副教授
黎斯华	女	东方人文学院	副教授
林忆芝	女	公开大学人文社会科学院	助理教授
刘国强	男	香港中文大学教育学院	副教授
卢杰雄	男	岭南大学哲学系	助理教授
卢雪崑	女	新亚研究所	研究员
陶国璋	男	香港中文大学哲学系	导师
吴 明	男	新亚研究所	副教授
吴启超	男	香港中文大学哲学系	博士生
余攸英	女	东方人文学院	翻译部主任
袁尚华	男	东方人文学院	副教授
郑宗义	男	香港中文大学哲学系	副教授

中国大陆

蔡德贵	男	山东大学	教授
蔡方鹿	男	四川师范大学政治教育学院	教授
柴文华	男	黑龙江大学哲学学院	教授
陈 来	男	北京大学哲学系	教授
陈 赟	男	华东师范大学哲学系 中国现代思想文化研究所	副教授

陈卫平	男	上海师范大学哲学系	教授
丁为祥	男	陕西师范大学哲学系	教授
董 平	男	浙江大学哲学系	教授
东方朔	男	复旦大学哲学系	教授
方国根	男	人民出版社哲学编辑室	副主任、编审
高秀昌	男	河南省社会科学院哲学所	研究员
龚建平	男	西安交通大学人文学院	副教授
郭美华	男	上海师范大学哲学系	副教授
郭晓丽	女	内蒙古大学哲学系	副教授
何仁富	男	四川省宜宾学院四川思想家研究中心唐君毅研究所	教授
洪晓楠	男	大连理工大学人文社会科学学院哲学研究所	教授
洪秀平	男	珠海平和英语学校	校长
荆 雨	男	东北师范大学政法学院哲学系	讲师
景海峰	男	深圳大学国学研究所	教授
黎汉基	男	中山大学政治学与行政学院	副教授
李观澜	男	齐鲁学刊编辑部	编辑
李洪卫	男	河北社科院哲学所	副研究员
李翔海	男	南开大学哲学系	教授、主任
李宗桂	男	中山大学哲学系	教授
林桂榛	男	徐州师范大学法政学院	副教授
彭国翔	男	清华大学人文学院哲学系	副教授
宋志明	男	中国人民大学哲学系	教授
王守雪	男	安阳师范学院	副教授
王兴国	男	云南师范大学经济政法学院	副教授
王运涛	男	郑州广播电视大学	
吴 光	男	浙江省社会科学院哲学所	研究员
谢永鑫	男	许昌学院法政学院	讲师

徐福来	男	南昌大学哲学系	副教授
杨雪骋	男	南昌大学哲学研究所	教授
杨泽波	男	复旦大学哲学系	教授
余怀彦	男	贵州师范大学政治与历史学院	教授
于民雄	男	贵州省社会科学院历史所	研究员、所长
张家成	男	浙江大学中国思想文化研究所	副教授
张连良	男	吉林大学哲学系	教授
张茂泽	男	西北大学中国思想文化研究所	教授
张晚林	男	湖南科技大学	讲师
张祥平	男	北京农学院	副教授
张学智	男	北京大学哲学系	教授
郑大华	男	中国社会科学院近代史研究所	研究员
周炽成	男	华南师范大学政治与行政学院	教授

湖北省内

储昭华	男	华中师范大学政法学院	副教授
黄　熹	男	华中科技大学哲学系	讲师
罗　炽	男	湖北大学哲学系	教授
姚才刚	男	湖北大学哲学系	副教授

武汉大学

丁四新	男	武汉大学哲学学院	副教授
冯天瑜	男	武汉大学中国传统文化研究中心	主任、教授
郭齐勇	男	武汉大学哲学学院	院长、教授
胡治洪	男	武汉大学中国传统文化研究中心	教授
黄　钊	男	武汉大学政治与公共管理学院	教授
李德永	男	武汉大学哲学学院	教授
李维武	男	武汉大学哲学学院	教授
欧阳祯人	男	武汉大学留学生教育学院	副教授
单　波	男	武汉大学新闻传播学院	教授
孙劲松	男	武汉大学教育科学学院	讲师

唐明邦	男	武汉大学哲学学院	教授
田文军	男	武汉大学哲学学院	教授
文碧方	男	武汉大学哲学学院	副教授
吴根友	男	武汉大学哲学学院	教授
萧汉明	男	武汉大学哲学学院	教授
萧萐父	男	武汉大学哲学学院	教授
徐水生	男	武汉大学哲学学院	教授
张丽华	女	武汉大学哲学学院	博士后

武汉大学博、硕士生

邓曦泽	男	武汉大学哲学学院	博士生
高立梅	女	武汉大学哲学学院	博士生
郭　刚	男	武汉大学哲学学院	博士生
黄敦兵	男	武汉大学哲学学院	博士生
［韩国］			
金源姬	女	武汉大学哲学学院	留学博士生
梁林军	男	武汉大学哲学学院	硕士生
刘体胜	男	武汉大学哲学学院	博士生
刘贻群	女	武汉大学哲学学院	博士生
秦　平	男	武汉大学哲学学院	博士生
孙　奕	男	武汉大学哲学学院	硕士生
孙邦金	男	武汉大学哲学学院	博士生
孙文礼	男	武汉大学哲学学院	博士生
汤　云	男	武汉大学哲学学院	硕士生
易燕明	女	武汉大学哲学学院	博士生
周恩荣	男	武汉大学哲学学院	博士生

五、大会组织

筹备委员会

顾　　问　戴琏璋　李祖原　陈癸淼　王邦雄　曾昭旭　萧萐父　汤一介　李锦全
　　　　　方克立　杜维明　刘述先　成中英

召 集 人　郭齐勇　蔡仁厚

执行委员会

召 集 人　杨祖汉　郭齐勇

执 行 长　吴根友　周博裕

论文审查委员　李维武　田文军　杨祖汉　李瑞全

执行秘书　　曾繁宏　黄梅英

会 务 组

秘 书 长　吴根友　周博裕

副秘书长　胡治洪　陈建国

秘　　书　禹燕民

接 待 组　刘体胜　黄敦兵

资 料 组　邓曦泽　秦 平

服 务 组　高立梅　刘贻群　梁林军

文 宣 组　单 波　周恩荣　孙 奕

财　　务　曾繁宏

第七届当代新儒学国际会议
为大学生举办大型人文讲座

第一场　时间：9 月 10 日（周六）晚 7:30～10:00
　　　　主题：我们还可以从孔子那里学到什么？
　　　　主持人：武汉大学徐水生教授　台北鹅湖杂志社社长杨祖汉教授
　　　　主讲人：美国哈佛大学杜维明教授
　　　　　　　　台湾东海大学蔡仁厚荣誉教授
　　　　　　　　台湾淡江大学曾昭旭教授
　　　　　　　　台湾中央大学李瑞全教授

第二场　时间：9 月 11 日（周日）晚 7:30～10:00
　　　　主题：中西文化与哲学的冲突与会通
　　　　主持人：武汉大学李维武教授　香港中文大学刘国强教授
　　　　主讲人：美国夏威夷大学成中英教授

北京大学陈来教授

台湾中央研究院李明辉研究员

香港新亚研究所卢雪崑教授

香港法住文化书院霍韬晦教授

第三场　时间：9 月 12 日（周一）晚 7:30～10:00

主题：全球化挑战下的中国文化及其命运与前景

主持人：武汉大学吴根友教授　香港中文大学郑宗义教授

主讲人：台湾中央研究院戴琏璋教授

台湾师范大学林安梧教授

台湾辅仁大学郑志明教授

比利时鲁汶大学马琳研究员

第四场　时间：9 月 15 日（周四）晚 7:30～10:00

主题：儒学、传统文化与变动中的海峡两岸社会

主持人：武汉大学田文军教授　台北师范大学颜国明教授

主讲人：台湾东吴大学刘述先讲座教授

台湾师范大学潘朝阳教授

台北鹅湖月刊社执行长周博裕教授

武汉大学郭齐勇教授

讲座地址：武汉大学一校区教五楼一楼多功能报告厅（文化素质教育大教室）

主办单位：武汉大学哲学学院

武汉大学中国传统文化研究中心

台北鹅湖杂志社

共青团武汉大学委员会